DAS GROSSE LEXIKON DES VERBRECHENS

Norbert Borrmann
Mitarbeit: Christiane Maria Borrmann

DAS GROSSE LEXIKON DES VERBRECHENS

TÄTER • MOTIVE • HINTERGRÜNDE

Ungekürzte Taschenbuch-Sonderausgabe

Schwarzkopf & Schwarzkopf

Auswahlkriterien

Das Lexikon möchte einen Überblick über die graue und zugleich schillernde Welt des Verbrechens geben. Um dieses Ziel zu erreichen, wurden die wichtigsten Verbrechensarten und die bekanntesten Verbrecher, bzw. Unterweltorganisationen aufgenommen. Da die Historie des Verbrechens in diesem Zusammenhang nicht ganz unberücksichtigt bleiben soll, werden auch solche Tatbestände aufgeführt, die heute – zumindest in den westlichen Gesellschaften – kein kriminelles Delikt mehr bilden, wie z.B. die Homosexualität oder die Gotteslästerung – einst das schlimmste Vergehen überhaupt! Verbrechen aus ideologischen Motiven, seien sie nun religiöser oder politischer Art, bilden ein weites Feld und sprengen unser Thema. Um aber auf die Gemeinsamkeiten, die sich zwischen allen Verbrechen finden lassen, zu verweisen, sollen sie wenigstens mit den wichtigsten Stichwörtern genannt werden. Generell ist dabei zu unterscheiden, ob die Verbrechen von »oben« oder von »unten« kommen, d.h., ob ein Staat oder eine Institution sie durchführt, oder ob sie von Gruppen kommen, die gerade gegen bestehende Herrschaftsformen rebellieren. Allerdings gibt es auch hier Überschneidungen: Nicht wenige Revolutionäre agierten zuerst von unten, bis sie, an die Macht gekommen, den Terror von oben installierten.

Wer in die Welt des Verbrechens nur ein wenig eingedrungen ist, weiß außerdem, wie sehr sich gerade hier Realität und Fiktion vermischen. Der Seeräuber Klaus Störtebeker oder der Viehdieb Billy the Kid sind zu einem Gutteil auch Mythenschöpfungen, bzw. frühe Medienprodukte. Um auf die Überschneidung von Dichtung und Wahrheit hinzuweisen, soll nicht nur auf die Vermarktung populärer Verbrecher aufmerksam gemacht werden, sondern es sollen in diesem Zusammenhang auch die herausragendsten fiktiven Verbrecher und Kriminalautoren genannt werden. Im übrigen ist bei unserem Thema die Fiktion keineswegs nur ein Kind der Realität, es gilt auch umgekehrt, daß sich das real ausgeführte Verbrechen immer wieder gern von literarischen oder filmischen Vorlagen leiten läßt. Das mag vielleicht auch ein Grund dafür sein, warum so viele Ganoven schließlich noch zur Feder gegriffen haben!

Der Mensch und das Verbrechen

Von Norbert Borrmann

Am Anfang war – das Verbrechen! Nach Freud stellte sich das Gesellschaftsmuster unserer Urahnen folgendermaßen dar: Ihr Leben in der Urhorde wurde dominiert von einem mächtigen Männchen, das das Zentrum dieser frühen menschlichen Gemeinschaft bildete. Es beanspruchte sämtliche Weibchen der Horde für sich, und tötete oder vertrieb seine heranwachsenden Söhne, damit sie ihm nicht als Nebenbuhler schaden konnten. Das ging so lange, bis sich schließlich doch einer der männlichen Nachkommen gegen ihn behauptete und ihn erschlug oder verstieß. Damit begann das Spiel von vorne. Freuds Urvater ist demnach eifersüchtig, intolerant, ichbezogen und brutal. Die Bibel führt unsere Neigung zum Verbrechen auf die Erbsünde zurück. Die Erbsünde stellt nach christlichem Verständnis eine dem Menschen angeborene Verderbnis und seine Lust zum Bösen dar. Im 19. Jahrhundert verwies Charles Darwin auf die unerbittlichen Gesetze der Natur: Nur das angepaßteste und rücksichtsloseste Leben übersteht den Kampf ums Dasein. Die Sozialdarwinisten übertrugen dieses Lebensmodell von der Natur auch auf die menschliche Gesellschaft. Überleben konnte demnach nur die stärkste und brutalste Menschennatur. Vor Darwin hatte bereits der Marquis de Sade darauf hingewiesen, was für ein abscheuliches Tier der Mensch von seinem innersten Wesen her ist: rachsüchtig, gemein, durchtrieben, grausam, gefräßig, mißgünstig. Und der große Romancier Joseph Conrad äußerte in einem Brief: »Der Mensch ist ein bösartiges Tier. Seine Bösartigkeit muß organisiert werden. Das Verbrechen ist eine notwendige Bedingung der organisierten Existenz. Die Gesellschaft ist ihrem Wesen nach kriminell, sonst würde sie nicht existieren. Der Egoismus rettet alles – absolut alles –, was wir hassen, was wir lieben. Und alles bleibt so, wie es ist.«[1]

Doch trotz aller menschlichen Bosheit, sowohl in der eigenen Brust als auch in der Gesellschaft, ganz ohne das »Gute« geht es auch nicht. Der Mensch mußte, schon aus Eigennutz, Regeln setzen und Gesetzestafeln errichten. Gerade weil der Mensch – homo homini lupus est – dem Menschen selbst ein Wolf ist, bedurfte es einer gewissen Selbstdomestizierung. Den vielleicht grandiosesten Versuch dazu stellen die Zehn Gebote dar. Die wichtigsten davon für unser Thema lauten: »Du sollst nicht morden«; »Du sollst nicht stehlen«; »Du sollst nicht nach dem Haus deines Nächsten verlangen ... oder nach irgend etwas, das deinem Nächsten gehört«; aber auch: »Du sollst nicht Falsches gegen deinen Nächsten aussagen«.

Die Definition dessen, was ein Verbrechen ist, war zunächst durch religiöse Gebote und Verbote bestimmt. In primitiven Gesellschaften bildeten Recht, Moral und Religion eine Einheit. In frühesten geschichtlichen Zeiten war ein Verbrechen immer auch die Auflehnung gegen ein Gebot der Gottheit. Recht und Religion, Verbrechen und Sünde, Priester und Richter waren eins. Auch unser heutiges Rechtsgefühl ist seinem Wesen nach religiös, d.h. christlich geprägt. Allerdings entfernen sich Religion und Strafrecht in der westlich dominierten Welt der Moderne immer mehr voneinander und geraten zuweilen sogar in schwere Konflikte. Für uns Heutige wird ein Verbrechen nämlich nicht mehr dadurch bestimmt, ob es Gottes Geboten widerspricht, sondern ob es weltlichen Gesetzen zuwiderläuft. Das Verbrechen ist eine Angelegenheit des Strafgesetzbuches geworden und wird von strafrechtlicher Seite als eine rechtswidrige und schuldhafte Handlung bezeichnet, die in einem besonderen gesetzlichen Tatbestand beschrieben und für strafbar erklärt ist. Das Verbrechen definiert sich damit als das gesetzesverstoßende und von staatlicher Seite mit Strafe bedrohte Verhalten eines strafmündigen Bürgers.

Menschliche Gesetze sind aber dem Wandel unterworfen – und mit ihrem Wandel ändert sich auch das, was wir als Verbrechen verstehen. In Zeiten des geistigen und sozialen Umbruchs verschieben sich die Maßstäbe, welche Taten unter Strafe gestellt werden sollen und welche nicht. Es kommt zur Kriminalisierung bisher positiv gewerteten Verhaltens und umgekehrt zur Entkriminalisierung von Taten, die bisher als Verbrechen galten. Gotteslästerung, Ehebruch oder Homosexualität wurden einst als schwere Vergehen betrachtet. In den westlichen Industrienationen werden sie mittlerweile jedoch weitgehend als Privatangelegenheit angesehen. Umgekehrt werden dafür aber neue Straftatbestände formuliert: so z.B. Delikte wie sexuelle Belästigung oder Verstöße gegen das Antidiskriminierungsgesetz. Aber nicht nur der Gegenstand, was überhaupt als strafbar angesehen wird, variiert, sondern natürlich auch das jeweilige Strafmaß. Bei Mundraub braucht in einer überquellenden Wohlstandsgesellschaft niemand mehr zu fürchten, daß ihm dafür die Hand abgehackt wird. Im Fall einer schweren Notzeit jedoch dürfte auch der Mundraub wieder verschärft geahndet werden. Jede »Stufe der Zivilisation«, so hat es der französische Soziologe Emil Durkheim ausgedrückt, hat ihre eigenen Normen, ihre eigenen Moralvorstellungen, ihre eigene Kriminalität. Von Durkheim stammt auch die etwas provozierende These, daß ein bestimmtes Maß an Kriminalität integraler Bestandteil »gesunder« Gesellschaften sei. Kriminalität ist nach Durkheim deshalb normal und sogar nützlich, weil eine Gesellschaft ohne sie nicht vorstellbar ist. Zur Natur von Gesellschaften gehöre es nun einmal, Regeln des Zusammenlebens hervorzubringen und ihre Übertretung oder Nichtbeachtung zu bestrafen. Indem aber ausgegrenzt und verurteilt wird, was als abnormes oder gesellschaftsschädigendes Verhalten angesehen wird, versichert sich die Gesellschaft ihrer eigenen Werte und Normen. So betrachtet, erfüllt auch das Verbrechen einen Zweck und erweist sich für die Entwicklung von Recht und Moral als unentbehrlich.[2] Die Empörung gegen ein Verbrechen gerät dabei um so lauter, je mehr das Verbrechen gegen spezifische Werte einer Gesellschaft verstößt.

Gleichwohl ist natürlich nicht jedes Verbrechen relativierbar. Es gibt bestimmte »Kernverbrechen«, die – fast – überall einer Strafverfolgung unterlagen, bzw. unterliegen. Dazu zählen etwa Mord, Totschlag oder schwerer Raub. Doch selbst diese Kernverbrechen konnten eine ganz unterschiedliche Beachtung erfahren. So ist die Ächtung des Mordes zwar alt und das Übliche, aber der absolute Stellenwert des Mordes ist ein Spezifikum unserer Epoche, ein Ausdruck der Aufwertung des Individuums und der Verankerung persönlicher Würde im Grundrechtskatalog. Doch das verhielt sich, wie gesagt, nicht immer so: In politischen Auseinandersetzungen waren Morde bisweilen so an der Tagesordnung, daß selbst das Verschwinden von zwei Thronfolgern im Tower von London im 15. Jahrhundert kaum beachtet wurde. Auch »alltäglichere« Tötungsdelikte konnten leicht »übersehen« werden. Dabei wurde ein Mord im Regelfall um so weniger beachtet, je geringer die gesellschaftliche Stellung des Opfers war. Als z.B. im England des 14. Jahrhunderts Frauen Vergeltung an einem aus Frankreich stammenden Witwenmörder übten, zog das keinerlei strafrechtliche Folgen für die Täterinnen nach sich. Überhaupt waren Formen der Selbstjustiz, der Blutrache oder des Lynchmordes weit verbreitet. Solange der Staat nicht oder kaum dazu in der Lage war, Delikte zu ahnden, mußten die Betroffenen zur Selbsthilfe greifen.

Eine entwicklungsgeschichtliche Zwischenstufe zu dem Justizmonopol des Staates und der Selbstjustiz bildeten die Gilden, Kooperationen oder Institutionen, die mit der Wahrung von Recht und Ordnung ihrer Mitglieder betraut waren. So besaßen z.B. noch bis in die Neuzeit hinein die Universitäten ihre eigene Gerichtsbarkeit, wobei diese selbst über die Delikte der Verwandten von Universitätsangehörigen richten konnte. Erst seit dem 19. Jahrhundert hat sich das ausschließliche und direkte Justizmonopol des Staates verfestigt. Die Grausamkeit der Strafe in früheren Jahrhunderten hing unter anderem auch damit zusammen, daß der Staat weder über einen Justizapparat im heutigen Sinne verfügte, noch geschulte Ermittler besaß. Da eine kriminalistische oder forensische Überführung des Täters kaum möglich war, bediente man sich als »Hilfsinstrument« der Folter. Und da viele Verbrechen ungesühnt blieben, mußte wenigstens an denjenigen Delinquenten, die man erwischte, ein »Exempel« statuiert werden. Die grausamen Strafen und der öffentliche, oft qualvolle Tod dienten zur Abschreckung für mögliche Nachahmer. Zur weiteren Abschreckung blieb der Getötete oft wochen- oder monatelang am Richtplatz hängen – der Fäulnis und dem Appetit der Vögel preisgegeben.

Warum werden Verbrechen überhaupt begangen? Dafür lassen sich wohl zwei Hauptgründe nennen, die durchaus miteinander vermengt sein können:

1. Die Gier – manchmal auch die Not –, sich zu bereichern.

2. Die Lust, anderen Menschen, gelegentlich auch dem Staat oder seinen Institutionen, Schaden zuzufügen.

Neben dem individuell oder in Banden vollzogenen Verbrechen gibt es auch das im großen Maßstab begangene Verbrechen. Lange Zeit entsprach es der geltenden Norm, daß Mord und Raub zwar innerhalb des eigenen Stammes, Volkes oder Staates eine verwerfliche Handlung darstellten, nicht so jedoch gegenüber Personen, die nicht der eigenen Gruppe angehörten. Den Fremden, den »Barbaren«, zu berauben oder zu versklaven, wurde als kein Verbrechen empfunden, und während eines Krieges war es die Regel. Eine eigene Kategorie stellen die Verbrechen aus religiösen Überzeugungen dar, wie etwa die Ketzer- oder Hexenverfolgungen, und die ideologisch motivierten Ungeheuerlichkeiten, die von den großen Ideologiestaaten des 20. Jahrhunderts begangen wurden. Aber gerade hier handelt es sich um Verbrechen, deren Verurteilung in einem hohen Maß mit den speziellen Wertvorstellungen einer Gesellschaft zusammenhängt. Der Hexenjäger, der Stalinist oder der SS-Angehörige sahen sich selbst nicht als Verbrecher, sondern als Vollstrecker einer göttlichen oder neuen Ordnung. Interessant ist jedoch, daß Verbrechen auch dann, wenn sie von einem Staat legitimiert oder erwünscht sind, psychische Erschütterungen bei den Tätern auslösen können – möglicherweise deshalb, weil sie in ihrer schaurigen Größe normsprengend sind, bzw. waren. Sie können aber auch zu einer vollkommenen Verrohung bzw. Besessenheit des Täters führen.

Was für ein Mensch aber ist nun der Verbrecher – und zwar der ganz »normale«, alltägliche Verbrecher, der seine Untaten nicht im Dienst eines Glaubens oder einer Ideologie begeht? Ist er nur klein und mies? Zunächst einmal lebt der Verbrecher in seiner eigenen »Gesellschaft«, seinem »Milieu«, einer Welt mit eigenen – ungeschriebenen – Gesetzen und Normen. Auch er hat eine Ehre – wenn auch nur eine Ganovenehre; denn selbst die Unterwelt kennt in ihren einzelnen Verzweigungen und Gruppen viel Nichtverbrecherisches, bei dem die Erhaltung der Gemeinschaft im Vordergrund steht. Doch so »integer« der Verbrecher in seiner »Gesellschaft« auch sein mag, so wenig ist er es in der anderen, außerhalb derer er steht und die ihm zugleich Nährboden ist; denn die Verbrechergesellschaft nistet ja parasitär in der normalen Gesellschaft. Dadurch, daß der Verbrecher aus dem Verborgenen heraus agiert und Verbotenes tut, umgibt ihn und sein Milieu eine ganz eigene Aura. Mag das, was gesellschaftlich ausgegrenzt ist, auch Wandlungen unterworfen sein, allein dadurch, daß etwas verboten ist, gleichgültig was, bekommt es sein eigenes Flair, es ändert sich. Die Praktizierung des Verbotenen drängt per se ins Verborgene, Dunkle, Geheimnisvolle. Erst dadurch erhält die Verbrecherwelt ihren verschwörerischen Charakter. Der Verbrecher ist oft nicht nur Verbrecher, weil er faul, geldgierig oder brutal ist, sondern weil ihn die Aura des Verbrechens in ihren Bann zieht. Sobald etwas erlaubt ist, verliert es auch an Reiz, wird normaler, austauschbarer, banaler. So hat sich z.B. in den letzten Jahrzehnten das »Fluidum« der Homosexualität, ja selbst des Ehebruchs gewandelt.

Wie aber sieht es mit der Psyche des durchschnittlichen Verbrechers aus, dessen Sehnsucht nicht unbedingt in einer dunklen Verbrecherromantik beheimatet sein muß? Der Psychoanalytiker Robert Waelder bemerkt dazu: »Von der mildesten bis zur schwersten Form des Verbrechertums, vom Autofahrer, der die Stoßstange eines geparkten Wagens verbiegt und keine Adresse hinterläßt, bis zum Mörder und Kidnapper findet sich immer das gemeinsame Element, daß die Handlung nicht durch Rücksicht auf die Rechte und Interessen anderer gehemmt wurde, sei es, weil derartige Überlegungen sich als zu schwach im Vergleich mit dem Tatmotiv erwiesen, sei es, weil sie überhaupt fehlten.

Rücksicht auf die Interessen anderer beruht letztlich auf Objektbeziehungen, d.h. auf dem Maß an Freundlichkeit, die man anderen gegenüber fühlt. Beim Verbrecher fehlt solch ein Gefühl der Freundlichkeit oder der Identifizierung mit dem Opfer seiner Handlung entweder völlig oder ist von der treibenden Kraft der verbrecherischen Handlung überwältigt worden. Tatsächlich ist die Haltung, die den anderen nur als Mittel zu eigenen Zwecken oder als Hindernis auf den eigenen Wegen sieht, unser aller frühester Zustand. Das Kind kümmert sich zuerst nur um die Befriedigung seiner selbsterhaltenden Bedürfnisse. ... Die Fähigkeit, andere zu lieben und sie zu lieben, wie sie sind, und nicht nur als Spender, entwickelt sich erst später.«[3]

Doch woher stammt diese Andersartigkeit des Verbrechers? Ist seine infantile Rücksichtslosigkeit angeboren oder anerzogen? Es ist eine alte Vorstellung, daß Verbrecher einfach Verbrecher sein müssen. Auf ihnen lastet sozusagen von Anfang an ein Fluch, sie sind »zum Bösen geboren« und tragen gewissermaßen das Kainszeichen. In der Neuzeit war der Hauptexponent dieser Sichtweise der italienische Gerichtsmediziner und Psychiater Cesare Lombroso (1836–1909). Lombroso ging von der Auffassung des »Delinquento nato«, des geborenen Verbrechers, aus. Für ihn ist der Kriminelle ein atavistischer Rückfall ins »Urmenschentum«, ein biologischer Sonderfall, der auch an physiognomischen Eigenheiten offenbar wird.[4] Doch der erste, der das Problem der Erblichkeit von Kriminalität in wirklich wissenschaftlicher Weise anging, war Johannes Lange, Leiter der deutschen Forschungsanstalt für Psychiatrie, der

1928 das bahnbrechende Werk *Verbrechen als Schicksal* veröffentlichte. Das Resultat seiner Reihenuntersuchung an eineiigen und zweieiigen Zwillingen lautet, daß das Verbrechen nicht von den Vererbungsgesetzen zu trennen ist. Als Beweis führt er an, daß eineiige Zwillinge auch bezüglich des Verbrechens eine höhere Gemeinsamkeit aufweisen als zweieiige Zwillinge. Dieser kriminalanthropologische oder kriminalbiologische Aspekt wird auch in der modernen Genforschung weiterverfolgt.

Einen zweiten Ansatz zur Erklärung kriminellen Verhaltens liefert die Kriminalsoziologie.

Deren soziologische Theorien beschäftigen sich mit dem Einfluß von umweltbedingten Faktoren für eine kriminelle Entwicklung wie etwa Armut, kaputte Familien, schlechte Wohnungsverhältnisse oder soziale Ungleichheit. In der sogenannten Vereinigungstheorie wurden kriminalsoziologische und kriminalbiologische Aspekte miteinander verbunden. Hier geht es darum, in dem Verbrechen einen Vorgang zu erkennen, bei dessen Zustandekommen Anlage und Umwelt und Persönlichkeitsstruktur des Individuums zusammenwirken. Doch seit den 60er Jahren entwickelte sich unter dem Einfluß sowohl der amerikanischen Kriminologie als auch neomarxistischen Gedankenguts ein nahezu rein soziologisch orientiertes Modell der Kriminalitätserklärung. Dieses – notgedrungen einseitige – Erklärungsmodell wirkt auch heute, trotz gegenläufiger, ausgewogenerer Deutungsansätze, noch nach.

Vor allem der neomarxistische Ansatz, insbesondere wie ihn Herbert Marcuse vertrat, führte zu einer Umwertung aller Werte. Danach war nicht mehr der Rechtsbrecher kriminell, sondern das System, in dem er lebte. »Eigentum ist Diebstahl«, lautete ein Schlagwort, und der Kapitalismus, in dem der Nachdruck auf individuellen Eigentum an den Produktions- und Tauschmitteln liegt, wurde als erste Ursache für Kriminalität gesehen. Erst die Verstaatlichung der Produktionsmittel und der Aufbau einer sozialistischen Gesellschaft lasse die häßliche Fratze der Kriminalität verschwinden. Das war allerdings weitgehend eine Wunschvorstellung; denn in den Ländern des »real existierenden Sozialismus« war die Kriminalität nie verschwunden – sie nahm allerdings, durch das andere gesellschaftliche System, zum Teil neue Formen an. Durch diesen ideologisch verengten Blickwinkel mutierte der kriminelle Täter ausschließlich zum Opfer der Gesellschaft. Er wurde zum ersten Opfer eines an sich kriminellen Systems – der ausgeraubte Bürger hingegen war nur ein Folgeopfer. Doch indem man im Täter lediglich ein Opfer sah und ihn somit von seinen Taten freisprach, entmündigte man ihn auch gleichzeitig!

Heute ist der Blick notgedrungen nüchterner geworden. Der »wissenschaftliche Sozialismus« ist kläglich gescheitert, und auch die großen Hoffnungen, die man in die Resozialisierung von Straftätern setzte, haben sich nicht erfüllt. Das Verbrechen ist in der Welt geblieben. Keine Revolution oder gesellschaftliche Umgestaltung kann es abschaffen. So erlitten z.B. in früheren Jahrhunderten die Puritaner und andere religiöse Fanatiker, die mit Feuer und Schwert gegen das »Böse«, gegen Hexen, Ketzer und »unreine« Menschen, ankämpften, Schiffbruch. Und selbst wenn das »normale« Verbrechen wirklich einmal durch staatliche Maßnahmen deutlich zurückgedrängt werden konnte, dann fand das »Böse« schnell neue Möglichkeiten, sich zu verwirklichen, so z.B. im Denunziantentum oder im Staatsterrorismus.

Eine kluge Verbrechensbekämpfung wird daher immer die dem Menschen – mitgegebenen – Charakterschwächen berücksichtigen müssen.

Zwar ist jedes Verbrechen der jeweiligen Besonderheit einer Gesellschaft angepaßt, in die es sich eingenistet hat, aber es ist niemals nur ein Produkt dieser Gesellschaft. Dazu ist das Verbrechen viel zu elementar. Es ist genauso in der Welt wie Hunger, Sturm, Kälte, Finsternis, Haß, Neid, Krankheit, Habgier, Dummheit oder Tod. Das »Böse« ist ein Teil des Menschen selbst, seiner Natur, seiner Welt. Es läßt sich gelegentlich domestizieren, aber niemals vernichten; denn alles »Böse« und damit auch das Verbrechen ist flexibel und findet immer neue Schlupflöcher und Schattenwinkel. Das Verbrechen ausrotten zu wollen, endet daher selbst immer nur im Verbrechen.

Dennoch ist jedem Staat der Auftrag mitgegeben, das Verbrechen zu bekämpfen. Er hat die Aufgabe, ihm die Grenzen zu weisen; denn ein Staat, der sich wehrlos macht, verliert erst die Achtung seiner Bürger, dann sich selbst. Dabei muß in einem ständigen Balanceakt zwischen den Extremen einer übersteigerten Verbrechensbekämpfung und einem schwächlichen laissez faire ausgewogen werden, da auch hier gilt: Wer nur autoritär ist, wird gehaßt, wer aber nie autoritär ist, wird verachtet – und meistens von der Unterwelt zuerst; denn erst ein gewisses Maß an »law and order« gibt dem Menschen die Möglichkeit zur freien – angstfreien – Entfaltung.

Das Verbrechen ist elementar. Es ist ein Teil der menschlichen Natur – und vor allem der männlichen Natur: Etwa 80 Prozent aller Straftaten werden von Männern begangen, dabei dominiert die Altersgruppe zwischen 18 – 48 Jahren deutlich. Neben diesen biologischen Faktoren ist das Verbrechen aber stets auch gesellschaftsbezogen: Die Art und Weise, wie gestohlen, geschändet oder betrogen wird, ist nie von der Gesellschaft zu lösen, in der es stattfindet. Aber auch die Definition dessen, was ein Verbrechen ist oder was nicht, ist gesellschaftsabhängig. In jeder Gesellschaft gibt es auch integrierte oder »legale« Verbrechen. Bestechung, Vetternwirtschaft, Mobbing, Denunziaton, Lüge, das skrupellose Ausnützen von Gesetzeslücken, all dies sind Verbrechen, die nur selten einer Ahndung unterliegen, entweder, weil sie erst gar nicht strafbar sind oder juristisch so gut wie unmöglich zu belegen sind. Trotzdem bilden gerade sie einen festen Tatbestand nahezu jeder Gesellschaft. De facto ist die klare Grenze zwischen Verbrechen und

Nichtverbrechen eine Abstraktion, und damit auch die zwischen Verbrecher und Nichtverbrecher. Es gibt genügend scheinbar »ehrbare« Bürger, die den Durchschnittsverbrecher charakterlich kaum überflügeln dürften. Daß sie »offiziell« nicht kriminell werden, liegt lediglich an ihrer größeren Schlauheit oder Feigheit. Darüber hinaus stellt Eigentum zwar generell keinen Diebstahl dar, da es im Gegensatz zur marxistischen Doktrin sehr wohl redlich erworben sein kann, gleichwohl sind die Auswüchse des heute herrschenden Kapitalismus durchaus als kriminell einzustufen. Auch die Allgegenwart der Werbung und die ständige Animierung zum Konsum enthält nüchtern betrachtet ein kriminelles Element, nämlich das der Anstiftung zum Diebstahl.

Nur – bestraft wird ausschließlich der erwischte Kaufhausdieb, während diejenigen, welche diese gleißende Glitzerwelt errichtet haben, in überhaupt keine moralische Verantwortung gesetzt werden.

Unser Verhältnis zum Verbrechen ist ambivalent: So schreit der brave Bürger laut und scharf nach harten Strafen gegen Kriminelle, damit er sich selbst und seine Besitztümer geschützt weiß. Aber was tut gerade der unbescholtene Bürger, wenn er es sich nach des Tages Mühen so richtig schön bequem machen will? Er schaltet den Fernseher an und schaut einen Krimi! Und je realistischer sich das illusionäre Flimmerwerk dabei gibt – um so besser; denn solange die Leiche nur im Wohnzimmer des Nachbarn liegt, ist die Welt ja noch in Ordnung ... Zweifelsohne, das »Böse« besitzt zum Verdruß vieler Moralisten einen hohen Unterhaltungswert. Emil Durkheim hatte schon recht, als er die Kriminalität als einen »gesunden« Bestandteil der Gesellschaft betrachtete. Erst über die Schlechtigkeit der anderen – der Verbrecher – definieren wir uns selbst. Dabei verdeutlicht das »offizielle« Verbrechen – ähnlich wie die Kunst – oft nur Eigenschaften, die auch in den meisten anderen Menschen anzutreffen sind. Vermutlich bereitet uns gerade deshalb das Absetzen von der Verbrecherwelt, bei deren gleichzeitigem Studium, so viel Spaß!

Da das Verbrechen so elementar mit dem Menschen – und auf die eine oder andere Art selbst mit dem braven Bürger – verbunden ist, wird es bleiben, solange es noch Menschen gibt. Aber läßt sich vom Heute aus schon ein Blick auf mögliche Tendenzen des Verbrechens von morgen werfen? Es soll hier zumindest versucht werden:

1. Da das Verbrechen gesellschaftsorientiert ist, paßt es sich auch immer den technologischen Möglichkeiten an, die eine Gesellschaft zu bieten hat. Für die Zukunft bedeutet dies: Das Verbrechen wird »virtuell«. Computerkriminalität, sowohl zu betrügerischen Zwecken als auch, um damit terroristische Sabotageakte zu begehen, wird eine vielversprechende »Wachstumsbranche« darstellen. Unterstützt wird dieser Prozeß noch dadurch, daß auch das Geld

der Zukunft weitgehend »virtuell« sein wird. Bargeld ist in immer geringeren Umfang im Umlauf. Im Regelfall werden bereits heute imaginäre, d.h. nicht faßbare Geldsummen von einem Bankkonto zum anderen verschoben.

2. Durch die fortlaufende technisch-industrielle Revolution globalisieren sich nicht nur Wirtschaft, Medien, Konsumgewohnheiten und Politik, sondern auch das Verbrechen. Das organisierte Verbrechen wird in einem immer stärkeren Ausmaß global operieren. Außerdem globalisieren sich weiterhin gewisse Formen der legalen Kriminalität, nämlich diejenigen, die mit großen wirtschaftlichen Interessen verbunden sind. Rechtsabteilungen großer Konzerne suchen schon heute weltweit nach Gesetzeslücken, um so ihre Firmeninteressen am besten durchsetzen zu können. Notfalls werden Länder und Regierungen gegeneinander ausgespielt.

3. Während auf globaler Ebene die Welt zusammenwächst oder übernationale Interessengruppen geschlossen werden, zerfällt sie vor der Haustür in einander widerstreitende Einheiten. Bürgerkriegsszenarien, verursacht u.a. durch Ethnogangs und Jugendbanden, die ihr Umfeld terrorisieren, werden die Kriminalität teilweise explodieren lassen.

4. Die reproduktionsunwilligen, rapide vergreisenden Wohlstandsgesellschaften, in denen sich materieller Reichtum mit fehlender Lebensvitalität paart, ziehen nicht nur weltweit Armutsflüchtlinge an, sondern auch kriminelle Energien. Die »Altenschwemme« provoziert den Altenmord. Im Gegensatz zu Kindern, deren Anblick durch das in uns waltende »Kindchenschema« meistens als positiv empfunden wird, bewirkt der Anblick vieler alter Menschen eher das Gegenteil. Der Instinkt sperrt sich gegen die auf dem Kopf stehende Alterspyramide. Daß diese Alten überdies nicht nur zahlreich, sondern höchstwahrscheinlich auch noch hedonistisch selbstbezogen und wohlhabend sein werden, dürfte das Aggressionspotential der wenigen Jungen weiter erhöhen. Der Altenmord könnte demnach Hochkonjunktur bekommen, und da er überdies die angespannten Rentenkassen entlastet, wird er vermutlich nur zu einer mäßigen Verfolgungsbereitschaft animieren. Denn – wie stark ein Verbrechen überhaupt zur Kenntnis genommen wird und wieviel Elan man daran setzt, es aufzuklären, weist deutliche Diskrepanzen auf. Während z.B. bei einer Kindesentführung oft die gesamte Nation emotional an dem Fall beteiligt ist, sorgt ein tot aufgefundener Stadtstreicher kaum für Aufsehen. War es überhaupt ein Mord? Die Wunde am Kopf könnte er sich auch durch eine Sturz zugezogen haben! Nur jeder zweite Mord wird in Deutschland überhaupt als Mord registriert –

schließlich, ein Mordfall verlangt von den Ermittlern Arbeit, ein natürlicher Tod aber keine!

5. Der Mensch führt immer stärker ein »Leben aus zweiter Hand«. Medienflut, Virtual Reality und die Illusionsmaschinen, die uns die Zukunft höchstwahrscheinlich noch bringen wird, werden dafür sorgen, daß der Homo sapiens sich immer stärker den Erdkräften entzieht. Realitätsverlust und Manipulation können aber leicht zu Wahn, Massenwahn und Hysterie führen, in deren Folge dann verbrecherische Handlungen begangen werden. Die Zukunft könnte daher neue Formen von Hexenverfolgungen gebären!

Anmerkungen

1. Abgedruckt im von Urs Widmer verfaßten Nachwort zu Joseph Conrads: *Herz der Finsternis*. Zürich 1992, S.191.
2. Vgl. Fuhrmeir, Andreas; Freitag, Sabine: *Mord und andere Kleinigkeiten*. München 2001, S. 7-8.
3. Waelder, Robert: *Die Grundlagen der Psychoanalyse*. 2. Aufl. Stuttgart 1983 (E.A. New York 1963). S. 186-187.
4. Vgl. hierzu vor allem sein Werk: *Der Verbrecher in anthropologischer, ärztlicher und juristischer Beziehung*. 2 Bde Hamburg 1887-1888 (E.A. Turin 1876).

A

Abel, Wolfgang und Furlan, Mario

Wolfgang Abel galt als überdurchschnittlich intelligent und schien vom Leben begünstigt. Schon während der Schulzeit war der Sohn eines in Italien lebenden deutschen Versicherungsdirektors eng mit Mario Furlan, dem Sohn eines angesehenen Arztes aus Verona, befreundet. Auch Mario Furlan galt als überdurchschnittlich intelligent und besuchte die Universität in Verona. Doch die beiden jungen Männer nutzten ihre Fähigkeiten dahingehend, daß sie in etlichen norditalienischen Städten, so in Padua, Venedig, Vincenza, Verona und Trient, eine Serie missionarisch orientierter → Morde begingen. Sie lebten in dem Wahn, die Gesellschaft von → Prostituierten, Drogenabhängigen (→ Rauschgiftkriminalität) oder → Homosexuellen befreien zu müssen. Ihre vermutlich erste »Eliminierung« fand im August 1977 statt, als sie einen drogensüchtigen → Zigeuner bei lebendigem Leib in seinem Auto verbrannten. Bei ihren weiteren Morden hinterließen sie Nachrichten, die ihre Verbrechen begründen sollten. So zum Beispiel bei einem homosexuellen Pfarrer die Mitteilung: »Der Tod sucht diejenigen heim, die den wahren Gott verraten.« All diese Schreiben waren mit dem Namen Ludwig unterzeichnet. Als die beiden Freunde am 3. März 1984 eine Diskothek in Mantua in Brand setzen wollten (→ Brandstiftung), konnten sie verhaftet werden. In Wolfgang Abels Wohnung fanden sich Beweise dafür, daß er der Verfasser der mit Ludwig unterzeichneten Schreiben war. 1986 landeten Furlan und Abel vor → Gericht und wurden in zehn von insgesamt 27 Mordanklagen für schuldig befunden. Das → Urteil lautete für beide auf 30 Jahre → Freiheitsstrafe. Seit 1990 büßen die beiden Serientäter, die ihre Morde bis heute bestreiten, ihre → Haft im offenen → Strafvollzug ab. → Fanatiker, → Serienmörder

Abtreibung

→ Schwangerschaftsabbruch

Acht

Die Acht bzw. Ächtung wird bereits bei Naturvölkern vorgenommen, um schwere Tabu- oder Rechtsbrüche zu bestrafen. Sie bedeutet den Ausschluß aus der Gesellschaft und dem Rechtsverband. Die betroffene Person wird für → vogelfrei und damit für ehrlos und rechtlos erklärt. Der Geächtete konnte sich aus der Acht lösen, indem er sich dem → Gericht stellte und sich dessen → Urteil unterwarf. Bekannt sind in der deutschen Geschichte z.B. die Ächtung Heinrichs des Löwen (1180), Martin Luthers (1521) oder des Kurfürsten Johann Friedrich von Sachsen (1546).

Affekttäter

Wie der Name bereits verrät, handelt der Affekttäter aus einem Affekt heraus. Der Begriff Affekt wird oft als Synonym für Gefühl oder Emotion verwendet, sehr oft steht er jedoch auch für eine sehr heftige Gefühlsreaktion, die durch eine alarmierende Situation, z.B. Bedrohung, ausgelöst wird. Affekt in dem Sinne von Wut oder Angst ist immer gekennzeichnet durch einen hohen Erregungsgrad, der sich in körperlichen Symptomen wie Veränderung von Atmung, Puls oder Blutdruck niederschlägt. Im Erleben kommt es oft zu einer Bewußtseinseinschränkung. Die Affekthandlung erfolgt häufig in Form einer Kurzschlußhandlung, die nicht ungezielt, aber unkontrolliert ist und der Entladung einer Affektstauung dient. Die Beherrschung der Affekte, d.h. der unmittelbaren Handlungsantriebe, bildet eine Voraussetzung für ein harmonisches menschliches Zusammenleben. Trotzdem brechen Affekthandlungen bei einigen Menschen aufgrund von Wut, Angst, Eifersucht oder Veranlagung immer wieder durch und können dann zu → Vandalismus, → Körperverletzung, bis hin zu → Mord führen. Für Außenstehende mag der Anlaß für eine Affekthandlung oft lächerlich geringfügig erscheinen. So rammte z.B. im Jahre 2000 ein damals 57jähriger Frührentner einem Nachbarsjungen ein Küchenmesser ins Herz, da dieser zu laut Tischtennis gespielt hatte. Da der Junge auf das bereits gereizte Brüllen des Frührentners: »Ruhe endlich!« nicht reagiert hatte, kam es zu einer tödlichen Affekttat. Affekthandlungen können auch mit Affektstörungen der Täter zusammenhängen. Nicht selten sind bei ihnen verschiedene neurotische, psychotische und organische Erkrankungen zu beobachten wie z.B. Affekt-Labilität (abnorme Schwankungen der Stimmungslage), Affekt-Inkontinenz (Unfähigkeit, Affektäußerungen zu beherrschen), Affektstumpfheit, Affekt-Starre (Hemmung der emotionalen Ansprechbarkeit) oder Affekt-Sturm (emotionale Übererregbarkeit). Im → Strafrecht können besonders hochgradige Affekte, deren Vorhandensein in der Regel einer medizinischen Vorklärung bedarf, als »tief greifende Bewußtseinsstörung« zum Ausschluß von → Schuld und Strafbarkeit führen – allerdings nur, wenn ihre Entstehung unverschuldet ist. → Aggression, → Amok, → Geisteskranke und abnorme Täter

Agca, Ali

Am 13. Mai 1981 feuerte der zu diesem Zeitpunkt 23jährige Ali Agca auf

Der Papst und sein Attentäter Ali Agca

dem Petersplatz in Rom mehrere Schüsse auf Papst Johannes Paul II. ab. Der Kirchenfürst erlitt bei diesem aus nächster Nähe erfolgten → Attentat schwere Bauch- und Darmverletzungen. Neben dem Papst trugen zwei in der Nähe auf eine päpstliche Audienz wartende Frauen Verletzungen davon. Bereits von seinem Krankenbett aus vergab Papst Johannes Paul II. seinem Attentäter. Agca, Ali hatte als → Motiv seines Anschlages angegeben, den Islam vor einem als drohend empfundenen Christentum schützen zu wollen. In seinem Heimatland, der Türkei, war der islamische → Fanatiker bereits wegen → Mordes am Chefredakteur der linksliberalen Zeitung »Millyet« zum Tode verurteilt worden.

Agent

(Abgeleitet vom lateinischen »agere« = handeln, treiben, wirken). Vor allem während der Zeit des kalten Krieges hatten → Spione und Agenten sowohl in der Realität als auch in der Literatur und im Kino ihre große Zeit. Die besten Autoren von Agenten- bzw. Spionageromanen konnten dabei auf eigene Erfahrungen im Dschungel der Geheimdienste zurückgreifen: Graham Greene, John Le Carré und Ian Fleming schildern Erlebnisse im Grenzbereich von Politik und Verbrechen.

Was unterscheidet nun einen Agenten von einem Spion? Im Grunde genommen nichts, außer daß der Agent für die richtige Seite, also für die eigene, spioniert. Dadurch erhält der Agent – im Gegensatz zum »bösen« Spion – nicht selten die Aura das Helden. Wenn allerdings ein Agent bei seiner Spionagetätigkeit nicht nur Weisungen seiner Regierung ausführt, sondern diese zugleich im Auftrag eines gegnerischen Geheimdienstes ausforscht, heißt er Doppelagent und gilt gewissermaßen als die Inkarnation des Bösen schlechthin. Eine Person, die bei ihrer Spionagearbeit im Operationsgebiet unter einer Tarnung lebt, Agentenaufträge erteilt oder zwischen den Agenten und der auftraggebenden Regierung Kurierdienste leistet, wird Agent-Führer oder auch Resident genannt.

Agent provocateur

Bei ihm handelt es sich um einen Lockspitzel, der sich im Dienst der → Polizei oder dritter Personen in das Vertrauen eines Verdächtigen einschleicht und ihn zum Begehen straf-

Einer, der sich im Agentenmilieu auskannte: Erfolgsautor Graham Greene

barer Handlungen animiert, um ihn daraufhin als Straftäter zu überführen. Der Agent provocateur selbst bleibt straflos, wenn er die Tat nur bis zum → Versuch kommen läßt. Wartet er jedoch die Ausführung der → Straftat ab, macht er sich wegen → Anstiftung strafbar. Der Einsatz von Agents provocateurs hat in den letzten Jahren vor allem bei der Bekämpfung der → Rauschgiftkriminalität Bedeutung gewonnen. Verführt ein Agent provocateur den Täter durch nachhaltigen Einfluß zur Straftat, so ergibt sich hieraus ein Strafmilderungsgrund für den Täter. → Verdeckte Ermittler, → V-Leute

Aggression/Aggressivität

Das lateinische Wort »aggredi, aggressum« bedeutet »herangehen, angreifen«. Aggressive Menschen neigen zu schneller, heftiger Reaktion, zu erhöhter Angriffsbereitschaft und feindseligem Verhalten. Aggression äußert sich meist als affektgeladenes Angriffsverhalten, das sich nach außen richtet, so gegen andere Personen, Gegenstände oder Institutionen (→ Gewaltverbrechen), aber auch gegen die eigene Person (Autoaggression) gerichtet sein kann. Aggression kann sich in Worten oder Taten äußern. Erhöhte Unfallbereitschaft, Verkehrskriminalität (→ Verkehrsvergehen, → Verkehrsverstöße), übermäßige Selbstvorwürfe oder → Selbstmord können Ausdruck von nach innen gerichteter Aggression sein. Aggressive Reaktionen werden von Faktoren wie Streß, Frustration, Minderwertigkeitsgefühlen, Erschöpfung, mangelnder Triebbefriedigung oder enthemmenden äußeren Einflüssen wie Alkohol (→ Alkohol und Verbrechen), Massenveranstaltungen oder Propaganda gefördert. Ist eine direkte Entladung der Aggression nicht möglich, kann sie sich stauen oder auf ein risikoloses Ersatzobjekt umgeleitet werden. Manchmal verursachen auch diffuse und uneingestandene Gefühle, deren Ursachen im Unterbewußtsein liegen, Aggressionen (→ Neidverbrechen).

In der Regel gilt Aggressivität als negativer und destruktiver Impuls, manchmal kann sie sich aber auch als schöpferische Energie äußern. Es gibt mehrere Ansätze zur Erklärung von Aggressionen:

Zunächst gibt es die endogenen Aggressionstheorien. Sie gehen davon aus, daß es einen angeborenen Aggressionsinstinkt beim Menschen gibt, der nach Konrad Lorenz vergleichbar der tierischen Aggression der Verteidigung des Lebensraumes und der Nachkommenschaft sowie der Bildung einer sozialen Rangordnung dient. Aggressionen wachsen in diesem Erklärungsmodell in einer inneren Triebquelle des Menschen und müssen ab und zu entladen werden. Die Destruktivität von Aggressionen führt Lorenz auf eine intraspezifische Selektion während der Altsteinzeit zurück. Kritiker dieser Theorie bestreiten, daß es einen angeborenen Aggressionsinstinkt beim Menschen gibt und sehen Vergleiche mit der Tierwelt nur ungern.

Insbesondere die psychoanalytische Theorie ist hier ganz anderer Ansicht. Nach Sigmund Freud steht dem Lebenstrieb (Eros) der Todestrieb

(Thanatos) entgegen, der auf die Selbstvernichtung des Individuums zielt. Durch Beimischung libidinöser Triebenergie werden nach Freud Impulse des Todestriebes nach außen gelenkt, wo sie sich destruktiv gegen die Umwelt wenden. Im Extrem etwa in der Form des → Amok. Gesellschaftliche Tabus haben eine Sublimierung dieser Triebenergien bewirkt und sie dem Über-Ich unterstellt. Eine übermäßige Aggressionsunterdrückung kann jedoch krank machen. Diese in Freuds 1920 erschienenem Werk *Jenseits des Lustprinzips* ausgeführten Theorien zum Todestrieb werden jedoch von den meisten neueren Psychoanalytikern abgelehnt.

Einen dritten Erklärungsversuch bildet die Frustrations-Aggressions-Hypothese, die 1939 von einer Forschergruppe der Yale-Universität entwickelte wurde. Sie geht davon aus, daß jeder Aggression eine Frustration zugrunde liegt. Als Frustrationen gelten beispielsweise eigenes Versagen, Triebblockaden oder Entbehrungen. Das Frustrationserlebnis führe zu einem Angriff auf die Frustrationsquelle mit der Absicht, sie zu vernichten, nach dem Motto »Macht kaputt, was euch kaputt macht«. Je größer die Frustration, desto intensiver die aggressive Reaktion.

Die lerntheoretischen Aggressionsmodelle gehen davon aus, daß aggressives Verhalten wie jedes andere soziale Verhalten erlernt wird, nämlich durch die Beobachtung aggressiven Verhaltens und durch Erfolgserlebnisse bei aggressivem Verhalten. Die Beobachtung von erfolgreichem aggressivem Verhalten kann enthemmend wirken und zur Folge haben, daß solche Muster übernommen und auf andere Situationen neu übertragen werden. Um die Aggressionen abzubauen, ist demnach ein Vorbild nicht aggressiver Verhaltensweisen nötig, die auf anderem Wege eine Bedürfnisbefriedigung erreichen.

In den differenziellen Aggressionstheorien werden individuelle Eigenschaften als Aggressionsursache angenommen, so z.B. eine gewisse Disposition, mangelndes Schamgefühl oder krankhafte Ursachen, wie beispielsweise Alzheimer. Aggression als Massenphänomen, wie sie im Krieg oder ähnlichen Situationen auftritt, läßt sich hiermit jedoch nicht erklären.

Mit der Entstehung von Aggressionen im sozialen Zusammenhang wie z.B. die → Sündenbockbildung oder → Mobbing beschäftigen sich sozialtheoretische Aggressionsmodelle. In ihren Forschungsbereich fallen auch kollektive Aggressionen als Folge der Überbevölkerung oder Aggressionen bei einem gestörten Ranggleichgewicht innerhalb einer Gruppe.

Gewalt als Ausdruck der Aggression findet sich in allen Lebensbereichen. Die Konfliktforschung stellt heute eine vermehrte Neigung zur Gewaltanwendung in der Gesellschaft fest. In den Medien werden alle möglichen Formen brutaler Gewalt vorgeführt. Die Gewalt, die hier zu unserer Unterhaltung beitragen soll, ist nicht selten die Gewalt, die vom Verbrechen ausgeht. Dabei basiert keineswegs nur das Verbrechen, in welchem die Zerstörung von Leben oder Besitz (→ Vandalismus) im Mittelpunkt steht, auf einer erhöhten Aggressivität. Auch → Bereicherungsdelikte verlangen vom Verbrecher die Bereitschaft, notfalls mit Gewalt vorzugehen. Daß der Kriminelle hier nicht selten mehr Gewalt als nötig einsetzt, läßt auf ein ausgeprägtes Aggressionspotential schließen. Doch im Grunde genommen ist bei jeder kriminellen Tat, auch wenn bei ihr keine Menschenleben gefährdet oder Schäden verursacht werden, von einem dahinterstehenden Aggressionstrieb auszugehen; denn Aggressivität ist mit eine Voraussetzung, die Hemmungen vor einer verbrecherischen Tat, die der Normalbürger üblicherweise verspürt, beiseitezuschieben.

Welches Aggressionsmodell trifft nun auf den Verbrecher zu? Vermutlich jedes davon, da alle einen wahren Kern enthalten. Welches davon auf den jeweiligen Verbrecher paßt, ist eine individuelle Frage. Eines wissen wir allerdings mit Gewißheit: Der Verbrecher trägt ein erhöhtes Aggressionspotential in sich – ein Umstand, der auch seine Gefährlichkeit ausmacht.

Literatur: K. R. Scherer: Der aggressive Mensch. Ursachen der Aggression in unserer Gesellschaft (1979); R. Hilke; W Kempf (Hg.): Aggression. Naturwissenschaftliche und kulturwissenschaftliche Perspektiven der Aggressionsforschung (1982); A. Mitscherlich: Die Idee des Friedens und die menschliche Aggression. (1984); F. Hacker: Aggression. Die Brutalisierung unserer Welt (1985); P. Puchheim (Hg.):Zur Psychodynamik und Psychotherapie von Aggression und Destruktion (1990); K. Lorenz: Das sogenannte Böse. Zur Naturgeschichte der Aggression (1993); H. Adam: Terror und Gesundheit. Ein medizinischer Ansatz zum Verständnis von Folter, Flucht und Exil (1993); W. Kempf (Hg.): Gewaltfreie Konfliktlösungen (1993); E. Müller-Mees: Die aggressive Frau (1993); E. Fromm: Anatomie der menschlichen Destruktivität (1973); F. u. U. Petermann: Training mit aggressiven Kindern (1994); T. Steinert: Aggression bei psychisch Kranken (1995).

→ YY

Aktienbetrug

An der Börse macht man Geld – legal und → illegal. Nicht nur windige Spekulanten machen dort ihr Spiel, sondern mittlerweile auch die → or-

Aktienbetrug: Börse in New York – geballte kriminelle Energie

ganisierte Kriminalität. So nahmen im Jahr 2000 in einer Großaktion Beamte des → FBI elf Mitglieder der großen New Yorker → Mafiafamilien – der Gambinos, Colombos, Bonannos, → Genoveses und Lucheses – und weitere 109 Personen (darunter 70 Broker und 30 Angehörige von Aktienfirmen) fest. Sie hatten, so die Anklage der Staatsanwaltsschaft von New York, im größten Aktienbetrug der US-Geschichte Investoren um 50 Millionen US-Dollar geprellt. Das Neue daran war, daß die Mafiosi-Sippen den Aktienmarkt für sich entdeckt hatten. Das traditionelle Terrain der Mafia waren bisher Drogenhandel (→ Rauschgiftkriminalität), Pferderennbahnen, Spielkasinos (→ Glücksspiel), → Prostitution und überraschenderweise auch die Müllabfuhr gewesen. Doch angesichts der Profite, die von ganz normalen, unbewaffneten Leuten an der Börse gemacht werden können, wollten die → Paten nicht mehr zurückstehen und entschieden, verstärkt beim großen Spiel ums Geld einzusteigen. Die kriminellen Energien sollten geballt, die Synergieeffekte genutzt werden für den großen Fischzug an der Wall Street. Zu diesem Zweck nistete sich die Mafia in dem kaum beachteten Markt für Billigaktien ein. Dort wurden die Papiere von Kleinunternehmen im Freiverkehr gehandelt, eine Chance für Start-ups, schnell und einfach an Startkapital zu kommen. Eine Chance auch für die Investmentbank DMN, die laut Staatsanwaltschaft von Bonanno-Gang-Mitglied »Little Robert« Lino zur → Betrugszentrale ausgebaut wurde und bald alle Halb- und → Unterweltler der Wall Street anzog. »Eine Bank für Betrüger und Korrupte«, wie die New Yorker Staatsanwältin Mary Jo White urteilte.

Als Betrugsschema nutzten die organisierten Verbrecher ein altes Modell: »plump and dump«, also aufblasen und versenken. DMN und Komplizen sollen in großer Anzahl Billigaktien unauffälliger Unternehmen wie etwa eines Inline-Skates-Herstellers oder Dachziegelverwerters gekauft haben. Dann wurden Aktienbroker anderer Firma bestochen, damit sie diese Papiere anpreisen. Mit Falschinformationen und einem darüber hinaus konstruierten Netzwerk von Web-Seiten und Anlageberatern lockten die Mafiosi Käufer. Stieg schließlich der Preis der vermeintlich heißen Aktie, verkauften sie. Den unbedingten Einsatzwillen der 70 beteiligten Broker und Berater sicherten sich die Mafialeute mit ihren klassischen Methoden. So wurden z.B. Händler, deren reguläre Kunden die Papiere beim Höchststand abstießen, brutal zusammengeschlagen. »Egal, in welchen Markt die Mafia eindringt, ihre Methoden sind immer die gleichen: Gewalt und die Androhung von Gewalt«, kommentierte Barry Mawn, der stellvertretende → FBI-Chef von New York.

Alarmanlagen

Technische Sicherheitsanlagen, die bei Gefahr akustische und optische Alarmsignale von sich geben, z.B. Summton, Hupe, Warnlampe, etc. Intern dient ihr Signal zur Alarmierung der anwesenden Personen, nach außen erregt die Alarmanlage die allgemeine Öffentlichkeit. Manchmal ist die Alarmanlage auch direkt mit → Polizei, Werkschutzzentrale, privatem Sicherheitsdienst oder ähnlichem verbunden. In diesem Fall wählen Alarmanlagen automatisch mittels eines Telefonwählgerätes vorgegebene Telefonnummern an und übertragen Meldungen in eigenen Leitungsnetzen oder mittels einer Übertragungseinrichtung auf einer ständig geschalteten Telefonleitung. In Anlagen mit hohem Sicherheitsrisiko gibt es auch verschlüsselte Übertragungsverfahren. Alarmanlagen dienen neben öffentlichen Notrufen (z.B. Feuermeldeanlagen) vor allem zur Vermeidung von → Einbrüchen. Diebstahlwarnanlagen sollen vor Hauseinbrüchen und → Autodiebstahl schützen.

Alibi

Wer ein Alibi hat, der war »anderswo«. So lautet nämlich die Bedeutung des lateinischen Wortes alibi. Das Alibi bildet besonders im → Strafprozeß zur Widerlegung eines Tatverdachts einen bedeutsamen Nachweis; denn wer ein Alibi besitzt, kann damit beweisen, daß er sich zur Tatzeit nicht am → Tatort aufgehalten hat.

Alkohol und Verbrechen

»Daß zwischen Trunksucht und Rauschgiftsucht einerseits und Verwahrlosung andererseits enge Beziehungen bestehen, ist seit langem bekannt«, schrieb 1959 der bekannte Soziologe und Kriminologe Wolf Middendorff in seinem Grundlagenwerk *Soziologie des Verbrechens*. Daran dürfte sich bis heute wenig geändert haben. Alkohol und Verbrechen überschneiden sich auf vielfältige Art und Weise: Häufig ist das Verbrechen ein direktes Ergebnis eines erhöhten Alkoholpegels. Solche Verbindungen sind vielfach bei → Gewalttaten, insbesondere → Jugendgewalt, → Sexualverbrechen, → Vandalismus und Verkehrsdelikten (→ Verkehrsvergehen) nachzuweisen. Oft dient der Alkohol auch als Mutmacher oder Beruhigungsmittel für die verbrecherische Tat. Alkoholkonsum war schon beim klassischen → Räubertum verbreitet und wohl noch ausgeprägter bei den → Piraten. Alkohol kann zur → Verwahrlosung führen und als Resultat davon → Bettelei und → Diebstahl begünstigen. Abgesehen von den geschilderten direkten Verbindungen von Alkohol und Verbrechen ist auch immer wieder der exzessivere Lebensstil des Verbrechers verglichen mit dem des Normalbürgers hervorgehoben worden. So betonte bereits der Polizeirat Friedrich Christian Benedict Avé-Lalleman in seinem erstmals 1858 erschienenen Klassiker Das deutsche Gaunertum: »Die Genußsucht und Sinnlichkeit des Gauners sowie seine Verschwendung grenzen an Wahnsinn. Mancher Gauner hat zu verschiedenen Malen schon ein bedeutendes Vermögen erworben gehabt, von dessen Renten er ein bequemes, ruhiges Leben hätte führen können. Aber in kurzer Zeit wurde der Reichtum verpraßt.«

Trotz aller nachteiligen Wirkungen, die Ausschweifung und Alkohol hervorrufen können, ist das Gegenteil davon, die Herrschaft des Puritanismus, auch nicht unbedingt empfehlenswert. Während der Zeit des Alkoholverbotes in den USA – der → Prohibition – explodierte das Verbrechen. Jede kluge Regierung wird daher ihren Bürgern wohl ein Mindestmaß an »Sünde« zubilligen müssen.

Die Alte Lisel

Alt war die Alte Lisel für heutige Verhältnisse gerade nicht, als es ihr am 17. August des Jahres 1732 an den Kragen ging. Als 40jährige wurde sie damals in Salem am Bodensee gehenkt. Die Alte Lisel, alias Elisabetha Frommerin, starb gemeinsam mit ihrem erst 26 Jahre alten »Beihälter« (Beischläfer) Thomas Schidenhalm. Drei Ehemänner hatte die Alte Lisel schon durch Strick oder Schwert verloren, mehrmals war sie selbst ergriffen worden, doch stets war ihr die Flucht gelungen.

Die Alte Lisel war eine routinierte → Diebin, → Bettlerin und Landfahrerin (→ Vagabunden). Sie war das unumstrittene Oberhaupt einer Gruppe von Männern und Frauen, einer herumziehenden »Großfamilie«. Eine → Räuberbande im eigentlichen Sinne war die »Familie« der Lisel allerdings nicht. Nie wurden → Mord oder → Totschlag begangen oder auch nur ein spektakulärer Überfall verübt. Die Gruppe, die vermutlich nie die Anzahl von zehn Personen überschritt – wenn man die mitziehenden Kinder ausnimmt – lebte mehr schlecht als recht von meist kleineren Gaunereien (→ Armut und Verbrechen). Man zog von Markt zu Markt, von Stadt zu Stadt, nahm Quartier und Unterschlupf auf Bauernhöfen oder in Wirtshäusern, die meist von Sympathisanten oder → Hehlern der → Gaunerszene geführt wurden. Das Beutegut, das ständig weiterverkauft oder verarbeitet werden mußte, sicherte ein eher karges Überleben. Gestohlen wurde auf der Straße und auf Märkten. Meist handelte es sich um Schmuck, Besteck, Geld oder andere Wertgegenstände. Aufsehenerregende Hauseinbrüche wurden eher gemieden.

Doch auch solch kleinere Gaunereien und Diebstahldelikte wurden im 18. Jahrhundert schwer bestraft. Wurden die Gauner erwischt, mußten sie damit rechnen, geprügelt, gebrandmarkt – oder wie es der Alten Lisel einmal nach einem im Weinrauch verpfuschten Diebstahl ergangen war – verstümmelt zu werden. Der Alten Lisel war in Chur ein Stück ihrer Nase abgeschnitten worden – wodurch sie sichtbar als Diebin gezeichnet war. Zudem erhielt sie ein lebenslanges Landesverbot. War der Dieb ein Wiederholungstäter, dann wurde er hingerichtet. Schaut man sich alte Verhörprotokolle an, aus denen die Biografien aufgegriffener Diebe und Vaganten entnehmbar sind, dann kann man feststellen, wie kurz ein gewöhnliches Gaunerleben währte, da es meist von der Obrigkeit durch → Hinrichtung beendet wurde. Mit ihren vierzig Jahren hatte die Alte Lisel für Gaunerverhältnisse also doch ein bereits hohes Alter erreicht.

»American Psycho«

Der Roman *American Psycho* (1991) ist ein Werk des 1964 bei Los Angeles geborenen Schriftstellers Bret Easton Ellis. Ellis, von Medien und Marketing als angeblich »meistgehaßter Autor« der Welt aufgebaut, beschreibt in seinem Buch die Geschichte eines psychopathischen → Serienmörders und damit auch ein Stück von Amerika – dem Land mit der höchsten Serienmörderquote. American Psycho ist die nahezu ins Satirische überzogene Geschichte des 27jährigen New Yorker Börsenmaklers Patrick Bateman, welcher – der Sterilität seines scheinbar überprivilegierten Yuppiemilieus ebenso ausgeliefert wie entfremdet – zum hackebeilschwingenden Serienkiller wird. Seine → Gewaltverbrechen – natürlich gegen junge, attraktive Frauen – sind Hilferufe, Versuche, die Schallmauer um seine empfindsam-empfindungsleere Seele zu durchbrechen. Die brutalen → Folterungen und orgiastischen → Blutbäder sollen Bateman aus seiner künstlich-synthetischen Oberfläche herausreißen und ihn wieder in den Urschoß der elementaren Triebe und Kräfte zurückführen. Gewalt hat in der auf Konformität ausgerichteten amerikanischen Massengesellschaft immer wieder als Versuch zur Befreiung aus der Zivilisation und Sehnsucht nach dem Ursprünglichen, Authentischen fungiert. Auch Ellis bedient diese Bilder, die er allerdings ins Grelle und Ekelerregende übersteigert. Im Jahr 2000 gelangte der Stoff mit gleichem Titel, unter der Regie einer Frau – Mary Harron -, in die Kinos.

Amnestie

»Vergessen, Vergebung« heißt das aus dem griechischen stammende Wort. Amnestie bedeutet den → Straferlaß für eine unbekannte Zahl von Verbrechen im Unterschied zur → Begnadigung. Amnestie kann bedeuten, daß bestimmte → Delikte nicht verfolgt und Verfahren dazu eingestellt werden oder daß → Strafen, für die bereits ein rechtskräftiges → Urteil besteht, erlassen werden. In Deutschland kann die Amnestie nur durch Gesetz, das sogenannte Straffreiheitsgesetz, gewährt werden. Von diesem Straffreiheitsgesetz wurde 1949, 1954 und 1968 aufgrund des Wegfalls bzw. der Milderung von Vorschriften des → Strafrechts Gebrauch gemacht, und 1970 wegen der Änderung des Demonstrationsrechts. Die Niederschlagung eines einzelnen schwebenden Verfahrens ist unzulässig.

Amok, Amokläufer

Das Wort ist vom malaiischen »amoku« abgeleitet, das soviel wie »rasend und wütend« bedeutet. Amok bezeichnet eine Form des Wahns, die mit → Mordtrieb einhergeht und bei den Eingeborenen der malaiischen Inseln besonders häufig vorgekommen ist. Seit dem 16. Jahrhundert weiß man von Berichten über Malaien, die sich voller → Rachegefühle in einen Opiumrausch versetzen, bis sie in einen Zustand der Raserei geraten. Mit dem Ruf »Amoku« zieht der von einer mörderischen Wut Befallene dann seinen Dolch und sticht im Laufen wahllos Menschen nieder, bis er selbst getötet wird, zusammenbricht oder sich selbst ersticht. Auf den malaischen Inseln gelten Amokläufer als → vogelfrei. Sie zu töten, ist legitim.

Verschmähte Liebe, Ärger in Beruf oder Familie, psychische Störungen wie Epilepsie, aber auch Krankheiten wie Malaria können zu Amokhandlungen führen. Anders als beim → Affekttäter ist die Tat des Amokläufers nicht auf eine momentane Streitsituation zurückzuführen. Beim Amokläufer ist es vielmehr eine aufgestaute und zur Entladung drängende Wut, die auch nicht, wie beim Affekttäter, auf ein bestimmtes Opfer gerichtet ist, sondern sich zumeist wahllos gegen möglichst viele Menschen richtet. Der Amokläufer ist nicht selten komplexbehaftet. Er kompensiert über den Amoklauf seine Minderwertigkeitskomplexe (→ Neidverbrechen), indem er sie zu Allmachtsphantasien aufbläht und dabei zum Herrn über Leben und Tod anderer wird. Das Zerstörungspotential des Amokläufers ist häufig so groß und eine Rückkehr in eine »normale« Gefühlsexistenz von ihm so unerwünscht, daß er auf dem Höhepunkt seines Mordrausches nicht selten die Hand gegen sich selbst richtet. So kann der Amoklauf auch als eine Sonderform des → Selbstmordes betrachtet werden. Manchmal endet der Amoklauf auch unter dem Feuerhagel von Spezialkommandos der → Polizei. Für die Mitwelt stellt der Amoklauf eine wie ein Blitz aus heiterem Himmel einbrechende Gewalttat dar. Mit aus diesem Grund stellt der Amoklauf für die Medien eine der sensationsheischenden Formen des Verbrechens dar. Amokläufe erobern sofort die Titelseiten und können sich tagelang mit Meldungen bzw. Spekulationen über mögliche Hintergründe der Wahnsinnstat halten.

Den traurigen Rekord der höchsten Opferzahl konnte ein betrunkener südkoreanischer Polizist bei seinem Amoklauf verbuchen: 1982 erschoß er innerhalb von acht Stunden 69 Menschen. Anschließend sprengte er sich mit einer Handgranate selbst in die Luft. Drogen und Alkohol (→ Alkohol und Verbrechen) können einen Amokläufer dazu anregen, seine Wut zu entladen – sind aber nicht notwendigerweise Auslöser. Manchmal kommt es auch vor, daß Amokläufer ihre sinnlose Mordlust gegen Kinder richten und Schulen zum Zielpunkt ihrer Attacke machen. Möglicherweise reizt sie der Umstand, daß Kinder besonders wehrlos sind, zudem sind in Schulen ganze Gruppen anzutreffen. So tötete 1964 in Köln ein Mann mit einem Flammenwerfer acht Kinder durch ein Klassenzimmerfenster. Danach erstach er mit einer Lanze noch zwei Lehrerinnen und beging anschließend mit → Gift Selbstmord. 1996 erschoß der Schotte Thomas → Hamilton fast eine ganze Schulklasse. → Bryant, Martin, → Geisteskranke und abnorme Täter

Anarchismus/Anarchisten

Der Anarchismus ist eine politische Ideologie, welche die Beseitigung jeglicher Herrschaft eines Menschen über andere und die Einführung unbeschränkter Selbständigkeit der Einzelwesen in rechtlicher, gesellschaftlicher und wirtschaftlicher Beziehung erstrebt. Voraussetzung für den Zustand der Anarchie ist die Abschaffung des Staates und seiner Organisationen. Die Methoden zur Erreichung der anarchistischen Ziele reichen von absoluter Gewaltlosigkeit bis zu → Mordanschlägen und Terrorakten (→ Terrorismus).

Der Anarchismus entwickelte sich im 19. Jahrhundert. Besonders in seiner zweiten Hälfte überzogen Anarchisten Europa und z.T. auch Amerika mit einer Reihe von spektakulären Gewalt- und → Sabotageakten. Von Anarchisten ermordet wurden z.B. der russische Zar Alexander III., der italienische König Hubert I., die Kaiserin Elisabeth von Österreich (→ Lucheni, Luigi), der französische Präsident Carnot und der amerikanische Präsident McKinley.

Einer der berüchtigten Anarchisten, François Koenigstein (1849-1892), der sich den Namen Ravachol zulegte, war übrigens nicht nur ein politischer Verbrecher, sondern anarchistischer Bombenleger und → Berufsverbrecher. Er war → Fälscher, hatte dutzende von → Einbrüchen und mehrere Morde begangen. Anfang der 1890er Jahre hielt er Paris wegen mehrerer Sprengstoffattentate in Atem. Mehr durch Zufall war er in einem Bistro aufgefallen, als er dort, elegant im Frack gekleidet, anarchistische Parolen von sich gab. Der Wirt informierte daraufhin die → Polizei. Am 10. Juli 1892 endete das Leben des mehrfachen Mörders und Anarchisten Ravachol unter dem Fallbeil. → Attentat, → Ideologie und Verbrechen

Angeklagter

Ist der einer → Straftat Verdächtige, gegen den das zuständige Strafgericht die Eröffnung des Hauptverfahrens beschlossen hat.

Anschlag

Im Regelfall handelt es sich hierbei um einen Bombenanschlag mit zu-

Das Blatt des Anarchisten Ravachol (1849–1892) in der Verbrecherkartei

meist terroristischem (→ Terrorismus) Hintergrund. Aufsehen erregte etwa der Anschlag auf einen Jumbojet, der am 21.12.1988 auf die schottische Kleinstadt Lockerbie abstürzte. Das Flugzeug war eine halbe Stunde nach seinem Start in London Heathrow explodiert. Alle 259 Passagiere kamen bei dem Anschlag ums Leben. Dazu weitere elf Menschen, auf deren Häuser die auseinanderbrechende Maschine stürzte. Als tatverdächtig wurden zwei Libyer festgenommen, doch trotz bisheriger → Prozeßkosten von umgerechnet 100 Millionen Mark gibt der Anschlag immer noch Rätsel auf und harrt seiner endgültigen Aufklärung.

Mitglieder der radikalen ägyptischen Fundamentalistengruppe »Jihad« verübten am 26. Februar 1993 im New Yorker World Trade Center einen Anschlag. In der Tiefgarage des WTC hatten sie in einem Lieferwagen einen Sprengsatz versteckt.

Bei dem Anschlag, der trotz strengster Bewachung und aufwendiger Sicherheitsmaßnahmen zur Ausführung kommen konnte, wurden die unmittelbar über der Garage liegenden Stockwerke völlig zerstört. Sechs Menschen kamen ums Leben, über 300 wurden zum Teil schwer verletzt. Als ein Mittelpunkt der internationalen Finanzwelt boten die beiden 420 Meter hohen Bürotürme des WTC ein ideales Ziel für antiwestliche Terroristen. Am 11. September 2001 wurde das WTC durch einen erneuten Terroranschlag gänzlich zerstört. → Asahara, Shoko, → Attentat, → Ideologie und Verbrechen

Anstiftung

Unter Anstiftung wird die vorsätzliche Verleitung einer anderen Person zu einer strafbaren Handlung verstanden. Ist die Anstiftung erfolgreich, wird der Anstifter nach dem Gesetz bestraft, das auf den → Täter angewendet wird. Die erfolglose Anstiftung zum → Verbrechen ist ebenfalls strafbar, doch kann die → Strafe gemildert werden. Dagegen bleibt bei einem → Vergehen der Versuch zur Anstiftung straffrei.

Anwar, Adel

Im November 1999 stürzte eine Maschine der Egpyt Air mit 217 Passagieren an Bord über dem Atlantik ab. Keine Bombe, kein Maschinenschaden, kein Materialfehler waren die Ursache. Der Grund der Katastrophe lag vermutlich beim Co-Piloten, dem 36jährigen Ägypter Adel Anwar. Nach der Auswertung des Stimmenrecorders ergab sich folgendes Szenario: Zuerst hört man auf dem Recorder ein Türgeräusch. Einer der Piloten, die Ermittler nehmen an, Chefpilot Ahmed el-Habashy, verließ das Cockpit. Dann spricht der Co-Pilot ein Gebet, murmelt von »Allah« und einem »Weg in den Tod«. Sekunden später wird der Autopilot ausgeschaltet, der Sturzflug beginnt. Erneut klappt die Tür, eine Stimme ruft: »Was ist denn hier los?« Es ist der Flugkapitän, der offenbar verzweifelt versucht, den Sturzflug aufzuhalten. Radarbilder beweisen: Er fing den Jet ab. Doch da werden die Triebwerke abgeschaltet – mutmaßlich vom Co-Piloten. Warum brachte Anwar die Maschine zum Absturz? Die Ermittler vermuten → Selbstmord. Aber warum riß der lebensmüde Anwar dabei soviele andere Menschen mit in den Tod? Darüber kann man nur spekulieren. Hatte der Täter Angst, allein zu sterben und machte ihm ein Kollektivtod Mut? Oder hatte Anwar → Haßgefühle auf seine Mitmenschen und gönnte auch diesen das Leben nicht? → Neidverbrechen

Anzeige

Im → Straf- und → Strafprozeßrecht bewirkt die Aufgabe einer Anzeige die Veranlassung zu einer strafrechtlichen Verfolgung. Sie kann von jedermann im Fall des → Verdachtes einer → Straftat bei der Staatsanwaltschaft, den Behörden und Beamten des → Polizeidienstes und den Amtsgerichten schriftlich oder mündlich erstattet werden. Die Anzeige ist nicht mit dem → Strafantrag gleichzusetzen. → Anzeigepflicht,→ Verdächtigung

Anzeigepflicht

Im → Strafrecht bedeutet sie die Pflicht, bestimmte Verbrechen anzuzeigen. Nach dem → Strafgesetzbuch wird jedermann mit einer → Freiheits- oder → Geldstrafe belegt, der das Vorhaben oder die Ausführung eines → Kapitalverbrechens wie → Hoch- oder Landesverrat, → Mord, → Totschlag, → Raub, → Menschenraub, Bildung einer terroristischen Vereinigung (→ Terrorismus) oder gemeingefährliche Taten nicht zur Anzeige bringt, obwohl er davon weiß und eine Verhütung desselben zu diesem Zeitpunkt noch möglich wäre. Für Ärzte und Anwälte besteht nur eine eingeschränkte Anzeigepflicht, Geistliche haben keine Anzeigepflicht. Eine generelle Anzeigepflicht für bereits begangene → Straftaten besteht nicht.

Apfelböck, Josef

»Im mildem Lichte Jakob Apfelböck/ Erschlug den Vater und die Mutter sein/ Und schloß sie beide in den Wäscheschrank/ Und blieb im Hause übrig, er allein.« So dichtete Bertolt Brecht in der Hauspostille über die »wohl entsetzlichste (Tat), die die Münchener Kriminalchronik zu verzeichnen hat.« Bis auf die Namensverwechslung, die Brecht unterläuft – der ermordete Vater hieß Jakob, der mörderische Sohn hingegen Josef – bringen diese wenigen Zeilen den Hauptbestand des im Sommer 1919 in München begangenen Verbrechens zum Ausdruck. Das genaue → Motiv, weshalb der 1903 geborene Josef Apfelböck seine beiden Eltern brutal ermordete, bleibt im nachhinein ebenso wage wie der eigentliche Zeitpunkt des → Mordes.

Am 18. August 1919 meldete ein Bewohner des Mietshauses in der Lothringerstraße 11 in München der → Polizei, daß Verwesungsgeruch aus der benachbarten Wohnung des Ehepaares Apfelböck dringe. Eine → Durchsuchung der Wohnung brachte eine männliche und weibliche Leiche im stark verwesten Zustand zum Vorschein. Beide wurden im versperrten Schlafzimmer aufgefunden. Die → Blutlachen zeugten eindeutig von einem Doppelmord. Als → Täter kam nach Lage der Dinge nur Josef Apfelböck, der Sohn der Ermordeten, in Frage, da dieser plötzlich über höhere Geldsummen verfügte und den Nachbarn gegenüber geäußert hatte, seine Eltern seien nach Niederbayern gefahren. Gleichzeitig setzte er das Gerücht in Umlauf, seine Eltern wollten nach Amerika auswandern, womit er das Zusammenzimmern einer großen Kiste begründete, die wohl mehr dem Zweck der Leichenbeseitigung dienen sollte. Allerdings ließ er sich mit einer derartigen Beseitigung Zeit. Nach eigenen Angaben hatte der geständige Josef seine Eltern am 29. Juli 1919 ermordet, ein späterer Zeuge erklärte jedoch, das Ehepaar bereits am 22. Juli nicht mehr angetroffen zu haben.

Josef Apfelböck

Jedenfalls lebte der damals 16jährige nach seiner Bluttat einige Wochen reichlich ungeniert weiter in der elterlichen Wohnung. Die einzige Maßnahme, die er ergriff, war, öfter auf dem Balkon zu nächtigen, vermutlich weil ihn der zunehmende Verwesungsgeruch störte. Zwischen der Ermordung seiner Eltern und der Auffindung der Leichen empfing Josef mindestens einmal Besuch von jugendlichen Freunden, mit denen er in der Küche Scheibenschießen übte – und zwar mit genau derselben Flobertpistole, mit der er seine Eltern erschossen hatte. Den von den Leichen herrührenden üblen Geruch erklärte er durch ausgelegte Hasenfelle.

Psychiatrische Gutachter versuchten, das Motiv dieser schwerwiegenden Tat zu ergründen, doch das eigentlich Abgründige scheint die erstaunliche Oberflächlichkeit des jugendlichen Täters zu sein. Josef Apfelböck war ein nicht unattraktiver junger Bursche mit Träumen von Film und Kinos im Kopf, in seiner Arbeit unzuverlässig und des öfteren arbeitslos, zu → Lügen und faulen Ausreden, sofern sie sein Leben erleichterten, jederzeit bereit. Doch diese eher fahrlässigen Eigenschaften erklären nur schwer, weshalb er wahrscheinlich am 29. Juni gegen 8 Uhr abends, nach einem kurzen heftigen Streit mit seiner Mutter, zu seiner Flobertpistole griff und schoß. Die Auseinandersetzung war aufgrund Josefs Wunsches, sich um eine Filmvorführerstelle zu bewerben, ausgelöst worden. Maria Apfelböck hielt nicht viel vom Kino, das »nichts Passendes sei, da hierbei nur lauter Räubergeschichten zur Aufführung kommen.« Aus demselben Grund hatte sie bereits Josefs früheres Vorhaben, sich als Filmschauspieler zu bewerben, abgelehnt. Daraufhin kam dieser zu dem Schluß, es sei am einfachsten, seine Mutter umzubringen, damit er endlich seine Ruhe bekomme. Um die Tat zu vertuschen und möglicherweise um die Sache komplett zu machen, beschloß er auch gleich, seinen Vater zu erschießen, der zu diesem Zeitpunkt noch außer Haus war. Als der Vater gegen 22 Uhr zurückkam, wartete Josef, bis dieser zu Bett gehen wollte. Dann gab er an diesem Abend den zweiten Schuß aus seiner Flobertpistole ab und versetzte Jakob Apfelböck, als dieser, bereits getroffen, einen Schritt auf ihn zuging, vier Messerstiche mit einem Schlachtermesser. Die Tatsache, daß die Leiche der Mutter entkleidet gefunden wurde, bereitete einiges Kopfzerbrechen. Die Vermutung, der Sohn könnte → Leichenschändung begangen haben, ließ sich jedoch nicht erhärten. Viel eher war für die Tat wohl banale Geldgier anzunehmen (→ Raubmord). Jedenfalls plünderte Josef die Barschaft der Familie und durchsuchte auch die Leiche des Vaters nach Geld. Die → Beute betrug 50-60 Mark. Josef Apfelböck wurde am 25. November 1919 zu 15 Jahren → Gefängnis ohne Bewährung, der Höchststrafe für Jugendliche, verurteilt. Nach seiner Entlassung gliederte er sich wieder in ein bürgerliches Leben ein. 1933 ging er eine Ehe ein, aus der ein Kind hervorging. Nach den Worten seiner Frau erwies er sich als »der beste Familienvater«.

Literatur: Christoph Bachmann: Der Mordfall Joseph Apfelböck. In: Michael Farin (Hg.): Polizeireport München (1999), S.154-165.

Archäologie und Kriminalistik
Spurensuche – das betreiben beide: Archäologen und Kriminalisten (→ Kriminalistik). Sowenig beide Berufe auf den ersten Blick gemein haben, desto mehr ähneln sie sich auf den zweiten Blick in ihrer Arbeitsweise: Sowohl Archäologen als auch Kriminalisten müssen aus übriggebliebenen Spuren ihre Schlüsse ziehen und daraus einen Tathergang bzw. ein Stück Geschichte rekonstruieren.

Bei der inneren Verwandtschaft beider Berufe überrascht es vielleicht nicht, daß die »Queen of Crime« – Agatha → Christie – sich mit beiden Metiers intensiv beschäftigt hat: mit dem Verbrechen und der Archäologie. Jahrelang lebte sie im Orient und nahm dort an den archäologischen Ausgrabungen ihres zweiten Ehemannes Max Mallowan teil. Die bei den zahlreichen Ausgrabungen und auf Reisen gewonnenen Erfahrungen verarbeitete Agatha Christie in ihren Romanen, unter anderem in *Der Tod auf dem Nil*; *Mord in Mesopotamien* oder *Rächende Geister*. Auch ihren berühmtesten → Detektiv, Hercule Poirot, ließ Agatha Christie nicht nur mit detektivischem Spürsinn vorgehen, sondern oft mit geradezu archäologischem Grabungseifer in die Vergangenheit und Charaktere seiner Verdächtigen eindringen.

Archer-Gilligan, Amy
1907 gründete die damals 38jährige Amy Archer-Gilligan in Windsor/Connecticut gemeinsam mit ihrem Mann Michael Gilligan The Archer Home for the Elderly and Infirm, ein evangelisches Pflegeheim für Alte und Schutzbedürftige. Allerdings wurden die Schutzbefohlenen unter Amys Obhut meist nicht sonderlich alt. Innerhalb von nur fünf Jahren starben 84 der Heimbewohner auf unerklärliche Weise. Amys Mann, den der Umstand, daß die Patienten seiner Frau meist nicht mehr lange in diesem irdischen Jammertal verweilten, merkwürdig berührte, ging drei Jahre nach Gründung des Heimes ebenfalls in eine bessere Welt ein. Allmählich kam es zu Gerüchten, wobei vorerst das affärenreiche Liebesleben der verwitweten Heiminhaberin im Mittelpunkt stand. Schließlich begann sich die → Polizei jedoch für das gehäufte Ableben von Amys Pflegefällen zu interessieren. Eine → Exhumierung der Leichen ergab, daß zumindest einige der Heiminwohner durch Arsen (→ Giftmord) ums Leben gekommen waren. Im Juni 1917 wurde gegen Amy Archer-Gilligan der → Prozeß eröffnet. Aufgrund einer geschickten Verteidigung konnte ihr nur die Arsenvergiftung an einem ihrer Heiminsassen, Franklin R. Andrews, den sie im Mai 1914 vergiftet hatte, nachgewiesen werden. Die übrigen → Mordanklagen, auch die Vergiftung ihres Mannes betreffend, wurden fallengelassen. Dennoch wurde sie von der Jury zu Tode verurteilt. 1923, vor Vollstreckung der → Strafe, kam es jedoch zu einem

Wiederaufnahmeverfahren. Hier bekannte Amy Archer-Gilligan sich für schuldig und erwirkte mit diesem Eingeständnis ein milderes → Urteil. Man brachte sie, die nach eigener Aussage stets das Wohl der ihr »von Gott anvertrauten Menschen« im Auge gehabt hatte, in eine geschlossene Anstalt in Middletown, wo sie im Jahre 1928 starb. → Geisteskranke und abnorme Täter, → Patiententötungen, → Serienmörder, → Todesengel

Arco-Valley, Anton Graf

Am 21. Februar 1919 wurde der amtierende bayerische Ministerpräsident Kurt Eisner (1867-1919) auf dem Weg zum Landtag, wo er seinen Rücktritt bekanntgeben wollte, von dem 22jährigen Grafen Arco-Valley ermordet. Als Grund für den → Mord hatte Arco-Valley unmittelbar vor dem → Attentat folgendes Bekenntnis niedergeschrieben:

»Mein Grund!
Ich hasse den Bolschewismus!
Ich bin und denke Deutsch!
Ich hasse die Juden!
Ich liebe das wahre Bayernvolk!
Ich bin bis in den Tod treuer Monarchist!«

Anton Graf Arco-Valley stammte väterlicherseits aus uraltem österreichisch-bayerischem Hochadel. Die Mutter des Antisemiten Arco-Valley war jedoch eine geborene Oppenheimer – also eine Jüdin. Aufgrund dieser Abstammungslinie blieb Arco-Valley auch der Zutritt zu einigen antisemitischen Organisationen – wie z.B. der Thule-Gesellschaft – verwehrt. Vielleicht wollte er mit seiner Tat beweisen, daß auch ein »Halbjude« ein »ganzer Arier« sein kann. Adolf → Hitler hatte jedenfalls Arco Valley – trotz dessen »zweifelhafter« Abstammung – bewundert. 1941 befahl er, daß der Name des Grafen aus dem Vorstrafenregister zu streichen sei.

Literatur: Friedrich Hitzer: Anton Graf Arco. Das Attentat auf Kurt Eisner und die Schüsse im Landtag. (1988) → Ideologie und Verbrechen

Argot

Das Wort stammt aus dem Französischen und ist ohne Plural. Es kann als eine Art gaunerische Geheimsprache mit dem → Rotwelsch verglichen werden, es kann aber auch ganz allgemein die nachlässig gebrauchte französische Umgangssprache meinen oder generell für die Sondersprache einer sozialen oder beruflichen Gruppe stehen. → Gaunersprachen

Arkan

Er war → Mörder im Auftrag des jugoslawischen Geheimdienstes, → Bankräuber, mit internationalem → Haftbefehl gesuchter → Ausbrecher, → Erpresser, → Drogenhändler, Parlamentsabgeordneter, Waffenschieber, serbischer Held, König der Belgrader → Unterwelt, Chef der → Hooligans von Roter Stern Belgrad, Besitzer des Fußballclubs Obilic, jugoslawischer Fußballmeister, Sprachentalent, Konditor, Vater von neun Kindern, → Schmuggler, Casinobesitzer, in dritter Ehe Gatte der populären Folkloresängerin Svetlana Velickovic, genannt Ceca, Kommandant der Terrortruppen »Tiger«, Kriegsherr in Kroatien und Bosnien, → Plünderer, → Brandstifter, Schloßbewohner, Kreuzträger, Im- und Export-Kaufmann, Verächter der Albaner, Handlanger des serbischen Despoten Slobodan Milosevic, während des Nato-Krieges gegen Jugoslawien gerngesehener Interviewgast in den Fernsehstudios von CNN und BBC, Förderer des montenegrinischen Reformpräsidenten Milo Djukanovic, Idol serbischer Jugendlicher, Liebling der Belgrader Boulevardblätter, → Massenmörder. Zeljko Raznatovic, genannt Arkan und einer der meistgesuchten → Verbrecher der Welt, starb 47jährig am 15. Januar 2000 durch die Kugel eines → Attentäters in der Halle des Belgrader Hotels Intercontinental. Danach verkündeten die jugoslawischen Staatsmedien, die Bluttat sei entweder einer »Abrechnung im kriminellen Milieu« zuzuschreiben oder gehe auf Konto der Schergen der abtrünnigen Teilrepublik Montenegro. Doch viele Kenner der Verhältnisse hegen den Verdacht: Hier wurde vom damaligen Regime selbst ein potentieller Kronzeuge für das Haager Kriegsverbrechertribunal (→ Kriegsverbrecherprozesse) beseitigt, der Jugoslawiens Expräsident Milosevic hätte belasten können. → Krieg und Verbrechen

Para-Kommandeur Arkan, Anhänger (1991)

Armut und Verbrechen

Die Welt des Verbrechens hat viele Hintergründe. Ein wichtiges → Motiv ist sicherlich der Wille zur Bereicherung. Warum bereichert sich der Mensch auf → illegale Weise? Um ein Leben in Reichtum und Überfluß zu führen, um sich vor der Plackerei des normalen Arbeitsalltages zu drücken – aber auch aus Not und Verzweiflung. Wirkliche Armutskriminalität mag innerhalb einer Wohlstandsgesellschaft selten sein, doch in Zeiten der Not, in der einzelne, Gruppen oder ganze Bevölkerungen nicht über ausreichend Ressourcen verfügen, ihr Existenzminimum zu decken, erwächst eine Art von »Notkriminalität«. Eine erste Blüte der Kriminalität entwickelte sich in Europa als Begleiterscheinung der Städtegründungswelle im 12. und 13. Jahrhundert. Neben den drei »gottgewollten« Ständen des Feudalismus – Klerus, Adel, Bürgertum – bildete sich eine recht ansehnliche Unterschicht, die oft bis zu 70 Prozent aller städtischen Einwohner ausmachte. Etwa 10 Prozent der Gesamtbevölkerung galten als Nichtseßhafte. Im späten Mittelalter nahm der Anteil der Unterschichten noch zu, da immer mehr unselbständige Arbeitskräfte gebraucht wurden und die höheren Schichten sich nach unten abschlossen. Am Rande der Gesellschaft standen u.a. Knechte, Mägde, Dienstboten, Tagelöhner, Handelsgehilfen, Handwerksgesellen, viele Frauen, unehelich Geborene, Pfaffenkinder; sodann »Unehrliche« wie Henker (→ Scharfrichter), Schinder, Büttel, Totengräber, Turmhüter; außerdem Sieche und eine große Zahl von → Bettlern. Von diesen Unterprivilegierten waren eigentlich nur die Gesellen einigermaßen sozial abgesichert. Sie wohnten im Hause des Meisters und durften im allgemeinen nicht heiraten, bis sie eine Meisterstelle nachweisen konnten. Der Lohn wurde vom Rat festgesetzt. Menschen »unehrlicher« Abkunft hatten keine Aufstiegschancen. Die Randgruppen besaßen kein Bürgerrecht und durften sich auch nicht genossenschaftlich zusammenschließen; teilweise durften sie nur tagsüber in die Städte hinein. Diese Menschen bildeten den Nährboden für das → Gaunertum: Ohne Privilegien waren sie häufig das, was man heute als »outlaws« oder »underdogs« bezeichnen würde. Vom verachteten Nicht- oder Unterprivilegierten bis zum → Ganoven war es nur ein kleiner Schritt, wie auch der Bettler jahrhundertelang nicht scharf vom Gauner getrennt werden konnte. Hinzu kam die große Zahl der Nichtseßhaften, der Vaganten, die gezwungen waren, sich mit kleinen Gaunereien über Wasser zu halten. Katastrophal konnten sich auch Mißernten, Hungerjahre und die Verwüstungen infolge kriegerischer Auseinandersetzungen auswirken. In Deutschland führte insbesondere der 30jährige Krieg zu teilweise verheerenden Zuständen: zerstörte Städte und Dörfer, nichtbestellte Felder, marodierende Soldaten, Freisetzung von kriegsverwundeten Invaliden, Heere von Bettlern und Entwurzelten, dazu geschwächte Ordnungskräfte und staatliche Auflösungstendenzen. Kriminalität war oft nichts anderes als eine Überlebensstrategie.

Eine besondere Form der Armutskriminalität hat sich verstärkt im 20. Jahrhundert ausgebildet: die der Armutsflüchtlinge, deren Verbrechen oft allein darin besteht, → illegal in die Länder des Reichtums eingedrungen zu sein. Vermutlich nirgendwo wird das Phänomen der Armutsflucht so deutlich wie an der 2400 km langen Grenze zwischen USA und Mexiko. Sie scheidet die Dritte Welt vom reichen Westen. Obgleich die Grenze bewacht ist und durch Mauer und Stacheldraht markiert, dringen täglich hunderte Personen illegal vom Süden aus in die USA ein. Sie suchen Wohlstand, illegale Jobs oder halten sich mit → Schmuggel über Wasser. → Alkohol und Verbrechen, → Mundraub, → Verwahrlosung

Ärzte und Verbrechen

Seit Urzeiten umgibt den Arzt eine mystische Aura, schließlich wurde er den Kranken nicht selten zum Leitbild ihrer Hoffnung. Diese Rolle spiegelt sich auch in der Literatur wider. Romane, Fernsehserien, Kinofilme zeigen ihn als Heldenfigur, die Zuversicht und Optimismus ausstrahlt.

Ein um so härteres Urteil trifft Ärzte, die dieses Idealbild zerstören, die wissentlich töten statt zu helfen.

Warum töten Ärzte? Dazu bieten sich natürlich mehrere Gründe an. Zunächst einmal aus Geldgier, indem sie als beauftragte → Killer oder aus Eigeninteresse Menschen »diskret« ins Jenseits befördern, um an deren Vermögen zu gelangen. Es gab auch Fälle, wo ein lästiger Ehepartner durch ärztliche »Kunst« beseitigt wurde (→ Crippen, Dr. Hawley Harvey). Hans Pfeiffer hat in seinem Buch *Der Hippokratische Verrat* (1997) eine Reihe von mörderischen Ärzten aufgeführt, die aus Gründen des Profites oder aus Leidenschaft töteten. Daneben gibt es noch den Bereich der sexuellen Perversionen und sadistischen Gelüste (→ Sadismus). Gerade der Arzt, aber auch das übrige Pflegepersonal, ein Personenkreis also, an den ein überdurchschnittlich hoher ethischer Maßstab gelegt wird, kann charakterlich überfordert sein. Menschen, die einem aufgrund ihrer Krankheit ausgeliefert sind, kann man nicht nur pflegen, sondern auch nahezu »ideal« quälen. Sadistische Veranlagungen und die Möglichkeit, sie auszuleben – bis hin zum → Mord – sind in den Heilberufen daher überproportional häufig (→ Patiententötungen, »Die → Teufelinnen von Lainz«). Es gibt auch Fälle, in denen sich eine sadistische Veranlagung mit wissenschaftlicher Skrupellosigkeit verbindet. Für eine derartige Medizin ohne Menschlichkeit ist wohl kein Arzt so zum Synonym geworden wie Dr. Dr. Josef Mengele (1911-1979). Während seiner Tätigkeit als Lagerarzt in Ausschwitz stand dem Eugeniker und Zwillingsforscher Mengele in solchem Umfang »Studienmaterial« zur Verfügung, das ihm in dieser Zahl und Vielfalt an keiner Hochschule in lebenslanger Forschung begegnet wäre. Kaum weniger wichtig für ihn war, daß ihm diese Menschen vollkommen wehrlos ausgeliefert waren. Das heißt, er durfte, ohne Widerstand von ihnen oder irgendeiner anderen Seite befürchten zu müssen, beliebige Versuche an ihnen durchführen, ja er konnte sie dabei töten oder töten lassen, kurz, er konnte tun und lassen, was ihm in den Sinn kam. Gefördert von einem Regime, das jegliche Ethik als lästigen Ballast verächtlich beiseiteschob, konnte sich eine Medizin ohne Menschlichkeit entwickeln, in welcher der Mensch nur noch als Experimentiermasse fungierte. »Da habe ich für zwanzig Jahre Arbeit!« rief Mengele einmal freudig aus, als ein Paar ungarischer Zwergenzwillinge eingeliefert worden war. Von den annähernd 3000 Zwillingen, die Mengele in der relativ kurzen Zeitspanne von eineinhalb Jahren »behandelte«, überlebten nur 157 Mengeles mit Sadismus gepaarte wissenschaftliche Neugier. Er infizierte sie etwa mit Typhus, um zu beobachten, ob die Krankheit bei ihnen gleich oder unterschiedlich verlief. Bei anderen führte er Sterilisationsversuche durch, die nicht selten mit tödlichen Abszessen endeten. Er setzte sie Röntgenstrahlen aus und zapfte ihnen fast täglich Blut ab, was er zum Schluß am Hals tun mußte, da die Venen ihrer Arme keines mehr hergaben. Haar- und Augenfarbe schienen ihn besonders zu faszinieren, so injizierte er Zwillingen verschiedene Chemikalien in die Augen, um auszuprobieren, ob er sie blau machen könnte. Stundenlang saß Mengele zwischen Mikroskopen, Eprouvetten, Reagenzgläsern oder stand mit blutbespritztem Kittel und blutbefleckten Händen am Seziertisch.

Man weiß heute nur sehr wenig darüber, wonach Mengele genau geforscht und was er herausgefunden hat. Mengele war besorgt, daß seine Aufzeichnungen in die Hände der Sowjets fallen könnten und vielleicht ist das auch tatsächlich geschehen. Der Welt sind sie jedenfalls nie bekanntgeworden. Sein wissenschaftlicher Förderer, Ottmar Freiherr von Verschuer, Direktor des damaligen Kaiser-Wilhelm-Instituts für Anthropologie in Berlin, der während der gesamten Zeit mit Mengele in Kontakt stand, hat seine Korrespondenz bei Kriegsende vernichtet. → Shipman, Dr. Harold Frederick

Asahara, Shoko

Als am 20 . März 1995 ein → Giftanschlag (→ Anschlag) auf die U-Bahn in Tokio ausgeübt wurde, starben insgesamt 12 Menschen, 5000 erlitten Vergiftungen. Drahtzieher dieser Aktion war der zu diesem Zeitpunkt 40jährige Shoko Asahara, Oberhaupt der dubiosen Aum-Sekte. Der fast blinde und überaus korpulente Asahara, der von der Boulevardpresse das Etikett »Giftgasguru« verliehen bekam, verfügte über eine Anhängerschaft von 40.000 Menschen, davon viele Russen, die ihm z.T. sklavisch ergeben waren. Alles, was von Asahara kam, war ihnen heilig. Sie tranken sein benutztes Badewasser, auch sein → Blut und sein Sperma und zahlten dafür auch noch horrende Preise. Das Badewasser – den Mitgliedern der Aum-Sekte als »Wundertümpel« bekannt, verkaufte Asahara für etwa 200 Dollar je Dose. Sein Blut und sein Sperma waren noch wesentlich teurer – hierfür konnte der gläubige Jünger für einige Tropfen bis zu 10.000 Dollar zahlen. Die Aum-Sekte erschien zunächst harmlos. 1989 wurde sie von der japanischen Regierung offiziell als religiöse Vereinigung anerkannt. Doch kurz darauf erfolgte ihre Pervertierung: Von einer Ansammlung naiver Menschen, die von ihrer von den Lehren Buddhas beeinflußten Religion begeistert waren, mutierte sie in eine Gruppe von hoffnungslosen, aber aggressiven Paranoiden. Als der Gasanschlag die U-Bahn in Tokio traf, hatte die → Polizei bereits ein Vorgehen gegen die Sekte geplant. Grund dafür war eine am hellichten Tag durchgeführte → Entführung eines Notars gewesen, der versucht hatte, seiner Schwester den Eintritt in die Sekte auszureden. Als zwei Monate nach dem Giftanschlag Asahara und führende Mitglieder seiner Sekte verhaftet wurden, stellte sich heraus, daß der Notar ermordet worden war. Was der »Giftgasguru« mit seinem Terrorakt in der U-Bahn bezweckte – bei dem das besonders heimtückische, da geruchlose Sarin-Gas eingesetzt worden war -, belegt eine kurze Aufzeichnung aus dem Notizbuch des »Geheimdienstministers«, Yoshihiro

Inoue, der Sekte: »Gas muß in wichtiger Stadt versprüht werden. Russische Angriffstruppe muß in Japan eintreffen. Aum muß Japan übernehmen.« Der Versuch, bzw. die Illusion, sich durch Terror an die Macht putschen zu können, findet sich auch in radikalen politischen Gruppierungen oft wieder (→ Rote Armee Fraktion). Vier führende Mitglieder der Aum-Sekte wurden zum Tode verurteilt (→ Todesstrafe), andere erhielten z.T. hohe → Freiheitsstrafen. → Religion und Verbrechen

Asoziales Verhalten

So bezeichnet man das Verhalten von Menschen, deren Handeln den elementaren sozialen Interessen zuwiderläuft. Asoziale Menschen sind unfähig, ein Leben in einer Gemeinschaft zu führen, da sie sich den normativen Mindestanforderungen und Verhaltensmustern einer Gesellschaft nicht anpassen können oder wollen. Dadurch nähert sich ihr Verhalten nahezu zwangsläufig dem des Kriminellen an, so daß die Grenzen zwischen asozial und kriminell oft fließend sind. Das Etikett »asozial« wird manchmal auch abwertend für Gruppen verwendet, die am Rande der Gesellschaft leben, ohne daß ihr Verhalten dabei tatsächlich als asozial eingestuft werden muß.

Ursachen der Asozialität können anlagebedingt (Intelligenzmangel, Psychopathie), aber auch milieubedingt sein. Besonders psychische Schädigungen im Jugendalter oder persönliche Katastrophen im späteren Alter können ein soziales Fehlverhalten auslösen, bzw. mitbewirken. Häufig spielen noch Alkoholismus und Drogenmißbrauch (→ Alkohol und Verbrechen, → Rauschgiftverbrechen) mit hinein.

Attentat, Attentäter

Das Wort leitet sich vom lateinischen »attendare« = »versuchen« ab und meint soviel wie ein »versuchtes Verbrechen«, bzw. den → Versuch, jemanden zu töten. Unter einem Attentat verstand man ursprünglich jeden unzulässigen Angriff auf Leib und Leben einer Person. Mittlerweile hat es sich eingebürgert, das Wort vor allem bei einem ideologisch oder politisch motivierten Angriff auf das Leben von Politikern und Inhabern hoher Ämter in Staat, Wirtschaft, Kultur oder Militärwesen, sowie auf Persönlichkeiten des öffentlichen Lebens anzuwenden. Das Wort Attentat hat keineswegs nur einen negativen Beigeschmack. In der schon im Mittelalter verfochtenen Lehre vom Widerstandsrecht werden Attentate dann moralisch und ethisch gerechtfertigt, wenn sie sich gegen Usurpatoren und rechtswidrig ausgeübte Staatsgewalt richten.

Mit der Entstehung eines weltweiten → Terrorismus richtet sich das Attentat nicht mehr nur gegen politische Gegner in herausragender Stellung, sondern besonders auch gegen Personen und Personengruppen als Angehörige ihrer Partei, ihres Staates, ihrer Rasse oder ihrer Religion. Vermehrt gibt es Sprengstoffanschläge (→ Anschlag) auf öffentliche Gebäude und Einrichtungen (Rathäuser, Postämter, Bahnhöfe, U-Bahnen und Flughäfen) und Industrie- und

Wirtschaftszentren, sowie auf Straßenzüge und Ortsteile. Viele Anschläge werden heute von einer Gruppe kollektiv organisiert, ferngesteuert und auf sich genommen. Strafrechtlich wird das Attentat in Deutschland als → Tötungsdelikt und als → Hochverrat verfolgt.

Bekannte Attentate mit tödlichem Ausgang sind die auf Julius Caesar (44 v.Chr.); Heinrich IV. von Frankreich (1610); Albrecht von Wallenstein (1634); Jean Paul Marat (1793 → Corday, Charlotte); August von Kotzebue (1819 → Sand, Karl Ludwig); Abraham Lincoln (1895); Kaiser Alexander II. von Rußland (1881); König Alexander I. Obrenovic von Serbien (1903); Erzherzog Franz Ferdinand von Österreich (1914 → Attentat von Sarajevo); Eisner, Kurt (1919 → Arco Valley, Anton Graf); Walter Rathenau (1922); König Alexander I. von Jugoslawien (1934); Reinhard Heydrich (1942); Mahatma Gandhi (1948); Inejro Asanuma (1960, vor laufender Fernsehkamera); John F. Kennedy (1963 → Oswald, Lee Harvey); Martin Luther King (1968); Josef Ponto (1977 → Rote Armee Fraktion); John Lennon (1980 → Chapman, Mark David); Anwar el-Sadat (1981); Olof Palme (1986); Yitzhak Rabin (1995).

Bekannte gescheiterte Attentate sind etwa die zahlreichen Attentat-Versuche auf Adolf → Hitler, so z.B. der 1939 von Georg Elser, sowie der Attentat- und Staatsstreichversuch des 20. Juli 1944.

Literatur zum Thema Attentat bieten: W. Plat: Attentat. Eine Sozialgeschichte des politischen Mordes (1982); F. L. Ford: Der politische Mord. Von der Antike bis zur Gegenwart (1990); J. von Uthmann: Attentat. Mord mit gutem Gewissen. Von

Ein dramatisches Bild: Das Attentat auf den japanischen Oppositionsführer Asanuma vor laufenden Fernsehkameras im Jahr 1960

Das vielleicht folgenreichste Attentat der Weltgeschichte: Das Attentat von Sarajevo

Julius Caesar bis Jitzhak Rabin (1996). → Anarchisten, → Fememord

Attentat von Sarajevo

Die wenigen Schüsse, die der 19jährige Gymnasiast Gawrilo Princip am 28. Juni 1914 in Sarajevo, einem entlegenen Winkel Europas, abfeuerte, beeinflußten die ganze Weltgeschichte. Immerhin galten sie dem Thronfolgerehepaar des damaligen Habsburgerreiches, Erzherzog Franz Ferdinand und Herzogin Sophie von Hohenberg, die beide tödlich getroffen wurden. Ihre Ermordung, am selben Tag war bereits ein Bombenanschlag auf ihren Wagen gescheitert, bildete den Höhepunkt eines Nationalitätenkonfliktes innerhalb der Donaumonarchie. Zugleich bewirkte sie den Todesstoß des ganzen alten Europa. Österreich stellte Serbien ein Ultimatum zur Verfolgung der Hintermänner des → Attentats. Als dieser Termin verwirkt war, erklärte Österreich-Ungarn am 11. Juli 1914 Belgrad den Krieg. Daraufhin sah sich der deutsche Kaiser Wilhelm II. gegenüber Österreich verpflichtet, Serbiens Verbündeten Rußland und Frankreich ebenfalls den Krieg zu erklären. Der Erste Weltkrieg hob an, der Millionen von Menschenleben kostete und drei große Monarchien hinwegfegte.

Auftragsmord

Der Wunsch, seine Feinde oder störende Zeitgenossen aus dem Weg zu schaffen, ohne sich selbst die Hände blutig machen zu müssen, hat sicherlich zu allen Zeiten und Kulturen existiert. Gedungene → Mörder mit dem Dolch im Gewande, professionelle → Giftmischer, eiskalte → Killer, aber manchmal auch der biedere Freund oder Arbeitskollege erhielten gegen Belohnung den Auftrag, die ungeliebte Ehefrau, den gefährlichen Konkurrenten oder langlebigen Erbonkel zu beseitigen. Heutzutage findet sich sogar manche Suchanzeige im Internet (→ Computerkriminalität) wie im Fall einer schwedischen Hausfrau, welche die Anzeige schaltete: »Suche richtigen Kerl, der meinen Mann um die Ecke bringen kann – dafür biete ich unbegrenzten Sex.« In diesem Fall las das → FBI die Web-Seite und informierte daraufhin die schwedische Kripo. Der perfekte Auftragsmord (→ Perfekte Verbrechen) gelingt vermutlich dann am ehesten, wenn ein vollkommen Fremder, eine zufällige auf neutralem Boden geschlossene Bekanntschaft, für die geplante Bluttat zu gewinnen ist – so wie Patricia Highsmith das in ihrem Kriminalroman *Der Fremde im Zug* entworfen hat, der 1951 von Alfred Hitchcock verfilmt wurde.

Ausbrecher

Das Leben im → Gefängnis gilt als eintönig und hat nicht das Prestige wie das Leben in Freiheit. Der Kriminelle hinter Schloß und Riegeln gilt innerhalb des → Milieus auch immer ein bißchen als Versager. Weit mehr Ansehen hat hingegen der Ausbrecher. Immer wieder hat es »Ausbrecherkönige« gegeben, die spektakuläre Ausbrüche aus der Haftanstalt bewerkstelligt haben. Weniger imponierend ist es hingegen, wenn → Freigänger von ihrem → Hafturlaub nicht zurückkehren. → Berger, Theo; → Meyer, Kay; → Die Posträuber; → Schmökel, Frank, → Vidocq, François

Ausländerkriminalität

Das Thema erweckt wie kaum ein anderes Emotionen. Die Reaktionen reichen von Ausländerphobie über politisch korrekte Beschwichtigungen bis zum totalen Tabu. Erschwerend kommt hinzu, daß dem Begriff Ausländer, bzw. Ausländerkriminalität nahezu jegliche präzise Eingrenzungsmöglichkeit fehlt. Aus deutscher – aber keineswegs nur aus dieser Warte – sind nahezu alle Menschen »Ausländer«. Das Wort ist ein »Gummiwort«. Es kann den amerikanischen Touristen ebenso meinen wie den kleinen Asylbetrüger, den biederen, seit Jahrzehnten in Deutschland lebenden türkischen Arbeitnehmer genauso wie Vertreter der → Russenmafia oder gewalttätige kurdische Drogendealer. Die Kriminalitätsrate zwischen den einzelnen Ausländergruppen schwankt daher gewaltig – gewaltig hoch ist allerdings auch die Verbrechensrate, die von einigen kriminellen Ausländergruppen verursacht wird. Hauptverantwortlich für die hohe Kriminalitätsrate unter Ausländern sind vor allem folgende Gruppen: Nichtseßhafte Ausländer, die sich → illegal in der Bundesrepublik aufhalten und oftmals in organisierten Verbrechensstrukturen (→ Organisiertes Verbrechen) agieren, sowie ausländische Jugendliche, deren wirtschaftliche Integration in Deutschland mißlang. Ausländerkriminalität ist dabei kein deutsches Problem. Nahezu alle westlichen Wohlstandsländer ziehen potentiell kriminelle Ausländer an. Davon ist auch ein einst als bieder und brav gescholtenes Land wie die Schweiz längst betroffen. Besonders in der Metropole Zürich haben sich die Verhältnisse zugespitzt. So handelte es sich z.B. nach der Schweizer → Kriminalstatistik von 1998 für Zürich bei 46,1 Prozent aller Straftäter um Ausländer. Bei vielen Verbrechensarten machten Ausländer gemäß der Statistik die Mehrzahl der Täter aus:

Jeder zweite → Versicherungsbetrug und jede zweite → Brandstiftung an einem Wohnobjekt wurde von einem Ausländer begangen. Ausländische Täter verübten 56,9 Prozent aller → Einbrüche, 78,1 Prozent der Fahrzeugeinbrüche und 85,8 Prozent der → Taschendiebstähle. Bei 91 Prozent der Ausweisfälschungen und 100 Prozent aller Überfälle auf Bijouterien waren die Täter Ausländer. Für

Ein brisantes Thema: Ausländerkriminalität

zwei Drittel aller → Ladendiebstähle,→ Raubüberfälle,→ Hehlereien und → Geldwäschergeschäfte waren Ausländer verantwortlich. Auch die Verbrechensarten→ Freiheitsberaubung, schwere → Körperverletzung, → Vergewaltigung und Tötung (→ Tötungsdelikte) gingen in zwei Dritteln aller Fälle auf das Konto von Ausländern.

Neben der allgemein hohen Ausländerkriminalität weist die Züricher Kriminalitätsstatistik auch eine eklatant gestiegene → Jugendkriminalität unter ausländischen Jugendlichen auf. Seit 1990 hat sich die Zahl der von Jugendlichen im Alter zwischen 10 und 18 Jahren verübten Gewaltdelikte (Delikte gegen Leib und Leben, Raub und Vergewaltigung) verfünffacht! Auch in der Bundesrepublik ist die Kriminalitätskurve ausländischer Jugendlicher dramatisch angestiegen. Betroffen davon sind vor allem die Kinder und Enkel der einstigen Gastarbeiter. Nach einer Studie des Kriminologischen Forschungsinstituts Niedersachsen steigt die Gewaltbereitschaft ausländischer Jugendlicher deutlich an, je länger sie in Deutschland ansässig sind. Junge Migranten hingegen, die erst seit zwei Jahren in Deutschland leben, weisen sogar weniger Gewalttäter auf als die einheimischen Deutschen – für die Autoren der Studie, Christian Pfeiffer und Peter Wetzels, ein Beleg für die Bedeutung von Integration: »Eine Zeit lang sind junge Migranten bereit, Eingliederungsprobleme hinzunehmen. Mißlingt die Eingliederung, entsteht ein Gefahrenpotential.« Ob die Integration allerdings bei einer Population, die längst den Millionenbereich überschritten hat, überhaupt noch möglich ist, bleibt zumindest offen. Problemlos integrieren lassen sich im Regelfall integrationsfähige Einzelpersonen oder Kleingruppen – und das um so besser, je näher die Kulturen untereinander verwandt sind. Bei Großgruppen besteht hingegen immer die Gefahr, daß sie sich gegenüber ihrer Umwelt abschotten. Um das Problem zu verdeutlichen, sei ein »Rollentausch« erlaubt: Würde sich etwa eine Million zählende Population von Deutschen in einem islamischen Land integrieren? Wahrscheinlich nicht – vermutlich würden sie dort sogar mehr auf ihre Eigenart pochen als in ihrem Heimatland. Eine solche Situation schließt ein friedliches Nebeneinander und manchmal auch Miteinander natürlich nicht gänzlich aus – aber es besteht eine erhöhte Eskalationsbereitschaft. → Mehmet,→ Rechtsextremismus, → Sebnitz

Autodafé

Portugiesisch: auto-de-fé = Glaubensakt. Abgeleitet von dem lateinischen »actus fidei«. Ursprünglich bedeutete Autodafé die öffentliche Verkündigung, später dann auch die feierliche Vollstreckung eines → Inquisitionsurteils. Der zum Feuertod Verurteilte wurde der weltlichen Obrigkeit übergeben und in Gegenwart der weltlichen und geistigen Obrigkeit hingerichtet. Das erste Autodafé ist vermutlich 1481 in Sevilla abgehalten worden, das letzte 1815 in Mexiko. → Religion und Verbrechen.

Autodieb, Autodiebstahl

Als es noch keine Autos gab, wurden auch keine Autos gestohlen. Aber als es sie gab, entstand mit ihnen auch zugleich eine neue Verbrechensgattung: nämlich der Autodiebstahl, und mit ihm auch der Autoeinbruch, bei dem nicht das ganze Auto gestohlen wird, sondern lediglich Wertgegenstände herausgeholt, bzw. herausmontiert werden, wie z.B. Rundfunkgeräte. Man kann daraus ersehen, daß das Verbrechen ein flexibles Geschäft ist, gleich der Wirtschaft richtet es sich immer auch nach »Angebot und Nachfrage«. Während das Auto als Diebesgut immer attraktiver wurde, schrumpfte der → Diebstahl an seinem Vorläufer, dem Pferd, zur Bedeutungslosigkeit. Der → Pferdediebstahl ist schon lange zum nostalgischen Relikt geworden. Durch den Angebot und Nachfrage-Charakter des vorrangig wirtschaftlich ausgerichteten Verbrechens schnellte der Autodiebstahl gerade in den ersten Jahren nach dem Zusammenbruch des Kommunismus und der Öffnung der Grenzen deutlich empor. Der Autodiebstahl wurde bandenmäßig organisiert (→ organisiertes Verbrechen) und die gestohlenen Fahrzeuge in eigenen Werkstätten – mit Vorliebe in Polen – umgespritzt, mit neuen Nummernschildern und Papieren versehen und anschließend verkauft.

Autonome

Politische Gruppierungen in Deutschland, aus dem linken Spektrum, meist locker organisiert, welche eine herrschaftsfreie Gesellschaft anstreben, auch unter Anwendung gewalttätiger Mittel. Sie treten bei Demonstrationen in Erscheinung, die häufig in Gewalttätigkeit und → Vandalismus ausarten, wie z.B. die berüchtigten Mai-Krawalle in Berlin-Kreuzberg oder die Chaostage in Hannover. Die Autonomen verstehen sich unter anderem als antifaschistisch, bzw. stellen sich entsprechend dar, haben aber kein gemeinsames weltanschauliches und strategisches Konzept. Wahrscheinlich ist das emotionale Band bei den »Gaudikrawallen« der meist noch jugendlichen Autonomen wichtiger als eine strenge ideologische Schulung. Autonome werde auch abwertend als »Chaoten« bezeichnet. → Anarchismus, → Jugendgewalt, → Linksextremismus

Autopsie

Das aus dem Griechischen stammende Wort bedeutet: Das Sehen mit eigenen Augen. In der Medizin versteht man unter Autopsie das Öffnen von Leichen, meist mit der Absicht, die genaue Todesursache zu klären, was häufig dann der Fall ist, wenn der Verdacht besteht, daß der Tod auf unnatürliche Weise herbeigeführt wurde. In diesem Fall ist eine Autopsie gesetzlich vorgeschrieben und wird auf richterliche Veranlassung hin vorgenommen. Anwesend zu sein haben dabei die Staatsanwaltschaft, ein Richter und zwei Ärzte, von denen einer ein Rechtsmediziner sein muß. Die Ergebnisse sind protokollarisch festzuhalten.

Literatur: Ingo Wirth: Tote geben zu Protokoll. Berühmte Fälle der Gerichtsmedizin (1999). → Exhumierung, → Rechtsmedizin

B

Baader-Meinhof-Gruppe

Anfang der 1970er Jahre aufgekommene umstrittene Bezeichnung für die → Rote Armee Fraktion. Die Bezeichung ist von zwei Hauptvertretern dieser terroristischen (→ Terrorismus) Vereinigung abgeleitet, nämlich von: Andreas Baader (1943-1977) und Ulrike → Meinhof (1934-1976). → Linksextremismus

Baader-Meinhof-Prozesse

Von 1973-77 geführte Strafverfahren gegen die erste Terroristen-Generation der → Roten-Armee-Fraktion (Andreas Baader, geb.1943; Gudrun Ensslin, geb.1940; Ulrike → Meinhof geb.1934; Jan Carl Raspe, geb.1941; Holger Meins, geb.1944). Die → Prozesse fanden vorwiegend vor dem Oberlandesgericht Stuttgart statt (Hochsicherheitstrakt Stammheim, weshalb sie auch Stammheim-Prozesse genannt wurden). Die Verfahren lösten eine rechtspolitische Diskussion aus, da sie von den Angeklagten und deren Verteidigern unter bis dahin noch nicht dagewesener Ausnutzung aller strafprozessualer Möglichkeiten geführt wurden. Manche Kritiker sahen darin einen Mißbrauch des liberalen Rechtsstaates. Während der langwierigen → Prozesse starben 1976 Holger Meins nach einem Hungerstreik und Ulrike Meinhof durch → Selbstmord. Am 28.4.1977 wurden Baader, Ensslin und Raspe unter anderem wegen → Mordes, zu lebenslänglichen → Haftstrafen verurteilt, woraufhin sie am 16./17.10.1977 Selbstmord begingen. Obgleich der Selbstmord der drei von dem Obduktionsbefund einer internationalen Ärztekommission bestätigt wurde, geisterte unter den Anhängern der R.A.F. lange Zeit die Auffassung, die drei seien – genau wie vor ihnen bereits »Ulrike« – vom »System« ermordet worden. → Baader-Meinhof-Gruppe, → Linksextremismus, → Terrorismus

Bachmeier, Marianne

Der Fall Marianne Bachmeier spaltete die öffentliche Meinung: Man lehnte ihre Tat ab, aber vielerseits stieß sie auf volles Verständnis. Schließlich war der Mann, den die 31jährige am 6. März 1981 mit acht Pistolenschüssen tötete, der → Mörder ihrer siebenjährigen Tochter Anna. Es war der dritte → Prozeßtag im Lübecker Schwurgericht, als die Mutter des toten Kindes den Gerichtssaal als Nebenklägerin betrat und eine Pistole aus dem Mantel zog, um damit Klaus Grabowski, der gestanden hatte, das siebenjährige Mädchen erst sexuell mißhandelt und dann erwürgt zu haben, selbst zu richten (→ Selbstjustiz). Grabowski war bereits vor seiner Mordtat an Anna Bachmeier wegen Kindesmißbrauchs (→ Kinderschänder) verurteilt worden und nach einer operati-

Anarchistische Gewalttäter
– Baader/Meinhof-Bande –

Wegen Beteiligung an Morden, Sprengstoffverbrechen, Banküberfällen und anderen Straftaten werden steckbrieflich gesucht:

Meinhof, Ulrike, 7. 10. 34 Oldenburg

Baader, Andreas Bernd, 6. 5. 43 München

Ensslin, Gudrun, 15. 8. 40 Bartholomae

Meins, Holger Klaus, 26. 10. 41 Hamburg

Raspe, Jan-Carl, 24. 7. 44 Seefeld

Stachowiak, Ilse, 17. 5. 54 Frankfurt/M.

Jünschke, Klaus, 6. 9. 47 Mannheim

Augustin, Ronald, 20. 11. 49 Amsterdam

Braun, Bernhard, 25. 2. 46 Berlin

Reinders, Ralf, 27. 8. 48 Berlin

Barz, Ingeborg, 2. 7. 48 Berlin

Möller, Irmgard, 13. 5. 47 Bielefeld

Mohnhaupt, Brigitte, 24. 6. 49 Rheinberg

Achterath, Axel, 15. 4. 35 Hannover

Hammerschmidt, Katharina, 14. 12. 43 Danzig

Keser, Rosemarie, 24. 8. 47 Ebersberg

Hausner, Siegfried, 24. 1. 52 Selb/Bayern

Brockmann, Heinz, 1. 3. 48 Gütersloh

Fichter, Albert, 18. 12. 44 Stuttgart

Für Hinweise, die zur Ergreifung der Gesuchten führen, sind insgesamt 100 000 DM Belohnung ausgesetzt, die nicht für Beamte bestimmt sind, zu deren Berufspflichten die Verfolgung strafbarer Handlungen gehört. Die Zuerkennung und die Verteilung erfolgen unter Ausschluß des Rechtsweges.

Mitteilungen, die auf Wunsch vertraulich behandelt werden, nehmen entgegen:

Bundeskriminalamt – Abteilung Sicherungsgruppe –
53 Bonn-Bad Godesberg, Friedrich-Ebert-Straße 1 – Telefon: 02229 / 53001
oder jede Polizeidienststelle

Vorsicht! Diese Gewalttäter machen von der Schußwaffe rücksichtslos Gebrauch!

ven Kastration aufgrund »geringer Wiederholungsgefahr« aus der psychiatrischen Betreuung entlassen worden. Das seinerzeitige Strafmaß wegen Mißbrauchs eines Kindes betrug ein Jahr. Marianne Bachmeier hingegen wurde wegen → Totschlags und unerlaubten Waffenbesitzes (→ Waffenrecht) zu sechs Jahren → Gefängnis verurteilt. Nach zweijähriger → Haft wurde Marianne Bachmeier wegen → Selbstmordgefahr entlassen und zog nach Sizilien, wo sie als Sterbehelferin arbeitete. 1996 erlag sie im Alter von 46 Jahren einer Krebserkrankung. In den 80er Jahren wurde der Fall Bachmeier zweimal für das Kino verfilmt: *Keine Zeit für Tränen* von Hark Bohm und *Annas Mutter* von Burkhardt → Driest.

Ballistik

Im Jahre 1835 überführte Henry Goddard von der Londoner Kriminalpolizei einen → Mörder auf eine ganz neuartige Weise. An einer der Kugeln, die den Ermordeten getroffen hatten, bemerkte Goddard einen merkwürdigen Auswuchs. Mit der so »gezeichneten« Kugel in der Hand begab er sich auf die Suche nach dem Täter. In der düsteren Wohnung eines Verdächtigen entdeckte Goddard eine Gußform für Bleikugeln, wie sie in jenen Tagen noch üblich war. Die Form enthielt einen Fehler, eine Vertiefung. In diese Vertiefung paßte der Auswuchs der Mörderkugel genau hinein. Überrumpelt gestand der Besitzer den Mord.

Was damals eine Sensation war, ist heute längst Routine. Bei einem Mord oder einer Verletzung durch eine Schußwaffe ist es eine Selbstverständlichkeit zu prüfen, aus was für einer Waffe der Schuß stammte. Es wird dabei aber auch ermittelt, wie sich die Kugel »verhalten« hat. Hierzu greift die → Kriminalistik auf die Ballistik zurück. Das Wort stammt aus dem Griechischen und bedeutet »werfen« und »schleudern«. Als Ballistik wird heute die zuerst bei den Militärs entwickelte Lehre von der Bewegung und Verhaltensweise geworfener, geschossener oder auch (bei Raketen) durch Rückstoß angetriebener Körper und den dabei wirksamen und beeinflussenden Kräften genannt. Die Ballistik ist also die Lehre von der Geschoßbewegung. Für die Kriminalistik ist dabei wichtig zu ermitteln, aus was für einer Schußwaffe und mit was für einer Kugel der → Täter geschossen hat und aus welchem Abstand und welcher Richtung die Kugel das Opfer traf. Aufgrund ballistischer Erkenntnisse gelingt es z.B. immer wieder, vermeintliche → Selbstmorde als Morde zu entlarven, da der Verlauf der Kugel oder die Größe der Schußentfernung einen Selbstmord aus technischen Gründen ausschließen würden.

Bande

Französisch: Truppe, Schar (von Soldaten). Bande war ursprünglich die Bezeichnung für marodierende Söldnerhaufen im Mittelalter (→ Soldateska). Später, vor allem vom Anfang des 19. Jahrhunderts bis zum Zweiten Weltkrieg, stand »Bande« häufig für Gruppen irregulärer Kämpfer wie Freischärler, Guerillos oder Partisanen. Im soziologischen Sinn steht

»Bande« für Rotte, Horde, Meute oder Gang, einer Gruppe von Jugendlichen, die durch ein abweichendes Verhalten – mitunter auch in krimineller Hinsicht – hervorstechen (→ Jugendbanden). Im strafrechtlichen Sinn heißt »Bande« der lose Zusammenschluß mehrerer Personen zur Begehung von → Straftaten. Wer unbefugt einen bewaffneten Haufen um sich schart oder befehligt, kann mit einer → Freiheitsstrafe bis zu zwei Jahren rechnen. Die bandenmäßige Begehung von Straftaten wirkt strafverschärfend. Mit erhöhter → Strafe sind insbesondere bedroht: Bandendiebstahl (→ Diebstahl), Bandenraub (→ Raub), Bandenschmuggel (→ Schmuggel) sowie die bandenmäßige Begehung von → Erpressung, → Glücksspiel, → Geldwäsche oder → Drogenkriminalität (→ Organisierte Kriminalität). Banden können auch zu terroristischen Vereinigungen (→ Terrorismus) mutieren.

Bandit

Italienisch: Eigentlich der Verbannte, Geächtete. Ursprünglich Personen, die durch den über sie verhängten Bann (ital.: bando) außerhalb der Gesetze gestellt und dadurch zu Verzweiflungstaten getrieben wurden. Die Bezeichnung »Banditen« (auch »Bravi«, die »Tapferen«) stammt aus dem spätmittelalterlichen Italien, wo die Häufigkeit der politischen Verbrechen und darauffolgenden → Verbannungsurteile in den Stadtrepubliken des 13. und 14. Jahrhunderts einen organisatorischen Zusammenschluß der Banditen in förmliche Genossenschaften bewirkte. Ab dem 17. Jahrhundert wurden in Italien die Straßenräuber und Gauner Banditen genannt. Heute wird die Bezeichnung allgemein für gewerbsmäßige Verbrecher verwandt.

Bankeinbruch, Bankräuber

Auf der Bank liegt bekanntlich das Geld. Daß ein solcher Ort magisch Verbrecher anzieht, kann eigentlich niemanden verwundern. Dabei gibt es grundsätzlich zwei verschiedene Methoden, an das Geld in der Bank heranzukommen. Die häufigste ist zweifelsohne der bewaffnete Banküberfall, wo der oder die – meist maskierten Täter – den Kassierer, im Regelfall mit gezückter Pistole, dazu auffordern, ihnen das – oft nur am Schalter liegende Geld – möglichst schnell auszuhändigen. Bei unvorhergesehenen Zwischenfällen – etwa zu frühes Eintreffen der → Polizei – kommt es bei Banküberfällen immer wieder zu → Geiselnahmen (→ Gladbecker Geiseldrama).

Aufwendiger und meist lukrativer ist der Bankeinbruch. Während der Banküberfall auch von Stümpern ausgeführt werden kann, verlangt der erfolgreiche Bankeinbruch technisch und handwerklich versierte Profis. Immerhin gilt es, erst unauffällig in die Bank einzubrechen (→ Einbruch), dann die → Alarmanlagen auszuschalten oder ruhigzuhalten und schließlich noch den Tresor zu knacken. Das verlangt Können und Arbeit. Keine Arbeit scheuten Ende der achtziger Jahre Bankräuber in Berlin-Schlachtensee: Von ihrer Wohnung aus gruben sie einen Tunnel direkt in die Bank hinein. Doch der Aufwand lohnte sich nicht. Spektakuläre Verbrechen aktivieren auch auf der »Gegenseite« ein Höchstmaß an Einsatz, und so landeten die Tunnelgraber bald hinter Schloß und Riegel.

Innerhalb der Verbrecherwelt besitzen Bankräuber neben → Zuhältern das höchste Ansehen (→ Ganovenehre). Trotzdem sind nach Aussage von Professor Christian Pfeiffer, ehemals Leiter des Kriminologischen Forschungsinstitutes Niedersachsen, Bankräuber generell keine großen Leuchten. Die meisten sind Amateure, die dringend Geld brauchen und ganz naiv vorgehen. Nach dem Motto »Wo gibt es Geld? – In der Bank«. Daß sie sich meist kleine, unauffällige Filialen aussuchen, liegt vermutlich daran, daß da weniger Schwellenangst besteht. Und natürlich am guten Überblick am → Tatort. Zu einem ähnlichen Ergebnis kommt die einzige vom → Bundeskriminalamt (BKA) in Wiesbaden bereits 1985 veröffentlichte Studie zum Thema Bankraub und Sicherheitstechnik. Dort ist im Kapitel Phänomenologie des Bankräubers nachzulesen, daß die meisten Täter aus »Gewinnsucht« handeln, wenig gebildet sind und häufig in der Nähe des Tatortes wohnen. Die Zahl der Banküberfälle hat sich seit 1980 bundesweit auf rund 1300 pro Jahr erhöht, d.h. mehr als verdreifacht – obwohl aus den meisten Geldinstituten kaum etwas herauszuholen ist. Vor allem Zeitschlösser verhindern, daß in kurzer Zeit hohe Summen ausgezahlt werden können. So stehen bei keinem anderen Verbrechen Risiko und möglicher Gewinn in derart ungünstigem Verhältnis. Die durchschnittliche → Beute bei Überfällen auf Geldinstitute liegt unter 10.000 DM. Doch umgekehrt steht auf bewaffneten → Raub eine Mindeststrafe von fünf Jahren. Daß die Täter die Kriminalitätsschwelle für solch geringe Summen überschreiten, demonstriert, wie ausgebrannt sie sind. Die gravierendsten Schäden, die sie mit ihrer Aktion anrichten, sind seelischer Art – und zwar bei den Bankangestellten. »Ich bin bald mit den Nerven am Ende«, äußerte ein Mitarbeiter einer Hamburger Sparkassenfiliale, der innerhalb eines Jahres fünf Überfälle erlebt hatte. Einmal war ein Kunde direkt vor seinen Augen mit dem Revolver bedroht worden. »Ich habe auf dem Boden gekniet und gebetet, daß das Ding nicht losgeht.« Seitdem schlafe er schlecht, sei schreckhaft und nervös. »Jedes Mal, wenn ein Kunde schneller als gewohnt in die Filiale kommt oder eine Kapuze trägt, weil es draußen regnet, zucke ich zusammen.« In der steigenden Zahl von Banküberfällen sieht die R+V Versicherung ein neues Geschäftsfeld. Das Unternehmen bietet in Kooperation mit dem Deutschen Institut für Psychotraumatologie bei Köln Geldinstituten seit kurzem Krisenintervention an. Gleich nach dem Bankräuber kommt der Psychologe und betreut traumatisierte Angestellte, Kunden sowie Passanten. Nach Ansicht von Experten entscheidet sich nach kurzer Zeit, ob Überfälle für die Opfer bleibende seelische Folgen haben. → Geldschrankknacker, → Dalton-Gang

Barabbas

Im Neuen Testament ein → Mörder (Apg. 3,14), bzw. ein → Räuber (Joh.18,40), der von den Römern gefangengenommen worden war. Das jüdische Volk, das zum Passahfest traditionell das Recht hatte, die → Begnadigung eines → Gefangenen zu erwirken, erbat von Pilatus die Freilassung von Barabbas. Der andere Verurteilte, der zur Auswahl gestanden hätte, und nun der → Kreuzigung überlassen blieb, war Jesus.

Barschel, Uwe

Der Fall Barschel ist bis heute die spektakulärste Affäre der deutschen Nachkriegsgeschichte geblieben. Nie zuvor hat ein deutscher Politiker unter so schwerem → Verdacht krimineller Wahlkampfmanipulationen (→ Wahldelikte) gestanden. Nie zuvor hat eine Affäre einen deutschen Politiker nicht nur den Kopf, sondern auch das Leben gekostet. Und nie zuvor hat eine Affäre so lange gedauert wie die sogenannte Waterkantgate (→ Watergate) um den ehemaligen Ministerpräsidenten von Schleswig-Holstein. Bis heute ist kein Frieden über Barschel. → Mordvorwürfe, → Verdächtigungen, Intrigen, ein im Streit um die Ermittlungen zurückgetretener Generalstaatsanwalt blieben übrig. Geheimdienste und deren dubiose Helfer haben sich eingemischt, Waffenhändler (→ Waffenschmuggel) und nahöstliche Politiker bezichtigen sich gegenseitig, in die Sache verwickelt gewesen zu sein. Uwe Barschel war am 13.5.1944 in Glienicke bei Berlin zur Welt gekommen und wuchs als Flüchtlingskind – der Vater war im Krieg gefallen – in eher ärmlichen Verhältnissen in Schleswig-Holstein auf. 1971 wurde der gelernte Jurist Barschel Mitglied des Landtages von Schleswig-Holstein, 1973 Vorsitzender der CDU-Landtagsfraktion, 1979 Finanz- und Innenminister von Schleswig-Holstein und 1982 schließlich Ministerpräsident von Schleswig-Holstein. Doch am 12. September 1987 begann Barschels stolze Karriere zu wanken, und sein Leben sollte schon kurz darauf mit einem tragischen und geheimnisumwitterten Tod enden. An diesem Tag, genau der Vortag der Landtagswahlen, wurde er nämlich von dem Nachrichtenmagazin Der Spiegel unter dem Titel »Watergate in Kiel – Barschels schmutzige Tricks« schwer belastet. Barschels ehemaliger Medienreferent Reiner Pfeiffer behauptete in der Titelgeschichte, auf Veranlassung

Rätsel um einen Toten: Der Fall Uwe Barschel

Barschels die Beschattung des damaligen SPD-Spitzenkandidaten Björn Engholm in Auftrag gegeben und eine anonyme → Anzeige gegen diesen wegen Steuerhinterziehung (→ Steuerstrafrecht) erstattet zu haben. Um Engholm zu kompromittieren, habe Barschel auch in seinem eigenen Autotelefon eine »Wanze« einbauen lassen, um mit diesem »Beweisstück« der SPD eine Abhöraktion in die Schuhe zu schieben. Unter dem Eindruck dieses Skandals fanden die Wahlen statt, aus denen die SPD als stärkste Partei hervorging. Barschel sah sich somit zu einer Koalition mit der FDP gezwungen. Am 18. September wies Barschel auf einer Pressekonferenz mit seinem persönlichen Ehrenwort und einer eidesstattlichen Erklärung alle Anschuldigungen von sich und kündigte rechtliche Schritte gegen Pfeiffer und den Spiegel an. Aber als weitere an der Affäre beteiligte Personen die gegen ihn erhobenen Vorwürfe bestätigten, ging die FDP auf Distanz. Daraufhin legte Uwe Barschel am 2. Oktober sein Amt nieder. Vor dem am 7. Oktober erstmals tagenden Parlamentarischen Untersuchungsausschuß in Kiel bestätigten etliche → Zeugen die Aussagen Pfeiffers, der unter anderem behauptete, auf Anweisung seines Chefs das Gerücht einer Aids-Infizierung Engholms in Umlauf gebracht zu haben. Der für den 12. Oktober vom Untersuchungsausschuß vorgeladene Uwe Barschel flog zunächst zu einem Kurzurlaub nach Gran Canaria. Von dort reiste er am 10. Oktober allein nach Genf und stieg dort im Hotel Beau Rivage ab. Hier erhoffte sich Barschel, der an eine Verschwörung gegen seine Person geglaubt haben soll, Aufschlüsse, die ihm von einem Mann, der sich »Robert Roloff« nannte, gebracht werden sollten. Dieser geheimnisvolle Mittelsmann hatte sich angeblich telefonisch bei Barschel gemeldet und wollte ihm Dokumente über die Hintergründe der Affäre überreichen, die Barschel vor dem Untersuchungsausschuß entlasten sollten. Doch dazu ist es nie gekommen. Am 11. Oktober mittags drangen Reporter der Illustrierten Stern in Barschels Hotelzimmer ein und fanden den Politiker tot, aber vollständig bekleidet, in der Badewanne. Bei der Obduktion (→ Autopsie) wurden im Magen des Verstorbenen Spuren verschiedener Schlaf- und Beruhigungsmittel gefunden, was trotz vieler Ungereimtheiten auf einen → Selbstmord hindeutete. Nach dem Zusammenbruch der DDR (→ Deutsche Demokratische Republik und Verbrechen) verdichten sich jedoch Hinweise und Gerüchte darauf, daß möglicherweise die ostdeutsche Stasi oder Waffenhändler ihre Finger beim Tod des schleswig-holsteinischen Ministerpräsidenten im Spiel hatten. Die Familie Barschels hatte die Selbstmordtheorie von Anfang an bestritten und vertritt die feste Überzeugung, Uwe Barschel sei ermordet worden.

Bartsch, Jürgen

Wurde am 6. November 1946 in Essen als Karl-Heinz Sadrozinski geboren. Seine Mutter starb wenige Monate nach seiner Geburt, und das zwölf Monate alte, uneheliche Kind wurde von dem Metzgersehepaar Bartsch aus Langenberg zu sich genommen und nach acht Jahren Pflege adoptiert. Da seine Pflegeeltern – redliche und fleißige Kleinbürger – nach Eröffnung einer zweiten Metzgerei wenig Zeit für den Jungen hatten, kam Jürgen Bartsch mit zehn Jahren in ein katholisches Internat. Jürgen Bartsch bekam dort des öfteren Schwierigkeiten, da er sich gegenüber kleineren und schwächeren Mitschülern gewalttätig verhielt. Schließlich kam er nach Abschluß der achten Klasse wieder zurück ins Elternhaus, um eine Metzgerlehre zu machen. Vermutlich war er sich zu diesem Zeitpunkt seiner sadistisch-homosexuellen Veranlagung bereits bewußt (→ Homosexualität, → Sadismus). Er unternahm mehrere Übergriffe auf jüngere Knaben, ohne daß es jedoch zu einem Skandal gekommen wäre. Dieser Umstand war auch seiner Adoptivmutter zu verdanken, die die Eltern eines seiner mißhandelten Opfer durch Geldzahlungen besänftigte. Im Juni 1961 wurden Jürgen Bartschs perverse Neigungen schließlich doch der → Polizei bekannt, da er den Sohn eines Langenberger Malermeisters gefesselt und sexuell gequält hatte. Die Anklage wurde jedoch bald wieder eingestellt. Ein verhängnisvoller Fehler.

Am 8. Mai 1966 besuchte Jürgen eine Kirmes, sprach dort den elfjährigen Manfred Graßmann an und lockte ihn mit sich in einen nahegelegenen Luftschutzbunker. Dort fesselte er den Jungen, vergewaltigte ihn (→ Vergewaltigung) und schlug ihn tot. Die Leiche des Knaben zerstückelte er mit einem Schlachtermesser. Am 18. Juni trieb es Jürgen Bartsch wieder auf eine Kirmes. Diesmal wählte er sich den 14jährigen Peter Frese aus, den er wieder mit sich in den Luftschutzbunker lockte. Dort fesselte er sein Opfer und versuchte es zu vergewaltigen. Mit der Ankündigung, er werde bald zurückkehren, um ihm die Augen auszustechen und den Bauch aufzuschlitzen, verließ er dann den 14jährigen. Diesem gelang es jedoch, während der Abwesenheit des Metzgersgesellen seine Fesseln an einer Kerze durchzusengen und zu fliehen. Als bald darauf Beamte der Mordkommission Essen den Luftschutzkeller durchsuchten, fanden sie dort die Überreste von vier Kinderleichen. Manfred Graßmann war nicht das erste Opfer gewesen. Vermutlich hatte Jürgen Bartsch seine Mordtaten bereits im Alter von 15 Jahren begonnen. Die insgesamt vier aufgefundenen Opfer waren der zwölfjährige Ulrich Kahlweiß, der dreizehnjährige Rudolf Fuchs, der achtjährige Klaus Jung und als letztes der elfjährige Manfred Graßmann.

Das Wuppertaler Landgericht verurteilte den sofort geständigen Jürgen Bartsch am 15. Dezember 1967 zu einer lebenslänglichen → Zuchthausstrafe. Nach zehn Jahren → Haft sollte Bartsch in eine psychiatrische Klinik überführt werden. In der Hoffnung auf Freilassungschancen beantragte Bartsch seine Kastration. Im Verlaufe des Eingriffes, der 1976 durchgeführt wurde, kam es zu einem Narkosezwischenfall, an dem Jürgen Bartsch starb. → Serienmörder

Báthory, Elisabeth

Elisabeth Báthory wurde 1560 geboren und gehörte einer der mächtigsten und vornehmsten ungarischen Familien der damaligen Zeit an. Der Reichtum der Báthory war gewaltig und überstieg den des ungarischen Königs Mathias II., der sogar ihr Schuldner war. Die ständigen Heiraten innerhalb der ungarischen Adelsfamilien, durch die ihr Besitz zusammengehalten werden sollte, hatten allerdings zu einer genetischen Degeneration geführt. Elisabeth selbst litt an epileptischen Anfällen; einer ihrer Onkel war ein bekannter Satanist, ihre Tante Klara eine sexuelle Abenteurerin, und ihr Bruder Stephan ein Trinker und Wüstling. Elisabeth wurde im Alter von elf Jahren mir Ferenc Nádasdy, dem Sohn einer anderen ungarischen Adelsfamilie, verlobt, der später den Beinamen der »Schwarze Ritter« erhielt. Nádasdy war ein grausamer Krieger und bei den Feldzügen gegen die Türken bereitete es ihm Vergnügen, türkische Gefangene zu foltern. Er soll seiner Frau sogar einige → Foltermethoden beigebracht haben. Trotzdem verwirklichte Elisabeth ihre gewalttätigen sexuellen Phantasien erst nach dem Tod ihres Mannes im Jahr 1604 vollkommen ungehemmt. Ihr → Sadismus richtete sich dabei ausschließlich gegen Mädchen oder junge Frauen. So liebte sie es, ihre Dienerinnen zu beißen und ihnen das Fleisch von den Knochen zu reißen. Einer ihrer Spitznamen war »Tigerin von Cachtice«, nach dem Schloß, in dem sie sich überwiegend aufhielt. Außerdem praktizierte sie mit Wonne weitere Foltermethoden: Sie ließ eingeöltes Papier zwischen die Zehen ihrer Opfer stecken und dann anzünden oder sie setzte das Schamhaar ihrer Dienerinnen in Brand. Mitunter steckte die grausame Elisabeth ihren Dienerinnen Nadeln in den Körper und unter die Fingernägel oder legte ihnen rotglühende Münzen oder Schlüssel in die Hand. Auch ließ sie im Winter Mädchen in den Schnee werfen und mit kaltem Wasser übergießen, so daß sie erfroren. Da die Opfer der Báthory, die möglicherweise in die Hunderte gingen, ausschließlich ihrem eigenen Geschlecht angehörten, liegt es nahe zu vermuten, daß sie homosexuell veranlagt war. Dafür spricht auch, daß sie sich als junges Mädchen hauptsächlich männlichen Beschäftigungen wie der Jagd und dem Reiten zugewandt hatte und sogar mit Vorliebe männliche Kleidung getragen haben soll. In den Beziehungen zu ihren Dienerinnen nahm sie die Position einer grausamen Domina ein. Wahrscheinlich ist sie während ihrer sexuell-sadistischen Rasereien in einen Zustand hysterischer Ekstase geraten.

Trotz der ungeheuren und kaum kaschierbaren Verbrechen, die die grausame Gräfin beging, blieb sie lange Zeit ungeschoren. Schließlich war sie die Herrin, eine ungarische Aristokratin, ihre Dienerinnen und Opfer hingegen Slowakinnen oder von ihren Häschern aus den umliegenden Dörfern geraubte Mädchen. Mit den zahllosen Leichen ging Elisabeth recht sorglos um. Häufig verstaute sie sie einfach unter den Betten im Schloß, und später warfen sie ihre

Diener auf die umliegenden Felder. Zum Verhängnis wurden der Báthory ihre Untaten erst, als ihr die einfachen Dienerinnen als Opfer nicht mehr reichten und sie adlige Jungfrauen zu ihren nächtlichen, sadistischen Spielen zu locken begann. Als 1611 endlich ein → Prozeß gegen sie stattfand, wurde die Gräfin jedoch nicht zum Tode verurteilt (→ Todesurteil). Während man ihre Komplizen, nach verschiedenen Folterungen, bei lebendigem Leib auf dem → Scheiterhaufen verbrannte, wurde die Báthory in ihrem Schlafzimmer auf ihrem Schloß in Cachtice bei zugemauerten Fenstern eingesperrt. Hier dämmerte sie als »lebender Leichnam« ihrem Tod im Jahre 1614 entgegen. Bereits zu ihren Lebzeiten waren Gerüchte über das tolle Treiben der Gräfin im Umlauf gewesen. Die blutleeren Leichen, welche von den Bauern auf ihren Feldern gefunden worden waren, hatten das ihre dazu beigetragen, daß die grausame Gräfin zur »Blutgräfin« wurde. Allerdings erfuhr ihre Grausamkeit eine ganz eigene Interpretation. Wohl mit auf der erwiesenen Eitelkeit der Gräfin beruhend, entstand die Vermutung, sie habe in dem → Blut der von ihr getöteten Mädchen gebadet, um sich dadurch selbst ewige Jugend und Schönheit zu verschaffen. Man wußte sogar zu sagen, wie die Gräfin, die das Welken ihrer Schönheit als bitter empfand, auf dieses ungewöhnliche Schönheitsrezept verfallen war. So soll sie, als ihre Kammerfrau sie einmal beim Frisieren ungeschickt bediente, diese so heftig ins Gesicht geschlagen haben, daß aus der Nase der Bediensteten Blut hervorgestürzt und auf die Hand der Gräfin getropft war. Als die Báthory nun voll Ekel das Blut mit einem Tuch wegwischte, soll sie mit Verwunderung wahrgenommen haben, daß die Haut an dieser Stelle ein rosiges, jugendfrisches und wesentlich von den übrigen Handpartien verschiedenes Aussehen zeigte. Hierdurch sei sie auf den Gedanken gekommen, sich ganze Blutbäder zu verschaffen und zu diesem Zweck seien 650 Jungfrauen von ihr hingeschlachtet worden. Aus purer Eitelkeit also soll die böse Gräfin getötet haben, da ihr das Blut der Jugend als das kostbarste und wirkmächtigste Kosmetikum erschien. 1812 hat der Freiherr von Mednyansky in der Zeitschrift Hesperus die Blutbäder der Báthory in das Reich der Legende verwiesen. Andere Historiker folgten ihm. An dem Blutmythos der Báthory vermochte das aber nur wenig zu ändern. Besonders Schriftsteller und später auch Filmemacher waren von der Blutbädersage fasziniert. Darauf aufbauend schrieb z.B. Leopold von Sacher-Masoch (1836-1995) seine Novelle *Ewige Jugend*. Selbst Bram Stoker (1847-1912) ließ sich bei seinem Roman *Dracula* von der Báthory-Mythe beeinflussen. Die wahrscheinlich gelungenste Darstellung der Báthory als Blutgräfin ist in dem Episodenfilm *Unmoralische Geschichten* (1973) von Walerin Borowczyk enthalten.

Literatur: Michael Farin (Hg.): Heroine des Grauens. Elisabeth Báthory. (1989).

→ Lebende Vampire

Batman

Der Fledermausmann ist kein Bösewicht, sondern ein fanatischer Bekämpfer des → Verbrechens. Allerdings sind die nächtlichen Auszüge Batmans gegen die → Unterwelt mit soviel Düsternis gepaart, daß er dadurch selbst auf ewig mit der Dunkelheit verbunden scheint. Unterstrichen wird diese dunkle Note durch den Umstand, daß im Englischen das phonetisch ähnlich klingende »bad man« »böser Mann« bedeutet. Batman begann seine Karriere als Comicheld. Als er 1939 auf den Markt kam, befand sich der amerikanische Comic Strip in seinem goldenen Zeitalter. Eine erfolgreiche Comicserie, zu welcher Batman schnell avancierte, erreichte ein Millionenpublikum. Besonders für die damalige Jugend bildeten die »komischen Streifen« das wichtigste Medium.

Der Schöpfer von Batman, Bob Kane, ließ sich bei der Erschaffung seines dunklen Helden von den Fabelgestalten *Zorro* und von *The Shadow*, einem vermummten Wächter, der nachts durch die Großstadt zu schleichen pflegte, inspirieren. Als Vorbilder für das Outfit von Batman kamen noch der einige Jahre vor ihm ins Leben getretene *Superman* und die Negativfigur aus dem 1926 gedrehten Film *The Bat* hinzu. Bei dieser Fledermaus handelt es sich um einen Schurken, der in einem Fledermauskostüm herumlief.

Der Lebensweg Batmans sieht folgendermaßen aus: Unter dem Namen Bruce Wayne – der wohl nicht ganz unbeabsichtigt an Bob Kane erinnert – erblickt er als Millionärssohn die Welt. Als das Einzelkind miterleben muß, wie seine Eltern auf dem Heimweg vom Kino erschossen werden, markiert dieses Trauma zugleich die Geburt seines Alter ego – Batman. Er beschließt innerlich, zum → Rächer der Opfer zu werden und die Verbrecher unbarmherzig zu richten. Alte amerikanische Vorstellungen von → Lynch- und Do-it-yourself-Justiz werden in ihm wach. Er trainiert fortan Körper und Geist und nimmt einen Fledermaus-Look an, um bei seinen Rachezügen nächtlichen Schrecken in die Herzen der abergläubischen Verbrecher zu senken. Batman besitzt übrigens – im Gegensatz zu Superman – keine übernatürlichen Hilfsmittel. Er ist ganz auf sich gestellt. Aber dank seiner Fähigkeiten, die ihn als eine Synthese aus amerikanischem Pionier und nietzscheanischem Übermenschen erscheinen lassen, kann er die ungewöhnlichsten Dinge leisten. Neben seinem gestählten Körper machen ihn vor allen Dingen die verblüffendsten technischen Erfindungen, die sein Genie ausgeheckt hat, unschlagbar gegenüber der Verbrecherwelt.

Batman ist ein moderner Held aus dem Comicreich. Aber die besondere Faszination seiner Figur liegt wohl darin, daß er noch etwas anderes beinhaltet als die meisten Streifen-Helden. Held ist Batman nur nachts, tagsüber bleibt er der Müßiggänger Bruce Wayne. Zweifelsohne macht ihn gerade diese Gespaltenheit für zahlreiche Leser noch attraktiver, da ja auch sie nur nachts, bzw. im Zustand einer träumerischen Projektion, Held sein können, während sie in der grauen Tagwelt und vor den Augen ihrer Mitmenschen doch wohl weit belangloser erscheinen dürften. Aber Batman taucht nicht nur ausschließlich in der Dunkelheit auf, er wirkt auch selbst wie eine Figur aus dem dunklen Reich. Bei ihm bekommt das Gute den Beigeschmack des Bedrohlichen. Batman ist kein fröhlicher Strahlemann wie Superman oder die Sagengestalt eines Siegfried. Der dunkle Ritter Batman hat unverkennbar eine schwarze, melancholische Beimischung. Sein Fledermauskostüm, mit dem er die Verbrecher in Angst und Schrecken versetzen will, läßt auch beim normalen Betrachter Beklemmung aufkommen; denn das Image der Fledermaus ist eindeutig negativ besetzt. Die dunkle Aura Batmans wird nicht nur durch sein Kostüm bewirkt, sie liegt auch in seiner Seele begraben: Er verkörpert weit ausschließlicher die Gestalt des Rächers als seine übrigen Heldenkollegen. Daher zieht er nicht zu fröhlichen Abenteuern aus wie diese, sondern will – bedingt durch sein traumatisches Kindheitserlebnis – Rache nehmen und töten. Batman ist ein psychisch kranker Held, der nur dann Befriedigung findet, wenn er »Ungeziefer ausrotten« kann. Die Gerechtigkeit, für die Batman eintritt, ist eine grausame Gerechtigkeit, eine der Furcht, Einschüchterung und dunklen Rache. Tod, Vernichtung und die Nacht sind die Ingredienzen, die Batmans Welt bilden. Während die Batman-Comics von Anfang an einen düsteren Beigeschmack hatten, ging diese Note in den frühen Verfilmungen und vor allem in der in den sechziger Jahren produzierten Fernsehserie verloren. Hier geriet der düstere Rächer bloß zu einem wackeren Helfer einer etwas trotteligen → Polizei, der sich – unterstützt von seinem jugendlichen Assistenten Robin – damit begnügte, seine Gegner mit ein paar flotten Sprüchen und kurzen Kopftreffern außer Gefecht zu setzen. Danach wartete der Fernseh-Kreuzritter darauf, daß Polizei und → Justiz den weiteren Teil der Arbeit übernahmen. Der frühe Batman hingegen fungierte stets als Fahnder, Staatsanwalt und Richter in einer Person (→ Selbstjustiz) und räumte so die Straßen binnen kurzer Zeit auf. Erst die sehr erfolgreichen Neuverfilmungen: *Batman* (1989); *Batmans Rückkehr* (1992); *Batman forever* (1995) und *Batman & Robin* (1997) greifen die Gestalt des dunklen Rächers wieder auf. Besonders die beiden erstgenannten Verfilmungen, in denen Tim Burton die Regie führte und Michael Keaton eindrucksvoll als Batman agiert, zeigen nicht nur einen dunklen Helden, sondern betonen auch Batmans Gebrochenheit, ja Gespaltenheit, sein Kindheitstrauma, seinen pathologisch-psychopathenhaften Charaktereinschlag und seinen Zwang zur Rache – und das heißt eben auch zum Töten. Ausleben darf Batman seine Psychose vor der düster-heroischen Kulisse von Gotham City, einem modernen Babylon übelster und zugleich faszinierendster Art. Ihre Architektur und ihre Bewohner geraten dabei in ihrem »Design« zu einer Überschneidung der »faschistischen« dreißiger Jahre und der Jetztzeit. Gotham City, dieser mörderische Moloch, beinhaltet aber nicht nur Vergangenheit und Gegenwart, sondern auch ein Stück Zukunftsangst, nämlich davor, daß unsere Großstädte immer mehr in Unübersichtlichkeit und Kriminalität versinken werden – was gleichzeitig ein Stück der neuen Attraktivität des Rächers und Retters Batman ausmacht. → Polizei und Verbrechen

Bauernfänger

Ursprünglich verstand man unter einem Bauernfänger einen → Falschspieler, der unerfahrene Mitspieler, z.B. durch »gezinkte« (gezeichnete) Karten, beim → Glücksspiel betrog. Auch heute wird das Wort gelegentlich noch so verwandt. Allerdings hat eine Begriffserweiterung stattgefunden. Im derzeitigen Sprachgebrauch versteht man unter Bauernfänger nämlich vorrangig jemanden, der versucht, dümmere, bzw. ahnungslosere Zeitgenossen übers Ohr zu hauen.

Baumeister, Herbert

Der erfolgreiche amerikanische Geschäftsmann Herbert Baumeister aus Indianapolis gründete nicht nur eine Serie von Supermärkten, sondern beging bis zu seinem Tod 1996 auch eine Serie von → Morden an jungen Männern (→ Serienmörder). Während seine Frau Julie mit ihren drei gemeinsamen Kindern die Sommerwochen auf dem Feriensitz der Familie verbrachte, blieb der schwer beschäftigte Herbert Baumeister in der Stadt, um eifrig einschlägige Schwulenbars zu besuchen (→ Homosexualität). Der brave Familienvater hatte nämlich eine ausgeprägte Vorliebe für extreme homosexuelle Sexualpraktiken und Strangulationsspiele (→ Sadismus, → Sexualverbrecher). Nachdem zwischen Mai 1993 und 1994 immer mehr Mitglieder der lokalen Schwulenszene sang- und klanglos von der Bildfläche verschwanden, fiel das erste Mal ein Verdacht auf den angesehenen Baumeister. Unter dem Namen »Brian« hatte dieser nämlich einige der vermißten Personen zu sich eingeladen gehabt. Der Verdacht der → Polizei reichte jedoch zu einer → Durchsuchung des Baumeisterschen Grundstückes nicht aus. Erst als die Polizei Julie Baumeister in Abwesenheit ihres Mann von der Notwendigkeit einer Durchsuchung überzeugt hatte, konnten die Beamten fündig werden. Sieben junge Männer waren auf dem Waldgrundstück vergraben worden. Es besteht jedoch der Verdacht, daß Herbert Baumeister in den Jahren 1980-1990 in Ohio und Indianapolis noch weitere zehn Morde begangen hat. Herbert Baumeister selbst war sofort nach Beginn der Untersuchungen untergetaucht und wurde eine Woche später im Alter von 49 Jahren mit einem Kopfschuß, den er aus einer 357 Magnum auf sich abgegeben hatte, tot aufgefunden (→ Selbstmord).

Der Bayerische Hiasl

Am 3. September 1736 kam in Kissing Mathias Klostermayr als Sohn eines Hirten und Tagelöhners zur Welt. Als der Bayerische Hiasl – auch Hiesel – ist er heute mehr denn je ein Objekt weißblauer Folklore. Sein Leben hätte durchaus unauffällig verlaufen können, wenn nicht die vom Vater geerbte Jagdleidenschaft ihn bald in Verbindung mit organisierten Wildschützenbanden (→ Wilddieb gebracht hätte. Nach einer erstaunlich moderat ausgefallenen neunmonatigen → Zuchthausstrafe, die er in München absitzen mußte, war er 1766 bereit, seiner Vergangenheit abzuschwören. Aber auf den glänzenden Schützen, der mehr als einmal seinen Verfolgern entkommen war, wollten seine Kameraden ebensowenig verzichten wie die Bauern der Umgebung, von deren Feldern er das Wild fernhielt. Klostermayr empfand es als Naturrecht, jagen zu dürfen. Bald schon richtete sich seine Flinte nicht nur gegen das Wild, sondern auch gegen die, die es ihm nicht gönnten und die ihm nach seiner Freiheit und seinem Leben trachteten. Er wurde zum Hauptmann einer Wildererbande. Geschickt nutzte er die deutsche Kleinstaaterei und bewegte sich am liebsten in Gebieten, wo mehrere Grenzen zusammenstießen. Der Wechsel von einem ins andere Territorium schützte ihn vor Verfolgung. Am 14. Januar 1771 wurden Klostermayr und seine Wildschützen jedoch überwältigt, und am 3. September 1771 wurde er in Dillingen, gemeinsam mit zwei weiteren »Buben«, hingerichtet. Die → Hinrichtung war besonders grausam, nach dem → Rädern wurde Klostermayr erdrosselt, geköpft und gevierteilt, doch das steigerte eher seinen Nimbus. 1769 hatte der Münchner Maler Lander ein Porträt von Klostermayr mitsamt seinen »Buben« und einem Fanghund angefertigt. Es wurde die Vorlage für einen Kupferstich, der bald fast alle Bauernhäuser seiner Heimat schmückte. Schon kurz vor Klostermayrs Tod erschienen die ersten Biografien, die den Wildschützen auch über die Grenzen Bayerns hinaus berühmt machten. Sagenhafte Erzäh-

Verhör des Bayerischen Hiasls. Radierung von J. M. Will. 2. Hälfte 18. Jahrhundert

lungen über seine heldenhafte Unverwundbarkeit kursierten. Seine Popularität war nicht ganz unberechtigt. Schließlich war der Bayerische Hiasl kein bloßer → Räuber oder Wilddieb gewesen. Der bajuwarische → Robin Hood war zumindest in seinen frühen Jahren auch Sozialrevolutionär, → Rebell und Freiheitsheld. Er kämpfte gegen die Einschränkung des Jagdrechts – das im Feudalismus im Grunde genommen nur noch dem Adel blieb – und für die Rechte der Bauern. Deshalb wurde der Bayerische Hiasl, kühn und schlau wie ein Fuchs, ausgestattet mit erheblichen Körperkräften, nicht nur zum Urbild der Wilderer, sondern auch zum Volkshelden. Hans Schelle verfaßte 1991 mit Der Bayerische Hiasl eine mit viel Sympathie geschriebene aktuelle Biografie dieses urwüchsigen Bajuwaren.

Beane Family

Die Beane Family gibt anders als die Kelly Family ein recht schauerliches Beispiel einer Großfamilie ab. Allerdings lebte die Beane Family bereits Anfang des 15. Jahrhunderts, nahe der schottischen Küste in einer Klippenhöhle. Von dort aus pflegten die 47 Beane Family-Mitglieder einsame Reisende oder kleine Reisegruppen auf Hochlandwegen zu überfallen, um ihre Opfer und deren Pferde buchstäblich zu reißen und zu verzehren (→ Kannibalismus). Als Soldaten die Höhle der Beanes entdeckten, die diese zuerst zu zweit, zuletzt – aufgrund inzestiöser Beziehungen (→ Inzest) – mit sechs Töchtern, acht Söhnen und 32 Enkeln 25 Jahre lang behaust hatten, erfaßte sie das kalte Grausen. Von den Decken hingen Körperteile von Männern und Frauen und Kindern, die dort zum Räuchern aufgehangen waren. Von der Anzahl der Schätze, die die mörderische und räuberische Sippe gehortet hatte, ließ sich die Zahl der Mordopfer ungefähr abschätzen – damaligen Berichten zufolge sollen es mehr als 1000 gewesen sein. König James I. ließ die Familie Beane daraufhin zu wilden Tieren erklären, so daß sämtliche Mitglieder ohne Verhandlung in Leith hingerichtet wurden. Neuere Forschungen gehen allerdings davon aus, daß es sich bei den schaurigen Taten der Beane Family nur um → Phantomverbrechen handelt. Demnach ist die gesamte Beane-Sippe nur eine Propaganda-Erfindung der englischen Eroberer, die einen Vorwand liefern sollte, sich die widerspenstigen, »wilden« Schotten gefügig zu machen.

Bedrohung

Unter Bedrohung versteht der Gesetzgeber, wenn jemand anderen ernsthaft mit der Begehung eines gegen ihn oder eine ihm nahe stehende Person gerichteten → Verbrechens droht. Bedrohung kann mit → Freiheitsstrafe bis zu einem Jahr oder einer → Geldstrafe geahndet werden. Allerdings ist es für das potentielle Opfer im Regelfall schwer, den Akt der Bedrohung – wenn er nicht vor → Zeugen stattfand – nachzuweisen.

Begnadigung

Ist die Aufhebung eines Strafurteils durch Verfügung der Staatsgewalt. Die Begnadigung ist im Unterschied zur → Amnestie ein Gnadenerweis im Einzelfall. Um dem Gerechtigkeitsempfinden nahe zu bleiben, soll die Starrheit des schriftlich festgelegten Rechts, bei dem die zuständigen Richter in ihrem → Urteil eng an den Wortlaut der jeweiligen Paragraphen gebunden sind, durch einen möglichen Akt der Begnadigung ausgeglichen werden. In Deutschland übt das Recht der Begnadigung für den Bund der Bundespräsident aus, im übrigen steht es den Ländern zu.

Bejaoui, Neji

Anfang Juni 2000 stürmte der 39jährige gebürtige Tunesier Neji Bejaoui den Kindergarten Spatzennest im deutsch-luxemburgischen Grenzgebiet und nahm 43 Kinder im Alter zwischen 2-10 Jahren, sowie fünf Betreuer als → Geiseln. Dann schüttete er Benzin aus und drohte, den Kindergarten mit Handgranaten in die Luft zu sprengen. Er forderte drei Millionen Mark Lösegeld und ein Flugzeug, das ihn nach Libyen bringen sollte. Sein → Motiv war → Rache an den Behörden. Der wegen Gewalttaten (→ Gewalttäter) vorbestrafte Neji Bejaoui sagte in einem Telefoninterview mit dem luxemburgischen TV-Sender RTL: »Mir wurden meine beiden Kinder weggenommen. Ich will sie mit nach Libyen nehmen, sie dort aufziehen. Ich verteidige nur meine Familie.« Als Neji Bejaoui in einem Telefonat die Presse sprechen wollte, faßten die Beamten eines → Sondereinsatzkommandos einen trickreichen Plan. Sie beschlagnahmten eine Fernseh-Kamera-Ausrüstung. Anschließend tauschten sie die echte Kamera gegen eine Spezialanfertigung um, in deren Innerem eine eingebaute Pistole verborgen war. Daraufhin fuhren sie zum Kindergarten. Neji Bejaoui und eine Kindergärtnerin kamen vor die Tür – im Arm trug er einen Jungen. Als das »Interview« begann, gab er das Kind der Betreuerin. Er wandte sein Gesicht der Kameralinse zu und erklärte: »Ich habe fünf Handgranaten. Ich bin zu allem entschlossen.« Weiter kam er nicht, denn plötzlich krachte ein Schuß aus der Kamera, und der Geiselnehmer brach blutüberströmt zusammen. Ein Szenerie wie aus Hollywood. Und tatsächlich war auch hier die Fiktion der Wirklichkeit voraus gewesen. In dem einige Jahre zuvor gedrehten Film *Bodyguard* versuchte ein → Attentäter mit ebensolcher »Schießkamera«, eine Sängerin auf offener Bühne zu töten. Bejaoui selbst überlebte den gezielten Schuß. Im Rettungshubschrauber auf dem Weg ins Krankenhaus erwachte Neji Bejaoui aus dem Koma und griff die Sanitäter an, die ihn nur mit vereinten Kräften wieder an seine Krankenbahre fesseln konnten. Ein Beleg dafür, zu was für außergewöhnlichen Körperleistungen gerade der geistig abnorme oder zumindest ein in einer psychischen Extremsituation befindliche Mensch fähig ist (→ Geisteskranke und abnorme Täter).

Beleidigung

Man versteht darunter die vorsätzliche Kränkung der Ehre eines anderen. Beleidigt werden können einzelne Personen, aber auch Behörden oder Personengemeinschaften. Darüber hinaus gibt es auch die Möglichkeit der Beleidigung unter einer Kollektivbezeichnung. Werden z.B. die vom Nationalsozialismus verfolgten Juden beleidigt, kann jeder Betroffene → Strafantrag stellen. Voraussetzung ist allerdings, daß es sich um eine abgrenzbare Personengruppe handelt. Bei einer so weit gefaßten Gruppe wie die Männer, die Politiker, etc. ist das nicht der Fall, so daß keine Bestrafung möglich ist. Beleidigen kann man mit Worten, Taten oder Zeichen. Das deutsche → Strafgesetzbuch unterscheidet zwischen einfacher Beleidigung, übler Nachrede – also dem Verbreiten ehrenrühriger, nicht erwiesener Tatsachen gegenüber Dritten, Verleumdung – das Behaupten unwahrer, ehrenrühriger Tatsachen wider bessern Wissens, der üblen Nachrede und Verleumdung gegenüber Personen des politischen Lebens, Verunglimpfung des Andenkens Verstorbener und der Formalbeleidigung – bei letzterer können die Tatsachen zwar der Wahrheit entsprechen, wurden allerdings in einer beleidigenden Form geäußert. Tadelnde Urteile über künstlerische oder wissenschaftliche Werke sind nicht rechtswidrig. Gleiches gilt für Äußerungen, welche in Wahrnehmung berechtigter Interessen gemacht werden, es sei denn, die Form stellt eine Beleidigung dar. Bei wechselseitigen, auf der Stelle erwiderten Beleidigungen kann der Richter beide Beleidiger oder einen von ihnen für straffrei erklären. Die Beleidigung ist ein → Antragsdelikt. Auf Beleidigung steht eine → Geld- oder→ Freiheitsstrafe. Beim schwersten → Delikt der Verleumdung, z.B. Auschwitzlüge, kann die Freiheitsstrafe fünf Jahre betragen (→ Volksverhetzung).

Bell, Mary

1968 erschütterte ein Kriminalfall die britische Öffentlichkeit: Zwei Mädchen töteten zwei kleinere Jungen. Wie konnte es dazu kommen? Gitta Sereny, die bekannte Journalistin, die sich seit dem Beginn ihrer Berufskarriere mit dem Lebensweg von Kindern beschäftigt, die durch politische Umstände oder private Schicksalsschläge psychisch geschädigt wurden, saß 1968 im Schwurgericht von Newcastle in der → Gerichtsverhandlung und verfolgte den gesamten → Prozeßverlauf. Vier Jahre später veröffentlichte sie das aufsehenerregende Werk *Kinder töten Kinder. Der Fall Mary Bell*. Mary Bell war zu dem Zeitpunkt der Tat elf Jahre alt. Ihre Freundin mit dem gleichen Nachnamen – Norma Bell – war zwei Jahre älter. Gemeinsam töteten die beiden Mädchen den vierjährigen Martin Brown und einige Wochen später den dreijährigen Brian Howe. Sie töteten die kleinen Jungen ohne Grund, einfach so, aus Langeweile, vielleicht um an Schwächeren die eigene Macht zu erleben. Beide Mädchen stammten aus Unterschichtsfamilien. Drei Jahrzehnte nach den Morden befaßte sich Gitta Sereny noch einmal mit dem Fall. Ihre Publikation *Schreie, die keiner hört*. Die Lebensgeschichte der Mary Bell, die als Kind tötete ist das erschütternde Psychogramm der mittlerweile erwachsenen, ehemals kindlichen Mörderin, die gegen die Schatten der Vergangenheit kämpft. Monatelang führte Sereny mit Mary Bell, die 1980 als 23jährige und mit neuem Namen aus der Haft entlassen worden war, intensive Gespräche. Mary Bell berichtete der Autorin von der Trostlosigkeit ihrer Kindheit und davon, wie sie mit Billigung ihrer Mutter als kleines Mädchen sexuellem Mißbrauch (→ sexueller Mißbrauch von Kindern, → Kinderschänder) ausgesetzt war. Doch bei allem Einfühlungsvermögen stellte Sereny klar: »Kein einziges Wort, das Mary Bell jemals zu mir gesagt hat, kein Wort, das ich jemals geschrieben habe, kann als Entschuldigung für ihr Handeln angesehen werden.«

Berchtold, Johann

Im Februar 1896 wurden in der Münchener Karlstraße die Ministerialwitwe Caroline von Roos, deren Tochter und deren gemeinsame Köchin tot aufgefunden. Da der → Polizei bei der ersten Besichtigung des → Tatortes außer einer Flasche Arsenik auf dem Küchentisch nichts Verdächtiges aufgefallen war, ging man zunächst davon aus, daß sich die drei Damen versehentlich vergiftet (→ Gift) hätten. Eine endgültige Klärung der Todesart sollte erst die Obduktion (→ Autopsie) bringen. Diese führte zu einem eindeutigen Ergebnis: dreifacher Tod durch Ersticken. Da keinerlei äußere Spuren von Gewaltanwendung festzustellen waren, ging die Polizei davon aus, daß die Köchin, die dem → Mörder die Tür geöffnet haben mußte, diesen gekannt haben mußte. Eine detaillierte Untersuchung der Wohnung erfolgte aber erst nach der Sezierung der Leichen. Dabei konnte mit Hilfe des Sohnes der Frau von Roos festgestellt werden, daß neben dem Bargeld von 800 Reichsmark auch zahlreiche Pfandbriefe fehlten. Das → Motiv für die Ermordung der drei Damen war damit geklärt: → Raubmord.

Da die Damen kränklich waren und aufgrund dieser Tatsache ein sehr zurückgezogenes Leben geführt hatten und keine unbekannten Personen in ihre Wohnung ließen, schien der Kreis der Tatverdächtigen nicht sonderlich groß. Die Ermittlungen im Verwandtenkreis führten jedoch zu keinerlei Ergebnissen, so daß die Polizei bald ziemlich ratlos dastand. Hilfe brachten erst zwei Hinweise aus der Bevölkerung. Sie beide führten zu derselben Person: dem 1862 in München geborenen und in Schwabing lebenden Maurer Johann Berchtold. Mit einem → Indizienprozeß konnte Berchtold überführt werden. Zahlreiche Zeugen glaubten Berchtold zur Tatzeit in der Karlstraße gesehen zu haben. Außerdem stellte sich heraus, daß Berchtold bereits Maurerarbeiten in der Wohnung der Ermordeten ausgeführt hatte. Darüber hinaus besaß der Verdächtige einen Lebensstil, der aufwendiger war, als es sein Verdienst erlaubt hätte. Zwei weitere Raubmorde durch Erwürgen wurden in Zusammenhang mit Berchtold gestellt, konnten ihm aber nicht eindeutig nachgewiesen werden. Sie entfielen damit der Anklage.

Am 14. Oktober 1896 wurde Johann Berchtold wegen dreifachen Raubmordes zum Tode verurteilt.

Ein halbes Jahr später wurde die Strafe aber auf dem Gnadenweg zu lebenslänglichem → Zuchthaus abgemildert. Am 18. August 1925 starb Berchtold im Alter von 65 Jahren im Zuchthaus in Kaisheim. Die Polizeidirektion München glaubte, die Akte »Berchtold« damit für immer schließen zu können und bereitete sie im Jahr 1939 zur Abgabe an das Reichsarchiv zur Archivierung vor. Doch genau in diesem Jahr mußte die Akte »Berchtold« erneut geöffnet werden. Sie wurde in einem mindestens ebenso aufsehenerregenden Verfahren gegen den mehrfachen Frauenmörder Johann → Eichhorn als Vergleichsmaterial gebraucht. Der Grund dafür: Berchtold war der Großvater von Johann Eichhorn.
Literatur: Christoph Bachmann: Johann Berchtold – Münchens gefährlichster Würger? In: Michael Farin (Hg.): Polizeireport München (1999), S.78-89.

Bereicherungsdelikte

Ob → Raubmord, → Diebstahl oder → Banküberfall, all diese → Verbrechen haben – wie noch viele andere → Delikte – vorrangig eine Funktion: Sie dienen der Bereicherung des → Täters. Sich zu bereichern, sein materielles Vermögen zu mehren, ist ein elementarer Trieb. Er dient dazu, das Leben abzusichern und den Lebensgenuß zu steigern. Doch nicht jede Bereicherung ist moralisch und juristisch gerechtfertigt. Ungerechtfertigte Bereicherungen bewegen sich in der Grauzone des legalen und halblegalen Verbrechens (→ legale Kriminalität) bis hin zur eindeutig kriminellen Tat. Das Bereicherungsdelikt ist zumeist eindeutig asozialer Natur (→ asoziales Verhalten) und bildet neben der Lust zu zerstören (→ Aggression, → Haß, → Neidverbrechen, → Vandalismus) die zweite Haupttriebkraft des Verbrechens. Neben der Gier nach einem luxeriösen Leben und dem Unwillen, sein Geld auf redliche Weise zu verdienen, kann das Bereicherungsdelikt auch auf materielle Not (→ Armut und Verbrechen) zurückgeführt werden. → Betrug, → Einbruch, → Erpressung, → Fälschungen, → Heiratsschwindel, → Hochstapler, → Korruption, → Unterschlagung, → Wirtschaftskriminalität

Bergen, Ingrid van

Die Schauspielerin wurde am 15.6.1931 in Danzig geboren. 1953 begann sie in München ihre Theater und Filmkarriere. Der erste Durchbruch gelang ihr als Charakterdarstellerin in dem Film *Rosen für den Staatsanwalt*. 1977 stand sie dann selbst vor dem Staatsanwalt, da sie ihren Geliebten Klaus Knaths aus Eifersucht (→ Eifersuchtsverbrechen) erschossen hatte. Die Verteidigung plädierte auf → Totschlag. Nach 4 Jahren → Haft im Frauengefängnis in Aichach kehrte sie wieder zu ihrem Beruf zurück. Heute lebt Ingrid van Bergen auf Mallorca. → Mörderinnen

Berger, Michael

»Töte sie alle«, prangte hinten auf dem Auto von Michael Berger, »Gott wird seine Wahl treffen«. Ein Spruch mit Tradition: Zwischen 1209 und 1229 wurden im Namen des Papstes unter dieser Losung tausende Albigenser, angebliche Sektierer, ermordet (→ Ketzer, → Religion und Verbrechen). Und viel später, im Vietnamkrieg, stand der perfide Spruch auf den Hemden amerikanischer GIs (→ Ideologie und Verbrechen). Michael Berger nahm ihn sich jedenfalls zu Herzen: Im Juni 2000 tötete der damals 31jährige drei Polizisten und verletzte eine Polizistin. Nach einer Verkehrskontrolle und einer darauffolgenden Verfolgungsjagd hatte sich der Waffennarr Bergen den Weg freigeschossen. Als er schließlich gestellt wurde, richtete er sich mit einem Schuß selbst (→ Selbstmord). Warum tat er das? Lief Berger → Amok, war er verrückt (→ Geisteskranke und abnorme Täter) oder tat er es, weil er ein fanatischer Polizistenhasser war? Oder startete der bekennende → Rechtsextremist Berger einen Kampf auf eigene Faust gegen das »System?« Treffsicheres Schießen hatte Berger jedenfalls als Panzergrenadier bei der Bundeswehr gelernt. Nach seiner Entlassung hatte Berger als Taxifahrer und Vertreter für Feuerlöscher gejobbt. Oft geriet er, wegen kleinerer → Delikte, mit dem Gesetz in Konflikt. Er wurde im bayerischen Starnberg verurteilt, im niedersächsischen Walsrode, in Rostock und im westfälischen Lünen. Das letzte → Urteil: drei Monate → Haft auf Bewährung (→ Strafaussetzung zur Bewährung) wegen Fahrens ohne Führerschein. Im Juni 1996 fand er einen Arbeitsplatz bei einem Dortmunder Autohaus. Er war zuständig für den EDV-gesteuerten Materialeinkauf und verdiente gut. Als Anfang 2000 jedoch die Überstundenbezahlung abgeschafft wurde, sank sein Lohn trotz Mehrarbeit deutlich. »Ich habe keinen Bock mehr«, sagte er zu Kollegen. Er ließ sich krankschreiben – wegen Depressionen – und verbrachte mehrere Tage in einer psychiatrischen Abteilung. Sein Chef kündigte ihm. Berger zog vors Arbeitsgericht, und die Sache endete mit einem Vergleich. Bei einer Party seiner Anwältin, in die Berger hineinplatzte, fiel der 1,91 Meter große Mann auf. Er trug einen Ring mit Hakenkreuzen. Bei anderer Gelegenheit hatte er sich zwei Achten in die Haare seines Hinterkopfes einrasieren lassen – das Geheimzeichen der Neonazis. Die Acht steht für den achten Buchstaben im Alphabet, das H. »88« soll dann »Heil

Polizistenmörder Michael Berger

Hitler« heißen. Aber war Berger überhaupt ein strammer NS-Ideologe? In seinem → Haß zog ihn vermutlich alles an, was extrem, terroristisch (→ Terrorismus) und gewalttätig war. Als Polizeibeamte nach den tödlichen Schüssen Bergers Wohnung durchsuchten, fanden sie jedenfalls neben zahlreichen Waffen auch eine Fahne mit fünfzackigem Stern und Maschinenpistole – das Symbol der RAF (→ Rote Armee Fraktion).

Berger, Theo

Im Volksmund auch gern der »Al Capone vom Donaumoos« genannt, kann wohl als eine der letzten populären → Räuberfiguren gelten. Am 25. Januar 1941 war Theo Berger als zweiter von sieben Bauernsöhnen in Ludwigsmoos im bayerischen Landkreis Neuburg-Schrobenhausen zur Welt gekommen. Aufgrund seiner Vorliebe für halsbrecherische Autofahrten und Raufereien erhielt Theo Berger im Alter von 20 Jahren eine → Jugendstrafe von drei Jahren. Im März 1963 wurde er entlassen, nach einem wiederholten → Autodiebstahl jedoch erneut inhaftiert. 1966, wieder in Freiheit, unternahm Theo Berger, zum Teil mit Hilfe seiner Brüder, vier Banküberfälle (→ Bankräuber), darunter frecherweise auch auf die Raiffeisenbank seines Heimatdorfes. 1967, nach einem weiteren diesmal gescheiterten Banküberfall, wurde Berger erneut vor Gericht gestellt. Man warf ihm 40 Autodiebstähle, 25 → Diebstähle aus Autos, zwei → Betrugsfälle, eine Serie von Automatenaufbrüchen und sieben → Raubüberfälle vor. Am 17. Januar 1968 erhielt er eine hohe → Strafe von 12 Jahren → Zuchthaus. Daraufhin entwickelte sich der verwegene Einbrecher-König zum → Ausbrecher-König. Viermal gelang es Theo Berger insgesamt, aus dem → Gefängnis zu entkommen. In den Zeiten auf freiem Fuß genoß er es, mit der Polizei Räuber und Gendarm zu spielen. Meist fand er bei seiner Familie, Freunden oder diversen Geliebten – Theo liebte die Frauen, und sie ihn – in seinem heimatlichen Umfeld Unterschlupf. Viele Bewohner des Donaumooses sehen ihn als Volkshelden, als verwegenen und freiheitsliebenden Abenteurer, der der oberbayerischen → Justiz und dem Spießertum trotzt. 1989 verfaßte er – in Haft – seinen abenteuerlichen Lebensbericht: Ausbruch. Erinnerungen des ›Al Capone aus dem Donaumoos‹.

Berkowitz, David Richard

Zwischen Juli 1976 und August 1977 erschoß der 1953 geborene David Richard Berkowitz sechs Menschen

Serienmörder David Berkowitz bei seiner Festnahme 1977

und verletzte weitere sieben schwer. Seine Opfer waren meist Liebespärchen, die ihr Auto in den einsamen Straßen von New York geparkt hatten oder junge Frauen mit langem dunklen Haar. Nach den ersten → Morden wagten viele New Yorker ihrer Libido nur noch in der eigenen Wohnung nachzugehen; einige Frauen trauten sich sogar nur noch mit blondgefärbten Haaren auf die Straße. Berkowitz' Markenzeichen war ein großkalibriger Revolver »Bulldog«, Kaliber 44, mit dem er seinen Opfern meist direkt ins Gesicht schoß.

Als Berkowitz in dem Auto eines zuvor von ihm erschossenen Liebespaares einen Zettel mit folgender Botschaft hinterließ: »Ich komme wieder! Bang, bang, bang, bang, bang – Ugh!!« richtete die New Yorker → Polizei die Sonderkommission (→ Sondereinsatzkommando) »Operation Omega« ein. Nachdem deren Leiter den → Täter in der Presse als Frauenhasser bezeichnet hatte, wandte sich Berkowitz in einem Schreiben an die New Yorker Tageszeitung Daily News und beschwerte sich darüber, daß ihn der Beamte beleidigt habe. Unterzeichnet war der Brief mit einem ominösen »Sam's Creation«. Übrigens keineswegs das einzige Schreiben, das Berkowitz an die Zeitung richtete. Der Kolumnist der Daily News, Jimmy Breslin, attestierte Berkowitz sogar Sprachgefühl und ein sicheres Gefühl für Zeichensetzung: »Er wußte, wo ein Semikolon hingehört.«

Schießen und Schreiben waren offensichtlich die großen Vorlieben von »Sam's Creation«. Doch wer war Sam? Das erfuhr die Polizei erst, als Berkowitz mehr per Zufall gefaßt wurde, da er bei einem seiner letzten Morde seinen gelben Ford Galaxy zu nahe an einem Feuerhydranten geparkt hatte. Eine Anwohnerin erinnerte sich daran, daß sie gesehen hatte, wie ein Polizist einen Strafzettel ausgestellt hatte. Als man diesen zurückverfolgte, stieß man auf den 24jährigen Postangestellten David Berkowitz aus Yonkers. Nun konnte die Polizei auch erfahren, wer Sam war. Sam war nach Berkowitz angeblich ein Dämon, der ihm die Befehle zum Morden gab. Trotz seines Dämonenwesens brauchte Sam seine Anweisungen nicht aus dem Jenseits zu geben; denn er hatte sich hier auf Erden inkarniert – und zwar ausgerechnet in dem Labrador-Hund seines Nachbarn Sam Carr!

1999 schaffte es Berkowitz, der in die → Kriminalgeschichte mittlerweile als »Son of Sam« eingegangen war, erneut, die Schlagzeilen auf sich zu ziehen. Denn bis in das Hochsicherheitsgefängnis in den Catskill Mountains, in dem Berkowitz seine → Haftstrafe absitzt, hatte es sich herumgesprochen, daß der Regisseur Spike Lee einen Kinofilm mit dem Titel *Summer of Sam* über den Fall Berkowitz gedreht hatte. Berkowitz empörte sich darüber, daß Lee aus purer Geldgier alte Wunden wieder aufgerissen habe. Im Knast zum gläubigen »Son of Christ« konvertiert, der an seine Haftkollegen selbstverfaßte, religiöse Pamphlete vertreibt, orakelte Berkowitz: »Gott will nicht, daß ich auf jemanden böse werde.« Deshalb werde er beten: »Für Spike Lee und seine Familie.« Sollte der »Son of Christ« entgegen seinen guten Vorsätzen doch einmal böse werden, braucht Spike Lee sich dennoch nicht so schnell zu ängstigen – immerhin war David Berkowitz 1977 zu einer Haftstrafe von 365 Jahren verurteilt worden! → Serienmörder

Berliner Gaunersprache

Eine → Gaunersprache, die stark auf dem → Rotwelsch basiert, aber berolinisiert wurde und ihre klassische Ära in der Zeitspanne von 1850 – 1930 erlebte. Dabei erwies sich die legendäre »Berliner Schnauze« für die Gaunersprache als äußerst produktiv. Hier wimmelte es auf der Grundlage des Rotwelschen von kühnen, rotzfrechen und spöttisch-trockenen Wortneubildungen. Typisch war es auch, jedem neuen Mitglied der Berliner Verbrecherzunft sofort einen Beinamen zu geben, der in charakteristischer Verbindung zu ihm stand und den er ein Leben lang beibehielt, da er für seine Kollegen bald der »richtige« Name wurde. So zum Beispiel: »Plattbein«, »Schiefmaul«, »Langer Ede«, »Sonntagsreiter«, »Strippen-Friedrich«, »Platzmajor«, »Staatsanwalt«, »Droschken-Karl«, »Goldfasan«, »Blechkopf« oder »der schöne Robert«. Aber auch der weibliche Teil der Berliner → Unterwelt wurde mit einem passenden Namen belegt: »Chokoladen-Minna«, »Spitzbuben-Ida«, »Falsche Gräfin«, »Dragoner-Anna«, »Schiefe Laterne«, »Blubber-Juste«, »Bankierswitwe« oder – sehr verführerisch – »Königin der Nacht«. Der vielleicht größte Kenner der Berliner Gaunersprache war Hans Ostwald. 1906 brachte er sein Lexikon der Gauner-, Dirnen- und Landstreichersprache heraus.

Berliner Ringvereine

Was waren die Berliner Ringvereine? Etwa Sportvereine? Nein – eher eine Art Mischung aus Gewerkschaft und Verbrechersyndikat. Angefangen hatte es 1890 relativ klein in einer Spelunke im Scheunenviertel, wo es zur Gründung des ersten »Reichsverbandes ehemaliger Strafgefangener« kam. Anlaß der Gründung war ein aufsehenerregender → Mordfall gewesen, der in der Bevölkerung zu einer aggressiven Stimmung gegen die Berliner → Unterwelt geführt hatte. Wer vorbestraft war, hatte zu dieser Zeit kaum eine Chance, eine geregelte Arbeit oder eine annehmbare Wohnung zu finden. Hier sorgte der »Reichsverband« für Abhilfe. Er vermittelte an seine grundsätzlich vorbestraften Mitglieder Tätigkeiten in der Gastronomie oder in anderen Bereichen, wo man bereit war, auch ehemalige → Ganoven zu beschäftigen. Durch die strenge Satzung wurde garantiert, daß der Arbeitgeber nicht enttäuscht wurde. Peter Feraru schildert in seinem Buch *Muskel-Adolf & Co* (1995), in dem er die Geschichte der Berliner Ringvereine nachzeichnet, wie die Spielregeln aussahen: »Wer eine Prügelei beginnt, wird rausgeworfen und kann nicht mehr auf die Unterstützung des Reichsvereins hoffen. Eine weitere Spielregel gab sich der Verein. Die Mitglieder hatten in der Öffentlichkeit nicht unangenehm aufzufallen. Das hieß: nicht im geschlossenen Raum auf den Boden spucken, sich immer sauber kleiden, auf Rasur und Haarschnitt achten. Außerdem durfte nur Mitglied werden, wer auch bei seinen ehemaligen Straftaten nicht gegen eine bestimmte Moral verstoßen hatte. Nicht toleriert wurden Sexualdelikte und Mord. Jeder konnte stehlen, hehlen, ein Mädel auf der Straße haben; der Juwelier betrog seine Kundschaft ebenso wie der Politiker oder Bäcker; Reichtum anzuhäufen war legitim. Sexualdelikte allerdings waren das Niederste was es gab, sie bedeuteten Enthemmung und Verrohung. Beim Mord verhielt es sich ebenso.« Dieser »Ehrenkodex« sorgte einerseits dafür, daß der »Reichsverband« seine Mitglieder gut in den Arbeitsprozeß vermitteln konnte, aber auch, daß sein Beispiel bald Schule machte. Bis 1898 gab es bereits zwölf solcher Vereine, die sich schließlich zum Dachverband Berliner Ring zusammenschlossen. Die Namen, die die Berliner Ganoven ihren einzelnen Vereinen gaben, sind zum Teil herzerwärmend und lassen mehr an die Heilsarmee denn an die Unterwelt denken: »Bruderhand«, »Glückstern«, »Glaube-Liebe-Hoffnung«, »Hand in Hand«, »Letzte Hoffnung«, »Immertreu 1919 e.V.«. Nur gelegentlich klang es auch einmal etwas martialischer, wie bei der »Wilde(n) 13« oder der »Deutsche(n) Kraft«.

Aber wenn sich so viele Ganoven zusammenschließen, kann es da auf die Dauer ganz ehrlich zugehen? Bei den Berliner Ringvereinen war dies mit Sicherheit nicht der Fall. Hinter der hehren Vereinsfassade mit Ehrennadeln, »Betriebsausflügen« und sonstigen Festivitäten verbarg sich schon bald mehr als nur eine gemeinnützige Selbsthilfetruppe. Zwar wurden weiterhin Arbeitsmöglichkeiten vermittelt, bedürftige »Kollegen« versorgt und Familien unterstützt, wenn der Ernährer und Vereinsbruder wieder einmal hinter Gittern saß, aber das war gewissermaßen nur die eine Seite der Medaille. Die andere war, daß sich die Ringvereine zu Zentren des → organisierten Verbrechens entwickelten. Zugute kam den Ringvereinen dabei der Umstand, daß sie durch ihre Funktion als »Arbeitsamt« auch in das bürgerliche, nichtkriminelle oder halbkriminelle Milieu vordringen konnten. So schlossen sich in den Ringvereinen bald Kriminelle, deren Sympathisanten und bürgerliche Nutznießer zusammen. Das »Arbeitsfeld« der Ringvereine war dabei vielfältig: Es reichte über Rauschgift- und Mädchenhandel (→ Rauschgiftkriminalität; → Frauenhandel) über die Vorbereitung zu großen Einbrüchen (→ Einbruch) bis hin zu → Erpressungen, → Betrug, → Hehlerei und der Planung von → Gefangenenbefreiungen. Durch Geheimstatuten versicherten sich die Ringvereine der besonderen Verbundenheit ihrer Mitglieder. Verräter oder Abtrünnige, die sich ihrem Verein gegenüber nicht loyal verhielten, galten als → vogelfrei und wurden von einer Art eigener Gerichtsbarkeit verfolgt (→ Internjustiz der Unterwelt). Auch als die intensive Suche nach einem → Kindermörder (→ Kindsmord), die mit zahlreichen Razzien (→ Razzia) und → Polizeikontrollen verbunden war, die Geschäfte zu verderben drohte, wurde der Ring aktiv und stellte den Täter auf eigene Faust. Diesen Fall griff Fritz Lang in seinem Filmklassiker → *M – Eine Stadt sucht einen Mörder* auf. Nach 1933 wurden die Ringvereine massiv bekämpft und verloren ihre Bedeutung. Von diesem Schlag konnten sie sich auch nach dem Krieg nicht mehr erholen. Allerdings entwickelt sich das Berlin der Wiedervereinigung zu einer neuen → Metropole des Verbrechens. Ob allerdings das neue, global operierende organisierte Verbrechen jemals so soziale und »gemütvolle« Statuten für seine Mitglieder entwickeln wird, wie das die Berliner Ringvereine taten, steht in den Sternen!

Bernstein-Mafia

Rund 80 % der weltweiten Bernsteinvorkommen konzentrieren sich auf die Region um das ehemalige ostpreußische Königsberg, dem heutige Kaliningrad, eine russische Enklave umgeben von Polen und Litauen. Dort hat sich mittlerweile ein aggressives → Schmuggelgeschäft mit hoher Gewinnrate etabliert, das viel mehr als die lokalen Waffen- oder Drogengeschäfte (→ Waffenschmuggel, → Rauschgiftkriminalität) einbringt. In dieser Region existiert eine Fabrik, die weltweit ihresgleichen sucht: Sie ist als einzige in der Lage, den Bernstein, dieses über Jahrtausende erhärtete Harz, zu schneiden und zu behandeln. Um in dieser Fabrik eine auch noch so bescheidene Anstellung zu bekommen, muß man → Schmiergelder in astronomischer Höhe zahlen. Wer jedoch clever ist, kann sein solcherart investiertes Kapital schnell wieder herausholen – denn in der Bernsteinindustrie stiehlt jeder, die Fabrikwächter eingeschlossen. Längst hat sich innerhalb der → Russenmafia eine eigene Unterabteilung für das kostbare Hartharz gebildet: Die Bernstein-Mafia.

In der Abteilung Innere Angelegenheiten in der Region Kaliningrad kennt man das Problem Bernstein-Mafia, deren Geschäfte immer glänzender werden. Seit Anfang der 90er Jahre ist die Bernstein-Mafia dabei, ein internationales Netz aufzubauen. Der Bernstein wird entweder aus den Fabriken gestohlen oder bei → illegalen Grabungen erbeutet und dann verkauft oder in den Westen geschmuggelt. Allein bei den illegalen Bernsteingrabungen kommen jährlich dutzende Menschen um, sei es durch tödliche Unfälle oder interne Abrechnungen (→ Internjustiz der Unterwelt).

Bernsteinzimmer

Das legendäre Kunstwerk war ein Geschenk des Preußen-Königs Friedrich Wilhelm I. an den Zaren Peter den Großen. Das im Katharinenpalast bei St. Petersburg eingebaute Zimmer wurde während des Zweiten Weltkrieges von den Deutschen geraubt und verschwand bei Kriegsende in Königsberg. Seitdem beschäftigt der Verbleib des Bernsteinzimmers eine Armada von Schatzsuchern. Wurde es in den Wirren der letzten Kriegstage zerstört, lagert es irgendwo in einem thüringischen Silberbergwerk oder ist es in irgendwelchen ostpreußischen Katakomben verschwunden? Oder birgt es noch ganz andere Geheimnisse?

Merkwürdig jedenfalls ist, daß mindestens drei Dutzend Menschen, die nach dem Bernsteinzimmer gesucht haben oder die etwas über seinen Verbleib hätten sagen können, unter bisher vollkommen ungeklärten Umständen ums Leben gekommen sind. → Ungeklärte Kriminalfälle

Berufsgruppen und Gilden der Verbrecher

Das → Verbrechen bildet eine Gegenwelt. Es hat nicht nur eine spezifische »Aura«, sondern auch eigene Strukturen entwickelt. Dazu zählt z.B., daß es auch in der Verbrecherwelt – ähnlich wie in der »normalen« Welt – verschiedene »Berufe« gibt, die erlernt sein wollen. Besonders im deutschsprachigen Raum sind viele Dokumente erhalten, die belegen, wie sich das → Gaunertum seit dem Mittelalter in eigenen »Gilden«, genau wie die Berufsgruppen der städtischen Handwerker, organisiert hatte. Einzelne prominente Ganovenobmänner hatten sogar, so wie die Zunftmeister der Handwerker, ihr eigenes Verbandsabzeichen im Siegel. Im Inneren war die Ganovengilde abermals in einzelne Gilden und Zünfte unterteilt. Bereits die Kinder wurden an ihren künftigen »Beruf« herangeführt, wobei die Wahl des Metiers oft mit der spezifischen Begabung des »Azubis« zusammenhing. Man konnte sich Fehlentscheide und Fehlbesetzungen nicht leisten, da Versagen nicht nur für den Betroffenen, sondern auch für seine Komplizen tödlich sein konnte. → Justizberichte aus dem Mittelalter verraten uns, wie sorgsam etwa angebliche → Bettler auf ihre Tätigkeit vorbereitet wurden. Sie erlernten einen Überblick über alle brauchbaren Krankheiten, um deren Symptome mit allen Ekel oder Mitleid erregenden Symptomen vortäuschen zu können. Ihre Fähigkeit zur »Maskenbildung« von Wundmalen durch Farbe oder Lehmstücke war teilweise so virtuos, daß man schon sehr genau schauen mußte, um über Echtheit oder Nicht-Echtheit urteilen zu können. Solche Könnerschaft setzte natürlich eine gute Schulung voraus. An dieser hat sich überall dort, wo das Ganoventum noch in seiner tradierten Form existent ist, nichts geändert. In Spanien werden → Taschendiebanwärter von erfahrenen Berufskollegen jahrelang mit Hilfe von lebensgroßen Mannequin-Puppen mit eingebauten Glöckchen unterrichtet, die bei jedem Fehlgriff laut losbimmeln. Ähnlich verläuft die Ausbildung auch bei kolumbianischen Taschendiebgruppen, und auch im südlichen und östlichen Asien gibt es heute derartige ganovische Ausbildungsstätten.

Mag in der Verbrecherwelt mittlerweile auch der eine oder andere »Beruf« ausgestorben oder vom Aussterben bedroht sein, und die alte Gildenherrlichkeit längst der Geschichte angehören, Berufsgruppen des Verbrechens gibt es nach wie vor. Gerade das → organisierte Verbrechen verlangt eine bestens geschulte »Mitarbeiterschaft«. → Berufsverbrecher, → Gaunerpraxis

Berufskriminalität

Die Berufskriminalität ist keinesfalls mit den Taten des → Berufsverbrechers zu verwechseln; denn die in die Kategorie der Berufskriminalität fallenden → Delikte werden in Ausübung oder in enger Verbindung mit einem bürgerlichen Beruf begangen.

Ihre Akteure entstammen im Regelfall nicht der → Unterwelt, sondern kommen nicht selten aus der »guten Gesellschaft«. Der amerikanische Begriff der »white-collar«, Kriminalität deckt sich in weiten Teilen mit dieser Definition. Berufskriminalität spielt sich häufig im weiten Feld der → Wirtschaftskriminalität ab. Sie umfaßt die unehrlichen Praktiken von Geschäftsleuten, Verstöße von Handwerkern, sowie die → Korruption von Ämtern oder einflußreicher Persönlichkeiten. Die Berufskriminalität führt unter anderem zu Steuer-, Zoll- und Devisendelikten, → Aktienbetrug, → Schmuggel und → Lebens- und Genußmittelfälschungen. Sie findet sich aber auch im Sport (→ Doping) oder im Kulturbereich (→ geistiger Diebstahl).

Der Anstieg oder das Sinken der Berufskriminalität steht im Zusammenhang mit der Gesamtentwicklung der Wirtschaft. Die Schäden der Berufskriminalität übertreffen die konventionellen → Eigentumsdelikte bei weitem. Der Anreiz zur Berufskriminalität ist für den → Täter häufig wegen des Fehlens einer persönlichen Beziehung zu den Opfern größer. Die Verfolgung der Berufskriminalität ist in vielen Fällen außerordentlich schwierig, da die → Straftaten mit Hilfe eines großen Fachwissens begangen und vertuscht werden, und der den Tatbestand untersuchende Beamte ähnliche Fachkenntnisse aufweisen muß, um zum Erfolg zu gelangen. Den → Gerichten ist nicht selten die rein wirtschaftliche Betrachtungsweise fremd, und das herkömmliche Strafverfahren eignet sich nicht unbedingt für Verfahren, deren Schwerpunkt auf wirtschaftlichem Gebiet liegt, zumal sich für die Täter ständig neue Möglichkeiten entwickeln, und die Übergänge zur → legalen Kriminalität fließend sind. Es war daher mehr als nur ein Spaß, als in den sechziger Jahren der damalige Präsident der New Yorker Börse erklärte, es sei viel riskanter für einen Täter und setze ihn viel eher einer strafrechtlichen Verfolgung aus, wenn er ein Stück Brot im Werte von 10 Cents stehle, als wenn er Aktien im Nennwert von Hunderten von Millionen Dollar in betrügerischer Absicht verkaufe.

Berufsverbrecher

Darunter wird ein Krimineller verstanden, der mit der plan- und regelmäßigen Begehung von → Straftaten seinen Lebensunterhalt »verdient«.

Dabei sind die Straftaten häufig gleichartig, d.h., der Verbrecher hat nicht nur das Verbrechen zu seinem »Beruf« erhoben, sondern sich innerhalb seiner Verbrecherexistenz auf eine bestimmte »Berufssparte« konzentriert, wie z.B. → Einbruch, Drogenhandel (→ Rauschgiftkriminalität) oder Waffenschmuggel. Nicht selten ist der Berufsverbrecher auch mit Formen der → organisierten Kriminalität verbunden. Gesetzliche Maßnahmen, die dem Berufsverbrechen entgegenwirken sollen, sind neben der → Bestrafung Führungsaufsicht und → Sicherungsverwahrung (→ Maßregeln der Besserung und Sicherung). → Berufsgruppen und Gilden des Verbrechens

Beschaffungskriminalität

Sie dient in der Regel weder der Selbstbereicherung (→ Bereicherungsdelikte) noch dem Ausleben destruktiver Eigenschaften. Die Beschaffungskriminalität ermöglicht in erster Linie die Befriedigung einer Sucht, da Mangel an Stoff für den Süchtigen mit seelischen und meistens auch körperlichen Qualen verbunden ist. Hauptbereiche der Beschaffungskriminalität sind → Prostitution, → Einbruch und → Diebstahl, sowie das Weiterhandeln mit Drogen (→ Dealer). Als Argument für die Freigabe von Rauschgiften an Abhängige wird immer wieder ins Feld geführt, daß dadurch die Beschaffungskriminalität entfallen oder zumindest zurückgehen könnte. → Rauschgiftkriminalität

Beschlagnahme

Die Beschlagnahme, die zwangsweise Sicherstellung einer Sache, erfolgt bei einem Strafverfahren, um Gegenstände sicherzustellen, die als Beweismittel für die Untersuchung einer → Straftat wichtig sein könnten. Beschlagnahmen müssen von dem zuständigen Richter angeordnet werden. Bei → Gefahr im Verzug dürfen auch die Staatsanwaltschaft oder ihre Hilfsbeamten eine Beschlagnahme vornehmen. Nur eingeschränkt dürfen Beschlagnahmen vorgenommen werden bei Geistlichen, Verteidigern, Anwälten, Notaren, Wirtschafts- und Buchprüfern, Steuerberatern und bevollmächtigten Ärzten, Apothekern, Hebammen, Mitgliedern einer Beratungsstelle für → Schwangerschaftsabbrüche oder Beratern von Drogenabhängigen. Soweit diese Personen ein Zeugnisverweigerungsrecht haben, unterliegen schriftliche Mitteilungen, die der Beschuldigte an sie gerichtet hat, sowie Aufzeichnungen, die sie selbst dazu gemacht haben, nicht der Beschlagnahme. Dies gilt allerdings nicht, wenn sie selbst im → Verdacht strafbarer Handlungen stehen. Auch bei Parlamentsmitgliedern ist, soweit ihr Zeugnisverweigerungsrecht reicht, die Beschlagnahme von Schriftstücken unzulässig. Dasselbe gilt weitgehend auch für die Beschlagnahme von Gegenständen bei Angehörigen von Presse, Rundfunk und Fernsehen.

Literatur: H.P. Dünkel: Beschlagnahme, Durchsuchung (1976). → Durchsuchung

Besitz und Verbrechen

Ist Eigentum → Diebstahl? Bedeutet Besitz grundsätzlich Verbrechen?Für den gläubigen Marxisten auf alle Fälle. Expropriation der Expropriateure – Enteignung der Enteigner – lautete ein bekanntes Schlagwort des Marxismus. Aber andererseits – ist wirklich schon jedes Eigentum ein → Verbrechen? Bedeutet nicht umgekehrt die Nichtanerkennung von fremdem Eigentum den Anfang vom Ende, in deren Folge sich → Anarchie, → Vandalismus, → Plünderung,

→ Diebstahl und → Neidverbrechen einstellen?

Im Grunde genommen ist die Linie zwischen Besitz und Verbrechen nicht eindeutig zu ziehen. Große Vermögen sind sicher häufig nicht nur durch Fleiß und Geschick entstanden, sondern auch dadurch, daß andere Menschen übervorteilt wurden, indem z.B. Produkte zu teuer verkauft oder zu Dumpingpreisen eingekauft wurden, man Mitarbeiter unterbezahlt hat oder Gesetzeslücken schlau ausgenutzt wurden. Die Anhäufung von Kapital ist daher nicht selten mit → Wirtschaftskriminalität,→ Berufskriminalität, → Bestechung oder einfach der raffinierten Anwendung → legaler Kriminalität einhergegangen. Trotz alledem darf nicht übersehen werden: Das Besitzstreben des Menschen ist ein elementarer Trieb, der in keinem politischen System aufgehoben werden kann. Er treibt die Menschen zu Fleiß, Kreativität und in der Folge auch zu Wohlstand an und sollte nur dort gebremst werden, wo er → asozial, → kriminell und gemeinschaftsschädigend wirkt. Das zu überprüfen und anzuklagen, ist freilich ein täglicher Kampf – genau wie der gegen das übrige Verbrechen! → Schattenwirtschaft

Bestechung

Man unterscheidet bei diesem Begriff aktive und passive Bestechung. Aktive Bestechung liegt vor, wenn eine Person einen Amtsträger durch das Versprechen oder Gewähren von Vorteilen oder Geldgeschenken zu einem Gefallen oder Dienst überredet, der dessen eigentlichen Pflichten widerspricht. Passive Bestechung, bzw. Bestechlichkeit, begeht der betreffende Amtsträger, wenn er einen solchen angebotenen Vorteil annimmt. Auf Bestechung stehen → Geldstrafen oder eine → Freiheitsstrafe bis zu zwei Jahren. Die Bestechung von Angestellten der privaten Wirtschaft gilt als unlauterer Wettbewerb.

Bei Abgeordneten spricht man von → Wahldelikten. Bestechung gibt es in verschiedenen Größen. Sie reicht von der kleinen »Aufmerksamkeit« bis hin zum großen Deal. Als eine US-Senatskommission 1972 den Flugzeugbauer Lockheed prüfte, erschoß sich dessen Vizepräsident. Wie sich herausstellte, war er für die schwarzen Kassen verantwortlich, aus denen allein zwischen 1970 und 1975 rund 200 Millionen Dollar als »Beratungshonorare« an Politiker und Militärs in den verschiedensten Ländern geflossen waren.

So z.B. in die Niederlande, wo Prinz Bernhards Verstrickung in die Lockheed-Affäre das Land an den Rand einer Staatskrise brachte. Nur aufgrund Königin Julianas eigener Rücktrittsdrohung verzichtete die Regierung auf ein → Gerichtsverfahren gegen den Prinzen, der 1976 von allen Ämtern zurücktrat. Auch der italienische Präsident Giovanni Leone verlor 1976 wegen der Lockheed-Affäre einen Teil hoher Regierungsbeamter. Der japanische Ministerpräsident Kakuei Tanaka hatte sich, wie 1976 bekannt wurde, mit einer Zahlung von 2,2 Millionen Dollar von Lockheed zum Kauf der Kampfflugzeuge überreden lassen. Allerdings spielte das für ihn keine Rolle mehr, da er bereits ein Jahr zuvor wegen anderen → Korrupitonsfällen sein Amt hatte aufgeben müssen.

→ Parteispenden, → Schmiergeld, Steiner, Julius (→ Wagner, Leo)

Bestrafung
→ Strafrecht

Betrug, Betrüger
Zählt zu den → Vermögensdelikten und beinhaltet die gezielte Täuschung oder Irreführung einer anderen Person, mit der Absicht, sich an deren Vermögen zu bereichern. Um Betrug strafbar zu machen, müssen vier Voraussetzungen erfüllt sein: 1. Der → Täter muß sein Opfer täuschen, 2. das Opfer muß auf diese Täuschung hereinfallen und 3. aufgrund dieser Täuschung eine Vermögensverfügung vornehmen, die ihm 4. zum Schaden reicht.

Auch → Heiratsschwindler oder → Hochstapler handeln betrügerisch. Ebenso gibt es Anstellungsbetrüger (der Betrüger begründet ein Arbeitsverhältnis, obwohl seine Qualifikation dazu nicht ausreicht), → Prozeßbetrüger oder Computerbetrug (→ Computerkriminalität). Auch zählen Scheck- und Kreditkartenmißbrauch, Steuerhinterziehung (→ Steuerdelikte) und selbst → Schwarzfahren in öffentlichen Verkehrsmitteln zu Betrugsdelikten. Das Strafmaß für Betrug beträgt → Freiheitsentzug (→ Freiheitsentziehung) bis zu zehn Jahren oder → Geldstrafe.

Bettler/Betteln
Im allgemeinen versteht man unter Betteln das Ansprechen von Fremden um Gaben, sei es aus tatsächlicher oder vorgespielter Dürftigkeit. Bettler hat es zu allen Zeiten und in allen Gesellschaften gegeben. Gut dokumentiert ist das Bettelwesen in Mitteleuropa während der Merowinger- und Karolingerzeit. Besonders im Spätmittelalter, mit dem Anwachsen der Städte, trat das Bettlertum verstärkt auf. Die christlich begründete Hochschätzung der Armut aus religiösen Gründen, sowie das Mitleid mit den unverschuldeten Armen förderten die Erscheinung des »Berufsbettlers«, der als Büßer oder Pilger an die allgemeine Barmherzigkeit apellierte. Sogenannte Bettel- oder Prachervögte sorgten für eine gerechte Durchführung der städtischen Almosenverordnungen und für Ruhe bei den Bettlerscharen, die in den Städ-

Spätmittelalterliche Bettlerfamilie als Titelblatt des Liber Vagatorum (Der Bettler-Orden) von 1510

ten zum Teil sehr zahlreich waren – in Paris z.B. umfaßte der sogenannte »Hof der Wunder« 3000 Menschen. Im 18. Jahrhundert wurde das Betteln vielfach verboten, was nicht wenige Bettler ganz in das kriminelle → Milieu abrutschen ließ (→ Räuber). Allerdings wurde die größte Not daraufhin durch private Wohltätigkeit und behördlich geförderte Arbeitsbeschaffung in besonderen Werkhäusern gemildert. Armenpfleger traten an die Stelle der Bettlervögte. Die um 1800 einsetzende staatliche Armengesetzgebung wurde nach und nach durch die private und kirchliche Wohlfahrtspflege ersetzt. Nach der Reichsgründung von 1871 sorgte der Paragraph 361 des Strafgesetzbuches dafür, daß notorische Bettler und herumstreunende Nichtstuer von der → Polizei aufgegriffen werden konnten, um sie den → Gerichten zu übergeben. Man verurteilte sie zwar häufig nur zu einer → Haft von wenigen Tagen, wies sie aber anschließend oft für längere Zeit (bis zu zwei Jahren) in ein »Arbeitshaus« ein. Hier sollten sie durch harte Arbeit umerzogen werden (→ Zwangsarbeit). Seit Aufhebung des Paragraphen 361 wird Betteln strafrechtlich nicht mehr verfolgt, es sei denn, es liegt → Betrug vor. So werden z.B. immer wieder Kinder zum Betteln abgerichtet und der dann von ihnen erbettelte Geldbetrag muß den »Erziehern«, bzw. anderen Personen übergeben werden. Oft werden die Kinder in solchen Fällen gezwungen, ein bestimmtes Tagessoll zu erbetteln.

Literatur: C. Sachse; F. Tennstedt (Hg.): Bettler, Gauner, Proleten (1983).

Bettlerzinken
→ Zinken

Beute, Beutegut
Als Beute gilt allgemein ein durch Krieg, Jagd, → Plünderung oder → Diebstahl angeeignetes Gut.

Bewährung
→ Strafaussetzung zur Bewährung

Bewährungshilfe
Ist eine Einrichtung im Rahmen der → Strafaussetzung zur Bewährung. Dem Verurteilten wird hier gemäß dem → Strafgesetzbuch für die Dauer der Bewährungszeit ein Bewährungshelfer zur Seite gestellt, der darauf achten soll, daß der Verurteilte keinen »Rückfall« zu neuen → Straftaten erleidet. Der Bewährungshelfer überwacht das Leben des Verurteilten und legt in vom → Gericht bestimmten Zeitabständen Rapport darüber ab. Es ist seine Aufgabe, grobe oder wiederholte Verstöße gegen Weisungen, Auflagen oder Zusagen dem Gericht mitzuteilen.

Beziehungs- und Familiendramen
Das Leben in einer intakten Partnerschaft und Familie ist einer der zentralen Wünsche der meisten Menschen. Nicht zuletzt aufgrund der hohen Erwartungen kann es aber auch hier zu entsetzlichen Katastrophen kommen. Sei es aus Eifersucht (→ Eifersuchtsverbrechen) oder aus Überdruß (→ Gattenmord/Partnermord), oder daß es innerhalb einer Familie zu → Haß- und Gewaltausbrüchen (→ Aggressivität, → Gewaltverbre-

chen) kommt, die manchmal zu amokartigen Handlungen (→ Amok) führen, mit dem Ergebnis, daß am Ende ein Großteil der Familie ausgelöscht ist (→ Böttcher, Monika; → Wagner, Ernst August). Zu einer Sonderform familiärer Auseinandersetzungen kann es bei Erbschaftsangelegenheiten (→ Erbschleicher) kommen. Letztere können von tätlichen Übergriffen über → Betrug bis zu → Mord reichen.

Bibliomanie

Vom griechischen »mania« = »Wahnsinn«. Unter Bibliomanie ist die krankhafte Übersteigerung der Bücherliebhaberei zu verstehen. Es liegt hier eine krankhafte Form des Sammeltriebes vor, bei welchem der Befallene Bücher, aber auch Zeitschriften oder Broschüren mit dem perfektionistischen Trieb nach absoluter Vollständigkeit der eigenen Büchersammlung meist ungelesen anhäuft. Wie jeder Wahn ist auch die Bibliomanie nicht ungefährlich; denn sie kann in letzter Konsequenz zum → Mord führen – und das selbst bei Personen, denen man zuallerletzt eine solche Bluttat zutrauen würde – so z.B. bei geistlichen Würdenträgern – wie nachfolgendes Fallbeispiel belegt: Als die wertvolle Bibliothek des halleschen Professors Nosselt (1734-1807) versteigert wurde, bot Georg Tinius aus Poserna 400 Taler mehr als der Beauftragte des preußischen Königs. Auch sonst hatte es ihm der Buchmarkt angetan, sei es in Leipzig, Halle, Erfurt, Helmstedt oder sogar Wien. Die Besucher der Auktionen hielten den bleichen Mann mit der gebeugten Haltung eines Denkers für einen Gelehrten, der aufgrund eines Privatvermögens nicht auf den Heller zu schauen brauchte. Hätte ihnen jemand gesagt, Georg Tinius sei Pfarrer in Poserna, einer kleinen Gemeinde zwischen Leipzig und Weißenfels, hätte das sicherlich Erstaunen ausgelöst, und umgekehrt vermutete in Poserna niemand in Tinius einen »Löwen« der Auktionssäle. Georg Tinius war in seiner kleinen Gemeinde beliebt, allerdings pflegte er keinen Umgang mit anderen Pfarrern. Seine Welt waren seine Bücher, die das ganze Pfarrhaus füllten. Zu Beginn des Jahres 1813 gab der Pfarrer aus Poserna in Halle eine Autobiografie unter dem Titel Merkwürdiges und lehrreiches Leben des M. Johann Georg Tinius heraus, der wir entnehmen können, daß er am 22. Oktober 1764 in Staake als Sohn eines Schäfers geboren wurde und eigentlich den Wunsch hatte, Orientalistik zu studieren. Da dies aufgrund seiner geringen Geldmittel nicht möglich war, wurde er Theologe und schlug sich einige Zeit als Hauslehrer durchs Leben, bis er schließlich 1798 eine Pfarrstelle in Heinrichs erhielt. Er heiratete daraufhin eine begüterte Witwe, die jedoch bei der Entbindung starb. Nach Ablauf des Trauerjahres ging er eine neue Ehe mit einer anderen Witwe ein, welche die Besitzerin stattlicher 10.000 Taler war. Später ließ sich diese zweite Frau von Tinius wieder scheiden, vorerst jedoch konnte Tinius von ihrem Geld sein teures Bücherhobby mitfinanzieren. Am Sonntag dem 4. März 1813 fand das Pfarrerdasein des Tinius ein plötzliches Ende. Während seiner letzten Amtshandlung, einer Trauung, wurde er zum allgemeinen Erstaunen arretiert. Zuerst dachte man, es müsse sich bei dieser Verhaftung, die vom Leipziger → Polizeiamt veranlaßt worden war, um einen Irrtum handeln. Doch es lag kein Irrtum vor. Der bibliomane Pfarrer hatte zwei vermögende, alleinstehende Personen mit einem Hammer erschlagen, um an deren Geld heranzukommen, das er natürlich sofort in kostbare Bücher umsetzte. Als nach seiner Verhaftung seine Bibliothek versteigert wurde, zählte diese immerhin 17.000 Bände. Dabei wurde sogar gemunkelt, seine von ihm geschiedene Frau hätte sich vor der Beschlagnahmung der Bücher noch einen Großteil davon unter den Nagel gerissen. Der bibliomane Pfarrer hatte nach seiner Verhaftung übrigens Glück: Aufgrund der Wirren der napoleonischen Kriege kam er glimpflich davon. Nach endlosen Vertagungen des → Urteils wurde er 1823 zu zwölf Jahren → Zuchthaus verurteilt, die er bis zum letzten Tag absaß. 1835 kam er in Freiheit, 1846 starb er hochbetagt in bescheidenen Verhältnissen.

Bigamie

Das Eingehen einer weiteren Ehe trotz Bestehens einer früher geschlossenen. Das Wort stellt eine Wortverbindung aus der Vorsilbe »bi« und griech. »gámos« = Hochzeit dar und bedeutet demnach Doppelehe. Die Bigamie, die strafrechtlich mit einer → Freiheitsstrafe bis zu drei Jahren verfolgt wird, spielte in Deutschland vor allem in den Jahren nach dem Zweiten Weltkrieg eine Rolle. Aufgrund der allgemeinen Umbrüche, Bevölkerungsverschiebungen und der Vernichtung zahlreicher Dokumente kam es häufiger zu wissentlich oder unwissentlich eingegangenen bigamistischen Beziehungen als in geordneteren Zeiten. Ein Beispiel unechter Bigamie lieferte ein früherer politischer Leiter der NSDAP, der seine Frau dazu überredete, ihn für tot zu erklären, wobei er selbst unter falschem Namen als Zeuge auftrat. Nachdem er und seine politische Vergangenheit gestorben waren, heiratete er seine Frau dann noch einmal unter seinem neuen falschen Namen. In einem anderen Fall kam ein 1947 aus französischer Kriegsgefangenschaft entlassener Soldat nach Kaiserstuhl, wo er ein junges Mädchen heiratete. Nach fast zweijähriger Ehe verließ er seine Gattin und kehrte in seine eigentliche Heimat, eine Gemeinde in der Eifel zurück, wo bereits seine erste Frau und Kinder auf ihn warteten. Diesen erklärte er seine »Verspätung« damit, daß er drei Jahre lang als französischer Legionär durch die Hölle von Indochina gegangen sei. Der Tatbestand der Bigamie kann auch dann gegeben sein, wenn ein Staat die Scheidung, die in einem anderen Staat ausgesprochen wurde, nicht anerkennt. So wurde beispielsweise 1959 in Rom ein Strafverfahren wegen Bigamie gegen Sophia Loren und ihren Mann Carlo Ponti eingeleitet, da Italien eine in Mexiko vorgenommene Fernscheidung ihres Mannes als nicht gültig ansah.

Biggs, Ronald

Ronald Biggs ist einer von jenen Gentlemen, die bei dem legendär gewordenen Überfall auf einen Londoner Postzug am 8. August 1963 zur Kasse baten (→ Die Posträuber). → Scotland Yard befand sich nach diesem dreist-grandiosen → Coup in vollem Einsatz. Ein Großteil der Posträuber konnte auch gefaßt werden. So unter anderem Ronald Biggs. 1965 wurde er zu 30 Jahren → Gefängnis verurteilt. Am 8. Juli 1965 gelang Ronald jedoch eine spektakuläre Flucht. Er hatte sich im Londoner Wandsworth-Gefängnis mit dem Ausbruchsspezialisten Paul Seabourne angefreundet und einen erfolgreichen Plan geschmiedet. Zu Beginn des Hofgangs ertönte lautes Motorengeräusch von draußen; dann ratterten plötzlich zwei Strickleitern mit Metallsprossen über die Mauern. Biggs und sein Freund Eric Flower rannten auf die Leitern zu. Zwei Häftlinge, die für ihre Hilfe je fünfhundert Pfund erhalten hatten, stellten den herbeieilenden Wärtern geschickt das Bein. Auf der anderen Seite der Mauer wartete ein Möbelwagen, dessen Dach entfernt worden war – ein Umbau, den man nur von oben sehen konnte. Biggs und Flower sprangen in den mit Matratzen ausgelegten Möbelwagen, gefolgt von zwei weiteren Häftlingen, die die Chance zur Flucht nützten. Der Möbelwagen startete, danach stiegen die geflohenen Häftlinge mit Seabourne und Kumpanen in ein anderes Auto um und fuhren zu einem vorbereiteten Versteck. Anschließend reiste Biggs mit falschem Paß nach Paris, um sich dort einer Gesichtsoperation zu unterziehen. Mit verändertem Aussehen führte ihn sein Weg dann nach Australien, wohin ihm seine Frau Charmian und seine beide Söhne achtzehn Monate später nachfolgten. 1970 wurde Biggs sein Leben in Australien zu gefährlich. Nachdem sein Freund Eric Flower verhaftet worden war, beschloß er, sich erneut zu verändern und ließ sich unter dem Namen Michael Haynes in Rio de Janeiro nieder. Dort fand er in einer Nackttänzerin eine Geliebte, die ihn seine Familie vergessen ließ. Diese neue Beziehung bewahrte ihn auch vor der Deportation nach England, nachdem Scotland Yard ihn 1974 aufgespürt hatte. Biggs Geliebte erwartete nämlich ein Kind von ihm, so daß die brasilianische Regierung von einer Auslieferung absah. So konnte er in Brasilien verweilen. Viel von seiner Beute war ihm jedoch nicht geblieben. 1999 erlitt der mittlerweile 70jährige Biggs einen schweren

Ronald Biggs – auch als Tattergreis noch Hahn im Korb

Schlaganfall, und da der berühmte → Gangster mittlerweile so pleite ist, daß er nicht einmal seine Arztkosten begleichen konnte, erfaßte ihn unvermutetes Heimweh. Anfang 2001 kündigte er Scotland Yard per E-Mail seine Rückkehr nach Großbritannien an. Ein Vorhaben, das er in die Tat umsetzte. Ob sein Wunsch, in seiner Heimatstadt Margate in einem Pub noch mal ein Pint Bitter trinken zu können, jedoch so schnell in Erfüllung geht, erscheint allerdings fraglich. Er wurde vorerst von einer Riege Scotland Yard-Männer empfangen und in Verwahrung genommen. Als Ronald dann in seiner Zelle einen Brief des → Justizministeriums las, in dem stand, daß er frühestens in 14 Jahren begnadigt (→ Begnadigung) werden könnte, brach er in Tränen aus und mußte von einem Wärter getröstet werden. Doch noch ein anderer Trost wurde ihm zuteil: Ronnie bekam seine Pin-up-Fotos zurück, die er 1965 bei seiner Flucht in seiner Zelle zurückgelassen hatte. → Eisenbahnverbrechen

Bilancia, Donato

Von Oktober 1997 bis Mai 1998 wurden in Ligurien insgesamt 18 Menschen von dem arbeitslosen → Glücksspieler Donato Bilancia getötet. Der Kreis seiner Opfer war sehr gemischt, und auch die → Mordmotive (→ Motiv) des 47jährigen Italieners entsprangen – anders als bei den meisten → Serienmördern – nicht einer einzigen Quelle. Begonnen hatte Bilancia seine Mordkarriere im Oktober 1997 aus reiner Geldgier, als er ein Juweliersehepaar in Genua beraubte und erschoß (→ Raubmord). Bereits drei Tage später tötete er ein weiteres Paar in Genua. Raubgier bewog ihn wohl auch zu dem → Mord an zwei Geldwechslern, einem Tankstellenwart und zwei Nachtwächtern. Die Morde an mehreren jungen Frauen, die er darüber hinaus vornahm, lassen sich jedoch aus »rationalen« Gründen nicht erklären. Bei dieser Opfergruppe handelte es sich meist um → Prostituierte aus Afrika und Osteuropa. Er fuhr mit ihnen an einsame Plätze der Küstenregion und befahl ihnen, rücklings vor ihm zu knien, dann richtete er sie mit einem Pistolenschuß in den Hinterkopf hin. Sein Frauenhaß erstreckte sich jedoch nicht nur auf Angehörige des Prostituiertenmilieus. Unter seinen letzten Opfern befanden sich auch zwei reisende Frauen, die er auf einer Zugtoilette erschossen hatte. Am 6. Mai 1998 endlich konnte Donato Bilancia mittels eines Gentestes (→ genetischer Fingerabdruck) überführt werden. Er selbst entschuldigte seine Bluttaten mit der Feststellung, ein »kranker Mann« zu sein. → Eisenbahnverbrechen, → Geisteskranke und abnorme Täter

Billy the Kid

Ähnlich wie → Butch Cassidy, → Doc Holliday oder Jesse → James zählt Billy the Kid zu den großen Westernlegenden, die es mit dem Gesetz nicht so genau nahmen. Der schmächtige Billy mit den vorstehenden Zähnen kam 1859 entweder in New York oder in Indiana als Henry McCarty zur Welt. Während des Bürgerkrieges zog Billy mit seiner Familie nach Kan-

Billy the Kid. Zeitgenössischer Stich

sas. Etwa mit fünfzehn Jahren machte Billy seine ersten kleinen → Diebstähle, wurde eingesperrt, konnte jedoch bald wieder fliehen. Daraufhin schlug er sich zwei Jahre lang in Arizona als Fuhrmann, Cowboy und Hilfsarbeiter durch. 1877 tötete er in Fort Grant einen Mann und wurde wegen → Mordes angeklagt. Er konnte aber entkommen und zog nach New Mexico. Wenig später fand Billy the Kid eine Anstellung auf der Ranch des Engländers John Tunstall im Lincoln County. Als Tunstall Anfang 1878 ermordet wurde, schwor Billy blutige → Rache. Er war bei der → Posse dabei, die die beiden mutmaßlichen Mörder erschoß.

Das Jahr 1878 war das unruhigste im Leben von Billy the Kid. Er beteiligte sich an zahlreichen Schießereien. Dabei ging es ihm keineswegs immer um so »schnöde« Dinge wie bloße → Bereicherungsdelikte. Billy liebte den Kampf und den Pulverdampf um ihrer selbst willen. Es waren persönliche Abrechnungen oder tödliche Auseinandersetzungen zwischen Großgrundbesitzern, an denen er sich beteiligte. Bei zahlreichen Regulatoren (von Großgrundbesitzern oder großen Rinderzüchtern aufgestellte und unterhaltene Privatarmeen) kämpfte er mit. Sein gewalttätiges Potential lebte Billy the Kid oft in der Grauzone zwischen legal und → illegal aus.

Als der Gouverneur von New Mexico, Lew Wallace, ihm daher ein → Amnestieversprechen gab, stellte er sich der Obrigkeit. Doch als der → Gerichtstermin näherrückte, wurde Billy nervös. Er mißtraute den rechtlichen Formalitäten und entfernte sich schließlich aus dem → Gewahrsam. Damit verstieß er aber gegen die Amnestieauflagen. Die Chance war vertan, und Billy gründete eine Bande von Viehdieben, mit der er Raubzüge bis nach Texas unternahm. Er tötete den Spieler Joe Grant, entkam mehreren Possen, wurde aber schließlich im Dezember 1880 in Lincoln eingekerkert. Vier Monate später tötete er zwei Wärter und konnte entkommen. Doch sein Leben in Freiheit währte nicht mehr lange. Im Juli 1881 endete er – wie so viele Revolvermänner – mit gerade 22 Jahren im Kugelhagel. Eine Posse hatte ihn in Fort Summer gestellt und getötet. Übrigens gab es im Wilden Westen noch einen zweiten Revolvermann, der auf den Namen Billy the Kid getauft wurde. In diesem Fall handelt es sich um William F. Clairborne aus Mississippi. Auch er starb – ebenso wie sein berühmterer Namensvetter – als 22jähriger im Kugelhagel. Ähnlich wie bei anderen Westernlegenden wurde Billy the Kids Leben in zahlreichen Broschüren und Büchern und später auch in Westernfilmen dargestellt – nicht selten verfälscht oder verklärend. Die Geschichte von Billy the Kid ist auch die Geschichte seiner medialen Vermarktung. → Gunfighter

Bishop, Arthur Gary

Entschied sich am 9. Juni 1988, als er vor die Wahl gestellt wurde, ob er lieber durch Erschießen oder → Giftspritze hingerichtet werden wolle, für eine tödliche Injektion. 1983 war der damals 32jährige Mormone in

Fort Cedar/Utah routinemäßig von der → Polizei befragt worden, die wegen mehrerer Knabenmorde ermittelte. Daraufhin platzte Arthur Gary Bishop, der als Pfadfinder bei den Eagle Scouts Wanderungen und Campingausflüge mit Kindern und Jugendlichen unternahm, und nicht einmal zu den Verdächtigen zählte, mit einem → Geständnis heraus. Zu schwer lasteten die → Morde, die er aufgrund päderastischer Neigungen an dem vierjährigen Alonzo Daniels, dem elfjährigen Kim Peterson und drei weiteren Knaben begangen hatte, auf ihm. Vor ihrer Tötung hatte er die entführten Kinder regelmäßig mißbraucht und vergewaltigt (→ Vergewaltigung). Bei seiner Gefangennahme rief er aus: »Gott sei Dank! Ich bin so glücklich, daß ihr mich gefunden habt. Ich hätte es wieder getan!« Kindermörder (→ Kindsmord), → Kinderschänder, → Päderast, → Serienmörder, → Sexualverbrecher

Black, Robert

Der aus Edinburgh stammende LKW-Fahrer Robert Black kam viel durch die Lande. Eigenartigerweise geschahen an den Orten, wo er sich aufhielt, stets → Sexualverbrechen und → Morde an kleinen Mädchen. 1978 verschwand die damals 13jährige Genette Tate aus ihrem Heimatort Aylesbeare bei Devonshire. Im Juli 1982 wurde die elfjährige Susan Maxwell entführt, sexuell mißbraucht und getötet. Ein knappes Jahr später wurde die fünf Jahre alte Caroline Hoggs aus Edinburgh als vermißt gemeldet, deren Leiche man später ganz in der Nähe von dem Leichenfundort Susan Maxwells entdeckte. Im März 1986 wurde die zehnjährige Sarah Harper aus einer Ortschaft bei Leeds entführt, vergewaltigt und ermordet. Mehr Glück hatte die 15jährige Teresa Thornhill, die dank der Hilfe eines Freundes entkommen konnte, als man sie in einen Lastwagen zu zerren versuchte. Dennoch dauerte es bis Juli 1990, daß der damals 43jährige Robert Black auffällig wurde. Ein Augenzeuge hatte beobachtet, wie Black ein sechsjähriges Mädchen an der schottischen Grenze in seinen blauen Lastwagen zog. Dieses Opfer kam mit einer → Vergewaltigung davon, und Black konnte endlich gefaßt werden. Der pädophile Sexualverbrecher, den die Psychologen als »extrem gefährlichen Mann« einstuften, stritt alles ab. Aber in seiner Wohnung konnte belastendes Material sichergestellt werden – außerdem war seinem Fahrtenbuch genau zu entnehmen, daß er jedesmal, wenn einer der Kindermorde geschah, mit seinem blauem Lastwagen zugegen war. → Kinderschänder, → Serienmörder

Blackbeard

Wahrscheinlich verstand kein anderer → Pirat so sehr die Kunst der Selbstdarstellung wie Blackbeard. Ausgestattet mit einem langen schwarzen Bart, großen schrecklich rollenden Augen und furchteinflößenden Gesichtszügen, gefiel er sich mit vielen Waffen und glimmenden Zündschnüren, die er unter seinen Hut klemmte Ganoventracht (→ Gaunertracht). Demselben einschüchternden Zweck diente auch seine Piratenflagge: Neben einem

Skelett, das ein Stundenglas hält, waren dort ein Speer und ein blutendes Herz abgebildet. Blackbeard, berüchtigt als »Ausgeburt des Teufels«, hieß mit bürgerlichem Namen Edward Teach und verdankte seine Berühmtheit neben seinem dämonischen Äußeren unter anderem auch einem Sieg über ein englisches Kriegsschiff. Teach wurde im englischen Bristol geboren und kam an Bord eines englischen → Kaperschiffes in die Neue Welt. Dort heuerte er bei den Seeräubern an und befehligte schon bald ein eigenes Schiff. Dieses rüstete er, nachdem er ein französisches Sklavenschiff (→ Sklaverei) gekapert hatte, mit 40 Kanonen aus und sammelte im Laufe der Zeit eine Crew von 300 Mann um sich. Unter der Piratenflagge raubte er zwischen Virginia und Honduras mindestens 20 Schiffe aus. Durch Antipiratenmaßnahmen auf den Bahamas vertrieben, richtete Blackbeard im armen North Carolina einen neuen Stützpunkt ein. Offiziell nahm Teach einen Piraten-Gnadenerlaß an, de facto beteiligte er aber den Gouverneur des Staates an seiner → Beute. Doch die Tabakpflanzer und Kaufleute des Staates Virginia waren nicht geneigt, die permanente Kapergefahr von Blackbeards Haufen hinzunehmen, weshalb der Gouverneur von Virginia Kopfgelder und eine Suchexpedition auf Blackbeard aussetzte. Am 21. November 1718 kam es zu einem Kampf zwischen der Royal Navy und dem Piratenschiff. Obwohl die Piratenmannschaft stark angetrunken war, schlugen sie sich kräftig. Teach soll wie ein Berserker bis zum letzten Atemzug gekämpft haben – allerdings vergeblich. Der Bedeutung dieses Sieges bewußt, kehrte die Royal Navy nach Virginia zurück, Blackbeards Kopf war dabei als Trophäe am Bugspriet des Leitschiffes aufgehängt. Später wurde der Schädel dieser Piratenlegende zur Abschreckung an einem Pfahl zur Schau gestellt. Die übrigen gefangengenommenen Piraten wurden im März 1719 gehängt. Eine Flut von → Hinrichtungen von Piraten in den amerikanischen Kolonien folgte. Jetzt griff das bereits 1700 erlassene »Gesetz zur wirksameren Unterdrückung der Piraterie«, wonach Piraten vor → Gerichten in Übersee abgeurteilt werden konnten und nicht mehr zum → Prozeß nach London gebracht werden mußten.

Der Pirat Blackbeard – sein Markenzeichen: Brennende Lunten unter dem Hut. Stich 18. Jahrhundert

Blasphemie
Das Wort stammt aus dem Griechischen und bedeutet »Schmähung«. Gemeint ist damit die höhnende, verletzende Äußerung über etwas Heiliges. Blasphemie ist Gotteslästerung und beinhaltet die Beschimpfung der Gottheit durch Bild, Wort oder andere Ausdrucksmittel. Sie wurde in der Rechtsgeschichte vieler Völker unter zum Teil drakonische → Strafen gestellt. So kannte das altisraelitische Recht für Gotteslästerung die Strafe der → Steinigung (3. Mos. 24,10ff). Im Neuen Testament sieht sich Jesus wegen seines Anspruchs, Sünden zu vergeben, seitens der Schriftgelehrten dem Vorwurf der Gotteslästerung ausgesetzt (Mt. 9,3). Für das christliche Selbstverständnis besteht die eigentliche Gotteslästerung und »Sünde gegen den Heiligen Geist« darin, vom einmal gewonnenen Glauben an Jesus Christus als den Erlöser wieder abzufallen. Diese Sünde wird nach neutestamentlichem Verständnis nicht vergeben (2. Petr. 20-22; Hebr. 6, 4-6). Für die Kirchenväter waren die Gotteslästerer sogar größere Verbrecher als die Gottesmörder und Kreuziger Christi, da sie die schlimmste und furchtbarste aller Sünden begingen, welche die Blasphemie, die »Verachtung Gottes« beinhaltet. Gotteslästerung, bzw. die Verhöhnung des Glaubens anderer, wird heute mit dem Strafrechtsparagraphen 166 geahndet. Allerdings wird Blasphemie, bzw. Gotteslästerung in den verweltlichten christlichen Industrieländern – ganz im Gegensatz zu vielen islamischen Ländern – nur noch recht lax verfolgt. 1999 legte der Franzose Alain Cabantous eine lesenswerte und informative Geschichte der Blasphemie vor.

Blauensteiner, Elfriede
Diese Dame zählt zur Gattung der → Schwarzen Witwen. Die am 22. Januar 1931 als siebentes Kind von Irene und Alois Zelinka geborene Elfriede wuchs unter ärmlichen Verhältnissen auf. Ihr Wunsch, Medizin zu studieren, konnte nicht verwirklicht werden. Dennoch blieb ihr Wunsch zu helfen, der »eine enge Verbindung mit dem Wunsch zu beherrschen einging«, wie ihr psychiatrischer Gutachter Dr. Gerhard Kaiser feststellte. In ihren Erinnerungen, die Elfriede Blauensteiner während ihrer Untersuchungshaft zu Papier brachte, findet sich auch der Satz: »Ich fürchte mich nicht. Ich habe nur geholfen.« Geholfen, bzw. nachgeholfen hat Elfriede Blauensteiner aus Krems bei Wien erwiesenermaßen beim Tod des 76jährigen Rentners Alois Pichler. Dieser hatte in einem Liebesbrief an die zu diesem Zeitpunkt 64jährige blondierte Witwe gedichtet: »Gold und Silber lieb' ich sehr, aber dich lieb' ich noch mehr.« Im November 1995 starb er an Unterzuckerung, und sein gesamtes Erbe fiel an Elfriede Blauensteiner. Die Methode, ältere Herren durch die Verwendung von Antidiabetika aus der Gruppe des Euglucon ins Jenseits zu befördern, war »fast eine neue Entdeckung der Frau Blauensteiner«, wie der Gerichtsmediziner (→ Rechtsmedizin) Dr. Christian Reiter erklärte, der zugeben mußte, von der »genialen Schlechtig-

keit« der Angeklagten beeindruckt zu sein. In der Tat verfügte Elfriede Blauensteiner über Witz und eine gewisse Schlagfertigkeit, weshalb es ihr auch gelungen war, immer wieder neue Herrenbekanntschaften zu schließen, die allerdings nie sehr »langlebig« waren. Bei ihrer Verhaftung am 1. Januar 1996 gestand Elfriede Blauensteiner, daß auch der Tod ihres 2. Ehemannes Rudolf Blauensteiner, sowie zweier ihrer Liebhaber und zweier weiterer Männer auf ihr Konto gingen. Als sich jedoch eine Zahl prominenter Anwälte um die Skandalwitwe scharte, zog sie dieses Geständnis wieder zurück und trat im Februar 1997 mit einem goldenen Kreuz in der Hand vor den Richter, um zu beteuern: »Ich wasche meine Hände in Unschuld. Ich würde niemals töten.« Dennoch wurde Elfriede Blauensteiner am 7. März 1997 des → Mordes an Alois Pichler für schuldig befunden. Die Anklage, auch andere Opfer getötet zu haben, mußte mangels Beweisen eingestellt werden. Als die 66jährige das Gericht verließ, rief sie den Reportern zu: »Macht's ordentliche Fotos von mir. I' bin nämlich jetzt prominent.« → Serienmörder, → Todesengel

Blinder Passagier

Eine Art → Schwarzfahrer gehobenen Stils. Allerdings fährt er nicht schwarz, um Geld einzusparen – wie das bei den meisten Schwarzfahrern der Fall ist – sondern weil ihm das Geld für die Reise ganz fehlt. Die ist allerdings auch weiter als von einem Stadtteil zum anderen. Meist führt sie über das Meer. Der klassische blinde Passagier versteckt sich dabei irgendwo an Bord – entweder weil er ein armer Auswanderer ohne Geld ist oder weil er sich aus irgendwelchen Gründen auf der Flucht befindet. Wurde der Blinde Passagier entdeckt, hing seine Behandlung nicht selten von der Laune und dem Gutdünken der Besatzung ab.

Blue Velvet

Der 1986 von David Lynch gedrehte Film *Blue Velvet* ist kein herkömmlicher → Kriminalfilm, in dem es in erster Linie darum geht, daß Polizisten Verbrecher jagen. Der Film zeichnet sich unter anderem dadurch aus, daß Lynch die ganz eigene Welt des → Verbrechens mit ihren ganz eigenen Regeln und Gesetzen in den Mittelpunkt stellt. Zwar stilisiert Lynch diese Welt, aber nur, um sie auf diese Weise um so deutlicher als Parallelwelt von der heilen Welt des amerikanischen Mittelstandes abzuheben. Großartig unter anderem Denis Hopper als Frank Booth, eine ebenso widerwärtig-pervertierte wie faszinierende Figur. → Milieu

Blume, Wilhelm

Als Dichter und Bühnenautor fühlte er sich – und dementsprechend genau inszeniert waren auch die Verbrechen, die er verübte. Wilhelm Blume wurde 1874 in Amsterdam geboren, machte in Oldenburg Abitur und schlug sich in verschiedenen Berufen durch. Dazwischen versuchte er immer wieder, Theaterstücke zu schreiben. Im Spätsommer 1918 – Arbeit und Lebensmittel waren knapp – lebte Blume nur noch auf Pump und während er durch die Straßen Berlins streifte, überlegte er, wie er am schnellsten zu Geld kommen könnte. Dabei fiel sein Augenmerk auf die Geldbriefträger mit ihren Austragtaschen voll Geldsendungen. Sie trugen genau das mit sich, was er brauchte. Er verfolgte einige Tage lang die Route eines bestimmten Geldbriefträgers in Berlin-Mitte und stellte fest, daß der Mann immer denselben Weg abging. Auf der Strecke des Geldbriefträgers, in der Spandauer Str. 33, war zufällig ein Zimmer zur Vermietung angeboten. Wilhelm Blume mietete das Zimmer und stellte sich der alleinlebenden, älteren Vermieterin als Buttergroßhändler Adolf Stubenrauch vor. Mit dem gewählten Beruf waren ihm in diesen mageren Zeiten die Sympathien sicher. Um keinen → Verdacht zu erwecken, bezog er das Zimmer für eine Zeit und ließ von verschiedenen Postämtern der Stadt kleinere Geldsendungen an sich selbst zustellen. Dadurch kam er mit dem Geldbriefträger Albert Weber ins Gespräch, der den vermeintlichen Buttergroßhändler prompt um eine größere Menge Butter bat. Stubenrauch, alias Blume, sagte zu und bestellte den Geldbriefträger für Samstagmorgen, den 7. September zu sich in die Wohnung. Seine Vermieterin bat er kurz vor der vereinbarten Zeit, ihm Medikamente aus der Apotheke zu holen. Als Albert Weber in der Wohnung vorbeischaute, erwarteten ihn jedoch Kanonen statt Butter. Mit der Pistole in der Hand forderte Blume ihn zur Herausgabe seiner Geldtasche auf. Die Situation eskalierte, als die Vermieterin, früher als erwartet, aus der Apotheke zurückkehrte. Aus dem geplanten → Raub wurde ein Doppelmord. Doch die → Beute war gering. Nur 1900 Mark befanden sich in der Geldtasche. Die Leichen wurden erst am 11. September entdeckt, und da niemand sonst den Mieter Stubenrauch jemals zu Gesicht bekommen hatte, blieb die Suche der → Kriminalpolizei ergebnislos. Anfang Dezember 1918 hatte Stubenrauch das Geld verbraucht und sein »seelisches Gleichgewicht« wiedergefunden, so daß er einen erneuten Geldbriefträgerraub planen konnte. Diesmal sollte er jedoch lukrativer ausfallen. Wieder wurden die Vorbereitungen mit großer Sorgfalt in Szene gesetzt. Der erste Raub hatte auch deshalb so wenig abgeworfen, da am Tag der Tat ein hoher jüdischer Feiertag war und viele jüdische Firmeninhaber ihr Geschäft geschlossen hatten. Außerdem wollte sich Blume diesmal einen noblen Bezirk aussuchen, der wertvollere Geldsendungen versprach. Zu diesem Zweck bezog Blume zuerst das exklusive Hotel Bristol, wechselte jedoch nach einer kleinen Panne – der Gepäckträger hatte gesehen, daß nur Sandsäcke in seinem Koffer waren – ins Grandhotel Adlon um. Unter den Angaben Hans von Winterfeldt, Hausbesitzer in Hamburg, mietete er ein Zimmer. Als sich dieses als zu hellhörig für seine Zwecke erwies, wechselte er in eine Suite über. Diesmal ließ er sich Lotterielose per Nachnahme vom Geldbriefträger zustellen. Wieder knüpfte er ein Gespräch mit dem Mann an und schenkte ihm Butterstullen. Oskar Lange, so der Name des Geldbriefträgers, fand, es waren die besten, die er jemals gegessen hatte und nahm gerne Blumes Angebot an, wieder einmal vorbeizuschauen, um auch Stullen für seine Familie mitzunehmen. Am 2. Januar 1919 begann Oskar Lange seine Auftragstour mit einem Abstecher im Adlon, wo sie für immer enden sollte. Denn Blume tötete ihn in seiner Suite und erbeutete diesmal 20.000 Mark, sowie Schmuck und Wertpapiere. Wieder verlor sich für die → Polizei die Spur des geheimnisvollen Geldbriefträgermörders. Blume nahm nun den Namen Harry Eiler an und ging zuerst nach London, wo er unter dem Pseudonym G. Whitecliff Theaterstücke schrieb. Im Februar 1922 kehrte er nach Deutschland zurück und ließ sich als Theaterautor in Dresden nieder. Die Uraufführung des von ihm verfaßten Lustspieles Simili fand im Frühjahr 1922 statt. Daneben verfaßte er noch weitere Lustspiele mit den Titeln Nellys Gouvernante; Gift; Amor im Paradies; Der weiße Schornsteinfeger und der Fluch der Vergeltung. Letzterer traf ihn im Sommer 1922, als er seinen dritten Geldbriefträgerüberfall plante und dabei gefaßt wurde. Er legte ein → Geständnis ab, und beendete das Drama seines Lebens dann selbst, indem er sich die Pulsadern aufschnitt.

Blut

Blut und Verbrechen, das gehört in der Vorstellung der meisten Menschen irgendwie zusammen. Ein Krimi, in dem nicht auch Blut fließt, ist für viele gar kein richtiger. Dabei steht Blut nicht nur für → Mord und → Totschlag, sondern Blut spielt auch bei der Aufklärung von Verbrechen eine immer bedeutendere Rolle. Ein Erwachsener hat etwa fünf Liter Blut im Körper, die durch das Herz gepumpt werden. Jeder Schnitt oder Stich durch ein größeres Blutgefäß kann ein Blutbad verursachen. Anhand von → Blutspuren am → Tatort läßt sich nachvollziehen, wie ein Angriff erfolgt ist und selbst welche Gegenstände bei der Tat eine Rolle gespielt haben. Gerade das eigene Blut das → Täters, das möglicherweise bei einem Kampf verspritzt wurde, ist ein so zuverlässiges Zeugnis seiner Person wie ein Foto. Daher unternehmen die meisten → Verbrecher oft große Anstrengungen, jegliche Blutspuren zu beseitigen. Allerdings erfordert das ausgesprochen gründliche Arbeit, denn jeder Millimeter unter dem Waschbecken oder zwischen Bodenfliesen kann von der → Polizei noch zur Analyse verwertet werden. Mit Hilfe einiger Chemikalien kann Blut von anderen Substanzen ähnlichen Aussehens unterschieden werden, andere chemische Stoffe dienen zur Hervorhebung von Blutflecken, die der Täter übersehen hat. Blutflecken und Blutspritzer erzählen oft ihre eigene Geschichte. Blutstropfen, die auf eine waagrechte Oberfläche fallen, geben Aufschluß über die Höhe, aus der sie fielen und damit auf die Haltung der Person, von der sie stammen. Fällt das Blut über eine kurze Distanz, so ergeben sich kreisförmige oder bei schrägen Oberflächen elliptische Flecken. Bei Fallhöhen um einen Meter sind die Ränder des runden Fleckes ausgefranst, bei

Fallhöhen von etwa zwei Metern erscheinen seitliche Spritzer strahlenförmig um den Hauptfleck. Blutstropfen, die in Bewegung fallen – also zum Beispiel von einer blutigen Waffe, die geschwungen wird, oder von dem verletzten Opfer, das zu fliehen versucht, haben ihr eigenes Gesicht. Oft gleichen sie der Form eines ausgestreckten Ausrufezeichens. Das Ende der Blutspur mit dem kleineren Klecks entspricht der Richtung, in die sich die Person bewegt hat. Blutflecken, die unter Druck aus einer Schlagader spritzen, zeigen an, wo eine schwere oder tödliche Wunde zugefügt wurde. Die von dem spritzenden Blut erreichte Höhe an einer Wand gibt Aufschluß darüber, ob das Opfer stand, kniete oder lag, als es getroffen wurde. Auch die Menge vergossenen Blutes kann Aufschluß über Verletzungen geben. Manchmal markieren Blutlachen die Stelle, an der ein Opfer starb, auch wenn seine Leiche später weggeschafft worden ist. Durch Bluttests lassen sich die Blutgruppen von Opfer und Täter feststellen und auch noch andere Informationen erzielen. So können z.B. bestimmte Enzyme im Blut nachgewiesen werden. Finden sich dann solche Blutspuren auf der Kleidung des Verdächtigen, kann das zu seiner Überführung beitragen. → Genetischer Fingerabdruck, → Rechtsmedizin

Blüten
→ Geld- und Wertzeichenfläschung

Blutrache
»Wer Menschenblut vergießt, dessen Blut soll auch durch Menschen vergossen werden«, steht im Alten Testament bei 1. Mose 9,6. Darin drückt sich der Gedanke aus, der die Blutrache prägt. Blutrache fand sich bei fast allen Naturvölkern und weit bis ins Mittelalter hinein auch bei europäischen Völkern. Ausgiebig bezeugt ist die Blutrache in isländischen Sagas, aber auch in der Antike und bei den Kelten und Germanen. Der → Totschlag eines Angehörigen der eigenen Sippe, aber auch eine Verletzung des Körpers oder der Ehre rief nach → Rache. Und zwar nach Rache an dem → Blut eines Mitgliedes der Tätersippe. Nur so konnte Sühne und Wiederherstellung der Sippenehre erreicht werden. Auf diese Weise entstanden Blutfehden, die eine Kette von wechselseitigen Tötungen nach sich zogen, die nur schwer zu durchbrechen war. Eine Möglichkeit, diesem mörderischen Kreislauf zu entkommen, entstand, wenn sich eine Partei bereitzeigte, auf Blutrache zu verzichten und dafür Sühnegeld oder Opfertiere anzunehmen. Seit dem 6. Jahrhundert versuchte man, unter dem Einfluß der Kirche, in Europa die Blutrache abzulösen. Ihre Bedeutung als eine Rechtseinrichtung verlor die Blutrache erst mit dem Erstarken öffentlicher staatlicher Gewalt im Spätmittelalter und in der frühen Neuzeit. Ganz aus der Welt geschafft ist die Blutrache aber auch heute noch nicht. So findet man sie noch bei islamischen und afrikanischen Völkern, bei den Roma oder in Nordalbanien. Besonders tragisch ist es, wenn Kinder Opfer dieses archaischen Rachebedürfnisses werden.
→ Fehde

Blutschande

→ Inzest

Blutspur

So nennt sich eine Kölner Agentur, die darauf spezialisiert ist, für zahlende Gäste Krimi-Events mit dekorativen Leichen und einer Menge falscher Spuren zu organisieren. Rund 400 Euro zahlen Hobby-Kommissare für ein kriminalistisches Erlebniswochenende, das von den beiden Blutspur-Chefs Ralf Kramp und Wilhelm Schäfer organisiert wird. Das Unternehmen »Blutspur« lohnt sich und ist dabei, bundesweit zu einem gefragten Freizeitvergnügen zu werden. Der Dortmunder Verleger Rutger Booß glaubt, die tieferen Gründe für diesen Erfolg ausgemacht zu haben: »In einer immer komplexeren Wirklichkeit bietet eine übersichtliche Mordangelegenheit neben einem erträglichen Maß an Nervenkitzel vor allem Trost. Denn jeder Fall wird am Ende aufgeklärt. Nach dem Sieg der Gerechtigkeit fahren die Leute glücklich in ihre Welt voller ungelöster Probleme zurück.«

Boden, Wayne Clifford

Erhielt den Beinamen »Vampire Rapist«. Der junge Kanadier hatte in den Jahren 1968 bis 1971 in Montreal und Calgary mehrere Sexualmorde an jungen Frauen begangen, deren Leichen fast durchweg starke Bißwunden am Genick und an den Brüsten aufwiesen. Zu den getöteten Frauen zählten die 21jährige Norma Vaillancourt, die 20jährige Shirley Audette, die 20jährige Marielle Archambault, die 24jährige Jean Way und die High-School-Lehrerin Ann

»Blutspur«-Chefs Schäfer, Kramp; Opfer-Darstellerin: Jede Menge falscher Spuren

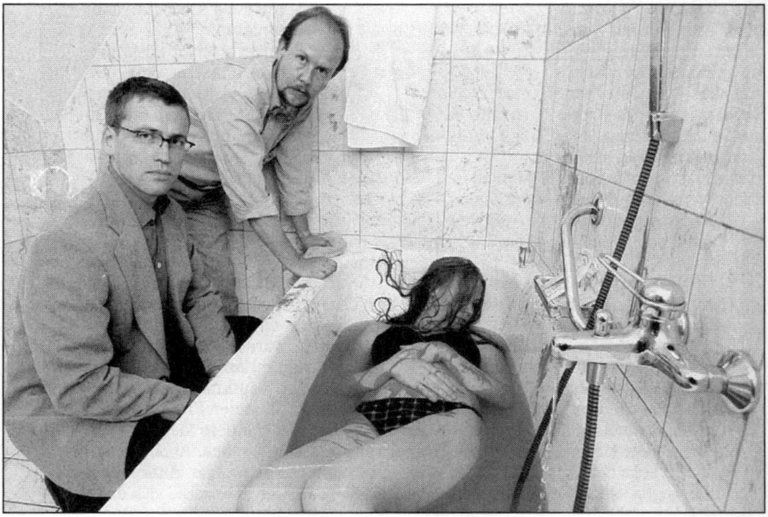

Porteous. Neben einem blauen Mercedes, der einem Augenzeugen vor dem Haus seines letzten Opfers aufgefallen war, waren es vor allem seine Zähne, die den → lebenden Vampir überführten. Ein Odontologe konnte 1971 den zu diesem Zeitpunkt 24jährigen aufgrund der Bißspuren eindeutig als den → Mörder von Ann Porteous identifizieren (→ Rechtmedizin). Wayne Boden leugnete jede Schuld ab, dennoch wurde er zu einer lebenslänglichen → Freiheitsstrafe verurteilt und in einem weiteren → Prozeß auch der Morde an Shirley Audette, Marielle Archambault und Jean Way für schuldig gesprochen.

Der bereits im Juli 1968 begangene Mord an Norma Vaillancourt, deren Leiche keine Bißwunden aufgewiesen hatte, wurde nicht zur Anklage gebracht. → Serienmörder, → Sexualverbrecher

Bombeek, Cecile

Leitete als Schwester Godfrida eine Station der geriatrischen Abteilung des St. Joseph Hospitals in Wetteren/Belgien. Die Sterberate der 38-Betten-Abteilung stieg immer stark an, wenn Schwester Godfrida, mit bürgerlichem Namen Cecile Bombeek, dort Dienst tat. Im März 1978 wurde Cecile Bombeek festgenommen, da sie Patienten Geld im Wert von 40.000 Mark gestohlen hatte. Dieses Geld benötigte sie zur Finanzierung ihrer Morphiumsucht (→ Rauschgiftkriminalität) und wohl auch, um einen luxuriösen bis ausschweifenden Lebensstil zu führen. Abgesehen von ihrer Drogensucht soll sie ein Verhältnis mit einem Priester im Ruhestand und einer Ordensschwester gehabt haben. Während ihrer Untersuchungshaft gestand Schwester Godfrida, drei Patienten mit einer Überdosis Insulin getötet zu haben. Die alten Herrschaften hatten ihr nachts zu viel Arbeit gemacht. Sie beteuerte jedoch, ihre Opfer auf sehr sanfte Art sterben gelassen zu haben (→ Todesengel). Der → Verdacht richtet sich jedoch auf eine weitaus höhere Zahl von Todesopfern. Die → Polizei vermutet, daß die »barmherzige Schwester« zwischen 1976 und 1978 bis zu 30 ihrer Patienten ins Jenseits befördert hat. Cecile Bombeek wurde als psychisch krank in eine Anstalt eingewiesen. Geisteskranke und abnorme Täter, → Serienmörder

Bonnie & Clyde

Die Karriere dieses räuberischen Liebespaares war im Grunde genommen sehr kurz. Zwei Jahre, von 1932-1934, machte das Duo Bonnie & Clyde die US-Bundesstaaten unsicher. Der größte → Coup gelang ihnen mit einem → Raubüberfall im texanischen Cedar Hill, der 1400 Dollar abwarf. Sonst erbeuteten sie mit ihren Überfällen auf Tankstellen, kleine Geschäfte und Bankfilialen eher geringe Summen. Was sie so berühmt-berüchtigt machte, war wohl mehr der Umstand, daß es sich um ein junges Liebespaar handelte, ihre Lebensverachtung und Kaltblütigkeit – immerhin 15 Leichen pflastern ihren Weg – und ihr Geschick, selbst gefährlichen Situationen immer wieder zu entkommen. Dabei war ihnen besonders eine gestohlene Ford-V8-Li-

Ein schönes Pärchen: Bonnie & Clyde

mousine dienlich, deren Qualitäten als Fluchtauto Clyde sogar in einem eigens an Henry Ford gerichteten Brief lobte. Die Ford-Werke dankten übrigens höflich mit einem Formbrief für die »Anmerkungen«. Die gestohlenen Autos, mit denen das Räuberpärchen tausende von Kilometern durch die Lande fuhr, waren gleichzeitig auch ihr Zuhause. Doch am 23. Mai 1934, einen Tag vor Clydes 25. Geburtstag, endete ihre Reise. Bei Gibsland in Louisiana gerieten Bonnie & Clyde in einen Hinterhalt der → Polizei und wurden von achtzig Kugeln durchsiebt. Unsterblich wurde das Duo durch mehrere Verfilmungen. Die bekannteste davon entstand 1967 unter der Regie von Arthur Penns. Faye Dunnaway und Warren Beatty mimten das legendäre Ganovenpaar.

Bonny, Anne und Mary Read
Wie ein Roman lesen sich die Lebensgeschichten der beiden berühmtesten → Piratinnen aus der hohen Zeit des Piratentums: Anne Bonny und Mary Read. Unzählige Geschichten ranken sich um ihr Leben.

Anne Bonny wurde als uneheliche Tochter eines irischen Anwalts namens William Cormac und einer Dienstmagd in Irland geboren. Später übersiedelten beide gemeinsam mit dem Kind nach South Carolina, wo der Vater es als Geschäftsmann und Plantagenbesitzer zu Wohlstand brachte. Schon als Kind war Anne durch ihr ungestümes Wesen aufgefallen. Angeblich hatte sie mit 13 Jahren einem Dienstmädchen ein Tafelmesser in den Bauch gestoßen. Nach dem Tod ihrer Mutter führte sie den Haushalt des Vaters, dessen Reichtum sie zu einer attraktiven Partie machte. Doch die ungestüme Anne brannte mit einem hergelaufenen Seemann namens James Bonny durch, woraufhin Cormac sie enterbte. Bald jedoch war Anne James Bonnys überdrüssig und verliebte sich in den eleganten »Calico Jack«, der niemand anders war als der berüchtigte Piratenkapitän John → Rackam. Von ihm bekam sie nicht nur ein Kind, sondern sie beteiligte sich auch aktiv an dessen Seeräubereien. Auf Calico Jacks Schiff lernte Anne auch die neben ihr bekannteste Piratin kennen: Mary Read. Die Engländerin Mary Read wurde ebenfalls unehelich ge-

Neben Anne Bonny war Mary Read die berühmteste Piratin. Stich 18. Jahrhundert

boren, stammte aber aus ärmlichen Verhältnissen. In der Verkleidung eines Jungen diente sie bereits mit 13 Jahren als Lakai, trat später in die Armee ein und wurde Kadett in einem Infanterieregiment in Flandern. Sie verliebte sich in einen Kameraden und heiratete ihn. Beide ließen das Soldatenleben sein und eröffneten ein Gasthaus im holländischen Breda. Doch schon bald starb ihr Ehemann. Da das Gasthaus ohnehin schlecht lief, zog Mary erneut Männerkleider an und ließ sich wieder für die Armee anwerben. Bald jedoch wechselte sie zur Seefahrt und heuerte auf einem holländischen Schiff nach Westindien an. Als das Schiff von Piraten überfallen wurde, blieb sie bei ihnen und das hieß – bei Calico Jack.

Fortan segelten Anne Bonny und Mary Read gemeinsam in der Karibik in der Mannschaft von Calico Jack alias John Rackam. Zahlreich waren die Schiffe, die sie kaperten. Doch das bittere Ende kam Anfang November 1720, als die gesamte Mannschaft von einem Kapitän Barnett gefangengenommen werden konnte und in St. Jago de la Vega auf Jamaika vor → Gericht gestellt wurde. Da Anne und Mary Frauen waren, bekamen sie ein Sonderverfahren. Die Anklage lautete auf Schwerverbrechen, Piraterie und → Raub auf hoher See in vier Fällen. Beide Frauen erklärten sich als nicht schuldig. Dem widersprachen Augenzeugen, die erklärten, die Frauen seien sehr aktiv gewesen und bereit, alles zu tun. Außerdem hätten sie geflucht und gelästert. Ein → Mord wurde ihnen allerdings nicht zur Last gelegt. Belastend war die Aussage der Zeugin Dorothy Thomas, die aussagte, bei dem Überfall auf ihr Kanu hätte die beiden Piratinnen die Männer angewiesen, sie zu töten, sollte sie Widerstand leisten. Die beiden Frauen seien trotz Männerkleidung aufgrund ihrer »großen Brüste« auch sofort als Frauen erkennbar gewesen. → Zeugen aus Rackams Mannschaft erklärten, die Frauen hätte an Bord mal Frauen- und mal Männerkleidung getragen. Die beiden Angeklagten hörten den Aussagen schweigend zu und verteidigten sich nicht, auch nicht, als sie für schuldig erklärt wurden. Das Gericht verurteilte sie zum Tode (→ Todesstrafe). Erst da zogen sie ihre Trumpfkarte aus dem Ärmel: Beide waren schwanger und konnten demnach nicht hingerichtet werden. Bedauerlicherweise ist den → Prozeßakten nur noch wenig über ihr weiteres Schicksal zu entnehmen. Laut Überlieferung starb Mary Read noch im → Gefängnis, Anne Bonny soll aus demselben spurlos verschwunden sein.

Borderline-Persönlichkeit/ Borderlinesyndrom

Das Borderlinesyndrom war lange Zeit ein recht wager Begriff für Störungen, die zwischen Neurose und Psychose liegen. Mittlerweile ist das Borderlinesyndrom als eigene Krankheit anerkannt, deren wichtigste Merkmale ausgeprägte Stimmungsschwankungen sind, intensive, aber unbeständige zwischenmenschliche Beziehungen, sowie Impulsivität bei selbstschädigenden Aktivitäten, so z.B. Geldausgeben, rücksichtsloses Fahren (→ Verkehrsvergehen) oder → Ladendiebstahl. Bei Borderline-Persönlichkeiten kann es aber auch verstärkt zu → Gewaltverbrechen gegen andere kommen. Häufig leiden sie unter einem chronischen Gefühl der Leere und Langeweile.

Literatur: C. Rohde-Dachser: Das Borderline-Syndrom (Bern 1995). → Geisteskranke und abnorme Täter

Borgia, Lucrezia

Für ihren Zeitgenossen Francesco Guicciardini ist der Name von Lucrezia Borgia »mit großer Schande bedeckt«, nach Victor Hugo gehört sie sogar einer »Familie von Teufeln« an, und Ferdinand Gregorovius nennt sie schlicht die »unseligste Frauengestalt der modernen Geschichte«. In der Erinnerung der Nachwelt verkörpert Lucrezia Borgia bis heute eine faszinierende Mischung aus Verderbtheit und Glanz, den Inbegriff eines wüsten Lebens in den dramatischen Zeiten der Hochrenaissance.

Wer war nun diese »Teufelin«→ Lucrezia wurde 1480 als Tochter einer Römerin aus bescheidenen Verhältnissen geboren und als leibliche Tochter von dem spanischen Kardinal Rodrigo Borgia, dem späteren Papst Alexander VI., anerkannt. Aus derselben Verbindung stammen auch Lucrezias ältere Brüder Juan und Cesare. Lucrezias drei Eheschließungen wurden von ihrem Vater und ihrem ebenso berüchtigten Bruder Cesare nach der jeweiligen politischen Interessenlage arrangiert. Ihre Ehe mit Giovanni Sforza (1492 geschlossen) wurde 1497 annulliert. Ihr zweiter Ehemann, Alfonso de Aragón, starb 1500 an den Folgen eines wohl von Cesare Borgia angestifteten → Attentats. In dritter Ehe war sie mit Alfonso I. d'Este, dem Herzog von Ferrara, vermählt. Ein Mann, der in vielerlei Hinsicht als »shocking« galt. So unterhielt er die Ferrareser beispielsweise damit, daß er am hellichten Tag nackt in der Stadt spazierenging. Gelegentlich machte er sich aber auch einen Spaß daraus, mit seinen Hunden einen wilden Stier auf den überfüllten Domplatz zu hetzen, um sich auf dem Palastbalkon an den zu Tode getrampelten Menschen zu delektieren.

Lucrezia wuchs in einer Welt auf, in der → Mord und blutiges → Intrigenspiel nichts Außergewöhnliches waren. In ihrer Umgebung kam es zu mehreren ungeklärten Todesfällen

Schön und schaurig: Lucrezia Borgia. Gemälde von Bartolomeo Veneto. Anfang des 16. Jahrhunderts

und Anschlägen. War sie die Drahtzieherin und heimliche → Giftmischerin? Wir wissen es nicht. Lange Zeit führte Lucrezia ein ausschweifendes und amouröses Leben und ein »kleiner Mord« kann in ihrer Biografie mit Gewißheit nicht ausgeschlossen werden, aber andererseits darf nicht übersehen werden, daß ihr über die Jahrhunderte andauernder schlechter Ruf ebenso das Resultat von Verleumdungen (→ Beleidigung) ist. Die letzten Lebensjahre der Lucrezia Borgia verliefen auf jeden Fall relativ gesittet: Sie war eine Förderin der schönen Künste, trug gelegentlich sogar ein Büßergewand und hielt sich von Orgien fern. 1519 starb die gerüchteumwobene Lucrezia nach der Entbindung ihres sechsten Kindes an Kindbettfieber. → Die Borgias

Die Borgias
Ein aus Spanien stammendes Adelsgeschlecht, das Anfang des 15. Jahrhunderts nach Italien kam. Aus dem Geschlecht der Borgias stammten zwei Päpste: Calixtus III. und Alexander VI. Die Familie brachte es zu großem Reichtum und Einfluß. 1748 starb des Geschlecht der Borgias aus.

Der schlechte Ruf der Familie der Borgias ist vor allem auf drei ihrer Mitglieder zurückzuführen: auf → Lucrezia Borgia, ihren Bruder Cesare (1475-1507) und auf den schlechten Ruf ihres gemeinsamen Vaters, Papst Alexander VI. (1431-1503). Rodrigo Borgia, der spätere Papst Alexander VI., wurde mit nur 25 Jahren von seinem Onkel, Papst Calixtus III., in den Kardinalsstand erhoben. Kaum saß der neuernannte Kardinal im Heiligen Kollegium, als er den schwächlichen Onkel und die übrigen Mitglieder zu beherrschen begann. Im Jahr 1458 starb Calixtus III. Dennoch mußte Kardinal Rodrigo sich noch bis 1492 gedulden, um zum Papst gewählt zu werden. Bereits ein Jahr später, als Papst Alexander VI., ernannte er seinen noch jugendlichen Sohn Cesare zum Kardinal. Dieser war ebenso wie sein Vater von wenig Skrupeln geplagt und ließ 1497 seinen Bruder Juan vergiften (→ Giftmord), um der älteste zu werden und sich dessen Besitz anzueignen. Doch die Borgias mordeten nicht nur innerhalb der eigenen Familie. Weitaus häufiger fielen ihnen die Mitglieder anderer verfeindeter Familien zum Opfer. So gab 1503 der Papst den Befehl, den Palast des betagten Kardinals Giovanni Battista Orsinis zu plündern. Den Kardinal selbst steckte er in den Kerker und ließ ihm Gift verabreichen. Wenige Monate später fiel auch der Schatzmeister des Papstes, der sich selbst bereichert hatte, dem Gift der Borgias zum Opfer. Über elf Jahre währte die verbrecherische Herrschaft der Borgias im Vatikan. Wie viele Bischöfe, Kardinäle und andere vermögende Würdenträger in dieser Zeitspanne dem Machthunger und der Geldgier der Borgias zum Opfer fielen, bleibt ungewiß. Gewiß ist dafür, daß Papst Alexander VI. schließlich seinem eigenem Hausrezept zum Opfer fiel. Ein Diener hatte die Weinkaraffe vertauscht, so daß der Papst aus Versehen seine eigene Arseniklösung zu trinken bekam. Nach dem verdienten Ende des Papstes stürzte das Imperium der Borgias in sich zusammen. Cesare ging nach Spanien, wo er im Dienste des Königs von Navarra 1507 fiel.

Cesare Borgia, dieser skrupellose und zugleich glänzende Renaissancefürst, für den mehrere große Künstler tätig waren, so z.B. Leonardo da Vinci als Festungsbauingenieur, diente Nicolai Machiavelli als Vorbild eines »idealen«, nämlich machtbesessenen Fürsten in seinem berühmten Werk *Il Principe* (1532).

Böttcher, Monika

Am 4. August 1986 alarmierte Brigitte E. aus Philippsthal, einer abgeschiedenen Gemeinde, an der Grenze zur DDR, die → Polizei. Die beiden Töchter ihrer Schwester Monika Weimar seien vom Spielplatz verschwunden. Es waren hübsche, aufgeweckte Kinder. Rothaarig die eine, blond die andere. Eine großflächige Suchaktion nach ihnen lief an. Hundertschaften der Polizei und des Bundesgrenzschutzes, US-Soldaten, selbst Feuerwehrleute und Hundeführer durchkämmten das Gebiet rings um das Elternhaus der vermißten Kinder. Nach einigen Tagen wurden die Mädchen gefunden. Das eine lag tot auf einem Parkplatz, das andere an einer Waldeinfahrt. »Karola ist behutsam erwürgt, Melanie sanft erstickt worden«, hieß es später im Obduktionsbericht (→ Autopsie). Behutsam und sanft – zweifelsohne eine merkwürdige Art zu töten. Ein → Sexualverbrechen konnte angesichts sonstiger fehlender Spuren an Körper und Kleidung der Mädchen ausgeschlossen werden.

Die ausgebildete Krankenpflegerin Monika Weimar war zu diesem Zeitpunkt 27 Jahre alt, eine Frau mit auffallend hellen Augen und ausgeprägten Gesichtszügen. Ihr 34jähriger Mann, Reinhard Weimar, arbeitete als Untertage-Schlosser auf einer Kali-Zeche. Er wirkt schwerfällig, in sich gekehrt. Bis zur Entdeckung ihrer toten Kinder führten die Weimars ein ziemlich unauffälliges Leben. Er fuhr zur Schicht, kegelte, spielte Tennis, trank sein Bier. Sie arbeitete im nahegelegenen Krankenhaus als Teilzeitkraft, acht Mal im Monat im Nachtdienst. Tagsüber führte sie den Haushalt und hütete die beiden Kinder. Aber nach den zwei → Morden wurden die Weimars aus ihrer Anonymität gerissen. Über ihre Ehe werden Gerüchte laut. Monika Weimar habe ein Verhältnis mit einem amerikanischen Soldaten. Spekulationen tauchten auf: Standen die beiden Kinder etwa einem neuen Glück der Mutter im Wege?

Fünf Tage nach der Tat wurde die Soko Weimar (→ Sondereinsatzkommando) gebildet. Nach dem Obduktionsergebnis galt ein Sexualverbrechen als unwahrscheinlich. Aber Morde, die ohne sexuelles oder sonst erkennbares → Motiv ausgeführt werden, sind in über 90 Prozent aller Fälle Beziehungstaten (→ Beziehungs- und Familiendramen). Für erfahrene Kriminalisten war damit klar: Der → Täter oder die Täterin ist in der Familie oder deren engstem Umkreis zu suchen. Nachdem ein → Zeuge angegeben hatte, daß er das Auto der Weimars auf einem Parkplatz gesehen hat, auf dem eine der toten Töchter gefunden worden ist, gerieten die beiden Eltern unter Hauptverdacht. Der Ehemann Reinhard Weimar schied jedoch für die Polizei bald aus – zurück blieb die Mutter, Monika Weimar. Doch in der → Haft machte Monika Weimar plötzlich ein überraschendes → Geständnis: Ihr Mann habe die Kinder in einer Verzweiflungstat getötet und sie hätte daraufhin die Leichen »entsorgt«. Wer von den beiden war nun der Mörder? Zwei Tote, zwei Verdächtige – die Ermittler sind sich uneins. Ein Ehedrama der Sonderklasse und ein Medienspektakel. Man weiß: Einer der beiden Eheleute lügt und ist der Mörder – aber wer?

Für den Staatsanwalt war der Fall jedoch klar. Er hielt Monika Weimar für schuldig und klagte sie an, Melanie und Karola heimtückisch und aus niederen Beweggründen getötet zu haben, da sie ihrem Geliebten, dem US-Soldaten Kevin Pratt, sexuell hörig gewesen sei.

Der → Prozeß begann am 23. März 1987. Reinhard Weimar – der sich inzwischen von seiner Frau hat scheiden lassen – war als Nebenkläger zugelassen. Erst am 8. Januar 1988 wurde das → Urteil vom Richter verkündet: »Im Namen des Volkes ergeht folgendes Urteil: Die Angeklagte Monika Weimar ist des Mordes in zwei Fällen schuldig. Gegen sie wird als Gesamtstrafe lebenslange Haft verhängt. Sie hat die Kosten des Verfahrens zu tragen.« Beifall kam unter den Zuschauern auf.

Doch der Fall Monika Weimar war damit noch nicht zu Ende. 1996 begann ein Wiederaufnahmeverfahren gegen Monika Weimar, die mittlerweile wieder ihren Mädchennamen, Monika Böttcher, trägt. Diesmal wurde Monika Weimar alias Böttcher freigesprochen – doch einen neuen Mörder konnte das → Gericht nicht finden. Die nunmehr Freigesprochene legte 1997 in Buchform ihre Version des Verbrechens vor: Ich war Monika Weimar, → Kindsmörderin

Brabantische Bande

Diese → Räuberbande ist ähnlich wie die → Mersische Bande ein Bestandteil der großen → Niederländischen Bande gewesen. Wie bereits ihrem Namen zu entnehmen ist, führte sie ihre Räubereien in Brabant, daneben aber auch in Flandern aus – und das mit Tollkühnheit und Brutalität.

Brady, Ian und Hindley, Myra

Dieses Ehepaar ging in die Annalen der englischen → Kriminalpolizei als »Moor Murderer« ein, da es die Leichen der von ihnen getöteten Opfer ins Saddleworth Moor zu bringen pflegte. Der schauerliche Name Moormörder wird den beiden voll und ganz gerecht. Denn sie töteten aus purem → Sadismus, allein des Bösen wegen.

Der 1938 in Glasgow geborene Ian Brady, dem eine überdurchschnittliche Intelligenz bescheinigt wurde, war bereits während seiner Schulzeit durch Gewalttätigkeiten gegenüber Schwächeren und Tierquälereien aufgefallen. In seiner vier Jahre jüngeren Frau, Myra Hindley, fand er eine Gefährtin, die seine Faszination an sado-masochistischer → Pornografie und Massentötungen teilte (→ Massenmord). Schließlich begannen sie, ihre mörderischen Fantasien in die Tat umzusetzen. Gemeinsam folterten (→ Folter) und töteten sie in ihrem Haus fünf Kinder bzw. Jugendliche zwischen 10 und 17 Jahren. Zum Teil dokumentierten sie diese grausamen Tötungen mit Fotos und Tonbandaufnahmen. Als sie schließlich noch Myras Schwager, David Smith, als → Mordassistenten gewinnen wollten, flogen die beiden mit ihren perversen Spielen auf. Am 6. Mai 1966 wurden Ian Brady und Mary Hindley wegen Ermordung der zehnjährigen Lesley Ann Downey, des zwölfjährigen John Kilbride und des 17jährigen Edward Evans zu lebenslänglichen → Gefängnisstrafen verurteilt. Später gestand das Ehepaar auch noch, die beiden seit 1963 vermißten Kinder Keith Bennett und Pauline Reade getötet zu haben. → Kinderschänder, → Serienmörder

Brandstiftung

Gilt als ein gemeingefährliches Gefährdungsdelikt und wird in der Regel mit hohen → Strafen verfolgt. Schwere Brandstiftung begeht, wer ein Gebäude, ein Gotteshaus, ein Schiff oder eine Wohnlichkeit, in der sich zeitweise Menschen aufhalten, in Brand setzt. Besonders schwere Brandstiftung liegt vor, wenn der → Täter den Brand in der Absicht eines → Raubes oder → Mordes legt und wenn dabei ein oder mehrere Menschen ihr Leben verlieren. Auch wenn der Täter das Löschen des Brandes durch das Entfernen von Löschgeräten verhindern will, gilt das als besonders schwere Brandstiftung. Hierauf steht lebenslange → Freiheitsstrafe oder eine Freiheitsstrafe nicht unter zehn Jahren. Auch die einfache Brandstiftung, bei der nicht so ohne weiteres Menschenleben gefährdet werden, wird mit einer Freiheitsstrafe von einem bis zu zehn Jahren geahndet. Ebenfalls strafbar sind die fahrlässige (→ Fahrlässigkeit) Brandstiftung und das Herbeiführen einer Brandgefahr. Brandstifter mußten stets mit harten → Strafen rechnen. Gerade in der Vergangenheit zählte das Feuerlegen zu den schlimmsten Verbrechen. Angesichts des baulichen Zustandes der Dörfer und Städte – Holz- und Schindeldächer, Fachwerkbauten in engen, verwinkelten Gassen, primitive Löschtechnik und wenig entwickelte Feuerwehrorganisation – zog Brandstiftung fast immer gewaltigen Schaden nach sich, ganze Orte konnten als Folge davon abbrennen. Nicht selten weisen Brandstifter neben Brutalität und der Gleichgültigkeit gegenüber fremdem Leid psychische Störungen auf. → Geisteskranke und abnorme Täter, → Haß, → Mordbrenner, → Mordbrenner Horst, → Neidverbrechen, → Pyromane, → Rache, → Sadismus, → Vandalismus

Brandt, Susanna Margaretha

War das Vorbild zu dem Gretchen aus Goethes Faust. Es ist anzunehmen, daß sich unter den vielen Zuschauern ihrer → Hinrichtung am 14. Januar 1772 auch Johann Wolfgang von Goethe befand, dessen Onkel, der Senator und Schöffe Johann Jost Textor, an der Untersuchung des Falles beteiligt war. Susanna Margaretha

Brandt steht geradezu stellvertretend für den Typus der → Kindsmörderin, der im 18. Jahrhundert in die Literatur eingegangen ist und mindestens ebenso als Opfer wie als → Täterin erscheint. Sehen wir also die Tragödie der Susanna Margaretha Brandt: Sie war Dienstmagd in einem einfachen Gasthaus in Frankfurt und wurde im Winter des Jahres 1770 von dem Diener eines holländischen Edelmannes verführt und geschwängert. Lange nachdem der Holländer wieder abgereist war, merkte die damals 24-jährige, in welche Umstände diese kurze Begegnung sie gebracht hatte. Für eine ledige Dienstmagd zog ein uneheliches Kind damals eine Katastrophe nach sich. Entlassung aus dem Dienst und Armut waren so gut wie sicher, außerdem galt die betreffende Frau als entehrt, so daß sich so schnell kein anderer Mann fand, der bereit gewesen wäre, die »Gefallene« zu ehelichen. Zumal auch er die Ächtung der damaligen Gesellschaft auf sich gezogen hätte. Das alles wußte natürlich auch Susanna, die in ihrer Verzweiflung den Entschluß faßte, ihre Schwangerschaft zu verheimlichen. Am 1. August 1771 brachte sie das Kind in der Waschküche des großen Hauses ohne fremde Hilfe zur Welt und tötete es. Daraufhin verließ Susanna Margaretha Brandt die Stadt, da die Wirtin Maria Bauer ihr noch vor der Niederkunft die Kündigung ausgesprochen hatte. Die unförmige Figur und das kränkelnde Aussehen der jungen Magd hatten bei ihr Anstoß erregt. Allein schon die Mitwisserschaft an einer verheimlichten Schwangerschaft galt damals als schweres Vergehen. Geahnt, daß mit Susanna nicht alles in Ordnung war, hatte auch deren ältere, verheiratete Schwester Maria Ursula König seit längerem. Nach dem plötzlichen Verschwinden ihrer jüngeren Schwester zeigte sie diese an. Am 3. August wurde Susanna verhaftet. Ihre hilflose Verteidigung, der Teufel habe ihr die Idee in den Sinn gegeben, sich auf diese Weise des Kindes zu entledigen, nützte ihr nichts. Das Empfinden dafür, daß gerade die puritanische Härte und → Denunziationsbereitschaft solche Verzweiflungstaten lediger Mütter mitverursachte, war der damaligen Gesellschaft weitgehend fremd.

Briganten

Abgeleitet vom ital. »briga« = »streit«. Bezeichnung für → Räuber, Aufständische und Söldner und besonders für die Söldnerbanden des Hundertjährigen Krieges in Frankreich (→ Soldateska). Im 19. Jahrhundert spielten Briganten beim Kampf um die Einigung Italiens in Sizilien und Neapel eine wichtige Rolle.

Brigate Rosse

→ Rote Brigaden

Briggen, Joseph

Fleischskandale sind für uns heute nichts Ungewöhnliches. Es gab sie allerdings auch schon vor hundert Jahren. Der kalifornische Rancher Joseph Briggen legte besonders viel Wert auf die Ernährung seiner Berkshire-Schweine, für die er mehrmals den »Blue Ribbon«-Preis als Auszeichnung erhielt. Daß es allerdings

Menschenfleisch war, welches seine Schweine so schön rund und fett machte, ahnte lange Zeit niemand. Der eifrige Briggen fand, daß Menschenfleisch das ideale Geheimrezept für seine Tiere sei. Dazu verarbeitet wurden von ihm junge Burschen und Herumtreiber, die Briggen mit der Aussicht auf Arbeit und Lohn als Hilfsarbeiter auf seine außerhalb von Sacramento gelegene Farm lockte. Da er immer nur einen Hilfsarbeiter beschäftigte, konnte er diesen nach einer gewissen Zeit – meist wenn der erste Lohn fällig war – ohne → Zeugen beseitigen. Die zerstückelte Leiche landete dann im Schweinetrog. Seinen Nachbarn gegenüber beklagte der Bauer sich über die Unzuverlässigkeit seiner Hilfskräfte, da sie ihn immer wieder verließen. Anfang 1902 fand einer der jungen Männer, den Briggen zu sich geholt hatte, unter seinem Bett zwei Menschenfinger. Nachdem er die → Polizei über seinen grausigen Fund unterrichtet hatte, wurde das Gelände der Farm untersucht. Dabei wurden im Schweinestall zahlreiche Menschenknochen und vergrabene Gebeine gefunden. Joseph Briggen, der insgesamt mindestens zwölf Menschen als Kraftfutter an seine Schweine verfüttert hat, wurde im August des Jahres 1902 zu lebenslänglicher → Haft verurteilt. → Serienmörder

Brinvilliers, Marie Marguerite Marquise de

Die 1630 geborene Marquise de Brinvilliers zählt zu den berüchtigtsten → Giftmischerinnen der → Kriminalgeschichte. Ihr Vater, Dreux d'Aubray, Zivilleutnant am Châtelet in Paris, vermählte sie im Jahre 1651 mit dem Marquis de Brinvilliers. Beide Familien waren reich und angesehen. Es handelte sich um eine Standesheirat und nicht um eine Liebesheirat. Die Marquise galt als attraktiv und trat nach außen hin gern als liebevolle und sanftmütige Person auf. Aber das war nur Maske. Bereits als Kind hatte sie es faustdick hinter den Ohren. Nachdem Marie-Marguerite im Alter von sieben Jahren von einem Vetter recht unsanft in die Geheimnisse der körperlichen Liebe eingeführt worden war, begann sie, ihre Brüder zu verführen und Sodomie zu treiben. Ihren noch unbedarften Cousinen schrieb sie anonyme pornografische Briefe.

Der Marquis de Brinvilliers und seine Frau hatten eine recht laxe Ehemoral. Es war ihr eigener Gatte, der die Marquise mit dem Frauenhelden und Glücksritter Jean Baptiste de Gaudin, Seigneur de Sainte-Croix und Hauptmann beim Kavallerieregiment Trassi, bekanntmachte. Ein Techtelmechtel war unausweichlich. Sainte-Croix zog zu den Brinvilliers. Dem Marquis war das gleichgültig – konnte er doch dafür um so ungestörter seine eigenen Liebesabenteuer pflegen. Erst Marie-Marguerites Vater schob dem unmoralischen Treiben – zumindest seiner Tochter – einen Riegel vor. Er erwirkte beim König einen → Haftbefehl gegen Sainte-Croix wegen verbrecherischen → Einbruchs und ließ ihn kurzerhand in die Bastille befördern.

Damit hatte der um Anstand und Sitte besorgte Vater aber sein eigenes

→ Todesurteil gesprochen. Im Kerker lernte Sainte-Croix nämlich den Italiener Exili kennen, der seinen Lebensunterhalt mit der Herstellung und dem Verkauf von Giftmischungen bestritt. Exili unterrichtete Sainte-Croix in dieser Kunst, der seinerseits das neuerworbene Wissen an die Marquise weitergab. Diese brachte es darin bald zu wahrer Meisterschaft. In den Jahren zwischen 1666 und 1670 vergiftete sie aus → Rache ihren Vater und dann gleich noch ihre beiden Brüder und ihre Schwester, um an die Erbschaft zu gelangen. Es machte ihr Freude, ihre Könnerschaft auch in Form präparierter Biskuits und Brote, die sie aus »Barmherzigkeit« an Arme und Kranke verschickte, unter Beweis zu stellen. Auch wenn sie Gäste zu sich eingeladen hatte, überkam sie manchmal das Bedürfnis, ihnen besondere »Spezialitäten« vorzusetzen. Das war aber auch das einzige Vergnügen, das sie sich gönnte. Sonst besuchte sie regelmäßig die Kirche und bemühte sich, sehr züchtig zu erscheinen.

Langsam fand es Marie-Marguerite an der Zeit, sich auch ihres Gatten zu entledigen, um den mittlerweile wieder freien Sainte-Croix heiraten zu können. Aus diesem Grund arrangierte sie für ihren Gemahl die köstlichsten Giftspeisen. Sainte-Croix jedoch hatte gar keine Absicht, seine Geliebte zu ehelichen. Die Marquise und ihre Küche waren ihm unheimlich geworden. Aus diesem Grund verabreichte er dem ahnungslosen Ehemann immer dann, wenn dieser aus der Giftküche seiner Frau zu kosten bekommen hatte, die entsprechende Dosis Gegengift, um ihn am Leben zu halten. Der bedauernswerte Marquis pendelte auf diese Weise längere Zeit ständig zwischen Leben und Tod, halb im Delirium, halb im Bewußtsein, ohne zu wissen, wie ihm eigentlich geschah, und auch die Marquise wunderte sich, warum er nicht endlich die Augen für immer schloß.

Leider passierte Sainte-Croix bei diesem Wettstreit ein Mißgeschick. Wenn er seine Gifte in fein pulverisierter Form mischte, mußte er unbedingt eine Maske zum Schutz tragen, da ein einziger Atemzug tödlich sein konnte. Nun fiel ihm beim Abfüllen der Gifte seine aus Glas gefertigte Maske zu Boden und zerbrach. Sainte-Croix stürzte daraufhin ebenfalls und verstarb augenblicklich. Da er keine Erben hatte, wurde die → Polizei gerufen, um sein Hab und Gut zu versiegeln. Darunter befand sich auch eine Kiste mit seinen Giften, die außerdem verräterische Briefe der Marquise enthielt. Die Marquise de Brinvilliers versuchte nun, die Kiste in Panik als die ihre zu deklarieren, doch gerade ihr aufgeregtes Verhalten erweckte → Verdacht. Der gut geschlossene Kasten wurde aufgebrochen und seine schrecklichen Geheimnisse kamen ans Licht.

Die mittlerweile 43jährige Marie-Marguerite konnte jedoch fliehen, zunächst nach England, dann nach Lüttich. Dorthin wurde ihr der Pariser Polizeibeamte und Geheimagent im Dienste seiner Majestät des Königs von Frankreich Desgrez nachgeschickt, um sie zu verhaften. Doch das erwies sich als schwierige Aufgabe. Die Marquise hatte sich nämlich in ein Kloster geflüchtet. Desgrez verkleidete sich jedoch als Geistlicher und machte ihr – als eine Art → V-Mann – seine Aufwartung. Es gelang ihm, zarte Liebesbande mit der Marquise anzuknüpfen und sie auf diese Weise zu einem heimlichen Rendezvous in einen Garten außerhalb der Stadt zu locken. Dort konnte sie festgenommen werden, und man brachte sie zurück nach Paris. Sie gestand alles, zumal man ein Manuskript bei ihr fand, das die von ihr selbst geschriebene Geschichte ihres Lebens darstellte. Am 16. Juli 1676 wurde Marie-Marguerite Brinvilliers mit dem Schwert enthauptet und auf dem → Scheiterhaufen verbrannt. Nach ihrer → Hinrichtung gab es eine erschreckende Zunahme an Giftmorden. Gift war en vogue. Einige behaupteten jedoch auch, die Freude am Vergiften sei durch die in die Luft verstreute Asche der Marquise verursacht worden. Viele Leute hätten die feinen Aschepartikel eingeatmet, woraufhin diese ihre Seele vergiftet hätten.

Brown, James

»The Godfather of Soul«, wie er von seinen Verehrern genannt wird, wurde am 4. Juni 1933 (andere Quellen: 1929, 1928) auf einer Südstaaten-Farm bei Toccou, Georgia, geboren. Er wuchs elternlos zunächst in einem Holzverschlag auf und landete dann in einem Bordell, wo seine Tante Handsome »Honey« Washington arbeitete. Trotz nicht gerade idealer Sozialisation boxte sich James Brown, ausgestattet mit unbändiger Lebensenergie, bis an die Spitze des Showbusineß. Bevor er es jedoch zum mehrfachen Dollar-Millionär und perfektesten musikalischen Revuemacher Amerikas brachte, jobbte er als Schuhputzer, Baumwollpflücker, Wagenwäscher, aber auch als → Autodieb und → Einbrecher. Doch auch als Multimillionär kollidierte der aufbrausende schwarze Sänger leicht mit dem Gesetz. So verprügelte der Macho Brown seine dritte Frau Adrienne derart heftig, daß sie ihn auf Schadensersatz verklagte. Aber Brown hatte Glück. Nachdem Adrienne mit ihren Blutergüssen für das Klatschblatt National Enquirer posiert hatte, zog sie die Klage zurück. Weniger

»Sexmachine«: James Brown

Glück hatte der Soulkönig allerdings, als er noch im gleichen Jahr von einem → Gericht in South Carolina zu sechs Jahren → Gefängnis verurteilt wurde, da er bei einer Kontrolle auf Waffenbesitz in North Augusta versucht hatte, zwei → Polizeibeamte zu überfahren. Seine Appelle an den damaligen US-Präsidenten George Bush sen., ihn unverzüglich freizulassen, blieben ohne Resonanz. Hinter Gefängnismauern sinnierte Brown in aller Bescheidenheit: »Ich hoffe, daß Präsident Bush erkennen wird, daß hier einer für nichts im Knast sitzt. Für einen Mann, der mehr geleistet hat als Beethoven, Bach und Brahms, muß es doch einen Platz geben.« Im Frühjahr 1989 durfte der Soulkönig als → Freigänger für eine Fürsorgeorganisation für Alte, Arme und Arbeitslose – Stundenlohn 3,80 Dollar – malochen gehen. Im Februar 1991 wurde er auf Bewährung entlassen und gab im gleichen Jahr wieder Konzerte. Seine → Strafe endete offiziell am 23. Oktober 1993. Von seiner Frau Adrienne, die während seiner → Gefängniszeit zu ihm gehalten hatte, verlangte er 1994 die Scheidung, nahm aber die Klage zurück, nachdem sie ihn wegen Mißhandlung und → Körperverletzung erneut angezeigt hatte. Aber diesmal fand Brown keine Nachsicht. Er wurde im Oktober 1995 wegen dieses → Deliktes arretiert. Seine Frau hatte allerdings keine Zeit mehr, ein Leben ohne ihren gewalttätigen Ehemann zu genießen: Am 6. Januar 1996 starb Adrienne Brown im Alter von 47 Jahren nach Monaten des Drogenentzugs und zwei Tage nach einer kosmetischen Operation in einem Krankenhaus in Beverly Hills. Der unverwüstliche »Godfather of Soul« stand dagegen schon bald wieder auf der Bühne.

Brühne, Vera

Das → Verbrechen, das Boulevard- und Regenbogenpresse jahrzehntelang Stoff bot, nahm am 14. April 1960 seinen Anfang. An diesem Tag waren der Arzt Dr. Otto Praun und seine Haushälterin Elfriede Kloo in der Villa des Mediziners in Pöcking im Landkreis Starnberg erschossen aufgefunden worden. Zunächst einmal bietet der Fall ein Musterbeispiel vorschnellen kriminalpolizeilichen Schlußfolgerns und unzulänglicher Ermittlungsarbeit. Der zuständige Beamte hatte das Geschehen in der Villa nämlich als »erweiterten« → Selbstmord interpretiert. Demnach sollte der Arzt seine Haushälterin ermordet und anschließend Selbsttötung begangen haben. Erst nachdem die Toten bereits beerdigt worden waren, erstattete der Sohn des Arztes – Günther Praun, → Anzeige gegen unbekannte → Täter in zwei Fällen.

Daraufhin wurden die Leichen exhumiert (→ Exhumierung) und der Obduktion (→ Autopsie) übergeben. Das Ergebnis war eindeutig: Beide, sowohl Elfriede Kloo als auch Dr. Otto Praun, wurden ermordet. Günther Praun hatte seine Anzeige nicht zuletzt deswegen erhoben, da die Testamentseröffnung ergab, daß sein vermögender Vater der mit ihm befreundeten Vera Brühne eine seinerzeit auf über eine Million DM taxierte Immobilie an der Costa Brava vererben wollte. Hinzu kam noch ein anderer Umstand: Der Arzt hatte beabsichtigt, eben diesen Wohnsitz an der Costa Brava wieder zu verkaufen – und dann hätte es für Vera Brühne nichts mehr zu erben gegeben. Aufgrund dieser Gegebenheiten geriet Vera Brühne unweigerlich zur Hauptverdächtigen. Die zweimal geschiedene Vera Brühne wurde 1910 geboren. Obgleich zu dem Tatzeitpunkt bereits 50 Jahre alt, war sie immer noch eine attraktive Erscheinung. In der Boulevardpresse wurde Vera Brühne schnell zum männermordenden Vamp aufgebaut. Hinter einer schönen, einschmeichelnden Fassade sollte eine eiskalte, berechnende Frau lauern, die sich angeblich von vermögenden Männern aushalten ließ. Ihr Leben bestand für Teile der Presse nur aus → Lügen, → Intrigen und verruchter Sexualität. Um doch noch an das Grundstück an der

Vera Brühne original (1969), links, und gespielt von Corinna Harfouch (2000), rechts.

Costa Brava heranzukommen, habe sie, so die Anklage, den ihr sexuell hörigen, zum Tatzeitpunkt 47jährigen Johann Ferbach dazu angestiftet (→ Anstiftung), den Arzt und seine in der Villa wohnende Haushälterin zu ermorden. In einem spektakulären → Indizienprozeß wurden daraufhin sowohl Vera Brühne als auch Johann Ferbach zu lebenslanger → Freiheitsstrafe verurteilt. Vera Brühne hat das Verbrechen nie zugegeben. Immer wieder wurde das Urteil bezweifelt. So stellte sich z.B. heraus, daß Dr. Otto Praun mehrere Grundstücke in Spanien besaß. Keineswegs sicher war, daß er das für Vera Brühne gedachte verkaufen wollte, dessen Wert ohnehin viel zu hoch taxiert worden war. Rudolf Augstein verfaßte 1970 einen vierteiligen Spiegel-Artikel, in dem er von der Unschuld Vera Brühnes und Johann Ferbachs ausging. Darüber hinaus tauchten bald Hinweise auf, daß Otto Praun als Mittelsmann für Waffengeschäfte (→ Waffenschmuggel) tätig gewesen sein könnte, was sein vieles Geld erklären würde, das er allein mit seiner Praxis kaum hätte erwirtschaften können. Auch soll der Bundesnachrichtendienst (BND) mit in diese Geschäfte einbezogen worden sein. Ferner gibt es Hinweise, daß der dem BND unbequem gewordene Otto Praun, zusammen mit seiner Haushälterin, von diesem liquidiert wurde. Wenn dem so wäre, besäße der Fall Brühne allerhöchste Brisanz, würde er doch nahelegen, daß in dem Rechtsstaat Bundesrepublik Deutschland Menschen getötet werden, wenn sie in der einen oder anderen Weise »untragbar« für ihn würden. Johann Ferbach starb bereits 1970 in → Haft. Vera Brühne wurde 1979, 17 Jahre nach der Urteilsverkündung, entlassen. Hark Bohm drehte 2000/2001 einen TV-Zweiteiler über den → Prozeß. Corinna Harfouch spielt die weibliche Hauptrolle. Auch Bohm, studierter Jurist, geht von der Unschuld Vera Brühnes aus. Kurz vor Ausstrahlung des Zweiteilers starb Vera Brühne Anfang Mai 2001 im Alter von 91 Jahren.

Bryant, Martin

Am 28. April 1996 drang der schwerbewaffnete zwanzigjährige Martin Bryant in ein Café der australischen Stadt Port Arthur ein und nahm die Gäste zunächst als → Geiseln. Dann eröffnete er das Feuer. Wahrscheinlich gefiel sich der sonst verlachte Bryant – dem Gutachter nach der Tat zwar Schuldfähigkeit, aber zugleich den Intelligenzstand eines Elfjährigen zusprachen – darin, Herr über Leben und Tod spielen zu können. Menschen, die ihn sonst nur als Trottel betrachtet hätten, zittern nun vor ihm. Um Bryant überwältigen zu können, mußte die → Polizei das Gebäude sturmreif schießen. Die Bilanz waren 35 Tote und 19 Verletzte. Es war das größte → Massaker in der australischen Geschichte. Im November 1997 wurde Bryant zu 35mal lebenslänglich und zusätzlich 777 Jahren → Haft verurteilt. → Amok, → Geisteskranke und abnorme Täter

Bryant, Mary

War eine Straßenräuberin in dem kleinen Fischerdorf Fowey in Cornwall. Im Jahre 1786 wurde sie zum → Galgen verurteilt. Mary Bryant war zu diesem Zeitpunkt 21 Jahre alt, und wenn man den Quellen glauben darf, von »verwegener Schönheit«. Als das → Todesurteil in eine siebenjährige → Verbannung nach Australien umgewandelt wurde, erschien dies kaum erquicklicher. Die Zustände in der damaligen englischen Sträflingskolonie waren unbeschreiblich. Wer die lange Schiffsreise überlebte – und das waren nicht viele -, starb dort nicht selten an Hunger, Krankheit oder an Mißhandlungen durch das Wachpersonal.

Mary Bryant trotzte all dem. Im März 1791 gelang der Tochter eines Seemannes mit einem kleinen Boot die spektakuläre Flucht nach Indonesien. Nach wenigen Monaten wurde sie dort allerdings aufgegriffen und – auf dem Deck eines Schiffes in einem Käfig angekettet – zurück nach London gebracht. Dort nahm sich der bekannte Anwalt James Boswell – fasziniert von ihrer Persönlichkeit – der jungen Frau an und erreichte ihren → Freispruch. Daraufhin verlieren sich Mary Bryants Spuren im Dunkel der Geschichte. In England ist die abenteuerliche Lebensgeschichte der Mary Bryant nur wenig bekannt, aber in Holland – Indonesien war lange Zeit eine holländische Kolonie – wird sie als Art Nationalheldin gefeiert und auch in Australien ging sie in die Gründungsgeschichte der Kolonie mit ein. Judith Cook legte 1993 mit Das trotzige Leben der Mary Bryant die unglaubliche Lebensgeschichte dieser kriminellen Abenteurerin vor.

Buchalter, Louis »Lepke«

Der kleine »Lepkele« kam 1897 auf der New Yorker Lower East Side zur Welt. Der Vater war aus Rußland in die Vereinigten Staaten eingewandert. Seine Mutter hatte ihm den Kosenamen »Lepkele« gegeben, eine jüdische Verkleinerungsform für »kleiner Louis«. Später sollte daraus »Lepke« werden. In der Schule bekam Lepke gute Noten und scheint sich auch gut betragen zu haben. Als er vierzehn war, starb sein Vater, woraufhin Lepke entgegen dem Wunsch seiner Mutter die Schule verließ und sich als Laufbursche verdingte. Als er achtzehn wurde, war seine gesamte Familie ohne ihn in den Westen gezogen. Das Angebot eines älteren Bruders, ihm ein Highschool- und Collegestudium zu finanzieren, lehnte er ab und nahm sich statt dessen ein möbliertes Zimmer auf der Lower East Side. Hier, in diesem rauhen Viertel, begann er seine kriminelle Karriere. Er schloß sich einer Gang junger Leute an und verübte → Taschendiebstähle und andere kleinere → Delikte. Zu dieser Zeit lernte er Jacob »Gurrah« Shapiro kennen, einen mürrischen und cholerischen Zweihundert-Pfund-Kerl, der auch die nächsten 30 Jahre sein engster Freund blieb. Mit neunzehn kam Lepke das erstemal ins → Gefängnis, wurde wieder entlassen, erhielt kurz darauf nochmals eine zweijährige → Freiheitsstrafe, schaffte es danach aber – trotzdem er damit anfing, Gewerkschaften zu erpressen -, bis 1939 ohne Gefängnisstrafe zu bleiben. Zuhause war Lepke ein treusorgender Familienvater, außer Haus verfügte er bald über eine ganze → Gangsterarmee, die jährlich über 10 Millionen Dollar → Schutzgelder kassierten. Gegen Bezahlung betätigten sich Lepkes Leute als Streikbrecher und bedrohten gewerkschaftlich organisierte Arbeiter. Die Gewerkschaften selbst setzte er unter Druck, indem er eigene Arbeitsvermittlungen organisierte und Gegengewerkschaften eröffnete. Eines seiner Erfolgsrezepte bestand darin, daß er sowohl Gewerkschaften als auch Arbeitgeberverbände kontrollierte. Wer sich ihm widersetzte, bekam von seinen Schlägern Säure ins Gesicht gespritzt oder wurde zusammengeschlagen. Mit ähnlichen Terrormaßnahmen betrieb Lepke schließlich auch seinen Einstieg in legale Betriebe. 1932 erstreckte sich Lepkes Einfluß auf eine ganze Reihe von Industriebetrieben und Gewerkschaftsunternehmen. In New York hatte er Bäckereifahrer, Hutmacher, Schuhverkäufer, Taxifahrer, Filmvorführer und den Geflügelmarkt unter Kontrolle. Zudem mischte er auch im Drogenhandel (→ Rauschgiftkriminalität) mit. Für seine Drogentransporte engagierte Lepke hübsche junge Frauen, die mit Überseekoffern voller Narkotika reisten. Lepkes Syndikat spann Fäden bis nach Japan, Mexiko, China und Europa. Bald war Lepke Multimillionär und führte ein entsprechendes Leben. Obwohl man ihm nachsagte, daß er nie die Beherrschung verlieren würde, scheuten seine »Mitarbeiter« eine Konfrontation mit ihrem Boss. Einer seiner »Mitarbeiter« bemerkte treffend: »Ich stelle keine Fragen. Ich pariere bloß. Man lebt so viel gesünder.« 1936 wurde Lepke wegen Verstoßes gegen das »Antitrust«-Gesetz vor → Gericht gestellt und verurteilt. Er erhielt eine → Haftstrafe von zwei Jahren, kam jedoch gegen → Kaution wieder frei. Aber für Lepke fing der Ärger jetzt erst richtig an. Sonderbezirksstaatsanwalt Dewey, der bereits Lucky → Luciano wegen → Zuhälterei überführt hatte, verfolgte Lepke jetzt gnadenlos. Er war davon überzeugt, der → organisierten Kriminalität in New York den Todesstoß versetzen zu können, wenn er Lepke festnahm. Als der Boden für Lepke zu heiß wurde, tauchte er 1937 unter. Während dieser Zeit versuchte Lepke, sich vor der → Polizei dadurch zu schützen, daß er von seinen Leuten jeden umlegen ließ, der ihn möglicherweise verraten könnte. Brooklyn wurde nun zum reinsten Schlachthaus und die → Unterwelt befand sich in einer Zwickmühle; denn mit dem Terror von Lepkes Truppe verstärkte sich der Druck der Gesetzeshüter. Auf ihrer Suche nach Lepke vernahmen die Behörden jede einigermaßen bekannte Unterweltfigur. Kurzum, die Unterwelt wollte Lepke loswerden und die Polizei wollte ihn haben. Also wurde Lepke schließlich in eine Falle gelockt und konnte festgenommen werden. Das Schwurgerichtsverfahren gegen Lepke und mehrere Mitangeklagte fand im Dezember 1939 statt. Sie wurden der »illegalen Einfuhr, des Besitzes, der Verschiebung und des Verkaufs von rauscherzeugenden Drogen« für schuldig befunden. Im Januar 1940 erhielt Lepke eine Gesamtstrafe von insgesamt 192 Jahren. Im April 1940 wurde er noch wegen → Erpressung der Bäcker- und der Lastwagenfahrergewerkschaft schuldig gesprochen und erhielt eine weitere Strafe von 30 Jahren. Doch das dicke Ende sollte erst noch kommen: Am 1. Dezember 1941 wurde Lepke des vorsätzlichen → Mordes für schuldig befunden und zum Tode auf dem → elektrischen Stuhl verurteilt. Die → Hinrichtung fand am 4. März 1944 kurz vor Mitternacht statt. Louis »Lepke« Buchalter war der einzige der großen amerikanischen Gangster, der sein Leben auf dem elektrischen Stuhl beendete.

Bückler, Johannes

→ Schinderhannes

Bukanier

Vom franz. »boucan« = Konservierung dünner Fleischscheiben durch Trocknen oder Räuchern. Die Bukanier waren im 17. Jahrhundert westindische Jäger und Häutehändler britischer oder französischer Herkunft, die später zu → Piraten wurden. Von Tortuga und Port Royal aus plünderten sie die Küsten der spanischen Kolonien in Mittel- und Südamerika.

Bundesamt für Verfassungsschutz

Der Sitz des Bundesamtes für Verfassungsschutz befindet sich in Köln. Es wurde 1950 als zum Geschäftsbereich des Bundesministeriums des Innern gehörende Bundesoberbehörde errichtet. Das B.f.V. ist zuständig für die Sammlung und Auswertung von Informationen über Bestrebungen, die sicherheitsgefährdend sind, bzw. gegen die freiheitlich demokratische Grundordnung gerichtet sind (→ Kriminelle Vereinigung, → Linksextremismus, → organisierte Kriminalität, → Rechtsextremismus, → Terrorismus). Ferner obliegt dem B.f.V. die Aufgabe, die Bundesrepublik gegen geheimdienstliche Tätigkeiten anderer Länder zu schützen und Bestrebungen, die durch Anwendung von Gewalt auswärtige Belange Deutschlands gefährden, zu beobachten. Die Verfassungsschutzbehörden sind auch zur Überwachung des Brief-, Post- oder Fernmeldeverkehrs berechtigt.

Bundeskriminalamt/BKA

Das BKA wurde 1951 mit Sitz in Wiesbaden gegründet. Es untersteht dem Bundesministerium des Innern. Aufgabe des BKA ist die länderübergreifende Verbrechensbekämpfung in Zusammenarbeit zwischen Bund und Ländern. Als deutsches Zentralbüro von → Interpol verfolgt das BKA auch → Straftaten auf internationaler Ebene. Im Rahmen der EU hat man mit dem Aufbau einer europäischen Polizeibehörde (→ Europol) begonnen. Im wesentlichen sammelt das BKA Informationen zur Verbrechensbekämpfung, um diese für sich auszuwerten. Zuständig ist das BKA bei international organisiertem Handel mit Waffen (→ Waffenschmuggel), oder bei international hergestellten und verbreiteten → Falschgeld, bzw. international organisierter → Geldwäsche. Außerdem in Fällen von Leib und Leben bedrohenden Verbrechen gegen Mitglieder der Verfassungsorgane, z.B. Bundespräsidium oder Bundesregierung. Im allgemeinen ist der Aufgabenbereich des BKA wegen der grundsätzlichen Zuständigkeit der einzelnen Länder begrenzt. → Organisierte Kriminalität, → Verbrechensbekämpfungsgesetz

Bundy, Theodore Robert
Seinen Vater hat der am 24. November 1946 in Burlington/Vermont geborene Ted Bundy nie kennengelernt, seine Mutter gab sich bis zu seinem 22. Geburtstag als seine Schwester aus. Trotz dieser etwas ungewöhnlichen Familienverhältnisse schloß Ted Bundy 1965 die High-School mit Erfolg ab und studierte an der University of Washington Sinologie. Während seines Studiums hatte der schüchterne junge Mann eine erste Liebesbeziehung zu einer Studentin. 1968, als Bundy sein Studium beendete, beendete auch das Mädchen ihre gemeinsame Beziehung. Ungefähr zum gleichen Zeitpunkt erfuhr Ted Bundy, daß seine »Schwester« in Wahrheit seine Mutter war. Daraufhin scheint es zu einer Art innerem

Oben: Trotz Intelligenz und Attraktivität ein pathologischer Serienmörder: Ted Bundy / Unten: Drei von wahrscheinlich 53 weiblichen Opfern von Ted Bundy. Alle hatten langes braunes Haar, alle trugen einen Mittelscheitel und fast alle waren Studentinnen

Bruch gekommen zu sein. Bundy, der bis dato im Umgang als ein zurückhaltend schüchterner Typ geschildert wurde, nahm jetzt eine betont extrovertierte, bestimmende Haltung an. Er kehrte zurück nach Kalifornien und belegte Psychologie als Studienfach. Vielleicht läßt diese Studienwahl darauf schließen, daß er zu diesem Zeitpunkt zum erstenmal etwas von den Abgründen seiner Seele spürte, die sich jetzt Bahn brachen. 1969 begann er mit einer fast ein Jahrzehnt währenden → Mordserie an jungen Frauen (→ Frauenmörder). Die meisten seiner Opfer waren Studentinnen und – was noch auffallender war – alle hatten langes, in der Mitte gescheiteltes dunkelbraunes Haar. Die Morde begannen in Kalifornien und setzten sich in Oregon, Washington, Utah und Colorado fort. Die → Polizei brauchte nicht lange, um zu erkennen, daß dieser → Serienmord auf das Konto eines Mannes gehen mußte. Auch Bundys Name tauchte unter den Verdächtigen auf, aber den Behörden fehlte es an Beweisen. Im November 1974 allerdings unterlief Bundy ein schwerwiegender Fehler. Er sprach die 18jährige Carol DaRonch in einem Buchladen an und unter dem Vorwand, ein Polizeibeamter in Zivil zu sein, versuchte er, sie zu entführen. Das Mädchen konnte jedoch aus seinem VW-Käfer flüchten, als er Handschellen und eine Brechstange hervorzog. Dennoch war es purer Zufall, daß fast ein Jahr später, im August 1975, einem Streifenpolizisten aus Salt Lake City der Fahrer eines VW-Käfers auffiel. Es war Ted Bundy, und bei den Utensilien, die sich in seinem Kofferraum befanden, nämlich ein Brecheisen, eine Ski-Maske, Handschellen, Stricke und ein Eispickel, handelte es sich nicht um die Werkzeuge eines → Einbrechers, sondern um Bundys Mordwerkzeuge. Es kam zu einer Gegenüberstellung mit Carol DaRonch, die Bundy als ihren → Entführer identifizierte. Doch Ted Bundys Gefährlichkeit zeigte sich auch jetzt. Bei seiner Überführung nach Colorado gelang ihm die Flucht. Acht Tage später war er wieder gefaßt, doch nach sechs Monaten konnte er erneut entkommen (→ Ausbrecher). Er setzte sich nach Florida ab. Dort überfiel er in der Nacht zum 15. Januar 1975 das Chi Omega House, ein Studentinnenwohnheim auf dem Campus der Florida State University. Dort vergewaltigte und tötete er zwei der Studentinnen auf ihren Zimmern, zwei weitere kamen mit schweren Verletzungen davon. Am 15. Februar 1978 endlich konnte Ted Bundy festgenommen werden. Das entscheidende → Indiz in dem → Prozeß gegen ihn war die Bißspur, die er auf den Gesäßbacken der ermordeten Lisa Levy aus dem Chi Omega House hinterlassen hatte. Trotz dieses forensischen Gutachtens (→ Rechtsmedizin), stritt Bundy bis kurz vor seiner → Hinrichtung am 24. Januar 1989 ab, jemals einen Mord begangen zu haben. Zwei Tage vor seinem Ende auf dem → elektrischen Stuhl gestand er in einem Radiointerview einige der ihm zur Last gelegten Morde. Die Polizei jedoch geht davon aus, daß es sich um insgesamt 53 Frauenmorde gehandelt hat.

Bürgerwehr
Auch Bürgergarde. Ursprünglich verstand man darunter den militärischen Zusammenschluß der Bürger einer Stadt zum Selbstschutz bei Unruhen oder in Kriegsnot. Heute werden darunter auch private Schutztruppen verstanden, die den Bürger vor der ihn bedrohenden Kriminalität schützen sollen. Da sie der → Polizei allein nicht mehr trauen, schließen sich vielerorts Bürger zu wachsamen Nachbarschaftsinitiativen zusammen oder kaufen sich bei privaten Unternehmen Sicherheit, indem sie eine private Polizei engagieren. Die dahinterstehenden Bürgerängste sind sicherlich nicht ganz unbegründet, so hat sich z.B. die Zahl der → Einbrüche (bezogen auf die alten Bundesländer) seit 1970 verdreifacht. Trotzdem gelten private Schutztruppen als umstritten. Auf der einen Seite demonstrieren sie nämlich den Vertrauensverlust der Bürger gegenüber dem Staat und seiner Polizei, auf der anderen Seite, vor allem in liberalen Kreisen, schüren sie Ängste vor einer sich vehement ausbreitenden Law-and-order-Mentalität. Allerdings läßt sich der präventive Charakter privater Sicherheitsbemühungen nicht leugnen: So hat sich z.B. in Großhansdorf bei Hamburg, seitdem sich dort eine Bürgerwacht gebildet hat, die Zahl der Einbrüche schlagartig halbiert.

Bürgerwehr

Burke, William und William Hare
Im Hafenviertel von Edinburgh stand um 1828 die Herberge Tanner's Close. Ein billiges Quartier – das mancher der Gäste teuer zu bezahlen hatte. Der Inhaber William Hare und sein Kumpan William Burke hatten nämlich nach dem zufälligen Tod einer ihrer Übernachtungsgäste im November 1827 herausgefunden, daß mit dem Verkauf von Leichen ein schwunghafter Handel zu machen war. Abnehmer war der Anatomieprofessor der medizinischen Hochschule in Edinburgh, Robert Knox, der, ohne Fragen zu stellen, jede gut erhaltene Leiche kaufte. Der hohe Preis, der den beiden Männern für den verstorbenen Herbergsgast bezahlt wurde, brachte sie auf den Geschmack. Sie gingen dazu über, »Leichen zu produzieren.« Zu diesem Zweck holten sie → Landstreicher und → Bettler aus den Armenvierteln in die Herberge, gaben ihnen reichlich Alkohol zu trinken und erstickten sie anschließend in ihrem Bett. Ihre Tötungsmethode, die darin bestand, daß Burke sich auf die Brust

der alkoholisierten Opfer kniete und ihnen Mund und Nase zuhielt, ging als »to burke« sogar in den englischen Sprachschatz ein. 16 Menschen brachten Burke und Hare auf diese Weise ums Leben. Im Oktober 1828 fand das Spiel jedoch sein Ende. Ein Ehepaar, das sich in Tanner's Close eingemietet hatte, entdeckte per Zufall die mit Stroh bedeckte Leiche einer Bettlerin in Burkes Zimmer. Nach der Festnahme sagte William Hare gegen seinen einstigen Mörderkumpan Burke als → Kronzeuge aus. Dafür wurde er begnadigt, mußte jedoch vor der lynchlustigen (→ Lynchjustiz) Bevölkerung nach London fliehen, wo er 1859 als Bettler starb. William Burke wurde am 27. Januar 1829 öffentlich gehängt (→ Galgen). Sein Skelett ist ironischerweise noch heute im Anatomischen Museum der Universität Edinburgh zu sehen. → Serienmörder

Butch Cassidy

Am 13. April 1866 kam Robert LeRoy Parker, besser bekannt als Butch Cassidy, in Beaver im US-Bundesstaat Utah als Sohn braver Mormonen zur Welt. In beruflicher Hinsicht darf man Mr. Parker jr. als durchaus flexibel betrachten: Er war Cowboy, Fuhrmann, Bergwerksangestellter, Matrose, Schlachter, Viehdieb, Bank- und Eisenbahnräuber, Söldner, Ingenieur und Unternehmer. Mit sechzehn Jahren verließ der junge Parker das Elternhaus und schloß sich dem → Outlaw Mike Cassidy an, dessen stellvertretender Anführer in einer → Bande von Viehdieben er schließlich wurde. 1887 nahm er an einem mißglückten Eisenbahnüberfall teil, 1889 an zwei → Banküberfällen. Anschließend tauchte Parker unter dem Decknamen »George Cassidy« in Wyoming unter und arbeitete eine Zeitlang in einer Schlachterei – daher sein Spitzname »Butch« (von »butcher« = »Schlachter«). Etwa um diese Zeit versuchte er ein paarmal, ein ehrliches Leben zu führen; er arbeitete auf verschiedenen Ranches als Cowboy, doch bald stahl er wieder Vieh und wurde 1892 festgenommen. 1894 verurteilte man ihn nach einer mehrmals verschobenen → Gerichtsverhandlung zu einer zweijährigen → Haftstrafe. Der Rancher, dessen → Anzeige zu Butch Cassidys Festnahme geführt hatte, wurde 1903 unter geheimnisvollen Umständen erschossen. Nach seiner Entlassung im Jahre 1896 geriet Butch Cassidy wieder auf die schiefe Bahn und gründete den berühmt-berüchtigten → Räuberhaufen des »Wild Bunch«. Mit seinen Kumpanen unternahm er

Revolverheld Butch Cassidy

zahlreiche Bank- und Eisenbahnüberfälle. Oft tauchte er auch einfach unter und heuerte zwischenzeitlich etwa als Matrose an. Anfang des 20. Jahrhunderts wurde der »Wild Bunch« von den Ordnungskräften immer stärker verfolgt, worauf Cassidy und ein Teil seiner Kumpane nach Südamerika zogen. In Argentinien erwarben sie eine Ranch, auf der sie Rinder und Schafe züchteten und die Tiere anschließend zu den Bergwerksgebieten in Chile trieben, wo sie diese mit hohem Gewinn verkaufen konnten. Trotzdem brach das wilde Räuberblut in Butch Cassidy immer wieder durch. In Bolivien überfiel er mit den Resten seiner »Wild Bunch« Lohngeldtransporte und Banken. Anfang 1908 wurden sie von bolivianischen Soldaten gestellt, worauf es zu einer wilden Schießerei mit mehreren Toten kam. Doch Butch hatte Glück – er konnte entfliehen. Er kehrte in die USA als William Thaddeus Phillips zurück und gab sich als Maschinenbauingenieur aus. Nachdem sich Cassidy zwischenzeitlich während der mexikanischen Revolution als Söldner verdingt hatte, gründete er 1910 im US-Bundesstaat Washington unter seinem neuen Namen die Phillips Manufacturing Company, die Rechenmaschinen und andere Bürogeräte herstellte. Die Firma florierte und Butch Cassid, alias Mr. Phillips wurde Mitglied der Freimaurerloge und des renommierten Elk-Ordens und frönte seiner Vorliebe für noble Autos – ähnlich wie er in jüngeren Jahren stets eine Schwäche für edle Pferde gehabt hatte. Als reiferer Herr suchte er noch einmal die alten Verstecke der »Wild Bunch« auf, doch die vergrabene → Beute aus alten Tagen fand er nicht mehr. Trotz seiner mißglückten Schatzsuche hätte Butch Cassidy bestimmt nicht darben müssen, hätte nicht die Weltwirtschaftskrise seinem – diesmal ehrlich erworbenen – Reichtum ein Ende gesetzt. Butch mußte seine Firma verkaufen und lebte fortan in Armut.

1934 versuchte Mr. »Philipps« erfolglos, ein Manuskript mit dem Titel The Bandit Invincible (Der unbezwingbare Bandit) zu vermarkten, das auf der Lebensgeschichte eines gewissen Butch Cassidy basierte. Aus Verzweiflung wollte er einen wohlhabenden Bürger entführen und gegen Lösegeld wieder freilassen, doch der altgewordene Butch besaß nicht mehr die Kühnheit seiner früheren Jahre dazu! Im Gegensatz zu den meisten anderen wilden Westmännern (→ Gunfighters), die in jungen Jahren im Kugelhagel umkamen, starb Butch Cassidy im Alter von 71 Jahren in einem Armenhaus an Krebs.

Buße

Ursprünglich: »Nutzen, Vorteil«. Im germanischen Recht war die Buße eine Entschädigung, die als Ersatz für blutige Vergeltungen entrichtet wurde (→ Blutrache). Heute ist der Begriff Buße im → Strafgesetzbuch durch das Bußgeldverfahren abgelöst worden, das Rechtsverletzungen, sofern diese nicht zu schwerwiegend sind, mit Geldbußen ahnden kann. Für Regelwidrigkeiten im Straßenverkehr (→ Verkehrsvergehen, → Verkehrsverstöße) liegt ein einheitlicher Bußgeldkatalog vor.

C

Dr. Caligari

Dämonische Verbrechergestalt in dem deutschen Stummfilmklassiker *Das Kabinett des Dr. Caligari* (1919). Der von Robert Wiener nach dem Drehbuch von Carl Mayer gedrehte Film vermittelt dem Zuschauer eine alptraumhafte Beklemmung und spiegelt die Ängste der Deutschen nach dem Zusammenbruch von 1918 wider. Ähnlich wie die negative Hauptfigur in dem Film → Dr. Mabuse verkörpert auch Caligari eine Welt von Machtrausch und Verbrechen, Tyrannei und Wahnsinn. Siegfried Kracauer schreibt in seinem Standardwerk über die Frühgeschichte des deutschen Films *Von Caligari bis Hitler* (1947) über diesen besessenen Leinwandtyrannen: »Die Gestalt des Dr. Caligari verkörpert jene schrankenlosen, die Macht um ihrer selbst willen vergötternden Gewalten, die sich zur Befriedigung ihrer Herrschergelüste über alle menschlichen Rechte und Werte rücksichtslos hinwegsetzen.«

Camorra

Ital.: »Bande, Clique«. Die heute mächtige italienische Verbrecherorganisation wurde im 19. Jahrhundert zur Zeit König Ferdinand II. (1830-59) als neapolitanischer Geheimbund gegründet und damals aus politischen Gründen geduldet. Die anschließenden Versuche, ihn wieder zu beseitigen oder im → Polizeidienst nutzbar zu machen, schlugen fehl. Allmählich nahm der Bund immer stärker kriminelle Züge an, blieb aber auf die Stadt Neapel beschränkt. Im faschistischen Italien, unter Mussolini, gelang eine fast vollständige Vernichtung der Verbrecherorganisation, die nach 1945 jedoch wieder auflebte und heute floriert. → Cosa Nostra, → Mafia, → N'drangheta, → Organisierte Kriminalität

Capone, Al

Sein Name war – und ist – der Inbegriff des großen → Gangsters. Bereits 1933 wurde Capone zum Kinomy-

Al Capone mit seinem berüchtigten Blick: »The Look«

thos und kehrt seitdem immer wieder auf die Leinwand zurück, verkörpert von so berühmten Hollywoodstars wie Robert de Niro oder Al Pacino. Al – eigentlich Alphonse – Capone wurde 1899 als Sohn neapolitanischer Einwanderer in dem heute zu New York gehörenden Brooklyn geboren. Den Aufstieg aus einem ärmlichen Milieu zu einem der mächtigsten und reichsten Männer seiner Zeit schaffte »Scarface« (Narbengesicht), so der Spitzname Capones, durch drei Dinge: Intelligenz, Skrupellosigkeit und die → Prohibition. Al Capone wurde zur Symbolfigur der Zeit des Alkoholverbots. Dabei sprach er nicht nur seinen Gangsterkollegen, sondern auch vielen »respektablen« amerikanischen Bürgern aus dem Herzen, als er verkündete: »Durst kann man nicht durch ein Gesetz stillen. Man nennt Al Capone einen Schwarzbrenner«, fuhr er fort, »ja, es handelt sich um schwarzgebrannten Schnaps, solange er sich auf dem Lastwagen befindet. Aber bekommt man ihn an der Bar, im diskreten Hinterzimmer oder an der Gold Coast (Chicagos bestes Wohngebiet und Nachtclubviertel) auf einem silbernen Tablett serviert, ist es Gastfreundschaft.« Capone fragte in aller Unschuld, was denn nun so schrecklich an seinen Geschäften sei. Seiner Ansicht nach befriedigte er schließlich nur eine vollkommen legitime Nachfrage. »Manche nennen es kriminelle Machenschaften. Andere nennen es Schmuggel«, sagte er. »Ich nenne es Geschäft. Man behauptet, ich würde gegen das Prohibitionsgesetz verstoßen. Aber wer tut das nicht?« Und um dieser Aussage Nachdruck zu verleihen, versicherte Capone seinen Zuhörern, unter seinen Kunden befänden sich einige der angesehensten Richter des Landes.

Doch mag das Prohibitonsgesetz auch Irrsinn gewesen sein, → Schwarzbrennerei und Alkoholschmuggel waren deshalb alles andere als ein harmloses Geschäft. Zu groß waren die Gewinnspannen in dieser Branche, als daß sie nicht zu skrupellosen Revierkämpfen animierten. Scarface und seine »Jungs« waren in zahlreiche brutale Bandenmorde verstrickt, so u.a. in das legendäre → Massaker am Sankt-Valentinstag am 14.2.1929. Sieben Mitglieder der auf Alkoholschmuggel spezialisierten Dion O'Banion-Gang wurden dabei in einer Garage regelrecht hingerichtet (→ Internjustiz der Unterwelt). 1920 war Capone von New York nach Chicago gekommen. Als Neapolitaner war er unter den sizilianischen → Mafia-Familien zunächst ein Außenseiter und wurde »einfaches Mitglied« der ? Bande von John Torrio. Nach dessen Flucht setzte sich Scarface aber dank seiner Intelligenz an die Spitze und herrschte bald nahezu uneingeschränkt über die → Unterwelt von Chicago. Doch Capone war weit mehr als nur ein cleverer Gangster. Er war ein überlegter, kühl planender »Geschäftsmann«, der die Zeit der Prohibition für sich nutzte, um ein → illegales Imperium aufzubauen und es im Einklang mit den Prinzipien eines modernen Wirtschaftsmanagements leitete. Als er 1931 zu elfjähriger → Haft verurteilt wurde, war das nur wegen einer »Kleinigkeit«, nämlich nachweislicher → Steuerdelikte. Vielleicht hätte Scarface es auch vermeiden können, jemals in die Fänge der Justiz zu geraten, hätte er es auf der anderen Seite nicht so geliebt, sich in der Öffentlichkeit zu präsentieren. Dadurch waren die Behörden – um ihr Gesicht zu wahren – gezwungen, Capone irgendeinen Gesetzesverstoß nachzuweisen. Seinem Nachruhm dürften Al Capones Publicty-Neigungen allerdings kaum geschadet haben.

Als Capone 1939 vorzeitig aus der Haft kam, war er bereits ein von Krankheit gezeichneter Mann. Am 25.1.1947, unmittelbar nach seinem 48.Geburtstag, starb Scarface an den Folgen einer Syphilis. Ein Jahr vor seinem Tod hatte ein Arzt bei dem einst so brillanten Gangsterboss nur noch das Denkvermögen eines Zwölfjährigen diagnostiziert. Robert J. Schoenberg legte 1992 mit Mr. Capone. The Real and Complete Story of Al Capone eine opulente Biografie dieses schillernden Gangsterkönigs vor, die als Standardwerk gelten darf. Sie ist mittlerweile auch auf deutsch erschienen.

Carlos

Eigentlich Ilgitsch Sanchez. Der aus Südamerika stammende Carlos war zwei Jahrzehnte lang einer der Hauptdrahtzieher in der internationalen Terrorszene (→ Terrorismus). 1996 konnte Carlos verhaftet werden.

Carruth, Ray und Ray Lewis

In der amerikanischen National Football League (NFL) spielen → Diebe, → Vergewaltiger und brutale → Schläger. Wieviele Kriminelle in der US-Liga sind, haben Jeff Benedict und Don Yaeger in ihrem gemeinsam verfaßten Buch *The Criminals who play in the NFL* nachgerechnet. Demnach hätten in der Spielsaison 1996/97 506 der Ligamitglieder eine kriminelle Vergangenheit gehabt, 109 davon waren sogar schwerer → Verbrechen angeklagt – darunter → Körperverletzung, → Raub und Vergewaltigung.

Der Bostoner Professor Todd Crosset sieht diese Entwicklung als logische Folge einer konsequenten Fehlleitung: »Wenn man von Kindesbeinen an trainiert und dafür gefeiert wird, gewalttätig zu sein«, so Crosset, »kann man das vom Privatleben irgendwann nicht mehr trennen.« Verstärkt wird das Problem durch die soziale Rolle, die American Football in den USA einnimmt. Die NFL ist seit langem zu einer Sammelstelle von Jugendlichen geworden, die vom Rand der Gesellschaft kommen. Denn in einem Sport, wo es auch darauf ankommt, seinen Gegner mit rigorosem Körpereinsatz außer Ge-

Angeklagter Rae Wiggins, alias Ray Carruth

fecht zu setzen, rekrutieren die Mannschaften ihren Nachwuchs vorwiegend aus den Armenvierteln der Städte: Ghetto Kids bringen für gewöhnlich das größte → Aggressionspotential mit. Doch emotional sind gerade sie dem großen Erfolg am wenigsten gewachsen. Einerseits ausgestattet mit Millionenverträgen und gewaltigem Bizeps, dabei gefeiert wie römische Götter, haben sie andererseits auf der Schulbank oft nicht einmal das ABC mitbekommen. Diese unselige Mischung fördert zusätzlich Allmachtsgefühle und Gewaltbereitschaft. Wie enthemmt die Gewalt bei NFL-Spielern sein kann, offenbarte sich, als erstmals zwei Profispieler wegen Mordes angeklagt wurden: Ray Carruth und Ray Lewis. Aus Angst vor Unterhaltszahlungen hatte der zu diesem Zeitpunkt 25jährige Carruth (eigentlich Rae Wiggins) einem → Killer den Auftrag erteilt, seine hochschwangere Freundin Cherica Adams umzubringen. Die 24jährige Frau war in der Nacht zum 16. November 1999 nach einem Kinobesuch in ihrem schwarzen BMW unterwegs, als sie von vier Schüssen aus einem vorbeifahrenden Auto in Hals, Brust und Bauch getroffen wurde.

Das Ungeborene konnte per Kaiserschnitt gerettet werden, die junge Mutter starb vier Wochen nach dem → Attentat an ihren Verletzungen. Die Polizei verhaftete Carruth wenig später auf dem Parkplatz eines Motels; er hatte sich im Kofferraum eines Toyota versteckt. Der zu dem Tatzeitpunkt 24jährige Ray Lewis erstach am 31. Januar 2000 zwei Männer. Er hatte kurz zuvor »beschwipst« ein Nachtlokal verlassen und geriet dann in eine Schlägerei mit tödlichem Ausgang. Dem Image der NFL haben derlei Verstrickungen in den USA bislang allerdings kaum geschadet. Amerika ist verrückt nach Sporthelden und die NFL ein Wirtschaftszweig, den man mit aller Macht stützt. Kathy Redmond, die als Studentin in Nebraska von einem Footballspieler vergewaltigt wurde und 1998 die »Nationale Koalition von Frauen gegen gewalttätige Sportler« gründete, meint denn auch resigniert, daß wohl noch eine Menge passieren müsse, »bevor diese Gesellschaft zugibt, daß die Situation ihrer Athleten außer Kontrolle geraten ist.«

Literatur: Maik Grossekathöfen: American Football. Eine Liga sieht rot. In: DER SPIEGEL Nr. 17 v. 24.4.2002, S.187-188

Cartouche

Eigentlich Louis Dominique. 1693 in Paris geboren, stand er an der Spitze einer großen → Diebes- und → Mörderbande, die mit ihren kühnen und grausamen Aktionen über Jahre die Umgebung von Paris in Angst und Schrecken versetzte. 1721 wurde der »Gaunerkönig« gefaßt und am 27. November des gleichen Jahres gerädert. → Rädern

Cellini, Benvenuto

Der große italienische Künstler des Manierismus, Benvenuto Cellini (1500-1571), war nicht nur ein genialer Goldschmied, Medailleur und Bildhauer, sondern auch ein notorisch gewalttätiger und aggressiver Mensch. Cellini, den der König von

Frankreich mit »mon ami« ansprach, war auf der anderen Seite seiner Persönlichkeit ein gemeiner → Mörder. Aber es war gerade die Huld der Mächtigen, die Cellini trotz seiner → Verbrechen weitgehend unbehelligt weiterleben ließ. In seiner Vita berichtet der Genius recht offen von seinen Missetaten. Im Alter zwischen 30 und 40 Jahren, erfahren wir dort, habe er drei Morde begangen. Die dritte, an einem Sieneser Postmeister begangene Tat, würde nach heutigem Verständnis als aus dem → Affekt begangener → Totschlag gelten, aber die ersten beiden Vorfälle waren geplante Taten. Im Jahr 1530 hatte Cellini seinem sterbenden Bruder, der in einem Kampf tödlich verwundet worden war, Vergeltung versprochen. Um diesen Schwur zu erfüllen, lauerte er dem Täter nachts auf, um ihm von hinten die Kehle durchzuschneiden. Der Dolch ging jedoch in die Schultern, so daß das Opfer noch vier Schritte fliehen konnte, bevor ihm Cellini einen letzten tödlichen Stich in den Nacken versetzte. Auf ähnliche Weise beging Cellini auch den zweiten Mord. Kurz nach dem Tod von Papst Klemens VII. im September 1534 versuchte er auf offener Straße, seinem Konkurrenten für das Amt des päpstlichen Münzmeisters, Pompeo de' Capitaneis, den Dolch ins Gesicht zu stoßen. Er traf seinen Todfeind unterhalb des Ohres mit zwei Stichen. Der zweite war tödlich. Cellinis selbst niedergelegte Berichte über diese und zahlreiche weitere Verbrechen sind keinesfalls als eine schwarz-romantische Selbststilisierung seiner eigenen Person zu werten. Zwar ist Cellinis Vita mit einigen Ausschmückungen angereichert, aber seine Taten waren nicht erfunden. Eine Durchsicht der Justizarchive hat ergeben, daß sich zwar nicht alle der 23 in der Vita berichteten, auf Leben und Tod geführten Kämpfe dokumentieren lassen, aber dafür kommen mindestens zwei → Gerichtsverfahren hinzu, von denen ei-

Nicht nur in seiner Kunst floß das Blut. Benvenuto Cellinis Meisterwerk zeigt Perseus mit dem abgeschlagenen Medusenhaupt

nes mit einem → Todesurteil endete, das allerdings nie vollstreckt wurde. Neben den → Delikten wegen → Körperverletzung stand Cellini auch mehrfach wegen → Diebstahls und wegen sexuell abweichender Praktiken vor Gericht. Wenn Cellini im einleitenden Gedicht seiner Autobiografie mit fast ungläubigem Erstaunen feststellt: »Ich lebe noch«, dann hat er allen Grund dazu. Denn aufgrund seiner zahlreichen Gewalttaten stand er von Jugend an immer wieder mal vor der → Hinrichtung. Nur seine mächtigen Fürsprecher bewahrten ihn davor. Als nach Cellinis zweitem Mord Freunde des Getöteten auf eine Bestrafung des Künstlers drängten, legte der Papst Paul III. sein Veto ein und gab eine Antwort, die nichts an Deutlichkeit zu wünschen übrigließ: »Nehmt also zur Kenntnis, daß Männer wie Benvenuto, die in ihrem Beruf einzigartig sind, nicht dem Gesetz unterworfen sein müssen.«

Literatur: Horst Bredekamp: Die Kunst des perfekten Verbrechens. In: Die Zeit, Nr. 50 vom 17.12.2000, S. 51.

Chapman, Mark David

»Happiness ist a warm gun« – das Glück ist ein heißes Schießeisen – sang John Lennon auf dem Weißen Album (1968) der Beatles. Diese Auffassung machte sich anscheinend auch sein → Mörder Mark David Chapman zu eigen. Chapman wurde am 10. Mai 1955 in Fort Worth, Texas, geboren und wuchs in Atlanta, Georgia, auf. Er war ein einsames Einzelkind. Wie vielen Menschen in unserer durch elektronische Medien geprägten Gesellschaft schienen ihm die Helden der Fernsehsendungen und der Welt der Rockmusik oft echter, lebendiger als die Menschen seiner Umgebung. Nach seinem Mord an John Lennon wurde Chapman von nicht weniger als neun Psychiatern und Psychologen untersucht, die zu dem Ergebnis kamen, daß er unter krankhaftem Narzißmus litt, der sich in »enormer Selbstüberschätzung, Fantasien von Erfolg, Macht und idealer Liebe, Gleichgültigkeit gegenüber den Gefühlen anderer und einem Bedürfnis nach fortwährender Aufmerksamkeit und Bewunderung« niederschlug. Er habe mit »Gefühlen der Wut, Scham, Demütigung und Minderwertigkeit auf Kritik reagiert, für sich selbst Sonderrechte beansprucht« und zu »erpresserischen Selbstmordgesten« geneigt. Für Chapman, dessen Weltbild durch christlich-fundamentalisitsche Einflüsse geprägt war, standen sich die Kräfte von Gut und Böse in einem immerwährenden Kampf gegenüber. Nach eigenem Glauben rangen auch in ihm selbst Gott und Teufel ständig um die Vorherrschaft. Sein emotionales Verhältnis zu John Lennon war durch Haßliebe geprägt. Auf der einen Seite bewunderte er Lennon und versuchte sich mit ihm zu identifizieren: So war er z.B. – ähnlich wie der Ex-Beatle – mit einer einige Jahre älteren Japanerin verheiratet, auch unterschrieb er gelegentlich Briefe oder Nachrichten mit »John Lennon«. Auf der anderen Seite empfand der dicke, pausbäckige und zu dem Zeitpunkt des Mordes stellungslose Wachmann Chapman John Lennon als Heuchler, der Liebe, Friede und Sozialismus predigte, aber in Wahrheit das unerreichbare Leben eines Multimillionärs führte: mit vier Landhäusern, Rinderherden, Swimmingpools, einer Yacht und einem geschätzten Barvermögen von 150 Millionen Dollar.

Einen »Mord aus Frustration« nennt Albert Goldman in seiner bisher unübertroffenen Lennon-Biografie (1988) Chapmans Mord an dem Ex-Beatle (→ Haß,→ Neidverbrechen). Am 8. Dezember 1980 postierte sich Chapman, ausgerüstet mit Beatles- und Lennon-Platten und einem Revolver, vor dem New Yorker Domizil der Lennons, dem »Dakota«-Haus. Um 17 Uhr kamen John und Yoko heraus, um ins Plattenstudio zu fahren. Chapman bat Lennon um ein Autogramm auf der Hülle von dessen neuester Platte Double Fantasy. Lennon unterschrieb und stieg in die wartende Limousine. Chapman reagierte ekstatisch. Nachts um zehn vor elf, als John und Yoko aus dem Studio zurückkamen, wartete Chapman immer noch. Normalerweise fuhr die Limousine durch die Toreinfahrt des »Dakota« in den Innenhof. An diesem Abend jedoch ließ Lennon den Wagen am Bürgersteig halten und lief die paar Schritte bis zum Eingang. Chapman rief: »Mr. John Lennon?« Der Ex-Beatle drehte sich um und sah Chapman durchdringend an. »Er prägte sich mein Bild ein«, meinte der Mörder später. Kurz darauf schoß Chapman fünfmal. Die ersten beiden Schüsse trafen Lennon in den Rücken und rissen ihn herum. Zwei der nächsten drei Geschosse trafen ihn in die Schulter. Eine Kugel ging daneben. Das Knallen der Schüsse wurde vom Geräusch zersplitternden Glases begleitet, die Kugeln durchschossen Lennons Körper und zerschmetterten die Scheiben des Windfangs. Chapman war beim Schießen so entrückt gewesen, daß er nicht gemerkt hatte, wie sein Opfer die Windfangtür öffnete und die fünf Stufen zur Pförtnerloge hinaufwankte, um dort mit dem Gesicht nach unten zusammenzubrechen. Chapman hatte den ganzen Tag abwechselnd zu Gott und Satan gebetet – zu ersterem, er möge ihn aus der Versuchung führen und zu letzterem, er möge ihm die Kraft geben, seine Mission zu erfüllen. Satan hatte offensichtlich gesiegt! → Geisteskranke und abnorme Täter

Chase, Richard Trenton

»Der geisteskranke Vampir von Sacramento«, wie man Richard Trenton Chase nach Bekanntwerden seiner grausamen Untaten nannte, litt unter der Wahnvorstellung, ein Nazi-Syndikat versuche, ihn umzubringen, indem man mittels einer »Seifenschalenvergiftung« sein → Blut in Pulver verwandeln wolle. Daher benötigte er nach eigener Auffassung neues Blut. Aus diesem Grund brachte er am 23. Januar 1978 die schwangere 22jährige Terry Wallin in ihrer Wohnung bestialisch ums Leben. Er trennte ihren Leib bis zu den Eingeweiden auf und trank das Blut der Ermordeten aus einem Jogurthbecher. Drei Tage später wurden die 36jährige Evely Miroth, ihr sechsjähriger Sohn Jason, ihr Baby, sowie der ebenfalls anwesende Daniel Meredith Opfer des Vampirs von Sacramento. Die Leichen wurden bestialisch verstümmelt aufgefunden, und wieder hatte Chase das Blut der Getöteten getrunken. Eine ehemalige Schulkameradin von Richard Trenton Chase brachte die → Polizei auf seine Spur. In seiner abscheulich verdreckten Behausung bewahrte der geisteskranke Vampir blutgetränkte Lappen, menschliche Organe und Rührschüsseln voller Blut auf. Chase war bereits früher in psychiatrischer → Haft gewesen, dort hatte er mit Vorliebe Vögel gefangen und ihnen den Kopf abgebissen, was ihm von den anderen Insassen den Spitznamen Dracula einbrachte (Renfield wäre korrekter gewesen). Um so erstaunlicher, daß er aufgrund einer angeblichen Verbesserung seines Zustandes 1977 wieder entlassen worden war. Als er 1978 erneut festgenommen wurde, stellte man ihn vor ein → Gericht, und auf Drängen der Staatsanwaltschaft, die Chase für zurechnungsfähig hielt, wurde er wegen sechsfachen → Mordes – er hatte bereits 1977 einen Mann erschossen – zum Tode verurteilt. 1980 verübte der inhaftierte Richard Trenton Chase mit einer Überdosis Antidepressiva → Selbstmord. → Geisteskranke und abnorme Täter, → Lebende Vampire

Chevalier, Yvonne

»Ich habe ihn getötet, weil ich ihn geliebt hatte«, gestand Yvonne Chevalier dem verdutzten Kommissar von der Mordkommission in Orleans. Am 12. August 1951, genau einen Tag nachdem ihr Mann Dr. Pierre Chevalier zum neuen Minister für technische Erziehung und Jugend ernannt worden war, erschoß die eifersüchtige Frau ihren geliebten Mann (→ Eifersuchtsverbrechen). Die Täterin war zu diesem Zeitpunkt 38 Jahre alt, das Opfer 42. Der vormalige Bürgermeister von Orleans war damit der jüngste Minister Frankreichs – zumindest für einen Tag. Als Mörderin (→ Mörderinnen) drohte Yvonne Chevalier die → Guillotine; denn Frankreich hatte damals die → Todesstrafe noch nicht abgeschafft. Andererseits kann in Frankreich eine Frau, die aus verletzter Ehre, aus Zorn oder Eifersucht eine »Crime passionell«, ein Verbrechen aus Leidenschaft begeht, mit der Nachsicht der Richter, vor allem der Geschworenen rechnen. Yvonne Chevalier hatte Glück. Das → Gericht sah als erwiesen an, daß die betrogene Frau nicht mit Vorbedacht, sondern im → Affekt tötete. Durch den Liebesverrat ihres Mannes fühlte sie sich so stark in ihrer Lebensbasis getroffen und die Affekte hatten sich in ihr so angestaut, daß sie bei deren Entladung in einen Zustand der Bewußtlosigkeit oder der Bewußtseinsstörung geriet. Als am Abend des 7. November 1952 der → Freispruch verkündet wurde, brachen die Frauen im Gerichtssaal in wilde Ovationen aus. So dramatisch die Beziehung zwischen Yvonne und Pierre Chevalier endete, so dramatisch hatte sie auch begonnen. 1935, als der junge Dr. Chevalier als Assistenzarzt im Städtischen Hospital von Orleans arbeitete, wurde die todkranke Yvonne Rousseau seine Patientin. Das Gewebe an einem Weisheitszahn hatte sich entzündet und die Mundschleimhaut infiziert. 41 Grad Fieber. Die Infektion vergiftete den ganzen Körper. Der Chefarzt des Hospitals ließ die junge Frau ins Sterbezimmer bringen. Er sah keine Chance mehr, sie zu retten. Da machte der junge Dr. Chevalier einen Vorschlag. Wenn sowieso keine Hoffnung mehr bestand, dann wolle er es mit einer Operation versuchen. Zwei Stunden dauerte die Operation. Drei Tage blieb die Patientin bewußtlos. Doch dann erholte sie sich erstaunlich schnell. Ebensoschnell entspann sich zwischen Retter und Geretteter eine leidenschaftliche Liebesbeziehung. Der Arzt hatte seiner späteren Frau und Mörderin das Leben zurückgeschenkt! Nach dem Freispruch begann Yvonne Chevallier ein neues Leben. Sie ließ sich in der ehemaligen französischen Strafkolonie Guyana nieder, wo sie als Leiterin einer Geburtsklinik arbeitete. Hier – in der freiwilligen → Verbannung, wollte sie einen Teil ihrer → Schuld an dem noch immer geliebten Mann abtragen. Bald wurde sie wegen ihrer Hilfsbereitschaft und Tüchtigkeit die beliebteste Frau der Kolonie. Eine stille, unermüdliche Betreuerin der leprakranken Kinder. Aus der Mörderin aus Eifersucht wurde das weibliche Gegenstück zu Albert Schweitzer. Ein Leben, dramatischer als ein Roman!

Chinesische Geheimgesellschaften
→ Triaden

Chorinsky, Gustav Graf und Julie von Ebergenyi
Im April des Jahres 1868 wurde ein → Strafprozeß gegen Gustav Graf von Chorinsky und der Stiftsdame Julie von Ebergenyi eröffnet. Das Pikante an diesem Fall ist, daß die beiden Angeklagten namhafte Mitglieder des österreichischen, bzw. ungarischen Adels waren. Noch wenige Jahrzehnte früher wäre ein solcher Skandal in dem Feudalsystem vertuscht worden, doch 1868 herrschte genug liberaler Zeitgeist, um nach einer korrekten Aufklärung zu verlangen. Hinzu kam, daß einer der beiden Angeklagten, nämlich Graf Chorinsky, nicht in Österreich, sondern an dem eigentlichen → Tatort, in München, verhaftet worden war. Die damalige Presse schilderte mit Genuß den Abgrund der Unmoralität des adeligen → Mörderpaares, und das Publikum las mit sicherlich ebensoviel Genuß davon, zumal es sich um ein Thema handelte, das die Menschen – mochten sie sich auch hinter noch so viel Bigotterie verstecken – immer fasziniert hat, nämlich: Sex and crime. Hören wir also, was sich zutrug: Der junge Graf Chorinsky lernte im Sommer 1858 die in München geborene Kaufmannstochter und Schauspielerin Mathilde Ruef kennen, in die er sich – scheinbar – unsterblich verliebte. Mathilde Ruef war zu diesem Zeitpunkt 25 Jahre alt, genoß einen untadeligen Ruf und erwiderte die Liebe des Grafen. Der junge Graf wünschte eine Heirat, doch seine Eltern lehnten dieses Ansinnen aufgrund des bestehenden Standesunterschiedes ab. Der sonst eher leichtsinnige, aber leicht entzündliche Gustav bestand weiterhin auf einer Verbindung, und am 1. März 1859, nach seiner Ernennung

zum Hauptmann, erhielt er endlich die langersehnte Bewilligung der Heirat. Doch seine glühende Liebe hielt nicht lange. Bereits 1861 kühlte seine Liebe zu der jungen Ehefrau ab. Diese jedoch blieb ihrem Ehemann zugetan und verweigerte die Scheidung. Daraufhin begann der Graf, sie bald ebenso glühend wieder zum Teufel zu wünschen, wie er sie einst besitzen wollte. Entscheidend für diese Haltung war nicht zuletzt eine neue Liebe, die Chorinsky mittlerweile für die junge ungarische Stiftsdame Julie Malvine Gabriele Ebergenyi von Telekes gefaßt hatte. Eine Heirat mit dieser erschien jedoch nicht möglich, solange er seine Ehefrau Nummer eins, die mittlerweile wieder in ihrer Heimatstadt München lebte, und zudem von einer hinterlegten Kaution von 12000 Gulden zehrte, nicht los war. Zuerst versuchte das skrupellose Liebespaar, vergiftete Pralinen an Mathilde zu schicken. Doch der Wirkstoff hatte sich mit dem Zucker verbunden, so daß die Blausäure dadurch frei wurde. Und selbst wenn das → Gift noch seine Wirksamkeit besessen hätte, wäre damit nicht die erwünschte Wirkung erzielt worden. Die ungeliebte Gattin hatte die Süßigkeiten nämlich weiterverschenkt. Auch ihr Herz hatte sie wieder verschenkt, nämlich an den Studenten Albert Mikulitsch. Das war allerdings der einzige Umgang, den die zurückgezogen lebende Schauspielerin, die sich als Baronin v. Ledske in der Amalienstraße eingemietet hatte, pflegte. Am 20. November 1867 erhielt diese »Baronin« allerdings Besuch von einer fremden Dame aus Wien, die in dem Hotel »Zu den Vier Jahreszeiten« abgestiegen war. Es hieß, die beiden Damen wollten abends zusammen eine Theatervorstellung besuchen. Um halb sieben Uhr rief die fremde Dame nach der Tochter der Zimmerwirtin mit der Bitte, diese möge einen Wagen bestellen. Als der Wagen ankam, schienen die beiden Damen jedoch bereits weg zu sein, das Zimmer der Baronin war jedenfalls verschlossen. Auch in der Nacht kehrte die Baronin, entgegen ihren sonstigen Gewohnheiten, nicht zurück. Als sie am nächsten Morgen immer noch ausblieb, schaute die Wirtin nach und entdeckte die bereits erkaltete Leiche ihrer Mieterin. Die → Polizei stellte eine Zyankalivergiftung fest, worauf der Münchner Polizeidirektor von Burchtorff die Untersuchung des Mordfalles in die Hand nahm. Als → Täterin kam eigentlich nur die unbekannte Besucherin in Frage. Im Nachlaß der Verstorbenen fanden sich Papiere, die Aufschluß darüber gaben, daß der vollständige Name der Ermordeten Mathilde Gräfin Chorinsky, Freifrau von Ledske lautete. Nach dieser Feststellung der wahren Identität der Toten wurde nach Niederösterreich telegrafiert, um Graf Chorinsky senior, der Statthalter von Niederösterreich war, über den Tod seiner Schwiegertochter zu informieren. Chorinsky senior kam angereist, und auch Graf Chorinsky junior fand sich ein. Letzterer benahm sich auffallend nervös, er weigerte sich, die Tote in Augenschein zu nehmen und verhehlte auch kaum die Abneigung, die er gegenüber seiner von ihm getrennten Frau empfunden hatte. Von Burchtorff fiel es nicht schwer, in Erfahrung zu bringen, daß der Ruf des jungen Grafen sehr zweifelhaft war und er über die österreichische Gesandtschaft heimlich Erkundigungen über seine junge Gattin eingezogen hatte. Er beantragte daher einen → Haftbefehl, und in der Jackentasche von Gustav Graf Chorinsky fand sich die Fotografie einer Dame, die eindeutig als die unbekannte Besucherin identifiziert werden konnte. Schnell stellte sich heraus, daß es sich hierbei um Graf Gustavs Geliebte Julie von Ebergenyi handelte, die sich in den »Vier Jahreszeiten« unter dem falschen Namen Marie Baronin Vay einquartiert hatte. Nach ihrer Verhaftung gestand die von Ebergenyi: »Ich bin in München unter dem Namen einer Baronin Vay im Hotel ›Zu den vier Jahreszeiten‹ abgestiegen und habe mich der Gräfin als eine Durchreisende vorgestellt, welche sich von ihrer (der Gräfin) Liebenswürdigkeit persönlich überzeugen wolle. Wir verabredeten einen gemeinsamen Theaterbesuch. Ich brachte den Nachmittag bei ihr zu.« Beim gemeinsamen Teetrinken hatte Julie von Ebergenyi einen geeigneten Augenblick abgewartet, um der Gräfin Zyankali unterzumischen. »Als ich mich entfernte«, so gestand sie weiter, »lag sie schon zwischen Kanapee und Tisch.« Später versuchte die Stiftsdame, das → Geständnis wieder zurückzunehmen, aber sie wurde dennoch zu einer zwanzigjährigen → Zuchthausstrafe verurteilt. Ebenso ihr Geliebter Gustav Graf Chorinsky, der seine Mordkomplizin bereits während des → Strafprozesses ebenso gehaßt haben soll wie vormals seine Gattin.

Literatur: Harald Seyrl: Mordfall Chorinsky/Ebergenyi. In: Michael Farin (Hg.): Polizeireport München (1999), S. 50-63. → Beziehungs- und Familiendramen, → Gattenmord

Christie, Agatha

Agatha Mary Clarissa Christie, geb. Miller (1890-1976), machte den salonfähigen → Mord zu ihrem Markenzeichen und wurde damit zur meistgelesenen Krimi-Autorin der Welt. Dabei hatte alles so harmlos angefangen: Die »Queen of Crime« stammte aus einer wohlhabenden Familie und verlebte eine sorgenfreie Kindheit und Jugend in Devonshire. Als sie zur Welt kam, regierte noch die greise Queen Victoria das Britische Empire, das als Beherrscherin aller Meere in seinem vollsten Glanze stand und über ein Weltreich verfügte, in dem die Sonne niemals unterging. Doch dann verdunkelte sich der Sonnenglanz plötzlich: Der Erste Weltkrieg brach aus, und auch über das Leben der Agatha Christie breiteten sich Schatten aus: Der geliebte Vater starb, und das Familienvermögen schmolz. Zu diesem Zeitpunkt begann sie mit ihren ersten Schreibversuchen. Zunächst aber passierte etwas noch Entscheidenderes: Der gutaussehende Archie Christie trat wie ein Wirbelwind in das vor kurzem noch so behütete Leben der Agatha Mary Clarissa Miller. Sie heirateten überstürzt und sie reisten in der Welt umher, eine Tochter wurde geboren. 1926 löste sich ihr Glück wieder in Nichts auf – Archie hatte sich auf Nimmerwiedersehen verabschiedet. Tief verstört »verschwand« Agatha Christie. Sie galt als vermißt. Als sie wieder auftauchte, war sie »neu geboren«. Erst jetzt war sie zur Schriftstellerin gereift. Der Erfolg kam, erst schrittweise, dann überwältigend. Auch in der Liebe fand sie neues Glück, auch wenn sie dabei als gebranntes Kind die Finger von allzu gutaussehenden Männern ließ. Ihr zweiter Mann, der Archäologe Sir Max Mallowan, war untersetzt und gewiß kein Adonis; dafür aber treu und liebenswert (→ Archäologie und Kriminalistik). Als liebenswerte, alte Dame hat sich uns auch das Bild von Agatha Christie eingeprägt. Doch die Bestseller produzierende Queen of Crime – das lassen zumindest ihre Werke vermuten – muß es faustdick hinter den Ohren gehabt haben. Die Erfinderin der unsterblichen Miss Marple und des eigenwilligen Detektivs Hercule Poirot war eine Kennerin menschlicher Abgründe, eine Meisterin psychologischer Zwischentöne und eine hellwache Chronistin Englands. Gekonnt hält sie in ihren Büchern die Spannung aufrecht, indem sie den Spürsinn des Lesers auf falsche Fährten lockt. Agatha Christie zeigt dabei auf, wie sich in eine scheinbar heitere Welt → Intrige, → Mord und → Totschlag einschleichen können. Die Brüchigkeit aller Menschheitsidylle hatte sie selbst in jungen Jahren erlebt. Diese Brüchigkeit kehrt in ihren Werken wieder: Während behaglich das Kaminfeuer flackert, wird heimlich das → Gift in den Tee geträufelt ...

Christie, John Reginald Halliday
Acht Frauen tötete der Engländer John Reginald Halliday. Seine → Morde erstreckten sich über zehn Jahre. Sein erstes Opfer im Jahr 1943 war nach eigener Aussage die Wienerin Ruth Fürst, die er hinter seinem Haus vergraben hatte. Ein Jahr später tötete er seine ehemalige Arbeitskollegin Muriel Eady, die ihn besucht hatte. Unter dem Vorwand, ihren Schnupfen kurieren zu wollen, hatte er sie mit einem kohlenmonoxidhaltigen Leuchtgas bewußtlos gemacht und anschließend mit einem Strumpf erwürgt. Die Leiche wurde ebenfalls im Garten begraben. 1949 tötete Christie die Frau und das 14 Monate alte Baby seines Mieters Timothy Evans. Vor → Gericht behauptete er dann, sein Vermieter habe an seiner schwangeren Frau einen Abtreibungsversuch (→ Schwangerschaftsabbruch) unternommen, woran sie gestorben sei. Das Kind habe er aus Verzweiflung gleich mitgetötet. Der → Angeklagte Timothy Evans, ein einfacher LKW-Fahrer, war der lügnerischen Eloquenz seines Mieters nicht gewachsen und wurde unschuldig gehenkt (→ Justizmord). Erst im Jahr 1966 rehabilitierte ihn die britische Justiz. Christie hingegen mordete munter weiter. Als seine Frau 1952 das heimliche Treiben ihres Mannes zu ahnen begann, ermordete er sie auch gleich. Ihre Leiche, ebenso wie die einer jungen Prostituierten (→ Prostitution) und zwei weiterer Opfer versteckte er – möglicherweise weil sein Garten schon ziemlich gefüllt war – unter den Bodendielen seines Hauses und in einem zugemauer-

ten Wandschrank. Dort fand sie dann am 24. März 1953 sein konsternierter Nachmieter. Alle Morde Christies waren sexuell motiviert, da John Reginald Christie, der in seiner Jugend auch als »Kann's-nicht-machen-Christie« verhöhnt wurde, nur dann einen besonderen »Kick« verspürte, wenn er eine Frau getötet hatte. Am 15. Juli 1953 wurde John Reginald Halligan Christie im → Zuchthaus Pentonville hingerichtet. → Serienmörder, → Sexualverbrecher

Christofi, Styllou

»Liebe, die tötet, ist keine Liebe«, erklärte Stavros Christofi, als er seiner Mutter im Zeugenstand des Londoner Gerichts gegenübertrat. Die → Angeklagte, Styllou Christofi, hatte ihre 37jährige Schwiegertochter in der Nacht des 28. Juni 1954 getötet. Ihr → Motiv waren → Eifersucht und maßlose, egoistische Mutterliebe. Styllou Christofi war von Stavros Christofi und dessen deutschstämmiger Frau Helga von Zypern nach London geholt worden, um ihren drei Enkelkindern eine Großmutter sein zu können. Allerdings erwies sich die Lösung als nicht sehr glücklich, da es immer wieder zu Konflikten kam. Die alte Frau konnte sich nur schwer in das moderne Londoner Leben einfügen, außerdem versuchte sie, ihren Sohn eng an sich heranzuziehen und seiner jungen deutschen Frau zu entfremden. Als ihr das nicht gelingen wollte, erschlug und erdrosselte sie die verhaßte, als Rivalin empfundene Schwiegertochter und versuchte, die Leiche im Garten zu verbrennen. Von der → Polizei befragt, erfand sie einen → Überfall von zwei unbekannten Männern. Die → Lüge war jedoch zu offensichtlich, sie verstrickte sich in Widersprüche, außerdem hatte sie ein Nachbar dabei beobachtet, wie sie die Leiche mit Paraffin übergoß und anzündete. Der Sohn war zum Zeitpunkt der Tat, es war gegen Mitternacht, nicht anwesend, da er in dem exklusiven Londoner Nachtclub Café de Paris als Weinkellner arbeitete. An dem Abend, als seine eigene Mutter sein Lebensglück zerstörte, hatte Marlene Dietrich dort gesungen: » I may never go home anymore ...« → Mörderinnen, → Werhan, Gertrud

Computerkriminalität

Das Verbrechen geht mit der Zeit. Nahezu jede technische Innovation findet auch seine Verwertung in der → Unterwelt. Eine ganz neue Welt des Verbrechens hat sich mit dem Computer eröffnet. Was lange Zeit Science-fiction zu sein schien, ist längst Realität. → Polizei und Gesetzgeber mußten daher nachrüsten. Bereits seit Jahren sitzt in Washington ein Trupp von Spezialermittlern, die → Betrüger jagen, welche die Börsenkurse manipulieren. Da das Geld durch den bargeldlosen Zahlungsverkehr ohnehin immer weniger in Münzen und Scheinen vorliegt und zu einer abenteuerlichen Fiktion in den elektronischen Welten mutiert, braucht der intelligente → Bankräuber bald kein Geldinstitut mehr zu überfallen. Er manipuliert Kontostände ebenso wie Börsenkurse daheim vom Computer aus. Aber auch im Bereich → Terrorismus und → Sabotage spielt der Computer zuse-

hends eine Rolle. Wozu Saboteure in den sechziger und siebziger Jahren noch Brandsätze und Sprengstoffe benötigten, dafür reicht heute ein Computer mit Modem. Und wo Staaten früher noch Bomber und Kanonen brauchten, dafür genügt heute ein simples Rechenzentrum. »Wir haben die besten Hacker der Welt«, rühmte sich Ende 1999 der radikale russische Politiker Wladimir Schirinowski und kündigte an, seine Feinde künftig mit Computerviren attackieren zu wollen. Regierungskommissionen in den USA und in Deutschland warnen tatsächlich vor einem möglichen Cyberkrieg. Es gebe »kein geschütztes Staatsgebiet mehr, das an seinen Grenzen mit militärischen Mitteln zu verteidigen wäre«, hält die geheim tagende Regierungsarbeitsgruppe Informationstechnische Bedrohung für Kritische Infrastrukturen(Kritis) fest. Damit sei eine »grundsätzlich neue Situation der Unsicherheit« eingetreten. Der Gesetzgeber bezeichnet als Computerstraftaten, bzw. Computerkriminalität → Straftaten, die unter Einbeziehung von Anlagen zur elektronischen Datenverarbeitung begangen werden. Nach dem → Strafgesetzbuch werden → Hacker wegen Ausspähens von Daten mit → Freiheitsstrafe bis zu drei Jahren oder mit → Geldstrafe belegt. Bei Computerbetrug ist mit einer Freiheitsstrafe bis zu fünf Jahren oder Geldstrafe zu rechnen. Computerbetrug begeht, wer in der Absicht, sich selbst zu bereichern, das Vermögen eines anderen dadurch angreift, daß er das Ergebnis eines Datenverarbeitungsvorgangs durch unrichtige Gestaltung des Programms, durch Verwendung unrichtiger oder unvollständiger Daten oder sonst irgendwie beeinflußt. Wer Daten rechtswidrig löscht, unterdrückt, unbrauchbar macht oder auf andere Weise Datenveränderungen vornimmt, dem droht das Strafgesetzbuch mit einer Freiheitsstrafe bis zu zwei Jahren oder mit Geldstrafe. Bei Computersabotage (→ Sabotage), also dem Zerstören oder Beschädigen einer fremden Datenanlage, droht eine Freiheitsstrafe bis zu fünf Jahren oder Geldstrafe. Eine andere Form der Computerkriminalität ist die Fälschung beweiserheblicher Daten (→ Urkundenfälschung) und die Urkundenunterdrückung, d.h. das Löschen, Verändern oder Unbrauchbarmachen von Daten, um einem anderen dadurch Nachteil zuzufügen.
→ Musikpiraten

Corday, Charlotte

Es war der 13. Juli 1793 gegen 7 Uhr abends – die Schwüle des Pariser Sommertages hing noch in der Luft – als Charlotte Corday das Haus des Revolutionsführers und Volkstribuns Jean-Paul Marat betrat. Die damals Fünfundzwanzigjährige bot einen überaus anmutigen und wohlgefälligen Anblick, vielleicht war das der Grund, weshalb Marats Lebensgefährtin Catherine Évrard ihr zuerst den Eintritt verweigern wollte. Doch als Charlotte verkündete, sie wolle die Namen von aufständischen Girondisten in Caen verraten, verlangte Marat, der gerade in der Badewanne saß und den Wortwechsel im Treppenhaus mit angehört hatte, daß man

Die idealistische Mörderin:
Charlotte Corday als Gefangene.
Zeichnung von Jean-Jacques Hauer, 1793

die junge Frau einlasse. Einen so malerischen Anblick, wie später auf dem berühmten Gemälde Jacques-Louis Davids verewigt, hat der Jakobiner in der Badewanne sicher nicht abgegeben, als er Charlotte Corday empfing. Ob Marat seine strähnigen Haare so dekorativ mit einem Handtuch umwickelt hatte und sein von Ausschlag gepeinigter Oberkörper mit einem hellen Tuch bedeckt war, ist ungewiß. Gewiß aber lag vor ihm, quer über der Badewanne, ein Holzbrett als Schreibunterlage, als Charlotte Corday nahe an ihn herantrat, um ihm die Namen der vermeintlichen Verräter zu diktieren. Als er befriedigt erklärte, daß diese Volksfeinde in acht Tagen auf die → Guillotine kommen würden, zog Charlotte ein Küchenmesser aus ihrem züchtig verhüllten Dekolleté und rief: »Die deinige ist bereit.« Die Klinge traf Marats rechten Lungenflügel und schließlich das Herz. Es gelang ihm noch, um Hilfe zu rufen, doch als diese herbeieilte, war es bereits zu spät für ihn. Charlotte Corday, die dieses → Attentat bereits lange geplant hatte, unternahm keinerlei Fluchtversuch. Auch als ihr der → Prozeß gemacht wurde, blieb sie furchtlos. Sie schien in ihrem Handeln von einem Idealismus geleitet, der sich Frauengestalten wie Jean d'Arc oder die biblische → Judith zum Vorbild nahm. Sie hatte Marat aus der Überzeugung heraus getötet, Frankreich sei nur noch durch »die Hand einer Frau« zu retten. Für ihre eigene Person gab es freilich keine Rettung mehr. Gegen Mittag des 17. Juli 1793 fällte das → Gericht das → Todesurteil über Charlotte Corday. Noch am selben Abend wurde sie Opfer der unersättlichen Guillotine, die ihr blutiges Werk auch ohne Marat weiter verrichtete. → Frauen und Gewalt, → Mörderinnen

Cosa Nostra

»Du mußt der neuen Organisation einen Namen geben, verdammt noch mal, was ist eine Firma oder ein Konzern ohne Namen. Ein Typ kommt auch nicht in einen Verkaufsraum und sagt: ›Ich nehme den Wagen dort drüben, den namenlosen.‹« Diese Lebensweisheit von Meyer → Lansky, einem der Köpfe der »Cosher Nostra«, vertraten sicherlich auch die amerikanischen Ableger der → Mafia, die ihrer »Firma« den Namen Cosa Nostra (ital. = »unsere Sache«) gaben.

Cotton, Jerry

Der berühmte → FBI-Agent, der in New York → Verbrecher jagt, hat seinen Ursprung keineswegs im Land der unbegrenzten Möglichkeiten, sondern in Bärenstein im Erzgebirge. Daher nämlich stammt Heinz Werner Höber (1931-1996), der Erfinder Jerry Cottons und zugleich der wichtigste Autor jener erfolgreichen Krimihefte. Den ersten Jerry Cotton schrieb Höber, der sich mit siebzehn in den Westen absetzte, 1955. Weil er mit der Miete für sein Mansardenzimmer hoffnungslos im Rückstand war. Er entschied, dem FBI-Agenten Jeremias Cotton den Glamour der fernen Metropole New York zu geben. Höber saß in Recklinghausen, maß mit einem Lineal im Stadtplan von Manhatten Entfernungen auf dem Broadway. Arbeitete sich durch ein 14 Pfund schweres Handbuch, das er vom FBI aus Washington erhalten hatte (für die 70 Mark Luftfracht mußte er seine Wirtin anpumpen) und schrieb – ganz wie sein Landsmann und Vorbild Karl → May – über ein Land, das er nie mit eigenen Augen gesehen hatte. Erst 1970 reiste Höber nach New York, auf Einladung der Gewerkschaft der → Polizei.

»Einen edlen, reinen Helden«, hat Höber seine Figur einmal genannt. Cotton zeigte zwar menschliche Schwächen, aber er blieb moralisch unangreifbar, ein Mann mit unbeugsamem Gerechtigkeitssinn. Auch die alltäglichen Verrichtungen wie das Trinken gerieten ihm heldenhaft. Zum Beispiel, als er den legendären schwarzen Jaguar mit roten Sitzen kaufte: »Phil und ich tauften ihn mit einer Flasche echten Champagners, indem wir ihm stilgerecht ein halbes Glas vor den Kühler schütteten und den Rest uns durch die Kehle jagten.«

Fast jede Woche schrieb Höber 120 Schreibmaschinenseiten. Noch Anfang der siebziger Jahre speiste ihn der Bastei-Verlag mit lächerlichen 1400 Mark pro Heft ab. Der Verlag selbst verdiente mit dem edle Gerechtigkeit verkörpernden FBI-Agenten ein Vermögen (→ legale Kriminalität). Der Ruhm Jerry Cottons wurde noch durch die in den 60er Jahren gedrehten Cotton-Filme verstärkt, in denen George Nader den unbezwinglichen FBI-Mann mimte.

1970 verklagte Höber den Bastei-Verlag: Er wollte sich nicht mehr mit dem lächerlichen Pauschalhonorar von 1400 Mark abspeisen lassen, sondern wie ein Buchautor prozentual am Verkauf beteiligt werden. Deshalb sollte der Verlag die Jerry-Cotton-Auflage offenlegen. Höber erhoffte sich so 15.000 Mark pro Heft. Für Anwalts- und Gerichtskosten nahm er einen Kredit von 280.000 Mark auf, aber das Geld reichte nicht, um den → Prozeß bis zum Ende durchzustehen.

Die Jerry-Cotton-Aufträge war er sowieso los. Bei Verleger Gustav Lübbe war er für den Rest seines Lebens in Ungnade gefallen. Es reichte Lübbe offensichtlich aus, wenn sein Goldesel Jerry Cotton für Gerechtigkeit stritt. Höbers Lebensgefährtin mußte putzen gehen. Zehn Jahre später reichte der Jerry-Cotton-Lektor Höber wieder die Hand. Für 3000 Mark pro Heft durfte er wieder schreiben. Allerdings durfte der alte Lübbe nichts davon erfahren. Höber mußte seine Manuskripte über einen Agenten abliefern, und wenn er gegenüber Journalisten sein Comeback als Cotton-Autor erwähnte, filzte der Lektor die Pressemappe, bevor er sie Lübbe vorlegte. 1996 starb Höber – anders als sein Landsmann Karl May – in Armut. Sein Name selbst ist weitgehend vergessen, aber nicht der seines Helden – Jerry Cotton lebt!

Literatur: Jan Gin: Der Mann der Jerry Cotton war. Berlin, 1996; Johannes Schweikle: Viel trinken, viel schreiben. In: Die Zeit Nr. 15 vom 6.4.2000.

Coup

Frz.: überraschend durchgeführtes, erfolgreiches Unternehmen, wie z.B. ein → Banküberfall. Ein Coup erfolgt blitzschnell wie ein Schlag oder Handstreich. Das Wort ist abgeleitet von lat.: »colaphus« = »Faustschlag«.

Courasche

Die Lebensbeschreibung der Erzbetrügerin und Landstörzerin nennt Hans Jakob Christoph Grimmelshausen (1621/22-1676) im Untertitel seine Erzählung über die Courasche. Grimmelshausen ist mit dieser Figur ein Urbild der Verführung und der Sünde gelungen, das an die »Frau Welt« des Mittelalters, an die »große Hure« der biblischen Offenbarung erinnert. Courasche, die sich frech und lebensfroh selbst als »Abschaum« bezeichnet, erzählt ihre Geschichte selbst. Es ist die Geschichte einer Hure (→ Prostitution) und → Diebin, die in den Wirren des Dreißigjährigen Krieges nicht klein beigeben will. Ihr liegt vielmehr daran, das verteufelte Leben im großen Dreißigjährigen Krieg so auszupressen, daß es statt Armut, Krankheit und Tod möglichst viel Genuß und materiellen Gewinn abwirft. Ihre sinnendralle Schönheit setzt sie ganz bewußt dafür ein. Sie weiß, was sie will und sie hat die gleiche Härte wie Brechts – ihr nachgebildete – Mutter Courage. Daß ihr Lebensweg trotzdem nach unten führt – von der Rittmeisterin über die Frau eines Hauptmanns, dann eines Leutnants zur Marketenderin und schließlich → Zigeunerin – lag an den widrigen Zeitumständen, aber wohl auch an der Eigendynamik des → Verbrechens. Doch der Abstieg in den »Sumpf« stört die Courasche offensichtlich nicht. Gerade bei den Zigeunern glaubt sie sich gut aufgehoben. Damit treibt sie die Verkehrung aller Moral freilich auf die Spitze; denn die Zigeuner galten als »heimtückisches Gesindel« und der Reichstag von Augsburg erklärte sie im Jahre 1500 als → vogelfrei. Doch die Courasche verkündete frohgemut über ihr »Zigeunerleben«: »Mit diesen Leuten habe ich gleichsam alle Winkel Europas seither verschiedene Male durchstrichen und sehr viele Schelmenstücke und Diebsgriffe ersonnen, angestellt und ins Werk gesetzt, so daß man ein ganzes Ries Papier haben müßte, wenn man diese alle miteinander beschreiben wollte. Ja, ich glaube nicht, daß man genug damit hätte, und deshalb habe ich mich mein Lebtag über nichts mehr verwundert, als daß man uns überhaupt in den Ländern geduldet hat. Denn wir begehren weder Gott noch den

Menschen zu nützen oder zu dienen, sondern haben uns nur mit Lügen, Betrügen und Stehlen ernährt, zum Schaden des Landmannes und des großen Herren, denen wir manches Stück Wild verzehren.«

Courtney, Dave

Haben Sie Schulden? Dann zahlen Sie lieber sofort! Sonst kommt vielleicht Dave Courtney auf Sie zu, und Sie haben statt zehn Fingern auf einmal nur noch neun. Dave Courtney ist nämlich → Schuldeneintreiber und er liebt seinen Beruf! Zwei → Morde brachten Courtney vor → Gericht. Nachweisen konnten die Gerichte keinen. Schuldeneintreiber ist eben ein in jeder Hinsicht unkonventioneller Beruf! Jeder, der von irgendjemandem Geld bekommt, konnte – zumindest noch bis vor kurzem – Dave Courtney anrufen, und Dave sorgte dann dafür, daß er sein Geld wiederbekam. Egal ob es 400 Pfund waren oder vier Millionen, gleichgültig, ob der Schuldner in Australien oder nur zwei Häuserblocks weiter wohnte. Courtney beschaffte das Geld. Seine Konditionen sahen folgendermaßen aus: Von dem geschuldeten Betrag wollte er die Hälfte. Das ist ein hohes Honorar, weshalb Courtney seinen potentiellen Kunden riet, vorher alle anderen Möglichkeiten auszuschöpfen. Erst wenn gar nichts mehr lief, lautete sein Motto: Nicht verzagen, Courtney fragen. Dann bekam der Auftraggeber immerhin noch die Hälfte. Und die bekam er bestimmt, denn Dave Courtney scheute vor keinen Mitteln zurück. In seiner Autobiografie *Stop the Ride, I want to set off* (1999) plaudert der 1959 geborene Schuldeneintreiber mit Genuß von abgeschnittenen Fingern, eingeklemmten Menschen oder einem nicht nachweisbaren Mord. Das Buch ist so voll von → Verbrechen wie ein Gesetzbuch mit Paragraphen. Nur der → Polizei nutzt es nichts: Für die meisten Taten wurde Courtney freigesprochen, und der Rest, so Courtneys offizielle Version, ist Fiktion. Letzteres glaubt er natürlich selbst nicht.

Courtney schildert in seiner »Lebensbeichte« ganz unbefangen, wie er als Kleinkrimineller und Amateurboxer im Südosten Londons anfing, Türsteher wurde und später Chef ei-

»Dave rechnet ab«: Schuldeneintreiber Dave Courtney

ner Armee von Türstehern und → Schlägern, schließlich Manager von Nachtclubs, dann Schuldeneintreiber und zuletzt eine Art Partnervermittlung des Verbrechens betrieb: Egal, welches Problem jemand hatte, Dave Courtney besorgte den passenden Mann – Schläger, Schuldeneintreiber, oder, wenn gewünscht, nur ein paar Leibwächter.

Zu den Regeln, die Dave Courtney für das Geldeintreiben aufstellte, gehört: »Der Schuldner muß wissen, daß man es ernst meint«, und »der Schuldner darf nicht mehr ruhig schlafen können.« Zu den Regeln gehören ferner, daß der Schuldeneintreiber selbst immer cool bleibt. Das potentielle Opfer soll vor Angst zittern, der Schuldeneintreiber bewahrt eine genüßliche Ruhe. Ferner heißt es bei Courtney: »Dosierte Gewalt ist gute Gewalt, am besten anzuwenden in Verbindung mit eleganten Schuhen und viel Höflichkeit.« Dazu ein Beispiel: Ein Schuldner, selbst ein → Gangster, will mit seinem Porsche fliehen. Courtney erwischt ihn beim Einsteigen. Courtneys Begleiter, ein Mann namens Big John, zieht den Schuldner durch das geöffnete Fenster der Fahrertür, bis der Mann darin festklemmt und der Fensterrahmen verbiegt. Courtney sagt: »Dieses Mal ist jenes Mal, von dem sie wußten, es würde irgendwann kommen. Akzeptieren Sie es. Es ist nichts Persönliches, ich mache das hier professionell, und wenn Sie zahlen, werden Sie mich nie wieder sehen. Zahlen Sie nicht, dann können Sie fliehen oder sich verstecken. Sie können auf mich schießen oder die Polizei rufen. Ich aber werde hinter Ihnen her sein, und ich werde Sie kriegen.« Er läßt den Mann in seinem Autofenster eingeklemmt und geht. Minimalgewalt, nennt Courtney das – meist genüge das. Doch das ist mittlerweile Geschichte. Heute, als Erfolgsautor und begehrter Talkshowgast, mimt Courtney nur noch den Erzbösewicht. Das allerdings perfekt: Seine Glatze ist stets frisch rasiert, die Nase haben Boxkämpfe ein wenig ramponiert, seine Anzüge, im Regelfall von Armani, sind aus rotem Samt, auf den Versace-Schuhen prangt ein goldener Medusenkopf, genauso wie auf dem Gürtel. Er nennt diesen Aufzug »Vilain Style«, den Stil der Bösewichter (→ Ganoven-Chic). Selbst an Wintertagen verzichtet er auf Socken, damit eine Schußwunde an seinem linken Fußknöchel sichtbar wird. Welch eine Inszenierung! Zweifelsohne: Dave Courtney träumt von Hollywood. Schließlich – wer könnte überzeugender den Bösewicht spielen? Doch selbst wenn Hollywood nicht ruft, ist das für Courtney kein Grund zur Traurigkeit. Schließlich hat er noch seinen alten Beruf und eine seiner Thesen lautet: »Verbrechen lohnt sich.«

Literatur: Philipp Oehmke: Dave rechnet ab. In: Die Zeit Nr. 52 vom 22.12. 1999

Craxi, Benedetto (Bettino)

Der italienische Politiker Bettino Craxi (1934-2000) studierte Geschichte, schloß sich früh den Sozialisten an und übernahm hauptamtlich Funktionen im Partito Socialista Italiano (PSI). 1976 wurde er zum Generalsekretär des PSI gewählt. Craxi konnte das politische Gewicht seiner Partei zwischen Christlichen Demokraten und Kommunisten steigern. 1980 setzte er gegen starke innerparteiliche Widerstände die Beteiligung des PSI an der Regierung durch. An der Spitze einer Fünfparteienkoalition war Craxi 1983-87 der erste sozialistische Ministerpräsident Italiens und gleichzeitig der am längsten regierende Nachkriegsministerpräsident Italiens.

Craxi versprach Ordnung und Entfesselung zugleich. Lange vor dem Ende des Kalten Krieges hämmerte er den Italienern ein, daß es nicht um Ideologien gehe, sondern nur um zweierlei: Geld und Macht. Er nannte das in der Öffentlichkeit zwar Pragmatismus, aber jeder verstand, worum es ging. Craxis Vertreibung aus allen Ämtern kam 1993. Der ehemalige Ministerpräsident wurde im Zusammenhang mit der damals aufgedeckten gewaltigen → Korruptionsaffäre zu insgesamt 20 Jahren → Freiheitsstrafe verurteilt. Im Parlament verteidigte er sich: Alle wußten es, alle taten es, und darum sei er nicht schuldig. Craxi hatte damit recht, aber das rettete ihn nicht. Sein Sündenkonto war dazu wohl zu beachtlich: 40 Ermittlungsbescheide, 5 → Haftbefehle. Von fünf anderen Anklagen sprachen ihn die Richter frei, manchmal freilich nur, weil das → Delikt inzwischen verjährt (→ Verjährung) war. Weil er nicht ins → Gefängnis wollte, flüchtete Craxi 1994 nach Tunesien. Dort, in seiner Villa im Badeort Hammamet, erlag er, 65jährig, im Januar 2000 einer Herzattacke. Als der Tod von Craxi in Italien publik wurde, erinnerten sich alle Politiker, von den Postkommunisten bis zur Rechten, an die alte Erkenntnis: »Über Tote soll man nichts Schlechtes reden.« Und so lobten sie ihn in den höchsten Tönen. Der damalige rechte Oppositionsführer Silvio Berlusconi soll bei der Nachricht vom Tode Craxis sogar geweint haben. Verständlich; denn erst im Geben-und-Nehmen-Spiel mit Craxi stieg der kleine Bauunternehmer zum Wirtschaftsmogul und Medienzar auf. Selbst Papst Johannes Paul II. gedachte in seiner Privatkapelle des katholischen Sozialisten und betete für ihn – amen!

Bettino Craxi: Ministerpräsident und Gauner

Crime Family

Bezeichnung für »Familien«, die, straff organisiert und streng hierarchisch aufgebaut, der → organisierten Kriminalität frönen. Eine Crime Family trägt immer den Namen des Bosses: etwa → Genovese-Familie oder Gambino-Familie. Die »Familienmitglieder« sind dabei natürlich nicht alle miteinander verwandt, gleichwohl bildet die »Familie« den eigentlichen Kern, um den sich dann eine Anzahl Krimineller scharen kann. Die Gesamtzahl der Männer einer Crime Family variiert meist zwischen 80 und 450. In der organisierten Kriminalität finden sich häufig familiäre Strukturen wieder (→ Mafia). Familienförderung kann also auch seine Schattenseiten haben!

Crippen, Dr. Hawley Harvey

Der Fall von Dr. Crippen ist vom Standpunkt der → Kriminalgeschichte aus gleich in zweierlei Hinsicht bemerkenswert: Zum einen führte die gerichtsmedizinische Entlarvung Crippens zur Anerkennung dieser Wissenschaft als unentbehrliches Mittel kriminalistischer Wahrheitsfindung (→ Rechtsmedizin). Zum anderen nutzte → Scotland Yard erstmals die drahtlose Telegrafie, als es darum ging, den flüchtigen Crippen zu fassen. Hawley Harvey Crippen wurde 1862 im amerikanischen Coldwater geboren. Nach der Schulzeit studierte er Medizin und spezialisierte sich auf Augen- und Ohrenheilkunde. 1887 heiratete Crippen. Seine erste Frau starb bereits 1891 – ohne Nachhilfe. Seine zweite Frau war die ebenso exzentrische wie unbegabte Sängerin Cora Turner, die sich den klangvollen Künstlernamen »Belle Elmore« zugelegt hatte. 1900 zog das Paar nach London, wo Crippen eine Stelle in einer pharmazeutischen Firma angeboten bekommen hatte. »Belle Elmore« machte das Londoner Heim der Crippens schnell zur Drehscheibe von Cocktailpartys und Künstlertreffs. Denn obgleich ihre Auftritte beim Publikum nur wenig Anklang fanden, begann man, die spendable »Belle Elmore« in Künstlerkreisen bald zu schätzen. Dr. Crippen selbst sah sich immer mehr in den Hintergrund gedrängt. Irgendwann in dieser Zeit wandte er sich seiner 21 Jahre jüngeren Sekretärin Ethel LeNeve zu. Ihren Angaben zufolge hatte sie sich 1906 auf den ersten Blick in den zierlichen und scheuen Doktor verliebt, aber erst drei Jahre später eine heimliche Beziehung mit ihm begonnen. Bald darauf war Crippen klar: »Belle Elmore« mußte verschwinden. Am 31. Januar 1910 mischte er seiner Frau eine Überdosis des Beruhigungsmittels Hyoscin in ihren Schlaftrunk (→ Gift), von dem sie nicht wieder erwachte. Dann schleppte er die Leiche ins Badezimmer und machte sich an die Arbeit,

Am 23. November 1910 wurde Dr. Hawley Harvey Crippen durch den Strang gerichtet

die er als Mediziner im Seziersaal gründlich gelernt hatte. Kunstgerecht entfernte er die Knochen, die Glieder, den Kopf, sowie einige der inneren Organe und verbrannte sie nach und nach im Küchenherd. Den Rest vergrub er im Keller. Für das plötzliche Verschwinden seiner Gattin legte er sich eine plausible Erklärung zurecht: Sie sei in die USA gereist, um Verwandte zu besuchen und in Los Angeles an Lungenentzündung gestorben. Doch als Crippens Geliebte Ethel Le Neve von den Nachbarn gesehen wurde, wie sie Mrs. Crippens Schmuck trug, kam es zu Verdächtigungen. Crippen und LeNeve flohen daraufhin nach Antwerpen, woraufhin die Polizei Crippens Haus durchsuchte. Dort fanden sie die verstümmelte Leiche einer Frau ohne Hinweise auf ihre Identität. Der britische Pathologe Dr. Bernhard Spilsbury führte daraufhin eine → Autopsie durch und konnte die Leiche anhand einer Blinddarmnarbe eindeutig als die von Mrs. Crippen identifizieren. Außerdem fand er Spuren von Hyoscin, das einen weiteren Verdacht auf Dr. Crippen lenkte, dem dieses Medikament als Arzt zur Verfügung stand.

Als die Polizei die Suche nach Dr. Crippen und seiner Geliebten aufnahm, befanden sich die beiden unter dem Namen »Mr. Robinson und Sohn« auf dem Dampfschiff Montrose, das den Atlantik überquerte. Dem Kapitän war das eigenartig zärtliche Verhalten des angeblichen Vaters mit seinem »Sohn« aufgefallen und er hatte einen Funkspruch nach England geschickt. Daraufhin schickte Scotland Yard Chefinspektor Dew mit einem schnellen Dampfschiff an die kanadische Küste. Als die langsamere Montrose sich ebenfalls der kanadischen Küste näherte, machte sich Dew auf, es als Pilot verkleidet aufzusuchen. Er verhaftete das Paar und brachte es zurück nach England, wo es vor → Gericht gestellt wurde. Crippen wurde noch im selben Jahr gehängt, Ethel Le Neve, deren Verteidiger nachweisen konnte, daß sie nichts von dem → Mord gewußt hatte, wurde als unschuldig freigelassen. Sie änderte ihren Namen und tauchte für immer in der Millionenstadt London unter. → Ärzte und Verbrechen, → Beziehungs- und Familiendramen, → Gattenmord/Partnermord

Cunanan, Andrew

Der Edelcallboy erschoß 1997 den homosexuellen Modeschöpfer Gianni Versace (1946- 1997) vor dessen prachtvoller Villa in Miami.

Cunanan zählte bereits vor dieser Tat zu den zehn meistgesuchten Verbrechern Amerikas. Die → Polizei, die den Wagen des → Mörders sicherstellen konnte, in dem sich auf verschiedene Namen ausgestellte Pässe und Schecks fanden, startete sofort eine Großfahndung, auch via Internet.

Schließlich wurde Cunanan in einem Hausboot aufgegriffen, wo er sich selbst mit einer großkalibrigen Pistole das Leben nahm (→ Selbstmord).

Cyber-Diebstahl

→ Computerkriminalität, → Hacker

D

Dagobert

Der in die → Kriminalgeschichte als Dagobert eingegangene Kaufhauserpresser kam 1950 als Arno Funke auf die Welt. Nach seinem Hauptschulabschluß machte er eine Lehre als Bürokaufmann. Später jobbte er als Bauarbeiter in Norwegen, sowie als Disjockey. 1979 fand Funke eine Tätigkeit, die ihm mehr Spaß bereitete: Er machte sich mit einer kleinen Lackiererei selbständig, mit der er sich auf die fantasievolle Gestaltung von Motorrädern spezialisierte. Das ging neun Jahre lang recht gut, doch dann zeigte der unvorschriftsmäßige Umgang mit den giftigen Lackierfarben gesundheitliche Folgen, und Funke konnte nicht mehr arbeiten.
Daraufhin kam er auf den Einfall, den Kaufhauskonzern Hertie zu erpressen (→ Erpressung). Er drohte mit Bombenanschlägen und fordert 500.000 Mark. Die erste Bombe, die Funke nachts in der Spielzeugabteilung des Berliner »Kaufhauses des Westens« explodieren lassen wollte, zündete nicht. Eine zweite Bombe ging hoch, woraufhin Hertie zahlte. Mit der erbeuteten halben Million reiste Funke um die Welt, heiratete eine Philippinin und wurde Vater eines Sohnes. Als das Hertie-Geld zu Ende ging, wandte sich Funke an Karstadt. Nun begann die reinste Kriminalkomödie. Man versuchte, den Kaufhauserpresser bei der Geldübergabe zu schnappen. Eine Reihe von Geldübergaben ging schief, entweder weil Funke einen Fehler machte, oder weil die → Polizei seine Schlauheit unterschätzte. So vereinbarte Funke z.B. im April 1993 eine Geldübergabe in einer Streusandkiste. Die Polizei ahnte dabei nicht, daß die Kiste präpariert war. Der Boden hatte ein Loch und genau unter der Kiste befand sich ein durch eine dünne Betondecke getarnter Gully, in dem »Dagobert« – so Funkes Spitzname – lauerte. Es gab allerdings auch etwas, was der Erpresser nicht wußte. Die Polizei hatte nämlich anstatt des Geldes nur Papierschnitzel geliefert. Wäre dem nicht so gewesen, hätte der → Coup geklappt und Funke hätte sich wie sein Vorbild Dagobert Duck noch am selben Abend in Geld baden können. Sein Geschick und sein technischer Einfallsreichtum, sowie der Umstand, daß er bei seinen Anschlägen immer darauf geachtet hatte, daß kein Menschenleben gefährdet wurde, brachte »Dagobert« bald Sympathien in der Öffentlichkeit ein. Am 22. April 1994 wollte »Dagobert« eine neue Geldübergabe vereinbaren. Doch diesmal war die Polizei schneller und konnte in der Telefonzelle, von der aus er den Termin verabreden wollte, verhaften.

Im Januar 1995 stand »Dagobert« vor → Gericht. Die Anklage gegen ihn lautete auf sechs Sprengstoffanschläge, mehrfache schwere räuberische Erpressung und versuchte →

Brandstiftung. Der damals 45jährige wurde zu sechs Jahren → Haft verurteilt. In der Haft verstärkten sich bei ihm die Depressionen, unter denen er bereits seit Jahren litt. Es ist nicht geklärt, ob sie von Funkes Lackvergiftungen herrühren oder auf einer intellektuellen Unterforderung basieren; denn der technisch und künstlerisch überdurchschnittlich begabte Funke konnte lange Zeit die ihm von der Natur mitgegebenen Fähigkeiten nicht voll ausschöpfen. Erst als gerissener Kaufhauserpresser Dagobert gelang es ihm, sein kreatives Potential voll auszuleben. Heute versucht Funke, der seit Ende 2000 wieder frei ist, seine außergewöhnlichen Begabungen im Rahmen der bestehenden Gesetze zu entfalten. Bereits noch während seiner Haftzeit, im Jahr 1998, veröffentlichte er sein erstes Buch *Mein Leben als Dagobert*. Zur Zeit arbeitet Funke als Drehbuchautor für eine Münchener Medienfirma. Daneben ist er noch bei einem Satiremagazin als Zeichner angestellt.

Dahmer, Jeffrey Lionel

Der »Cannibal of Milwaukee« wurde am 21. Mai 1960 als einziger Sohn des Chemikers Lionel Dahmer und dessen psychisch labiler Ehefrau Joyce geboren. Die familiären Bedingungen, unter denen Dahmer aufwuchs, haben seine spätere Entwicklung zum → Kannibalen und → Serienmörder offensichtlich begünstigt. Während seine unter hysterischen Zuständen leidende Mutter oft tagelang apathisch im Bett herumlag, zog sich sein Vater in sein Labor zurück, um sich seinen wissenschaftlichen Studien zu widmen. So blieb das Kind weitgehend sich selbst überlassen. Allerdings lernte der kleine Jeffrey von seinem Vater schon früh, wie er auf der Straße gefundene Tierkadaver mittels chemischer Präparate entbeinen und konservieren konnte. Jahre später nutzte dann der zum »Cannibal of Milkauwee« erwachte Dahmer sein Wissen dazu, die Schädel seiner menschlichen Opfer zu konservieren und die übrigen Leichenteile fachmännisch mit Säure und anderen Chemikalien zu entsorgen – einen Teil davon verspeiste er jedoch vorher. 1978 beging Jeffrey Dahmer seinen ersten → Mord. Das Opfer war 19 Jahre alt, der → Täter 18. Der Ermordete war der Tramper Stephen Hicks, den Dahmer mit nach Hause genommen hatte. Nachdem Hicks die Annäherungsversuche Dahmers zurückwies, erschlug dieser ihn mit einer Hantelstange. Dann verging er sich an der Leiche, zerstückelte den Toten mit einem Küchenmesser und löste die Teile in einem Säurefaß auf. Die Knochen zersplitterte er anschließend mit einem Hammer und vergrub sie unter dem Haus. Bis zu seiner Festnahme im Jahr 1991 beging Dahmer insgesamt 16 Morde. Seine Opfer waren überwiegend junge schwarze Homosexuelle (→ Homosexualität) aus den Slums von Milwaukee. Obgleich Dahmer erst 1991 von der Polizei als → Serienmörder erkannt wurde, war er schon einige Jahre vorher wegen mehrerer → Delikte aufgefallen: Im September 1986 wurde er wegen Masturbierens in der Öffentlichkeit zu einer Bewährungsstrafe (→ Strafaussetzung zur Bewährung) verurteilt. In einem weiteren Fall beschuldigte ihn ein junger Mann, daß er ihn in seine Wohnung gelockt, unter Drogen gesetzt und ausgeraubt habe. 1988 wurde er wegen sexuellen Mißbrauchs eines 13jährigen zu einer → Haftstrafe verurteilt, die aber später zur Bewährung ausgesetzt wurde.

Als Dahmer 1991 festgenommen wurde, glich seine Wohnung einem surrealen Schlachthaus. Als die Polizei dort eindrang, fand sie Reste von elf menschlichen Körpern: einen Thron aus Knochen, drei Köpfe, fünf Schädel, fünf Skelette, Schachteln mit abgetrennten Händen, die Genitalien eines Mannes in einem Hummertopf, Lungen, Nieren und Lebern in der Gefriertruhe. Ebenfalls dort: ein menschliches Herz. Er verspeiste die Herzen seiner Opfer, damit sie ein Teil von ihm werden sollten. → Geisteskranke und abnorme Täter

Obwohl der psychiatrische Gutachter Dahmer eine schwere Persönlichkeitsstörung bescheinigte und auch ein anderer Experte die Ansicht vertrat, daß Dahmer schwer krank sei, wurde dieser am 1. Mai 1992 der Morde für schuldig gesprochen und zu fünfzehn lebenslänglichen Haftstrafen verurteilt. Man brachte ihn in das Hochsicherheitsgefängnis von Wisconsin, wo er am 28.November 1994 von einem schwarzen Mithäftling erschlagen wurde.

Daktyloskopie

→ Fingerabdruck

Dalton-Gang

Eine von den Brüdern Grattan Dalton (1865- 1892), Bob Reddick Dalton (1868-1892) und Emmet Dalton

Die Bank von Coffeyville: Sie wurde der Dalton-Gang zum Verhängnis

(1871-1937) geleitete → Gang, zu der auch William M. → Doolin gehörte. Die Dalton-Gang hatte sich auf Eisenbahn- und Banküberfälle (→ Bankräuber) spezialisiert. Legendär wurde ihr → Überfall am 5. Oktober 1892 auf zwei Banken in dem Städtchen Coffeyville in Kansas. Dieser Überfall bedeutete jedoch zugleich das Ende der Bande. Sechs Mitglieder der Dalton-Gang – die drei Daltons und außerdem Dick Broadwell, Bill Powers und William Doolin – zogen an diesem Tag los, um sich selbst reicher und die Banken in Coffeyville ärmer zu machen. Unterwegs lahmte angeblich Doolins Pferd, so daß dieser nicht an dem Überfall teilnahm. Gegen 9 Uhr 30 ritten die übrigen Bandenmitglieder in die Stadt ein und banden ihre Pferde in einer Gasse an. Ein Bürger erkannte die Daltons dabei und schlug heimlich Alarm. Grat, Powers und Broadwell gingen zu der auf der anderen Straßenseite liegenden Condon Bank, während Bob und Emmet die National Bank betraten. Dort bedrohten sie den Schalterbeamten und den Kassierer, sowie drei Kunden mit ihren Waffen und ließen sich das vorrätige Geld auszahlen. Als sie ihre → Beute – es waren immerhin 21.000 Dollar – in einen Jutesack verstauen wollten, wurden von draußen Warnschreie hörbar, und die Bewohner der Stadt versammelten sich bewaffnet in einem gegenüberliegenden Eisenwarengeschäft. Um aus der Bank zu kommen, schoben die beiden Bankräuber die Bankbeamten als Schutzschild vor sich her. Ein sofort einsetzendes, heftiges Schußfeuer zwang sie jedoch zum Rückzug und sie versuchten durch die Hintertür zu ihren Pferden zu gelangen. Ein junger Mann namens Lucius Baldwin versuchte, die beiden aufzuhalten, wurde jedoch von Bob erschossen. Als die beiden Brüder weiterrannten, entdeckte Bob die beiden Stiefelmacher George Cubine und Charles Brown, die die Daltons von klein auf gekannt hatten. Cubine, der eine Winchester in der Hand hatte, wurde von Bob mit einem Schuß getötet. Als der aufgebrachte Brown ebenfalls zur Flinte griff, erschoß Bob auch ihn. Der Kassierer, der inzwischen aus der Bank zu dem Eisenwarengeschäft gerannt war, wurde von Bob ebenfalls niedergestreckt. In der Gasse trafen Bob und Emmet ihre drei Kumpanen, die nur 1500 Dollar hatten erbeuten können, ehe die Schießerei losging. Als die Bandenmitglieder ihre Pferde besteigen wollten, brach ein neuer Kugelhagel aus, bei dem zwei der Banditen die Pferde unter dem Leib weggeschossen wurden. Im selben Augenblick kam Marshal Charles Connelly, ein ehemaliger Lehrer, mit rauchendem Colt in die »Gasse des Todes« gestürmt, wurde aber von Grat erschossen. Plötzlich tauchte John J. Kloehr, ein Mietstallbesitzer, auf. Bob fuhr herum, doch Kloehr tötete den Bandenführer mit einer Kugel in die Brust. Grat wurde ebenfalls von Kloehr getroffen. Powers sprang auf Grats Pferd, erhielt aber einen Herzschuß. Auch Broadwell, der zu flüchten versuchte, wurde tödlich getroffen. Einzig Emmet, der aus nächster Nähe aus dem Sattel geschossen wurde, überlebte von den Bandenmitgliedern. Nach Beendigung der Schießerei schnitten Souvenirjäger Locken aus Bobs Haar, und die triumphierenden Stadtbewohner stellten Bobs und Grats Leichen aufrecht hin und ließen sich mit ihnen fotografieren.

Emmet wurde zu einer lebenslangen → Zuchthausstrafe verurteilt und saß im Kansas State Penitentiary ein. 1907 wurde er begnadigt. Nach seiner Entlassung heiratete er und führte ein bürgerliches Leben als Bauunternehmer und Grundstücksmakler. 1920 zog er nach Los Angeles, wo er Drehbücher für Kinofilme schrieb und in einigen Nebenrollen mitwirkte. Bis zu seinem Tod 1937 zog er energisch gegen jegliche Kriminalität zu Felde, setzte sich aber gleichzeitig für eine Reform des → Strafvollzuges ein. Tragisch zu nennen ist das Los eines weiteren Dalton-Bruders: William Marion Dalton (1866-1894) hatte zunächst versucht, den Weg eines ehrlichen Mannes einzuschlagen. In der kalifornischen Stadt Tulare brachte er es als Lokalpolitiker zu Amt und Würden. Das → Massaker von Coffeyville hatte seinem Ruf jedoch derart geschadet, daß ihm fortan jede Hoffnung auf eine politische Karriere genommen war. Erbittert wollte er es der Gesellschaft, die ihm seine weitere Karriere versperrte, heimzahlen. Als er daraufhin von William B. Doolin – jenem → Outlaw, der damals wegen seines lahmenden Pferdes nicht an dem blutig endenden Banküberfall hatte teilnehmen können – als Bandenmitglied für dessen neugegründete Gang »Oklahombres« angeworben wurde, nahm er an und wurde ein berüchtigter → Bankräuber. Allerdings währte diese Karriere nicht lange. Knapp zwei Jahre später, am 8. Juni 1894, wurde William Marion Dalton in Oklahoma nach einem Banküberfall von einer → Posse gestellt und erschossen.

Dampier, William

Wer → Piraten grundsätzlich für ungebildete grobe Klötze hält, täuscht sich. William Dampier (1652-1715) zählte gewiß nicht zu dieser Kategorie. Zwar sprach auch er gern dem Rum zu, aber gleichzeitig gilt er als einer der bedeutendsten Seemänner seiner Zeit. Dreimal umsegelte er die Welt – sowohl als Pirat als auch als Entdeckungsreisender Seiner Majestät. Dampier war auch bei der Expedition beteiligt, die den schottischen Matrosen Alexander Selkirk – das Vorbild für Daniel Defoes Robinson Crusoe – auf einer einsamen Insel aussetzte und er fehlte auch nicht, als Selkirk vier Jahre später gerettet wurde.

Seinen Ruhm als Seemann verdankte Dampier seinen herausragenden Kenntnissen fremder Länder, seinen navigatorischen Fähigkeiten und – seinen Büchern. Sein erstes Buch *A New Voyage to New Holland* (1697) ist nicht nur deshalb bemerkenswert, weil es von den Seeräubereien wagemutiger → Bukanier berichtet, sondern auch Beschreibungen unbekannter Länder, fremder Menschen, exotischer Vögel und anderer Tiere enthält. 1699 erschienen die *Voyages and Descpritions*, die in die drei Bände: *A Supplement of the Voyage Round the World*; *The Campeachy*

Voyages und *A Discourse of the Winds* unterteilt sind. Sein drittes Buch erschien 1703 und schildert seine von Unglücksfällen begleitete Expedition nach Australien. Bemerkenswert an Dampiers Büchern sind die genauen Beschreibungen von Tier- und Pflanzenwelt. Alles was ihm begegnete, sah er mit großer Neugier und er konnte mit einer Frische und Distanziertheit darüber schreiben, die Generationen von Lesern faszinierte.

Daniele, Salvatore

In Rom wurde im Jahr 1875 im neuerbauten Hauptbahnhof ein seltsamer Fund gemacht: In einem der Lagerräume stand ein rechteckiger, gewöhnlicher Koffer von mäßiger Größe, sorgfältig verschlossen, genau wie Dutzende andere auch. Er war von Neapel gekommen und dort von einem unbekannten Absender aufgegeben worden. Seine Adresse lautete auf einen gewissen Francesco Buono in Rom. Da der Adressat nicht erschien, um ihn abzuholen, blieb der Koffer mehrere Wochen stehen. Man versuchte, einen Francesco Buono zu ermitteln, aber die Nachforschungen in den Quartieren der Stadt blieben ohne Erfolg. Inzwischen verbreitete sich in der Nähe des Koffers ein so übler Geruch, daß man einen → Polizeibeamten kommen ließ und in seiner Gegenwart den Koffer öffnete. Den Beteiligten bot sich ein schrecklicher Anblick: Im Koffer befand sich die Leiche eines jungen Mädchens in einem weit fortgeschrittenem Stadium der Verwesung. Das Gesicht war vollkommen unkenntlich. Da der Koffer zu kurz war, den Körper in seiner ganzen Länge aufzunehmen, hatte man beide Beine hoch hinaufgezogen und den Kopf gegen die Brust herabgedrückt. Als die Untersuchungskommission die Leiche aus dem Koffer nehmen ließ, sah man, daß der Unterleib aufgeschnitten und die Eingeweide herausgenommen waren. Verschiedene Prüfungen, die sofort in einem Laboratorium durchgeführt wurden, wiesen auf Vergiftung durch Grünspan (→ Giftmord) hin. Als besonderes Merkmal für die Ermittlung der Person der Ermordeten wurde festgestellt, daß die eine Schulter infolge einer leichten Verkümmerung der Wirbelsäule ein wenig hochgezogen war.Die römische Polizei setzte sich umgehend mit der in Neapel in Verbindung, da der Koffer dort aufgegeben worden war. Mit Umsicht und Eifer gelang es der dortigen Polizei bald herauszufinden, wer den Koffer zur Bahn gebracht hatte und auch, wer ihn zuvor gekauft hatte. Beidemal führte die Spur zu dem fast 50jährigen Salvatore Daniele. Über ihn ließ sich auch schnell die Identität des Opfers ermitteln: Es war Giuseppina Gazzaro, die schöne, aber auch als eitel bekannte Tochter biederer neapolitanischer Handwerksleute. Die leichte Wirbelsäulenverkümmerung hatte die Attraktivität des Mädchens kaum geschmälert. Sie besaß ein ungestümes, nach Genuß hungerndes Temperament. Als sie siebzehn Jahre alt war, mietete sich bei ihren Eltern ein ehemaliger Mönch namens Vincenzo Palazzo ein, der gerade aus Amerika kam, wo er ein kleines Vermögen gemacht hatte. Das Mädchen mit dem üppigen blonden Haar erregte bald die Leidenschaft des ehemaligen Mönches, und die leichtfertige Giuseppina gab Vincenzos Werbungen gerne nach. Eines Abends verließ sie mit ihm das väterliche Haus. Das heimliche Paar suchte sich ein Quartier im verrufensten Viertel der Hafenstadt Neapel. Doch Giuseppina war nicht nur ihren Eltern entlaufen, bald entlief sie auch ihrem Liebhaber – allerdings nicht, ohne dessen gesamtes Vermögen mit sich zu nehmen. Die schöne Giuseppina hatte mittlerweile nämlich einen neuen Verehrer: Salvatore Daniele – ein alter Freund von Palazzo. Da Giuseppina mit ihrem neuen Galan spurlos verschwunden blieb, mußte das → Gericht sich damit begnügen, die junge → Diebin in Abwesenheit zu vier Jahren → Zuchthaus zu verurteilen. Unter falschen Namen lebte das diebische Paar auf großem Fuß. Doch nach ungefähr zweieinhalb Jahren war von dem Geld des ehemaligen Mönches kein Centesimo mehr übrig. Salvatore Daniele wußte jedoch einen Ausweg – zumindest was seine Person betraf: Obgleich alles andere als eine attraktive Erscheinung – seine Statur war schwächlich, er hatte ein Glasauge, die Nase zwar zu lange, die Stirn hingegen zu kurz -, hatte er bereits eine neue vorteilhafte Partie in Aussicht, die er zu heiraten gedachte. Obgleich es die amüsiersüchtige Giuseppina mit der eigenen Treue nicht immer so genau nahm, drohte sie Salvatore, ihn wegen → Anstiftung zum Diebstahl am Vermögen des ehemaligen Mönches anzuzeigen, sollte er sie verlassen. Daniele wollte allerdings weder auf die Ehe verzichten, noch vor Gericht wandern. Also entschloß er sich für eine andere Lösung: Er vergiftete seine Geliebte, verstaute den Leichnam notdürftig in einem Koffer und schickte diesen von Neapel nach Rom. Der Rest ist bekannt. Salvatore Daniele wurde ein Jahr später wegen → Mordes zum Tode verurteilt. → Eisenbahnverbrechen, → Schmidt, Johann

Däniken, Erich Anton Paul von
Der moderne Mythenschöpfer wurde am 14. April 1935 in Zofingen in der Schweiz geboren. Er leitete in den 50er und 60er Jahren in Davos ein Wintersaison-Hotel. Außerhalb der Saison konnte er sich viele Monate im Jahr auf Reisen durch die ganze Welt begeben. Bald suchte er überall, wo er hinkam, nach Spuren von Außerirdischen. Als 1968 sein Weltbestseller Erinnerungen an die Zukunft erschien, war der Globetrotter Erich von Däniken in seinen Reisemöglichkeiten allerdings etwas eingeschränkt. Er befand sich zu diesem Zeitpunkt nämlich in einem Schweizer → Gefängnis, wo er wegen → Urkundenfälschung einsaß. Seitdem hat sich allerdings einiges geändert: Zwar halten viele Experten Dänikens »Beweise« für den Besuch von Extraterristen auf Mutter Erde nur für einen Schwindel, doch vom Fälschen richtiger Urkunden hat der Karl → May der Raumfahrt längst die Finger gelassen.

David, Horst
1993 gestand Horst David der Münchner Staatsanwaltschaft sieben

ihm zur Last gelegten → Morde. Seine Opfer waren immer Frauen, und man nimmt an, daß ihre Zahl weit darüber liegt. Den ersten Mord beging David, der seit 1988 als Sozialhilfeempfänger im Regensburger Kirchgässchen lebte, am 22. August 1975 an Waltraut Frank, einer Münchner → Prostituierten. Zwei Tage später erwürgte er das ebenfalls in München lebende 24jährige Callgirl Fatima Grossert. Als sechs Jahre später, im Jahr 1981, die Rentnerin Barbara Ernst aus Regensburg tot in ihrer Wohnung aufgefunden wurde, vermutete niemand, daß der damalige Prostituiertenmörder dahinterstecken könnte. Der Tod der alten Dame war nicht einmal als Mord erkannt worden, man diagnostizierte einen Schlaganfall. Zwei Jahre später wurde die Regensburger Rentnerin Martha Lorenz tot in ihrer Wohnung aufgefunden. Diesmal konnte es kein »Schlaganfall« gewesen sein, da das Opfer eindeutig erwürgt worden war. Nach dem Tod von Horst Davids Vermieterin Mathilde Steindl geriet der Mitfünfziger, der von seinen Nachbarn immer als besonders netter und fröhlicher Mensch geschildert wurde, in → Verdacht. Ein Beamter des Landeskriminalamtes gab Davids → Fingerabdrücke in den Computer ein, und das damals gerade neu eingeführte Automatische Fingerabdruck-Identifizierungssystem brachte es an den Tag. Die Fingerabdrücke des »netten« Horst David waren identisch mit denen des unbekannten Mannes, der 1975 das Callgirl Fatima Grossert ermordet hatte. Angebliches → Motiv, warum David die alten Frauen erwürgt hatte, war Geldgier. Allerdings hatte er einige von ihnen auch vergewaltigt (→ Vergewaltigung), was – wie auch seine Prostiuiertenmorde – darauf hinweist, daß eine grundsätzlich krankhafte Veranlagung (→ Geisteskranke und abnorme Täter) vorliegt. David Horst wurde zu einer lebenslänglichen → Haftstrafe verurteilt. → Frauenmörder

Dealer

Mit dem aus dem Englischen stammenden Wort wurden ursprünglich Händler, Börsianer und Kaufleute bezeichnet. Heute versteht man in erster Linie Personen darunter, die mit → illegalen Waren – vor allem mit Rauschgift – handeln. → Rauschgiftkriminalität

Dean, Williamina

Am 12. August 1895 wurde Williamina Dean, als einzige Frau in der Geschichte Neuseelands, zum Tode verurteilt (→ Todesurteil) und gehenkt. Der Grund dafür war der Tod dreier Babys, deren Leichen Williamina Dean in ihren Blumenbeeten vergrub. Die 1865 nach Neuseeland ausgewanderte Schottin übte den damals nicht unüblichen Beruf einer Babyfarmerin aus. Gemeint waren damit Frauen, die als Aufgabe die Obhut und Vermittlung ungewollter Neugeborener an Adoptivfamilien übernahmen. Williamina war jedoch mehr an der Vermittlungsgebühr als an der tatsächlichen Suche nach einem geeigneten Heim interessiert. Aus diesem Grund tötete sie mindestens einen der Säuglinge mit Morphium (→ Gift), zwei andere Kinder waren zuvor an ungeklärten Umständen verstorben. Ihr Mann, der 1895, als das Verschwinden eines der Säuglinge publik wurde, mit in → Haft genommen wurde, hatte nichts von dem Treiben seiner Frau geahnt. Er dachte, das strenge Verbot, die Dahlien oder Chrysanthemenbeete seiner Frau zu betreten, habe allein in einer übergroßen Blumenliebe ihre Ursache. → Dyer, Amelia Elisabeth, → Engelmacherin, → Mörderinnen

Deeming, Frederick Bailey

Bei seinem → Prozeß in Melbourne im Mai 1892 behauptete Frederick Bailey Deeming, der berüchtigte → Jack the Ripper gewesen zu sein. Eine falsche Angabe, da Deeming sich zur Zeit der Ripper-Morde im → Gefängnis befunden hatte – damals allerdings noch nicht wegen eigener begangener → Morde, sondern wegen Betrügereien. So hatte die kriminelle Karriere des 1853 in Liverpool geborenen → Serienmörders nämlich angefangen. Als → Dieb und erfolgreicher → Betrüger von Juwelieren, denen gegenüber er sich als Besitzer einer Diamantenmine ausgab.

Anfang 1891 jedoch nahm Deemings Leben »ripperhafte« Züge an. Er ermordete seine Frau Mary und seine vier Kinder und zementierte ihre Leichen unter dem Küchenboden seiner herrschaftlichen Villa in Liverpool ein. Daraufhin heiratete er Emily Mather, die Tochter seiner Hausbesitzerin, und siedelte mit ihr nach Australien über. 14 Tage später lag Emily tot unter dem Boden seines Kamins in Melbourne einzementiert. Deeming hingegen hatte sich unter dem Namen Baron Swanton abgesetzt, und war gerade dabei, eine weitere junge Erbin zu umwerben, als die → Polizei, welche Emilys Leiche mittlerweile gefunden hatte, den falschen Baron festnahm. Auch die Londoner Behörden stießen in Liverpool auf die einzementierten Leichen, ebenso wurden in drei weiteren Häusern in Südafrika, die Deeming früher bewohnt hatte, Frauenleichen entdeckt. Deeming bekam einen prominenten Verteidiger, nämlich den späteren australischen Premierminister Alfred Deakin, der auf Unzurechnungsfähigkeit plädierte. Deeming unterstützte ihn darin voll und ganz, indem er behauptete, der Geist seiner verstorbenen Mutter habe ihn zu den Morden gedrängt. Seine Behauptung, Jack the Ripper zu sein, zielte womöglich in dieselbe Richtung. Die Jury ließ sich davon jedoch nicht beeindrucken und verurteilte Deeming zum Tode. Am 23. Mai 1892 wurde er in Melbourne gehenkt. → Frauenmörder

Delikt

Aus dem Lateinischen: → Vergehen, → Straftat, → Verbrechen. Im → Strafrecht bedeutet Delikt eine rechtswidrige und schuldhafte Handlung, die eine Bestrafung des → Täters nach sich zieht.

Deliktfähigkeit

Die Fähigkeit, eine → Straftat zu begehen und die Verantwortung dafür zu tragen. Die Deliktfähigkeit setzt mit Vollendung des 14. Lebensjahres ein. Bis zur Vollendung des 18. Lebensjahres wird das Jugendstrafrecht (→ Jugendstrafe) angewandt, danach gilt das allgemeine → Strafrecht. Deliktunfähig sind Kinder und Personen, die einer krankhaften psychischen Störung unterliegen (→ Geisteskranke und abnorme Täter).

Delinquent

Das Wort ist aus dem Lateinischen abgeleitet und bedeutet Straf- oder Missetäter (→ Straftat). Früher eine weitverbreitete Bezeichnung für Kriminelle.

Delinquento nato

Der Begriff geht auf den italienischen → Gerichtsmediziner und Psychiater Cesare Lombroso (1836-1909) zurück. In seiner Schrift Der Verbrecher in anthropologischer, ärztlicher und juristischer Beziehung (1876) vertrat Lombroso die Auffassung, daß es den geborenen Verbrecher – den Delinquento nato gibt – und zwar nicht als Ausnahmeerscheinung, sondern daß das Gros der Kriminellen aufgrund ihrer spezifischen Veranlagung zum Verbrecher geboren sei. Für Lombroso ist der Kriminelle ein atavistischer Rückfall ins »Urmenschentum«, ein biologischer Sonderfall, der auch an physiognomischen Eigenheiten offenbar wird. Seine These versuchte er, durch Reihenuntersuchungen an → Verbrechern, deren Körpermerkmale er detailliert unter die Lupe nahm, zu belegen. Lombroso war gewissermaßen auf der Suche nach der typischen, urmenschlichen → Verbrechervisage.

Lombrosos Theorie vom Delinquento nato war von Anbeginn an umstritten. Aber Lombroso fand auch Zustimmung, und selbst bei Sigmund Freud finden sich Parallelen zu Lombroso. Vergleicht man nämlich die Theorien Lombrosos mit späteren Ausführungen Freuds, wird man in einem entscheidenden Punkt auf eine Übereinstimmung stoßen; denn beide vermuten beim Kriminellen ein Durchbrechen von Atavismus und Infantilität. Allerdings ist Lombrosos Ansatz simpler, da er im Verbrecher lediglich einen derben biologischen Rückfall sieht, eine Art infantilen Neandertaler, der eine entsprechende bilderbuchartige primitive Physiognomie aufzuweisen hat. Für Freud und die Psychoanalyse liegt der Fall differenzierter. Sie sehen beim Kriminellen vor allem ein Aufbrechen ererbter alter Triebstrukturen, besonders des aggressiven, auf Zerstörung ausgerichteten Todestriebes (→ Aggression), der zwar jedem Menschen zu eigen ist, aber beim Verbrecher aus einem vielfältigen Kanon von Gründen einer geringeren Kontrolle unterliegt. Eine zusätzliche Erklärung für kriminelles Handeln vermuten sie darin, daß der Kriminelle in seiner seelischen Entwicklung auf der kindhaften Stufe des Habenwollens stehengeblieben ist und seine Fähigkeiten, zu geben und andere Menschen zu lieben, nur begrenzt ausgebildet sind.

Die Theorie vom Delinquento nato hat Lombroso übrigens in späteren Jahren selbst eingeschränkt. Im milderen Licht des Alters ging er nicht mehr davon aus, daß die Kriminellen quasi eine eigene biologische Gattung bilden, sondern er nahm an, daß nur etwa 30-40 % aller Verbrecher »geborene Verbrecher« seien, die restlichen Prozent bildeten die »Gelegenheitsverbrecher«. Die heutige → Kriminologie geht davon aus, daß eine kriminelle Handlung sowohl durch die persönliche Veranlagung des → Täters als auch durch ein entsprechendes → Milieu ausgelöst werden kann, bzw. daß diese beiden Faktoren zusammenwirken und sich gegenseitig verstärken können. Gleichwohl gibt es in einigen Ausnahmen auch den reinen Delinquento nato, der aufgrund biologischer Gegebenheiten nahezu unweigerlich zum Verbrechen tendiert. Dazu gehört etwa ein Teil der abnorm veranlagten Kriminellen (→ Geisteskranke und abnorme Täter) oder solche mit → YY-Chromosomen. Generell dürfte es sich beim Delinquento nato vorrangig um → Trieb- bzw. → Gewalttäter handeln. → Hangtäter

Delinquenz

Das lateinische Wort bedeutet soviel wie »Verfehlung« oder »das vom Wege Abweichen«. Der Begriff ist mit einer stark soziologischen Komponente in das amerikanische Jugendstrafrecht (→ Jugendstrafe) eingegangen. Er bezeichnet soviel wie ein abweichendes Verhalten von Kindern oder Jugendlichen, das sich von gewöhnlicher → Kriminalität unterscheidet. Während Kriminalität gesamtgesellschaftlich verurteilt wird, ist die Delinquenz zwar im strafrechtlichen Sinn, nicht aber unbedingt nach den Normen und Moralvorstellungen des → Täters und seines Herkunftmilieus verwerflich. So gibt es z.B. Gruppierungen (→ Zigeuner), bei denen → Betteln, → Hausieren oder → Mundraub traditionell nicht als verwerflich gelten. → Jugendkriminalität

Delitz, Friederike Louise Christiane

Am 18. Mai 1813 wurde die → Mordbrennerin Friederike Louise Christiane Delitz zusammen mit ihrem Raubgefährten und Geliebten Christoph Peter Horst (→ Mordbrenner Horst) in Berlin bei lebendigem Leib verbrannt. Vorausgegangen war dem eine kriminelle Karriere, die weniger der Existenzvorsorge und der Bereicherung (→ Bereicherungsdelikte) galt, sondern in der sich die Lust an der Zerstörung (→ Brandstiftung, → Mord) auslebte. Ganze Ortschaften wurden von der Delitz, dem Mordbrenner Horst und dessen Spießgesellen in Flammen gesetzt. Die 1791 in Berlin geborene Friederike Delitz stammte aus einer »Problemfamilie«. Sie war das uneheliche Kind des Maurergesellen Delitz und der Schuhmacherstochter Sophie Wilhelmine Meyer. Als die Delitz zwei Jahre alt war, machte sich der Vater aus dem Staub, angeblich weil er die unerträgliche »Liederlichkeit« der Sophie Meyer nicht länger ertragen konnte. Friederike Delitz kam darauf zu verschiedenen Verwandten. Mit sechs Jahren landete sie wieder bei ihrer Mutter, die ihr wahrlich kein Vorbild war. Sophie Meyer war als Marktdiebin verschrien und animierte ihre Tochter bereits als Kind zum → Diebstahl. Als Friederike zehn Jahre alt war, wanderte die Mutter ins → Zuchthaus. Das Mädchen kam darauf wieder in die Obhut von Verwandten. Kaum flügge geworden, zog sie mit einem räuberischen Bauernsohn über die Dörfer und das platte Land. Bald darauf schloß sich die Delitz der → Räuberbande vom »schönen Carl« an. Der weitere Weg der Delitz schien nun mehr oder weniger vorprogrammiert: Diebereien, → Gaunereien → Gefängnisaufenthalte. Doch all das war nur ein Präludium, ein harmloses Vorspiel. Offenbar für das große → Verbrechen geschaffen, verband sie sich mit dem Mordbrenner Horst. Der wilde → Haß auf die geordnete Welt der Bürger und Bauern vereinte das Paar. Ihr Haß und ihre wüste Räuberromantik waren mörderisch und selbstzerstörerisch. Noch keine 23 Jahre alt, starb Friederike Delitz den Flammentod auf dem → Scheiterhaufen.

Denke, Karl

Karl Denke, der in der schlesischen Kleinstadt Münsterberg lebte, war allgemein als wohltätiger und ehrenwerter Mann angesehen, der für Herumtreiber und durchreisende Handwerksburschen stets eine Mahlzeit und einen warmen Schlafplatz übrig hatte. Aufgrund seiner Frömmigkeit wurde der Mittsechziger sogar »Papa Denke« genannt. Am 21. Dezember 1924 floh allerdings einer der Gäste, nämlich der obdachlose Steinmetz Vinzens Olivier, mit einer klaffenden Kopfwunde aus Papa Denkes Haus. Auf der → Polizeiwache erklärte Vinzens Olivier, Denke habe ihn freundlich aufgenommen und ihm reichlich zu essen gegeben. Danach habe er ihn gebeten, einen Brief für ihn zu schreiben. Während Olivier den diktierten Text zu Papier brachte, habe sich ihm Denke von hinten mit einer Spitzhacke genähert, um auf ihn einzuschlagen. Denke wehrte diese Anklage mit der Behauptung ab, Vincens Olivier habe ihn zu bestehlen versucht, er habe nur aus Gegenwehr gehandelt. Man schenkte dem braven Karl Denke Glauben, mit der Folge, daß Vincens Olivier sich einen Tag später wegen → Bettelns und → Landstreicherei vor → Gericht zu verantworten hatte. Der Richter war jedoch geneigt, Oliviers Aussage zu überprüfen, so daß Karl Denke festgenommen wurde. Dieser entzog sich aber jeder weiteren Untersuchung, indem er sich mit einem Taschentuch erhängte. Bei der Durchsuchung von Karl Denkes Wohnung kamen dann grausame Funde zutage. In einem Holzbottich fand sich gepökeltes Fleisch aus Brust, Bauch und Gesäßregionen verschiedener Männer, ebenso frisch gekochtes Menschenfleisch und eine Ansammlung von 350 menschlichen Zähnen. Außerdem hatte Denke schön säuberlich die Namen der insgesamt 31 von ihm ermordeten Männer aufgelistet. Auch das Gewicht seiner Opfer war penibel vermerkt. Aus Hautstücken der Ermordeten hatte Denke, der offensichtlich nichts umkommen lassen wollte, Hosenträger und Schnürsenkel angefertigt. Außerdem hatte er sich bereits seit Jahren fast ausschließlich von Menschenfleisch ernährt. Der Sexualforscher Ernest Bornemann bezeichnete Denke als Prototyp des fetischistischen Zerstücklers. Der mit der Untersuchung des Falles betraute Kriminologe ging davon aus, daß Denke ein perverser Psychopath mit regressiven Zwangsvorstellungen gewesen sei, die ihn auf eine frühe Entwicklungsstufe der Menschheit, den → Kannibalismus, zurückgeführt hätten. → Delinquento nato, → Geisteskranke und abnorme Täter, → Serienmörder

Denunziant/Denunziation

Vom lateinischen »denuntiare« = »ankündigen, anzeigen«. Die Denunziation ist eine → Anzeige, welche der Denunziant aus niederen Beweggründen, wie z.B. → Neid, gegen eine andere Person vorbringt. Das → Motiv zur Denunziation liegt also weniger darin begründet, einen möglichen Missetäter seiner gerechten → Strafe zuzuführen, als darin, einer anderen Person Schaden zuzufügen. Die wissentlich falsche Denunziation, d.h. eine wissentlich unwahr vorgetragene Beschuldigung, ist strafbar, ebenso politische Verdächtigung, die den Denunzierten der Gefahr aussetzt, aus politischen Gründen verfolgt und im Widerspruch zu rechtsstaatlichen Grundsätzen bestraft oder sonstwie geschädigt zu werden. → Üble Nachrede

Derrick

1998 endete nach 281 Folgen und 344 → Morden Deutschlands erfolgreichste Krimiserie (→ Kriminalfilm). Grund genug, daß Oberinspektor Stephan Derrick in der letzten Folge vom – echten – Münchner → Polizeipräsidenten persönlich verabschiedet wurde, der sich bei seinem – fiktiven – Mitarbeiter für die jahrzehntelange Pflichterfüllung bedankte. Nach 24 Dienstjahren wurde der Fernsehfahnder endlich befördert und verließ München, um zur Polizeibehörde → Europol nach Holland zu gehen. Millionen Anhänger trauerten, nicht nur in Deutschland: In über hundert Ländern war die Serie ausgestrahlt worden.

Derrick war in jederlei Hinsicht ein großer Erfolg: Geschrieben wurde die Serie vom erfolgreichsten deutschen Krimiautor (Herbert Reinecker), produziert vom erfolgreichsten deutschen Krimiproduzenten (Helmut Ringelmann), unterstützt wurde Derrick vom erfolgreichstenTV-Krimiassistenten, Harry Klein, alias Fritz Wepper, und gespielt wurde Derrick von Horst Tappert – eine Idealbesetzung.

Was machte diesen eher betulichen Krimi, der am Schluß mit zum Beruhigendsten gehörte, was das deutsche Fernsehen zu bieten hatte, zu einem internationalen Dauerhit? Was machte Derrick, den Horst Tappert ein ums andere Mal mit hingebungsvollem Minimalismus spielte, zum Weltstar? »Derrick«, erklärte Tappert, »ist ein Mensch, der funktionieren muß vom Auftreten bis zum Abgang.« Schwächen darf er ebensowenig haben wie Liebschaften. Und trotzdem – oder gerade deshalb – kam er beim weiblichen Publikum besonders gut an. »Jede Frau«, das weiß Tappert wie Derrick, »hat ein Anlehnungsbedürfnis.« Und der Gentleman Derrick flößte Vertrauen ein. Worin lag sonst noch der große Erfolg? Natürlich im Erfolg selbst, das heißt am Gewöhnungswert und außerdem darin, daß sich Derrick in vielen Aspekten vom Normalkrimi abhob: Die Kulissen waren meist nobel, gemordet wurde fast ausschließlich in oberbayerischen Landhäusern oder in Münchner Villen. Trotzdem ging es nicht nur um das schnöde Geld, geschweige denn um vordergründigen Aktionismus. Drehbuchautor Reinecke war auch Seelenmaler. Er versuchte, die psychologischen Handlungsstränge offenzulegen, die sich hinter dem Verbrechen verbargen – und das faszinierte auf die Dauer offensichtlich mehr als ein prügelnder Kommissar Schimanski (→ Der Tatort). Als unverzichtbare Lektüre aller Derrick-Verehrer sei empfohlen: Katrin Hampel: *Das große Derrick-Buch* (1995).

Deserteur

Bezeichnet einen Überläufer, bzw. jemanden, der → Fahnenflucht begeht.

Desperado

Aus dem Spanischen = »Verzweifelter«. Desperado ist die Bezeichnung für einen gesetzlosen, zu jeder Verzweiflungstat bereiten politischen Abenteurer (→ Linksextremismus, → Rechtsextremismus, → Terrorismus). Manchmal kann Desperado aber auch ganz simpel für → Bandit oder Gesetzloser stehen.

Detektiv

Das aus dem Englischen kommende Wort hat eine lateinische Wurzel: »detegere, detectum« – »aufdecken«. In Großbritannien und in den USA werden mit »detective« auch Kriminalbeamte bezeichnet. In Deutschland versteht man unter Detektiv eine Person, die sich im privaten Auftrag gegen Entgelt mit Ermittlungen in zivilrechtlichen oder persönlichen Angelegenheiten befaßt. Der deutsche Detektiv entspricht demnach dem englischen Privatdetektiv. Detektiv kann im Grunde genommen jeder werden, es bedarf dazu weder einer besonderen Berufsausbildung noch einer besonderen Gewerbezulassung.

Wie kein zweiter Beruf lädt der Beruf des Detektivs zu fantasievollen Vorstellungen ein. Kaum jemand hat sich mit so vielen Klischees herumzuschlagen wie der auf eigenes Risiko arbeitende Privatermittler. Indes ähneln nur die wenigsten mit Handy, Kamera, Nachtglas, Diktaphon und Notizheft arbeitenden Spürnasen ihren großen literarischen Vorbildern wie Sherlock → Holmes, Hercule Poirot oder Philippe Marlowe. Es kommt für einen normalen Detektiv weniger auf Genialität oder besonderen Wagemut an als auf fachliche Qualitäten, Zuverlässigkeit, Dauerbelastbarkeit, Verschwiegenheit, Geduld und die Fähigkeit, sich in die Lage seines Gegenübers einzufühlen. Kombinationsgabe, gute Umgangsformen und Schauspieltalent helfen bei kniffligen Fragen. Abenteurer und Draufgänger sind aber fehl am Platz. Der Privatermittler muß sich darüber im klaren sein, daß er nicht über jene Rechte verfügt, wie sie staatlichen Sicherheitsbehörden zustehen. Er ist kein → Polizeibeamter oder Kriminalkommissar. Er hat keinerlei hoheitliche Befugnisse und schon gar nicht steht er über dem Gesetz. Rechtskundig muß er sein.

Aufträge für Detektive stammen überwiegend aus Wirtschaftskreisen. Heikle Fälle sind darunter wie → Betrug, → Untreue, → Unterschlagung, → Produktpiraterie, → Wirtschafts- und Industriespionage, → Diebstahl und → Sabotage. Erst wenn sich der → Verdacht durch die Arbeit der Detektei bestätigt hat, wird der Staatsanwalt eingeschaltet. Außer von der Wirtschaft erhalten die Privatermittler Aufträge von Anwälten, deren Mandanten oder Privatpersonen. Dabei handelt es sich zumeist um Ehescheidungsangelegenheiten, Schuldnersuche (→ Schuldeneintreiber), Aktien-Insidergeschäfte, → Versicherungsbetrug, Fahrerflucht (→ Verkehrsunfallflucht) sowie das Auffinden vermißter, unbekannt verzogener, bzw. untergetauchter Personen. Vergleichbare Routinefälle haben die → Zeugenermittlung nach Verkehrsunfall oder anderen Rechtsbrüchen zum Gegenstand, auch Erbschaftsangelegenheiten lassen sich zuweilen nicht ohne detektivischen Einsatz voranbringen. Weitere Informationen liefert der Bundesverband Deutscher Detektive (BDD) in Bonn

D(eutsche) D(emokratische) R(epublik) und Verbrechen

Eigentlich hätte es in der DDR überhaupt keine → Verbrechen geben dürfen, schließlich sollte im real existierenden Sozialismus jeder sein Auskommen haben und jede Form der Ausbeutung abgeschafft sein. So sah es zumindest die offizielle Parteiideologie vor. Doch leider – das reale Leben richtet sich nur in Ausnahmefällen nach den jeweils herrschenden Ideologien. Um daher Wirklichkeit und Ideologie scheinbar wieder in Einklang zu bringen, gab es zwei Mittel für die DDR-Führung: Das Verbrechen mußte verschwiegen oder politisiert werden. Eine Methode, die gerade für die frühe DDR symptomatisch war. Der Klassenfeind saß eben überall. Ganz gewöhnliche Kriminelle mutierten so zu »imperialistischen Mördern«, »faschistischen Terroristen«, oder »Agenten des Monopolkapitals«. Die Politisierung des Verbrechens führte schließlich mit zur Gründung der Stasi, des Ministeriums für Staatssicherheit. Trotzdem läßt es sich nicht leugnen, daß die Kriminalitätsrate in der DDR – einschließlich → Mord – deutlich niedriger war als in der Bundesrepublik. So entfielen z.B. in den sechziger und siebziger Jahren in der DDR durchschnittlich 750 → Straftaten auf 100.000 Einwohner, während in der Bundesrepublik der Anteil bereits 6200 und in Westberlin sogar 12000 betrug. Stieg die Kriminalitätsrate in der Bundesrepublik seit ihrer Gründung nahezu kontinuierlich an, so blieb sie in der DDR weitgehend konstant, ja schien sogar rückläufig zu sein. Woran lag das? Dafür gibt es eine ganze Palette von Gründen: Zunächst einmal war da der Ehrgeiz der SED-Führung nachzuweisen, daß dem Verbrechen im Sozialismus – anders als im Kapitalismus – der Boden entzogen sei. Aus diesem Grund wurden die Statistiken durch ausgeklügelte Zuordnungen gerne ein wenig geschönt. Häufiger vorkommende, aber geringfügige → Delikte, wie zum Beispiel kleinere → Ladendiebstähle, wurden z.B. gar nicht in die → Kriminalstatistik aufgenommen, da sie nicht als → Straftaten, sondern als Verfehlungen galten und über sogenannte gesellschaftliche → Gerichte abgehandelt oder von »leitenden Mitarbeitern der Verkaufseinrichtungen« selbst geahndet wurden. Darüber hinaus bewirkten zentralistische Verwaltungsstrukturen, harte → Strafen, strenge Personenkontrollen und ein ausgefeiltes polizeiliches Meldesystem, sowie die geschlossenen Grenzen mit der Zeit einen tatsächlichen Rückgang der Kriminalität. Ein weiterer Faktor ist, daß die DDR für das internationale Verbrechen ganz einfach nicht attraktiv war. Ganze Deliktgruppen der → organisierten Kriminalität wie etwa → Entführungen oder Drogenhandel (→ Rauschgiftkriminalität) entfielen auf diese Weise. Ein weiterer Grund dürfte darin zu sehen sein, daß das kriminelle Potential, das innerhalb einer Gesellschaft existiert, in totalitären Staaten oft eine Verlagerung erfährt. Es wird Bestandteil des Staates selbst. So konnten sich z.B. Personen mit krimineller Charakterstruktur ganz gut innerhalb der Staatssicherheit entfalten (→ Ideologie und Verbrechen, → Polizei und Verbrechen). Die Gründe für die niedrige Kriminalstatistik in der DDR erklären allerdings noch nicht die Gründe für die hohe Kriminalität in den westlichen Industrieländern. Diese hat ihre Ursache sicherlich mit in deren liberalkapitalistischen Gesellschaftsstruktur. Eine Gesellschaft, die, im Gegensatz zur DDR, übermäßig Waren produziert und um diese verkaufen zu können, einen rücksichtslosen Hedonismus propagiert, treibt natürlich auch die Kriminalitätsspirale in die Höhe.

Eine Betrachtung der Verbrechen in der DDR bieten Hand Girod: *Das Ekel von Rahnsdorf und andere Mordfälle aus der DDR* (1997); Wolfgang Mittmann: *Tatzeit. Große Fälle der Deutschen Volkspolizei* (2000). → Republikflucht

Die »Deutsche Prinzessin«

Sie war in Wahrheit eine Engländerin und scheint ein rechtes Teufelsweib gewesen zu sein. Da die »Deutsche Prinzessin« während ihrer abenteuerlichen Laufbahn kein → Blut vergossen hat, sondern nur raffinierte → Diebesdelikte an Männern beging, die ihrer Attraktivität erlegen waren, erscheint es geradezu bedauerlich, daß sie an einem kalten Januartag 1673 mit nur einunddreißig Jahren am → Galgen von Tyburn landete. Daß die 1642 geborene Tochter eines Chorleiters von Canterbury, die später eine Karriere als »Spitzbübin« einschlagen sollte, sich deutsche Prinzessin nannte, ergab sich aus einem deutschen Spleen, den sie ebenso wie viele andere Neigungen durch die Lektüre von vorwiegend »verliebten Büchern« entwickelt hatte. Die in sie verliebten Männer führte sie jedoch gehörig an der Nase herum, allein vier davon heiratete sie, um sich baldmöglichst mit deren Vermögen wieder aus dem Staub zu machen. Auch sonst war sie eine ausgekochte Diebin. In einer von ihr selbst geschriebenen und repräsentierten Komödie trug sie folgenden Epilog vor: »Wer kann sich unter euch frei von Betrügen nennen?/ Und schwüret ihr auch gleich ohne alle Scham und Scheu/ So würde man daraus nur vielmehr dies erkennen/ Daß man bei euch weit mehr als mich zu tadeln findt/ Die ganze Welt betrügt, und wir, die drinnen sind/ Betrügen nachgerad, und werden selbst betrogen.« Genau betrachtet, war die »deutsche Prinzessin« allerdings nicht nur eine gewiefte → Betrügerin, sondern auch eine der ersten → Heiratsschwindlerinnen. Ihren Lebenslauf schildert Captain Alexander Smith in seiner Sammlung Leben und Taten der berühmtesten Straßenräuber, Mörder und Spitzbuben (1714).

Dieb/Diebstahl

Im Gegensatz zum → Raub stellt der Diebstahl die Wegnahme fremden Eigentums ohne Anwendung von Gewalt dar. Der Dieb wartet auf eine günstige Gelegenheit, um zulangen zu können. Oft wird das Opfer abgelenkt oder schläft, während der Dieb sich bewegliches Fremdgut aneignet. Beweglich ist dabei ein dehnbarer Begriff, wenn man bedenkt, daß 1957 eine Diebesbande in der Nähe der kanadischen Stadt Hamilton eine 20 m lange Eisenbahnbrücke, die über einen Fluß führte, in ihre Einzelteile zerlegte und entwendete. Die Zueignung herrenloser Sachen wird vom Gesetzgeber nicht als Diebstahl erfaßt. Verlorengegangene Sachen gelten als gewahrsamslos; sie können daher nicht gestohlen, sondern allenfalls unterschlagen (→ Unterschlagung) werden. Diebstahl kann aus Not erfolgen (→ Armut und Verbrechen, → Mundraub). In den reichen Industrieländern kann das Gros der Diebstähle allerdings aus derartigen Beweggründen nur noch bedingt entschuldigt werden. Trotz dieses Tatbestandes erfolgte seit den späten 60er Jahren aus sozialromantischen Gründen die Neigung, den Diebstahl zu beschönigen.

Von derartigen Tendenzen setzte sich die Ende der 90er Jahre in den USA entstandene humoristische Fernsehserie Unusual Shoppers deutlich ab. Sie macht klar, daß die Versuchung zum Diebstahl nicht immer die Not sein muß, sondern gerade in unserer Überflußgesellschaft die einfache Lust am Klauen und die Lust am Konsum das → Motiv sein kann, dazu die Unlust, die begehrten Güter auf konventionelle Weise zu verdienen. Der Mensch in der totalen Marktwirtschaft ist ja geradezu auf Konsum und Hedonismus abgerichtet, was den Diebstahl aus Lustgewinn naturgemäß fördert. → Bereicherungsdelikte, → Kleptomanie, → Taschendiebstahl

Diebskerze, Diebslicht

Die Diebskerze war eine meist aus Leichenteilen hergestellte Kerze, welche → Diebe anzündeten, da sie hofften, das Licht einer solchen Zauberkerze würde sie unsichtbar machen. → Okkulttäter

Diebssegen

Ein Aberglauben, der in diesem Fall nicht der abergläubischen Verbrecherzunft entspringt, sondern im Gegenteil zum Schutz vor Dieben angewandt wurde. Der Diebssegen bestand aus Texten oder Sprüchen, mit deren magischer Hilfe ehrbare Bürger → Raub und → Diebstahl von sich fernhalten wollten.

Diebstahlversicherung

→ Einbruchdiebstahlversicherung

Diebsschlüssel/Dietrich

Bei Dieben beliebter Vielzweckschlüssel, mit dem sich – vor Erfindung des Sicherheitsschlosses – die meisten Haustüren öffnen ließen.

Doc Holliday

Der berühmteste Zahnarzt und Säufer des Wilden Westens war mit Sicherheit John Henry Holliday, besser bekannt als Doc Holliday. Er wurde 1852 als Sohn einer wohlhabenden Südstaatenfamilie in Georgia geboren. Anfang der siebziger Jahre studierte er Zahnmedizin. Etwa um diese Zeit erkrankte er an Tuberkulose. Um eine Besserung seines Leidens zu erzielen, zog er nach Westen, wo er seiner Krankheit immerhin noch fünfzehn Lebensjahre abtrotzen konnte. Es war aber nicht unbedingt ein gutes Leben, das er führte. Er erwarb sich einen Ruf als eiskalter → Killer, widmete sich dem → Glücksspiel und praktizierte hin und wieder als Zahnarzt. Selten hielt er es längere Zeit an einem Ort aus. Seine Stationen hießen Dallas und Forth Griffin in Texas, Cheyenne in Wyoming, Dodge City in Kansas, Denver, Leadville und Pueblo in Colorado, sowie Tucson und Tombstone in Arizona.

Doc Holliday nahm an mehreren größeren Schießereien teil. Doch wenn sein Colt rauchte, dann nicht, weil er eine Bank überfiel, sondern weil es Streit gab, den der »Ehrenmann« Holliday gern auf eine »todsichere« Art und Weise beendete. Legendär war auch seine Geliebte, die → Prostituierte Big Nosed Kate Elder, die neben ihrer dicken Nase auch wegen ihrer dicken Brüste berühmt war. Möglicherweise wurde sie mit Doc Holliday sogar in St. Louis getraut. Sie trennte sich jedoch 1881 von ihm, nachdem der »Gentleman« Holliday unter → Verdacht stand, an einem Postkutschenüberfall (→ Posträuber) beteiligt gewesen zu sein, bei dem der Kutscher getötet wurde. Holliday, der zusehends an seiner Tuberkulose sowie an Trunksucht litt, begab sich daraufhin in den Kurort Glenwood Springs, wo er 1887 im Alter von 35 Jahren starb. → Gunfighter

Der Dietrich: Ein wichtiges Werkzeug für den Einbruch

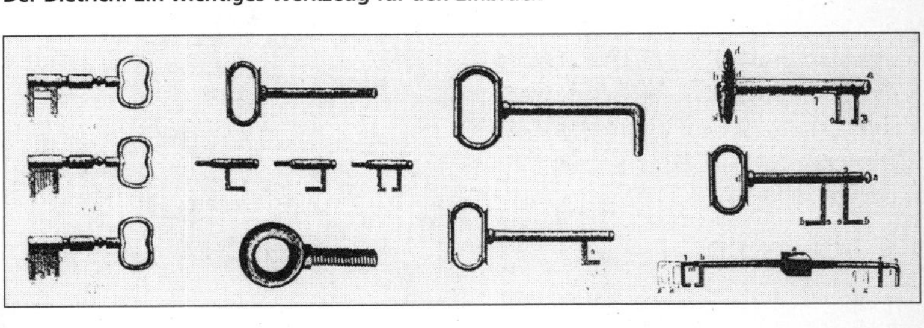

Domela, Harry

»Ich bin so klein,
mein Herz ist rein
Soll niemand drin wohnen
Als Domela allein«

So reimte Kurt Tucholsky über den 1904 geborenen Deutschbalten Harry Domela. Nach dem Hauptmann von Köpenick (→ Köpenickiade, → Voigt, Wilhelm) lieferte Domela die spektakulärste → Hochstaplergeschichte in Deutschland. Durch die Wirren des Ersten Weltkrieges aus seiner Heimat Kurland vertrieben, schlug sich der junge Mann zunächst als Hausierer durch. Dann kam es noch schlimmer, und er landete im Obdachlosenasyl. Doch der pfiffige, selbstsichere und trotz seiner Armut »fürstlich« auftretende Domela gab nicht auf. Seine große Stunde kam, als er merkte, wie großzügig besonders Damen reagierten, wenn er sich als verarmter Adeliger vorstellte. Als Graf von der Recke, Prinz von Lieven und Baron von Korff gelang dem listigen Balten der rasante Aufstieg innerhalb der Hocharistokratie, die ihm sogar seine Paraderolle als Prinz Wilhelm von Preußen, Sohn des Kronprinzen und Enkel des letzten deutschen Kaisers, abkaufte. Als »königliche Hoheit« wurde der mittellose Landstreicher hofiert. Wer ihm ein bißchen näherkam, durfte ihn »Prinz« nennen und für einige wenige hieß er in majestätischer Bescheidenheit einfach nur »Wilhelm«. Als Domelas Spiel im Januar 1927 aufflog, fand er aufgrund der willigen Gutgläubigkeit seiner Opfer milde Richter. In → Haft verfaßte die »Königliche Hoheit« ihre Memoiren: *Der falsche Prinz. Leben und Abenteuer von Harry Domela* (1927). Das Buch wurde im linken Malik-Verlag verlegt und verkaufte sich gut. Daneben erschien Domelas Lebensbeichte als Fortsetzungsgeschichte im Berliner 8-Uhr-Abendblatt. Die »Stützen der Gesellschaft« wurden in Domelas Bericht dem Gespött ausgeliefert, was für diese peinlich, aber für viele andere dafür um so amüsanter war. Bereits im Juli 1927 wurde Domela wieder aus der Haft entlassen. Von seinen Tantiemen kaufte er sich ein Ki-

Vom Hausierer zur Durchlaucht: Harry Domela

no im Berliner Stadtteil Alt-Moabit. Doch als Geschäftsmann hatte Domela keine glückliche Hand. Danach versuchte sich der falsche Prinz als Schauspieler und mußte schließlich in Künstlercafés seine Geschichte gegen kleine Spenden erzählen. 1933 emigrierte Domela. Er nahm am Spanischen Bürgerkrieg teil und floh 1940 nach Mexiko. 1943 tauchte Domela in Südamerika unter und gilt seitdem als vermißt.

Doolin, William M.

Der 1858 in Arkansas als Sohn eines Farmers geborene William M. Doolin begann seine Karriere zunächst als Cowboy. Nach einer Schießerei schloß er sich der → Dalton-Gang an und war an etlichen Bank- (→ Bankräuber) und Eisenbahnüberfällen beteiligt, bis die → Bande bei einem → Überfall in Coffeyville nahezu ausgelöscht wurde. Doolin konnte als einziger dem → Massaker entgehen, da sein Pferd gelahmt hatte und er so nicht an dem Überfall beteiligt war.

Womöglich unter der Nachwirkung des Schockes heiratete Doolin unmittelbar darauf, im Jahr 1893, eine Pfarrerstochter. Doch langfristig konnte der → Gunfighter nicht bekehrt werden. Schon bald gründete er eine eigene → Gang, die sogenannten »Oklahombres«. Die »Oklahombres« raubten diverse Banken aus. Als sie dabei die Ordnungshüter töteten, die ihnen den Fluchtweg versperren wollten, wurde eine gezielte Fahndung nach Doolin und seiner Bande eingeleitet. Doch die → Outlaws blieben noch über ein Jahr auf freiem Fuß. Erst 1896 wurde Doolin in einem Kurort in Arkansas gefaßt, wo er Linderung von seinen rheumatischen Beschwerden suchte. Doolin konnte jedoch aus dem → Gefängnis entkommen. Als er aber zu seiner Frau und seinem Sohn in Oklahoma zurückkehrte, wurde er von einer → Posse aufgespürt und getötet.

Doping

Unter Doping versteht man im Sport den Versuch, eine Leistungssteigerung durch die Einnahme oder Injektion verbotener Substanzen zu erzielen. Bereits in der Antike wurden stimulierende Mittel und Drogen zur Leistungssteigerung eingenommen. Doping führt beim Sportler zu körperlichen und geistigen Schäden und verstößt gegen die sportliche Ethik

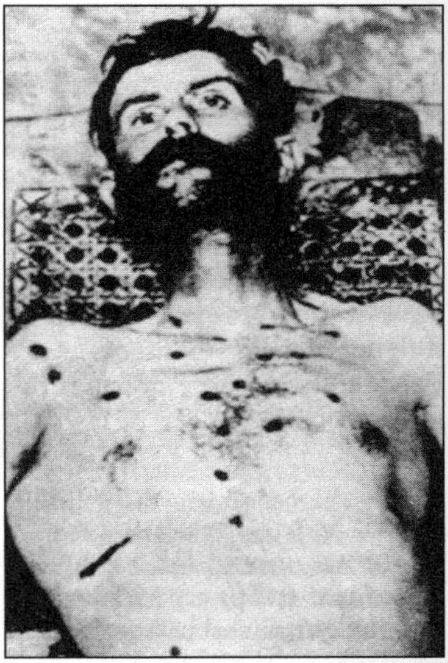

Starb an »akuter Bleivergiftung«: William M. Doolin

sowie das Gebot der Chancengleichheit. Seit 1966 werden bei internationalen Sportveranstaltungen Doping-Kontrollen durchgeführt. Trotzdem schätzte das Internationale Olympische Komitee (IOC), daß etwa 6 % aller Spitzenathleten Mittel einnehmen, die auf der Verbotsliste des IOC stehen. Bis heute sind über 100 Todesfälle durch Doping dokumentiert. Daneben wurde immer wieder Sportlern wegen Dopingnachweisen eine weitere Teilnahme am Wettkampf untersagt. Spektakulär war der Fall von Ben Johnson. Der Sprinter hatte bei den Olympischen Sommerspielen 1988 in Seoul im 100-Meter-Lauf Gold gewonnen. Nach einem positiven Doping-Test mußte der umjubelte Spitzensportler seine Goldmedaille jedoch zurückgeben. Bei den Olympischen Spielen in Barcelona versuchte Johnson vergeblich sein Comeback. 1993 erneut des Doping überführt, wurde der Sprinter auf Lebenszeit gesperrt.

Doss, Nannie

Im Jahre 1964 wurde Nannie Doss zu einer lebenslänglichen → Freiheitsstrafe verurteilt. Die in Oklahoma lebende »Arsenic Nannie«, wie sie später in die Annalen der → Kriminalistik eingehen sollte, hatte nach und nach vier Ehemänner, daneben ihre Mutter, zwei ihrer Schwestern, drei ihrer Kinder und Enkelkinder und einen Neffen mit Arsen vergiftet. Auf die Spur kam man der chronischen → Giftmörderin, als sich im Magen ihres letzten Ehemannes, Samuel Doss, eine Dosis Arsen fand, die dazu ausgereicht hätte, einen Elefanten ins Jenseits zu befördern. Von der → Polizei befragt, wie sie sich diesen Umstand erklären könnte, erwiderte Annie kopfschüttelnd: »Wie konnte das passieren?« Als man sie darauf aufmerksam machte, daß auch ihr vorhergehender Ehemann, Richard Morton, unter ähnlichen Umständen gestorben sei, behauptete sie, diesen überhaupt nicht gekannt zu haben. Von den insgesamt elf Arsenmorden gab Annie Doss nach langwierigen Verhören nur die an ihren verblichenen Ehemännern zu. Ihr → Motiv lautete, sie hätten sich allesamt nicht als ideale Ehemänner erwiesen. Die anderen → Morde, die sie bis zu ihrem Tod leugnete, legen allerdings nahe, daß es sich bei ihr um einen Zwang zum Töten handelte. Sie starb 1965 im Alter von 60 Jahren an Leukämie in → Gefängnishaft. → Mörderinnen, → Schwarze Witwen

Doyle, Sir Arthur Conan

→ Holmes, Sherlock

Drach, Thomas

→ Reemtsma-Entführung

Drake, Francis

»Right or wrong – my country«, oder auch → Piraten können es sehr weit bringen. Sir Francis Drake (um 1540-1596), Admiral, Ritter, Seeheld, Freibeuter, war der berühmteste Seefahrer des Elisabethianischen Zeitalters. Ähnlich wie bei anderen Piraten auch wurden seine → Kaperfahrten gegen die spanische Flotte von der englischen Krone gestützt, war den Engländern doch jedes Mittel recht, das die verhaßte spanische Vorherrschaft auf See schwächen oder gar brechen konnte. Königin Elisabeth, die Drake an Bord von dessen Schiff Golden Hind zum Ritter schlug, nannte ihn liebevoll »mein Pirat«. Sir Francis Drake unternahm als → Freibeuter Kaperfahrten nach Guinea und von 1567 an auch nach Westindien. 1577-1580 führte er auf Kriegsfahrten gegen die Spanier die erste englische Erdumseglung durch. 1587 fügte er der spanischen Flotte vor Cádiz schwere Verluste zu und spielte 1588 eine wichtige Rolle beim Sieg der Engländer über die spanische Armada. Mit diesem Sieg setzte sich England als führende Seemacht durch. Eine Position, die die Engländer über dreihundert Jahre lang als die uneingeschränkten Herrscher der Meere halten konnten – nicht zuletzt dank der Hilfe eines Piraten!

Dreyfus, Alfred

Die sogenannte »Dreyfusaffäre« stürzte Frankreich in eine Krise und polarisierte die Nation. Angefangen hatte es im November 1894, als eine französische → Agentin aus dem Papierkorb des deutschen Militärattachés in Paris einen Brief fischte, in dem die Übergabe geheimer Papiere an das Deutsche Reich angekündigt wurde. In den Verdacht, → Landesverrat für den »Erbfeind« begangen zu haben, geriet der Artilleriehauptmann Alfred Dreyfus – nicht zuletzt deshalb, weil er jüdischer Herkunft war. Einflußreiche chauvinistisch-katholische Kreise hatten sich schon lange daran gestoßen, daß jüdische Offiziere in der französischen Armee geduldet wurden. In dem nachfolgenden → Prozeß, der mit stark antisemitischen Untertönen geführt wurde, befand man Dreyfus schließlich wegen Landesverrates zugunsten des Deutschen Reiches für schuldig und verurteilte ihn zu lebenslänglicher Deportation auf die vor Französisch-Guayana liegende Teufelsinsel. Der wirklich Schuldige, Major Marie Charles Ferdinand Walsin Esterházy, wurde jedoch freigesprochen und konnte sich nach Großbritannien absetzen. Die ersten Zweifel an der Schuld Dreyfus' wurden vom Generalstab unterdrückt, der aus Angst vor Prestigeverlust keine → Revision des Prozesses wünschte. Schließlich wurde die Revision dann durch die erregte öffentliche Meinung erzwungen, die sich nach den Enthüllungen des elsässischen Senators Auguste Scheurer-Kestner und dem offenen Brief des Schriftstellers Emile Zola J'accuse (Ich klage an) an den Präsidenten der Republik gebildet hatte. Als sich ein neues, Dreyfuß belastendes Schriftstück als → Fälschung erwies, hob der Kassationshof das → Urteil auf. Das Revisionsverfahren vor dem Kriegsgericht in Rennes endete am 9.9.1899 mit erneuter Verurteilung, allerdings unter Zubilligung »mildernder Umstände«, zu 10 Jahren → Gefängnis. Um den Prozeß zu beenden, wurde Dreyfus jedoch vom Präsidenten der Republik begnadigt.

Die uneingeschränkte Rehabilitierung erreichte Dreyfus im Juli 1906, als der Kassationshof das Urteil von Rennes aufhob. Dreyfus wurde zum Major befördert und mit dem Orden der Ehrenlegion ausgezeichnet. Seine vollständige Unschuld erkannte die französische Armee allerdings erst 1995 an. Nachdem sich die Beweise gegen Dreyfus als gefälscht herausgestellt hatten, war die Dreyfusaffäre immer mehr zu einer politischen Streitfrage zwischen der militaristischen und traditionalistischen Rechten, die klerikal, antisemitisch und national eingestellt war, und der antimilitaristischen und laizistisch orientierten republikanisch-demokratischen Linken geraten.

Der Artilleriehauptmann Alfred Dreyfus wird unter entehrenden Umständen aus der französischen Armee entlassen. Zeitgenössische Illustration.

Die schwere Staatskrise endete schließlich unter der Ministerpräsidentschaft von P. Waldeck-Rousseau mit dem Sieg des Bloc républicain der Linken und führte in den Jahren 1899-1906 zu einer Trennung von Staat und Kirche in Frankreich.

Es ist eine bisher wenig beachtete Ironie der Geschichte, daß vor und während des Ersten Weltkrieges von den Nachbarn des Deutschen Reiches gerne eine deutsch-jüdische Konspiration vermutet wurde. Den Auftakt solcher → Verdächtigungen hatte die Dreyfusaffäre in Frankreich gebildet. In Rußland standen die aus einem deutschen Fürstenhof stammende Zarin und ihr Wundermönch Rasputin in nationalistischen Kreisen in Verdacht, russische Interessen zugunsten deutsch-jüdischer Verschwörungen zu verraten. Dies führte 1916 zur Ermordung Rasputins durch Felix Fürst → Jussupoff, dessen Tod vermutlich die Oktoberrevolution im Jahre 1917 erleichtert hat. In England löste im Ersten Weltkrieg ein ominöses »Schwarzes Buch« eine kollektive Paranoia aus. Aufmerksam auf dieses Geheimbuch hatte ein gewisser Noel Pemberton Billing gemacht. Billing war ein eloquenter Redner, gutaussehend, energiegeladen und mit einem seismographischen Gespür für die Vorurteile des Durchschnittsengländers ausgerüstet. Er war Schauspieler, Journalist, Soldat, Erfinder und Herausgeber der Zeitung Imperialist gewesen, die antideutsches und antisemitisches Gedankengut verbreitete. Im Imperialist behauptete Billing, ein deutscher Prinz sei im Besitz eines Schwarzbuches, in dem 47 000 britische Männer und Frauen der Upper Class verzeichnet seien, die aufgrund ihres sexuellen Lebenswandels erpreßbar wären. Diese Erpreßbarkeit (→ Erpressung) würde, kombiniert mit einer ohnehin bestehenden »deutsch-jüdischen« Infiltration (diese Infiltration beinhaltete nach Billing auch sexuelle Sonderformen wie → Homosexualität) verhindern, daß Britannien den Krieg gewinnt. Das »Schwarze Buch« war selbstverständlich nur ein Paranoia-Produkt.

Driest, Burkhardt

Gelegentlich auch Burkhardt Dreist genannt, wurde am 28.4.1939 in Stettin als Sohn eines Kaufmanns und einer Pianistin geboren. Kurz vor Kriegsende floh die Familie in den Westen. Der kleine »Dreist« flog viermal von der Schule, machte 1960 aber trotzdem als Drittbester das Abitur. Er studierte gegen seinen Willen Jura und rächte sich am Vater durch extreme Eskapaden. Kurz vor dem Examen wurde er 1965 bei einem → Banküberfall gefaßt und saß daraufhin für drei Jahre und vier Monate im → Gefängnis. Zwischen 1969 und 1974 verdiente Driest sich seinen Lebensunterhalt als Hafenarbeiter, Kellner und Taxifahrer. 1974 erschien sein Roman *Die Verrohung des Franz Blum*, der das kriminelle → Milieu und den → Strafvollzug zum Thema hatte. Das Buch wurde eine Erfolg und noch im gleichen Jahr von Reinhard Hauff verfilmt. Driest übernahm dabei eine Hauptrolle. Ebenfalls 1974 war Burkhardt Driest zusammen mit Romy Schneider und dem damals noch nicht mit dem Gesetz in Konflikt geratenen Bubi → Scholz Gast der ARD-Talkshow Je später der Abend. Die Sendung ist mittlerweile Legende. Recht unverhohlen flirtete der Weltstar Romy Schneider vor einem Millionenpublikum mit dem Newcomer und Bösewicht Driest. Sie bemerkte: »Sie gefallen mir, Sie gefallen mir sehr.« Was nach der Sendung noch passierte, erregte daraufhin die Fantasie der bundesdeutschen Seele. Erst 26 Jahre später hat Driest das Geheimnis gelüftet und von einer stürmischen Liebesnacht berichtet. Die Begegnung der Schönen mit Driest war für letzteren karrierefördernd. Der Ex-Bankräuber entfaltete bald vielfältige Talente als Schauspieler, Roman- und Drehbuchautor und spielte auch in internationalen Produktionen mit. Nicht selten agierte er als harter Typ, der die Welt für einen Boxring hält. Mit pockennarbigem Gesicht und rauher Whiskystimme spielt er → Zuhälter, → Gangster und manchmal auch → Polizisten. Trotz der rauhen Schale schimmern bei Driest bisweilen aber auch weiche, verzweifelte Züge durch. Ein Bösewicht mit verletzter Seele! (→ Gefängnisliteratur)

Drogenhändler

→ Rauschgiftkriminalität

Drohung

Das → Strafrecht versteht darunter »das In-Aussicht-Stellen eines Übels, dessen Verwirklichung davon abhän-

Legendäre Begegnung: Der Weltstar Romy Schneider macht dem Ex-Bankräuber Burkhardt Driest schöne Augen

gen soll, ob der Bedrohte sich nach dem Willen seines Bedrohers verhält.« Die Drohung richtet sich somit gegen die Willensfreiheit des Menschen und ist daher strafbar. Ein unter Drohung geschlossener Vertrag ist nicht gültig. Oft tritt die Drohung als Tatbestandsmerkmal von → Delikten wie → Nötigung, → Erpressung, → Raub, → Vergewaltigung mit auf. → Bedrohung

Dudzinski, Monsignore Wiktor

Auch in der Kirche gibt es schwarze Schafe. Monsignore Wiktor Dudzinski unterstand der Diozöse Lodz. Das Motto des Geistlichen lautete angeblich »Geben ist seliger denn nehmen«. Sein Handwerk bestand jedoch vorwiegend im Nehmen. Bereits 1981 soll Monsignore Wiktor als Provisor der niederösterreichischen Gemeinde Aggsbach 700.000 Mark unterschlagen (→ Unterschlagung) haben.

Damals nahm ihn der Erzbischof seiner polnischen Heimatdiozöse in Schutz. 1999 wurden die Selbstbereicherungen (→ Bereicherungsdelikte) des damals 71jährigen jedoch zu offenkundig. Knapp vier Millionen Mark an Spenden behauptete der Geistliche an seinen Erzbischof weitergeleitet zu haben, der jedoch nichts davon erhalten hatte; denn die Gelder, die Monsignore Wiktor mit gefälschten Bittschreiben des polnischen Bistums eingesammelt hatte, waren in seiner eigene Tasche gelandet. Er war nicht einmal davor zurückgeschreckt, andere vertrauensvolle Pfarrer zu schädigen. Nach Bekanntgabe eines → Haftbefehls gegen ihn, tauchte der Monsignore unter.

Düe, René

Eines der spektakulärsten Verbrechen Deutschlands begann am 31. Oktober 1981: Ein Briefträger, der zwei Wertsendungen abgeben wollte, fand den Prominenten-Juwelier René Düe bewußtlos auf dem Boden liegend in seinem feinen Juweliergeschäft in Hannover. Er hatte ein blutende Wunde am Kopf. Dües Mutter kauerte geknebelt und verängstigt auf der Empore. Der Tresor war offen, der Inhalt fehlte. Der Schaden: 13 665 962 Mark. Per Zeitungsinserat und Postkarten hatte Düe für jenen Tag seinen Kunden eine Ausstellung besonders wertvoller Stücke angekündigt gehabt. Noch vor der Eröffnung, kurz nach 9 Uhr, klingelten aber zwei elegant gekleidete Männer mit Pilotenkoffern an der Tür. → Zeugen erinnerten sich später daran, daß die beiden südländisch aussahen. Er habe geöffnet, sagte Düe aus, da er einen Geschäftsfreund erwartete. Die beiden schlugen Düe brutal nieder. Der Juwelier lag anschließend zwei Wochen lang im Krankenhaus. Die → Beute bestand überwiegend aus Kommissionsware, es war auch etwas Privatschmuck dabei, etwa für eine halbe Million Mark. Wegen der Ausstellung hatte Düe bei einer Versicherung seine Police erhöht. Die abgeschaltete Überwachungskamera und den geöffneten Tresor erklärte Düe mit den Vorbereitungen zur Ausstellung. Doch Ermittler und Versicherung wollten ihm keinen rechten Glauben schenken.

Man verdächtigte Düe, der schon einmal überfallen und bestohlen worden war, den → Überfall fingiert zu haben, und die Versicherung weigerte sich, den Schaden zu bezahlen. Erst sei das Ende der Ermittlungen abzuwarten. Düe geriet unter Druck, und die → Polizei fand von den → Räubern keine Spur.

Da kam Werner Mauss ins Spiel – ziviler Mitarbeiter des → Bundeskriminalamtes (BKA) und Deutschlands erfolgreichster → Agent, der nach eigenen Angaben 2000 Verbrecher dingfest gemacht hat. Mauss ließ sich dem Juwelier gegenüber als »Claude« vorstellen und übernahm die Rolle des Vertreters eines reichen Mannes, der Geld investieren wollte. Zunächst verhielt Düe sich zurückhaltend und lehnte gemeinsame Geschäfte ab. Doch im August 1982 schnappte die Falle dann doch zu. Düe schickte »Claude«, alias Werner Mauss in einem Koffer 15 wertvolle Schmuckstücke zu. Der Clou: Jedes einzelne davon hatte er zuvor als geraubt gemeldet. Der Fall schien damit klar. Ein Richter erließ → Haftbefehl gegen Düe. Das Landgericht Hannover verurteilte ihn am 4. Januar 1984 wegen »Vortäuschens einer Straftat, versuchten Betruges und veruntreuender Unterschlagung« zu sieben Jahren Haft.

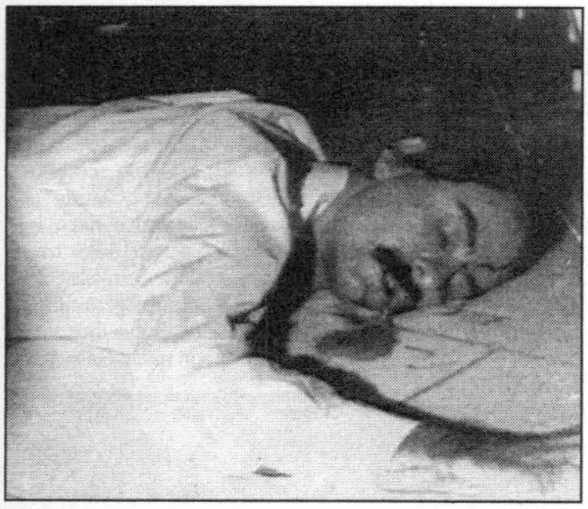

Links: Bewußtloser Düe / Unten: aufgefundener Schmuck

870 Tage saß der Juwelier in Haft, dann erwirkte am 13. März 1989 der hannoversche Rechtsanwalt Elmar Brehm in einem Wiederaufnahmeverfahren ein sensationelles zweites → Urteil: → Freispruch für Düe. Das → Gericht glaubte jetzt der Version des Juweliers. Selbst was das Auftauchen des gestohlenen Schmuckes betraf, glaubte man nun Düe, der behauptete, er habe ihn »durch Zufall« in seiner Werkstatt gefunden. Die Schmuckstücke waren demnach gar nicht gestohlen, sondern nur »verlegt« worden. Der Freispruch für Düe bedeutete für Werner Mauss eine Niederlage. Ihm wurde insbesondere vorgeworfen, z.T. mit Einverständnis des BKA, mit → illegalen Methoden gearbeitet zu haben. Daß es in dem Wiederaufnahmeverfahren um mehr ging als um die Möglichkeit der Vortäuschung einer Straftat oder eines → Betrugs, bestätigte Dües Anwalt ganz unumwunden: »Wir haben damals«, sagte er zehn Jahre später, »dem Rechtsstaat zum Sieg verholfen.« Er habe aus politischer Überzeugung für Düe gekämpft, ging es doch um einen Kampf gegen den Überwachungsstaat und Ermittler, die über die Stränge schlagen. Allerdings hat der gerissene Mauss wohl doch einen besseren Riecher gehabt als der überengagierte Anwalt: Anfang 2000 fanden Handwerker den Schmuck, der Düe angeblich gestohlen worden war, sorgfältig verpackt in der Decke eines kleinen Juwelierladens in Hannover einzementiert. Das Geschäft hatte der Juwelier Horst Ackermann 1985, also zu einem Zeitpunkt, als Düe im → Gefängnis saß, übernommen gehabt. Das Besondere daran: Vorinhaber des Juwelierladens war der 1990 verstorbene Friedrich Düe, der Vater von René Düe. Es gab vermutlich nicht viele Personen, die Gelegenheit hatten, den Schmuck in dem Geschäft zu verstecken – mit der höchstwahrscheinlichen Absicht, ihn bei günstiger Gelegenheit wieder zurückzuholen. Was die zwei elegant gekleideten, südländisch aussehenden Herren betrifft, die angeblich den Überfall auf Dües Juwelierladen begangen hatten, führt eine Spur in die Türkei, nach Istanbul. Dort wurde 1992 der damals 34jährige Aydin Y. wegen → Mordes zu 17 Jahren → Freiheitsstrafe verurteilt. Der Türke hatte seinen Freund Nevzat A., mit dem er einige Jahre in Hannover verbracht hatte, bestialisch ermordet. Er hatte sein Opfer in einem Hotelzimmer erdrosselt und ihm anschließend mit einem groben Zwirn den Mund zugenäht, ein beliebte → Mafia-Strafe für Leute, die zuviel reden. Zu Beginn seines Prozesses sagte Aydin Y. aus, daß René Düe ihm mit dem Mord an seinem Kompagnon beauftragt hätte, um den Kumpel zum Schweigen zu bringen. Denn, so berichtet die Tageszeitung Hürriyet, der Juwelier habe sie für den → Raubüberfall auf sein Geschäft gedungen. Doch Düe habe nicht gezahlt, und da habe sein Kumpan den Mann aus Hannover hochgehen lassen wollen. Für den Mord sollte er 225.000 Mark bekommen. Der Anwalt der Familie des Ermordeten, Aydin Cosar, erklärte im Juni 2000 dem SPIEGEL, die deutschen Behörden hätten die Spur nicht verfolgen wollen, und für eine

Anklage in Istanbul seien die Beweise zu dünn gewesen. Außerdem hatte der Mörder im Verlauf des Prozesses jenen Teil der Aussage zurückgenommen, der Düe belastete. Strafrechtlich hat der Juwelier kaum noch etwas zu befürchten. Düe ist, das weiß auch die Staatsanwaltschaft von Hannover, mit einem rechtskräftigen Urteil von allen Vorwürfen freigesprochen worden. Er kann nicht einmal mehr als Verdächtiger bezeichnet werden. »Wir ermitteln nicht gegen Herrn Düe, sondern gegen Unbekannt wegen Raubes«, lautet die Aussage der Staatsanwaltschaft. Düe hat mittlerweile im noblen Keitum auf Sylt ein neues Geschäft eröffnet. Ob Dües Anwalt mit seinem im Wiederaufnahmeverfahren erstrittenen Freispruch des Juweliers für den Rechtsstaat tatsächlich einen so großen Sieg errungen hat, wie er glaubte, darf allerdings bezweifelt werden.

Literatur: Andreas Ulrich: Im Netz von Monsier. In: DER SPIEGEL Nr. 26 vom 26.6.2000, S.71-73.

Duell

Das Duell – ein verabredeter Kampf zweier Personen mit tödlichen Waffen zur Austragung eines Ehrenhandels – erscheint uns heute als fremd, exotisch, unverständlich, als ein Phänomen weit entfernter Zeiten. Und doch konnte es noch in der Welt unserer Großväter – sofern sie der »satisfaktionsfähigen Gesellschaft« angehörten – über Leben und Tod entscheiden. Tausende von Männern, berühmte wie Heinrich Heine oder Alexander Puschkin und weniger berühmte haben bis zum Ersten Weltkrieg, ja zum Teil sogar noch bis zum Zweiten Weltkrieg, auf → Beleidigungen oder Ehrverletzungen mit einer Forderung reagiert und sich mit dem Gegner duelliert.

Das ursprüngliche Duell entstammt dem frühen Mittelalter. Mit Hilfe des Zweikampfes als → Gottesurteil sollte entschieden werden, ob jemand eines Verbrechens schuldig war oder nicht. Noch 1817 ließ ein englisches → Gericht ein Duell zwischen einem Ankläger und einem → Angeklagten in einem → Mordprozeß zu. Doch im Laufe des 19. Jahrhunderts wurde in allen europäischen Ländern das Duell verboten. Trotz z.T. drastischer → Strafen – im Regelfall wurden die allgemeinen Strafvorschriften über → Tötung und → Körperverletzung angewandt – konnte sich das Duell als außerrechtliche »Rechtsprechung« bis in das 20. Jahrhundert hinein erhalten. Erst die Abschaffung kriegerisch-aristokratischer Leitbilder ließ auch den Herrn von Stand vom Duell absehen und bei Bedarf die »feige« bürgerliche Rechtsprechung in Anspruch nehmen. Ute Frevert hat mit *Ehrenmänner* (1991) ein gründlich recherchiertes Werk zum Thema Duell vorgelegt.

Dunkelziffer des Verbrechens

Wenn man immer wieder in den Zeitungen von der schnellen Aufklärung einzelner → Verbrechen und von der Verhaftung und Aburteilung der → Täter liest oder dem Fernsehkommissar bei seiner Arbeit zuschaut, könnte man annehmen, einem → Delikt folge normalerweise seine Ahndung durch die → Justiz. Dem ist jedoch bei weitem nicht so: Zwischen die begangenen, aber nicht bekanntgewordenen, und die polizeilich gemeldeten oder gar abgeurteilten und damit statistisch erfaßten Taten, schiebt sich wie eine riesige Wolke die Dunkelziffer, eine fiktive Zahl, mit der man das Spannungsverhältnis zwischen Unbekanntem und Bekanntem bezeichnet, wobei das Wort »bekannt« lediglich die Aufnahme in die polizeiliche → Kriminalstatistik oder aber die rechtskräftige Verurteilung des Täters bedeuten kann. Die Dunkelziffer ist die Crux jeder Kriminalstatistik. Die Erfahrung zeigt, daß schon viele → Straftaten überhaupt nicht entdeckt werden, von den entdeckten werden wiederum viele nicht angezeigt, von den bekanntgewordenen Tätern sind viele entweder nicht faßbar oder auch nicht überführbar, und letztlich wird von den der Staatsanwaltschaft gemeldeten Tätern wiederum nur ein Teil den → Gerichten zur → Hauptverhandlung übergeben, und manche Hauptverhandlung läuft auch auf einen → Freispruch mangels Beweises hinaus. Die ohnehin nur annähernd zu schätzende Dunkelziffer ist bei jedem Delikt verschieden anzusetzen.

Relativ gering ist die Dunkelziffer beim → Einbruch. Fast jeder Einbruch dürfte der → Polizei gemeldet werden – allerdings nur die wenigsten davon werden aufgeklärt. Hoch dürfte die Dunkelziffer bei → Wirtschaftskriminalität und »white-collar«-Delikten sein, also Verstößen der sogenannten oberen Schichten, die sich dem Zugriff der Polizei leicht entziehen können. Auch bei → Unterschlagungen dürfte die Dunkelziffer hoch liegen, da die Geschädigten sich in vielen Fällen mit dem Täter erst im Guten zu arrangieren versuchen und kein Interesse mehr an einer → Strafverfolgung haben, wenn ihnen eine Einigung gelungen ist. Auch bei → Betrug dürfte nur ein Teil zur → Anzeige kommen. Viele Betrugshandlungen gehen auch über einen Versuch nicht hinaus, so z.B., wenn das Opfer sofort merkt, daß ihm ein falscher Wechselbetrag in die Hand gegeben worden ist und der Täter sich sofort mit einem Versehen entschuldigen kann. Manchmal haben die Opfer auch kein Interesse an einer Strafverfolgung, da sie sich selbst in irgendeiner Form mit strafbar gemacht haben. Ein anderer Grund für die sehr hohe Dunkelziffer beim Betrug ist die Angst des Opfers vor einer Bloßstellung, so vor allem beim heute aus der Mode gekommenen → Heiratsschwindel oder beim »Beischlafdiebstahl«. Beim → Taschendiebstahl kann der Geschädigte oft nicht angeben, ob ihm der Gegenstand entwendet wurde oder ob er ihn verloren hat. Wenn der Schaden durch eine Versicherung gedeckt ist – was sehr häufig der Fall ist -, besteht meist kein sehr großes Interesse an einer Strafverfolgung des Täters. → Erpressungen und → Nötigungen werden von den Opfern schon häufig deshalb nicht angezeigt, da sie vielfach im Zusammenhang mit eigenen, wenig rühmlichen Taten des Opfers stehen. Auch im Bereich des → Gewaltverbrechens dürfte die Dunkelziffer beachtlich sein. Viele tätliche Übergriffe werden aus Angst vor weiteren → Repressalien der Polizei nicht gemeldet. Bei → Mord ist die Aufklärungsrate zwar hoch, aber in Deutschland bleibt jeder zweite Mord unentdeckt. Das System der Todesermittlung ist oft kläglich. Leichenbeschauer verstehen oft nicht viel vom Tod, Rechtsmediziner werden selten gefragt und so manches Mal wollen Polizisten es gar nicht so genau wissen – die Aufklärung eines Mordes bedeutet schließlich viel Arbeit, ein vermeintlich natürlicher Tod hingegen nicht. Sabine Rückert hat mit ihrem gründlich recherchierten Buch *Tote haben keine Lobby. Die Dunkelziffer der vertuschten Morde* (2000) Aufklärung über die Morde geliefert, die nicht aufgeklärt werden können, da man sie ignoriert.

Durchsuchung

Im → Strafprozeßrecht bedeutet Durchsuchung das Suchen nach verdächtigen Gegenständen, die der Einziehung unterliegen oder als Beweismittel dienen könnten. Zu unterscheiden sind die Durchsuchung von Räumen – Hausdurchsuchung – und die Durchsuchung von Personen, d.h. die Leibesvisitation von Verdächtigen. Eine besondere Art von Durchsuchung ist die → Razzia. Als grundrechtsbeschränkende Maßnahme bedürfen Durchsuchungen der besonderen Anordnung gesetzlich bestimmter Stellen: grundsätzlich der Richter, bei → Gefahr im Verzug der Staatsanwaltschaft.

Dutroux, Marc

Ein in seinem ganzen Ausmaß wahrscheinlich nie ganz zu ermessendes Verbrechen kam am 13. August 1996 im belgischen Charteroi an den Tag, als der → Kinderschänder Marc Dutroux gemeinsam mit seiner 36jährigen Ehefrau Michèle Martin und seinem Komplizen Lelièvre verhaftet wurden. Bereits Ende der 80er Jahre war der pädophile Dutroux wegen sexuellen Kindesmißbrauchs in fünf Fällen zu einer → Freiheitsstrafe von 13 Jahren verurteilt worden. Obwohl medizinische Gutachter vor der Entlassung des »perversen Psychopathen« ausdrücklich gewarnt hatten, wurde Dutroux auf Anordnung des damaligen belgischen Justizministers Melchior Wathelet vorzeitig entlassen. Dutroux hatte noch nicht einmal ein Drittel seiner → Strafe verbüßt, als er 1992 freikam.

Nach Bekanntwerden der neuen Verbrechen erklärte Wathelet, er habe lediglich auf die Mehrheit der Experten gehört, als er die vorzeitige Entlassung Dutrouxs angeordnet

Häftling Dutroux

hatte. Das jedoch war eine nachweisliche → Lüge – und das ausgerechnet aus dem Munde eines Justizministers! Nach der erneuten Verhaftung Dutrouxs' fand die Polizei mehrere halbverhungerte Mädchen in einem hinter einem Schrank im Keller des Dutroux-Hauses befindlichen Verließ. Dutroux gab zu, die Kinder vergewaltigt (→ Vergewaltigung) und sie dabei mit seiner Videokamera gefilmt zu haben. Als die → Polizei zwei weitere Anwesen von Dutroux durchforstete, fand sie die Leichname von zwei Mädchen und von zwei jungen Frauen, außerdem stieß sie auf die Überreste des ehemaligen Dutroux-Komplizen Berhard Weinstein, der bei lebendigem Leibe begraben worden war.

Was dem Fall Dutroux die hohe Brisanz verlieh, war, daß es sich hier aller Wahrscheinlichkeit nicht nur um die Tat eines Einzeltäters oder einer Kleingruppe von Perversen handelte. Mit Dutrouxs' erneuter Verhaftung rückte zugleich ein europaweit geknüpftes Kinderhändlernetz (→ Menschenhandel) in den Blickpunkt einer schockierten Öffentlichkeit. Als auch Politiker und Justizbeamte in den Verdacht gerieten, sich mit Hilfe von Dutroux an Kindern vergangen zu haben oder ihn zumindest gedeckt zu haben, entwickelte sich der Kriminalfall zur größten Staatsaffäre der belgischen Nachkriegsgeschichte. Der → Sadist und → Serienmörder Dutroux hatte mit seinem Kinderpornoring gut verdient gehabt, innerhalb weniger Jahre war aus dem ehemaligen Sozialhilfeempfänger ein wohlhabender Mann geworden. Vor dem Untersuchungsrichter versuchte Dutroux, die Hauptlast der Verbrechen seinem Komplizen Michel Lelièvre in die Schuhe zu schieben: Allein dieser trage → Schuld am Tod der Mädchen, weil er ihnen nichts zu essen gegeben habe!

Dyer, Amelia Elisabeth

Am 10. Juni 1896 wurde die damals 57jährige Amelia Elisabeth Dyer im → Gefängnis von Newgate gehenkt. Sie hatte in den 1880er und 1890er Jahren ihren Unterhalt als »Babyfarmerin« verdient. Dieser Beruf bestand darin, den unerwünschten Nachwuchs wohlhabender Frauen in Pflege zu nehmen, um die Babys großzuziehen oder an Familien mit Kinderwunsch zu vermitteln. Amelia Dyer fand es einfacher, die Säuglinge zu erwürgen und in der Nähe von Reading in die Themse zu werfen. Niemand vermißte die kleinen Wesen, niemand fragte jemals nach ihrem Verbleib, so daß die Babymörderin bald jegliche Vorsichtsmaßnahmen außer acht ließ. So wickelte sie eine der kleinen Leichen in Packpapier, auf dem ihr Namen stand. Als ein Hausbootsbesitzer auf das Bündel stieß, wurde Amelia Dyer ihr Treiben endlich zum Verhängnis. Man klagte sie des mindestens 15fachen → Mordes an. Nach der genauen Zahl ihrer Opfer befragt, erwiderte die Dyer zynisch: »Die von mir Ermordeten könnt ihr an den Stricken um den Hälsen erkennen.« Ihren eigenen Strick hatte sie sich redlich verdient.
→ Dean, Williamina, → Engelmacherin, → Serienmörder

E

Ehebruch

Daß der Ehebruch in nahezu allen Gesellschaften strafbar war, bzw. z.T. auch noch ist, ist eines der vielen Beispiele dafür, daß kein → Strafrechtssystem nur auf das → Verbrechen im engeren oder eigentlichen Sinne beruht, sondern in entscheidendem Maße auch auf prinzipiellen, moralischen und ideologischen Erwägungen. Der Ehebruch wurde mit z.T. drastischen → Strafen belegt. Nicht selten wurde aber allein die Frau für ein derartiges → Vergehen haftbar gemacht. Im römischen Recht drohte der Ehebrecherin die → Todesstrafe. Das germanische Recht urteilte »milder«. Es schwankte zwischen Todesstrafe, Abschneiden der Haare und Ausstoßung aus der Gemeinschaft. Bei manchen Naturvölkern führt der Ehebruch der Frau zur Verstümmelung. Ab dem Mittelalter wurde auch der Ehebruch des Mannes verfolgt. Es drohte die → Verbannung oder eine → Geldstrafe. Die Härte einer Strafe konnte auch im entscheidenden Maße vom Willen des jeweiligen Herrschers abhängen. Sie erließ z.B. 1542 der Kurfürst Moritz von Sachsen ein Edikt, das den Kopf all jener forderte, die auf verbotenen Liebespfaden wandelten. Sein Nachfolger August präzisierte das Edikt 1572: Danach sollten alle Ehebrecher, Ehemänner wie Ehefrauen, durch das Schwert gerichtet werden. Wenn sich hingegen eine ledige Frau mit einem verheirateten Mann eingelassen hatte, oder umgekehrt, so sollte der ledige Teil der Buhlschaft gestäubt und verjagt werden. War der Ehebruch eine einmalige Angelegenheit, konnte der Ehebrecher mit einem blauen Auge davonkommen und das Landes verwiesen werden, aber auch nur dann, wenn der »verletzte Ehegatte verzieh«. Die Verzeihung eines Ehebruches konnte manchmal Wunder bewirken und in einem Fall sogar entscheidenden Einfluß auf die europäische Kunstgeschichte haben. So wurde 1571 Jan Rubens, Doktor beider Rechte, Ratsmann und Schöffe von Antwerpen, wegen Ehebruchs mit der Prinzessin Anna von Sachsen gefangengenommen. Ihm drohte die Todesstrafe. Auf die Bitte seiner Frau hin wurde er nach zwei Jahren begnadigt, und die Ehe wurde wiederhergestellt. Das erste Kind dieser erneuerten Ehe war der Maler Peter Paul Rubens. Die Briefe der Frau Rubens an ihren Mann im → Gefängnis sind ein großartiges Dokument der Menschlichkeit; so hatte sie beispielsweise geschrieben: »Was die Vergebung angeht, die Ihr von mir begehrt habt, so hoffe ich, daß sie Euch zufrieden macht und beruhigen möge. Ich vergebe Euch, jetzt und immer, wann Ihr es von mir begehrt, und stelle keine andere Bedingung, als daß Ihr mich lieben sollt wie früher, und ich verlange keine andere Genugtuung von Euch als Eure uneingeschränkte Liebe wieder, denn wenn ich die habe, wird all das übrige von selbst folgen.« Die Strafbarkeit des Ehebruchs wurde in der Bundesrepublik in den 60er Jahren aufgehoben, in der Schweiz 1989. In Österreich steht Ehebruch unter Strafe (→ Freiheitsstrafe bis zu sechs Monaten oder Geldstrafe). Allerdings ist der Täter nur auf berechtigtes Verlangen des verletzten Ehegatten zu verfolgen, das nicht vorliegt, wenn dieser dem Ehebruch zustimmt oder ihn absichtlich ermöglicht hat oder die eheliche Gemeinschaft seit einem Jahr nicht mehr besteht. → Bigamie

Eichhorn, Johann

»Wenn ich mit meinem Fahrrad spazieren fuhr, so dachte ich überhaupt mir nichts an ein Mädchen ... und wenn dann auf einmal ein Mädchen kam ... ich kannte mich dann selbst nicht mehr wo ich bin oder was ich machte ... ich verspürte ein Kitzeln in meinen Schwanz fangte das Zittern an das Blut stieg mir in den Kopf und musste zu den Mädchen hin ob ich wollte oder nicht und was ich da in meinem Surri und Trieb machte wusste ich nicht mehr ...«. Mit diesen Worten schilderte 1939 der damals 33jährige Schlosser Johann Eichhorn aus München Aubing seinen Trieb, Frauen zu überfallen und zu vergewaltigen (→ Vergewaltigung) und in fünf Fällen auch zu töten. Mehr als 90mal hatte Eichhorn junge Frauen auf der Straße überfallen, vom Fahrrad gezogen, ins Gebüsch gezerrt und dort vergewaltigt. Zum erstenmal als 24jähriger, als er ein Mädchen verfolgte, das er vorher im Badeanzug beobachtete hatte und das ihn sexuell reizte. Seinen ersten → Mord beging er am 11. Oktober 1931 an der 16jährigen Maurerstochter Katharina Schätzl, die er mehr aus Versehen erwürgte. Im Jahr 1934 schoß er einem seiner Opfer jedoch bewußt in den Hinterkopf, mit der späteren Begründung: »wenn die Mädchen sich unbandig wehrten, habe ich zur Waffe gegriffen, weil ich mir da nicht zu helfen wußte«. Ob dies allein der Grund war, darf bezweifelt werden. Auf eine sadistische (→ Sadismus) Zerstückelungslust weist jedenfalls hin, daß Eichhorn der Ermordeten das Geschlechtsteil herausschnitt und ihr auf das Gesicht legte. Dasselbe machte er auch bei den drei weiteren von ihm ermordeten Frauen. Bei dem psychiatrischen Gutachten, das Eichhorn gestellt wurde, wird besonders auf das Doppelleben hingewiesen, das Eichhorn, der verheiratet und Familienvater war, führte. Er verstand es, überall für einen ordentlichen Menschen und sorgenden Familienvater gehalten zu werden. »In der Dämmerung und nachts jedoch, sowie in den dienstfreien Stunden verfolgte er wie ein Raubtier seine Beute«, hieß es im richterlichen Gutachten. Die Fähigkeit, ein solches Doppelleben raffiniert durchzuhalten, wies nach Ansicht des Gutachters darauf hin, daß er seine Verbrechen nicht in einem bewußtseinsgetrübten Zustande ausführte, sondern planmäßig vorbereitete. In diesem Zusammenhang wurde festgestellt, daß es eine Eigentümlichkeit eines Teils sadistischer → Lustmörder zu sein scheint, ein Doppelleben zu führen,

Hohe Belohnung zugesichert

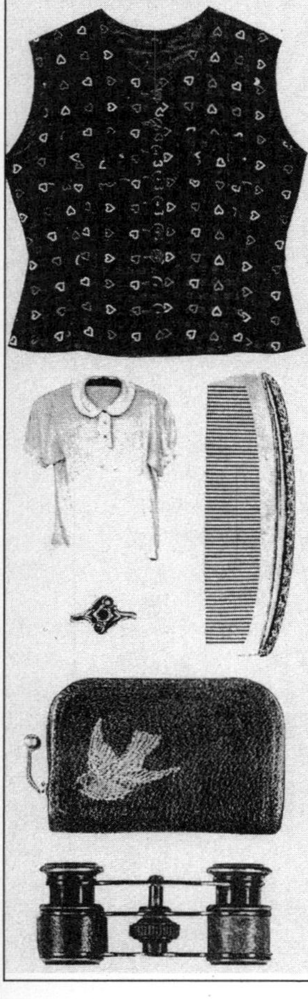

Am 29. Januar 1939 wurde der nebenstehend abgebildete Schlosser Johann (Hans) **Eichhorn,** geb. 8. Oktober 1906, zuletzt wohnhaft gewesen in Aubing, Hindenburgstraße Nr. 2 und bis Ende 1937 in Neuaubing, Adolf-Hitler-Straße Nr. 48, wegen **Sittlichkeitsverbrechens** festgenommen.

Im Zuge der Ermittlungen wurde Eichhorn überführt, eine größere Anzahl schwerster **Sittlichkeitsverbrechen** und **Raubüberfälle** ausgeführt zu haben. Die Tatzeiten erstrecken sich auf die letzten 12 Jahre.

Die nebenstehend abgebildeten Gegenstände wie **Polobluse, Weste, Geldtasche, Opernglas, Ring und Kamm** wurden unter anderem bei Eichhorn vorgefunden. Es ist von Wichtigkeit, zu erfahren, wem diese Gegenstände gehören bzw. gehört haben. Die Eigentümer wollen sich umgehend melden.

Insbesondere ist es aber von Bedeutung, festzustellen, was für eine

Schußwaffe

Eichhorn getragen hat. Er selbst gibt zu, einen Trommelrevolver besessen zu haben. An alle diejenigen, die Eichhorn gekannt haben, wird die dringende Bitte gerichtet, sich zu melden, falls sie bei Eichhorn eine Pistole oder eine Schußwaffe gesehen haben. Den Verbleib der Schußwaffe verschweigt Eichhorn.

Unter Hinweis auf obige Belohnung, deren Verteilung in angemessener Höhe unter Ausschluß des Rechtsweges der Behörde vorbehalten bleibt, werden alle Personen, die sachdienliche Angaben machen können, gebeten, sich bei der Kriminalpolizeileitstelle München, Zimmer Nr. 245 oder 247 zu melden.

Staatliche Kriminalpolizei
Kriminalpolizeileitstelle München
I.V.: Dr. Böhme

so daß es oft schwerfällt, sie zu überführen. Wenn wir an einen Fall wie Ronnie → Rieken und zahllose andere → Serienmörder denken, sind wird geneigt, dieser Beobachtung zuzustimmen.

Literatur: Michael Farin: Johann Eichhorn – Der Schrecken des Münchner Westen. In: Ders. (Hg.): Polizeireport München (1999), S.288-311. → Frauenmörder

Eifersuchtsverbrechen

Der Eifersüchtige leidet im Regelfall unter der überstarken Furcht, die Zuneigung oder Liebe einer Person mit jemandem teilen zu müssen oder an einen anderen zu verlieren. Der Eifersüchtige reagiert auf das wahrgenommene Nachlassen der Zuwendung mit Versuchen, das Liebesobjekt an sich zu binden. Eifersucht kann extreme Formen annehmen und zu der fixen Idee führen, vom Partner betrogen zu werden, obwohl dieser treu ist. Eifersucht wird von einem immerwährenden, grundlosen Mißtrauen genährt und von ständigen Verdächtigungen begleitet. Der Betroffene läßt sich seine Eifersucht nicht ausreden. Die Eifersucht kann, gerade wenn sie wahnhafte Formen annimmt, zu kriminellen Handlungen führen (→ Beziehungs- und Familiendramen, → Gattenmord). Nicht wenigen → Gewaltverbrechen liegt Eifersucht zugrunde (→ Bergen, Ingrid van, → Chevallier, Yvonne, → Ellis Ruth, → Simpson, O. J.). Der untreue Partner wird getötet, mißhandelt, verstümmelt oder gemeinsam mit seinem weiblichen oder männlichen Liebhaber hingerichtet. Der Eifersuchtswahn tritt besonders häufig bei Männern und Frauen auf, die in ihrer Jugend ein ungenügendes Maß an Elternliebe erfahren haben. Auch drückt die überstarke Eifersucht oft den Wunsch nach eigener Untreue aus. Man projiziert die eigenen Wünsche in den anderen Menschen hinein.

Einbruch, Einbrecher

Einbruch ist das gewaltsame Eindringen in verschlossene Räume, meist mit der Absicht, dort einen → Diebstahl zu begehen. Aber anders als der einfache Diebstahl setzt der Einbruchsdiebstahl einen stärkeren und intensiveren verbrecherischen Willen voraus. Teilweise beträchtliche Hindernisse müssen vom Einbrecher überwunden werden. Während beim → Raub der Widerstand einer Person gebrochen werden muß, sind die Widerstände beim Einbruch sachlicher Natur, wie z.B. das Überwinden von Mauern, das Öffnen verschlossener Türen oder Fenster, etc.

Einbruchdiebstahlversicherung

Sachversicherung gegen Schaden, der bei → Einbruch und Entwendung von versicherten Gegenständen auftritt. Einfacher → Diebstahl ist durch die Einbruchsdiebstahlversicherung nicht abgedeckt, dazu bedarf es einer eigenen Versicherung, der Diebstahlversicherung.

Einheitsstrafe

Traditionell wurde zwischen verschiedenen Arten von → Freiheitsstrafe, nämlich nach dem Grad ihrer Schwere, unterschieden. Das → Strafgesetzbuch der BRD kannte bis

1970 → Einschließung, → Haft, → Gefängnis und → Zuchthaus. Der Grund für die Abschaffung verschiedener Arten von Freiheitsstrafe liegt in der neuen Zielsetzung der → Strafe, nämlich dem Versuch der → Resozialisierung. Vor allem die Zuchthausstrafe hatte sich aufgrund der Auswirkungen der Hafterschwerung, besonders aber wegen der mit ihr verbundenen Brandmarkung als Zuchthäusler erschwerend für die soziale Wiedereingliederung der Straftäter dargestellt. Einzig das Jugendstrafrecht kennt noch verschiedene Formen der Bestrafung bzw. Besserung, nämlich: Erziehungsmaßregeln, → Zuchtmittel und die → Jugendstrafe.

Einschließung

War früher eine Form der → Freiheitsstrafe (ein Tag bis 15 Tage), welche die → Festungshaft ablöste und als nicht entehrend galt. Sie wurde 1970 zugunsten der → Einheitsstrafe aufgehoben.

Eisenbahnverbrechen

Mord im Orientexpress, 16 Uhr 50 ab Paddington – schon ein kurzer Blick auf die Literatur- und Filmgeschichte bestätigt, daß die Eisenbahn als → Tatort stets fasziniert hat. Bahnfahrten – und natürlich auch Bahnhöfe – zeichnen sich durch ihre Anonymität aus, die vom romantischen Abenteuer bis hin zur gefährlichen Begegnung alle Möglichkeiten offenläßt. Fast von Beginn an waren Züge, Bahnhöfe und Gleisstrecken häufig gewählte Tatorte für → Mord, → Diebstahl, → Raub, → Schmuggel und → Vergewaltigung. Auch eine neue Mordart, bzw. Versandart von Leichen haben wir der Eisenbahn zu verdanken: den Koffermord (→ Daniele, Salvatore, → Eyraud, Michel, → Schmidt, Johann). Dank der Bahn konnten nun auch Tote auf Reisen gehen, diskret im Koffer verpackt, um schließlich irgendwo in einer Gepäckaufbewahrung zu landen. Erst wenn der Gestank unerträglich wurde und niemand Interesse zeigte, eine verwesende Leiche abzuholen, schritt die Bahnpolizei ein und öffnete den Koffer. Peter Hiess und Christian Lunzer haben mit ihrem Mord-Express. Die größten Verbrechen in der Geschichte der Eisenbahn (2000) einen ersten Einblick in diesen faszinierenden Sondersektor der → Kriminalgeschichte geliefert. → Bilancia, Donato, → Kraft, Hermann, → Matuska, Sylvester, → Müller, Franz, → Ogorzow, Paul, → Pommerenke, Heinz, → Die Posträuber, → Rezala, Sid Ahmed.

Eiserner Käfig

Eiserne Käfige fanden sich bis zum Ende des 18. Jahrhunderts an den Außenseiten der Rathäuser, Fürstenpaläste oder Kirchen und → Gerichtsgebäuden fast aller Städte. Darin wurden → Verbrecher eingesperrt, die man meist nackt der Sonne oder der Kälte aussetzte und ohne Trinken und Nahrung ließ. Nach ihrem Tod baumelten die Leichen meist weiter in ihren Käfigen, bis die Gebeine zerfielen oder von Vögeln aufgefressen waren. Man versprach sich von dieser barbarischen Einrichtung einen heilsamen moralischen Abschreckungseffekt. → Folter, → Todesstrafe

Elektrischer Stuhl

Wurde von Thomas Alva Edison erfunden und 1890 im Staat New York zum ersten Mal zur Vollstreckung der → Todesstrafe eingesetzt. Auch heute ist der elektrische Stuhl, vorwiegend in einigen Staaten der USA, noch in Betrieb. Ob der Tod auf dem elektrischen Stuhl »humaner« ist als der durch die → Guillotine oder durch den → Galgen erscheint fraglich. Dem → Delinquenten werden Haare und Augenbrauen abrasiert, damit sie nicht Feuer fangen, danach wird er auf dem Stuhl angeschnallt und auf seinen Körper ein Stromstoß von 2000 Volt geleitet. Am schlimmsten ist es zweifellos, wenn der Betrof-

Eisenbahnverbrechen: Mord im Abteil. Illustration Ende des 19. Jahrhunderts

fene nicht gleich bei dem ersten elektrischen Stoß sein Leben aushaucht. Amerikas stümperhafteste Hinrichtung war vermutlich die an William Taylor im Jahr 1893. Der erste Stromstoß riß den Stuhl entzwei. Daraufhin mußte der bereits angeschlagene Taylor warten, bis der Stuhl notdürftig repariert war. Beim nächsten Versuch gab es keinen Strom. Beim dritten Versuch endlich, war Taylor bereits freiwillig verschieden.

Aber auch wenn es besser »klappt«, ist der Tod auf dem elektrischen Stuhl kein Zuckerschlecken. So schreibt Robert ARockaway über die → Hinrichtung von Louis »Lepke« → Buchalter: »Am 4. März 1944 wurde er eine halbe Stunde vor Mitternacht aus seiner Zelle geholt und in einen kleinen Raum geführt, in dem der elektrische Stuhl im Boden verankert war. Buchalter sagte kein Wort. Er durchquerte rasch den Raum und warf sich beinahe in den Stuhl. Steif und aufrecht saß er da, als ihm eilig die Riemen über die Arme, um die Brust und um den Unterleib geschnallt wurden. Die Aufseher schlossen die Elektroden an und vergewisserten sich, daß eine Elektrode durch einen Schlitz in seinem Hosenbein auch mit seinem Körper verbunden war. Als eine Elektrode von oben an seinem Kopf befestigt wurde, blickte Lepke auf. Es war das letzte, was er sah. Eine Maske wurde ihm über den Kopf gestülpt, damit die Anwesenden vom Anblick der Verzerrungen im Gesicht des Todeskandidaten verschont blieben, sobald der Strom eingeschaltet wurde. Um die Augen herum wurde die Maske besonders fest angelegt, damit die Augen nicht aus den Höhlen springen konnten. Buchalters Herz raste; er mußte nach Luft schnappen. Dann traten alle von dem Stuhl zurück. Ein Wärter namens Snyder gab das Zeichen, indem er die Hand sinken ließ. Durch eine Trennwand verborgen, betätigte Joseph Francel, der Scharfrichter, den Hebel. Das Surren von Elektromotoren erfüllte den Raum.

22.000 Volt jagten in Lepkes Körper und brachten ihn zum Aufbäumen. Die Haare standen ihm zu Berge und seine Haut wurde dunkelrot. Speichelschaum trat unter der Maske hervor. Noch ein zweiter Stromstoß, und das Surren verklang. Die Wärter entblößten Lepkes Brust, und Dr. Charles Sweet, der Gefängnisarzt, trat vor und horchte Lepke mit einem Stethoskop ab. Ich erkläre diesen Mann für tot, sagte er. Die Schließer legten Lepkes Leiche auf eine Bahre und schoben sie in den Autopsieraum. Man schaut in das Gesicht und kann den Blick nicht davon losreißen, schrieb Frank Coniff am nächsten Tag im New York Journal American. Schweißtropfen laufen ihm über die Stirn. Speichel rinnt ihm aus den Mundwinkeln. Das Gesicht ist völlig verfärbt. Es ist kein schöner Anblick.‹«

Elektronische Fußfessel

Seit dem Jahr 2000 gibt es in Deutschland elektronische Fußfesseln. Statt → Haft können sich → Kriminelle auch für die Fußfessel entscheiden. Voraussetzung ist, daß es sich bei ihnen nicht um Schwerverbrecher handelt, daß sie einen festen Wohnsitz

Elektronische Fußfessel. Aus: Der Spiegel Nr. 18 v. 30.4.2001

haben, Telefonanschluß und einer sinnvollen Tagesbeschäftigung nachgehen, was aber auch schon mal ein Deutschkurs für Ausländer sein kann. Sie dürfen nicht drogenabhängig sein, müssen sich im Gespräch als einigermaßen vertrauenswürdig erweisen und eventuelle Mitbewohner müssen der Kontrolle zustimmen. Betrachten die zuständigen Bewährungshelfer (→ Bewährungshelfer) und Sozialarbeiter diese Voraussetzungen als erfüllt, schließen sie mit dem → Delinquenten eine Art Vertrag ab, wie sein Tag auszusehen hat und geben ihm einen genauen Wochenplan. Nach diesem Plan programmieren sie das elektronische Überwachungssystem. Bei Verstößen schlägt der Apparat, der die Signale des Fußgeräts empfängt, per Telefon in der Datenzentrale Alarm.

Die Fußfessel, so Professor Hans-Jörg Albrecht vom Freiburger Max-Planck-Institut für ausländisches und internationales → Strafrecht, kommt einer »forcierten Verhaltenstherapie« gleich. Der elektronisch kontrollierte Wochenplan »gibt den Leuten eine Art Lebensgerüst«, stellte die Frankfurter Amtsrichterin Ursula Stilp fest. Gerade bei Bewährungsstrafen (→ Strafaussetzung zur Bewährung) scheint der Druck in sonst schwierigen Fällen zu wirken: Eine junge Frau, verurteilt wegen → Beschaffungskriminalität, drohte ihre Bewährung zu verlieren, da sie laufend gegen Bewährungsauflagen verstieß und nahezu jeden Job schmiß. Dann kam sie an die elektronische Fußfessel und plötzlich hat es geklappt. Sie fand selbst eine Stelle und arbeitet jetzt als Zimmermädchen.

Elektronische Fußfesseln lassen dem Verurteilten mehr Freiheit und kosten den Staat weniger Geld als der herkömmliche → Strafvollzug. Trotzdem gibt es auch Kritik: Die einen empfinden die Fußfessel als → Strafe zu lasch, die anderen sehen in ihr einen Schritt in den Überwachungsstaat.

Ellis, Ruth

War die letzte Frau, an der in England die → Todesstrafe vollstreckt wurde. Sie wurde am 13. Juli 1955 in London gehenkt. Bereits am 21. Juni, dem Tag der → Urteilsverkündung, war es vor dem Gerichtsgebäude Old Bailey zu Tumulten gekommen. Am Tag der → Hinrichtung belagerte eine aufgebrachte Menschenmenge das → Gefängnis von Holloway, um für die Abschaffung der Todesstrafe zu demonstrieren. Man wollte die junge Frau nicht am → Galgen sehen. Die Todesstrafe erschien den Demonstranten als barbarischer Anachronismus, außerdem hatte die platinblonde 28-jährige einen → Mord aus Leidenschaft begangen. Dafür gab es in England – im Gegensatz zu anderen Ländern, wie z.B. Frankreich – zwar keine → mildernden Umstände, doch es brachte ihr Sympathien ein. Von ihrem Richter befragt, weshalb sie am 8. April 1955 sechs Pistolenschüsse auf den jungen, wohlhabenden David Blakely abgefeuert hatte, erwiderte Ruth Ellis: »Ich habe ihn getötet, weil ich ihn liebte ...«

Begonnen hatte die Affäre zwischen der charakterfesten Bardame Ruth Ellis und dem etwas labilen Sohn aus wohlhabendem Hause, der sein Glück als Rennfahrer versuchte, 1953 in einem Club in Knightsbridge. David Blakely hatte Ruth sein Heiratsversprechen gegeben, doch er war zu unbeständig, um sein Wort zu halten. Möglicherweise fiel es ihm auch schwer, zu dieser unstandesgemäßen Liebe zu stehen, da sie für ihn Symbol seines eigenen Abstieges war. Jedenfalls versuchte er, sich von der drei Jahre älteren Ruth zu lösen und fing neue Liebesabenteuer an. Ruth Ellis, die kurz vorher eine Fehlgeburt erlitten hatte, beschloß am 10. April 1955 – es war ein Ostersonntag -, dem allen ein Ende zu machen. Sie wartete neben dem Eingang des Lokals Magdala Tavern auf David Blakely, dessen Wagen am Straßenrand parkte. Als er in Begleitung eines Freundes nach draußen trat, es war gegen 21.15 Uhr, rief sie ihn beim Namen. Er wandte sich nicht um. Daraufhin zog sie eine Pistole aus ihrer Handtasche und feuerte sechs Schüsse auf ihn ab, vier davon waren tödlich. Vor → Gericht weigerte sich Ellis, auf → Totschlag zu plädieren. Ebenso weigerte sie sich, ein Gnadengesuch einzureichen. Die Bemühungen des englischen Volkes, sie vor dem Galgen zu retten, erschienen ihr unangebracht. »Mein Leben für seines«, erklärte sie, die niemals halbe Sachen gemacht hatte. → Beziehungs- und Familiendramen, → Eifersuchtsverbrechen

Engelmacherin

Als Engelmacherin wurden ursprünglich Frauen bezeichnet, die kleine Kinder in Pflege nahmen und diese töteten oder durch Vernachlässigung umkommen ließen (→ Dean, Williaminia, → Dyer, Amelia Elizabeth, → Wiese, Elisabeth). Später wurde die Bezeichnung für Frauen verwendet, die illegale Abtreibungen durchführten. → Schwangerschaftsabbruch

Engler, Martin

Voller Bewunderung wird Martin Engler in der → Ganovenwelt als »König der Betrüger« tituliert. Dabei sind seine → Coups immer nach demselben Muster gestrickt: Der kleine, dickliche Engler gibt sich als Geschäftsmann von Welt aus, der über Milliarden verfügt. Dann zeigt er Vorstands- und Aufsichtsratsbeschlüsse von Firmen vor, an denen er angeblich beteiligt ist, reicht Fotos von herrlichen Besitztümern wie Villen und Jachten herum und behauptet, mit der ersten Politprominenz auf du und du zu stehen – und ergaunert auf diese Weise Millionen. Martin Engler gilt in der deutschen Kriminalgeschichte als Phänomen. Fast die Hälfte seines Lebens hat er im → Gefängnis verbracht: 16mal ist er wegen → Diebstahls, → Unterschlagung, → Betrugs und → Fälschung verurteilt worden, mit zwanzig zum ersten Mal. Die → Justiz hat ihn als gefährlichen Hangtäter bezeichnet. Trotzdem konnte Engler mit seiner Eloquenz auch immer wieder Leute bluffen, die es eigentlich hätten besser wissen müssen. So z.B. den → Gerichtspsychiater Hans Jürgen Horn, der trotz der Vorgeschichte des »Königs der Betrüger« prüfen sollte, ob dieser ein »straffreies, sozial verantwortliches Leben« in Freiheit führen könne. Nach rund einem Dutzend Sitzungen in der Hamburger → Justizvollzugsanstalt Fuhlsbüttel mit dem »kleinen Gernegroß« war der Psychiater von dem redegewandten Gauner offenbar ebenso fasziniert wie vor ihm bereits Englers Opfer. »Der Mann ist gut«, so Horn. Überzeugend hatte Engler seinen angeblich soliden pekuniären und privaten Hintergrund geschildert, als Ergebnis schrieb Horn eine überraschend optimistische Expertise: Engler durfte nach 15 Jahren das → Gefängnis im Mai 1997 verlassen. Acht Monate später saß er wieder – nachdem er drei Geschäftsleute getäuscht und nach bewährter Methode um rund eine Million Mark erleichtert hatte. Geboren wurde Engler 1937 in Recklinghausen. Als Scheidungskind war er bei Verwandten herumgereicht worden. Lehren als Maurer und Elektriker brach er ab, die Oberschule in Berlin-Reinickendorf mußte er verlassen, da er den Anforderungen nicht gewachsen war. Mit 16 kam Engler ins Heim, flüchtete und legte sich eine ebenso abenteuerliche wie großspurige Biografie zu: Sein Vater, ein SS-General, habe ihn und die jüdische Mutter in ein Konzentrationslager bringen lassen. Er selbst sei Betriebswirt und promovierter Architekt, sein Vermögen stamme aus Wiedergutmachungszahlungen für KZ-Häftlinge. Seinen Unterhalt bestritt Engler offiziell als Versicherungsvertreter, Immobilienhändler und Investmentberater. Tatsächlich machte er sich durch Ganovenstücke reich. Viele glaubten bereitwillig die Geschichten, die Engler ihnen auftischte: So machte er 1981 einen Hamburger Geschäftsmann um einige tausend Mark ärmer, dem er erzählt hatte, er hüte in Dänemark versteckte Goldreserven der PLO. Der Trick von Englers Erfolg war, daß bei seinen → Lügengeschichten immer ein paar Details der Wahrheit entsprachen. Ein Bekannter Englers, der Hamburger Kaufmann und Jurist Karl-Josef von Wolkenstein-Trostburg, sagte über ihn: »Er verstand es vorzüglich, der Hoffnung auf ein besseres Leben

Nahrung zu geben. Jeder dachte, wenn nur ein Teil von all dem stimmt, ist der Mann für mich ein Glücksfall.« Doch immer war das Gegenteil der Fall. Anwälte, Notare, Kaufleute deckten arglos Englers Gaunereien mit ihrem Namen und beschafften ihm so den Anschein von Seriosität. Selbst hinter Gittern fand Engler noch Opfer. Der »König der Betrüger« empfing seine Gäste, meist Advokaten, gerne im Besprechungszimmer des Gefängnisses. Zu den täglichen »Geschäftsterminen«, bei denen er Sprache und Gestus der Businesswelt perfekt imitierte, erschien der Häftling im blauen Trainingsanzug, mit akkurat sitzendem Toupet und Aktenordnern unterm Arm. Ein Mitgefangener reichte schon mal Plätzchen. Auch im Knast galt Engler stets als große Nummer. Er hatte immer Geld und in seiner Zelle fanden sich so kostbare Güter wie Kaffee, Zucker, Parfüms und Cremes. Engler war bekannt dafür, Kredite zu geben, um das Geld dann mit horrendem Zinseszins zurückzufordern. Auch von Drogen- und Schmuckgeschäften, die Engler von Strohmännern ausführen ließ, ist die Rede. Schließlich habe der Betrügerkönig rund 40 Tausendmarkscheine in der Sohle seiner Plateauschuhe versteckt gehabt. Zuletzt schaffte es Engler, daß ihm fast ein halbes Dutzend Anwälte Ende der 80er Jahre insgesamt 113.000 Mark in die Zelle schmuggelten (→ Schmuggel) – sie taten es in der Hoffnung an lukrativen Geschäften beteiligt zu werden, die Engler vom Gefängnis aus zu steuern vorgab. Engler gilt, wie Psychologen übereinstimmend erklärten, als virtuoser »Fantasielügner« mit fast pathologischem Geltungsbedürfnis. Er verfüge über ein »schnelles geistiges Schaltvermögen, eine Glattzüngigkeit und eine gewisse Redegabe«. Er sei »gerissen und keineswegs unterbegabt«. Eine Lebensgeschichte, passend für eine Gaunerkomödie. Titel: Englers Milliarden.

Literatur: »Wir wollen Gutes tun.« Der Hochstapler Martin Engler. In: DER SPIEGEL Nr. 15 vom 16.4.1998, S.97-99.

Entführungen

Sind ein gegen die Freiheit des einzelnen gerichtetes → Delikt. Das deutsche → Strafgesetzbuch kennt neben dem allgemeinen Tatbestand der → Freiheitsberaubung eine Reihe von Vorschriften gegen besondere Formen der Entführung, nämlich den → Menschenraub, den erpresserischen Menschenraub (→ Erpressung), die → Verschleppung, die → Geiselnahme, die → Kindesentziehung und die Entführung von Frauen (→ Frauenraub). Eine Sonderform des Frauenraubs liegt vor, wenn der → Täter eine unverheiratete Frau unter 18 Jahren mit ihrem Willen, jedoch gegen den Willen ihrer Eltern oder ihres Vormundes entführt, um sie zu außerehelichen sexuellen Handlungen zu bringen. Der Verführer, bzw. Entführer kann in diesem Fall mit einer → Freiheitsstrafe bis zu fünf Jahren oder mit einer → Geldstrafe rechnen. Eine neue Form der Entführung ist die von Touristen (→ Tourismus und Kriminalität). Gerade in der Südsee stellen sie mittlerweile eine lukrative

Wachstumsbranche dar. Weltweites Aufsehen erregte im Jahr 2000 das Kidnapping von 21 Touristen auf der philippinischen Insel Jolo. Erst nach einem monatelangen Millionen-Poker wurden sie wieder freigelassen. → Hearst, Patricia, → Lindbergh-Baby, → Reemtsma-Entführung

Erbschleicher

So werden Personen bezeichnet, die auf unrechtliche Weise, wie z.B durch → Betrug oder → Urkundenfälschung, oder auch auf andere sittenwidrige Weise zu einer Erbschaft zu gelangen versuchen. Letzteres können sie z.B. über Heirat, Einschmeicheln oder Verleumden (→ üble Nachrede) anderer möglicher Erben anstreben. → Bereicherungsdelikte

Erdrosseln und Ersticken

Zu den »klassischen« → Mordarten zählen das Erdrosseln und Ersticken. Besitzt ein Angreifer weder eine Schußwaffe noch ein Messer oder einen Gegenstand, der schwer genug ist, jemanden zu erschlagen, kann er sein Opfer erdrosseln oder ersticken. Das Erdrosseln kann mit einer Schnur, einem Seil, einem Stück Draht oder mit bloßer Hand erfolgen. Gerade letzteres, das Erwürgen, findet sich häufig bei → Lustmorden. Erstickt werden kann das Opfer durch eine Plastiktüte, ein Kissen, oder ein schweres Gewicht auf der Brust, das das Atmen unmöglich macht. Der Erstickungsmord wird gerne als Unfalltod kaschiert. Manchmal kommt es innerhalb einer kriminellen Handlung, wie z.B. einer → Entführung auch zu einem ungewollten Erstickungstod. So z.B., wenn das Entführungsopfer in zu engen abgeschlossenen Räumen mit ungenügender Sauerstoffzufuhr eingesperrt wird.

Erin(n)yen

Quält → Verbrecher das Gewissen? Haben sie Gewissensbisse? Die Vorstellung, daß jede böse Tat, jeder Frevel nach → Rache schreit, ist alt. Rache muß dabei nicht nur Aburteilung im äußeren, juristischen Sinne bedeuten. Rache und Sühne kann auch bedeuten, daß der Frevler innerlich keine Ruhe mehr findet, da ihn sein Gewissen peinigt. Aus der griechischen Mythologie kennen wir in diesem Zusammenhang die Erinyen – die Rachegöttinnen. Sie sind der Unterwelt entstiegen, um jedes Verbrechen zu rächen – auf ihre Art. So hetzen sie den Frevler unermüdlich auf ehernen Füßen durch die Welt, bis er dem Wahnsinn verfällt, was auch wie folgt verstanden werden kann: Die Erinyen setzen sich in der Seele des → Schuldbehafteten fest, sie peinigen sein Gewissen, rauben ihm den Schlaf, die Ruhe, jeden Frohsinn. Sie begehen Seelenfolter. Sind die Erinyen auch den heutigen Verbrechern noch auf den Fersen?

Letztendlich kann das nur individuell beantwortet werden. Trotzdem gibt es eine deutliche Tendenz: Viele Verbrecher wirken unruhig, getrieben, bedrückt. Es gibt anscheinend keine unbeschwerte Heiterkeit in der Unterwelt. Lautes, lärmendes Lachen ja – aber das hat nur wenig mit Glück zu tun. Auch bei alten Verbrechern wird man kaum Frohnaturen finden.

Viele wirken wie mit einem Schatten behaftet. Sind die Erinyen also mehr als bloße Mythologie? Womöglich ist das ja der Preis für ein schlechtes Leben: der Verlust von Seelenfrieden und Heiterkeit.

Ermittlungsverfahren

Auch Vorverfahren genannt. Im → Strafprozeßrecht stellt das Ermittlungsverfahren den ersten Abschnitt des Strafverfahrens dar, der vor der Anklageerhebung (→ Angeklagter) und vor dem möglichen → Hauptverfahren liegt. Das Ermittlungsverfahren steht unter der Leitung der Staatsanwaltschaft, die bei jedem Verdacht einer → Straftat dem Sachbestand auf den Grund gehen muß. Ihre Aufgabe ist es dabei, unparteiisch vorzugehen und auch, die einen Beschuldigten entlastenden Umstände zu ermitteln. Dabei kann die Staatsanwaltschaft die Ermittlungen selbst vornehmen oder – was häufig der Fall ist – sie von der → Polizei vornehmen lassen. Die Staatsanwaltschaft kann auch den Ermittlungsrichter um Untersuchungshandlungen bitten. → Zeugen und Sachverständige haben die Pflicht, auf Ladung vor der Staatsanwaltschaft zu erscheinen und auszusagen. Bietet das Ergebnis des Ermittlers ausreichend Anlaß zur Erhebung der öffentlichen Klage, dann erhebt die Staatsanwaltschaft öffentliche Klage durch Einreichung einer Anklageschrift bei dem zuständigen → Gericht. Ergibt sich kein genügender → Tatverdacht, endet das Ermittlungsverfahren durch staatsanwaltschaftliche Einstellung. Der Beschuldigte muß spätestens vor dem Abschluß der Ermittlungen vernommen werden. Bis zu seiner Vernehmung muß dem Beschuldigten nicht mitgeteilt werden, aus welchem Grund die Ermittlungen gegen ihn geführt werden.

Erpressung, Erpresser

Zählt zu den → Vermögensdelikten. Ein Erpresser ist eine Person, die einen Zwang gegenüber einem anderen Menschen ausübt, um dadurch rechtswidrig einen Vermögensvorteil zu erlangen. Der Zwang kann sowohl psychischer als auch physischer Natur sein (→ Drohung). Während bei vielen → Bereicherungsdelikten die Geschädigten in erster Linie einen materiellen Schaden zugefügt bekommen, geraten die Opfer einer Erpressung häufig in eine seelische Zwickmühle. Nicht selten beendet eine erpreßte Person, die in eine »Schraube ohne Ende« geraten ist, ihr Leben mit → Selbstmord. Der Grund für die Nöte des Erpressungsopfers liegt einfach darin, daß es erpreßbar ist, d.h., daß der Erpreßte sich in vielen Fällen selbst durch irgendeine Handlung schuldig gemacht hat. Häufig drohen kurze Briefe dem Erpreßten mit einer → Anzeige bei der → Polizei, beim → Gericht oder mit einer → Denunziation bei einer Behörde oder bei seiner Familie. Der Erpresser will sich sein Schweigen bezahlen lassen. Die → Schuld des Opfers kann dabei vielfältiger Art sein: → Ehebruch, → Unterschlagung, eine karrierehemmende Jugendsünde, sexuelle Abnormitäten (früher häufig → Homosexualität) oder sonst irgendein Schandfleck. Dabei muß das → Vergehen des Erpreßten objektiv betrachtet nicht unbedingt verwerflich sein, oft reichen Dinge aus, deren Aufdeckung für den Betroffenen peinlich wären. Die meisten Erpresser sind zunächst »Gelegenheitsverbrecher«. Aber die bequeme Art der Geldeinnahme verleitet sie dazu, »gewerbsmäßige Erpresser« zu werden. Erpresser kommen nur selten vor Gericht. (→ Dunkelziffer des Verbrechens). Viele Erpressungen bleiben ungesühnt, da das Opfer nicht den Mut zu einer Aussage aufbringt – in manchen Fällen bringt das Opfer jedoch den verzweifelten Mut auf, seinen Erpresser mit → Mord aus dem Weg zu räumen. Wird der Erpresser gefaßt, droht ihm im Regelfall eine → Freiheitsstrafe bis zu fünf Jahren, in weniger schwerwiegenden Fällen lediglich eine → Geldstrafe. Eine Sonderform der Erpressung stellt die → Entführung oder das → Kidnapping dar. Für die unversehrte Freilassung der Entführungsopfer werden die Angehörigen in solchen Fällen gezwungen, ein Lösegeld zu bezahlen.

Erpressung ist genau betrachtet aber keineswegs nur ein → Delikt, das im kriminellen → Milieu vorkommt. Viele Erpressungsversuche sind strafrechtlich gar nicht faßbar und spielen sich nicht selten innerhalb der → legalen Kriminalität ab. Wir finden Erpressung am Arbeitsplatz, wo »sanfter« Druck auf Untergebene ausgeübt wird, bei ökonomischer oder emotionaler Abhängigkeit von Menschen innerhalb einer Beziehung oder der Familie. Erpresserischer Druck wird ausgeübt, um sadistische Gefühle (→ Sadismus) auszuleben – er zählt aber auch ganz einfach zum ABC aller Machtspiele.

Estrada, Joseph Ejercito

Nur 30 Monate lang währte das Amt des 1937 geborenen Schauspielers Joseph Ejercito Estrada als Staatschef

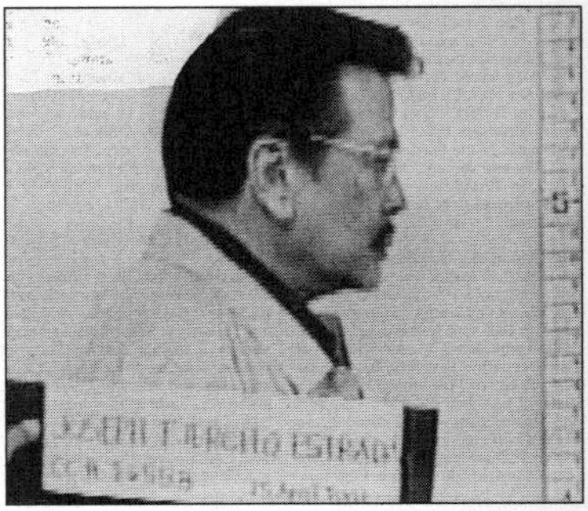

Oben: Fotografiert für die Verbrecherkartei: Der philippinische Ex-Präsident Joseph Estrada
Unten: Joseph Ejercito Estrada: Präsident, Filmheld, Verbrecher

der Philippinen. Aber diese Zeitspanne hatte Estrada zu nutzen verstanden – allerdings weniger, um als Politiker zu glänzen, sondern vielmehr, um sich ungeniert selbst zu bereichern (→ Bereicherungsdelikte). Umgerechnet 174 Millionen Mark soll Estrada durch → Unterschlagung und andere Gaunereien in die eigene Tasche gewirtschaftet haben.

Erap (Kumpel), wie Estrada sich gerne nennen ließ, wurde als neuntes von zehn Kindern im Armenviertel der philippinischen Hauptstadt Manila geboren. Während die Geschwister trotz Armut studierten und Ärzte oder Lehrer wurden, brach Erap die Schule ab und ging statt dessen zum Film. Er reüssierte in Seifenopern als rauflustiger Anwalt der Armen und schien nicht unbegabt. Fünfmal bekam Estrada für seine → Robin-Hood-Rollen den Award for Best Actor. 1969 wechselte er das Fach und wurde, auf einer Welle der Popularität, Bürgermeister von San Juan, einem 100000-Einwohner-Viertel Manilas. Dort profilierte er sich 17 Jahre lang als Wohltäter in der wirklichen Welt. Der Vater von drei ehelichen und etlichen unehelichen Kindern ließ Schulen bauen und Gesundheitszentren eröffnen, doch wegen angeblicher → Korruption forderte ihn Präsidentin Aquino zum Rücktritt auf. 1987 bekam Estrada als Chef der Partei PMP einen Senatssitz, 1992 wurde er philippinischer Vizepräsident. Als Senator in Manila gewann er neue Sympathien, indem er Subventionen für Kleinbauern förderte, Bewässerungsanlagen ausbaute und gegen die US-Militärstützpunkte auf den Philippinen Front machte. »Erap Para sa Mahirap« (Erap für die Armen) lautete folgerichtig sein Wahlspruch für die Präsidentenwahlen 1998, die der schillernde »Staatsschauspieler« gewann. Erst einmal an der Macht, dachte der Kumpel jedoch weniger an die Armen, sondern nutzte alle Möglichkeiten, um sich schamlos zu bereichern. Beim »Mitternachtskabinett« traf sich Kumpel Estrada mit → Unterweltbossen und chinesischen Tycoons (→ Triaden) zu Trinkgelagen. Tagsüber war der Staatsmann Estrada bemüht, den 75-Millionen-Einwohner-Staat zu seinem eigenen Vorteil zu regieren. Von Eraps zahlreichen Gaunereien stechen folgende hervor: seine Einnahmen aus dem → illegalen → Glücksspiel Jueteng in Höhe von 19 Millionen Mark, die er eingestrichen und zum Teil an Gefolgsleute weitergeschoben hat. Auch hatte er keine Skrupel, sechs Millionen Mark aus Tabaksteuern für sich selbst einzukassieren. Zudem intervenierte er bei der Untersuchung eines Insidergeschäftes zugunsten der Firma eines Freundes, deren Aktien kurzfristig um das 54fache gestiegen waren. Überhaupt verquickte er Geschäftsinteressen recht ungeniert mit seinem Amt. Insgesamt soll der Estrada-Clan an 68 Firmen beteiligt gewesen sein. Selbst von den rund 20 Millionen Dollar Lösegeld, die während des → Geiseldramas auf Jolo (→ Entführung) geflossen sind, hat sich der unersättliche Estrada ein Stück abgeschnitten.

Die katholische Kirche, neben dem Militär die mächtigste Institution der

Philippinen, warnte seit jeher vor dem moralisch fragwürdigen Aufsteiger. Estrada, der Playboy-Präsident mit der unvermeidlichen Zigarette in der Hand, soll Scharen von Geliebten in Luxuswohnungen ausgehalten haben. Im April 2001 wurde Erap verhaftet. Selbst einige seiner Gespielinnen sagten gegen ihren ehemaligen »Kumpel« aus.

Literatur: Rüdiger Falksohn, Jürgen Kremb: Robin Hood im freien Fall. In: DER SPIEGEL Nr. 50 vom 11.12. 2000, S. 190-191.

Ethnische und Minoritätengruppen und Verbrechen

Nicht alle gesellschaftlichen Gruppen sind in gleicher Weise an der → Kriminalität beteiligt. So richtet sich die Kriminalitätshöhe u.a. nach Alter (→ Lebensalter und Verbrechen), Geschlecht (→ Geschlecht und Verbrechen), sozialer Stellung (→ Armut und Verbrechen,→ Bettler), sowie dem Grad der gesellschaftlichen Integration einer Gruppe (→ Ausländerkriminalität, → Zigeuner). Einige der genannten Gruppen werden aufgrund einer biologischen Disposition immer überproportional vertreten sein, so dürfte z.B. die Kriminalitätsrate junger Männer stets deutlich höher liegen als die älterer Frauen. Bei anderen Gruppen hingegen, die vorrangig durch eine andere Kultur geprägt sind, kann sich die Kriminalitätsrate deutlich verschieben. So waren z.B. im 17. oder 18. Jahrhundert überproportional viele Juden Mitglieder von → Räuberbanden. (→ Niederländische Bande, → Rotwelsch). Auch in den USA waren in der ersten Hälfte des 20. Jahrhunderts die großen Gangsterbosse neben Italoamerikanern (→ Capone, Al,→ Cosa Nostra, → Genoveses, → Luciano, Charles »Lucky«) vor allem Juden (→ Buchalter, Louis »Lepke«, → Flegenheimer, Arthur »Dutch Schultz«, → Lansky, Meyer → Siegel, Benjamin »Bugsy«). Heute hingegen liegt die Kriminalitätsrate der jüdischen Bevölkerung unter dem Durchschnitt. Unverhältnismäßig hoch ist dagegen die Anzahl der schwarzen US-Amerikaner, die mit dem Gesetz in Konflikt geraten. Die Kriminalitätshöhe einer Gruppe ist aber nie bei allen → Delikten gleich groß. So sind die Afroamerikaner besonders stark in der → Gewaltkriminalität vertreten, wobei sich die Gewalt vorwiegend gegen die eigene Gruppe richtet.

Europol

Kurzbezeichnung für das Europäische → Polizeiamt mit Hauptsitz in Den Haag. Europol ist zuständig für die europäische Zusammenarbeit bei der Bekämpfung des → Terrorismus, der → Rauschgiftkriminalität und anderen schweren Formen international → organisierter Kriminalität. Zu seinen Aufgaben zählt auch der Aufbau eines unionsweiten Systems zum Austausch von Informationen. → Interpol

Exhibitionismus

Wer hat hier nicht das Bild von dem Mann im langen Mantel im Kopf, der eine Lust daran findet, diesen unvermutet aufzuklappen und nichtsahnende Passanten mit dem Anblick seines entblößten Geschlechtsteiles zu konfrontieren. Von psychologischer Warte aus stellt der Exhibitionismus einen Rückfall in eine kindlich vorpubertäre Zeigelust dar. Man unterscheidet → Täter, die den Exhibitionismus als Ersatz für einen Koitus betrachten und solche, welche eine sadistische Freude (→ Sadismus) am Schockieren vor allem Kinder und Jugendlicher empfinden. Von rechtlicher Warte aus werden exhibitionistische Handlungen mit einer → Geld- oder → Freiheitsstrafe belegt, sofern eine andere Person sich dadurch belästigt fühlt – bloße Verwunderung reicht nicht aus. In frühen Kulturen, besonders bei dem Kult der Magna Mater in Rom, wurde Exhibitionismus übrigens als Abwehrzauber zur Vertreibung böser Dämonen angewandt.

Exhumierung

Von lateinisch: »exhumare« = »ausgraben«. Gemeint ist das Ausgraben von Leichen oder Leichenteilen zum Zwecke der Leichenschau oder Öffnung → Autopsie, um beim Verdacht einer strafbaren Handlung, sprich eines gewaltsamen Todes, den nötigen Beweis zu erhalten. Die Exhumierung erfolgt auf Anordnung des → Gerichts oder der Staatsanwaltschaft.

Eyraud, Michel

Mit einem Schrankkoffer, der von Paris nach Lyon geschickt wurde, versuchte sich das → Mörderpaar Michel Eyraud und Gabrielle Bompard im Jahre 1889 ihres Opfers zu entledigen. Die Leiche wurde in Lyon dann aus dem Koffer genommen und in einem Leinensack an das Flußufer gelegt. Dort fiel der Tote erst auf, als er fürchterlichen Verwesungsgeruch zu verbreiten begann. Es dauerte einige Zeit, bis die Identität des Ermordeten herausgefunden wurde. Als die → Polizei jedoch auf einen ähnlich wie die Leiche stinkenden Schrankkoffer stieß, nahm sie zu Recht an, daß darin der Tote transportiert worden war. Über die auf dem Koffer noch befindlichen Etiketten konnten Reisedaten und Reiseweg der Leiche ermittelt werden. Noch am gleichen Tag, als in Paris der Koffer aufgegeben wurde, war dort auch ein gewisser Toussain-Augsent Gouffé als vermißt gemeldet worden. Der Vermißte hatte braune Haare, die Leiche hingegen pechschwarze. Als jedoch der Gerichtsmediziner (→ Rechtsmedizin) dem Toten ein Haar entnahm und es in destilliertem Wasser einweichte, löste sich die schwarze Farbe und es kam eine braune Farbe zum Vorschein. Die Mörder hatten ihrem Opfer nach seinem Tod noch die Haare gefärbt! Bald nachdem die Identität des Toten ermittelt war, gerieten auch Michel Eyraud und Gabrielle Bompard in Verdacht, da man beide beim Kauf eines verdächtigen Koffers in Paris gesehen hatte. In der Tat hatten sie Gouffé in Gabrielle Bompards Appartement gelockt, wo sie ihn erst ermordeten und anschließend in dessen Büro gingen, um es auszurauben. Sie versuchten zuerst, ihn mit einem Gürtel zu erhängen, aber als der Knoten riß, mußte Eyraud sein Opfer mit bloßen Händen erwürgen. Nach der Ermordung Gouffés war das Paar nach Nordamerika geflohen. Sie hatten sich dort jedoch getrennt, als Eyraud vorschlug, eine solche Tat zu wiederholen. Daraufhin kehrte Gabrielle Bompard nach Paris zurück, wo sie verhaftet werden konnte. Eyraud wurde fast zwei Jahre später auf Kuba festgenommen und nach Frankreich ausgeliefert, wo man das Paar des Mordes anklagte. Eyraud landete auf der → Guillotine, seine Geliebte wurde zu 20 Jahren → Gefängnis verurteilt. Der Mord an Gouffé gehört in die Kategorie der Koffermorde (→ Schmidt, Johann), die mit dem Aufkommen der Eisenbahn (→ Eisenbahnverbrechen) eine gewisse »Popularität« erlangten.

F

Fahndung

Das Wort ist vom mittelniederdeutschen »vanden« abgeleitet und bedeutet »besuchen«, »aufsuchen«. Als Fahndung werden Maßnahmen der Staatsanwaltschaft und der → Polizei zur Entdeckung gesuchter oder flüchtiger Personen bezeichnet, so z.B. von Straftätern, oder in manchen Fällen auch von → Zeugen. Die Fahndung im Strafverfahren wird durch die Staatsanwaltschaft veranlaßt. Die Fahndungsmaßnahmen müssen jedoch in einem abgewogenen Verhältnis zur Bedeutung der → Straftat stehen. Ein gesetzlich geregeltes Fahndungsmittel ist der → Steckbrief. Daneben gibt es die vom → Bundeskriminalamt (BKA) und einigen Landeskriminalämtern herausgegebenen Fahndungs-Blätter, die zur Festnahme gesuchter Personen verhelfen sollen. Für die in Massenmedien möglichen Fahndungen bestehen seit 1973 bundeseinheitliche Richtlinien. → Polizei-, Zoll- und Einwanderungsbehörden führen besondere Fahndungs-Bücher. In neuerer Zeit ist die → Rasterfahndung entwickelt worden. Hier werden systematisch Datenbestände nach bestimmten Kriterien (Rastern) durchforstet. Anders die → Schleppnetzfahndung, die bei dem Vorliegen bestimmter Straftaten erlaubt, Daten über die Identität von Personen und Umstände in eine Datei zu speichern. Die Ausschreibung zur polizeilichen Beobachtung darf nur durch den Richter angeordnet werden. Ihr Ziel ist es, Erkenntnisse zu sammeln, die ein Bewegungsbild der ausgeschriebenen Person ermitteln. Weitere Fahndungsmöglichkeiten bieten → Europol und → Interpol und die Einrichtung von → Kontrollstellen. Bei Verstößen gegen das → Steuerstrafrecht erfolgt die Steuer- und Zollfahndung. Die Fahndung wird sowohl nach Personen ausgeschrieben, deren Identität bekannt ist als auch nach unbekannten Personen. Vor allem im letzten Fall ist es nützlich, wenn von der gesuchten Person eine möglichst genaue Personenbeschreibung vorliegt. Im kriminalpolizeilichen Erfassungsbogen werden daher Straftäter aufgrund von Zeugenaussagen möglichst detailliert beschrieben. Dies reicht von äußeren Erscheinungsmerkmalen wie Größe oder Gestalt über die Beschreibung des Typs, z.B. asiatisch, europäisch/nordländisch, oder orientalisch bis zur gesprochenen Mundart. Selbstverständlich ist es um so leichter, einen gesuchten Straftäter zu identifizieren, je genauer dessen Personenbeschreibung ist. So ist es bei der Suche nach einem → Bankräuber hilfreich, wenn man weiß, ob dieser etwa eine Glatze oder ein Doppelkinn hat. Ebenso kann es bei der Fahndung nach einer straffälligen → Prostituierten hilfreich sein zu wissen, ob diese groß oder klein, schlank, flachbrüstig oder vollbusig ist. All diese von Tatzeugen beschriebenen Erkennungsmerkmale werden in den polizeilichen Fahndungscomputer eingegeben. Dem Zeugen werden vom kriminalpolizeilichen Erkennungsdienst anschließend die vom Fahndungscomputer aufgerufenen Lichtbilder möglicher Täter, auf die seine Beschreibung paßt, vorgelegt. 1997 entschlossen sich jedoch, gegen den ausdrücklichen Rat ihrer Polizeifachleute, alle Bundesländer – außer Bayern – und auch der Bund dafür, bei der kriminalpolizeilichen Fahndung künftig darauf zu verzichten, gesuchte Straftäter in der bewährten Exaktheit zu erfassen. Während bis dato beim äußeren Erscheinungsbild europäischer Täter etwa zwischen den Begriffen europäisch-nordländisch, südländisch und slawisch unterschieden wurde, gilt nun für all diese Täter nur noch als einziges Merkmal »europäisch«. Darunter fällt dann der Schwede genauso wie der Spanier oder der Russe. Daneben gibt es nur noch eine Unterscheidung nach asiatischem, afrikanischem und indischem Tätertyp. Eine Unterscheidung etwa zwischen einem Chinesen oder Araber wird somit ebenfalls nicht mehr möglich sein, weil für beide nur noch der Begriff »asiatisch« zur Verfügung steht. Die negativen Folgen für die polizeiliche Fahndung lassen sich an einem konkreten Beispiel erläutern: Der Zeuge beschreibt den Täter als »europäisch-nordländisch«. Der Fahndungscomputer registriert außerhalb Bayerns aber nur noch das Merkmal »europäisch« und ruft zugleich auch sämtliche verdächtigen Süd- und Osteuropäer ab. Statt der Bilder von 100 möglichen Tatverdächtigen muß der Zeuge nun unter Umständen 1000 Bilder betrachten. Daß seine Konzentration dabei schnell nachlassen wird, ist leicht nachzuvollziehen.

Wie konnte es zu dieser offensichtlich vernunftwidrigen Verordnung kommen → Auslöser dieser die kriminalpolizeiliche Fahndungsarbeit massiv behindernden Entwicklung war ein Brief des Amtes für Jugendarbeit der Evangelischen Kirche von Westfalen (→ Hexenprozesse, → Religion und Verbrechen), das moniert hatte, die Polizei verwende bei ihren Fahndungskriterien »rassistische« Begriffe. Ein ebenfalls in Nordrhein-Westfalen ansässiges Institut für Migration und Rassismusforschung fand sogar den Begriff »südländisch« wegen der damit verbundenen »Assoziationen an Mafia, Messerstecher und dergleichen« verwerflich. Auch bei weiblichen Tätern darf der polizeiliche Erfassungsbogen nur noch eine recht allgemeine Beschreibung enthalten.

Mögen z.B. die Brüste einer Straftäterin von noch so gewaltiger Größe sein, »vollbusig« darf man sie deshalb trotzdem nicht nennen, da dies sexistisch wäre. Derartige Verordnungen belegen, wie leicht auch vermeintlich aufgeklärt denkende Menschen zu Schildbürgern werden und wie leicht sich aufgrund von Moden, Trends oder Anpassungszwang ein »Wahnsinn mit Methode« ausbreiten kann. Nur in Bayern – wohl nicht ganz grundlos das Bundesland mit der höchsten polizeilichen Aufklärungsrate – siegte der gesunde Menschenverstand über die Auswüchse politischer Korrektheit.

Literatur: V. Berger (Hg.): Fahndung und Observation, 2 Bde (1980); Herman Regensburger: Wahnsinn mit Methode. In: Bayernkurier vom 29.11. 1997, S. 5.

Fahnenflucht

Ist das eigenmächtige Sichentfernen oder Fernbleiben eines Soldaten von seiner Truppe, um sich der Verpflichtung zum Wehrdient auf Dauer oder während eines bewaffneten Einsatzes zu entziehen. Die Fahnenflucht wird heute mit einer → Freiheitsstrafe bis zu fünf Jahren verfolgt. In früheren Zeiten war die → Strafe bei Fahnenflucht wesentlich höher. Besonders in Kriegszeiten wurde sie mit der → Todesstrafe geahndet.

Fahrendes Volk

→ Landstreicherei, →Vagabund, → Zigeuner

Fahrerflucht

Die Flucht einer an einem Verkehrsunfall beteiligten Person vom Unfallort. → Verkehrsunfallflucht

Fahrlässigkeit/ Fahrlässige Tötung

Als Fahrlässigkeit versteht man einen Mangel an gebotener Aufmerksamkeit, Besonnenheit und Vorsicht. Fahrlässigkeit – z.B. im Verkehr – kann fatale Folgen haben. Der Gesetzgeber unterscheidet drei Grade von Fahrlässigkeit: die leichte oder normale Fahrlässigkeit, die grobe Fahrlässigkeit und die konkrete Fahrlässigkeit. Letztere meint die Verletzung der in eigenen Angelegenheiten üblichen Sorgfalt. So hatte z.B. 1958 in Bremen eine Assistenzärztin einen Patienten mit vollem Magen narkotisiert und operiert.

Während des Eingriffs mußte sich der Patient übergeben und erstickte dabei. Die Ärztin hatte es pflichtwidrig unterlassen, den Patienten vor der Narkose zu fragen, wann, wieviel und was er gegessen hatte. Hier führte die Fahrlässigkeit zur fahrlässigen Tötung und in der Folge zur Verurteilung der Ärztin. Nach dem → Strafrecht können Personen wegen Fahrlässigkeit verurteilt werden, wenn sie die objektiv erforderliche und ihnen auch persönlich mögliche und zumutbare Sorgfalt außer acht gelassen und dadurch ein Unglück verursacht haben.

Falschaussage

Ist die uneidliche vorsätzlich falsche Aussage eines Zeugen oder Sachverständigen vor → Gericht. Die Falschaussage kann mit → Freiheitsstrafe von drei Monaten bis zu fünf Jahren belegt werden. Auch die → Anstiftung oder Verleitung zur Falschaussage sind strafbar. → Lügenhafte Angaben eines im Strafverfahren Beschuldigten sind hingegen straffrei. Straflos bleibt die Falschaussage auch, wenn der Betreffende versucht, sich oder einen Angehörigen durch eine solche Aussage zu schützen. → Meineid

Falschbeurkundung

Unter Falschbeurkundung, die nicht mit der → Urkundenfälschung verwechselt werden darf, versteht man die inhaltlich falsche Angabe in einer

Urkunde. Falschbeurkundungen können strafbar sein, wenn sie mit einer betrügerischen (→ Betrug) Absicht verfertigt wurden. In diesem Fall drohen eine → Geld- oder → Freiheitsstrafe.

Fälscher/Fälschungen

Fälschen ist das Herstellen eines unechten Gegenstandes oder das Verändern eines echten Gegenstandes zum Zweck einer → Täuschung. Auch der gefälschte Gegenstand selbst wird als Fälschung bezeichnet. Fälschung geht oft mit → Betrug Hand in Hand. Die erste Stufe des Betruges besteht in der durch Herstellung oder Fälschung z.B. einer Urkunde (→ Falschbeurkundung, → Urkundenfälschung) besonders wirkungsvoll gestalteten Täuschung des Opfers, die zweite Stufe besteht in der Benutzung dieser Urkunde zur Erreichung eines unberechtigten Vorteils. Die Fälschung von Texten und Urkunden war im Mittelalter, vor allem vom 10.-13. Jahrhundert, trotz Androhung hoher → Strafen, sehr verbreitet gewesen. Sehr häufig wurde die Fälschung von Fürsten oder Klöstern veranlaßt, um sich Rechte oder Besitz zu sichern. Neben der Urkundenfälschung war natürlich die → Geld- und Wertzeichenfälschung verbreitet. Auch Gegenstände aus der Vor- und Frühgeschichte und dem Altertum werden häufig gefälscht. Die Fälschungen erstrecken sich dabei auf alle Arten von Gegenständen und alle Materialien. Bei den Fälschungen handelt es sich entweder um Nachbildungen von Originalen, die vom Hersteller oder dessen Auftraggeber als echte Funde ausgegeben werden, oder um freie Entwürfe, die sich mehr oder weniger an bestimmte Vorbilder anlehnen, oder um Verfälschungen von Originalfunden durch hinzugefügte Zeichnungen, Inschriften etc. Neben oben aufgeführten Fälschungen hat es die Wissenschaft häufig mit Fundunterschiebungen zu tun, bei denen echte oder gefälschte Altertümer durch falsche Herkunftsangaben den Wert von gesicherten Funden erhalten sollen. Karl Corino hat 1988 eine Universalgeschichte des Fälschens herausgegeben, in der die bekanntesten Fälschungen und Fälscher ins unverfälschte Licht gerückt werden. → Kujau, Konrad, → Kunstfälschung

Falschgeld

→ Geld- und Wertzeichenfälschung

Falschspieler

Wer einmal Kindern beim Karten- oder Spielespielen zugeschaut hat, der weiß, wie verbreitet mogeln ist. Falschspieler haben sich das Schummeln nie abgewöhnen können. Sie betrügen (→ Betrug) allerdings weniger, um sich in der Gloriole des Sieges zu sonnen, sondern vorrangig, um sich bei → Glücksspielen zu bereichern (→ Bereicherungsdelikte). Dazu wenden sie verschiedene Tricks an. Die bekanntesten sind: Sie arbeiten mit einem Kumpan zusammen, der anderen in die Karten schaut und dem Spieler dezent Informationen zuleitet, oder sie → zinken die Karten, oder es wartet ein scheinbar unverhofftes As im Ärmel. Falschspieler erfreuten sich nicht unbedingt großer

Beliebtheit. In rauheren Zeiten kam es durchaus vor, daß ein ertappter Falschspieler von seinen hintergangenen Spielpartnern auf eine endgültige Art und Weise zur Rechenschaft gezogen wurde. Ein bekannter Falschspieler war → Doc Holliday.

Fanatiker

Das unbelehrbare, aggressive Verfolgen eines Zieles ohne Rücksicht auf andere Menschen kennzeichnet den Fanatiker. Das lateinische Wort »fanaticus« bedeutet: von der Gottheit ergriffen und in rasende Begeisterung versetzt sein. Mit blindem Eifer, leidenschaftlich und ohne Wenn und Aber setzt sich der Fanatiker für seine Vorstellungen ein. Er schaltet dabei jede Selbstkritik und äußere Einwände aus und ist fremden Anschauungen gegenüber vollkommen unzugänglich und intolerant. Henri de Montherland hat den Fanatismus als die »Tollwut des Herzens« bezeichnet. Fanatismus allein ist noch kein → Verbrechen. Aber dadurch, daß der Fanatiker seinen Glauben verabsolutiert und sich ein starker Wille oft mit einer nur mäßigen oder eingeschränkten Intelligenz verbindet, kollidiert er leicht mit dem Gesetz (→ Anarchismus, → Linksextremismus, → Rechtsextremismus, → Rote Armee Fraktion, → Rote Brigaden, → Terrorismus) oder errichtet, selbst an die Macht gekommen, ein Schreckensregime (→ Ideologie und Verbrechen,→ Inquisition, → Religion und Verbrechen). → Haß,→ Aggressivität und → Neid sind nicht selten der Motor vieler Fanatiker. Im Fanatismus feiert das Verbrechen seine ideologische Erhöhung. Der Fanatiker ist ein Idealist, der mit Wonne im Blut seiner wirklichen oder eingebildeten Feinde watet.

Literatur: G. Hole: Fanatismus. Der Drang zum Extrem und seine psychologischen Wurzeln (1995).

Fantomas

»Fantomas!«
»Wie bitte?«
»Ich sagte ... Fantomas.«
»Was bedeutet das?«
»Nichts ... und alles.«
»Was ist denn das?«
»Niemand ... und doch jemand.«
»Was macht denn dieser Jemand?«
»Er macht angst ...«

So beginnen die ersten Zeilen von *Fantomas*, der berühmten Romanreihe von Pierre Souvestre und Marcel Allain, deren insgesamt 32 Bände zwischen Februar 1911 und September 1913 erschienen sind. Ähnlich wie → Dr. Mabuse ist Fantomas ein Genie des Verbrechens. Ein Verbrecher, dem Macht und die Herrschaft des Schreckens mehr bedeuten als das bloße Zusammenraffen von Geld und Reichtum. Über diesen Fantomas, den Meister des Entsetzens, den König des Verbrechens, hat der Dichter Robert Desnos folgendes geschrieben:

»Wer ist das Gespenst
Mit den grauen Augen,
Das seinen riesigen Schatten
Über die Welt
Und über Paris wirft
Und plötzlich in der Stille
Auftaucht?

Fantomas bist du's,
Der sich da auf den Dächern emporreckt?«
Fantomas ist der schwarze Mann, der allseitige Schrecken, der unser Leben bedroht. Nicht als Gespenst, Teufel oder Satan taucht dieser Schrecken auf, sondern sehr modern und materiell als großer → Verbrecher. In den 60er Jahren war Fantomas in einer erfolgreichen Filmreihe im Kino zu bewundern. Mit Jean Marais als Fantomas und Louis de Funès als dessen erfolgloser und komischer Gegenspieler von der → Polizei.

FBI

Diese drei Buchstaben, vertraut aus unzähligen Krimis, stehen für Federal Bureau of Investigation, womit die Bundeskriminalpolizei der USA gemeint ist. Sitz der FBI-Zentrale ist Washington. Darüber hinaus befinden sich in zahlreichen anderen Städten Nebenstellen. Das FBI untersteht dem Bundesjustizminister und wird durch einen Direktor geleitet. Zu den Aufgaben des FBI zählen Aufklärung von → Verbrechen, Sammlung von erkennungsdienstlichen Unterlagen und Beweismaterial, → Spionage- und → Sabotageabwehr, Staatsschutz und Schutz des Präsidenten. Seit dem Publikwerden der Bespitzelung von Mitgliedern der amerikanischen Bürgerrechtsbewegung in den 60er Jahren durch das FBI ist die Rolle der Bundeskriminalpolizei in Staatsschutzsachen umstritten. Nachdem mit dem Ende des Kalten Krieges die Bedeutung von Spionageabwehr abgenommen hat, ist Schwerpunkt des FBI die Bekämpfung des → organisierten Verbrechens. Hier wird auch mit europäischen Polizeidienststellen zusammengearbeitet, besonders in den Bereichen Rauschgifthandel (→ Rauschgiftkriminalität), → Geldwäsche, → Schmuggel, → Terrorismus.

Fehde

Wurde in germanischen Zeiten und im Mittelalter die Feindseligkeit und der Privatkrieg zwischen zwei Freien oder ihren Sippen genannt. Zunächst war die Fehde außerrechtlich, später wurde sie von der Rechtsordnung anerkannt. Durch die Fehde sollte die verletzte Sippenehre wiederhergestellt werden. Oft richtete sich die Fehde gar nicht gegen den eigentlichen → Täter, sondern gegen den Besten der feindlichen Sippe. Von der auch im Bauernstand verbreiteten → Blutrache unterschied sich die Fehde durch die Wahrung ritterlicher Formen. Ein Gebot, das jedoch häufig mißachtet wurde. Kirche und Staat versuchten, die Fehde einzudämmen. Schließlich wurde sie im Ewigen Landfrieden (1495) verboten. Aber erst der moderne Staat konnte die Fehde durch Rechtsschutz und Vollstreckungsgewalt ganz verdrängen.

Fememord

Politischer → Mord, der von Geheimgesellschaften oder Untergrundorganisationen verübt wird, die sich gesetzeswidrig richterliche Befugnisse und einen entsprechenden → Strafvollzug anmaßen. Der Fememord richtet sich ausschließlich gegen Mitglieder, die unter → Verdacht stehen, Verrat begangen zu haben. Eine Hochzeit des Fememordes war in Deutschland von 1919-1923. In diesen Jahren wurden vor allem von Mitgliedern rechtsradikaler Gruppen (→ Rechtsextremismus) Fememorde gegen Personen veranlaßt, die vermeintlichen oder tatsächlichen Verrat begangen hatten. Auch innerhalb des Ku-Klux-Klan finden sich ähnliche Erscheinungen. Der letzte Fememord, der in Deutschland stattgefunden hat, richtete sich 1974 gegen den 22jährigen Studenten Ulrich Schmücker, der in Berlin-Grunewald vom »Kommando schwarzer Juni« (→ Linksextremismus) erschossen wurde. Schmücker soll mit dem → Verfassungsschutz zusammengearbeitet haben. Die Bezeichnung Fememord kam in der Weimarer Republik durch die → Täter selbst auf. Sie idealisierten den Fememord mit diesem Begriff als eine Fortführung des → Femgerichts.

Femgericht, Feme

Femgerichte nannten sich im 13.-15. Jahrhundert die → Gerichte Westfalens, die schwere → Verbrechen wie → Raub, → Mord, etc. aburteilten. Sie waren das Erbe alter gräflicher Gerichtsbarkeit und erstreckten sich bald auf ganz Deutschland. Die Feme wurde häufig unter einer Linde abgehalten. Der Gerichtsinhaber trug die Bezeichnung Stuhlherr, die → Urteilsschöffen waren die Freischöffen, die Dingstätte wurde Freistuhl genannte. Die Feme konnte als öffentliches oder als heimliches Gericht stattfinden. Wer der Ladung zum Gericht nicht nachkam, wurde »verfemt« und galt damit als → vogelfrei. Nach dem 15. Jahrhundert sank die Bedeutung der Femgerichte herab, um 1810 wurden sie dann von den französischen Machthabern in Westfalen ganz abgeschafft. → Fememord

Fernandez, Raymond und Martha Beck

Der elegante Hispanoamerikaner Raymond Fernandez war darauf spezialisiert, die Herzen und Geldbeutel heiratswilliger Frauen zu gewinnen. Zu diesem Zweck gab er Heiratsanzeigen auf. Sobald er aber das Herz, und vor allem das Portemonnaie der Damen erobert hatte, trennte er sich wieder von ihnen (→ Heiratsschwindel). Ganz anders verhielt es sich, als er die 200 Pfund schwere Leiterin eines Kinderheimes, Martha Beck, kennenlernte, in die er sich ernsthaft verliebte und die er auch tatsächlich heiratete. Bald wurde aus ihrer Liebe eine mörderische Allianz, denn Martha Beck fand, daß sich aus Fernandez' Ausstrahlung auf Frauen ein lukratives Geschäft machen ließ. Gemeinsam gaben sie zwischen 1947 und 1949 in New York eine Reihe von Heiratsanzeigen auf. Martha Beck gab sich als Fernandez' Schwester aus und half ihm beim → Mord an vermutlich mehr als 20 Frauen, die Raymonds Charme erlegen waren. Im Januar 1949 flog die Mordserie auf, als die → Polizei die Leiche der 28jährigen Witwe Delphine Downs und die ihrer zweijährigen Tochter Reinelle unter einem frischen Zementbelag in deren Keller entdeckte. Fernandez hatte der jungen Witwe in den Kopf geschossen, während Martha Beck das Kind in der Waschschüssel ertränkte. Im Juli 1949 kam es zum →

Prozeß gegen das Paar, das zwölf Morde gestand. Der Versuch der Verteidigung, auf Unzurechnungsfähigkeit aufgrund geistiger Störungen zu plädieren, scheiterte. Beide landeten am 8. März 1951 auf dem → elektrischen Stuhl in Sing Sing. → Serienmörder

Festnahme

Man versteht darunter eine → Freiheitsentziehung, die aufgrund eines → Haft- oder Unterbringungsbefehls erfolgt. Liegt kein Haft- oder Unterbringungsbefehl vor, kann eine vorläufige Festnahme durchgeführt werden. Zu einer solch vorläufigen Festnahme sind die Gesetzeshüter berechtigt, wenn die Voraussetzungen eines Haft- oder Unterbringungsbefehls vorliegen und → Gefahr im Verzug ist. Außerdem kann jedermann, der bei frischer Tat ertappt wird und fluchtverdächtig ist, oder dessen Personalien nicht feststellbar sind (→ Personenfeststellung), festgenommen werden. Bei der Festnahme darf, wenn es unumgänglich ist, auch maßvolle Gewalt angewendet werden. Sicherheitsbehörden haben ein Recht zum Waffengebrauch, dessen Grenzen in den → Polizeigesetzen der Länder festgelegt sind. Privatpersonen, die bei der Festnahme behilflich sind, dürfen jedoch nicht von Schuß- oder Stechwaffen Gebrauch machen.

Festungshaft

Ursprünglich war Festungshaft eine rein militärische, auf einer Festung vorgenommene → Freiheitsstrafe für Offiziere, die ohne Arbeitszwang war und keinen entehrenden Charakter hatte. Verhängt wurde sie bei verbotenem Zweikampf (→ Duell) sowie politischen und militärischen → Straftaten. 1953 wurde die Festungshaft in die → Einschließung umgewandelt, die dann 1969 aufgehoben wurde.

Feuer- und Sprengstoffe

Verbrecher spielen gerne mit dem Feuer. Warum – weil sie Pyromanen sind? Vielleicht – aber in den meisten Fällen dürfte die reine Lust an der lodernden Flamme nur eine untergeordnete Rolle spielen.

Verbrecher benutzen Feuer und Explosivstoffe, weil man damit zerstören kann und weil sich damit Beweise bereits begangener Verbrechen in »Rauch auflösen« lassen. Mit Feuer wird Eigentum bewußt für einen → Versicherungsbetrug zerstört, Briefbomben und ferngesteuerte Sprengsätze beseitigen ausgewählte Ziele, und → Indizien von → Gewaltverbrechen und → Diebstahl werden verbrannt, um damit alle nur denkbaren Verbindungen mit dem → Täter zu vernichten. In dem Maße aber, in dem die forensischen Techniken (→ Rechtsmedizin) zunehmend ausgeklügelter werden, verringern sich auch die Chancen, tatsächlich alle Spuren zu beseitigen. So lassen sich z.B. Leichen durch Feuer oder Sprengstoffe nur sehr unzureichend zerstören. Auch die kleinsten Indizien (→ genetischer Fingerabdruck) können den Ermittlern wertvolle Hinweise liefern. Auch wenn selbstgebaute Bomben aus Chemikalien konstruiert oder kommerzielle Sprengmittel genutzt wurden, bleiben am → Tatort noch genügend Rückstände, anhand derer die Täter identifiziert und manchmal auch ausfindig gemacht werden können. Auch der Verlauf eines Brandes und seine Rückführung auf einen Brandherd lassen sich feststellen und meist ebenso, ob dieser Brandherd von einem Unfall oder von → Brandstiftung herrührt.

Film Noir

Der Noir Style, oder die Schwarze Serie, wie der Film Noir auch genannt wird, ist nicht immer ein → Kriminalfilm, aber fast immer. Jeder Film Noir – ob Krimi oder nicht – ist dunkel, verzweifelt, grandios trostlos. Seine klassische Zeit liegt zwischen 1940 und 1960. Zweiter Weltkrieg, Nachkriegszeit, Kalter Krieg prägten das Antlitz dieses Filmgenres – und auch der flackernde Wahnsinn des deutschen expressionistischen Films hat diese Gattung mitbeeinflußt. Seine Regiemeister heißen Alfred → Hitchcock, Fritz Lang oder Jean-Pierre Melville. Das Schauspielergesicht, in dem der Film Noir vielleicht seinen stärksten Ausdruck gefunden

Im Film noir gibt es nur wenig zu lachen

hat, ist das Humphrey Bogarts. Entweder war Humphrey Bogart → Gangster oder er forschte als Privatdetektiv (→ Detektiv) nach dem Recht – in einer rechtlosen Welt, die keinen Sinn gibt, außer dem, der in ihrer monumentalen Düsternis und kalten Eleganz liegt. Und noch etwas prägt den echten Film Noir: Er ist natürlich schwarz-weiß. Farbe hat in seiner Welt nichts zu suchen!

Fingerabdruck

Daß jeder Mensch ein einzigartiges Linien- und Wirbelmuster an den Fingerspitzen aufweist, gehört zu den grundlegenden Erkenntnissen der forensischen Wissenschaft (→ Rechtsmedizin). Dies ermöglicht nicht nur, ein Opfer oder einen → Verbrecher zu identifizieren, sondern auch, die Anwesenheit eines Verdächtigen am → Tatort nachzuweisen. Bereits vor 300 Jahren war es in China üblich, rechtskräftige Verträge mit den Fingerabdrücken der beteiligten Parteien zu »signieren«. Bis die → Kriminalistik vom Fingerabdruck, oder wie ein moderner Fachausdruck dafür lautet, der Daktyloskopie, Gebrauch machte, dauerte es allerdings noch ein Weilchen. Erst Ende des 19. Jahrhunderts begann die → Polizei, den Fingerabdruck als Mittel zur Täteridentifizierung zu nutzen. Als erster machte 1877 der Engländer William J. Herrschel, ein Kolonialbeamter in Indien, den Vorschlag, Personen anhand von Fingerabdrücken zu identifizieren. Sein Vorschlag fand allerdings keine Beachtung. Gleichermaßen erfolglos blieb der Engländer Henry Faulds, als er seine unabhängig von Herrschel getroffenen Beobachtungen zu Fingerabdrücken als Untersuchung vorlegte. Auch der Berliner Tierarzt Wilhelm Eber fand 1888 mit einer Denkschrift über Hand- und Fingerabdrücke zur Identifizierung von Personen keinen Anklang. Die preußische Polizei sandte sie ihm als ungeeignet zurück. Erst dem Engländer Francis Galton gelang es, mit seinen Forschungen Aufmerksamkeit zu erwecken. Zufällig war Galton auf die in Vergessenheit geratenen Arbeiten Herrschels gestoßen, die er nun weiterentwickelte. 1892 legte er sein Buch *Fingerprints*, über den Fingerabdruck als Identifizierungsmittel, vor. Darin weist er darauf hin, daß die Papillarlinien während des ganzen Lebens unverän-

Fingerabdruck

derlich bleiben und bei jedem Menschen unterschiedlich genug sind, um ihn von jeder anderen Person zu unterscheiden. Nun endlich konnte sich diese Erkenntnis Bahn brechen. Der erste → Mordfall, bei dem der → Täter durch die → Identifizierung eines Fingerabdrucks überführt wurde, geschah 1892 in Argentinien. Durch einen Zeitungsartikel erfuhr der Polizeibeamte Juan Vucetich von den Forschungen Galtons. Als kluger Kopf begriff er die Zweckmäßigkeit des Verfahrens und begann, mit Eigeninitiative und auf private Kosten Fingerabdrücke von Verbrechern zu nehmen und sie in eine Kartei einzuordnen. Als zwei Kinder ermordet wurden und ein älterer Nachbar in Verdacht geriet, trotz kräftiger Prügel jedoch kein Geständnis ablegte, kam die Stunde von Vucetich. Er untersuchte den Raum, in dem die Kinder ermordet wurden und fand schließlich den blutigen Abdruck (→ Blut) eines Daumens. Der Vergleich verschiedener Daumenabdrücke ergab, daß er nicht vom Nachbarn, sondern von der Mutter selbst stammte, die ihrer Kinder überdrüssig geworden war. 1896 führte Argentinien als erstes Land offiziell die Daktyloskopie, das Fingerabdruckverfahren, ein. → Genetischer Fingerabdruck

Fish, Albert Hamilton

»Albert Fish ist der Marquis de Sade unter den Serienkillern«, schreiben Peter und Julia Murakami in ihrem Buch über → *Serienmörder* (2000). Fishs sexuelle Vorlieben umfaßten nahezu das gesamte Gebiet sexueller Perversionen: aktive und passive Flagellation, → Päderastie, Koprophagie, → Exhibitionismus, → Nekrophilie, → Kannibalismus und die verschiedensten → Foltermethoden. Der 1870 geborene Fish stammte aus Washington D.C. Seine Mutter litt unter Halluzinationen und auch die meisten seiner Geschwister waren psychisch gestört. Der Vater starb früh, und der kleine Fish wuchs im Waisenhaus auf. 1898 heiratete Fish, zeugte sechs Kinder und arbeitete als Anstreicher. Seinen ersten → Mord beging er 1910 an einem Homosexuellen (→ Homosexualität). Aber erst als sich nach zwanzig Jahren Ehe seine Frau von ihm wegen eines anderen Mannes trennte, entfalteten sich seine sexuellen Perversionen zu katastrophaler Größe. Mindestens 16 Morde verübte er. Wahrscheinlich liegt die tatsächliche Zahl seiner Opfer aber deutlich höher: nämlich bei 100! Fish legte aber nicht nur Hand bei anderen an, sondern auch bei sich selbst: So verstümmelte er seinen Körper, zerfetzte sich mit Rosendornen fast den Hoden oder genoß es, sich Metallnadeln in Genitalien, Anus und Leistengegend zu stecken. Ein hohes Fest der Lust bereitet ihm das »Feuerwerk«. Zu diesem Zweck steckte er sich ein mit Benzin getränktes Baumwollstückchen in den After und entzündete es. 1922 wurde Fish von religiösem Wahn befallen und verkündete öffentlich seine unfrohe Botschaft: »Gebenedeit sei, wer seine kleinen Kinder packt, um ihnen mit Steinen den Schädel einzuschlagen.« Fish war davon besessen, sich und andere für die Sünden der Welt bestrafen zu müssen. Im »Namen

Gottes« kastrierte Fish kleine Jungs, quälte Kinder zu Tode und aß deren Fäkalien und von ihrem Fleisch. Seine eigenen Kinder animierte er dazu, ihn blutig zu schlagen – was bei einem derartigen Vater vielleicht nicht schwerfiel. Als Fish einmal ein kleines Mädchen tötete und innerhalb von neun Tagen komplett verspeiste, schrieb er unter Pseudonym einen Brief an ihre Eltern mit der »tröstlichen« Nachricht: »Sie starb als Jungfrau.« Erst 1935 konnte Fish verurteilt werden. Trotz seiner offenkundigen Geistesstörung sprach ihn das → Gericht schuldig und verurteilte den 65jährigen zum Tode auf dem → elektrischen Stuhl. Für den abgebrühten Sadomasochisten Fish war das jedoch kein Grund zur Traurigkeit: »Den einzigen Thrill, den ich noch nicht ausgekostet habe ...«, erklärte er mit offensichtlicher Vorfreude auf seine → Hinrichtung. Am 6. Januar 1936, kurz nach 23 Uhr war es dann in Sing Sing soweit: Doch als der erste Stromstoß in den elektrischen Stuhl gejagt wurde, kam es zu einem Kurzschluß. Die zahlreichen Metallnadeln, die sich Fish über Jahrzehnte hinweg in seinen Körper gerammt hatte, hatten ihn verursacht. Erst beim zweiten Mal klappte es. Aber möglicherweise bedeutete diese Verzögerung für Albert Hamilton Fish einen zusätzlichen Kick! → Geisteskranke und abnorme Täter, → Sadismus

Flegenheimer, Arthur »Dutch Schultz«

Arthur Flegenheimer wurde 1902 als Sohn eines Reitstall- und Saloonbesitzers in New York geboren. Seinen Beinamen »Dutch Schultz« erhielt er nicht etwa, weil er Holländer war – seine Eltern waren deutsche Juden -, sondern weil er mit seinen blauen Augen und seinem stämmigen Körperbau an ein besonders mordlustiges Mitglied einer Verbrecherbande aus der Zeit um 1900 erinnerte – das Schultz hieß und holländischer Herkunft war. Flegenheimer gefiel der Name, weil er kurz genug für Schlagzeilen war. »Wäre ich Arthur Flegenheimer geblieben, hätte sich nie ein Mensch meinen Namen merken können«, erklärte er. Bereits in seiner Jugendzeit hatte sich Dutch Schultz in einer → Einbrecherbande verdingt. Seine große Zeit kam mit der → Prohibition. Dutch galt als einer der kaltblütigsten und miesesten → Gangster dieser Zeit. Lucky → Luciano, also einer der es wissen mußte, nannte Schultz einen der »schäbigsten Typen, die ich je kennengelernt habe«. Mitte der zwanziger Jahre gehörten über hundert Männer zu Flegenheimers Bande, mit der er das Schwarzmarktgeschäft (→ Schwarzhandel) in der Bronx und in Teilen von Manhattan fest in der Hand hatte. Dixie Davis, der Anwalt von Dutch Schultz, charakterisierte seinen Klienten wie folgt: »Man kann Arthur ins Gesicht spucken, ihn schlecht behandeln, sein Mädchen beleidigen, und er lacht bloß darüber. Aber man darf keinen einzigen Dollar von seinem Geld in die eigene Tasche verschwinden lassen. Wer das tut, ist ein toter Mann.« Im Gegensatz zu vielen anderen Gangstern galt Dutch Schultz als geiziger Mann.

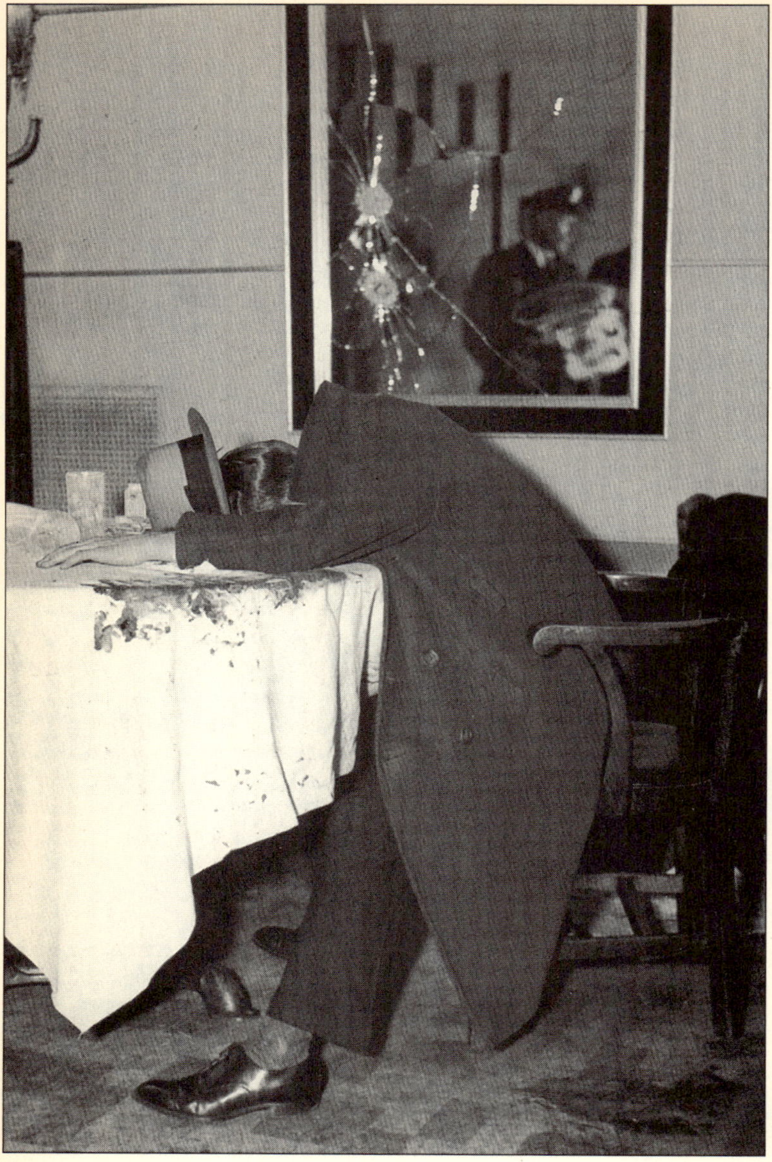

Ende einer Mahlzeit: Arthur Flegenheimer, besser bekannt als »Dutch Schultz«, einer der ranghöchsten Gangster der US-Unterwelt, fiel 1935 einer Lokalschießerei zum Opfer

Flegenheimers Ende wurde eingeleitet, als Thomas Dewey von der Bundesbehörde damit anfing, Schultz' Steuererklärungen und auch andere Bereiche seines → Unterwelt imperiums genauer zu überprüfen. Mit einem ganzen Netz → illegaler Abhöranlagen und einer Reihe von → Zeugen machte er dem »Dutchman« das Leben sauer. Schließlich geriet Schultz darüber so in Rage, daß er einen → Mordplan gegen Dewey ausheckte und davon seinen Partnern Lucky Luciano,→ Meyer → Lansky, Bugsy → Siegel, Longy Zwillman und Lepke → Buchalter berichtete. Diese versuchten, ihm das Mordkomplott auszureden; denn ihnen war klar, daß die Bundesbehörde ihnen im Fall von Deweys Ermordung die Hölle heiß machen würde. Doch Dutch ließ sich nicht umstimmen, womit er sein eigenes → Todesurteil unterschrieb. Am Abend des 23. Oktober 1935 besuchte Schultz in Begleitung von zwei Leibwächtern und seinem Buchhalter sein Lieblingsrestaurant in Newark. Es war bereits spät, als Dutch aufstand, um zur Toilette zu gehen. Einen Augenblick danach betraten zwei Auftragsmörder (→ Killer) das Lokal, gingen zu Dutchs Tisch und begannen zu schießen. Die drei Männer, die sitzengeblieben waren, wurden sofort tödlich getroffen. Dutch selbst wurde in der Herrentoilette aufgespürt und angeschossen. Er konnte sich noch aus der Toilette schleppen, brach dann jedoch über einem der Tische zusammen. Dutch war nicht sofort tot. Er wurde ins Krankenhaus gebracht und als er dort erwachte, sagte er: »Ich möchte einen Priester.« Ein sonderbarer Wunsch für einen Sohn deutsch-jüdischer Eltern. Doch einigen italoamerikanischen Gangsterbossen wie Lucky Luciano oder Vito Genovese (→ Genoveses) war bereits früher aufgefallen, was für ein ausgesprochenes Interesse Flegenheimer für den Katholizismus zeigte. Besonders beschäftigte ihn die Beichte und die damit verbundene Absolution – die er jetzt anstrebte. Luciano berichtete: »Ich bin fast aus den Latschen gekippt, als er uns erzählte, daß er sich in seiner Freizeit mit dem katholischen Glauben beschäftigte.« Diese Beschäftigung blieb nicht folgenlos: Als der von Flegenheimer gewünschte Priester ins Krankenzimmer kam, bat der Dutchman ihn, als Katholik sterben zu dürfen. Der Priester taufte ihn und gab ihm die letzte Ölung. Einen Tag nach dem → Attentat, am 24. Oktober 1935, starb Dutch Schultz. Auf der Beerdigung hielt der Pater einen fünfzehnminütigen katholischen Gottesdienst ab, bei dem er allerdings darauf verzichtete, die »Verdienste« des Verstorbenen aufzuzählen.

Flugzeugentführungen

→ Luftpiraterie

Fodale, Andrea

Manchmal haben es schwere Jungs leichter als andere. So der 1974 geborene Andrea Fodale, seines Zeichens → Gangsterboß aus dem sizilianischen Trapani. Als der 237 Kilogramm wiegende Koloß im Jahr 2000 gefaßt wurde, entschied die italienische → Justiz, daß → Gefängniskost und Zellenenge möglicherweise le-

Ein in jeder Hinsicht »schwerer Junge«: Andrea Fodale

bensgefährlich für den Dickwanst seien. So wanderten nur zwölf eher schmächtige Sizilianer, die die → Polizei für Fodales Gefolgsleute hielt, ins Gefängnis. Andrea Fodale gestand freimütig ein, daß er damit gerechnet habe, bei seinem Übergewicht höchstens Hausarrest oder Krankenhaus zu riskieren. Aber vielleicht wäre bei dem dicken Fodale eine Diät am angebrachtesten gewesen.

Folter

Folter ist eine gezielt eingesetzte grausame Handlungsweise von Menschen an anderen Menschen. Zweck der Folter ist meist, durch die zugefügten physischen oder psychischen Schmerzen → Geständnisse oder Meinungsänderungen zu erzwingen. Die → Motive und Methoden der Folter, die bereits in der Antike angewendet wurde, haben sich immer wieder gewandelt, die Folter selbst ist allerdings bis in unsere Tage ein weltumspannendes Phänomen geblieben. Die Generalversammlung der UNO definierte den Begriff der Folter 1975 in einer verabschiedeten Erklärung folgendermaßen: »Unter Folter ist jede Handlung zu verstehen, durch die einer Person von einem Träger staatlicher Gewalt oder auf dessen Veranlassung hin vorsätzlich starke körperliche oder geistig-seelische Schmerzen oder Leiden zugefügt werden, um von ihr oder einem Dritten eine Aussage oder ein Geständnis zu erzwingen, sie für eine tatsächliche oder mutmaßlich von ihr begangene Tat zu bestrafen oder sie oder andere Personen einzuschüchtern.« Folter gibt es wohl, seitdem es Menschen gibt. Eine »Blütezeit« der Folter setzte mit dem 11. Jahrhundert ein, die ihren Höhepunkt in den → Prozessen gegen → Ketzer und → Hexen erreichte. In einer von der mittelalterlichen Kirche wesentlich mitzuverantwortenden Rechtsfindungspraxis (→ Religion und Verbrechen) wurde die Folter als »Beweis aller Beweise« angesehen. Die → Inquisition wandte die Folter mit dem Argument an, den → Delinquenten damit schützen zu wollen, da das gemeine Volk den Ketzer andernfalls von sich aus foltern würde. Die vorgebliche institutionelle Kontrolle der Folter durch die Inquisition brachte aber bald Exzesse methodisch erzeugter Grausamkeiten hervor. So in der »peinlichen Befragung«, welche dem Richter bei schweren → Verdachtspunkten gestattet war. Im ausgehenden Mittelalter und in der frühen Neuzeit fand die Folter in erster Linie bei Hexenprozessen statt. Das erste allgemeine deutsche Gesetzbuch, die Carolina von 1532, schränkte die Folter ein – jedoch wurden ihre Vorgaben bei den Hexenprozessen nicht immer befolgt. Trotz aller Qualen für die Opfer darf man sich die Praktizierung spätmittelalterlicher und frühneuzeitlicher Foltermethoden allerdings nicht als einen blindwütigen Exzeß aus Gewalt, richterlicher Bosheit und sadistischen (→ Sadismus) Praktiken vorstellen. Gerade in der Carolina wurde auf die ordnungsgemäße Durchführung der Folter großer Wert gelegt. Zunächst mußte ein Verhör stets bis zu einem Punkt gediehen sein, wo es faktisch nur noch um Entweder-Oder ging, wo also die Schuldvorwürfe schon weit zugespitzt waren. An diesem Punkt mußten dann die Sachverständigen, die Universitätsprofessoren, die Juristen, auch die Philosophen, gefragt werden, ob gefoltert werden dürfe, um »letzte Klarheit« zu erlangen. Üblicherweise wurde die Folter in einem taghell erleuchteten Raum durchgeführt; die vielen nachträglichen Abbildungen von »finsteren Folterkellern« entsprechen also nicht der historischen Realität. Mindestpersonal waren neben dem → Scharfrichter ein Richter, zwei Schöffen, ein Schriftführer und ein Arzt, der laufend über die Belastbarkeit des Delinquenten Auskunft zu geben hatte. Es gab genau vorgeschriebene Grade des Folterns. Beim ersten Grad wurden die Instrumente lediglich gezeigt, beim zweiten Grad wurden die Daumen- oder Beinschrauben angelegt, ohne damit Schmerzen zu verursachen. Die Delinquenten wurden völlig nackt ausgezogen, was als solches bereits demoralisierend wirkte. Richtig ernst wurde es beim dritten Grad. Die Daumen- und Beinschrauben wurden nun immer mehr angezogen, der Delinquent wurde auf eine Leiter gebunden und an den Beinen und Armen immer mehr nach beiden Richtungen auseinandergezogen. Ihm wurden Kienspäne unter die Fingernägel geschoben, ihm wurden mit Schwefelhölzchen Brandflecken auf die Haut gebrannt. Und immer wieder fragten die Richter dazwischen: »War das so, ja oder nein, war das so, ja oder nein?«

Lange Zeit war die Folter ein übliches Instrument der Rechtsfindung und auch Rechtsprechung und sie war insofern »notwendig«, als es weder → Kriminologie noch → Rechts-

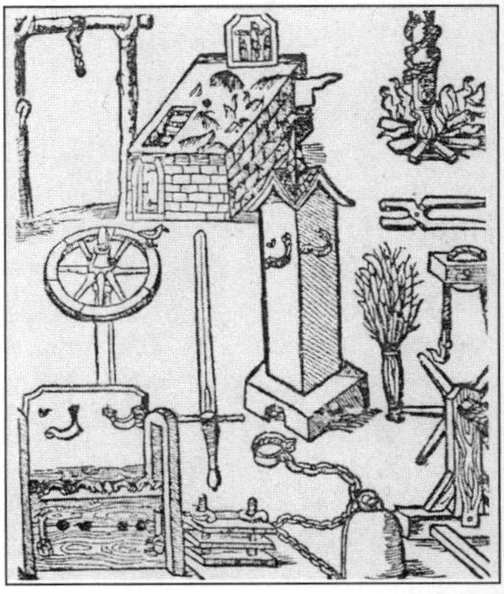

Folter: Strafwerkzeuge, wie sie gegen Ende des Mittelalters gebraucht wurden. Holzschnitt 16. Jahrhundert

medizin im neuzeitlichen Sinne gab, mit denen man die Verdächtigen hätte überführen können. Wenn daher ein Verdächtiger nicht von alleine geständig war, oder wenn mindestens zwei → Zeugen die Tat des → Angeklagten beeiden konnten, wurde der → Schuldnachweis über die Folter erzwungen. War der tatsächliche oder nur vermeintliche Missetäter unter der Folter geständig, so begann allerdings mit dem Schuldspruch die nächste Stufe der Tortur; denn bei der ausgesprochenen → Strafe ging es nicht zimperlich zu. So war es üblich, verurteilten Personen ihre Beweglichkeit zu nehmen, indem man ihnen das linke Bein abschlug. Somit konnten sie kein Pferd mehr besteigen und auch kein Schwert mehr führen. Diese grausame Strafe wurde oft noch durch die sogenannte »Spiegelstrafe« ergänzt. In der Spiegelstrafe sollte sich die Art des Verbrechens widerspiegeln. Deshalb hackte man dem → Dieb die Hand ab, schlitzte dem → Betrüger (Schlitzohr) das Ohr auf, schnitt Meineidigen die Schwurfinger ab und riß Verleumdern die Zunge heraus. Diese Verstümmelungen brandmarkten den Verbrecher auf immer für seine Tat und ließen ihn als verurteilten Verbrecher erkennbar werden. Die gebräuchlichsten → Hinrichtungsarten waren → Verbrennen, Hängen (→ Galgen), Ertränken, Aufschlitzen, Enthaupten und → Rädern. Die → Todesstrafe wurde beispielsweise nach einem dritten Diebstahl ausgesprochen. Man nahm an, daß es sich bei einem dreifach Rückfälligen um einen unverbesserlichen Fall handele.

Seit dem 18. Jahrhundert setzte sich im Zuge der Aufklärung eine Ächtung der Folter ein. Abgeschafft wurde die Folter zuerst im Preußen Friedrich des Großen im Jahr 1740. Die übrigen europäischen Staaten schlossen sich dem peu à peu an. Das 19. Jahrhundert darf als eine ziemlich folterlose Ära gelten. Aber damit war zu Beginn des 20 . Jahrhunderts wieder Schluß. Die nun aufkommenden revolutionären Diktaturen und viele der neugegründeten Nationalstaaten führten die Folter wieder ein, doch nur inoffiziell, vor der Öffentlichkeit abgeschirmt; die Folter wurde nicht mehr offiziell legitimiert. Es gab zwar Anweisungen von oben an die »Organe«, zur Erlangung von Geständnissen »moderaten physischen Druck auszuüben«, aber wie dieser physische Druck aussah, das wurde nicht angesprochen, das wurde den Organen überlassen. Für den Staat war das vorteilhaft. Er konnte sich jederzeit, wenn doch einmal etwas herauskam, von den Organen distanzieren, die irgend etwas mißverstanden oder übertrieben hätten. Die Folter-Instanzen operierten im rechtsfreien Raum, sie wußten nie ganz genau, ob sie zu weit gegangen waren oder ob sie zu wenig zupackend gewesen waren, es war ein Vabanquespiel. Eine weitere Folge der Dekodifizierung der Folter war, daß sich die Organe nun faktisch unbegrenzt neue Foltermethoden ausdenken und sie anwenden konnten. Methoden, von denen die rationalistischen Inquisitoren des sechzehnten und siebzehnten Jahrhunderts nicht einmal zu träumen gewagt hätten. Beispielsweise bis zum Kopf eingraben und dann die Fliegen an den Kopf heranlassen, war eine solche neue Foltermethode des zwanzigsten Jahrhunderts, bezeugt von Alexander Solschenizyn aus gewissen sibirischen Militärlagern der vierziger Jahre. Oder den Untersuchungshäftling auf immer kleinere Hungerrationen setzen, oder ihm den Schlaf entziehen, ihn also immer wieder aufwecken, wenn er einschlafen wollte.

Heute wird in knapp zwei Dritteln der weltweit 193 Staaten – in unterschiedlichen Graden – gefoltert. Nach den Terrorangriffen (→ Terrorismus) vom 11. September 2001 auf New York und Washington wurde in der US-amerikanischen Presse darüber debattiert, ob man bei verdächtigen Muslimen nicht gewisse Formen des Folterns wieder einführen sollte, um sie zu einem Geständnis zu zwingen.

Literatur: F. Helbing; M. Bauer: Die Tortur. Geschichte der Folter im Kriminalverfahren aller Zeiten und Völker (1926); E. Peters: Folter. Geschichte der peinlichen Befragung (1991).

Forensische Medizin

→ Rechtsmedizin

Forensische Psychologie/ Gerichtspsychologie

Die forensische Psychologie bildete einen Teilbereich der angewandten Psychologie. Sie befaßt sich mit psychologischen Problemen, die im Zusammenhang mit der → Gerichtspraxis auftreten. Die forensische Psychologie ist aus der Entwicklungs-, Sozial-, Persönlichkeits- und klinischen Psychologie erwachsen. Ihre wichtigsten Aufgaben sind → Zeugenbegutachtung (die Beurteilung ihrer allgemeinen Glaubwürdigkeit und ihrer Glaubwürdigkeit in der konkreten Situation), Beurteilung der Verantwortlichkeit im strafrechtlichen Sinn (Zurechnungsfähigkeit zur Tatzeit, geistiger Entwicklungsstand). Hinzu kommen Aufgaben im → Strafvollzug wie → Resozialisierung, Psychotherapie, Entlassungsprognosen, aber auch die psychologische Schulung von Aufsichtspersonal. Auch die Untersuchung von Fragen nach den Ursachen des Verbrechens fallen in den Bereich der forensischen Psychologie.

Franz, Norman und Sandra

Der kühle → Mörder und seine junge → Gangsterbraut – das klingt wie die schaurig-schöne Geschichte einer bedingungslosen Liebe, die sich über jede bürgerliche Moral stellt und bei deren Erfüllung ein Menschenleben keine Rolle spielt. Am radikalsten vorgelebt beim → Mordbrenner Horst und seiner Geliebten Friederike → Delitz, am berühmtesten bei → Bonnie & Clyde, am effektvollsten in Szene gesetzt bei Mickey und Mallory aus Natural Born Killers, und, vielleicht eine Nummer kleiner – bei Norman und Sandra.

Die siebzehnjährige Sandra Cornelius und der sieben Jahre ältere Norman Volker Franz lernten sich 1994 kennen. Norman warb um sie, und ein Jahr später beschlossen sie, ein Paar zu werden. Norman lebte schon damals über seine Verhältnisse. Er fuhr einen BMW und finanziert, den Wagen mit krummen Dingern, unter anderem mit Zigarettenschmuggel (→ Schmuggel). Eines Tages kam ihm eine polnische → Gang ins Gehege. Norman, Franz beschloß, das Problem auf seine Weise zu lösen. Hier zeigte sich, zu welcher Brutalität er fähig war. Gemeinsam mit zwei Komplizen lockte er die Polen in den Hinterhalt, durchsiebte seine Opfer mit Schrot und warf noch eine Handgranate ins Auto. Zwei Männer starben. Norman und Sandra mußten untertauchen. Sie flohen nach Spanien, kehrten jedoch bereits neun Monate später wieder zurück nach Deutschland. Ein Fehler, wie sich herausstellte; denn in Osnabrück wurde Norman Franz erkannt, verhaftet und wegen → Mordes zu lebenslanger → Haft verurteilt. Trotz der scheinbaren Aussichtslosigkeit ihrer Beziehung heirateten Norman und Sandra im Mai 1996 im → Gefängnis von Wuppertal. Sandra war zu diesem Zeitpunkt 19 und der Mann im Knast ihr ein und alles. Norman Franz drängte seine Frau, ihm zur Flucht zu verhelfen. An einem Besuchstag im März 1997 brachte Sandra ihm Sägeblätter, versteckt unter einem Gürtel. In der Nacht sägte Norman Franz das Gitter vor seinem Fenster durch und konnte entkommen. Seine junge Frau holte ihn ab. Sie flüchteten. Zwei Wochen später erschoß Norman Franz in Weimar vor der Dresdner Bank einen Geldboten. Beute: 10.000 Mark. Sandra stand an einer Bushaltestelle Schmiere. Die beiden tauchen daraufhin in billigen Hotels unter, doch vier Monate später ging ihnen das Geld aus. Norman Franz überfiel deshalb vor dem Metro-Markt in Halle zwei Geldtransporteure und erschoß sie. Sandra und er flüchteten darauf nach Portugal. Im Ferienort Albufeira an der Algarve kauften sie für 160.000 Mark ein Apartment mit Meerblick und Kamin. Beim Metro-Überfall hatten sie 487.000 Mark erbeutet. Am 22. Februar 1998 bekam Sandra einen Sohn. Norman nahm einen Job als Immobilienberater an. Gemeinsam wollten sie das geordnete Leben einer kleinen Familie führen. Doch nicht lange. Im Oktober 98 wurden portugiesische Polizisten an der Algarve auf einen BMW mit deutschem Kennzeichen aufmerksam, der verdächtig oft vor einer Bank parkte. Die Polizisten kontrollierten das Kennzeichen und fanden heraus, daß der Wagen unter einem Decknamen

Bonnie & Clyde made in Germany: Norman und Sandra Franz

gekauft worden war, den der gesuchte Mörder Norman Franz öfter benutzt hatte. Deutsche Zielfahnder verhafteten daraufhin Norman und Sandra. Die beiden kamen in portugiesische Haft. Norman Franz legte Beschwerde gegen seine Auslieferung an die deutschen Behörden vor dem portugiesischen Verfassungsgerichtshof ein. Im Juli 1999 wurde der Antrag abgelehnt. Am 28. Juli 1999 war seine Zelle leer. Norman Franz hatte das Fenstergitter durchgesägt und sich mit einem Bettlaken abgeseilt. Sandra Franz wurde nach Deutschland ausgeliefert. Zu ihrem → Prozeß vor dem Landgericht Halle wurde Sandra gebracht, als sei sie ein → Mafia-Boss und Halle Palermo: in einem schwarzen Mercedes, umringt von Beamten eines → Sondereinsatzkommandos. Die Polizisten waren mit Maschinenpistolen bewaffnet und trugen kugelsichere Westen. Auch Sandra Franz trug eine solche Weste. Grund für das Spektakel: Die Polizei fürchtete, Norman Franz könnte versuchen, seine Frau zu befreien. Vor dem → Gericht fand Sandra Franz Gnade. Die Gutachter attestierten ihr eine emotionale Abhängigkeit von ihrem Mann. Darüber hinaus hatte sie weiteres Glück: Zum Zeitpunkt der Überfälle war sie erst zwanzig Jahre alt. Für sie galt daher noch das Jugendstrafrecht. Das → Urteil: sechs Jahre und drei Monate → Jugendstrafe.

Literatur: Alexander Adolph: Unheimlich verliebt. In: Die Zeit Nr. 32 v. 5.8.1999, Leben S. 4; Thomas Thielke, Andreas Ulrich: Drehbuch für Hollywood. In: DER SPIEGEL Nr. 16 v. 17.4.2000, S. 76-78

Frauen und Gewalt

→ Frauenhandel, → Frauenmörder, → Frauenraub, → Geschlecht und Verbrechen, → Kindsmörderin, → Mörderinnen, → Prostitution

Frauenhandel

Bedeutet das Verschleppen (→ Verschleppung) oder → Entführen von Frauen und Mädchen ins Ausland, um diese dort zur → Prostitution zu zwingen. Nicht selten werden die Frauen auch durch falsche Versprechungen von ihrer Heimat weggelockt. 1904 wurden mehrere internationale Abkommen geschlossen, um den Frauenhandel zu bekämpfen. Frauenhandel wird von deutschen → Gerichten unabhängig von der Nationalität des → Täters und unabhängig vom → Tatort verfolgt. → Menschenhandel

Frauenmörder

Bei Frauenmördern handelt es sich um eine Sonderform von → Serienmördern. Der Frauenmörder begeht seine → Morde aus → Haß auf das weibliche Geschlecht. Dieser Haß kann sich gleichwohl mit sexuellem Begehren paaren. → Bundy, Theodore Robert, → David, Horst, → Deeming, Frederick Bailey, → Eichhorn, Johann, → Geisteskranke und abnorme Täter, → Jack the Ripper, → Jack the Stripper, → Lebende Vampire, → Lustmörder, → Rezala, Sid Ahmed, → Sadismus, → Sexualverbrecher

Frauenraub

War nicht nur ein beliebtes Motiv der antiken Mythologie, sondern findet auch heute noch bei Naturvölkern statt. Man versteht darunter die gewaltsame → Entführung eines Mädchens, um es heiraten zu können. Das Mädchen kann mit dieser Entführung auch einverstanden sein. Gründe für den Frauenraub sind beispielsweise ein zu hoher Brautpreis oder Frauenmangel in der eigenen Sippe. Nachklänge davon finden sich heute noch in dem Hochzeitsbrauch, die Braut zu rauben.

Frederiksen, Elisabeth

Im kalten Januar 1993, kurz vor ihrem achten Lebensjahr, mußte Anna B. sterben. Ein nettes, begabtes, hübsches, liebenswertes Kind aus wohlhabendem Haus. Ihr Tod war qualvoll. Bis heute lassen die Rätsel um Annas Tod viele Menschen nicht zur Ruhe kommen. Nicht Annas Schulrektorin, die noch Jahre später sagt: »Es war und ist das schlimmste Ereignis in meinem Leben.« Nicht den katholischen Pfarrer, der sich bei der Beerdigung vertreten lassen mußte: »Ich konnte niemanden trösten.« Wer tötete Anna B. mit einer derart großen Dosis Arsen (→ Giftmord), daß man damit auch den stärksten Mann ins Grab hätte bringen können? Ihr Tod gilt als einer der unheimlichsten Kriminalfälle in der bundesdeutschen Geschichte.

Annas Eltern wohnten mit ihrem einzigen Kind zurückgezogen in einem Stuttgarter Vorort. Obwohl Annas Vater Ernst Rudolf B. ein sehr gut bezahlter Industriemanager war, lebte die Familie bescheiden und auch Anna wurde nicht verwöhnt. Annas Erziehung war eher streng, ihre Mutter wollte aus ihr einen selbständigen Menschen machen. Die Siebenjähri-

Elisabeth Frederiksen bei Fernsehpfarrer Jürgen Fliege

ge mußte schon im Haushalt helfen, da die Mutter seit Annas Geburt an Multipler Sklerose litt. Die Nervenkrankheit, die auch zu psychischen Störungen führen kann, wurde durch die Schwangerschaft ausgelöst. Annas Mutter brauchte Krücken.

Am 20. Januar 1993 wollten die Eltern, beide gläubige Katholiken, zu einem religiösen Vortrag. An diesem Tag kam auch Annas Tante, die 1954 geborene Elisabeth Frederiksen aus Königstein, zu Besuch. Sie wollte sich um Anna kümmern. Diese Tante war so ganz anders als die Eltern: großzügig, elegant, geheimnisvoll. Eine mondäne Märchentante, die tolle Geschichten erzählen konnte und spannende Dinge machte. Trotz ihrer Verschiedenheit war ihr Verhältnis zu Annas Eltern herzlich. Ab 19.45 Uhr waren Tante und Nichte allein. Die Tante servierte Anna mehrere Glasschalen mit viel Pistazieneis, aß auch selbst eine Portion davon. Anna bekam noch reichlich Schokoladensauce darüber, die in einer angebrochenen Flasche im Kühlschrank gestanden hatte und die der Tante zu süß war. Später brachte Elisabeth Frederiksen ihre Nichte zu Bett. Nach der Rückkehr der Eltern saßen die drei Erwachsenen noch zusammen. Gegen 22.30 Uhr rief Anna ihren Vater. Ihr war schrecklich übel und sie hatte sich übergeben. Ausnahmsweise durfte das Kind noch zu den Erwachsenen. Die Mutter nahm Anna auf den Schoß, sie bekam schwarzen Tee und das Magenmittel Uzara. Die Eltern nahmen sie mit ins Ehebett. Ab Mitternacht mußte Anna jede Viertelstunde hoch. Sie wurde von Krämpfen geschüttelt und mußte sich übergeben. Erst ab fünf Uhr schlief das Kind erschöpft ein. Ab sieben Uhr begann Anna erneut zu brechen, sie torkelte, verlor das Bewußtsein. Die Tante, die im Gästezimmer übernachtet hatte und von dem Zustand des Kindes in der Nacht nichts gehört hatte, fing ihre Nichte im Bad auf und legte sie aufs Bett. Man versuchte zuerst den Kinderarzt zu erreichen, der Vater fuhr Anna dann aber lieber gleich zur Klinik nach Ludwigsburg. Die Tante, noch im Schlafanzug, saß hinten im Auto und hielt ihr Patenkind wach. In der Notaufnahme diagnostizieren die Ärzte einen schweren Schock, Anna kam auf die Intensivstation und wurde künstlich beatmet und mit Elektroschocks behandelt. Um 11 Uhr setzte zum ersten Mal ihr Herz aus, um 11.32 war Anna B. tot. Sie starb 13 Tage vor ihrem 8. Geburtstag. Elisabeth Frederiksen bekam den Todeskampf nicht mit. Sie war zurückgefahren und hatte noch im Schlafanzug einen ihrer Rassehunde wegen einer kleinen Operation zu einer Stuttgarter Spezialistin gebracht, bei der sie angemeldet war. Dann kehrte sie in Annas Elternhaus zurück. Danach duschte sie und kleidete sich um. Schließlich setzte sie die Spülmaschine mit dem Geschirr vom Vortag in Gang, telefonierte mit ihrem Ehemann und kam erst gegen 12 Uhr wieder ins Krankenhaus. Auf dem Flur begegnete sie ihrem Bruder, der ihr weinend Annas Tod verkündete. Als Reaktion entgegnete Elisabeth Frederiksen: »Und ich habe so etwas Verrücktes gemacht wie die Spülmaschine eingeschaltet, die erst halb voll war.« Eine Bemerkung, die noch Folgen haben sollte. Nach den Ursachen von Annas Tod gefragt, waren die Ärzte erst ratlos. Auf einem Röntgenbild Annas waren einer Ärztin jedoch seltsame Schatten aufgefallen, die auf Metallrückstände hinweisen könnten. Noch während der Intensivbehandlung hatte man eine Eisen- oder eine Kupfervergiftung in Erwägung gezogen, doch für eine Gegenmaßnahme war es bereits zu spät gewesen.

Die → Polizei begann ihre Ermittlungen mit einem Fehler. Man verzichtete trotz eines → Verdachtes auf Lebensmittelvergiftung auf die Beschlagnahmung (→ Beschlagnahme) von Speisen und Getränken im Haushalt. Annas Mutter warf daraufhin sämtliche Lebensmittelvorräte, darunter auch nicht angebrochene Nudelpackungen und auch die Reste des Pistazieneises und der Schokoladensauce, in den Müll. »Dafür gibt es keine rationale Erklärung«, meinte sie später, nach dem Warum gefragt. Nur widerwillig gaben die Eltern dem Drängen auf eine Obduktion (→ Autopsie) nach. Vor allem die Mutter wehrte sich dagegen. Acht Wochen nach Annas Tod erreichte sie das schockierende Ergebnis der Untersuchung: Die Siebenjährige war vergiftet worden – mit Arsenik, einem mehlartigen Pulver, das man nicht riecht und nicht schmeckt. Das klassische Mordgift der Antike und des Mittelalters, in einer Dosis, die ausgereicht hätte, 20 Kinder zu töten.

Die Ermittler versuchten herauszufinden, wann Anna das Gift verabreicht worden sein könnte. Noch in der Schule? Tagsüber? Doch schließlich stand fest, Anna mußte das Gift am Abend zu sich genommen haben; denn Arsen in solchen Mengen führt spätestens nach zwei Stunden zu Brechreiz. Giftexperten sahen zwei Möglichkeiten. Entweder Anna hatte das tödliche Arsen gegen 20 Uhr im Eis oder in der Schokoladensauce zu sich genommen, oder ihr wurde nur wegen der großen Menge Eis schlecht, und man hat ihr das Arsen erst danach mit dem Tee oder den Magentropfen eingegeben. Auf alle Fälle bedeutete das: Verdächtig sind nur die Eltern und die Tante. Aber was könnte das → Motiv dieser Anna so nahestehenden Personen gewesen sein? Tötete die Mutter womöglich ihr einziges Kind, da Anna Auslöser ihrer Multiple-Sklerose-Erkrankung war? Oder griff der Vater zum Gift, da er seine Tochter loswerden wollte? Beide Varianten erscheinen abwegig. Bleibt die Tante. Trieb sie → Neid, gönnte sie der Schwägerin die hübsche und fröhliche Tochter nicht, da sie selbst nach einer Krebserkrankung keine Kinder mehr bekommen konnte? Auch das erscheint nicht so ohne weiteres nachvollziehbar. Oder galt der Giftanschlag einem der Erwachsenen und Anna wurde nur versehentlich Opfer? Auch letztere Theorie wurde wieder verworfen. Fest steht jedenfalls: Annas Familienmitglieder konnten alle gut an das Gift herankommen. Annas Vater und seine Schwester Elisabeth Frederiksen stammen aus einer Apothekerfamilie. Zwar war die elterliche Apotheke in Stuttgart längst verkauft, doch wie sich herausstellte, besaßen beide Geschwister zur Tatzeit noch passende Schlüssel. Und in der Apotheke war Arsen vorrätig. Elisabeth Frederiksen hatte zudem Pharmazie studiert und erst kurz vor dem Staatsexamen abgebrochen, um das Fach zu wechseln und schließlich einen gutsituierten dänischen Kaufmann zu heiraten. Gut ein Jahr nach Annas Tod wurde Elisabeth Frederiksen verhaftet. Die Ermittler waren bald ausschließlich auf ihre Person fixiert, da sie den Eltern eine solche Tat einfach nicht zuzutrauten. Die Tante hingegen erscheint als eine rätselhafte und schwer durchschaubare Persönlichkeit. Mit irritierend wirkender Selbstbeherrschung hatte Annas Patentante auf alle Fragen der Polizei geantwortet, sich nie provozieren lassen. Als man sie in ihrem Haus in Königstein festnahm, wirkte sie auch da gefaßt. »Eiskalt«, konstatierte ein Kriminalbeamter. Als »völlig unbetroffen«, bezeichnete eine Lehrerin das Verhalten der Tante bei Annas Beerdigung. »Sie lachte und erzählte flapsige Geschichten.« Außerdem sei sie »aufgedonnert« gewesen, dick geschminkt und mit Perlen behängt. Plötzlich kommt der → Verdacht auf, Elisabeth Frederiksen sei womöglich eine → Serienmörderin, eine routinierte Giftmischerin. Annas Vater hatte nämlich bei der Beerdigung eine Kette seltsamer Zufälle angesprochen: »Überall, wo meine Schwester auftaucht, geschieht ein Unheil.« Elisabeths Eltern, die alten Stuttgarter Apothekenbesitzer, starben beide plötzlich. Der Vater, 65 Jahre alt, brach am 17. März 1987 in einer Tiefgarage zusammen. »Womöglich ein Hirnschlag«, vermuteten die Ärzte als Todesursache. Tochter Elisabeth war gerade zu Besuch. Die Mutter, 60 Jahre alt und gesund, verlor acht Monate später, am 18. November 1987, nach einem Abendessen das Bewußtsein und starb. »Unerklärlicher Blutdruckabfall«, lautete das Urteil der Ärzte. Wieder war Tochter Elisabeth in Stuttgart zu Besuch. In diese Reihe paßt auch, daß es der kleinen Anna bereits bei einem früheren Besuch der Tante, im November 1992, übel geworden war. Auch damals hatte sie sich mehrmals erbrechen müssen, erholte sich jedoch nach einem Besuch beim Kinderarzt schnell wieder. Hatte die Patentante bereits damals versucht, das Kind zu vergiften? Die Beschuldigte hielt entgegen, daß ihr Vater zuckerkrank gewesen sei und Herzprobleme hatte und die Mutter schon Jahre vor ihrem Tod von schwer behandelbaren Anfällen heimgesucht worden sei. Und Magenprobleme bei einem Kind seien ja auch nichts Ungewöhnliches. Dennoch wurden die Urnen des Apothekerpaares ausgegraben und die Asche chemisch untersucht. Das Ergebnis: Kein verdächtiger Arsenwert. Die Spur wurde nicht weiter verfolgt. Geld konnte für Elisabeth Frederiksen auch kein → Motiv sein, davon hatte sie selbst genug. Blieb die Frage, ob sie womöglich geisteskrank ist. »Kein bißchen«, urteilten mehrere Gutachter. Dennoch wurde Elisabeth Frederiksen zweimal des → Mordes angeklagt. Einmal in Stuttgart und einmal in Heidelberg. Beim ersten → Prozeß machte die → Angeklagte von ihrem Aussageverweigerungsrecht Gebrauch und schwieg. Das Ergebnis, man sprach sie schuldig. »Niemand anderes als Sie hat das Kind vergiftet«, rief der Gerichtsvorsitzende. Als Hauptindiz (→ Indiz) galt die Spülmaschine. Die Angeklagte soll das halbvolle Gerät nur eingeschaltet haben, um Giftspuren auf Annas Glasschale zu beseitigen. Daß ihr die Spülmaschine bei der Nachricht von Annas Tod eingefallen sei, war ein Versuch der Rechtfertigung. Das → Urteil hatte nicht lange Bestand. Es wurde vom Bundesgerichtshof aufgehoben. Beim zweiten Prozeß verteidigte Elisabeth Frederiksen sich. Das Urteil lautet jedoch wiederum auf lebenslange → Haft. »Sie liebten Ihr Patenkind nicht wirklich«, behauptete der vorsitzende Richter, »die Zuneigung war nur vorgespielt.« Das sei daraus ersichtlich, daß sie das Krankenhaus verlassen habe, um ihren Hund zur Tierärztin zu bringen, außerdem habe sie bei der Beerdigung unpassende Bemerkungen gemacht. Ein plausibles Motiv zu finden, fällt jedoch schwer. Vielleicht seien es Neid und → Eifersucht, vielleicht auch »schiere Mordlust.«

Freigesprochene Elisabeth Frederiksen

Zuwenig Tatsachen, zuviele Mutmaßungen, kritisierte der Bundesgerichtshof 1999 und kassierte auf Antrag von Elisabeth Frederiksens Strafverteidiger auch das zweite Urteil. Zitat: »Glauben gehört in die Kirche, nicht in den Gerichtssaal.« Die Juristen hätten an den Eltern des Kindes nicht die gleichen Maßstäbe angelegt, sondern sich einseitig auf die Tante versteift. Es sei ungeprüft geblieben, ob die Multiple-Sklerose-Erkrankung bei der Mutter keine geistigen Störungen hervorgerufen habe. Auch die Möglichkeit einer Produkterpressung habe man zu früh beiseite gewischt. Die Karlsruher Oberrichter sprechen Elisabeth Frederiksen daher im Alleingang frei – ein in der deutschen Justizgeschichte beispielloser Vorgang. Annas Eltern, die lange an der Schuld der Patentante gezweifelt hatten und sie anfangs sogar im → Gefängnis besuchten, scheinen heute von deren → Schuld überzeugt. Sie meiden jeden Kontakt. Nach dem überraschenden → Freispruch hoffen sie auf eine höhere Instanz: »Es gibt eine himmlische Gerechtigkeit«, so Annas Vater.

Literatur: Bruno Schrep: Der ungesühnte Tod der Anna B. In: DER SPIEGEL Nr. 12 v. 20.3.2000, S. 94-103.

Freibeuter

Abgeleitet vom mittelhochdeutschen »vribute« = freigegebene → Beute. Bei einem Freibeuterschiff handelte es sich um ein bewaffnetes, Privatpersonen gehörendes Schiff, das auf Raubzug gegen Handelsschiffe fuhr (→ Kaper). Unter Freibeuter versteht man aber auch → Piraten, die im Auftrag einer Regierung handelten, die diesen in Form von Kaperbriefen die Genehmigung gab, in Kriegs- oder Krisenzeiten feindliche Schiffe zu überfallen und aufzubringen. Der Staat sparte auf diese Weise die Kosten für den Bau einer eigenen Flotte, während sich die Freibeuter nicht mit einem mickrigen Söldnerlohn zu begnügen brauchten. Häufig wird das Wort auch als Synonym für Seeräuber, Pirat oder → Korsar verwendet. → Legale Kriminalität

Freigang

Erlaubt Strafgefangenen, tagsüber das → Gefängnis zu verlassen, um in der Welt draußen einer geregelten Arbeit nachzugehen. Diese gelockerte Form des → Strafvollzugs darf nur angeordnet werden, wenn nicht mit Fluchtgefahr zu rechnen ist. Aufsehen erregt immer wieder, wenn → Schwerverbrechern und → Mördern Freigang gewährt wird, die diese dann zur Flucht nützen. In diesem Fall wird der Freigang, der die → Straftäter auf ein normales Leben nach der → Haft vorbereiten soll (→ Resozialisierung), nicht selten zur Gefährdung der Gesellschaft.

Freiheitsberaubung

Das → Strafrecht versteht darunter eine durch Einsperren oder auf andere Weise (z.B. → Gewalt, → Hypnose) bewirkte widerrechtliche persönliche → Freiheitsentziehung. Freiheitsberaubung wird mit einer → Geldstrafe oder mit → Freiheitsstrafe bis zu fünf Jahren bestraft. Wird das Opfer über eine Woche festgehalten und erleidet es gefährliche → Körperverletzungen dabei, spricht man von schwerer Freiheitsberaubung. Hier droht eine Freiheitsstrafe zwischen einem und zehn Jahren.

Freiheitsdelikte

Darunter versteht der Gesetzgeber → Straftaten, die sich gegen die Freiheit der Willensbetätigung eines Menschen richten. Neben der → Freiheitsberaubung zählen insbesondere der → Menschenraub, die → Verschleppung, die → Entführung gegen den Willen des Entführten, der erpresserische Menschenraub (→ Erpressung), die → Geiselnahme, die → Kindesentziehung und die → Nötigung dazu.

Freiheitsentziehung

Die Verwahrung einer Person innerhalb eines eng begrenzten Raumes, wie z.B. der → Justizvollzugsanstalt oder einem Haftraum, gegen deren Willen. Über die Zulässigkeit und Dauer einer Freiheitsentziehung darf nur der Richter entscheiden. Die → Polizei kann aus eigener Macht niemanden länger als bis zum Ende des Tages nach Ergreifung in → Gewahrsam halten. → Freiheitsstrafe, → Haft, → Jugendarrest, → Maßnahmen der Besserung und Sicherung, → Strafarrest

Freiheitsstrafe

Die Freiheitsstrafe besteht in der teilweisen oder völligen Entziehung der persönlichen Freiheit durch Unterbringung in einem → Gefängnis. Das derzeitige Höchstmaß der Freiheitsstrafe in Deutschland beträgt 15 Jahre, das Mindestmaß einen Monat. Daneben gibt es für Schwerstverbrechen, wie → Mord, die lebenslange Freiheitsstrafe. Seit dem 1. Strafrechtsreform-Gesetz vom 25.06. 1969 gibt es nur noch eine einheitliche Freiheitsstrafe. Die bis dato gültige Unterteilung in → Gefängnis und → Zuchthaus wurde aufgehoben. → Jugendstrafe

Freispruch

Wenn ein → Strafprozeß mit der → Urteilsformel Freispruch endet, bedeutet das für den Angeklagten einer Tat, für nicht schuldig erachtet worden zu sein, oder zumindest nicht überführt worden zu sein. Ob der Freispruch »mangels Beweises« oder »wegen erwiesener Unschuld« stattfindet, geht nur aus den Urteilsgründen hervor.

Fuchs, Franz

Der österreichische Bombenbauer Franz Fuchs versetzte von 1993 bis 1996 sein Land in Angst und Schrecken. Seine Rohr- und Briefbomben hatten vier Menschen getötet und rund ein Dutzend zum Teil schwer verletzt, darunter auch den ehemaligen Oberbürgermeister von Wien Zilk. Die → Attentate des Einzelkämpfers Fuchs hatten einen fremdenfeindlichen Hintergrund. Seine Opfer waren bevorzugt Personen, die für eine liberale Ausländerpolitik bekannt waren. Fuchs ging der → Polizei im Oktober 1998 nur durch Zufall ins Netz, da eine von ihm hergestellte Bombe explodierte und ihm dabei beide Unterarme abriß. Im März 1999 wurde Fuchs zu lebenslanger → Haft verurteilt. Im Februar 2000 gelang es Fuchs, in seiner → Gefängniszelle in Graz → Selbstmord zu begehen. Auch ohne Prothesen hatte er es geschafft, sich mit dem Kabel seines Elektrorasierers zu erhängen. Er konnte das Kabel mit Hilfe eines Schemels an einem Mauerhaken befestigen, steckte dann seinen Kopf durch die Schlinge und stieß den Schemel mit den Füßen um. Fuchs verfügte über eine gefährliche Mischung aus hoher Intelligenz und Fanatismus. → Fanatiker, → Rechtsextremismus

Führungszeugnis

Das Führungszeugnis ist ein urkundlicher Auszug aus dem Bundeszentralregister, das jeder Person über 14 Jahre oder deren gesetzlichen Vertretern auf Antrag erteilt wird. Auch Behörden können unter Umständen das Führungszeugnis einer Person beantragen. Andere Privatpersonen können das nicht. Relativ geringfügige → Delikte, besonders aus dem → Jugendstrafrecht, werden nicht in das Führungszeugnis aufgenommen. Nach Ablauf bestimmter Fristen (drei oder fünf Jahre) dürfen auch andere Verurteilungen nicht mehr im Führungszeugnis erscheinen. Allerdings können Behörden unter Umständen eine lückenlose Auskunft aus dem Zentralregister erhalten.

G

Galgen

Abgeleitet vom althochdeutschen »galgo« = »Stange« oder »Pfahl«. Der Galgen ist eine Vorrichtung zur → Hinrichtung durch den Strang. Er bestand im Regelfall aus einem aufrechten Holzpfahl, an dessen oberem Ende ein Balken rechtwinklig eingesetzt war. Am Galgen erhängt zu werden, galt seit dem Mittelalter als eine schimpflichere → Strafe als die Enthauptung. Zum Galgen wurden vorwiegend → Diebe und Männer niederer Stände verurteilt. Während Enthauptete meist ein ehrenvolles Begräbnis bekamen, ließ man Gehenkte oft monatelang am Galgen baumeln. Der Körper löste sich so vor den Augen der Öffentlichkeit langsam auf und fiel stückweise herab. Dieses schauerliche Schauspiel stellte noch einen Teil der Strafe dar, sollte zugleich aber auch der Abschreckung dienen. Angehörigen war es untersagt, den Leichnam heimlich vom Galgen zu nehmen. Die Gebeine des Gehenkten wurden nicht auf dem Friedhof beigesetzt, sondern unter dem Galgen in Gruben verscharrt. Als man 1741 eine solche Grube in Augsburg öffnete, fanden sich die Schädel von 250 Gehenkten. 32 Diebe hingen noch tot an mehreren Galgen. Je nach → Urteil wurde die Strafe des Hängens unterschiedlich ausgeführt. Einen schnellen Tod konnte erhoffen, wer von der Leiter gestoßen wurde. War der Knoten des Strickes richtig gelegt, so brach er dem in die Schlinge Fallenden sofort das Genick. Ein bei weitem qualvollerer Tod war das Aufhängen an den Füßen, oder wenn der → Delinquent langsam am Strick hochgezogen wurde. In diesem Fall konnte sich der Tod über Tage hinziehen. In Deutschland war der Galgen bis in das 19. Jahrhundert hinein in Gebrauch. 1871 wurde der Tod am Galgen durch die Enthauptung abgelöst. → Todesstrafe

Gang

Aus dem Englischen: »Gehen, Gang, Zusammengehen«. Allgemein versteht man unter einer Gang Verbrecher (→ Gangster), die sich zum Begehen gemeinsamer → Straftaten zusammengeschlossen haben. Im soziologischen Sprachgebrauch bezeichnet »Gang« eine Gruppe von Jugendlichen, die zu Gewalttaten neigt. → Bande, → Jugendbanden, → Organisiertes Verbrechen

Gangster

Verbrecher, der einer kriminellen Organisation (→ Organisiertes Verbrechen) angehört. In dem Wort steckt auch die Bezeichnung → Gang.

Gangsterfilm

→ Kriminalfilm

Ganove

Das Wort ist aus dem Jiddisch-Hebräischen (→ Rotwelsch) abgeleitet und bedeutet soviel wie → Gauner, → Betrüger, → Spitzbube, Angehöriger der → Unterwelt.

Ganoven-Chic

»Kleider machen Leute«. Diese Binsenwahrheit gilt selbstverständlich auch für die → Unterwelt. Jede Epoche, jede Kultur, aber auch jedwede Gesellschaftsgruppe neigt dazu, sich mittels einer bestimmten Verhaltensweise und mittels eines spezifischen Outfits darzustellen. Gerade wenn der → Ganove es zu etwas gebracht hat, demonstriert er seinen Reichtum oder seine gehobene Position in der Verbrecherwelt gern mit sichtbaren Statussymbolen: schnellen Autos, einer teuren Wohnungseinrichtung oder einer Kleidung, die als Markenzeichen fungiert. Understatement ist meist nicht unbedingt Sache der Unterwelt.

Das erscheint zunächst paradox – hätte der Ganove doch zunächst allen Grund, sich möglichst »unsichtbar« zu machen, statt den großen Auftritt zu inszenieren. Aber von einer psychologischen Warte aus betrachtet, erscheint sein Verlangen danach verständlicher: Der → Verbrecher, der sein Dasein immer verschleiern muß, der sich hinter der → Lüge versteckt, bedarf der Kompensation. Er kann nicht nur im Dunkel der Unterwelt hausen. Daher auch seine häufig anzutreffende Prahlsucht. Darüber hinaus verlangt gerade die Hierarchie der Unterwelt – da sie im Gegensatz zu den meisten anderen Hierarchien rechtlich überhaupt nicht abgesichert ist – ihre erkennbaren Zeichen. Wer der Gangsterboß ist, muß eindeutig sein. Zudem besitzen Menschen, deren Wertekanon stark auf materiellen Besitz ausgerichtet ist, im allgemeinen auch ein erhöhtes Verlangen, ihren Reichtum vor der Welt möglichst grell zu präsentieren.

Trotzdem ist der Ganoven-Chic alles andere als eine deutlich festgelegte Angelegenheit. Auch er paßt sich besonderen Situationen an. Er reicht von der Mafiosi-Eleganz über den Zuhälter-Chic, dem verwegenen Outsider-Look bis hin zum brutalen Schläger-Outfit. Das Erscheinungsbild selbstbewußter Verbrecher hat auch bis heute immer wieder die Mode inspiriert.

So sind z.B. die sogenannten Baggy Pants-Hosen, deren Schritt bis zwischen die Knie heruntergerutscht ist – nicht etwa von jugendlichen Trendsettern erfunden worden, sondern sie stammen aus → Gefängnissen, wo meist keine Gürtel getragen werden dürfen. Auch die Angewohnheit, Turnschuhe ohne Schnürsenkel zu tragen, kommt aus dem Knast. Halstücher, um den Kopf geknotete Hemden, Overalls und der typische Knastdrillich stehen für Gefühl, Härte und Authentizität. Doch aufgepaßt! Es gibt auch den Typus des unscheinbaren, »unsichtbaren« Kriminellen – und dieser ist oft der gefährlichste. → Bereicherungsdelikte spielen bei ihm meist nur eine untergeordnete Rolle. Er ist getrieben von dunklen, zerstörerischen Leidenschaften. Im Regelfall ist er Einzeltäter und gerade der → Serienmörder ist von diesem Typus geprägt. → Courtney, Dave, → Gaunertracht.

Ganovenehre

Gibt's die – die Ganovenehre? Es gibt zumindest eine Hierarchie des → Verbrechens, nämlich → Ganoven die angesehen sind und solche, die ganz unten sind. In einem Gespräch mit Spiegel Spezial (1999, H.1) äußerte ein Häftling über die Hierarchien im → Gefängnis und die Ganovenehre: » → Zuhälter, → Bankräuber sind oben, Kinderficker ganz unten. Wichtig ist: Hast du Geld? Hast du jemanden draußen, der dich versorgt? Wieviel läßt du dir gefallen? Das Gefährlichste aber ist, als Verräter zu gelten ... Wer einen Ruf als Verräter hat, muß höllenmäßig aufpassen ...

Die Ganovenehre erlaubt den Kriminellen, nach ihren Regeln zu leben, drinnen wie draußen ...«

Garavito, Alfredo

Er verkleidete sich als Mönch oder Händler, manchmal gab er sich auch als Mitarbeiter einer wohltätigen Organisation aus. Die kleinen Jungen, die der 1958 geborene Luis Alfredo Garavito auf den Straßen der kolumbianischen Städte ansprach, waren ohne Argwohn. Vertrauensvoll gingen sie mit dem großen Mann mit, der ihnen eine Coca Cola, ein warmes Essen oder ein bißchen Geld versprochen hatte. Sie wußten nicht, daß sie ihr Leben in die Hände eines der schlimmsten → Serienmörder der → Kriminalgeschichte gelegt hatten. »Ja, ich habe all diese Kinder umgebracht«, gestand der Gelegenheitsarbeiter nach seiner Festnahme. »Ich habe sie vergewaltigt, gefoltert, enthauptet oder ihre Kehlen durchgeschnitten.« 140 Opfer, die meisten davon Jungen zwischen 8 und 16 Jahren, gehen auf das Konto der »Mordbestie.« Im Verhör beschrieb Garavito in aller Ruhe, wie er sich das Vertrauen der Kinder erschlich, sie dann betrunken machte, sie schließlich mit einer Nylonschnur fesselte, sich an ihnen verging und sie tötete. Mit Garavitos Festnahme im Jahr 2000 konnte die → Polizei das Rätsel der in den Jahren zuvor massenhaft verschwundenen Kinder lösen. Immer wieder waren Jungen von der Straße, aus Parks oder von Schulhöfen spurlos verschwunden. Bis zum November 1999 hatten Behörden keine Spur von ihnen, dann wurden in einer Schlucht nahe der Stadt Pereira die zerstückelten Leichen von 25 Kindern zwischen acht und sechzehn Jahren gefunden. »Die Toten waren so schrecklich zugerichtet, daß wir zuerst an das Werk einer satanischen Sekte oder von kriminellen Organhändlern geglaubt haben«, erklärte der Staatsanwalt. Dann entdeckten seine Leute im westkolumbianischen Bundesstaat Risaralda weitere 41 Leichen, im benachbarten Valle da Cauda noch einmal 27. Insgesamt fanden sie 114 tote Kinder. Eine → Fahndungsgruppe verglich die Fälle der verschwundenen Kinder und kam so schließlich Garavito auf die Spur. Als Garavito im April 2000 bei der versuchten (→ Versuch) → Vergewaltigung an einem Kind erwischt wurde, konnte man ihn festnehmen. Garavito hatte es verstanden, an seine Opfer mit teuflischer Schläue heranzukommen. So hatte er sich als Repräsentant von Kinderhilfswerken Zugang zu Schulen ermöglicht, wo er sich die Kinder aussuchte, die er später in den Hinterhalt locken wollte. Besonders auf Jungen mit »fein geschnittenen Gesichtszügen« hatte er es abgesehen. Von seinen perversen Trieben beherrscht, zog Garavito durch das Land. Dort, wo er sich für einige Zeit niederließ, gaben ihm Nachbarn den Namen »El Loco« – der Verrückte. Daß sie es mit einem gefährlichen Serienmörder zu tun hatte, ahnten sie jedoch nicht. Da Garavito zeitweise auch im benachbarten Ecuador lebte, ist es nicht ausgeschlossen, daß er auch dort eine Blutspur hinterlassen hat. → Kinderschänder, → Sexualverbrecher

Garnier, Gilles

Auch dieser Gilles war – ähnlich wie der noch weitaus berüchtigtere Gilles de → Rais – ein Kindermörder (→ Kinderschänder, → Kindsmord). Er trieb sein Unwesen allerdings gut 100 Jahre später, Mitte des 16. Jahrhunderts, als der Glaube an Werwölfe, → Hexen und Zauberei in Europa seine Hochblüte feierte. Der ungesellige Bauer, der mit seiner Frau Apolline zurückgezogen auf dem Land in Saint-Bonnot lebte, erdrosselte zwei Mädchen und zwei Jungen zwischen zehn und zwölf Jahren. Danach aß er von ihren Körperteilen (→ Kannibalismus). Angeblich habe ihm das Fleisch eines der Mädchen so gut geschmeckt, daß er ein Teil davon mit nach Hause nahm, um auch seine Frau kosten zu lassen. Die Kleidung seiner Opfer legte er nach den Mordtaten unversehrt in die nähere Umgebung. Es galt als Charakteristikum für Werwölfe, daß sie ihren Opfern die Kleider auszogen, ohne diese zu zerreißen.

Am 13. September 1573 wurde ein Trupp bewaffneter Bauern ausgeschickt, dem es gelang, den vermeintlichen Werwolf zu fassen. Garnier war sofort bereit, die → Morde zu gestehen, wobei er sich rühmte, echte Wolfsgestalt annehmen zu können, wenn er seiner Mord- und Fleischeslust nachging. Die damalige → Gerichtsbarkeit war sofort bereit, diese Behauptung zu glauben und verurteilte den Werwolf Gilles Garnier konsequenterweise zum Tod durch den → Scheiterhaufen. Im Januar 1547 wurde der Sexualmörder und Kannibale Gilles Garnier verbrannt.

Gattenmord

»Drum prüfe, wer sich ewig bindet ...«. Liebe und → Haß sind zwei entgegengesetzte Pole – und doch bedingen sie einander, denn was uns kalt läßt, können wir auch nicht hassen. Gerade die enttäuschte, zurückgewiesene und mit Kränkungen verbundene Liebe bildet einen idealen Nährboden für den Haß. Vor allem wenn in diesem Haß noch ein Liebesstachel enthalten ist, kann er besonders peinigen und letztendlich zur Katastrophe führen: zur Tötung des Partners, dem man in rettungsloser Haßliebe verfallen ist. Die menschliche Geschichte ist voll von solch tragischen Liebesgeschichten, die uns in Epen, Gedichten, Sagas, der großen Oper, im Kino, aber auch in der Boulevardpresse vor Augen geführt werden. Die Welt – und manchmal auch das → Gericht – blickt in der Regel mit Milde, manchmal sogar mit Sympathie auf → Mörder aus Liebe. Alice Fulldaner hat in ihrer Studie Fatale Liebe (1995) eine Reihe solcher Fälle aufgelistet (→ Chevalier, Yvonne, → Eifersuchtsverbrechen). Doch beileibe nicht jeder Gattenmord ist ein → Mord aus unglücklicher Liebe. Ebenso verbreitet ist der Mord aus Überdruß, Gereiztheit, Streitlust. Besonders wenn das Paar in beengten Verhältnissen (→ Armut und Verbrechen) leben muß und es kaum die Möglichkeit hat, einander auszuweichen, kann das zu einem tragischen Ende führen. Mitunter kommt es auch zu einem schleichenden Haß oder zu einer ständig wachsenden Bosheit; denn der Umstand, über Jahrzehnte miteinander verheiratet zu sein, bildet allein noch keinen Nachweis für Harmonie und Zusammengehörigkeit. Selbst in Altersheimen kommt es ab und zu noch zu Tötungen des Uraltpartners.

Die dritte Gruppe des Gattenmordes endlich wird am schärfsten verurteilt und allgemein als die »kriminellste« empfunden: der Mord aus Profitgier. Oft wurde der Partner nur wegen seines Geldes geheiratet, oder er hat eine verführerisch hohe Lebensversicherung abgeschlossen. Wenn dann noch Überdruß mit ins Spiel kommt, verliert der vermögendere Partner besonders leicht sein Leben. Während in Gruppe eins und Gruppe zwei der Mord oft nur ganz notdürftig oder überhaupt nicht kaschiert wird, geht man in Gruppe drei mit sorgfältiger Planung ans Werk. Der »tragische Unfalltod« (→ Dunkelziffer des Verbrechens) oder der klassische → Giftmord gelten als besonders beliebt. → Beziehungs- und Familiendramen

Gauner/Gaunertum

Ursprünglich Jauner. Das Wort ist vermutlich vom neuhebräischen »jânâ« – »betrügen« – abgeleitet. Gemeint ist mit Gauner der gewerbsmäßige Eigentumsverbrecher jeder Art (→ Dieb, → Räuber, → Betrüger). Das Gaunertum, das sich zunächst stark aus jüdischen Randgruppen und → Zigeunern gebildet hatte, trat erstmals im 15. Jahrhundert mit einer besonderen Organisation und besonderen Sprache (→ Gaunersprachen) hervor. Nach dem Dreißigjährigen Krieg organisierte sich das Gaunertum in Form von → Räuberbanden, unter Führern wie z.B. dem → Bayerischen Hiasl, → Schinderhannes am Mittelrhein oder → Cartouche in der Umgebung von Paris. Das Gaunertum trieb sein Unwesen bis in das frühe 19. Jahrhundert hinein vornehmlich auf dem flachen Land. Danach lösten sich die traditionellen Gaunerorganisationen weitgehend auf, bzw. verlagerten das Feld ihrer Tätigkeit unter neuen Organisationsformen in die Großstädte. Das Fundament zur wissenschaftlichen Erforschung des Gaunertums legte Friedrich Christian Benedict Avé-Lallement mit seinem Werk *Das deutsche Gaunertum in seiner sozialpolitischen, literarischen und linguistischen Ausbildung* (3 Bde 1858-1862). Es wird in einer zweibändigen überarbeiteten Form immer wieder aufgelegt.

Gaunerliste (Jauner-Liste)

Zu einem bewährten Instrument der Gaunerverfolgung entwickelten sich im 18. Jahrhundert die steckbriefartigen (→ Steckbrief) Gaunerlisten, die zunächst handschriftlich, dann fast ausschließlich gedruckt von Ämtern in Umlauf gesetzt wurden. Gaunerlisten enthalten Namen und Angaben zu äußeren Kennzeichen und »Charakter« (→ Vagabund, → Gauner, → Dieb, Beutelschneider, → Falschspieler usw.) von seinerzeit gesuchten, aber auch z.T. schon verstorbenen »Jaunern«. Der Historiker kann sich anhand der Gaunerlisten einen guten Überblick über die kriminelle Subkultur des 18. und frühen 19. Jahrhunderts verschaffen.

Gaunerpraxis

Mit dieser Bezeichnung etikettierte Friedrich Christian Benedict Avé-Lallement in seinem Standardwerk über *Das deutsche Gaunertum* (3 Bde 1858-1862) das »Handwerkszeug« des → Gaunertums. Er listet darin die verschiedenen Zweige gaunerischer Praxis und ihre »fachgerechte« Durchführung auf. So erläutert er z.B., wie das »Schränken« gemacht wird (Schränken heißt soviel wie einbrechen und ist von dem deutschen Wort »Schranke« abgeleitet; denn der »Schränker« durchbricht gewaltsam eine »Schranke«, mit der jedes Eigentum normalerweise umgeben ist). Tor und Tür, Verschlüsse jeder Art, Mauern, Holz- und Plankenwerk sind für den Schränker Hindernisse, die er fachgerecht, möglichst bei Nacht und Nebel und in aller Stille, durchbrechen oder überwinden muß, um zu seinem Ziel zu gelangen. Dazu bedarf es neben einer gewissen Kaltblütigkeit natürlich auch eines besonderen Könnens, eines eigenen Handwerkes, einer besonderen Technik und eines speziellen Werkzeuges (→ Diebsschlüssel) – kurzum der richtigen Gaunerpraxis.

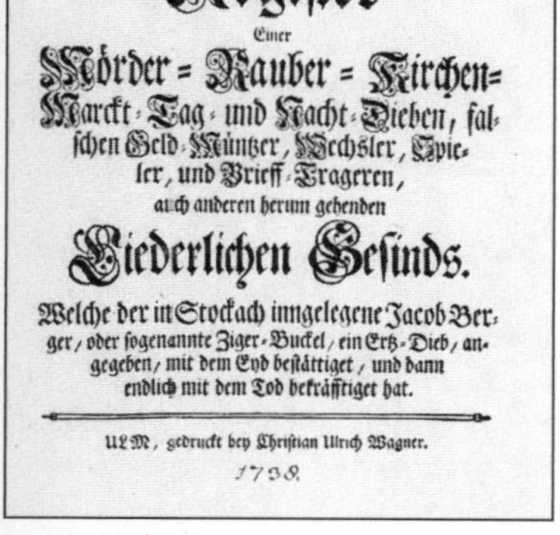
Beschreibung
Samt
Register
Einer
Mörder = Rauber = Kirchen= Marckt-Tag- und Nacht-Dieben, falschen Geld-Müntzer, Wechsler, Spieler, und Brieff-Trageren,
auch anderen herum gehenden
Liederlichen Gesinds.
Welche der in Stockach inngelegene Jacob Berger, oder sogenannte Ziger-Buckel, ein Ertz-Dieb, angegeben, mit dem Eyd bestättiget, und dann endlich mit dem Tod bekräfftiget hat.

ULM, gedruckt bey Christian Ulrich Wagner.
1738.

Gaunerliste: Beschreibung einer Räuberbande, Ulm 1738

Gaunersprachen

Um das Zusammengehörigkeitsgefühl einer Gruppe zu unterstreichen, wird gerne ein spezifischer Jargon innerhalb derselben gesprochen. Das kann ebenso die Fachsprache von Juristen, Ärzten oder Pädagogen sein wie der Jargon Jugendlicher, die sich von der Erwachsenenwelt abgrenzen wollen. Um wieviel stärker muß da noch der → Gaunerjargon ausgeprägt gewesen sein, der eine gezielte

Absonderung des Gauners vom Bürger anstrebte. Durch die starke Identifizierung des → Verbrechers mit seinem Stand hatte sich eine Art Berufssprache entwickelt, die von anderen nicht verstanden werden sollte. Sie war bewußt eine Geheimsprache.

Gaunersprachen sind seit dem Ausgang des Mittelalters in fast allen europäischen Ländern nachweisbar. Neben den Gaunern und → Räubern wurde sie auch von anderen sozialen Randgruppen »gepflegt«, wie z.B. den Landstreichern oder → Bettlern. Die Eigentümlichkeit der Gaunersprachen besteht nicht zuletzt in ihrem besonderen Wortschatz, der u.a. aus der jiddischen Sprache und dem Romani hervorgegangen ist und zum Teil auch in die Umgangssprache des betreffenden Landes eingegangen ist. Während die französische Gaunersprache unter dem Begriff des → Argot rangiert, wird z.B. die englische Gaunersprache als »Cant« bezeichnet, die spanische als »Germania«, die portugiesische als »Calao«, die italienische als »Gergo«, die deutsche als → Rotwelsch, → Kochemer Loschen und »jenische Sprache«, die russische als »Ofenisch«, die norwegische als »Fantesprog« und die böhmische als »Hantyrka«. Einen Überblick über die klassische *Deutsche Gaunersprache* bietet L. Günther mit seinem gleichnamigen, erstmals 1918 erschienenem Werk. Brandaktuell ist hingegen das *Lexikon der Knastsprache* (2001) von Klaus Laubenthal. → Tarnname

Gaunertracht (Jaunertracht)

Zwar mögen → Räuber und → Gauner nicht immer so wild-romantisch herumgelaufen sein, wie sie in Operetten oder Räuberfilmen auftreten, dennoch hat die Realität diesem Bilde wohl auch nicht gänzlich widersprochen. Wie wir aus alten → Steckbriefen und → Gaunerlisten wissen, ist diesem »Berufsstand« eine gelegentliche Theatralik nicht abzusprechen. So erfahren wir z.B. aus dem Steckbrief des flüchtigen »Musikanten-Hanneschen« aus dem Jahre 1812 folgendes über dessen Outfit: »Er trägt gewöhnlich einen runden Hut, ein schwarzseidenes Ober- und weißes Unterhalstuch, ein graues Camisol mit vom nemlichen Tuche überzogenen Knöpfen, rothe, scharlachene Weste mit stählernen platten Knöpfchen, lange gelblederne Hosen und Stiefel. Er ist Musikant und zuweilen auch Krämer, trägt eine feine wollene in verschiedenen Farben wie Fischgarn geflochtene Schärpe um den Leib.«

Als Fazit läßt sich über die Gaunertracht folgendes sagen: Sie war eher indivuell geprägt und wagemutiger zusammengewürfelt als die des Normalbürgers. Manchmal wurde von den Gaunern auch gerne die Kleidung bestimmter Gruppen getragen, vorwiegend die von Soldaten oder Jägern, deren Stand ja auch etwas »Verwegenes« an sich hat. Die Gaunertracht war häufig bunt bis kunterbunt und bemühte sich um modische Eleganz. Allerdings kam es auch vor, daß Gauner aufgrund ihrer Armut in Lumpen herumliefen. → Ganoven-Chic

Gaunerzinken
→ Zinken

Geborene Verbrecher
→ Delinquento nato

Gefahr im Verzug
Wenn die Zeit drängt, also Gefahr im Verzug ist, dürfen bestimmte Maßnahmen zur Ergreifung eines Tatverdächtigen, wie z.B. → Beschlagnahme oder → Durchsuchung, auch ohne richterlichen Bescheid, vom Staatsanwalt oder von → Polizeibeamten, vorgenommen werden.

Gefangene
Unter Gefangenen versteht man vom → Strafrecht verurteilte Personen, an denen eine → Freiheitsstrafe vollzogen wird (Strafgefangene), aber ebenso Beschuldigte, die sich in → Untersuchungshaft befinden. → Festungshaft, → Gefangenenbefreiung, → Gefängnis, → Haft, → Justizvollzugsanstalt, → Strafvollzug, → Zuchthaus

Gefangenenbefreiung
Wer einen → Gefangenen befreit, ihn zur Flucht verleitet oder dabei fördert, macht sich mit dieser Handlung in den meisten Ländern selbst strafbar. In Deutschland wird die Gefangenenbefreiung gegenwärtig mit einer → Freiheitsstrafe bis zu drei Jahren oder einer → Geldstrafe belegt. Wenn der → Täter ein Amtsträger ist, kann die Freiheitsstrafe auf fünf Jahre erhöht werden. Die Selbstbefreiung eines Gefangenen hingegen (→ Ausbrecher) ist nicht strafbar, auch nicht die → Anstiftung und Beihilfe zur Gefangenenbefreiung durch den Gefangenen, wohl aber die Zusammenrottung mehrerer Gefangener zu einem gewaltsamen Ausbruch. Auch die Gefangenenmeuterei (→ Meuterei) kann strafrechtliche Folgen nach sich ziehen, insbesondere wenn dabei Sach- und Personenschäden auftreten.

Gefangenenliteratur, Gefängnisliteratur
Ist ein Mitte der 1960er Jahre geprägter Begriff, der von → Gefängnisinsassen verfaßte literarische Texte bezeichnet. Diese Texte, es kann sich hierbei um Prosa oder auch Gedichte handeln, werden nicht selten in Gefängniszeitschriften gedruckt und in Ausnahmefällen auch mit literaturtheoretischen Anmerkungen versehen, wie z.B. bei Peter Paul → Zahl. Die Gefangenenliteratur hat übrigens Tradition, wenn wir an Namen denken wie: Oscar → Wilde, Daniel Defoe, Casanova oder Dostojewski. Im 20. Jahrhundert hießen ihre berühmtesten Vertreter Jean → Genet oder Henry → Jaeger.
Die meiste Gefängnisliteratur dient ihren Autoren jedoch zur Aufarbeitung eigener Probleme. Durch Schriftstellerinitiativen gefördert, wurde Gefängnisliteratur ab Mitte der 60er Jahre auch einem breiterem Publikum zugänglich gemacht. Bekanntere Titel sind *Vorleben* (1968) von Ursula Trauberg, *Vom Waisenhaus zum Zuchthaus. Ein Sozialbericht* von Wolfgang → Werner (1969) oder *Ratte tot ...* (1985) von Peter Jürgen Boock. Vor allem autobiografisch geprägte Darstellungen von Gefangenen sind psychologisch interessant,

da sie u.a. die Auswirkungen der → Haft auf Stimmung und Psyche des Schreibenden dokumentieren. Natürlich gab es daneben auch immer den Typus des populären Verbrechers, der nicht zuletzt aus finanziellem Interesse seine Memoiren verfaßte (→ Berger, Theo, → Domela, Harry, → Petersen, Julius Adolf). Insgesamt ist die Zahl schreibender Krimineller oder Inhaftierter keineswegs gering, wie etwa S. Weigel in seiner Schrift: *Und selbst im Kerker frei ...! Zur Theorie und Gattungsgeschichte der Gefängnisliteratur 1750-1933* (1982) oder K. Lüderssen in *Autor und Täter* (1978) belegen. Sicherlich hängt dieser Umstand auch damit zusammen, daß das kriminelle → Milieu per se eine normsprengendere, intensivere, auch tragischere Komponente enthalten kann als die Existenz des Durchschnittsbürgers und dadurch verstärkt literarische Energien freisetzt. → Driest, Burghardt, → May, Karl, → Mann, Thomas, → Perry, Anne, → Sade, Donatien-Alphonse-Francois Marquis de, → Unterweger, Jack

Gefängnis

Was ist das Wesen des Gefängnisses? Das Gefangensein! Das Eingesperrtsein in eine kleine Zelle. Die stählerne Tür versperrt, die Fenster vergittert. Das Rasseln der Schlüssel, wenn sich für Augenblicke die Zellentür öffnet, dann wieder Einsamkeit. Kein Ort der Freude, sondern ein Ort der Langeweile, des Trübsinns und des Zwanges, der Verbote und Regeln. Doch bisher ist noch kein Staat ohne jenen düsteren, verschlossenen Ort ausgekommen, in dem er seine Kriminellen oder Gegner zur Strafabbuße verwahrt.

Aber auch das Gefängnis ist dem historischen Wandel unterworfen. Es verschärft oder lockert seine Zwangsmaßnahmen (→ Freigang) und es kann sich sogar einen neuen Namen zulegen: → Justizvollzugsanstalt lautet seine korrekte Bezeichnung seit dem 31.3.1970. Und darin wird, nach Abschaffung der Unterscheidung verschiedener Arten von Freiheitstrafen (→ Einschließung, → Haft, → Zuchthaus), seit dem 1.4.1970 eine einheitliche → Freiheitsstrafe abgebüßt.

Gefängnisarbeit

Besteht keineswegs nur aus Tütenkleben. Allerdings sind den beruflichen Aktivitäten der Häftlinge deutliche Grenzen gesetzt. Die meiste → Gefängnisarbeit spielt sich im handwerklichen Sektor ab. Die Bezahlung der Häftlinge ist nicht gerade opulent – ihr Tagesgehalt gleicht gerade einem mittleren Stundenlohn. Dafür sind für sie jedoch Kost und Logis frei. Allerdings ist es für die Gefängnisleitung nicht immer einfach, sinnvolle Tätigkeiten für ihre Insassen zu finden. Zwar sind die Herstellungskosten für handwerkliche Produkte aufgrund der Niedriglöhne gering, sobald aber die anstaltseigenen Betriebe offensiv um Kunden werben, gibt es Ärger mit den Handwerker-Innungen, die sich bei den entsprechenden Regierungen der Bundesländer über die ihrer Meinung nach unlautere Konkurrenz beschweren. Auftraggeber ist meist immer der öffentliche Dienst. Gleichwohl hat die Gefängnisarbeit eine wichtige Aufgabe, soll sie doch mithelfen, den Gefangenen auf die Zeit in Freiheit (→ Resozialisierung) vorzubereiten. Flexibler läßt sich die berufliche Tätigkeit natürlich beim → Freigang handhaben.

Gefängnissoziologie

Ein Spezialbereich der Soziologie, welche die Wirkungen der → Gefängnishaft auf die Gefangenen untersucht, gefängnisinterne Subkulturen dokumentiert oder die Zusammenhänge zwischen Gefängnisaufenthalt und Resozialisation (→ Resozialisierung) verfolgt. Fachliteratur dazu liefern S. Harbordt mit *Die Subkultur des Gefängnisses* (1967); H. Ortner: *Gefängnis. Eine Einführung in seine Innenwelt* (1988); M. Foucault: *Überwachen und Strafen* (1995).

Geheimbünde

Sind Vereinigungen, deren Aufbau, Ziele und Absichten dem Normalbürger verborgen bleiben sollen. Geheimbünde sind ähnlich organisiert wie Männerbünde, weisen aber eine überregionale, überverwandtschaftliche Organisation auf, und beileibe nicht jeder darf Mitglied werden.

Um aufgenommen zu werden, müssen oft schwierige Mutproben oder geheime Initiationsriten durchgemacht werden. Erst bei der Aufnahme in den Bund werden die geheimen Ziele und internen Geheimlehren vollständig enthüllt. Der nunmehr Eingeweihte wird zur strengen Geheimhaltung dieses Wissens gegenüber Außenstehenden ermahnt. Die Mitglieder von Geheimbünden sind im Regelfall einer Hierarchie nach Alter, Verdienst, Herkunft und Geld unterstellt. Sie können wichtige gesellschaftliche Funktionen ausüben, so z.B. bei → Polizei- oder Medizinbünden, manchmal aber auch konspirativ gegen die Gesellschaft wirken, wenn sie die Einschüchterung oder sogar → Verbrechen an Nicht-Mitgliedern als Zielsetzung haben. So weisen zahlreiche politische Terrorgruppen (→ Terrorismus) – gleich welcher Couleur – Geheimbund-Strukturen auf, aber ebenso finden wir sie im → Organisierten Verbrechen wieder (→ Camorra, → Chinesische Geheimgesellschaften, → Mafia, → N'drangheta).

Literatur: E. Lennhoff: Politische Geheimbünde (1968); P. C. Ludz (Hg.): Geheime Gesellschaften (1979). → Geheimbündelei

Geheimbündelei

Man versteht darunter die bis 1968 strafbare Teilnahme an einer Verbindung, deren Existenz, Organisation oder Zweck vor der Regierung und dem Staat geheimgehalten werden soll. Nach dem Ausländer-Gesetz gilt heute nur noch die Teilnahme an einer überwiegend von Ausländern bestehenden Verbindung als strafbar, wenn deren Bestehen, Zielsetzung oder Tätigkeit vor → Polizei und Behörden geheimgehalten wird, um ein Verbot abzuwenden. → Geheimbünde

Geheimnisverrat

Ist im → Strafrecht ein Sammelbegriff für den Verrat geschützter privater oder öffentlicher Geheimnisse. Geheimnisverrat wird strafrechtlich verfolgt.

Gein, Edward

Der Fall Ed Gein kann wohl mit als einer der bizarrsten Kriminalfälle Amerikas gelten. Sowohl Alfred → Hitchcock in Psycho als auch der Thriller Das Schweigen der Lämmer (→ Hannibal) haben sich von Ed Geins nekrophilenVerbrechen (→ Nekrophilie) inspirieren lassen. Ed Gein wurde am 8. August 1906 in La Crosse geboren und wuchs auf einer einsam gelegenen Farm in Plainfield/Waushara County auf. Nicht nur Ed Gein, sondern auch seine Mutter scheinen unter einem psychischen Defekt gelitten zu haben; denn Ed war es, solange seine Mutter lebte, verboten, mit Mädchen oder Frauen umzugehen. Als seine Mutter 1945 starb, bestand für Ed Nachholbedarf, der jedoch eine pathologische Variante angenommen hatte. Er besorgte sich Pornohefte (→ Pornografie) und anatomische Fachbücher, um den weiblichen Körper zu studieren. Zu diesem Zweck fing er auch an, nachts weibliche Leichen auf dem Gemeindefriedhof auszugraben. Bald wollte Gein auch selbst eine Frau sein, deshalb entwickelte er eine besondere Vorliebe für die Haut der weiblichen Leichen. Diese gerbte er, um daraus Kleidung für sich zu schneidern. Am 8. Dezember 1954 brauchte Gein »frischen Stoff«, den ihm die 51jährige Wirtin Mary Hogan liefern mußte. Drei Jahre später, am 16. November 1957, verschwand Bernice Worden, die Inhaberin eines Eisenwarengeschäftes. Diesmal geriet Ed Gein, der allgemein als harmloser Außenseiter galt, in → Verdacht. Bei einer → Durchsuchung seines abgelegenen Anwesens fand die Polizei zehn zersägte Frauenköpfe, Stühle und Armbänder aus Haut, Gürtel und eine Weste aus Frauenbrüsten, sowie die aufgeschlitzte Leiche der vermißten Bernice Worden, die an Flaschenzügen hing. Im Kühlschrank lagen zudem weibliche Genitalien und andere Organe. Diese stammten vermutlich von zwei jüngeren Frauen, die nach einem Verwandtenbesuch in der Region nie mehr nachhause zurückgekehrt waren. Angeklagt wurde Ed Gein jedoch nur des → Mordes an Mary Hogan und Bernice Worden. Da das → Gericht ihn für geisteskrank erklärte, wurde er 1958 in das Central State Hospital nach Waupun eingeliefert. Am 26. Juni 1984 starb Ed Gein im Mendota Mental Health Institute.

Literatur: Michael Farin; Hans Schmid: Ed Gein – A Quiet Man (1998). → Geisteskranke und abnorme Täter, → Serienmörder

Geisel/Geiselnahme

Bei einer Geisel handelt es sich um eine gewaltsam und widerrechtlich ergriffene und festgehaltene Person, durch deren Bedrohung der Geiselnehmer Forderungen gegen Dritte durchsetzen will. Die Geiselnahme ist seit alters her bekannt. Die Römer nahmen Geiseln, um dadurch die Einhaltung von Verträgen zu erzwingen. Napoleon nahm auf seinen italienischen Feldzügen Geiseln, um die Soldaten gegen Angriffe der Bevölkerung zu schützen. Während des deutsch-französischen Krieges 1870/71 spielten die sogenannten vorbeugenden Geiseln eine wichtige Rolle; die vorrückenden Deutschen stellten bekannte Bürger als Geiseln auf die Brücken oder ließen sie in Zügen mitfahren, um die Transporte gegen → Sabotage zu schützen. Noch im Zweiten Weltkrieg wurde die Geiselnahme als erlaubter Kriegsbrauch betrachtet, sowohl als vorbeugende Maßnahme als auch als → Repressalie. Die Erfahrung barbarischer Geiselerschießungen im Zweiten Weltkrieg führte 1949 zum uneingeschränkten Verbot der Geiselnahme durch das Genfer Abkommen zum Schutze der Zivilbevölkerung in Kriegszeiten.

Eine neue Dimension erreichte die Geiselnahme seit den 70er Jahren, indem vor allem terroristische Gruppen (→ Terrorismus) versuchen, ihre politischen Ziele mit der Gefangennahme von Personen durchzusetzen (→ Rote Armee Fraktion, → Rote Brigaden). Eine neue Form der Geiselnahme bildet die nicht selten mit politischen Forderungen verbundene → Luftpiraterie. Das »normale« Verbrechen greift auf die Geiselnahme vor allem im Sinne von Fluchtgeiseln zurück. Fluchtgeiseln – am häufigsten bei → Banküberfällen – werden genommen, um eine Flucht zu erzwingen, wenn die → Polizei bereits am → Tatort eingetroffen ist. Daneben gibt es noch → Gefängnisgeiseln. Davon spricht man, wenn es aufständischen Gefangenen gelingt, Geiseln, meist Wachpersonal, gefangenzunehmen, um damit Forderungen durchzusetzen. Einer der dramatischsten Gefängnisaufstände ereignete sich im Oktober 1929 im Staatsgefängnis von Colorado in Canon City. Zwei Revolver mit Munition waren in die Anstalt geschmuggelt worden, und vier, nach anderer Quelle fünf, Gefangene überwältigten zwei Beamte, ließen die Gefangenen ihres Zellenblocks frei und verlangten die Bereitstellung von drei Autos mit reichlich Benzin und Öl. Das Tor sollte zur Zeit der Dämmerung weit offengelassen werden, die Aufseher sollten mitgenommen und erst in sicherer Entfernung von der Anstalt freigelassen werden. Der Direktor der Anstalt weigerte sich, auf diese Bedingungen einzugehen. Daraufhin wurde ein Aufseher erschossen und seine Leiche in den Hof geworfen. Der von den Meuterern (→ Meuterei) unter Herrschaft gehaltene Zellenblock wurde in der Folge mit Tränengas, Dynamit und Maschinengewehren angegriffen. Nach 17 Stunden ergaben sich die Meuterer. Die fünf Anführer, die hatten ausbrechen wollen, begingen → Selbstmord, zwölf weitere Insassen waren verwundet, acht Beamte waren tot. → Entführung, → Gladbecker Geiseldrama, → Menschenraub

Geisteskranke und abnorme Täter

Wer das → Verbrechen vorrangig für eine streng rationale, kaltblütige Angelegenheit hält, irrt. Nicht wenige Verbrechen werden im Wahn oder in psychischen Erregungszuständen begangen. Der Typus des → Serienmörders weist z.B. in den meisten Fällen psychische Abnormitäten auf. Den Antrieb können reiner Wahn (→ Gein, Edward) oder eine seelische Stupidität (→ Haarmann, Fritz) liefern. Darüberhinaus entladen sich in vielen Verbrechen negative emotionale Triebe (→ Aggressivität, → Haß, → Neid). Hierzu darf auch der Bereich des religiösen und politischen Fanatismus gezählt werden (→ Fanatiker, → Ideologie und Verbrechen, → Linksextremismus, → Rechtsextremismus, → Religion und Verbrechen, → Terrorismus).

Es kommt auch vor, daß sich der Wahn kollektiviert, wie wir es von den → Hexenverfolgungen her kennen und wir es – bedingt – bei der → Lynchjustiz und im Kriege (→ Krieg und Verbrechen) antreffen können. Dann gibt es die Verbrechen, die aus Leidenschaft entstehen (→ Beziehungs- und Familiendramen, → Eifersuchtsverbrechen, → Gattenmord) oder eine sexuelle Perversion als Ursache haben (→ Kinderschänder, → Nekrophilie, → Sadismus, → Sexualverbrecher) Auch basieren nicht wenige Verbrechen auf künstlich herbeigeführten abnormen Zuständen, wie sie durch Rauschmittel ausgelöst werden können (→ Alkohol und Verbrechen, → Rauschgiftkriminalität). Auch bei → Selbstmördern finden sich naturgemäß psychische Grenzzustände. Gefährlich wird es für die Allgemeinheit, wenn Selbstmörder versuchen, noch ande-

Geisteskranke und abnorme Täter: Tote Attentäterin Heidrun S.

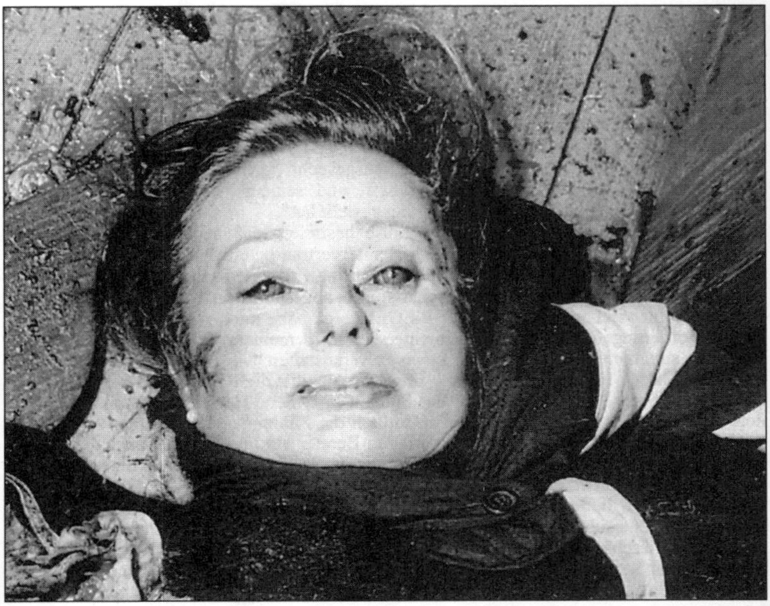

re Menschen mit in den Tod zu reißen (→ Amok). Aufsehen erregte z.B. der Fall der psychisch kranken Selbstmörderin Heidrun S., die am Heiligabend 1996 in der evangelischen Kirche von Sindlingen sich und anderen das Leben nahm. Mitten in der Christmette zündete sie zwei Handgranaten. Davon wurden sie selbst und zwei Frauen getötet, 13 weitere Menschen wurden durch die Wucht der Explosion und die umherfliegenden Splitter zum Teil schwer verletzt. »Wie Geschosse«, so ein Polizeisprecher, seien die Splitter durch die Kirche geflogen. Die behagliche, kleine graue Steinkirche verwandelte sich in eine Szene des Grauens: Leichenteile, Blut und Knochensplitter waren zwischen den Kirchenbänken, überall lagen zerfetzte Kleidungsstücke, zerschlagene Brillen, zerrissene Gesangbücher. → Borderline-Persönlichkeit

Geistiger Diebstahl

Was tut man, wenn man gute Ideen braucht, aber keine hat? Das gleiche wie beim Geld – man klaut sie. Das Unrechtsbewußtsein ist bei geistigem → Diebstahl häufig gleich Null. Bereits der Gesetzgeber hat dem zugearbeitet, indem das bürgerliche Recht zwar das Eigentum an Sachen kennt, nicht aber das an geistigem Gut. Geistiges Eigentum beinhaltet einen Zuordnungsbegriff für geistige Werte, wobei darunter geistige Schöpfungen im weitesten Sinne zu verstehen sind: vom Plagiat eines Werbespots über den (nichtmateriellen) Klau technischer Innovation bis hin zum Abkupfern geisteswissenschaftlicher Arbeiten. Mögliche Formen der → Strafe können über das Urheberrecht und das Patentrecht geahndet werden und bis zur Verfolgung einer → unerlaubten Handlung reichen.

Geldschrankknacker

Der Safeknacker, kurz »Knacker«, ist der Aristokrat unter den → Dieben, → Einbrechern und → Bankräubern. Von seiner Zunft werden hohes handwerkliches Können, eine genaue Planung, besonderer Mut und schwere körperliche Arbeit verlangt. Kein Wunder also, daß viele Verbrecher voller Ehrfurcht zu diesen Meistern ihres Fachs aufsehen. Der Geldschrankknacker arbeitet dabei niemals allein, sondern immer mit mehreren Komplizen gemeinschaftlich. Da die – lohnendsten – Tresore meist durch die neuesten Erfindungen der modernen Technik stark gesichert sind, werden vom »Knacker« immer topaktuelle Kenntnisse in seinem Fach erwartet. Berühmte Geldschrankknacker aus der → Kriminalgeschichte waren die Brüder Franz und Erich Saß, die im Berlin der 20er Jahre zahlreiche Tresore »öffneten«. 2001 wurde die Geschichte der legendären Knacker verfilmt. Doch trotz einiger Nachfolger mit aktuellen High-tech-Kenntnissen dürfte die Glanzzeit dieser Zunft wahrscheinlich vorüber sein. Angesichts der Tatsache, daß die Zukunft immer mehr dem bargeldlosen Zahlungsverkehr gehört, wird es wohl immer weniger aus den Tresoren zu holen geben. Die meisten Aristokraten der → Unterwelt haben bereits heute keinen Schweißbrenner mehr in der Hand, sondern versuchen via Internet (→ Computerkriminalität) an das große Geld zu kommen.

Geldstrafe

Im → Strafrecht ist die Geldstrafe neben der → Freiheitsstrafe eine der gesetzlich vorgesehenen Hauptstrafen. In Deutschland wird sie in ca. 80 % aller Fälle verhängt. Die Geldstrafe wird – je nach den Vermögensverhältnissen des → Täters – in Tagessätzen von mindestens 1 EUR und höchstens 5000 EUR verhängt. Die Zahl der Tagessätze beträgt mindestens fünf und höchstens 360, bei Begehung mehrerer gleichzeitig abgeurteilter Straftaten 720. Kann die Geldstrafe nicht geleistet werden, tritt an ihre Stelle eine Ersatzfreiheitsstrafe. Dabei entspricht ein Tagessatz einem Tag Freiheitsstrafe. Anstelle einer Freiheitsstrafe von weniger als 6 Monaten wird im Regelfall eine Geldstrafe verhängt. *Literatur: H. H. Jescheck (Hg.): Die Geldstrafe im deutschen und ausländischen Recht (1978).*

Geld- und Wertzeichenfälschung

Falschgeld gibt es, seitdem es Geld gibt. Vor der modernen Falschgeldherstellung, also dem möglichst originalgetreuen Kopieren von Papiergeld in Form von »Blüten«, wurden Gold- und Silbermünzen mittels Billiglegierungen zu scheinbarem Edelmetall »umgemünzt«. Daher der einst verbreitete Biß in die Goldmünze. War sie echt, gab das Metall nach, wenn nicht, dann war Skepsis angebracht. Auch der Staat selbst betätigte sich bisweilen als Falschmünzer. Bis zur ersten Jahrtausendwende war die Münzprägung ausschließlich Sache der deutschen Kaiser und Könige gewesen, erst später wurde das Privileg der Münzprägung langsam an Herzöge, Bischöfe, Grafen und Städte vergeben, die ihrerseits nicht nur die Pachtzinsen, sondern auch einen möglichst großen Gewinn herauswirtschaften wollten – was sie am besten konnten, wenn sie manipulativ auf die Geldherstellung einwirkten. Der Wert des Geldes sank auf diese Weise beständig, und je kleiner das Territorium war, desto schlimmer waren die Mißstände. Anfang des 17. Jahrhunderts hatten diese Praktiken im Gebiet des Deutschen Reiches zu einem Zusammenbruch des Geldwesens geführt, und die einzelnen Regierungen gingen sogar dazu über, ihren Bürgern zu verbieten, das von ihnen selbst geprägte Geld für Steuerzahlungen zu verwenden.

Auch zu Beginn der wirtschaftlichen Entwicklung der USA hatte der Staat kein Münzmonopol, sondern einer Anzahl von Banken das Recht übertragen, Geld zu prägen und zu drucken. Dieser Umstand führte zu einer solchen Unzahl von Falschmünzerei, daß die Sicherheit des wirtschaftlichen Verkehrs ernsthaft in Frage gestellt war. Das → illegal hergestellte Geld war teilweise nicht nur besser, sondern hatte auch manchmal zu Beginn der Verbreitung einen höheren Verkehrswert als das richtige Geld. Unter Geschäftsleuten gab es die Anschauung, daß illegales Geld von einer sicheren Bank besser sei als legales Geld von einer unsicheren Bank. Deshalb behielt falsches Geld auch nach seinem Aufruf oft einen gewissen Wert und blieb im Umlauf. Heute ist die Falschmünzerei im allgemeinen sehr erschwert, da jeder Staat oder Staatenbund das Münzmonopol hat und nur die Zentral- oder Nationalbank prägen und drucken darf. Falschgeld herzustellen, erfordert hohe und kostspielige technische Investitionen und langwierige Vorbereitungen und zudem einen ausgedehnten, gut eingespielten Verteilerring. Die wenigen, wirklich erfolgreichen Falschmünzer sind durch ihren Beruf (Graveure, Chemiker, usw.) den Behörden im allgemeinen gut bekannt, und beim Auftreten von Falschgeld kennt man den Kreis der Personen, an die man sich zu wenden hat. Trotzdem haben sich mit dem Zusammenbruch des Kommunismus, und insbesondere der Auflösung Jugoslawiens und den daraus resultierenden z.T. chaotischen Zuständen, auch für Geldfälscher neue Möglichkeiten entwickelt. Vor allem das Kosovo wurde, nachdem dort die DM eingeführt wurde, zu einer Metropole der Fälscher. Die Qualität der DM-Blüten war dabei höchst unterschiedlich. Besonders leicht sind falsche Scheine zu identifizieren, die im Kosovo mit Farbkopierern hergestellt wurden. Besser gemacht waren nach Erfahrung der → Bundeskriminalamt-Fahnder jene Blüten, die in professionellen Fälscherwerkstätten der Türkei und Polens hergestellt und danach in die D-Mark-Zone Kosovo gebracht wurden. In dem UNO-Protektorat fiel der Absatz des Falschgelds besonders leicht: Die Kosovaren waren an die D-Mark nicht gewöhnt und so für albanische Fälscherbanden eine leichte Beute. Falschgeld wird aber nicht nur von Verbrecherbanden (→ organisierte Kriminalität), sondern manchmal auch von staatlichen Organen oder im staatlichen Auftrag für politische Zwecke benutzt und hergestellt. So wurden 1924 in Ungarn unter der Leitung des Fürsten Windischgrätz und unter Kenntnis und Billigung höchster staatlicher Stellen französische Banknoten hergestellt. Mit dem Erlös sollte die ungarische Irredenta-Bewegung im Ausland finanziert werden. Für den Absatz des Falschgeldes in Westeuropa hatte man ausgerechnet Generalstabsoffiziere bestimmt, die vor ihrer Ausreise den Segen des Armeebischofs empfingen. Schon der erste Versuch in Amsterdam mißglückte, und das ganze Unternehmen scheiterte. Im Zweiten Weltkrieg wertete man auf deutscher Seite die ungarischen Erfahrungen aus, und es kam zur größten Falschmünzeraktion der Geschichte, als in deutschen Konzentrationslagern fast 100 Millionen englischer Pfundnoten hergestellt wurden, für deren Absatz man diesmal allerdings einen geschäftstüchtigen Großkaufmann gewann. Mit dem Erlös wurden Aktionen des deutschen Geheimdienstes finanziert, wie beispielsweise die Befreiung Mussolinis vom Gran Sasso.

Mit dem Aufkommen des bargeldlosen Verkehrs haben sich die Falschmünzer schnell auf die Herstellung von Kreditbriefen oder Schecks eingestellt. Auch Briefmarken werden gefälscht, wobei weniger die im Umlauf befindlichen Marken von Interesse sind als vielmehr alte, begehrte

Sammlerstücke. Diese zu identifizieren, ist z. T. schwierig, weiß man ja nicht einmal genau, wieviele Marken von den ganz seltenen Exemplaren existieren. Neben der kompletten Markenfälschung kommt es vor, daß Stempel gefälscht werden. Überall dort, wo abgestempelte Marken einen höheren Wert besitzen als postfrische Zeichen, lohnt sich der Falschstempel, zumal seine Anbringung viel einfacher ist als die ganze Fälschung einer Briefmarke. Einen ausführlichen Einblick in das Thema *Falschgeld* bietet Karlheinz Walz mit seinem gleichnamigen, 1999 erschienenen Buch. → Fälschung, → Kunstfälschung, → Urkundenfälschung

Geldwäsche

Geld stinkt zwar bekanntlich nicht, doch manchmal gibt es »schmutziges« Geld, dessen → illegale Herkunft, besonders aus → organisierter Kriminalität, durch komplizierte Finanztransaktionen »gewaschen« wird, um dann wieder in den legalen wirtschaftlichen Kreislauf eingeschleust zu werden. Als Vortaten zur Geldwäsche kommen vielerlei → Delikte in Frage. Eines der häufigsten dürfte Drogenhandel (→ Rauschgiftkriminalität) sein. Um das Aufspüren von Gewinnen aus schweren → Straftaten zu erleichtern, wurden ab 1993 Kredit- und Finanzinstitute verpflichtet, bei Annahme und Abgabe einer größeren Summe von Bargeld, Wertpapieren oder Edelmetallen die Identität des Kunden zu registrieren. Geldwäsche wird mit einer → Freiheitsstrafe bis zu fünf Jahren oder → Geldstrafe belegt.

In Europa steht heute insbesondere das Fürstentum Monaco unter → Verdacht, ein Eldorado für Geldwäsche zu sein. Mit seinen 49 Banken ist das Fürstentum alles andere als ein Operettenstaat. Der kleine Staat auf einem Felsen am Mittelmeer, der seit 1641 unter französischem Schutz steht, soll ein willfähriger Helfer internationaler Geldwäsche sein. Über 60 % des dort angelegten Kapitals gehört Nichtansässigen. Um Anleger nicht zu verschrecken, werde bei dem Verdacht auf Geldwäsche nicht energisch genug ermittelt. Selbst wenn Unbekannte mit schwarzen Koffern voller Bargeld ankämen, gäbe man sich ohne Überprüfung mit der Auskunft zufrieden, die Summe stamme etwa aus einem Immobiliengeschäft. So wird Monaco nicht nur ein Steuerparadies für begüterte Privatpersonen, sondern auch für Machenschaften anderer Art.

Genet, Jean

Auf den Dichter und → Dieb Jean Genet übte das → Verbrechen zeitlebens eine unheimliche Anziehungskraft aus. Aber sein Interesse an Gewalt und → Mord ist nicht das eines Kriminalautors. Genet entwirft eine Welt des absolut Bösen und stellt sie der Gesellschaft gegenüber. Dabei widmete er sein Leben dem Versuch, selbst ein Teil des Bösen zu sein. »Ich will zunächst«, schrieb er in seinem 1949 erschienenen autobiografischen Buch *Tagebuch eines Diebs*, »daß mich die Menschen verachten, mich richten.«

Der am 19.12.1910 in Paris geborene und ebendort am 15.4.1986 verstorbene Genet wuchs als nichteheliches Kind bei Pflegeeltern auf. Später kam er in eine Erziehungsanstalt, aus der er jedoch ausbrach. 1929 trat er in die Fremdenlegion ein, desertierte und vagabundierte daraufhin durch verschiedene Länder Europas. Er wurde zahlreicher Verbrechen angeklagt und definierte sich später bewußt als gesellschaftlicher Außenseiter und Verbrecher, als → Dieb, → Bettler, → Zuhälter und Homosexueller (→ Homosexualität). Nicht ganz grundlos wurde er daher zu lebenslanger → Haft verurteilt, kam aber 1948 nach Intervention verschiedener Schriftsteller, darunter Jean-Paul Sartre und Jean Cocteau, wieder frei.

Seine im → Gefängnis entstandenen autobiografisch gefärbten Romane lassen eine Welt voll Gewalt und Anarchie erstehen, in der das Verbrechen teilweise mythische Dimensionen annimmt (→ Gefängnisliteratur). Auch Genets Dramen vermitteln in ihrer wirklichkeitsfremden, stilisierten Form eine Ästhetik des Bösen. Als Standardwerk über Jean Genet gilt die opulente gleichnamige Biografie von Edmund White (1993). Näher auf Genet geht auch Georges Bataille in seiner Schrift *Die Literatur und das Böse* (dtsch. Ausgabe 1987) ein. → Weidmann, Eugen

Genetischer Fingerabdruck

Im Juli 1990 begann für die → Kriminalistik in der Bundesrepublik Deutschland eine neue Ära. Bei der großen Strafkammer des Landgerichts Hamburg identifizierte eine junge Frau drei Männer, die sie vergewaltigt (→ Vergewaltigung) haben sollten. Die → Angeklagten, drei Jugoslawen im Alter von 25, 28 und 29 Jahren, bestritten die Tat. Aussage stand gegen Aussage. Doch die → Täter hatten keine Chance. Auf der Jeans der jungen Frau hatten sich Spermaspuren gefunden, deren genetische Anlagen mit denen eines Angeklagten übereinstimmten. Nach der Untersuchung des → Bundeskriminalamtes in Wiesbaden, so hieß es in der Urteilsbegründung, betrage die Wahrscheinlichkeit, daß eine Verwechslung vorliege, »eins zu fünf Millionen«. Bei 65 Millionen Bundesbürgern – Frauen, Kinder und Greise abgezogen – träfen vergleich-

Dichter und Dieb: Jean Genet. Zeichnung von Jean Cocteau, 1943

bare Merkmale, außer auf den Angeklagten, mithin allenfalls auf sechs bis sieben Personen zu. Doch die kämen nicht in Frage, da alle anderen → Indizien eindeutig seien.

Die Sicherheit, mit dem die Hamburger Richter ihr → Urteil aussprechen konnten, verdankten sie einer wissenschaftlichen Entdeckung, die seitdem in allen deutschen → Gerichtssälen als Beweismittel verwendet wird: dem genetischen → Fingerabdruck, der eine Personenidentifizierung möglich macht. Erfunden wurde der genetische Fingerabdruck von dem englischen Genetiker Alec Jeffrey, der eigentlich auf der Suche nach einer Methode zur Früherkennung von Krankheiten war. Im Erbmolekül Desoxyribonukleinsäure (DNS) sind die Erbinformationen in der Art eines chemischen Alphabetes aufgereiht: Mit Hilfe von radioaktiven Markierungen und der Auflösung des Moleküls in seine Einzelteile läßt sich die Abfolge der chemischen Buchstaben auf einem Röntgenfilm ablesen; das Ergebnis ist ein Streifenbild, ein Strichcode – der genetische Fingerabdruck. »Das ist so, als hätte ein Mann eine ganze Reihe Fingerabdrücke, seine Sozialversicherungskarte und auch noch seine Unterschrift am Tatort hinterlassen«, triumphierten amerikanische Strafverfolger, als die Entdeckung bekannt wurde. → Blutstropfen, Spermaspuren oder einzelne Haare genügen zur Erstellung eines solchen genetischen Steckbriefes. Sein Profil ist bei jedem Menschen anders, nur bei eineiigen Zwillingen identisch. In Deutschland herrschte erst Zweifel,

Alec Jeffrey: Entdecker des genetischen Erkennungscodes

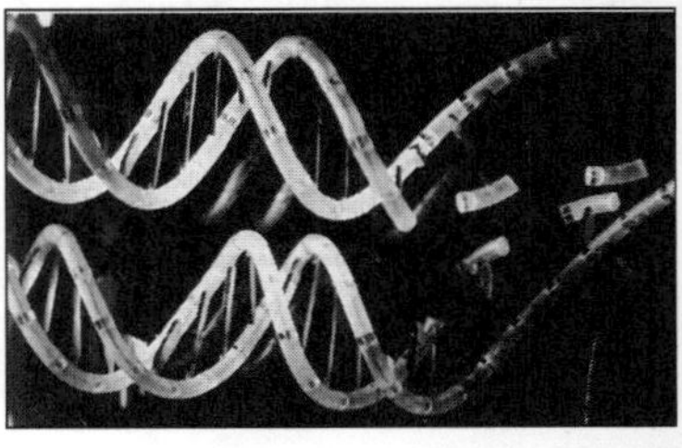

Gen-Code im Erbmolekül (Modell): »300 000mal mehr Beweiskraft«

ob eine solche naturwissenschaftliche Ausforschung des Menschen nicht die »informationelle Selbstbestimmung« gefährde. Doch 1990 legalisierte das oberste Gericht in Karlsruhe endgültig die Nutzung des genetischen Fingerabdrucks zur Verbrechensbekämpfung. Im Heimatland von Sherlock → Holmes und des genetischen Fingerabdruckes gab es bereits 1987 eine erste Massenfahndung mittels eines genetischen Fingerabdrucks. Nachdem eine 15jährige Schülerin vergewaltigt und ermordet worden war, forderte die Polizei eine Blutprobe von 5511 Männern an. Unter dem Druck der aufgebrachten Bevölkerung lieferten alle Verdächtigen ihr Blut ab. Bis auf den 27jährigen Colin Pitchfork, der sich dann auch als → Mörder herausstellte. Mittlerweile werden mittels genetischer Fingerabdrücke auch Verbrechen aufgeklärt, die bereits längere Zeit zurückliegen. So war es z.B. im Jahre 2000 mit Hilfe der Gentechnik gelungen, nach 27 Jahren den gewaltsamen Tod eines 16jährigen Mädchens im Ulmer Stadtteil Böfingen aufzuklären. Dank neuester Analysemethoden konnte der 27 Jahre alte genetische Fingerabdruck eines winzigen Spermafleckes auf der Hose des Opfers mit aktuellen Speicheltests früherer Verdächtigter verglichen werden. Zu dem Test wurden 125 eingeladen. 124 meldeten sich. Ergebnis: Keine Übereinstimmung. Auch hier stellte sich bald heraus: Der Drückeberger war der Mörder. → Rieken, Ronnie

Die Genoveses

Im New Yorker Einwanderungsmilieu von Little Italy organisierte der Familienclan der Genoveses (→ Crime Family) ab 1900 ihre Machtbasis. In punkto Familie achteten sie dabei streng auf die drei Ms: Moxie – Muscles – Money (Verstand, Muskeln, Geld); denn nur, wo alle drei Hand in Hand gehen, entsteht eine prosperierende → Unterwelt. Sie erpreßten → Schutzgelder und verfügten bald über mehr Automobile als die gesamte New Yorker Polizei. Die → Prohibition wurde zur Glanzzeit der Genoveses. Mit »Mitarbeitern« wie Lucky → Luciano brachten sie ganze Branchen unter ihre Kontrolle und machten Politkorruption (→ Korruption) zur Familienpolitik. Seit den fünfziger Jahren drangen sie erfolgreich in halblegale Bereiche ein. Sogar die Wall Street gilt als Hoheitsgebiet der Familie. Der politische Schutzwall hielt lange, doch seit einigen Jahren bröckelte die Macht dieser Familiendynastie: Das ehemals geschlossene Italo-Milieu löste sich auf, andere Organisationen drangen vor, und der letzte Capo der Familie, Vincent »The Chin« Gigante, wurde zu einer langen → Freiheitsstrafe verurteilt. Hannelore Gude Hohensinner legte 1998 mit Die Genoveses. Eine Familie, die Angst zu Geld gemacht hat eine profunde Studie über dieses »Familienunternehmen« vor. → Cosa Nostra, → Organisierte Kriminalität

Genozid

→ Völkermord

Gericht

Das Wort ist aus dem Althochdeutschen abgeleitet und bedeutet »Recht«. Das Gericht ist eine staatliche Behörde, welche die Gerichtsbarkeit auszuüben hat. Primitive Völker kennen Gerichte als obrigkeitliche Einrichtung nicht. Gemeingefährliche Rechtsbrüche wurden bei ihnen vorwiegend durch → Selbstjustiz, →

Blutrache, → Buße, oft auch durch gemeinschaftliches Einschreiten geahndet. Erst in weiter entwickelten Gesellschaftsformen bildete sich mit der Festigung der öffentlichen Gewalt auch eine gerichtliche Autorität aus – so im Ältestenrat bei den frühen Hochkulturen. Hier entwickelte sich auch der → Zeugenbeweis, während das Verfahren der Naturvölker nur magische Praktiken kannte, wie z.B. das → Gottesurteil. In germanischer Zeit oblag die Ausübung der Rechtspflege der Sippe oder privaten Verbänden, später übernahmen ständische oder Berufsgenossenschaften diese Aufgabe, bis sie mehr und mehr vom König oder Landsherrn und schließlich vom Staat allein übernommen wurde.

Die neuzeitliche, staatliche Rechtsprechung soll in jedem Einzelfall ein gerechtes → Urteil gemäß den jeweils geltenden Gesetzen fällen. Das rechtskräftige Urteil ist gegebenenfalls auch zwangsweise durchzuführen. Aufgabe des Gerichts ist es, in einem geregelten Verfahren für jeden konkreten Fall den wirklichen Sachverhalt festzustellen und auf ihn das Recht anzuwenden, d.h. einen tatsächlich und rechtlich richtigen Entscheid zu treffen. Unser gegenwärtiges Recht wird von Prinzipien bestimmt, die auf die Aufklärung zurückgehen, so die Gewaltenteilung, die Neutralität und die Unabhängigkeit der Richter, die nur dem Gesetz unterworfen sind. → Gerichtsverhandlung, → Justiz

Gerichtsmedizin

→ Rechtsmedizin

Gerichtsverhandlung

Bei einer Gerichtsverhandlung soll Recht oder Unrecht, → Schuld oder Unschuld ermittelt werden. Damit → Zeugen, aber auch → Angeklagte vor → Gericht möglichst unbefangen aussagen können, sind in Deutschland – bisher – Radio- und Fernsehaufnahmen gesetzlich verboten. Ausnahmen gelten lediglich beim Verfassungsgericht, dort dürfen der Beginn einer Verhandlung und das → Urteil übertragen werden. Der Sender N-TV klagte im Januar 2000 vor dem Bundesverfassungsgericht in Karlsruhe, um auch aus anderen Verfahren und möglichst auch aus der eigentlichen Verhandlung Bilder senden zu können.

Bis 1964 hatte es im Belieben der Richter gestanden, Rundfunkaufnahmen zuzulassen. Der Sender Freies Berlin übertrug allwöchentlich Menschen und Paragraphen – Originalaufnahmen aus Berliner Gerichtssälen und in Bonn wurden die Fernsehschaffenden von Landgerichtsdirektor Helmut Quirini begrüßt. Als Qui-

Liveübertragung aus einer Gerichtsverhandlung: Court-TV-Star Simpson (1994)

rini 1959 im Strafverfahren gegen den damaligen Präsidenten der Europäischen Kommission, Walter Hallstein, die Urteilsverkündung – es war ein → Freispruch – vor laufender Kamera zu einer Show machte, wurde die Anwesenheit von Fernsehen und Radio in Gerichtssälen in Frage gestellt. 1964 entschieden sich Bundestag und Bundesrat für ein umfassendes Radio- und TV-Verbot »im Interesse der Wahrheitsfindung, des Persönlichkeitsschutzes und der Würde des Gerichts«. Seitdem wurden Fernsehteams auf die Flure der Gerichtsgebäude verbannt und durften im Saal nur bei Pausen filmen. Ausgerechnet das Verfassungsgericht rüttelte Anfang der 1990er Jahre an diesem Medienverbot. Es erlaubte Fernsehsendern, von seinen Verhandlungen und Urteilen jeweils den Auftakt zu übertragen.

Die meisten Richter und Anwälte warnen jedoch vor amerikanischen Verhältnissen. Zustände, wie sie sich z.B. beim → Mordprozeß gegen den ehemaligen US-Footballstar O. J.→ Simpson präsentiert hatten, erscheinen nicht gerade erstrebenswert. »Kein Zeuge würde noch in der Weise aussagen, wie er es jetzt tut«, bemerkte Werner Sack von der Neuen Richtervereinigung, »wenn er befürchten muß, in voyeuristischer Weise beäugt zu werden.« Selbst bei einem späteren Freispruch müßten sich Angeklagte und Zeugen an einen modernen → Pranger gestellt sehen. Erfreulicherweise haben sich in Deutschland die Interessen des Rechtes als stärker erwiesen als die des Kommerzes. Im Januar 2001 entschied Karlsruhe gegen Kameras und Mikrofone im Gerichtssaal.

Geschlecht und Verbrechen

Daß es nicht nur zwei Geschlechter gibt, sondern daß zwischen diesen Geschlechtern z.T. auch gravierende Unterschiede bestehen, legen zumindest die → Kriminalstatistiken nahe; denn die → Straftaten des Mannes weisen überall und zu allen Zeiten Unterschiede zu denen der Frau auf. Sie liegen z.B. unrühmlicherweise immer deutlich über denen der Frau. So entfielen in den Jahren 1882-1883 auf 100 Verurteilte 20,0 % Frauen, 1932-1933 waren es 11,67. Nach den Polizeistatistiken des → Bundeskriminalamtes betrugen die Prozentzahlen der für Frauen gemeldeten → Delikte in den fünfziger Jahren knapp 15%. Mittlerweile haben die Frauen etwas aufgeholt. Sie liegen heute in Deutschland bei 22 %, im westlichen Ausland etwas darunter. Über die Gründe der weitaus geringeren Straffälligkeit von Frauen als von Männern wurde viel spekuliert. In den Jahrzehnten nach dem Zweiten Weltkrieg führte man dafür am liebsten soziologische Ursachen an, doch auch fundamentale biologische, physische und psychische Unterschiede zwischen Mann und Frau dürfen nicht außer Acht gelassen werden. Am einfachsten festzulegen sind natürlich die rein physischen Unterschiede: Die Frau ist durchschnittlich um 13 cm kleiner als der Mann, und ihre Muskelkraft beträgt nur zwei Drittel der eines Mannes. Außerdem hat sie 30 % weniger rote Blutkörperchen, weshalb sie schneller ermüdet, auf der anderen Seite aber weniger schmerzempfindlich ist. Die Reaktionen der Frau sind gegenüber denen des Mannes etwa um ein Viertel langsamer. Ihr unausgeglicheneres Gefäß- und Nervensystem soll sie auch stärker anfällig für Gemütsschwankungen machen. Vor allem Menstruation, Schwangerschaft, Kindbett und Klimakterium beeinflussen die psychische Situation der Frau. Von 56 Frauen, die in Paris Warendiebstähle verübten, hatten 63 % zum Zeitpunkt der Tat ihre Periode. Auch die Kindstötung (→ Kindsmörderin) gleich nach der Geburt, die einen nicht geringen Anteil der weiblichen Gewaltkriminalität ausmacht, könnte durch die körperliche Extremsituation mit beeinflußt sein. Die biologischen Einflüsse sind mit Umwelteinflüssen jedoch eng verwoben.

Geschlecht und Verbrechen. Aus: Der Spiegel Nr. 15 v. 6.4.1998

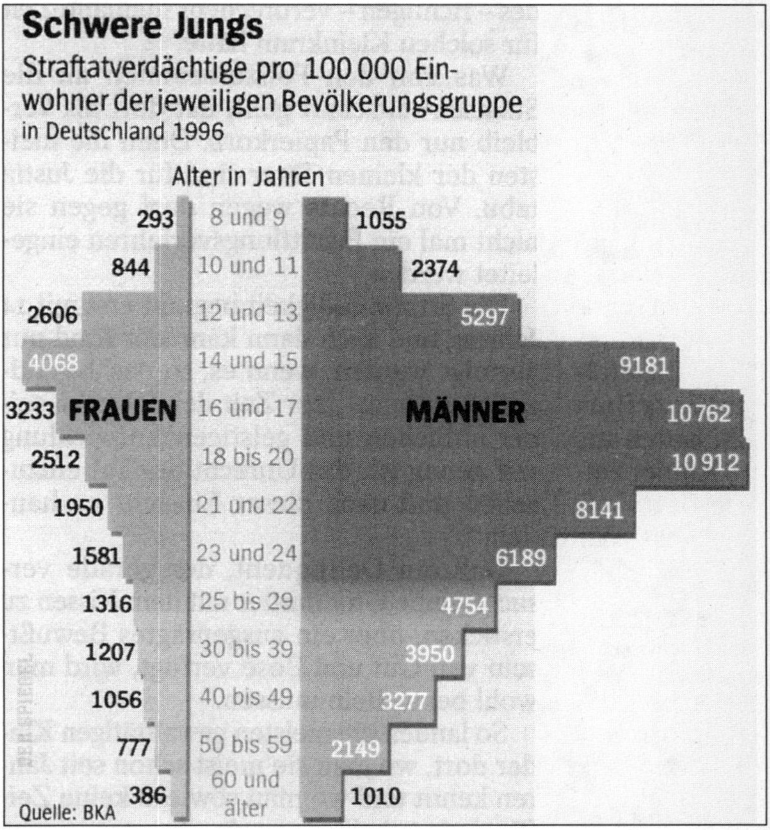

Auch heute noch steht die Frau weniger stark als der Mann im wirtschaftlichen Wettbewerb, der → Aggressivität und Kampfbereitschaft steigert. Frauen, die in einer familiär »behüteten« Welt leben, sind nicht nur weniger anfällig für Kriminalität als Frauen, die aus einem problematischen → Milieu stammen, sondern auch als ihre berufstätigen Ehemänner.

Frauenkriminalität ist nicht nur geringer, sie ist auch anders als Männerkriminalität. So ist, bzw. war ihr Anteil z.B. an → Kuppelei- und → Hehlerkriminalität überdurchschnittlich hoch. Insgesamt ist die Frauenkriminalität »weicher«, oft weniger offensichtlich als die des Mannes (→ Denunziation, → Lüge, → üble Nachrede). Die Frau begeht ihre Verbrechen aufgrund ihrer geringeren physischen Kraft auf sanften Pfoten und mit List. Gewaltverbrechen finden sich nur in sehr geringem Umfang, und wenn Frauen morden, dann greifen sie im Regelfall auch heute nicht zum Revolver, sondern ganz klassisch zum → Gift. → Mörderinnen

Geständnis

Im Strafrecht das Eingestehen eines Sachverhaltes, bzw. einer → Straftat. Allerdings braucht das → Gericht einem Geständnis nicht zu folgen, wenn es Zweifel an seiner Richtigkeit hat. Ein Geständnis muß in freier Entscheidung abgelegt werden und darf nicht durch Zwang erfolgt sein. Bei der Vernehmung eines Beschuldigten darf daher die Freiheit der Willensentschließung keinesfalls durch Mißhandlung (→ Folter), Schlafentzug, der Gabe von Medikamenten, Täuschung oder Hypnose beeinträchtigt werden. Das Verbot gilt ohne Rücksicht auf die Einwilligung des Beschuldigten. Entsprechend sind die Narkoseanalyse oder die Anwendung eines → Lügendetektors nicht statthaft. Ein unter Verstoß gegen diese Vorschriften erwirktes Geständnis darf nicht verwertet werden. Beamten, die Zwangsmittel anwenden oder anwenden lassen, droht ein Freiheitsentzug (→ Freiheitsentziehung) von ein bis zehn Jahren, in weniger schweren Fällen von sechs Monaten bis zu fünf Jahren. Außerdem muß der Beschuldigte vor seiner ersten Vernehmung von dem Richter, Staatsanwalt oder der → Polizei darüber aufgeklärt werden, daß er nach dem Gesetz die Freiheit hat, eine Aussage zu machen oder zu schweigen. Ob ein Geständnis, das bei einer Vernachlässigung dieser Belehrungspflicht zustande gekommen ist, gültig sein darf, ist umstritten.

Gewahrsam

Nach dem Polizei- und Ordnungsrecht hat die → Polizei die Möglichkeit, Personen in Gewahrsam zu nehmen. Die Möglichkeit zum Gewahrsam besteht, wenn dies zum Schutz von Leib oder Leben der betreffenden Person notwendig erscheint, wenn mit der Gewahrsamnahme eine unmittelbar bevorstehende erhebliche Störung der öffentlichen Sicherheit und Ordnung abgewehrt werden kann, oder wenn die Identität der betreffenden Person festgestellt werden muß. Ohne richterliche Entscheidung darf der Gewahrsam nicht länger als bis zum Ende des Tages nach der Ergreifung aufrechterhalten werden. Sobald der Zweck des Gewahrsams erfüllt ist, muß dieser aufgehoben werden

Gewalttäter/Gewaltverbrechen

Das Wort Gewalt stammt aus dem althochdeutschen und bedeutet »stark sein« und »herrschen«. Dieses »stark sein« deutet bereits darauf hin, wer in der Regel Gewalttäter ist, nämlich der, der über genügend physische Kraft verfügt. Wohl nicht zuletzt aus diesem Grund sind Gewaltttäter überproportional oft in der Gruppe junger Männer zu finden, wobei nicht wenige von ihnen über einen kräftigen, durchtrainierten Körper verfügen (→ Geschlecht und Verbrechen, → Lebensalter und Verbrecher). Gewaltkriminalität kann mit einer räuberischen Handlung verbunden sein, muß aber nicht. Häufig erschöpft sie sich in der reinen Lust an der Gewalt (→ Aggression, → Amok, → Haß,→ Jugendgewalt, → Schlägerei) oder sie äußert sich als sexuell motivierte Gewalt (→ Lustmörder,→ Serienmörder, → Vergewaltigung). Der Gesetzgeber unterscheidet im Strafrecht zwei Grundformen der Gewalt: Die »absolute Gewalt«, als eine Form der Gewaltanwendung, die das Opfer unter völliger Ausschaltung seines Willens überwältigt – wie etwa bei einem → Raubüberfall und der »zwingenden Gewalt«, die dem Opfer in der vom → Täter bewirkten Zwangslage einen gewissen Handlungsspielraum läßt, wie z.B. bei der räuberischen → Erpressung. Unter → Strafe hat der Gesetzgeber auch die Aufforderung zur Gewalttätigkeit sowie die Verherrlichung der Gewalt (→ Gewaltdarstellungen) geführt.

Die Ursachen von Gewalt liegen neben biologischen Gegebenheiten wie Alter, Geschlecht, Veranlagung des Täters (→ YY) auch im äußeren Umfeld. So geht ein sozialtheoretischer Erklärungsansatz davon aus, daß besonders dort, wo Gewalt als zulässiges Mittel zur Durchsetzung von Normen oder Zielen eingesetzt wird, die Hemmschwelle zur Gewaltkriminalität niedriger liegt. Man kann davon ausgehen, daß die Bereitschaft zur Gewalt nicht nur auf individuellen Überlegungen basiert, sondern auch von gesellschaftlichen Rollenerwartungen abhängig ist. Ein wesentliches → Motiv zur Gewalt kann auch darin liegen, wenn der Einzelne nicht in der Lage ist, seine Interessen in Konfliktsituationen verbal zu formulieren. Ferner kann Gewaltanwendung auch Ausdruck der Verneinung von Werten sein, die in einer Gesellschaft jeweils allgemein anerkannt und geschützt sind.

Neben dieser individuell oder durch kleinere Gruppen geprägten Gewalt gibt es noch die politisch und ideologisch motivierte Gewalt (→ Folter, → Hexen, → Ideologie und Gewalt, → Inquisition, → Linksextremismus, → Rechtsextremismus, → Religion und Verbrechen, → Terrorismus). Die Gewalt kann sich hier sowohl gegen den Staat richten als auch von diesem ausgehen. Besonders ungehemmt kann sich das individuelle und gesellschaftliche Gewaltpotential im Krieg Bahn brechen (→ Krieg und Verbrechen).

Gewaltdarstellungen

In Deutschland ist die Verbreitung von Gewaltdarstellungen, sowie ihre Herstellung und ihre Zugänglichmachung für Personen unter 18 Jahren mit einer → Freiheitsstrafe bis zu einem Jahr oder → Geldstrafen belegt. Unter Gewaltdarstellungen versteht man dabei das Schildern, bzw. Aufzeichnen von grausamen oder sonst unmenschlichen Gewalttätigkeiten gegen Menschen in einer Art, die eine Verherrlichung oder Verharmlosung solcher Taten zum Ausdruck bringt und die Menschenwürde verletzt.

Gewissen

→ Erinyen

Gift/Giftmord

Was ist Gift? Die Versuche den Giftbegriff zu definieren reichen bis ins Altertum zurück. Paracelsus hatte an der Schwelle zur Neuzeit erkannt, daß nahezu jeder Stoff, in entsprechender Menge aufgenommen, ein Gift sein kann. Gift ist also immer auch eine Frage der Dosierung. Das Wort Gift ist althochdeutschen Ursprungs und bedeutet »Gabe« – in den meisten Fällen sicher keine gute. Heute wird als Gift jeder chemische Stoff angesehen, der zu Gesundheitsschäden führen kann. Für die Giftwirkung sind die Menge des Giftes, die Form, in der es zur Einwirkung gelangt, der Ort der Einnahme und die Aufnahme in den Körper maßgebend. Arzneimittel werden zu Giften, wenn sie in zu großer Menge oder in falscher Weise dem Körper zugeführt werden. Das gilt auch von Stoffen der täglichen Ernährung (z.B.Kochsalz, Alkohol). Neben der Menge ist die Konzentration von Bedeutung. Die Giftempfindlichkeit ist bei Mensch und Tier sehr verschieden, sie ändert sich auch mit dem Lebensalter und der Konstitution. Überempfindlichkeit gegen Gifte kann erbbedingt oder erworben sein. Erhöhte Widerstandskraft gegenüber Giften, die sogenannte Giftfestigkeit, kann auf einer echten Immunität oder auf Gewöhnung der Körperzellen an das Gift beruhen, wie z.B. bei Rauschgift.

Es hat Menschen gegeben, die, um sich vor Giftmord zu schützen, sich regelmäßig Gifte zugeführt haben, um auf diese Weise eine Giftfestigkeit zu erlangen. Das berühmteste Beispiel hierfür ist wohl König Mithridates, der im 1.Jahrhundert v.Chr. in Kleinasien herrschte. In der Hoffnung, seine Widerstandskräfte im Falle eines Giftattentates zu stärken, nahm Mithridates täglich Gift in kleinen Mengen zu sich. 63 v.Chr. bekam er Gelegenheit, seine Theorie zu testen. Der König fürchtete nämlich, den herannahenden Römern in die Hände zu fallen und versuchte, sich zu vergiften. Der Toxinspiegel in seinem Körper war jedoch so hoch, daß das Gift überhaupt keine Wirkung zeigte. Mithridates mußte daraufhin einem Sklaven befehlen, ihn mit einem Schwerthieb ins Jenseits zu befördern. In die Wissenschaft ging der König mit dem Begriff Mithridatismus ein, d.h. eine durch Gewöhnung erworbene Giftimmunität des Körpers.

Die Angst des König Mithridates vor möglichen Giftattentaten war nicht ganz unbegründet; denn einst waren Gifte das bevorzugte Mittel für politische → Morde, erlaubten sie doch eine unauffällige Anwendung, bei der eine Verbindung zwischen Mörder und Opfer schwer nachzuweisen ist. Nicht selten konnte der Giftmord überhaupt nicht als Giftmord festgestellt werden. Auch heute steht möglichen Tätern immer noch eine breite Palette an Giften zur Verfügung, die medizinischen Untersuchungen entgehen, da die von ihnen ausgelösten Symptome mit denen bekannter tödlich verlaufender Krankheiten verwechselt werden können

Das wohl klassischste Mordgift – Arsen – ist zunächst einmal gar nicht giftig. Es kann jedoch leicht zu Arsentrioxid, dem Arsenik oxidieren. In dieser Verbindung ist es schon in Mengen von etwa 65 Milligramm hochgiftig. Die Giftwirkung tritt sowohl nach einer einmaligen hohen Dosis als auch nach mehrmaliger Gabe geringer Dosen ein. Zudem hat das weiße Arsenikpulver – das bereits im achten Jahrhundert hergestellt werden konnte – den Vorteil geruchs- und geschmacklos zu sein. Es war also gut dazu geeignet, unauffällig unter die Speisen gemischt zu werden. Die Vergiftungserscheinungen verlaufen vielgestaltig und ähneln zum Teil Erscheinungen konventioneller Erkrankungen, was einen weiteren Vorteil bedeutet. Praktisch für den Giftmörder war auch, daß Arsenik leicht zu beschaffen war. Aufgrund seiner Anwendung als Arzneimittel und als beliebtes Ratten- und Mäusegift konnte Arsenik in allen Apotheken erworben werden. Mit Gift werden nicht nur Einzelpersonen oder ganze Familien ins Jenseits geschickt, es ist auch zum → Völkermord verwendet worden. Mit dem Giftgas Zyklon B wurden in Ausschwitz Juden und → Zigeuner getötet. Daneben wird Gift auch erpresserisch (→ Erpressung) eingesetzt, nämlich bei vergifteten Lebensmitteln (→ Lebensmittel, vergiftete). Generell kann gesagt werden, daß Gift eine klassische Frauenmordwaffe ist – ein Umstand, der wohl nicht zuletzt aus der physischen Unterlegenheit der Frau gegenüber dem Mann resultiert. Das Standardwerk zum Thema Gift und Giftmord legte bereits zu Beginn des 20. Jahrhunderts Louis Lewin mit *Die Gifte in der Weltgeschichte* vor. Das Werk wird seit seinem Erscheinen immer wieder aufgelegt. → Brinvilliers, Marie Marguerite Marquise de, → Borgias, → Gottfried, Gesche Margaretha, → Huber, Robert,→ Jussupoff, Fürst Felix

Gladbecker Geiseldrama

Das Gladbecker → Geiseldrama war wohl eines der spektakulärsten Verbrechen in der deutschen → Kriminalgeschichte, das die Fernsehzuschauer vom 16. bis 18. August 1988 quasi »life« mitverfolgen konnten. Es begang mit einem → Überfall auf eine Bankfiliale in Gladbeck-Rentfort. Vermummt und mit Maschinenpistolen bewaffnet waren der zur Tatzeit 31jährige Hans-Jürgen Rösner und der damals 32jährige Dieter Degowski, beide vorbestraft und aus dem Ruhrgebiet stammend, kurz vor 8 Uhr in die Filiale der Deutschen

Bank in Gladbeck-Rentfort eingedrungen. Nachdem Polizisten die Bank umstellt hatten, nahmen sie zwei Bankangestellte als → Geiseln und forderten ein schnelles Fluchtauto, sowie 300. 000 Mark Lösegeld. Von der Bank aus gaben die beiden → Gangster ein erstes Radio-Interview. Um 20.45 Uhr, das Lösegeld – jetzt 420000 DM – war von einem Polizisten in Badehose übergeben worden, fuhren die beiden Männer mit ihren Geiseln im Fluchtauto davon, unterwegs holten sie noch Rösners Freundin Marion Löblich ab. Am Mittwoch den 17. August erreichten die Geiselnehmer Bremen, wo sie kurz nach 19 Uhr in Bremen-Huckelriede einen besetzten Linienbus kaperten. Die informierte Presse nahm vor Ort ein weiteres Interview mit Rösner und Degowski. Danach machten sich die mittlerweile in sämtlichen Medien bekannten Kidnapper (→ Kidnapping) mit ihrem Bus mit insgesamt 27 Geiseln auf den Weg nach Holland. Auf einer Raststätte ließen sie die zwei Bankangestellten frei. Als es der → Polizei gelang, Rösners Freundin Marion Löblich festzuhalten, erschoß Degowski den 15jährigen Italiener Emanuele de Georgi. Bei der weiteren Verfolgung verunglückte ein Polizist tödlich. Gegen halb drei Uhr morgens des 18. August rollte der Bus über die Grenze. Es kam zu einem Schußwechsel, wobei der Busfahrer und Marion Löblich verletzt wurden. Daraufhin erpreßten (→ Erpressung) die Täter ein neues Fluchtauto und nahmen zwei der Busgeiseln mit sich, die 18jährige Silke Bischoff, deren attraktive Erscheinung den Gangstern vermutlich ins Auge gefallen war und deren Freundin Ines Voitele. Ihr Ziel war jetzt, zurück ins Rheinland. Mitten in der Kölner Innenstadt sprachen die Entführer, denen ihre neue Rolle als Medienstars sichtlich zu Kopf gestiegen war, vom umlagerten Fluchtauto aus erneut mit Journalisten. Einer der Journalisten fuhr anschließend sogar ein Stück Richtung Frankfurt am Main mit und wies den Gangstern den Weg. Gegen 13.50 griff ein Spezialkommando der Polizei auf der Höhe von Bad Honnef mit Waffengewalt ein. Dieser Einsatz setzte dem Geiseldrama ein Ende, doch die 18jährige Silke Bischoff kam dabei durch eine Kugel aus der Waffe des Geiselnehmers Hans-Jürgen Rösner ums Leben. Ines Voitele blieb mit schweren Verletzungen am Leben.

Gladbecker Geiseldrama

Das Geiseldrama hatte insgesamt drei Tote und zahlreiche Verletzte gefordert. Gegenseitige Schuldzuweisungen entbrannten, und man versuchte Konsequenzen aus dem unfassbaren Geschehen zu ziehen. Eine davon war, daß der damalige Bremer Innensenator, Bernd Mayer, zurücktrat. Er und die Polizei waren auf eine solche Extremsituation nicht gut genug vorbereitet gewesen. Das hat auch zu Veränderungen der Polizeitaktik bei Großeinsätzen geführt. Zum einen betrifft das die Modernisierung der Ausrüstung, zum anderen war es ein Fehler, die Einsatzleitung der Polizei bei jeder Landesgrenze zu wechseln, da dies eine effektive Führung des Einsatzes unmöglich machte. Inzwischen folgt die Einsatzleitung flüchtigen Tätern vom ersten → Tatort an. Ein weiterer sehr wesentlicher Punkt betraf die Zusammenarbeit von Polizei und Medien. Damals hatte sich die massive Präsenz der Medien sehr kontraproduktiv ausgewirkt. Das hatte zur Folge, daß auch die Medien nach Gladbeck in ein Kreuzfeuer der Kritik gerieten. Die »Pressekonferenzen«, die man den Geiselnehmern gewährte, hatten eine verheerende psychologische Wirkung auf die zu plötzlicher Berühmtheit gelangten Gangster. Eine derart makabere Berichterstattung wurde als eine der auffälligsten Beispiele für eine neue journalistische Generation ohne Ethik erkannt, die mehr an effektheischendem Entertainement interessiert zu sein scheint als an sachlicher Berichterstattung. Immerhin gerieten die Gladbecker Reporter auch in den Reihen ihrer eigenen Zunft in scharfe Kritik. 1989 waren rund 140 Redakteure zu dem Fall befragt worden und 96 % waren der Ansicht, daß das Verhalten der Gladbeck-Reporter für die Geiseln von Schaden war.

Heute geben die beiden Geiselgangster Rösner und Degowski keine Interviews mehr. Beide wurden zu lebenslanger → Freiheitsstrafe verurteilt, die Rösner in der → Justizvollzugsanstalt Geldern am Niederrhein abbüßt und Degowski in der Justizvollzugsanstalt Werl in Westfalen. Marion Löblich, die mittlerweile wieder auf freien Fuß ist, war zu neun Jahren → Haft verurteilt worden.

Glücksspiel

Beim Glücksspiel handelt es sich um eine Spielart, bei der die Entscheidung über Gewinn und Verlust im wesentlichen nicht von den Fähigkeiten oder der Aufmerksamkeit der Spieler abhängt, sondern hauptsächlich vom Zufall, bzw. Glück, bestimmt wird. Gewohnheitsmäßig betriebene Veranstaltungen von Glücksspielen um Geld, seien sie nun öffentlich oder im geschlossenen Kreis, werden, sofern sie ohne behördliche Erlaubnis sind, mit einer → Freiheitsstrafe bis zu zwei Jahren oder → Geldstrafe bedroht. Strafbar ist auch eine Beteiligung daran. Im Zusammenhang mit der Bekämpfung der → organisierten Kriminalität ist der → Straftatbestand des unerlaubten gewerbsmäßigen Glücksspiels und des Banden-Glücksspiels mit verschärfter Strafandrohung geschaffen worden. Nach dem Jugendschutz-gesetz dürfen Kinder und Jugendliche unter 18 Jahren die Spielhallen nicht betreten und an öffentlichen Glücksspielen nicht teilnehmen. Die Veranstalter oder Gewerbetreibenden lassen sich bei Verstößen gegen dieses Gebot eine Ordnungswidrigkeit zuschulden kommen. In einigen Orten, vor allem in Kur- und Badeorten, sind Spielbanken zugelassen.

Goldfinger

Auric Goldfinger ist ein genial-verrückter Multimillionär, der das amerikanische Gold-Depot Fort Knox mit einer radioaktiven Bombe in die Luft sprengen will, um damit ein wirtschaftliches Chaos im Westen zu verursachen und den eigenen Goldbestand zu mehren – zumindest in dem 1964 gedrehten gleichnamigen James Bond-Film.

Goldfinger ist zwar nicht der kommerziell erfolgreichste, aber wohl der berühmteste James Bond-Film. Er wurde von Publikum und Kritik gleichermaßen begeistert aufgenommen. Eine Ursache dieses Erfolges liegt sicherlich darin, daß hier James Bond (→ Agent), alias Sean Connery, in Gert Fröbe, alias Auric Goldfinger, einen ebenbürtigen Gegenspieler traf. Goldfinger ist ein überdimensionaler Bösewicht, und Gert Fröbe spielt ihn auch überdimensional.

In den Produkten der englischen und amerikanischen Unterhaltungsindustrie hat man Bösewichter gerne von deutschen Schauspielern mimen lassen oder dem Erzschurken zumindest einen deutschklingenden Namen verpaßt. So spielte z.B. Donald Pleacence in dem James Bond-Film *Man lebt nur zweimal* (1967) den Superverbrecher Ernst Stavro Blofeld. Blofeld, ausgestattet mit Monokel und Schmißnarben im Gesicht, bietet bereits mit seinem Erscheinungsbild die Karikatur eines preußischen Junkers. Ähnlich wie Goldfinger ist auch er genial-verrückt und strebt nach der Weltherrschaft. Ähnliches gilt für den Bond-Film *Der Spion, der mich liebte* (1977), in dem Curd Jürgens den Oberverbrecher Sigmund Stromberg spielt, der ein gigantisches Marine-Laboratorium errichtet hat und von einem Weltreich unter Wasser träumt. Zweifellos hat bei diesem machtlüsternem Verbrechertyp stets Adolf → Hitler Pate gestanden, aber auch die mythenumränkte Gestalt von → Dr.Mabuse. → Kriminalfilm

Gotteslästerung

→ Blasphemie

Gottesurteil

Im mittelalterlichen Recht war es üblich, über → Schuld oder Unschuld eines → Angeklagten durch ein Gottesurteil zu entscheiden. Man glaubte, Gott würde zugunsten Unschuldiger ein Zeichen setzen. Zu diesem Zwecke konnte der Angeklagte verschiedener Proben unterzogen werden. Beliebt waren die Wasser- oder Feuerprobe, da Wasser und Feuer als reinigende Elemente gelten. Die Wasserprobe, welche die übliche → Prozeßform für Angehörige der niederen Schichten war, bestand darin, daß man den Verdächtigten fesselte und ihn in ein Gewässer warf. Ging er unter, war er unschuldig. Allerdings hatte er davon meist nicht mehr viel. Außerdem gab es den sogenannten Kesselfang, hier mußte der Angeklagte in einen Kessel mit kochendem Wasser langen, um einen Stein herauszuholen. Fingen seine Brandwunden später zu eitern an, galt er als schuldig. Bei der Feuerprobe mußte der Angeklagte mit bloßen Händen ein glühendes Stück Eisen tragen oder barfuß über rotglühende Pflugscharen gehen. Die Hände oder Füße wurden anschließend verbunden und drei Tage später begutachtet. Sah man noch Verletzungen, galt der Angeklagte als schuldig. Einer Legende nach, soll sich ein Mann im 13.Jahrhundert geweigert haben, die Feuerprobe mitzumachen. »Trage das Stück Eisen bis zum Altar!« Der Angeklagte verschränkte trotzig die Arme: »Ich bin doch kein Narr!« Darauf der erzürnte Erzbischof: »Tu wie Dir geheißen!« »Ich will es tun«, antwortete der Angeklagte, »aber nur, wenn mir der Herr Erzbischof das Eisen mit der bloßen Hand, und nicht wie vorgesehen mit der Zange, übergibt.« Der Erzbischof lehnte aus begreiflichen Gründen ab. »Glaubst du Tölpel, ich würde mir deinetwegen Schmerzen zufügen?« »Das Eisen wird den Herrn nicht brennen«, wurde ihm entgegnet, »dafür sorgt die Allmacht Gottes, die auch meine Unschuld an den Tag bringt.« Das → Gericht soll hierauf auf die Probe verzichtet haben. Eine weitere, weniger schmerzhafte Methode des Gottesurteils, war das Losordal. Hier entschied das Los über Schuld oder Unschuld des Angeklagten. Bei dem sogenannten → Giftordal wurde dem Angeklagten ein Bissen Brot in den Mund gesteckt. Mußte er den Bissen wieder von sich geben, war er schuldig. Bei einer → Mordtat gab es noch die → Blutprobe oder das Bahrgericht. Hier mußte der Angeklagte der Leiche des Ermordeten gegenüberstehen. Ein uralter Volksglaube besagt nämlich, daß die Wunden des Leichnams in Gegenwart seines Mörders wieder zu bluten anfangen.

Gottfried, Gesche Margaretha

Noch heute erinnert in Bremen ein »Spuckstein« an die → Hinrichtung der Gesche Gottfried. Die am 6.März 1785 geborene Tochter eines Damenschneiders, ist eine der bekanntesten deutschen → Giftmörderinnen. Dabei galt sie die meiste Zeit ihres Lebens als tugendhaftes Vorbild, da sie es meisterhaft verstand, »fälschlich einen guten Schein geltend zu machen.« Bereits als 16jährige erhielt Gesche, die gerne in Theatergruppen schauspielerte und Tanzunterricht nahm, die ersten Heiratsanträge. Doch erst mit 21 entschied sie sich zur Ehe mit dem Sattlermeister Johann Gerhard Miltenberg, von dem sie sich Wohlstand und ein großzügiges Leben versprach. Doch ihre Hoffnungen sollten getäuscht werden. Miltenberg war nicht nur ein Säufer, sondern litt auch noch an einer Geschlechtskrankheit. Mit 23 war Gesche Mutter. Das erste Kind trug Zeichen einer üblen Krankheit, ein Erbteil des alkoholkranken Vaters, das zweite Kind starb nach der Geburt, das dritte, das etwas später zur Welt kam, blieb am Leben. Zur selben Zeit verkehrte Hermann Gottfried im Haus der Miltenbergs, in den Gesche sich heftig verliebte. Ihr Gatte, dessen Dasein in ihren Augen absolut keinen Wert hatte, war das Hindernis, das zwischen ihr und Gottfried stand. Als Gesche ihrer Mutter einmal dabei zuschaute, wie diese Arsen auf Käse strich, um die Mäuseplage loszuwerden, fand sie dieses als einen geeigneten Ausweg für ihre Situation. Ihr ungeliebter Mann bekam »Mäusebier« zu trinken, und starb noch am selben Abend.

Doch Gottfried, der es liebte, Frauen »durch buhlerische Auszeichnungen zu reizen, um sich am Ende kalt zurückzuziehen«, wollte Gesche nicht ehelichen. Da sie annahm, ihre Eltern, die Gottfried ablehnten, oder ihre Kinder hielten Gottfried ab, verabreichte sie auch diesen Arsen. Am 2.Mai 1815 starb Gesches Mutter, am 10. Mai ihre Tochter Johanna, am 18.Mai ihre Tochter Adelheid und am 28.Juni ihr Vater, der sich nach diesen gehäuften Verlusten nichts sehnlicher als den Tod wünschte. Doch es wurde schneller gestorben als geheiratet. Hermann Gottfried willigte erst am 2.Juli 1817 zum Bund fürs Leben ein. Zwei Tage später, am 5.Juli, war er tot. Gesche hatte ihm sein langes Taktieren nicht vergeben können.

Die nächsten sechs Jahre hielt sich Gesche zurück und beging keine weiteren → Morde. Doch da die zweifache Witwe gerne einen großzügigen Lebensstil führte, wurden die Geldsorgen immer drückender. Um diesen zu entkommen, verlobte sie sich mit dem Kaufmann Paul Thomas Zimmermann. Kurz danach verabreichte sie ihm die erste Dosis Gift. Als er krank im Bett lag, pflegte sie ihn fürsorglich gesund, um ihm bald darauf eine neue Giftdosis zu geben. Dieses Spiel trieb sie so lange, bis der angschlagene Zimmermann seine treue Verlobte und Pflegerin als Erbin einsetzt. Daraufhin hatte er seine Schuldigkeit getan und bekam die letzte tödliche Portion. Auf seiner Beerdigung erschien sie in tiefschwarze Trauerkleidung gehüllt und genoß den Nimbus des Tragischen, der sie umgab.

Von nun an wurde Vergiften zu Gesches Passion. Sie verabreichte ihrem Bruder Gift, ihrer langjährigen Freundin Lucie, die sie aufopfernd zu Tode pflegte und auch anderen Personen, die sie dazu reizten. Nicht immer waren ihre Anschläge tödlich, manchmal hielt sie die Dosis bewußt niedrig. So spielte sie zum Beispiel mit ihrer Freundin Marie Heckendorff jahrelang das Spiel von Gift geben und wieder gesund pflegen. Vergiften und Macht über andere Menschen zu haben, war zu einer Art Zeitvertreib für sie geworden (→ Sadismus). Als Gesche wieder einmal verschuldet war, verkaufte sie ihr Haus an den Stellmacher Christoph Rumpff. Um ihr Haus wiederzugewinnen, vergiftete Gesche erst die Ehefrau des neuen Hausbesitzers, die kurz zuvor ein Kind zur Welt gebracht hatte. Daraufhin begann sie sich rührend um den Witwer mit seinem Säugling zu kümmern. Doch Rumpff schöpfte Verdacht, als er auf seinen Speisen wiederholt eine weiße, klebrige, körnige Substanz entdeckte. Die Laboruntersuchung, die er daraufhin veranlaßte, ergab, daß es Arsen war. Daraufhin wurde die Leiche seiner Ehefrau obduziert (→ Autopsie) und danach auch die Leichname andere Opfer der Giftmörderin. 15 Personen hatte Gesche Gottfried mit Arsen ums Leben gebracht, ganz zu schweigen von den halben oder gescheiterten Giftanschlägen, die sie unternommen hatte. Am 21.April 1831 landete Gesche Gottfried auf dem → Schaffott – und die Bremer Bürger pflegten beim Vorbeigehen noch lange Zeit auf den Stein zu spucken, der auch heute noch ihren Hinrichtungsort markiert. → Mörderinnen, → Schwarze Witwen, → Serienmörder

Grant, Hugh

Ist natürlich kein Verbrecher, sondern einer der großen Stars Hollywood. Dennoch war der britische Schauspieler und Frauenliebling 1995 mit dem amerikanischen Gesetz in Konflikt gekommen. Er erregte nämlich öffentliches Ärgernis als er sich in Los Angeles von der → Polizei dabei erwischen ließ, wie er in seinem BMW Sex mit einer → Prostituierten trieb. Daraufhin war der damals 34jährige, der gerade einen Bombenerfolg mit dem Film *Vier Hochzeiten und ein Todesfall* gefeiert hatte, in einer ganz neuen Rolle zu erleben, nämlich in der eines festgesetzten Freiers. Sein Polizeifoto war der Hit des Sommers 1995.

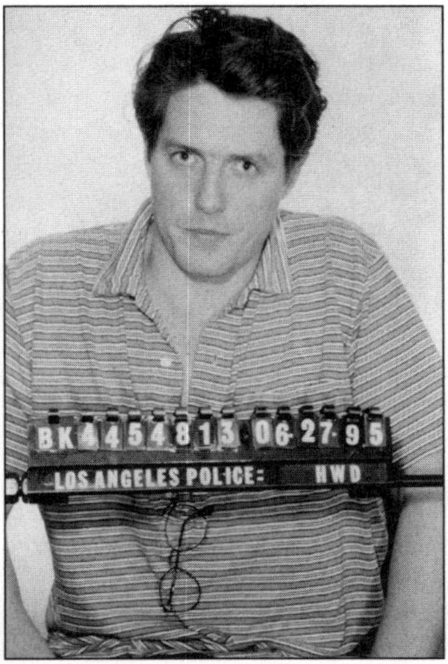

Eine Rolle, die nicht im Drehbuch stand: Der smarte britische Schauspieler Hugh Grant, nachdem er von der Polizei als Freier festgesetzt wurde

Grenzfälschung/ Grenzsteinversetzer

Wenn jemand zum Nachteil einer anderen Person und meist zum eigenen Vorteil rechtswidrig eine Grenzmarkierung verschiebt, versetzt oder unkenntlich macht, begeht er eine Grenzsteinfälschung. Grenzsteinversetzen galt in agrarisch geprägten Kulturen, in denen der exakte Grenzverlauf noch nicht durch das Katasteramt festgelegt war, als eine schwere – aber auch häufige – Untat.

Gröning, Bruno

Am 14.Februar 1959 erschien in der Bild-Zeitung unter der Überschrift »Vergessen« ein Foto, das drei Frauen und einen Mann zeigte, die erschüttert vor einem offenen Grab stehen. Es waren dies die erste und zweite Frau von Bruno Göring, sein Bruder und seine Schwägerin. Im Text zum Foto stand u.a.: »Nur die engsten Verwandten waren dabei, als in Dillenburg (Hessen) die Urne des Wunderdoktors Bruno Gröning beigesetzt wurde. Gröning hatte vor Jahren durch ›Wunderheilungen‹ von sich reden gemacht.« Wer war nun jener Bruno Gröning, der versprach, seine Patienten durch Fernbehandlung heilen zu können und der in den Jahren nach 1949 die Schlagzeilen der Sensationspresse eroberte und dessen Auftritte regelrecht von Massenwahn und Massenhysterie begleitet waren? Gröning, eigentlich Grönkowski, wurde 1906 in Danzig als Sohn eines Maurerpoliers geboren. Schon um seine Wiege rankt sich eine Legende. Sein Vater soll beim Anblick des über und über behaarten, häßlichen Sprosses erklärt haben: »Jetzt haben wir den Satan im Haus.« In der Kammer, in der der kleine Bruno schlief, soll es angeblich nächtelang gepoltert haben. Trotz dieses ungewöhnlichen Auftaktes verlief das Leben von Bruno Göring zunächst unspektakulär. Er verließ vorzeitig die Schule und versuchte sich danach mehr schlecht als recht in unterschiedlichen Berufen. Sein Leben änderte sich erst, als er Ende 1948 dem Astrologen Adam Schwarz begegnete. Schwarz deutete aus Gefälligkeit Grönings Hand. »Ich war erschrocken«, berichtete Schwarz nach dem Tode Grönings einem Zeitungsreporter. »In Grönings Hand sah ich das Rasputin-Zeichen.« Der Astrologe mußte Gröning daraufhin erst einmal unterrichten, wer Rasputin (→ Jussupoff, Felix Fürst) war. Weiter berichtete er: »Ich sagte Gröning, daß er einmal in die Weltgeschichte eingehen werde. Auch, daß er ein bißchen Gefängnis bekommen werde.«

Viele haben Gröning in den Jahren nach seiner Entdeckung mit Rasputin verglichen. Auf dem Höhepunkt der Gröning-Hysterie pinselten Frankfurter Anhänger mit Ölfarbe aufs Straßenpflaster: »Gröning, illegaler Sohn Rasputins!« Die Blutsverwandtschaft mit dem Wundermann vom Zarenhof war natürlich reiner Phantasterei entsprungen. Aber der Charaktervergleich war nicht ganz so abwegig: Beide kamen aus ärmlichen Verhältnissen, hatten so gut wie keine Bildung, waren dafür aber schlau und mit Suggestionskraft begabt, so daß sie wie durch ein »Wunder« aus dem Nichts emporstiegen. Und noch eine Gemeinsamkeit teilten sie: Bei beiden bildeten Frauen in ihrer Anhängerschaft die Mehrzahl, und sowohl Gröning als natürlich auch Rasputin besaßen ihrerseits eine unleugbare Schwäche für das weibliche Geschlecht. Einer von Grönings »Jünger« sagte einmal über ihn: »Frauen gegenüber ist er wie ein Tier.«

Kurz nach der Begegnung mit dem Astrologen Schwarz begann Grönings kometenhafter Aufstieg. Durch Fernheilung sollte er die Nichte seiner Vermieterin in Duisburg geheilt haben. Die große Stunde Grönings schlug, als dieses Gerücht seinen Namen von Duisburg nach Herford trug. Dort wohnte der Maschinenbauingenieur Helmut Hülsmann mit Frau und seinem achtjährigen Sohn Dieter. Der bettlägrige Junge litt seit Jahren an unheilbarem Muskelschwund und war von den Ärzten aufgegeben worden. Gröning befahl

Dieter Hülsmann: »Steh auf und wandle!« und der Junge erhob sich und ging, schwankend, einige Schritte. Von da an verbreitete sich die Kunde von Grönings Wundertat in Herford über die Stadt hinaus und durch das ganze Ruhrgebiet. Sie bekam Flügel durch die Tatsache, daß der überglückliche Vater Hülsmann Gröning aus lauter Dankbarkeit Haus, Auto und seine ganze Habe zur Verfügung stellte. Hülsmann war sozusagen zum ersten Jünger des Messias aus Danzig geworden. Der Sohn Hülsmanns starb übrigens einige Jahre später an seinem Leiden – Muskelschwund. Trotzdem müssen Grönings suggestive Wirkungen außerordentlich gewesen sein, da sie zunächst immerhin eine Scheinheilung bewirkten.

Alsbald jedenfalls strömten die Kranken aus allen Himmelsrichtungen herbei: Blinde und Lahme, Geistesgestörte und Gallenleidende, Epileptiker und Säufer, Tuberkulöse und Krebskranke. Hunderte von Menschen, dann Tausende. Bald hatte Gröning hunderttausende Anhänger, sein Name war in der frühen Bundesrepublik allgegenwärtig, und bald kamen auch die ersten Verehrer aus dem Ausland. Mit den Verehrern und Hoffnungssuchenden kam auch das Geld. Überall, wo Gröning sich aufhielt, sammelten sich Berge von Post. Ungezählte Hilfesuchende legten für die erbetene Heilung im Voraus einen Geldbetrag mit bei. Gröning engagierte daraufhin einen Mitarbeiterstab, der nach Meinung einiger unabhängiger Beobachter aus »wahren Gangstern« bestand. Die zum Teil nicht unbeträchtlichen Geldbeträge wurden sofort eingesammelt, ohne daß man sich die Mühe machte, die Briefe überhaupt zu lesen, geschweige denn zu beantworten. Es gab keine Buchführung, keine Empfangsbestätigung, keine Notizen, wer das Geld geschickte hatte. Gröning gestand einmal: »Alle meine Jünger sind Betrüger und Gauner«, meinte von sich selbst aber: »Die Hände müssen rein bleiben, es darf kein Geld daran kleben.«

Der skrupeloseste »Mitarbeiter« von Grönings wechselnder Entourarge war sicherlich Otto Meckelburg, genannt »Bobby«. In Oldenburg zum Beispiel nahm er bei einer abendlichen Veranstaltung die damals beachtliche Summe von 35.000 Mark ein. Zu den Heilsuchenden sprach »Bobby« u.a. folgende Worte: »Ob Gröning sie heilt, kann ich nicht versprechen. Ich kassiere hier nur ... Wir ersuchen Sie, Ihre versprochenen Geschenke umgehend zu überweisen, andernfalls wir uns gezwungen sehen, den Betrag einzuklagen.« Oder noch drohender: »Ich mache Sie darauf aufmerksam, daß eine Weigerung gegebenenfalls nachteilige Folgen für Sie und Ihre Familie haben kann. Denn der Meister kann nicht nur Kranke gesund, sondern auch Gesunde krank machen.«

Trotzdem stolperten Gröning und Konsorten nicht über ihre bisweilen unkonventionelle Art und Weise, Geld einzutreiben, sondern über einen »Kunstfehler«. In Bad Wiessee soll Gröning die damals 18jährige schwer lungenkranke Ruth Kuhfuß davon abgehaltgen haben, einen Arzt aufzusuchen, da nur seine Behandlung Rettung bringen könne. Ein Verbot, das schließlich den Tod des Mädchens herbeiführte. Gröning wurde daraufhin vor → Gericht gestellt und wegen → fahrlässiger Tötung angeklagt. In zweiter Instanz wurde er, unter Zuerkennung einer → Bewährungsfrist von fünf Jahren, zu einer → Gefängnisstrafe von acht Monaten und einer Geldstrafe von 5000 DM verurteilt. Das war im Januar 1958. Zu diesem Zeitpunkt war der Zenit von Grönings Ruhm ohnehin überschritten. Ein Jahr später, im Januar 1959, folgte die makabere Pointe dieses merkwürdigen Lebens. Der Mann, der für ein ganzes Jahrzehnt von Millionen von Menschen als der größte Wunderheiler aller Zeiten angesehen worden war und von dem man glaubte, eine Berührung, oder auch nur ein Wort, könne die Kranken wieder gesund machen – dieser Mann war im November 1958 nach Paris gegangen, um dort seine eigene Krankheit den Künsten der Schulmedizin anzuvertrauen. Aber er kam zu spät. Am 23.Januar 1959 starb Bruno Gröning an Krebs. Er hat ein handgeschriebenes Testament hinterlassen, es lautet: »Ich lebte für die Menschen, zu helfen und zu heilen. Und sterbe für die Schlechten und Dummen. Auf Nimmerwiedersehen!«→ Okkulttäter

Guay, Albert

Am 9. September 1949 beobachtete ein Fischer, der in seinem Boot den kanadischen St.Lawrence-Strom hinabtrieb, eine zweimotorige DC3 der »Quebec Airlines«, die am Horizont auftauchte. Plötzlich knallte es fürchterlich, aus der Maschine quoll Rauch. Sie torkelte, drehte sich in der Luft und stürzte fast senkrecht auf die Erde.

Die Rettungsmannschaften, Experten der Fluggesellschaft und Beamte der Staatspolizei, erreichten den entlegenen Ort erst viele Stunden später. Da sich der ausgelaufene Sprengstoff nicht entzündet hatte, konnten die Toten relativ leicht identifiziert werden. Nun galt es, die Absturzursache zu klären. Einen Tag später, am 10.September, kam man zu dem Ergebnis, daß die Detonation eines Sprengkörpers das Steuersystem der Maschine lahmgelegt und den Absturz bewirkt hatte. Eine Sonderkommission (→ Sondereinsatzkommando) trat zusammen. Sie stellte fest, daß der Laderaum des Flugzeuges, in dem die Explosion erfolgte, bei einer Zwischenlandung in Quebec mit Luftfracht bestückt worden war. Um den → Täter zu ermitteln, mußten zunächst mehrere Fragen geklärt werden: Wo lag das → Motiv? Wem galt der → Anschlag? In welchem Koffer oder Paket steckte die Bombe? Um welchen Sprengstoff handelte es sich?

Die Beamten überprüften jeden einzelnen Hinterbliebenen. Doch zunächst machte sich niemand auffällig, auch war für keinen der Passagiere oder Besatzungsmitglieder eine übermäßig hohe Lebensversicherung abgeschlossen worden. Um trotzdem in dem Fall weiterzukommen, ließ man sämtliche Absender und Adressaten der Luftpost kontrollieren. Die Mühe zahlte sich aus. Bei einem aufgegebenem Paket mit 14 Kilo Gewicht stimmten auf dem Frachtbrief weder Adressat noch Absender. Glücklicherweise konnte sich der Angestellte am Gepäckschalter noch an das gewichtige Paket erinnern. Ein dicke, dunkelhaarige, unscheinbare Frau mittleren Alters, hatte das Paket aufgegeben. Dabei war sie in Begleitung eines Taxifahrers gewesen, der das schwere Paket für sie auf die Waage gestellt hatte. Doch die Beamten hatten noch mehr Glück. Es gelang ihnen, den Taxifahrer zu ermitteln. Und diesem war nicht nur die Frau mit dem schweren Paket in Erinnerung geblieben, sondern auch, wo sein Fahrgast ein- und ausgestiegen war.

Inzwischen hatte die Sonderkommission das Leben der Hinterbliebenen bis weit in deren Vergangenheit durchleuchtet. Dabei war ihr etwas aufgefallen: Der Juwelier Albert Guay, dessen Ehefrau Rita Guay bei dem Absturz uns Leben gekommen war, war kurz zuvor wegen verbotenen Waffenbesitzes festgenommen worden. Er hatte versucht, die Kellnerin Marie-Ange Robitaille gewaltsam aus einem Café zu zerren. Da die Serviererin keine Anzeige erstattet hatte, brauchte Guay nur eine → Geldstrafe zu zahlen. Die → Polizei nahm daraufhin Kontakt mit der Kellnerin auf: Es handelte sich um eine junge, attraktive Frau, die aufreizend geschminkt war. Dabei stießen die Beamten auf eine bemerkenswerte Neuigkeit. Marie-Ange Robitaille hatte früher bei der dicken Frau mit dem »bombigen« Paket – deren Identität mittlerweile als Marguerite Pitre ermittelt war – gewohnt.

Daraufhin wurde Frau Pitre festgenommen und aufs Kommissariat geschafft. Nach stundenlangen Verhören gestand sie, Albert Guay zu kennen. Der Juwelier hatte ihr des öfteren Geld geliehen, das sie nicht zurückzahlen konnte. Da habe er angefangen sie zu erpressen (→ Erpressung) und von ihr verlangt, daß sie die noch Minderjährige Marie-Ange Robitaille in ihre Wohnung aufnehme. Dort besuchte er das Mädchen mehrmals, um mit ihr die wildesten Orgien zu feiern. Marie-Ange gefiel es jedoch nicht, tagelang in einem schmutzigen Hinterzimmer auf ihren Geliebten zu warten und verlangte von Guay die Scheidung von seiner Frau. Als Guay zögerte, zog die attraktive Maire-Ange aus und trennte sich von ihm. Doch Guay konnte nicht von ihr loskommen und entschied nun, sich »endgültig« von seiner Frau zu trennen. Aus diesem Grund hatte Marguerite Pitre das Paket mit der Bombe aufgeben müssen, deren Konstrukteur ihr Bruder war – ein an den Rollstuhl gefesselter Feinmechaniker, der ebenfalls bei Guay in der Kreide stand.

Der 1917 als Sohn eines Eisenbahnhändlers geborene Albert Guay leugnete zunächst alles. Sein Selbstbewußtsein schien enorm zu sein. Aber die Beweislast war ebenfalls enorm – so daß er zum Tode verurteilt wurde (→ Todesurteil). Kurz vor seiner → Hinrichtung durch den Strang brach Guay sein Schweigen. Auf 40 handschriftlichen Seiten legte er ein volles → Geständnis ab. Marguerite Pitre und ihr Bruder waren von Anfang an in den Plan eingeweiht gewesen. Der Juwelier hatte ihnen den Erlaß ihrer Schulden und noch eine Menge Geld dazu versprochen, falls der Anschlag klappen sollte. Aufgrund dieses Geständnisses ereilte die beiden Mittäter dasselbe Schicksal wie Albert Guay.

Guillaume, Günther

»Ich bin Offizier der Nationalen Volksarmee der DDR und Mitarbeiter des Ministeriums für Staatssicherheit. Ich bitte, meine Offiziersehre zu respektieren.« Mit diesen Worten empfing Günther Guillaume die Beamten der Sicherungsgruppe Bonn, die am frühen Morgen des 24.April 1974 gewaltsam in seine Wohnung eindrangen. Mit der Verhaftung Guillaumes wurde die größte → Spionageaffäre in der Bundesrepublik Deutschland publik. → Verdacht bestand gegen Guillaume schon seit längerem, doch erschien dieser so ungeheuerlich, daß man ihn einfach nicht glauben mochte; denn seit Jahren bildeten der damalige Bundeskanzler Willi Brandt und der als Referent im Bundeskanzleramt arbeitende Guillaume ein unzertrennliches Gespann. Der am 1.2.1927 in Berlin geborene Guillaume kam 1956 im Auftrag des Ministeriums für Staatssicherheit der DDR in die Bundesrepublik. Ein Jahr darauf trat er in die SPD ein und diente sich langsam empor, bis er im Oktober 1972 persönlicher Referent – in Parteiangelegenheiten – von Willi Brandt wurde. Immer noch ist das volle Ausmaß des mit der → Agententätigkeit Günther Guillaumes angerichteten Schadens nicht geklärt. Bis zu seiner Verhaftung genoß Guillaume das volle Vertrauen des Kanzlers. So gehörte er z.B. zu den wenigen, die Brandt 1973 auf einer privaten Norwegenreise begleiten durften, bei der sich der Kanzler intensiv mit den Vorbereitungen einer KSZE-Tagung in Helsinki beschäftigte. Brandt überließ seinen Referenten dabei hochgeheime NATO-Unterlagen und auch einen Brief vom damaligen US-Präsidenten Richard Nixon.

Zwei Wochen nach der Enttarnung Guillaumes trat der Kanzler von seinem Amt zurück. In seinem Rücktrittsgesuch übernahm Brandt die volle »politische Verantwortung im Zusammenhang mit der Agentenaffäre Guillaume.« Guillaume wurde 1975 wegen → Landesverrats zu 13 Jahren → Gefängnis verurteilt, doch schon am 1.10.1981 im Austauschverfahren in die DDR entlassen. Dort wurde der Spitzenspion postwendend zum Oberst befördert und war in der Folge u.a. für die Agentenausbildung des Ministeriums für Staatssicherheit zuständig. Der als Folge der Wende früh pensionierte Guillaume starb am 10.4.1995. Ein Jahr zuvor waren posthum Brandts Notizen zum Fall G. erschienen.

Guillotine

Ist ein → Hinrichtungsgerät in Form eines mechanischen Fallbeils, das sich besonders in den Jahren nach der französischen Revolution 1789 als sehr effizient erwiesen hat. Erfunden wurde die Guillotine bezeichnenderweise von einem Arzt, nämlich von J.I.Guillotin (1738-1814). Als Guillotin in der Nationalversammlung erstmals für sein Fallbeil warb, erntete er zunächst nur Spott. Nachdem jedoch ein anderer Arzt, nämlich der Chirurg A.Louis (1723-1792) noch einige Verfeinerungsarbeiten an der Kopf-Abtrennungs-Maschine angebracht hatte, wurde es aufgrund eines Dekrets der Nationalversammlung vom 25.9.1791 zum offiziellen Hinrichtungsinstrument der Französischen Revolution. Wenig später übernahmen auch die meisten Länder westlich der Elbe das Erfolgsmodell Guillotine. → Todesstrafe

Gump & Ganswürger

Ferdinand Gump und Eduard Ganswürger, die zwei berüchtigten Raubmörder (→ Raubmord) aus dem Donaumoos, kamen 1843, bzw. 1844 in der Gemeinde Karlskron im Landkreis Neuburg-Schrobenhausen zur Welt. Beide waren unehelich geboren und wuchsen unter bescheidenen Verhältnissen auf. Nach der Beendigung ihrer Schulzeit kamen die zwei in eine Schreinerlehre. Gump zeigte sich »in höchstem Maße anstellig«, wohingegen Ganswürger die Arbeit eher scheute und statt dessen mit einem anderen Kumpan die → Wilderei vorzog. Im Laufe der Zeit schloß sich auch Gump dem Wildererpaar an. Bald kam bei Gump und Ganswürger noch der → Diebstahl hinzu. 1868 wurde Gump verhaftet und zu über einem Jahr → Gefängnis verurteilt. Ein Jahr später folgte ihm Ganswürger: Er mußte wegen eines schweren Diebstahls für neun Jahre ins → Zuchthaus.

Nach seiner Entlassung am 21.Januar 1871 konnte Gump bei seinem Bruder Martin unterschlüpfen. Dort blieb er nicht lange, da er sich erneut zur Wilderei entschloß. Sein Jagdgebiet waren die Wälder von Reichertshofen. Zur Finanzierung seines Lebens beging er des weiteren zahlreiche größere und kleiner Diebstähle und → Einbrüche, teilweise mit erheblicher Gewalttätigkeit gegenüber den Bestohlenen. Eduard Ganswürger saß zu dieser Zeit seine neunjährige → Haftstrafe ab. Am 23.September 1872 hackte er im Hof des Zuchthauses Holz. Als ein Bauer mit einem Fuhrwerk in den Gefängnishof einfuhr, um Kartoffeln zu liefern, erkannte Ganswürger seine Chance zur Flucht. Er versteckte sich unter den leeren Kartoffelsäcken auf dem Fuhrwerk. Der Bauer passierte bei der Hinausfahrt unkontrolliert das Gefängnistor. Nach einer Fahrtstunde, wühlte Ganswürger sich unter den Säcken hervor, bedrohte den Bauern und sprang vom Wagen. Auf seiner Flucht ins Donaumoos verschaffte er sich auf zwei Bauernhöfen neue Kleidung und ausreichend Verpflegung. Kaum 24 Stunden später traf er auf der Landstraße zwischen Reichertshofen und Karlskron zufällig mit Gump zusammen. Die beiden beschlossen, ihre alte Kameradschaft fortzusetzen und schmiedeten Pläne für ein gemeinsames → Räuberleben.

Unmittelbar darauf starteten sie zu neuen Untaten. Am 11.Dezember 1872 begingen beide, mit Hilfe eines Dritten, dessen Identität nie geklärt worden ist, ihr erstes → Kapitalverbrechen, das die Bevölkerung des Donaumooses in Angst und Schrecken versetzte. Auf offener Straße erschossen sie zwei Männer und raubten sie aus. Auf diesen Doppelmord reagierten die Behörden mit einer Großfahndung – doch sie blieb ohne Erfolg. Nach Meinung der → Polizei lag es daran, »daß die Banditen in der dortigen Bevölkerung eine Menge von Hehlern und Helfern fänden. Nur durch deren Nachrichtenverteilung und Unterschlupfgewährung sei es diesen möglich, sich schon so lange der Hand der Polizei und des Gerichts zu entziehen.« Trotz der großangelegten Polizeieinsätze verzeichnete die Bilanz der beiden allein im Januar 1873 achtundzwanzig kleinere und größere → Straftaten. In der Nacht vom 4. auf den 5.Februar kam es dann zu einer weiteren → Mordtat. Das Opfer war Margarethe Kufer, eine Kramersehefrau aus Karlskron, zu der Ganswürger eine engere Beziehung unterhielt. Das → Motiv der Tat konnte nie eindeutig geklärt werden. Es ist nicht ausgeschlossen, daß die Kufer durch einen Unfall den »Liebestod« starb. Die Frau wurde im Stroh, an den Geschlechtsteilen entblößt, aufgefunden. Es könnte sein, daß sich beim Geschlechtsakt, während dessen Ganswürger möglicherweise seine Waffen nicht abgelegt hatte, ein Schuß gelöst hatte. Ganswürger sollte den Tod seiner Geliebten – bzw. einer seiner Geliebten, denn der nicht unattraktive Ganswürger hatte mehrere davon, die ihm gelegentlich Unterschlupf boten – nicht lange überleben. Am 7.Februar 1873 fand ein Eisenbahntagelöhner die Leiche Eduard Ganswürgers in der Nähe Manchings, unmittelbar neben dem Flüßchen Sandrach. Die Obduktion (→ Autopsie) ergab, daß Ganswürger aus nächster Nähe einen Schuß in den Rücken, sowie einen tödlichen Schuß in den Kopf erhalten hatte. Die Polizei tappte zunächst im Dunkeln, doch später erfuhr sie, daß Ganswürger wohl im Streit von seinem Kumpan Gump erschossen worden war.

In verschiedenen Verkleidungen, z.B. als Handwerksbursche, Hausierer, Soldat oder sogar in Frauenkleidern, trieb Gump sein Unwesen nun im Alleingang. Am 4. Juni 1873 konnte er aber in Wolnzach von Handwerkern und Gendarmen überwältigt werden, nachdem der dort zuvor in einem Kaufladen → Verdacht ausgelöst hatte. Einen Tag darauf brachte man Gump unter schwerster Bewachung nach München in das Landgerichtsgefängnis. Doch zu einem → Prozeß kam es nicht mehr: Gump starb am 25.November 1873 an Tuberkulose. *Literatur: Hans Fegert: Ferdinand Gump und Eduard Ganswürger, zwei Räuber aus dem Donaumoos (1992).*

Gunfighter

Durch Kino, Fernsehen und Romane wurde der »gunfighter«, der Revolvermann, zur berühmtesten und schillerndsten Gestalt des sogenannten Wilden Westens. Seine große Zeit war die zweite Hälfte des 19.Jahrhunderts. Nicht alle Gunfighter waren kriminell, aber der typische Revolvermann verdiente doch auf die eine oder andere Art mit der Waffe seinen Lebensunterhalt. Der Gunfighter jobbte im Regelfall als Ordnungshüter oder → Detektiv, Büffeljäger, Kundschafter beim Militär,

Viehdieb, → Räuber oder bezahlter → Killer. Häufig kam es auch vor, daß die Gunfighter beiden Seiten zu Diensten standen, in einem Jahr begingen sie Verbrechen und flohen vor dem Gesetz, im nächsten Jahr hingegen trugen sie stolz den Sheriffstern. Die Revolvermänner sind vielleicht der beste Beweis dafür, wie sehr sich die scheinbaren Antipoden → Polizei und Verbrechen überschneiden können. Gelegentlich wurden Männer auch durch Zufall zum Gunfighter. Cowboys wurden in Weidekriege und damit auch in Schießereien verwickelt, und professionelle Spieler oder passionierte Saloon- und Bordellbesucher mußten sich gelegentlich des Überlebens willen den Weg freischießen. Bill O'Neal hat in seiner Enzyklopädie *Gunfighter* (1979) die Lebensdaten von 255 Revolvermännern aufgelistet. Ihre Biografien bieten eine eindrucksvolle Bestätigung für das Sprichwort, daß derjenige, der mit der Waffe in der Hand kämpft, häufig auch durch diese umkommt. Von den 255 vorgestellten Revolvermännern starben 145 bei Schießereien, 5 bei anderen Gewalttaten, 14 wurden hingerichtet, nur 61 starben nachweislich eines natürlichen Todes. Von 30 ist die Todesursache nicht bekannt, doch ihr Verschwinden von der Bildoberfläche dürfte wohl nicht selten ebenfalls auf ein gewaltsames Ende zurückzuführen sein. → Billy the Kid, → Butch Cassidy, → Doc Holliday, → Dalton-Gang, → Doolin, William M., → Hardin, John Wesley, → James, Jesse M., → Miller, James B.

H

Haarmann, Fritz

»Warte, warte nur ein Weilchen dann kommt Haarmann auch zu dir mit dem kleinen Hackebeilchen Und macht Hackefleisch aus dir«.

So dichtete der Volksmund über den »Werwolf von Hannover«. Wer war nun dieser »Werwolf«? 1879 wurde Haarmann als jüngstes von sechs Kindern in Hannover geboren. An seiner stets kränklichen Mutter hing er abgöttisch. Seinen Vater Friedrich Haarmann hingegen, zunächst Lokführer und später Besitzer einer kleinen Zigarrenfabrik, hat er gehaßt. In der Schule ist er ein Versager, eine begonnene Lehre bricht er bald wieder ab. Er wird eingezogen und kommt als Soldat ins Breisgau. Dort gilt er zwar als bester Schütze seiner Kompanie, doch werden bald Anzeichen einer geistigen Störung sichtbar. Mit dem Vermerk »epileptisches Irresein« schickt man ihn nach Hannover zurück. 1896 wird er erstmals straffällig. Er lockt zwei minderjährige Schuljungen in einen Keller, um sie sexuell zu mißbrauchen. Man attestiert ihm angeborenen Schwachsinn und weist ihn in die Heilanstalt in Hildesheim ein. Entsetzt über die Zustände dort, gelingt ihm die Flucht, er geht in die Schweiz und taucht erst drei Jahre später wieder in seiner Heimatstadt auf. Seine Mutter ist mittlerweile gestorben. Der junge Haarmann treibt sich herum, lebt in Streit mit seiner Familie. Sein Vater hält ihn für arbeitsscheu, und nur zu seiner Schwester Emma faßt Haarmann ein zeitweises Vertrauen. Eine Verlobung wird gelöst. Er geht erneut unter die Soldaten und wird wieder als dienstuntauglich entlassen. Von da an bezieht er zeitlebens eine kleine Rente. Erst 1905 begannen laut Haarmann seine homosexuellen Kontakte (→ Homosexualität). Allerdings sind es weniger seine Sittlichkeitsvergehen (→ Sexualdelikte) die ihn in Konflikt mit der → Justiz bringen, als seine zahllosen → Einbrüche, → Diebstähle, → Betteleien und → Betrügereien, die die → Strafen immer länger werden lassen. 1918 wird

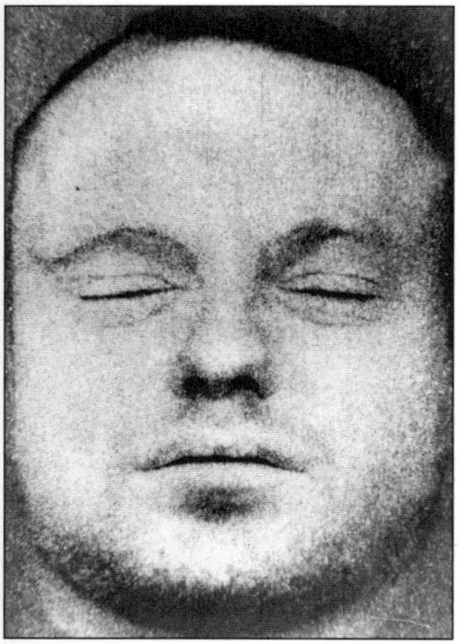

Haarmanns heute noch aufbewahrter Kopf

er nach fünfjähriger → Zuchthausstrafe entlassen. Aber erst jetzt, angesichts des zusammenbrechenden Kaiserreiches, der allgemeinen Verrohung durch den Krieg und den darauffolgenden Wirren, wird aus dem kleinen Gauner Haarmann der gefürchtete Werwolf Haarmann. Der Hauptbahnhof von Hannover, einer der großen Zentralbahnhöfe Deutschlands, jetzt angefüllt mit Vertriebenen, Entwurzelten und Gestrandeten aus dem ganzen Reich, wird Haarmanns Revier. Ein dubioser → Detektivausweis und seine gelegentlichen Spitzeldienste für die → Polizei erleichtern ihm einiges. Auf dem Bahnhof als »Herr Kriminal« bekannt, hat er freien Zutritt zu den Wartesälen. Hier greift er sie auf, seine junge Beute: entwichene Fürsorgezöglinge, Wanderburschen, Ausreißer und Arbeitslose, gewährt ihnen in seiner Dachkammer in der Altstadt von Hannover Unterkunft und Verpflegung und nimmt ihnen als Gegenleistung das Leben.

Wegen 27 → Morden wurde Haarmann angeklagt, 24 davon, die er zwischen 1918 und 1924 begangen hatte, konnte man ihm nachweisen! Im Zustand sexueller Raserei hatte er seinen Opfern die Kehle durchgebissen und von ihrem ausströmenden → Blut getrunken. Die Leichen hatte er daraufhin zerstückelt, das Fleisch sorgsam von den Knochen abgeschabt. Was an Haarmanns Fall verwundert, ist, daß er seine Perversionen praktisch in der Öffentlichkeit ausleben konnte. Weder der Hauptbahnhof, noch seine Wohnung in der dichtbevölkerten Altstadt von Hannover, in der er seine Menschenschlachtungen vollzog, waren Orte der Einsamkeit. Darüber hinaus trieb er einen schwungvollen Handel mit der Kleidung der Ermordeten – und, wie man annehmen darf, auch mit deren Fleisch. Letzteres hatte er zwar im Verhör und vor → Gericht abgeleugnet, aber es bleibt doch die Frage, woher er denn das Fleisch gehabt haben will, das er zu Dumpingpreisen verkaufte und von dem er aller Wahrscheinlichkeit nach selbst kostete.

Nachdem die Bevölkerung Hannovers zusehends beunruhigter wurde von dem spurlosen Verschwinden von Menschen einerseits und dem Auffischen von zahlreichen Menschenknochen aus der durch die Stadt fließenden Leine andererseits ging Haarmann der Polizei mehr durch Zufall bei einem Streit auf dem Hauptbahnhof in die Fänge. Erst jetzt nahm die Polizei die Gerüchte ernst, die über Haarmann in der Altstadt im Umlauf waren. Als seine Dachkammer inspiziert wurde, zeigte sich, daß Fußboden und Wände von Menschenblut durchtränkt waren. Trotzdem leugnete Haarmann zunächst jedes Verbrechen ab. Um den abergläubischen Werwolf zum Geständnis zu bringen, ersann sich die Polizei ein makaberes Mittel: Vier mittlerweile geborgene Schädel von Haarmannopfern, deren leere Augenhöhlen man von innen mit rotem Papier verklebt hatte, wurden während Haarmanns Abwesenheit in dessen Zelle aufgestellt. Im Schädelinneren befanden sich brennende Kerzen. Als Haarmann in seine Zelle zurückgeführt wurde, packte ihn das Grausen, glaubte er doch daran, daß die Seelen der Getöteten solange zu ihren Gebeinen zurückkehren, bis der Mörder seine Tat gesteht. Erst sein → Geständnis befreite Haarmann von dem unheimlichen Szenario in seiner Zelle. Haarmann, der nach seiner Verhaftung anfänglich niedergeschlagen wirkte und viel weinte, veränderte sich nach seinem Geständnis total. Er wurde nahezu sprunghaft munter, oft fast kindisch albern. Außerdem erwies sich Haarmann jetzt als ausgesprochen schwatzhaft, und hinter seiner mangelnden Bildung und geistigen Dumpfheit zeigte sich eine »gespenstische Schlauheit und Berechnung im Dienste eines vormenschlichen Triebwahns«. Seinem psychiatrischen Gutachter Ernst Schultze kam er mitunter wie ein Chamäleon oder verschlagener Schauspieler vor. All das war mit Großmannssucht gepaart. Auf den biederen Psychiater müssen Haarmanns größenwahnsinnige Reden abstoßend gewirkt haben, in denen er darin schwelgte, wie er durch die Verfilmung und Vermarktung seiner Untaten mit dem Ruhm der Unsterblichkeit bekränzt werden würde. Und doch behielt Haarmann in seiner dummdreisten Selbstgefälligkeit recht, sowohl was seinen Nachruhm betrifft als auch in seiner Witterung für das heraufziehende Medienzeitalter. Äußerst selbstbewußt hatte er sich in seiner krakelig-ungelenken Handschrift einen bombastischen Grabtext gewünscht: »Zum Ewiegen (sic!) Andenken an den Massemörder Fritz Haarmann und seiner Opfer. Die Knochen sollen alle mit mir beerdigt werden und alle Welt soll noch in tausend Jahren von mir sprechen.«

Doch trotz seiner Prahlsucht und seiner naiven Schwatzhaftigkeit blieb Haarmann, was den eigentlichen → Mordhergang betraf, seltsam stumm. Man mag darin einen letzten Rest von Schamhaftigkeit erkennen – nur, Haarmann war kein schamhafter Mensch. Das Charakterbild, das uns von ihm überliefert wurde, setzt sich aus Egozentrik, Infantilität, Gefühlsroheit gegenüber anderem Leben und einer gefährlichen Verschlagenheit zusammen. Der Arzt, Kulturphilosoph, Physiognom, → Prozeßbeobachter und erster und wohl auch bester Biograph Haarmanns, Theodor Lessing, beschrieb Haarmanns Züge wie folgt: »Der Mund ist klein, frech und dicklippig. Die Zunge, in der Erregung vorschnellend und die Lippen netzend, ist auffallend fleischig; die Zähne weiß, scharf und gesund; das Kinn tritt energisch hervor. Das zwischen braun und grau schillernde Auge ist kalt und seelenlos; aber gerissen und verschlagen und meistens in Bewegung.« Scham wird also nur zu einem geringen Teil der Grund dafür gewesen sein, daß Haarmann den Mordhergang nur mit wenigen Worten beschrieb. Wahrscheinlicher ist, daß er verbal gar nicht in der Lage war, den ekstatischen Gefühlsstrom in Worte zu fassen, den er empfunden hatte, wenn er sich auf seine Beute warf. Haarmann war zwar verschlagen und geschwätzig, doch sein Denken war nur schemenhaft und ungeformt. Es ist auch gut möglich, daß sein bewußtes Ich, das in einem verkümmerten und dumpfen Seelenleben hauste, verschwand, sobald die Mordekstase in ihm erwachte und ein lavaartig hervorquellender Triebstrom von ihm Besitz ergriff.

Seltsamerweise geht das vom Psychiater Ernst Schultze angefertigte Gutachten auf Haarmanns Geschlechtsleben kaum ein. Die Untersuchung war vorrangig darauf ausgerichtet, das intellektuelle Niveau und die geistige Zurechnungsfähigkeit Haarmanns zu erfassen. Trotz gravierender Bildungslücken und einer auffallenden Unfähigkeit, die einfachsten Rechenaufgaben zu lösen, stellte Schultze bei Haarmann eine gute Beobachtungsgabe, eine schnelle Auffassungsgabe, eine ungewöhnliche Anpassungsfähigkeit an die jeweilige Situation, Schauspielertalent und ein außerordentlich gutes Gedächtnis fest. In dem Resultat von Schultzes Gutachten wird Haarmann für zurechnungsfähig erklärt. Die früheren Militärgutachten über Haarmann und seine zeitweilige Einweisung in die Heilanstalt Hildesheim hielt Schultze für nicht relevant. Das am 15.April 1925 vollstreckte → Urteil für Haarmann lautete Tod durch enthaupten. Dem Tod, »dem Köppen«, sah Haarmann gelassen entgegen, ekstatische Lebensgier und Todestrieb waren bei ihm eng verzahnt. Schultzes Gutachten erlebte noch ein Nachspiel: Als Haarmanns Schädel untersucht wurde, stellte man eine Anomalie fest. Seine Schädelhaut war mit dem Hirn verwachsen, wahrscheinlich die Folge einer Hirnhautentzündung, die bekanntlich zu Wesensveränderungen führen kann.

Literatur: Lessing, Theodor: Haarmann. Die Geschichte eines Werwolfs (1925); Friedhelm Werremeier: Haarmann. Der Schlächter von Hannover – die grauenvollen Verbrechen des berüchtigten Serienmörders (1992); Christine Pozsav; Michael Farin (Hg.): Die Haarmann-Protokolle (1995). Verfilmungen: Die Zärtlichkeit der Wölfe unter der Regie von Ulrich Lommel (1972) und Romuald Karmakars Verfilmung Der Totmacher (1995).

→ Geisteskranke und abnorme Täter, → Kannibalismus, → lebende Vampire, → Lustmörder, → Serienmörder, → Triebtäter

Hacker

Der aus dem englischen stammende Begriff bedeutet soviel wie »hacken«, »zerhacken«. Er hat sich in den 1970er Jahren in den USA vor allem unter Studenten entwickelt. »Hacken« bezeichnet das intensive und begeisterte, manchmal auch zwanghafte Arbeiten eines Computerfreaks auf der Tastatur und paßt besonders auf die Benutzer, die Programmierprobleme weniger theoretisch als durch Ausprobieren zu lösen versuchen. Als Hacker bezeichnet man aber auch einen Computerbenutzer, der versucht, über Datenverbindungen in fremde Rechnersysteme einzudringen und damit Zugang zu fremden Daten oder Datenbanken zu erlangen. Neben dem Wunsch, auf vorhandene Probleme bei der Datensicherung aufmerksam zu machen, spielen bei Hackern auch kriminelle → Motive und die Lust, anderen Schaden zuzufügen (→ Neidverbrechen), eine nicht geringe Rolle. So

Hacker. Aus: Die Zeit Nr. 20 v. 11.5.2000

schickte z.B. im Mai 2000 der damals 23jährige philippinische Hacker Onel de Guzman ganz besondere Liebesgrüße in das Netz. Seine als e-mail abgesandte Botschaft »I love you« war dabei Virus, Wurm und trojanisches Pferd in einem. Obwohl sie nicht die zentralen Datenbestände großer Firmen angriff, war der Schaden gehörig: Nach einer Schätzung des amerikanischen Computer Emergency Reponse Team vernichtete der »Liebesbrief« weltweit Arbeitsstunden im Wert von zehn Milliarden Dollar! Trotz des ungeheuren finanziellen Schadens passierte dem → Täter nichts. Die → Polizei mußte Onel de Guzman wieder laufen lassen, da sie nach philippinischen Recht keine Handhabe gegen ihn besaß! Neben derartigen »Spielereien« gibt es auch Hacker mit knallhart ökonomischen Interessen. So wäre es z.B. Computerhackern der → Mafia beinahe gelungen, der Bank von Sizilien Geldwerte in Höhe von über einer Milliarde Euro zu entwenden. → Computerkriminalität

Haft

»Fesseln«, »Gefangenschaft« heißt das mittelhochdeutsche Wort Haft. Die → Strafprozeßordnung kennt als Haft zunächst die Untersuchungshaft. Sie ist vor allem eine strafprozessuale Maßnahme, die der Sicherung des Strafverfahrens gegen einen Beschuldigten dient. Sie darf nur angeordnet werden, wenn gegen den Beschuldigten ein dringender Tatverdacht besteht und bei ihm bestimmte Haftgründe vorliegen. Haftgründe sind: Flucht, Fluchtgefahr oder Verdunkelungsgefahr. Hier reichen → Verdachtsgründe allein jedoch nicht aus. Es müssen bestimmte Tatsachen eindeutig darauf hinweisen, daß der Beschuldigte die Flucht zu ergreifen beabsichtigt, da ihn eine hohe → Strafe erwartet, oder daß er zur Erschwerung der Ermittlungen Beweismaterial beseitigen oder → Zeugen für sich einnehmen könnte. Die Anwendung der Untersuchungshaft muß dem Grundsatz der Verhältnismäßigkeit entsprechen, d.h. sie darf nicht erfolgen, wenn sie zur Bedeutung der

Sache oder der zu erwartenden Strafe außer Verhältnis steht. Darüber hinaus dient die Untersuchungshaft auch der → Deliktsvorbeugung. Das trifft vor allem dann zu, wenn der Beschuldigte bestimmter schwerer Delikte wie → Sexualverbrechen, → Rauschgiftkriminalität, schweren → Diebstahls, → Raub, → Erpressung, → Betrug oder → Brandstiftung dringend verdächtigt ist, und die → Freiheitsstrafe zur Vorbeugung von Wiederholungstaten notwendig erscheint. Bei → Mord und → Tötungsdelikten, Sprengstoffanschlägen sowie → Terrorismus, ist die Untersuchungshaft zulässig, ohne daß Flucht oder Verdunkelungsgefahr näher nachgewiesen werden müssen. Bei leichteren → Vergehen kann die Untersuchungshaft nicht so ohne weiteres verhängt werden. Die Untersuchungshaft muß durch einen schriftlichen → Haftbefehl des zuständigen Richters angeordnet werden. Darin sind aufgeführt: Der Beschuldigte, die Tat deren er dringend verdächtig (→ Verdächtigung) ist, Zeit und Ort des Verbrechens, der Haftgrund, sowie die Umstände, welchen den Beschuldigten der Tat verdächtig machen. Der Haftbefehl muß dem Beschuldigten bei der Verhaftung bekannt gegeben werden. Des weiteren ist ein Angehöriger oder eine Vertrauensperson des Beschuldigten unverzüglich von dessen Verhaftung zu informieren. Außerdem ist der Beschuldigte nach seiner Ergreifung unverzüglich dem Richter des nächsten Amtsgerichts vorzuführen. Dieser hat die Pflicht, den Beschuldigten zu vernehmen und ihn auf sein Recht einer Aussageverweigerung hinzuweisen, sowie ihn über die Rechtsbehelfe zu belehren. Der Beschuldigte kann gegen den Haftbefehl Beschwerde einlegen oder ein Haftprüfungsverfahren beantragen. Wenn es möglich ist, den Zweck der Untersuchungshaft durch weniger einschneidende Maßnahmen wie z.B. Meldepflicht oder → Kaution zu erreichen, so kann der Vollzug des Haftbefehls ausgesetzt werden. Die Untersuchungshaft darf ohne wichtigen Grund nicht länger als sechs Monate dauern.

Untersuchungshäftlinge müssen getrennt von Strafgefangenen (→ Gefangene, → Strafvollzug) untergebracht werden. Sie sind auch zu keinen Arbeiten verpflichtet und brauchen Beschränkungen nur im Rahmen des Haftzwecks und der Anstaltsordnung zu dulden. Weitere Formen angeordneter Haft sind: Die durch Haftbefehl angeordnete Haft gegen einen Beschuldigten, der in der → Hauptverhandlung unentschuldigt weggeblieben ist, sowie eine durch einen Sicherungshaftbefehl angeordnete → Sicherungsverwahrung, die dazu dient, sich einen Beschuldigten zu sichern, wenn dieser bereits flüchtig ist oder Flucht- bzw. Wiederholungsgefahr seiner Verbrechen besteht. Gegen ausbleibende → Zeugen und gegen Personen, welche die → Gerichtsverhandlung stören, kann Ordnungshaft erhoben werden, und Zeugen, welche grundlos eine Aussage verweigern oder den Eid nicht ablegen wollen, kann Erzwingungshaft angeordnet werden. Das Zivilprozeßrecht kennt drei Formen der Haft:

1. Die Beuge- oder Zwangshaft zur Erzwingung der Zeugenaussage oder des Zeugeneides oder der körperlichen Untersuchung, wenn es nötig ist, die Abstammung festzustellen.
2. Die Sicherungshaft aufgrund des persönlichen Arrestes, um eine Vermögensverschiebung zu verhindern.
3. Die Ordnungshaft als Rechtsnachteil ohne Strafcharakter wegen Zuwiderhandlung gerichtlicher Anordnungen. Sie wird verhängt als Ersatzordnungshaft für ein nicht betreibbares Ordnungsgeld gegen einen grundlos ausgebliebenen oder die Aussage verweigernden Zeugen. Die einzelne Haft darf eine Dauer von sechs Monaten nicht überschreiten. Bei mehreren Verstößen ist nach den Zivilprozeßrecht eine Höchstdauer von zwei Jahren vorgesehen. → Strafvollzug

Haftbefehl
Man versteht darunter die schriftliche, richterliche Anordnung zur → Haft, besonders zur Untersuchungshaft.

Haftentschädigung
Eine Entschädigung für eine → Haftstrafe, die auf einem Fehlurteil (→ Justizirrtum) beruhte. → Strafverfolgungsentschädigung

Haftpflicht
Beinhaltet im allgemeinen die Verpflichtung zum Schadensersatz, der aus einer unerlaubten Handlung (→ Delikt) entsteht. Außerdem ist die Haftpflicht die vom Gesetz auferlegte Pflicht, einem anderen den Schaden zu ersetzen, der diesem durch ein nicht schuldhaft herbeigeführtes Ereignis entstanden ist.

Haftpsychose
Weniger vornehm auch Haftknall oder Haftkoller genannt. Die → Haftpsychose tritt bei → Gefangenen vor allem nach längerer Isolierung auf. Sie ist gekennzeichnet durch starke Erregungszustände, der Neigung zu Affekthandlungen, Desorientierung und Angstzuständen. → Strafvollzug

Haftreaktion
Die psychosomatischen Reaktionen als Folge eines gewaltsamen Freiheitsentzuges (→ Freiheitsentziehung). → Freiheitsentziehungen mit lebensbedrohender Gefährdung wurden erstmals nach dem Zweiten Weltkrieg an ehemaligen KZ-Häftlingen beobachtet. Darum gibt es dafür auch die Bezeichnung KZ-Syndrom. Auch nach politischen oder terroristischen → Geiselnahmen leiden die Opfer oft an → Haftreaktionen.

Hafturlaub
Ein → Gefangener, der sich mindestens sechs Monate in → Haft befunden hat – bei lebenslänglich Verurteilten zehn Jahre – kann zu 21 Kalendertagen pro Jahr aus der Haft beurlaubt werden. Durch den Hafturlaub wird der Strafvollzug nicht unterbrochen. Steht der Strafgefangene kurz vor seiner Entlassung, kann Sonderurlaub bis zu sechs Monaten gewährt werden.→ Freigang, → Strafvollzug

Hahn, Anna Marie

Wurde am 7.Dezember 1938 als erste Frau in Ohio auf dem → elektrischen Stuhl exekutiert. Die Deutsche war 1929 nach Amerika ausgewandert und widmete sich dort der Pflege älterer und wohlhabender Männer. Allerdings starben ihre Patienten meistens ziemlich schnell. Als 1937 gleich zwei ihrer Pflegefälle aus unerklärlichen Gründen aus dem Leben schieden, wurde die → Polizei aufmerksam. Die Exhumierung der Leichen ließ Arsen als Todesursache (→ Gift) erkennen. Man vermutet, daß Anna Marie Hahn zwischen fünf und 15 Giftmorde begangen hatte. Verdächtig erscheint auch, daß sie ihren Mann immer dazu drängte, eine hohe Lebensversicherung abzuschließen. Ein Geständnis hat sie jedoch nie abgelegt. → Serienmörder,→ Todesengel

Haigh, John

Der »Vampir von London« wurde 1910 als Einzelkind geboren. Seine Eltern, die einer religiösen Sekte angehörten, erzogen ihn streng. In der Schule zeigte Haigh Schadenfreude und Vergnügen daran, anderen Schmerzen zuzufügen (→ Sadismus). Nach seiner Schulzeit jobte er in mehreren Berufen, heiratete, verließ seine Frau bald wieder und landete schließlich wegen → Betrug und → Unterschlagung im → Zuchthaus. Dort fand er bald eine neue Lieblingsbeschäftigung, nämlich Mäuse in Säure aufzulösen. Ein Experiment, das für seinen weiteren Werdegang noch von Bedeutung sein sollte. Als Haigh 1943 entlassen wurde, versuchte er zunächst, einen Handwerksbetrieb aufzubauen. Doch die Geschäfte liefen schlecht. So kam er auf den Gedanken, seinen wohlhabenden Vermieter umzubringen. Er knüppelte ihn nieder, raubte ihn aus und legte den Bewußtlosen in einen Tank mit Schwefelsäure. Anhand gefälschter Urkunden (→ Urkundenfälschung) gingen sämtliche Besitztümer des Toten auf Haigh über. Als die Eltern des Ermordeten Haigh mit ihren lästigen Fragen unbequem wurden, wanderten auch sie in den Säuretank. Danach ergaunerte sich der gerissene Haigh anhand ihrer Ausweise das Vermögen der Toten in Wert von damals stattlichen 10.000 Pfund. In den Folgejahren machten noch einige weitere Personen Bekanntschaft mit Haighs Säuretank. Als der Frauenheld Haigh sich mit der reichen Witwe Olive Durand-Deacon angefreundet hatte, und auch diese sich bald in Luft auflöste, verhörte die → Polizei einige ihrer Bekannten, darunter auch Haigh. Haighs Verhalten erschien verdächtig, woraufhin sich die Ermittler in seiner Werkstatt umschauten. Der Säuremörder gab sich zunächst selbstbewußt: »Ohne Leiche kein Mord!« Doch auf dem Grund des Tanks war noch eine »Schlammschicht« von der Witwe übriggeblieben. Ein → Rechtsmediziner nahm Proben von den Rückständen und analysierte sie bis ins Detail. Neben Spuren von menschlichem Fett fand er Hinweise auf Zähne und Gallensteine. Dies reichte als Beweis für die → Identifizierung des Opfers als Mrs.Durand-Deacon aus. Der in die

Enge getriebene Haigh änderte nun seine Strategie. Er erzählte den erstaunten Polizeibeamten, er sei ein Vampir, und um zu überleben, habe er von dem → Blut seiner Opfer getrunken (→ Lebende Vampire), bevor er ihre Körper in das Säurebad warf. Doch Haighs Versuch, eine Geistesgestörtheit (→ Geisteskranke und abnorme Täter) vorzutäuschen um einer → Hinrichtung zu entgehen, scheiterte. Die Richter schenkten dem »Vampir« keinen Glauben und verurteilten Haigh – der, wenn er auch kein Blutsauger war, so doch sicherlich pervers und sadistisch veranlagt war – nach kurzer Beratung zum Tode (→ Todesstrafe). Am 10. August 1949 legte der Henker (→ Scharfrichter) John George Haigh die Schlinge um den Hals.

Die Halbstarken

»In dieses aus publizistischen Bedürfnissen aufgeblasene Schlagwort ist von der Jugendkriminalität über die Jugendverwahrlosung, von Jugendstreichen und -flegeleien bis zu dem Konsumrowdytum gelegentlicher Alkoholexzesse, von den Jazzfans und Beboptänzern bis zu den Motorradrasereien und den Krawallen und Aufläufen so ziemlich alles hineingestopft worden, was den Erwachsenen als ›Notstand‹ oder wenigstens als unerfreulich, wenn nicht nur unverständlich an der Jugend einmal wieder auffiel«, schrieb der bekannte Soziologe Helmut Schelsky in seinem zuerst 1957 erschienenen Werk »Die skeptische Generation«. Die Halbstarken, das war in den 50er und frühen 60er Jahren ein Schlagwort für die in den Industrieländern verstärkt in Erscheinung tretenden Gruppen sozial unangepaßter Jugendlicher. Die überwiegend männlichen Halbstarken fielen durch auffälliges, häufig aggressives Verhalten (→ Aggressivität), Kraftprotzentum, → Affekthandlungen bis hin zur Kriminalität auf und organisierten sich im Regelfall in → Jugendbanden. Schelsky erblickte in den Halbstarken keine Eintagserscheinung, sondern eine Ausbruchsreaktion der Jugend gegen den starken Konformitätsdruck der Industriegesellschaft, wobei sich freilich Art und Weise des jugendlichen Protestes mit der Gesellschaft wandeln würden. So schreibt Schelsky: »Vor allem scheint mir der emotional und momentan explosive Protestcharakter des Krawallverhaltens als eine ungeplante, aber in vitalen Bedürfnissen verwurzelte Ausbruchsreaktion der Jugendlichen gegen die manipulierte Befriedigung des modernen Lebens und gegen den unangreifbaren Konformitätsdruck der modernen Gesellschaft bemerkenswert. Man könnte, um auf die soziologisch wichtigste Wurzel dieser Erscheinungen hinzuweisen, behaupten: Die Ordnung stört die Jugendlichen. Diese vitalen, nicht programmierbaren Protestbedürfnisse der Jugend müssen sich gerade mit der Konsolidierung der industriellen Gesellschaft steigern. Ich erwarte eine ›sezessionistische‹ Jugendgeneration, gekennzeichnet durch eine Welle ›sinnloser‹ Ausbruchsversuche aus der in die Watte manipulierter Humanität, überzeugender Sicherheit und allgemeiner Wohlfahrt gewickelten modernen Welt. Die Rolle des von der sozialen Erfüllung seiner eigenen Begehrlichkeiten institutionell umstellten Menschen der modernen Gesellschaft kann für die Jugend, die in diese Situation als Erbe hineinwachsen soll, nicht ohne Provokationen übernommen werden. Die Frage ist, wogegen sich diese richten werden. Die Form der ›Ausbruchsversuche‹ wird und muß wechseln, da die moderne Gesellschaft ja jede solcher Protestreaktionen alsbald in eine planmäßig begrenzte Freiheit zu solchen Aktionen ablenkt und abdichtet.« → Autonome, → Jugendgewalt, → Jugendkriminalität, → Rocker, → Skinheads

Hamilton, Thomas

Dublane ist ein kleines idyllisches Städtchen im schottischen Hochland. Der 13.März 1996 schien zunächst ein Tag wie jeder andere zu werden. Doch einer der Bürger, der 43jährige Thomas Hamilton, hatte sich an diesem Tag bis an die Zähne bewaffnet. Der Sonderling Hamilton war als Waffennarr bekannt. Trotzdem konnte er sich als Turnlehrer betätigen, bis er sich wegen seiner pädophilen Neigungen (→ Kinderschänder) unbeliebt machte. Hamilton fühlte sich zu unrecht angegriffen und beschwerte sich darüber, daß er überall als »pervers« verschrien sei. Als Hamilton an diesem 13.März um halb zehn die Turnhalle der Grundschule von Dunblane betrat, fing er plötzlich an, wild in die Schar der Schüler zu feuern. Schützend warf sich die Lehrerin vor die Kinder und starb im Kugelhagel. Sie konnte nicht

Die von Thomas Hamilton nahezu ausgelöschte Schulklasse aus dem schottischen Dunblane

verhindern, daß sechzehn der Fünf- und Sechsjährigen ermordet und zwölf von ihnen schwer verletzt wurden – nur ein Kind entkam dem Anschlag des Rasenden wie durch ein Wunder. Als Hamilton seine Waffe fast leergeschossen hatte, richtete er sich selbst. → Amok, → Selbstmord

Hangtäter

Darunter versteht der Gesetzgeber einen → Tätertypus, der durch wiederholte Ausführungen einen Hang zu erkennen gibt, bestimmte → Straftaten zu begehen. Vor allem Täter, die ihren Opfern schweren körperlichen oder wirtschaftlichen Schaden zufügen und die für die Allgemeinheit eine Gefahr darstellen, werden als Hangtäter definiert. Hang wird dabei als eine aufgrund charakterlicher Veranlagung bestehende oder durch Übung erworbene Neigung zu Rechtsbrüchen definiert. Der Hang kann auch aus einer Willensschwäche resultieren. Es muß sich bei einem Hangtäter nicht unbedingt um einen so genannten »Gewohnheitsverbrecher« oder → Berufsverbrecher handeln. Auch ist der Hangtäter nicht mit dem → Triebtäter gleichzusetzen. Ein Hangtäter kann, wenn er schon mehrmals verurteilt worden ist, in → Sicherungsverwahrung genommen werden. → Delinquento nato, → YY

Hannibal

1988 erschien von Thomas Harris das Buch *Das Schweigen der Lämmer*. Es wurde ein internationaler Erfolg – nicht zuletzt dank seiner Verfilmung. Der Erfolg von Buch und Film lag an seinen originell aufbereiteten Scheußlichkeiten: Die → Polizei sucht verzweifelt nach einem offensichtlich psychisch gestörten → Serienmörder, der Frauen ermordet und anschließend häutet (Die reale Vorlage dazu lieferte → Gein, Edward). Daraufhin wird die junge → FBI-Agentin Clarice Starling damit beauftragt, die Psychologie von Serienmördern zu erforschen. In diesem Zusammenhang befragt die junge FBI-Beamtin auch den wegen → Mord und → Kannibalismus verurteilten Psychiater Dr.Hannibal Lecter. Dieser abgründige Wahnsinnige kennt sich auch in den Seelenabgründen anderer aus, läßt sich jedoch seine Tipps nur gegen Bekenntnisse aus der mit Schatten befrachteten Kindheit von Clarice Starling entlocken. Lecter, genannt »Hannibal-the-Cannibal«, mutiert so vom eingekerkerten Monster zu einer Art dämonischen Psychoanalytiker. Aufgrund inkompetenter und konkurrierender Einmischung aus dem → Justizapparat, wo man meint, Lecters Wissen effektiver nutzen zu können, gelingt es diesem am Ende zu fliehen – natürlich nicht ohne vorher einige Beamte auf besonders abstoßende Weise umgebracht und verstümmelt zu haben. Starling gelingt es zur selben Zeit, den Serienmörder zu fangen und dessen letztes Opfer zu befreien.

Dadurch, daß »Hannibal-the-Cannibal« seiner → Haft entkam, war natürlich ein Folgeroman vorprogrammiert. Diesen legte Thomas Harris 1999 mit *Hannibal* vor. Das Buch wurde noch im gleichen Jahr verfilmt. Wie bereits im ersten Streifen brilliert auch hier wieder Anthony

Hopkins als Kannibale mit Doktortitel. Gleichwohl leidet das Werk daran, daß es krampfhaft versucht, den bisher gebotenen Ekelgrad noch übertreffen zu wollen. Statt subtiler Nervenkitzel wird vornehmlich Hannibals blutige Schlachtplatte serviert. Da schneidet etwa ein Skalpell ruck, zuck um den Kopf herum. Schon wird die Schädeldecke abgenommen, ein Stück Gehirn herausgeholt, kurz in der Pfanne angebraten und dann dem Opfer zu essen gegeben. »Hm, schmeckt lecker«, sagt dabei die Gestalt, die gerade ihr eigenes Gehirn verspeist. Allerdings bemüht sich Dr. Hannibal Lecter stets darum, den Ekel mit Stil zu kredenzen: Der Nobelkannibale pflegt die Innereien seiner Opfer delikat zuzubereiten, dazu exzellenten Wein zu trinken und klassische Musik zu hören. Die Realität sieht jedoch meist anders aus: Kannibalen sind weder Akademiker noch Schöngeister, sondern sie entstammen im Regelfall dem Bodensatz der Gesellschaft!

Hannikel und seine Bande

»Der Schrecken seiner Zeit und die Bewunderung aller Jauner und Zigeuner«, schrieb ein Chronist über Jakob Reinhardt, genannt Hannikel. Hannikel war in Südwestdeutschland über zwanzig Jahre hinweg – bis zu seiner Hinrichtung im Jahre 1787 – eine Furcht und Schauder erregende → Räubergestalt. Selbst als → Zigeuner verachtet, raubte er jüdische Kaufleute aus, quälte sie nicht selten entsetzlich und behauptete nach seiner Festnahme, dies könne doch nichts Unrechtes gewesen sein, wo er sich des Beifalls so vieler sicher wüßte.

Jakob Reinhardt wurde um 1742 in Darmstadt geboren. Seine Mutter entstammte einer alten Zigeunerfamilie. Ihr Großvater, der seinerzeit berühmte »kleine Konrad«, hatte u.a. zwei Polizisten getötet, wofür er gerädert (→ Rädern) wurde. Jakobs Vater, ein kaiserlicher Soldat, starb, als sein Sohn erst vier Jahre alt war. Die Mutter zog mit Jakob und seinen zwei Halbbrüdern umher. Der Lebensunterhalt wurde teils mit arbeiten, teil mit → betteln bestritten.

Schließlich schlossen sie sich einer Gruppe von Zigeunern an. Bei einem Fest zur Begrüßung der Neuan-

Angekettet:
Räuberhauptmann Hannikel im Gefängnis. Ölbild von Johannes Herrmann, 1786/87

kömmlinge erhielten die drei Brüder neben ihrem Geschlechts- und Taufnamen noch einen Gesellschafts- oder Zigeunernamen. Jakob Reinhardt wurde Hannikel (=Ochse) genannt, weil er von Jugend auf von kräftiger Statur war.

→ Diebstähle galten in der Gruppe als selbstverständliches und legitimes Mittel zur Existenzsicherung. Als Hannikel 18 Jahre als war, verdingte er sich für drei Jahre als ehrlicher Jagdgehilfe. Später arbeitete er noch einmal für fünf Jahre in einer Glashütte. Hannikel heiratete zweimal. Seine zweite Frau schätzte er als Diebin: »Sie werde wenige ihresgleichen haben, und sie bleibe selten in einem Hause über Nacht, wo sie nicht etwas mit sich nehme.« Derweil bildete sich die Hannikel-Bande heran, zu der ein Kern von 35 Personen gehörte. Acht große Überfälle sind überliefert. Diese Überfälle liefen immer nach dem gleichen Muster ab. Als Fallbeispiel sei der gewaltsame Einbruch vom 7.April 1777 bei dem jüdischen Kaufmann Liebmann Levi in Marienthal aufgeführt: Wie alle anderen Überfälle spielte sich auch dieser nicht in der Stadt ab; denn bis weit ins 19.Jahrhundert hinein waren nicht die wenigen Großstädte, sondern das flache Land Schauplatz schwerer Verbrechen. Das hatte mehrere Gründe: Zuerst die mangelnde Präsenz der Staatsorgane auf dem Land, eine → Polizei im heutigen Sinne gab es noch nicht, außerdem gab es dort die oft freiwillige oder erzwungene Unterstützung der Kriminellen durch die Landbevölkerung. Die Ortschaft Marienthal lag am Rande eines Radius von 50 Kilometern um Pirmasens, in dem alle großen Überfälle stattfanden. Ermuntert wurden die Räuber von den Einheimischen. Im Fall Marienthal bekam Hannikel den Hinweis von zwei Bauern, die dort Holz geschlagen und von einem wohlhabendem Juden gehört hatten. Nachdem Ort und Opfer feststanden, stellte Hannikel eine schlagkräftige Truppe von 28 Männern zusammen. Die Bande bestand, wie immer, fast nur aus Zigeunern. Die beiden Bauern führten sie durch den Pfälzerwald. Nach vier Tagen erreichten sie ihr Ziel. Um 10 Uhr abends drang die Bande in den Ort ein. Zuerst ging es zur Kirche, wo Hannikel die Glockenseile abschneiden ließ, um zu verhindern, daß Sturm geläutet werden konnte. Zusätzlich verstopften sie das Schlüsselloch der Kirchentür und ließen zwei Mann als Wache zurück. Erst danach umstellten sie das Haus von Liebmann Levi. Die Mehrzahl der Räuber blieb als Wache vor dem Haus stehen, mit dem Befehl zu schießen, falls sich Nachbarn zeigen sollten. Eine Gruppe mit Hannikel an der Spitze riß die Fensterläden mit bloßen Händen auf, schlug das Fenster mit einem Beil ein und drang in das Haus ein. Die Räuber »risen den Juden und dessen Weib an den Haaren aus dem Bett, und Hannikel schlug den Juden mit einem daumen diken Prügel auf den Kopf, warf ihn zu Boden und überliese ihn sodann den anderen zum binden und schlagen. Er hingegen band des Juden ledige Tochter an Händen und Füsen, warf diesselbe in einen Seßel.« Dann schlug man sie »so lang auf den blosen Leib, bis sie sagten, wo sie ihr Geld und Kostbarkeiten aufbewahrt hätten.« Doch die Beute, die ihnen die Jüdin gab, entsprach nicht den übertriebenen Erwartungen der Räuber, woraufhin sie »ihre Unmenschlichkeit so weit trieben, daß sie derselben von einer – bei sich gehabten Peck Fakel mit allem Vorsaz heise Tropfen auf den Kopf fallen liesen.«

Um etwaigen Widerstand in der Nachbarschaft vorzubeugen, gaben sich Hannikel und seine Bande gern als Soldaten aus, Hannikel ließ sich dementsprechend auch als »Obrist« oder »Hauptmann« titulieren. In Marienthal gaben sie vor, sie seien französische Soldaten und wollten den Juden abholen, weil derselbe gestohlene Sachen gekauft habe. Andernorts ließen sich Nachbarn dadurch zum Teil tatsächlich täuschen, in Marienthal jedoch stießen die Räuber auf erbitterten Widerstand. Die Nachbarn eilten mit Gewehren herbei, und es entwickelte sich eine so heftige Schießerei, daß »die Kuglen wie Steine vom Himmel in der Lufft herumgeflogen seien.« Nicht immer kamen die Nachbarn ihren jüdischen Mitbürger derart energisch zu Hilfe. Die traditionelle Judenfeindschaft, auf die Hannikel, ähnlich wie → Schinderhannes spekulierte, hatte sich in der Wirtschaftkrise in den 70er Jahren des 18. Jahrhunderts zugespitzt. Viele Bauern waren bei jüdischen Geldverleihern verschuldet, so daß ihnen die Räuber gerade recht kamen. Bei einem → Überfall Hannikels in Engweiler sollen die Bauern die Räuber sogar angefeuert und gebeten haben, sie sollten doch auch die Schuldverschreibungen verbrennen. Ähnlich wie bei anderen Überfällen vernichteten die Räuber auch in Marienthal die Schuldverschreibungen. Hannikel versuchte diese Tat im Verhör zu rechtfertigen: »Die Juden betrügen die Christen ja auch, also haben sie dis wohl thun dörfen.« Trotz allen Widerstands glückte der Überfall in Marienthal. Hannikel und seine Bande erbeutete 950 Gulden an Bargeld, Silbergeschirr, Schmuck und Kleidung im Wert von ca. 2400 Gulden. Danach verschwanden die Räuber. Das Bargeld teilten sie, aus dem anderem Beutehaufen konnte sich jeder seinen Teil aussuchen. Das wertvollste Stück, einen silbernen Hirsch, verkauften die Räuber nach Pirmasens. Ihn bekam Liebmann Levi zurück, »weilen der Land-Graf von Heßen Darmstadt auf Erklagen des Juden denen Zigeuner entbieten laßen, daß wann sie nicht alles herbeischaffen, was noch von dem Juden Diebstal in natura verhanden seje, er alle Zigeuner aus einem Land jagen laßen wolle.« Neben großen Überfällen beging die Hannikel-Bande auch jede Menge kleinerer → Einbrüche und Diebstähle. Auch sie folgten immer dem gleichen Schema. Beteiligt daran waren sowohl Männer als auch Frauen. Bei Hausdiebstählen verwickelte meist eine Frau die Bewohner in ein Gespräch. Unterdessen stahlen die anderen Bandenmitglieder alles was nicht Niet- und Nagelfest war und machten sich damit aus dem Staub.

Anders als sehr viel bekanntere Räuber wie der Schinderhannes oder der Sonnenwirtle (→ Schwahn, Friedrich) trieb Hannikel sein Unwesen nicht nur für wenige Jahre, sondern war rund 20 Jahre aktiv. Doch 1786 setzte sich ihm der Oberamtsmann von Sulz, Jakob Georg Schäffer, im Auftrag des Herzogs Karl Eugen von Württemberg, auf die Spur. Ein Jahr später kam das bittere Ende: Hannikel und vier seiner Bandenmitglieder wurden zum Tode verurteilt. In den ersten Morgenstunden des 17. Juli 1787 erhielten die Räuber die Sterbesakramente. An die 12000 Schaulustige wurden Zeugen der → Hinrichtung. Rund um die Richtstätte herrschte Jahrmarktstreiben. Man verkaufte Flugblätter und trug Armesünderlieder vor. → Räuberbanden

Hanussen

Der berühmteste Hellseher, Magier und Hypnotiseur (→ Hypnose) der 20er und 30er Jahre ist Erik Jan Hanussen. Hanussen erblickte am 2.Juni 1889 als Hermann Steinschneider in einem Wiener Frauengefängnis das Licht der Welt. Bekannt wurde er, als ihn 1930 ein → Gericht in Leitmeritz vom Vorwurf des → Betrugs frei-

Hanussen: König der Hypnotiseure

sprach, mit der Begründung, daß ihm das Fehlen hellseherischer Fähigkeiten nicht nachgewiesen werden könne. Als somit juristisch beglaubigter Magier eroberte Hanussen im Sturm Berlin, die damalige Amüsiermetropole Europas. Sein Erfolg war derart groß, daß er dem faszinierten Publikum schon bald in einer eigenen Zeitung Hanussens Bunte Wochenschau von seinen Auftritten berichten konnte. Er verkehrte mit den Spitzen der Gesellschaft und den kommenden NS-Größen, die sich von ihm die Zukunft deuten ließen und ihn zum Mitwisser von Parteiinterna machten. Kurz nach der Machtergreifung, am 26.Februar 1933, soll der Hellseher während einer Party in Trance angekündigt haben, daß am darauffolgenden Tag der Reichstag in Flammen aufgehen würde. 24 Stunden später stand er tatsächlich in Flammen. War das echtes Hellsehen, oder steckte da noch etwas anderes dahinter? Nach Géza von Cziffra, Drehbuchautor, Regisseur und Bekannter von Hanussen, soll der Magier den Holländer Marinus van der → Lubbe zur Brandlegung (→ Brandstiftung) des Reichstagsgebäudes inspiriert haben. Das behauptet Cziffra zumindest in seinem Buch *Hanussen. Hellseher des Teufels* (1978).

Wie dem auch immer gewesen sein mag: Am 24.März wurde Hanussen, als er die Berliner Scala zu einer seiner vielbesuchten Vorstellungen betrat, von SA-Leuten festgenommen und in ein Waldstück am Stadtrand gebracht. Hier ließen sie ihn aussteigen und erschossen ihn dann von hinten. Seine Leiche wurde zwei Wochen später gefunden. Hanussen war auf dem Höhepunkt seines Ruhmes getötet worden. Wollten die Nazis mit diesem → Mord einen lästigen Mitwisser aus der Welt schaffen oder ärgerten sie sich darüber, daß sie, ohne es zu wissen, mit einem Juden zusammengearbeitet hatten? Denn der Magier hatte seine jüdische Herkunft stets verborgen gehalten. Auch in seiner 1930 erstmals erschienen Autobiografie Meine Lebenslinie erwähnt er sie nicht. → Okkultverbrechen

Hardin, John Wesley

Mindestens 11 Tote gingen auf das Konto des → Gunfighters John Wesley Hardin (1853-1895). An 19 Schießereien war der in El Paso, Texas, geborene Hardin beteiligt. Dabei hätte sein Lebenslauf eigentlich ganz anders aussehen sollen: Nach dem Wunsch seines Vaters, eines Methodistenpfarrers, hätte auch er die geistliche Laufbahn einschlagen sollen. Doch »Wes«, der z.T. berühmte Vorfahren hatte – immerhin waren Kongreßabgeordnete und Generäle darunter – entschied sich für einen unsteten Lebensweg. Er war Lehrer, Farmer, Cowboy, Geschäftsmann, Sträfling (→ Gefangene, → Strafvollzug), Anwalt und natürlich Revolverheld. Durch Schießübungen auf Standbilder von Abraham Lincoln lernte der junge Südstaatler Hardin während des Bürgerkriegs den Umgang mit der Waffe.

Im Alter von elf Jahren verletzte Wes bei einer Messerstecherei einen anderen Jungen an Brust und Rücken. Der Junge überlebte zwar, doch Hardin hatte damit zum ersten Mal demonstriert, wie gefährlich er sein konnte. Mit fünfzehn erschoß er einen ehemaligen Sklaven und tötete noch drei Soldaten, die ihn festnehmen wollten. Danach brachte ihn sein Vater ins Navarro Country, wo zahlreiche Verwandte der Familie lebten, bei denen er Unterschlupf fand. Dort in einer abgeschiedenen Gemeinde war der sechzehnjährige Jüngling, der immerhin vier Menschenleben auf dem Gewissen hatte, einen Sommer lang als Lehrer tätig.

Danach arbeitete Hardin in einem Rinder-Camp. Doch schon bald zog er weiter, tötete unterwegs einen Mann und flüchtete darauf auf die Farm eines Onkels, wo es bald zu neuen Schießereien kam. Doch als Wes nach Louisana umsiedeln wollte, wurde er von einem Deputy Sheriff festgenommen. Allerdings gelang ihm die Flucht, nachdem er einen Wärter umgebracht hatte. Anschließend fand er Unterschlupf auf einer in Südtexas gelegenen Ranch. Wieder arbeitete Hardin eine Zeitlang als Cowboy, widmete sich dem → Glücksspiel, nahm erneut an einer Schießerei teil und zog schließlich mit einer Herde gen Norden, wo er, als der Treck ein Indian Territory durchquerte, einen Indianer tötete. Nachdem Wes in Kansas einen mexikanischen → Killer zur Strecke gebracht hatte, kehrte er zu seinen Verwandten nach Südtexas zurück, geriet dort aber bald in eine Schießerei mit Ordnungshütern. Doch es gelang ihm erneut die Flucht. Hardin heiratete, geriet wieder in mehrere Schießereien, wurde zweimal verletzt und konnte schließlich in → Gewahrsam genommen werden. Doch Wes hatte Glück: Er wurde von seinen Verwandten aus Südtexas befreit. Ein Jahr lang verschwand Hardin daraufhin weitgehend in der Versenkung, doch dann tötete er einen Deputy Sheriff, und auf seinen Kopf wurde eine Belohnung von 4000 Dollar ausgesetzt. Daraufhin hefteten sich die Texas Rangers auf seine Fährte.

Doch Hardin gab sich mittlerweile als »J.H. Swain jr.« aus und ließ sich mit seiner Frau und seinen zwei kleinen Kindern in Florida nieder. Drei Jahre lang betätigte er sich dort und in Alabama als Rinder- und Pferdehändler und betrieb einen Saloon und eine Holzhandlung. Das Leben, das er führte, war unauffällig, doch 1877 wurde er schließlich doch von dem Texas Ranger John Armstrong festgenommen und zu einer langen → Freiheitsstrafe im texanischen Staatsgefängnis von Huntsville verurteilte. Wesley nutzte die → Haft, ein Jurastudium zu machen. Als er im Februar 1894 entlassen wurde, eröffnete er in Gonzales eine Anwaltskanzlei und heiratete seine zweite Frau – seine erste Frau war anderhalb Jahre zuvor gestorben – die ihn jedoch noch am Hochzeitstag verließ. Daraufhin wechselte Wesley den Ort und eröffnete eine neue Kanzlei in El Paso. In dieser berüchtigten Grenzstadt, die allerlei zwielichtige Existenzen beherbergte, wurde John Wesley Hardin schließlich im Alter von zweiundvierzig Jahren getötet.

Im symbolträchtigen Jahr 1968 erlebte Hardin eine Auferstehung. Poplegende Bob Dylan strickte in dem Titelsong seiner LP John Wesley Harding (bei Dylan mit einem zusätzlichen »G« geschrieben) an einer neuen Legende. Revolvermann Hardin mutiert darin zum sozial engagierten Edelräuber und → Robin Hood des Wilden Westens. In der Übersetzung von Carl Weissner und Walter Hartmann lautet der Song:

John Wesley Harding
War den Armen ein Freund,
Wobei er oft mit der Pistole
nachgeholfen hat.
Überall hier in der Gegend
Öffnete er so manche Tür
Doch er war bekannt dafür,
Daß er nie einem ehrlichen
Menschen was tat.
's war unten in Chaynee County,
Man spricht noch heute davon,
Mit seiner Lady an seiner Seite
Stellte er sich dem Feind.
Und die dortige Situation
War alsbald bereinigt,
Denn er war ein hilfsbereiter Mensch,
Mit dem man sich schnell einigt.
Der Telegraph mit Windeseile
Verbreitete seinen Namen,
Doch nichts, was man ihm vorwarf,
Ließ sich beweisen.
Und nirgends gab es einen Mann,
Der ihn festnahm und
ins Gefängnis brachte,
Denn er war dafür bekannt,
Daß er nie einen Fehler machte.

Haß

Wer haßt, leidet. Das althochdeutsche Wort »haz« bedeutet leid. Allerdings leidet der Hasser nicht still in seinem Kämmerlein, sondern projiziert sein Gefühl nach außen und sucht Möglichkeiten, es gewaltsam ausleben zu können. Haß wird so zu einem intensiven Gefühl der Abneigung und Feindseligkeit gegen Personen oder soziale Gruppen, das sich bis zum Vernichtungswillen, sprich tödlichem Haß, steigern kann. Dabei werden → Motive und Eigenheiten des gehassten Objektes nicht mehr wahrgenommen. Insofern ist der blinde Haß mit dem »gerechten Zorn« nicht identisch. Gleichwohl kann der Haß eine berechtigte Ursache haben, aber die Reaktion des Hassers darauf ist unangemessen. Gründe für den Haß liegen oft in einem verletzten Selbstwertgefühl, in Ängsten, Indoktrinationen oder dem Umschlagen von Liebe in Haß.

Ähnlich wie der → Neid, spielt auch der Haß beim → Verbrechen – insbesondere beim → Gewaltverbrechen – eine nicht zu unterschätzende Rolle. Gerade beim Verbrecher oder Angehörigen der unteren sozialen Schichten, verstärkt auch bei Jugendlichen, können heftige Haßgefühle kaum in einem Prozeß der Selbstaufklärung seelisch verarbeitet werden. Auch ein zu enges Zusammenleben charakterlich divergierender Menschen kann zu Haßeruptionen bis zu → Mord führen. → Aggression, → Amok, → Beziehungs- und Familiendramen, → Eifersuchtsverbrechen, → Gattenmord, → Halbstarke, → Ideologie und Verbrechen, → Jugendgewalt, → Krieg und Verbrechen, → Linksextremismus, → Rechtsextremismus, → Skinhead, → Terrorismus

Hauptmann von Köpenick

→ Voigt, Wilhelm

Hauptverhandlung

Stellt in einem → Strafprozeß den zweiten und wesentlichen Teil des Verfahrens gegen den → Angeklagten dar. Das öffentliche und mündliche Hauptgericht findet in der permanenten Gegenwart von Richter und Schöffen statt. Auch der Angeklagte muß dabei immer anwesend sein. Allerdings gibt es zu dieser Regel auch Ausnahmen, z.B., wenn der Angeklagte wegen ungehörigen Benehmens von der Hauptverhandlung entfernt wird. Die Hauptverhandlung beginnt mit dem Aufruf der Sache, danach wird der Angeklagte über seine persönlichen Verhältnisse befragt. Anschließend folgt die Verlesung der Anklageschrift durch den Staatsanwalt, die Vernehmung des Angeklagten zur Sache, sowie die Vernehmung von → Zeugen und Sachverständigen zur Beweisaufnahme. Die Leitung der Verhandlung, die Vernehmung des Angeklagten, sowie die Beweisaufnahme wird von dem Vorsitzenden des → Gerichts vorgenommen. Nach der Beweisaufnahme folgt das Plädoyer des Staatsanwaltes und des Verteidigers. Dem Angeklagten gebührt das letzte Wort. Die Hauptverhandlung schließt nach der geheimen Beratung und Abstimmung des Gerichts mit der → Urteilsverkündung.

Der Chique der revolutionären Pose: Patricia Hearst mit Schnellfeuerpistole

Hearst, Patricia

Die → Entführung der damals 19jährigen Patricia Hearst, Tochter des amerikanischen Zeitungsmagnaten Randolph Hearst, im Februar 1974, sollte einige Überraschungen mit sich bringen. Zur Tat hatte sich die Befreiungsarmee SLA (Symbionese Liberation Army) bekannt. Die SLA foderte aber kein Lösegeld, sondern verlangte die Verteilung von Naturalien an Bedürftige. Mit dieser Forderung im Stile → Robin Hoods, machte sie schlagartig auf die bittere Armut im reichen US-Bundesstaat Kalifornien aufmerksam, in dem jede zwölfte Familie mit weniger als dem Existenzminimum auskommen muß. Randolph Hearst ließ daraufhin vor Supermärkten Lebensmittelpakete im Wert von mehreren Millionen Dollar verteilen. Doch die richtige Überraschung sollte erst noch kommen: Als Patricia Hearst nach zwei Monaten endlich ein Lebenszeichen von sich gab, sorgte das für eine Sensation; denn das Opfer hatte sich die Ziele ihrer Entführer zu eigen gemacht (→ Stockholm-Syndrom). Damit niemand daran zweifelte, spielte sie einer Rundfunkstation in San Francisco ein Tonband und eine Fotografie zu. Auf dem Tonband ließ sie SLA-Propaganda verlauten und auf dem Foto war die Milliardärstochter in Che Guevara-Pose zu bewundern. Vor der roten Fahne der SLA mit derem Symbol, einer schwarzen siebenköpfigen Kobra, posierte Patricia mit gezückter Schnellfeuerpistole. In der Folge unternahm die Milliardenerbin schwerbewaffnete → Raubzüge und wurde zur meist gesuchtesten Frau Amerikas. Im September 1975 konnte sie verhaftet werden. Das → Gericht urteilte aufgrund der Besonderheit des Falles milde: Sieben Jahre → Gefängnis für das zum → Terrorismus bekehrte Entführungsopfer. Der Drang zur Weltrevolution sollte auch nur eine Episode im Leben der Patricia Hearst sein. Heute gehört sie längst wieder zur upper class Amerikas!

Hehlerei

»Bedecken«, »verbergen« bedeutet das vom althochdeutschen »helan« abgeleitete Wort. Hehlerei begeht, wer eine Sache, die ein anderer gestohlen oder sonst durch eine rechtswidrige Tat erlangt hat, ankauft, sie absetzt oder absetzen hilft, um sich, oder einen Dritten damit zu bereichern. Die Hehlerei wird mit einer → Freiheitsstrafe bis zu fünf Jahren oder mit → Geldstrafe geahndet. Für gewerbsmäßige Hehlerei oder Bandenhehlerei ist mit einer erhöhten Freiheitsstrafe zu rechnen. Der → Straftatbestand der Hehlerei verlang im Regelfall Vorsatz – mindestens bedingten Vorsatz – des → Täters. Fahrlässige (→ Fahrlässigkeit) Hehlerei wird nur bei gewerbsmäßigen Edelmetall- bzw. Edelsteinhändlern verfolgt.

Im Mittelalter gab es für bestimmte Personengruppen ein sogenanntes Hehlerprivileg oder Hehlerrecht. Es beinhaltete, daß sie gestohlene Sachen, die sie gekauft oder als Pfand erhalten hatten, nur gegen Ersatz des halben oder ganzen Kaufpreises herauszugeben hatten. Dies galt zunächst nur für Juden, seit dem 14. Jahrhundert auch für andere im Kleinhandel Tätige.

Heidemann, Gerd

→ Kujau Konrad

Heimtücke

Die »haimliche dück« oder »hämische Tücke« ist auch ins moderne → Strafrecht eingegangen. Unter Heimtücke versteht der Gesetzgeber das bewußte Ausnutzen der Arg- und Wehrlosigkeit eines Opfers, vor allem bei → Mord. Der Mord aus Heimtücke wird aufgrund seiner Gemeinheit besonders scharf verurteilt.

Heiratsschwindel

Das Verbrechen ist flexibel und korrespondiert mit den Werten einer Gesellschaft. Im Zeitalter der Singles und ungebundenen Partnerschaften wirkt der Heiratsschwindel antiquiert. Seine goldene Ära war die Zeitspanne von 1920 bis 1960, als sich die strengen Moralnormen lösten und die Geschlechter relativ einfach zueinander fanden – die Ehe als Institution jedoch noch nicht in Frage gestellt wurde. Förderlich für den Heiratsschwindel war sicherlich auch der Umstand, daß es als Folge der beiden Weltkriege einen Frauenüberschuß gab, und Männer als begehrte Mangelware galten. Das war vermutlich mit ein Grund dafür, daß Heiratsschwindler fast ausschließlich Männer sind, bzw. waren. Korrekt definiert versteht man unter Heiratsschwindel das Vortäuschen ernst gemeinter Heiratsabsichten. Einen besonderen → Straftatbestand des Heiratsschwindels kennt das → Strafgesetzbuch nicht. Heiratsschwindel kann jedoch als → Betrug strafbar sein, wenn das Opfer aufgrund der vorgespielten Heiratsbereitschaft dem → Täter Vermögenswerte zuwendet (→ Bereicherungsdelikte). So wurde z.B. 1955 in Offenburg ein 24jähriger Hilfsarbeiter als Heiratsschwindler, bzw. Betrüger verurteilt. Er hatte sich innerhalb eines halben Jahres mit drei Dutzend Mädchen verlobt, die ihm beträchtliche Summen überlassen hatten. Insgesamt hatte sich der Täter 125 Betrügereien im Zusammenhang mit seinen Heiratsschwindeleien zuschulden kommen lassen. Er gebrauchte 50 verschiedene Namen und gab sich teilweise als amerikanischer, schwedischer oder holländischer Flugkapitän aus. → Landru, Henri Désiré

Heitger-Bande

Am 9. Juni 1927 wurde der Knappschaftssekretär Küpers, als er invaliden Bergleuten die monatliche Rente auszahlen wollte, in einem Essener Vorort erschossen. Die drei → Täter, der 23jährige Johann Heitger, sein 21jähriger Bruder Heinrich und ihr 24jähriger Freund Karl Lindemann, konnten mit 8000 Mark fliehen. Am 5.Mai 1928 rasten die drei mit einem roten Mercedes auf eine Nebenstelle der Reichsbank in Gladbeck zu. Sie feuerten mehrere Schüsse durch den Kassenraum und konnten kurz darauf mit 36.000 Mark entkommen. »Nur« zwei → Überfälle gingen auf das Konto der sogenannten Heitger-Bande. Daß sie in die → Kriminalgeschichte eingingen, lag in erster Linie an der brutalen Abenteuerlichkeit, mit der sie sich ihrer Verhaftung entziehen wollten; denn der rote Mercedes brachte die → Polizei schon bald auf die Spur der drei jungen Männer. Als Kriminalkommissar Oßmann an der Wohnungstür der Heitgers klopfte, konnte er kein Verhör mehr vornehmen, denn als sich die Tür öffnete, blitzte sogleich die Mündung eines Revolvers auf, und der Kommissar brach tödlich getroffen zusammen. Die Heitger-Bande flüchtete daraufhin über mehrere Städte, bis sie schließlich in einer billigen Pension in Köln abstieg. Doch die drei → Bankräuber hatten Pech: Ein im Hause wohnender Postbeamter erkannte sie auf Grund der in der Presse veröffentlichten Fahndungsbilder und verständigte die Polizei.

Am 20. Oktober 1928 suchten der Kriminalassistent Vollmer und sechs Beamte die Pension auf. Sie waren ohne Auto gekommen, um in der stillen Seitenstraße nicht unnötig aufzufallen. Im Hausflur legten sie sich auf die Lauer und warteten ab, bis die

Heitger-Bande erschien. Als die drei Männer die Treppe herunterkamen, rief Vollmer »Hände hoch, Polizei!« Es kam zu einem kleinen Handgemenge, bei der Heinrich Heitger eine harmlose Wunde am Arm erhielt. Im übrigen schien die Aktion erfolgreich zu verlaufen. Auf der Straße wurde ein Auto gestoppt, in dieses stiegen der Kriminalassistent, ein weiterer Fahnder und die zwei Heitger-Brüder ein. Der dritte im Bunde, Karl Lindemann, wurde von den anderen Polizisten abgeführt. Ein Chauffeur steuerte den Wagen mit den Heitger-Brüdern. Als dann in einer scharfen Kurve der Kriminalassistent gegen Johann Heitger geworfen wurde, entriß dieser ihm die Pistole und drückte ab. Vollmer sackte tot in sich zusammen. Noch ehe Johann Heitger die Waffe auf den anderen Polizisten richten konnte, hatte der sich schon umgedreht und Johann Heitger am Handgelenk gepackt. Schüsse fielen, ein dramatischer Kampf begann, und der verschreckte Chauffeur raste gegen einen Bordstein. Nachdem das Auto zum stehen gekommen war, lief der Fahrer in panischer Angst davon. Der Kampf der anderen ging auf der Straße weiter, und als ein übereifriger Passant sich in völliger Verkennung der Lage auf den Polizisten in Zivil warf, den er für den → Verbrecher hielt, nutzte Johann Heitger die Gelegenheit und erschoß den Fahnder. Daraufhin türmte er zusammen mit seinem verwundeten Bruder. An der nächsten Kreuzung zerrten die beiden einen verdutzten Autofahrer aus seinem Wagen und jagten davon.

Zwei Tage nach der verhinderten Festnahme erkannte ein in der Kölner Innenstadt patrouillierender Wachtmeister die zwei Heitger-Brüder und schlug Alarm. Ein Fußgänger, der sich den beiden Fliehenden entgegenstellte, wurde brutal niedergeschossen. Nun begann auch der Wachtmeister zu schießen, verfehlte die Verbrecher jedoch. Diesen hingegen gelang es, eine Straßenbahn zu kapern und Insassen, Fahrer und Schaffner mit gezückter Pistole zum Aussteigen zu zwingen. Mit Höchstgeschwindigkeit raste die Straßenbahn nun los. Während Heinrich Heitger das Fahrzeug lenkte, schoß sein Bruder auf die sie bald verfolgende Polizei. Bei einer Böschung ließen sich die zwei → Schwerverbrecher unbemerkt in die Sträucher rollen, während die Straßenbahn unbemannt weitersauste. Trotzdem kamen die zwei diesmal nicht weit. Als sie ein Auto knacken wollten, wurden sie dabei überrascht. Ein eilig zusammengerufenes Überfallkommando sperrte innerhalb kürzester Zeit das gesamte Gelände ab. Nach etlichen Stunden Belagerung trat Heinrich Heitger mit erhobenen Händen aus seinem Versteck. Zwei Beamte gingen auf ihn zu, um ihn festzunehmen. Doch die teuflischen Brüder dachten nicht daran, so schnell aufzugeben. Während Heinrich Heitger sich zu ergeben schien, streckte Johann die beiden Polizisten mit gezielten Schüssen nieder. Die anderen Polizisten erwiderten daraufhin das Feuer. Eine wilde Schießerei entbrannte, bei der Heinrich Heitger tödlich getroffen wurde, sein Bruder aber im tollkühnen Zickzacklauf wie durch ein Wunder in die rabenschwarze Nacht entkam.

Die Gegend wurde daraufhin von der Polizei scharf bewacht. Zunächst geschah gar nichts, doch dann, nach drei Tagen, am 25. Oktober 1928, fielen in einer herrschaftlichen Villa auf einmal Schüsse, und ein Dienstmädchen verließ kreischend das Haus. Sie hatte unmittelbar zuvor gesehen, wie sich jemand durch die Dachluke in die Bodenkammer herunterließ und dann ohne jede Vorwarnung auf sie schoß. Nun rückte eine Truppe Polizisten mit Kugelpanzern zu der Villa vor und forderte Johann Heitger – um diesen handelte es sich nämlich – auf, das Haus zu verlassen und sich zu ergeben. Als Antwort pfiffen ihnen nur ein paar Kugeln um die Ohren. Die Polizei drang in das Gebäude ein. Ein Oberwachtmeister kroch auf allen Vieren zu der Tür, hinter der sich Heitger verborgen hielt und feuerte wahllos mehrere Kugeln in den Raum, wobei er sich einen Kugelpanzer als Schutzschild vor den Kopf hielt. Schließlich ertönte ein langes Stöhnen aus dem Raum. Der Oberwachtmeister blickte jetzt über den Kugelpanzer und war damit einer Finte des abgebrühten Verbrechers aufgesessen. Unmittelbar darauf traf ihn eine Kugel mitten in die Stirn. Nachdem die anderen Polizisten ihren toten Kollegen an den Beinen zurückgezerrt hatten, entschlossen sie sich zu einer Radikallösung. Sie warfen mehrere Handgranaten in Heitgers Schlupfwinkel. Als sie sich endlich trauten, das Zimmer zu stürmen, lag Heitger schwerverwundet hinter einem zerfetzten Matratzenstapel – mit der rechten Hand hielt er immer noch seine Pistole umklammert. Noch am gleichen Tag erlag er im Krankenhaus seinen Verletzungen. Der einzige Überlebende der Heitger-Bande, Karl Lindemann, erhielt eine langjährige → Zuchthausstrafe.

Hells Angels

Gott war es nicht, der die Hells Angels erschuf – mochten sich viele brave Bürger gedacht haben, als sie zum erstenmal von den Höllenengeln hörten. Bevor die Hells Angels auf schweren Motorrädern und in angsterregendem Outfit die Highways entlangrasten, hatten sie die Lüfte verlassen. Hells Angels war nämlich im Zweiten Weltkrieg der Name einer amerikanischen Bomberstaffel gewesen, die durch ihr Draufgängertum Berühmtheit erlangte. Nach ihr benannte sich Jahrzehnte später eine Gruppe von Liebhabern schwerer Motorräder. Ihr Auftreten war und ist z. T. recht rüde. Gleichwohl verstehen sich die Höllenengel untereinander als gleichberechtigte Brüder. Aber die Öffentlichkeit fand wenig Gefallen an den ledergekleideten und mit Totenkopf- und Adleremblemen ausstaffierten »Engeln«. Bald tauchten wilde Gerüchte über die Hells Angels auf, die sich noch verstärkten, als ein Hells Angel am 6. Dezember 1969 bei dem Rolling-Stones Konzert in Altamont einen Zuhörer vor den Augen der Band und des Publikums erstach. Dabei hätten die Hells Angels bei diesem Konzert eigentlich als Ordnungskräfte fungieren sollen. Doch der außer Kontrolle geratene

Höllenwärter hatte angeblich einen Anschlag auf Mick Jagger befürchtet. Die Presse belastete die »Engel« bald mit Vorwürfen von Initiations- und Ritualmorden. Düstere interne Bräuche, wilde Orgien wurden ihnen nachgesagt. Keiner könne Mitglied der Hells Angels werden, ohne vorher einen → Mord begangen zu haben. Die Freundin eines Höllenengels müsse zunächst durch alle Betten der »Bruderschaft« wandern, bevor sie zur → Prostitution gezwungen werde, usw. In den späten siebziger und frühen achtziger Jahren wurden die Hells Angels z.T. massiv verfolgt. So saßen z.B. die Hamburger Höllenengel über zwei Jahre in Untersuchungs- und → Isolationshaft, obwohl einigen von ihnen einzig ihre Mitgliedschaft vorgeworfen werden konnte. Der hamburgische Verein der Hells Angels wurde ohne Anhörung der Betroffenen verboten. Das Bundesinnenministerium erließ etwas später eine bestätigende Verfügung, welche die Hells Angels von Hamburg als → kriminelle Vereinigung mit einem definitiven Verbot belegte.

Doch was letztendlich bei den Anklagen gegen die Höllenengel in Hamburg und anderswo herauskam, war mäßig aufregend. Ein paar → Schlägereien, hin und wieder → Zuhälterei und → Rauschgiftkriminalität. Das große Verbrechen fand man nicht. In der Zeit etwa, als die Hamburger Hells Angels in → Haft einsaßen, bauten andere Gruppierungen, die man nicht verfolgte, die → organisierte Kriminalität weiter aus. Die Verfolgung der Hells Angels beruhte in erster Linie auf Hysterie, ausgelöst durch schwere Motorräder, martialisches Gehabe und Totenkopfembleme! → Halbstarke, → Jugendgewalt, → Rocker

Henker

→ Scharfrichter

Herold, Willi

Ebenso wie Wilhelm → Voigt, der Hauptmann von Köpenick, war auch Willi Herold ein falscher Hauptmann. Allerdings keiner, über den man schmunzeln kann. Anfang April 1945 befand sich der damals 19jährige Gefreite Willi Herold beim Rückzug in Holland. Er hatte seine Einheit verloren und war auf sich gestellt. Als er zufällig eine Hauptmannsuniform fand, zog er diese an. Daraufhin sammelten sich mehrere Soldaten um ihn, und Herold begann als selbsternannter Leiter eines Standgerichts ein Schreckensregiment: Er veranlaßte Massenerschießungen in den Emslandlagern und willkürliche weitere → Hinrichtungen. Unglaublicherweise ließ sich keiner der Vertreter von Staat und Partei das Soldbuch, geschweige denn die angeblichen Vollmachten des falschen Hauptmanns vorlegen. Alle ordneten sich blind der Uniform unter und gehorchten unmenschlichen Befehlen. Die Folge waren Hunderte von Toten innerhalb weniger Wochen. Nach Kriegsende spielte Herold den Harmlosen und arbeitete wieder in seinem gelernten Beruf als Schornsteinfeger. Als er allerdings wenige Wochen später den Engländern ein Laib Brot stahl, wurden die englischen Militärbehörden auf ihn aufmerksam. Man forschte in Herolds Vergangenheit, mit dem Ergebnis, daß er im November 1946 hingerichtet wurde (→ Todesstrafe). 1987 erinnerte der Engländer T.X.H.Pantcheff mit seinem Buch *The Emsland executioner* an Willi Herold als einen → Massenmörder, der heute nahezu vergessen ist, da er seine Verbrechen beging, als Deutschland in Trümmern versank.

Hexerei, Hexenprozesse

Die Vorläuferinnen zu der christlichen Hexe waren altgermanische Zauberinnen und sogenannte nachtfahrende Weiber, die mit der keltischen Naturgöttin Diana in Verbindung standen. Im 10. und 19. Buch seiner *Decretorum libri viginti* gibt Burchard von Worms (960-1025) eine eingehende Beschreibung zum Wesen der Zauberinnen. Das Wort »hagazussa«, eine der ältesten Bezeichnungen für Hexe, taucht erstmals in althochdeutschen Glossen des 9. und 10. Jahrhunderts auf. »Hagazussa« ist zusammengestetzt aus »hag«, was soviel wie »Zaun, Einfriedung, Dornengestrüpp, Hecke« heißt, und dem germanischen Wort »tusjo«, das einen weiblichen Dämon bezeichnet. Die »hagazussa« ist also diejenige, die auf dem Hag saß, der hinter den Gärten verlief und das Dorf von der Wildnis abgrenzte. Somit war sie ein Zaungeist, ein halbdämonisches Wesen, das zum Teil der menschlichen Gesellschaft, zum Teil anderen bedrohlichen und unberechenbaren Gesetzmäßigkeiten angehörte. Aus ihrem Ritt auf dem Zaun wurde im Mittelalter ein Ritt auf dem Besen. Ein Münchener Nachtsegen des 14. Jahrhunderts erwähnt erstmals den Hexenflug zu einem Versammlungsort auf einem Berg. 1540 wird in einem Hexenprozeß der Brocken auf dem Blocksberg im Harz zu dem offiziellen Versammlungsort der Hexen ernannt. Aus den ursprünglich dämonischen Naturwesen wurden in der Vorstellung zunehmend mehr menschliche Frauen, die sich mit Wahrsagerei und bösartigen Zauberkünsten beschäftigten.

Während bis zum 11. Jahrhundert Zauberei im allgemeinen mit Kirchenbußen belegt wurde, setzte sich mit den → Ketzerverfolgungen und der → Inquisition auch für Zauberei die → Todesstrafe durch. Der kirchlichen Forderung nach harten → Strafen für Zauberei kam als erstes weltliches Gesetzbuch der Sachsenspiegel (um 1225) nach. Er sah die Feuerstrafe (→ Scheiterhaufen) für Hexerei und Zauberei vor. Obwohl die Inquisitoren von Anfang an gegen magische → Delikte ermittelten, wurde die uneingeschränkte Anwendung des Inquisitionsprozesses gegen Zauberei erst durch die von Papst Johannes XXII. erlassene Bulle Super illius specula (1326) verfügt und vereinzelt angewandt. Berühmte frühe Opfer sind beispielsweise Jeanne d'Arc (1431) oder Agnes Bernauer (1435). Richtige Bedeutung bekam das »crimen magiae«, das Magiedelikt, jedoch erst zu Anfang des 15. Jahrhunderts, als die Päpste Alexander V. und Martin V. die Inquisition mit der Verfolgung von Zauberern in dem Gebiet zwischen Rhône und Alpen beauftragten und als Folge tausende von Menschen hingerichtet wurden. Heute sieht man den eigentlichen Beginn der Hexenverfolgungen mit der Verfolgung der Waldenser in Savoyen zu Ende des 14. und zu Beginn des 15. Jahrhunderts. Große Bedeutung hat auch das Basler Konzil (1431-1449) in seiner Rolle der Konstruktion des → Straftatbestandes der »neuen Ketzerei« und der »Hexerei«, sowie dessen erstmalige Anwendung um 1430/40, vor allem in Savoyen, in Piemont und in der West-Schweiz. In Deutschland wurde die systematische Hexenverfolgung durch die Hexen-Bulle von Papst Innozenz VIII. eingeläutet und durch den von den dominikanischen Inquisitoren Heinrich Institoris und Jakob Sprenger verfaßten *Malleus maleficarum* entscheidend angefacht. Dieses Werk, zu deutsch der Hexenhammer, sollte ein Kommentar zur Hexen-Bulle sein. Darin werden die Elemente des ursprünglichen Hexenglaubens zu einem kohärenten System verknüpft, und das daraus entstehende Hexenbild hat die Hexenvorstellungen bis ins 17. und 18. Jahrhundert hinein entscheidend geprägt. Mit rund 30 Auflagen bis zum Jahr 1669 zählt es zu den meistgedruckten Büchern der Frühzeit des Buchdrucks. Der dritte Teil des Hexenhammers, der den Untertitel Der Kriminal-Kodex über die Arten und Ausrottung der Hexen trägt, enthält eine detaillierte Anleitung, wie beim Hexenprozeß zu verfahren sei. Wie etwa → Zeugen zu befragen seien, der Angeklagte zu behandeln sei, welche Funktion die → Folter erfülle, wie die »Beweise« einzuordnen seien oder das → Urteil zu vollstrecken sei. Folgenschwer für die weitere Entwicklung der Hexenprozesse waren die Einführung der → Denunziation in das → Prozeßverfahren sowie die Anwendung der Hexenprobe und der Folter zum → Geständnis im Beweisverfahren. Außerdem wurde die geistliche Kompetenz auch auf weltliche Gerichte ausgeweitet. Da die Mehrzahl der Juristen den Ausführungen des Hexenhammers eher zurückhaltend gegenüberstanden, blieb das weltliche Gericht zunächst relativ gemäßigt. Doch im 16. Jahrhundert übernahm die Reformation das Erbe des Hexenhammers. Jetzt unternahmen zunehmend Gelehrte den Versuch, den Hexenglauben wissen-

Hexenfolter: Frans Masereel, Holzschnitt 1926

schaftlich zu untermauern, so etwa der französische Staatstheoretiker J. Bodin mit seiner in vielen Sprachen übersetzten La Démonomanie des sorciers (1580).

Seit Mitte des 16. Jahrhunderts entwickelte die Hexenverfolgung, begünstigt durch die Praxis der Denunziation, eine Eigendynamik, die nicht mehr zu bremsen war. In einem schwelenden Klima der Hysterie wurden mit Hexenverfolgungen Konflikte ausgetragen, die ihre tieferen Ursachen in allgemeinen Umwälzungen und strukturellen Veränderungen des 16. und 17. Jahrhunderts hatten. So bildeten Hegemonialkriege und Glaubenskämpfe, Mißernten, Teuerungsperioden, die Durchsetzung neuer staatlicher und wirtschaftlicher Ordnungsprinzipien den Hintergrund zu dieser irrationalen Menschenjagd. Hunger, Mangelernährung und Seuchen lösten immer wieder neue Wellen von Hexenverfolgungen aus. Häufig bot der Hexenwahn auch eine bequeme Methode, nachbarliche Konflikte auszutragen. Da die Besitztümer von verurteilten Hexen eingezogen wurden, waren sicherlich → Neid und Mißgunst starke → Motive für eine Beschuldigung. Daß Neid eine entscheidende Rolle bei Hexenverfolgungen spielte, wird auch an dem Umstand offenbar, daß man sich mitunter junge und schöne Frauen als Opfer suchte. Psychologisch nicht uninteressant ist übrigens, daß Neid zu den bösen Haupteigenschaften zählt, die man gerade den Hexen zuschrieb. Es darf also vermutet werden, daß der ganze Hexenwahn stark im Ressentiment und Neid wurzelte. Hinzu kam die Sexualfeindlichkeit der Kirche, die auch eine unterschwellige Frauenfeindlichkeit enthielt. Im Rahmen der feministischen Bewegung, aber auch der Esoterikwelle, kam es zum Teil zu einer Verklärung des Hexenwesens. Die »neuen Hexen« erblickten in ihren verbrannten Schwestern kräuterkundige und weise Frauen, die gerade wegen ihres großen Wissens den Argwohn und die Rache der Kirche auf sich gezogen hatten. Eine solche Interpretation wird aber heute von wissenschaftlicher Seite abgelehnt, da hierfür die Belege fehlen. Besonders fatal wirkte sich für die Hexenverfolgung aus, daß alle angeblichen Hexen ermittelt werden sollten. Daher wurde die Folter dazu angewandt, um die Namen der angeblichen Komplizen herauszubekommen. Auf diese Weise stieg die Anzahl der Angeklagten in demselben Maße, wie die Anzahl der Hexenprozesse stieg. Innerhalb von Europa gab es Regionen, in denen die Hexenverfolgungen kulminierten, so z.B. das Bistum Würzburg. In Lothringen verurteilte allein ein einziger Richter im 16. Jahrhundert 800 Hexen zum Tode. Daneben gab es auch Gebiete, wo der Hexenwahn glimpflich verlief. So etwa in Wien, wo nur eine einzige Hexe verbrannt wurde. Das war die 70jährige Elisabeth Plainacher im Jahre 1583. Insgesamt wurden zwischen 1500 und 1680 ungefähr 100.000 vermeintliche Hexen verbrannt, davon 10 % Männer. Der letzte Hexenprozeß fand 1782 im Schweizer Kanton Glarus statt. Trotzdem sind Hexenwahn und Hexenverfolgung kein Phänomen der Vergangenheit: In großen Teilen Schwarzafrikas hat der Hexenglaube immer noch Konjunktur. In Tansania fielen einer Studie des dortigen Familienministeriums zufolge zwischen 1994 und 1998 über 5000 ältere Menschen Hexenjagden zum Opfer, Tendenz steigend. In der Shinyanga-Region, einem ländlichen Gebiet in der Nähe des Victoria-Sees, werden durchschnittlich jeden Monat neun Menschen wegen angeblicher Hexerei getötet.

Literatur: Manfred Hammes: Hexenwahn und Hexenprozesse (1977). → Okkultverbrechen, → Phantomverbrechen

Hexenprobe

Im → Gerichtsverfahren des Mittelalters entwickeltes und bei → Hexenprozessen als Beweismittel zugelassenes Verfahren, das den → Angeklagten überführen sollte. Die Hexenprobe konnte anstelle der »peinlichen Befragung«, also der → Folter, durchgeführt werden. Bei der Hexenprobe handelt es sich um eine Form des → Gottesurteils.

Hill, Virginia

Sie war aufreizend, temperamentvoll und attraktiv. Sie warf das Geld mit beiden Händen zum Fenster hinaus. Millionen! Und als sie starb, hatte sie kaum mehr als ein paar Groschen: Das war Virginia Hill. Sie entfesselte Skandale, Schlägereien und → Gangsterfehden und lieferte Klatschspalten stets neuen Stoff. Virginia Hill war die Tochter eines saufenden, fluchenden und wild um sich schießenden Pferdehändlers aus Alabama. Als sie 1933, mit siebzehn Jahren, nach Chicago – ihrem Traumziel – durchbrannte, war sie nichts anderes als ein völlig ungebildetes Provinzmädchen. Kleine → Zuhälter, → Ganoven unterster Klasse und Animiermädchen waren ihre ersten Freunde. Aber Virginia war ehrgeizig, sie wollte nicht in den untersten Etagen der → Unterwelt vergammeln, sie strebte nach »Höherem«. Die großen Gangsterbosse waren es, die sie magisch anzogen. Bald lernte sie den Chicagoer Buchmacherkönig Nat Coiner kennen, der ihr Leben bis in die sechziger Jahre beeinflussen sollte. Coiner brachte sie in die glitzernde Welt der großen Nachtclubs; durch ihn lernte sie die Schlüsselfiguren des amerikanischen → Gangsterwesens kennen. Aus dem armen Provinzmädchen wurde nun die Grande Dame der Unterwelt. Hunderte von Kleidern aus den besten Salons, Nerzmäntel, Brillantenkolliers, luxeriöse Wohnungen und schnelle Autos bestimmten nun ihr Leben. Woher kam das viele Geld? Weil sie, wie sie selbst behauptete, die »beste Unterlage in diesem Land« war oder weil sie selbst aktiv in schmutzige Geschäfte verstrickt war? Wahrscheinlich beides! Fest steht, daß Virginia Hill sehr enge Kontakte zu vielen Capos des → Mobs, der → Cosa Nostra hatte, wie z.B. Frank Costello und Joe Adonis. Mit der Gangsterikone Bugsy → Siegel war sie sogar längere Zeit liiert. Als Bugsy Siegel am 20. Juni 1947 von einem unbekannten → Täter erschossen wurde, geschah das in ihrem Haus in Beverly Hills. Virginia selbst war »zufällig« nicht anwesend.

Liebte den großen Auftritt: Virginia Hill

In den dreißiger Jahren baute die Cosa Nostra das Wettgeschäft groß aus, der Rauschgifthandel (→ Rauschgiftkriminalität) wurde intensiviert und der amerikanische Westen »kolonisiert«. Virginia Hill fiel dabei wahrscheinlich die Rolle einer Kontakterin im Dope-Geschäft zu: Sie erschloß neue Märkte und an diesem Deal wird sie vermutlich prozentual beteiligt gewesen sein. Aus diesem Grund hielt sie sich häufig in »Exotenlokalen« auf, aus diesem Grund lebte sie zweitweise in Mexiko. Als jedoch 1951 eine Staatskommission versuchte, Virginias Beziehung zum → organisierten Verbrechen nachzuweisen, gab es keine Beweise. Wie zahlreichen Ganglords von Rang erging es auch ihr: Man schrieb ihr eine gigantische Steuernachzahlung vor, und man versteigerte ihren gesamten Besitz. Virginia Hill wich daraufhin nach Europa aus, wo sie bereits ein Jahr zuvor ihre dritte Ehe mit dem aus Österreich stammenden Skilehrer Hans Hauser geschlossen hatte. Das Paar lebte in der Schweiz und in Salzburg. Als Virginia Hill knapp vor ihrem Tod noch einmal versuchte, ins »Geschäft« einzusteigen, war es zu spät. Das Syndikat hatte sich von ihr distanziert. Verarmt, beinahe vergessen und zu alt, um noch die »beste Unterlage« sein zu können, beging sie 1966 im Alter von 49 Jahren → Selbstmord. 1970 erschienen posthum ihre Erinnerungen: Memoiren einer Gangsterbraut. Allerdings legt Virginia darin keine Beichte ab. Viele dunkle Kapitel in ihrem Leben werden nur vage angedeutet – wahrscheinlich wollte sie ihren großen Gangsterfreunden die Treue halten (→ Ganovenehre)!

Hinrichtung

Die Hinrichtung bedeutet den Vollzug der → Todesstrafe. Die Art und Weise, wie die Hinrichtung vollzogen wird, unterliegt dem gesellschaftlichen Wandel. Am bekanntesten sind Erdrosseln, Hängen, → Steinigung, → Kreuzigung, → Scheiterhaufen, → Rädern, Köpfen (→ Guillotine), Erschießen oder → elektrischer Stuhl. Im Gegensatz zur Gegenwart war in früheren Zeiten die Hinrichtung keine Angelegenheit, die im Verborgenen stattfand. Noch bis ins frühe 19. Jahrhundert hinein – und in vielen Ländern der Dritten Welt auch heute noch – hatte eine Hinrichtung nicht selten Volksfestcharakter. Frauen boten Speisen und Getränke feil. Händler waren unterwegs. Man verkaufte auf den Straßen Kupferstiche, auf denen die Strafmaßnahmen oder Exekutionsarten wie Kopfabhacken, Hängen oder Rädern detailliert abgebildet waren. Alter, Geburts- und Hinrichtungsdaten des Verurteilten waren beliebte Zahlen für Lotteriespiele. Die Enthauptung galt als ehrenhaft. Ein zum Strang Verurteilter, der sich und seinen Nachfahren Schande ersparen wollte, bemühte sich um diese gehobenere Todesart. Umgekehrt wurden → Raubritter, die angesichts ihres Standes grundsätzlich auf Enthauptung hoffen durften, gelegentlich auch gehängt. Der Wunsch Timothey → McVeighs, seine eigene Hinrichtung groß im Fernsehen übertragen zu lassen – ein Begehren, das einige Medien liebend gern umgesetzt hätten – griff also ein gewisser Hinsicht nur eine alte Tradition wieder auf. → Kidd, William, → Scharfrichter

Hinterkaifeck

Eines der unheimlichsten → Verbrechen der deutschen → Kriminalgeschichte geschah 1922 in Bayern zwischen Ingolstadt und Augsburg. In der kalten, stürmischen Nacht vom 31. März auf den 1. April wurden in Hinterkaifeck, einem Einödhof, sechs Menschen ermordet. Trotz intensiver, jahrzehntelanger Ermittlungen ist es der → Polizei bis heute nicht gelungen, den oder die → Täter zu fassen. Auch das → Motiv für das grausige Verbrechen ist immer noch in tiefes Dunkel gehüllt. Hinterkaifeck nimmt nicht nur wegen der Grausamkeit, mit der hier gemordet wurde, einen Sonderplatz in der Kriminalgeschichte ein, sondern auch wegen der geheimnisvollen Umstände, welche die Tat begleitet haben. Auch die ermittelnden Polizeibehörden trugen damals mit dazu bei, daß aus dem sechsfachen Mord ein Stoff für Alpträume wurde. Nur wenige Tage nach der Tat fuhr nämlich ein Kriminalbeamter mit einem Spezialkoffer nach Nürnberg. In diesem Koffer befanden sich die sechs Köpfe der Opfer. Sie wurden, da die Polizei in dem Fall nicht weiterkam, zu einem Hellseher gebracht, der sich anerboten hatte, an der Aufklärung mitzuwirken. Der Staatsanwalt hatte dieser Idee zugestimmt, woraufhin der Landgerichtsarzt den Leichen die Köpfe abschnitt. Im Pathologischen Institut der Universität München wurden die Schädel präpariert. In den Polizeiakten kann man nachlesen, wie der Hellseher die sechs Köpfe in seiner Wohnung aufstellte und seine magischen Kräfte bemühte. Das protokollierte Ergebnis ist jedoch mager: »Leider konnte der Mann nur feststellen, daß in der fraglichen Nacht Vollmond gewesen sei.«

Auf dem Einödhof Hinterkaifeck lebten im → Mordjahr 1922 Andreas Gruber (63), seine Frau Cäzilia (72), die attraktive Tochter Viktoria Gabriel (35) mit ihren Kindern Cäzilia (7) und Josef (2) und noch eine Magd, die ledige und gehbehinderte Maria Baumgartner. Sie war gerade erst am Mordtag neu angestellt worden. Die Bewohner von Hinterkaifeck galten als Eigenbrötler, als unfreundliche Zeitgenossen und auch als anrüchig. Der alte Gruber und seine Tochter – deren Mann Karl bereits 1914, nach wenigen Monaten Ehe, in Frankreich gefallen war – betrieben nämlich Blutschande (→ Inzest) und zwar schon, seit Viktoria neunzehn war. Das jüngste Kind, Josef, war vermutlich ein Kind des alten Gruber. 1915 waren Vater und Tochter wegen ihres blutschänderischen Verhältnisses vom Landgericht Neuburg an der Donau verurteilt worden: er zu einem Jahr → Zuchthaus, sie zu einem Monat → Gefängnis. Als der kleine Josef zur Welt kam, wanderte der alte Gruber erneut für einige Zeit in → Haft.

Als alle sechs Bewohner des Einödhofes in der Nacht des 31. März von unbekannter Hand ermordet wurden, ahnte vier Tage niemand etwas von dem Drama. Als erster wunder-

Sechsfacher Raubmord

100,000 M. Belohnung!

In der Zeit vom 31. März auf 1. April 1922 wurden auf dem **Einödshofe Hinterkaifeck** Gemeinde Wangen Bezirksamt Schrobenhausen die sämtlichen Hofbewohner, nämlich der 64jährige Austrägler **Andreas Gruber**, dessen 70jährige Ehefrau **Zäzilie Gruber**, dessen 35jährige Tochter **Viktoria Gabriel** mit ihren **2 Kindern** (1 Mädchen von 9 und 1 Knaben von 2 Jahren), sowie die 45jährige Dienstmagd **Maria Baumgartner** von Kühbach in bestialischer Weise

erschlagen und beraubt.

Für die Ergreifung der Täter. oder die sichere Ermöglichung ihrer Ergreifung ist eine

Belohnung von 100,000 Mk.

ausgesetzt.

Sachdienliche Angaben werden erbeten zu Aktenzeichen A 169|1922 an die Staatsanwaltschaft Neuburg a. D. oder die Polizeidirektion München oder die nächste Gendarmerie- oder Polizeibehörde.

Neuburg a. D., 8. April 1922.

Der 1. Staatsanwalt.

te sich der Lehrer Georg Sellwanger darüber, warum die siebenjährige Cäzilia am 1. April, einem Samstag, nicht zum Unterricht in die Schule kam. Dann wurde Viktoria Gruber, die im Kirchenchor sang, beim Sonntagsgottesdienst vermißt. Zwei Vertreter, die Kaffee zum Einödhof bringen sollten, standen ebenso vor verschlossener Tür wie der Bub, der Geräuchertes abholen sollte. Am vierten Tag dann wunderte sich ein Monteur aus Pfaffenhofen an der Ilm, den der alte Gruber zur Reparatur eines Motors bestellt hatte, über die seltsame Ruhe auf dem Einödhof. Am selben Tag schließlich schaute der Ortsführer des bei Hinterkaifeck gelegenen Dorfes Gröbern, Lorenz Schlittenbauer, im Einödhof nach. Schlittenbauer war beunruhigt; denn am 31. März, dem Tag vor der Mordnacht, war der alte Gruber frühmorgens auf Spuren im Schnee gestoßen, die vom Wald her zu seiner Motorhütte hinter dem Wohnhaus führten, aber nicht mehr zurück. Stunden später hatte er seine Entdeckung Schlittenbauer mitgeteilt. »Heut nacht ist bei uns eingebrochen worden«, soll der 63jährige dem 16 Jahre Jüngeren zugerufen haben. Der soll angeboten haben, ihm seinen Trommelrevolver zu leihen. Doch Gruber winkte ab. Auch als der andere vorschlug, die Gendarmerie vom knapp drei Kilometer entfernten Markt Hohenwart zu holen, wollte Gruber nichts davon wissen. Als Schlittenbauer Hinterkaifeck inspizierte, bot sich ihm ein Bild des Grauens. Die Leichen von Vater, Mutter und Tochter lagen im Stall. Die Polizei vermutete später, daß die Opfer nacheinander vom ungewöhnlich unruhigen Vieh in den Stall gelockt worden waren. Mit einer Spitzhacke hatte man ihnen dann den Kopf eingeschlagen. Danach drangen der oder die Mörder ins Wohnhaus ein und erschlugen die 45jährige Magd und auch noch die beiden Kinder. Das jüngste Opfer, der zweijährige Josef, wurde mit dem Beil in seinem Stubenwagen erschlagen. Nachdem man die Toten gefunden hatte, zogen Hunderte von Bauern mit Sensen und Dreschflegeln durch die Wälder, um den oder die Mörder zu suchen. Den Menschen war mulmig zumute, denn etwas an dem grausamen Mord von Hinterkaifeck war besonders seltsam: Andreas Gruber war ein wohlhabender Mann gewesen. Im Haus befanden sich mehr als 100.000 Mark, sowie reichlich wertvoller Schmuck. Doch es fehlte nichts. Ein → Raubmord lag also nicht vor.

Warum die Staatsanwaltschaft Neuburg dennoch von einem »Raubmord« ausging, bleibt unklar. Dabei ist das einzige, was an diesem Fall klar ist, die Tatsache, daß so gut wie nichts geraubt worden sein kann, obwohl der oder die Täter Zeit genug dafür gehabt hätten. Denn das Vieh ist nach der Mordnacht noch drei Tage gefüttert worden. Aber wenn kein Raubmord, was könnte es dann gewesen sein? Ein → Racheakt, eine → Eifersuchtstat, ein religiös motivierter Sühnemord?

Eine Antwort darauf wurde nie gefunden. Dabei schöpfte die Polizei über Jahre hinweg immer wieder Hoffnung, den Fall doch noch aufklären zu können. So kehrte ein junger Mann nach dem Zweiten Weltkrieg aus russischer Gefangenschaft zurück und behauptete, er kenne den Mörder: Er sei dem Mann der Viktoria Gruber, Karl Gabriel, begegnet – und der habe ihm alles gestanden. Gabriel sei gar nicht im Ersten Weltkrieg gefallen, sondern quicklebendig nach Hause zurückgekehrt. Dort habe er die »Sauerei« zwischen Vater und Tochter beobachtet – und grausam gerichtet. Die Zeitungen berichteten bereits von der »sensationellen Wende« im Fall Hinterkaifeck, doch da widerrief der Soldat. Später berichtete Mitte der fünfziger Jahre eine Neunzigjährige auf dem Sterbebett: »Jetzt kann ich's ja sagen. Meine beiden Brüder waren die Mörder.« Die Gump-Brüder aus Ingolstadt waren legendäre Ganoven gewesen. Die Version schien daher nicht völlig unwahrscheinlich. Also wurde einer der beiden verhaftet, mußte aber bald wieder auf freien Fuß gesetzt werden. Es gab außer der Aussage der Schwester keine weiteren Beweise gegen die Gumps. Selbst Lorenz Schlittenbauer geriet in Verdacht. Er sollte die Mordtat aus verzweifelter Liebe zu Viktoria begangen haben. Gerüchte besagen, daß er an jedem Jahrestag des Mordes durchgedreht sei und sich wie ein Wahnsinniger aufgeführt habe. Doch auch das sind eben nur Gerüchte. Gerüchte, Verdächtigungen, Verleumdungen – sie lassen die Menschen in unmittelbarer Nähe des Einödhofes selbst heute noch nicht zur Ruhe kommen. Auf dem Grabstein der Ermordeten in Waidhofen ist zu lesen: »Der Herr gedenket als Bluträcher ihrer vergisst nicht das Geschrei der Armen« (Psalm 9.13)

Literatur: Peter Leuschner: Der Mordfall Hinterkaifeck (1997)

Hitchcock, Alfred

Hitchcock. Ein Name wie ein Programm. Wer diesen Namen hört, weiß, was für eine Art Film ihn erwartet. Es ist ein Markenname. Alfred Hitchcock hat dem Thriller, dem → Kriminalfilm, der schwarzen Komödie, dem → Film Noir seine Würde und den Rang einer Kunstform verliehen. Er hat mit seinen 57 Kinofilmen und seinen Arbeiten für das Fernsehen belegt, daß das Verbrechen eine verschlungene, vielschichtige und abgründige Angelegenheit sein kann. Hitchcock bietet einen Einblick in die metaphysische Dimension des Verbrechens.

Hitler, Adolf

Am 9.11.1923 führte Adolf Hitler (1889-1945) den »Marsch auf die Feldherrnhalle« an, auch »Hitlerputsch« genannt, mit dem Ziel, die legitime Regierung zu stürzen und sich selbst an die Macht zu putschen. Der → Putschist Hitler scheiterte und wurde deswegen am 11.11.1923 verhaftet. Im sogenannten Hitler-Prozeß, der vom 26.2. bis zum 1.4.1924 in München stattfand, angeklagt, wurde er zu fünf Jahren → Festungshaft und einer → Geldstrafe von 200 Goldmark verurteilt. Seine → Haftzeit in der Festung Landsberg endete allerdings bereits am 20.12.1924 aufgrund vorzeitiger Entlassung.

Wäre es dabei geblieben, wäre Hitler nur eine Randnotiz der deutschen

Geschichte. Doch Hitler kam 1933 – legal – an die Macht und baute diese mit staatsstreichartigen Methoden zur totalitären Herrschaftsform aus. Hans-Jürgen Eitner hat in seiner bemerkenswerten Studie Der Führer. Hitlers Persönlichkeit und Charakter (1981) Hitler als einen »kriminellen Ideenfanatiker« bezeichnet.

Als solcher war Hitler nach Eitner »kein Gelegenheits-, sondern ein Gewohnheitsverbrecher. Jeder Verbrecher aus Neigung hat keinen Willen zum Wert oder verzichtet auf ihn; er wählt, kraft Nichtanerkennens der Rechtsordnung, klar und besonnen die antisoziale Lebensführung. Der große Verbrecher betrachtet seine Tätigkeit immer als Beruf und bringt ihm ebensoviel Liebe entgegen wie der Gelehrte seiner Wissenschaft, der Künstler seinem Schaffen. Häufig liegt der entscheidende Reiz des Verbrechens nicht im materiellen Erfolg, sondern im verbrecherischen Tun selbst, das – wie bei Hitler – als ›erhöhtes Leben‹ empfunden wird – bei Hitler: ›im Dienst der Menschheit‹. An der Spitze steht dabei für ihn sein ›unerschütterlicher Wille, das Weltjudentum und seine Macht in ihren Wurzeln auszurotten.‹

Revolutionäre und Verbrecher sind im Abenteuer des Angriffs gegen die Gesellschaft einander geistesverwandt. Den erfolglosen Revolutionär, besonders wenn sein Wirken in engen Grenzen bleibt, behandelt man als Verbrecher. Der erfolgreiche Revolutionär, dessen Handeln großes Format hat, gelangt trotz Verbrechen zu Ruhm und Nachruhm. Ein Gedankenspiel: Hätte Hitler sein kriminelles Wirken ›erfolgreich‹ beendet, so hätten die Deutschen ihm zweifellos den Titel ›der Große‹ verliehen, und größter Nachruhm wäre ihm sicher gewesen.«

Und über den → Mörder Hitler schreibt Eitner: »Hitler ist ein (politischer) Mörder – aber was geht dabei in ihm vor? Versetzen wir uns – als Brücke zu Hitler – in die Seele eines Mörders. Wer einen Mord begeht und noch nicht das Leben schlechthin haßt, dem wird im Augenblick der Tat (oder vorher) eine ›Entschuldigung‹ auftauchen: Dieser Mensch ist wert zu sterben; würde ich ihn nicht töten, so tötete er mich; schnell noch einen Stich, damit er keine unnötigen Qualen leide! Der pathologische Lustmörder demgegenüber fühlt im Augenblick der Tat vollkommene Übereinstimmung mit sich selbst und atmet erleichtert auf; nichts ist in ihm, was nicht mit dem Mord einverstanden wäre. Der absolute Mörder schließlich empfindet im Augenblick der Tat keine Lust, oft nicht einmal Haß: Er verübt den Mord wie etwas, das sein muß; der Mord ist für ihn die einzige angemessene Betätigung. – Der fanatische Judenhasser Hitler steht zwischen dem Lustmörder und dem absoluten Mörder. Aber: Hitler glaubte, als Ausnahme-Mensch und als ›Weltarzt‹ gegen die Juden sei er weder gut noch böse und habe das Recht auf eine Ausnahme-Moral. Daher postuliert er knapp: ›Genies außerordentlicher Art (wie er sich selbst empfand) lassen keine Rücksicht auf die normale Menschheit zu.‹«

→ Fanatiker, → Ideologie und Verbrechen, → Stalin

Hochstapler

Die Hochstapler bilden die »Elite« unter den → Betrügern. Sie begehen nicht einzelne, gelegentliche → Delikte, sondern der Betrug ist im allgemeinen ihr Lebenszweck. Sie sind außerordentlich beweglich, vortreffliche Schauspieler mit aus Selbstsuggestion geborener Überzeugungskraft, besten Manieren, gutem wirtschaftlichem Verständnis und meist von sehr ansprechender äußerer Erscheinung. Sie können nicht nur einzelne Menschen, sondern oft auch ganze Massen und Gesellschaftsschichten für sich einnehmen.

Ursprünglich verstand man unter dem aus dem → Rotwelsch stammenden Wort Hochstapler (hoch »vornehm« und stap(p)len »betteln«) den vornehm auftretenden → Bettler. Seit dem 19. Jahrhundert versteht man darunter jemanden, der eine hohe gesellschaftliche Stellung vortäuscht, um sich Vorteile zu verschaffen. Die klassischen Hochstapler sind heute selten geworden. Ihnen allen war gemeinsam, daß sie sich in einer hierarchisch gegliederten Gesellschaft bewegten, der anzugehören sie selbst oft glaubten, denn Schein und Wirklichkeit verwischten sich bei ihnen. Gerade diese Suggestion und Selbstsuggestion verhilft dem begnadeten Hochstapler zu seiner starken Wirkung. Er kostet den Reiz des Doppellebens bis zur Neige aus und wird gleichzeitig Objekt der Verehrung für niedriger gestellte Menschen, die ihm ebenso ihr Geld aufdrängen wie die Angehörigen seiner »eigenen« Klasse. Der Kriminologe Hans v. Hentig schreibt in Zur Psychologie der Einzeldelikte (Bd.3, 1957) über die Persönlichkeit des Hochstaplers: »Wenn wir diese Hochstaplertypen näher ansehen, so fallen Gewinnsucht, Abenteuerlust und der triebhafte Drang zusammen, eine Gestalt zu personifizieren, die ihnen vorschwebte, die sie aber im Leben nicht haben verwirklichen dürfen. Es ist sogar nicht leicht zu entscheiden, welches Motiv das stärkste war.« → Domela, Harry,→ Engler, Martin, → Krull, Ernst, → Thalreuter, Jacob

Hochverrat

Ein → Straftatbestand, der sich gegen den inneren Bestand eines Staates richtet, im Regelfall durch einen Angriff auf das Staatsoberhaupt, auf die Verfassung oder auf das Staatsgebiet. Die genaue Definition des Hochverrats richtet sich nach der jeweiligen Gesellschaftsform. In der Bundesrepublik Deutschland ist der Straftatbestand des Hochverrats erfüllt, wenn jemand mit Gewalt den Bestand der Bundesrepublik Deutschland zu beeinträchtigen versucht, so z.B. durch Aufhebung ihrer Souveränität, durch Gebietsabtrennung oder durch eine Änderung der auf dem Grundgesetz beruhenden verfassungsmäßigen Ordnung. Der Hochverrat wird mit lebenslanger → Freiheitsstrafe oder mit Freiheitsstrafe nicht unter zehn Jahren, in minder schweren Fällen mit Freiheitsstrafe von einem bis zu zehn Jahren geahndet. In der DDR (→ (D)eutsche (D)emokratische (R)epublik und Verbrechen) war der Tatbestand des Hochverrats wesentlich weiter gefaßt. Es wurde die gesamte sozialistische Staats- und Gesellschaftsordnung und auch die führenden Repräsentanten der DDR geschützt, und es mußte nicht unbedingt Gewalt angewandt oder angedroht werden, um den Tatbestand des Hochverrats zu erfüllen. → Landesverrat

Holmes, Sherlock

»Einen universellen Mythos wie Tarzan oder Sherlock Holmes zu schaffen, ist in bestimmter Hinsicht eine größere Leistung als die Werke Henry James'«, äußerte John Updike. Kein Zweifel, Sherlock Holmes ist ein Mythos und eine Kultfigur. Eine immense Literatur rankt sich mittlerweile um seinen Namen. Weltweit trifft man auf die Zunft der Sherlockianer, die voller Eifer die heilige Wissenschaft der »Holmesologie« betreiben. Sechzig Geschichten, vier längere und sechsundfünfzig Kurzgeschichten, verfaßte der britische Schriftsteller Sir (seit 1902) Arthur Conan Doyle (1859- 1930) über den genialen → Detektiv Sherlock Holmes und seinen getreuen Chronisten Dr. Watson. Bereits die äußere Erscheinung von Holmes läßt den Meisterdetektiv erahnen. So erfahren wir von Dr. Watson: »Seine Gestalt und Erscheinung allein genügten, die Aufmerksamkeit des oberflächlichsten Beobachters zu erregen. Er war mehr als sechs Fuß groß und so ungeheuer hager, daß er noch weit größer wirkte. Seine Augen waren scharf und durchdringend, und seine schmale falkenhafte Nase verlieh ihm insgesamt den Ausdruck der Wachsamkeit und Entschlossenheit. Auch sein Kinn hatte jene Prominenz und Wucht, die den entscheidungsfreudigen Mann kennzeichnen.«

Was hat Sherlock Holmes nun zu einem weltumspannenden Mythos gemacht? Zunächst ist Holmes ein aufmerksamer und unbestechlicher Beobachter, der durch die genaue und systematische Untersuchung all dessen, was ihm begegnet, selbst die verwickelsten Kriminalfälle zu lösen vermag. Der Meisterdetektiv läßt sich dabei durch nichts beirren oder blenden. Er sitzt weder Klatsch, Gerüchten noch Vorurteilen auf, ebensowenig wie eigenen Sympathien oder Antipathien. Holmes ist der Spürhund der Wahrheit. Sein scharfer Intellekt ist allein der Sachlichkeit und Objektivität verpflichtet. Dennoch ist er alles andere als ein trocke-

Der Meisterdetektiv: Sherlock Holmes. Illustration von Dorr Steele, 1908

ner Langweiler. Gerade sein Kampf gegen die Allgegenwart der → Lüge, seine beinahe übermenschliche Objektivität, lassen ihn als Idealisten erscheinen. Sherlock Holmes ist eine Gestalt, die der Leser bewundern kann. Er ist der Archetyp des Detektivs und das Idealbild eines Ermittlers. Nahezu jedes Opfer eines Verbrechens dürfte sich wünschen, Sherlocks Holmes würde für ihn Gerechtigkeit einfordern. Das weiß auch die → Polizei. Seit einigen Jahren verleiht der Bund Deutscher Kriminalbeamter die Sherlock Holmes Plakette an Kollegen mit besonders feiner und unbestechlicher Spürnase. Als gewisses Manko von Sherlock Holmes kann man allenfalls gelten lassen, daß er weniger ein genialer Psychologe als vielmehr ein genialer Spurenentdecker und Kombinierer von Fakten ist. Einen lehrreichen Einblick in die Welt der Holmesologie bietet das von Zeus Weinstein herausgegebene *Sherlock-Holmes-Handbuch* (1988). → Kriminalliteratur, → Moriarty, Professor James

Holst, Thomas

Ging als »Heidemörder« durch die Presse. Der gutaussehende Grafikdesigner und Werbefachmann aus Hamburg hatte bereits als 23jähriger Student seinen ersten → Mord begangen. Im November 1987 vergewaltigte (→ Vergewaltigung) er die 20jährige Andrea Grube-Nagel in seiner Mansardenwohnung in Hamburg-Blankenese und erdrosselte sie mit einem Kabel. Ihre verstümmelte Leiche brachte er anschließend auf einen Feldweg außerhalb von Hamburg. Im Januar 1988 entführte und vergewaltigte Holst eine 19jährige Schülerin – und kam mit einer geringfügigen Bewährungsstrafe (→ Strafaussetzung zur Bewährung) davon. Wenig später, am 10.Februar 1988, verschleppte er die 29jährige Petra Maaßen in seine Wohnung. Dort vergewaltigte er die zweifache Mutter, verstümmelte ihren Körper mit Nadeln und einem Graphikmesser, um sie schließlich zu erwürgen. Seinen dritten Mord beging er 1990 an der Kosmetikschülerin Lara Holz. Wenige Wochen darauf wurde er verhaftet, doch es dauerte drei Jahre, bis Holst, der nebenbei noch eine Freundin in der Lüneburger Heide hatte, die Morde gestand. Kaum jemand konnte sich vorstellen, daß der liebenswürdige Thomas Holst, der bekennender Pazifist und aktives Mitglied im Christlichen Verein Junger Männer war, tatsächlich diese Morde begangen haben sollte.

Holsts psychologischer Gutachter, Dr. Horn, bestätigte vor dem Hamburger Landgericht, daß Holst bei der Begehung seiner Morde durchaus steuerungsfähig gewesen sei. Man verurteilte ihn zu einer lebenslangen → Haftstrafe und verordnete zusätzlich eine Unterbringung in der geschlossenen Psychiatrie. In der psychiatrischen Anstalt in Ochsenzoll gelang es dem äußerlich charmanten Holst, seine Therapeutin derart für sich einzunehmen, daß sie ihm zur Flucht verhalf. Drei Monate später stellte sich Holst den Behörden. 1997 wurden Holst und seine Therapeutin, die zu einer Bewährungsstrafe wegen Beihilfe zur Flucht verurteilt worden war, in einer Hamburger → Untersuchungshaftanstalt miteinander getraut.

Homosexualität

An der Homosexualität wird deutlich, wie stark das, was wir als kriminell empfinden, auch von gesellschaftlichen Faktoren mitbestimmt wird. Während Homosexualität vor einigen Jahrzehnten noch als → Straftat abgeurteilt werden konnte, wird heute eher derjenige, der eine negative Äußerung über Homosexuelle macht, eine gesellschaftliche Ächtung erfahren, da er sich damit einer Tabuverletzung schuldig gemacht hat, oder dem Verdacht ausgesetzt ist, eine Diskriminierung begangen zu haben. Homosexualität ist aus allen Kulturen und Gesellschaftsformen überliefert. In einigen Kulturen gab es sogar institutionalisierte Formen der Homosexualität, so bei der Kriegerelite der Samurai, in den buddhistischen Mönchsgemeinschaften oder in der griechischen Antike. Meistens basierte diese Form der Homosexualität auf einem Verhältnis zwischen einem heranwachsenden und einem erwachsenen Mann. Überwiegend wurde Homosexualität in der Menschheitsgeschichte jedoch als Ausnahme von der Regel, als Stigma und mehr oder weniger geächtete Abweichung von der Norm bewertet. Homosexualität konnte sogar mit der → Todesstrafe geahndet werden. In der Regel wurde aber immer nur die männliche Homosexualität verfolgt. Die alten Germanen empfanden Homosexualität sogar als so ungeheuerlich, daß sie sie nicht nur mit dem Tode bestraften, sondern darüber hinaus noch Sorge trugen, die Erde nicht mit dem → Blut der Übeltäter zu verunreinigen. Homosexuellenpaare wurden daher erdrosselt, ertränkt oder lebendig in Sümpfe versenkt. In der christlichen Tradition berief man sich bei der Verurteilung der Homosexualität meist auf die alttestamentliche Erzählung von Sodom und Gomorrha (1.Mos.19). Das Neue Testament bezeichnet Homosexualität an verschiedenen Stellen als Beispiel für fehlenden Glauben und Gottlosigkeit (Röm.1,27; 1.Kor.6,9f.; 1.Tim.1,10; Jud.), erwähnt aber keine strafrechtlichen Sanktionen. Maßgebend für die Beurteilung der Homosexualität in der mittelalterlichen Theologie war die von asketischen Strömungen geprägte Auffassung, Sexualität sei lediglich in Hinblick auf die Fortpflanzung legitim und in jeder anderen Form ein Verstoß gegen die Natur und sündhaft. Dennoch zog die Homosexualität im ganzen Frühmittelalter nur Kirchenbußen nach sich und wurde nicht strafrechtlich verfolgt.

Im Zuge der → Ketzerverfolgungen nahm aber auch die Verurteilung der Homosexualität zu. So trug unter anderem der Vorwurf der praktizierten Homosexualität in Verbindung mit Ketzerei zur Vernichtung des Templerordens bei. Im Zuge der Ketzerverfolgung durch die päpstliche → Inquisition verfestigte sich die Vorstellung, daß sexuelle Unzucht wie Sodomie, worunter auch Homosexualität verstanden wurde, ein Wesenszug der Ketzerei sei. Auch im Zusammenhang mit den → Hexenverfolgungen des 14.-17. Jahrhunderts wurde gegenüber den Beschuldigten regelmäßig der Vorwurf der Sodomie erhoben. Die von der spätmittelalterlichen Theologie entwickelte Vorstellung von Sodomie als einem todeswürdigen Verbrechen gegen den Glauben wurde von den weltlichen → Gerichten übernommen. Obwohl die Renaissance größere Toleranz gegenüber Homosexualität übte, war die Freiheit, ungestraft homosexuellen Neigungen nachzugehen, auf Künstlerkreise und aristokratische Schichten beschränkt. Erst mit der Säkularisierung des → Strafrechts in der Aufklärung wurde die theologisch-moralische Begründung bei der Verfolgung Homosexueller fallengelassen. Trotz strafrechtlicher Liberalisierungstendenzen blieben Homosexuelle im 19. Jahrhundert eine gesellschaftlich geächtete Minderheit, die gezwungen war, ihren sexuellen Neigungen im geheimen nachzugehen. Trotzdem war in zahlreichen deutschen Ländern der homosexuelle Verkehr zwischen erwachsenen Männern bis 1871 nicht strafbar. Das Reichsstrafgesetzbuch vom 15.5.1871 bestimmte mit dem § 175 jedoch, daß widernatürliche Unzucht zwischen Personen männlichen Geschlechts mit → Gefängnis zu bestrafen ist. Literatur und Rechtsprechung legten das Gesetz so aus, daß beischlafähnliche Handlungen unter Strafe gestellt wurden. Mit der Neufassung des §175 (Strafrechtsnovelle vom 28.6.1935) wurde die Strafbarkeit der männlichen Homosexualität auf jede Unzucht mit einem anderen Mann ausgedehnt. Auch nach dem Inkrafttreten des Grundgesetzes galt der § 175 als Bundesrecht weiter. Seit 1950 forderten verschiedene Gremien die Streichung des § 175, schließlich wurde durch das 1. Strafrechtsreform-Gesetz vom 25.6.1969 die Strafbarkeit der einfachen Homosexualität aufgehoben. Im Rahmen der Neuordnung des Sexualstrafrechts wurde der § 175 im Jahr 1973 neu gefaßt. Danach waren in der Bundesrepublik Deutschland homosexuelle Handlungen strafbar, die ein Mann über 18 Jahren an einem Mann unter 18 Jahren vornahm. Ein solches Vergehen wurde mit einer → Geldstrafe oder eine → Freiheitsstrafe bis zu fünf Jahren geahndet. Am 31.5.1994 wurde der § 175 vollständig gestrichen. → Wilde, Oscar

Hooligan

Es handelt sich bei ihnen um gewalttätige, in der Regel in Gruppen auftretende Jugendliche. Der Name Hooligan ist wahrscheinlich von einer gleichnamigen irischen Familie abgeleitet worden, deren Mitglieder notorische Raufbolde gewesen sein sollen. Die Ursprünge der Hooligans liegen in der proletarischen Subkultur der Industriestädte Großbritanniens. Die Hooligans haben eine eigene Gruppenidentität entwickelt, die sich in einem provozierenden Auftreten in der Öffentlichkeit, Randalen und gewalttätigen Übergriffen äußert und ihre Mitte in einer »Philosophie des Kampfes« hat, welche die Auseinandersetzung in Form von → Schlägereien mit anderen Hooligan-Gruppen, besonders bei Fußballveranstaltungen, sucht.

Literatur: B. Buford: Unter Hooligans. Geil auf Gewalt (1994)
→ Aggression, → Halbstarke, → Jugendgewalt, → Rocker

Huber, Robert

Robert Huber wurde 1898 in der Nähe von Linz in ärmlichen Verhältnissen geboren. Als er zwölf Jahre alt war, zogen seine Eltern nach München, wo er nach Beendigung der Volksschule eine Lehre in einem medizinischen Labor machte. Danach arbeitete Huber als Laborant im Krankenhaus Rechts der Isar. Eigentlich strebte der ehrgeizige und gutaussehende junge Mann ein Studium der Chemie an, doch aufgrund seiner geringen Vorbildung war dieser Wunsch nicht umzusetzen. Dennoch besuchte er einige Zeit das Staatslaboratorium in München, wo er ausreichende Kenntnisse über → Gifte und Krankheitserreger erwarb – ein Wissen, das er für seine spätere Laufbahn gut brauchen konnte.

Im Winter 1918/19 lernte Robert Huber auf einer Skitour die beiden Töchter des wohlhabenden Früchtegroßhändlers Johann Reindl kennen. Die ältere davon, Maria Reindl, war zu diesem Zeitpunkt 22, die jüngere, Walburga, gerade 19 Jahre alt. Die schneidige Erscheinung des Robert Huber sowie die hochstaplerischen Angaben (→ Hochstapler) zu seiner Person, die Huber geschickt einfließen ließ, machten mächtigen Eindruck auf die beiden Mädchen. Auch die Eltern, insbesondere der Vater, waren angetan von dem jungen Mann, dessen Vater angeblich ein im Krieg vermißter österreichischer Offizier war und der zudem eine reiche Großmutter in der Schweiz in Aussicht stellte und nach eigener Aussage jetzt Chemie studierte, allerdings mit der Absicht, später Arzt zu werden. Es kam, wie es kommen mußte. Robert Huber verlobte sich mit Walburga, der jüngeren der beiden Töchter, und verkehrte von nun an regelmäßig in der Münchener Wohnung des vermögenden Geschäftsmannes und auch in dessen Landhaus nördlich von München, in Brunnen/Niederarnbach. Johann Reindl stellte seinen Schwiegersohn in spe allerseits stolz als angehenden Doktor vor, eine Titulierung, die sich Huber nur allzugern gefallen ließ.

Nicht lange nachdem Robert Huber in das Leben der Familie Reindl getreten war, erkrankte die Mutter, Frau Marie Reindl, plötzlich an Rotlauf (Erysipel). Die entzündliche Krankheit nahm einen kurzen, stürmischen Verlauf. Nach zwölf Tagen war die Patientin – an deren Krankenbett Huber als angehender Schwiegersohn und »angehender Mediziner« eifrig Pflege geleistet hatte – tot. Nicht ganz zwei Jahre später, im Februar 1921, erkrankte Walburgas Schwester Marie ebenfalls an Rotlauf und starb nach kurzem Krankenlager. Den Hausarzt der Familie, Dr. Beer, beschlich bereits zu diesem Zeitpunkt der → Verdacht, daß Huber die Krankheit verursacht oder zumindest ihren tödlichen Verlauf beschleunigt haben könnte; denn er hatte den jungen »Kollegen« einige verdächtige Manipulationen vornehmen sehen. Auch im Verwandtenkreis der Familie Reindl gab es erste

Trügerische Idylle. Der Giftmörder Robert Huber und seine ahnungslose Braut (1919)

Verdachtsmomente, vor allem, als nun auch der bis dahin kerngesunde, kräftige Johann Reindl zu kränkeln anfing. Doch dieser wollte auf seinen künftigen Schwiegersohn, an dem er nun einmal einen Narren gefressen hatte, nichts kommen lassen und ließ ihn weiter zur Mitbehandlung an sein Krankenbett. Robert Huber gab sich auch große Mühe, damit der Krankheitsverlauf den von ihm gewünschten Gang gehe. Er bat eine ihm bekannte Krankenschwester, ihm Flüssigkeit aus einer Erysipelblase zu besorgen, was diese nach mehrmaliger Anforderung schließlich auch tat. Später sagte die Schwester vor → Gericht aus, daß Huber sie auch zu einem früheren Zeitpunkt bereits um Erysipelflüssigkeit gebeten hatte. Mit dieser biologischen Waffe ausgerüstet, massierte Huber den offenen Fuß seines Schwiegervaters. Planmäßig erkrankte Johann Reindl an Rotlauf, starb jedoch nicht daran – was gar nicht nach Hubers Plan war. Mittlerweile war Jahresende 1921. Die Zeit drängte, da das Gerücht ging, daß sich der genesende und rüstige Reindl wieder verheiraten wolle. Huber sah sich daher gezwungen, eine andere, schnelle Lösung zu finden. Vom 14.2. 1922 an verabreichte er Reindl fortlaufend Arsen, das er immer in seiner Jackentasche bei sich trug und teilweise auch versteckte, so z.B. hinter den Vorhangstangen in Reindls Landhaus in Niederarnbach. Gift scheint ohnehin eine gewisse Passion von ihm gewesen zu sein. Psychologisch interessant ist, daß Huber seine Braut Walli im Sommer 1920, als ihre Schwester Maria noch lebte, in einem Brief davor warnte, Maria könne versuchen, sie zu vergiften. »Liebes Mausi, ... ich hatte heute Nacht einen schweren Traum, denke dir nur, mir träumte, du bist gestorben. Maria hat dich vergiftet. Was sagst du dazu?« In der Tat. Was sagt man dazu, angesichts des Umstandes, daß Maria wenig später selbst Opfer seiner → Mordlust wurde. Der Brief zeigt deutlich, wie Huber seine eigenen Absichten auf eine andere Person projizierte und wie sehr er von Giften fasziniert war. Vor Gericht behauptete er später, er habe das Arsen, das ihn ständig begleitete, für die Fuchsjagd gebraucht – eine offensichtliche → Lüge. Am 10. März 1922 verstarb Reindl an subakuter Arsenvergiftung. Durch den Tod des Johann Reindl hatte Huber erreicht, daß ihm als Bräutigam der überlebenden Tochter Walburga Reindl die Wohnung des Verstorbenen am Kaiser-Ludwig-Platz 5 und das gesamte nicht unbeträchtliche Familienvermögen zur freien Verfügung stand. Am 21.3.1922 schloß er darauf mit Walburga Reindl die Ehe. Man fragt sich, ob diese völlig ahnungslos war. Wie es scheint ja. Sie hing ihrem Verlobten und späteren Gatten mit naiver Vertrauensseligkeit an. Am Begräbnis ihres Vaters ließ Huber seine junge Frau jedoch nicht teilnehmen. Er fürchtete wohl, ihre mittlerweile sehr mißtrauisch gewordenen Verwandten könnten sie gegen ihn einnehmen.

Doch sein Verhängnis sollte ihm nicht von Seiten der Familie Reindl nahen. Es war ein anderes versuchtes → Verbrechen, das ihn schließlich zu

Fall brachte. Im Mai 1922 wollte er einen Salvemotorwagen, den noch der alte Reindl erworben hatte, an das ihm bekannte, vermögende Rentnerpaar Grimm in Schliersee weiterverkaufen. Da der Vergaser in dem Wagen noch reguliert werden mußte, bot er sich an, den Wagen selbst nach Schliersee zu bringen. Vorher deckte er sich jedoch noch bei der Firma Kahlbaum mit Digitoxin – einem starken und selten verwendeten Gift – ein. Das Ehepaar hatte ihn gebeten, noch einen Tag als Gast zu bleiben. Bei Tisch wurde Bowle gereicht, in welche Huber das Gift mischte. Obwohl bereits Verdachtsmomente gegen ihn bestanden, konnte er seine Giftmischerei nicht lassen. Ein weiterer Hinweis, daß es sich bei ihm um eine Art »Giftlustmörder« handelte, der nicht nur des schnöden Mammons wegen mordete. In der Nacht, als beide Eheleute schwer unter Erbrechen litten und sich in der Küche zur Linderung einen Tee kochen wollten, drang Huber unbemerkt in das Ankleidezimmer ein und entwendete von dort Schmuck im Wert von 700.000 Mark. Am anderen Morgen, als seine Gastgeber noch ans Bett gefesselt waren, schraubte Huber in der Garage an dem Salvewagen die Hauptsteuerschraube weg und lockerte die Hinterräder, damit die Eheleute Grimm, falls sie wider Erwarten dem Gift nicht erliegen würden, bei der ersten Ausfahrt den Tod erleiden sollten. Der Plan Robert Hubers, das Ehepaar Grimm zu töten, mißlang jedoch. Nach acht Tagen hatten sich die beiden wieder erholt und entdeckten sowohl, daß Schmuck entwendet worden war, als auch, daß jemand die Steuerschraube an dem Auto herausgeschraubt hatte.

Als → Täter kam nur Robert Huber in Frage, in dessen Wohnung Teile des entwendeten Schmuckes und ein Reisepaß für die Schweiz entdeckt wurden. Der Reisepaß bezog sich nur auf seine Person. Was mit seiner jungen Frau, deren Familie er bereits eliminiert hatte, geschehen sollte, bleibt ungewiß – oder vielleicht doch nicht, bedenkt man den Umstand, daß er gleich nach der Eheschließung eine Lebensversicherung seiner Frau über eine Million Reichsmark zu seinen Gunsten beantragt hatte. Da das Gericht nur Hubers Mordversuch an dem Ehepaar Grimm als ausreichend bewiesen ansah, wurde er wegen zwei Mordversuchen und → Diebstahl zu 15 Jahren → Zuchthaus und zehn Jahren Ehrverlust verurteilt. Seine Ehe mit Walburga wurde noch im selben Jahr geschieden. Walburga Reindl, sie hatte wieder ihren Mädchennamen angenommen, starb am 26.2.1937 an Herzschwäche – oder wenn man so will, an gebrochenem Herzen.

Hypnose/ Hypnoseverbrechen

Ist es möglich, Menschen durch Hypnose zum Verbrechen zu verführen? Obwohl immer wieder Kriminalfälle verhandelt wurden, bei denen der Einsatz von Hypnose für die Tatausführung eine Rolle gespielt haben soll, gilt es als ausgeschlossen, daß Personen, die eine Abneigung gegen das → Verbrechen empfinden, durch Hypnose zu einem solchen gezwungen werden können. Die Hypnotisierbarkeit, so wie die erreichbare Intensität der Hypnose, hängt dabei meist weniger vom Hypnotiseur ab als von der Charakterstruktur – speziell von der Beeinflußbarkeit des zu Hypnotisierenden. Hypnose, in Verbindung mit Drohung und Suggestion, kann allerdings labile und moralisch nicht gefestigte Menschen dazu bewegen, sich für verbrecherische Handlungen einspannen zu lassen. Hans Pfeiffer hat in seinem Buch *Das Spektrum der Toten. Die tödliche Macht der Seele* (2000) Kriminalfälle angeführt, in denen die Hypnose angeblich eine entscheidende Rolle gespielt hat. Aber nicht nur der Verbrecher, auch die → Polizei hat die Hypnose – allerdings zu Aufklärungszwecken – eingesetzt. So z.B., um psychisch abnorm veranlagte Menschen (→ Geisteskranke und abnorme Täter) zur Rekonstruktion eines Tathergangs zu bewegen, aber auch, damit → Zeugen sich wieder an ein Autokennzeichen erinnern, oder um eine Personenbeschreibung zu vervollständigen.

Allerdings besteht in solchen Fällen immer die Gefahr, daß der Hypnotisierte dem Hypnotiseur nach dem Mund redet. → Nielsen, Björn und Palle Wichmann Hardrup, → Okkultverbrechen

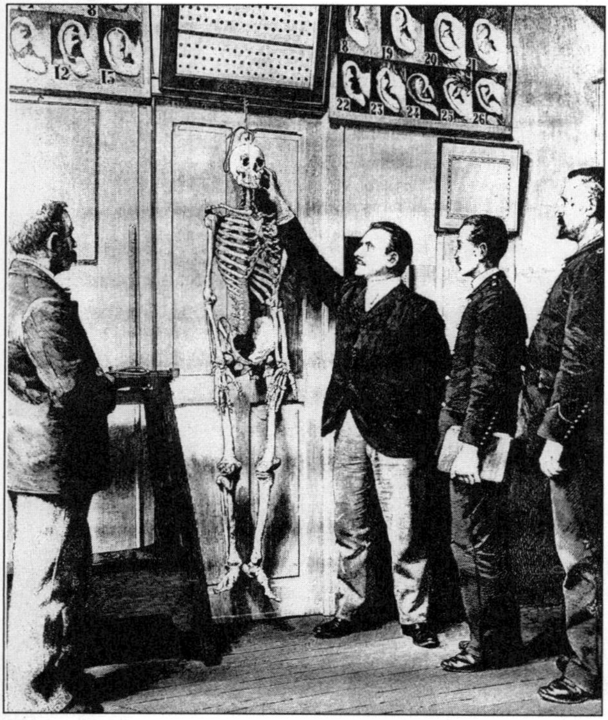

Identifizierung. Das Bild zeigt eine Unterrichtsstunde für Pariser Kriminalbeamte im Jahre 1899. Alphonse Bertillion (3.v.r.) demonstriert sein 20 Jahre zuvor eingeführtes Verfahren der Anthropometrie, der Vermessung von menschlichen Gliedmaßen

I

Identifizierung

Wenn eine Leiche gefunden wird, ist es erst einmal das Wichtigste, die Identität des Toten zu klären. Starb die Person zu Hause oder wurde sie von Freunden oder Familienmitgliedern gefunden, ist dies meist einfach. Wird die Leiche hingegen irgendwo ohne Ausweispapiere entdeckt, ist die Frage nach der Identität weit schwieriger. Findet man die Leiche erst geraume Zeit nach Eintritt des Todes, ist aufgrund der natürlichen Verwesung manchmal kaum mehr als das Skelett übrig. In anderen Fällen versuchen die → Täter, eine Identitätsfindung zu erschweren, indem sie sie entstellen, oder möglichst gut verstecken. Die heutige → Rechtsmedizin besitzt allerdings eine Vielzahl von Methoden, um die Identifizierung eines Opfers, aber auch die seines → Mörders zu ermöglichen. Sie reicht von der Körpervermessung, der → Autopsie, der Zahnuntersuchung, dem → Fingerabdruck, der Ermittlung der → Blutgruppe bis hin zum → Genetischen Fingerabdruck. Die Identifizierung eines Opfers oder Täters kann trotz aller Grausigkeit manchmal nicht der Komik entbehren. So war z.B. das entscheidende → Indiz, mit dem der → Serienmörder Ted → Bundy überführt werden konnte, die Bißspur, die er am Gesäß eines weiblichen Opfers hinterlassen hatte. Die Bißspur wurde bei der Autopsie fotografiert und vermessen, anschließend wurde Bundy zur Erstellung eines Gebißabdrucks gezwungen. Aufgrund von Besonderheiten der Anordnung seiner Zähne im Kiefer, die exakt mit den Verwundungen im Gesäß der Toten übereinstimmten, konnten die Bißspuren eindeutig als von Bundy stammend identifiziert werden.

Ideologie und Verbrechen

Die großen, weltbewegenden → Verbrechen geschahen immer aus »Idealismus«. Kein → Gangsterboß kann mit den Verbrechen konkurrieren, die auf Grund bestimmter ideologischer Überzeugungen ausgeführt wurden oder werden.

Sowohl der Holocaust als auch der Archipel Gulag übersteigen in ihrer mörderischen Dimension das »normale« Verbrechen bei weitem. Dennoch gibt es zwischen beiden Verbrechensformen Grenzüberschreitungen; denn auch das »normale« Verbrechen läßt sich ja nur sehr bedingt auf kühl durchgeführte → Bereicherungsdelikte reduzieren. Schließlich wird die Welt des Verbrechens stark durch die Dominanz negativer Gefühle wie → Haß, → Aggression oder → Neid geprägt. Gefühle, die bei politischem oder religiösem → Fanatismus ebenfalls leicht auszumachen sind, obgleich sie sich hier hinter »hehren« Überzeugungen verstecken. Eine Ideologie, gerade dann, wenn sie utopische Ziele verkündet, kann ihre Anhänger leicht dazu animieren, rücksichtslos vorzugehen und alle Widerstände beiseitezuschieben, um schnell ins gelobte Land zu gelangen. Nahezu allen fanatisierten Paradiesverkündern ist dabei ein partieller Realitätsverlust zu eigen. → Geisteskranke und abnorme Täter, → Völkermord, → Hexen,→ Inquisition, → Linksextremismus, → Phantomverbrechen, → Rechtsextremismus, → Religion und Verbrechen, → Terrorismus

Illegal

Das Wort meint gesetzwidrig, ungesetzlich. Etwas ohne behördliche Genehmigung, wie z.B. einer → illegalen Beschäftigung nachgehen oder sich unerlaubt in einem anderen Land aufhalten. → Schlepper, Schleuser

Illegale Beschäftigung

Die Beschäftigung eines Arbeitnehmers, bei der gegen Arbeitsschutzbestimmungen, wie z.B. den Jugend- oder Mutterschutz, verstoßen wird oder bei der die Lohnsteuer und die Sozialversicherungsbeiträge nicht im vorgeschriebenen Ausmaß abgeführt werden. → Illegal, → Schwarzarbeit

Indizienbeweis / Indizienprozess

»Anzeige, Anzeichen«, bedeutet das aus dem Lateinischen stammende Wort »Indiz«. Ein Indizienbeweis gilt im → Strafprozeß als ein Beweis einer strafbaren Handlung. Dabei gelten Indizienbeweise nach juristischer Definition als Tatsachen, »die zwar nicht unmittelbar den zu beweisenden Vorgang ergeben, aber einen Schluß auf diesen zulassen.« Es kann also auch dann, wenn der → Täter kein Geständnis abgelegt und keine → Zeugen zu dem Tathergang befragt werden können, dennoch eine Verurteilung der verdächtigen Person aufgrund von Indizien erfolgen. Solche Indizien können z.B. → Fingerabdrücke und → Blutspuren des Verdächtigen sein, Reifen- oder Lackspuren eines Autos oder Kleiderfasern, wenn diese am → Tatort oder in dessen unmittelbarer Nähe aufgefunden werden. Die Indizien müssen allerdings stichhaltig sein. Bei einer Verurteilung sind die Indizien, die zu dem → Urteil geführt haben, in den Urteilsgründen anzuführen. → Genetischer Fingerabdruck, → Identifizierung

Innere Sicherheit

Innere Sicherheit bedeutet die Wahrung der öffentlichen Sicherheit und Ordnung. Der Staat schützt die innere Sicherheit vor allem durch → Polizei und Staatsanwaltschaft, in Fragen des Staatsschutzes in Deutschland durch den → Verfassungsschutz. In demokratischen Rechtsstaaten ist die innere Sicherheit an vorgegebene Rechte seiner Bürger und an rechtliche Normen gebunden. In autoritären Staaten, vor allem in Diktaturen, hat der Schutz des Staates absoluten Vorrang vor dem Schutz des einzelnen Bürgers. Besondere Bedrohungen für die innere Sicherheit stellen heute die → organisierte Kriminalität und der → Terrorismus dar.

Das Thema innere Sicherheit gilt als Politikum. Der Schutz, bzw. der fehlende Schutz der Bürger ist ein beliebtes Wahlkampfthema. Wie stark soll, muß oder darf in einem demokratischen Rechtsstaat die innere Sicherheit gewährleistet sein? Und mit was für Methoden? 1994 verkündete der New Yorker Bürgermeister Rudy Giuliani seine »zerotolerance«-Politik. Die Stadt drohte in Gewalt (→ Gewaltverbrechen) und → Kriminalität zu versinken. Die Bürger fühlten sich in ihrer Stadt nicht mehr sicher. Giuliani und sein Polizeichef William Bratton griffen daraufhin scharf durch. Bratton propagierte dabei das »broken-windows«-Konzept. Nach dieser Theorie fördert eine verwahrloste Umgebung Kriminalität: Wird ein Autofenster zerschlagen und nicht mehr repariert, ist der Wagen in kurzer Zeit gefleddert. Vergleichbares passiere mit den Städten. Unter Brattons Ägide begann die Polizei, → Vergehen wie → Schwarzfahren, Eckenpinkeln und Graffiti-Sprayen aggressiv zu verfolgen. Selbst Fußgänger, die bei Rot über die Straße laufen, werden gestellt. An Verbrechensschwerpunkten patrouillieren verstärkt Zivilstreifen. Die Street Crime Units stoppen Passanten nach dem Zufallsprinzip und durchsuchen sie. Die Resultate dieser und weiterer Maßnahmen waren beachtlich: Innerhalb weniger Jahre sank die Zahl der → Delikte um die Hälfte, → Vergewaltigungen gingen um 25 Prozent zurück, → Raubüberfälle um 54 Prozent, → Morde gar um 70 Prozent. Weltweit wurde das New Yorker Vorgehen als Heilmittel propagiert und Bratton als Supermann gefeiert. Doch mittlerweile schaut der 1996 wegen Eifersüchteleien aus seinem Amt vertriebene Bratton distanziert auf die Fortführung seines Werkes. Denn auch als New York zu einer der sichersten Städte der Welt wurde, habe die Polizei weiter operiert, als herrsche Krieg auf den Straßen. Polizisten, berauscht vom Erfolg, sahen schließlich in jedem Passanten einen potenziellen Schwerverbrecher. Passanten wurden zum Teil wegen Kinkerlitzchen festgenommen – in der Hoffnung, sie im Verhör als Straftäter zu entlarven. 1998 mußte die New Yorker Polizei 40 Millionen Dollar Entschädigung an ungerechtfertigt Verhaftete zahlen.

Zum Thema innere Sicherheit gibt es kein endgültiges Rezept. Sie erfordert eine stetige Anpassung an veränderte Situationen. Als Grundregel gilt allerdings: Mit Liberalität allein schreckt man keine Kriminellen ab, ohne Liberalität droht aber der Staat selbst zur Bedrohung zu werden.

Inquisition

»Untersuchung« ist das deutsche Wort für »Inquisition«. Es bezeichnet die vor allem von kirchlichen Institutionen seit dem Mittelalter betriebenen und meist mit staatlicher Hilfe durchgeführten Verfolgungen von → Ketzern. Das kirchliche Vorgehen gegen Ketzer war ursprünglich Sache der Bischöfe. Doch seit das Christentum im Römischen Reich Staatsreligion war, konnten Ketzer auch reichsgesetzlich verfolgt werden. Dabei reichten die Strafmaßnahmen von Güterbeschlagnahmung, Aberkennung der bürgerlichen Rechte, → Verbannung bis hin zur → Todesstrafe. Die Inquisition als eigene Behörde zur Ketzerverfolgung bildete sich jedoch erst im Mittelalter aus, im Zusammenhang mit der vermeintlichen Gefährdung der Kirche durch Ketzer wie z.B. die Bogomilen, Albigenser, Katharer oder Waldenser. Zunächst war die Inquisition eine bischöfliche Einrichtung, doch seit dem Ende des 12. Jahrhunderts geriet sie zunehmend unter päpstliche Herrschaft. Ein erster Schritt war die durch Papst Alexander III. ausgesprochene förmliche Exkommunikation der Ketzer, die von Lucius III. 1184 wiederholt und von Kaiser Friedrich I. Barbarossa durch die Verhängung des Reichsbannes unterstützt wurde. Innozenz III. setzte 1199 päpstliche Sonderbeauftragte zur Durchführung der Inquisition ein. Kaiser Friedrich II., der Ketzer aus politischen Gründen verfolgte, setzte 1224 den Tod auf dem → Scheiterhaufen als → Strafe ein. Gregor IX. übernahm dies im Jahre 1231 in seine Ketzerdekrete. Umgekehrt waren die weltlichen → Gerichte durch Friedrich II. angewiesen, die Vollstreckung von Todesurteilen für kirchliche Inquisitionsgerichte durchzuführen. Den Feuertod begründete man theologisch mit der Vorstellung, auf diesem Wege könne wenigstens die Seele gerettet werden. 1231/32 wurde die Inquisition in einer päpstlichen Behörde zusammengeschlossen, die vorwiegend von Dominikanern geleitet wurde. Ein Inquisitionsverfahren lief immer nach demselben Ritual ab: Zuerst wurden die Ketzer dazu aufgefordert, sich selbst anzuzeigen, und die Gläubigen zur → Denunziation angetrieben. Dann folgte die Vorladung, bzw. Verhaftung, danach die Untersuchung, mit dem klaren Ziel eines Schuldbekenntnisses. Im Verlaufe des → Prozesses wurden weder die Namen der → Zeugen noch Denunzianten genannt, und der Angeklagte bekam keinen Verteidiger zugestanden. 1252 erlaubte Innozenz IV. die Anwendung der → Folter. Die Strafen gegen Ketzerei reichten von Kirchenstrafen bis zum Verbrennen. Ihren Höhepunkt erreichte die Inquisition in Spanien, Italien und Frankreich. In Deutschland war 1227 Konrad von Marburg als päpstlicher Inquisitor eingesetzt worden, der erbarmungslos gegen angebliche Ketzer, vor allem aus dem Adel, vorging. Ab der Mitte des 15. Jahrhunderts verband sich in Deutschland die Inquisition mit den → Hexenverfolgungen. Mit den Ketzerverfolgungen waren auch immer politische und wirtschaftliche Interessen verbunden. So konnten ganze mißliebige Gruppen, wie z.B. der Templerorden, durch die Inquisition vernichtet und ihre Güter eingezogen werden. In Spanien war die Inquisition seit 1478 eine staatliche Einrichtung unter einem Großinquisitor, in Portugal seit 1536. In beiden Ländern diente sie als wichtiges Instrument zur Verfolgung von Andersgläubigen, wozu auch die Protestanten zählten. Kennzeichnend für die spanische und portugiesische Inquisition waren die → Autodafés, denen in Spanien zwischen 1481 und 1808 rund 31.000 Menschen zum Opfer fielen. Schätzungsweise 270.000 andere Personen wurden in dieser Zeit zu Kerkerhaft und Vermögensentzug (→ Vermögensstrafe) verurteilt. Mit der neuzeitlichen Trennung von Kirche und Staat und unter dem Einfluß der Aufklärung verlor die Inquisition schließlich an Bedeutung. In einigen Ländern bestand sie jedoch bis ins 19. Jahrhundert hinein, so z.B. in Spanien bis 1834, in Italien bis 1859 und im Kirchenstaat bis 1870.

Literatur: B. Rill: Die Inquisition und ihre Ketzer (1982). → Religion und Verbrechen

Internet-Kriminalität

→ Computerkriminalität

Internjustiz der Unterwelt

»Alle erschließbaren Quellen deuten darauf hin, daß organisierte Ganoven seit dem Mittelalter Fragen der Legislative den demokratisch gewählten ›parlamentarischen‹ Ausschüssen überließen. An den einmal gefaßten Entschlüssen hielten jedoch die organisierten Banden oft härter und starrer fest als die Normalgesellschaft. Man hatte ja im Gegensatz zum legalen Establishment keinen Beamtenstab und keine Institutionen zur Verfügung, um kleine Verfehlungen etwa durch kurze Haft oder milde Bußen bestrafen zu können. Man war vielmehr innerhalb des organisierten Verbrechens zu drastischen Sanktionen gezwungen, um die Regeln durchzusetzen. Die romantische Vorstellung, es habe sich damals jeder, der nirgends hineinpaßte, zu den Räubern schlagen und dort seinen Individualismus voll ausleben können, ist ganz einfach falsch: Einordnung war überall groß geschrieben.« So schreibt der Jurist Valentin Landmann in seinem Buch *Das Böse. Die Geschichte eines Urphänomens* (1985) zur Internjustiz in der → Unterwelt. Auch heute noch gibt es innerhalb des organisierten Verbrechens die Bildung von »Justizausschüssen« zur Beurteilung eines nicht den internen Gesetzen entsprechenden Verhaltens seiner Mitglieder. Und auch heute noch steht das → organisierte Verbrechen vor dem Problem, daß es nur eine geringe Auswahl an Sanktionen hat: entweder Ausschluß aus der Organisation, körperliche → Strafen, oder, im Extremfall, die → Todesstrafe. In der modernen organisierten Kriminalität dürfte die häufigste Maßnahme der Ausschluß sein. Der Ausgeschlossene wird sich dabei wohlweislich hüten, internes Wissen weiterzugeben, da er weiß, daß ihn dann unweigerlich schärfere Maßnahmen treffen würden. Die Vorstellung allerdings, es sei die Regel, daß Mitglieder einer Verbrecherbande bereits wegen geringer Verfehlungen vom Bandenchef oder Kollegen »kaltgemacht« werden, dürfte mehr dem Bereich der Fiktion als der Realität angehören.

Bei Machtkämpfen zwischen kriminellen Organisationen geht es allerdings in der Tat oft sehr blutig zu. Besonders zu Zeiten der → Prohibition wurden blutige → Bandenkriege ausgetragen. Allein in Chicago sollen 1926 und 1927 mehr als 500 Menschen den Bandenkriegen zum Opfer gefallen sein. Legendär wurde das »Valentins-Massaker«: Am 14. Februar 1929 wurden sieben Mitglieder der auf Alkoholschmuggel (→ Schmuggel) spezialisierten Dion-O'Banion-Gang von → Killern einer rivalisierenden → Bande in einer Garage regelrecht hingerichtet. Drei der fünf → Mörder trugen Polizeiuniformen und führten die beiden zivil gekleideten Komplizen scheinbar ab. Anwohner, die die Schüsse hörten, informierten deshalb nicht die → Polizei. Einen besonderen Fall von Internjustiz der Unterwelt zeigt Fritz Lang in seinem Film *M – Eine Stadt sucht einen Mörder*. Der Film, der auf einer wahren Begebenheit gründet (→ Berliner Ringvereine), schildert, wie ein Kindermörder (→ Kinderschänder, → Kindsmord) von einer Unterweltorganisation gesucht wird. Die Unterwelt will ihm den → Prozeß machen, da die Verbrechen des

Internjustiz der Unterwelt: Das »Valentins-Massaker« vom 14. Februar 1929

Kindermörders die Bevölkerung und die Polizei in Alarmbereitschaft versetzt haben – was sich auch nachteilig auf die »Geschäfte« der »normalen« Verbrecher auswirkt. → Flegenheimer, Arthur »Dutch Schulz«, → Siegel, Benjamin »Bugsy«

Interpol

Kurzbezeichnung für: Internationale Kriminalpolizeiliche Organisation. Interpol ist der Zusammenschluß von derzeit 176 nationalen → Polizeibehörden. Erstmals gegründet wurde Interpol im Jahr 1923 in Wien unter dem Namen »Internationale Kriminalpolizeiliche Kommission«. 1946 wurde sie unter demselben Namen neu gegründet mit dem Sitz in Paris. Die Umbenennung erfolgte 1956. Seit 1989 befindet sich Interpol in Lyon. Die Arbeit von Interpol, deren Amtssprachen Englisch, Französisch, Spanisch und Arabisch sind, beruht auf den 1956 errichteten Statuten. Die Hauptaufgabe von Interpol ist, eine wirksame, Staaten übergreifende Verbrechensbekämpfung zu betreiben. Dazu gehört die gegenseitige Unterstützung durch alle kriminalpolizeilichen Einrichtungen nach nationalem Recht unter Achtung der Menschenrechte. Politische Verbrechen, religiöse, rassistische oder militärische Angelegenheiten gehören nicht in den Aufgabenbereich Interpols. Zur Wahrnehmung der Aufgaben sind Nationale Zentralbüros eingerichtet – in Deutschland das → Bundeskriminalamt. Schwerpunkt von Interpols Tätigkeit ist der Informationsaustausch über → Straftaten mit internationalem Bezug. Interpol hat keine eigenen Hoheitsbefugnisse, so daß die Strafverfolgung den nationalen Strafverfolgungsbehörden überlassen bleibt.

Literatur: F. Bresler: Interpol. Der Kampf gegen das internationale Verbrechen von den Anfängen bis heute (1993). → Europol, → Kriminalpolizei

Intrige

Eine Intrige spinnen, heißt eine hinterhältige Machenschaft planen, mit der jemand gegen einen anderen arbeitet und ihm zu schaden sucht. Ein Intrigenspiel kann als Folge kriminelles Handeln – auch des Opfers – auslösen, gleichwohl dürfte sie sich im Regelfall im Bereich der → legalen Kriminalität bewegen. Ursachen für Intrigen sind häufig Konkurrenz, → Neid, → Mobbing, → Haß, Machtspiele oder ganz einfach die Lust am Unheilstiften (→ Sadismus). Ihre Mittel sind → Lüge, → üble Nachrede und Verleumdung (→ Beleidigung). Das weitverbreitete Intrigenspiel belegt: Gemeinheit gibt es nicht nur in der → Unterwelt, sondern sie ist ebenso hinter der Maske vieler »anständiger« und »gesetzestreuer« Menschen zu finden.

Inzest

Auch → Blutschande genannt, bezeichnet den Geschlechtsverkehr zwischen nahen Blutsverwandten, wie z.B. zwischen Eltern und Kindern oder Geschwistern. Inzest kann aufgrund von Inzucht erbkranken Nachwuchs zur Folge haben und wird mit → Geld- und → Freiheitsstrafe geahndet, wovon allerdings Personen unter 18 Jahren ausgenommen sind.

Der häufigste Fall von Blutschande dürfte der zwischen Vater und Tochter sein. Häufig sind die → Täter asozial (→ Asoziales Verhalten), Alkoholiker (→ Alkohol und Verbrechen) und von minderer Intelligenz.

Neben der inneren Bereitschaft müssen starke äußere Umständen hinzukommen, um die Schranken des Inzest-Tabus zu durchbrechen. Blutschande wird auch als »Isolationsinzest« bezeichnet, da die Täter oft nur wenig Kontakt zur Außenwelt haben. In der Familie selbst ist die Mutter oft als Sexualpartner ausgefallen, so daß die Tochter gleichsam an Stelle der Mutter tritt, wobei der Mutter in vielen Fällen insofern eine Mitschuld zukommt, als sie das Verhältnis ihres Mannes mit der Tochter stillschweigend duldet.

Diese Verhältnisse dauern bisweilen jahrelang, bis eine Schwangerschaft der Tochter bekannt wird oder sie eine normale Beziehung eingeht, in deren Folge es nicht selten zu einer → Anzeige kommt. Man hat drei Typen von Inzesttaten unterschieden: Solche, wo der Vater allein aus sexuellen Motiven handelt, solche, wo er ein echtes Liebesverhältnis zur Tochter anknüpft und Fälle, wo es sich um eine einmalige Entgleisung handelt. Inzest zwischen Mutter und Sohn kommt nur äußerst selten vor; es muß als eine absolute Ausnahme betrachtet werden, daß, wie es vor dem Zweiten Weltkrieg in Schweinfurt geschah, eine damals 90jährige Frau sieben Jahre lang mit ihrem um 45 Jahre jüngeren Sohn im Geschlechtsverkehr stand. Das → Delikt der Blutschande ist bisweilen mit dem der Kindstötung (→ Kindsmörderin) verbunden: In der Umgebung von Freiburg/Br. hatte ein 66jähriger Landarbeiter vier Jahre lang mit seiner Tochter ein Geschlechtsverhältnis unterhalten: Die Mutter hatte anfangs ihren Mann geprügelt, aber irgendwann resigniert. Als die Tochter 1955 ein Kind zur Welt brachte, tötete sie es sofort, indem sie ihm den Hals zupreßte. Die Eltern sahen zu, ohne einzugreifen. Alle drei wurden verurteilt; es stellte sich heraus, daß Vater und Tochter schwachsinnig waren (→ Geisteskranke und abnorme Täter). *Literatur: M. Hirch: Realer Inzest (1994).* → Hinterkaifeck

Isolationshaft
Eine befristete Form der Einzelhaft, in welcher die Kontakte des Häftlings zur Außenwelt, auch zu Mithäftlingen, stark eingeschränkt werden. Eine Isolationshaft eigener Art kann bei Häftlingen vorgenommen werden, die der Terroristenszene (→ Terrorismus) angehören, um Kontakte untereinander zu unterbinden. In Systemen, die sich rechtsstaatlicher Überwachung entziehen, wird unkontrollierte und ungerechtfertigte Isolationshaft als Art der → Folter praktiziert. → Haft

J

Jack the Ripper

Auf deutsch Jack der Schlitzer, war ein mythenumrankter → Prostituiertenmörder aus dem spätviktorianischen England. Im Jahre 1888 hatte der Ripper im → Londoner Armenviertel Whitechapel fünf Damen vom ältesten Gewerbe der Welt auf bestialische Art und Weise hingeschlachtet. Die Frauen wurden von Jack the Ripper immer erst erwürgt, dann aufgeschlitzt und schließlich zerstückelt. Dabei ging der Ripper mit jedem → Mord brutaler vor. Shirley Harrison schreibt in dem von ihr herausgegebenen *Tagebuch von Jack the Ripper* (1994) zu der letzten hingerichteten Leiche, der 25jährigen Prostituierten Mary Jane Kelly: »Auf dem blutgetränkten Bett lag all das, was von dem Leichnam der jungen Frau übrig war. Sie war bis auf ein kurzes Unterhemd nackt. Jemand hatte sich große Mühe gegeben, ihr den Kopf abzutrennen. Ihr Bauch war tief aufgeschlitzt, Nase, Brüste und Ohren waren abgeschnitten, und Hautfetzen vom Gesicht und von den Schenkeln lagen neben der Leiche. Die Nieren, die Leber und andere Organe waren um den Leichnam herum arrangiert, dessen weit aufgerissene Augen aus einem entstellten Gesicht herausstarrten, das keine menschlichen Züge mehr erkennen ließ.«

Der East London Advertiser stellte 1888 in bezug auf die vom Schlitzer begangenen Morde fest: »Es ist derart unmöglich, diese abstoßenden Bluttaten auf irgendeine gewöhnliche Ursache zurückzuführen, daß sich der Verstand beinahe instinktiv Theorien über okkulte Kräfte zuwendet und Mythen der Vorzeit vor dem geistigen Auge erscheinen. Gespenster, Vampire, Blutsauger ... nehmen Gestalt an und bemächtigen sich der erregten Phantasie.« Selbst Bram Stoker ließ sich bei der Abfassung seines Dracula von Jack the Ripper inspirieren ... Was den Ripper-Mythos weiter nährte, ist die Tatsache, daß der → Täter nie ermittelt werden konnte, und der Spuk nur von August 1888 bis zum November desselben Jahres reichte. Danach brachen die Mordtaten ab. Erst über 100 Jahre später führten die Spuren zu einem Liverpooler Geschäftsmann namens James Maybrick, dessen entdeckte Tagebücher vermuten lassen, daß er Jack the Ripper war. Allerdings ist die Meinung der Wissenschaftler über die Echtheit dieser Tagebücher zweigeteilt. Sollten sie echt sein, erhielte das Leben Jack the Rippers alias Maybrick eine makabere Pointe. Maybrick selbst nahm nämlich auch ein vorzeitiges Ende. Er wurde von seiner 26 Jahre jüngeren Ehefrau vergiftet (→ Gift). → Abnorme und geisteskranke Täter, → Frauenmörder, → Lebende Vampire, → Lustmörder, → Serienmörder, → Sexualverbrecher

Jack the Stripper

Ähnlich wie sein bekannter Kollege → Jack the Ripper trieb auch Jack the Stripper sein Unwesen in → London und hatte es auf → Prostituierte abgesehen. Sein erstes Opfer wurde am 2. Februar 1964 unweit der Hammersmith-Brücke in der Themse gefunden. Es handelte sich um die 30jährige Hannah Tailford, die bereits seit einiger Zeit vermißt war. Als man zwei Monate darauf stromaufwärts die Leiche einer weiteren Prostituierten entdeckte, brachte → Scotland Yard ihren Tod mit dem von Hannah Tailford und noch zweier anderer Prostituierten in Verbindung, die man im Jahr zuvor ebenfalls in der Themse gefunden hatte. Alle Frauen schienen demselben Mann zum Opfer gefallen zu sein, der die Frauen zum Oralverkehr gezwungen und dann erdrosselt hatte. Als die → Polizei ihre Patrouillen entlang des Flußabschnittes verstärkte, entsorgte der → Mörder sein nächstes Opfer, die 24jährige Helen Bartholowmey, in der Nähe der U-Bahn-Station Boston Manor. Auch sie stammte aus dem Prostituiertenmilieu, war erwürgt worden, und ihr Körper wies Farbsprengsel von Lackfarbe auf, die sich auch bei den anderen Leichen gefunden hatten. Es dauerte nicht lange, bis der unbekannte → Serienmörder, den die Polizei nun Jack the Stripper nannte, erneut tötete. Mitte Juli 1964 wurde die 30jährige Prostituierte May Fleming erwürgt aufgefunden. Auch ihre Haut zeigte Farbspuren auf. Der Fund von noch zwei weiteren Frauenleichen lenkte die Spur auf das Fabrikgelände der Westpoint Trading Estates in Acton, innerhalb der sich eine Lackiererei und ein verlassenes Lagerhaus befanden. Die Liste der Verdächtigen verringerte sich auf drei dort arbeitende Männer, darunter auch auf den 45jährigen Nachtwächter, der unbegrenzt Zugang zum Gelände hatte. Als er in Verdacht geriet, nahm er sich das Leben und hinterließ einen Abschiedsbrief. Er legte darin kein Geständnis ab, erklärte aber, daß er den auf ihm lastenden Druck nicht länger ertragen könne. Nach seinem Tod fand die Mordserie ein Ende, und die Polizei konnte die Akte von Jack the Stripper schließen.

Jaeger, Henry

Die Geschichte des Kriminellen und Schriftstellers Henry Jaeger ist eine Geschichte von → Verbrechen und Kultur, von Nachkriegsnot und Nachkriegsruhm und eines tragischen Scheiterns. Henry (eigentlich Karl-Heinz) Jaeger wurde am 29. Juni 1927 in Frankfurt geboren. Im März 1945 desertierte der 17jährige Fallschirmspringer und begann nach kurzer Kriegsgefangenschaft eine Arbeit als Laborant im amerikanischen Militär-Hospital in Frankfurt am Main. Als er Medikamente, vornehmlich Antibiotika, verschob, wurde er im → Milieu der Frankfurter Halb- und → Unterwelt schnell bekannt. In einem auf dem Frankfurter Südbahnhof abgestellten Sonderzug Hitlers behandelte er mit seinem geschmuggelten (→ Schmuggel) Penicillin US-Soldaten, die sich mit Gonorrhoe infiziert hatten. In den Kneipen und Nachtclubs des Milieus wurde die »Jaeger-Bande« bald zu einer Legende. 1955 bekam Jaeger von einer Kriegswitwe den Tip, bei einer Rentenzahlstelle der Bundespost sei eine Menge Geld zu holen. Tatsächlich konnte die Jaeger-Bande die für damalige Zeiten hohe Summe von 80.000 Mark erbeuten. Doch danach lief alles schief. Zwar halfen die anwesenden Rentner noch beim Verpacken der → Beute, doch dann versagte das Fluchtauto. Nachdem Jaeger und seine Bande festgenommen wurden, lautete das → Urteil für ihn auf zwölf Jahre → Zuchthaus, wegen mehrerer → Überfälle. In der → Haft freundete Jaeger sich mit dem Anstaltspfarrer an, der ihn zum Schreiben motivierte. Auf Toilettenpapier entstand hier Jaegers erstes Buch *Die Festung*. 1962 veröffentlicht, fand der Roman, der das Elend der Heimatvertriebenen im zerstörten Nachkriegsdeutschland zum Thema hat, auch internationale Beachtung. Die Festung – in achtzehn Sprachen übersetzt und mit Hildegard Knef und Martin Held verfilmt, wurde zu einem Welterfolg und Henry Jaeger 1963 begnadigt (→ Begnadigung). Noch im gleichen Jahr erschien sein autobiografisch gefärbtes zweites Buch *Rebellion der Verlorenen*. Von den Tantiemen seiner Werke bezahlte Jaeger die Postraubbeute zurück. Ende der sechziger Jahre ließ er sich in Ascona im Tessin nieder, wo er weitere Romane schrieb wie *Das Freudenhaus, Jakob auf der Leiter, Tod eines Boxers, Amoklauf, Ein Mann für eine Stunde*. Unter der Kritik leidend, die seine Bücher als »Trivialliteratur« behandelte, griff Jaeger zunehmend zur Flasche. Schließlich starb er einsam, verarmt und krank am 4. Februar 2000 mit 72 Jahren in einem Krankenhaus in Ascona. → Gefangenenliteratur

James, Jesse Woodson

Die Wildwestlegende Jesse James wurde 1847 als Sohn eines Baptistenpredigers auf einer Farm in Missouri geboren. Bei Ausbruch des Bürgerkrieges traten Jesse und sein vier Jahre älterer Bruder Frank für die Sache des Südens ein. Mehr als einmal wurden Jesse und seine Angehörigen von Anhängern der Union mißhandelt, und 1864 schloß sich Jesse, wie zuvor sein Bruder Frank, einem Partisanentrupp an. Jesse wurde zweimal schwer verwundet, genas aber wieder und war bis zum Kriegsende an den → Raub- und → Mordzügen dieser Guerilla-Einheit beteiligt (→ Krieg und Verbrechen).

Das wilde und freie Leben als Partisanen hat die James-Brüder offensichtlich untauglich für eine bürgerliche Laufbahn gemacht. Nach der Kapitulation der Südstaaten verlegten sich die Guerilla-Kämpfer James und Frank auf Bank- und Eisenbahnüberfälle (→ Bankräuber, → Eisenbahnverbrechen). Dabei verbündeten sie sich mit den ebenfalls berüchtigten Younger-Brüdern. Wieviele Überfälle auf ihr Konto gingen, läßt sich nicht mehr genau feststellen, jedenfalls gab es nicht wenige Schießereien, und Jesse James machte dabei oft genug von seiner Waffe Gebrauch. Trotz seiner Raubzüge blieb der Baptistensohn ein gläubiger Christ, heiratete und wurde Vater zweier Kinder. Ende 1881 zog Jesse James, auf den mittlerweile eine hohe Belohnung ausgesetzt war, unter dem falschen Namen Thomas Howard nach St. Joseph, wo er weitere Raubzüge unternehmen wollte. Dort wurde er am 3. April 1883, von Bob Ford, einem neuen Mitglied der Bande, ermordet, den die hohe Belohnung gelockt hatte. Einige Zeit kursierten Gerüchte, Jesses Tod sei eine Falschmeldung, und er sei noch am Leben. Es kam bisweilen auch vor, daß → Hochstapler von sich behaupteten, sie seien der berühmte → Outlaw. Doch der echte Jesse war nachweislich im Vorgarten der mütterlichen Farm begraben, wo seine Mutter, Mrs. Samuel, Führungen abhielt und unter Tränen Steine von Jesses Grab verkaufte, deren Bestand sie von einem nahegelegenen Bachbett immer wieder erneuern konnte. Jesses Bruder Frank stellte sich nach Jesses Tod der Obrigkeit, in der Hoffnung, daß der Gouverneur von Missouri Gnade walten lasse. In einem ergreifenden Plädoyer bat er um Mitgefühl und Nachsicht, und nach einer Reihe langwieriger Rechtsverfahren und Prozesse wurde er 1885 freigesprochen. Danach führte er ein ruhiges, ehrbares Leben und starb 1915 auf der Familienfarm in Missouri. → Gunfighter

Jauner

Ältere Bezeichnung für → Gauner.

Jegado, Hélène

»Überall wo ich hingehe, sterben Menschen!« beklagte sich die bretonische Köchin Hélène Jegado mit der Miene beleidigter Unschuld. Dabei lag dieser Umstand schlicht und ergreifend an den Mengen von Arsen, das sie für ihre Gerichte zu verwenden pflegte. Es wird vermutet, daß

Jesse James und seine Bande überfallen eine Postkutsche. Stich. Ende 19.Jahrhundert

die 1803 geborene Hélène ihren ersten von vermutlich insgesamt 27 → Giftmorden in den 20er Jahren des 19. Jahrhundert beging. In den darauffolgenden Jahren starben in den Haushalten, wo die starke Trinkerin beschäftigt war, die auch → Diebstähle beging, immer wieder Menschen. Sogar im Kloster, in das Hélène Jegado zwischenzeitlich eintrat, vergiftete sie einige ihrer Mitschwestern, woraufhin sie schleunigst wieder entlassen wurde. Erstaunlicherweise kam erst im Juli 1851 jemand auf den Gedanken, die mörderische Köchin anzuzeigen. Bei einer Vernehmung wurde schnell ihre → Schuld deutlich, und noch im selben Jahr wurde die mittlerweile 48jährige verhaftet und guillotiniert (→ Guillotine).

Jernigan, Joseph

Eine besondere Art der Auferstehung erlebte der 1993 in Texas wegen → Mordes hingerichtete Joseph Jernigan. Jernigan, der seinen Körper der Wissenschaft vermacht hat, ist seit dem Jahr 2000 im Internet anatomisch wieder zum Leben erwacht. In mehrjähriger Arbeit haben Forscher des Universitätskrankenhauses Hamburg-Eppendorf den Leichnam in 1800 Scheiben zerlegt, die Innenansichten des Körpers digitalisiert und in hochauflösender 3D-Qualität wieder zusammengesetzt. Chirurgen, Medizinstudenten oder interessierte Laien können nun am Computer den virtuell zerlegten Körper des Mörders inspizieren, mit einem Mausklick Organe verschwinden lassen oder hinzufügen. Besonderen Erfolg verspricht man sich mit dem »Digitalmörder« im Nahen Osten, denn Muslimen ist die reale Leichensektion nicht gestattet. Der digitalisierte Torso ist in drei CD-ROMs erhältlich.

Jonas, Heinrich Gottlob

Er wurde von den Frauen geliebt – der Geige spielende Schneidergeselle Heinrich Jonas Gottlob, der ebenfalls dem weiblichen Geschlecht nicht abhold war. Aus diesem Grund verlegte sich der gutaussehende junge Mann, den der männliche Teil Leipzigs wenig freundlich als »liederlichen Jonas« bezeichnete, ganz auf das Geschäft eines »Belamis«. Der musizierende »Callboy« wurde 1761 geboren und war der Schwarm der Witwen und wohlhabenden, alleinstehenden Frauen Leipzigs, die seine Liebesdienste gerne in Anspruch nah-

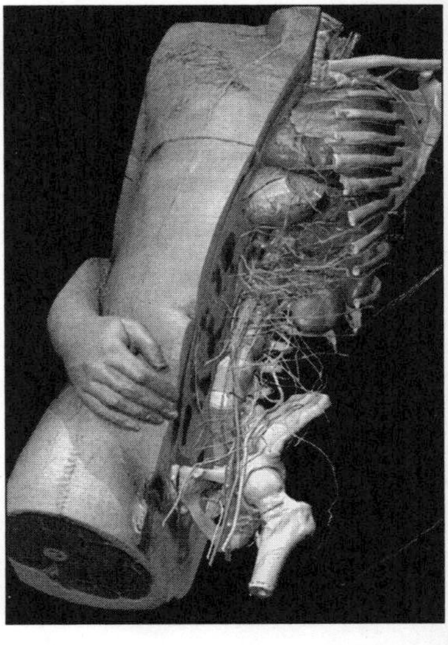

Digitalisierter Jernigan-Körper

men. Das fand allerdings ein Ende, als Jonas im Jahr 1789 eine Bürgerin im Streit erstach, da sie ihm das versprochene Entgelt verweigerte.

Erstaunlicherweise nahmen ihm die anderen Damen diese Untat nicht übel. Der eingekerkerte Charmeur wurde in seiner Zelle im Georgenhaus mit allerlei Leckereien versorgt, und als die Leipziger Frauen nach anderthalb Jahren → Haft immer noch zu seiner Zelle pilgerten, wandte sich der Rat an die Kirche mit dringender Bitte, das gegen Jonas gefällte → Todesurteil endlich zu vollstrecken. Als Jonas am 20. August 1790 zu seiner → Hinrichtung schritt, tat er das stilvoll. Die Leipziger Frauen hatten seinen Weg zum → Schafott mit Rosen bestreut, und Jonas behielt lächelnd Haltung, bis er im wahrsten Sinne des Wortes seinen Kopf verloren hatte. → Prostitution

Judith

Eine heroische → Mörderin, für die Künstler seit der Renaissance schwärmen. Sei es nun Sandro Botticelli, Lucas Cranach d.Ä., Donatello oder Gustav Klimt, sie alle haben die biblische Mörderin in ihrer Kunst verewigt. Nach dem erhaltenen apokryphen Buch Judith des Alten Testaments ging Judith während der Belagerung ihrer Vaterstadt Baitylua ins Lager des feindlichen Feldherrn Holofernes und schlug ihm des Nachts in seinem Zelt den Kopf ab, woraufhin die Belagerer flüchteten.

Jugendarrest

Ist das strengste nach dem Jugendgerichts-Gesetz zulässige → Zuchtmittel. Jugendarrest bedeutet eine kurzzeitige → Freiheitsentziehung und wird angeordnet, wenn eine Verhängung von → Jugendstrafe nicht erforderlich ist, dem Jugendlichen das Unrecht seiner Tat jedoch bewußt gemacht werden soll. Der Jugendarrest wird nicht ins → Strafregister eingetragen, dafür aber ins Erziehungsregister.

Jugendbanden

Die Kriminalität Jugendlicher, insbesondere → Gewaltverbrechen, sind häufig nicht → Delikte einzelner, sondern sie werden in Gruppen, in → Banden, begangen. Erst in ihnen fühlt sich der → Halbstarke ganz stark. Die Bezeichnung Jugendbande, auch

Lucas Cranach d.Ä.: »Judith mit dem Haupt des Holofernes«; vor 1537

Rotte, Horde, Meute, oder im Zuge der allgemeinen Amerikanisierung meist → Gang genannt, meint zunächst eine Gruppe von Jugendlichen – manchmal auch älteren Kindern -, die sich durch abweichendes Verhalten und eine eigene Subkultur auszeichnen wie z.B. jugendliche → Diebesbanden, → Rockerbanden oder auch einzelne Fanclubs. Jugendbanden sind meist hierarchisch aufgebaut und üben in der Regel eine starke Kontrolle über ihre Mitglieder aus. Oft entscheiden eigene, z.T. kriminelle Initiationsriten über eine Neuaufnahme. Kriminelle Jugendbanden bilden vor allem in problematischen Stadtteilen von Großstädten ein erhebliches Gewaltpotential. Das gilt z.B. auch für das von vielen als Traumstadt betrachtete Los Angeles. Allein in dem Viertel Lynwood, von Einheimischen »Gun Hell« genannt, bekämpfen sich an die 103 Jugendbanden. Das Resultat: im Schnitt 10 Tote pro Woche. Kein Tourist sollte sich dorthin wagen, da sein Ausflug tödlich sein könnte. Jeder Polizist trägt in »Gun Hell« eine kugelsichere Weste. Der → Polizeibericht aus diesem Revier zählte innerhalb von 24 Stunden an einem Augusttag im Jahr 2000 folgende → Gewaltverbrechen: 20jähriger an einer roten Ampel mit Kopfschüssen aus einem danebenstehenden Auto hingerichtet. 15jähriger Junge vor dem Elternhaus in den Kopf geschossen. 19jähriger auf dem Bürgersteig getötet. Ein 7jähriger Junge mitten in einer Gruppe von Menschen angeschossen. Die beiden größten Jugendbanden von Los Angeles sind die »Bloods« – sie tragen Rot, und die »Crips« – die Blauen. Sie bekämpfen sich bis auf den Tod. Nicht selten mit russischen Kalaschnikows. Die Polizei ist machtlos. Höchstens 10 Prozent der Überfälle werden gemeldet. Um wenigstens einen Überblick zu behalten, haben die Beamten des Los Angeles Police Departement Sensoren an Strommasten installiert, die sofort melden, wenn Schüsse fallen. Häufig rekrutieren die Jugendbanden ihre Mitglieder aus den schwarzen Elendsvierteln der Stadt. Es gibt aber auch regelrechte Ethnokriege (→ Rechtsextremismus) unter den Jugendlichen.

Soziologen sehen in der Gewalt von Jugendbanden auch die Initiierung von Männlichkeitsritualen, die den häufig auf sich selbst gestellten Heranwachsenden, vor allem wenn beide Elternteile arbeiten, in positiver Form nicht mehr angeboten werden. In unseren modernen »verweichlichten« Gesellschaften müssen sich die »Jungmannen« ihre Männlichkeitsrituale daher selbst schaffen – mit z.T. verhängnisvollen Folgen.

Literatur: Hans-Volkmar Findeisen; Joachim Kersten: Der Kick und die Ehre. Vom Sinn jugendlicher Gewalt (1999).

→ Autonome, → Hooligan, → Jugendkriminalität, → Skinheads

Jugendgewalt

→ Jugendbanden, → Jugendkriminalität, → Vandalismus

Jugendkriminalität

Die Jugendkriminalität steigt dramatisch. → Polizei, → Justiz und Jugendämter sind überfordert. Der Gesetzgeber hat das strafrechtlich mißbilligte Verhalten junger Täter heute in zwei Altersgruppen unterteilt: Sie umfassend die Altersgruppe der 14-17jährigen, das sind die Jugendlichen, und die Altersgruppe der Heranwachsenden von 18-20. Eine Abgrenzung findet sowohl gegenüber der → Kinderkriminalität als auch den strafrechtlich Vollerwachsenen ab dem 21. Lebensjahr statt. Etwa jeder fünfte der polizeilichen Tatverdächtigen ist 14 bis 21 Jahre alt. Die Kriminalitätsbelastung bei Männern erreicht im Alter zwischen 18 und 21 sogar ihren Höhepunkt (→ Lebensalter und Verbrechen) und nimmt danach stetig ab.

Junge weibliche Tatverdächtige stellen hingegen nur eine kleine Gruppe innerhalb der registrierten Jugendkriminalität dar (ca.20 %), und ihre → Delikte sind meist minder schwer (→ Geschlecht und Verbrechen). Vor Straßenverkehrsdelikten (→ Verkehrsvergehen) bilden → Diebstähle, meist → Ladendiebstähle, den größten Teil der Jugendkriminalität. Der Anteil der → Gewaltverbrechen ist nicht unerheblich, zahlenmäßig jedoch von geringerer Bedeutung. Vergleichsweise hoch, Tendenz steigend, ist der Anteil der jugendlichen Straftäter an → Raubdelikten. Nach ihren → Motiven gefragt, geben die Jugendlichen selbst oft an: Abenteuerlust, Übermut, Neugier, Leichtsinn, Sport, oder ähnliches. Bewußt oder unbewußt spielen jedoch häufig Konsumstreben, Streben nach Prestige und Anerkennung, Männlichkeitsrituale und der Wunsch, einer bestimmten Gruppe anzugehören (→ Jugendbanden), eine entscheidende Rolle. Jugendkriminalität wird ohnehin häufig in Gruppen verübt. Beispiele hierfür sind Kollektivformen des Drogenkonsums (→ Rauschgiftkriminalität), Ausschreitungen bei Demonstrationen oder gewaltsame Hausbesetzungen, wo die Jugendlichen Kompromißlosigkeit, aber auch Rückzug und Protest zeigen. Jugendkriminalität ist insgesamt meist weniger schwer als Erwachsenenkriminalität, sie ist meist spontaner oder auf die Nachahmung professioneller Verbrechen angelegt.

Als Ursache für Jugendkriminalität werden mehrere Faktoren vermutet, so z.B. der Wertewandel in einer übersättigten Konsumgesellschaft, der Zerfall von Familien, schulische Unterqualifikation, mangelnde Leistungsbereitschaft, Fehlentwicklungen des modernen Städtebaus, kulturelle Entwurzelung – besonders bei jungen Ausländern (→ Ausländerkriminalität), Arbeitslosigkeit und ein Gefühl der Lebensleere.

Kennzeichnend für Jugendkriminalität ist oft ihre scheinbar vollkommene Sinnlosigkeit. So schleuderten im Februar 2000 drei US-Soldatenkinder im Alter zwischen 14 und 18 Jahren von einer Brücke bei Darmstadt bis zu 15 Kilo schwere Steine auf die Autobahn. Dabei wurden sechs Fahrzeuge getroffen, zwei Fahrerinnen getötet, fünf Autoinsassen zum Teil schwer verletzt. 19 Minuten dauerte die Attacke, bei der sich die Jugendlichen am Leid ihrer Opfer weideten. Die Gründe: Langeweile, Entwurzelung, Männlichkeitsrituale, Phantasielosigkeit, → Sadismus, und ein sich gegenseitiges Anfeuern.

Literatur: M. Walter: Jugendkriminalität. Eine systematische Darstellung (1995). → Schule und Gewalt

Jugendstrafe

Ist die erzieherisch ausgestaltete → Freiheitsstrafe von Jugendlichen in Jugendstrafanstalten. Sie ist die einzige Kriminalstrafe des Jugendstrafrechts und wird nur in den Fällen verhängt, wo Erziehungsmaßregeln (→ Jugendarrest) und → Zuchtmittel wegen der Schwere der Tat nicht ausreichen. Das Höchstmaß der Jugendstrafe beträgt fünf, bei schweren → Verbrechen zehn Jahre. Das Mindestmaß sechs Monate. Die Jugendstrafe von unbestimmter Dauer wurde 1990 abgeschafft. Die Jugendstrafe wird in das → Strafregister eingetragen.

Jussupoff, Fürst Felix

Wer war Grigori Rasputin? Ein einfacher russischer Bauer oder ein Dämon? Ein Wüstling oder ein Heiliger? Man sagte ihm übersinnliche Fähigkeiten ebenso wie übermäßige erotische Kräfte nach. Für Fürst Felix Jussupoff waren Rasputin und sein Einfluß auf den letzten russischen Zaren Nikolai II. und die Zarin die Hauptursache für die Misere Rußlands im Ersten Weltkrieg. Jussupoff, 1887 geboren, Erbe der wohlhabendsten Familie Rußlands, verheiratet mit einer Nichte des Zaren, war ein blendend aussehender, hochmütiger Aristokrat und überzeugter Monarchist. Zusammen mit seinen Mitverschwörern Wladimir Purischkewitsch, Abgeordneter der Reichsduma, Großfürst Dimitrij Pawlowitsch, ein Verwandter des Zaren, dem Arzt Doktor Lasawert und dem Leutnant Suchotin beschloß Jussupoff, den sibirischen Wundermönch zu ermorden. Die Regie des → Mordes sah dabei folgendermaßen aus: Rasputin sollte zu später Stunde als Gast des jungen Fürsten Jussupoff in dessen Palast an der Mojka eingeladen und dort vergiftet (→ Gift) werden. Man wollte ihm zyankaliversetzte Süßigkeiten reichen. Zusätzlich wollte man Madeira in mit gelöstem Zyankali präparierten Gläsern offerieren. Wenn nach zehn, fünfzehn Minuten die Wirkung des Giftes eingetreten war, sollte Rasputins Leiche mit einem anderen Automobil als dem, mit dem er abgeholt wurde, zur Alten Njewka am Stadtrand gebracht und dort in einem Eisloch versenkt werden.

In der Nacht des 16. auf den 17. Dezember des Jahres 1916 war es soweit. Der junge, dandyhafte Fürst hatte einen Kellerraum seines Palastes zum Ort des Geschehens bestimmt und in eine gemütliche Kaminhalle verwandeln lassen. Er allein wollte Rasputin die vergiftete Kost kredenzen, die anderen Teilhaber des Mordkomplottes sollten sich in oberen Räumlichkeiten des Palastes verborgen halten. Doch als der Wundermönch eingetroffen war, stellte Jussupoff entsetzt fest, daß das Gift nicht wirkte. Nach Stunden endlich griff Jussupoff zu einem letzten Mittel: Er zog eine Pistole und schoß auf Rasputin. Die Mitverschwörer kamen nach den Schüssen in den Kellerraum gestürzt und sahen den »Heiligen Teufel« auf dem Rücken liegen. Daraufhin verließen drei der Mittäter den Jussupoff-Palast. Zurück blieben der junge Fürst und Purischkewitsch, um in einem anderen Raum die Ermordung Rasputins zu feiern. Doch Jussupoff wurde unruhig und wollte in den Kellerraum zurückkehren, wo der Tote lag. Dort angekommen, stellte er fest, daß der vermeintliche Leichnam sich regte. Plötzlich – mit einem Ruck – richtete sich der Wundermönch wieder auf und stürzte sich auf Jussupoff. Es begann ein Ringen auf Leben und Tod. Mit letzter Anstrengung gelang es Jussupoff, sich loszureißen und zu fliehen. Daraufhin versuchte Rasputin, den Palast zu verlassen. Doch auf dem Hof traf ihn endlich die tödliche Kugel – abgefeuert von dem inzwischen alarmierten Purischkewitsch.

Die Hoffnungen Jussupoffs und seiner Mitverschwörer, durch die Ermordung Rasputins Rußland und das Zarentum zu retten, erfüllten sich nicht. Statt dessen ging eine Prophezeiung Rasputins in Erfüllung: Diese sagte der Zarenfamilie nämlich voraus, sollte er, Rasputin, eines gewaltsamen Todes sterben, so würden sie ihm nicht allzulange darauf in den Tod nachfolgen. Im Juli 1918 wurden der Zar, die Zarin und ihre fünf Kinder von den Bolschewiken ermordet. Infolge der Oktoberrevolution und der Schreckensherrschaft → Stalins starben mindestens 20 Millionen Menschen eines gewaltsamen Todes. Jussupoff floh nach Ausbruch der Revolution ins Exil, wo er 1967 starb. 1928 waren seine Erinnerungen unter dem Titel Rasputins Ende erschienen. Purischkewitsch, dessen Kugel Rasputin tötete, starb 1918 an Flecktyphus. Von ihm erschienen posthum seine Tagebücher unter dem Titel Wie ich Rasputin ermordete (1991).

Weitere Literatur: Edward Radsinski: Die Geheimakte Rasputin. Neue Erkenntnisse über den Dämon am Zarenhof (2000).

Justiz

»Gerechtigkeit« bedeutet das lateinische Wort »iustitia«. Der Justiz obliegt die Rechtspflege und damit nicht zuletzt die Entscheidung über Recht oder Unrecht, → Schuld oder Unschuld. Erst seit dem 19. Jahrhundert wurde die Praxis der Justiz öffentlicher, formalisierter und bürokratischer. Noch im späten 18. Jahrhundert konnte beispielsweise ein der → Blasphemie angeklagter bayerischer Beamter auf königlichen Befehl hin ohne weiteres Aufheben ins → Gefängnis geworfen werden. Seit dem 19. Jahrhundert sind derart »schnelle« → Prozesse jedoch obsolet geworden. Der → Angeklagte muß erst vor einem → Gericht der Tat überführt werden, wozu nicht selten eine eingehende Auswertung von → Indizien und → Zeugenaussagen vonnöten ist. → Strafprozeß, → Strafrecht

Justizirrtum

Die falsche Entscheidung eines → Gerichtes aufgrund eines Irrtums über Tatsachen oder irriger Gesetzesauslegung nennt man einen Justizirrtum. Besonders fatal kann sich ein Justizirrtum auswirken, wenn in einem → Strafprozeß aufgrund eines Fehlurteils jemand zum Tode verurteilt wurde (→ Justizmord). Gerade bei spektakulären → Delikten wie → Sexualverbrechen, → Entführungen oder → Gewaltverbrechen liegt wegen des großen Interesses der Öffentlichkeit und der Medien auf → Polizei und → Justiz ein besonderer Druck, einen → Täter zu präsentieren und zu verurteilen. Die Gefahr von Fehlurteilen wächst dadurch. Da Wiederaufnahmeverfahren in den meisten Ländern mit großen Schwierigkeiten verbunden sind, bleiben Justizirrtümer oft bestehen, und bei Ländern mit → Todesstrafe, wie z.B. den USA, kann das den unschuldig Verurteilten das Leben kosten. In Frankreich, wo ein wegen der → Entführung und Ermordung eines kleinen Jungen unschuldig zum Tode Verurteilter eines der letzten Opfer der → Guillotine wurde, schaffte erst Präsident Mitterand diese → Strafe ab. Neben Fehlurteilen kann es auch durch Rechtsmißbrauch oder → Folter zu Justizirrtum und Justizmord kommen. Besonders in der → Stalin-Ära war es verbreitet, Angeklagten vollkommen absurde → Geständnisse abzupressen. So wurde z.B. 1952 der frühere Generalsekretär der Kommunistischen Partei der Tschechoslowakei, Rudolf Stánský, zusammen mit dreizehn anderen hohen kommunistischen Funktionären von dem Staatsgericht in Prag aufgrund erpreßter Geständnisse und vollkommen frei erfundener → Straftaten zum Tode verurteilt. Freilich muß nicht jeder Justizirrtum für den Angeklagten von Nachteil sein, nämlich dann, wenn der Schuldige, wie z.B. der US-Football-Star O. J. → Simpson, freigesprochen wird.

Literatur: H. Mostar: Unschuldig verurteilt. Aus der Chronik der Justizmorde (1990). → Dreyfus, Alfred

Justizmord

→ Hinrichtung eines Unschuldigen aufgrund eines → Justizirrtums oder Rechtsmißbrauchs. Was am meisten gegen die → Todesstrafe spricht, ist der in vielen Fällen nie mit Sicherheit auszuschließende Justizmord.

Justizvollzugsanstalten

Abkürzung: JVA. Einrichtungen der Landesjustizverwaltungen zur Durchführung des → Strafvollzugs. → Einschließung, → Festungshaft, → Gefängnis, → Haft, → Zuchthaus

K

Kaczynsky, Theodore J.

→ Una Bomber

Kain

Das erste → Verbrechen in der Weltgeschichte ist – zumindest nach biblischem Verständnis -(1.Moses 4,1) der Brudermord von Kain an Abel. Kain, der erstgeborene Sohn von Adam und Eva, fühlte sich zurückgesetzt gegenüber seinem jüngeren Bruder Abel. Während Gott wohlgefällig auf die Opfer Abels schaut, glaubte Kain sich mit seinen Opfergaben übergangen. Aus Zorn über diese Mißachtung erschlug er daraufhin seinen Burder. Als → Strafe brannte Gott Kain ein Mal – das Kainszeichen – in die Stirn, das ihn als → Mörder zeichnete und verdammte ihn zu einem rastlosen Umherirren. Im »Kriminalfall« von Kain und Abel wird auf exemplarische Weise das Thema der Geschwistereifersucht behandelt. Das ältere Kind nimmt mit Unbehagen die Geburt des nachfolgenden Kindes wahr. Am liebsten würde das ältere Kind das jüngere verdrängen, von den Eltern fernhalten und es aller Rechte berauben, aber aufgrund der Unmöglichkeit, seine feindselige Einstellung ohne eigenen Schaden auszuleben, muß es seine negativen Gefühle verdrängen, bzw. wandeln. Es verlangt nach »Gerechtigkeit« und achtet peinlich darauf, weder von den Eltern noch von sonst jemandem gegenüber dem Jüngeren zurückgesetzt zu werden. Die meisten Eltern werden so klug sein und sich bemühen, Ausgleich unter ihren Kindern zu schaffen, um so die Rivalitätsgefühle ihrer Sprößlinge in Schranken zu halten. Bei Kain geschah das scheinbar nicht, zumindest fühlte er sich von »Gottvater« benachteiligt. Das Resultat war der Urmord. → Neidverbrechen

Kannibalismus

Das aus dem Spanischen abgeleitete Wort »Kannibalismus« bezeichnet ebenso wie das seltener verwendete Wort »Anthropophagie« Menschenfresserei. Kannibalen sind also Menschenfresser. Grundsätzlich können wir mehrere Arten von Kannibalismus unterscheiden: profanen, gerichtlichen, magischen und rituellen Kannibalismus. Profaner Kannibalismus entsteht in Ausnahmezuständen während großer Hungersnot und ist bis in die heutige Zeit belegt. Gerichtlicher Kannibalismus ist eine seltene Form der → Gerichtsbarkeit und diente dazu, → Rachegelüsten gegenüber Übeltätern und Verbrechern Ausdruck zu verleihen. Über den Tod hinaus wurde dem Gegner durch das Verzehren, d.h. die Totalvernichtung seines Körpers, bewußt Schimpf und Schande zugefügt. Magischer Kannibalismus wurde zumeist von Zauberern und Medizinmännern ausgeübt, die sich die Kräfte des Opfers einverleiben wollten. Ritueller Kannibalismus fand anläßlich von Götterkulten, Initiations- und Totenfeiern statt, um eine Identifikation mit den Verstorbenen herzustellen. Besonders schien der Kannibalismus in den Naturgesellschaften verbreitet, was während des Zeitalters der Entdeckungen in Europa für Aufsehen sorgte. So hörte man z.B. aus Neuseeland, daß dort, sobald ein Häuptling in der Schlacht gefallen war, seine Frau getötet und verzehrt wurde. Nach einem siegreichen Kampf wurden die tapfersten Feinde verspeist, weil man sich dadurch ihren Mut aneignen wollte. In Australien sollen sich die Sieger mit dem Nierenfett ihrer geschlagenen Gegner eingerieben haben, um sich auf diese Weise deren Kraft anzueignen. Das soll oft mit einer derart grausamen Schnelligkeit vonstatten gegangen sein, daß die noch lebenden Opfer → Zeugen dieses Vorganges wurden.Kannibalismus ist aber nicht nur bei Naturvölkern oder während großer Hungersnöte zu beobachten, Kannibalen sind auch unter uns. Bei zahlreichen → Serienmördern taucht das Phänomen des Kannibalismus als Atavismus und sexuelle Perversion wieder auf. Mit dem Kannibalismus verbinden sich häufig sadistische (→ Sadismus) und nekrophile (→ Nekrophilie) Neigungen (→ Blutfetischismus, → lebende Vampire), manchmal aber auch ganz »normale« kriminelle Neigungen, z.B., wenn das Opfer zusätzlich noch ausgeraubt wird. → Beane Family, → Dahmer, Jeffrey Lionel, → Denke, Karl, → Gein, Edward, → Haarmann, Fritz, → Hannibal, → Verzini, Vincente

Kaper/Kaperbriefe

Das Wort ist vom niederländischen »Kapen« abgeleitet, was soviel wie »durch Freibeuterei erwerben« bedeutet. Das Aufbringen von Schiffen, also die gewaltsame Aneignung fremder Güter auf hoher See, ist dabei wohl fast so alt wie die Seefahrt selbst. Wurde ein solcher Akt nur aus Habgier begangen, galt die Tat als → Piraterie und damit als kriminelle Handlung, die von allen Nationen mit der → Todesstrafe verfolgt wurde. Anders verhielt sich der Fall, wenn von einer Regierung ein Kaperbrief ausgestellt wurde. In Kriegszeiten konnten mit dieser schriftlichen Genehmigung feindliche Schiffe überfallen werden (→ Krieg und Verbrechen). Als Gegenleistung erhielt die Regierung einen bestimmten Anteil an der → Beute. Erste Kaperbriefe sind aus dem 13. Jahrhundert bekannt. In England wurden Kaperbriefe direkt vom Monarchen ausgestellt, später auch von Regierungsbeamten und den Gouverneuren der Kolonien. Kaperbriefe sind ein schöner Beleg dafür, wie das → Verbrechen auch für politische und nationale Interessen dienstbar gemacht werden kann. Erst mit der Verfügbarkeit großer staatlicher Flotten wurde der Kaperei durch zwischenstaatliche Verträge Einhalt geboten, bis sie 1856 durch die Pariser Seerechtsdeklaration ganz abgeschafft wurde.

Kapitalflucht

Übertragung von Vermögen, meist Barvermögen, ins Ausland, bzw. in eine ausländische Währung – und zwar aus Gründen der Sicherheit, Rentabilität oder um Steuerflucht zu begehen. Kapitalflucht ist nicht selten → illegal. Sie erfolgt häufig, um das Vermögen aus politischen und wirtschaftlichen Gefahrenzonen (u.a. vor Enteignung) zu retten. Bevorzugte Anlageländer sind die USA und die Schweiz. → Steuerstrafrecht

Kapitalverbrechen

Selbst ein Kapitalverbrechen muß nicht unbedingt etwas mit Geld zu tun haben. Das Wort ist abgeleitet vom lateinischen »caput« = »Haupt«.

Ein Kapitalverbrechen ist ein Hauptverbrechen, ein schweres Verbrechen, das in früheren Zeiten das »Haupt«, bzw. den »Kopf« kosten konnte. → Todesstrafe

Kaplan, Muhammed

»Wenn ein zweiter Kalif auftaucht, während es bereits einen Kalifen gibt, schlagt dem zweiten Kalifen den Hals ab!« Das forderte, wenig fromm, Muhammed Kaplan, radikaler Muslimenführer in Deutschland und selbsternannter »Kalif von Köln«. Sein Zorn richtete sich gegen seinen ärgsten Konkurrenten, Halil Ibrahim Sofu, einen jungen Arzt aus Berlin. Einige Monate nach Kaplans Aufruf wurde der »zweite Kalif« vor den Augen seiner Frau und seiner Kinder brutal ermordet. Bis heute sind die → Täter nicht bekannt. Dennoch verurteilte das Oberlandesgericht Düsseldorf im November 2000 Kaplan wegen des → Mordaufrufs zu vier Jahren → Haft.

Kaution

Das aus dem Lateinischen abgeleitete Wort bedeutet »Sicherheit«. Im → Strafprozeßrecht kann eine Kaution in zahlreichen Fällen in Betracht kommen: zur Sicherstellung der Strafverfolgung und Strafvollstreckung, bei Klageerzwingung, Privatklage und Strafaufschub. Auch eine wegen Fluchtgefahr verhängte Untersuchungshaft (→ Haft) kann gegen eine Kaution ausgesetzt werden. Die Kaution ist in einem solchen Fall durch Hinterlegung von Bargeld, von Wertpapieren, durch Pfandbestellung oder die Bürgschaft geeigneter Personen zu entrichten. Der Richter setzt Art und Höhe der Kaution nach eigenem Ermessen fest.

Kavaliersdelikt

Ein strafrechtlicher Tatbestand, der innerhalb bestimmter Gesellschaftsschichten oder Gruppen als nicht ehrenrührig betrachtet wird. Als typische Kavaliersdelikte gelten z.B. Steuerhinterziehung (→ Steuerdelikte), → Verkehrsvergehen oder → Bestechung.

Ketzer

Das griechische Wort »katharós« bedeutet »rein«. Rein wollten die Katharer sein, eine streng asketische christliche Sekte, die sich gegen Ende des 10. Jahrhunderts bildete. Doch die Kirche sah das anders: Sie erblickte in ihnen vom rechten Glauben abgefallene Sünder, die heimlich den Teufel anbeteten. Und das aus »Katharer« entstandene Wort »Ketzer« bezeichnete nun keine »Reinen« mehr, sondern Menschen, die eine von der kirchlichen Lehre abweichende Lehre vertraten. Schon in der frühen Kirche wurden Ketzer verhört und abgeurteilt. Zu einer breiten Ketzer-Bewegung kam es im Mittelalter mit der Entstehung einer religiösen Laienbewegung, den Waldensern und Beginen. Ihre Aufrufe zur Buße und Reinigung der Seelen gipfelten in dem Gedanken der »Vita apostolica« als Vorbild wahrhaft christlichen Lebens. Mit Predigtzügen über das ganze Land versuchten sie ihre Grundsätze zu verbreiten. Besonders radikale Vertreter der Ketzerbewegung forderten vom Klerus Verzicht auf irdische Güter und weltliche Macht. Auch die Kleriker sollten nach dem Vorbild Jesu leben und »Pauperer Christi«, Arme Christi, sein. Die römische Kirche nahm bis ins 12. Jahrhundert keine grundsätzliche Stellung zu der Ketzerbewegung. Doch Papst Lucius III. fand es wohl an der Zeit, diese unbequeme Sonderströmung einzudämmen. So erfolgte am 4.11.1184 im Einvernehmen mit Kaiser Friedrich I. ein allgemeines Edikt, in dem die Durchführung regelmäßiger → Inquisitionen durch die Bischöfe angeordnet wurde. Seit dem 13. Jahrhundert wurde die Verfolgung der Ketzer noch verschärft, wobei das Vorgehen der unter Papst Gregor IX. zur päpstlichen Behörde erhobenen Inquisition auch für die Verfolgung der → Hexen übernommen wurde. Ketzerverfolgungen gab es in Europa noch bis in die Mitte des 18. Jahrhunderts hinein. Nicht selten zog die Anklage wegen Ketzerei die → Todesstrafe nach sich.

Literatur: M. D. Lambert: Ketzerei im Mittelalter. Eine Geschichte von Gewalt und Scheitern (1991). → Religion und Verbrechen

Kidd, William

Der → Pirat William Kidd wurde 1645 in der schottischen Hafenstadt Greenock geboren. Sein Vater war Geistlicher. Kidd ging vermutlich bereits als Junge zur See und wanderte mit Anfang zwanzig nach Amerika aus, wo er es bald zu Vermögen brachte. Er besaß ein eigenes Handelsschiff und hatte sich 1689 als → Kaperkapitän im Dienste des englischen Königs gegen die Franzosen hervorge-

Ahoi!:
Der Seeräuber William Kidd am Galgen. Stich. Zweite Hälfte 18. Jahrhundert

tan. Allerdings war Kidd bei seinen Leuten nur wenig beliebt. Ein Handelsvertreter, der ihn in einer Hafenstadt kennenlernte, beschrieb ihn als einen »kraftstrotzenden Mann, der mit seinen Männern bei jeder Gelegenheit Streit anfängt, ständig nach seinen Pistolen schreit und jedem, der ihm zu widersprechen wagt, damit droht, ihm den Schädel einzuschlagen.« Kidds Streitsucht blieb nicht folgenlos: 1691 meuterte (→ Meuterei) seine Mannschaft gegen ihn und setzte ihn auf Antigua ab. Nach dieser Demütigung ging Kidd nach New York, wo er eine junge, reiche und außerdem noch schöne Witwe heiratete, die ein – heute unbezahlbares – elegantes Haus in der Wall Street besaß. Schon bald genoß Kidd den Ruf eines hochangesehenen Kaufmanns. Doch den rauhbeinigen Kidd trieb es trotz seines neuen gutbürgerlichen Lebens wieder zurück zur See. 1695 schiffte er sich nach London ein, um sich vom König einen neuen Kaperbrief ausstellen zu lassen, den er auch bekam. Aber Kidd und seine Gesellen begnügten sich bald nicht mehr damit, nur Franzosen zu kapern. Nun nahmen sie so ziemlich jedes Schiff vor die Flinte, das ihnen in die Quere kam. Schnell stand Kidd in dem Ruf, ein verabscheuungswürdiger Pirat zu sein, und es wurde ein Kopfgeld auf ihn ausgesetzt. Als er 1699 in Boston seine → Prise verhökern wollte, wurde er festgesetzt. Man überführte ihn nach England, wo er des → Mordes und der Piraterie in mehreren Fällen für schuldig befunden wurde. Als er am 23. Mai 1701 in London zum → Galgen geführt wurde, folgte ihm eine große Menge zum Richtplatz. → Prostituierte und gieriges Volk übelster Sorte säumten die stinkenden engen Straßen zwischen baufälligen Häusern und billigen Spelunken und schrien nach Gold und Schmuck; denn die Piraten warfen auf dem Weg zum Galgen der Menge manchmal ihre letzten Habseligkeiten zu. Es dauerte zwei Stunden, ehe Kidd den → Hinrichtungsplatz in Wapping am Rande der Schlammzone der Themse erreichte. Der Galgen, dessen unterster Teil bei Flut von Wasser umspült wurde, ragte nun aus dem Schlick auf. Kidd selbst hatte auf seinem letzten Gang noch genügend Zeit gehabt, sich zu betrinken. Man brachte den berauschten Kidd auf das Schafott und der Henker (→ Scharfrichter) legte ihm die Schlinge um den Hals. Der ausgelassene Mob krakeelte vor Vergnügen. Doch kaum baumelte der kraftstrotzende Kidd am Arm des Galgens, da zerriß der Strick unter seinem Gewicht und ließ den betrunkenen Seebären in den Schlamm stürzen. Der mit Dreck bespritzte Pöbel heulte auf. Die Prozedur mußte wiederholt werden. Beim zweitenmal hielt der Strick.

Kidnapping

Das englische Wort bedeutet »Kinderraub«. Unter Kidnapping versteht man mittlerweile aber nicht mehr nur die → Kindesentführung, sondern jede → Entführung von Menschen, die zur → Erpressung von Lösegeld dient. → Menschenraub.

Killer

Umgangssprachliche Bezeichnung aus dem Englischen, bzw. Amerikanischen für einen → Mörder. Meist handelt es sich beim Killer um einen gedungenen Mörder, der mit einem Minimum an Emotionen tötet, da er sein »Geschäft« im Auftrag anderer vollzieht (→ Auftragsmord). Hierin unterscheidet sich der Killer deutlich vom »normalen« → Serienmörder.

Kinderkriminalität

Der Gesetzgeber versteht unter Kinderkriminalität die Gesamtheit der Verstöße von Kindern gegen geltende Strafnormen, im Unterschied zur → Kriminalität von Erwachsenen und von Jugendlichen und Heranwachsenden (→ Jugendkriminalität). Allerdings sind Minderjährige in Deutschland bis zur Vollendung des 14. Lebensjahres als Kinder strafrechtlich nicht verantwortlich, da sie als strafunmündig (→ Schuldunfähigkeit) gelten. Sie können somit nicht bestraft oder als Kriminelle bezeichnet werden. Der Begriff Kinderkriminalität ist so gesehen mißverständlich. Der manchmal satt dessen verwendete Begriff Kinderdelinquenz ist weiter und weniger präzise. Entwicklungspsychologische, soziologische und pädagogische Erkenntnisse weisen darauf hin, daß sich kindliche Delinquenz von Erwachsenendelinquenz deutlich unterscheidet. Viele Verletzungen von Strafnormen werden von den kindlichen Tätern als gar nicht schlimm empfunden, und oft erklärt sich das → Delikt aus normalem, kindlichem Verhalten, wie Spiel, Abenteuerlust und Neugier. Dies gilt z.B. bei → Sachbeschädigungen und auch bei → Brandstiftungen, bei denen Kinder überproportional häufig als Tatverdächtige registriert werden. Gleichwohl ist Kinderkriminalität keine harmlose Angelegenheit, die sich irgendwann einmal »auswächst«. In allen Industrienationen registrieren Pädagogen, Kriminologen und Soziologen eine massive Zunahme von Kindergewalt. In Japan z.B. ist die Regierung beunruhigt, weil sich auf Schulhöfen die Söhne aus guter Familie mit Messern angreifen. Schießereien an Schulen haben in den USA in den vergangenen Jahren dutzende von Tote gefordert (→ Schule und Gewalt). In Frankreich eskaliert die Gewalt (→ Gewaltverbrechen) unter den Kindern in den Vorstädten von Paris, → Banden aus Minigangstern verunsichern italienische Städte ebenso wie

Kinderkriminalität

die Suburbs Großbritanniens. In Deutschland meldet die → Polizei immer bestürzendere Zahlen. Seit 1984 hat sich die Zahl von Kindern, die von der Polizei einer Gewalttat bezichtigt wurden, in den alten Ländern verdreifacht. 130.000 tatverdächtige Kinder, die Bevölkerung einer kleinen Großstadt, beschäftigten die Polizei im Jahr 1996 in Gesamtdeutschland. Die kleinen Missetäter verderben alle Statistiken. Schon seit 1995 ist der Anteil der Gewalttäter in der Altersgruppe der Strafunmündigen unter 14 höher als der Gewalttäteranteil unter allen Erwachsenen über 30. Und die Übermacht der Kinder über ihre Väter wird zunehmend größer. Die Wiedervereinigung hat das Böse unter den Kindern in den neuen Bundesländern offenbar angefacht. In Sachsen stieg die Zahl der tatverdächtigen Kinder von 1991 bis 1996 um fast 600 Prozent, in Mecklenburg-Vorpommern und Brandenburg um fast 400 Prozent, in Thüringen um über 200 Prozent. Vergleichsweise zivil wirkt da Berlin mit einer Steigerung um 40 Prozent. Alarmierend dabei ist, daß nicht verhältnismäßig harmlose → Delikte wie → Ladendiebstahl oder Handtaschenraub die Statistiken füllen. Vielmehr müssen Experten beobachten, daß sich eine Art Krieg unter Kindern ausbreitet. Kinder gegen Kinder: Ein Großteil der Kriminalität spielt sich auf Schulhöfen oder auf dem Heimweg ab. 80 % der Hamburger Schüler sind schon einmal erpreßt worden. → Raub und → Erpressung drehen sich um die kleinen Prestigeobjekte des Schülerlebens, so z.B. die teuren Markenturnschuhe, den coolen Rucksack, die trendige Jacke. An manchen Schulen zeugt es schon von Schwäche, nicht zu einer Kindergang zu gehören.

Die Kinderkriminalität in Deutschland hat sich schleichend vermehrt, während Sozialpädagogen und Juristen einen großen Teil ihrer Zeit darauf verwendeten, das Problem wegzudiskutieren. Die erstaunliche Gelassenheit, die in der Erwachsenenwelt über Jahre gegenüber den Untaten des Nachwuchses geübt wurde, beruhte auf der beruhigenden Vorstellung: »Das wächst sich aus.«

Die Hoffnung, daß Kinderkriminalität etwas Vorübergehendes sei wie Pubertät, hat sich aber nicht bestätigt. Neue Forschungen haben belegt, daß der Hang zum Bösen und Verbotenen nicht von alleine vergeht; denn aus kleinen Kriminellen werden oft große Kriminelle. Der → Kriminologe Christian Pfeiffer, der Kinder- und Jugendgewalt in ganz Europa untersucht hat, warnt: »Kinder- und Jugendkriminalität kann nicht länger als Ausdruck einer vorübergehenden Krise des Heranwachsens interpretiert werden.« Die Gesellschaft müsse »eine Verfestigung krimineller Karrieren befürchten.« Eine Ursache für diese Karrieren ist nach Pfeiffers Analyse die »Schere zwischen reich und arm.« In der Bundesrepublik, zumal in den neuen Ländern, entwickle sich eine »winner-loser-society«. Und die Kinder, sagt Pfeiffer, »gehören heute schon zu den Verlierern.« Sie bekommen via Werbung täglich vorgeführt, wieviele verlockende Dinge es zu kaufen gibt. Das »Leitbild Reichsein«, sagt Pfeiffer, werde zugleich übermächtig und unerreichbar. Aber nicht nur das Reichsein, auch das Bösesein wird per Fernsehen und Video vermittelt. Bilder der Gewalt überfluten die Wohn- und Kinderzimmer. Noch gefährlicher als das Fernsehen ist vermutlich das Internet mit seiner Explosion von → Gewaltdarstellungen.

Aber noch verheerender als aller Horror aus den Bildmedien ist nach Ansicht amerikanischer Forscher der Verfall tradierter Familienstrukturen. Die Zahl der Scheidungen steigt und mit ihr die Zahl Alleinerziehender. Aber auch wo beide Elternteile noch da sind, sind sie für die Kinder oft nicht präsent, da beide berufstätig sind. Auch die Fähigkeit, die eigenen Sprößlinge großzuziehen, läßt immer mehr zu wünschen übrig. Als besonders nachteilig hat sich ein Erziehungsstil erwiesen, den Fachleute »inkonsistent« nennen. Er ist bei sozialen Randfamilien verbreitet, ergibt sich aber auch aus Auflösungstendenzen der Selbstdisziplin bei bessergestellten Familien: Leben nach Lust und Laune.

Das Kind kann bei diesem Erziehungsstil keinen Zusammenhang zwischen seinem Verhalten und den Reaktionen der Eltern herstellen und bekommt das hilflose Gefühl, was es auch tue, es sei zwecklos.

Etwa 15 % der Eltern gelten als »erziehungsunfähig«, einschließlich der Familien, in denen Kinder körperlich mißhandelt, sexuell mißbraucht oder psychisch gequält werden. Die Einsicht, daß → Aggression häufig die Folge von Frustration ist, hat zu einem folgenschweren Mißverständnis der Nachkriegspädagogik geführt. Um Frustrationen zu vermeiden, entstand das Konzept der »antiautoritären Erziehung« und die Praxis, »böse« Kinder einfach gewähren zu lassen. Mittlerweile ist der Irrtum erkannt. Die Duldung von Aggressionen wirkt verstärkend. Aggressiven Kindern soll man Einhalt gebieten und nicht ihr schlechtes Verhalten belohnen. Freilich kommt diese uralte Erkenntnis ziemlich spät! → Bell, Mary, → Mehmet, → Thompson, Robert und John Venables

Kinderpornografie

→ Pornografie

Kinderprostitution

→ Prostitution

Kinderraub

Veraltete Bezeichnung für → Kindesentziehung.

Kinderschänder

Umgangssprachlicher Ausdruck für → Sexualverbrecher, die sexuellen Mißbrauch an Kindern oder Jugendlichen unter 16 Jahren begehen. Unzucht mit Kindern ist ein → Delikt, das fast ausschließlich von Angehörigen des männlichen Geschlechts begangen wird. Überproportional viele → Täter entstammen dabei dem Greisenalter (→ Lebensalter und Verbrechen). Der tiefere Grund hierfür liegt in Persönlichkeitsveränderungen des Alters. Bei diesen Männern sind die moralischen Vorstellungen häufig stark beeinträchtigt, während sich der Geschlechtstrieb noch erhalten hat. Die Werbung um einen attraktiven erwachsenen Partner erscheint als nicht mehr aussichtsreich, man geht darum den Weg des geringsten Widerstandes und sucht sich Kinder. Die meisten dieser Alterstäter waren in ihrem bisherigen Leben unauffällig und unbestraft. Unter den Tätern der mittleren Altersgruppe sind nicht selten Pädagogen zu finden, so daß gelegentlich schon von einer »Berufskrankheit« der Lehrer gesprochen wurde. Das Sexualdelikt entsteht zuweilen auf der Grundlage eines echten pädagogischen Eros, der in sexuelle Gelüste umgeschlagen ist. Zuweilen sind die Täter gerade diejenigen Pädagogen, die wegen ihrer besonderen Fähigkeiten geschätzt sind. Außerdem sind unter Kinderschändern in auffallend hohem Maße Menschen mit psychischen Defekten, insbesondere mit Schwachsinn (→ Geisteskranke und abnorme Täter) zu finden.

Die Grenze, wo sexueller Mißbrauch von Kindern und Jugendlichen beginnt, ist nicht eindeutig zu ziehen. Sie ist unzweifelhaft auch durch den Zeitgeist mitgeprägt. So wurden sie z.B. im Zuge der sexuellen Revolution Ende der sechziger Jahre recht gelockert. Der deutsch-französische Politiker Daniel Cohn-Bendit, der Anfang der siebziger Jahre in einem Frankfurter Kinderladen gearbeitet hatte, berichtet in seinem 1975 erschienenen Buch *Der große Basar* recht freizügig von seinen erotischen Abenteuern mit den Kleinen. Er schreibt dort: »Ich hatte schon lange Lust gehabt, in einem Kindergarten zu arbeiten.« Es sei eine »fantastische Erfahrung« mit den Kindern im Alter von zwei bis fünf Jahren gewesen. Er wollte unbedingt von den Kindern akzeptiert werden und habe alles getan, daß die Kinder »von mir abhängig wurden ... Mein ständiger Flirt mit allen Kindern nahm bald erotische Züge an. Ich konnte richtig fühlen, wie die kleinen Mädchen von fünf Jahren schon gelernt hatten, mich anzumachen. Es ist kaum zu glauben. Meist war ich ziemlich entwaffnet.« Völlig klar, schließt Cohn-Bendit, »einige Kinder haben ihren Eltern oft beim Vögeln zugesehen.« Weiter heißt es dann: »Es ist mir mehrmals passiert, daß einige Kinder meinen Hosenlatz geöffnet und angefangen haben, mich zu streicheln. Ich habe je nach den Umständen unterschiedlich reagiert, aber ihr Wunsch stellte mich vor Probleme. Ich habe sie gefragt: ›Warum spielt ihr nicht untereinander, warum habt ihr mich ausgewählt und nicht andere Kinder?‹ Aber wenn sie darauf bestanden haben, habe ich sie dennoch gestreichelt.« Zweieinhalb Jahrzehnte später, wo sich das Klima – nicht zuletzt aufgrund zahlreicher Sexualverbrechen – deutlich geändert hat, war Cohn-Bendit in Deutschland, vor allem aber in Frankreich, wegen seiner Äußerungen in das Zielfeuer der Kritik geraten. Aus dem Kämpfer für sexuelle Freiheit und für einen unverklemmten Umgang mit Kindern wurde nun der Kinderschänder. Es ist in der Tat fraglich, ob es sinnvoll ist, der sexuellen Neugier von Kindern keinerlei Schranken zu setzen – doch ist man deshalb gleich ein Kinderschänder? Was den Fall Cohn-Bendits betrifft, so legen gerade dessen veröffentlichte Bekenntnisse nahe, daß er kein »böser Onkel« ist, bzw. war, denn diese hüllen sich meist in tiefes Schweigen.

Der sexuelle Mißbrauch von Kindern ist ein Verbrechen, das leicht die Gemüter erhitzt. Es ist hier nicht schwer, Hysterie und → Lynchjustizgefühle zu entfachen. So startete z.B. im Jahr 2000 das britische Massenblatt News of the World (Auflage 3,9 Millionen) nach dem → Mord an einem kleinen Mädchen eine regelrechte Hatz auf Pädophile und → Päderasten. Listen von vermeintlichen Kinderschändern kursierten und johlende Menschengruppen zogen vor die Häuser der angeblichen Übeltäter. Mehrere Häuser und Fahrzeuge wurden dabei in Brand gesetzt. Unter dem Titel »Lebt ein Monster neben Ihnen?« hatte das Massenblatt Namen, Fotos und Wohnorte von vorbestraften Sexualtätern veröffentlicht. So etwa: »Nord-London: Robert Tickner, ehemaliger Schuldirektor; vier Jahre Gefängnis, weil er vier Jungen zwischen 11 und 16 Jahren an der Woodfield-Schule mißbrauchte.« Auf diese Weise wollte News of the World insgesamt 110.000 Namen von »üblen Perversen« veröffentlichen. Rechnet man etwa 40 Namensnennungen pro Ausgabe, hätte das Blatt in diesem Stil noch 50 Jahre weiter machen können. Chefredakteurin Rebekah Wade rechtfertigte ihre Bloßstellungsserie mit einem Umfrageergebnis: 88 % der Bürger, so hatte das Mori-Institut ermittelt, wollten informiert sein, falls ein Kinderschänder in ihrer Nachbarschaft wohne. Doch das Blatt mußte die Entlarvungskampagne nach zwei Folgen abbrechen. Die Auflistung von 82 Namen hatte zu einer → Hexenjagd im ganzen Land geführt, die kaum noch zu bremsen war. An vielen Orten wurden Männer angegriffen, die den Abgebildeten ähnlich sahen oder zu ihrem Pech die gleichen Namen trugen wie die aufgelisteten Personen. »Bestie, Vergewaltiger, Perverser!« rief eine aufgebrachte Menge vor dem Haus eines Mannes in Manchester, der eine Halskrause trug – die einzige Gemeinsamkeit mit einem in der News of the World abgebildeten Kinderschänder. Die Menge wollte sich erst beruhigen, nachdem ihr von der → Polizei versichert worden war, daß in dem von ihr umlagerten Haus ein unbescholtener Bürger wohnte. Zudem tauchten als Nachahmung überall private Listen von Kinderschändern auf, zusammengemischt aus Nachbarschaftsklatsch, Gerüchten und fragwürdigen Informationen aus dem Internet. Mit ihrer Entlarvungshysterie überboten Bürger die Kampagne des Massenblattes noch an Wahnwitz. Zwei derart geächtete Männer begingen → Selbstmord. In den USA wurde im gleichen Jahr sogar ein Kind als Kinderschänder verhaftet. Der kleine Raoul → Wüthrich hatte etwas zu freizügig mit seiner kleineren Schwester gespielt gehabt!

Kindesentführung

Die → Entführung von Kindern erfolgt nicht selten mit dem Ziel, Geld zu erpressen (→ Erpressung, → Kidnapping). Der → FBI-Agent John Douglas stellt in seinem Buch → *Jäger in der Finsternis* (1997) folgende

Maßnahmen auf, die zur Verhinderung von Kindesentführung und -ausbeutung dienen sollen: »Informieren Sie sich stets über den Aufenthalt Ihrer Kinder. Lernen Sie die Freunde Ihrer Kinder und deren tägliche Aktivitäten kennen. Achten Sie auf Veränderungen im Benehmen Ihrer Kinder. Sie sind ein Signal dafür, sich mit ihnen zusammenzusetzen und über die Gründe für ihre Veränderung zu reden. Seien Sie wachsam gegenüber Teenagern oder Erwachsenen, die übermäßiges Interesse an Ihren Kindern zeigen oder ihnen unangemessen teure Geschenke machen. Ermutigen Sie Ihre Kinder, ihren Gefühlen zu trauen, und bestärken Sie sie in ihrem Recht NEIN zu sagen, wenn sie spüren, daß etwas falsch ist. Achten Sie genau auf die Ängste Ihrer Kinder, und stärken Sie sie im Gespräch mit ihnen. Erklären Sie Ihren Kindern, daß sich ihnen niemand auf eine Weise nähern oder sie berühren darf, die ihnen unangenehm ist. Geschieht es doch, sollen sie Sie unverzüglich davon unterrichten. Sehen Sie sich Babysitter und andere Betreuungspersonen ganz genau an, ehe Sie ihnen Ihre Kinder anvertrauen.« → Kindesentziehung, → Lindbergh-Baby, Entführung des

Kindesentziehung

Früher Kinderraub. Die → Straftat der Kindesentziehung begeht, wer eine Person unter 18 Jahren mit List, Gewalt oder Drohung ihren Eltern oder ihrem Vormund, bzw. Pfleger entzieht. Praktische Bedeutung hat die Vorschrift heute in erster Linie bei Streitigkeiten um das Personensorgerecht, da die Kindesentziehung auch von einem Elternteil gegenüber einem anderen begangen werden kann (z.B. vom geschiedenen Vater gegenüber der sorgeberechtigten Mutter). Die Einwilligung des Minderjährigen ist ohne Bedeutung. Anders als bei der → Entführung (→ Kidnapping, → Kindesentführung) liegen bei der Kindesentziehung meist keine finanziellen Interessen vor, sondern der → Täter fühlt sich mit seinem »Opfer« oft emotional sehr stark verbunden. Kindesentziehung wird mit einer → Freiheitsstrafe bis zu fünf Jahren oder mit → Geldstrafe geahndet.

Kindesmißhandlung

Bedeutet im strafrechtlichen Sinne eigentlich die Mißhandlung von Schutzbefohlenen und wird als erschwerte Form der → Körperverletzung im Normalfall mit einer → Freiheitsstrafe von sechs Monaten bis zu fünf Jahren verfolgt. Strafrechtlich geschützt sind Personen unter 18 Jahren, die von Fürsorge- oder Obhutspflichtigen gequält, grob mißhandelt oder böswillig vernachlässigt werden. Zur Kindesmißhandlung im weiteren Sinne zählt auch die Kindesvernachlässigung, d.h. eine gröbliche Vernachlässigung der Fürsorgepflichten gegenüber eines Kindes (unter 16 Jahren), so daß dessen körperliches oder sittliches Wohl gefährdet ist. Ebenso zur Kindesmißhandlung zählt der sexuelle Mißbrauch von Schutzbefohlenen, sowie der sexuelle Mißbrauch an Kindern (→ Inzest, → Kinderschänder, → Sexualdelikte, → Sexualverbrecher). Kindesmißbrauch begeht, wer sexuelle

Handlungen an einer Person unter 14 Jahren vornimmt, bzw. an sich von einem Kind vornehmen läßt oder wer ein Kind zwingt, sexuelle Handlungen an einem Dritten vorzunehmen, bzw. von einem Dritten an sich vornehmen zu lassen. In Deutschland wurden im Jahr 1995 1876 Fälle von Kindesmißhandlung und 16013 Fälle sexuellen Mißbrauchs von Kindern in der → Kriminalstatistik aufgeführt. Da nur ein kleiner Bruchteil solcher Fälle bekannt wird, gehen Schätzungen von einer hohen → Dunkelziffer und über 100.000 Fällen pro Jahr aus. Der Mißbrauch von Kindern stellt ein weltweites Problem dar, das verschiedene Facetten aufweist: Teilaspekte davon sind der Kinderhandel (→ Menschenhandel) sowie die Kinderprostitution (→ Prostitution), in die viele von zu Hause weggelaufene Kinder geraten. Darüber hinaus spielt auch in europäischen Staaten der Mißbrauch von Kindern als Arbeitskräfte eine Rolle.
Literatur: E. Trube-Becker: Gewalt gegen das Kind (1987).

Kindsmord/Kindsmörderin
Kaum eine → Straftat schürt den Abscheu der Bürger mehr als das → Verbrechen, das im Volksmund »Kindesmord« genannt wird. Denn hier sind es Mütter, die ihre eigenen Kinder, oft gleich nach der Geburt, töten. Wer so herzlos ist, sein eigenes Fleisch und Blut zu töten, verdiene die → Todesstrafe, findet mehr als die Hälfte aller Deutschen laut einer Umfrage. Wie soll die Gesellschaft mit Kindsmörderinnen umgehen? Diese Frage wurde in jedem Jahrhundert anders beantwortet. Vor dem 16. Jahrhundert wurde der Tod eines Kindes als nicht so erschütternd empfunden wie heute. Die Kindersterblichkeit war hoch, und es kam immer wieder vor, daß Neugeborene getötet wurden, wenn die Familie sie nicht ernähren konnte. Die Mütter, die ihre Kinder töteten, wurden nur hin und wieder verurteilt, und wenn, dann behandelten die Richter sie nicht anders als Frauen, die ihren Gatten erstochen hatten. Erst mit der 1516 eingeführten Bambergischen Habsgerichtsordnung und der wenig später erlassenen Carolina durch Kaiser Karl V. wurden Sondervorschriften für Kindsmörderinnen geschaffen. Die schuldigen Mütter wurden im Regelfall mit Ertränken bestraft. Handelte es sich um Wiederholungstäterinnen, wurde zur Abschreckung das → Pfählen, lebendige Begraben oder Zerreißen durch glühende Zangen als → Strafe empfohlen. Die Gründe, die zu der Tat geführt hatten, spielten dabei keine Rolle. → Motivforschung war der Rechtsprechung damals noch weitgehend fremd. Trotz der abschreckenden Strafen nahm die Zahl der Kindstötungen im 17. und 18. Jahrhundert zu; denn die heimliche Beseitigung unehelichen Nachwuchses erschien vielen Frauen als einzige Möglichkeit, Schimpf und Schande abzuwenden. Frauen, die eine außereheliche Beziehung riskierten, riskierten immer auch → Pranger, öffentliche → Züchtigung und den Weg in die Armut. Schwangere Dienstmägde verloren ihre Stellung, Bauern- und Handwerkstöchter wurden verstoßen. Erst gegen Mitte des 18.

Jahrhunderts setzte ein Umdenkungsprozeß ein. Statt auf Abschreckung setzten die Regierenden jetzt zunehmend auf die Bekämpfung der Ursachen für Kindesmord. Philosophen, Pädagogen und Juristen begannen sich mit der Problematik zu beschäftigen, und die Dichter des Sturm und Drang entdeckten die Kindsmörderin als Heldin ihrer Dramen, so z.B. Heinrich Leopold Wagner mit seinem 1776 verfaßten Stück Die Kindsmörderin. Goethe, der als Jurist selbst einmal den Fall einer Kindsmörderin verfolgt hatte (→ Brandt, Susanna Margaretha) ließ sich davon in seinem → Faust zur Gretchentragödie inspirieren. Friedrich Schiller verfaßte 1781 den Monolog Die Kindsmörderin. Ab der zweiten Hälfte des 18. Jahrhunderts beschäftigten sich die → Gerichte mit den Hintergründen von Kindestötungen. Die → Todesstrafe, die in dem Preußischen Allgemeinen Landrecht von 1794 noch enthalten war, wurde nur noch selten verhängt.

1813 erschien die erste deutsche Rechtskodifikation, die für »Kindesmord« nur noch → Gefängnisstrafen vorsah. Das heutige → Strafgesetzbuch unterscheidet zwischen der Tötung älterer und neugeborener Kinder. Der Paragraph 217, der speziell für unverheiratete Frauen galt und die besondere Situation lediger Mütter berücksichtigte, die ihr Kind töteten, wurde 1997 für unzeitgemäß erklärt und gestrichen. Kindsmörderinnen werden nun nach den gleichen Voraussetzungen angeklagt wie andere Menschen, die getötet haben: wegen → Totschlags, → Mordes, Aussetzung oder → Körperverletzung mit Todesfolge. So aufsehenerregend Kindestötungen auch sein mögen, sie sind doch heute relativ selten. 1998 zählte das → Bundeskriminalamt 15 der Kindestötung verdächtige Frauen. Untersuchungen haben ergeben, daß zur Tatzeit fast die Hälfte aller Kindsmörderinnen unter einer psychischen Störung litten und deshalb von den Gerichten schuldunfähig (→ Schuldunfähigkeit) gesprochen wurden. Von dieser Gruppe wiederum ist etwa ein Drittel dauerhaft psychisch krank – depressiv oder psychotisch (→ Geisteskranke und abnorme Täter).

Literatur: Annegret Wiese: Mütter, die töten (1996).

Klein, Hans-Joachim

Am 21. Dezember 1975 überfiel ein sechsköpfiges Terrorkommando der »Revolutionären Zellen« die OPEC-Konferenz in Wien. Ein irakischer Sicherheitsbeamter, ein libyscher Diplomat und ein österreichischer Polizist wurden von den Terroristen (→ Terrorismus) erschossen. Unter den → Tätern befanden sich auch die beiden Deutschen Gabriele Kröcher-Tiedemann und Hans-Joachim Klein. Der 1947 geborene Klein, der genau an diesem Tag seinen 28. Geburtstag »feierte«, wurde selbst durch einen Querschläger verletzt. Nach seiner Notoperation in einem Wiener Krankenhaus flogen die Terroristen mit elf → Geiseln nach Algier. Im Mai 1977 schrieb Klein einen Brief an den Spiegel, in dem er die Wiener Morde als völlig sinnlos bedauerte und vor einem Anschlag auf Heinz Galinski, den damaligen Vorsitzenden des Zentralrates der Juden in Deutschland, warnte. Seinem Schreiben hatte er seine Pistole beigelegt. Wenig später wandte er sich erneut an den Spiegel und behauptete, Libyens Staatschef Ghaddafi habe den Terrorakt 1975 angestiftet (→ Anstiftung) und finanziert. Ende 1979 erschien Kleins Buch *Rückkehr in die Menschlichkeit*, in dem er seine eigene Abkehr vom »unmenschlichen« Terrorismus dokumentierte. In den Jahren darauf hielt sich der Ex-Terrorist in Frankreich versteckt, finanziell unterstützt von alten Freunden aus der Frankfurter Sponti-Gruppe »Revolutionärer Kampf«. Im September 1998 wurde Klein in Frankreich festgenommen und im Mai 1999 an Deutschland ausgeliefert. Am 15. Februar 2001, nach fast zwei Jahren Untersuchungshaft, wurde Klein wegen dreifachen gemeinschaftlichen → Mordes, versuchten Mordes (→ Versuch) und 70facher Geiselnahme zu neun Jahren → Haft verurteilt, wobei ihm die Untersuchungshaft angerechnet wurde. Das relativ milde Urteil kam zustande, weil auf Klein die sogenannte → Kronzeugenregelung angewandt wurde, womit sich das → Gericht juristisch allerdings auf dünnes Eis begab. Die Kronzeugenregelung war zum Zeitpunkt von Kleins Tat nämlich noch nicht in Kraft und wurde überdies Anfang 2000 wieder aufgehoben. Besondere Brisanz erhielt der → Prozeß gegen »Klein-Klein«, so dessen Spitzname innerhalb der Terrorszene wegen seiner nur mäßigen Intelligenz, da zwei mittlerweile hochbekannte Politiker als sogenannte Zeitzeugen über ihren ehemaligen Bekannten Klein aussagten. Ihre Namen: Daniel Cohn-Bendit und Joschka Fischer. → Rote Armee Fraktion

Kleptomanie

Ehrlich zu sein, fällt einigen Menschen schwer, aber nicht zu stehlen, ist für Kleptomanen nahezu ein Ding der Unmöglichkeit – kein Wunder, bedeutet das aus dem Griechischen abgeleitete Wort »Kleptomanie« doch nichts anderes als »stehlen«. In der → forensischen Psychologie und in der → Kriminologie wird Kleptomanie teilweise als triebhaftes Stehlen oder als Stehlen ohne Bereicherungsabsicht, sondern als Stehlen um des Stehlens willen verstanden. Der Stehlakt befreit den Kleptomanen oft aus einem Unruhe- und Spannungszustand – ähnlich, wie das bei einem einen → Mord begehenden → Lustmörder der Fall ist. Triebhaftes Stehlen, auch Stehlsucht genannt, wird auch im Zusammenhang mit Reifungsstörungen Jugendlicher beobachtet, neurotischen Fehlhaltungen bei Entwicklungsstörungen, gehirnorganischen Erkrankungen und biologischen Krisenzeiten wie Schwangerschaft und Klimakterium. Wenn Kleptomanie einen krankhaften Hintergrund hat und das Unrechtsbewußtsein getrübt ist, wirkt sich das strafmildernd (→ mildernde Umstände) aus.

Klingelfahrten

Eine vor allem in der → Berliner Gaunersprache ehemals beliebte Bezeichnung für »Ausflüge« in die nähere Umgebung der Metropole. Bei den sogenannten Klingelfahrten suchten sich die → Gauner ein beliebiges, aber möglichst unbelebt wirkendes Haus aus, klingelten – und wenn keiner öffnete, stiegen sie gewaltsam in das Haus ein, um zu stehlen (→ Diebstahl, → Einbruch). Selbstverständlich gibt es auch heute noch Klingelfahrten, allerdings erfolgt zuvor meist noch ein Telefonanruf.

Klopfsprache

Das Verbrechertum verfügt über mehrere spezielle Kommunikationsmittel: »Klassisch« zu nennen sind die → Gaunersprache und das → Zinken. Hinter Gittern hat sich eine eigene Klopfsprache entwickelt. Die Kommunikation läuft dabei nach folgender Methode ab: Der »Sprecher« gibt durch Schlagen mit einem härteren Gegenstand an die Heizungs- oder Abortrohre, das Fenster oder an die Eisenteile der Zellentür ein Zeichen, woraufhin der Nachbar von oben, unten, links oder rechts durch ein Klopfzeichen antwortet. Natürlich kann man nur nachts, wenn weitgehende Ruhe herrscht, ein solches »Telegramm« aufgeben. Jeder Buchstabe des Alphabets besitzt sein eigenes Klopfzeichen, z.B. ein kurzer Schlag für a, zwei schnelle für b, zwei mit einer kleinen Pause für c. Die Klopfsprache hat allerdings zwei Nachteile: Sie kann von den Aufsehern relativ leicht bemerkt werden, und sie erwartet ein gewisses Können – beherrschen tun sie daher meist nur die »Dauergäste«.

Klub der Harmlosen

Wer sich so nennt, ist natürlich alles andere als harmlos. Im wilhelminischen Berlin verbarg sich dahinter ein exklusiver Spielklub, in dem hinter der glänzenden Fassade gewerbsmäßig → Falschspiel betrieben wurde. Der »Klub der Harmlosen«, dessen Sitz das ehemalige Zentralhotel in der Friedrichstraße war, wurde am 14. Oktober 1898 mit einem fürstlichen Diner eröffnet. Es wurden ein Saal und zwei Zimmer für monatlich stattliche tausend Reichsmark gemietet – außerdem setzte man tüchtig die Werbetrommel in Gang. Hochadel und Offiziere aller feudalen Regimenter verkehrten bald in dem Klub – und wurden dort von professionellen Falschspielern, die z.T. bereits → Zuchthausstrafen abgesessen hatten, nach allen Regeln der Kunst ausgenommen. Gewaltige Geldsummen wechselten so ihre Besitzer. Ein Jahr währte der Schwindel, dann kam das Aus für den »Klub der Harmlosen«, und die Betreiber mußten sich vor dem Berliner Landgericht verantworten. Doch sie hatten Glück: Mangels Beweisen konnten sie nicht wegen → Betrugs angeklagt werden, sondern nur wegen gewerbsmäßigen → Glücksspiels, so daß sie mit geringen → Strafen oder gar → Freispruch davonkamen.

Kneißl, Mathias

In die bayerische Lokalgeschichte ging Mathias Kneißl als → Räuber, → Mörder und Volksheld ein. Er wurde 1875 im Landkreis Dachau als Sohn eines Müllers geboren, der aber ebenso wie seine Frau »nebenberuflich« als → Dieb und → Hehler tätig war. Als die Eltern 1892 die Wallfahrtskirche Herrgottsruh bei Friedberg plünderten, wurden sie festgenommen. Der Vater kam nach seiner Verhaftung im → Gefängnis von Dachau ums Leben, und es kursierte das Gerücht, er sei dort an den Folgen von Mißhandlungen gestorben. Durch den Tod des Vaters und die Untersuchungshaft der Mutter waren Mathias Kneißl und sein jüngerer Bruder Alois ganz auf sich gestellt. Sie begannen daraufhin, die Gegend mit Diebstählen zu überziehen und ihren Lebensunterhalt mit → Wilderei zu finanzieren. Als zwei Gendarmen die

Der Prozeß von Mathias Kneißl (1901)

Neues Münchener Tagblatt.

(Münchener Tagblatt.)

№ 320. Samstag den 16. November 1901. 25. Jahrgang.

Zum Prozeß Kneißl in Augsburg.

diebischen Brüder festnehmen wollten, wurden sie mit Kugeln empfangen. Einer von ihnen erlitt schwere, der andere leichte Verletzungen. Zwei Wochen später wurden die beiden Brüder gefaßt und am 23. Juni 1893 wegen schweren Diebstahls, → Raub, Hehlerei, Wilderei und versuchten → Mordes verurteilt. Mathias erhielt sechs Jahre, sein schießwütigerer Bruder 15 Jahre Gefängnis.

Nach seiner → Haftentlassung am 28.2. 1899 arbeitete Mathias Kneißl zunächst als Schreinergeselle in München, doch bald geriet er wieder auf die schiefe Bahn. Er beabsichtigte, mit → Einbrüchen seine Auswanderung nach Amerika zu finanzieren. Nach einigen erfolgreichen Diebstählen und Raubüberfällen zog es Kneißl wieder in die Wälder um seinen Heimatort zurück. Hier kannte er sich aus und konnte auf die Hilfe von Freunden und Verwandten hoffen. Seinen Lebensunterhalt bestritt er aus Diebstählen und Wilddiebereien, wobei er gegen mitgebrachtes Wildbret bei vielen Kleinbauern und Tagelöhneren Unterschlupf gewährt bekam. Als er jedoch am Abend des 30. November 1900 bei einem vorbestraften Kleinbauern unterkam, wurde er – vermutlich durch den Verrat des Bauern – von zwei Gendarmen aufgespürt. Kneißl gelang die Flucht, doch tötete er dabei die beiden Polizisten. Der Doppelmord forderte die Staatsautorität, die bisher bei der Ergreifung Kneißls erfolglos geblieben war, heraus. Die auf Kneißl ausgesetzte Belohnung wurde auf 1000 Mark erhöht, die Männer der örtlichen Gendarmeriestationen durch Münchener Stadtpolizei verstärkt, einige provisorische Stationen errichtet und der Patrouillendienst verschärft. Außerdem erfolgten öffentliche Fahndungsaufrufe. Für die an der → Fahndung beteiligten → Justiz- und → Polizeibehörden wurde ein gemeinsamer Nachrichtendienst eingerichtet. Kneißl, der von Freunden und Verwandten immer rechtzeitig gewarnt wurde, konnte trotz dieser Maßnahmen nicht gefaßt werden. Sein Fall gewann dadurch solche Beachtung, daß sich sogar der Prinzregent in Wochenberichten über die neuesten Maßnahmen und Ergebnisse der Kneißl-Fahndung Bericht erstatten ließ. Dieses Spiel brachte Kneißl Sympathien ein, und bald wandelte sich das Bild des gemeinen Verbrechers zu dem des trotzigen Einzelgängers, der der Staatsgewalt ein Schnippchen schlug. Die Bewunderung, welche Kneißl als einem Helden ihrer Klasse vor allem in bäuerlichen Volksschichten entgegengebracht wurde, fand in Kneißl-Hias-Schnaderhüpfln (eine Art volkstümliche Moritat und Spottgesang), oder Karikaturen des Simplizissimus Niederschlag.

Schließlich führte das hohe Kopfgeld, das auf Kneißl ausgesetzt war, zu seiner Festnahme. In der Nacht vom 3. auf den 4. März 1901 wurde Kneißl verhaftet, wobei er nach einem 30minütigen Beschuß des Anwesens, in das er gelockt worden war, einen schweren Bauchschuß erhielt. Am 21. Februar 1902 um 7 Uhr morgens wurde Mathias Kneißl im Hof des Landgerichtsgefängnisses Augsburg durch die → Guillotine enthauptet. *Literatur: Lukas Kristel: Kneißl – Bayerns Kriminalfall der Jahrhundertwende (1958).*

Kobe Schülermörder

Im Jahr 1997 wurde Japan, das als eines der sichersten Länder der Welt gilt, von einem grausigen → Serienmord an Schülern erschüttert. Erstes Opfer war ein zehnjähriges Mädchen aus North Suma, einem Vorort der Stadt Kobe, das am 15. März 1997 mit einer Eisenstange erschlagen worden war. Unweit davon war am selben Tag ein anderes Mädchen mit einem Messer angegriffen und verletzt worden. Entsetzen griff um sich, als am 27. Mai der Hausmeister der Grundschule North Suma den abgetrennten Kopf eines Jungen fand, in dessen Mund ein Zettel steckte. Darauf standen einige Schriftzeichen für »Rose« und »Teufel«, dazu der Text: »Dies ist erst der Anfang vom Spiel«. Außerdem wurde eine verstümmelte Katze in der Nähe des Tatortes gefunden. Auch bei der ersten Kinderleiche hatte man einen verstümmelten Tierkadaver entdeckt gehabt. Am 6. Juni erreichte die örtliche Tageszeitung ein Bekennerschreiben des unheimlichen → Mörders. Der Urheber des Schreibens nannte sich »Schüler Sakakibara« und kündigte an, von nun an drei Kinder pro Woche ermorden zu wollen. »Nur wenn ich töte, werde ich von dem permanenten Haß, an dem ich leide, befreit, und kann meinen inneren Frieden wiederfinden«, erklärte er in einem dreieinhalb Seiten langen Brief. Glücklicherweise gelang es der → Polizei, den Täter zu fassen, bevor er Gelegenheit hatte, diese Androhung zu verwirklichen. Dennoch war der Schock groß; denn der brutale Mörder erwies sich selbst als Kind – es handelte sich um einen 14jährigen Jungen. In seinem Zimmer fanden sich Sexcomics und Pornovideos, sowie Hefte, in denen er seine Verbrechen sorgsam protokolliert hatte. Der minderjährige Täter wurde zu einer unbegrenzten → Haftstrafe verurteilt und in eine Jugendstrafanstalt gebracht. → Jugendkriminalität, → Schule und Gewalt

Kochemer

Das Wort entstammt dem → Rotwelsch und heißt wörtlich »klug« oder »gewitzt«. Als Kochemer bezeichneten sich die → Gauner. Kochemer waren aber auch die, die mit den Gaunern zusammenarbeiteten: Tipgeber, → Hehler oder die Wirte von Gaunerherbergen. Zusammen bildeten sie das geschlossene → Milieu der Kochemer. Die anderen, die rechtschaffenen Bürger hingegen, waren die Wittischen – die Dummen, die Tölpel. Diese Zweiteilung ist im Grunde bis heute geblieben: Auch in der Gegenwart sehen viele Kriminelle in jedem Ehrlichen einen Dummkopf, der seine Chance nicht zu nutzen weiß. Freilich schwingt in solch einer Ab-, bzw. Selbstaufwertung auch ein deutliches Ressentiment mit. → Neid

Köhler, Gundolf

Am 26. Oktober 1980 wurde das Münchener Oktoberfest von einem schweren Bombenanschlag überschattet. Um 22.20 Uhr verletzte eine Sprengstoffexplosion am Haupteingang des Oktoberfests 211 Wiesenbesucher, sieben Menschen kamen sofort ums Leben, sechs weitere starben im Krankenhaus oder auf dem Weg dorthin. Zu den Toten zählten acht Erwachsene, zwei Jugendliche und drei Kinder.

Einer der Toten war der damals 21jährige Geologiestudent Gundolf Köhler. Aufgrund des schlimmen Zustandes seiner Leiche konnte man davon ausgehen, daß er sich in unmittelbarer Nähe des Explosionszentrums befunden hatte. Das zunächst von der Staatsanwaltschaft München und später von der Behörde des neuen Generalbundesanwaltes Kurt Rebmann geführte Ermittlungsverfahren richtete sich gegen »Unbekannt«. So wie es aussah, war der Sprengkörper in einem Abfalleimer explodiert. Die Untersuchungen des → Attentats wurden mit großem Aufwand betrieben. Man versuchte, die Sprengung genau zu rekonstruieren, über hundert Gutachten wurden eingeholt und man nahm eine Vergleichssprengung mit Schaufensterpuppen vor, um den Geschehensablauf besser dokumentieren zu können. Weitere Ermittlungen ergaben schließlich, daß der Student Gundolf Köhler die Wegwerfgranate in Besitz hatte und auch am Oktoberfest gezündet hatte. Über seine → Motive für solch eine Tat, und ob es in seiner Absicht lag, selbst bei dem Attentat zu sterben (→ Selbstmord), wurde viel spekuliert. Nach Überzeugung der Beamten des → Sondereinsatzkommandos, die die Persönlichkeit des jungen Mannes durchleuchteten, handelte es sich bei Köhler um einen Einzeltäter mit einer abnormen Persönlichkeitsstruktur (→ Geisteskranke und abnorme Täter), den sein → Haß auf die Umwelt und sein Sprengstoff-Fetischismus zu dieser Tat bewogen hatten. Zudem ergaben Nachforschungen, daß Köhler, der in den Jahren 1975/76 an Übungen der am 30. Januar 1980 verbotenen Wehrsportgruppe Hoffmann teilgenommen hatte, dem → Rechtsextremismus nahestand.

Kohlhaas, Michael

Der Roßhändler Michael Kohlhaas, der tragische Held aus Heinrich von Kleists gleichnamiger Novelle, ist zum Sinnbild eines Menschen geworden, der in seinem Rechtsfanatismus jedes Maß und jede Besinnung verliert. Kleist hat in Michael Kohlhaas einen Mann beschrieben, der wegen einem eindeutigen, aber kleinem Unrecht zum → Rächer, → Räuber und → Mörder wird und schließlich auf dem → Schafott endet. Nachdem kein Gesetzgeber da ist, der für Michael Kohlhaas Recht sprechen könnte, tut er es selbst, unbarmherzig mit dem Schwert in der Hand (→ Selbstjustiz). So wird aus einem kleinen Unrecht ein großes.

Michael Kohlhaas ist in seinem Rechtsfanatismus vor allem ein starrsinniger Mensch. Was aber bedeutet Starrsinn? Er hängt mit dem menschlichen Selbstgefühl zusammen, das wir brauchen, um den richtigen Weg zwischen Egoismus und Rücksichtnahme, Autonomie und Abhängigkeit zu finden. Wenn wir mit unseren Werten und unseren Freunden im

Einklang sind, ist unser Selbstgefühl flexibel, wir können neue Beziehungen eingehen, Fehler zugeben, uns zugestehen, daß andere auch einmal im Recht sein können. Anders ist das, wenn die Harmonie gestört ist. Starrsinn ist sozusagen ein Schutzmechanismus in diesem System. Man kann ihn mit dem Totstellreflex von Käfern vergleichen. Wenn unserem Selbstgefühl eine Gefahr droht, die übermächtig erscheint, dann erstarren wir, werden lernunfähig, wiederholen immer dieselben Argumente oder ziehen uns in »bockiges« Schweigen zurück. Tendenziell wächst die Neigung zum Starrsinn mit dem Alter, einfach weil dort die Fähigkeit, sich flexibel auf neue Situationen einzustellen, nachläßt. Das Phänomen des Starrsinns begegnet uns jedoch in vielen zwischenmenschlichen Konfliktsituationen(→ Beziehungs-, und Familiendramen). Starrsinn ist ebenso universell wie unheimlich, und Kleist hat mit seinem Michael Kohlhaas eine der ergreifendsten Schilderungen des menschlichen Starrsinnes geliefert. Kohlhaas fürchtet, sein Selbstgefühl durch Nachgiebigkeit einzubüßen. Weil er nicht anders handeln kann, wird er zum Mörder. Starrsinn läßt sich auch häufig im ideologisch oder religiös motivierten Verbrechen wiederfinden. → Fanatiker, → Ideologie und Verbrechen, → Religion und Verbrechen

Der Kommissar

Jede Zeit hat ihre Helden. Es ist, als habe eine allgemein vorhandene Erwartung plötzlich ihre Identifikation in einem bestimmten Typus oder Gestus gefunden. Solche Erfolge von Personen sind nicht leicht vorhersehbar, doch als am 3. Januar 1969 Kommissar Keller seine öffentliche Ermittlungsarbeit im ZDF begann, war ein neuer Heldentypus geboren. Mit Kommissar Keller alias Erik Ode war ein Fernsehermittler auf die Bildfläche getreten, dem sich das breite Publikum sofort verbunden fühlte. Ausgestattet mit einer präzisen Beobachtungsgabe, gesundem Menschenverstand, Ironie aus Lebenserfahrung, väterlicher Güte und einer leisen Art von Melancholie, war er ein physisch eher kleiner, bescheiden wirkender Held, mit dem sich die Deutschen nach der Ära des Dritten Reiches und seinen im nachhinein als monströs empfundenen Helden um so besser identifizieren konnten. Auch vermied Kommissar Keller, bzw. Erik Ode, die für die meisten Helden vor ihm – und oft auch nach ihm – typische Eindeutigkeit und Ein-Spur-Mentalität. Erik Ode verfolgte die → Verbrecher nicht nur, er verstand sie auch. Er kannte ihre → Motive, ihre Tragik, ihr mitunter bizarres Schicksal. Der Kommissar war weder Rambo noch ein verbeamteter Law-and-Order-Mann. Zwar stand er auf der Seite des Gesetzes, doch er konnte auch Verständnis dafür aufbringen, was auf der anderen Seite passierte, ohne dabei einer kitschigen Sozialarbeiterromantik zu verfallen.

Der Kommissar, die erste deutsche Krimiserie, schrieb Fernsehgeschichte. Ähnlich wie der spätere → *Derrick* stammte er aus der Feder von Herbert Reinecker. Zwischen 1969 und 1976 erschien Kommissar Keller insgesamt 97mal auf der Mattscheibe. Im klassischen Krimi – schwarzweiß, aber ohne Schwarzweiß-Malerei, sachlich, souverän und besetzt mit bester bundesrepublikanischer Schauspieler-Prominenz. Gerold Grote legte 1999 eine präzise und reichbebilderte Erfolgsgeschichte von Der Kommissar ab. → Kriminalfilm, → Maigret

Komplott

Das Wort stammt aus dem Französischen und bedeutete ursprünglich »Gedränge«. Ein Komplott meint heute die Verabredung zu einer gemeinsamen, strafbaren Handlung oder Verschwörung. Nach dem → Strafgesetzbuch macht sich jeder strafbar, der ein → Verbrechen verabredet, sich zu einem Verbrechen bereiterklärt oder die Bereitschaft einer anderen Person zu einem Verbrechen annimmt. → kriminelle Vereinigungen

Konfliktsmord

Konflikt bedeutet Zuammenstoß. Ein Konflikt kann relativ friedlich durch eine verbale Auseinandersetzung ausgetragen werden, Konflikte können aber auch zu Gewalthandlungen eskalieren. Der konfliktträchtigste Raum ist meistens die Familie. Das enge, emotionsgeladene und unverträgliche Zusammenleben zahlreicher Familienmitglieder kann leicht zu einer explosiven Entladung führen, so daß es manchmal berechtigt erscheint, anstelle des Wortes Konfliktmord auch den Begriff Familienmord zu verwenden (→ Beziehungs- und Familiendramen). Die engste Familiengemeinschaft ist die Ehe, bzw. eine eheähnliche Partnerschaft. Wenn hier Menschen zusammenleben, die eigentlich nicht zusammenpassen, sind Gewaltentladungen und schließlich sogar → Mord keine Seltenheit. Neben Mentalitätsunterschieden werden Konflikte oft durch Eifersucht (→ Eifersuchtsverbrechen) oder Alkohol (→ Alkohol und Verbrechen) ausgelöst, bei manchen Konfliktmorden handelt es sich auch um reine Affekthandlungen (→ Affekttäter). Konfliktmorde können ihre Ursache auch darin haben, daß Menschen mit großen kulturellen oder sozialen Unterschieden zu eng beieinander leben. Das Anderssein des anderen läßt in solch einer Situation schnell unkontrollierbare → Haßgefühle aufkommen.

Kontrollstelle

Zulässige Einrichtung der → Polizei zur Personenkontrolle auf Straßen oder öffentlichen Plätzen. Kontrollstellen können von der Polizei errichtet werden, wenn z.B. ein schwerer → Raub begangen worden ist, und man durch die Kontrollen die Ergreifung des → Täters, bzw. den Erhalt von Beweismaterial erhofft, oder wenn der Verdacht besteht, daß eine terroristische → Straftat begangen werden soll (→ Terrorismus). An einer Kontrollstelle ist jeder Bürger verpflichtet, seine Identität nachzuweisen und mitgeführte Sachen durchsuchen zu lassen.

Köpenickiade

Bezeichnung für einen Streich oder eine tolldreiste Gaunerei. Abgeleitet ist das Wort von der Tat des arbeitslosen Schuhmachers Wilhelm → Voigt, der 1906 in Hauptmannsuniform das Rathaus von Köpenick besetzte, den Bürgermeister verhaftete und die Stadtkasse beschlagnahmte.

Kopfgeld

→ Menschenjagd

Kordiyeh, Ali Reza Khoshruy Kuran

Innerhalb von nur vier Monaten hatte 1997 Ali Kordiyeh, der »Vampir von Teheran«, neun Mädchen und Frauen, im Alter zwischen zehn und 47 Jahren, nachts in seinem Taxi mitgenommen, vergewaltigt (→ Vergewaltigung) und anschließend erstochen. Die Ermordeten übergoß er daraufhin mit Benzin und zündete sie an, um ihre → Identifizierung zu verhindern. Trotz dieser Vorkehrungen wurde Kordiyeh noch im selben Jahr wegen auffälligen Benehmens festgenommen und nach einem kurzen → Prozeß zum Tode verurteilt (→ Todesstrafe). Seine öffentliche → Hinrichtung glich einem Spektakel. 20.000 Schaulustige waren gekommen, um zu sehen, wie der »Vampir von Teheran« an einem großen gelben Baukran aufgehangen wurde. Zuvor verabreichten ihm die männlichen Angehörigen der Opfer noch 214 Peitschenhiebe. Bei dieser Prozedur wurden über einen Lautsprecher Verse aus dem Koran verlesen. → Serienmörder

Körperverletzung

Die vorsätzliche Körperverletzung ist vorrangig ein → Delikt intellektuell eher einfach strukturierter Menschen. Gewalttätige Auseinandersetzungen finden häufig an Orten mit Alkoholausschank (→ Alkohol und Verbrechen), innerhalb der Familie (→ Beziehungs- und Familiendramen, → Konfliktmord) und auf Fußballplätzen statt, wo sich der → Fanatismus und die Erregung sportbesessener Menschen in tätlichen Angriffen gegen Anhänger der gegnerischen Partei entlädt. Allerdings ist der Akt der Körperverletzung nicht nur ein Vorrecht der »niederen Stände«. In früheren Zeiten wurden Auseinandersetzungen, insbesondere in Ehrenfragen, unter den Angehörigen der oberen Schichten in Form des Zweikampfes oder → Duells ausgetragen. Praktiziert wird die → Straftat der Körperverletzung vor allem von jüngeren Männern (→ Geschlecht und Verbrechen, → Jugendgewalt, → Lebensalter und Verbrechen). Körperverletzung setzt im Regelfall eine höhere physische Kraft des → Täters voraus.

Der Gesetzgeber schützt die körperliche Unversehrtheit als ein Grundrecht. Das → Strafrecht gliedert die Schwere der Körperverletzung in folgende Stufen:

Einfache Körperverletzung wird mit einer → Freiheitsstrafe bis zu fünf Jahren oder → Geldstrafe geahndet. Eine Strafverschärfung tritt bei der gefährlichen Körperverletzung ein, also einer Körperverletzung, die mit einem Werkzeug ausgeführt wird, oder im Rahmen eines hinterlistigen → Überfalls oder einer gemeinschaftlichen Begehung stattfindet. Hier droht eine Freiheitsstrafe von drei Monaten bis fünf Jahren. Ebenfalls strafverschärfend ist die Mißhandlung von Schutzbefohlenen, die sich gegen Kinder (→ Kindesmißhandlung), Jugendliche, Kranke, Gebrechliche oder auch Angestellte richtet. Hier ist mit einer Freiheitsstrafe von sechs Monaten bis zu fünf Jahren zu rechnen. Als Mißhandlung von Schutzbefohlenen gilt auch eine gesundheitsschädigende Vernachlässigung von Personen, die der Fürsorge des Täters unterstehen. Schwere Körperverletzung zieht eine Freiheitsstrafe von einem bis fünf Jahren nach sich. Sie erfolgt, wenn der Verletzte durch Verschulden des Täters ein wichtiges Glied des Körpers, das Sehvermögen, das Gehör, die Sprache oder die Fortpflanzungsfähigkeit verliert oder erheblich entstellt wird oder in Siechtum, Lähmung oder Geisteskrankheit verfällt. War eine derartige Folge beabsichtigt, tritt eine Freiheitsstrafe von zwei bis zu zehn Jahren ein. Wird durch eine Körperverletzung fahrlässig der Tod des Opfers verursacht (→ Fahrlässigkeit), so kann mit einer Freiheitsstrafe nicht unter drei Jahren, in weniger schweren Fällen von drei Monaten bis zu fünf Jahren gerechnet werden. Als besonderer Tatbestand gilt die Beteiligung an einer → Schlägerei, in deren Verlauf Menschen getötet oder schwer verletzt werden. Einen Spezialtatbestand der Körperverletzung bildet die Vergiftung (→ Giftmord), die unter schwerer → Strafe steht.

Korruption

»Schmieren und Salben hilft allenthalben«, sagt der Volksmund, und in der Tat: Jederzeit und überall in der Menschheitsgeschichte finden wir jene besondere Form der Vorteilsnahme, die wir »Korruption« nennen. Korruption bleibt allerdings gern im Verborgenen, denn sie muß das Licht der Öffentlichkeit scheuen: Wird sie publik, reden alle von einem Skandal. Das lateinische Wort »corrumpere« bedeutet »verderben, bestechen, verführen, verfälschen«. Korruption bezeichnet sowohl wissenschaftlich als auch im allgemeinen Sprachgebrauch ein weites Feld, das vom Amtsmißbrauch bis zum allgemeinen gesellschaftlichen und politischen Sittenverfall reicht. Der Begriff ist nur schwer zu begrenzen, da er sowohl → Delikte wie z.B. → Bestechung als auch deren Folgeerscheinungen, z.B. staatlichen Verfall, umschreibt. Korruption kann also Zustandsbeschreibung und Tatbestandsbeschreibung sein. Als Tatbestandsbeschreibung hat die Korruption an Bedeutung gewonnen, seitdem sie damit juristisch präzise auf aktive und passive Beamtenbestechung weist, die als Ursache für die Instabilität zahlreiche Staaten erkannt worden ist. Zu den meistgenannten individuellen oder kollektiven Erscheinungsformen der Korruption gehören: → Unterschlagung, aktive und passive Bestechung, Vorteilsnahme und Vorteilsgewährung, Ämterkauf, Richter- und Abgeordnetenbestechung, politische → Erpressung, → Betrug, Lobbyismus, Nepotismus, Patronage.

Korruption findet man in allen Staatsformen und zu allen Zeiten der Geschichte. Das früheste Dokument ist der babylonische Codex Hammurapi (1700 v. Chr.), in dem Richterbestechung unter → Strafe gestellt wurde. Der erste Korruptionsprozeß, von dem man weiß, fand in Athen im Jahre 462 v. Chr. statt. Die Entstehung der Bürokratie im Übergang vom Spätmittelalter zur Neuzeit ist vermutlich der Zeitpunkt, in dem sich die Korruption in ihrer modernen Form entwickelt hat. Mit dem Aufkommen der Massenparteien hat sich Korruption auch auf das politische Feld ausgedehnt. In vielen Fällen wird erkennbar, daß Korruption und wirtschaftliche wie politische Macht sich gegenseitig beeinflußt haben. Mit der Neuzeit sind neben der klassischen Korruption noch drei neue Formen von Korruption aufgetreten: 1. die transnationale Korruption, die den nationalstaatlichen Rahmen überschreitet, 2. die Korruption durch transnationale Konzerne, 3. die Korruption als Folge des Macht- und Wohlstandsgefälles zwischen Industriestaaten und Entwicklungsländern. Hier verhindert Korruption eine Verbesserung der Situation in den Entwicklungsländern, da Entwicklungshilfe oft nur der regierenden politischen Klasse zugute kommt.

Nach einem jahrhundertelangen Rückgang der Korruption kann man ihre Wiederbelebung nach dem Zweiten Weltkrieg konstatieren. Korruption findet sich heute nahezu in allen politischen Systemen, besonders verbreitet scheint sie dort, wo die institutionellen Vorkehrungen (wie z.B. Gewaltenteilung oder rationales Verwaltungshandeln) nur unzureichend ausbildet sind, so z.B. in vielen Ländern der Dritten Welt, den ehemaligen Staaten der Sowjetunion oder in China. Doch auch die westlichen Industriestaaten sind nicht gegen sie gefeit. Gründe für eine wachsende Korruptionsanfälligkeit liegen in einer zunehmenden Verflechtung von ökonomischer und politischer Verfügungsgewalt und in der immer größeren Rolle, die der Staat als Garant der wirtschaftlichen Wohlfahrt in der Volkswirtschaft einnimmt. In Belgien, Deutschland, Frankreich, Spanien oder Italien beispielsweise ist die Korruption aufgrund einiger spektakulärer Fälle und der Zunahme → organisierter Kriminalität von großer Brisanz. Vor allem in Italien ist die mittlerweile allgegenwärtige Korruption zum festen Bestandteil des politischen und gesellschaftlichen Lebens geworden und scheint die Entwicklungsmöglichkeiten des Landes weitgehend mitzubestimmen. In Deutschland, das in den letzten 150 Jahren wegen der Staatstreue seiner Beamten, insbesondere in Preußen, als fast korruptionsfrei galt, tritt die Korruption nun im Bereich von Politik, Wirtschaft und Verwaltung auf. Das eigentliche Ausmaß von Korruption ist aufgrund einer hohen → Dunkelziffer schwer einzuschätzen. Stark vertreten in der Korruptions-Statistik sind Amtsträger in der Bauverwaltung, die mit der Vergabe von Aufträgen betraut sind und bestochen werden. Die Häufigkeit unzulässiger Preisabsprachen läßt sich nur vermuten. Bis zu 90 % der von der öffentlichen Bauverwaltung ausgeschriebenen Projekte sind mancherorts bereits im Vorfeld zwischen den Beteiligten abgesprochen. Das Bundeskartellamt geht bundesweit von 40 bis

50 % realisierter Absprachen aus. Der durch Ausschreibungsbetrug und Korruption verursachte volkswirtschaftliche Schaden dürfte in die Milliardenhöhe gehen. Im Bereich der privaten Wirtschaft ist die Grenze zwischen üblichen »Aufmerksamkeiten« und strafbarer Beeinflussung besonders schwer zu ziehen. Es ist auch ungeklärt, ob die Korruption in der privaten Wirtschaft eine große Rolle spielt, oder eher vereinzelt vorkommt. Um die Korruption wirksam zu bekämpfen, reichen rechtliche, ökonomische und institutionelle Rahmenbedingungen allein nicht aus. Ebenso unverzichtbar erscheinen die Vermittlung, bzw. der Erhalt ethischer Werte, besonders bei den in Politik, Wirtschaft und Verwaltung Tätigen. Auch ein verantwortungsbewußter politischer Journalismus kann gegen Korruption wirken. → Legale Kriminalität, → Mafia, → Parteispenden, → Wahldelikte, → Watergate-Affäre, → Wirtschaftskriminalität

Korsaren

Abgeleitet vom französischen »la course« = die → Kaperfahrt. Die Korsaren waren von den muslimischen Herrschern ermächtigte → Piraten im Mittelmeerraum, deren Hauptgruppe die von Tunis aus agierenden Babaresken bildeten. Die Korsaren selbst betrachteten sich als → Freibeuter im Rahmen des heiligen Krieges gegen die Christen (→ Religion und Verbrechen). Wer ihnen in die Hände fiel, hatte meist nichts Gutes zu erwarten. Jean Martelleile de Bergerac schrieb im 16. Jahrhundert über das traurige Los der von den Korsaren zum Galeerendienst gezwungenen Gefangenen: »Manchmal rudern die Galeerensklaven zehn, zwölf oder sogar zwanzig Stunden an einem Stück, ohne die geringste Erholung oder Unterbrechung ... wenn einer der Sklaven vor Erschöpfung über seinem Ruder zusammenbricht (was nicht selten geschieht), wird er ausgepeitscht, bis er kein Lebenszeichen mehr von sich gibt, und ohne weitere Zeremonie über Bord geworfen.« Bekämpft wurden die Korsaren von den in Malta stationierten christlichen Truppen. Auch sie betätigten sich als Seeräuber und waren in ihrem Kampf um nichts weniger grausam als die muslimischen Korsare. Sie gehörten zum Ritterlichen Orden Sankt Johannis vom Spital zu Jerusalem, der seitdem eine tiefgreifende Wandlung durchgemacht hat und heute unter dem Namen Malteser, bzw. Johanniterorden, international bekannt ist.

Kraft, Hermann

»Erpresser ist unverschuldet in großen Schwierigkeiten. Schulden und sonstige private Verbindlichkeiten betragen weit über 80.000,- Für eine neue Geschäftsankurbelung werden noch 20.000,- benötigt. Alle Geldquellen (Kredit) und Sicherheiten hierfür sind ausgeschöpft und versiegt. Gerichte dieses Rechtsstaates sind gegen Schuldner viel zu lahm (bin um 70.000,- gebracht worden). Verfahren dauern Monate. Schuldner bis dahin auf und davon. Meine vierköpfige Familie will aber auch leben! Kriegsinvalidenrente auch zu klein.

Geschäft ging noch dieses Jahr sehr gut und würde, da Spezialvertrieb, sofort gut weitergehen, wenn Verbindlichkeiten abgedeckt und Ware gekauft werden könnte. Als neuer Karlsruher Bürger bedauert Erpresser diese Entwicklung sehr, da bislang unbescholten und absolut ehrlich, also kein Profi. Alle Möglichkeiten erschöpft, kein Dialog darüber mit ihm möglich! Habe daher alles genau bis zum Selbstmord im Entdeckungsfalle durchgeplant!«

Dieser Brief ging am 7. Oktober 1975 bei der Direktion der Deutschen Bundesbahn in Karlsruhe ein. Ein in vielerlei Hinsicht ungewöhnlicher → Erpresserbrief; denn es kommt nur äußerst selten vor, daß Erpresser eine ausführliche Begründung für ihr Handeln mitliefern. Außerdem forderte der Briefeschreiber eine vergleichsweise moderate Summe, nämlich nur 100.000 Mark und – dies ein absolutes Unikum – er versprach das Geld, überdies mit einer Verzinsung von sieben Prozent, nach einem Jahr zurückzuzahlen, wenn sich seine finanzielle Situation gebessert haben würde. Allerdings war es diesem Ausnahmeerpresser bitterernst. Sollten seine Forderungen nicht erfüllt werden, hatte er Anschläge auf die Anlagen der Bahn angekündigt. Da die Geldübergabe aus vielerlei Gründen nie zustandekam, beging er mehrere → Attentate. Das »erfolgreichste« ereignete sich am 17. Oktober 1976. Nachdem der Erpresser 138 Befestigungsschrauben von einem Schienenstrang gelöst hatte, entgleiste eine E-Lok mit zwölf Waggons. Neunzehn Personen wurden dabei zum Teil schwer verletzt. Der Erpresser, der sich »Monsieur X« nannte, forderte jetzt überdies 250.000 Mark. Trotz intensiven Aufgebotes führte aber keine Spur zu Monsieur X. Erst als in Eduard Zimmermanns berühmter Sendung Aktenzeichen XY – ungelöst ein Beitrag über den Eisenbahnerpresser ausgestrahlt wurde, konnten Hinweise zur Ergreifung des → Täters führen. Ende 1977 wurde der damals 51 Jahre alte, aus Karlsruhe stammende Aquarienzubehörhersteller Hermann Kraft festgenommen. Im Oktober 1978 konnte Anklage gegen ihn erhoben werden, und am 9. März 1979 kam es zur → Urteilsverkündung: Hermann Kraft wurde wegen versuchten → Mordes in fünfundzwanzig rechtlich zusammenhängenden Fällen in Tateinheit mit versuchter räuberischer Erpressung und gefährlichem Eingriff in den Bahnverkehr zu lebenslanger → Haft verurteilt. → Eisenbahnverbrechen

Krankenschwester, mordende

→ Patiententötungen, → Sterbehilfe, → Die »Teufelinnen von Lainz«, → Todesengel

Kreuger, Ivar

Am Morgen des 12. März 1932 kaufte sich der schwedische »Zündholzkönig« Ivar Kreuger in dem in der Avenue Victor Emanuel 5 in Paris gelegenen Waffengeschäft Gastinne-Renette eine schwere Repetierpistole. Als wenige Stunden später der Vizepräsident des Kreuger-Konzerns seinen Chef besuchen wollte, fand er eine Leiche. Auf dem Bett in seinem

Schlafzimmer lag Ivar Kreuger mit blutdurchtränktem Hemd. Für Kommissar Magaud, der auf Anweisung seines Chefs den Vorfall mit größter Diskretion behandelte, war die Sache einfach: → Selbstmord. Aber warum beging Ivar Kreuger, der als einer der erfolgreichsten und wohlhabendsten Geschäftsleute galt, Selbstmord?

Der am 2. März 1880 im schwedischen Kalmar geborene Kreuger übernahm bereits als junger Mann die Zündholzfabrik seines Vaters. Außer einer soliden Fachausbildung besaß er einige für den Beruf eines erfolgreichen Unternehmers nützliche Eigenschaften: Skrupellosigkeit, Besitzgier und eine feine Nase für gute Geschäfte. Zielstrebig baute er die Zündholzfabrik aus, wohl ahnend, daß man mit den unscheinbaren Hölzchen bald das große Geld verdienen konnte. So entstand der Konzern Kreuger & Toll AB, der unter dem Namen »Schwedenhölzchen« Streichhölzer vertrieb. Nach dem Ersten Weltkrieg besaß Kreuger das Weltmonopol. In vierzig Ländern befanden sich hundertfünfzig Fabriken von ihm, sechzigtausend Arbeiter waren für ihn tätig, und er beherrschte über sechzig Prozent der Zündholzproduktion der Erde. Die 1929 einbrechende Weltwirtschaftskrise und den Zusammenbruch der New Yorker Börse nahm der Zündholzkönig scheinbar gelassen auf. Doch das war nur äußere Fassade. In Wirklichkeit schrieb der Konzern nun rote Zahlen. Um den äußeren Schein aufrechterhalten zu können, schreckte Kreuger nicht einmal vor kriminellen Machenschaften zurück. Er ließ eigene wertlose Aktien von Schwindelfirmen mittels vom Konzern gewährter »Kredite« aufkaufen, um die Kurse künstliche hochzuhalten, fälschte Bücher, wies Eigenkapital aus, das gar nicht vorhanden war – und so weiter. Für die Herren der Geschäftsleitung war es ein großer Schock, als sie nach Kreugers Ableben dessen Tresor öffneten, um daraus Schuldverschreibungen der italienischen Regierung in Höhe von 143 Millionen Dollar zu entnehmen. Die Wertpapiere waren zwar an Ort und Stelle, nur leider nicht vom italienischen Finanzminister unterschrieben, sondern von Ivar Kreuger selbst, der die Papiere gefälscht hatte (→ Geld- und Wertzeichenfälschung). Insgesamt beliefen sich die Verluste auf eine Milliarde Dollar, die die Banken sowie Hunderttausende von Kleinaktionären tragen mußten. Als sich der Zündholzkönig die Kugel in den Kopf jagte, war er nur noch ein armer Mann, den die Leute allerdings noch für einen der reichsten der Welt hielten. → Wirtschaftskriminalität

Kreuzigung

Die Kreuzigung ist eine aus Persien stammende → Todesstrafe für ein → Kapitalverbrechen, die aber nur an Männern vollzogen wurde. Viele antike Völker übernahmen sie, jedoch nicht die Juden. In alten Zeiten bestand die Kreuzigung oft im Aufspießen oder Aufhängen an einem einfachen Pfahl. Bei den Römern dann, welche die Kreuzigung vermutlich von den Karthagern übernommen hatten, wurden die Straftäter meist an einen Pfahl mit Querbalken genagelt.

Im alten Rom galt die Kreuzigung als schändlichste Todesstrafe, sie wurde nur über Sklaven und nichtrömische Freie verhängt, die ein Schwerverbrechen wie → Mord, → Hochverrat oder Tempelraub begangen hatten. Der Verurteilte mußte das Querholz selbst zur außerhalb der Stadt liegenden Richtstätte tragen. Er war dabei nackt und wurde auf dem Weg dorthin ausgepeitscht. Dort angelangt, band oder nagelte man ihn mit ausgestreckten Armen an das Querholz, das man dann an dem Pfahl hochzog und oben befestigte. Ein Holzklotz etwa in der Mitte des Pfahls stützte den hängenden Körper und verhinderte einen zu raschen Tod. An der Spitze des Kreuzes wurde eine Tafel mit Namen und → Schuld des Verurteilten angebracht. Das Exekutionskommando teilte die Habe des Gekreuzigten unter sich auf und hielt an der Richtstätte Wache. Manchmal wurde der Tod des Verurteilten beschleunigt, indem man ihm die Unterschenkel mit Keulen zerschlug. Der Leichnam blieb meist hängen, bis er verwest war, der zuständige Magistrat konnte aber auch eine Bestattung erlauben, wie das bei der berühmtesten Kreuzigung – der Kreuzigung Jesu Christi – der Fall war. Daß Jesus bestattet werden durfte, hängt vermutlich damit zusammen, daß die Römer, bzw. Pilatus, wie alle Evangelien überliefern, in ihm keinen gefährlichen Hochverräter sahen und das Todesurteil unter Druck ausgesprochen worden war. Durch Kaiser Konstantin den Großen wurde die Kreuzigung um 315 n. Chr. abgeschafft.

Krieg und Verbrechen

Machen wir uns nichts vor: In jedem von uns steckt eine Bestie und wohl auch ein potentieller → Mörder. Am deutlichsten zeigt sich das im Krieg. Zwar soll das Kriegsrecht Auswüchse bremsen, doch wenn der Krieg erst einmal mit heißer Leidenschaft geführt wird, kommt es immer wieder zu Exzessen. Die Reaktionen der militärischen Spitzen sind unterschiedlich: Verurteilung der → Täter, stille Duldung oder sogar die Aufforderung zu Blutrausch und → Haßmord. Ist der Zivilisationsbruch erst eingetreten, gibt es oft kein Halten mehr für die befreite Bestie Mensch. Eines der »eindrucksvollsten« Beispiele für den Rausch des Hasses liefern die Flugblätter, die aus der Feder des sowjetischen Schriftstellers Ilja Ehrenburg stammen sollen – was dieser später allerdings bestritt. Die in Millionenauflage an der Front verbreiteten Blätter forderten die sowjetischen Soldaten aus → Rache für die Nazigreuel in ekstatischen Worten zum Morden, → Foltern und → Vergewaltigen aller Deutschen auf, gleich welchen Geschlechtes, Alters oder welcher politischer Auffassung. Ehrenburgs Aufrufe verfehlten ihre Wirkung nicht. Es ist zu Kriegszeiten immer wieder ein beliebtes Mittel, dem »Feind« jede Form von Menschlichkeit abzusprechen. Da der Feind »böse« ist, darf man selbst auch Böses tun, um die Welt dadurch vom Bösen zu befreien.

Doch nicht jeder Mensch ist so leicht zum Morden und Brennen zu verführen – auch in Kriegszeiten nicht. Untersuchungen haben nachgewiesen, daß selbst im Zweiten Weltkrieg »nur« 15-20 % der Soldaten auf einen exponierten Feind geschossen haben. Die Mehrzahl zielte selbst unter eigener Lebensgefahr irgendwo daneben – sie hatten sich die Hemmschwelle bewahrt, ihre Artgenossen zu töten. Das Nichttöten fällt dabei um so leichter, je weniger der einzelne durch das Kriegsgeschehen emotional angesprochen wird. Aber trotzdem, die Lust im Krieg zu töten, das »Glück des Messers« (Nietzsche) wächst, und sie wächst um so mehr, je mehr den Soldaten vermittelt wird, es sei gut zu töten; denn eine solche Botschaft desensibilisiert die natürliche Mordhemmnis. So wurde japanischen Soldaten im Zweiten Weltkrieg etwa beigebracht, Tod und Leid mit Vergnügen und Belohnung zu verbinden. Solche Methoden sind heute verpönt, und doch bricht der Krieg immer wieder Dämme. Auch in jüngeren Kriegen, sogar direkt vor unserer Haustür, wie in dem Krieg im zerfallenden Jugoslawien, war es nicht anders. Einige Soldaten sprachen dabei relativ offen über das, was sie taten: »Ein serbischer Krieger kennt kein Pardon. Der Feind muß vernichtet werden.« »Folter ist ein Mittel, einfach nur ein Mittel. Es erzeugt Schrecken, Panik, Angst. Es spricht sich rum.« »Du hast keine Zeit für Gefühle. Du arbeitest wie ein Automat, wie ein Roboter. Du gewöhnst dich daran.« Wird sich der Krieg jemals zivilisieren lassen? Gut ausgebildete disziplinierte Soldaten töten nicht wahllos. Sie sind sogar weniger für das Verbrechen anfällig als der Normalbürger. Gerade bei ihnen, die den Schrecken kennen, kann sich ein hohes Ethos entwickeln. Hier wird der Soldat zum Ritter, zum Samurai, zum Prätorianer. Sie sind Krieger in einem hohen Sinne. Aber nur die wenigsten Soldaten oder in kriegerische Handlungen verstrickten Personen gehören einer solchen Elite an. Sie können leichter die »Haltung« verlieren und sich dem Rausch des Mordens ergeben. Und der Krieg der Zukunft, der Techno-Krieg, wie ihn die Amerikaner schon heute führen, wird er den Krieg humanisieren und ihn zu einem »sauberen« Krieg werden lassen? Der Krieg vom Computer aus wird die Blutleidenschaften kaum so entfachen, wie sich das aus einem unmittelbaren Kontakt mit dem Feind ergibt. Aber hier besteht die Gefahr, daß der Krieg nur noch als Spiel gesehen wird, und Wirklichkeit und Fiktion sich vermischen.

Kriegsverbrecherprozesse
Mit ihnen sollen Kriegsverbrechen geahndet werden. Bereits nach dem Ersten Weltkrieg (1914-18) hatten die Siegermächte von Deutschland die Auslieferung von Kaiser Wilhelm II., dem früheren Reichskanzler Theobald von Bethmann Hollweg, dem Generalfeldmarschall Paul von Hindenburg, sowie zahlreichen anderen verantwortlichen Persönlichkeiten gefordert. Deutschland gab diesem Auslieferungsbegehren nicht nach, dafür fanden vor dem Reichsgericht in Leipzig einige → Prozesse gegen Angehörige der deutschen Streitkräfte statt. Die → Urteile bewegten sich zwischen begrenzten → Freiheitsstrafen und → Freispruch.

Aufgrund der nationalsozialistischen Verbrechen im Zweiten Weltkrieg verkündeten Großbritannien, die UdSSR und die USA in den »Moskauer Erklärungen über deutsche Grausamkeiten im besetzten Europa« ihre Absicht, Kriegsverbrechen zu bestrafen. Ab 1943 tagte in London die United Nations War Crimes Commission, die Kriegsverbrecherlisten zusammenstellte und Vorschläge zur strafrechtlichen Verfolgung von Kriegsverbrechen machte. Vom 20.11.1945 bis zum 1.10.1946 fanden in Nürnberg die Nürnberger Prozesse gegen die Hauptkriegsverbrecher statt. Die Gesamtzahl der Verurteilten wird auf 45.000 geschätzt. Die Zahl der → Todesurteile ist unbekannt. In der SBZ/DDR fanden daneben »Kriegsverbrecherprozesse« statt, die dazu dienten, den Umbau des Staates nach stalinistischem Vorbild zu erleichtern. Auch in Ländern, die im Krieg von Deutschen besetzt worden waren, wie z.B. Belgien, Frankreich, Polen, Niederlande, UdSSR, fanden Kriegsverbrecherprozesse gegen Deutsche statt. In der Sowjetunion wurden 1942-1950 etwa 30.000 deutsche Kriegsgefangene als Kriegsverbrecher verurteilt. Nach und nach übertrugen die Besatzungsmächte deutschen → Gerichten die Zuständigkeit für die Verfolgung nationalsozialistischer Verbrechen.

Für die nach 1945 begangenen Angriffskriege wurden bisher kaum Staatsorgane in Kriegsverbrecherprozessen zur Verantwortung gezogen. Lediglich im Zusammenhang mit dem Vietnamkrieg wurde eine Gruppe amerikanischer Soldaten in einem Prozeß als Kriegsverbrecher verurteilt. Zur Verfolgung von Kriegsverbrechen im ehemaligen Jugoslawien und in Ruanda wurden von den Vereinten Nationen Kriegsverbrechertribunale in Den Haag eingerichtet. Die Problematik von Kriegsverbrecherprozessen besteht darin, daß sie nicht jeden Angriffskrieg gleichermaßen verurteilen, sondern selektiv verfahren. Ein solcher Vorgang steht in einem Widerspruch zum Gerechtigkeitsempfinden – ebenso der Umstand, daß von Siegermächten begangene Verbrechen nicht verfolgt werden.

Kriminalätiologie

Die Kriminalätiologie ist ein Teilgebiet der → Kriminologie. Sie versteht sich als eine erfahrungswissenschaftliche Lehre von den Ursachen der → Kriminalität.

Diese werden von zahlreiche Kriminalitätstheorien erklärt und im gesellschaftlichen Umfeld des Straftäters (→ Kriminalsoziologie) und in seiner Persönlichkeit (Kriminalanthropologie) gesehen. Dabei geht die Kriminalätiologie von zahlreichen, miteinander verbundenen Ursachen für kriminelle Handlungen aus. Sie stellt nicht mehr nur den → Täter und sein Umfeld in den Mittelpunkt der Ursachenforschung, sondern ebenso die Instanzen sozialer Kontrollen (u.a. → Polizei, → Justiz), die nach dieser Lehre Mitgliedern der Gesellschaft Kriminalität (schichtspezifisch) zuschreiben. Die → Viktimologie hat den Blick auf das Opfer der → Straftat als mögliche (Mit-) Ursache gelenkt.

Kriminalfilm

Schon seit Beginn der Filmgeschichte handeln viele Drehbücher von → Verbrechen, der Suche nach dem → Täter und seiner Verhaftung. In der Regel werden die Ereignisse dabei aus der Sicht des Opfers, bzw. der Ermittler geschildert. Ein ungewohnter Reiz geht bisweilen auch von der Darstellung eines Verbrechens aus der Sicht des Täters aus, zumal wenn der Zuschauer sich zunehmend mit dem oder den → Ganoven identifizieren kann und schließlich auf ein Gelingen des → Coups und eine erfolgreiche Flucht hofft. Fiktion und Realität vermengen sich dabei nicht selten im Film. Das Drehbuch greift auf einen tatsächlichen Kriminalfall zurück – oder reale → Gangster lassen sich von kreativen Filmemachern inspirieren. Die Handlungsführung im Kriminalfilm orientiert sich meist an populären Kriminalromanen. Die wichtigsten Regisseure waren in Frankreich Feuillade (→ *Fantomas*, 1913, und weitere Folgen), in Deutschland Fritz Lang (→ *M – Eine Stadt sucht einen Mörder*, 1931), in England Alfred Hitchcock. In den USA hat sich eine später vielerorts nachgeahmte Sonderform des Gangsterfilms entwickelt. So z.B. J. von Sternbergs *Underworld* (1927), R. Walshs *Die wilden Zwanziger* (1939), John Hustons *Asphalt Dschungel* (1950) oder Roger Cormans *Bloody Mama* (1969). Daneben hat sich der Detektiv- und Polizeifilm mit scharf charakterisierten Hauptfiguren mit Darstellern wie Humphrey Bogart, Jean Gabin oder Margaret Rutherford herauskristallisiert. Häufig ist der Kriminalfilm zugleich Thriller. Eine weitere Sonderform ist der → Spionagefilm – so z.B. *Spione* (1928) von Fritz Lang -, der seit 1962 in den James Bond-Filmen eine Blüte erlebte. Amerikanische Kriminalfilme der 40er und beginnenden 50er Jahre werden wegen ihrer düsteren Stimmung und Weltsicht oft als »schwarze Serie«(→ Film Noir) bezeichnet. Der Gangsterfilm wurde vor allem auch in Frankreich, so z.B. von Jean-Paul Melville, weitergeführt. Im Fernsehen hielten die Kriminserien Einzug, die sich meist um einen bestimmten Detektiv oder Polizeiinspektor drehen. In den USA gab es z.B. die Serien *FBI, Cannon, Columbo* oder *Die Straßen von San Francisco*, in Deutschland fegten zunächst Serien nach Francis Durbridge die Straßen leer und Regisseur Jürgen Roland bannte die Zuschauer mit seinem *Stahlnetz*, danach ermittelten → *Der Kommissar*, *Der Alte*, → *Derrick*, die → *Tatortkommissare* oder *Bella Block*.

Literatur: H.-G. Kellner, u.a.: Der Gangster-Film (1977); G. Seesslen: Kino der Angst (1980); Ders.: Der Asphalt-Dschungel. Geschichte und Mythologie des Gangster-Films (1980) Ders.: Mord im Kino. Geschichte und Mythologie des Detektiv-Films (1981).

Kriminalgeschichte

Eine Erzählung, deren Thema ein → Verbrechen und seine Aufklärung sind. Die Kriminalgeschichte ist zusammen mit dem Kriminalroman, dem → Agenten- oder → Spionageroman, den → Detektivgeschichten und dem Detektivroman ein wichtiges Element der → Kriminalliteratur.

Kriminalistik

In der zweiten Hälfte des 19. Jahrhunderts begann eine der aufregendsten Geschichten, die man kennt – die Geschichte der modernen Kriminalpolizei und ihrer Methodik: der Kriminalistik. Der uralte Kampf der menschlichen Gesellschaft gegen das störende, manchmal zerstörende kriminelle Element hat mit ihr ein ganz neues Gesicht bekommen. Im Laufe von hundert Jahren lieferten die Natur- und Geisteswissenschaften den Schöpfern der Kriminalistik die exakten Methoden, deren sich heute die nationale und internationale Bekämpfung des Verbrechertums bedient. Exakt definiert ist die Kriminalistik die Lehre von den Mitteln und Methoden zur Verhütung, Verfolgung und Aufklärung von Verbrechen. Sie gliedert sich auf in: → Kriminallogistik , → Kriminalstrategie, → Kriminaltaktik, → Kriminaltechnik. Die Kriminalistik wird teilweise als ein Spezialgebiet der → Kriminologie angesehen, überwiegend jedoch als selbständige Wissenschaft.

Literatur: A. Mergen: Die Kriminologie (1995); H.-D. Schwind: Kriminologie (1996).

Kriminalität

Vom lateinischen »criminalis« = »ein Verbrechen betreffend«. Die Kriminalität ist die Gesamtheit strafrechtlich mißbilligter Verhaltensweisen, die innerhalb einer Gesellschaft vorkommen. Die Schwere einer Tat, → Tatort, Begehungsweise, → Täter- oder Opfermerkmale werden nach unterschiedlichen Kriterien unterteilt und beschrieben, z.B. als → Jugendkriminalität oder → Wirtschaftskriminalität.

Kriminalität ist kein unabänderlicher Faktor, sondern wandelt sich nach Kulturen und Zeiten, allein aufgrund sich fortlaufend ändernder Wertungen (z.B. → Homosexualität), Lebensverhältnisse oder Strafnormen einer Gesellschaft, welche ihre Gesetze definiert. Ausmaß, Entwicklung und Struktur der Kriminalität sind unbekannt. Die → Kriminalstatistik zeigt nur die (amtlich) bekannte Kriminalität an, und auch die → Kriminologie erhellt das Dunkelfeld der Kriminalität nur teilweise.

Die erfaßte Kriminalitätsrate ist in fast allen Industrieländern nach dem Zweiten Weltkrieg gestiegen. Eine Ausnahme bildet lediglich Japan. In Deutschland weist die Polizeistatistik von 1970 bis 1995 eine Verdoppelung der → Straftaten auf (1970: 3924, 1980: 6198, 1995: 8179 Straftaten pro 100.000 Einwohner). Die statistisch erfaßte, zeitgenössische Kriminalität wird quantitativ von den Eigentums- und Vermögensstraftaten und den Verkehrsdelikten bestimmt. Dadurch, daß die Polizeistatistik die Verkehrsdelikte allerdings nicht erfaßt, prägt der → Diebstahl mit weit über der Hälfte aller erfaßten Straftaten die Gesamtkriminalität, gefolgt von → Betrug und → Sachbeschädigung. Bei einer Vielzahl der registrierten Straftaten handelt es sich um Bagatelldelikte. Knapp die Hälfte des einfachen Diebstahls und etwa 40 % der Betrugsfälle erreichen eine Schadenshöhe von unter 50 Euro. Im Unterschied zur Eigentumskriminalität fällt die Gewaltkriminalität (→ Gewaltverbrechen) (1995: 170170) bezogen auf die Gesamtzahl der registrierten Straftaten (1995: rund 6,7 Mio., ohne Verkehrsdelikte) zahlenmäßig kaum ins Gewicht. Trotzdem hat sich von 1973 bis 1995 die Zahl der statistisch erfaßten Gewaltdelikte im alten Bundesgebiet von 69 408 auf 141 188 erhöht (mit Gesamtberlin). Auffällig ist die Zunahme bei → Raubtaten, sowie bei gefährlicher und schwerer → Körperverletzung, der hohe Anteil Nichtdeutscher an der Gewaltkriminalität im Vergleich zu ihrem Bevölkerungsanteil (→ Ausländerkriminalität), die auch aufgrund von Verzerrungsfaktoren, wie z.B. Überrepräsentation besonders kriminalitätsbelasteter Alters- und Geschlechtsgruppen, nur zum Teil relativiert werden kann. Bedeutung gewinnt vor allem auch die → organisierte Kriminalität. Sie agiert weltweit, besonders aber in den USA, in Süditalien (→ Mafia), im asiatischen Raum, den GUS-Staaten (→ Russen-Mafia), in Japan (→ Yakuza) und in China (→ Triaden). Bei der räumlichen Verteilung der Kriminalität, mit der sich die → Kriminalitätsgeografie befaßt, nehmen hoch urbanisierte Bereiche einen herausragenden Platz ein. Unterschiede in der Verteilung krimineller Verhaltensweisen bestehen ferner nach Lebensalter und Geschlecht (→ Lebensalter und Verbrechen, → Geschlecht und Verbrechen). Wie sehr die registrierte Kriminalität auch von Struktur und Ausmaß der Verbrechenskontrolle abhängig ist, verdeutlicht die Kriminalität in der ehemaligen DDR (→ D(eutsche) D(emokratische) R(epublik) und Verbrechen). Hier hatten starke soziale Kontrolle und enge individuelle Freiräume die Ausdehnung der Kriminalität gebremst. Ein Vergleich der Kriminalitätsstatistiken in Industrieländern und Entwicklungsländern ergibt, daß die armen Länder mit einer hohen Rate an Gewaltdelikten zu kämpfen haben, während in den reichen Nationen Eigentums- und Vermögensdelikte überwiegen.

Kriminalitätsgeografie

Die jeweilige räumliche Umgebung vermag einen starken Einfluß auf Umfang und Art der Kriminalität auszuüben. Die Kriminalitätsgeografie, die sich mit diesem Aspekt des → Verbrechens beschäftigt, hat ermittelt, daß vor allem hoch urbanisierte Gebiete von → Straftaten heimgesucht werden. Nach der → Kriminalitätsstatistik wird rund die Hälfte aller Straftaten in Großstädten mit mehr als 100000 Einwohnern begangen. Dieses sogenannte Stadt-Land-Gefälle wird u.a. auf die in der Stadt anzutreffenden besseren Gelegenheiten zur Tatbegehung, höhere Tatanreize, Anonymität und geringere soziale Kontrolle zurückgeführt. Hinzu kommen in der Stadt die Häufung sozialer Problemfälle, die abweichendes, sprich kriminelles Handeln begünstigen.

Kriminalliteratur

Was erwartet der Leser von guter Kriminalliteratur? – Im allgemeinen, daß sich in ihr Alltag und → Verbrechen überschneiden. Der Leser will mit einer Wirklichkeit konfrontiert werden, die real erscheint, in die jedoch ein grauenhaft-rätselhaftes Element eingebrochen ist, das nach Aufklärung verlangt. Dabei setzt der Krimi meist mit einem Paukenschlag ein: Mit einem »guten« → Mord, einem Verbrechen, das den Anfang der kriminalistischen Untersuchung bildet. Nur der rätselhafte Ernstfall lohnt die Aufklärung. Der Ernstfall ist das Rätsel an sich, bei dem es eben um Leben oder Tod geht. Indem der Krimidetektiv den Mörder am Ende überführt, schlägt er eine Sehnsuchtsseite an, die in uns allen steckt. Die Sehnsucht, das Rätsel zu lösen und zugleich das »Böse« aus der Welt zu schaffen, nach dem wir aber gleichzeitig – wie paradox – süchtig sind!

Die Geschichte der Kriminalliteratur als eigene Gattung findet ihren Anfang Ende des 18. Jahrhunderts. Geistesgeschichtlich steht die Entwicklung der Kriminalliteratur in Zusammenhang mit dem Rationalismus der Aufklärung, vor allem aber mit dem Schwerpunkt der Naturwissenschaften und des Positivismus in der zweiten Hälfte des 19. Jahrhunderts. In der Kriminalliteratur offenbart sich die Konsolidierung des bürgerlichen Staates und das Interesse des Bürgers an Rechtsfragen und die Forderung nach → Justizverfahren. Außerdem wird hier der Wandel des → Strafprozesses deutlich, welcher den Sach- und → Indizienbeweis an die Stelle der durch → Folter erzwungenen → Geständnisse setzte. Für die weitere Entwicklung der Gattung spielte auch die Verbreitung der Zeitungen seit dem 19. Jahrhundert eine entscheidende Rolle, die Raum und Bedarf für Unterhaltungsliteratur boten. Zu den Vorläufern der Kriminalliteratur zählen vor allem François Gayot de → *Pitavels Causes célèbres et interéssantes* (1734-43; 20 Bände), die eine Sammlung von Strafrechtsfällen und Kriminalgeschichten darstellen. Gestaltprägende Elemente der Kriminalliteratur, wie die Häufung zunächst unerklärlicher Ereignisse und deren letztlich doch rationale Aufklärung, wurden bereits in den Schauerromanen (Gothic Novels), sowie in Erzählungen der deutschen Romantik vorgebildet. Der Anfang der modernen Kriminalliteratur findet sich bei Edgar Allan Poe in seiner Erzählung *The Murders in the Rue Morgue* (1844). Poe entwirft dabei ein Strukturmodell für die Kriminalliteratur, das klassisch werden soll: der Einbruch des Irrationalen in eine geordnete Welt in Form eines rätselhaften Mordes, die → Fahndung des genialen → Detektivs nach dem Mörder, die sich steigernde Spannung, und der Triumph der Rationalität bei der Aufklärung des Verbrechens. Am Ende des 19. Jahrhunderts erschuf Arthur Conan Doyle mit seiner Figur *Sherlock → Holmes* den Archetypus des Detektivs. Er ist damit Vorbild für eine große Zahl bedeutender, meist englischer und amerikanischer Autoren geworden, die in der Folgezeit den pointierten Rätselroman, meist mit einem Meisterdetektiv als Helden, fortführten. In bewußter Abgrenzung zu dieser Art Krimis gab es seit den 1930er Jahren Ansätze zu einer an der harten großstädtischen Wirklichkeit der Zeit orientierten Kriminalliteratur, in der auch soziale, psychologische und politische Elemente stärker mit hineinspielen. In den USA entwickelten vor allem Dashiel Hammett (zunächst selbst Detektiv) und Raymond Chandler die »hard boiled school«, wo das Verbrechen tendenziell als der Gesellschaft innewohnend dargestellt wird. An der klassischen Rätselstruktur orientiert, schildern sie eine Welt der → Korruption, der unauflösbaren Verbindungen von Politik, → Polizei und Verbrechen. Dieser nun steht ein Detektiv mit ausgeprägtem Sinn für Moral und Gerechtigkeit gegenüber. Die Kriminalliteratur der DDR hatte sich zur Prämisse gemacht, daß im Sozialismus der Motivation des Verbrechens der Boden entzogen sei (→ D(eutsche) D(emokratische) R(epublik) und Verbrechen). Deshalb zeigen die Romane meist eine gewisse Einförmigkeit, was Charaktere und Handlungsaufbau angeht, zudem klingen häufig pädagogische Intensionen durch, was eine kritische Darstellung des Alltags jedoch nicht immer ausschließt. All diese zum Teil sehr unterschiedlichen Formen der Kriminalliteratur beruhen jedoch auf der gemeinsamen Vorstellung eines rationalen Wirklichkeitsgefüges und der Verstehbarkeit der Welt. Als Kontrast dazu wählten seit den 1950er Jahren auch einige Autoren die Kriminalliteratur als Mittel dazu, diese Grundannahme in Frage zu stellen. Während eine gemäßigte Variante davon den Detektiv wohl noch die Wahrheit erkennen läßt, aber durch Zufälle, äußere Gewalt oder sonstige Umstände eine Wiederherstellung des Ordnungszustandes verhindert wird, kann in einigen anderen Fällen das Verbrechen nicht mehr enträtselt werden, die Welt läßt sich durch die Vernunft eines Detektivs nicht ausdeuten, so z.B. in Friedrich Dürrenmatts *Das Versprechen* (1958). Die Postmoderne nimmt Elemente der Kriminalliteratur als Versatzstücke, um der Erwartungshaltung des Lesers überraschende Pointen zu setzen.

Der Krimi als Literaturgattung, in deren Mittelpunkt ein Verbrechen und in aller Regel dessen Aufklärung steht, läßt sich von seiner Erzählstruktur auf der einen Seite in Detektivromane, bzw. Detektivgeschichten unterteilen und auf der anderen Seite in Kriminalromane und → Kriminalgeschichten. In der englischen Sprache findet sich diese Unterscheidung zwischen »Detectiv story« und »Crime novel«, im Französischen werden beide Gattungen »roman policier« genannt.

Der Detektivroman bezieht seine Spannung im wesentlichen aus der Aufklärung eines unter rätselhaften Umständen begangenen Verbrechens, wobei die intellektuellen und psychologischen Bemühungen des Detektivs im Mittelpunkt stehen. Der Kriminalroman dagegen schildert weniger die Entschlüsselung des Verbrechens, sondern in der Regel die aktionsreiche Verfolgung des meist schon bald erkannten Täters. Sonderformen sind der → Agenten- oder → Spionageroman, der sich nicht von seiner Struktur her, sondern auch inhaltlich, durch das Motiv der Spionage und das damit besondere → Milieu, vom Detektivroman abhebt.

Kriminallogistik

Beinhaltet die Bereitstellung und Planung von Führungs- und Einsatzmitteln der → Polizei bei der Kriminalitätsbekämpfung. Vor allem bei größeren und gefährlichen Einsätzen ist die Kriminallogistik gefragt. → Kriminalistik

Kriminalmuseum

Dieses dem Publikum meist nicht zugängliche Museum enthält eine Sammlung von bei → Straftaten gebrauchten Werkzeugen und Hilfsmitteln (→ Mord- und Einbrecherwerkzeuge), sowie Gegenstände, die für Straftaten hergestellt wurden (z.B. falsche Banknoten). Das Kriminalmuseum dient polizeilichen Lehrzwecken. In den 60er Jahren wurde in der Bundesrepublik eine Fernsehreihe mit dem Titel Das Kriminalmuseum gedreht. Ausgangspunkt jeder Folge war immer ein Gegenstand aus dem Kriminalmuseum, der dazu diente, im Stile eines → Kriminalfilms das mit ihm verbundene → Verbrechen aufzurollen.

Kriminalpädagogik

Umfaßt die im Freiheitsentzug (→ Freiheitsentziehung) angewandten pädagogischen Maßnahmen zur → Resozialisierung von Straffälligen.

Kriminalpolitik

Die Lehre von der zweckmäßigen Bekämpfung des → Verbrechens durch strafrechtliche und außerstrafrechtliche Maßregeln. Die Kriminalpolitik wird von den Ergebnissen der → Kriminologie geleitet, aber ebenso von den Werten einer Gesellschaft.

Kriminalpolizei

Ein Spezialzweig der → Polizei zur Aufklärung begangener und zur Verhinderung beabsichtigter → Straftaten. Die Mitarbeiter der »Kripo« sind hierfür besonders ausgebildet und ausgestattet. Die Kriminalpolizei hat das Recht zum »ersten Zugriff«, muß aber dem Staatsanwalt berichten, der »Herr des Ermittlungsverfahrens« bleibt. Kriminalpolizei und Staatsanwaltschaft sind voneinander unabhängige Behörden. Als zentrale Dienststellen der Kriminalpolizei fungieren in den einzelnen Ländern die Landeskriminalämter. Außerdem haben die meisten Länder weitere Behörden und Dienststellen der Kriminalpolizei selbständig organisiert. Zur Zusammenarbeit von Bund und Ländern wurde das → Bundeskriminalamt eingerichtet.

Kriminalpolizeiliche Beratungsstellen

Finden sich bei größeren Dienststellen der deutschen → Kriminalpolizei und sind dazu da, fachkundig und unabhängig über technische Schutzmaßnahmen gegen → Straftaten zu beraten.

Kriminalpsychologie

→ Forensische Psychologie

Kriminalroman

→ Kriminalliteratur

Kriminalsoziologie

Beschäftigt sich als Teilbereich der → Kriminologie und Soziologie mit der Definition und Analyse gesellschaftlich abweichenden Verhaltens, vor allem mit → Straftaten, wobei sie sich der statistischen Massenbeobachtung (→ Kriminalstatistik) bedient. Im Bemühen, im gesellschaftlichen Umfeld des Straftäters Ursachen für sein → Verbrechen zu erforschen, entwickelt die Kriminalsoziologie verschiedene Kriminalitätstheorien. Eine davon ist die Ano mietheorie (von griech. »Normlosigkeit«), die davon ausgeht, daß Orientierungslosigkeit und Frustration insbesondere bei Unterschichtsangehörigen nach sozialen Umbrüchen zu gesteigerter Kriminalität führt – und zwar meist im Bereich der Eigentumsdelikte. Die sozialen Lerntheorien gehen davon aus, daß kriminelles ebenso wie rechtskonformes Verhalten erlernt wird. Kontrolltheorien sehen die Ursachen für kriminelles Verhalten in dem Versagen von kriminalitätsvorbeugenden Elementen. Die soziale Bindungstheorie macht kriminelle Anfälligkeit von dem Grad der gesellschaftlichen Einbindung in Schule, Beruf, Familie, etc. abhängig. Der in den USA begründete Etikettierungsansatz (engl. »labeling approach«) richtet den Blick weniger auf den → Täter als auf die strafende Gesellschaft, vor allem die Einrichtungen sozialer Kontrolle. Diese Vorstellung geht davon aus, daß Kriminalität durch Kriminalisierung entsteht – das heißt die Festlegung, welches Verhalten strafbar ist – und zudem durch die von → Polizei oder → Justiz vorgenommene Etikettierung von Personen als Täter selektiv beeinflußt wird. Mit dem Versuch, die Wurzeln der Kriminalität allein im sozialen Umfeld zu erforschen, unterscheidet sich die Kriminalsoziologie von den anthropologischen Theorien, die kriminellmachende Faktoren vorwiegend in der Natur und Veranlagung des Menschen suchen (→ Delinquento nato, → YY). Zweifelsohne hat die Kriminalsoziologie auf wichtige Außenfaktoren hingewiesen, die kriminelles Verhalten beeinflussen und fördern können. Allerdings ist die Weigerung, auch einen »Innenfaktor«, also die persönlichen Anlagen des Täters, anzuerkennen, eine sehr einseitige Sichtweise. *Literatur: H. Haage: Theorien der sozialen Kontrolle und des sozialen Lernens in der Kriminologie (1995).*

Kriminalstatistik

Die Statistik beinhaltet sowohl bekanntgewordene → Straftaten, als auch ermittelte → Täter und rechtskräftig Verurteilte. Auskunft über die amtlich bekannt gewordene und registrierte Kriminalität geben in Deutschland, Österreich und der Schweiz im wesentlichen die jährlich veröffentlichte polizeiliche Kriminalstatistik und die → Justiz- und Rechtspflegestatistik. Die Kriminalstatistik wird in Deutschland für jedes Land nach Zählkarten der → Polizeidienststellen von den Landeskriminalämtern erstellt und seit 1953 auch bundesweit für das → Bundeskriminalamt. Die Kriminalstatistik ist eine kombinierte Tat- und Täterstatistik mit Grund- und Verhältniszahlen (z.B. Täterzahlen pro 100.000). Die polizeiliche Kriminalstatistik erfaßt die bekannten Straftaten (ohne Staatsschutz und Verkehrsdelikte) nach Straftatbeständen, Art und Umständen der Tatausführung, registriert die Tatverdächtigen (Alter, Geschlecht, Nationalität), nennt mit der je nach → Delikt stark unterschiedlichen Aufklärungsquote den Anteil der Straftaten und registriert zum Teil auch Angaben über Tatopfer und Schadenshöhen. Als Tätigkeitsnachweise dokumentieren die Kriminalstatistiken vorwiegend die Strafverfolgung durch Polizei und Justiz. Sie sollen der Erfolgskontrolle staatlicher Maßnahmen zur Kriminalitätsvorbeugung und -verfolgung dienen, sowie der Gesetzgebung, Verwaltung und Justiz ein Planungs- und den Wissenschaften, vor allem der Kriminologie, ein Forschungsinstrument sein. Kriminalstatistiken können jedoch kein getreues Abbild der wirklichen Kriminalität sein, da ein Teil der Rechtsbrüche immer unbekannt bleibt, das entsprechende Dunkelfeld (→ Dunkelziffer des Verbrechens) zahlreichen Variablen wie z.B. Anzeigeverhalten, Verfolgungsintensität unterliegt und von der amtlich bekannten Tat bis zu ihrer Aufklärung und Aburteilung ein stufenweiser Zuordnungs- und Ausfilterungsprozeß (1992 in Deutschland rund 6,3 Millionen registrierte Straftaten, 712 613 Verurteilte) stattfindet.

Kriminalstrategie

Ist die Organisation der Kriminalitätsbekämpfung. Dazu gehört das planmäßige Zusammenwirken und Aufteilen der polizeilichen Kräfte für eine sinnvolle und erfolgreiche Aufgabenerfüllung. → Kriminalistik

Kriminaltaktik

Sie ist die Lehre von der strategischen, technischen und psychologischen Vorgehensweise bei der Aufklärung oder Verhinderung von → Verbrechen. Sie umfaßt die → Identifizierung und Überführung des → Täters anhand bestimmter durch Kartei oder Datenverarbeitung gespeicherter Tat- und Tätermerkmale und die Vernehmungstechnik. → Kriminalistik

Kriminaltechnik

Ist die Lehre von den sachlichen Beweismitteln. Für diesen Bereich sind naturwissenschaftliche und technische Mittel von großer Bedeutung, mit deren Hilfe man → Verbrechen aufklären oder verhindern will. Die Kriminaltechnik umfaßt z.B. erkennungsdienstliche Maßnahmen wie Personenidentifizierung mittels → Fingerabdrücken, Sprecherkennung oder Datenverarbeitung sowie die Spurenkunde, also DNA-Analyse, → Blut-, Haar- oder Spermaspuren, etc. (→ Genetischer Fingerabdruck). → Kriminalistik

Kriminell

Heißt strafbar, straffällig, verbrecherisch. In der Umgangssprache kann es aber auch soviel bedeuten wie: sich an der Grenze des Erlaubten bewegen, unverantwortlich, rücksichtslos, gemein. (→ legale Kriminalität)

Kriminelle Vereinigungen

Gemeint sind damit Vereinigungen, deren Ziel es ist, → Straftaten zu begehen. Kriminelle Vereinigungen sind sowohl verfassungsrechtlich als auch vereinsrechtlich verboten. Jeder, der eine kriminelle Vereinigung gründet oder ihr als Mitglied beiwohnt oder für sie wirbt und sie unterstützt, macht sich strafbar. Dies gilt allerdings dann nicht, wenn die Vereinigung eine politische Partei ist, die das Bundesverfassungsgericht für nicht verfassungswidrig erklärt hat, oder wenn die Begehung strafbarer Handlungen nur ein Nebenzweck oder eine Tätigkeit von untergeordneter Bedeutung ist. Die Tätigkeit für verfassungswidrige, vom Bundesverfassungsgericht verbotene politische Parteien oder ihre Nachfolgeorganisationen unterliegt als Gefährdung des demokratischen Rechtsstaates gesonderter Bestrafung. Die Bildung terroristischer Vereinigungen (→ Terrorismus) oder eine Beteiligung daran ist unter verschärfte → Strafe gestellt. Diese Vorschrift betrifft Vereinigungen, deren Zweck darauf gerichtet ist, → Mord, → Totschlag, → Völkermord, → Geiselnahme, erpresserischen → Menschenraub oder andere gemeingefährliche Straftaten zu begehen. Sowohl bei kriminellen als auch terroristischen Vereinigungen sieht das Gesetz weitere Strafverschärfungen für Rädelsführer und Hintermänner vor. Strafmilderung können die → Täter erwarten, wenn sie von ihrer Tat ablassen oder geplante Straftaten verhindern (→ Kronzeuge, → mildernde Umstände). Die Definition, was als kriminelle Vereinigung gilt, ist gesellschaftsabhängig. Zahlreiche Parteien und Gruppierungen, die ehedem als kriminelle Vereinigung eingestuft wurden und als solche, bzw. wegen Staatsgefährdung oder → Hochverrat verfolgt wurden, sind heute längst etabliert wie z.B. Burschenschaften, Arbeiterbünde oder die SPD.

Literatur: Josef Grässle-Münscher: Kriminelle Vereinigung. Von den Burschenschaften bis zur RAF (1991).

→ Rote Armee Fraktion

Kriminologie

Bei der Kriminologie handelt es sich um die Wissenschaft vom → Verbrechen, welche das Verbrechen als eine Erscheinung im Leben der Völker und der einzelnen Menschen betrachtet. Im Unterschied zur → Strafrechtswissenschaft behandelt die Kriminologie das Verbrechen nicht unter juristisch-wertenden Gesichtspunkten, sondern untersucht Ursachen und Verhütungsmöglichkeiten. Die Kriminologie ist dabei eine interdisziplinär arbeitende Erfahrungswissenschaft und ihre Forschungsmethoden sind Bereichen der Medizin, Anthropologie, Soziologie oder Psychologie entlehnt. Die Komplexität der Kriminologie zeigt sich in der Vielzahl ihrer Teildisziplinen, ihren zahlreichen Forschungsberichten und der bisher nicht bewältigten Schwierigkeit, einen näheren und allgemein anerkannten Begriff der Kriminologie zu bestimmen. Ein Versuch dazu ist die an die US-amerikanische Beschreibung angelehnte Begriffsbestimmung, nach der sich die Kriminologie mit den Realitäten der

Gesetzentstehung, den Rechtsbrüchen, den Rechtsbrechern und den Reaktionen auf Gesetzesverletzungen befaßt. Eine der Teildisziplinen der Kriminologie, die Kriminalphänomenologie, widmet sich vornehmlich den Erscheinungsformen der Kriminalität, die → Kriminalätiologie versucht, anthropologische und soziale Erklärungen der Kriminalität zu liefern (Kriminalanthropologie, → Kriminalsoziologie), die → Kriminalstatistik erfaßt amtlich registrierte Kriminalitätsdaten, die → Viktimologie befaßt sich mit dem Strafopfer und die Pönologie mit den strafrechtlichen Sanktionen. Auch die Lehre von der staatlichen und polizeilichen Kriminalitätsvorbeugung, -verfolgung und -aufklärung (→ Kriminalistik) gehört zum großen Bereich der Kriminologie. Schwerpunkte heutiger kriminologischer Forschung sind die Eigentums- und → Gewaltverbrechen, Verkehrsdelikte, die Jugend-, Randgruppen- und Drogenproblematik (→ Rauschgiftkriminalität), → Wirtschafts- und → Umweltkriminalität, die → organisierte Kriminalität, der Vorgang des Opferwerdens (Viktimisierung), die Wiedergutmachung des Schadens (→ Täter-Opfer-Ausgleich), sowie das Dunkelfeld der Kriminalität.

Literatur: J. Schneider: Einführung in die Kriminologie (1993)

Kronzeuge

Nach angloamerikanischem → Strafprozeßrecht gilt ein Tatbeteiligter, der gegen die Zusicherung von Straffreiheit oder geringer → Strafe gegen seine Komplizen aussagt und zu deren Überführung beiträgt, als Kronzeuge. Die Kronzeugenregelung ist keineswegs unumstritten, da die Aussagen möglicherweise unverläßlich sind und es dem Grundsatz der Gleichbehandlung widerspricht, wenn gerade bei sehr schweren → Verbrechen wie terroristischen → Morden ein Mittäter von der Strafe weitgehend verschont bleibt. Im deutschen Recht kann nach dem Betäubungsmittelgesetz das → Gericht die Strafe mildern, oder von einer Bestrafung absehen, wenn der Täter einer Drogenstraftat durch freiwillige Offenbarung seines Wissens zur Aufklärung beiträgt oder mithilft, geplante → Straftaten zu verhindern (→ Rauschgiftkriminalität). Unter ähnlichen Voraussetzungen war vom 9.6.1989 bis zum 31.12.1999 eine befristete Regelung bei terroristischen Straftaten (→ Terrorismus) eingeführt worden. Das Verzichten auf Strafen gegen mitwirkungsbereite terroristische Täter lag im Ermessen des Generalbundesanwaltes und des Bundesgerichtshofes. Wurden dem Täter → Mord oder → Totschlag zur Last gelegt, konnte von Strafverfolgung nicht abgesehen werden. In diesen Fällen durfte die verhängte Strafe drei Jahre → Freiheitsstrafe nicht unterschreiten. Für → Völkermord gilt die Kronzeugenregelung nicht, unter bestimmten Voraussetzungen jedoch bei → organisierter Kriminalität. Im Rahmen der neuen Antiterror-Gesetze nach dem Anschlag des 11. September 2001 auf das World Trade Center in New York erhofft sich Bundesinnenminister Schily Erfolge von einer neuen Kronzeugenregelung. Im Unterschied zum 1999 ausgelaufenen Kronzeugengesetz soll der neue Paragraph 46b des Strafgesetzbuches für alle schweren Straftaten gelten. → Klein, Hans Joachim

Krull, Ernst

Thomas Mann schildert in seinem Roman *Bekenntnisse des Hochstaplers Felix Krull* (1954) das → Verbrechen von seiner (seltenen) Sonnenseite. Felix Krull ist mehr Lebenskünstler als gemeiner Verbrecher, ein Schauspieler, → Hochstapler, Gernegroß, ein amüsanter spitzbübischer Held. Einige Züge davon finden sich auch in den realen Verbrechen wieder, die ein → Gauner mit dem gleichen Familiennamen – Ernst Krull – begangen hatte. Dieser Krull wurde 1897 in dem heute zu Hamburg zählenden Wandsbek als Sohn eines → Polizeioberwachtmeisters geboren. Schon in seiner Kindheit war Ernst Krull ein kleiner Abenteurer. Ein im gleichen Haus wohnender pensionierter Polizeikommissar sagte über ihn aus, daß man den Jungen sehr gut als »Spion« habe verwenden können. Er habe oft manches herausbekommen, wozu die Polizei nicht in der Lage gewesen sei. Mit 14 Jahren, nach der Entlassung aus der Volksschule, brachte man Ernst in eine kaufmännische Lehre. Doch der kleine Abenteurer hatte nicht das nötige Sitzfleisch – ihn drängte es in die Ferne. Eines Tages verschwand er und ging als Schiffsjunge zur Handelsmarine. Als er 17 Jahre alt war und der Erste Weltkrieg ausbrach, hatte er viel von der Welt gesehen. Im Januar 1915 meldete er sich freiwillig zum Kriegsdienst. Er galt als unerschrockener Draufgänger – aber auch als eigenwillig. Gegen Ende des Krieges meldete er sich zur Fliegertruppe. Er wurde angenommen und ausgebildet. Sein letzter amtlich festgestellter Dienstgrad war Gefreiter.

Nach dem Krieg wurde er in den Strudel politischer Ereignisse gerissen und spielte in Verschwörerkreisen eine gewisse Rolle, die damit endete, daß er der Ermordung Rosa Luxemburgs beschuldigt wurde. Ein gewiß dunkler Fleck in der Biografie Krulls. Aber ob der tödliche Schuß, der bei der Festnahme Rosa Luxemburgs auf diese abgegeben wurde, tatsächlich vom »Leutnant« Krull stammte, bleibt spekulativ. Es ist durchaus möglich, daß der → Verdacht in erster Linie wegen seiner Wichtigtuerei auf ihn fiel. Jedenfalls befand sich Krull wegen dieser Angelegenheit neun Monate in Untersuchungshaft, der → Mord konnte ihm aber nicht nachgewiesen werden. Die Luxemburg-Affäre endete für Krull mit drei Monaten → Gefängnis – die durch die Untersuchungshaft als verbüßt galten – und zwar wegen → Diebstahls in zwei Fällen: Man hatte bei seiner Festnahme die Uhr der Ermordeten bei ihm gefunden, außerdem hatte er zugegeben, die Papiere von Rosa Luxemburg gestohlen zu haben.

»Leutnant« Krull, Hansdampf in allen Gassen, nutzte die aus den Fugen geratene Welt nach dem Ersten Weltkrieg auf seine Weise. Für ein bürgerliches Leben ungeeignet, mußte er ungewohnte Wege gehen, um zu Geld zu gelangen. Im Jahr 1923 ließ er sich die »Wohnungsamt-Idee« einfallen. Krull hielt sich gerade in Berlin auf, als er erfuhr, daß einer Dame die Wohnung beschlagnahmt worden war. Er erbot sich daraufhin, die Beschlagnahme gegen Zahlung einer bestimmten Summe aufheben zu lassen. Zu diesem Zweck hatte er sich amtliche Formulare und Briefbögen beschafft, so daß ihm sein Opfer die Rolle eines »Beamten der Wohnungbehörde« abnahm. Krull muß diese Finte mehrmals angewendet haben, doch schließlich wurde ihm der Boden zu heiß und er ging nach Holland. Dort wurde er allerdings verhaftet und nach Berlin ausgeliefert, wo man ihn vor → Gericht stellte. Das → Urteil lautete auf zehn Monate Gefängnis, doch wieder war die Strafe bereits durch die Untersuchungshaft abgegolten. Im November 1925 musterte Krull unter dem Namen Hackbusch als Steward auf einen Slomann-Dampfer an. Sicher geht man nicht fehl in der Annahme, daß die Namensänderung und das plötzliche Reisefieber zwingende Gründe hatten. Da er sich aber wegen einer Geschlechtskrankheit einer längeren ärztlichen Behandlung unterziehen mußte – und venerische Krankheiten meldepflichtig waren –, kam die Hamburger Polizei dahinter, daß Hackbusch in Wahrheit der Hochstapler Ernst Krull war. Das Ergebnis waren einige Monate Gefängnis wegen »intellektueller Urkundenfälschung.« Im Sommer 1926 befand sich Krull wieder in Berlin. Diesmal gab er sich als Dr. Koßmann vom Innenministerium aus, der zur Polizei abkommandiert sei. In dieser Rolle verstand er es, mehrere Gastwirte, denen an einer Erweiterung ihrer Konzession gelegen war, um nicht unbeträchtliche Geldbeträge zu bringen. Um seiner selbstverschriebenen amtlichen Autorität den nötigen Nachdruck zu verleihen, verwandte Krull amtliches Briefpapier des Polizeipräsidiums Berlin, das er gestohlen hatte. Ungefähr zur selben Zeit trat er auch erstmals als → Erpresser auf. Diesmal erschien er als Kriminalbeamter und erklärte einem Ehepaar, das einige Monate im Mietrückstand war, er müsse sie umgehend verhaften, wenn er nicht sofort die Miete ausgehändigt bekäme. Die Miete bekam er nicht, die armen Leute hatten tatsächlich keinen Knopf Geld, dafür brachte ihm der Erpressungsversuch elf Monate Gefängnis ein. Nach diesem Mißerfolg in Berlin verlagerte Krull sein Wirkungsfeld nach Hamburg, seiner Geburtsstadt, in der er sich auskannte, und wo er bald als »Kriminalkommissar Dittschlag« von sich reden machte. In dieser Rolle erschien er am 2. Juli 1928 in der Villa von Frau Hildegard Tressel, um der entsetzten Dame mitzuteilen, daß er sie sofort verhaften müsse. Die Dame hatte tatsächlich eine kleine Jugendsünde begangen; denn sie war mit einem »Hauptmann« Scharpegg liiert gewesen, der – wie sich später herausstellte, ähnlich wie Krull, → Hochstapler war. »Kriminalkommissar Dittschlag« zeigte sich allerdings menschlich, er bot der verzweifelten Frau an, ihr zu helfen. Im Beisein von Frau Tressel telefonierte er zum Schein mit einer Dienststelle im Stadthaus, erkundigte sich, wie der

Fall Tressel-Scharpegg augenblicklich stehe, und als er den Hörer wieder auflegte, konnte er seinem Schützling mitteilen, daß er vorerst einen Aufschub der Verhaftung erwirkt habe. Allerdings – wie die Dame einige Tage später schriftlich erfahren mußte – blieb der Aufschub in finanzieller Hinsicht nicht ganz folgenlos. »Von der Vollstreckung ist gegen Gestellung einer Kaution in Höhe von 5000 Mark abzusehen«, hatte Kriminalkommissar Dittschlag alias Ernst Krull geschrieben.

Kriminalkommissar Dittschlag alias Regierungsrat Dr. Kloßmann, alias »Leutnant« Krull alias Hackbusch, alias ... war ein phantasiebegabter Hochstapler, Erpresser, → Betrüger und Schauspieler. Im Oktober 1929 wurde er wieder gefaßt und einige Monate später wegen festgesetzten Betruges im Rückfall in Tateinheit mit Erpressung, mit gewinnsüchtiger → Urkundenfälschung und mit Amtsanmaßung zu vier Jahren Gefängnis verurteilt. Noch während er diese Strafe abbüßte, kamen neue Untaten ans Licht und er wurde in insgesamt vier weiteren Fällen des Betruges für schuldig befunden. Die Gesamtstrafe wurde auf sechs Jahre Gefängnis erhöht.

Unter den vielen Akten, die sich mit Krull beschäftigen, befindet sich auch ein ausführliches psychiatrisches Gutachten, das ein Dr. Stender von der Krankenanstalt Friedrichsberg in Hamburg – in der Krull kurzzeitig einsaß – im November 1929 anfertigte. Wahrscheinlich ist es das aufschlußreichste Dokument über ihn. Der Psychiater kommt dabei zu folgenden Schlußfolgerungen: Krull kommt entsprechend seinen Gaben zu immer ähnlich liegenden strafbaren Handlungen. Er weiß sich durch seine sichere Art des Auftretens in den Ruf zu bringen, daß er großen Einfluß besitzt und alles mögliche erreichen kann. Seine Rollen werden von ihm gut gespielt. Er befriedigt dadurch seine maßlose Geltungssucht und geht dabei gleichzeitig durch Erpressungen auf materielle Vorteile aus. Neben seiner Geltungssucht ist die von Jugend auf bei ihm außerordentliche Lebhaftigkeit der Einbildungskraft und die Neigung, sich von ihr leiten zu lassen, die ihn kennzeichnende Abweichung. Er liebt seine Rollen. Er findet Gefallen daran, sie zu spielen und es liegt ihm oft mehr an diesem Spiel als an materiellem Gewinn. Im vorliegenden Fall fand er sicher Gefallen daran, Frau Tressel gegenüber als Beschützer und Helfer aufzutreten, was ihn allerdings nicht daran hinderte, sie in verschiedener Hinsicht auszubeuten und zu erpressen. Krull ist nach seinem ganzen Lebenslauf der Typ des phantastischen Pseudologisten mit seiner übertriebenen Phantasietätigkeit, gepaart mit Unstetigkeit und Planlosigkeit des Willens auf der einen und seiner extrem hysterischen Geltungssucht auf der anderen Seite. Der Vorgutachter Dr. Störmer nennt Krull deshalb eine ›undurchsichtige‹ Persönlichkeit. Dem kann ich nicht beipflichten. Krull ist eine Persönlichkeit, die undurchsichtig sein und erscheinen will, einmal des Nimbus wegen, ohne den er nicht sein kann, und dann, weil er vielleicht noch andere Gründe dafür hat. Ich sehe in dem Bestreben, undurchsichtig zu bleiben, ein ganz charakteristisches Teilmerkmal dieser Persönlichkeit, die ich im übrigen für psychiatrisch klar charakterisiert erachte. Da ihm kein starkes sittliches Empfinden zur Verfügung steht, wird er zum – psychiatrisch gesprochen – Hochstapler und Schwindler. Die Eigenschaft der Pseudologia phantastica stellt keine Abweichung von der Norm im Sinne des § 51 StGB dar. Krull gehört damit nur zu einer gut bekannten Gruppe psychopathischer Persönlichkeiten.« (→ Geisteskranke und abnorme Täter) Von seiner letzten Gefängnisstrafe an verliert sich die Spur von Ernst Krull. Man hat nie wieder von ihm gehört.

Kujau, Konrad

Nach Ernst → Krull ein weiterer → Gauner, über den sich schmunzeln läßt. In einem Nachruf schrieb der Spiegel über den 1938 geborenen und im Jahr 2000 an Krebs gestorbenen Kujau: »Er hielt sich stets an die Regel: Wenn du eine hilfreiche Hand brauchst, dann suche sie am Ende deines Arms; und mit dieser Hand fälschte er, was ihm unter die Finger kam, mit Pinsel und Feder.« Skrupel plagten den quirligen Sachsen nicht. Fälscher (→ Fälschung) sei ein »ehrbarer Beruf«, meinte er, und es mache »so viel Laune, die Leute aufs Kreuz zu legen.« Im Frühjahr 1983 hatte er eine ganze Branche aufs Kreuz gelegt, als der Stern begann, die von Kujau verfaßten »Hitler-Tagebücher« zu veröffentlichen und dazu hinausposaunte, nun müsse die Geschichte des Dritten Reiches »neu geschrieben werden«.

Natürlich waren die handgeschriebenen Tagebücher durch Vergleich mit Hitlers Handschrift auf ihre Echtheit überprüft worden. Mit der Durchführung der Tests waren drei Schriftexperten beauftragt worden. Alle drei bestätigten, daß die Texte von ein und derselben Person geschrieben worden seien – was auch tatsächlich stimmte; denn Kujau hatte nicht nur die Tagebücher gefälscht, sondern es war ihm auch gelungen, die zur Überprüfung der Echtheit verwendeten Schriftproben zu fälschen! Aber auch was den Inhalt der Tagebücher anging, wußte Kujau zu bluffen. So wurden namhaften Wissenschaftlern Textauszüge zur Begutachtung vorgelegt. Mehrere Experten, allen voran der britische Historiker und Hitler-Biograph Hugh Trevor-Roper, erklärten die Authentizität der Tagebücher für unstrittig. Trotz alledem währte Hitlers »Sternstunde« nicht lange; denn am 5. Mai 1983 teilte das Bundesinnenministerium unter Berufung auf Untersuchungen des Bundesarchivs in Koblenz mit, daß es sich bei den Tagebüchern um Fälschungen handele. Mit Hilfe kriminaltechnischer Untersuchungen, bei denen man sich statt auf die Handschrift auf das für die Tagebücher verwendete Papier und die Tinte konzentrierte, konnte zweifelsfrei nachgewiesen werden, daß die Bände erst nach dem Zweiten Weltkrieg angefertigt worden waren. Als z.B. das Papier unter ultraviolettem Licht untersucht wurde, fand man darin ein Bleichmittel, das erst 1954 eingeführt worden war. Auch gab es zu der Zeit, als die Tagebücher angeblich geschrieben worden waren, noch keine der verwendeten Tintentypen. Schließlich wurde mit einem chemischen Verfahren ermittelt, wie lange sich die Tinte auf dem Papier befand. Die Ergebnisse zeigten, daß die Dokumente erst einige Jahre, z.T. weniger als ein Jahr vor den Untersuchungen geschrieben worden waren! Der damalige Stern-Herausgeber Henri Nannen erstattete daraufhin gegen den langjährigen Stern-Reporter Gerd Heidemann → Anzeige wegen → Betrug . Dieser hatte das Geschäft zwischen der Zeitschrift und Kujau eingefädelt. Heidemann wurde am 26. Mai verhaftet. Sein Komplize Kujau gestand die Fälschungen und erklärte, von Heidemann 2,5 Millionen Mark erhalten zu haben. Heidemann indes gab an, für die insgesamt 27 Bände der angeblichen Hitler-Tagebücher insgesamt 9,34 Millionen Mark gezahlt zu haben. Der Verbleib des Geldes ist bis heute offengeblieben, nur ein geringer Teil tauchte wieder auf. Genießen konnten Kujau und Heidemann ihre Millionen aber nicht: Das → Gericht verurteilte beide zu über vier Jahren → Haft. 1992 wurde die tragikomische Geschichte von Helmut Dietl unter dem Titel *Schtonk* erfolgreich verfilmt.

Kujau hatte Glück. Er kam nach drei Jahren frei und war nun dank der Tagebücher weltberühmt! – ein Umstand, den er bereits während des → Prozesses genossen hatte. Er spielte danach wie ehedem den Gastwirt und Galeristen, handelte mit Militaria ebenso wie mit Greta Garbos Unterwäsche und kopierte (von nun an mit »Kujau« signiert) Meisterwerke der klassischen Moderne. Außerdem strebte er (vergeblich) Spitzenstellungen in einem anderen Fälscherparadies an: nämlich der Politik. In seinem sächsischen Heimatstädtchen Löbau wollte er Bürgermeister werden, in Stuttgart sogar Oberbürgermeister.

Literatur: Manfred Bissinger: Hitlers Sternstunde. Kujau, Heidemann und die Millionen (1984); Peter-Ferdinand Koch: Der Fund. Die Skandale des Stern. Gerd Heidemann und die Hitler Tagebücher (1990); G. Pickler: Der Fall Kujau (1992). → Köpenickiade, → Kunstfälschung

Kunstattentat/Kunstattentäter

Im September 1975 stürzte sich der damals 38jährige Niederländer Arie van Dyck mit einem Küchenmesser auf ein weltberühmtes Meisterwerk der Malerei: Die Nachtwache – ein zentrales und monumentales Gemälde von Rembrandt van Rijns aus dem Jahre 1642. Selbst als ein Museumswärter van Dyck festzuhalten versuchte, stach dieser mit brachialer Gewalt weiter auf das Bild ein. 13 Stiche klafften in der Leinwand, außerdem war die Farbschicht durch zahllose Schrammen beschädigt worden. Der schizophrene, von religiösem Sendungsbewußtsein getriebene → Attentäter, der von sich behauptete, Rembrandts Sohn zu sein, war ein frühpensionierter Lehrer, der einige Monate nach seiner Festnahme in einer psychiatrischen Verwahrung → Selbstmord beging (→ Geisteskranke und abnorme Täter). Im Jahr 1990 wurde die Nachtwache erneut das Ziel eines Kunstattentäters. Ein geistesgestörter Mann sprühte diesmal konzentrierte Schwefelsäure auf das Bild. Es sind meist geisteskranke oder extrem geltungssüchtige Menschen, die als Kunstattentäter für Aufsehen sorgen. Immerhin ist es weit einfacher, durch negative Taten als durch positive Leistungen Furore zu machen. So war der zum Tatzeitpunkt 51jährige Frührentner Hans-Joachim Bohlmann am 21. April 1988 eigens wegen der Werke Albrecht Dürers, die in Münchens Alter Pinakothek ausgestellt sind, aus Hamburg gekommen. Er konzentrierte sich ganz auf dessen Werke und ließ sich auch von anwesenden Schulklassen nicht stören. Schließlich entnahm er seiner Tasche Schwefelsäure und schüttete sie über Albrecht Dürers Meisterwerke Die Beweinung Christi, den Paumgartner Altar und Maria als Schmerzensmutter. Nach diesem Zerstörungsakt ging Bohlmann zur Aufsicht und bat um seine Verhaftung. Im Jahre 2001 versetzte Bohlmann die Museen noch einmal in Alarmbereitschaft, als er von einem → Freigang nicht zurückkehrte.

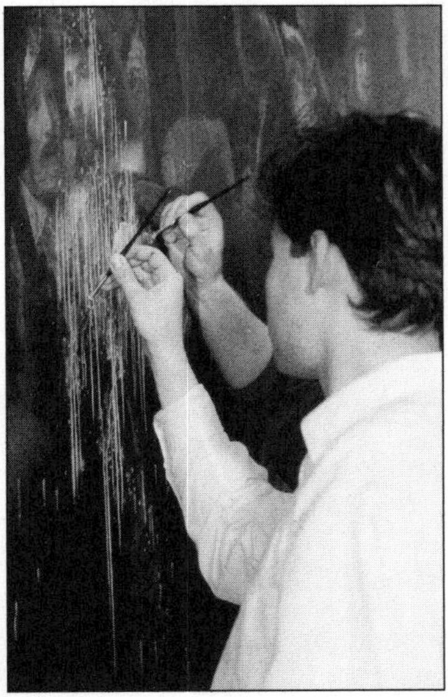

Kunstattentat: Restaurierung von Rembrandts »Nachtwache«, die mit Schwefelsäure beschädigt wurde

Kunstfälscher

Als Kunstfälschungen versteht man in der bildenden Kunst alle in betrügerischer Absicht (→ Betrug) durchgeführten Nachbildungen oder Veränderungen von Kunstwerken. Es ist oft schwer nachzuweisen, ob ein Bild oder Kunstwerk mit der Absicht der Täuschung hergestellt oder verändert worden ist. Kopien und Repliken, die durch eine irrtümliche oder absichtlich falsche Zuschreibung als Originale ausgegeben werden, sind im eigentlichen Sinne keine → Fälschungen, ebensowenig trifft die Bezeichnung »Fälschung« auf Werke zu, deren Hersteller nichts von den betrügerischen Absichten des Auftraggebers oder Verkäufers wußte. Zudem unterscheidet man freie Fälschungen und Verfälschungen. Freie Fälschungen sind Werke, bei denen der Urheber im gesamten Stil der Malerei, sowie im Format und der Thematik die Art eines bestimmten Künstlers oder einer bestimmten Epoche vorzutäuschen versucht. Häufig werden dabei Teile von älteren Bildern übernommen und zu neuen Kompositionen zusammengemischt. Nicht selten werden Bildvorlagen in eine andere Technik übersetzt, z.B. Motive aus Holzschnitten Albrecht Dürers in ein Ölbild übernommen oder eine Radierung von Max Slevogt ins Aquarell übertragen. Darüber hinaus werden die Fälschungen durch eine künstliche Alterung der Oberfläche, dunklen Firnis, das Abreiben von Vergoldungen, künstliche Beschädigungen und Wurmfraß oft auf alt getrimmt. Die häufigste Art der Fälschung dürfte die Veränderung bereits vorhandener Kunstwerke sein. So z.B., wenn zweitklassige Werke von Schülern oder Werkstattarbeiten durch Übermalen, Ergänzen oder neue Signaturen zum Original aufgearbeitet werden. Dabei begünstigt die Gewohnheit einzelner Künstler, wie z.B. bei Honoré Daumier oder Vincent van Gogh, mehrere Fassungen desselben Werkes anzufertigen, die Arbeit der Kunstfälscher. Eine dritte Variante von Fälschungen stellen die Fälschungen von Expertisen dar, oder betrifft falsche Angaben, die zu der Herkunft des Kunstwerkes gemacht werden. Fälschungen können heute nicht nur über die Stilkritik ermittelt werden, sondern auch mit Hilfe differenzierter naturwissenschaftlicher Methoden, die das Alter der verwendeten Farben oder des Papiers, etc. offenlegen.

Fälschungen sind im übrigen nichts neues. Bereits seit dem 15. Jahrhundert ist eine ausgedehnte Fälscherpraxis belegt. Aus der Sammlung des Herzogs von Berry sind Antikenfälschungen bekannt. Michelangelos Schlafender Cupido wurde Ende des 15. Jahrhunderts als antikes Original verkauft; Holzschnitte von Hans Baldung wurden mit neuem Monogramm als Werke Dürers verkauft. Niederländische Kunstfälscher befriedigten im 18. Jahrhundert die Nachfrage nach Werken ihrer Malervorfahren aus dem 17. Jahrhundert, und im 20. Jahrhundert wurden der Skulpturenfälscher Aleco Dossena und der Vermeer-Fälscher Han van Meegeren besonders bekannt. Van Meegeren hatte 1936 erstmals mit der Arbeit an einem »Vermeer« begonnen. Er wählte das Sujet der »Emmaus-Jünger«, das er im Stile des alten niederländischen Meisters umsetzte. Durch einen Rechtsanwalt, der für van Meegeren als Agent tätig war, gelangte das Bild in die Öffentlichkeit und wurde von Experten untersucht. Die Gutachter kamen zu dem Ergebnis, daß es sich um einen wiederentdeckten meisterlichen Vermeer handele. Das Rotterdamer Boymanns-Museum erwarb daraufhin die vermeintliche Entdeckung für rund 270.000 Dollar. Von diesem Erfolg angespornt, nahm van Meegeren die Produktion weiterer Werke Jan Vermeers und außerdem von Pieter de Hooghs auf. Acht Fälschungen bekannter Bilder brachten dem holländischen Kunstmaler rund zwei Millionen Dollar ein. In Expertisen wurde allen seinen Bildern Echtheit bestätigt.

Ebenfalls Aufsehen erregte der Maler und Restaurator Lothar Malskat, der 1951 zur 700-Jahr-Feier der Marienkirche zu Lübeck von dem Bundeskanzler Konrad Adenauer für seine Leistungen bei der Restaurierung des Gotteshauses geehrt wurde. Ein Jahr später bezichtigte Malskat sich dann selbst, bei den Restaurierungsarbeiten 21 der Heiligenbilder neu gemalt und danach als mittelalterliche Originale ausgegeben zu haben. 1955 wurde Malskatt zu 18 Monaten → Haft verurteilt. »Authentische Fälschungen« bot Mitte der 90er Jahre der verkrachte Kunstlehrer John Myatt kühn per Anzeige in einer britischen Satirezeitschrift an. Daraufhin gab der → Hochstapler John Drewe hunderte von Werken moderner Meister bei Myatt in Auftrag und verscherbelte sie zu Höchstpreisen an private Sammler. Mit der Zeit wurde Drewe immer tollkühner. Er manipulierte Kataloge in den Archiven der Tate Gallery und des Victoria und Albert Museum und verschaffte den Fälschungen so ein solides »Vorleben«. Selbst die renommierten Auktionshäuser Christie's und Sotheby's fielen auf das kriminelle Duo herein. Erst durch Zufall kam → Scotland Yard den beiden schließlich auf die Schliche.

Literatur: Frank Arnau: Kunst der Fälscher – Fälscher der Kunst (1959).

→ Kujau, Konrad

Kunstraub

Der Raub großer Meisterwerke ist ein knallhartes Geschäft. An der Fassade des feinen Londoner Sir John Soane's Museums nahe der St.-Paul's-Kathedrale sind immer noch die Einschläge von Gewehrsalven zu sehen, mit denen Mitte der neunziger Jahre zwei → Gangster den Zugang zu dem wertvollen Gemäldezyklus The Rake's Progress von William Hogarth stürmen wollten. Auf weniger brutale, dafür wesentlich elegantere Weise ging im Sommer 1999 ein italienischer Kunsträuber vor. Er lud eine Gruppe von internationalen Kunsthändlern, denen er Kaufinteresse signalisiert hatte, mit ihrer kostbaren Ware in einen gemieteten Palazzo in Venedig ein. Über Nacht verschwanden dann grafische Blätter von Albrecht Dürer, Canaletto und Tiepolo im Gesamtwert von 1,6 Millionen Mark.

Jährlich werden derzeit weltweit Kunstwerke in Höhe von schätzungsweise vier Milliarden Euro entwendet, wobei die → Dunkelziffer vermutlich noch wesentlich höher sein dürfte, so daß sich die Größenordnung des Kunstraubes vermutlich längst im Bereich des Waffen- und Drogenhandels (→ Waffenschmuggel, → Rauschgiftkriminalität) bewegt und zum Teil wohl auch mit dieser Sparte kooperiert. »Hot art, cold cash«, kommentiert der → Scotland-Yard-Detektiv Charles Hill die Situation. Bereits 1969 gründeten private Sammler in den USA ein zentrales Register für Kunstdiebstähle, die International Foundation of Art Research, woraus das Art Loss Register (ARL) hervorgegangen ist. Die ARL besitzt die weltweit größte private Datenbank mit Stammsitz in London und Filialen in New York, Sankt Petersburg und Köln und ist über das Internet öffentlich zugänglich. Jeder Bestohlene kann dort Kunstschätze im Wert ab 2500 DM eingeben. Er wird sich mit insgesamt 100.000 Werken, darunter 300 geklauten Picassos, 243 Chagalls, 271 Mirós und 124 Dürers in guter Gesellschaft befinden. Bisher konnten pro Jahr Kunstschätze im Wert von zwischen 10 bis 25 Millionen Euro von den rund 20 Mitarbeitern des Art Loss Registers aufgespürt und den rechtmäßigen Eigentümern gegen eine Erfolgsprovision bis zu 15 % wieder ausgehändigt werden. ALR wird von Versicherungen wie der Hogg Group, Lloyds, Axa Nordstern und den Auktionshäusern Sotheby's und Christie's als Aktionären getragen – durchaus auch im eigenen Interesse. Mehr als die Hälfte aller Kunstwerke werden aus Privatbesitz gestohlen. Museen und öffentliche Institutionen werden seltener, dafür aber sehr gezielt beraubt. Schadenfreude bewiesen 1994 einige Kunsträuber, die in der Nationalgalerie in Oslo einen Zettel mit dem Vermerk »Thanks for the great security« hinterließen, nachdem sie das auf 24 Millionen Euro geschätzte Meisterwerk Der Schrei von Edvard Munch hatten mitgehen lassen. Danach stellten sie eine Lösegeldforderung von umgerechnet knapp einer Million Euro für das Bild, auf die das Spezialdepartment von → Scotland Yard zum Schein einging. Bei der Übergabe schlugen die Beamten jedoch zu, so daß das Bild drei Monate später wieder an seinem angestammten Platz hing – was jedoch keineswegs die Regel ist! → Perugia, Vincenzo

Vom Verkehrssünder zum Mörder: Lothar-Paul Kupka

Kupka, Lothar-Paul

1999 erschoß der 46jährige Lothar-Paul Kupka einen Polizisten, ein zweiter Polizist erhielt von ihm eine Schußwunde am Arm. Weshalb? Mußte sich Kupka vielleicht den Weg freischießen, weil er ein ganz großes Ding gedreht hatte? Nein – keineswegs! Kupka war zu schnell gefahren, geblitzt worden und fürchtete nun, auf Grund der Strafpunkte seinen Führerschein zu verlieren. → Verkehrsverstöße. Das war alles!

Lothar-Paul Kupka wurde in Eisleben geboren und lebte zur Tatzeit zusammen mit seiner Frau und seinem Sohn in Halle. In der ehemaligen DDR hatte er die Polytechnische Oberschule absolviert und danach eine Lehre als Elektromonteur gemacht. Bis 1974 arbeitete er in einem Zement- und Kalkwerk, dann wurde er zur NVA eingezogen, als Lkw-Fahrer und als Schießplatzwart eingesetzt. 1977 heiratete Kupka, später zog die junge Familie nach Halle, wo

Kupka eine Anstellung als Busfahrer bekam. 1996 streifte er mit seinem Bus ein parkendes Auto und beging Fahrerflucht (→ Verkehrsunfallflucht), was den Entzug der Fahrerlaubnis und die fristlose Kündigung zur Folge hatte. Ein Jahr blieb Kupka arbeitslos, bevor er wieder eine Anstellung bekam, diesmal allerdings nicht in Halle, sondern im weit entfernten Frankfurt a. Main. Es war alles andere als eine optimale Lösung. Für zehn Tage Arbeit fuhr er nach Frankfurt, dann für vier Tage wieder zurück nach Halle. Hinten im Auto hatte er, ohne Genehmigung, immer eine Pistole dabei, – »vorsichtshalber«. Seine Bemühungen, eine Anstellung in Halle zu bekommen, blieben erfolglos. Seine Ehe begann zu kriseln und er befürchtete, seine Frau könnte ihm untreu werden, außerdem quälte ihn körperliches Versagen. Im Dauerstreß unterliefen ihm Fehler: 1997 verletzte er die Vorfahrt, 1998 fiel er dreimal wegen zu schnellen Fahrens auf. Am 11. August 1998 betrug sein Konto in Flensburg 10 Punkte. Ein medizinisch-psychologisches Gutachten, das das Ordnungsamt in Halle anordnete, fiel für ihn vorteilhaft aus: Es sei nicht zu erwarten, »daß Herr Kupka auch zukünftig erheblich gegen verkehrsrechtliche Bestimmungen verstoßen wird.« Vier Punkte wurden gestrichen. Allerdings wurde Kupka ermahnt, in Zukunft achtsamer zu sein, da er sonst seinen Job verliere. Kurz vor der Tat erfuhr Kupka, daß sein Sohn an Diabetes litt und an den Augen operiert werden mußte. Am Mittag des 18. Januar wurde Kupka auf seiner Fahrt nach Frankfurt zwischen Bad Hersfeld und Kirchheim geblitzt, da er eine Geschwindigkeitsbegrenzung übersehen hatte. Er wußte nicht, daß es nur ein Testfilm war, der nicht einmal ausgewertet werden sollte. Er dachte, das bedeute den endgültigen Verlust seines Führerscheins und geriet in Panik. Als letzten Ausweg wollte er die Polizisten mit seiner Pistole zu bedrohen, damit sie ihm den Film auslieferten. Es lag nicht in seiner Absicht zu töten. Doch als es soweit war, verlor Kupka die Kontrolle (→ Affekttäter). Er zog vollkommen überraschend die Pistole, schoß und floh – ohne Film. Nun war in der Tat alles verloren. Jedoch nicht nur für ihn, sondern vor allem auch für den tödlich getroffenen Polizisten – dessen Schicksal kein Einzelfall ist. Die meisten → Polizeibeamten, die im Dienst sterben, werden nicht bei einem filmreifen Schußwechsel mit einem Straftäter erwischt, sondern der Tod ereilt sie oft in Situationen, in denen es für sie keinerlei Anlaß gab, die Waffe zu ziehen – wie im Fall Kupka, als die Polizisten ahnungslos in ihrem Radarwagen saßen.

Literatur: Gisela Friedrichsen: »Was macht denn der?« In: DER SPIEGEL Nr. 36 v. 4.9.2000, S.66-70.

Kuppelei

Bezeichnung für die ehedem strafbare Förderung zwischenmenschlicher sexueller Handlungen. Seit dem 23.11. 1973 werden in Deutschland nur noch die Förderung sexueller Handlungen Minderjähriger sowie die Förderung der → Prostitution bestraft.

Kürten, Peter

Der »Vampir von Düsseldorf« wurde 1883 als Sohn eines Alkoholikers in Köln-Mühlhausen geboren. Der Vater konnte sich nicht lange an seinem neugeborenen Knäblein erfreuen. Weil er sich an einer seiner Töchter verging (→ Kinderschänder) wanderte er für mehrere Jahre ins → Zuchthaus. Die Mutter blieb mit vierzehn Kindern zurück und zog 1894 in die Nähe von Düsseldorf. Viel Zeit für die Erziehung ihres kleinen Peter blieb der Mutter bei der Vielzahl der Kinder nicht. Peter Kürten betätigte sich derweil als Handtaschendieb, unterschlug in der Lehre Lohngelder (→ Unterschlagung) und lernte schon als 14jähriger das → Gefängnis für zwei Monate von innen kennen. Nach seiner Entlassung zeigte sich eine ältere Dame an dem jungen Kürten interessiert. Mit Einwilligung der Mutter zog Peter Kürten zu der Dame, einer verwitweten, wohlhabenden Geschäftsfrau, deren masochistische Gelüste der stets mürrische Junge befriedigen sollte. Als sie seiner überdrüssig wurde, zeigte ihn die feine Dame wegen → Körperverletzung an, und Kürten wanderte als Rückfalltäter für zwei Jahre hinter Gitter. 1904 erhielt der arbeitslose Kürten einen Einberufungsbefehl. Auf dem Weg zu seinem Regiment zündete er mehrere Heuschober an (→ Brandstiftung) und sah dann voller Vergnügen bei den Löscharbeiten zu. Beim Militär hielt er es nur einen Tag aus. Nachdem er seine Kameraden bestohlen hatte, desertierte er (→ Deserteur). Nach einem Jahr wurde der fahnenflüchtige Kürten von Landjägern aufgegriffen. Das Kriegsgericht mußte eine lange Liste durchgehen: Zur Desertation kamen 34 → Diebstähle hinzu. Das → Urteil lautete sieben Jahre → Zuchthaus.

Bereits als Neunjähriger hatte Kürten zwei Spielkameraden getötet, indem er sie beim Spielen am Rhein von einem Floß stieß. Allerdings blieb dieser »Unfall« für den kleinen Kürten noch folgenlos. Seine ersten sexuellen Erfahrungen machte der »Vampir von Düsseldorf« mit Tieren. Ein Hundefänger aus der Nachbarschaft zeigte ihm, wie man Hunde masturbiert. In der Pubertät versuchte Kürten, ein Schaf zu züchtigen, doch es hielt nicht still. In Wut darüber geraten, stach er mit einem Messer auf das Tier ein. Beim Anblick des → Blutes bekam er einen Orgasmus. Die Weichen für den »Vampir« waren gestellt, der später seinem Psychiater einmal gestehen sollte: »Das Bluten kann ich hören ... Das Blut ist ausschlaggebend in den meisten Fällen, das bloße Würgen genügt meist nicht, um zum Samenerguß zu kommen.« Als der »Vampir« im Zuchthaus einsitzen mußte, masturbierte er dort derart häufig und ungeniert, wobei er ungehemmt seine Phantasien offenbarte, Frauen aufschlitzen zu wollen, daß der Gefängnispsychiater für seine Verlegung in eine Einzelzelle sorgte.

Als Kürten im Mai 1913 entlassen wurde, dauerte es nicht lange, bis er seinen ersten Sexualmord (→ Sexualverbrechen) beging. Bei einem → Einbruch in eine Gastwirtschaft stopfte er sich nicht nur die Taschen voll, sondern ermordete auch die

Peter Kürten, der »Vampir von Düsseldorf« und eines seiner Opfer

zehnjährige Christine Klein, die Tochter des Gastwirtsehepaares, indem er ihr mit einem Taschenmesser die Kehle durchschnitt. Die durch den Lärm erwachte Mutter stürzte in das Kinderzimmer, kam jedoch für Hilfe zu spät. Doch der → Mörder hatte ein Taschentuch mit seinen Initialen »P. K.« zurückgelassen. Aber als die → Polizei eingeschaltet wurde, richtete sich der → Verdacht auf Paul Klein, den mit der Familie verfeindeten Bruder des Gastwirtes. Der Untersuchungsrichter, dem die Buchstaben »P.K.« auf dem Taschentuch als stichhaltig genug erschienen, ließ den Mann verhaften. Zwar wurde Paul Klein mangels Beweisen freigesprochen – doch der Makel des angeblichen Nichtenmörders haftete sein Leben lang an ihm.

Peter Kürten blieb indes nicht untätig. Er versuchte sich als → Heiratsschwindler, erschlug eine Frau mit einem Beil und steckte hier und da Erntewagen an. Wegen Brandstiftung und Mordversuchen an zwei Frauen wurde er 1916 zu einer achtjährigen Zuchthausstrafe verurteilt. Nach seiner Entlassung aus der → Haft heiratete er seine Frau Guste, die selbst fünf Jahre im Gefängnis gesessen hatte, da sie ihren Verlobten erschossen hatte. Doch auch diese »ebenbürtige« Partie konnte seine krankhafte Lust an fließendem Blut nicht eindämmen. Er beging mehrere Mordversuche und legte von 1925-28 sieben große Brände. Im Februar 1929 erstach er nachts eine Fußgängerin mit einer Schere mit 24 Stichen. Noch im gleichen Monat tötete er einen betrunkenen, 54jährigen Mechaniker, indem er 20mal auf ihn einstach. Ebenfalls noch im Februar überfiel er dann die achtjährige Rosa Ohliger, die er auf genauso grausame Weise erstach. Wie er später gestand, bereitete es ihm auch sexuelle Befriedigung, aus den Wunden seiner Opfer Blut zu trinken. Im August 1929 schnitt Kürten innerhalb von wenigen Stunden der fünfjährigen Gertrude Hamacher und der 14jährigen Luise Lenzen die Kehlen durch. Bis Ende 1929 fanden sich im Umkreis von Düsseldorf immer wieder nackte Leichen von Frauen oder Kindern, die auf das Konto von Peter Kürten gingen. Mitte Mai 1930 endlich wurde die Polizei auf Kürten aufmerksam. Nachdem man seine Wohnung ausfindig gemacht hatte, gestand Kürten seiner Frau Guste, der gesuchte → Serienmörder zu sein. Wenig später wurde er festgenommen. Kürten reagierte auf die vorgebrachten Anschuldigungen zunächst mit Schweigen. Als ihm der Kriminalbeamte Momberg im Polizeigewahrsam am 26. Mai 1930 anläßlich seines siebenundvierzigsten Geburtstages eine Kiste Zigarren schenkte, wurde Kürten jedoch gesprächig. Er gestand 13 Morde, 30 Mordversuche und 36 Brandstiftungen. Während der Verhöre nannte Kürten sich → Jack the Ripper und erklärte: Eigentlich habe er jeden Tag zwei Menschen ermorden wollen, sei jedoch zu gutmütig dazu gewesen, was er jetzt bedauere. Sorgfältig durchgeführte psychiatrische Untersuchungen ergaben bei Kürten keinerlei Anzeichen einer Geisteskrankheit oder verminderten Zurechnungsfähigkeit. Am 2. Juli 1931 verspeiste Peter Kürten, dem zeitgenössische Kommentatoren die Zugehörigkeit zur menschlichen Rasse absprachen, mit großem Appetit seine Henkersmahlzeit. Die → Hinrichtung vom »Vampir von Düsseldorf« vollzog der Magdeburger Henker (→ Scharfrichter) Gröpeler, der auch den »Werwolf von Hannover«, Fritz → Haarmann, einige Jahre zuvor exekutiert hatte. Beide Serienmörder wurden auf der → Guillotine enthauptet.

Literatur: Karl Berg: Der Sadist – Der Fall Peter Kürten (1998). → Lebende Vampire, → Sadismus

L

Ladendiebstahl

Bezeichnet den → Diebstahl in einer Einkaufsstätte, besonders in einem Selbstbedienungsladen. Auch wenn sich der → Täter noch im Verkaufsraum befindet, die Ware jedoch verborgen hält, gilt das als vollendeter Diebstahl. Der Ladendiebstahl wird heutzutage, wenn es sich nur um geringfügigere Werte handelt, nur auf Antrag des Geschädigten verfolgt, es sei denn, es bestünde ein besonderes öffentliches Interesse an der → Strafverfolgung.

Lafitte, Jean

Der 1782 in Port-au-Prince auf Haiti geborene und 1854 in Charleston im US-Bundesstaat South-Carolina gestorbene Jean Lafitte war eine schillernde Gestalt. Er war → Pirat, → Schmuggler, Sklavenhändler (→ Sklaverei), Unternehmer, Freiheitsheld und nützte zugleich die Rivalität der Großmächte untereinander für seine Geschäfte aus. Am Anfang seiner Karriere befehligte Lafitte selbst keine Schiffe. Er begnügte sich damit, in der Bucht von Barartaria Lagerhäuser für erbeutete Waren zu errichten und Schmuggelgut durch ein Labyrinth von kleinen Wasserstraßen zu transportieren. Daneben hielt er Auktionen ab, auf denen erbeutete Sklaven und Waren unter Umgehung des amerikanischen Zolls versteigert wurden. Im November 1812 wurde Jean Lafitte der Schmuggelei überführt. Bei dem für ihn angesetzten → Prozeß erschien er jedoch einfach nicht. Am 23. November setzte der Gouverneur von Louisiana 500 Dollar für die Ergreifung von Lafitte aus, woraufhin dieser 5000 Dollar für die Auslieferung des Gouverneurs an die Baratarianer aussetzte. Im September 1814 boten die Briten, die sich mit den Vereinigten Staaten im Krieg befanden, Lafitte 30.000 Dollar, ein Offizierspatent der britischen Armee und Straffreiheit, falls er sie im Kampf gegen die Amerikaner unterstützte. Lafitte tat das Gegenteil und gab Informationen an die Amerikaner weiter. Im Januar 1815 konnten die Engländer geschlagen werden, und Lafitte und seine Leute bekamen eine Generalbegnadigung und wurden in New Orleans als Patrioten gefeiert. Lafitte dachte jedoch nicht daran, sein Piratenleben aufzugeben, und errichtete auf der Insel Galveston einen Stützpunkt. Von dort aus kaperte (→ Kaper) er unter der Flagge verschiedener Länder spanische Handelsschiffe. Da er seine → Beute jedoch nie vor ein Prisengericht brachte und zudem auch vor amerikanischen Handelsschiffen nicht allzuviel Achtung zeigte, sandten die Vereinigten Staaten Truppen aus, um seine Piratenniederlassung zu zerstören. Danach verliert sich Lafittes Spur. Erst zehn Jahre später taucht er unter dem Namen John Lafflin in Charleston wieder auf. Bis zu seinem

Tod im Jahr 1854 soll er sich noch in den unterschiedlichsten Dingen versucht haben, unter anderem in der Produktion von Schießpulver.

Landesverrat

Im Unterschied zum → Hochverrat beinhaltet der Landesverrat bestimmte gegen die Machtstellung und äußere Sicherheit gerichtete → Straftaten, wie vor allem die Ausspähung und den Verrat von Staatsgeheimnissen. Wer einer fremden Macht ein Staatsgeheimnis mitteilt, oder es in der Absicht, der Bundesrepublik Deutschland zu schädigen, bzw. eine andere Macht zu begünstigen, an Unbefugte gelangen läßt, wird mit einer → Freiheitsstrafe nicht unter einem Jahr bedroht. In besonders schweren Fällen, besonders wenn der Täter eine verantwortliche Stellung zum Landesverrat mißbraucht hat, oder dem Land ein besonders großer Schaden entstanden ist, können lebenslang oder eine Freiheitsstrafe nicht unter fünf Jahren verhängt werden. Landesverrat wurde in autoritären, totalitären Staaten, aber auch in Kriegs- und Krisenzeiten oft mit schwerer → Strafe bedroht, nicht selten mit der → Todesstrafe. → Spionage

Landfriedensbruch

Umfaßt Straftaten, die sich gegen die öffentliche Sicherheit richten. Landfriedensbruch tritt in der Regel in Verbindung mit Demonstrationen oder Tumulten auf. Landfriedensbruch begeht, wer sich an Gewalttätigkeiten gegen Menschen oder Sachen, die mit vereinten Kräften aus der Masse heraus vorgenommen werden, beteiligt. Auch wer mit Gewalttätigkeiten droht oder eine versammelte Menschenmenge zu solchen auffordert, begeht Landfriedensbruch. Auf Landfriedensbruch steht → Geldstrafe oder eine → Freiheitsstrafe bis zu drei Jahren, in besonders schweren Fällen eine Freiheitsstrafe von sechs Monaten bis zu zehn Jahren. Ein besonders schwerer Fall liegt in der Regel vor, wenn der → Täter eine Schußwaffe oder eine andere Waffe mit sich führt, mit der Absicht, sie zu gebrauchen. Außerdem, wenn die Gewalttätigkeit irgend jemanden in Todesgefahr bringt oder verletzt. Ebenso erschwerend ist, wenn der Täter plündert (→ Plünderung) oder eine bedeutende Sachbeschädigung verursacht. Das Mitführen von Schutzwaffen, z.B. Schutzschilden oder Vermummung, was bis 1989 im Zusammenhang mit dem Landfriedensbruch geahndet wurde, gilt seitdem als selbständige → Straftat.

Landru, Henri Désiré

»Ich habe meine Frau 283mal betrogen«, behauptete der »Blaubart von Paris«, Henri Désiré Landru, im November 1921 vor dem Pariser Seine-et-Oise-Schwurgericht. Der eher schmächtige Landru, der am 12. April 1869 als Sohn eines Pariser Geschäftsmannes geboren wurde, hatte sich seit jeher als → Schwindler und → Betrüger durchgeschlagen. Zweimal wurde er wegen solcher → Delikte verhaftet. Doch sie bildeten nur den Vorspann zu seiner eigentlichen »Karriere«. Obwohl Landru verheiratet war und zusammen mit seiner Frau vier Kinder hatte, begann er

Der Mann mit den vielen Gesichtern:
Der Heiratsschwindler und Frauenmörder Henri Désiré Landru

1914, Heiratsanzeigen (→ Heiratsschwindler) aufzugeben, durch die er mit zahlreichen alleinstehenden Frauen in Kontakt kam. Seine Anzeigen waren so formuliert, daß sich vor allem Witwen und geschiedene Frauen angesprochen fühlten, die über einen gewissen Wohlstand verfügten. Auch im direkten Umgang mit den Damen fand Landru stets den richtigen Ton. Obwohl gewiß kein Adonis, verfügte er über eine starke persönliche Ausstrahlung, der die heiratswilligen Frauen schnell verfielen. Außerdem kamen ihm die Zeitumstände entgegen. Der Erste Weltkrieg ließ die Zahl der Witwen ansteigen. Zudem verstand es Landru, die Rolle eines Mannes von Welt zu spielen, der seiner zukünftigen Gattin ein angenehmes Leben zu bereiten versprach. Noch vor der Hochzeit gelang es dem charmanten Landru, nicht nur das Herz, sondern auch das Vermögen der Damen für sich zu erobern, die diesen Transfer nicht lange überlebten.

Insgesamt zehn Frauen und einen Knaben hat Landru getötet. Die 34jährige Witwe Cuchet, die aufgrund eines Eheversprechens im Januar 1915 in Landrus Landhaus in Gambais eingezogen war, befand sich nämlich in Begleitung ihres siebenjährigen Sohnes. Als die Witwe durch Zufall herausfand, daß ihr Verlobter bereits verheiratet war, ermordete dieser gleich Mutter und Sohn gemeinsam. Die Leichen all seiner elf Opfer verbrannte Landru in seinem Landhaus. Das Verschwinden der alleinstehenden Frauen blieb in den meisten Fällen für lange Zeit unbemerkt. Erst allmählich wurde die Polizei durch die Häufung von Vermißtenfällen, die alle nach dem gleichen Muster abliefen, aufmerksam. Bahnbeamte erinnerten sich an den offensichtlich sparsamen Landru, der für die Reisen mit seinen »Verlobten« eine Fahrkarte mit Rückfahrt und eine »with no return« kaufte. Schließlich reichten die Hinweise für eine Hausdurchsuchung in Landrus Haus in Gambais aus, wo sich Beweise für den schrecklichen Verdacht fanden: Die Beamten entdeckten unter den Böden Überreste von Asche, versetzt mit Knochen, Zähnen sowie Haarspangen und Kleiderfetzen. Außerdem fanden die Gendarmen Liebesbriefe und einen ganzen Aktenordner, in welchem Landru die Namen seiner Opfer und die erbeuteten Geldbeträge aufgelistet hatte. Der »Blaubart von Paris« wurde wegen elffachen → Mordes zum Tode verurteilt und am 25. Februar 1922 im → Gefängnis von Versailles enthauptet (→ Guillotine). Sein Leben wurde mehrmals verfilmt, u.a. in den fünfziger Jahren mit Charlie Chaplin in der Hauptrolle.

Landstreicherei

Das Zeitalter der »klassischen« Landstreicherei darf in den Industrieländern – als Nebeneffekt der Automobilisierung – wohl als weitgehend beendet gelten. Der traditionelle Landstreicher tippelte ohne regelmäßige Arbeit und unter ständigem Wechsel des Nachtquartiers über das Land, die Dörfer und die Städte. Seinen Lebensunterhalt bestritt er dabei überwiegend auf Kosten anderer: durch kleine → Diebstähle, → Einbrüche oder durch → Betteln. Landstreicherei ist seit 1975 nicht mehr strafbar.

Lansky, Meyer

»Sie trugen Namen wie Louis ›Lepke‹ Buchalter, Benjamin ›Bugsy‹ Siegel, Arthur ›Dutch Schultz‹ Flegenheimer, Meyer ›The Little Man‹ Lansky, Charlie ›King‹ Solomon, Max ›Boo Boo‹ Hoff und Abner ›Longy‹ Zwillman. Und zwei Dinge hatten sie gemeinsam. Alle waren Gangster und alle waren Juden. Ihre Blütezeit fiel in die Periode zwischen den beiden Weltkriegen, als sie zusammen mit ihren italienischen ›Kollegen‹ das organisierte Verbrechen in den Vereinigten Staaten begründeten und es groß, mächtig und tödlich machten. ›Wir sind mächtiger als U.S.Steel‹, hatte Meyer Lansky, eine der bedeutendsten Figuren dieser Szene, einmal erklärt. Und er hatte recht.«

Mit diesen Worten beginnt Robert A. Rockaway seinen packenden Bericht über Meyer Lansky, Bugsy Siegel & Co. Lebensgeschichten jüdischer Gangster in den USA (1993). Meyer Lansky, neben »Bugsy« → Siegel wohl der wichtigste von ihnen, wurde 1902 in dem polnischen Ort Gradno als Maier Schowljansky geboren. Als er zehn Jahre alt war, wanderten seine Eltern mit ihm nach Amerika aus. Zusammen mit Siegel bildete Meyer Lansky ein furchterregendes Duo: Lansky war der Denker, Siegel der Muskelprotz. Die beiden aufstrebenden → Gangster sammelten in den zwanziger Jahren eine Schar erfahrener Revolverhelden um sich und boten während der Zeit der → Prohibition → Schwarzbrennern an, den Transport ihrer → illegalen Ware zu übernehmen – Lieferung garantiert. Als Service konnten die zwei jederzeit gestohlene Autos, Lastwagen und unerschrockene Fahrer anbieten. Daneben scheffelten Lansky und »Bugsy« Siegel weitere Millionen durch Börsenmanipulationen (→ Aktienbetrug) und den Betrieb von Spielhöllen (→ Glücksspiel) und Rotlichtkneipen (→ Prostitution).

Der Boß – Meyer Lansky

Meyer Lansky und Bugsy Siegel arbeiteten auch eng mit dem aus Italien stammenden → Mafia-Chef Lucky → Luciano zusammen. Ironisch wurde von einer Allianz von → Cosa Nostra und »Kosher Nostra« gesprochen. Lansky und Siegel halfen Luciano auf seinem Weg – der mit Leichen gepflastert war – an die Spitze der italoamerikanischen Verbrecherhierarchie. Im Gegenzug dazu vergaß Luciano nie die unschätzbare Hilfe seiner jüdischen »Geschäftspartner«. Mit Lucianos Segen nahmen Siegel und Lansky bald größere Projekte in Angriff. Bugsy baute das Flamingo Hotel und öffnete dem → organisierten Verbrechen die Pforten von Las Vegas, Meyer Lansky errichtete auf Kuba ein Glücksspielimperium und brachte es später gar zum »Vorsitzenden des Nationalen Verbrechersyndikats«. Im Alter behauptete Meyer gerne von sich, seine Laufbahn ganz ohne Blutvergießen vollzogen zu haben. O-Ton: »Rumballern und Leute umlegen ist doch keine Art, ein Geschäft zu führen.« Ein New Yorker → Polizeiinspektor hatte die Dinge jedoch ganz anders in Erinnerung. Seiner Aussage nach zeichnete sich die → Bande durch besondere Brutalität aus: »Für zwei Dollar waren die Bugsy-Meyer-Leute bereit, einem Mann, den sie noch nie gesehen hatten, den Arm zu brechen, für weniger als fünfzig legten sie einen um. Bugsy schien die Arbeit gern höchstpersönlich zu erledigen. Das gab ihm ein Gefühl der Macht. Es war ihm ein Vergnügen, seine Opfer leiden, stöhnen und sterben zu sehen.« Meyer Lanskys Wunsch war es gewesen, seinen Lebensabend in Israel zu verbringen. Doch in seinem Fall lehnten die israelischen Behörden, die normalerweise gehalten sind, jedem Juden Einlaß zu gewähren, ab. So mußte Meyer Lansky – der übrigens nie hinter Schloß und Riegel saß – sein Rentnerdasein im sonnigen Miami verbringen, wo er 1983 verstarb. → Buchalter, Louis »Lepke«, → Flegenheimer, Arthur »Dutch Schulz«.

Die Lebach Mörder

In der Nacht vom 19. zum 20. Januar 1969 überfielen zwei Männer die Wachbaracke des Munitionsdepots Landsweiler bei Lebach. Fünf Soldaten waren anwesend. Vier davon schliefen, einer hatte sich in die Wachstube gesetzt. Während einer der Eindringlinge meuchlerisch (→ Meuchelmord) auf die schlafenden Männer schoß – drei davon waren sofort tot, der vierte erlag sechs Wochen später seinen Verletzungen -, versuchte der zweite Eindringling, den Soldaten in der Wachstube zu überwältigen und verabreichte ihm elf Stichwunden mit einem Tauchermesser. Danach erbeuteten die beiden Unbekannten aus dem Waffenlager 1000 Schuß Gewehr- und 50 Schuß Pistolenmunition, zwei Bundeswehrpistolen und drei G-3-Sturmgewehre, die Bunkerschlüssel und zwei Kontrollbücher. Dabei war den → Tätern gar nichts an den erbeuteten Waffen gelegen. Sie wollten mit ihrem Überfall nur demonstrieren, daß sie zu allem bereit waren und dafür die Basis für → Erpressungen jeglicher Art schaffen. Gemeinsam mit einem dritten jungen Mann, der die beiden nächtlichen Täter unterstützte, vergruben sie die Waffen in einem südpfälzischen Waldstück bei Bad Bergzabern.

Die Öffentlichkeit der Bundesrepublik des Jahres 1969 war schockiert über das brutale → Verbrechen. Nur ein einziger der jungen Soldaten, der 20jährige Gefreite aus der Wachstube, überlebte den → Überfall. Schockiert war man auch über den Umstand, wie nachlässig gesichert die Anlage der Bundeswehr war, so daß ein solcher Überfall überhaupt hatte stattfinden können. Eine Sonderkommission (→ Sondereinsatzkommando) wurde ins Leben gerufen, und es startete eine der größten → Fahndungen der Nachkriegszeit.

Zur selben Zeit überlegte sich das mörderische Männertrio, das aus einem 26jährigen Bankkaufmann, einem 27jährigen Justizangestellten und einem 24jährigen Zahntechniker bestand, wie sie ihr Verbrechen am besten erpresserisch vermarkten könnten. Die drei jungen, aus der Südpfalz stammenden Männer verband nicht nur ihr Wunsch, durch kriminelles Handeln zum großen Geld zu gelangen, sondern auch eine homosexuelle (→ Homosexualität) Dreieicksbeziehung – sie hatten bereits Jahre zuvor versucht, in Frauenkleidung eine Bank zu überfallen (→ Banküberfall). Nun schickten sie einen auf Schreibmaschine getippten anonymen Brief an die Bild-Zeitung, in dem sie vorgaben, die → Mafia stecke hinter dem Anschlag. Als Beweis, daß sie tatsächlich am → Tatort zugegen waren, legten sie die herausgerissene Seite eines der Wachbücher bei.

Die Bild-Zeitung veröffentlichte den Brief zunächst nicht, sondern wandte sich an das Verteidigungsministerium. Dieses plante zusammen mit Bild einen Fangartikel zu schreiben, um die Täter zu weiteren Informationen zu veranlassen. Doch das Vorhaben scheiterte, da andere Zeitungen bereits von dem Vorgang erfahren hatten und mit den Neuigkeiten herausplatzten.

Als die Täter erkannten, daß mit den Zeitungen das große Geld nicht zu machen war, unternahmen sie neue Erpressungsversuche. Sie schickten an den Finanzmakler Rudolf Münemann einen Drohbrief, in dem sie sich wieder als Mafia ausgaben und dem ein Foto der aus Lebach gestohlenen Waffen beigelegt war. Münemann benachrichtigte die Polizei, und es wurde eine Geldübergabe vereinbart. Doch die Täter erschienen nicht – möglicherweise, da sie einen Polizeiwagen entdeckt hatten, der zufällig in der Nähe stand. Nach der gescheiterten Übergabe wurde noch einmal ein Erpressertelegramm an Münemann geschickt, das mit Dr. Sardo unterzeichnet war, danach herrschte Funkstille.

Die drei intim miteinander verbundenen Männer versuchten nun hintereinander, einen Bilderhändler, dann einen Spielbank-König und zuletzt die prominente Wahrsagerin Buchela zu entführen und zu erpressen. Die ersten beiden Versuche blieben ganz erfolglos. Der Wahrsagerin, welche einer der drei unter falschem Namen aufsuchte, verriet ein sechster Sinn, daß hier etwas nicht stimmte. Als in der ZDF-Sendung Aktenzeichen XY von der Münemann-Erpressung berichtet wurde und der Name Dr. Sardo fiel – als solcher hatte sich der seltsame Besucher bei ihr vorgestellt -, verständigt sie die Polizei. Daraufhin war die Fährte gelegt, und die drei Täter konnten gefaßt werden. Die gefundene Schreibmaschine, auf der die Bekennerschreiben getippt worden waren, bestätigte den Verdacht. Vor → Gericht brach die enge Männerfreundschaft der Angeklagten auseinander. Jeder versuchte nun, sich selbst zu entlasten und die anderen zu beschuldigen. Am 7. August 1970 wurde das → Urteil gefällt. Die beiden Haupttäter, die den Überfall auf die Wachbaracke getätigt hatten, erhielten jeweils fünf Mal lebenslänglich wegen vierfachen → Mordes, Mordversuches, schweren → Raubes und versuchter Erpressung. Der Dritte erhielt wegen Beihilfe sechs Jahre → Freiheitsstrafe. Eine Dokumentation des Falles war im Jahr 2000 in der ARD in der Reihe Die großen Kriminalfälle unter dem Titel Der Soldatenmord – Die Schüsse von Lebach zu sehen. Da einer der noch inhaftierten Täter gegen eine Namensnennung geklagt hatte, da er seine → Resozialisierung gefährdet sieht, müssen deren Namen ungenannt bleiben. Sie sind jedoch in jedem Zeitungsarchiv nachzulesen, aber ebenso in dem 1971 erschienenen Buch *Kleinstadtmörder. Hintergründe zum Fall Lebach* von Jürgen Neven-du Mont und Karl Schütz.

Lebende Vampire
Sexualwissenschaftliche Bezeichnung für → Sexualverbrecher und → Lustmörder, die das Verlangen haben, vom → Blut ihrer Opfer zu trinken. Nicht selten verbindet sich der Vampirismus dabei auch mit → Kannibalismus. → Haarmann, Fritz, → Haigh, John, → Kürten, Peter, → Serienmörder, → Verzini, Vincente

Lebensalter und Verbrechen
Biologische und soziologische Kriterien prägen das Verbrechen. Sozialer Stand, Grad der Integration, Geschlecht, persönliche Veranlagung, aber auch das Alter beeinflussen das kriminelle Verhalten (→ Armut und Verbrechen, → asoziales Verhalten, → Ausländerkriminalität, → Geschlecht und Verbrechen, → Delinquento nato, → YY). Die Hauptmasse der Straffälligen entfällt auf die »Mannesjahre«, d.h. die Zeit der stärksten Aktivität und die Zeit der größten physischen Kraft. Der »normale« Verbrecher ist im Regelfall zwischen sechzehn und fünfzig Jahre alt. Was altersmäßig davor liegt, gehört zur → Kinderkriminalität und z.T. noch zur → Jugendkriminalität. Was wissen wir von der Gruppe der betagten Ganoven? In Deutschland beinhaltet die Gruppe der über 60jährigen Kriminellen nur einen Anteil von fünf bis sechs Prozent aller Tatverdächtigen, obwohl der Bevölkerungsanteil dieser Altersgruppe gegenwärtig bei rund einem Viertel liegt. Für welche → Delikte sind die kriminellen Senioren nun besonders anfällig? Vor allem → Diebstahl und Betrügereien (→ Betrug) werden älteren Tatverdächtigen zur Last gelegt, → Tötungsdelikte sind eher selten; wenn, dann im nächsten sozialen Umfeld, im → Affekt und unter Alkoholeinfluß (→ Alkohol und Verbrechen). → Raub- und Sexualmorde (→ Sexualverbrecher) verüben Senioren fast nie. Das liegt natürlich an der schwindenden körperlichen Vitalität. Allerdings liegt der Seniorenanteil bei der → Pädasterie höher (→ Kinderschänder). Erstaunlich hoch ist der Anteil von alten Menschen – fast die Hälfte aller Verurteilungen – bei → Verkehrsvergehen wie Fahrerflucht (→ Verkehrsunfallflucht) und → fahrlässiger Tötung im Straßenverkehr. Außerdem haben ältere Männer einen höheren Anteil an der → Wirtschaftskriminalität, etwa bei Konkursverschleppung, → Untreue und Wucher. Ältere Frauen sind in der → Kriminalstatistik mit der Lupe zu suchen.

Und noch in einem anderen Punkt fällt der Seniorenganove aus dem Rahmen. Während es für den normalen Verbrecher meist nicht sonderlich erstrebenswert ist, im → Gefängnis zu landen, gibt es bei den älteren Jahrgängen diesbezüglich häufiger mal eine Ausnahme. Vereinsamung, Krankheit und fehlende Altersversorgung lassen das Gefängnis in einem rosigeren Licht erscheinen. Berühmtestes Beispiel dafür ist der Posträuber Ronald → Biggs. Ronnie stellte sich der → Polizei nicht unbedingt aus Reue oder Läuterung. Es war nur so, daß ihm nach drei Schlaganfällen, dazu Sprach- und Gehbehinderungen ein neues Leben im Krankentrakt eines englischen Gefängnisses verlockender erschien als sein altes Leben in Brasilien. Was nützt alle Freiheit, wenn man kein Geld hat und nicht einmal den Arzt bezahlen kann? Aber man braucht nicht einmal so auf den Hund gekommen zu sein wie Ronnie Biggs, um Heimweh nach dem Knast zu verspüren. So gestand ein betagter deutscher Straftäter in den 20er Jahren einmal: »Und dann macht man was. Und dann, wenn man erwischt wird und kommt rein, kann man auf einmal richtig essen und faul im Bett liegen, dann ist das richtig ein wohliges Gefühl. Man ist zu Hause.«

Lebens- und Genußmittelfälschungen

Unter Lebensmittelfälschung ist das unrechtmäßige Verschlechtern oder das nur scheinbare Verbessern der Qualität von Lebensmittel zu verstehen, so z.B. durch Pantschen, Wässern, oder das Vortäuschen wertvoller Inhaltsstoffe durch Färbung.

Das gegenwärtige Lebensmittelgesetz kennt den Tatbestand der Lebensmittelfälschung nicht mehr. Bei einigen Lebensmitteln erheben gesetzliche Vorschriften Anforderungen an ihre Zusammensetzung oder Beschaffenheit. Ein Verstoß gegen diese Regeln hat zur Folge, daß das Produkt als nachgemacht oder wertgemindert angesehen wird. Für die meisten Lebensmittel fehlt es jedoch an verbindlichen Regelungen. Dabei ist die Fälschung von Lebens- und Genußmitteln keineswegs als → Kavaliersdelikt zu betrachten. In Extremfällen können derartige Produktmanipulationen zu schweren Vergiftungen (→ Gift) führen. So traten im Mai 1981 in Spanien bei zahlreichen Menschen nach dem Genuß von Speiseöl schwere Vergiftungen auf, an denen bis Ende des Jahres über hundert Menschen starben. Weitere zehntausend haben sich dadurch lebenslängliche Gesundheitsschäden zugezogen. Die spanische Regierung versuchte, die Todes- und Krankheitsfälle erst herunterzuspielen, bis eindeutig feststand, daß sie Folge einer Lebensmittelvergiftung waren. Im Juli 1981 kam es zu ersten Verhaftungen der Verantwortlichen. Einem Madrider Unternehmer wurde vorgeworfen, ein aus Rapsöl hergestelltes und mit Chemikalien wie Acetylanilin vergälltes Industrieöl in den ärmeren Vierteln der Hauptstadt als Olivenöl verkauft zu haben. Bei einer weiteren Untersuchung fanden sich auch in teuren Markenölen Verunreinigungen und unerlaubte chemische Zusatzstoffe.

Bei der Genußmittelfälschung ist besonders das Weinpantschen verbreitet. Auch hier kann es zu Vergiftungen kommen. Anfang Juli 1985 warnte das Bundesgesundheitsministerium in Bonn vor dem Genuß österreichischer Weine aus dem Burgenland, da in ihnen gefährliche Zusatzstoffe wie das als Frostschutzmittel verwendete Diäthylenglykol gefunden worden waren.

Bis Ende Oktober tauchte in 250 österreichischen und in 75 deutschen Qualitätsweinen das als Süßungsmittel gebrauchte Glykol auf. Im selben Jahr kam in Italien ein mit hochgiftigem Methylalkohol versetzter Weißwein in den Handel. Bei derartig gefährlichen Fällen von Lebens- und Genußmittelfälschungen werden die → Täter im Regelfall nach den Richtlinien für → Betrug, → Körperverletzung oder → fahrlässige Tötung verurteilt.

Lebensmittel, vergiftete

Während → Lebens- und Genußmittelfälschungen auf → Betrug basieren, dienen vergiftete Lebensmittel entweder zum »klassischen« → Giftmord oder sie werden aus Gründen der → Erpressung eingesetzt. »Beliebt« ist es, vergiftete Lebensmittel einer Markenfirma heimlich in Supermärkte einzuschleusen, um dadurch das Unternehmen finanziell zu erpressen. Geht die Firma auf die Erpressung nicht ein, so ist das für den Umsatz ihrer Produkte natürlich nicht förderlich, da der Kunde befürchten muß, eine nur wenig bekömmliche Speise zu erwerben. So vergiftete z.B. in den 80er Jahren der Erpresser Rodney Witchelo Babynahrung der Firma Heinz mit Arsen. Das Problem einer »erfolgreichen« Lebensmittelerpressung liegt wie bei vielen Erpressungen in der Geldübergabe. Rodney Witchelo konnte sich seines Reichtums nur kurz erfreuen. Kaum hatte er nach seinen Millionen gegriffen, schnappten auch schon die Handschellen zu!

Legale Kriminalität

Was ist legale Kriminalität? Vermutlich die verbreitetste Form des → Verbrechens. Legale Kriminalität nutzt Grauzonen und Schlupflöcher aus. Der »gerissene« Geschäftsmann bildet dabei die »Krönung« der legalen Kriminalität. Gerissen wie ein → Gangster, aber viel zu schlau und zu vorsichtig, um ins unmittelbare kriminelle → Milieu abzurutschen, nutzt er Gesetzeslücken und eiskalte Geschäftstaktiken, um für sich den großen Gewinn einzufahren. Aber derartige Methoden kennzeichnen keineswegs nur einzelne schwarze Schafe der Wirtschaftswelt. Auch bei den großen Konzernen sieht es oft nicht anders aus. Für Tugenden ist in der Welt der Global Players oft nur wenig Platz. Unterstützt werden die Wirtschaftshaie von der eigenen Rechtsabteilung. Jedes große Unternehmen hat seine eigenen Juristen, und keiner kennt so gut wie diese die Normen, Verordnungen, Auslegungen und Gesetzeslöcher. Zweifelsohne – der Beruf des Juristen hat etwas Janusköpfiges: Ohne sie kein Rechtsstaat, kein Völkerrecht und keine Rechtssicherheit für den einzelnen, aber ohne die »Rechtsverdreher« auch kein Hindurchschlüpfen durch Gesetzeslücken und keine raffiniert ausgeklügelten Verträge, mit denen der ahnungslose Bürger über den Tisch gezogen wird.

Thomas → Mann, der in seinen Buddenbrooks (1901) das Schicksal einer Kaufmannsdynastie über mehrere Generationen verfolgt, läßt an einer Stelle sogar andeuten, daß jede Art von »Geschäftemachen« per se etwas Gaunerisches beinhaltet. So gesteht Thomas Buddenbrook an einer Stelle mit matter Stimme, daß ihm die Tüchtigkeit abhanden gekommen sei, »eine Situation zu erkennen, zu durchschauen und sie dennoch ohne Schamempfindung auszunützen«. Bedenklich kann es werden, wenn sich die »Tüchtigkeit« des Geschäftsmannes nicht nur mit der des Juristen, sondern auch der des Politikers verbindet (wobei am Rande bemerkt der Anteil der Juristen unter den Politikern überproportional hoch ist!). So bekundete z.B. in den neunziger Jahren die amerikanische Firma ENRON, in Indien ein Kraftwerk bauen zu wollen. ENRON hatte dabei die gesamte US-Administration im Rücken, einschließlich des Präsidenten. ENRON unterzeichnete einen merkwürdigen, einseitigen Vertrag, möglich durch die Zahlung enormer Geldsummen an indische Politiker. Dadurch ist die Elektrizität, die ENRON anbietet, so teuer, daß sie sich niemand leisten kann. Aber obwohl niemand den Strom kauft, ist die Regierung per Vertrag verpflichtet, ENRON einen Betrag zu zahlen, der 60 Prozent des indischen Budgets für landwirtschaftliche Entwicklung entspricht. Viele Menschen protestieren zwar dagegen, doch ihr Aufbegehren blieb wirkungslos, schließlich lief der große Deal ja »legal« ab, sieht man einmal von den großzügigen Geschenken ab (→ Bestechung), die ENRON verteilte.

Aber legale Kriminalität wird natürlich nicht nur in den oberen Geschäftsetagen praktiziert. Auch Otto Normalbürger zeigt oft wenig Skrupel. Dort, wo er weiß, daß ihm nicht viel passieren kann, schreckt er auch vor unerlaubten Handlungen nicht zurück. → Schwarzarbeit, Mißbrauch staatlicher Fürsorge, → Steuerdelikte, kleine → Unterschlagungen am Arbeitsplatz, Bestechlichkeit oder → Schwarzfahren gelten vielfach als Volkssport. Garniert wird das Ganze noch mit allerlei wenig erfreulichen Eigenschaften, die gesetzlich auch nicht immer belangt werden können wie → Lüge, → Neid, → Erpressungsversuchen oder → übler Nachrede.

Zweifelsohne: Der Mensch ist schlecht und oft nichts weiter als ein egoistisches Ungeheuer. Joseph Conrad schrieb in einem Brief: »Der Mensch ist ein bösartiges Tier. Seine Bösartigkeit muß organisiert werden. Das Verbrechen ist eine notwendige Bedingung der organisierten Existenz. Die Gesellschaft ist ihrem Wesen nach kriminell, sonst würde sie nicht existieren. Der Egoismus rettet alles – absolut alles – was wir hassen, was wir lieben.« Mit seiner letzten Bemerkung deutet Conrad aber bereits an, daß der Egoismus nicht nur eine negative Kraft ist. Egoistische Ansprüche des einzelnen sind sogar nicht nur legitim – nämlich um überhaupt überleben zu können -, sondern in vielfacher Hinsicht auch die wichtigste Triebkraft für die Förderung des Allgemeinwohls. Ein »maßvoller Egoismus«, der auch das Wohl anderer einschließt, kennzeichnet nach Ansicht des britischen Ex-Managers und Wirtschaftsphilosophen Charles Handy *»die anständige Gesellschaft«* (so auch der Titel seines 1999 erschienenen Buches). Doch wann ist das Maß voll? Wer nennt die Grenzen und wer achtet darauf, daß sie eingehalten werden? Oft will es jedenfalls so scheinen, daß die wenigen, die aus schlechtem Gewissen oder wegen mangelnder Courage oder aus Ehrgefühl bei dem großen Lug und Trug nicht mitmachen, am Ende die Leidtragenden sind. Doch sie mögen sich mit einer Erkenntnis Friedrich des Großen trösten: »Seitdem ich die Menschen kenne, liebe ich die Hunde.« → Besitz und Verbrechen, → Leopold II., → Wirtschaftskriminalität

Leichenfledderer
Meint den → Diebstahl von Sachen, die einem Verstorbenem beigegeben sind, was in alten Kulturen eine lukrative Angelegenheit sein konnte, da den Toten in ihrer Grabstätte Wertgegenstände für die Reise ins Jenseits beigelegt wurden. Darüber hinaus bezeichnet das Wort Leichenfledderer in der → Gaunersprache Diebe, die im Freien eingeschlafene »Schnapsleichen« berauben.

Leichenschändung
Man versteht darunter an einer Leiche vorgenommene unzüchtige Handlungen (→ Nekrophilie). Sie werden als Störung der Totenruhe mit einer → Freiheitsstrafe bis zu drei Jahren oder mit → Geldstrafe geahndet. Auch die unbefugte Wegnahme einer Leiche oder der → Raub von Leichenteilen aus der Grabstätte fallen unter den Begriff Leichenschändung. Als Grenzbereich zur Leichenschändung gilt die Transplantation von Organen, die ohne Einwilligung der Hinterbliebenen vorgenommen wird.

Leopold II
»König (seit 1863), geb. Brüssel 9.4.1835, gestorben Laeken (heute zu Brüssel) 17.12.1909, war v.a. ein geschickter Finanzmann. In seinem Auftrag gründete H. M. Stanley 1881 den Kongostaat. Seine Wirtschafts- und Kolonialpolitik brachte dem Land großen Aufschwung. 1908 mußte L. den Kongo dem belg. Staat übertragen.« Dieser kurze, aber positive Eintrag über Leopold II. findet sich im Großen Brockhaus von 1996. Man stelle sich vor, wir würden dort lesen: »Adolf Hitler war vielleicht der populärste deutsche Volksführer. Er gilt als Schöpfer der Volksgemeinschaft, bekämpfte erfolgreich die Arbeitslosigkeit und kurbelte die Wirtschaft an. Außerdem trat er als Feldherr und Förderer der Künste – insbesondere der Baukunst – hervor.« Der Skandal und die allgemeine Empörung wären gewiß. Ganz anders bei Leopold II. – und das, obgleich dieser belgische König als einer der schlimmsten → Massenmörder, Menschenschinder und Ausbeuter der Geschichte gelten darf.

Die Geschichte des Kongo um die Wende vom 19. zum 20. Jahrhundert ist eine Geschichte von → Blut und Gewalt. Getrieben von der Gier nach Geld, Macht und Ruhm brachte Leopold II. den Kongo 1885 in seinen

Privatbesitz. Der König, kalt, schlau, doppelzüngig, war nach außen charmant und verbarg seine Schurkereien hinter einem Schwall wohlklingender Worte und allgemeiner Fortschrittsphrasen. In Wirklichkeit ließ er aber seinen »Privatbesitz« in einer auch für damalige Verhältnisse beispiellosen Grausamkeit ausbeuten und plündern. → Geiselnahme, → Vergewaltigung, Mißhandlung (→ Körperverletzung) und → Mord waren die Instrumente, die Leopolds Statthalter einsetzten, um den kongolesischen Ureinwohnern die geforderten Quoten an Kautschuk und Elfenbein abzupressen. Wer Widerstand leistete, wurde umgebracht oder verstümmelt. Elfenbein und Kautschuk waren zu der Zeit begehrte Stoffe. Aus Kautschuk, einem klebrigen Baumharz, wurde Gummi erzeugt, die weltweite Nachfrage boomte, nachdem John Dunlop 1887 den Pneu erfunden hatte, und das Tropenimperium, das sich König Leopold II. hatte zusammenstehlen lassen, warf märchenhafte Profite ab. Seine Bevölkerung aber wurde dabei zur Hälfte ausgerottet, – rund zehn Millionen »Eingeborene« – kamen um an den Folgen von perverser Gewalt, Hunger, → Zwangsarbeit, → Verschleppung.

Abenteurer, Gestrandete, gewissenlose Freibeuter und von Habgier Besessene strömten unter der »Schirmherrschaft« Leopolds II. in das Land. Anders als in totalitären Staaten tötete dieser verwilderte Haufen nicht im Namen einer Ideologie (→ Ideologie und Verbrechen), sondern allein des Profites wegen. Anders auch als in den neuzeitlichen Diktaturen stand keine allgewaltige Staatsmacht hinter den Abgesandten des Königs, der sie sich hätten verpflichten müssen. Leopolds Schergen waren frei. Nahezu ungehindert konnten sie die »Sau herauslassen«. Das einzige, wozu sie sich verpflichtet hatten, war eine gegenseitige Verschwiegenheit, der die meisten aufgrund ihrer eigenen Untaten gerne nachkamen.

Was im »Experiment« Kongo vorgeführt wurde, zeigt, wie dünn die Zivilisationstünche ist. Das Raubtier Mensch konnte sich in diesem von der Außenwelt abgeschirmten Land mit dem in ihm enthaltenen kriminellen Potential ungezügelt entfalten. Es herrschten hier weder die Zehn Gebote noch sonst irgendein Gesetz –

Monarch und Massenmörder: Leopold II. Karikatur nach 1900

außer dem Gesetz des Stärkeren und Unbarmherzigeren. Und so durfte aus ungezügelter Profitgier versklavt (→ Sklaverei), getötet und niedergebrannt werden. Eine besondere »Sportart« der Eroberer bildete dabei das Abhacken von Händen, wohl nicht zuletzt deshalb, da die Einsendung abgehackter Hände honoriert wurde, wenn es sich um die von angeblichen »Aufständischen« oder »Unruhestiftern« handelte.

Doch so weit weg das riesige und nahezu undurchdringliche Gebiet des Kongos auch zu sein schien, es konnte nicht ausbleiben, daß irgendwann einmal doch Berichte über die Greuel, die dort herrschten, die zivilisierte Welt erreichten. Zwar hatten Leopold und seine Helfershelfer eine Reihe von Strategien entwickelt, unerwünschte → Zeugen fernzuhalten. Es gab verschiedene Zonen, und in der, die dem internationalem Handel zugedacht war, herrschte immerhin ein Anschein von Recht. Doch diese Maßnahmen konnten nicht verhindern, daß zu Beginn des 20. Jahrhunderts die ersten Berichte über das entsetzliche Treiben im Kongo kursierten. Menschenrechtsgruppen formierten sich, und ihre Kampagnen zwangen Leopold II. 1908 zur Aufgabe seiner Kolonie. Ein Jahr später starb der König, ohne daß er oder einer seiner Spießgesellen jemals zur Rechenschaft gezogen worden wären.

Aber immerhin, der Ruf des Königs war geschädigt, und die Verbrechen im Kongo erhitzten die Gemüter in Europa und Amerika. Doch dann kam der Erste Weltkrieg, und der Kongo verschwand wieder aus dem Blickwinkel. Die Ironie der Geschichte wollte es, daß nun die alliierte Kriegspropaganda den in Belgien einmarschierenden deutschen Soldaten andichtete, der dortigen Zivilbevölkerung die Hände abzuhacken. Auch nach dem Ersten Weltkrieg fanden die im Kongo unter Leopold II. begangenen Verbrechen keine erneute Beachtung. So unglaublich es klingen mag, sie wurden schlicht vergessen, obgleich dort mehr Menschen starben als im Ersten Weltkrieg. Aber es gab keine Lobby für sie, die Kongobewohner hatten keine Stimme und vor allem, sie waren Analphabeten. Nichts von den Greueln wurde von ihnen selbst schriftlich festgehalten.

Dabei gab es all die Zeit über ein Buch, das nie vergessen wurde, da es zur Weltliteratur zählt und von der Schreckensherrschaft Leopolds II. berichtet: Joseph Conrads erstmals 1898 erschienener Roman *Herz der Finsternis*. Doch Conrads Werk wurde literarisch und psychoanalytisch gedeutet, aber nicht mehr als das betrachtet, was es in erster Linie ist: ein Erlebnisbericht. Conrad, der ein Kapitänspatent besaß, war selbst im Kongo gewesen und hatte das Kommando über ein Schiff, das den Kongofluß entlangfuhr. Der Schriftsteller hat das Geschehen im Kongo als »die verkommenste, beutegierigste Balgerei, die je die Geschichte des menschlichen Gewissen verunstaltet hat« bezeichnet. In seinem Roman hat Conrad die Figur des Kurtz geschaffen, den Prototyp des gerissenen und zugleich gleißnerisch verführerischen

Abenteurers, der allen Besitz dieser Welt an sich reißen will. »Ihr hättet ihn hören sollen, wie er ›Mein Elfenbein‹ sagte«, berichtet Conrads Alter ego, der Schiffskapitän Marlow. »Oh, ja, ich hörte ihn. ›Meine Braut, mein Elfenbein, meine Station, mein Fluß, mein‹ -, alles gehörte ihm.« Doch diese Gier nach Besitz verschlingt am Schluß Kurtz selbst und macht ihn irrsinnig. »Glaubt mir oder glaubt mir nicht«, so Marlow über Kurtz, »sein Denken war vollkommen klar – mit einer schrecklichen Intensität auf sich selbst konzentriert ... aber seine Seele war verrückt.« Das endlose Morden im Herzen Afrikas, im Herzen der Finsternis, hat Kurtz selbst zu einer Gestalt unendlicher Finsternis werden lassen: »Ihn umgab eine undurchdringliche Finsternis. Ich sah ihn an, so wie man auf einen Mann niedersehen mag, der tief unten, da wo die Sonne nie hinscheint, in einer Schlucht liegt.«

Es bleibt ein Verdienst des amerikanischen Historikers Adam Hochschild, in seinem Werk *Schatten über dem Kongo* (1998) die vergessenen Toten aus dem Herzen der Finsternis hervorgeholt zu haben.

Leopold jr., Nathan F. und Richard Loeb

Am Nachmittag des 21. Mai 1924 begingen zwei überdurchschnittlich intelligente junge College-Studenten aus bestem Haus und jüdischer Herkunft einen → Mord. Der → Tatort war der Rücksitz eines Autos im Stadtteil Kenwood Chicago/Illinois. Das Opfer der 14jährige Bobby Franks. Die → Täter, der 18jährige Richard Loeb und der 19jährige Nathan F. Leopold Junior, hatten das → Verbrechen sorgfältig vorbereitet. Ein Leihwagen unter falschem Namen war besorgt, dazu ein Meißel, eine Plane, und auch an ein Versteck für die Leiche war gedacht. Schon Monate vor dem Mord war eine Schreibmaschine entwendet worden, auf welcher ein → Erpresserbrief geschrieben werden sollte. Doch das diente nur dazu, eine falsche Fährte zu legen; denn das ganze Verbrechen sollte »perfekt« gestaltet werden, das war im Grunde genommen das einzige → Motiv der Tat: Ein → perfektes Verbrechen. Daß ausgerechnet Bobby Franks die Rolle des Opfers in diesem makaberem Spiel wurde, war reiner Zufall. Denn für die beiden homosexuellen jungen Männer (→ Homosexualität) stand nur fest, daß ein körperlich unterlegener Junge die Leiche abgeben sollte. Grundlage des ganzen mörderischen Unternehmens bildeten diffuse Vorstellungen von Friedrich Nietzsches »Übermenschentum«. Die beiden wollten sich mit ihrem → Mord als schöne Kunst über die gewöhnliche Moral und Konventionen erheben. Doch bereits zehn Tage nach dem Mord wurden die beiden selbsternannten Übermenschen gefaßt. Ein in einem Kanalrohr zu nachlässig gewähltes Versteck der Leiche, in dem sich neben Leopolds verlorener Brille auch die entwendete Schreibmaschine fand, brachte die → Polizei bald auf ihre Spur. Amerikas Öffentlichkeit war entsetzt über die beiden mißgeleiteten jungen Männer, die vorsätzlich und bei klarem Verstand gehandelt hatten. Der

→ Prozeß dauerte kaum mehr als einen Monat, war jedoch eine der größten Sensationen der amerikanischen Öffentlichkeit. Der Verteidiger Clarence Darrow unternahm erst gar nicht das aussichtslose Unterfangen, die »Unschuld«, bzw. »Geistesgestörtheit« seiner Klienten beweisen zu wollen. Sein einziges Ziel war, die beiden geständigen Mörder vor der → Todesstrafe zu retten. Dies gelang ihm schließlich auch, in Hinblick auf die Berücksichtigung des jugendlichen Alters der beiden Täter. Sie erhielten jeweils lebenslänglich für den Mord und 99 Jahre für die → Entführung. Loeb wurde 1936 im → Gefängnis von einem Mithäftling erstochen, den er sexuell belästigt hatte. Leopold widmete sich in der → Haft der Vogelkunde und erlernte 27 Sprachen. Im März 1958 wurde er frühzeitig entlassen und wanderte nach Puerto Rico aus, über dessen Vogelwelt er ein Buch veröffentlichte. 1971 starb er an Herzinfarkt. Der Mordfall bot reichlich Stoff für Theaterstücke und Kinofilme. So schrieb der Brite Patrick Hamilton bereits 1929 das Theaterstück *Rope*, das jedoch sowohl die Homosexualität als auch die jüdische Herkunft der beiden jugendlichen Täter aussparte. Der bekannteste Kinofilm hierzu kam 1948 unter dem Titel *Cocktail für eine Leiche* in die amerikanischen Kinos. Regie führte hier der Meister des Thrills Alfred → Hitchcock. Allerdings erntete er wenig Lob. Zwar verzichtete Hitchcock darauf, einen direkten Bezug auf den Fall Leopold und Loeb zu nehmen, aber die darin verhandelten nietzscheanischen Ideen des Übermenschen trafen im Jahr 1948, nach den frisch enthüllten Grausamkeiten der Nationalsozialisten, auf einen empfindlichen Nerv.

Likendeeler
→ Vitalienbrüder

Lindbergh-Baby, Entführung des
Am Abend des 1. März 1932 stieg ein → Einbrecher mit einer Leiter in das offenstehende Fenster eines Kinderzimmers ein. Darin schlief der 20 Monate alte Charles A. Lindbergh jr. Seine Eltern waren der als Held verehrte Flugpionier Charles A. Lindbergh und die schöne Senatorentochter Ann Morrow. Sie verkörperten das Ideal einer amerikanischen Fami-

lie. Um so entsetzlicher war das → Verbrechen, das sie jetzt traf. Der Kindesentführer (→ Entführung) hinterließ einen Zettel mit einer Lösegeldforderung und der Zusicherung, daß das Kind versorgt werde. Aber nach der Übergabe von 50.000 Dollar Lösegeld meldete sich der Enführer nicht mehr. Die → Polizei aller Bundesstaaten machte sich nach der persönlichen Anweisung des Präsidenten Herbert C. Hoover auf die Suche nach dem Kidnapper (→ Kidnapping). Doch obwohl insgesamt rund 100. 000 Personen an der Suche beteiligt waren und man versuchte, über Zeitungen Kontakt mit dem → Täter aufzunehmen und eine beispiellose Medienkampagne gestartet wurde, blieb das Unternehmen erfolglos. Am 12.Mai dann fand ein Lastwagenfahrer das Lindbergh-Baby tot in einem Waldstück auf. Es war vermutlich bereits kurz nach der Entführung im März getötet worden.

Im September 1934 wurde endlich ein Verdächtiger im New Yorker Stadtteil Bronx aufgrund des → Erpresserbriefes festgenommen. Es war der in Deutschland geborene Zimmermann Bruno Richard Hauptmann, in dessen Haus die Polizei 14.000 Dollar das Lösegelds fand. Hauptmann behauptete, das Geld stamme von einem Freund, der an Tuberkulose leide und zurück nach Deutschland gegangen sei. Doch Experten konnten nachweisen, daß die Leiter, die am Tatort zurückgeblieben war, mit einem Hobel, wie er in Hauptmanns Garage gefunden wurde, geglättet worden war und daß Teile der Leiter von einem fehlenden Dielenbrett auf dem Dachboden stammten. Hauptmann wurde für schuldig befunden und im April 1936 auf dem → elektrischen Stuhl hingerichtet.

Linksextremismus

Eine Sammelbezeichnung für alle antidemokratischen Bestrebungen, die auf der äußersten Linken der herkömmlichen Rechts-Links-Skala stehen. Der Linksextremismus ist eine Form des politischen Extremismus, der den demokratischen Verfassungsstaat ablehnt. So wie der → Rechtsextremismus das Prinzip der menschlichen Fundamentalgleichheit verneint, so verabsolutiert der Linksextremismus das Prinzip der Gleichheit. Für den → Anarchismus ist jegliche Herrschaft ein Übel, für den Kommunismus ist das größte Übel die kapitalistische Klassenherrschaft. Zu den vielen Splittergruppen des Kommunismus zählen unter anderen der Leninismus, der → Stalinismus, der Trotzkismus oder der Maoismus. Alle diese ideologischen Richtungen weisen höchst unterschiedliche Konzeptionen auf. Auch Teile der neuen Linken können als Spielart des Linksextremismus gelten. Ob man die Ideologie des Marxismus generell als Linksextremismus bezeichnen kann oder soll, ist umstritten. Für die einen ist der russische Bolschewismus eine konsequente Weiterentwicklung des Marxismus, andere betrachten ihn als eine Pervertierung davon. Faßt man den Begriff des Linksextremismus weit genug, so fallen darunter auch bestimmte Formen des → Terrorismus, z.B. → Rote Armee Fraktion und → Rote Brigaden. Wo Vertreter des Linksextremismus an die Macht gelangten, errichteten sie eine autoritäre oder totalitäre Diktatur, mit staatsterroristischen Zügen. Durch den nahezu weltweiten Zusammenbruch der kommunistischen Staats- und Gesellschaftssysteme (1989-1992) ist der Linksextremismus allerdings in eine tiefe Krise geraten. Ähnlich wie Teile des rechtsextremistischen Lagers schrecken auch einige Mitglieder des Linksextremismus nicht vor → Gewaltverbrechen zurück. Nach Angaben des → Verfassungsschutzes zählen zu den gewaltbereiten Linksextremen in Deutschland mehr als 7000 Personen, insbesondere → Autonome. Eines ihrer bevorzugten Aktionsfelder sind militante Demonstrationen unter dem propagandistischen Schlagwort des »Antifaschismus«. → Lubbe, Marinus van der, → Meinhof, Ulrike

Lockspitzel

→ Agent provocateur

London

Nebel, flackernde Gaslaternen, plötzlich ein durch die Nacht gellender Schrei, ein Toter wird in die Themse geworfen, ein Bobby greift zur Trillerpfeife, und im Hintergrund schlägt unerschütterlich der sonore Klang von Big Ben die Stunde. Wer denkt bei dieser Schilderung nicht sofort an London. Aber so nostalgisch dieses Szenario mittlerweile auf uns wirken mag, so dürfen wir doch eines dabei nicht vergessen, nämlich daß London die erste moderne Stadt des → Verbrechens war. London, das hieß lange Zeit: die größte Stadt der Welt, der größte Hafen der Welt, die größten Industrieansammlungen der Welt, die Stadt mit den größten Reichtümern der Welt, und das Herz des größten Imperiums der Welt. Kurzum, eine Stadt der Superlative, und das galt natürlich auch für das Verbrechen. Nirgendwo gab es für das Verbrechen einen lohnenderen Boden, nirgendwo konnte sich die → Unterwelt so reich entfalten. Es darf daher auch nicht verwundern, daß nicht nur das Verbrechen selbst, sondern auch die klassische → Kriminalliteratur – neben einigen englischen Landhäusern – mit Vorliebe in London spielt und zugleich eine Domäne der Engländer ist (→ Christie, Agatha, → Holmes, Sherlock, → Wallace, Edgar). Sowohl die Schriftsteller als auch die Verbrecher dürften sich gegenseitig inspiriert haben und somit dafür gesorgt haben, daß London in der Fiktion und in der Realität die erste moderne Metropole des Verbrechens wurde. Heute freilich wird die Stadt an der Themse, was die Kriminalität betrifft, längst von vielen Städten in Amerika, in der Dritten Welt oder im ehemaligen Ostblock überrundet. Für denjenigen, der sowohl eine Schwäche für das Verbrechen als auch für die britische Hauptstadt hat, sei Gerald Hagemanns Buch *London von Scotland Yard bis Jack the Ripper* (2000), ein Führer zu 350 Kriminalschauplätzen, empfohlen.

López, Predo Alfonso

War der Sohn einer → Prostituierten und wuchs mit 13 Geschwistern im kolumbianischen Tolima auf. Mit acht Jahren schickte ihn seine Mutter auf die Straße, da er gegenüber seiner kleineren Schwester unsittliche Übergriffe unternommen hatte. Auf sich allein gestellt, trieb er sich, wie viele Kinder in Lateinamerika, auf der Straße herum, wurde angeblich von einem Mann mißbraucht und landete schließlich im Waisenhaus. Mit zwölf rannte er von dort weg, schlug sich weiter irgendwie durch und landete mit 18 Jahren wegen → Autodiebstahls im → Gefängnis. Hier wurde er von vier Mithäftlingen vergewaltigt (→ Vergewaltigung), drei davon tötete er kurz darauf. Er hörte auch nicht auf zu töten, nachdem er aus dem Gefängnis entlassen worden war. Nur waren seine Opfer jetzt keine Verbrecher mehr, sondern minderjährige Indianermädchen, die er vergewaltigte und anschließend erwürgte. Als Begründung seiner → Mordtaten sollte er später angeben: »Ich verlor meine Unschuld mit acht, und ich beschloß das gleiche so vielen jungen Mädchen wie möglich anzutun.« Und das hat er auch getan. In der Zeitspanne von 1973 bis 1980 tötete er vermutlich mehr als 300 Mädchen. Im April 1980 wurde der damals 31jährige Lopez endlich festgenommen. Bereits zwei Jahre zuvor, 1978, war er in der Provinz Ayacucho von einer Gruppe Ayma-Indianer gefangen worden, nachdem er versucht hatte, ein neunjähriges Mädchen zu entführen. Die Hochlandindianer wollten ihn zur → Strafe lebendig begraben. Doch eine Missionarin hatte die Indianer aus Humanitätsgründen dazu überredet, Lopez der → Polizei auszuliefern. Diese ließ ihn allerdings schnell wieder frei, so daß Lopez in der Folgezeit schätzungsweise noch weitere 100 Indiomädchen mißbrauchen und töten konnte. Lopez wurde nach seiner Festnahme zu einer lebenslangen → Haftstrafe verurteilt. → Serienmörder

Der Lord von Barmbeck
→ Petersen, Julius Adolf

Lubbe, Marinus van der
Am Abend des 27. Februar 1933 stand der Berliner Reichstag in Flammen. Im noch brennenden Gebäude wurde der 24jährige holländische Maurergeselle und Rätekommunist Marinus van der Lubbe verhaftet. Bis zu seiner → Hinrichtung beteuerte der junge Mann, das Feuer allein gelegt zu haben (→ Brandstiftung). Doch keiner glaubte ihm. Die Nationalsozialisten werteten den Brand als Fanal für einen kommunistischen Aufstand und verhafteten noch in der Brandnacht 5000 KPD- und SPD-Mitglieder. Wenig später verkündeten sie mit den »Notverordnungen zum Schutz von Volk und Staat« den zivilen Ausnahmezustand. Van der Lubbe wurde als »Werkzeug« einer kommunistischen Verschwörung der → Prozeß gemacht. Doch die Kommunisten verweigerten ihm die Solidarität. In dem von Emigranten in Paris herausgegebenen Braunbuch wurde er als »Naziprovokateur« bezeichnet. Selbst heute noch werden die Hintergründe des Reichstagsbrandes sowie die Rolle van der Lubbes in diesem wohl berühmtesten politischen

Kriminalfall der deutschen Zeitgeschichte kontrovers diskutiert. Dabei sieht der Fall bei nüchterner Betrachtung der Sachlage recht eindeutig aus: Der → Täter, nämlich van der Lubbe, wurde noch am → Tatort festgenommen. Er leugnet keinen Augenblick, die Brandstiftung begangen zu haben – und zwar allein. Außerdem hatte van der Lubbe bereits vor dem Reichstagsbrand drei andere Brandstiftungen versucht. Alle sollten als Signal gegen den Nationalsozialismus dienen und die proletarische Revolution auslösen. Doch bewirken taten sie das genaue Gegenteil. Die Nazis nutzten den Reichstagsbrand für ihre Zwecke aus. Allerdings wurden sie dadurch selbst – zunächst nur von kommunistischer Seite – der Urheberschaft zum Mittel des Machtausbaues bezichtigt. Trotz fehlender Beweise bestimmte diese Gegenthese, die die Alleintäterschaft van der Lubbes ebenfalls ausschloß, lange Zeit das Bild in der Geschichtswissenschaft. Besonders der dubiose italo-kroatische Publizist Edouard Calic, Generalsekretär eines von ihm mitbegründeten, in Luxemburg ansässigen Komitees mit dem bombastischen Titel »Internationales Komitee zur wissenschaftlichen Erforschung der Ursachen und Folgen des Zweiten Weltkrieges«, wollte »Beweise« vorlegen, die belegen sollten, daß die Nationalsozialisten den Brand selbst gelegt hatten. Das Komitee, bzw. Calic, veröffentlichte einige »wissenschaftliche Dokumentationen« – nur, sie waren in den entscheidenden Passagen gefälscht (→ Fälschung).

Heute gilt die Alleintäterschaft Marinus van der Lubbes am Reichstagsbrand als weitgehend gesichert. Die Nationalsozialisten selbst hingegen hielten an der These eines kommunistischen Brandstiftungskommandos fest. Trotzdem mußten sie die neben Lubbe verhafteten → Angeklagten, aus Mangel an Beweisen, freisprechen. Van der Lubbe wurde aufgrund seines → Geständnisses zum Tode verurteilt und im Januar 1934 hingerichtet. Wohl mehr als Kuriosum darf die Auffassung gewertet werden, daß der Hellseher → Hanussen van der Lubbe zum Reichstagsbrand inspiriert haben soll.

Literatur: Martin Schouten: Marinus van der Lubbe (1999).

Lucheni, Luigi

»Ich bereue nichts!« – Mit diesem Ausruf bekannte sich Luigi Lucheni vor dem Untersuchungsrichter in Genf zu einer Tat, mit der er die ganze Welt schockiert hatte: Lucheni hatte am 10. September 1898 die österreichische Kaiserin Elisabeth erstochen. Wer war dieser Mann, der → Mörder von »Sisi«→ Lucheni erblickte im April 1873 als uneheliches Kind einer italienischen Tagelöhnerin in Paris das Licht der Welt. Er kam zunächst in ein Heim und wurde dann nach Italien geschickt, wo er bei verschiedenen Pflegeeltern in Armut aufwuchs. Schon früh schlug er sich mit → Betteln, kleinen → Diebstählen und Gelegenheitsarbeiten durch. Doch daneben begann Lucheni sich für Politik zu interessieren und las Schriften anarchistischer (→ Anarchismus) Autoren. Seine Ermordung

Die österreichische Kaiserin »Sisi« wird von dem Anarchisten Luigi Lucheni erdolcht. Zeitgenössischer Stich

der Kaiserin war als Fanal zum Aufstand gedacht. Als der unmittelbar nach dem → Attentat festgenommene Lucheni erfuhr, daß Elisabeth an den von ihm ausgeführten Messerstichen sterben würde, rief er aus: »Um so besser. Ich habe meine Arbeit getan, die anderen werden jetzt ihre tun. In Lausanne und Genf gibt es viele Anarchisten.« Aber wie so viele andere → Fanatiker besaß Lucheni nur eine eingeschränkte Realitätswahrnehmung. Seine Tat stieß auf breite Ablehnung. Eine junge Genferin empörte sich: »Ich habe volles Verständnis für den Schutz von Tieren, nicht aber für den von Mördern!« In Wien riefen Arbeiter: »Nicht genug damit, daß die Italiener uns das Brot wegessen, sie töten auch noch unsere Kaiserin!« Die Wiener Frauen erklärten an Luchenis Adresse gerichtet: »Die Mädchen und Frauen von Wien verfluchen Sie. Man müßte Sie in kleine Stücke zerschneiden!« Mark Twain, der sich zum Zeitpunkt des Attentats in Österreich aufhielt, schrieb einem Freund: »Nicht einmal der Mord an Cäsar vermochte die Welt so sehr zu erschüttern wie der an Elisabeth ... Was für ein Geist hat der Welt dieses Schauspiel geliefert? ... Am untersten Ende der menschlichen Stufenleiter, ohne Gaben, ohne Talent, ohne Bildung, ohne Moral, ohne Charakter, ohne jede innere Anmut hat er in nur fünf Minuten alle Politiker, Verkäufer der Nächstenliebe, Bandenchefs, Fahrrad-Champions, Gesetzlose und sonstige Napoleone in den Schatten gestellt! ...«

Lucheni wurde zu lebenslanger → Haft verurteilt. Die Zeit im → Gefängnis nutzte er für seine Bildung. Er wurde ein eifriger Leser. In den Jahren 1907-1909 verfaßte er dort seinen Lebensbericht: Die Geschichte eines verstossenen Kindes am Ende des 19. Jahrhunderts, von ihm selbst erzählt (→ Gefängnisliteratur). Seine Erinnerungen dokumentieren das Leben eines Enttäuschten und Verzweifelten, den die blinde Wut gegen die Welt zum → Mord an die Kaiserin trieb. Bereits während des → Prozesses, als er noch mit politischen Phrasen wie »Es lebe die Anarchie. Nieder mit den Aristokraten!« prahlte, brachen auch tiefere Schichten seines Charakters durch. So antwortete er einmal auf die Frage: »Welches Ziel haben Sie mit Ihrem Verbrechen verfolgt?« ganz unverhüllt und ohne jeglichen ideologischen Überbau: »Mich für mein Leben zu rächen!« Als Lucheni im Jahr 1910 in einem Anfall von Raserei alle Gegenstände in seiner Zelle zertrümmerte, sein Fenster zerschlug und einzelne Bruchstücke ins Freie schleuderte, wurde er in eine kleine Dunkelzelle gebracht. Einige Tage später, als Lucheni wieder in seine alte Zelle zurückgebracht werden sollte, fand man ihn, an einem Riemen, der ihm als Gürtel diente, erhängt vor (→ Selbstmord). In den Wochen vor seinem Anfall hatte Lucheni, der verstoßene Sohn, mit seinen Fingernägeln unendlich oft und in zahlreichen Sprachen ein Wort in die Zellenwände geritzt: Mama. Mama – das erste und tröstende Wort, das der Mensch spricht. Und da er seine Mutter, die ihn als Kleinkind weggab, nie kannte, hing er als Bild seiner »Mama« das Porträt einer anderen Frau an einer Zellenwand auf: das seines Opfers, der Kaiserin Elisabeth von Österreich, der unsterblichen Sisi. 1998 erschienen Luchenis Aufzeichnungen, herausgegeben von Santo Cappon, unter dem Titel *Ich bereue nichts*. → Haß, → Neid

Luciano, Charles »Lucky«
Nach Al Capone war sicherlich Charles »Lucky« Luciano der »bedeutendste« italo-amerikanische → Gangster. Er zählte zu den Bossen der → Cosa Nostra, »arbeitete« aber auch eng mit den Häuptern der »cosher nostra«, wie Meyer → Lansky oder Benjamin »Bugsy« → Siegel, zusammen. Ein anderer der großen jüdischen Gangster, Arnold Rothstein, hatte Luciano sogar das feine Benehmen beigebracht. Luciano bemerkte bewundernd über den Stil und »Geschäftssinn« verbindenden Rothstein: »Er brachte mir bei, wie man sich kleidet, nicht zu grelle Sachen, sondern etwas, das guten Geschmack zeigt ... er hat mir auch beigebracht, wie man mit Messer und Gabel umgeht und überhaupt Tischmanieren; daß man einer Dame die Tür aufhält oder ihr den Stuhl zurechtrückt, wenn sie sich setzen möchte.«

Lucky Luciano steht für eine »Revolution« in der italo-amerikanischen Gangsterwelt. Er warf die alten, unflexiblen und gewinnhemmenden Methoden tradierter sizilianischer Couleur über Bord. An die Stelle selbstherrlicher Alleinherrscher sollten neue Bosse treten, die die Geschäfte der → Unterwelt wie ein modernes »Unternehmen« führen. Um das zu erreichen, mußten aber zunächst die alten → Mafiagrößen ausgeschaltet werden. Unterstützung fand Luciano dabei bei seinen jüdischen Freunden. Lucianos Revolution begann an einem schönen Frühlingstag im Jahr 1931. Zu diesem Zweck hatte er seinen alten Boss,

Aufnahme für die Verbrecherkartei: Charles »Lucky« Luciano

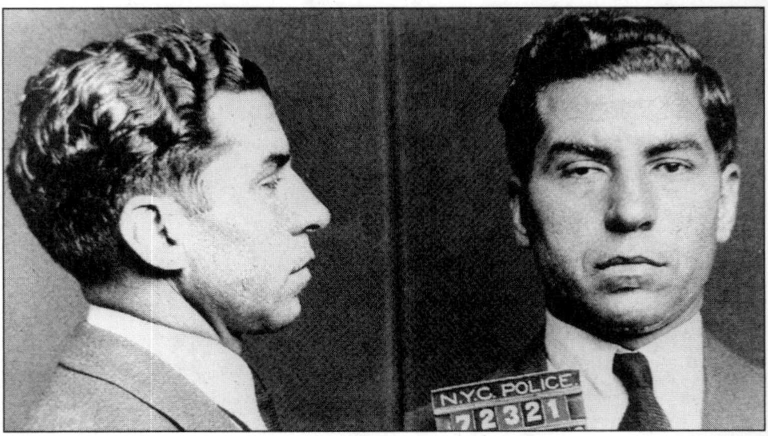

Joe Masseria, zu einem Essen auf Coney Island eingeladen. Die beiden nahmen an einem Tisch in der Ecke Platz. Luciano kaute langsam und bedächtig, während Masseria, der ein großer Esser war, Unmengen von Antipasti, Spaghetti mit Venusmuscheln in Tomatensauce und Hummer in sich hineinstopfte und mit einer Flasche Chianti hinunterspülte. Es sollte seine Galgenmahlzeit sein. Denn nach dem Essen entschuldigte sich Luciano, um auf die Toilette zu gehen. Draußen fuhr ein Wagen vor mit Albert Anastasia, Vito Genovese, Joe Adonis und Bugsy Siegel. Sobald Luciano auf der Herrentoilette war, stürmten sie das Lokal und feuerten mehr als zwanzig Schüsse auf Masseria. Das ganze Unternehmen dauerte nicht länger als eine Minute, und als die → Polizei eintraf, waren natürlich weit und breit keine → Zeugen aufzutreiben. Ein halbes Jahr nach dem Mord an Masseria, im September 1931, ließ Luciano auch noch den letzten der alten Mafiabosse, Salvatore Maranzano, beseitigen. Auch seine Mörder wurden nie gefaßt, doch in der Unterwelt ging man davon aus, daß es jüdische Gangster waren, die auf Lucianos Bitte von Meyer Lansky und Bugsy Siegel losgeschickt worden waren. Die »Vision«, der Lucky Luciano nachhing, war die von einem multinationalen, annähernd gewaltfreien kriminellen Verbund an der Nahtstelle von Legalität und Illegalität (→ legale Kriminalität), angesiedelt jenseits hemmender ethnischer Barrieren. Die meisten von Lucianos italo-amerikanischen Landsleuten empfanden »konservativer«, auch nach der wenig gewaltfreien Liquidierung der alten Bosse. Daher wurden nach der Verhaftung Lucianos im Jahr 1937 viele Veränderungen wieder zurückgenommen. Aber zweifelsohne hat das von allen Traditionen befreite, alles nivellierende Gewinndenken auch für die Unterwelt Zukunftscharakter. So betrachtet, gehört Charles »Lucky« Luciano zu den Propheten der Menschheit. Er starb am 26. Januar 1962 auf dem Flughafen von Neapel an einem Herzinfarkt. → Genoveses, → Organisiertes Verbrechen

Lüdke, Bruno

Bruno Lüdke war ein geistig zurückgebliebener Hilfsarbeiter aus Köpenick. Im Oktober 1941 wurde der am 3. April 1908 geborene Lüdke wegen eines Kaninchendiebstahls »auffällig«, den er während einer kriegsbedingten Verdunkelung begangen hatte. Als sich Anfang 1943 ein Sexualmord an einer jungen Frau in einem Waldstück bei Köpenick ereignet hatte, stieß der SS-Kriminalhauptkommissar Heinz Franz bei der Durchsicht der Akten auf den Namen Lüdke. Lüdke hatte nicht nur ein Kanninchen gestohlen, sondern war auch schon einmal durch sexuelle Belästigung und seltsame Reden aufgefallen. Man brachte den »doofen« Bruno in Untersuchungshaft. Im Laufe der Verhöre gab Lüdke schließlich zu, nicht weniger als 84 Frauenmorde verübt zu haben. Er führte die → Polizei auch an eine Stelle im Wald, wo tatsächlich zuvor eine Frauenleiche entdeckt worden war. Den nationalsozialistischen Führern lag jedoch daran, einen Kriminalskandal mitten im Krieg zu vermeiden. Heinrich Himmler erklärte den Fall zur geheimen Reichssache, und Bruno Lüdke wurde ohne → Prozeß hingerichtet. → Serienmörder

Luftpiraterie

Die → Straftat der Luftpiraterie begeht, wer ein Zivilflugzeug in seine Gewalt bringt, oder wer durch eine Explosion oder → Brandstiftung das Flugzeug oder seine Ladung zu beschädigen oder zu zerstören versucht. Voraussetzung ist, daß sich das Flugzeug in der Luft befindet oder am Boden im Einsatz ist, z.B. während des Betretens von Passagieren oder Besatzungsmitgliedern oder beim Be- und Entladen. Luftpiraterie gilt heute allgemein auch als völkerrechtliches → Delikt. Die ausdrückliche Erklärung der Luftpiraterie zum völkerrechtlichen Delikt erfolgte im Abkommen über strafbare Handlungen an Bord von Luftfahrzeugen, das am 14.9.1963 in Tokio unterzeichnet wurde. Es verpflichtet die Vertragsstaaten, im Fall von Luftpiraterie alles zu tun, um die Kontrolle des rechtmäßigen Flugzeugführers wiederherzustellen. Die erste Flugzeugentführung erfolgte im Jahr 1930. Damals kaperte ein Luftpirat in Peru eine Maschine. Generell lassen sich bei der Luftpiraterie zwei große Gruppen unterteilen:

1. Die organisierten → Entführungen aus politischen Gründen. Den Entführern geht es dabei um die Durchsetzung politischer Ziele, vornehmlich um die Freilassung politischer Gefangener (→ Ideologie und Verbrechen, → Terrorismus).
2. Entführungen als Einzeltaten mit der Absicht, daß der oder die Entführer aus politischen oder sonstigen Gründen in ein bestimmtes Land geflogen werden sollen.

Die Entführer mit terroristischem Hintergrund sind von ihrer Persönlichkeit her durchgehend als → Fanatiker einzustufen, die auch vor → Mord oder → Selbstmord nicht zurückschrecken. Bei der zweiten Gruppe von Luftpiraten finden sich überdurchschnittlich viele Personen mit einem psychopathischen Einschlag (→ Geisteskranke und abnorme Täter),oft liegen die tieferen Ursachen ihres Handelns in einer übersteigerten Geltungssucht. Moderne Sicherheitsmaßnahmen haben dazu geführt, daß die Luftpiraterie rückläufig ist. Ihren Höhepunkt erlebte sie zu Beginn der siebziger Jahre, als vor allem arabische Terroristen versuchten, sie für ihre politischen Zwecke als Druckmittel einzusetzen. So wurden bei einer arabischen Guerillaaktion im September 1970 innerhalb von 70 Stunden fünf Flugzeuge mit insgesamt 751 Menschen an Bord gekapert. Gleichwohl hat der 11. September 2001 dem Thema Luftpiraterie eine neue Brisanz verliehen, als islamische Extremisten mehrere US-Inlandsmaschinen kaperten und eine davon im Kamikazeflug auf das Pentagon stürzen ließen und mit zwei weiteren Maschinen das World Trade Center rammten und zum Einsturz brachten. Ungefähr 3000 Menschen kamen hierbei ums Leben.

Literatur: P. Schneider: Die Abwehr äußerer Gefahren im Luftverkehr (1993)

Lüge

Es handelt sich bei ihr um eine bewußt falsche Aussage, die darauf angelegt ist, andere zu täuschen. Auch das Verschweigen oder Entstellen von Tatsachen fällt unter Lüge. Da Wahrhaftigkeit eine der wichtigsten Grundlagen des menschlichen Zusammenlebens bildet, wird die Lüge von allen ethischen Richtungen verworfen. Mögliche Beweggründe zu lügen sind Feigheit und Angst vor Konsequenzen unrichtigen Handelns, Geltungsbedürfnis, Berechnung, Bosheit oder – last but not least – wenn man eine Tätigkeit ausübt, die ganz einfach auf die Lüge angewiesen ist – wozu zweifelsohne das → Verbrechen gehört. Die Lüge ist das erste Handwerkszeug des Verbrechers. Kein »Beruf« ist so elementar mit der Lüge verbunden wie der des Verbrechers.

Da der Verbrecher Verbotenes tut und gleichzeitig der Verfolgung entgehen möchte, braucht er die ständige Verstellung und permanente Bereitschaft zur Lüge. Der Verbrecher ist also kein Gelegenheitslügner, sondern seine Existenz basiert auf der Lüge. Ein ständiges Leben der Lüge und Verstellung ist jedoch kein leichtes Los – auch nicht für den Kriminellen. Daher drängt es den Verbrecher immer wieder, sich zu »offenbaren«. Besonders wenn ihm ein toller → Coup gelungen ist, verfällt er leicht – nicht selten animiert vom Alkohol – der Prahlsucht. Die ausführlichsten → Geständnisse werden nicht selten an der Theke abgelegt. Es weist den »coolen« → Gangster aus, daß er sich stets unter Kontrolle hat und nur dort »quatscht«, wo es ihm nicht gefährlich werden kann. → Meineid, → Üble Nachrede

Lügendetektor

1921 stellte der amerikanische Psychiater John Augustus Larson einen Blutdruck- und Atemmeßapparat her. Auf dieses Gerät stieß Dr. Leonarde Keeler von der Northwestern University in Chicago, das er in mehrjährigen Versuchen zu einem sogenannten Polygraphen weiterentwickelte, der ähnlich wie ein Elektrokardiograph arbeitet und Veränderungen des Blutdrucks, der Atmung, der Herztätigkeit und der Schweißdrüsensekretion mißt. Unter dem Namen Lügendetektor erhielt dieses Gerät dann Berühmtheit. Eine → Lüge gewissermaßen, da der Lügendetektor genaugenommen keine Lügen mißt, sondern nur Streßerscheinungen des Prüflings. Ein Test läuft folgendermaßen ab: Der Beschuldigte nimmt auf dem Stuhl Platz und wird mit Meßsonden verbunden. Daraufhin wird er über eine Stunde mit Fragen aller Art bombardiert. Eine Aufzeichnungsnadel registriert jede unwillkürliche Bewegung, die Atmung, sowie die Veränderung der Herztätigkeit. Auch Schweißabsonderungen werden registriert.

Studien haben ergeben, daß der Polygraph, bzw. Lügendetektor bei etwa 95 % aller Lügen ausschlägt. Aber auch 40 % aller wahrheitsgemäßen Aussagen werden fälschlicherweise für Lügen gehalten.

Das heißt, insgesamt liegt der Polygraph in etwa 65 % der Fälle richtig – und irrt sich jedes dritte Mal. In den USA lassen 36 Bundesstaaten den Polygraphentest als Beweismittel zu, wenn → Angeklagter und Staatsanwalt damit einverstanden sind. In New Mexico reicht es sogar, wenn nur eine der beiden Seiten den Test fordert. In Deutschland hatte der Bundesgerichtshof 1954 den Einsatz des Gerätes im → Strafprozeß abgelehnt, da es in die Intimsphäre des Betroffenen eingreift und seine Menschenwürde verletzt. Im März 1998 deutete das Bundesverfassungsgericht jedoch an, es könne künftig im Ermessen der → Gerichte liegen, ob sie das Gerät zur Entlastung eines Angeklagten zulassen – zur Belastung eines Beschuldigten dürfen die Testergebnisse weiterhin nicht benutzt werden.

Lustmörder

Das Los dieser → Mörder ist sicherlich nicht leicht. Gehaßt von der Gesellschaft, verachtet von der → Unterwelt, bespien selbst noch aus der Gosse, gelten sie allgemein als »der letzte Dreck.« Ihrem schauderhaften Trieb unterworfen, den sie sich zwar nicht selbst in freier Entscheidung ausgesucht haben, der aber trotz allem ein Teil ihrer Psyche ist, vollbringen sie Taten, der Unschuldige zum Opfer fallen und die sie selbst vor aller Welt brandmarken. Zur Psyche des Lustmörders schreibt der FBI-Agent John Douglas in seinem Buch *Jäger der Finsternis* 1997: »Man könnte den Lustmörder als Querulanten beschreiben, der andere Menschen manipuliert und ausschließlich auf sich selbst bezogen ist. Schwierigkeiten mit der Familie, mit Freunden und ›Respektspersonen‹ ›bewältigt‹ er in Form von antisozialen Handlungen, darunter auch Mord. Das Ziel eines solchen nichtsozialen Menschen ist es, mit der Gesellschaft abzurechnen.« Lustmörder sind also in der Tat nicht unbedingt die sympathischsten Zeitgenossen. Aber welcher → Mord darf als Lustmord gelten? Ein Pädophiler, der ein Kind »nur« ausziehen und vielleicht mit dessen Genitalien spielen will, kann zum Mörder werden, wenn er dem Kind, das um Hilfe ruft, den Mund zuhält und es dabei erstickt. Auch Frauen und Mädchen, die vergewaltigt werden (→ Vergewaltigung), werden nicht selten in Panik infolge ihres Widerstandes getötet. In solchen Fällen handelt es sich strenggenommen nicht um einen Lustmord. Selbst ein → Sadist, der keine nekrophilen (→ Nekrophilie) Neigungen hat, weidet sich zwar am Schmerz seines Opfers, tötet jedoch nur selten, da mit dem Tod seines Opfers der »Spaß« für ihn vorbei ist. Nicht selten tritt der Tod des Opfers infolge einer unglücklichen Verletzung ein. Auch hier handelt es sich also nicht eigentlich um einen Lustmord. Die Sexualwissenschaft hat die Gattung der echten Lustmörder in vier Grundtypen unterteilt:

1. -Der Aufschlitzer. Er schlitzt den Körper seiner Opfer auf, reißt dann die Eingeweide heraus und wühlt im Leichnam herum. → Jack the Ripper ist der berühmteste Vertreter dieser Gattung. Oft wird der Aufschlitzer

durch den Anblick der Leiche so stark erregt, daß er noch ein Reihe von Verletzungen, häufig auch die Öffnung der Bauchhöhle, vornimmt.
2. -Die Pfähler. So wie der Aufschlitzer Löcher im Körper seines Opfers anbringen will, so will der Pfähler sie füllen. Er rammt Gegenstände wie Stöcke, Regenschirme oder seine Finger in Vagina, Anus, Ohren, Nasenlöcher oder Rachen seines Opfers. Aktive Pfählungsphantasien gehen mit sadistischer Lust einher, passive mit Masochismus.
3. -Den Hämomanen oder → Blutliebhabern ist es egal, wie Wunden beigebracht werden, solange sie stark bluten. Sie berauschen sich am langsamen Verbluten ihrer Opfer.
4. -Der Zerstückler zerstückelt die Leichen seiner Opfer nicht nur, um sie zu beseitigen, sondern aus Lust. Oft ist die Zerstückelung eine Kastrationshandlung, denn der Zerstückler schneidet fast stets zuerst die Genitalien seines Opfers heraus. Der Prototyp dieser Lustmörder ist Karl → Denke, der mehr als ein Dutzend Menschen tötete, um sie zu zerstückeln. Der fetischistische Charakter seiner Tätigkeit zeigte sich unter anderem darin, daß er die Körperteile seiner Opfer auf die Waage legte und die Gewichte akribisch genau notierte, bevor er sie nach merkwürdig rituellen Systemen stapelte.
Soweit die Deutung des Lustmörders durch die Sexualwissenschaft. Der Begriff des Lustmörders läßt sich aber auch weiter gefaßt anwenden, nämlich grundsätzlich dann, wenn die Gewalt (→ Gewaltverbrechen) zur Lust wird und der Tod des Opfers billigend in Kauf genommen wird. Derartige »Lustmorde« werden im Regelfall in Gruppen (→ Jugendgewalt) und unter Einfluß von Alkohol (→ Alkohol und Verbrechen) vollzogen. Auch im Krieg (→ Krieg und Verbrechen) und durch die Hochkitzelung von → Haßgefühlen kann ein wollüstiger Blutrausch entstehen. → Kannibalen, → Kinderschänder, → Lebende Vampire, → Lynchjustiz, → Massenmörder, → Serienmörder

Lynchjustiz

Das gesetzwidrige Töten eines tatsächlichen oder vermeintlichen → Straftäters durch eine aufgebrachte Menschenmenge. Häufig wird die Lynchjustiz erst bei Einbruch der Dunkelheit vollzogen, wenn das »Tagesbewußtsein« ausgeschaltet und der Mensch emotional leichter zu manipulieren ist. Nicht selten spielt auch Alkohol (→ Alkohol und Verbrechen) mit eine Rolle. Die genaue Herkunft des seit 1841 in Deutschland bekannten Wortes »lynchen« ist unsicher. Mögliche Namensgeber sind der Ende des 17. Jahrhunderts in North Carolina tätige Richter John Lynch, der bis 1782 in Virginia wirkende Richter Charles Lynch, der aus Virginia stammende Hauptmann William Lynch (1742-1820) oder ein um 1495 lebender irischer Bürgermeister. Ursprünglich ist die Lynchjustiz Ausdruck einer fehlenden Durchsetzungskraft staatlicher Strafrechtspflege, die dann den betroffenen Bürgern überlassen wurde. Nach dem amerikanischen Bürgerkrieg entwickelte sich in den Südstaaten, vor allem gegenüber Schwarzen, eine

Lynchjustiz, die in den 60er Jahren des 20. Jahrhunderts im Zuge der Rassengesetzgebung noch einmal aufflackerte. In Kenia ermutigte im Jahr 2000 der Umweltminister Francis Nyenze die Bevölkerung zur Lynchjustiz. »Wir werden Kriminelle in unserem Land wie Rotwild jagen und in der Öffentlichkeit lynchen. Übergebt Verdächtige nicht der Polizei, sondern tötet sie.« Nach diesen Worten gab es in den Slums der Hauptstadt Nairobi kaum mehr ein Halten. Hunderte Menschen steinigten (→ Steinigung) Männer, die angeblich drei Mädchen getötet hatten. Polizisten konnten nur mit Mühe eine Polizeiwache gegen 2000 Menschen verteidigen, da in der Zelle ein → Kinderschänder saß. Der Grund für die Aufforderng zur Lynchjustiz liegt in den seit Jahren währenden chaotischen Zuständen in Kenia. In dem ostafrikanischen Land ist die staatliche Ordnung weitgehend zusammengebrochen.

M

M – Eine Stadt sucht einen Mörder

Der berühmte Regisseur Fritz Lang sagte zu seiner Frau, der Drehbuchautorin Thea von Harbou: »Man könnte einen Film über einen Verbrecher machen! Verbrecher ... Verbrechen ... Die Luft ist voll davon.« Ja, die Zeitungen waren in der krisengeschüttelten Weimarer Republik voll von → Verbrechen. Von politischen Verbrechen. Von Sexualmorden. Von → Raubmorden ... Aber Fritz Lang wollte nicht irgendeinen Verbrecherfilm machen. Wenn er einen Film über einen Verbrecher machte, sollte dieser Verbrecher Symptom der Zeit und ihrer spezifischen Pathologie sein. Und so entstand *M – Eine Stadt sucht einen Mörder* (1931), einer der größten Klassiker der Filmgeschichte.

Fritz Lang und Thea von Harbou haben in ihrem Film eine ganze Reihe von zeittypischen Verbrechen und Verbrechern eingearbeitet: Da waren zum einen die psychopathischen Sexualmörder Peter → Kürten und Fritz → Haarmann (→ Kinderschänder, → Sexualdelikte) und auf der anderen

Morden aus Zwang: M – Eine Stadt sucht einen Mörder

Seite das einflußreiche Berliner Verbrechersyndikat der → Berliner »Ringvereine«. Der Film verdankt seinen Stoff einer Kombination beider Motive. Der pathologische Einzeltäter und die → organisierte Kriminalität stehen sich hier gegenüber. Auch im wirklichen Leben hatte der »Ringverein« einen vielgesuchten → Mörder aufgespürt und ihn auf eigene Initiative, ohne Einschaltung der Staatsgewalt, hingerichtet.

Die Geschichte von »M« beginnt mit dem Ausbleiben eines kleinen Schulmädchens, das tot in den Wäldern gefunden wird. Ähnliche Kindermorde sind diesem Verbrechen bereits vorausgegangen und folgen noch nach, so daß die ganze Stadt in Panik und Aufregung versetzt wird. Die → Polizei fahndet fieberhaft nach dem → Mörder, beschränkt aber ihre Nachforschungen auf die Kreise des → Berufsverbrechertums. Seine Hauptprädelsführer beschließen deshalb, den Mörder auf eigene Faust ausfindig zu machen. Ihre Interessen fallen diesmal mit denen der Kriminalbehörden zusammen. Die Verbrecher nehmen bei ihrer detektivischen Arbeit die Hilfe eines »Ringvereins« von → Bettlern in Anspruch, dessen Mitglieder ihnen Zuträgerdienste leisten. Der Polizei ist es zwar inzwischen gelungen, den Mörder als den ehemaligen Insassen einer Irrenanstalt zu identifizieren, aber die Verbrecher sind dank der Mithilfe eines blinden Bettlers schon viel weiter. Sie brechen nachts in ein Bürohaus ein, in dem sich der Mörder versteckt hält und zerren ihn zu einer stillgelegten Fabrik. Hier bilden sie ihren eigenen Gerichtshof, der das → Todesurteil über den perversen Kindsmörder verhängt. Im letzten Augenblick erscheint jedoch die Polizei, um den Mörder dem rechtmäßigen Gesetz zu übergeben.

Der Film bietet sowohl von den Rollen als auch von der schauspielerischen Leistung her zwei düstere Glanzpunkte: Den einen bildet Gustav Gründgens, der den Chefankläger der → Unterwelt spielt, einen schneidig scharfen und zugleich dandyhaften Typus, der eine Art »Herrenmensch« einer gefährlichen Gegenwelt darstellt. Der damalige Zeitbezug ist unverkennbar. Der andere Star ist der Mörder selbst – gespielt von Peter Lorre, der einen beinah kindischen Kleinbürger präsentiert, der auf der Straße Äpfel ißt und dem man nicht zugetraut hätte, auch nur einer Fliege etwas zuleide zu tun. Seine Zimmerwirtin beschreibt ihn bei ihrer Vernehmung durch die Polizei als einen »ruhigen und anständigen Menschen«. Doch dieser scheinbar so harmlose Kleinbürger ist von inneren Dämonen getrieben, derer er nicht mehr Herr wird.

So gesteht er vor dem Verbrechertribunal verzweifelt: »Etwas zwingt mich, unaufhörlich über die Straßen zu wandern, und immer ist einer hinter mir her. Ich selber bin es – manchmal ist mir, als sei ich selber hinter mir her, und doch kann ich mir nicht entrinnen... Ich will davonlaufen – ich muß davonlaufen. Die Gespenster verfolgen mich ohne Unterlaß und geben mir keine Ruhe – bis ich es getan habe. Und nachher stehe ich dann vor den Anschlägen einer Litfaßsäule und lese, was ich getan habe. Habe ich es denn getan? Ich weiß ja gar nichts davon. Ich hasse es – aber ich muß – hasse es – muß – ich kann nicht mehr ...« → Kriminalfilm, → Lustmörder

Dr. Mabuse

Bereits vor → *M – Eine Stadt sucht einen Mörder*, hatte sich Fritz Lang filmisch mit der Welt des → Verbrechens und ihren ganz eigenen Pathologien und Zeitwiderspiegelungen beschäftigt. Und zwar tat er das mit seinen Mabuse-Filmen. Die Gestalt des Dr. Mabuse beruht auf den Romanen von Norbert Jacques, der folgende Werke über Mabuse veröffentlichte: *Dr. Mabuse, der Spieler* (1921,22); *Ingenieur Mars* (1923); *Mabuses Kolonie oder N. J. sucht Kristina* (Romanfragment 1930); *Das Testament des Dr. Mabuse oder Mabuses letztes Spiel: Roman eines Dämons* (1932/1950). Daß Mabuse zum Mythos wurde, lag jedoch weniger an den erfolgreichen Mabuse-Romanen von Norbert Jacques als an den noch erfolgreicheren, großartigeren Mabuse-Verfilmungen von Fritz Lang, nämlich: *Dr. Mabuse der Spieler. Teil 1: Der große Spieler – Ein Bild der Zeit. Teil 2: Inferno, ein Spiel von Menschen unserer Zeit* (1921, 22); *Das Testament des Dr. Mabuse* (1932, 33); *Die 1000 Augen des Dr. Mabuse* (1960).

Mabuse ist der → Verbrecher als Genie. In ihm verbinden sich Magier und kalter Rechner, Künstler und überragender Stratege des Verbrechens. Er mordet und raubt nicht des bloßen Besitzes wegen. Seine Bedürfnisse reichen weiter und sind erlesener: Er will den Rausch der Macht und die sinnliche Befriedigung durch das Verbrechen. Die in dem ersten Mabusefilm eingesetzten Texttafeln greifen noch stärker als die Buchvorlage Mabuses Gedanken von Nietzsches Machtphilosophie und sein Tyrannentum auf. So heißt es z.B.:

»Es gibt keine Liebe/
es gibt nur Begehren!
Es gibt kein Glück/
es gibt nur Willen zur Macht!
... Jetzt soll die Welt erst erfahren/
wer ich bin, – ich!
Mabuse! – ein Titan,
der Gesetze und Götter/
durcheinanderwirbelt
wie dürres Laub!!«

Mabuses Psyche steht für eine ganze Reihe dumpfer, schwerer Triebe, aber auch befeuernder Leidenschaften: für das wild Triebgebundene, schlechthin das Atavistische, die uneingeschränkte Gier nach Macht, → Sadismus, Hang zur → Nekrophilie, Verbrechertum, Oralsex und Verschlingungstrieb, für das Suggestive und Mediale, für seelische Verödung, Vereinsamung und Psychopathie, für Suchtcharakter, Maßlosigkeit, Größenwahn, Spieler- und Schauspielernaturell. Der Schöpfer des Mabuse, Norbert Jacques, hat seiner Figur folgende Worte in den Mund gelegt: »Ich bin ein Werwolf. Ich sauge Menschenblut in mich! Jeden Tag brennt der Haß alles Blut auf, das mir in den Adern läuft, und jede Nacht sauge ich sie mit einem neuen Menschenblut voll.« Die Gestalt des Dr. Mabuse entstand unmittelbar nach dem für Deutschland verlorenen Ersten Welt-

krieg und spiegelte damals die Seelenlage vieler Menschen wider – ihre Angst vor einem dunklen Schicksal, das den einzelnen und die Gesellschaft zu verschlingen drohte. Mabuses Welt ist eine von wilden Dämonen durchzuckte Welt. Daß die fiktive Gestalt des Dr. Mabuse in München seine Verbrecherorganisation zur selben Zeit aufbaute, zu der → Hitler mit dem Parteiaufbau der NSDAP begann, wurde gerne dahingehend gedeutet, daß in beiden Gestalten – der fiktiven wie der realen – verwandte Kräfte am Wirken waren.
→ Kriminalfilm

Mädchenhändler
→ Frauenhandel

Mafia
Heute ist der Begriff »Mafia« zum Synonym für italienisch dominiertes → organisiertes Verbrechen geworden. Viele Leute nennen sogar jede Form des organisierten Verbrechens Mafia. Das Wort selbst bedeutet soviel wie »Überheblichkeit«, »Anmaßung«. Allerdings titulieren sich die Mafiosi selbst nicht so, sondern bezeichnen sich als »Onorata Società« – als »Ehrenwerte Gesellschaft«. Die Mafia hat ihren Ursprung in Sizilien und entstand als Gegengewicht zur staatlichen Macht. Um ihren Einfluß zu mehren, bildeten die Träger dieser Gegenmacht, die Mafiosi, zunehmend kriminellere Verhaltensweisen aus. Zu Anfang des 19. Jahrhunderts sammelten Grundbesitzer im Nordwesten Siziliens straff organisierte, bewaffnete Gefolgschaften als Instrument zur Behauptung ihres formell aufgehobenen feudalen Einflusses. Dabei trafen sie auf nur wenig Widerstand der Regierung in Neapel. Diese unideologischen, familienähnlich strukturierten Gruppen (→ Crime Family) dehnten ihren Machtbereich im späten 19. Jahrhundert in die Hafen- und Marktstädte und den Osten Siziliens aus. Mit → illegaler Gewalt etablierten sie das parasitäre System der → Schutzgelderpressung. Nach Gründung des italienischen Einheitsstaates (1860) entwickelte sich die Mafia zu einer kriminellen Subkultur mit eigenen Normen und Werten, die von den örtlichen Vertretern der Staatsmacht geduldet wurde.

Zu dieser Subkultur zählt auch »Mafia«. Mafia (ohne Artikel) bezeichnet eine Kultur, in der die vielfältigsten Formen verbrecherischer Tätigkeiten gedeihen. Ein wichtiger Bestandteil dieser Welt ist »Omertà« – das Schweigen, um Täter zu decken. Die Omertà ist seit alters her in dem Familiendenken der Sizilianer verwurzelt. Man schirmt die Familie gegen die Außenwelt ab. Nur wer schweigt, kann seine Ehre bewahren, denn er gibt nichts an andere weiter. Was innerhalb der Familie geschieht, darf nicht von Außenstehenden diskutiert und möglicherweise kritisiert werden. Es gibt keine übergeordneten Maßstäbe, nach denen richtiges und falsches Verhalten beurteilt werden kann. Am wenigsten soll der Staat Vorschriften machen, gegenüber dessen Instanzen man sich ganz besonders verschließt. Das Gesetz der Omertà gilt – was für uns Mittel- oder Westeuropäer nur schwer zu begreifen ist – sogar für die Opfer der

Mafia. »Mafiosità« nennt man die stolze Trauer der Angehörigen von Ermordeten, die nicht bereit sind, mit der → Polizei zusammenzuarbeiten, um die → Mörder ihrer Angehörigen zu stellen. »Mafia« als Kultur bedeutet das komplizenhafte Schweigen der Opfer. Wer dagegen verstößt, wer das Gesetz der Omertà verletzt, an dem wird das Gesetz der »Vendetta« – der → Rache – vollzogen.

Die Macht der Mafia beruht auf Einschüchterung; denn auch diejenigen, die sich vom archaischen Gesetz der Omertà zu befreien trachten, haben im Regelfall Angst vor der Vendetta. Die propagandistische Leistung der Mafia ist, daß sie ihre Brutalität und Gemeinheit stets als eine Art von Heldentum verkauft hat. Doch tritt man der Mafia unerschrocken und entschlossen entgegen und raubt dem Mafioso seine »Ehre«, dann wird er, wie jeder Verbrecher, den Stärkeren achten und von dem »Helden« wird oftmals nur ein weinerliches Würstchen übrigbleiben. Einen skrupellosen Kampf gegen die Mafia eröffnete im Jahr 1924 Cesare Mori, Präfekt von Palermo, den Mussolini mit allen nötigen Vollmachten ausstattete. »Ich wollte sie nicht nur besiegen«, so Mori, »sondern allen Leute ihre Feigheit beweisen.« Als erstes ließ der Präfekt das Gerücht verbreiten, daß seine Polizisten die bereits eingesperrten Mafiamitglieder mißhandelten und deren Frauen sexuell mißbrauchten. Wer so etwas zu tun wagt, muß offensicht-

Mafia-Mord in Palermo (1997)

lich der Stärkere sein. Mori: »Eine Menge Banditen gaben daraufhin auf. Nur die Häuptlinge hielten stand ... ihnen war die Tugend ihrer Frauen gleichgültig.« Die Mafiosi verschanzten sich. Der Präfekt ging im nächsten Schritt dazu über, das Eigentum der Mafialeute zu attackieren. Er ließ ihren Besitz beschlagnahmen, trieb ihre Herden weg, ließ die besten Tiere vor aller Augen auf dem Marktplatz schlachten und verteilte das Fleisch unter der Bevölkerung. Der Tag wurde zum Volksfest. Seine Polizei gab Order, die Mafiosi zu verspotten, die weder Mann genug seien, ihre Frauen, oder – noch schlimmer – ihr Vieh zu verteidigen. Dann ließ der Präfekt dem Obermafioso Gaetano Ferrarello ausrichten, daß er allein, mit einer Muskete in der Hand, um sechs Uhr abends im Fondo Sant'Andrea auf ihn warten werde. Doch Ferrarello ließ sich – womit Mori bereits gerechnet hatte – nicht blicken. Damit hatte er ganz Palermo klargemacht, wer stark und wer schwach ist. Niemand begriff das besser als Ferrarello, der nach dieser öffentlichen Demonstration seine Ehre verloren hatte. Niemand würde ihn jetzt mehr decken. Er ergab sich mit den Worten: »Mein Herz schlägt mir bis zum Hals. Zum ersten Mal in meinem Leben stehe ich dem Gesetz gegenüber.« Doch hier irrte Ferrarello. Er stand weniger dem Gesetz in einem rechtsstaatlichen Sinne als entschlossener Macht gegenüber.

In Italien konnte durch Mussolini die Mafia – zeitweise – zurückgedrängt werden. Allerdings gelangten mit der italienischen Einwanderung im 19. Jahrhundert auch Ableger der Mafia in die USA (→ Cosa Nostra). Zu ihrem dortigen Aufblühen trug entscheidend die → Prohibition bei. Neben dem Alkoholschmuggel (→ Schmuggel) waren und sind vor allem der Rauschgifthandel (→ Rauschgiftkriminalität), → Prostitution in Callgirlringen, Wett- und → Glücksspiele, sowie finanzielle → Erpressungen aller Art (→ Racket) Domänen der Mafia. Ihre Mitglieder erlangten zunehmend auch Einfluß in legalen Organisationen.

In Italien setzte 1943 mit der amerikanischen Besetzung Siziliens eine Reaktivierung der Mafia ein. Im Zuge der Befreiung Inhaftierter durften auch die unter Mussolini hinter Schloß und Riegel gesetzten Mafiosi die → Gefängnisse verlassen. Unterstützt von ihren amerikanischen Vettern, die von der US-Militärverwaltung nicht selten als »Berater« eingesetzt wurden, gelang es ihnen relativ schnell, neue, modernisierte Mafiastrukturen aufzubauen – zunächst in Sizilien, dann in ganz Italien und darüber hinaus. Seither stützt sich die Mafia verstärkt auf internationalen Drogen- und → Waffenschmuggel und auf die → Korruption bei der Vergabe öffentlicher Aufträge. Die reingewaschenen Gewinne (→ Geldwäsche) werden in Aktien und Immobilien sowie in gewerblichen Unternehmen angelegt. Im Gegensatz zu ihrer Anfangsgeschichte hat die Mafia ihre Aktivitäten immer stärker in die Großstädte verlagert, womit sie sich amerikanischen Vorbildern angleicht. Dabei werden die kriminellen Machenschaften der Mafia nicht selten von höchsten Stellen in Politik, Wirtschaft und Kirche gedeckt. Immer wieder geraten selbst Politiker wie der langjährige Ministerpräsident Giulio Andreotti in den Verdacht, der Mafia nahezustehen und sogar Morde an kritischen Journalisten in Auftrag gegeben zu haben.

Dennoch hat sich seit Beginn der achtziger Jahre der Kampf gegen den Großparasiten Mafia verstärkt. Aufgrund der → Kronzeugenregelung des 1982 verabschiedeten Anti-Mafia-Gesetzes konnten im Mafia-Prozeß von 1986/87 erstmals führende Mafiosi verurteilt werden. Die Mafia antwortet darauf mit verstärktem Terror. Im Mai 1992 wurde der Richter Giovanni Falcone, die Symbolfigur im Kampf gegen die Mafia, mit seiner Frau und drei Leibwächtern ermordet. Doch der Terror der Mafia richtet sich nicht nur gegen Einzelpersonen oder deren Angehörige, sondern – wie an dem Bombenanschlag auf die weltberühmten Uffizien in Florenz am 27. Mai 1993 zu sehen – gegen den Staat selbst. Trotzdem sind den italienischen Sicherheitsorganen, gestützt auf ein neues Anti-Mafia-Gesetz, größere Erfolge gelungen. So konnten die Mörder Falcones 1997 verurteilt werden. Darunter war auch der bereits seit Januar 1993 einsitzende »Boß der Bosse« Toto Riina. Vom Herbst 1992 an hat die Polizei rund 110.000 Verdächtige verhaftet. Besiegt ist die Organisation damit aber noch lange nicht; denn ihr Umsatz betrug im Folgejahr immerhin noch die astronomische Summe von ca. 30.000 Milliarden Lire, seinerzeit etwa 20 Milliarden DM. Die Mafia besitzt mittlerweile längst Verzweigungen bis nach Deutschland. Der Kampf der deutschen Behörden gegen die organisierte Kriminalität, inklusive der Mafia, war bisher allerdings nur in einer Richtung erfolgreich: in der der Verdrängung! → Camorra, → N'drangheta

Maigret

Ein schwerer Schlag für die Angelsachsen: Der berühmteste Kommissar aller Zeiten stammt weder aus England noch aus Amerika, sondern aus Paris. Allerdings war sein geistiger Vater kein Franzose, sondern der Belgier Georges Simenon (1903-1989). 1930 legte er mit »Pietr-le-Letton« (dt.: »Maigret und die Zwillinge«), seinen ersten Maigret-Roman vor und 1972 beendete er die Serie mit »Maigret et M.Charles.« Ausgestattet mit Pfeife, Trenchcoat und kühlem Kopf, gleicht Maigret ein wenig der modernisierten, verbeamteten Ausgabe von Sherlock → Holmes. Doch Maigret ist alles andere als ein Plagiat: Simenons Romane spiegeln das Flair von Paris, insbesondere das der vierziger und fünfziger Jahre. Die Maigret-Bücher sind atmosphärischer als die von Sir Arthur Conan Doyle, dem geistigen Vater von Sherlock Holmes. Sie sind raffinierter, psychologischer. Das → Verbrechen bekommt hier eine stärkere eigene, geistige Aura. Für den Pariser Kommissar ist dabei das Aufspüren der Kriminellen nicht nur das Resultat einer streng kombinierenden, abstrakten Logik, sondern ebenso das Ergebnis einer feinen Witterung.

In den sechziger Jahren wurde eine erfolgreiche Fernsehserie – mit Rupert Davis als Maigret – gedreht. Daneben gibt es auch zahlreiche Kinoverfilmungen.

Majestätsbeleidigung

In Deutschland gibt es zwar keine Majestäten mehr, aber die Verunglimpfung des Bundespräsidenten sowie die → Beleidigung ausländischer Staatsoberhäupter oder diplomatischer Gesandter wird besonders unter → Strafe gestellt. Im römischen Recht war Majestätsbeleidigung ein politisches → Verbrechen gegen die »maiestas principis« bzw., gegen die »maiestas populi Romani«. Im Mittelalter galt jedes gegen den König – seit der Goldenen Bulle auch gegen Kurfürsten – und das Reich gerichtete Verbrechen wie Untreue bzw. Verrat als Majestätsbeleidigung bzw. Majestätsverbrechen.

Mann, Thomas

Der Nobelpreisträger ein → Mörder? Es gibt die Spekulation, Thomas Mann habe in jungen Jahren eine → Bluttat begangen. Der Literaturkritiker Michael Maar, der in dieser Richtung spekuliert, spricht von einer »traumatisierenden Tat«, die sich eigentlich nur mit einem »Vergehen auf dem Gebiet der Wollust« erklären lasse. Unter dem Titel *Das Blaubartzimmer* (2000) legte Maar seine kriminalistischen Theorien dar. Zeitlich angesiedelt hat Maar die Blaubart-Tat zwischen November 1896 und Frühjahr 1897, als Thomas Mann sich in Neapel aufhielt. Eine sorgsame Analyse von Thomas Manns Werk lasse eine »Blutspur«, eine »heiße Schuld« erkennen. Der Ton der Briefe Thomas Manns habe sich zum Jahreswechsel 1896/97 auffällig verändert. Ein weiterer → Verdachtspunkt sei der Umstand, daß Thomas Mann 1933 → Selbstmord in Betracht gezogen hatte, als seine Tagebücher, die möglicherweise Genaueres über das italienische »Vergehen« enthielten, den Nazis in die Hände zu fallen drohten.

Bislang hat die Forschung angenommen, die entsetzte Reaktion des Schriftstellers über einen möglichen Einblick Unbefugter in seine Tagebücher hänge damit zusammen, daß darin pikante Details über seine homosexuelle (→ Homosexualität) Veranlagung dokumentiert seien. Doch Maar weist nach, daß Mann seine

Thomas Mann: Der Nobelpreisträger und Dichter der Buddenbrooks ein Mörder?

Veranlagung nicht so peinlich hätte sein müssen, da er sie zeitlebens – wenn auch sehr diskret – habe durchblicken lassen. Maar vermutet daher weit stärkeren Tobak: nämlich einen Mord. Allerdings gibt Maar zu, keine Beweise zu haben. Mann selbst hat seine frühen Tagebücher – die sein Sohn Golo buchstäblich im letzten Augenblick vor den Nationalsozialisten retten konnte – später verbrannt. Daher werden wir wohl nie erfahren, ob Thomas Mann möglicherweise ein mörderisches Geheimnis mit ins Grab genommen hat.

Manson, Charles

In der Nacht vom 8. auf den 9. August 1969 schlich sich seine Gruppe von Jüngern des Hippie-Zuhälters Charles Manson alias Jesus Christus alias Satan, in ein Haus am 10050 Cielo Drive im Stadtteil Benedict Canyon von Beverly Hills. Die Mieter des Hauses waren der Filmregisseur Roman Polanski und seine Frau, die Schauspielerin Sharon Tate. An dem Abend befanden sich fünf Personen in dem Gebäude. Sie wurden alle getötet – genauer gesagt: hingemetzelt. Die hochschwangere Schauspielerin Sharon Tate starb an 16 Stichverletzungen, die Sozialarbeiterin Abigail Folger erhielt 28 Einstiche, der Friseur Jay Sebring sechs Stiche – und zwei Schußwunden, der Produktionsassistent Voiteck Frykowski 51 Stiche, 13 Schläge auf den Kopf und fünf Schußverletzungen, der Student Steven Parent schließlich war ohne viel Aufhebens durch vier Kugeln getötet worden. Am nächsten Abend schlachtete die Manson-Bande den Supermarktmagnaten Leno LaBianca und dessen Frau ab. Die → Rechtsmediziner zählten diesmal 67 Einstiche. Leno LaBianca trug das Wort WAR (Krieg) in die Brust geritzt, an der Wand stand, mit → Blut geschrieben, DEATH TO PIGS (Tod den Schweinen) und RISE (Erhebt euch!) und auf der Kühlschranktür HELTER SKELTER (Drunter und Drüber). Amerika war schockiert. Was war passiert, daß so etwas überhaupt geschehen konnte?

Der geistige Drahtzieher der → Verbrechen, Charles Milles Manson, wurde 1934 von einer 16jährigen Gelegenheitsprostituierten (→ Prostitution) in Cincinnati in die Welt gesetzt.

Charles Manson: Satan? Christus? Oder einfach nur ein Wahnsinniger?

Er wuchs zunächst bei seiner Mutter und deren wechselnden Liebhabern auf, dann bei seinen Großeltern, schließlich bei einem halbverrückten Onkel. Von seinem zwölften Lebensjahr an befand Manson sich in Obhut von staatlichen und kirchlichen Heimen. Mit 13 Jahren wurde der eher schmächtige Manson von stärkeren Heiminsassen mehrmals vergewaltigt (→ Vergewaltigung). Der Aufseher, statt die → Täter zur Rechenschaft zu ziehen, rieb zur Freude der übrigen Zöglinge Kautabak und Maisfutter in den After von Manson. Als Zwanzigjährigem gelang es Manson, nach all seinen schrecklichen Heimerlebnissen, zum erstenmal mit einer Frau zusammenzukommen. Er heiratete sie und schwängerte sie gleich. Auf dem gemeinsamen Weg ins gelobte Land – Kalifornien – beging Manson ein Bagatelldelikt – der Anfang seiner kriminellen Karriere. Er wanderte ins → Gefängnis, seine Frau verließ ihn. Bis zu seinem Aufstieg als Mordguru war er die meiste Zeit im Gefängnis. Oft nur wegen Kleinigkeiten. Charles Manson war der klassische Typus des Verlierers, was er tat, mißlang.

Doch dann geschah das »Wunder«: 1967, in dem Sommer der Liebe und dem Sommer der Hippies, gelang es Manson, einen Kreis vornehmlich weiblicher Verehrerinnen um sich zu scharen. Manson entwickelte plötzlich charismatische Fähigkeiten und wurde zur Kultfigur. Auch sonst ging es aufwärts: Manson hatte Dennis Wilson, Mitglied der legendären Beach Boys, kennengelernt, er kannte den Musikproduzenten Terry Melcher, er stand in Kontakt mit dem Talentsucher Gregg Jacobsen, und alle drei waren sich sicher, daß Charles Manson ein großes Genie sei und daß man alles unternehmen müsse, um ihn der Welt bekanntzumachen.

Irgendwie wurde aber nie etwas daraus. Zwar holte man Manson wiederholt ins Studio, ließ ihn zur Gitarre singen und von seinen Mädchen begleiten, doch das war es dann auch schon. Manson fühlte sich im Stich gelassen, schlimmer noch, man hatte ihn ausgenutzt. Denn die Beach Boys brachten auf einer ihrer Platten ein Stück heraus, das unzweifelhaft von Charles Manson stammt (»Never learn Not to Love«). Er war mit einem Motorrad abgefunden worden. Der große Durchbruch aber blieb aus. Für Manson waren sie danach PIGS, die reichen Pop-Stars und Musikmanager, die einem zwar alles versprachen, aber sich dann plötzlich überhaupt nicht mehr sehen ließen. Der Tag der → Rache an allen Schönen, Reichen und besser Davongekommenen (→ Neid) konnte beginnen.

Wer ist Charles Manson? Ein bedauernswerter Mensch, ein dumpfer, ressentimentgeladener Paranoiker, ein verrückter Sektengründer, ein verkanntes Genie? Wahrscheinlich von allem etwas. Obgleich Manson seit 1969 hinter Gittern sitzt und jedes seiner Gnadengesuche regelmäßig abgewiesen wurde, hat er doch Karriere gemacht. Karriere als Menschenschlächter, Karriere als Plattenstar und Karriere als Autor mit dem Werk *Manson in His Own Words* (1988). Etliche Bücher sind mittlerweile über ihn verfaßt worden. So etwa Vincent Bugliosis: *Helter Skelter*

(1973); Nicholas Schrecks (Hg.): *The Manson File* (1987) oder Ed Sanders: *The Family* (1995).

Seinen Status als makabere Kultfigur konnte Manson im Gegensatz zu vielen heute vergessenen Popgrößen behalten. So erfreuen sich bei den amerikanischen Jugendlichen T-Shirts und Buttons mit dem Aufdruck »Charles Manson for President« einiger Beliebtheit.

Marodeur

Das Wort ist vom französischen »maroud« = »Schurke«, → Lump, → Vagabund abgeleitet. Marodeur bedeutet in der Soldatensprache des Dreißigjährigen Krieges: marschunfähig und während des Nachziehens plündernd. Der Marodeur gilt seitdem als plündernder Nachzügler einer Truppe. → Krieg und Verbrechen, → Soldateska

Masch, Karl Friedrich

1875 erschien in dem von Willibald Alexis und Eduard J. Hitzig herausgegebenen Neuen Pitavel die Geschichte des → Räubers und → Mordbrenners Karl Masch aus der Neumark. Der 1824 geborene Masch scheint mit seiner Schutzhöhle im Wald bei Pyritz und seinen ausgedehnten Raubzügen vor allem in der Mark Brandenburg alle typischen Merkmale einer frei umherschweifenen Räuberexistenz zu erfüllen. Aber schon dadurch, daß er, wie aus seinen detaillierten → Geständnissen hervorgeht, stets allein »gearbeitet« hat und niemals einer Bande angehörte, unterscheidet er sich vom gewöhnlichen Räuber. Was an Masch besonders hervorsticht, war seine ungewöhnliche Brutalität. In der Aussicht auf → Diebesgut schreckte er nicht davor zurück, ganze Häuser einzuäschern (→ Brandstiftung). »So steckte ich«, berichtete Masch in der Haft, »in Dertzow ein Haus in Brand in der Hoffnung, hineingehen und mir das Geld holen zu können, während die Bewohner vor dem Feuer flüchteten. Leider flüchteten sie zu spät. Ich kam nicht mehr hinein.«

Aber der → Outlaw Masch war nicht nur → Einbrecher, Brandstifter und »gewöhnlicher« → Mörder. In seinen Geständnissen berichtet er ebenso von Sexualmorden und Leichenschändungen (→ Sexualverbrecher, → Nekrophilie). Offenbar war es für Masch ganz »normal«, eine Frau, die sich ihm nicht freiwillig hingeben wollte, zu ermorden, um sich an ihrer Leiche zu vergehen. Wir stoßen hier auf ein bei vielen Verbrechern immer wieder auftauchendes Phänomen: die vollkommene Gleichgültigkeit gegenüber fremdem Leid und ihre Unfähigkeit, die Empfindungen anderer Menschen nacherleben zu können.

Masch wurde als Sohn eines Arbeiters geboren und schlug sich zunächst als Knecht durch. Allerdings eckte er bei seinen Arbeitgebern meist schnell an. Bereits bei seinem zweiten Arbeitgeber zündete er, weil dieser an ihm herumgemäkelt hatte, eine Scheune an. Aber Masch hatte Glück, er wurde nicht verdächtigt. Das war eine wichtige Erfahrung für seine kriminelle Karriere: »Ich wußte jetzt, daß nicht jedes Verbrechen aufgedeckt werden kann.« Bald begann Masch zu stehlen und weitere Brände zu legen. Er versteckte sich im Wald, wurde gefangen, konnte aber wieder fliehen. Es kam vor, daß er bei seinen Raubzügen »ganz nebenbei« Dienstmägde vergewaltigte (→ Vergewaltigung) und tötete. Auch das vollkommen zweckfreie → Neidverbrechen ist bei Masch nachweisbar. So hatte er bei einem Einbruch ein junges Wirtsehepaar nur deshalb ermordet, weil er die beiden vorher beim Beischlaf beobachtet hatte. Masch: »Der Neid packte mich.« Als das vom Liebesakt erschöpfte Paar eingeschlafen war, erschlug er die beiden im Bett mit einem Beil. Erst danach begann er mit dem Ausrauben. Nachdem er seinen → Beutezug beendet hatte – Geld, Schnaps, Zigarren –, schändete er noch die zuvor von ihm Erschlagenen.

Etwa ein Dutzend Menschen tötete Masch. Mehr durch Zufall, infolge einer Wirtshauspöbelei in Frankfurt an der Oder, fiel Masch 1861 der → Polizei in die Hände. In der → Haft legte er sein »Geständnis« auch schriftlich nieder. Er zeigte angeblich Reue und las gemeinsam mit dem Anstaltsgeistlichen in der Bibel. In der Frühe des 18. Juli 1864 wurde Karl Masch enthauptet. Er soll gefaßt und ruhig zum Richtplatz gegangen sein.

Massaker

Der Begriff leitet sich aus dem französischen »massacre«, der Vokabel für »Gemetzel« und → »Blutbad« ab. Unter einem Massaker versteht man die Ermordung einer großer Zahl von unschuldigen und wehrlosen Menschen. Weltweit führen sowohl territoriale Kämpfe (→ Krieg und Verbrechen) als auch ideologisch (→ Ideologie und Verbrechen) und religiös (→ Religion und Verbrechen) begründete Auseinandersetzungen zu Massakern.

Massenmörder

Eine exakte Unterscheidung der Begriffe »Massenmörder« und → Serienmörder liegt bisher nicht vor. Häufig wird auch der Serienmörder als Massenmörder bezeichnet. Generell läßt sich allerdings sagen, daß der Serienmörder meist in zeitlichen Abständen Einzelmorde begeht und dabei nicht selten in irgendeiner Form in sexueller Beziehung zu seinen Opfern steht. Der Massenmörder hingegen kann auf einen Schlag eine größere Anzahl von Menschen töten, zu denen er keinerlei persönliche oder intime Beziehung hat, wie das z.B. beim → Amokläufer der Fall ist oder er kann aus politischen und ideologischen (→ Ideologie und Verbrechen) Gründen eine große Anzahl von Menschen töten, bzw. töten lassen. Der Massenmörder »arbeitet« im letztgenannten Fall häufig im Kollektiv, während der Serienmörder grundsätzlich Einzeltäter ist.

Massensuizid

Im Regelfall haben Massensuizide religiöse Hintergründe. Meistens sind es Sekten, also kleinere, von der Gesellschaft oft nicht anerkannte religiöse Gruppierungen, die – in die Enge getrieben oder in der Hoffnung auf ein besseres jenseitiges Leben – Massenselbstmord begehen. Fast immer wird diese Gruppe dabei von einem charismatischen Führer geleitet. 1993 fanden Helfer in den Trümmern des niedergebrannten Anwesens der Davidianer-Sekte bei Waco im US-Bundesstaat Texas zunächst 41, später über 80 Tote, darunter auch die Leichen von Frauen und Kindern. Nach polizeilichen Erkenntnissen waren einige Sektenmitglieder gegen ihren Willen festgehalten und in dem dort stattgefundenen Massenselbstmord mit in den Tod gezogen worden. Das → FBI, das schon vorher Abhöranlagen in dem Anwesen installiert hatte, hatte mit anhören können, wie der Sektenführer David Koresh einigen Getreuen befahl, Feuer zu legen. Nur ein Jahr später brachten sich 53 Mitglieder der bis dato weitgehend unbekannten Sekte der Sonnentempler in der Schweiz und in Kanada um. Der spektakulärste Massenselbstmord neueren Datums fand im November 1978 statt. Jim Jones, Oberhaupt der »Volkstempel«-Sekte, trieb über 900 seiner Anhänger im Urwald von Guayana zu einem Massenselbstmord. Jones wollte mit seinen Anhängern, die zum größten Teil der schwarzen Unterschicht aus der Gegend um San Francisco entstammten, in Guayana ein »Neues Jerusalem« errichten. Als er einsah, daß er im unwirtlichen Urwald kein Paradies auf Erden errichten konnte, entzog er sich mit seinen Schäflein dem irdischen Dasein. → Selbstmord

Massenwahn und Verbrechen

In der Geschichte der Menschheit kommt es immer wieder vor, daß aufgeputschte Massen Verbrechen begehen. Es kann dabei zu → Plünderungen, → Brandstiftungen, → Vergewaltigungen oder → Lynchjustiz kommen. Zum Massenwahn können auch politische (→ Ideologie und Verbrechen) und religiöse (→ Massensuizid, → Religion und Verbrechen) Bewegungen führen. Auch bei den → Ketzer- und → Hexenverfolgungen kam es zu Massenwahnerscheinungen. Generell bieten Massenveranstaltungen einen Rahmen, innerhalb dessen kollektive destruktive Triebe leichter durchbrechen. Der Funke von Gewalt und Rausch verbindet die Masse der Menschen und verschmilzt sie zu einer Einheit. Die Masse besitzt so gut wie kein Unrechtsbewußtsein. Erst wenn die Masse wieder in ihre einzelnen Glieder zerfällt und der Wahn erloschen ist, können Schuldgefühle auftreten. → Schuld wird nicht kollektiv verarbeitet – das Gewissen ist individuell.

Literatur: Gustave Le Bon: Psychologie der Massen (1895)

Maßregeln der Besserung und Sicherung

Das sind im → Strafrecht die neben oder anstatt der → Strafe vorgesehenen Maßregeln zur Besserung des Rechtsbrechers, die gleichzeitig der Allgemeinheit Schutz vor weiteren → Verbrechen → des Straftäters bieten sollen. Neben den Erziehungsmaßregeln im → Jugendstrafrecht sieht das → Strafgesetzbuch sechs weitere Maßregeln vor:

1. Die Unterbringung in einem psychiatrischen Krankenhaus
2. Die Unterbringung in einer Entziehungsanstalt

3. Die → Sicherungsverwahrung
4. Die Führungsaufsicht
5. Die Entziehung der Fahrerlaubnis
6. Das Berufsverbot

Der Unterschied zwischen Strafen und Maßregeln besteht darin, daß die Strafe eine → Schuld des → Täters voraussetzt, während Maßregeln auch gegen schuldlose (z.B. psychisch kranke oder total betrunkene) Täter angeordnet werden können. Während sich die Schwere der Strafe nach der Schwere der → Schuld richtet, richtet sich das Ausmaß der Maßregeln nach dem Grad der Gefährlichkeit des Täters für die Allgemeinheit. Die Unterbringung in einer Entziehungsanstalt darf jedoch zwei, die Unterbringung in der Sicherungsverwahrung darf zehn Jahre nicht übersteigen. Das → Gericht kann jederzeit überprüfen, ob die weitere Vollstreckung der Unterbringung zur Bewährung auszusetzen ist. Innerhalb bestimmter Zeitabstände ist das Gericht zu einer solchen Überprüfung verpflichtet.

Mata Hari

Die zur Legende gewordene Geheimagentin (→ Agent) kam am 7. August 1876 als Tochter braver holländischer Bürger in Leeuwarden zur Welt. Man taufte sie auf den Namen Margaretha Gertrud, ihr Familienname war Zelle. Nach ihrer frühen Heirat mit einem Offizier der niederländischen Kolonialarmee wurde aus Margaretha Gertrud Zelle Margaretha Gertrud McLeod. Das blieb sie sechs Jahre lang. Erst nachdem Margaretha Gertrud Mc Leod ihren trunksüchtigen Mann, dem sie nach Java gefolgt war, verließ und nach Paris ging, wurde aus ihr Mata Hari, »das Auge der Morgenröte.« Sie gab an, die Tochter einer indischen Brahmanenfamilie zu sein und tanzte vor dem begeisterten Pariser Publikum den Tanz der durchsichtigen Schleier, das sich besonders begeistert zeigte, wenn der letzte davon fiel. Man schrieb das Jahr 1903. Das 20. Jahrhundert war eben erst angebrochen. Mata Hari wurde im Laufe der nächsten Jahre eine von Männern umschwärmte Berühmtheit und ging unzählige Liebesaffären ein, darunter auch mit vielen Offizie-

Tänzerin, Verführerin, Spionin: Mata Hari

ren. Mit ihren Nackttänzen ging sie innerhalb ganz Europas auf Tourneen. Als der Erste Weltkrieg ausbrach, bot der deutsche Konsul ihr an, in Frankreich als Agentin tätig zu werden. Sie nahm an und übersiedelte darauf in eine feudale Villa in Paris und verkehrte häufig mit britischen und französischen Militärs. Der deutsche Geheimdienst hatte ihr die Dienstnummer »H 21« gegeben. Bald trat auch der französische Geheimdienst an sie heran, um sie für eine → Spionagetätigkeit anzuwerben. Im Juli 1917 flogen Mata Haris heimliche Aktivitäten für Deutschland auf, da sie bei einem Treffen mit deutschen Geheimdienstoffizieren in Köln von einem französischen Agenten fotografiert worden war. Bei ihrer Rückkehr nach Paris wurde Mata Hari verhaftet und vor → Gericht gestellt. Sie wurde zum Tode verurteilt und am 15. Oktober auf dem Schießplatz von Vincennes exekutiert. Zwölf Kugeln bereiteten dem Leben der berühmten Tänzerin ein Ende.

Matuska, Sylvester

Kann es sein, daß ein Mensch Lust dabei empfindet, wenn er vollbesetzte Eisenbahnwaggons in die Luft sprengt? Bei Sylvester Matuska scheint das der Fall gewesen zu sein. Matuska kam am 29. Januar 1892 in der südungarischen Baska als Sohn eines Pantoffelmachers zur Welt. Die früh verwitwete Mutter schickte den Jungen aufs Gymnasium, nach dessen Abschluß Matuska eine Lehrerausbildung machte. 1914 mußte er einrücken, nach dem Ersten Weltkrieg wurde er Lehrer und heiratete eine Kollegin, mit der er seit 1921 eine Tochter hatte. Im selben Jahr gab er den Lehrerberuf auf und versuchte sich als Landwirt, worin er jedoch scheiterte. Daraufhin zog er als Kaufmann nach Budapest, erlebte dort jedoch eine neue Pleite. Sein mehrfaches Scheitern dürfte mitbewirkt haben, daß er sich immer tiefer in abstrusen Ideen verfing, die meist in Zusammenhang mit der Eisenbahn standen. In der Sylvesternacht 1930/31 legte er erstmals einen Felsbrocken auf die Geleise bei Maria Anzbach im Wienerwald. Der Felsbrocken richtete glücklicherweise keinen Schaden an, und man vermutete einen schlechten Scherz. Genau einen Monat später, an derselben Stelle, verübte Matuska einen erneuten → Anschlag. Diesmal drehte er einen Schraubstock an der Schiene fest, der eine Lokomotive zum Entgleisen brachte. Die folgende Garnitur blockierte, so daß ein schwerer Unfall ausblieb. Diesmal allerdings war ein Lausbubenstreich ausgeschlossen, und die Bahnverwaltung setzte für Hinweise eine Belohnung von 5000 Schilling aus. Doch das waren für Matuska, der an diesem Nervenkitzel immer mehr Gefallen fand, nur Fingerübungen. Am 8. August 1931 legte er bei Jüterborg, ca. 50 km vor Berlin, eine Bombe, die den Schnellzug Berlin-Basel aus den Gleisen warf. Da der Zug langsam fuhr, gab es »nur« 75 meist leicht Verletzte. Außerdem fand die → Polizei ein scheinbar politisch motiviertes Bekennerschreiben mit den Worten: »Attentat!!, Revolution!!, Sieg!!« Matuska war über den geringen »Erfolg« enttäuscht. Am 13. September 1931, auf der Bahnstrecke von Budapest nach Wien, bei dem Viadukt von Bia-Torbágy, verdoppelte er die Sprengladung. Es war null Uhr sieben, ein Sonntag, als die Bombe detonierte. Die Lokomotive des passierenden Nachtexpresses und sechs weitere Waggons wurden von der Wucht der Explosion in die Tiefe geschleudert. Der Schauplatz glich einem Inferno. Zwischen zerborstenen Stahlträgern, zersplitterten Holzteilen und aufgerissenen Gepäckstücken lagen menschliche Körperteile, Sterbende und Schwerverletzte. Die Bilanz war grausam: 21 Tote und mehr als ein Dutzend Schwerverletzte, wovon einer noch starb. Wieder fand sich ein scheinbar politisch motiviertes Bekennerschreiben, wichtiger aber noch: Unter den weit verstreuten Gepäckstücken fand sich auch ein billiger Kunststoffkoffer mit elektrischem Zünder und Ekrasit. Das waren Sprengstoffutensilien, wie man sie normalerweise in Bergwerken nutzte. Einem der Reporter fiel ein aufgeregter Mann auf, der angab, Passagier gewesen zu sein und sich förmlich zu einem Interview drängte. Sein Name: Sylvester Matuska. Von den Bekennerschreiben abgelenkt, ging die ungarische Polizei anfänglich von einer politisch motivierten Tat aus. Doch dann fiel ihr Augenmerk auf Matuska, den niemand der Reisenden im Zug bemerkt hatte, und dessen Auftreten übersteigert schien. Man stellte Nachforschungen an und fand heraus, daß Matuska vor nicht langer Zeit eine größere Sprengstoffladung besorgt hatte – Ekrasit. Zuerst leugnete Matuska, doch als sich die → Indizien gegen ihn verdichteten, war er schließlich geständig. Er gab jedoch vor, ein gewisser Dr. Bergmann habe ihn zu der Tat angestiftet. Dieser Dr. Bergmann sei jedoch nicht aus Fleisch und Blut, sondern ein Geist. Weder das österreichische noch das ungarische → Gericht waren jedoch gewillt, Matuska als unzurechnungsfähig zu erklären. Er erhielt das volle Strafmaß und wurde am 20. November 1934 zu lebenslangem Kerker verurteilt. → Eisenbahnverbrechen

Mawdsley, Robert

Die Bild-Zeitung nannte den 1954 geborenen Engländer den »echten« → Hannibal Lecter. Ähnlich wie die Romanfigur gilt Robert Mawdsley als hochintelligent und geborener → Killer. Mit zwanzig erwürgte er einen Jungen in London. In der Jugendstrafanstalt überfiel er ohne Grund einen Mitpatienten und erwürgte ihn fast. Einem anderen Häftling rammte er einen Löffel ins Ohr. 1977 folterte (→ Folter) er zusammen mit einem Zellenkumpan einen anderen Häftling neun Stunden lang, bevor sie ihn erwürgten. Daraufhin kam Mawdsley ins Hochsicherheitsgefängnis Wakefield, wo ihn sogar die IRA-Killer fürchteten. Eines Nachmittags erklärte Mawdsley einem Wachmann: »Morgen fehlen zwei Häftlinge beim Appell. Ich hab sie eben in meiner Mittagspause getötet.« In der Tat wurden zwei Sexualverbrecher tot in ihrer Zelle aufgefunden. Der Kopf des einen Mannes war oben aufgeplatzt wie ein gekochtes Ei. Darin steckte ein Löffel. Mawdsley hatte sein Gehirn gegessen (→ Kannibalismus). Als Folge davon wurde Mawdsley in einem eigens für ihn konstruierten Käfig untergebracht. Eine fünf mal vier Meter große Zelle im Keller, an einer Seite schußsicheres Glas und eine Essensklappe. Toilette, Bett und Waschbecken sind fest angeschraubt. In der Zelle befindet sich kein spitzer Gegenstand. Mawdsley darf jeden Tag eine Stunde in den leeren Hof, bewacht von sieben bewaffneten Aufsehern und einem scharfen Kampfhund.

May, Karl

Seit über hundert Jahren ist Karl May (1842- 1912) der beliebteste deutsche Abenteuer- und Jugendbuchautor. Der Erfolg schien ihm zunächst jedoch nicht in die Wiege gelegt zu sein: Er wurde als fünftes von insgesamt 14 Kinder eines Webers im Erzgebirge geboren. Die Familie lebte in großer materieller Not, zehn der Kinder starben kurz nach der Geburt. Der kleine Karl erblindete in frühester Kindheit, vermutlich aufgrund mangelhafter Ernährung, erlangte aber nach einer Operation seine Sehkraft wieder. Trotz seiner ärmlichen Herkunft gelang es dem begabten 14jährigen, als Proseminarist in ein Lehrerseminar aufgenommen zu werden. Doch da der fantasiebegabte May offenbar bisweilen Schwierigkeiten hatte, mein und dein deutlich zu unterscheiden, wurde er bald wieder von der Anstalt verwiesen. Es war ihm aber möglich, seine Ausbildung an einem anderen Seminar fortzusetzen. 1861 bestand er die Lehramtsprüfung. Daraufhin arbeitete er kurzzeitig als Hilfslehrer, danach konnte er sich als Fabrikschullehrer verbessern. Doch bereits am 2. Weihnachtstag 1861 wurde Karl May verhaftet, da man ihn beschuldigte, einem Zimmergenossen eine Taschenuhr, eine Tabakspfeife und eine Zigarrenspitze entwendet zu haben (→ Diebstahl). Daraufhin wurde er zu einer sechswöchigen → Gefängnisstrafe verurteilt. 1863 wurde ihm die Erlaubnis entzogen, im Schuldienst tätig zu sein. Der nun arbeitslose May beging daraufhin mehrere Diebstähle und →

Hatte in jungen Jahren Schwierigkeiten mit der Unterscheidung von dein und mein: Old Shatterhand, alias Karl May

Betrügereien. Er wurde gefaßt und zu einer Arbeitshausstrafe von vier Jahren und einem Monat verurteilt, die er ab Juni 1865 verbüßte. Wegen guter Führung wurde er im November 1868 vorzeitig entlassen, beging aber kurze Zeit später neue Straftaten. Er wurde in Nordböhmen aufgegriffen und zu vier Jahren → Zuchthaus verurteilt. Die → Strafe verbüßte Karl May von 1870-1874 in vollem Umfang. Während dieser Zeit entdeckte er jedoch seine wahre Begabung, die weniger in kleinen Gaunereien als im großen Fabulieren bestand: May begann zu schreiben. 1875, ein Jahr nach seiner Entlassung, bot ihm der Dresdner Verleger Heinrich Gotthold Münchmeyer eine Stelle als Redakteur an. 1877 trennte sich Karl May wieder von Münchmeyer und wurde freier Schriftsteller. Sein Aufstieg begann, der jedoch noch einmal von einem kleinen Fehltritt unterbrochen wurde: 1879 mußte er eine dreiwöchige → Haftstrafe wegen Amtsanmaßung verbüßen. Es ist sein letztes → Delikt, danach wurde er nicht mehr straffällig. Allerdings bekam der erfolgreiche Schriftsteller bald Schwierigkeiten mit seinem eigenen Lebensweg: Er fantasierte sich nicht nur für sein Publikum in die Rolle des Edelmenschen Old Shatterhand oder Kara Ben Nemsi empor (→ Hochstapler), sondern war auch selbst geneigt, seine eigene, nicht immer ganz glorreiche Vergangenheit zu verdrängen.

Doch 1904 zerstoben die selbstgewobenen Illusionen. Der Journalist Rudolf Lebius wurde zu Karl Mays erbittertem Gegner und machte publik, daß »Old Shatterhand« vorbestraft ist. May wurde nun von verschiedenen Seiten angegriffen. Seine Verteidigung, die nicht immer sehr offen und ehrlich war, erwies sich als ungeschickt. 1910 erfuhr der mittlerweile berühmte Autor seine vielleicht demütigendste Niederlage. Sein Gegner Lebius, der behauptet hatte, May sei ein »geborener Verbrecher«, wurde vom Charlottenburger Amtsgericht freigesprochen. Erst in der Berufungsverhandlung wurde Lebius wegen → Beleidigung zu 100 Mark → Geldstrafe verurteilt. Möglicherweise von der Sehnsucht mitbestimmt, alle unrühmlichen Flecken aus seiner Vergangenheit zu waschen, strebte May immer höher in das Reich des Guten, Wahren und Schönen. Am 22.3.1912 hielt der Schriftsteller in Wien vor 3000 Besuchern einen letzten Vortrag – das Thema: »Empor ins Reich der Edelmenschen«. Das Publikum spendete ihm emphatischen Beifall. Unter den begeisterten Zuhörern befand sich auch ein junger Mann, der Jahre später in die Weltgeschichte eingehen sollte – sein Name: Adolf → Hitler.

McVeigh, Timothey

Als am 19. April 1995 eine Bombe im Gebäude einer Bundesbehörde in Oklahoma City hochging, war das Entsetzen groß: 168 Tote und über 600 Verletzte waren zu beklagen. Verantwortlich dafür war der zu dem Tatzeitpunkt 26jährige Timothy McVeigh. McVeigh hatte an jenem Tag einen gelben Laster mit einer drei Tonnen schweren Bombe vor einem Regierungsgebäude in Oklahoma-City geparkt, in dem sich auch ein Kindergarten befand. Dann zündete er die Lunte an und rannte zu seinem Fluchtauto ein paar Straßen weiter. Er hatte Schaumstoffstöpsel in seine Gehörgänge gestopft. Der gewaltige Knall sollte seinem Trommelfell nicht schaden. Auch von inneren Leiden blieb er nach der Tat anscheinend unberührt. Vergebens wartete Amerika auf ein Wort der Reue oder der Entschuldigung. Nicht einmal der Umstand, daß seine Bombe auch 19 Kinder zerfetzt hatte, bereitete ihm ein schlechtes Gewissen. Ihr Tod, sagte McVeigh, sei ein Schaden, den er bedauerlicherweise in Kauf nehmen mußte. »Das einzige, was ihm leid tut«, schrieben die Journalisten Lou Michel und Dan Herbeck, die McVeigh für ihr Buch *American Terrorist* 75 Stunden exklusiv im → Gefängnis interviewen durften, »ist die Tatsache, daß ein Teil des Gebäudes stehenblieb« – und Menschen überlebten. Was für Ziele vertrat McVeigh mit seinem Terrorakt? Er hatte ihn als Fanal gegen die Zentralregierung in Washington geplant, in der vollkommen irrealen Hoffnung, daß seine Tat zu einem Volksaufstand führen würde. Wie so viele Terroristen (→ Terrorismus) und → Fanatiker unterlag er aber einem krassen Fehlurteil. Seine Tat verursachte überwiegend Abscheu, und nicht die leisesten Anzeichen eines Aufstandes regten sich. McVeigh wollte mit seinem Bombenattentat der »Tyrannei der US-Regierung gegen die Bevölkerung« den Kampf ansagen. Er sah die durch die Verfassung garantierten Grundrechte des einzelnen immer stärker ausgehöhlt. McVeigh träumte einen rückwärtsgewandten, romantischen, gleichwohl uramerikanischen Traum: Der einzelne sollte wieder vollkommen frei und unabhängig leben und ganz sein eigener Herr sein. Der Staat und die Zentralregierung in Washington hingegen sollten sehr, sehr weit weg sein.

Der Fall McVeigh sorgte noch in anderer Hinsicht für Aufsehen. Seine → Hinrichtung am 11. Juni 2001 sollte zur »Show des Jahres« werden. Sowohl McVeigh selbst als auch einige Fernsehsender wollten, daß die Hinrichtung live übertragen werde. Doch das Justizministerium in Washington untersagte die live-Übertragung. So gab es bei der eigentlichen Hinrichtung nur 32 direkte → Zeugen. Im Zuschauerraum saßen 24 Angehörige von Opfern, die bei der Verlosung der Sitzplätze, um die sich insgesamt 500 Opferangehörige bewor-

Oklahoma-Bomber Timothy McVeigh, umringt von FBI-Agenten

ben hatten, »Glück« hatten. Für die Losverlierer wurde die Hinrichtung per Direktschaltung auf Fernsehmonitore in der → Zuchthauskantine übertragen. Augenzeugen waren neben den 24 Zuschauern der Henker (→ Scharfrichter) und sein Assistent, ein Geistlicher, der Zuchthausdirektor und noch vier Aufseher, die den schon vorher mit Spritzen ruhiggestellten Todeskandidaten in den Hinrichtungsraum brachten und dann auf die Bahre des Henkers fesselten. Um auch das »berechtigte Informationsbedürfnis der Öffentlichkeit« zu befriedigen, stimmte das Justizministerium einer »indirekten« Live-Übertragung der »amtlichen Tötung« zu: Für alle großen Fernseh- und Rundfunkanstalten sowie die Nachrichtenagenturen wurden im Hof des Zuchthauses Reportageplätze mit einer Ton-Direktschaltung in den Hinrichtungsraum eingerichtet. Über diese Leitung wurden die Reporter ständig über den Ablauf der Hinrichtung bis zur Todesfeststellung des Zuchthausarztes unterrichtet. Gleichzeitig sicherte das Justizministerium zu, die Tötung von McVeigh nicht, wie bei anderen Hinrichtungen üblich, mitten in der Nacht, sondern im Laufe des Tages durchführen zu lassen. Damit war garantiert, daß die makabre Übertragung zur Hauptsendezeit erfolgen konnte. Die TV-Stationen sicherten ihrerseits zu, die aktuelle Hinrichtungsreportage nicht durch Werbung zu unterbrechen. McVeigh starb gefaßt. Als er auf der Todesbahre lag, nahm er Blickkontakt mit den anwesenden Zeugen, Journalisten und Angehörigen der Opfer auf. Er blickte auch direkt in die Fernsehkamera, die die Hinrichtung in die Zuchthauskantine übertrug. Als McVeigh eine dreifache Giftinjektion in sein rechtes Bein gespritzt bekam, zuckte er mit keiner Miene. Vor seiner Hinrichtung hatte McVeigh ein 1875 geschriebenes Gedicht des englischen Poeten William Ernest Henley mit dem Titel Invictus – Unbesiegbar, verteilt. Er wollte es als seine letzten Worte verstanden wissen. Einige Zeilen daraus lauten: *»Unter des Schicksals schwerem Schlag / mein Kopf ist blutig, aber ungebeugt ... / Ich bin der Herr meines Schicksals. / Ich bin der Häuptling meiner Seele«*

Nach seiner Hinrichtung wurde McVeigh verbrannt und anonym bestattet. → Massenmörder

Mehmet

Als am 14. November 1998 der damals noch keine 14 Jahre alte Muhlis Ari, genannt Mehmet, von Deutschland in die Türkei abgeschoben wurde, gab es in Medien und Politik harte Kontroversen über diese Entscheidung. Auf der einen Seite war unzweifelhaft, daß dem in München als Sohn türkischer Gastarbeiter geborenen Mehmet die deutsche Sprache und ein gewisser westlicher Lebensstil vertrauter waren als die Heimat seiner Eltern, andererseits erschien es nötig, an ihm ein Exempel zu statuieren. Die schließlich beschlossene Abschiebung hing mit einem für einen damals noch 13jährigen recht erschreckenden Vorstrafenregister zusammen: 63 → Straftaten konnte man ihm nachweisen, darunter mehrfach gefährliche → Körperverletzung. Arrogant, flegelhaft, rücksichtslos – das waren Mehmets selbstkultivierte Markenzeichen in Deutschland. Nach seiner Abschiebung wurde es still um Mehmet. In der Türkei verdingte sich Mehmet zeitweise als Hilfsarbeiter. In München sank die Gewaltkriminalität (→ Gewaltverbrechen) unter jungen Ausländern aus Angst vor Abschiebung. Im Juli 2002 entschied das Bundesverwaltungsgericht in Berlin jedoch, daß Mehmet, trotz seiner Straftaten, wieder nach Deutschland zurückkehren darf. → Ausländerkriminalität

Meineid

Abgeleitet vom althochdeutschen und mittelhochdeutschen »mein ›falsch‹«. Im Gegensatz zum nicht vorsätzlichen, irrtümlichen Falscheid ist Meineid die eidliche Bekräftigung einer bewußt unwahren Aussage von Parteien, → Zeugen oder Sachverständigen vor → Gericht oder einer anderen zur Eidesabnahme berechtigten Stelle. Ein Meineid kann auch mit Berufung auf einen früheren Eid oder eine eidesgleiche Bekräftigung geleistet werden. Der Meineid kann mit einer → Freiheitsstrafe von sechs Monaten bis fünf Jahre bestraft werden. Auch die Beihilfe, → Anstiftung und auch versuchte Anstiftung (→ Versuch) zum Meineid sind strafbar. Als strafmildernder Umstand gilt der Eidesnotstand, d.h., wenn der aussagende Zeuge bei Angabe der Wahrheit selbst strafrechtlich verfolgt werden könnte. Auch bei einer rechtzeitigen Berichtigung der Falschaussage, d.h., bevor irgendein Nachteil dadurch eingetreten ist, kann von einer → Strafe abgesehen werden. Beruht das → Urteil eines → Prozesses auf Meineid, so ist eine Wiederaufnahme des Verfahrens zulässig. Der Meineid ist im österreichischen und im Schweizer → Strafrecht ähnlich geregelt. → Lüge

Meinhof, Ulrike

Kam am 7. Oktober 1934 als Pastorentochter auf die Welt. Ihr Vater, der von einer langen Pastorentradition geprägt war und sein eigenes Gewissen als oberste Priorität setzte, war erklärter Gegner des Nationalsozialismus. Als Ulrike sechs Jahre alt war, starb er, 1949 verlor Ulrike Meinhof auch ihre Mutter. Dennoch war sie geprägt von den hohen moralischen Ansprüchen des Elternhauses. Sie engagierte sich für Ausgebeutete und Unterdrückte, für Pflegekinder und Heimkehrer. In ihrer Journalistenlaufbahn konnte sie auch ihrer Ablehnung gegen Atomrüstung und faschistische Tendenzen Wort geben. Ihre erste Kolumne erschien in der Zeitschrift konkret, deren Herausgeber Klaus Rainer Röhl sie heiratete und mit dem sie zwei Kinder hatte. Nach der Trennung von ihrem Mann im Jahr 1967 begann Ulrike Meinhof, an deren Texten bereits eine zunehmende ideologische Radikalisierung abzulesen war, immer mehr den Blick für die Realität zu verlieren. Am 14. Mai 1970 beteiligte sie sich an der Befreiung des verhafteten Andreas Baader aus dem Lesesaal des Berliner Zentralinstituts für Soziale Fragen. Damit glitt Ulrike Meinhof endgültig in die Illegalität ab. Sie gründete die → Rote Armee Fraktion (RAF) und rief in ihrem »Konzept Stadtguerilla« zur Gewalt auf. Aus der Pfarrerstochter war eine fanatische (→ Fanatiker) Sozialrevolutionärin, eine Kämpferin für eine perfekte Gesellschaft auf Erden geworden. Um dieses illusionäre Ziel zu erreichen, hielt sie selbst Terror für gerechtfertigt. Am 15. Juni 1972 wurde sie in Hannover-Langenhagen verhaftet. Am 9. Mai 1976 erhängte sich Ulrike Meinhof in ihrer → Gefängniszelle in Stuttgart-Stammhamm. → Baader-Meinhof-Gruppe, → Baader-Meinhof-Prozesse. → Linksextremismus, → Terrorismus

Melker, Daisy Louisa de

Daisy de Melker, die am 2. Dezember 1932 im Zentralgefängnis von Pretoria/Südafrika gehenkt wurde, genoß die zwei Monate vor ihrer → Hinrichtung. Während des → Prozesses posierte die 46jährige für Fotografen, winkte Schaulustigen zu und sammelte sämtliche Zeitungsausschnitte, die ihre Person betrafen. Dabei stand wenig Gutes über sie zu lesen darin. Die gelernte Krankenschwester hatte nämlich hintereinander ihren Verlobten, ihren ersten Ehemann, vier der fünf aus dieser Ehe stammende Kinder, den zweiten Ehemann, und schließlich noch ihren erwachsenen Sohn vergiftet (→ Gift). Ihre favorisierten Mittel waren Strichnin und Arsen. Ihr Motiv → Habgier – sie verstand es immer, sich rechtzeitig ein Testament zu ihren Gunsten zu sichern – und vermutlich eine Freude am Töten. Erstaunlich ist, daß die von 1923 bis 1932 begangenen → Morde nicht früher ans Licht kamen. Doch erst nach dem letzten Todesfall erstattete der Bruder ihres zweiten Ehemannes, dem die Profitsucht seiner ehemaligen Schwägerin schon früher aufgefallen war, → Anzeige bei der → Polizei. Im April 1932 wurde die Exhumierung ihres Sohnes und ihrer zwei Ehemänner angeordnet. Die Ergebnisse der Obduktion (→ Autopsie) waren eindeutig: In zwei der Leichen fand sich Strichnin, in der anderen Arsen. Trotz des → Verdachtes, daß Daisy de Melker auch ihre anderen vier Kinder mit Gift ermordet hatte, wurde deren Obduktion nicht vorgenommen. Die → Todesstrafe war ihr jedoch auch so gesichert. → Mörderinnen

Mengele, Josef

→ Ärzte und Verbrechen

Menschenhandel

Begeht, wer eine andere Person, die sich in einer Zwangslage befindet, z.B. durch Aufenthalt in einem fremden Land, zur → Prostitution bestimmt, um sich selbst daran zu bereichern. Zu diesem Straftatsbereich gehören auch die Fälle des sogenannten Heiratstourismus, bei dem Frauen verschiedenen Interessenten »zur Probe« überlassen werden. Die → Strafttat des Menschenhandels begeht auch, wer eine Person unter 21 Jahren dahingehend beeinflußt, daß sie die Prostitution aufnimmt oder fortsetzt. Schweren Menschenhandel begeht, wer eine andere Person durch List, Gewalt oder Drohung zur Prostitution zwingt oder wer eine Person mit dieser Zielsetzung gewerbsmäßig anwirbt. Außerdem fällt unter schweren Menschenhandel, wenn Personen unter Vorspiegelung falscher Tatsachen oder mit Gewalt ins Ausland entführt werden, wo ihre Hilflosigkeit zur Prostitution ausgenützt wird. Der einfache Menschenhandel gilt als → Vergehen und wird mit drei Monaten bis zu zehn Jahren → Freiheitsstrafe belegt, der schwere Menschenhandel ist ein → Verbrechen, das mit einer Freiheitsstrafe von einem Jahr bis zehn Jahren geahndet werden kann. Für beide Tatbestände gilt verfolgungserleichternd das Weltrechtsprinzip. Die Gesetze schützen selbstverständlich Menschen beiderlei Geschlechts, wenngleich die Opfer meist Frauen sind. 1992 kam es angesichts eines zunehmenden Prostitutionstourismus zu einer Strafrechtsverschärfung, vor allem um den Schutz ausländischer Frauen und Mädchen vor sexueller Ausbeutung zu verbessern. → Frauenhandel, → Menschenraub

Menschenopfer

Heute erfährt das nur noch selten vorkommende Menschenopfer eine nahezu globale Ächtung. Ursprünglich war es jedoch kein → Verbrechen, sondern galt als ein »heiliger Mord.« In der Religionsgeschichte ist das Menschenopfer als sakrale Tötung von Menschen vielfach belegt. Später wurde es dann vielerorts durch das tierische Ersatzopfer abgelöst. Mit dem Menschenopfer sollte der Wille von Gottheiten oder von Naturkräften positiv beeinflußt werden. So sollte beispielsweise das Herzopfer der Inkas und Atzeken die Kraft der Sonne stärken und den Ertrag der Feldfrüchte mehren. Nicht selten soll im Menschenopfer die Kraft des Geopferten auf die anderen Kultteilnehmer übertragen werden, zu diesem Zweck wurde teilweise das Fleisch des Opfers verspeist (→ Kannibalismus). Die Religionsgeschichte kennt Menschenopfer auch als rituelle Tötung von Kriegsgefangenen, aber auch die Tötung eines alternden Königs, wenn seine Kraft erschöpft ist. Verbreitet war auch das Menschenopfer zur Totenbegleitung, das heißt, nach dem Tod eines prominenten Stammesmitgliedes wurde eine andere Person, häufig ein junges Mädchen, oder die ganze Dienerschaft, dazu auserkoren, dem Verstorbenen ins Jenseits zu folgen. Hierzu zählt auch die bekannte indische Witwenverbrennung. Archäologische Funde deuten darauf hin, daß Menschenopfer bereits in vorgeschichtlicher Zeit stattgefunden haben.

Literatur: N. Davies: Opfertod und Menschenopfer (1983).

Menschenraub

Als Menschenraub gilt im → Strafrecht das Sichbemächtigen eines Menschen, entweder durch List, Gewalt oder → Drohung, um ihn hilflos auszusetzen oder ihn in → Sklaverei, Leibeigenschaft oder in auswärtige Kriegs- oder Schiffsdienste zu zwingen. Der Menschenraub wird in Deutschland mit einer → Freiheitsstrafe nicht unter einem Jahr geahndet. Verwandte Tatbestände sind → Entführung, → Frauenraub, → Geiselnahme, → Kindesentziehung, →

Luftpiraterie, → Menschenhandel, → Sklavenhandel, → Verschleppung

Mentalitätsunterschiede des Verbrechens, Historische

Das → Verbrechen ist alles andere als eine statische Angelegenheit. Es paßt sich auf mehrfache Weise dem Wandel der Zeiten an:

1. So korrespondiert es mit dem technisch-gesellschaftlichen Wandel. Dadurch sind einerseits ganz neue Formen der Kriminalität entstanden, wie z.B. → Computerkriminalität, → Musikpiraterie oder→ Luftpiraterie, während umgekehrt andere Verbrechensarten, wie etwa das klassische → Räubertum oder die → Klingelfahrten, vom Aussterben »bedroht« sind.
2. Auch was als ein Verbrechen definiert wird, unterliegt einem historisch-gesellschaftlichen Wandel. → Homosexualität oder angebliche → Hexerei sind heute nicht mehr strafbar, während umgekehrt ein Paragraph wie die → Volksverhetzung heute wesentlich schärfer gehandhabt wird als noch vor wenigen Jahrzehnten. Auf die Relativität des Verbrechens machte bereits im 17. Jahrhundert der französische Philosoph Blaise Pascal aufmerksam: »Der Diebstahl, die Blutschande, der Mord an den Kindern und an den Eltern – alles hat seinen Platz unter den tugendhaften Handlungen gehabt.«
3. Die Kriminalitätsdichte innerhalb einer Region oder eines Landes schwankt im Laufe der Geschichte. Sie hängt ab von der Armut (→ Armut und Verbrechen), aber auch von der Konfrontation mit großem Reichtum, von der staatlichen Autorität, der Bestechlich- bzw.Unbestechlichkeit (→ Korruption) des Beamtenapparates, von der Intaktheit, bzw. Nichtintaktheit des kulturellen Umfeldes. So hat z.B. der → Tourismus in den Entwicklungsländern, bzw. in sogenannten unterwickelten Regionen im Regelfall auch immer die Kriminalitätsrate in die Höhe schnellen lassen; denn durch den Tourismus findet zum einen eine harte Konfrontation von Reichtum und Armut statt, zum anderen wird durch ihn auch die Auflösung tradierter Ordnungen gefördert.

Auch wurden ganze Völkerschaften, die zuvor als friedlich galten, nach historisch-gesellschaftlichem Wandel plötzlich als gefährlich und »kriminell« angesehen. Exemplarisch läßt sich ein solcher Wandel an den Aussagen zweier berühmter Franzosen über die Deutschen beobachten. Das erste Zitat stammt aus dem ersten Drittel des 19. Jahrhunderts, das zweite aus der Zeit unmittelbar nach dem Ersten Weltkrieg. Beginnen wir mit Nummer eins, wo Honoré de Balzac einen »typischen« Deutschen beschreibt, der von einem befreundeten Pariser Bankier zum Abendessen eingeladen wurde: »Dieser Freund, der Inhaber einer bedeutenden Nürnberger Firma, war ein biederer, dicker Deutscher. Er verfügte über Geschmack und Bildung ... Er war der echte Sohn des edlen und reinen Germanien, das so fruchtbar ist an ehrenwerten Charakteren, deren friedfertige Sitten sich selbst nach sieben Invasionen nicht verleugnen. Der Fremde hatte ein argloses Lachen, hörte aufmerksam zu und trank sein gehöriges Quantum. Er hieß Hermann wie fast alle Deutschen, die uns von den Schriftstellern geschildert werden ... Er saß behäbig am Tisch des Bankiers und speiste mit dem in Europa so berühmten altdeutschen Appetit.« Das zweite, ganz anders geartete Bild eines Deutschen stammt von George Clemenceau: »Lieber Freund, es entspricht dem Wesen des Menschen, das Leben zu lieben. Der Deutsche kennt diesen Kult nicht. Es gibt in der deutschen Seele, in der Kunst, in der Gedankenwelt und Literatur dieser Leute eine Art Unverständnis für alles, was das Leben wirklich ist, für das, was seinen Reiz und seine Größe ausmacht, und an dessen Stelle eine krankhafte und satanische Liebe zum Tod. Diese Leute lieben den Tod. Diese Leute haben eine Gottheit, die sie zitternd, aber doch mit einem Lächeln der Ekstase betrachten, als wären sie von einem Schwindel erfaßt. Und diese Gottheit ist der Tod. Woher haben sie das? Ich weiß darauf keine Antwort. Der Deutsche liebt den Krieg als Selbstliebe und weil an dessen Ende das Blutbad wartet. Der Deutsche begegnet ihm, wie wenn er seine liebste Freundin wäre.« → Mentalitätsunterschiede des Verbrechens (nationale und kulturelle)

Mentalitätsunterschiede des Verbrechens, nationale und kulturelle

Eng verbunden mit den → historischen Mentaltitätsunterschieden des Verbrechens sind die nationalen und kulturellen.

Beide überschneiden sich; denn kulturelle Entwicklungen sind immer zugleich in einen historischen Prozeß eingebunden, genauso wie dieser stets gewisse kulturelle und nationale Eigenheiten widerspiegelt. Nationale und kulturelle Mentalitäten werden aber auch noch durch einige weitgehend ahistorische Phänomene mit gebildet, wie z.B. durch Klima und Landschaft.

Vereinfacht gesagt, können wir folgende Aussage machen: Jede Nation, jede Kultur (wobei die Begriffe Nation und Kultur sich nicht immer unbedingt miteinander decken müssen) hat die → Kriminalität, die sie verdient, die zu ihr »paßt«. Auf welche Weise man mit dem → Verbrechen lebt, wie man es bekämpft oder heimlich duldet, sagt etwas über die unterschiedlichen Mentalitäten der Völker aus. Stephan Wehowsky hat in seinem lesenswerten Buch *Schattengesellschaft* (1994) aufgezeigt, wie es mit den kriminellen Mentalitäten in Europa bestellt ist. So z.B. wie etwa die ehrbaren Schweizer klauen, die feinen Engländer ausgesprochen unfein agieren, oder sich Italien für Außenstehende leicht in ein »Land der Verschworenen« verwandeln kann. Der Kriminologe Wolf Middendorff hat bereits 1967 die auch heute noch lesenswerten Kriminologischen Reisebilder vorgelegt, in denen er uns die Welt des Verbrechens in einigen asiatischen und amerikanischen Ländern aufzeigt. → London, → Metropolen des Verbrechens, → Persönlichkeit und Verbrechen

Mersische Bande

Die Bande zählte ebenso wie die → Brabanter, Krefelder oder Neuwieder Bande zur großen → Holländischen Bande. Sie gehört damit zu den »klassischen« → Räuberbanden, die in der Zeit um 1800 besonders die Rheingegend und den deutschen Südwesten unsicher machten. Ihr Name leitet sich vom Dorf Mersen ab, das am rechten Ufer der Maas liegt, nicht weit von Maastricht entfernt. In einer Zeitspanne von über hundert Jahren hatte es als Treffpunkt, Schlupfplatz und Wohnsitz Räuber angelockt. Die Ursache dafür war in der günstigen Lage begründet: Holländisches, brabantisches, lüttiches, jülichsches und Aachener Gebiet lagen in unmittelbarer Nähe, und die Räuberbande konnte mit Leichtigkeit von einem Distrikt in den anderen wandern und sich so dem Zugriff der → Justiz entziehen. Darüber hinaus durchzogen viele sogenannte Handelsjuden die Region, die als → Hehler den Weiterverkauf des Diebesgutes besorgten.

Die Mersische Bande hatte dabei in ihren frühen Tagen eine eigene Räubertechnik entwickelt. So schreibt Br. Keil in seiner Actenmäßige(n) Geschichte der Räuberbanden an den beyden Ufern des Rheins (1804): »Die Räuber, die in den ersten Zeiten sich dort niederließen, waren nicht nur ein ganz anderer Schlag Leute als die Räuber in neueren Zeiten, sondern hatten auch eine eigene Raubmethode, die von jener der Räuber unserer Epoche ganz unterschieden war. Die alten Mersener stürmten so zum Beispiel nicht wie die jüngeren die Türen der Beraubten mit Gewalt, sie griffen diese nicht persönlich an, sie mißhandelten sie nicht. Ihr System war just das Entgegengesetzte, sie schlichen, so leise sie konnten, bei schweigender Nacht vor die Läden und Stuben reicher, isoliert wohnender Landbewohner, brachen unbemerkt ein und entsprangen mit dem Gestohlenen, oft ohne die geringste Spur von sich zurückzulassen. Diebstähle dieser Art geschahen in damaliger Zeit so häufig, mehrten sich mit jedem Tag und blieben dabei in so einem geheimnisvollen Schleier verhüllt, daß schließlich der gemeine Mann, der in der dortigen Gegend ohnehin in der tiefsten Finsternis lebt und wie überall seinen Geist so gerne mit Wundern nährt, auf den Gedanken kam, sie könnten nicht anders als mit unrechten Dingen verübt worden sein, der Böse müßte mit den Spitzbuben gemeinsame Sache gemacht und ihnen in Ausführung des Raubes verholfen haben. Zur unumstößlichsten Gewißheit wurde ihm diese Idee, als man ihm erzählte, daß gleich nach dem verübten Raub, schon am anderen Morgen, die gestohlenen Effekten in einer großen Entfernung – nämlich in dem Dorf Mersen – bei Hanns oder Kunz – erblickt worden seien. Unbegreiflich war die Geschwindigkeit, und er glaubte nunmehr fest und steif an Satans Mitwirkung.«

Die Mersische Bande hatte in ihren Glanzzeiten bis zu 50 Mitglieder, wobei auch personelle Überschneidungen mit anderen Mitgliedern der großen Holländischen Bande stattfanden.

Metropolen des Verbrechens

Als Eugène Sue 1842 seinen Roman *Die Geheimnisse von Paris* veröffentlichte, brachte er einen Stein ins Rollen. Überall entdeckte man in den europäischen Metropolen – sei es nun in Brüssel, → London, Prag oder Amsterdam, das geheime, verborgene und verbotene Leben – kurzum die kriminelle Subkultur. Das → Verbrechen in den großen Städten galt als literaturwürdig. Aber nicht nur in Form von Romanen näherte man sich den Großstadtverbrechen, sondern ebenso in detaillierten → Milieustudien und faktenreichen Bestandsaufnahmen. 1847 veröffentlichte Carl Wilhelm Zimmermann *Die Diebe von Berlin* in der er deren Organisationen, Verbindungen, Taktik, Gewohnheiten und Sprache schildert. Bereits ein Jahr zuvor, 1846, hatte W. Stieber ein Buch über *Die Prostitution in Berlin und ihre Opfer* veröffentlicht. Der Blick auf das Verbrechen in der Großstadt hatte mehrere Ursachen: Zum einen wird das Verbrechen immer von Orten angezogen, in denen sich Menschen, Waren und Reichtümer ballen. Zum anderen vollzog sich zu Beginn des 19. Jahrhunderts ein radikaler Bruch in der Entwicklung der Menschheit: Der Industrialisierungsprozeß hatte eingesetzt. Eine Folge davon war das Anwachsen der Städte in einer zuvor unbekannten Art und Weise. Überall entstanden riesige Metropolen, angehäuft mit Schätzen, die zugleich großflächig genug waren, der → Unterwelt geeignete Schlupfwinkel zu bieten. Hauste der klassische → Räuber in der Tiefe und Sicherheit des Waldes oder verborgener Dörfer und mied die kontrollierende Enge der mit Mauern und Türmen bewehrten mittelalterlichen Stadt, so wurde sein neuzeitlicher Kollege von dem Sündenpfuhl der modernen Großstadt magisch angezogen.

In Deutschland – insbesondere nach der Reichgründung 1871 – galt natürlich Berlin als Mekka des Verbrechens. Keine andere Stadt hatte derart raffinierte Verbrecher wie Berlin. Seien es die mafiaähnlich organisierten → Berliner Ringvereine, die mit allen Tricks arbeitenden Rauschgifthändler (→ Rauschgiftkriminalität) oder die kleinen Straßenräuber, die in vielen Stadtteilen als Plage empfunden wurden. Doch das Gaunertum hielt sich nicht nur über der Erde auf, so z.B. in bestens getarnten Verbrecherlokalen, auch unter der Erde tummelte sich selbstverständlich die Unterwelt und lieferte sich in den Katakomben unter dem Pflaster vom Alexanderplatz Kämpfe um → Bandenvorherrschaft. Nach dem Zweiten Weltkrieg und Mauerbau versank Berlin in eine Art Dornröschenschlaf. Doch seit der Öffnung der Stadt mit seiner neuen Rolle als Drehscheibe zwischen Ost und West hielt das große Verbrechen wieder verstärkt Einzug in Berlin.

Meuchelmord

Leitet sich von dem Begriff »meucheln« ab, der vor dem 16. Jahrhundert soviel wie »heimlich handeln, naschen« hieß und sich im Lauf der Zeit zur Bezeichnung für »sich verbergen; wegelagern« wandelte und heute für »hinterrücks, heimtückisch, hinterhältig, feige ermorden« steht. Als typischer Meuchelmord gilt beispielsweise, einem Schlafenden ein Messer in den Rücken zu stechen.

Meuterei

Das Wort geht auf »Meute«, abgeleitet vom altfranzösischen »muete« = »Bewegung« und dem lateinischen »movere« = »bewegen« zurück.Eine Meute ist eine Gruppe von Jagdhunden, die zur Hetzjagd abgerichtet sind, Meuterei hingegen wird von einer Gruppe von Personen begangen, die gegen ihren Vorgesetzten rebellieren. Als klassische Zeit der Meuterei gilt das 18. Jahrhundert und zwar als das der Meuterei auf See. Das Leben der Matrosen war zu dieser Zeit alles andere als ein Zuckerschlecken. Auf den Schiffen galt eine strenge, starre Disziplin, und die Kapitäne herrschten oft wie Despoten. Nach geglückter Meuterei entschied sich die Besatzung nicht selten für ein → Piratendasein, das – im krassen Gegensatz zu der beinahe diktatorischen Kommandostruktur auf den Handelsschiffen – ein weit ungebundeneres, »demokratisches« Leben bot. Ein denkwürdiges Beispiel vom Überwechseln in die Piratenlaufbahn aufgrund einer Meuterei gibt die Lebensgeschichte von Henry Avery, vormals Erster Offizier auf dem Kauffahrer »Charles«. Als die »Charles« vor La Coruna ankerte und der Kapitän einen Rausch ausschlief, organisierte Avery eine Meuterei und übernahm das Schiff. Er taufte es »Fancy«, fuhr nach Madagaskar und begann dort einen → Beutezug, der ihn zum berühmtesten Piraten seiner Zeit machte. Der ehemalige Kapitän des Schiffes wurde an der Küste Afrikas an Land gesetzt. Zwischen 1715 und 1737 gab es 48 Meutereien, und ein Drittel der Meuterer wurden Piraten.

Neben der romantisch angehauchten Meuterei auf See gibt es die Gefangenen-Meuterei gegen Anstaltsbeamte oder Aufseher eines → Gefängnisses. Eine Meuterei unter Gefangenen liegt dann vor, wenn sie sich zusammentun und mit vereinten Kräften gewaltsam ausbrechen wollen und dabei das Gefängnispersonal nötigen, bedrohen oder tätlich angreifen. Eine weitere Form der Meuterei ist die Soldaten-Meuterei gegen einen militärischen Vorgesetzten.

Meyer, Kay und Marko Wesenberg

Kay Meyer erscheint zusammen mit seinem Kumpan Marko Wesenberg erwähnenswert, da den beiden wegen räuberischer → Erpresserung und schwerer → Körperverletzung verurteilten Männern im Dezember 1999 eine verblüffende Flucht aus einer forensischen Klinik in Ueckermünde gelungen ist. An einem Sonntagnachmittag klebten der damals 22jährige Kay Mayer und der 20jährige Marko Wesenberg ganz einfach einen handgeschriebenen Zettel vor ihre Tür mit der höflichen Aufforderung: »Bitte nicht stören.« Das ebenso höfliche Klinikpersonal hielt sich an diese Bitte, so daß die beiden Gefangenen ungestört die Gitterstäbe ihres Fensters durchsägen konnten. Die Säge hatten sie vorher aus der Lehrwerkstatt der geschlossenen Anstalt mitgenommen. Abseilen konnten sich die beiden mit Bettlaken. Erst zwei Stunden nach der gelungenen Flucht – die beiden Männer hatten als Fluchtmittel bequemerweise ein Taxi geordert – fiel dem Klinikpersonal die verdächtige Ruhe im Zimmer der Gefangenen auf. Daraufhin waren alle aufgestört, doch die → Ausbrecher störte das nun nicht mehr ...

Meyer Lansky
→ Lansky, Meyer

Milat, Ivan
In den Jahren 1989 bis 1992 verschwanden in Australien auf dem Hume Highway zwischen Melbourne und Sydney spurlos sieben junge Rucksacktouristen. Es handelte sich um zwei junge Männer und fünf junge Frauen aus England und Deutschland. Im September 1992 wurden im Belanglo State Forest die Leichen der beiden jungen Engländerinnen Caroline Clark und Joanne Walters gefunden. Wenig später fanden sich in demselben Waldgebiet noch fünf weitere Leichen, darunter auch die der Deutschen Simone Schmidl. Sie alle waren gefesselt und dann durch Messerstiche, in einem Fall durch Schußverletzungen, getötet worden. Schon bald war den Beamten der eigens zur Aufklärung des Falles gegründeten Task Force klar, daß es sich bei dem → Täter nur um einen → Serienmörder handeln konnte. Ende 1994 meldeten sich eine junge Engländerin und der 24jährige Engländer Paul Onion, die im Jahr 1990 durch Australien getrampt waren und ebenfalls beinahe Opfer eines → Mordes geworden waren. Beide waren von einem Lastwagenfahrer mitgenommen worden, der sich im Laufe der Fahrt immer merkwürdiger benommen hatte und dem sie schließlich nur mit knapper Not entkommen konnten. Onion konnte eine genaue Beschreibung des Mannes abgeben, die auf den 49jährigen Bauarbeiter Ivan Milat hinwies, der damals bereits als tatverdächtig von der → Polizei festgenommen war. Bei ihm hatten sich neben Gewehren und Messern auch einige Gegenstände der Vermißten gefunden. Ivan Milat wurde daraufhin am 22. Mai 1994 verhaftet und zwei Jahre später wegen siebenfachen Mordes zu lebenslänglicher → Haft verurteilt. Möglicherweise sind ihm noch weitere acht Morde an jungen Rucksacktouristen anzulasten, von denen die ersten bereits in den 70er Jahren passierten.

Mildernde Umstände
Sind besondere Umstände in einem Straffall, welche die Tat als so sehr abweichend von den normalerweise vorkommenden Fällen erscheinen lassen, daß die regelmäßige → Strafe hier als zu streng erscheint. Mildernde Umstände können aus einem bestimmten häuslichen → Milieu erwachsen, einem → Geständnis, Zeichen von Reue, etc. Das deutsche → Strafgesetzbuch sieht in verschiedenen gesetzlich bestimmten Fällen bei dem Vorliegen von mildernden Umständen eine geringere Strafe vor.

Milieu
Aus dem französischen »mi« = »Mitte« und »lieu« = »Ort«. Allgemein: »Umgebung, Umfeld«. In der Sozio-

logie versteht man unter Milieu alle natürlichen, wirtschaftlichen, sozialen und kulturellen Gegebenheiten, die auf einen Menschen, eine Schicht oder eine soziale Gruppe einwirken. Das Milieu beeinflußt maßgeblich die Erfahrungen und damit zugleich die Art und Weise des Denkens, Fühlens, der Wertmaßstäbe und der Entscheidungen. Das Milieu kann privilegierend oder diskriminierend wirken. Auch die Welt des → Verbrechers wird als »Milieu« bezeichnet. Diese Wortübernahme erscheint nicht ganz unbegründet, denn die → Unterwelt schafft sich – natürlich im Wechselspiel mit Zeit und Gesellschaft – in der Tat stets ein eigenes Milieu mit eigenem Verhaltenskodex, eigenem Outfit (→ Ganoven-Chic, → Gaunertracht) und eigener Sprache (→ Argot, → Gaunersprachen, → Rotwelsch). Der »geborene« Verbrecher wird vom »Milieu« angezogen. Es ist die Umgebung, in der er sich wohlfühlt. Darin gleicht er dem Normalbürger, der sich im Regelfall ebenfalls in seiner spezifischen Standes- und Berufsgruppe am geborgensten fühlt. → Blue Velvet

Miller, James B.

Mindestens zwölf Tote und vierzehn Schießereien gehen auf das Konto des Cowboys, Viehdiebs, Ordnunghüters, Saloonbesitzers, Spielers, Hoteliers, Auftragskillers (→ Auftragsmord) und Laienpredigers James B. Miller (1866-1909). Miller, auch »Killin' Jim«, »Killer Miller« oder »Deacon Jim« genannt, war noch ein kleines Kind, als seine Eltern starben. »Killin' Jim« wurde daraufhin zu seinen Großeltern geschickt. Er war acht Jahre alt, als die beiden zu Hause ermordet wurden. Der kleine Jim, der wegen → Mordverdachts festgenommen, aber nicht unter Anklage gestellt wurde, lebte danach bei seiner älteren Schwester und deren Ehemann, mit dem der hitzköpfige Junge häufige Reibereien hatte. Mit siebzehn ermordete »Killer Miller« seinen Schwager, wurde aber vor → Gericht freigesprochen und arbeitete bald darauf als Cowboy auf der Ranch eines gewissen Mannen Clement. Das Verhältnis zu seinem Arbeitgeber war offensichtlich gut; denn als dieser von dem City Marshal Joe Townsed getötet wurde, rächte Miller sich an dem Täter in einer für »Killer Miller« typischen Art und Weise: Er schoß ihn aus dem Sattel. Anschließend zog Miller zwei Jahre entlang der mexikanischen Grenze, bewirtschaftete einen Saloon, trug von Zeit zu Zeit den Sheriffstern und wurde später sogar Marshal von Pecos, dem Verwaltungssitz des County. Er rühmte sich damit, während dieser Zeit eine Menge Mexikaner an der Grenze umgebracht zu haben. 1891 heiratete Miller die Tochter seines früheren Arbeitgebers Mannen Clement und wurde ein so gläubiger Methodist, daß aus »Killin' Jim« »Deacon Jim« wurde, was soviel wie Jim, der Diakon heißt. Trotz des frommen Beinamens kam es bald zu einer → Fehde zwischen Jim und dem Sheriff G. A. Frazer. Die beiden lieferten sich eine Schießerei, später machte Miller dann kurzen Prozeß, indem er Frazer ermordete. Daraufhin bekam auch er einen → Prozeß, wurde allerdings freigesprochen. Doch Jim glaubte, noch einige Rechnungen begleichen zu müssen. So tötete er erst Joe Earp, der vor Gericht gegen ihn ausgesagt hatte, und wenig später starb der Bezirksstaatsanwalt von Memphis, der Miller vergebens unter Anklage gestellt hatte. Die Millers hingegen zogen nach Fort Worth, wo Jims Frau Sallie eine Pension eröffnete. Miller hielt regelmäßig Bibelstunden, wenn er jedoch Zeit hatte, nahm er → Mordaufträge an, die er für 150 Dollar pro Kopf ausführte. Das Mordgeschäft ging gut, zu Millers wahrscheinlich bekanntesten Opfern zählte Pat Garret, den Killer Miller 1908 hinterrücks erschoß. Für die Ermordung des Ranchers A. A. Bobbit in Ada, Oklahoma, kassierte »Killin' Jim« ein Honorar von 2000 Dollar. Allerdings bezahlte er mit dem eigenen Leben dafür, denn wenig später wurde er in Ada gemeinsam mit den drei Auftraggebern des Mordes gelyncht (→ Lynchjustiz). → Gunfighter

Mißhandlung

→ Körperverletzung, → Kindesmißhandlung

Mitgiftjäger/Mitgiftmord

Mitgift ist das Vermögen, das eine Frau bei ihrer Heirat von ihren Eltern, bzw. ihrer Familie mitbekommt. Der Brauch der Mitgift hat sich insbesondere in patrilinearen Verwandtschaftssystemen entwickelt und diente der Sicherung der wirtschaftlichen Unabhängigkeit der Frau und ihrem Ansehen. Wenn es sich um keine Liebesheirat handelt, heiratete, bzw. heiratet der Mann nicht selten die Mitgift, und ab und zu kam oder kommt es auch vor, daß er mit → Gift versuchte, die Mitgift ganz für sich zu bekommen. Besonders in Indien war und ist auch heute noch der Mitgiftmord verbreitet. »Ein Mann ohne Glück verliert sein Pferd, ein Mann mit Glück seine Frau«, sagt ein Pandschabi-Sprichwort. Denn dann kann man eine neue Frau heiraten, mit einer neuen, möglicherweise höheren Mitgift. → Heiratsschwindler

Mob

Der Mob nannte Dagobert Lindlau seinen 1987 erschienenen Bestseller, in welchem er dem Leser seine Recherchen zum organisierten Verbrechen vorstellt. Das Wort »Mob« ist die englische Kurzform vom lateinischen »mobile vulgus« – was »aufgewiegelte Volksmenge« bedeutet und gleichbedeutend mit »Pöbel« oder »Gesindel« ist. »Mob« dient auch als Bezeichnung für eine kriminelle → Bande und das → organisierte Verbrechen. Gelegentlich wird das Wort »Mob« auch in Verbindung gesetzt mit dem Wort Muskel: »Mob und Muskel«, bzw. im englischen »Mob and Muscle«. Muskel stammt ebenso wie das englische »muscle« vom lateinischen »musculus« (Mäuslein) ab. Ein Muskel spielt unter der Haut wie eine kleine Maus. Das Wort bezeichnet ein Gewebe, das die Fähigkeit hat, sich zusammenzuziehen und zu entspannen. »Muskel« gibt es schon seit dem Beginn des 19. Jahrhunderts, auch in der übertragenen Bedeutung von »Stärke«, »Macht« oder »Druck«. Es ist zugleich eine prägnante Kurzform für die Androhung von physischer Gewalt, also für → Korruption durch Angst. »Mob und Muskel«, so Dagobert Lindlau, »sind das Wesen des organisierten Verbrechens.«

Der amerikanische Kriminologe John Miller schrieb 1993 in seinem Buch *The Story of the American Mob* über das Verhältnis von Gesellschaft und Mob: »Es gäbe keinen Mob, würde er nicht Bedürfnisse der legalen Gesellschaft befriedigen. Er bedient alle möglichen Bevölkerungsschichten. Der Mob arbeitet. Erst durch ihn funktionieren bestimmte Institutionen und Geschäftszweige, allerdings in Unterweltmanier.«

Mobbing

Vom englischen »to mob« abgeleitet, was« über jemanden herfallen« bedeutet. Der Begriff Mobbing entstand in den 1990er Jahren in den USA. → Tatort des Mobbing ist in der Regel der Arbeitsplatz. Die Mitarbeiter richten beim Mobbing gegen eine bestimmte Person gezielte Angriffe in Form wiederholter, böswilliger Handlungen. Mobbing kann ein über Jahre gehender Prozeß sein, der sich im Laufe der Zeit steigert. Am Anfang wird der Betroffene von seinen Kollegen oder Vorgesetzten meist stigmatisiert, dann mit zum Teil kriminellen Methoden schikaniert und schließlich ganz aus dem Arbeitsleben ausgeschlossen. Manchmal steckt Methode dahinter, wenn man beabsichtigt, eine nicht mehr benötigte Arbeitskraft »wegzuekeln«, um sie durch eine billigere zu ersetzen. Manchmal bilden aber auch ganz persönliche → Motive wie Antipathie oder → Neid die Ursache des Mobbing. Die Ausprägung von Mobbing kann auch durch nicht verarbeitete Konflikte bedingt werden. Wird ein Konflikt von seiten des Vorgesetzten nicht geklärt, kann er personifiziert werden, und es kommt zu oben geschilderten feindlichen Handlungen, die sich gegen eine bestimmte Person richten. Nach H. Leymann (Mobbing. Psychoterror am Arbeitsplatz, 1995) lassen sich fünf Schwerpunkte des Mobbing definieren.

1. Angriffe auf die Möglichkeit sich mitzuteilen, das heißt, das Mobbingopfer darf nicht mehr mitreden und es werden keine Informationen mehr ausgetauscht.
2. Angriffe auf die sozialen Beziehung. Das Mobbingopfer wird räumlich isoliert und gemieden.
3. Angriffe auf das soziale Ansehen. Das Mobbingopfer wird durch → üble Nachrede schlechtgemacht.
4. Angriffe auf die Qualität der Berufs- und Lebenssituation. Es werden intime Details aus dem Leben des Mobbingopfers publikgemacht, oder man begeht → geistigen Diebstahl an seinen Ideen.
5. Angriffe auf die Gesundheit. Das Mobbingopfer ist körperlicher Gewalt (→ Körperverletzung) oder → sexuellen Belästigungen ausgesetzt.

Den Übergriff eines Vorgesetzten auf einen untergeordneten Mitarbeiter nennt man auch Bossing. Besonders Mobbinggefährdet sind Mitarbeiter von multinationalen Konzernen und Mitarbeiter des öffentlichen Dienstes. Die geringste Gefahr besteht für Angehörige von Familien- und kleinen Handwerksbetrieben. Generell kann gesagt werden, daß der Mobber den Rahmen der → legalen Kriminalität meist nicht überschreitet, wenngleich es in besonderen Situationen – etwa unter Alkoholeinfluß – zu eindeutig kriminellen Übergriffen kommen kann. Auch wenn der Begriff »Mobbing« neueren Datums ist, beschreibt er im Grunde ein altes menschliches Phänomen. Der Gemobbte übernimmt nicht selten die Rolle des → Sündenbocks. Man führt Fehlschläge auf ihn zurück, dem Gemobbten wird gerne die Rolle des Pechvogels zugeschrieben, ein Bild, welches dieser nicht selten für sich akzeptiert. Die Auswahl des Mobbing-Opfers kann zufällig oder aufgrund kleiner Eigenarten erfolgen. Der Angriff geht zunächst nur von seiten einzelner aus, wird dann aber von den anderen Mitarbeitern meist übernommen. Das Mobbing-Opfer ist nicht nur Zielscheibe für Konkurrenzgefühle und → Sadismus, sondern wird uneingestanden auch als eine Art Blitzableiter empfunden, entlastet es die Mobber doch vor der Gefahr, selbst Mobbing-Opfer zu werden. Aus diesem Grund soll das Mobbing-Opfer – außer die Personalleitung würde eine Mitarbeiterreduzierung planen – den Betrieb, für den es angeblich die größte Belastung darstellt, gar nicht verlassen. Denn kommt es tatsächlich zu einer Entlassung, stellt sich unweigerlich die Frage – wer ist der nächste?

Mokgeti, Moses

Am 8. Juni 1995 wurde der damals 39jährige Zulu Moses Mokgeti zu sechs hintereinander zu verbüßenden → Haftstrafen und zusätzlich 18 Jahren → Gefängnis verurteilt. Mokgeti, der ein Anhänger des »Muti-Glaubens« der afrikanischen Stammesmedizin war, hatte sechs Kinder zwischen zwei und acht Jahren getötet und deren Organe und Geschlechtsteile an wohlhabende Geschäftsmänner verkauft. Die Kunden versprachen sich davon Zauberkraft, die Reichtum, Potenz und Glück bringe. Als Mokgeti sein siebtes Opfer, ein fünfjähriges Mädchen, töten wollte, konnte ihm dieses entkommen, so daß der fanatische Medizinmann wegen sechsfachen → Mordes vor → Gericht landete. → Okkulttäter, → Serienmörder

Mord/Mörder

Aus dem Althochdeutschen abgeleitet, ursprüngliche Bedeutung war »Tod«. Alle Strafrechtsordnungen aller Gesellschaften schützen das Leben des einzelnen in ganz besonderer Weise, indem auf die Tötung eines Menschen die schwersten → Strafen gelegt werden. Allerdings gibt es gelegentliche Ausnahmen, in denen das Menschenleben, beispielsweise nach Kriegen und anderen Katastrophen, weniger gilt als in anderen Perioden. H. Reiwald vertrat in seiner Schrift *Die Gesellschaft und ihre Verbrecher* (1948) die Auffassung, daß der Mord gewissermaßen das erste → Verbrechen, das Urverbrechen (→ Kain), war, und daß in bezug auf den Mord die Verdrängung der in jedem Menschen vorhandenen aggressiven Strebungen am frühesten eingesetzt hat. Aufgrund des sozialen Zwanges der

Gemeinschaft ist die Gewissensbildung, was Mord betrifft, sehr fortgeschritten. Er wird als die schlimmste aller → Straftaten angesehen. Vermutlich aufgrund dieser emotionalen Einstellung wird die Bedeutung des Mordes für die öffentliche Sicherheit und die Zahl der Morddelikte im allgemeinen überschätzt. Hans v. Hentig schreibt in *Probleme des Freispruchs beim Mord* (1957): »Das leidenschaftliche Interesse, das die Menschheit dem Morde entgegenbringt, kann keine andere Erklärung finden, als daß Töten und Getötetwerden an den innersten Kern ihrer Instinkte heranreichen ... der Mord hat eine Reihe von archaischen und irrationalen Beziehungen zum Seelenleben des Menschen.« Der Mord beweist, daß die Domestizierung des Menschen noch nicht vollendet ist, er läßt Abgründe erahnen, die sich mit unserer Vorstellung einer fortgeschrittenen Zivilisation nur schwer vereinbaren lassen. Auch wenn ein Mörder vom → Gericht freigesprochen wurde, bleibt er für die Gesellschaft stigmatisiert. Auf der anderen Seite scheint es eine unheimliche Anziehung zu Mördern bzw. Mordtaten zu geben. Das äußert sich nicht nur in unserer Vorliebe für Krimis, sondern auch darin, daß es vorkommt, daß Mörder oder → Mörderinnen hunderte von Liebesbriefen ins → Gefängnis geschickt bekommen. Auch geben manche Menschen Mordtaten an, die sie nie begangen haben. So meldeten sich in den 1920er Jahren, als der → Serienmörder Peter → Kürten in Düsseldorf sein Unwesen trieb, insgesamt 200 Personen, die behaupteten, der gesuchte Mörder zu sein. Als irrational kann aber manchmal auch die Handlungsweise der Gesellschaft gelten. So z.B. wenn bei Bestand der → Todesstrafe ein Mörder nach einem begangenen → Selbstmordversuch mit viel Mühe wieder gesund gepflegt wird, damit man anschließend an ihm ordnungsgemäß die → Hinrichtung vollziehen kann. Der Vollzug jeder Hinrichtung läßt uralte rituelle Handlungen wiederaufleben, wie dies z.B. die alte Sitte der Henkersmahlzeit erkennen läßt. In Mythen, Sagen und Märchen ist immer wieder der Mord bevorzugter Gegenstand der Darstellung, dasselbe gilt für die gesamte Weltliteratur; daneben verdankt eine ganze Literaturgattung, nämlich der Kriminal- und Detektivroman, dem Mord überhaupt erst sein Dasein (→ Kriminalliteratur).

Im → Strafrecht der Bundesrepublik wird zwischen Mord und → Totschlag unterschieden. Mord ist die vorsätzliche Tötung eines Menschen. Die Tatmotive können Mordlust zur Befriedigung des Geschlechtstriebes (→ Lustmörder) sein, Habgier oder sonstige niedere Beweggründe, wie z.B. Eifersucht (→ Eifersuchtsverbrechen) oder → Neid. Mord kann auch dem Wunsch entspringen, eine Straftat zu verdecken, bzw. eine andere zu ermöglichen. Mord wird mit lebenslangem Freiheitsentzug (→ Freiheitsentziehung) bestraft. Nach einem → Urteil des Bundesgerichtshofes vom 19.5.1981 kann allerdings die Strafe entgegen dem Wortlaut des Gesetzes auf drei bis 15 Jahre gemildert werden, wenn außergewöhnliche Umstände vorliegen, welche eine lebenslange → Freiheitsstrafe als zu hart erscheinen lassen (→ Tötungsdelikte, → Verjährung). Die Aufklärungsrate bei Mord ist hoch. Sie liegt in der Bundesrepublik bei etwa 90 %. Allerdings hat diese Statistik einen Schönheitsfehler – die → Dunkelziffer bei Mord ist nämlich ebenfalls hoch. Viele Mordtaten bleiben als solche unerkannt. So lautet eine Sentenz aus dem Erfahrungsschatz von Todesermittlern: »Wenn auf den Gräbern aller Ermordeten ein Lichtlein stünde, wären die Friedhöfe hell erleuchtet.« Schätzungsweise jeder zweite Mord kommt nie ans Licht, was nicht nur bedeutet, daß viele Tote nicht als Mordopfer erkannt werden, sondern ebenso, daß viele Mörder unter uns wandeln, von denen keiner weiß, daß sie Mörder sind. Manche Fälle werden erst Jahrzehnte oder gar Jahrhunderte nach der Tat aufgeklärt. 1958 öffnete man die Gruft des 1577 gestorbenen schwedischen Königs Erik und stellte mit modernen Untersuchungsmethoden Arsen in dessen Knochen fest. Daraus konnte man schließen, daß der König wahrscheinlich vergiftet worden ist (→ Giftmord). Das würde einer alten Legende entsprechen, nach welcher der König ein gewaltsames Ende gefunden habe. Eine andere Legende berichtet von einer englischen Prinzessin, welche um 1720 zusammen mit einer ganzen Schiffsbesatzung von Strandräubern an der schwedischen Westküste ermordet worden sein soll. Auch diese Legende bestätigte sich, als man 1958 in einem Steinhaufen auf der schwedischen Insel Tjörn ein Skelett fand, welches von der englischen Prinzessin stammen könnte.

Mord weist ebenso wie Totschlag eine außerordentliche Vielfalt an Tatsituationen, Begehungsarten und Motiven auf. Vom brutalen → Raubmord und Sexualmord (→ Sexualverbrechen) auf der einen Seite bis zum politischen Mord aus idealistischen Motiven (→ Attentat) oder der Tötung eines Familienangehörigen aus Mitleid (→ Sterbehilfe) spannt sich ein weiter Bogen. Das Hauptmotiv beim Mord bildet meist die Gier nach Geld oder anderen Vorteilen. Danach folgen Morde aus Abneigung (→ Haß) oder Eifersucht und Morde auf sexueller Basis. Man kann allein deshalb von keinem einheitlichen Tätertyp des Mörders sprechen, da sich die einzelnen Mordtaten zu sehr voneinander unterscheiden, und die Fülle der Motive einen so großen Spielraum einnimmt. Auch kommen die Mörder aus allen Berufen und Klassen, besonders beim → Konfliktsmord. Das Verhalten des Täters nach der Tat ist oft bemerkenswert, zumal dann, wenn zwischen Opfer und Täter – was eher der Regelfall ist – eine stärkere emotionale Beziehung bestand (→ Viktimologie). Die Gefühle des Täters sind häufig ambivalent, er schwankt zwischen zu schwacher und starker Anteilnahme am Schmerz der Hinterbliebenen und macht sich auf diese Weise leicht verdächtig. Es kommt auch vor, daß ein Liebespaar, das den störenden Ehepartner eines Teils getötet hat, nach der gemeinsamen → Bluttat nicht mehr zusammenfindet, da keiner der beiden vorausgesehen hat, welch große Veränderung aller seelischen und materiellen Umstände durch die Tat eintritt.

Der Mörder ist im Regelfall kein Gewohnheits- oder → Berufsverbrecher. Diese töten höchstens, wenn sie keinen anderen Ausweg mehr sehen, da sie wissen, welche Aufregung ein Mord verursachen kann. Aus diesem Grund nehmen berufsmäßige → Einbrecher auch selten eine Schußwaffe mit, deren bloßer Besitz ihnen schon eine höhere Strafe einbringen kann. Der Mörder ist seinem Wesen nach seßhaft; es gibt im Regelfall keine internationalen Mörder, d.h. solche, die verschiedene Länder aufsuchen, um dort nacheinander Morde zu begehen. Der eiskalte → Auftragsmörder bildet eine Ausnahme.

Das Unerklärliche und Unfaßbare an vielen Morden (→ sinnloser Mord) legt den Gedanken nahe, daß die Täter in irgendeiner Form abnormal sind. Bei vielen Untersuchungen wurden denn auch geistig-seelische Abnormitäten und erhebliche Belastungen der Täter festgestellt. Nicht wenige Mordtaten stehen in Beziehung zu Krankheiten wie z.B. der Epilepsie oder Schizophrenie (→ Geisteskranke und abnorme Täter). Die Grenze zwischen normal und abnorm ist jedoch nicht immer leicht zu ziehen. → Völkermord, → Killer, → Kindsmörderin, → Massenmord, → Massensuizid, → Meuchelmord, → Mord als schöne Kunst, → Mordbrenner, → Patiententötungen, → Selbstmord, → Todesengel

Mord als schöne Kunst

Der Mord als schöne Kunst dürfte wohl weitgehend eine literarische Erfindung sein. Gemeint ist damit der zweckfreie Mord – der nicht ohne weiteres mit dem → sinnlosen Mord gleichgesetzt werden darf – und der überdies noch ästhetische Kriterien erfüllen soll. Der Mord als schöne Kunst ist gewissermaßen ein Ausläufer der L'art pour l'art-Bewegung. Er dient nur sich selbst und verfolgt keinerlei prosaische Zwecke.

In dem 1966 gedrehten englisch-französischen Spielfilm *Der Mord als schöne Kunst* ist es ein Club gelangweilter Gentlemen, welche einen kunstvollen Mord planen. Ein solcher will gut vorbereitet sein, verlangt seine Durchführung doch ebensolche Meisterschaft wie die Kreation eines vollkommenen Kunstwerkes. Hat die Mordwaffe (hier ein Dolch) auch eine ansprechend schöne Form? Stößt der Mörder zielgerichtet und elegant genug zu und vermeidet jede plumpe Metzelei? Und vor allem, ist das – natürlich weibliche – Mordopfer auch attraktiv genug? Wird der geplante → Tatort die nötige malerische Kulisse abgeben können? Wir sehen schon, der Mord als schöne Kunst ist eine schwierige Angelegenheit. Kein Wunder also, daß die Gentlemen am Ende der Geschichte noch ihr blaues Wunder erleben werden ... 1977 brachte Norbert Kohl einen Band mit Aufsätzen von Thomas de Quincey zu dem Thema *Der Mord als schöne Kunst betrachtet* heraus. → Leopold jr., Nathan F. und Richard Loeb

Mordbrenner

Das »Handwerk« des Mordbrenners bestand darin, Dörfer, Mühlen, Gasthöfe und Schenken in Brand zu setzen. Zweck des Ganzen war, durch die Brandlegung, welche nahezu ausschließlich nachts stattfand, an Schmuck, Geld oder sonstige Wertgegenstände heranzukommen. Der Mordbrenner nutzte die Aufregung und Verwirrung der aus tiefstem Schlaf aufgeschreckten Bewohner – deren Tod durch Verbrennen oder Ersticken nicht selten in Kauf genommen wurde – dazu aus, an seine → Beute zu gelangen. Um erfolgreich Brand legen zu können, benutzte der Mordbrenner geeignete Materialien wie Pech, Schwefel, ein chemisches Feuerzeug oder die sogenannte Diebeslunte (Funkschnur). Gerne wurde der Brand an Strohdächern gelegt. Mordbrenner galten wohl nicht zu Unrecht als die »verworfensten Subjekte«. Häufig waren sie in → Räuberbanden → organisiert. Mit dem Untergang des klassischen Räubertums und der Vernetzung auch abgeschiedener Landstriche in die Welt der Moderne verschwand der Typus des klassischen Mordbrenners. → Brandstiftung, → Masch, Karl Friedrich, → Mordbrenner Horst

Der Mordbrenner Horst
Johann Christoph Peter Horst – der in die → Kriminalgeschichte als der → Mordbrenner Horst einging – wurde 1783 in Jerichow geboren. Zusammen mit seiner Geliebten Christiane → Delitz und anderen → Räuberkumpanen brannte er ganze Ortschaften nieder, um ungestört plündern und brandschatzen zu können. Heinrich Ludwig Hermann hat 1818 die Kurze Geschichte des Criminal-Prozesses wider den Brandstifter Johann Christoph Peter Horst und dessen Geliebte, die unverheiratete Friederike Louise Christiane Delitz veröffentlicht. Liest man diesen Bericht, so ist man erstaunt darüber, mit welch emotionaler Gleichgültigkeit der Mordbrenner Horst und seine Geliebte an ihr Werk gingen. Sie legten Feuer, ließen Menschen verbrennen, so als sei es vollkommen normal, entsetzliche Verwüstungen anzurichten, um letztlich ein paar erbärmliche Taler zu erbeuten. Jegliche Räuberromantik scheint unangebracht, wenn man die routinierte Kälte konstatiert, mit welcher der Mordbrenner Horst und seine Gesellen rund um Berlin ihr Vernichtungswerk vollzogen.

Gegen ihre Opfer zeigten sie sich stumpf und völlig gefühllos. Sobald die geringste → Beute winkte, galt ihnen Leben und Leid der Opfer nichts. Und doch und trotz allem haben der Mordbrenner Horst und seine Geliebte in einer Welt gelebt, die von einer wüsten Romantik durchzogen war. Nur ist diese Räuberromantik gleichgültig gegen die normale Welt. Es ist eine andere Welt, mit anderen Gesetzen, in sich verschworen und geschmiedet aus → Haß und Verachtung für die Welt der Bürger und Bauern und für die Welt der »Obrigkeit« (→ Blue Velvet). Von dieser Warte aus ist es auch eher begreiflich, daß der Mordbrenner Horst auf der einen Seite brutal Menschen in ihrer Existenz vernichtete oder sie verbrennen ließ und auf der anderen Seite »feinnervig« genug war, um mit seiner → Räuberbraut Gedichte zu verfassen,

wie etwa das nachfolgende Mordbrennerlied:
»Heute sind wir unserer Neune/Stehen hier an dieser Scheune/und machen den Kaffern (Bauern) wohl bekannt:/Schöneberg wird abgebrannt.
Ihr Herren nehmt euch wohl in Acht,/Haltet Berlin in guter Wacht;/ Ich mach euch dieses wohl bekannt,/ Berlin wird nächstens abgebrannt.
Darum laßt uns heut noch fröhlich sein/Und trinkt ein Gläschen kühlen Wein./Ich will nicht eher von dannen gehen,/Ich muß Berlin in Asche sehn.
In Ricksdorff da gibt's reiche Leut,/Da machen Kessen (Die Schlauen) gute Beut;/ Drum mach ich's denn euch wohl bekannt,/ Ricksdorf wird nächstens abgebrannt.
Ihr Brüder steckt das Kittchen (Gefängnis) an/Es ist ja unser Unglücksplan,/Und wo wir alle kommen h'rein/Und müssen hart gebasselt (angekettet) sein.
In Köpnick gehen wir alle rein,/Es soll und muß geflaggert (Feuer legen) sein,/Ich lebe dies zum Zeitvertreib,/ Denn Flaggern, das ist meine Freud.
Ich bin der Häupter dieser Tat,/Der Pech und Schwefel bei sich hat./Mein Name ist euch wohl bekannt,/Herr Hauptmann werd ich ja genannt.«

45 Städte und Dörfer wurden vom Mordbrenner Horst durch → Brandstiftungen heimgesucht. Zehn Menschen verloren auf qualvolle Weise in den Flammen ihr Leben, zahlreiche andere erlitten Brandwunden oder sonstige Verletzungen. Der Schaden, der durch die Brandstiftungen angerichtet wurde, belief sich auf die seinerzeit horrende Summe von 300000 Taler; die Beute, die dabei gemacht wurde, betrug dagegen nur lächerliche 500 Taler.

Der Mordbrenner Horst und seine Geliebte wurden am 18. Mai 1813 in Berlin bei lebendigem Leibe verbrannt.

Mörderinnen

»Im Zustand des Hasses sind Frauen gefährlicher als Männer; zuvörderst weil sie durch keine Rücksicht auf Billigkeit in ihrer einmal erregten feindseligen Empfindung gehemmt werden, sondern ungestört ihren Hass bis zu den letzten Consequenzen anwachsen lassen, sodann weil sie darauf eingeübt sind, wunde Stellen (die jeder Mensch, jede Partei hat) zu finden und dort hinein zu stechen: wozu ihnen ihr dolchspitzer Verstand treffliche Dienste leistet (während die Männer beim Anblick von Wunden zurückhaltend, oft grossmüthig und versöhnlich gestimmt werden).« Soweit der geniale Psychologe Nietzsche. Frauen sind seiner Ansicht nach also nicht, wie uns das weibliche und männliche FeministInnen so gerne weismachen wollen, die besseren Menschen. Auch sie können »böse« sein, nur auf eine andere, eben weibliche Art. Ihre bevorzugte Waffe ist das Gift, und zwar nicht nur im Sinne des → Giftmordes, sondern häufig auch im Sinne der »giftigen« Bemerkung, der feinen → Intrige, des zähen → Hasses, der Verleumdung (→ Beleidigung), der Niedertracht, der Kleinlichkeit, der Parteilichkeit, des → Neidverbrechens. Da Frauen anders böse sind, morden sie im Regelfall auch anders. Aufgrund ihrer physischen Unterlegenheit dem

Manne gegenüber gibt es bei ihnen weit weniger offene Brutalität. Selbst bei Rivalitäten innerhalb des eigenen Geschlechts wird der offene Kampf meist gemieden. Frauenringkämpfe sind ebenso wie granatenwerfende Flintenweiber vorrangig ein Produkt der Unterhaltungsbranche.

Christian Bolte und Klaus Dimmler führen in ihrem Buch *Schwarze Witwen und Eiserne Jungfrauen. Geschichte der Mörderinnen* (1997), den Hollywood-Klassiker *Arsen und Spitzenhäubchen* (1941) an, um den Unterschied zwischen männlicher und weiblicher Mordlust – auf amüsante Weise – zu illustrieren. In dem Film bemühen sich zwei distinguierte, aber resolute alte Damen darum, »alleinstehenden älteren Herren einen dauerhaften Aufenthaltsort zu verschaffen. Statt in ein möbliertes Zimmer einzuziehen, finden die graumelierten Kavaliere nach dem Genuß von vergiftetem Holunderbeerwein allesamt als Leichen im Kellerboden eine ständige Bleibe – für die Ewigkeit – umgeben von Unrat und Ungeziefer, von Würmern und Maden. Auf diese scheinheilige, hinterhältige und wirksame Weise gelingt es den unerschrockenen Tanten, ebensoviele Morde zu begehen wie ihrem mißratenen Neffen Jonathan, der von Boris Karloff gespielt wird. Die Polizei jagt diesen gefährlichen Gangster wegen seiner Untaten rund um die Welt, und erst nach einer verpfuschten Gesichtsoperation, die ihm das Antlitz von Frankensteins Ungeheuer beschert, kehrt er zurück in die Arme von Abby und Martha. Und erkennt schließlich die tragische Ironie seines Schicksals: Er ist kein größerer Bösewicht als seine weibliche Verwandtschaft, natürlich nicht. Nur hat diese im Unterschied zu ihm ihr ganzes Leben lang Achtung und Respekt erfahren. Denn niemand, nicht der übelste Verleumder oder Verräter, würde sie je eines Verbrechens für fähig halten.«

Trotzdem ist der statistische Anteil von Frauen an Morddelikten wesentlich geringer als der von Männern. Nur jeder sechste Mord wird von einer Frau begangen, ebenso wie der Anteil von Frauen an Verbrechen generell niedriger liegt (→ Geschlecht und Verbrechen). Da die Frau weniger offen aggressiv (→ Aggressivität) ist und sich auch weniger als der Mann in gefährliche Situationen begibt – sei es beim Autorennen, beim Extremsport oder beim bewaffneten → Banküberfall –, ist sie auch weniger in → Gewaltverbrechen verwickelt. Offene Gewalt, wie beim Fall der Marianne → Bachmeier, die im → Gerichtssaal den Mörder ihres Kindes erschoß, ist eher untypisch. Gleichwohl enthält die Geschichte der Marianne Bachmeier durchaus auch eine weibliche Komponente: Frauen sind in ihre Morde stärker emotional involviert, sie sind keine kalten Auftragskiller.

Daher weisen sie die höchste Mordrate bei → Konfliktsmorden innerhalb der Familie (→ Beziehungs- und Familiendramen, → Eifersuchtsverbrechen) auf. Sie treten aber auch als Mörderinnen hervor, wo sie für schwächere und ihnen Schutzbefohlene zu sorgen haben (→ Kindsmörderin, → Patiententötungen). Hier können sie sich auch zu kleinen Gruppen zusammenschließen, wie das bei den → Teufelinnen von Lainz der Fall war, die als sadistische (→ Sadismus) Krankenschwestern eine ganze Reihe von Patienten ins Jenseits befördert haben. → Báthory, Elisabeth, → Blauensteiner, Elfriede, → Bombeck, Cecile, → Borgia, Lucrezia, → Brandt, Susanna Margaretha, → Brühne, Vera, → Corday, Charlotte, → Delitz, Friederike, → Doss, Nannie, → Frederiksen, Elisabeth, → Gattenmord, → Gottfried, Gesche Margaretha, → Hahn, Anna Marie, → Jeanneret, Marie, → Meinhof, Ulrike, → Perry, Anne, → Todesengel, → Toppan, Jane, → Weber, Jeanne, → Wiese, Elisabeth, → Wuornos, Aileen

Seeräuber und Vizegouverneur von Jamaika: Sir Henry Morgan

Mördermutter

→ Kindsmörderin

Morgan, Henry

»Wright or wrong – my country!« Diese englische Lebensweisheit könnte auch als Motto über dem Leben von Henry Morgan (ca. 1635-1688) stehen. Dieser große → Pirat und wohl berühmteste → Bukanier trieb, ähnlich wie vor ihm Sir Francis → Drake, das Geschäft der Seeräuberei im Auftrag, bzw. mit Duldung der englischen Krone, um den Rivalen bei der Herrschaft der Weltmeere – Spanien – zu schädigen. Dutzende spanische Schiffe versenkte der listenreiche Morgan mit seinen Bukanieren auf den Meeresgrund, plünderte Städte und eroberte Jamaika, das er zur britischen Kolonie machte. Zur Belohnung wurde er von König Karl II. zum Ritter geschlagen und zum Vizegouverneur von Jamaika ernannt. Als Henry Morgan starb, wurde ein Staatsbegräbnis angeordnet – zweifelsohne ein bemerkenswerter Abschied für einen Seeräuber. Noch heute heißt ein Landstrich auf Jamaika: Morgan's Valley.

Prof. Moriarty

Was wären das Gute ohne das Böse, die → Polizei ohne das → Verbrechen und der Meisterdetektiv ohne den genialen Schurken? Ganz einfach, sie verlören ihre Existenzberechtigung. Dafür, daß es nicht so weit kommt, sorgen die großen Gestalten des Bösen. Eine davon ist Professor James Moriarty, von dem kein geringerer als Sherlock → Holmes in der Erzählung Das letzte Problem (1983) sagt: Er ist »der Napoleon des Verbrechens ... Organisator der Hälfte all dessen, was in dieser großen Stadt (London) an Bösem geschieht, und von nahezu allem, was ungeklärt bleibt. Er ist ein Genie, ein Philosoph, ein abstrakter Denker.« Moriarty, Verfasser hochkomplexer Fachbücher und Professor für Mathematik – eine Stellung, die er allerdings wegen Gerüchten um seine Person aufgeben muß -, ist ähnlich wie → Dr. Mabuse ein Verbrecher und Genie. Mit Moriarty hat der Schriftsteller Sir Arthur Conan Doyle seinem Meisterdetektiv Sherlock Holmes eine ebenbürtige Gestalt des Bösen gegenübergestellt, die diesen kühlen Denker, den normalerweise nichts aus der Ruhe bringt, schier verzweifeln läßt. → Dr. Caligari

Motiv

Vom lateinischen »movere, motum« = »bewegen«. Allgemein: »Beweggrund, Antrieb, Leitgedanke«. Wenn ein → Verbrechen geschehen ist, sucht die Polizei nicht nur nach dem → Täter, sondern sie sucht auch nach dem Beweggrund des Verbrechens – nach dem Motiv. Oft gelingt es ihr erst über das Herausfinden des Tatmotivs, den Täterkreis zu ermitteln. Doch anders als in den meisten Kriminalromanen (→ Kriminalliteratur) ist das Motiv für eine Tat nicht immer rational zu ergründen. Es ist eingebunden in ein Gestrüpp von Unvernunft; denn der Mensch ist ein Bewohner zweier Welten: Er ist rational und irrational, kühl überlegend und triebhaft handelnd. Daher gibt es für viele Verbrechen überhaupt kein

Motiv – zumindest kein »vernünftiges«, d.h. eines, das einen klaren Zweck – etwa im Sinne einer eindeutigen Bereicherung – erfüllen würde. Das Motiv des Verbrechers ist in diesem Fall das Verbrechen selbst, ein dunkler, auf Zerstörung ausgerichteter Trieb. Auf die Irrationalität, oder genauer auf die Vielschichtigkeit des Verbrechens und seiner Beweggründe hat Nietzsche in Also sprach Zarathustra aufmerksam gemacht: »So spricht der rote Richter: ›Was mordete doch dieser Verbrecher? Er wollte rauben.‹ Aber ich sage Euch: seine Seele wollte Blut, nicht Raub: er dürstete nach dem Glück des Messers. Seine arme Vernunft aber begriff diesen Wahnsinn nicht und überredete ihn. ›Was liegt an Blut!‹ sprach sie; ›willst du nicht zum mindesten einen Raub dabei machen? Eine Rache nehmen?‹ Und er horchte auf seine arme Vernunft, wie Blei lag ihre Rede auf ihm. – Da raubte er, als er mordete. Er wollte sich nicht seines Wahnsinns schämen.«

Trotzdem hat jedes Verbrechen irgendwo ein Motiv – obwohl es nicht immer so eindeutig ist wie bei einem → Banküberfall, wo klar zu sein scheint, daß der Täter in erster Linie Geld will, ohne dabei die Mühsal einer ehrlichen Arbeit auf sich zu nehmen. Aber sobald das Element des → Vandalismus oder der Gewalt (→ Gewaltverbrechen) hinzukommt, hört das Motiv meist auf, eindeutig oder rational zu sein. Wie ist das z.B. bei einem Wohnungseinbruch, bei dem die Bewohnerin vergewaltigt und umgebracht wurde? War das Hauptmotiv nun der → Einbruch, die → Vergewaltigung oder der → Mord? John Douglas, der Top-Agent des → FBI, schildert in seinem Buch *Jäger in der Finsternis* (1997) die oft schwierige Suche nach einem Motiv: »Wenn man das Motiv anhand des Verbrechensszenarios zu ermitteln versucht und dabei nicht weiterkommt, geht man zuerst alle anderen ›logischen‹ Gründe durch. Bringt einen das nicht weiter, sucht man nach einer psychologischen Erklärung. Jedes Verbrechen hat ein Motiv, jedes Verbrechen ergibt, unter den Gesichtspunkten einer bestimmten Logik betrachtet, einen Sinn – auch wenn diese Logik nur im Kopf des Täters besteht und nach ›objektiven‹ Maßstäben verrückt erscheinen mag.« Die Logik des Wahnsinns zu ermitteln aber macht den wirklich guten Kriminalisten aus! → Eifersuchtsverbrechen, → Geisteskranke und abnorme Täter, → Hexen, → Jugendgewalt, → Kannibalismus, → Krieg und Verbrechen, → Kunstattentäter, → Neidverbrechen, → Nekrophilie, → Viktimologie, → Serienmörder, → Sexualverbrechen, → Sinnloser Mord

Msomi, Elifasi

Der aus Richmond/Natal stammende Eingeborene ging als »Axe Killer« in die Kriminalgeschichte Südafrikas ein. Von August 1953 bis zu seiner Verhaftung im Mai 1955 hatte Elifasi Msomi 15 Männer, Frauen und Kinder brutal mit einer Axt ermordet. Seine erste Tat beging er vor den Augen seiner Geliebten, indem er ein anderes Mädchen vergewaltigte (→ Vergewaltigung) und mit mehreren Messerstichen tötete. Die Zeugin konnte dieses furchtbare Geschehen nicht vergessen und verriet ihren Freund an die → Polizei. Msomi wurde festgenommen, doch kurz darauf gelang ihm die Flucht aus dem Polizeigewahrsam. Daraufhin verwandte er seine überdurchschnittliche Intelligenz, die ihm später von Psychologen bescheinigt wurde, nur noch zum Auffinden von Mordopfern. So besuchte er arme kinderreiche Familien und gab sich als Arbeitsvermittler aus, der Kinder an reiche europäische Familien vermitteln wolle. Gingen die Eltern auf diesen Handel ein, tötete Msomi das ihm anvertraute Kind mit Axtschlägen. Manchmal hatte er sogar die Frechheit, zu den ahnungslosen Eltern zurückzukehren, um ihnen etwas Taschengeld für das in Obhut geglaubte Kind abzuschwatzen. Im Mai 1955 endlich wurde Elifasi Msomi gestellt.

Als Tatmotiv gab der mit Stammesriten vertraute und auch als Hexer und Wunderheiler agierende Msomi vor, im Auftrag des »Tolkoshe-Geistes« gehandelt zu haben. Dieser Geist habe ihm befohlen, Menschen zu töten und ihm versprochen mit jeder → Bluttat würde seine Kraft und Macht anwachsen. Das psychologische Gutachten ergab, daß Elifasi Msomi aus → Sadismus gemordet hatte. Sein → Urteil lautete → Todesstrafe. Anfang 1956 wurde der 15fache Mörder im Zentralgefängnis von Pretoria gehenkt. → Geisteskranke und abnorme Täter

Müller, Franz

Eine goldene Uhr, eine Uhrkette und ein schwarzer Filzhut waren die → Indizien, aufgrund derer der Deutsche Franz Müller am 14. November 1864 vor dem Newgate-Gefängnis in → London öffentlich gehängt wurde. Der schwarze Hut war in einem blutbefleckten Eisenbahnwaggon am Bahnhof von Hackney gefunden worden, die Uhr samt Uhrkette war dem aus dem Zug gestoßenen → Mordopfer, dem 69jährigen Londoner Bankier Thomas Briggs, geraubt worden.

Wenig später hatte der junge deutsche Büchsenmacher Franz Müller die goldene Uhrkette bei einem Juwelier getauscht, und er war auch, wie sich herausstellte, der Besitzer des schwarzen Filzhutes, der nicht dem Opfer gehörte. Franz Müller befand sich bereits auf dem Schiffweg nach Amerika, als die englischen Behörden ihn mit einem Dampfschiff einholten und noch auf offener See festnahmen. Müller leugnete, doch in seinem Koffer fanden sich die zur Kette gehörende goldene Uhr und der Zylinder des ermordeten Bankiers. Beweise genug, wie die Geschworenen fanden, um ein einstimmiges → Todesurteil auszusprechen. Franz Müllers → Hinrichtung war eine der letzten öffentlichen Hinrichtungen, die durchgeführt wurden. Doch in diesem Fall sollte ein deutliches Exempel statuiert werden, denn durch den → Raubmord war die immer wieder angezweifelte Sicherheit von Eisenbahngästen in geschlossenen Abteilen unerwünscht deutlich geworden. → Eisenbahnverbrechen

Multiple Persönlichkeit

→ Geisteskranke und abnorme Täter

Mundraub

Das früher eigenständige → Delikt Mundraub, also die Wegnahme von Nahrungs- oder Genußmitteln in geringer Menge, wird seit 1975 als → Diebstahl bestraft. Allerdings wird der Mundraub nur auf Antrag verfolgt, oder wenn besonderes öffentliches Interesse besteht.

Musikpiraten

Die großen Seehandelswege aller Weltregionen haben zu allen Zeiten magisch → Piraten angezogen. Wen sollte es also verwundern, wenn heute Datenkanäle, Cyberspace und kostbare digitale Frachten eine neue Generation von »Seeräubern« auf den Plan rufen (→ Computerkriminalität, → Softwarepiraten). Musikpiraterie gehört zum Bereich der → Produktpiraterie. Der Musikpirat kopiert über Computer mittels der Brenntechnologie CDs oder er versucht, direkt aus dem Internet Musik in optimaler Komprimierung zu übertragen. Dies tut er entweder zum Privatgebrauch oder um damit Handel zu treiben. Der Musikindustrie entsteht dadurch enormer Schaden. Als Folge davon ist sie bemüht, technisch und rechtlich nachzurüsten. Ob man angesichts der modernen Technologien die Musikpiraterie jedoch jemals wieder ganz abstellen kann, bleibt mehr als fraglich. Vermutlich wird sich hier ein Hase-Igel-Spiel etablieren. Allerdings – wenn die Musikpiraterie ein bestimmtes Level überschreitet, wird sich der Musikliebhaber bzw. Musikpirat letztendlich selbst damit schaden. Denn irgendwann würde es sich dann nicht mehr lohnen, neue teure Musik einzuspielen. Der Musikpirat muß dann beim Altbewährten bleiben!

N

N'drangheta

Das Wort ist aus dem Griechischen abgeleitet und bedeutet »Mannhaftigkeit«. Heimat und Zentrum der N'drangheta ist Süditalien. Sie ist die kalabrische Spielart der → Mafia. Die N'drangheta – auch Mafia calabrese genannt- ist aus dem jahrhundertealten süditalienischen → Brigantentum entstanden, das vor allem → Entführungen und → Raub verübte. Seit Mitte des 19. Jahrhunderts hat sich die vorher fast ausschließlich in ländlichen Regionen vertretene N'drangheta auch in die Städte eingenistet. In ihrer Organisation und Tätigkeit richtet sie sich vor allem nach der sizilianischen Mafia aus.

Die Aufnahme in die N'drangheta erfolgt nach jahrhundertealten Regeln. Wer dort eintritt, gerät zugleich in eine andere Welt. An einem ungeraden Wochentag legt der in die Geheimgesellschaft aufzunehmende Schüler seinen Schwur und eine Bluttaufe ab. Alle Mitglieder der ehrenwerten Gesellschaft ritzen bei diesem Ritual ihr Handgelenk und lassen → Blut in einen Teller fließen, der auch das Blut des Neuankömmlings enthält. Daraufhin wird das Blut vermischt und der Neue schwört Treue bis in den Tod und bekennt sich rückhaltlos zu den sieben Prinzipien der N'drangheta, die da lauten:

1. Umilità – Demut gegenüber anderen Ehrenwerten und der Bevölkerung
2. Fedeltà – Treue, deren Bruch mit dem Leben bezahlt wird
3. Politica – Geheimsprache zwischen Ehrenwerten, deren oberstes Gebot die absolute Wahrheit ist
4. Falsa Politica – Sprache der Ehrenwerten gegenüber Polizisten und Verrätern, die nie die Wahrheit erfahren dürfen
5. La Carta – verlangt, daß alle Ereignisse von Bedeutung niedergeschrieben werden
6. Il Lapis – verpflichtet den Boss, die geheime Mafia-Chronik zu führen
7. Il Coltello – die Interessen der N'drangheta stehen an erster Stelle und müssen bis zum Tode beschützt werden

Die N'drangheta ist tief verwurzelt in der kalabrischen Gesellschaft, gewoben wie ein dichter Teppich, mit Fäden bis in jeden Ort, bis in jede Familie, geachtet und zugleich gefürchtet. Respekt ist hier nur ein anderes Wort für Angst. N'drangheta steht für eine Lebensweise, für ein kollektives Verhalten. Während die Polizei die Straße abriegelt, um den Gebührenbescheid für das Autoradio zu kontrollieren, kümmert sich die N'drangheta um Baugenehmigungen in der Altstadt, schlichtet Streit und gewährt Kredite. Ohne die Fürsprache eines Bosses geht oft gar nichts. Die undurchschaubare Bürokratie ist der beste Nährboden für die kriminelle Nebengesellschaft, deren Mitglieder auch in Deutschland aktiv sind. »Exportschlager« der N'drangheta sind vor allem → Waffenschmuggel, → Rauschgiftkriminalität, → Schutzgelderpressungen und → Prostitution. → Organisierte Kriminalität

Neid/Neidverbrechen

Das Verbrechen beruht auf zwei Hauptantriebskräften: dem Wunsch, sich zu bereichern (→ Bereicherungsdelikte) und dem Verlangen, anderen Menschen einen Schaden zuzufügen. Andere Menschen schädigen wollen sowohl der Hasser als auch der Neider. Beide destruktiven Triebe sind nicht immer deutlich voneinander zu unterscheiden, sie können sich überlagern. Trotzdem ist ihr Ursprung nicht identisch: Der → Haß hat oft einen konkreten Anlaß, er besitzt, trotz aller ungezügelten Emotionalität, auch einen rationalen Kern, der Neid hingegen nicht. Der Neid will grundlos zerstören, er ist daher das Böse per se. Folgerichtig versah Helmut Schoeck sein Standardwerk *Der Neid* (1980) mit dem Untertitel *Die Urgeschichte des Bösen.*

Da der Neid »böse« ist und das Böse ohne jede »Legitimation« will, hat der Neid immer etwas Verborgenes, Maskenhaftes. Hierin unterscheidet er sich von nahezu allen andern Lastern und dunklen Leidenschaften, kann sich doch der Lüsterne zu seiner Lust, der Hochmütige zu seinem Hochmut, der Prasser zu seiner Verschwendungssucht, der → Betrüger zu seinen Betrügereien und selbst der Hasser zu seinem Haß bekennen – aber niemals der Neider zu seinem Neid. Er benötigt die → Lüge, die Maske gegenüber der Welt, ja selbst gegenüber der eigenen Person. Herman Melville hat in seinem letzten Werk *Billy Budd* den Neid zum zentralen Thema gemacht. Dort steht an einer Stelle: »Ist der Neid wirklich ein solches Ungeheuer? Nun, so mancher Angeklagte hat in der Hoffnung auf mildere Strafe sich zu den scheußlichsten Vergehen schuldig bekannt, aber hat jemals irgend jemand ernsthaft sich des Neides schuldig erklärt? Es muß etwas im Neid stecken, das allgemein noch beschämender empfunden wird als selbst das schlimmste Verbrechen. Und nicht nur leugnet jedermann den Neid ab, sondern die anständigeren Leute neigen zur Ungläubigkeit, wenn er im Ernst als Motiv einem intelligenten Menschen zugeschrieben wird. Aber weil der Neid im Herzen, nicht im Gehirn eingenistet ist, bietet kein Grad der Intelligenz eine Garantie gegen ihn.« Melville bemerkt in seinem Roman, daß sich in manchen Kriminalfällen die Geschworenen mit der Suche nach dem → Motiv so schwer tun, weil sie der »Logik« der Irrationalität des Neides nicht gewachsen sind. Deshalb empfiehlt er, daß bei → Polizei und → Justiz auch Männer tätig sein sollten, die über die »Tollwut des Herzens« Bescheid wissen.

Doch wie läßt sich dieser verleugnete Urtrieb des Bösen, diese »Tollwut des Herzens« überhaupt definieren? Neid darf als eine verzehrende Begierde definiert werden, die sich gegen das Glück anderer Menschen richtet. Auslöser können dafür Ruhm, Besitz, Schönheit, Noblesse, Intelligenz, Gesundheit, Jugend, Unbeschwertheit, Zufriedenheit, innerer Reichtum oder sonst etwas sein. Dabei spielt es überhaupt keine Rolle, ab diese »Vorwürfe« in Wahrheit zutreffen, entscheidend für den Neider ist allein sein subjektives Gefühl, das stets stärker wiegt als rationale Gegenargumente. Der Neider ignoriert dabei grundsätzlich die Leistung, die hinter dem »Glück« des Beneideten stecken könnte – der Neider ist daher der Ignorant per se. Auch strebt der Neider weniger danach, die beneideten Vorzüge selbst zu gewinnen als danach, sie für den Beneideten zu zerstören. Der Ansporn des Neides ist also destruktiver Art. Seine »Leistung« reduziert sich auf das Zerstören. Der Neider ist sogar bereit, sich selbst zu schaden, wenn damit dem Beneideten ein Schaden oder Leid zugefügt werden kann.

Der Neid begegnet uns in allen Gesellschaften, und das seit frühesten Menschheitstagen. In traditionellen Kulturen kennen wir ihn etwa als bösen Blick oder als → Schadenzauber. Der Neid kann sich hinter vielen kriminellen oder halbkriminellen Formen verbergen: → Vandalismus, → Fanatismus, → Brandstiftung, → Verleumdung, → Amok, → üble Nachrede, → Hexenverfolgungen, → Mobbing, → Rachehandlungen, → Sadismus, → Denunziation, → Grenzfälschungen, → Gewaltverbrechen oder in dem weiten Feld der → legalen Kriminalität. Dabei verschafft der Neid keine Befriedigung. Er nagt am Neider auch nach ausgeführter böser Tat. Es gibt keine Erlösung von ihm. Nicht selten steigert sich der Neid von der kleinen Gehässigkeit zum Verbrechen – und in letzter Konsequenz zum → Mord.

Zumindest nach biblischem Verständnis begann die → Kriminalgeschichte der Menschheit mit einem Neidmord: nämlich dem Brudermord von → Kain an Abel. Seitdem ist der Neidmord präsent geblieben. 1964 etwa fuhr ein unansehnlicher Gelegenheitsarbeiter nach einem Ballspiel in New York City den siegreichen und sehr gut aussehenden Helden des Wettkampfes mit seinem Auto auf dem Bürgersteig nieder. Der → Mörder, dem die unterlegene Mannschaft völlig gleichgültig war, erklärte, er hätte den Glanz des gutaussehenden Sportlers nicht ertragen können. 1953 fuhr eine alternde Jungfer den Säugling ihrer Freundin in München im Kinderwagen spazieren. Plötzlich stieß sie den Wagen mit dem Kind in die Isar. Die Untersuchung, an der auch der bekannte Arzt und Konstitutionsforscher Ernst Kretschmer als Gutachter teilnahm, ergab, daß die Täterin plötzlich vom Neid auf das im Kind symbolisierte Glück ihrer Freundin überwältigt worden war. Im Mai 1959 brachten amerikanische Tageszeitungen einen Bericht aus Swannanoa in Nordkarolina unter der Schlagzeile »Aus Neid Studentin mit Beilhieben getötet und entstellt«. Nach dem Bericht der United Press International vom 21. Mai war folgendes geschehen: Eine hübsche Studentin, Rose Watterson, 20 Jahre alt, wurde im Schlaf in ihrem Zimmer im Warren Wilson College durch vier Beilhiebe, vom linken Auge zur Kehle laufend, schwer verletzt. Die Täterin war ihre frühere Zimmergefährtin Patricia Dennis. Die Zeitungen druckten Fotografien der beiden Mädchen ab. Rose war vor der Tat zweifelsohne hübsch, wenngleich nicht ungewöhnlich. Patricia selbst wirkte wenig anziehend und hatte bereits auf der Aufnahme vor der Tat einen feindseligen Blick. Bei der ersten Vernehmung gab sie → Eifersucht auf die hübsche Kommilitonin als Motiv an.

Wenn es der Bericht der Warren-Kommission auch nur als Hypothese andeutet, so lassen die Briefe und wiedergebenen Äußerungen des → Attentäters von Präsident Kennedy kaum einen Zweifel daran, daß ein zentrales Motiv für Lee Harvey → Oswalds at der Neid auf alle glücklichen und erfolgreichen Mitmenschen war, für die der strahlende, junge Präsident stellvertretend ermordet wurde. Versetzt man sich in die Seelenlage Oswalds, so wäre ein älterer, weniger gutaussehender Präsident mit einem weniger von der Presse beachteten Lebensstil vor Oswalds Gewehr sicher gewesen. Verschiedene Pressekommentare spielten auf diesen Umstand an. Etwa wenn es hieß: Kennedy wurde das Opfer Oswalds, weil der junge Prinz im Weißen Haus all das war und hatte, was der ewig scheiternde Oswald nie sein und haben konnte.

Der reinste Existenzneid kommt zum Vorschein, wenn bei einer Katastrophe solche Menschen, die einen unter verschiedenen Rettungswegen ergreifen, aus Neid auf die möglicherweise besseren Chancen der anderen diesen die alternativen Flucht- oder Rettungsmöglichkeiten zerstören. In seinem Buch *The Boat* berichtet Walter Gibson von solchen Vorgängen, nachdem der holländische Dampfer Rooseboom, der im Zweiten Weltkrieg 500 Evakuierte aus Malaya an Bord hatte, mitten im Indischen Ozean torpediert sank. Gibson, einer der 135 Überlebenden, erzählt, wie in einem Rettungsboot nicht nur fünf Soldaten sich als Mörderbande organisierten und in einer Nacht zwanzig Schiffbrüchige töteten und über Bord warfen, sondern wie sogar jene, die sich aus Hunger und Durst entschlossen hatten, über Bord zu springen und zu schwimmen, die Tatsache zu beneiden schienen, daß andere, die im Boot bleiben wollten, noch eine von ihnen selbst aufgegebene Chance des Überlebens hatten. Deshalb versuchten sie, die noch vorhandenen Lebensmittelrationen über Bord zu werfen oder ein Leck zu schaffen. Gibson nennt dies ein »seltsames Phänomen«.

Wie wir am letztgenannten Beispiel erkennen, entspringt das Neidverbrechen keineswegs nur den Handlungen einzelner, sondern der Neid weiß sich zu kollektivieren und führt dann zum Teil zu Taten von extrem zerstörerischer Kraft. In zahlreichen sozialen, ethnischen, nationalen und religiösen Konflikten spielten der Neid und mit ihm die Anstachelung destruktiver Triebe eine zentrale Rolle (→ Ideologie und Verbrechen). Vordergründig mag es sich dabei um »Gerechtigkeit« oder die angebliche Richtigkeit einer Lehre handeln, doch verbergen tut sich dahinter oft etwas ganz anderes: die Lust an der Zerstörung und der Wille, es endlich denen »heimzuzahlen«, die aus irgendwelchen Gründen vom Schicksal begünstigt scheinen und »besser weggekommen« sind. Der Neid und damit das »Böse« tritt hier ausgerechnet hinter der Maske des Empörers und beleidigten Moralapostels auf. Doch im tiefsten Grunde will man sich nicht verändern und verbessern, sondern zerstören. Lieber werden vom Neider die Dokumente hoher Kultur vernichtet, als daß er sich bemühte, sie materiell und geistig für sich zu gewinnen. Von seinen elementarsten Schichten her richtet sich der Neid auch nicht gegen materielle Ungerechtigkeiten, sondern gegen Dinge, die man meist nicht kaufen kann, und die der Neider somit nicht erwerben, sondern nur zerstören kann: das Glück, das Leben, die Sonne oder die Großmut des Beneideten.

Auch in scheinbar reinen Bereicherungsdelikten finden sich nicht selten Elemente des Neides wieder. Warum beging z.B. der → Raubmörder neben seinem Raub auch einen Mord? Hätte er an seine → Beute nicht vielleicht auch ohne die Tötung eines anderen Menschen herankommen können? Noch deutlicher äußert sich der Neid bisweilen beim → Einbruch. Warum wurden etwa nicht nur alle transportablen Wertgegenstände gestohlen, sondern zugleich noch die Wohnung demoliert? Oder warum haben der oder die Täter zu allem Überfluß auch noch die Zeitansage in Japan angerufen, ohne den Hörer wieder aufzulegen? Sinn machen derartige Unternehmungen vom Standpunkt der Bereicherung aus nicht. Darüber hinaus vergrößern sie bei einer möglichen Festnahme die Höhe der → Strafe. »Sinn« erblicken wir in derartigen Aktionen nur, wenn wir das Zerstörungs- und Neidpotential des Verbrechers als Erklärung nehmen – und das liegt bei Verbrechern im Regelfall höher als beim Normalbürger. Neid, Mißgunst und Ressentimentgefühle dürften hier aber nicht nur stärker ausgeprägt, sondern auch noch mit einer niederen Hemmschwelle verbunden sein, die dieses destruktive Potential kontrollieren könnte. → Agressionen, → Masch, Karl Friedrich

Nekrophilie

Das Wort ist abgeleitet vom griechischen »nekros« = »Leiche« und »philia« = »Zuneigung, Liebe«. Nekrophilie ist also die Leichenliebe oder die Liebe zu allem Toten. In abgeschwächter Form kann sie sich in einer übertriebenen Ordnungsliebe, in einer Vorliebe für totes Material oder »totes Essen«, wie z.B. Konservennahrung, äußern. Nekrophilie steht aber auch für den Geschlechtsverkehr mit Leichen, oder zumindest für die Neigung zu dieser Art von Geschlechtsverkehr. Da der »praktizierende« Nekrophile zu seinem Tun notwendigerweise eine Leiche benötigt, macht er sich der → Leichenschändung und manchmal auch des Leichenraubes oder des unerlaubten Eindringens in eine Leichenhalle schuldig. So raubte z.B. im Jahr 2000 der damals 40jährige Bauingenieur Georg W. aus einer Einsegnungshalle die Leiche eines tödlich verunglückten 14jährigen Mädchens. Er schleppte sie in sein Auto und fuhr mit der Leiche zu einem abgelegenen Gelände, auf dem er einen alten Bauwagen stehen hatte. Eine Woche lang verging sich Georg W. an der Kinderleiche. Ein Ermittler äußerte: »Je mehr die Leiche verweste, desto mehr wurde er sexuell erregt.« Nach sieben Tagen ließ er jedoch von der Leiche ab und machte »nur« noch Fotos von ihr. Jeden Tag kam er an den Ort des Grauens: Mit einer digitalen Kamera nahm er mehrere hundert Fotos der Toten auf und speicherte sie in seinem Heimcomputer. Manchmal geht die Nekrophilie auch in Nekrosadismus über, der die Verstümmelung und Zerstückelung von Leichen aus sexuellen Motiven beinhaltet. So grub z.B. im Jahr 1998 in Berlin ein junger Mann auf dem Friedhof mehrere Frauenleichen aus. Als erstes zog er ihnen die Haut ab und legte sich die Hautstücke auf den eigenen, nackten Körper. Dann entfernte er den Leichen die Brüste und Schamlippen und hängte sich diese Leichenteile wie eine Kette um den Hals. Stundenlang sprang er daraufhin masturbierend zwischen den geöffneten Gräbern mit den verstümmelten Leichnamen hin und her.

Neben der Nekrophilie und dem Nekrosadismus gibt es noch die Nekrophagie (griech.: »phagein« = »essen«), also das Verspeisen des Leichnams (→ Kannibalismus). Täter mit derartigen Veranlagungen landen nach ihrer Festnahme im Regelfall in der geschlossenen Abteilung einer Psychiatrischen Klinik. → Geisteskranke und abnorme Täter → Serienmörder, → Sexualdelikte, → Sexualverbrechen

Nepper/Neppen

Möglicherweise ist das Wort vom schwäbischen »nippen« abgeleitet und würde demnach »necken« und »plagen« heißen. »Neppen« bedeutet in der → Gaunersprache die betrügerische (→ Betrug) Veräußerung unechter, wertloser Gegenstände als echte, sei es durch Tausch, Verkauf oder Verpfändung. Besonders in früheren Jahrhunderten wurden mit Vorliebe der ländlichen Bevölkerung geringwertige Metallsachen (Neusilber, Vergoldung) als kostbare verkauft. Die Neppartikel wurden z.T. bewußt als → Fälschungen hergestellt.

Nesset, Arnfinn

Der Norweger Arnfinn Nesset übernahm 1977 die Leitung der privaten Orkdal Valley Klinik, einee Pflegeklinik für ältere Menschen. Daraufhin schnellte die Sterberate verdächtig in die Höhe. 1981 fiel einem Angestellten auf, daß die Klinik ungewöhnlich große Mengen des südamerikanischen → Giftes Curacit auf seinem Bestellplan hatte. Curacit wird zwar in geringen Mengen als Heilmittel genutzt, doch eine höhere Dosis verursacht einen schnellen Erstickungstod. Nesset, der für die Medikamentenbestellung zuständig war, geriet unter → Verdacht und mußte nach anfänglichem Leugnen zugeben, damit mindestens 27 Patienten ins Jenseits befördert zu haben. Als → Motiv gab der männliche → Todesengel Mitleid an, doch das → Gericht ging davon aus, daß es ihm eine abartige Freude bereitet hatte, Herr über Leben und Tod zu spielen. Am 11. März 1983 wurde der damals 46jährige wegen zweiundzwanzigfachen → Mordes zu der in Norwegen möglichen Höchststrafe von 21 Jahren → Gefängnis verurteilt.

Die Neudener Zürnbande

»Wir sind unsrer dreißig,
Bei Nacht sind wir fleißig,
Bei Tag schaffen wir nichts,
Gucken zu den Löchern naus
Und lachen alle Bauern aus.
Den Armen tun wir nichts
Und den Reichen schad's nichts!«

Dieses Sprüchlein war am Gartenzaun der Familie Zürn in Neudenau, einem Städtchen nicht weit vom Neckar, nördlich von Heilbronn gelegen, angebracht. In diesem Haus wuchs der 1828 geborene Sebastian Zürn auf, der Anführer der späteren Neudener Zürnbande. In der Zeit um 1847 formierte sich die → Bande sowohl aus Mitgliedern der eigenen Familie als auch aus Mitgliedern befreundeter Familien. Die Zürnbande bildete dabei weniger eine homogene Gruppe, die in stets gleichbleibender Besetzung auftrat, sondern die Mitglieder wechselten einander nicht selten in der Teilnahme ab. Die Zürnbande verübte → Diebstähle, → Überfälle, → Urkundenfälschungen, aber auch → Mundraub; denn die wirtschaftliche Situation war zu dieser Zeit für viele Neudenauer Bürger prekär (→ Armut und Verbrechen). Die Stadt Neudenau versuchte sich dabei auf ihre Art der Not der Armen zu entledigen: Die Ortsarmen wurden mit einer Beteiligung an den Reisekosten, manchmal auch mit deren Komplettfinanzierung, nach Amerika abgeschoben. Das betraf zum Teil auch die Mitglieder der Zürnbande, die mitunter direkt vom → Gefängnis auf ein Auswandererschiff kamen. Auch das Oberhaupt der Bande, Sebastian Zürn, wurde 1865, sofort nach stattgegebenen Gnadengesuch, nach Amerika verschifft. Was dort aus der berüchtigten Zürnbande wurde, ist unbekannt – möglicherweise nutzten sie ja ihre Chance! → Räuberbanden

Niederländische Bande

Von allen → Räuberbanden, die nach dem 30jährigen Krieg in Deutschland ihr Handwerk trieben, erreichte keine eine solche Gefährlichkeit, Schlagkraft, Beweglichkeit, Verschlagenheit und Grausamkeit wie die Niederländische Bande. Sie war am besten organisiert und leistete geradezu Generalstabsarbeit in der Planung und Durchführung ihrer → Verbrechen. Daher konnte sie sich auch großer Erfolge rühmen. Ihr »Wirkungsfeld« war für die damaligen Verhältnisse unfaßbar groß: »Durch drei große Reiche dehnt sie sich aus, von der Spitze Frieslands bis an die Grenze von Bayern und dann wieder von den Ufern der Seine bis in Hessen und Niedersachsen, um bald Paris, Arras, bald Brüssel und Antwerpen, bald Nimwegen und Aurich, bald Hamm und Köln, bald Ansbach und Donauwörth in Schrecken zu versetzen.«

Etwa 15 Jahre, von 1790-1805 dauerte die Schreckensherrschaft der Niederländischen Bande. Einige Mitglieder setzten sich später in entlegene Gebiete ab und sorgten noch 1811 bei Lübeck und Mecklenburg für Unruhe. Andere → Banden versuchten es gelegentlich der Niederländischen Bande gleichzutun, doch es gelang ihnen nur, einen Bruchteil von dem zu erbeuten, was die Niederländer bei ihren Raubzügen wegschleppten.

Der Pate der großen Niederländischen Bande war der alte Moyses Jakob aus Winschoten bei Groningen. Von dort aus zog er die Fäden seines »Familienbetriebes«. Jakob war, wie die meisten seiner Bande, Jude. In der Hierarchie standen ihm sein ältester Sohn Abraham sowie seine beiden Schwiegersöhne Jan Bosbeck und Abraham Picard am nächsten. Zu den Hauptleuten gehörten neben dem unangefochtenen Familienclan Damian Hessel, Adolf Weigers, Carl Heckmann und der gefürchtete Mathias Weber, genannt Fetzer. Die große Niederländische Bande teilte sich in einen Mersener (→ Mersische Bande), Krefelder, Brabanter (→ Brabantische Bande), Holländischen, Neusser, Neuwieder und westfälischen Zweig, wobei personelle Überschneidungen durchaus üblich waren.

Moyses Jacob selbst war zu alt, um sich noch aktiv an den Raubzügen zu beteiligen. Er fungierte aber als Dirigent im Hintergrund und stellte Verhaltensregeln auf. Die von ihm vermittelten Erfahrungen, die zum Teil einer langen Räubertradition entsprangen und konsequent verfolgt wurden, ermöglichten die anhaltenden Erfolge der Bande. Wichtigster Grundsatz war, nie in der Nähe des Wohnortes zu rauben, um nicht erkannt zu werden. Jede Stadt, die einen der Zweige der großen Niederländischen Bande in ihren Mauern beherbergte, war also vor Überfällen sicher. Straff war die innere Hierarchie organisiert. An der Spitze standen die Chefs, die als Zeichen der Würde das Brecheisen trugen. Darauf folgten die Baldower, deren Aufgabe es war, die Gelegenheiten zum Rauben auszukundschaften, und die altgedienten Veteranen, die als unbedingt »loyal« galten. Die noch unerfahrenen jungen → Räuber, oder Männer, die erstmals zu einem Raub angeheuert wurden, bildeten die letzte Stufe dieser Hierarchie. Daneben gab es zahlreiche → Hehler und ein dichtes Netz von → Diebesherbergen. Die Orte Eckardroth und Romsthal galten darüber hinaus als »kochemer«, das heißt, sie nahmen Räuber auf. Ein Bandenmitglied, das auf der Flucht vor der → Polizei war, konnte also an vielen Orten sicheren Unterschlupf finden.

Der alte Moyses kann nie vor → Gericht. Fetzer alias Mathias Weber endete im Februar 1803 wegen 192 erwiesener → Straftaten – → Morde, Raubüberfälle, Diebstähle – unter dem Fallbeil. Gegen Abraham Picard wurde nie der → Prozeß eröffnet. Er starb 1807 im → Gefängnis zu Marburg, wo er seit 1805 einsaß. Dort starb auch Jan Bosbeck nach siebenjähriger → Haft. Die große Niederländische Bande hatte insgesamt 205 Mitglieder gezählt, von denen sich 1805, zur Zeit ihres Auflösungsprozesses, noch 124 in Freiheit befanden. Drei waren im Kerker gestorben, 38 kamen auf Galeeren, saßen im Gefängnis, oder wurden nach Sibirien verbannt (→ Verbannung). 33 Bandenmitglieder hatten in Holland,

Frankreich und Deutschland den Henker (→ Scharfrichter) zu spüren bekommen. Insgesamt waren der Bande 360 Straftaten, Überfälle und Diebstähle angelastet worden, bei denen sie eine Summe von mehr als dreieinhalb Millionen Francs erbeutet hatten. Aber was war aus dem riesigen Vermögen geworden? Hier gilt der Spruch: »Wie gewonnen, so zerronnen«. So schrieb ein zeitgenössischer Chronist: »Unter allen Lastern waren sie dem Geiz nicht ergeben. Aber diese Lücke blieb nicht leer, die unbesonnenste, wildeste Verschwendung füllte sie wieder aus.« Schnaps und Weiber waren die Ursachen dieses Verhaltens. »Der schnödesten Wollust sind sie fast alle aufs äußerste ergeben. Fast keiner von ihnen trägt nicht die Zeichen einer schrecklich wütenden Krankheit (Lues) an seinem Körper, da sie sich ständig in Freudenhäusern aufhalten. In gleicher Weise wie sie den Weibern ergeben sind, lieben sie den Trunk. Auf unmäßige Art schütten sie den stärksten Branntwein in die Gurgel und berauschen sich, bis sie sinnlos zu Boden stürzen.«

Auch der → Schinderhannes hatte zweimal mit den »großen Niederländern« zusammengearbeitet. Insgesamt betrachtet, blieb der legendäre Räuberhauptmann aber nur ein kleiner Fisch, verglichen mit Moyses Jakob und dessen Spießgesellen.

Nielsen, Björn Shouw und Palle Wichmann Hardrup

Dänemark 1945. In der → Haft lernten sich Björn Shouw Nielsen und Palle Wichman Hardrup kennen. Beide saßen wegen Kollaboration mit den Deutschen ein. Der aus geordneten bürgerlichen Verhältnissen stammende Hardrup war zu diesem Zeitpunkt 25 Jahre alt, der aus einer Problemfamilie stammende Nielsen 33 Jahre. Der ältere, erfahrenere, härtere Nielsen und der weichere, idealistische Hardrup freundeten sich an und entdecken ihr gemeinsames Interesse für Mystik, Okkultismus, Spiritismus und → Hypnose. Nielsen war Mitglied einer »Gesellschaft für psychische Forschung« und hatte viel über Jogatraining gelesen. Um die Öde ihrer Tütenkleberei zu beleben, begannen die beiden zu experimentieren. Anfangs war es nichts als ein Spiel, um den Stumpfsinn des Gefangenenalltags zu verkürzen. Aber schließlich ging es weiter. Sie versuchten, sich gegenseitig zu hypnotisieren.

An einem Maitag 1949 wurde Nielsen vorzeitig aus der Haft entlassen. Einige Monate später wurde auch Hardrup begnadigt. Die beiden blieben Freunde und wurden Mitglieder eines spiritistischen Kreises. Dann, im August 1950, beging Hardrup scheinbar vollkommen überraschend einen → Banküberfall, bei dem er 21500 Kronen erbeutete. Als er ein halbes Jahr später erneut einen Bankraub unternahm, ging er leer aus, tötete aber zwei Bankbeamte. Nach einer wilden Verfolgungsjagd in Kopenhagen gelang der → Polizei die Festnahme von Palle Hardrup. Aufgrund seines eigenartigen Verhaltens und seines abwesenden Blickes bei seiner Gefangennahme wurde der Geisteszustand von Hardrup untersucht. In einem daraufhin angefertigten Gutachten heißt es: »Die Untersuchung hat ergeben, daß der Observant nicht geistesschwach ist, sondern im Gegenteil wohlbegabt. Dagegen hat der Befund ergeben, daß er geisteskrank ist und es sicher auch zu dem Zeitpunkt war, als er die ihm zur Last gelegten Taten beging, er leidet an paraphrener Schizophrenie, die sich auf der Basis schizoider Formen von Hysterie und suggestiver Psychopathie entwickelt hat.«

In der Untersuchungshaft verlangte Hardrup Papier und Schreibzeug. Er schrieb Tag und Nacht. In seinem Bericht legte er dar, daß Nielsen ihn hypnotisiert habe. Nielsen habe die beiden Taten gewollt und geplant. Die Polizei und später das → Gericht schenkten Hardrup Glauben. Gegen Nielsen sprach überdies, daß Hardrup von ihm die Tatwaffe und ein Magazin mit Munition erhalten hatte. Außerdem wurde Hardrup in der Wohnung von Nielsens Tante verhaftet, die gerade dabei war, die Kleidung, die Hardrup beim Überfall getragen hatte, zu verbrennen. In einem neuerlichen Gutachten kam der Gerichtspsychiater zu dem Schluß: »Es ist anzunehmen, daß Hardrup zur Zeit seiner kriminellen Handlungen sich in einem enormen psychoseähnlichen Bewußtseinszustand befand und ohne eigenen Willen gehandelt hat. Die Impulse zu diesen kriminellen Handlungen sind ihm von seiten des Mitangeklagten (Nielsen) vermittelt worden. Hardrup muß daher als ungeeignet für eine Strafe betrachtet werden.« Das daraufhin ausgesprochene → Urteil glich einer Sensation: Nielsen wurde als »Hypnosemörder« zu lebenslänglichem → Zuchthaus verurteilt, während Hardrup in eine Nervenheilanstalt wanderte. Doch Nielsen gab nicht auf. Er fühlte sich als Opfer eines → Justizirrtums. Unerwartete Hilfe bekam er schließlich von Hardrup, der in der Heilanstalt plötzlich seine Aussage widerrief und Nielsen für unschuldig erklärte. In der Zuchthauszelle fing Nielsen an, ein Manuskript zu verfertigen, in dem er seine Unschuld beteuerte. Es erschien als Buch in einem großen dänischen Verlag, und bald war Nielsen Bestsellerautor in Dänemark. Der Fall Nielsen/Hardrup wurde danach noch einmal verhandelt. Das Gericht kam nun zu dem Schluß, daß Nielsen Hardrup zwar nicht hypnotisiert habe, aber diesen doch durch Beeinflussung dazu gebracht habe, die genannten Verbrechen zu begehen. Der »Hypnose-Mörder« blieb daraufhin weiter in Haft. Zu Heiligabend 1966 durfte Hardrup die Irrenanstalt verlassen. Drei Jahre später, 1969, öffneten sich auch für Nielsen die Zuchthauspforten. Der Fall Nielsen/Hardrup ist bis heute mit dem Odium des Geheimnisvollen umgeben. Erich Ebermayer hat ihn in dem von Robert A. Stemmle herausgegebenen Band *Der neue Pitavel. Hexenjagd* (1969) ausführlich geschildert.
→ Okkulttäter

Nilsen, Dennis Andrew

Der junge homosexuelle (→ Homosexualität) Dennis Andrew Nilsen hatte am meisten Angst davor, allein zu sein. Kontaktscheu und nicht in der Lage, eine stabile Beziehung zu führen, fand der gehemmte Engländer seinen ganz eigenen Weg, um sich Gesellschaft zu verschaffen. Er lud junge Männer in seine Wohnung und ließ sie einfach nicht mehr gehen. Um keinen Widerspruch aufkommen zu lassen, tötete er sie. Da es sich bei seinen Gästen meist um Außenseiter der Gesellschaft handelte, fiel ihr Verschwinden nicht so schnell auf. 1978 hatte Dennis Nilsen zu morden begonnen. Sein erstes Opfer war ein Ire, den Nilsen nach einem gemeinsamen Rausch bewußtlos würgte und ertränkte. Danach wusch er den Toten, kleidete ihn an und behielt ihn für fast acht Monate bei sich. Sie schauten gemeinsam fern und unterhielten sich, erst als der tote Gast zu unerträglich stank, verbrannte Nilsen ihn im Garten. Daraufhin begann das Spiel von neuem. Bis 1983 in der Abflußanlage des Nord-Londoner Mietshauses, dessen Dachgeschoß Nilsen mittlerweile bewohnte, verwesende Leichenstücke gefunden wurden. Dieser grausige Fund führte zu dem unauffälligen und schüchternen Nilsen, der beim Arbeitsamt arbeitete und früher selbst Polizist war. Er war schnell geständig und berichtete bereits auf der Fahrt zur → Polizeistation, seit 1978 sechzehn oder achtzehn junge Männer getötet zu haben. Sich selbst bezeichnete Nilsen als einen »Monochrame Man«, einen Mann zwischen zwei Polen. In der Tat hätte niemand in dem schmächtigen Dennis Nilsen einen → Serienmörder vermutet. Als ihn 1979 ein chinesischer Student wegen Mordversuches angezeigt hatte, schenkte man diesem keinen Glauben, da Nilsen aussagte, der Chinese habe ihn bestehlen wollen. Nilsens Verteidiger wollte vor → Gericht auf Unzurechnungsfähigkeit plädieren, doch Nilsen war nicht damit einverstanden, als unzurechnungsfähig hingestellt zu werden. So wurde er zu einer lebenslänglichen → Haftstrafe verurteilt, in welcher er gemeinsam mit dem Journalisten Brian Masters seine Biografie Killing for Company verfaßt hat. → Geisteskranke und abnorme Täter

Nitribitt, Rosemarie

Das Mädchen Rosemarie, so der bekannte Filmtitel aus dem Jahr 1958, gehört zu den einprägsamsten Skandalen des Wirtschaftswunder-Deutschlands. Rosemarie Nitribitt brachte es in ihrem Beruf als Edelprostituierte (→ Prostitution) zu einem erstaunlichen Reichtum. Ihr Bankkonto wies die damals immense Summe von 150.000 DM auf, außerdem zählten ein schwarzes Mercedes-Cabriolet und ein Pudel zu ihren Statussymbolen. Zu ihren Kunden gehörten prominente Vertreter aus Wirtschaft und Politik, die sie mit ihrem schwarzen Mercedes-Cabriolet auf sich aufmerksam zu machen verstand. Über ihre Freier soll die Nitribitt eine detaillierte Kundendatei geführt haben. Dieses sagenumwobene Buch blieb nach Rosemaries Ermordung im November 1957 jedoch unauffindbar. Die damals 24jährige war erwürgt in ihrem Apartment in Frankfurt aufgefunden worden. Klar war eigentlich nur, daß es sich um → Mord handelte, doch → Motiv und Mörder blieben im Dunkeln. Nicht zuletzt aus diesem Grund rankte sich bald auch der → Verdacht von → Spionage um den Mordfall Nitribitt, der jedoch durch keinerlei Tatsachen erhärtet werden konnte. Es sah nicht so aus, als hätte die Nitribitt an dem Mordtag einen ihrer Kunden erwartet. Dazu war sie zu schlicht gekleidet und zu wenig zurechtgemacht gewesen. Man nahm also an, daß ihr letzter Besucher – und Mörder – in ihrem engeren Bekanntenkreis zu suchen sei. Bald konzentrierte sich der Verdacht der Ermittler auf den 35jährigen Handelsvertreter Heinz Pohlmann. Dieser hatte zu Rosemarie Nitribitt seit zwei oder drei Jahren in einer lockeren Beziehung gestanden und befand sich in chronischen Geldschwierigkeiten, die sich nach dem Tod seiner reichen Prostituiertenfreundin erstaunlich plötzlich besserten. Das Aufsehen des Falles wurde noch gesteigert, als Pohlmann – in einer Art Selbstverteidigung – Anfang 1959 in der Illustrierten Quick eine Serie zum Mordfall aus seiner Sicht eröffnete. 1960 wurde Heinz Pohlmann als Tatverdächtiger vor → Gericht gestellt. Doch mangels Beweisen setzte man ihn wieder auf freien Fuß. Der Umstand, daß die Tat ungeklärt blieb, verstärkte das allgemeine Interesse an dem Mädchen Rosemarie. Rolf Thieles oben erwähnte Verfilmung des Falles kam bereits ein halbes Jahr nach Rosemaries Tod mit Nadja Tiller in der Hauptrolle in die Kinos. Allerdings in einer entschärften Fassung, da etliche Personen und Firmen fürchteten, mit dem Skandal in Verbindung gebracht zu werden. → Dunkelziffer des Verbrechens

Vom Heimkind zur Edelhure im Wirtschaftswunderland: Rosemarie Nitribitt

Nötigung

Ist eine → Straftat gegen die persönliche Freiheit einer anderen Person. Mit Nötigung versucht man, jemanden durch Gewalt oder → Drohung zu einer Handlung zu zwingen, oder dazu, eine Handlung zu unterlassen oder zu dulden (→ Unterlassungsdelikt). Auf Nötigung steht eine → Freiheitsstrafe bis zu drei Jahren oder eine → Geldstrafe. In schweren Fällen kann die Freiheitsstrafe sechs Monate bis fünf Jahre betragen. Rechtswidrig ist dabei nicht nur die Durchsetzung eines unlauteren Zieles. Auch die Durchsetzung eines an sich berechtigten Verlangens – z.B. eines Zahlungsanspruches – kann Nötigung sein, wenn sie mit sittlich verwerflichen Mitteln wie etwa Gewalt erfolgt. In diesem Zusammenhang umstritten sind politisch motivierte Sitzblockaden zu Demonstrationszwecken. Diese wurden von der Rechtsprechung als Nötigung bestraft, wobei die → Motive der Täter allenfalls in der Strafzumessung berücksichtigt wurden. Sonderfälle der Nötigung sind → Erpressung,→ Menschenraub sowie einige → Sexualdelikte.

Notwehr

Unter Notwehr versteht man die Verteidigung, die erforderlich ist, um einen rechtswidrigen Angriff abzuwehren. Die Notwehr ist gerechtfertigt und daher weder rechtswidrig noch strafbar noch zivilrechtlich unerlaubt. Die Notwehr wird als Verteidigung gegen Angriffe auf Leib, Leben oder andere Rechtsgüter, wie z.B. Vermögen oder Ehre, verstanden. Notwehrhandlungen sind auch gegen schuldlos Handelnde, wie z.B. Kinder oder Geistesgestörte, zulässig. Die Verteidigung gegen Angriffe ist nicht nur dem Angegriffenen, sondern auch jedem anderen der diesem zur Seite steht und Nothilfe leistet, gestattet. Der Verteidiger darf, wenn er eine Körperverletzung anders nicht abwehren kann, den Angreifer auch schwer verletzen, oder sogar töten. Als Grundsatz gilt hier: Das Recht braucht dem Unrecht nicht zu weichen. Allerdings wird bei nur geringfügigen Angriffen, bei schuldhaft provozierten Angriffen oder bei Angriffen von Kindern, Geisteskranken oder Betrunkenen und bei Angriffen einander nahestehender Personen dem Angegriffenen ein Ausweichen zugemutet, d.h. er soll hier nicht unangemessen heftig zurückschlagen. Überschreitet der Verteidiger das zur Verteidigung nötige Maß, indem er z.B. den Angreifer unnötigerweise tötet, spricht man von einem Notwehrexzess. Im Rahmen der Selbsthilfe ist das Recht zur Notwehr und Nothilfe auch im Völkerrecht anerkannt. Notwehr ist hier das Recht eines Staates auf individuelle, oder bei Bündnissen, auf kollektive Selbstverteidigung zur Abwehr von Gefahren für das eigene Land.

Literatur: H. Fuchs: Grundfragen der Notwehr (1986); M. A. Genoni: Die Notwehr im Völkerrecht (1987)

Notzucht

Veraltete Bezeichnung für → Vergewaltigung.

Nuklearkriminalität

Bezeichnung für den illegalen Handel bzw. → Schmuggel von kernwaffenfähigem Material. Seit Anfang der 90er Jahre wurde Material wie angereichertes Uran, Plutonium oder Cäsium in mehreren europäischen Städten wie Frankfurt am Main, München, Prag oder Odessa sichergestellt.

Mit dem Zusammenbruch der Sowjetunion hat sich die Kontrolle von vorhandenem Nuklearmaterial erschwert. Aufgrund der geschwächten staatlichen Autorität in den Staaten der GUS besteht die Gefahr, daß solch gefährliches Material an terroristische Organisationen (→ Terrorismus) oder sogenannte »Schurkenstaaten« weitergegeben wird.

O

Obduktion

→ Autopsie

Ogorzow, Paul

Von August 1939 bis Juli 1941 beging der S-Bahn-Hilfsarbeiter Paul Ogorzow aus Berlin-Lichtenberg acht → Morde und dreißig → Überfälle an Frauen. Seine Taten fanden meist im S-Bahn-Bereich statt, weshalb man ihn auch den S-Bahn-Mörder nannte. Für seine Frauenmorde nutzte er die bei Bombenangriffen angeordneten Verdunkelungen aus. Die → Polizei unter Leitung des Kriminalkommissars Lüdke setzte weibliche Lockspitzel auf den S-Bahn-Strecken ein, doch da Ogorzow als Reichsbahner gut über die Fahndungsmaßnahmen informiert war, ging er ihnen nicht so leicht auf den Leim. So gelang es der Mordkommission erst Mitte Juli 1941, den damals 27jährigen festzunehmen. Niemand hätte damals in dem »getreuen« Nazi, zuverlässigen Arbeiter und Familienvater auch einen Mörder vermutet. Kurios ist die Begründung, mit der Ogorzow sich nach seiner Festnahme zu entschuldigen versuchte. Er habe sich im Jahre 1934 eine Geschlechtskrankheit (Tripper) zugezogen und sei in die Hände eines jüdischen Arztes namens Wilhelm Schwarzbach geraten. »Da er nun gesehen hatte, daß ich ein Parteigenosse bin, war es für ihn ein gefundenes Futter, bei mir diese Krankheit zu verschleppen.« Als Folge davon hätte die Krankheit auch sein Denken getrübt, so daß es zu den triebhaften Morden gekommen sei. Die NS-Justiz ließ diese plumpen Ausreden jedoch nicht gelten und machte kurzen → Prozeß. Am 23. Juli 1941 schickte der Generalstaatsanwalt die Anklageschrift an das Sondergericht III beim Berliner Landgericht. Am 24. Juli 1941 fand die → Hauptverhandlung statt, und wenige Stunden später wurde der Parteigenosse Paul Ogorzow in Moabit wegen Mordes in acht und Mordversuchen in sechs Fällen zum Tode verurteilt und gleich anschließend in der Strafanstalt Plötzensee enthauptet. → Eisenbahnverbrechen, → Frauenmörder, → Serienmörder

Okkulttäter

(lat.: »occultum« = »das Verborgene, Geheime«). Okkulttäter sind Personen, die → Straftaten oder sozialwidrige Handlungen unter Mithilfe okkulter Methoden begehen. Dazu zählt auch, wenn der → Täter okkulte oder abergläubische Neigungen seines Opfers für sich nutzbar macht. Die Handlungen des Okkulttäters beinhalten nicht selten Formen von → Schadenzauber, den man insbesondere den → Hexen zuschrieb. Generell kann über dieser Tätergruppe gesagt werden, daß sie versuchen, kriminelle Handlungen – häufig per Fernwirkung – zu begehen, indem sie auf Mittel zurückgreifen, die jenseits unseres gewohnten Alltagsbewußtseins liegen und dieses zugleich in Frage stellen. Nicht selten bewegen sich Okkulttäter in einer gesetzgeberischen Grauzone, wenn sie ihren Klienten, bzw. Opfern, als Hellseher, Gesundbeter oder Hexenbanner Fertigkeiten vorgaukeln, um anschließend zur Kasse zu bitten. Manchmal kann der Okkulttäter auch Opfer seines eigenen Wahns werden. Nicht uninteressant in diesem Zusammenhang ist, daß viele Verbrecher zu abergläubischen Vorstellungen neigen, bzw., daß sie beinahe berufsbedingt eine Vorliebe für alles Geheime und Verborgene hegen. → Gröning, Bruno, → Hanussen, Erik Jan, → Hypnose, → Nielsen, Björn und Palle Wichmann Hardrup

Onuprijenko, Anatoli

»Ich habe geraubt und getötet, aber ich bin ein Roboter. Ich fühle nichts«, erklärte Anatoli Onuprijenko, ein ehemaliger Student der Forstwirtschaft und späterer Insasse einer psychiatrischen Klinik, der Fernsehnachrichtenagentur APTV. Der 1960 in der Ukraine geborene Onuprijenko, auch »Terminator von Tschernobyl« genannt, hatte unter Mithilfe seines 1963 geborenen Komplizen, Sergej Rogosin, nicht weniger als 52 Menschen ermordet. Begonnen hatte die → Mordserie dem → Gericht zufolge im Jahr 1989, in dem Onuprijenko neun Morde beging. Danach gab es eine »Mordpause« von sechs Jahren, die schließlich von einem völlig enthemmten Töten abgelöst wurde. Innerhalb eines halben Jahres ermordete der »Terminator« 43 Menschen, bis er im April 1996 in der Wohnung seiner Freundin in Jaworiw, einer Kleinstadt rund 30 Kilometer von der ehemaligen deutschen Reichsstadt Lemberg entfernt, von einer Spezialeinheit der → Polizei festgenommen wurde.

Onuprijenko ging bei seinen Mordtaten gemeinsam mit seinem Komplizen immer nach dem gleichen Schema vor: Sie überfielen meist nachts abgelegene Häuser in den ländlichen Gebieten der Ukraine und töteten die Familien mit einem Jagdgewehr. Danach raubten sie Geld, und Onuprijenko nahm als »Souvenir« immer die Schuhe seiner Opfer mit. Um alle Spuren zu verwischen, wurden die Gehöfte anschließend noch in Brand gesetzt (→ Brandstiftung). Unter den Opfern befanden sich auch zehn Kinder. Der »Terminator« verbreitete Angst und Schrecken in der Region. Während sein Komplize und Mitangeklagter vor Gericht eine Beteiligung an den Morden bestritt und lediglich die Kleidung der Getöteten an sich genommen haben will, gab Onuprijenko alle Morde zu.

Obwohl er dabei wirre Angaben über Weltpolitik, mysteriöse Offenbarungen, ausländische Geheimdienste und dunkle Mächte machte, die ihn geleitet hätten, erklärten ihn seine psychologischen Gutachter für voll schuldfähig. Auch von der These des »Terminators«, das Gericht habe kein Recht, über ihn zu urteilen, da ihm die Gesetze, gegen die er verstoßen habe, vollkommen fremd seien, ließen sich die Richter nicht beeindrucken. Sie verurteilten Anatoli Onuprijenko am 1. April 1999 wegen 52fachen Mordes zum Tode. Sein Kumpan Sergej Rogosin, der bis zum Schluß seine Unschuld an den Morden beteuerte, wurde zu 13 Jahren → Haft verurteilt. → Geisteskranke und abnorme Täter, → Serienmörder

Opfer-Täter-Beziehung

→ Viktimologie

Ordnungswidrigkeiten

Sind rechtswidrige und vorwerfbare Handlungen, die gegen die Vorschriften des Gesetzes verstoßen. Ordnungswidrigkeiten werden aber nur mit einer → Geldstrafe geahndet und gelten als Taten ohne kriminellen Gehalt. Sie sind infolgedessen nicht mit einer (Kriminal-) → Strafe bedroht.

Organisierte Kriminalität

»Wegschauen erwünscht«, so lautet das Resümee, das Dagobert Lindlau 1987 in seinen Recherchen zur organisierten Kriminalität Der Mob vorlegte. Trotz hunderter von Toten und Milliarden an Sachschäden in der Bundesrepublik werde die Bedrohung verdrängt. »Ableger mafiaähnlicher Gruppen, chinesische Geheimgesellschaften und Konföderationen der Cosa Nostra erschließen bei uns Neuland. Einheimische Organisationen breiten sich aus. Der Mob etabliert sich als nebenstaatliche Macht. Schutzgelderpressung ist an der Tagesordnung. Hinrichtungen durch den Mob sind keine Seltenheit. Tentakel arbeitsteiliger, hierarchischer und intern abgeschotteter krimineller Vereinigungen reichen bis in die Politik. Mit der Gefahr wachsen auch die Verdrängungsversuche der Verantwortlichen.« Soweit Dagobert Lindlaus Urteil aus dem Jahr 1987. Seitdem läßt sich vor allem folgendes feststellen: Die organisierte Kriminalität expandiert weiter, die Politik schweigt weiter gerne über dieses Thema, sah sich jedoch dazu bemüßigt, die Gesetze zur Verfolgung organisierter Kriminalität zu verschärfen, da die Bürger ein langsam zunehmendes Unbehagen verspüren.

Der Begriff »organisierte Kriminalität«, »organized crime«, tauchte zum ersten Mal 1906 in einem Leitartikel der New York Times auf, in dem die Forderung des damaligen → Polizeichefs Theodore Bingham zur Schaffung einer geheimen Eingreiftruppe innerhalb des Polizeiapparates kommentiert wurde, die vorrangig dazu dienen sollte, die sich bandenmäßig strukturierende Kriminalität unter Teilen der italienischen Einwanderer zu bekämpfen (→ Cosa Nostra). → Bandenmäßig aufgebaute Kriminalität ist ein Hauptmerkmal des organisierten Verbrechens. Als solches ist sie aber natürlich keine Erscheinung, die erst mit dem Beginn des 20. Jahrhunderts eingesetzt hat. Bandenkriminalität in Form von → Diebstahl, → Raub, → Erpressung, Wegelagerei und → Entführung sind seit der Antike belegt. Bereits Cicero erwähnt in seiner »Rede für Tulius« (72 v. Chr.) erstmals ein vom Prätor Marcus Licinius Lucullus erlassenes Edikt gegen bewaffnete Banden. Auch hat es immer wieder Verbindungen von hoher Politik oder Verwaltungen zur Bandenkriminalität gegeben. Im Mittelalter kann das in ganz Europa verbreitete → Raubrittertum als eine Vorstufe der organisierten Kriminalität betrachtet werden. Ein noch eindeutigeres Beispiel sind die mittelalterlichen Söldnerbanden (→ Brigantentum), die teilweise sogar in städtische Dienste übernommen wurden. Politiker, Kaufleute oder später Industrielle heuerten solche Banden mitunter an, um Konkurrenten einzuschüchtern oder andere skrupellose Ziele zu verfolgen. Die Internationalisierung der Märkte und Produktion hat im späten 20. Jahrhundert eine weitere Grauzone geschaffen, in der Makler, Manager, Beamte und Politiker mit kriminellen Organisationen zusammenarbeiten, z.B. im internationalen Waffenhandel (→ Waffenschmuggel), beim Subventionsbetrug, bei der → Geldwäsche und im Gesamtbereich der → Korruption.

Während in der Öffentlichkeit und oft auch in den Medien so ziemlich jede Art von Bandenkriminalität als organisierte Kriminalität bezeichnet wird, verlangen die → Kriminologie und → Strafrechtspraxis weitere Voraussetzungen über das bloße Zusammenwirken mehrerer Personen hinaus. Die aus der polizeilichen Praxis hervorgegangene Definition, die der Gesetzgeber in der Begründung des Gesetzes zur Bekämpfung der organisierten Kriminalität vom 15.7. 1992 zugrunde gelegt hat, lautet: »Unter organisierter Kriminalität ist eine von Gewinnstreben bestimmte planmäßige Begehung von Straftaten durch mehrere Beteiligte zu verstehen, die auf längere und unbestimmte Dauer arbeitsteilig 1. Unter Verwendung gewerblicher oder geschäftsähnlicher Strukuren, 2. Unter Anwendung von Gewalt oder anderen zur Einschüchterung geeigneter Mittel oder 3. Unter dem Bemühen, auf Politik, Medien, öffentliche Verwaltung, Justiz oder Wirtschaft Einfluß zu nehmen, zusammenwirken.« Eine noch weitere Definition versteht unter organisierter Kriminalität auch andere, mit hoher krimineller Energie und präziser Arbeitsteilung begangene Verbrechen wie → illegale Parteienfinanzierungen (→ Parteispenden) und das Umgehen gelten-

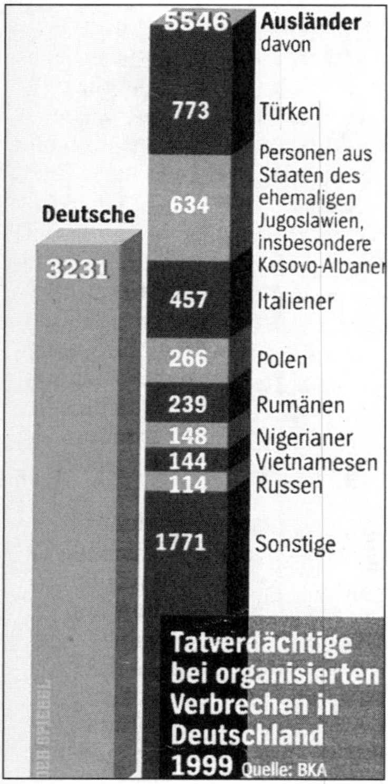

Organisierte Kriminalität.
Aus: Der Spiegel Nr. 28 v. 10. 7. 2000

der Ausfuhrbestimmungen (z.B. Kriegswaffenkontroll-Gesetz) durch Zusammenwirken von Unternehmern unter Duldung von Politikern oder Amtsträgern. Diese Definition gewinnt an Aktualität, wenn man bedenkt, daß bekannt gewordene Waffenlieferungen an kriegsbereite Länder wie den Irak oder Libyen nur auf diesem Wege geschehen konnten. Meist wird die organisierte Kriminalität in der kriminologischen Literatur noch durch weitere Kennzeichen beschrieben. Dazu gehören vor allem eine sorgfältige Planung und Vorbereitung der → Straftaten, internationale Verknüpfungen, eine große Mobilität durch länderübergreifende Transporte, die Verbindung von legalen und illegalen Geschäften (→ legale Kriminalität), Geldwäscherei, eine hierarchische Führungsstruktur und gegenseitige Kontrolle und Schutz. Typisch sind auch Einschüchterung von → Zeugen, ein konspiratives Täterverhalten und die vollkommene Abschottung der Führungspersonen nach innen und außen.

Deutschland und auch die meisten anderen europäischen Länder haben bisher auf einen besonderen Straftatbestand des organisierten Verbrechens verzichtet, da ein solcher Pauschaltatbestand nur schwer mit dem verfassungsrechtlichen Bestimmtheitsgebot (Art. 103 Abs.2 GG) zu vereinbaren wäre. Lediglich in Ländern, die besonders mit der organisierten Kriminalität zu kämpfen haben, wie Italien (→ Camorra, → Mafia, → N'drangheta) und die USA, wurden entsprechende Bestimmungen in die Strafgesetzbücher eingebaut. Speziell in Italien wird nach dem Antimafia-Gesetz von 1982 auch das Zusammenwirken von Politikern und Beamten bei illegalen Auftragsverteilungen und Lizenzen als organisierte Kriminalität verfolgt (→ Korruption).

Alle genannten Eigenschaften der organisierten Kriminalität werden ergänzt durch eine zunehmende Professionalisierung sowohl in Hinblick der kriminellen Techniken als auch in der → Beuteverwendung und den geschaffenen Verbindungen zu Polizeibeamten und Politikern. Autodiebesbanden (→ Autodiebstahl), die Anfang der 1990er Jahre zwischen Deutschland, Polen und Rußland tätig waren, beschäftigten zeitweise mehr als 200 Personen. Darunter neben den klassischen → Dieben auch Straßenkontrolleure, die Wache schoben, Fernfahrer, bestochene Zollbeamte, sodann Schläger und → Erpressungsspezialisten, die für die Einschüchterung unbestechlicher Beamter, möglicher Zeugen oder untreuer Fahrer zuständig waren. Darüber hinaus gab es noch eigens angestellte Verbindungspersonen zu Polizeidienststellen, oft in Form von Rechtsanwälten, Bankangestellten, die zur Geldwäsche gewonnen wurden – und sogar Anlageberater für den erbeuteten Gewinn. Nahezu perfekt scheint die Spezialisierung in einigen italienischen Mafiaorganisationen zu sein. Der sizilianische Clan der Corleonesier beschäftigte beispielsweise – neben Fachleuten für Erpressung, Entführung, Drogen- und Waffenhandel und professionellen → Killern – mehr als 30 Rechts- und Wirtschaftsexperten, dazu waren rund 100 Beamte und mehr als zwei Dutzend führende Politiker aller Parteien gekauft. Mit dieser Methode gewann der Clan Beteiligungen an sieben Banken, elf Bauunternehmen, 20 Dienstleistungsbetrieben sowie 33 Tourismuseinrichtungen.

Eine detaillierte Registrierung des Umfangs der organisierten Kriminalität wird dadurch erschwert, daß zahlreiche Opfer eine Anzeige aus Angst vor → Repressalien unterlassen und es bei angezeigten → Delikten nicht immer klar ist, ob es sich um organisierte Kriminalität handelt (→ Dunkelziffer des Verbrechens). Auch die vom → Bundeskriminalamt seit einigen Jahren veröffentlichten Lageberichte zur organisierten Kriminalität erfassen nur einen kleinen Ausschnitt aus dem Gesamtkomplex (z.B. 1994 knapp 88000 Delikte mit einem Gesamtschaden von 3,5 Milliarden DM). Die weitergehenden Schätzungen zum Dunkelfeld (z.B. 1995 in Deutschland 160 Milliarden DM Schaden) sind recht spekulativ, ebenso die von der italienischen Notenbank vorgenommene Schätzung des jährlichen wirtschaftlichen Schadens in Höhe von 200 Milliarden US-Dollar für Italien. Einfacher ist die Umschreibung der Deliktsbereiche, in denen die organisierte Kriminalität ihr Hauptbetätigungsfeld hat, wie im Rauschgift- und Waffenhandel (→ Rauschgiftkriminalität), Atomschmuggel (→ Nuklearkriminalität), → Zuhälterei, → Prostitution, → Menschenhandel, verbotenes → Glücksspiel, → Schutzgelderpressung, illegaler Einschleusung von Ausländern (→ Schleuser), → Geld- und Wertzeichenfälschung, Diebstahl und Verschiebung von Autos und Schiffsladungen, → Versicherungsbetrug, → Einbruchsserien, → Hehlerei des Beutegutes, illegale Entsorgung von Giftmüll, sowie → Geldwäsche. Eine eindeutige Erklärung für die Entstehung organisierter Kriminalität ist trotz Bemühungen von Kriminologen, Soziopolitologen und Rechtshistorikern noch nicht erbracht. Das macht auch die Bekämpfung der organisierten Kriminalität schwierig. Diese ist in wirtschaftlich eher rückständigen Regionen wie Sizilien ebenso vorhanden wie in wirtschaftlich entwickelten (z.B. Japan), in eher armen Ländern wie Rußland oder Polen ebenso wie in den USA. Die für einzelne Länder wie Italien (Mafia, Camorra, N'drangheta) und die USA (→ Cosa Nostra), China (→ Triaden), Japan (→ Yakuza) plausiblen historischen Ableitungen erklären nur die ersten Wurzeln der organisierten Kriminalität in diesen Ländern, nicht aber deren enorme Ausbreitung und erst recht nicht das Übergreifen auf andere Länder. Als z.T. heikel erwies sich die bis Ende der 1980er Jahre herrschende Debatte, wieweit die jeweilige Staatsform organisierte Kriminalität positiv oder negativ beeinflußt. Das häufig herangezogene Beispiel Italiens (mächtige organisierte Kriminalität in demokratischen Zeiten, deren Zerschlagung unter dem Faschismus) war dabei von besonderer Brisanz. Der Entmachtung der organisierten Kriminalität durch den Faschismus, der die Mafiaführer hinter Schloß und Riegel setzte, stand deren Wiedererstarkung nach 1945 gegenüber. Allerdings beruhte die Zunahme der organisierten Kriminalität nach dem Zweiten Weltkrieg nicht zuletzt auf der Einsetzung zahlreicher Mafiosi als Bürgermeister durch die alliierten Besatzungstruppen als Dank für gewährte Hilfeleistungen. Darüber hinaus hat ein totalitäter Staat andere Mittel, gegen bestimmte Formen der Kriminalität vorzugehen – allerdings zu dem Preis teilweise drastischer Einschränkungen der Freiheitsrechte des Bürgers und der Gefahr der Errichtung eines staatsterroristischen Systems.

Nach dem Zusammenbruch der sozialistischen Staaten hat sich gezeigt, daß es auch dort eine ausgedehnte organisierte Kriminalität gibt. Gruppen wie die russischen »Rekets« und die »Diebe im Gesetz« zählten auch während der Blütezeit des Stalinismus in den 30er Jahren viele hundert Mitglieder, die – vergleichbar amerikanischen und italienischen Clans – in Brigaden organisiert waren. Ende der 80er Jahre, also noch vor dem Zusammenbruch des kommunistischen Regimes, hatte es in Moskau mindestens acht Großbanden mit insgesamt mehr als 6000 Mitgliedern gegeben. Diese hatten einen garantierten monatlichen Verdienst zwischen 2000 und 7000 Rubel. Das normale Monatseinkommen des durchschnittlichen Russen hatte zu diesem Zeitpunkt 278 Rubel betragen. Seither hat die organisierte Kriminalität in den Nachfolgestaaten der UdSSR noch beträchtlich zugenommen und einen großen Einfluß auf das gesellschaftliche Leben gewonnen (→ Russenmafia).

Die ab und zu vorgetragene These, eine Straffreiheit von Drogenhandel und Drogenbesitz würde der organisierten Kriminalität den Boden entziehen, ist bisher nicht bewiesen. In den USA hat sich die organisierte Kriminalität nach Beendigung der Alkoholprohibition (→ Prohibition) nicht verringert, sondern sich nur neue Betätigungsfelder gesucht. Es liegt also nahe, daß die großen Verbrecherorganisationen bei einer Lockerung des Drogenverbotes eventuelle Verluste durch andere »Märkte« ausgleichen würden, sei es mit der Entwicklung neuer Drogen oder in dem Feld der Kinderpornografie (→ Pornografie), des Menschenhandels oder des illegalen Waffenhandels. Man muß wohl davon ausgehen, daß es immer und überall Gruppen mit unersättlichem Gewinn- oder Machtstreben geben wird, die illegale Betätigungsfelder oder moralwidrige Begierde dafür nutzen, sich selbst zu bereichern oder gar gesellschaftliche Macht für sich zu erschleichen. Die Situation in Ländern mit fortgeschrittener organisierter Kriminalität zeigt, daß Eindämmungsversuche wenig Aussicht haben, wenn kriminelle Gruppen Teile des Fahndungs- oder gar politischen Apparates unterwandert haben. In Ländern, die bis vor wenigen Jahren noch eine geringe organisierte Kriminalität zu verzeichnen hatten, wie z.B. Deutschland, Frankreich oder die Schweiz, ist eine deutliche Zunahme zu beobachten, die vornehmlich auf drei Punkten beruht:

1. Die Vergrößerung, Spezialisierung und Professionalisierung heimischer Banden nach ausländischem Vorbild wie der Camorra oder Mafia.
2. Die Einwanderung ausländischer Gruppen oder die Errichtung von Stützpunkten im Ausland ansässiger Gruppen wie z.B. der sizilianischen Mafia.
3. Der Zusammenschluß heimischer Banden mit ausländischen, entweder zur Arbeitsteilung bei Import, Großhandel, Einzelhandel oder Geldwäsche, oder zum Austausch von »Spezialisten« wie → Killern, → Brandstiftern oder Schutzgelderpressern. Offene Grenzen und moderne Kommunikationsmittel ermöglichen die internationale, kriminelle Zusammenarbeit, besonders im Drogen- und Waffenhandel, bei der Verschiebung gestohlener Autos oder entwendeter Kunstwerke (→ Kunstraub).

Eine primäre Prävention organisierter Kriminalität durch Sozial- und Kulturpolitik oder Erziehung versprechen angesichts der ausgeprägten Geld- und Machtgier der kriminellen Gruppen nur sehr bedingten Erfolg, zumal deren antisoziale Einstellung häufig auf die nächste Generation übertragen wird. Wichtig sind daher strafrechtliche Kontrolle, Ermittlungserfolge und wirksame Gesetze mit spürbaren Rechtsfolgen. Ein zentrales Problem für Polizei und → Justiz ist das internationale Operieren der organisierten Kriminalität. Die im Schengener Abkommen (1985,1990, wirksam seit 1995) vereinbarte grenzüberschreitende Observation und Nacheile, die Vollstreckung von Haftbefehlen im Ausland sowie der verstärkte Schutz an den Außengrenzen der Gemeinschaft waren ein richtiger Schritt zu einer wirksamen Bekämpfung. Eine weitere Verbesserung der internationalen Zusammenarbeit von Polizeikräften ist durch die im Maastrichter Vertrag (1992) vereinbarte Schaffung einer europäischen Polizeibehörde → Europol mit Sitz in Den Haag gegeben.

Auf nationaler Ebene hat das Gesetz zur Bekämpfung des illegalen Rauschgifthandels und anderer Erscheinungsformen der organisierten Kriminalität 1992 positive Bedingungen geschaffen. Mit ihm wurden unter anderem besondere Ermittlungsmaßnahmen in die Strafprozeßordnung eingeführt (→ Rasterfahndung, technische Mittel zu Observationszwecken, → V-Leute), mit denen eine »Waffengleichheit« zwischen Polizei und organisiertem Verbrechen erzielt werden soll. Im materiellen Stafrecht wurde in Umsetzung einer EG-Richtlinie der neue Straftatbestand der Geldwäsche geschaffen und die Vermögensstrafe eingeführt, um der organisierten Kriminalität die finanziellen Grundlagen zu entziehen. Darüber hinaus wurde 1993 mit dem Gesetz über das Aufspüren von Gewinnen aus schweren Straftaten (Geldwäsche-Gesetz) eine Anzeige-, Identifizierungs- und Meldepflicht für Bankgeschäfte bei einer bestimmten Höhe vorgeschrieben. Die Hoffnung, durch dieses Gesetz mit Hilfe der Banken den Verbleib illegaler Gewinne aufzuspüren, wurde bisher jedoch nur in geringem Maße erfüllt. Die Beschränkung der Meldepflicht auf inländische Zweigstellen der Kreditinstitute ist angesichts des international tätigen Verbrechertums ungenügend. 1994 wurde durch das → Verbrechensbekämpfungs-gesetz die → Kronzeugenregelung, die es bisher nur im Bereich des → Terrorismus und der Drogenbekämpfung gab, auch für den Bereich des organisierten Verbrechens eingeführt. Die Kronzeugenregelung ist mittlerweile jedoch wieder aufgehoben worden. Allerdings wurde erstmals die verfassungsrechtlich noch umstrittene Befugnis des Bundesnachrichtendienstes (BND) geregelt, seine Erkenntnis aus telefonischen Überwachungen von Auslandsgesprächen an die Strafverfolgungsbehörden weiterzugeben – jedoch begrenzt auf bestimmte Bereiche der Schwerstkriminalität wie Drogen- und Waffenhandel. Weitere Veränderungen sind elektronische Überwachungsmaßnahmen (sogenannter Lauschangriff), erweiterte Befugnisse der verdeckten Ermittler, polizeiliche Vorfeldermittlungen ohne konkreten Anfangsverdacht. Außerdem werden die Nachrichtendienste in strafprozessuale Ermittlungen mit einbezogen, und der Beschuldigte muß die legale Herkunft des bei ihm sichergestellten Vermögens nachweisen können – vorher war es an der Polizei gewesen, nachzuweisen, daß es sich um unehrlich erworbenes Vermögen handelt. Diese zum Teil umstrittenen Forderungen machen klar, daß die Ausweitung von Sicherheitsgesetzen und staatlichen Eingriffsbefugnissen auch schuldlose Bürger leichter in das Feld polizeilicher Ermittlungsmaßnahmen geraten lassen. Der Kampf gegen die organisierte Kriminalität ist also nicht einfach. Einerseits soll ein totalitärer Polizei- und Überwachungsstaat vermieden werden, auf der anderen Seite ist es aber notwendig, die organisierte Kriminalität einzudämmen, deren Ausbreitung ja nicht nur finanzielle Nachteile für die Gesellschaft hat, sondern letztendlich auch die Sicherheit und Freiheit des einzelnen bedroht. Denn die organisierte Kriminalität strebt mit ihren Einschüchterungsstrategien und ihrer Verfilzung mit Staat und Politik in letzter Konsequenz nicht nur Gewinn, sondern auch Herrschaft an – wenn auch in verdeckter Form.

Die Literatur zu dem Thema organisierte Kriminalität wächst beständig: E. Rebscher und W. Vahlenkamp: Organisierte Kriminalität in der Bundesrepublik Deutschland (1988); Organisierte Kriminalität – Wie groß ist die Gefahr? Beiträge von U. Dormann u.a. (1990); Organisierte Kriminalität in einem Europa durchlässiger Grenzen, hg. Vom Bundeskriminalamt Wiesbaden (1991); W. Raith: Mafia: Ziel Deutschland. Vom Verfall der politischen Kultur zur organisierten Kriminalität (1992) Ders.: Das neue Mafia Kartell. Wie die Syndikate den Osten erobern (1996); M. Pieth und D. Freiburghaus: Die Bedeutung der organisierten Kriminalität in der Schweiz (Bern 1993); U. Sieber und M. Bögel: Logistik der organisierten Kriminalität (1993); B. Peters: Die Absahner. Organi-

sierte Kriminalität in der Bundesrepublik (1994); G. Kaiser: Kriminologie. Ein Lehrbuch (1996); H.-D. Schwind: Kriminologie. Eine praxisorientierte Einführung (1996); Jean Ziegler: Die Barbaren kommen. Kapitalismus und organisiertes Verbrechen (1998); Hans-Werner Hamacher: Deutschland im Visier. Organisiertes Verbrechen (2000).

Oswald, Lee Harvey

Als der erst 43jährige John F. Kennedy am 20. Januar 1961 in das Weiße Haus einzog, war er der jüngste gewählte Präsident in der Geschichte der USA und der erste Katholik in diesem Amt. Verheiratet mit der attraktiven Jacqueline Bouvier, verstand es Kennedy, seine Präsidentschaft mit fast monarchischem Glanz zu umgeben. Gleichzeitig galt er als Garant für eine Erneuerung der amerikanischen Ideale, und in der Zeit des Kalten Krieges setzte er sich besonders für den Ausgleich zwischen Ost und West ein. Als dieser jugendliche, charismatische Präsident am 22. November 1963 an den Folgen eines → Attentates starb, löste diese Nachricht überall in der Welt Entsetzen aus. Der → Mörder Lee Harvey Oswald hatte vom fünften Stock eines nahen Lagerhauses für Schulbücher, in dem er nur wenige Wochen vor dem Attentat eine Anstellung gefunden hatte, drei Schüsse auf den Präsidenten abgefeuert. Oswald selbst überlebte den Präsidenten nur um zwei Tage: Am 24. November wurde Lee Harvey Oswald bei seiner Überführung vom → Polizeihauptquartier zum → Gefängnis in Dallas vom Nachtclubbesitzer Jack Ruby erschossen. Ruby wurde für diese Tat, mit der er angeblich Jacqueline Kennedy den Anblick des Attentäters ersparen wollte, später zum Tode verurteilt.

Die Hintergründe des Attentats auf Kennedy und die → Motive des Täters Lee Harvey Oswald sind bis heute nicht eindeutig geklärt und geben nach wie vor zu Spekulationen und allerlei Verschwörungstheorien Anlaß. Ungeheuer befördert wurde das Rätseln um den Präsidentenmord natürlich durch die Tatsache, daß Oswald selbst das Opfer eines Attentäters wurde, und die Verhöre Oswalds zu diesem Zeitpunkt gerade erst begonnen hatten. Oswald wird als Einzelgänger beschrieben, und vieles

Der Tod eines Mörders.
Am 24. November 1963 erschießt Jack Ruby den Kennedy-Attentäter Lee Harvey Oswald

deutet darauf hin, daß er auch Einzeltäter war. Daß diese Möglichkeit so oft bestritten wird, liegt wohl nicht nur daran, daß Verschwörungstheorien um vieles interessanter erscheinen, sondern auch daran, daß Oswald kein Motiv – zumindest kein rationales – für seine Tat angeben konnte. Dieses »schwarze Loch« erwies sich als Ideal für Spekulationen. Dabei deutet der Bericht der Warren-Kommission das zentrale Motiv für Oswalds Tat durchaus an: → Neid. Der vom Leben benachteiligte, einzelgängerische Oswald hatte einen Groll auf alle glücklicheren und erfolgreicheren Menschen. Und wer schien mehr vom Glück ausgezeichnet zu sein als der junge, strahlende Präsident. So nutzte Oswald seine »Chance«, als der Präsidentenkonvoi am 22. November 1963 an seinem Arbeitsplatz vorbeirollte. Wäre Kennedy alt, häßlich und unbeliebt gewesen – so hätte er diesen Tag aller Wahrscheinlichkeit nach überlebt!

Otomo, Frederic

Warum erstach der Asylbewerber Frederic Otomo am 8. August 1989 in Stuttgart zwei Polizisten? Der aus dem Kamerun stammende Otomo war, so schilderte ihn seine Betreuerin von der Caritas, sehr groß und »gut gebaut«, ein Kerl mit Muskeln und riesigen Händen, 47 Jahre alt, mißtrauisch und unnahbar. An jenem 8. August wurde Otomo von der → Polizei gesucht, weil er einen Fahrkartenkontrolleur geschlagen hatte. Später wird es heißen, er sei schwarzgefahren (→ Schwarzfahrer), was der Bild-Zeitung zu einer schönen Schlagzeile verhilft: »Drei Tote wegen 2,10 Mark« -; denn Otomo war der dritte Tote, nach seinen zwei Morden trafen ihn Polizeikugeln. Doch Otomo hatte eine Fahrkarte. Warum hatte er also zugeschlagen? Warum trug er einen solch ungebändigten → Haß in sich, der ihn dazu verführte, insgesamt vier Polizisten mit seinem Messer zu attackieren, wovon schließlich zwei starben? Acht Jahre hatte Otomo bereits in Deutschland gelebt. Ohne Ausweis und Arbeit unter dem falschen Namen Albert Ament. Für die Welt war er nicht richtig existent. Er behauptete von sich, als blinder Passagier aus Liberia gekommen zu sein und in der US-Army gedient zu haben. Nachprüfen konnte das niemand. Seine Großeltern seien Sklaven gewesen unter deutschen Kolonialherren. Deshalb fordere er von der Bundesrepublik Entschädigung. Otomos Leben in Deutschland war einsam und isoliert. Es dauerte lange, bis er zu seiner Betreuerin Krystyna Schweizer Vertrauen fand. Schließlich brach es in Brocken von Englisch und Deutsch aus ihm heraus. Er klagte an. Die Ausländerbehörde, die ihm keinen Paß gab, keine Arbeitserlaubnis. Das Sozialamt, das ihn nicht genügend unterstützte. Er schrieb sogar Briefe an den Bundespräsidenten. Und immer hatte er eine aufgerollte Zeitung bei sich, die er vor sich auf den Tisch legte. Erst nach der Mordtat wurde Krystyna Schweizer klar, »daß darin das Messer war, das er immer bei sich trug.«

Fühlte Otomo sich erniedrigt, war er verbittert darüber, daß er an der

Luxusgesellschaft des Westens, die ihn angezogen hatte, nicht teilhaben konnte→ Daß er zwar in ihr lebte, aber doch durch eine unsichtbare Mauer auf immer von ihr getrennt blieb? Feststeht: Otomo wollte sich nicht seiner Haut erwehren, als er zum Messer griff; denn dazu bestand kein Grund. Die Polizisten hatten keine Hand gegen ihn erhoben. Otomo wollte töten. Bei vier Polizisten hatte er zugestoßen und gewaltsam das Messer nach oben gerissen, um die Eingeweide seiner Opfer zu durchtrennen. Später mutmaßten einige Zeitungen, er sei ausgebildeter Nahkämpfer gewesen. Doch bis heute fehlt der Beweis hierfür; denn Otomos Vergangenheit ist nur in Bruchstücken bekannt. Kein ? Verbrechen läßt sich nur durch ein äußeres Geschehen erklären. Jede Tat ist auf das engste mit der individuellen Psyche des → Täters verbunden. Nicht jeder frustierte Asylbewerber läuft mit gezücktem Messer durch die Gegend, schlägt auf Fahrkartenkontrolleure ein und schlitzt Polizisten auf. Die ständige Zurückweisung fiel in Otomos Seele auf »fruchtbaren« Boden und erzeugte einen Haß, der nur darauf lauerte, sich entladen zu können.

Zehn Jahre nach dem Stuttgarter Morddrama hat Frieder Schlaich Otomos Morden und tragisches Ende verfilmt.

Literatur: Jörg Burger: Mörder aus dem Nichts. In: Die Zeit Nr. 48 v. 25.11.1999, Lesen S. 8. → Amok

Outlaw

Gesetzloser, der außerhalb der Gesellschaft steht und nach seinen eigenen »Gesetzen« lebt.

P

Päderastie

Bedeutet »Knabenliebe« und meint die erotische bis sexuelle Beziehung von einem erwachsenen Mann zu einem Knaben von meist 12 bis 18 Jahren. In ihren Ursprüngen im alten Griechentum, besonders in Kreta und Sparta, war die Päderastie an frauenlose Gruppen gebunden, wie z.B. den Kriegerstand. Auch bei den Galliern und Etruskern war die Päderasterie verbreitet. Die Römer übernahmen sie teilweise von dort, vor allem jedoch von den Griechen. Bei den Juden war die Päderastie als heidnischer Brauch verboten (3. Mose 18,22).

Auch im Christentum, wo die Geschlechtlichkeit als sündhaft galt und nur im Rahmen der Ehe zum Zweck der Kinderzeugung akzeptabel erschien, war die Päderastie verpönt. Ähnlich wie die → Homosexualität zwischen Erwachsenen wurde sie schwer bestraft und konnte den Tod auf dem → Scheiterhaufen nach sich ziehen. Der geschlechtliche Verkehr eines Erwachsenen mit Knaben, bzw. Kindern unter 16 Jahren ist auch in unserer Gesellschaft strafbar. → Kinderschänder

Panamakanal, Der (Gauner)kampf um den

Wo viel Geld im Spiel ist, geht es selten hundertprozentig ehrlich zu. Zu groß ist die Versuchung. → Bestechung und → Betrug nisten sich dort schnell ein. Nicht anders war es beim Bau des Panamakanals. Seine Erbauung war nicht nur ein technisches Meisterwerk, sondern auch ein Finanzkrimi und eine diplomatische → Gaunerkomödie. Mit der Durchführung wurde der gefeierte Erbauer des Suezkanals, der Franzose Ferdinand de Lesseps, beauftragt. Am 1. Januar 1880 erfolgte der erste Spatenstich. Eine Kanalgesellschaft war zuvor gegründet worden, welche die gewaltigen Summen, die zum Bau des Kanals erforderlich waren, u.a. über Lotteriescheine finanzierte. Doch die Schwierigkeiten beim Bau des Kanals erwiesen sich als so gewaltig, und die Kosten schnellten derart in die Höhe, daß die Kanalgesellschaft 1889 den Konkurs anmelden mußte. Allein 800.000 Franzosen waren vom finanziellen Zusammenbruch des Unternehmens betroffen. Der Kollaps der Panama-Gesellschaft stürzte aber nicht nur Hunderttausende von Sparern in die Krise, sondern Frankreichs gesamte politische Klasse. 1892 wurde in einem antisemitischen Blatt eine Reihe von Artikeln veröffentlicht, welche eine »jüdische Verschwörung« für das Debakel verantwortlich machte. Nachdem nun die Buchhaltung der Gesellschaft überprüft worden war, wurde gegen Lesseps, dessen Sohn Charles und gegen Gustave Eiffel – den Erbauer des Eiffelturms – Anklage wegen Betruges erhoben. Die beiden Lesseps wurden zu fünf Jahren → Gefängnis verurteilt, Eiffel zu zwei Jahren; ein Kassationsgericht hob die → Urteile wegen → Verjährung der Schuld allerdings wieder auf. Doch die Affäre zog weitere Kreise. Die antisemitische Zeitung, die offenbar eine zuverlässige Quelle hatte, enthüllte, daß vor der Abstimmung über das Lotteriegesetz etliche Parlamentarier von der Kanalgesellschaft bestochen worden waren. Jacques de Reinach, Finanzagent der Gesellschaft, gestand, daß er über drei Millionen Franc verschiedenen Zeitungen hatte zukommen lassen.

Als die → Polizei ihn verhaften wollte, fand sie ihn tot in seiner Wohnung. Er hatte sich das Leben genommen. Der Umstand, daß sowohl Reinach wie auch ein in die Affäre verwickelter → Hochstapler namens Cornelius Herz Juden waren, gab dem Antisemitismus reichlich Nahrung. Zuletzt wurde auch noch bekannt, daß der Finanzminister höchstpersönlich am Tag vor Reinachs Tod gemeinsam mit diesem zu Herz gegangen war. Ein Skandal folgte dem anderen. In kurzer Zeit war nach dem Finanzminister auch noch der Ministerpräsident gestürzt. Drei Exministerpräsidenten und Dutzende von Parlamentariern mußten sich schließlich wegen passiver → Bestechung vor → Gericht verantworten.

Erst 1904, diesmal unter Leitung der USA, wurden die Arbeiten am Panamakanal, dem bis dato größten und teuersten Bauwerk der Welt, wiederaufgenommen. Es dauerte dann noch zehn Jahre, bis am 15. August 1914 das erste Schiff den Kanal passieren konnte. → Wirtschaftskriminalität

Panzram, Carl

Als dem damals 39jährigen Carl Panzram am 5. September 1930 in Fort Leavenworth die Schlinge um den Hals gelegt wurde, beschimpfte dieser seinen Henker: »Beeil dich, du Bastard. Während du hier herumtrödelst, könnte ich ein Dutzend Männer umbringen.« Der als Sohn preußischer Einwanderer in Warren/Minnesota geborene Panzram hatte im Laufe seines Lebens allerdings mehr als nur ein Dutzend Männer umgebracht. Nach eigenen Aussagen hatte er im Laufe seines Lebens neben mehreren → Raubüberfällen und → Brandstiftungen mehr als 1000 Männer vergewaltigt (→ Homosexualität, → Vergewaltigung) und 21 → Morde verübt. Bereits mit zwölf Jahren war er in eine Besserungsanstalt verwiesen worden, die er prompt niederbrannte. Seitdem landete er immer wieder in den → Zuchthäusern und → Gefängnissen der USA. Wenn er nicht gerade im Gefängnis war, reiste Panzram durch Europa und Afrika. In Afrika warb er acht Eingeborene an, die ihm bei der Krokodiljagd helfen sollten. Doch statt der Krokodile tötete Panzram die Männer, die er zuerst vergewaltigte und dann an die Krokodile verfütterte. Selbst im Zuchthaus konnte Panzram, der von sich selbst sagte: »Ich glaube nicht an Gott oder an den Teufel. Ich hasse die ganze verdammte Menschheit, einschließlich mich selbst«, das Töten nicht lassen. Als er 1928 wegen Raubmordes zu 25 Jahren → Zwangsarbeit verurteilt worden war, erstach er den Vorarbeiter der Anstaltswäscherei, Robert Warnke. Als einige Liberale gegen die → Todesstrafe, die ihm nun gewiß war, protestierten, hatte er für diese nur Spott übrig: »Die einzige Möglichkeit, jemanden zu bessern, ist, ihn aufzuhängen«, bemerkte er. Für ihn selbst mag diese Behauptung zugetroffen haben.

Parasiten

Als parasitär wird allgemein die → Unterwelt empfunden, da sie schmarotzerhaft auf Kosten anderer lebt. Ist also der → Verbrecher ein Parasit? Vom rein wirtschaftlichen Gesichtspunkt ist er das sicherlich. Von dieser Warte aus ist der Verbrecher nur ein Schädling, der überdies eine Bedrohung für Leib und Leben des redlichen Bürgers darstellt. Ist der Verbrecher demnach vollkommen überflüssig, nutzlos und unwert – eine Fehlkonstruktion des Lebens → Dieser Sicht steht entgegen, daß die Menschheit von ihrem Urbeginn an vom Verbrechen fasziniert war. Der Verbrecher stillt also – und das ist keineswegs zynisch gemeint – das Unterhaltungsbedürfnis und die Neugierde des Menschen, wovon → Kriminalliteratur, → Kriminalfilme und die Medien allgemein reichlich zehren. Außerdem konfrontiert uns das Verbrechen mit den elementaren Fragen von → Schuld und Sühne. Erst durch das Böse lernen wir, uns für das Gute zu entscheiden. Der französische Soziologe Emil Durckheim vertrat sogar die provozierende These, daß ein bestimmtes Maß an Kriminalität integraler Bestandteil »gesunder« Gesellschaften sei. Kriminalität ist nach Durckheim deshalb normal und sogar nützlich, weil eine Gesellschaft ohne sie nicht vorstellbar ist. Zur Natur von Gesellschaften gehöre es nun einmal, Regeln des Zusammenlebens hervorzubringen und ihre Übertretung oder Nichtbeachtung zu bestrafen. Indem aber ausgegrenzt und verurteilt wird, was als abnormes oder gesellschaftsschädigendes Verhalten angesehen wird, versichert sich die Gesellschaft ihrer eigenen Werte und Normen. So betrachtet, erfüllt auch das Verbrechen einen Zweck und erweist sich für die Entwicklung von Recht und Moral als unentbehrlich. Auch der Verbrecher hätte demnach eine klare Funktion.

Parteispenden

Ein Mitte der 1970er Jahre aufgekommener Begriff. Er bezeichnet die von der Steuerfahndung, später auch von der Staatsanwaltschaft angegriffene Praxis der Parteien, Spenden aus dem Bereich der Wirtschaft über gemeinnützige Organisationen oder andere dunkle Kanäle an sich selbst weiterzuleiten. Von Juni 1983 bis März 1985 tagte ein Untersuchungsausschuß des Bundestages, der vor allem die Spendenaktivitäten des Flick-Konzerns prüfen sollte. Ein Resultat davon war, daß der damalige Bundestagspräsident Rainer Barzel (CDU) 1984 von seinem Amt zurücktreten mußte. Mit dem vom August 1985 bis Februar 1987 geführten → Prozeß gegen den Flick-Manager Eduard von Brauchitsch und die früheren Wirtschaftsminister Hans Friedrichsen und Otto Graf Lambsdorff (beide FDP) erreichte die Parteispendenaffäre einen ersten Höhepunkt. Das Thema geriet dann Anfang 1999 erneut in das Blickfeld der Öffentlichkeit, als publik wurde, daß Altbundeskanzler Helmut Kohl (CDU) in größerem Umfang → illegale Parteispenden angenommen hatte. Die Namen der Spender gab Kohl nie preis. Die Umstände unter denen solche Geheimzuwendungen eingingen, erhellt die bislang einzig bekannte Spende des Rüstungslobbyisten Karlheinz Schreiber, die die CDU-Affäre ins Rollen gebracht hat. Laut Aussage des CDU-Steuerberaters Horst Weyrauch rief der damalige Schatzmeister Walther Leisler Kiep ihn Mitte April 1991 an, um ihn zu einem Termin in die Schweiz zu bitten, wo es eine Barspende in Empfang zu nehmen gelte. So traf er am 26. April um ein Uhr mittags mit Kiep und Schreiber in einem Einkaufszentrum in St. Margarethen zusammen und erhielt einen Koffer, den er erst nach seiner Rückkehr in Frankfurt öffnete. Inhalt: Eine Million Mark in Tausendmarkscheinen. Das Geld wurde dann auf Schwarzkonten eingezahlt. Hans Leyendecker, Heribert Prahtl und Michael Stiller beschreiben in ihrem Buch: *Helmut Kohl, die Macht und das Geld* (2000), wie sich seit der Ära Konrad Adenauer ein gewachsenes System illegaler Parteifinanzierung nach dem Muster → organisierter Kriminalität herausgebildet habe, in dem nur die → Täter wechseln. Das Prinzip sei seit Adenauer dasselbe und unter Kohl lediglich nahezu bis zur

Parteispendenaffäre: Der Bundeskanzler Helmut Kohl sagt vor dem Flick-Untersuchungsausschuß (1984) in Bonn aus

Perfektion verfeinert worden. Ähnlich wie bei der »ehrenwerten Gesellschaft« (→ Mafia) oder der → N'drangheta gelte auch hier das Gesetz der Omertà: nämlich das absolute Schweigegebot. Wer es bricht, ist ein Verräter.
Weitere Literatur: Klaus Dreher: Kohl und die Konten (2002).

Der Pate
Abgeleitet vom lateinischen »pater« = »Vater«. Traditionelle Bezeichnung für die → Mafiabosse.

Patiententötungen
→ Ärzte und Verbrechen, → Sterbehilfe, → Die »Teufelinnen von Lainz«, → Todesengel

Patinnen
Frauen gibt es nicht in der → Mafia. So die tradierte Auffassung. Doch das ist nach den Recherchen der englischen Journalistin Clare Longrigg nur noch ein Klischee. In ihrem Buch *Patinnen. Die Frauen der Mafia* (1997) beschreibt sie, daß sich die Mafia in derselben Weise entwickelt hat wie die »zivilisierte« Gesellschaft. In dem Maße, wie Frauen die Arbeitswelt für sich erobert haben, hätten auch Mafia-Frauen Positionen und Führungsfunktionen innerhalb der Mafia besetzt. Die Zeiten, in denen Frauen der Mafia sich auf Kinder und Küche beschränkten, sind nach Clare Longrigg vorbei. Die Mafia-Frauen haben für sich das Gesetz des Handelns entdeckt: Sie töten und lassen töten, erpressen → Schutzgelder, betreiben → Waffenschmuggel, sind in die → Rauschgiftkriminalität verwickelt und verwalten die Milliardensummen, die bei ihren schmutzigen Geschäften anfallen. Während 1990 nur eine einzige Frau wegen ihrer Zugehörigkeit zur Mafia angeklagt wurde, waren es 1995 bereits 89. Die Zahl der Frauen, die sich wegen Drogenhandels verantworten mußten, stieg von 37 im Jahr 1994 auf 422 im Jahr 1995, die Zahl der gegen Frauen geführten Anklagen wegen → Geldwäsche kletterte im selben Zeitraum von 15 auf 106, und die Zahl der Frauen, die wegen erpresserischen (→ Erpressung) Kreditwuchers verhaftet wurden, stieg von 119 auf 421. In zahlreichen Fallbeispielen weist Clare Longrigg auf, wie tief Frauen mittlerweile in die »ehrenwerte Gesellschaft« verstrickt sind und wie gnadenlos sie die Gesetze der Mafia erfüllen. → Frauen und Gewalt, → Mafia

Pekalski, Leszek
»Keiner der Serienmörder, die ich bisher untersuchen und beobachten konnte, war geisteskrank, aber ebensowenig war einer normal. Sie töten nicht nur aus ihrer sexuellen Lust heraus, sie töten aus Wut.« Zu diesem Urteil kommt Jaques Buval in seinem Buch *Nur für Schokolade* (1998), wo er den Lebensweg des → Serienmörders Leszek Pekalski schildert. Pekalski war achtzehn, als er seinen ersten → Mord beging, mit dreißig, im Dezember 1996, verurteilte ihn ein polnisches → Gericht zu 25 Jahren → Haft. Über 80 Morde hat er zugegeben, für die → Geständnisse ließ er sich mit Schokolade und Pornoheften belohnen, um sie anschließend zu wi-

derrufen. Experten sind sich einig, vollständig wird die Wahrheit über diesen Mann nie ans Licht kommen. Psychologen urteilten über Pekalski, daß das Morden und grauenhafte Zerstückeln seiner Opfer für diesen einer »normalen Kontaktaufnahme« gleichkomme. Experten der Psychiatrie kamen in einem Gutachten über Pekalski zu folgendem Ergebnis: »Leszek Pekalski leidet unter einer Störung, die man als Nekrosadismus bezeichnet. Er tötete und schlug auf die regungslosen Körper ein. Diese Taten beflügelten ihn.« Opfer, die mit dem Leben davongekommen waren, sagten aus, Pekalskis Gesichtsausdruck sei während der Tat der eines Ungeheuers gewesen. Aber dieses Ungeheuer hatte selbst die Gewalt kennengelernt – ja, es war genaugenommen nichts anderes als ein Produkt der Gewalt. Pekalski wuchs nicht nur als uneheliches Kind mit viel Prügeln auf, sondern er war auch das Ergebnis einer brutalen → Vergewaltigung seiner Mutter, als diese selbst noch ein halbes Kind war. Lebend wird Pekalski die Gefängnismauern wohl nie mehr verlassen. Wie nahezu alle → Lustmörder ist er bei seinen Mitgefangenen verhaßt. Oft soll er sich die Ohren zuhalten, wenn der Chor der Gefangenen grölt: »Leszek, Leszek, du wirst sterben. Leszek, Leszek, bald kommt deine Zeit. Wir werden dich schlachten, dich quälen, dir die Gedärme aus dem Leib reißen. Warte, deine Zeit kommt.« → Nekrophilie, → Sadismus

Das Perfekte Verbrechen

Ist gar nicht so selten, zumindest wenn man all diejenigen Verbrechen dazuzählt, die niemals aufgeklärt werden – meist weil sie gar nicht als Verbrechen erkannt worden sind. Bei → Mord (→ Dunkelziffer des Verbrechen) betrifft das immerhin jeden zweiten Fall. Der Krimifan versteht unter einem perfekten Verbrechen jedoch etwas Erlesenes: Es soll so vollkommen sein wie eine mathematische Gleichung, hinter der ein Gedankengebäude von vollendeter Präzision steht. Ein perfektes Verbrechen besonders perfider Art schildert Agatha → Christie in ihrem Kriminalroman *Vorhang*. Dort mordet der perfekte Mörder Norton nicht selbst, sondern versteht es, in anderen Menschen auf solch raffinierte Art das Böse zu wecken und sie gegeneinander auszuspielen, daß sie einander morden, ohne zu ahnen, von wem sie dazu angestiftet wurden. Selbst Meisterdetektiv Hercule Poirot muß hier verzweifeln. Er weiß, kein Gericht der Welt könnte Norton schuldig sprechen. Deshalb bleibt ihm nur eine einzige, selbst verbotene Möglichkeit ... → Mord als schöne Kunst

Perry, Anne

Die Stadt Christchurch in Neuseeland Anfang der 50er Jahre: Zwischen Pauline Parker und Juliet Hulme, zwei Teenagern völlig unterschiedlicher Herkunft, entwickelt sich eine außergewöhnliche Freundschaft. In ihrer Vorstellung schaffen sich die beiden fantasiebegabten Mädchen eine völlig eigene Welt. In ihr heißt Pauline Charles und Juliet Deborah. Die Freundinnen schreiben einander leidenschaftliche Briefe und dichten Jungmädchen-Romane, schwärmen für den Schnulzentenor Mario Lanza, träumen von einer Karriere in Hollywood und erfinden das Königreich Borovnia. Eine vierte Welt mit Ritterburg, edlen Prinzen und Riesenschmetterlingen, noch paradiesischer als der Himmel. Immer häufiger flüchten sie in dieses imaginäre Paradies und verlieren dabei mehr und mehr den Kontakt zur Realität. Als man sie aus dieser Traumwelt vertreiben will, kommt es zur Katastrophe. Am 22. Juni 1954 wickelten Pauline Parker und Juliet Hulme einen Ziegelstein in einen Nylonstrumpf und ermordeten damit Paulines Mutter. Sie waren zu dem Zeitpunkt fünfzehn und sechzehn Jahre alt. Sie schlugen über vierzigmal zu. Das → Motiv: ihre Freundschaft. Die Eltern fürchteten lesbische Liebe (→ Homosexualität) und wollten die Mädchen trennen. In ihrer Verzweiflung sahen die beiden keinen anderen Ausweg als → Mord.

In den Annalen Neuseelands galten Pauline Parker und Juliet Hulme lange Zeit als die bösesten Mädchen der Welt. Beide wurden zu lebenslänglicher → Haft verurteilt, jedoch vorzeitig entlassen, allerdings unter der Bedingung, daß sie einander nie wiedersehen. Bis heute leben sie unter neuen Namen auf verschiedenen Kontinenten.

Die Geschichte der beiden Mädchen geriet wieder in das Blickfeld der Öffentlichkeit, als Peter Jackson 1994 in seinem Film *Heavenly Creatures* den Stoff aufgriff. Die Rolle der Juliet Hulme besetzte er in dem preisgekrönten Streifen mit Kate Winslet, die hier ihren Durchbruch schaffte und einige Jahre später mit einer Hauptrolle in James Camerons *Titanic* zum Hollwoodstar avancierte. Aber hinter Juliet Hulme verbirgt sich noch ein anderer Star. Nach der Fertigstellung des Films stellte sich nämlich heraus, daß Juliet mit der britischen Bestsellerautorin Anne Perry identisch ist. Die in Schottland lebende Anne Perry hat mit ihren Kriminalromanen (→ Kriminalliteratur), die vornehmlich im viktorianischen England spielen, internationale Erfolge errungen. Die berühmte Mörderin als berühmte Kriminalschriftstellerin – sicherlich eine außergewöhnliche Pointe. → Mörderinnen

Personenfeststellung

Die polizeiliche Personenfeststellung ist eine Identitätsfeststellung, die der Überprüfung einer Person im Rahmen der polizeilichen Aufgabenerfüllung, besonders der Gefahrenabwehr, dient. Ausweispapiere müssen vorgezeigt und ausgehändigt werden. Die → Polizei ist dazu ermächtigt, jemanden zur Dienststelle zu bringen und vorübergehend in → Gewahrsam zu nehmen, wenn die Personenfeststellung an Ort und Stelle nicht durchführbar ist. → Kontrollstelle

Persönlichkeit und Verbrechen

Was macht den Verbrecher zum Verbrecher→ Natürlich der Umstand, daß er stiehlt oder sonstwie versucht, anderen Menschen Schaden zuzufügen. Aber was macht ihn von seiner Persönlichkeit her zum Verbrecher? Gibt es eine kriminelle Persönlichkeit? Die Vermutungen hierzu haben eine lange Geschichte. Bis zum Ende der 60er Jahre gingen Charakterforscher, Psychologen, Psychiater und Kriminologen (→ Kriminologie) vorrangig von der Annahme aus, daß der Verbrecher Fehler in seiner Persönlichkeitsstruktur aufweisen müsse, die ihn von der Normalbevölkerung unterscheiden. Der italienische Gerichtsmediziner Cesare Lombroso beschrieb in der zweiten Hälfte des 19. Jahrhunderts körperliche Merkmale, die seiner Meinung nach auf eine verbrecherische Gesinnung schließen ließen: So u.a. krauser Bartwuchs, hervorstechendes Kinn oder ausgeprägte Backenknochen (→ Delinquento nato, → »Verbrechervisage«). Spätestens mit den 68ern schlug das Pendel dann radikal in eine andere Richtung um. Soziologische Theorien beschäftigten sich mit umweltbedingten Ursachen wie Armut (→ Armut und Verbrechen), kaputten Familien, schlechter Wohnbedingungen, sozialer Ungleichheit und so fort. Für sie stand fest: Das Verbrechen ist ein Resultat sozialer Ungleichheiten, eine angeborene kriminelle Persönlichkeit gibt es nicht.

Die heutige Kriminologie geht davon aus, daß eine kriminelle Handlung sowohl durch die persönliche Veranlagung des → Täters als auch durch ein entsprechendes → Milieu ausgelöst werden kann, bzw. daß diese beiden Faktoren zusammenwirken und sich gegenseitig zu steigern vermögen. Eine feste Trennungslinie zwischen krimineller und nichtkrimineller Persönlichkeit gibt es demnach nicht. Trotzdem existieren eindeutig anlagebedingte Faktoren, die eine Disposition zur Kriminalität erhöhen, wie z.B. Alter, Geschlecht, Aggressivität, aber auch psychische Abnormitäten. Schizophrene neigen z.B. neunmal mehr zur Gewalttätigkeit als der Normalbürger (→ Geschlecht und Verbrechen, → Lebensalter und Verbrechern, → Aggression, → Geisteskranke und abnorme Täter, → YY).

Aber lassen sich jenseits von solchen biologischen und soziologischen Faktoren, die kriminelles Verhalten begünstigen mögen, beim Verbrecher bestimmte Charaktermerkmale feststellen, die seine Persönlichkeit bestimmen→ Robert Waelder bemerkte dazu in seinem 1963 zum erstenmal erschienenen Standardwerk Die Grundlagen der Psychoanalyse: »Von der mildesten bis zur schwersten Form des Verbrechertums, vom Autofahrer, der die Stoßstange eines geparkten Wagens verbiegt und keine Adresse hinterläßt, bis zum Mörder und Kidnapper findet sich immer das gemeinsame Element, daß die Handlung nicht durch Rücksicht auf die Rechte und Interessen anderer gehemmt wurde, sei es, weil derartige Überlegungen sich als zu schwach im Vergleich mit dem Tatmotiv erwiesen, sei es, weil sie überhaupt fehlten. Rücksicht auf die Interessen anderer beruht letztlich auf Objektbeziehungen, d.h. auf dem Maß an Freundlichkeit, die man anderen gegenüber fühlt. Beim Verbrecher fehlt solch ein Gefühl der Freundlichkeit gegenüber oder der Identifizierung mit dem Opfer seiner Handlung entweder völlig oder ist von der treibenden Kraft der verbrecherischen Handlung überwältigt worden. Tatsächlich ist die Haltung, die den anderen nur als Mittel zu eigenen Zwecken oder als Hindernis auf den eigenen Wegen sieht, unser aller frühester Zustand. Das Kind kümmert sich zuerst nur um die Befriedigung seiner selbsterhaltenden Bedürfnisse ... Die Fähigkeit, andere zu lieben und sie zu lieben, wie sie sind, und nicht nur als Spender, entwickelt sich erst später.«

Der Kriminelle besitzt nach dieser Auffassung tendenziell einen unterentwickelten, infantilen Charakter, der sich vor allem dadurch auszeichnet, nicht geben zu können, sondern nur haben zu wollen (→ Asoziales Verhalten). Dem Kriminellen fehlt – und auch hier mögen Umwelt und Veranlagung zusammenwirken – die Kraft, selbstlos zu lieben. Aber nicht nur das, sondern das Gegenteil von Liebe und Mitleid wird hier häufig als Tugend propagiert. Wieviele Gruppen, von den → Gangs in den Ghettos über → Banden der → organisierten Kriminalität bis hin zu militärischen Organisationen (→ Ideologie und Verbrechen, → Krieg und Verbrechen), haben ihren Mitgliedern die immerselbe Devise eingehämmert: »Habe kein Mitleid mit den anderen! Die anderen sind Idioten, Schweine oder Lackaffen; man darf sie quälen, berauben und töten; denn sie zählen nichts!« Häufig verbindet sich hier die Infantilität noch mit dem Ressentiment (→ Neid).

Perugia, Vincenzo

Am 21. August 1911, einem Montag, an dem die Museen geschlossen haben, löste der Dekorationsmaler Vincenzo Perugia, der an Renovierungsarbeiten im Louvre beteiligt war, unbemerkt Leonardo da Vincis Meisterwerk Mona Lisa aus dem Rahmen und verließ damit ebenso unbemerkt das Museum und das Land. Über zwei Jahre blieb die Mona Lisa verschwunden. Am 12. Dezember 1913 endlich gab ein Antiquitätenhändler der → Polizei von Florenz einen Hinweis, der in die norditalienische Provinz Como führte. Dort bot Vincenzo Perugia das unbezahlbare Bild zum Verkauf an. Bei seiner Festnahme war der 31jährige geständig und gab als → Motiv für seinen → Kunstraub Patriotismus an. Immerhin war die Mona Lisa von Napoleon erbeutet worden, der die geheimnisvolle Schöne zeitweilig als Wandschmuck in sein kaiserliches Schlafzimmer gehängt hatte. Heute hängt sie wieder im Louvre – und lächelt.

Petersen, Julius Adolf

Der 1882 als Sohn eines Zigarrenarbeiters geborene Adolf Petersen war schon zu seinen Lebzeiten eine legendäre Gestalt. Der »Lord von Barmbeck«, wie die Hamburger ihn nannten – Barmbeck war damals noch ein Vorort von Hamburg und ein beliebter Zufluchtsort für → Ganoven -, hielt auf dem Höhepunkt seiner Karriere mit Serien spektakulärer → Einbrüche und → Raubüberfälle die Bürger in Schrecken und ganze Scharen von Kriminalbeamten und Zeitungsreportern auf Trab. Der »Lord« war im Laufe seiner kriminellen Karriere zum Anführer einer weitverzweigten → Einbrecher- und → Räuberbande

aufgestiegen, die, von der → Polizei zunächst »Barmbecker Verbrechergesellschaft« und später »Petersen-Bande« genannt wurde und weit über Hamburg hinaus berühmt-berüchtigt wurde. Es war die Zeit der sogenannten Einbrecherkolonnen. Die Zusammensetzung einer solchen Kolonne richtete sich nach der Größe und Schwierigkeit eines Unternehmens. Die → Beute wurde je nach Leistung aufgeteilt. Meist bekamen die Kolonnen Tips von außen, doch bei Petersens »Kolonne« lagen Planung und Durchführung eines Einbruchs allein bei ihm, der innerhalb seiner Bande als »König« galt. Es gehörte zweifellos eine gewisse Persönlichkeit dazu, eine Verbrechergesellschaft so straff und professionell zu organisieren, wie dies Petersen gelang. Sogar ein Untersuchungsrichter urteilte über ihn: »Seine Einbrüche und Überfälle sind in geradezu bewunderungswürdiger Weise organisiert.«

Während Petersen nachts mit der Präzision eines Artisten seinem verbotenen Handwerk nachging, trat er tagsüber als »Lord« auf. Wenn er mit steifem Hut und eingerolltem Schirm durch die Straßen Hamburgs marschierte, hätte man meinen können, er komme direkt von der Börse. Aber der »Lord« sah nicht nur ungewöhnlich nobel aus, er konnte sich für einen Verbrecher auch ungewöhnlich nobel und spendabel verhalten. Während er – trotz aller Eleganz – im persönlichen Lebensstil eher bescheiden war, war er recht großzügig gegenüber Freunden, Armen und Kindern. Seinen Verfolgern konnte er sich immer wieder entziehen, oft durch verwegene Fluchten über Häuserdächer. Und brachte man ihn wirklich einmal hinter Gitter, entkam er oft auf rätselhafte Weise wieder.

Als Petersen 1927 doch einmal für längere Zeit im → Zuchthaus einsitzen mußte, verfaßte er dort seine Memoiren. Dabei entpuppte er sich als ein schriftstellerisches Naturtalent. Ebenso naiv wie selbstbewußt schrieb er seine Erinnerungen auf – mit der Feder nicht weniger geschickt als mit dem → Dietrich. Seine Sprache war geprägt von dem Umgang mit Behörden, den Büchern, die er in der Zelle las, und dem → Milieu, aus dem er stammte. Doch der Wunsch des »Lords«, seine Erinnerungen der Öffentlichkeit übergeben zu können, verwirklichte sich erst sehr viel später. Zunächst wanderte das Manuskript zu den Akten. Lange Zeit galt es als verschollen, bis es schließlich Jahrzehnte später im hamburgischen Staatsarchiv wiederaufgefunden wurde. 1973 endlich konnten Petersens Memoiren von Helmut Ebeling herausgegeben werden.

Ihr Titel: *Der Lord von Barmbeck. Das Leben des berüchtigten Ein- und Ausbrechers Julius Adolf Petersen, von ihm selbst erzählt.* Ein Jahr später wurde die Lebensgeschichte des »Lords« mit Martin Lütke in der Hauptrolle verfilmt.

Nach der Niederschrift seiner Erinnerungen kam Petersen noch zweimal in Freiheit und zweimal wieder in die → Strafanstalt. Am 21. November 1933 fand ein Aufseher den »Lord« erhängt in seiner Zelle (→ Selbstmord). Einen Abschiedsbrief hatte Petersen nicht hinterlassen. Sein Tod deutet auf tiefe Verzweiflung und große Verlassenheit hin. Trotz seiner hohen Intelligenz sah er für sich offensichtlich keine Möglichkeit, dem frustrierenden Kreislauf von Zuchthaus und → Unterwelt zu entkommen.

Pfählen

Vlad Tepes II., die historische Vorlage zu Bram Stokers *Dracula*, war für diese grausame → Hinrichtungsart bekannt. Erfunden worden ist diese barbarische → Strafe jedoch vermutlich von den Assyrer-Babyloniern. Man benötigt dazu einen Holz- oder Eisenpfahl, auf welchen das lebende Opfer gesetzt wurde. Der Pfahl war häufig nur wenig zugespitzt, um sein langsames Eindringen in den Leib zu garantieren. Der Tod war so ein äußerst qualvoller und trat erst nach Stunden, manchmal erst nach Tagen ein, wenn sich der Pfahl durch das Eigengewicht des Verurteilten weit genug in den Leib gerammt hatte. Pfählungen waren in Europa zwischen 1300 und 1700 keine Seltenheit. Im September 1327 wurde sogar der englische König Edward II. gepfählt. Die Exekutoren durchbohrten ihrem vermutlich homosexuellen Monarchen vom After her die Eingeweide. Der Leichnam, der äußerlich keine Verletzungen aufwies, wurde daraufhin in Ehren begraben.

Im allgemeinen waren es → Delikte wie Notzucht, Kindermord (→ Vergewaltigung, → Kinderschänder) oder angebliche Zauberei, die durch Pfählen bestraft wurden. Neben der mehr mittelöstlichen Methode, das Opfer auf einen Pfahl zu setzen, gab es auch die Variante, dem liegenden Angeklagten einen Pfahl in die Brust zu schlagen. Eine Vorgehensweise die uns ebenfalls aus der Geschichte Graf Draculas bekannt ist und Vampire angeblich von ihrem Untotendasein erlösen soll.

Pferdedieb

Nicht jedes → Delikt wird zu allen Zeiten als → Verbrechen empfunden und verfolgt, wie z.B. → Blasphemie oder → Homosexualität deutlich machen. Aber auch Taten, die vermutlich immer als Verbrechen empfunden werden, unterliegen in ihrer Bewertung und damit ihrer Bestrafung zeit- und gesellschaftsabhängigen Faktoren. Ein besonders gutes Beispiel hierfür ist der Pferdediebstahl. Während er in der Gegenwart beinahe ein Kuriosum darstellt, wurde er etwa im Amerika des 18. und 19. Jahrhunderts als schwerwiegendes Verbrechen betrachtet. Und das hatte seine Gründe. Wer zum Beispiel einem Trapper auf vorgeschobenem Posten, womöglich mitten im Indianergebiet, das Pferd stahl, konnte damit dessen Tod verantworten. Deshalb galt der Pferdedieb als besonders verächtlicher → Dieb. Die → Strafe war entsprechend hoch und → Lynchjustiz nicht auszuschließen.

Phantombild

Eine nach → Zeugenaussagen zur → Fahndung oder Personenidentifizierung dienende Nachbildung der äußeren Erscheinung eines Menschen, besonders seines Gesichts. Zu seiner Herstellung bedient man sich verschiedener Methoden. Die verbreitetste ist: Zeugen werden Vorlagen gezeigt. Aus Augenpartien, Haaren, Nasen, Mündern und Ohren wird ein Phantombild zusammengesetzt. Neueren Datums ist die Methode, das Phantombild computergestützt unter Verwendung gescannter oder videodigitalisierter Fotos zu erstellen. Die traditionellste Methode ist, das Phantombild von einem → Polizeizeichner gemäß Zeugenaussagen bildnerisch umzusetzen. Ein Verfahren, das von Jeanne Boylan, einer studierten Psychologin und Mitarbeiterin des → FBI, bevorzugt wird. Boylan gilt als die erfolgreichste Phantombilderstellerin der Welt, die von sich sagt: »Jeder Zeuge hat das Bild des Täters in seinem Kopf gespeichert. Ich rufe es ab.« Die Zeichnung hält Boylan für die beste Methode, da sie nicht schematisiert und somit am wenigsten verfälscht. Während Jeanne Boylan die Zeichnung erstellt, unterhält sie sich intensiv mit dem Zeugen und tastet sich in dessen Unterbewußtsein vor. Kollegen attestieren ihr: »Sie kann sich total in die Psyche eines Opfers hineindenken.« Aufgrund ihrer Doppelbegabung als Zeichnerin und Psychologin schafft sie immens wirklichkeitsnahe Phantombilder. Ihre Fähigkeit hat bereits dazu verholfen, viele Verbrecher hinter Schloß und Riegel zu bringen, so z.B. den Oklahoma-City-Attentäter Timothy → McVeigh oder den → »Una-Bomber« Prof. Dr. Ted Kaczynski.

Phantomverbrechen

Während auf der einen Seite viele → Verbrechen überhaupt nicht registriert werden (→ Dunkelziffer des Verbrechens) oder es nie zu einer

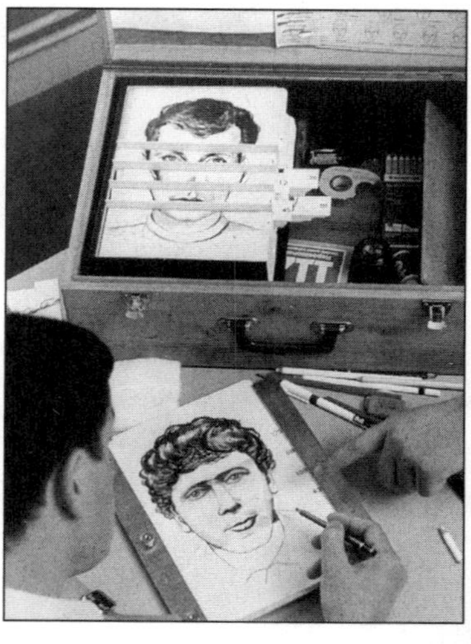

Anfertigung eines Phantombildes

Strafverfolgung kommt, da man den oder die → Täter nicht findet oder kein Strafverfahren eingesetzt wird, oder auch weil sich das Verbrechen in einer Grauzone befindet (→ legale Kriminalität), gibt es auf der anderen Seite Fälle, wo Menschen wegen rein fiktiver Verbrechen angeklagt und zum Teil schwer bestraft wurden. Hierzu zählen etwa → Hexenverfolgungen, Judenpogrome, aber auch die stalinistischen Schauprozesse (→ Stalin), bei denen die → Angeklagten gezwungen wurden, unter → Drohung von → Folter Verbrechen zu gestehen, die gar nie begangen wurden. Phantomverbrechen begegnen uns verstärkt in emotional erhitzten Zeiten, in denen der vermeintliche Täter nicht selten eine → Sündenbockfunktion übernimmt. Ein Phantomverbrechen verkörpert im Regelfall die Art von Verbrechen, die im besonderen Maße gegen die Werte der entsprechenden Gesellschaft verstoßen. Phantomverbrechen sind Verbrechen, die zwar realiter nicht stattgefunden haben, die aber uneingestanden erwünscht sind, damit sie in aller Schärfe geächtet werden können. → Ideologie und Verbrechen, → Sebnitz

Piraten

Während ihrer Glanzzeit, vom 16.-18. Jahrhundert, haben die Piraten wohl wirklich so ausgesehen, wie wir uns das gemeinhin so vorstellen. Tücher um den Kopf, Pistolen, Säbel und Entermesser am Leib. Und einige hatten tatsächlich den Papagei auf der Schulter, beliebte Tiere; denn sie plapperten sehr manierlich die ihnen beigebrachten Schimpfworte nach. Ansonsten grimmige Blicke – und im Hintergrund flatterte die schwarze Fahne mit dem Totenschädel. Bei dem Wort Piraten haben wir allerlei Assoziationen: → Rebellen, → Gauner, Schurken, Tyrannen, einsame Helden und verschlagene → Mörder, joviale Zecher und romantische Liebhaber, Balladen, Romane, Filme, kurzum 300 Jahre Fiktion und Legendenbildung.

Nicht selten führte der Weg zur Piraterie über die → Meuterei; denn auf den Handelsschiffen der großen seefahrenden Nationen herrschte oft Tyrannei. Das Leben auf dem Piratenschiff hingegen war freier. Es gab mehr Geld, mehr Freizeit und mehr Rum. Geleitet wurde ein Piratenschiff nach einer Art demokratisch beschränktem Führerprinzip: Der Kapitän eines Piratenschiffes wurde von der Mehrheit der Besatzung gewählt und konnte abgesetzt werden, wenn die Mannschaft mit ihm unzufrieden war. Eine Art Frühform der Krankenversicherung gewährleistete sogar Entschädigung für den Verlust eines oder mehrerer Körperteile. Der rechte Arm war am höchsten dotiert, linker Arm und rechtes Bein folgten knapp dahinter, linkes Bein stand an vierter Stelle. Ein verlorenes Auge zählte weniger – Klappe drüber.

Für eine Idealisierung des Piratendaseins besteht trotzdem wenig Anlaß: Oft huldigten die Piraten einer exzessiven Grausamkeit. An Bord herrschten nicht selten Krankheit und Alkoholismus (→ Alkohol und Verbrechen), und so manches Piratenleben endete vorzeitig im Kampf oder am → Galgen. Auf Piraterie stand generell die → Todesstrafe.

Das Wort »Pirat« ist vom griechischen »peirates« abgeleitet und bedeutet »versuchen, wagen unternehmen«. Piraten stellen sich außerhalb aller Gesetze und überfallen in der Regel Schiffe jeder Nationalität, sowohl auf offener See als auch in Buchten, Häfen oder Flüssen. In der Antike wurde Piraterie von allen seefahrenden Völkern betrieben. Erst Rom gelang es, im Zeichen der Pax Romana, die Piraterie einzudämmen.

Im Mittelalter waren im Norden vor allem die Wikinger und im Süden

Unter den Augen ihres Kapitäns vergraben zwei Piraten einen Schatz. Illustration von Howard Pyle (1894)

die Sarazenen gefürchtete Piraten. Im 15.-18. Jahrhundert war die → Kaper als legale Form des Kriegseinsatzes privater Schiffe verbreitet, wobei die Grenzen zur Piraterie oft fließend waren. Schwerpunkte dieser Aktivitäten waren der Indische Ozean und die Karibik. Im Persischen Golf und im Indischen Ozean waren auch zahlreiche einheimische Piraten unterwegs. Vom 16.-18. Jahrhundert befuhren nordafrikanische Piraten das Mittelmeer. Im 19. Jahrhundert konnten ihre Aktivitäten jedoch durch europäische Mächte unterdrückt werden. Mit Hilfe rechtlicher, administrativer und militärischer Maßnahmen ist die Piraterie im 19. und 20. Jahrhundert stark zurückgegangen, doch ganz aus der Welt geschafft ist sie auch heute noch nicht (→ Piraterie heute). Die Piraterie wurde 1982 durch die UNO-Seerechtskonvention geächtet.

Literatur: David Cordingly: Unter schwarzer Flagge. Legende und Wirklichkeit des Piratenlebens (1999); Hartmut Roder (Hg.): Piraten. Die Herren der Sieben Meere (2000). → Blackbeard, → Bonny, Anne und Mary Read, → Dampier, William, → Drake, Francis, → Freibeuter, → Kidd, William, → Korsaren, → Lafitte, Jean, → Morgan, Henry, → Piraterie in China, → Piratinnen und Piratenfrauen, → Prise, → Roberts, Bartholomew, → Störtebeker, Klaus, → Vitalienbrüder

Piratensender

Unter Piratensendern versteht man außerhalb der Staatsgebiete betriebene Rundfunk- oder Fernsehsender. Als Stationen hierfür eignen sich besonders Schiffe oder künstliche Inseln auf hoher See. Die um 1958 in nordeuropäischen Gewässern auftauchenden Piratensender wollten durch Werbung finanzierte Sendungen produzieren und sich dem staatlichen Rundfunkmonopol entziehen. Am 22.1.1965 wurde von den Staaten des Europarates ein Abkommen getroffen, das die rechtlichen Schwierigkeiten zur Bekämpfung von Piratensendern aus dem Weg räumte. Als Folge wurden die Piratensender in den 70er Jahren, zum Teil durch → Polizeiaktionen, zur Aufgabe gezwungen.

Piraterie in China

Im Reich der Mitte hat die → Piraterie eine besonders lange Geschichte. Erste Berichte über eine küstennahe Piraterie gehen bis auf 4000 Jahre v. Chr. zurück. Die chinesische Seeräuberei entwickelte sich an der viele tausend Kilometer langen, kaum zu überwachenden chinesischen Küste. Da die Piraten vorrangig in Küstennähe aktiv waren, bildeten sie weniger eine Bedrohung für die Schiffe fremder Staaten als eine Gefahr für die eigene Seefahrt. Eine Besonderheit der chinesischen Piraterie war, daß es, vor allem an der Südostküste, viele »Saisonpiraten« gab. Da der Fischfang hier nämlich nur ein wenig einträgliches Geschäft war, dem man überdies nicht das ganze Jahr über nachgehen konnte, rüsteten viele Fischer in den Sommermonaten Boote aus, um nach Norden zu segeln, dort Schiffe zu überfallen und an den Küsten zu plündern. Anführer der → Banden waren meist Eigentümer von

Fischerbooten, die Mannschaft bestand überwiegend aus deren Angehörigen oder Freunden. Neben → Raub und → Schmuggel betrieben die Piraten auch die → Entführung wohlhabender Bürger, um Lösegeld zu erpressen (→ Erpressung).

Anfang des 19. Jahrhunderts schlossen sich die chinesischen Piraten zusammen. Das führte zur Schaffung der größten Piratenflotte aller Zeiten, mit bis zu 150.000 Piraten und mehreren tausend Dschunken. Die Piraten verfügten über Stützpunkte in allen wichtigen Handelswasserstraßen Chinas. Außerdem stand ihnen auch im Landesinneren ein umfangreiches Netz von Händlern und Helfern zur Verfügung. Der Zusammenhalt war so eng, daß auch größere Unternehmen der Regierung gegen Zwischenhändler keine Auswirkung auf die Aktionsbereitschaft der Piraten hatten. Erst interne Auseinandersetzungen der Piraten und ein → Amnestieangebot des Kaisers führten zum Ende des Piratenbundes. Außerdem entschlossen sich ab Mitte des 19. Jahrhunderts die Kolonialmächte, allen voran die Engländer, massiv gegen die Piraten vorzugehen, da diese durch die Piraten ihren Handel mit dem Reich der Mitte gestört sahen. Gegen die stählernen Kanonenboote hatten die Piraten in ihren Holzdschunken keine Chance. Die Militärpräsenz der Kolonialmächte sorgte von nun an dafür, daß es nur noch vereinzelt zu Piratenüberfällen kam. → Piraterie heute, → Triaden

Piraterie heute

→ Piraterie ist keineswegs eine Angelegenheit der Vergangenheit. Gerade in den letzten Jahrzehnten, nach dem Rückzug der ehemaligen Kolonialmächte und dem Ende der »Pax Britannica« auf den Weltmeeren, hat sie deutlich wieder zugenommen. Im Jahr 2000 wurden weltweit etwa 2000 Schiffe überfallen. Besonders im Golf von Thailand, im südchinesischen Meer (→ Piraterie in China) und in den Gewässern um Indonesien und die Philippinen operieren die Piraten von heute. Die modernen Handelsschiffe sind aufgrund ihrer Schwerfälligkeit und der kleinen Besatzung häufig genug eine leichte → Beute. Die Piraten betreiben ihr

Piraterie heute: Philippinische Piraten

Handwerk im Regelfall mit kleinen, schmalen Schnellbooten in Küstennähe. Sie sind mit Schnellfeuerwaffen ausgerüstet. Zum Entern von Handelsschiffen verwenden sie Bambusstangen, Seile oder Steighaken, mit deren Hilfe sie die Bordwand ersteigen. Ihre → Überfälle dauern oft nicht länger als 10 oder 20 Minuten. Mit Geld, Schmuck oder sonstigen Wertsachen beladen, verschwinden sie dann wieder auf eine kleine Insel oder in einem versteckten Flußarm. Mit Hilfe Dritter, manchmal auch unter der Tolerierung von Behörden, verhökern sie von ihrem Stützpunkt aus ihr → Raubgut. Auch die → Entführung von Touristen zwecks → Erpressung von Lösegeld fällt in ihren »Arbeitsbereich«.

Piratinnen und Piratenfrauen

Attraktiv und begehrenswert, verwegen und stolz, in ledernen Stiefeln und engen Kniehosen, einen blitzenden Dolch zwischen den strahlendweißen Zähnen, stürmen sie karibische Hafenstädte und feindliche Schiffe, von den Männern gleichermaßen bewundert und mit Schrecken betrachtet. So zeichnet Hollywood in seinen neuesten Produktionen, wie etwa in der *Piratenbraut* (1998), weibliche Seeräuber.

Doch was wissen wir wirklich über Piratinnen? Waren sie verwegene Heldinnen, Amazonen zur See oder nur beklagenswerte Geschöpfe? In ihrem Buch *Abenteuer auf See. Über Piratinnen und andere Seefrauen* (1991) schreibt Helga Helsper, daß das Quellenmaterial zu diesem Thema vornehmlich aus Legenden oder einer Mischung aus Mythos und Historie bestehe. Meist sind nur einzelne Episoden aus dem Leben derartiger Frauen überliefert. Aus dem deutschsprachigen Raum sind überhaupt keine Piratinnen bekannt. Die meisten Piratinnen stammen aus England – und das nicht von ungefähr: Die sieben Weltmeere wurden über Jahrhunderte von den Söhnen – und einigen Töchtern – Britanniens dominiert: Sei es durch Kriegsschiffe, Handelsschiffe oder → Piratenschiffe. Wahrscheinlich trugen die meisten Piratinnen Männerkleidung, in seltenen Fällen blieb ihr Geschlecht unerkannt und weniger selten waren sie die Geliebte eines Piraten – meist des Kapitäns. Die berühmtesten Piratinnen waren sicherlich Anne → Bonny und Mary Read.

Pitavel

Unter der Bezeichnung »Pitavel« versteht man eine Sammlung von Kriminalfällen. Der Name geht zurück auf den französischen Rechtsgelehrten François Gayot de Pitavel (1673-1743), der zwischen 1734 und 1743 eine zwanzig Bände umfassende Folge von Causes célèbres et intéressantes (Berühmte und interessante Rechtsfälle) herausgab. Seitdem ist es üblich, veröffentlichten Strafrechtsfällen den Namen Pitavel zu geben. Besonders bekannt wurde der von J. E. Hitzig herausgegebene Der neue Pitavel (60 Bde., 1842-1890).

Plättner, Karl

Am Morgen des 3. Juni 1921 sah sich der Kassierer der Deutschen Bank in Deuben bei Dresden sieben Männern mit gezogenem Revolver gegenüber. Der Anführer, ein kleiner Mann mit stechendem Blick, forderte den Filialleiter auf, das Geld »gutwillig herauszugeben, da er es für revolutionäre Zwecke gebrauchen wolle«. Die revolutionär gesinnten → Bankräuber erbeuteten insgesamt 250.000 Mark in drei Säcken und machten sich aus dem Staub.

Die Berliner → Kriminalpolizei sprach von einem »äußerst frechen Raub« und setzte 10.000 Mark Belohnung auf die Ergreifung der → Täter aus. Schon bald verdichteten sich die Hinweise darauf, daß der »Kommunist und Wanderredner« Karl Plättner seine Hand im Spiel gehabt habe. Man überwachte die Wohnung seiner Geliebten in Leipzig, doch Plättner ging nicht in die Falle. Statt dessen verübte er mit einer Schar Gesinnungsgenossen in den folgenden Monaten eine → Raubtat nach der anderen, nicht, wie er verkündete, um sich zu bereichern, sondern um die soziale Revolution in Deutschland voranzubringen. »Expropriation der Expropriateure« lautete sein Programm. Wer war nun dieser Karl Plättner? Geboren wurde er am 3. Januar 1893 im Herzogtum Anhalt als Sohn eines Arbeiters. Nach Abschluß der Volksschule absolvierte er eine Lehre. Früh engagierte Plättner sich politisch. Er trat der Gewerkschaft und der SPD bei. Als jedoch 1914, bei Ausbruch des Ersten Weltkrieges, auch die Sozialdemokraten von der allgemeinen Kriegseuphorie ergriffen wurden, wandte er sich von der Partei ab. 1918 zeigte sich Plättner enttäuscht von den von ihm mager empfundenen Ergebnissen der Novemberrevolution. In einer immer stärker werdenden politischen Radikalisierung verkündete er eine »Propaganda der Tat«. Nach Plättner sollten nun alle revolutionären Kräfte zum → Bandenkampf übergehen. Sein Konzept legte Plättner in einer Broschüre mit dem Titel Der organisierte rote Schrecken nieder – eines der rasendsten Revolutionsmanifeste des 20. Jahrhunderts. In einer pathetischen Sprache forderte er darin die Arbeiter zu einem Krieg gegen die herrschende Klasse auf: »Habt ihr keine Waffen, so habt ihr doch Streichhölzer – jagt die Zwingburgen der Kapitalisten in die Luft ... laßt keinen Stein auf dem anderen, denn diese Welt ist nicht mehr zu retten.« Um sein Programm umzusetzen, rekrutierte Plättner ähnlich radikal gesinnte 13 Männer und zwei Frauen um sich und bildete eine Gruppe, die bald als »Plättner-Bande« in die → Polizeiakten eingehen sollte. Für ihre Raubzüge bevorzugte die Plättner-Bande neben Bankfilialen vor allem Werkskassen. So überfiel sie Mitte Oktober 1921 das Verwaltungsgebäude der Grube Alwine bei Bruckdorf bei Halle und erbeutete über 100000 Mark. In einem Flugblatt, überschrieben mit Kriegsbericht von Halle-Bruckdorf, feierte sie den gelungenen → Coup wie eine militärische Erfolgsmeldung und kündigte zugleich weitere »Enteignungen« an, um »die Heere der politischen Flüchtlinge der proletarischen Revolution« ernähren zu können. Das Flugblatt war unterschrieben mit: »Proletarisches Hauptquartier im Oktober 1921.

Der Oberste Aktions-Rat der Roten Armee.« Da die Plättner-Bande bei ihren Raubzügen darauf bedacht war, Waffen nur zur Einschüchterung zu verwenden, kamen keine Menschen zu Schaden. Die Polizei suchte dennoch intensiv nach dem Schlupfwinkel der Bande, und Anfang Dezember 1921 gelang ihr ein erster Erfolg. Sie konnte ein erstes Mitglied der Bande verhaften. Der inhaftierte »Expropriateur« verriet ihnen die Namen und Treffpunkte seiner Genossen, so daß nach und nach die meisten Bandenmitglieder hinter Schloß und Riegel gebracht werden konnten. Plättner selbst wurde Anfang Februar 1922 in Halle festgenommen. Am 15. November 1923 wurde der → Prozeß »gegen Plättner und Genossen« vor dem Staatsgerichtshof in Leipzig eröffnet. Das Aufsehen war groß. »Romantik der Schillerschen Räuber weht von der Anklagebank« (→ Die Räuber, Schiller), bemerkte ein zeitgenössischer Reporter. Am 30. November 1923 wurde das → Urteil gesprochen. Plättner erhielt zehn Jahre → Zuchthaus, die übrigen Angeklagten wurden zu → Freiheitsstrafen zwischen neun und zehn Jahren verurteilt. In der → Haft schließlich distanzierte sich Plättner vom organisierten Bandenkampf und erklärte ihn als ein untaugliches Mittel. Alle Versuche, diesen Kampf unter Berufung auf sein Vorbild fortzuführen, seien nichts weiter als »romantisch verkleidete Kriminalität«. Im Zuge einer allgemeinen → Amnestie konnte Plättner bereits im Juli 1928 die → Strafanstalt verlassen. Im Frühjahr 1929 veröffentlichte er ein Buch, das für Aufsehen sorgte: *Eros im Zuchthaus*. Darin behandelt er mit ungewöhnlicher Offenheit ein Tabuthema, die sexuellen Nöte von Strafgefangenen, wobei er seine eigenen Erfahrungen nicht aussparte.

Nach 1933 stand Plättner unter Beobachtung der Gestapo. Einige Male wurde er in »Verwahrungshaft« genommen. 1939 begann für ihn eine Odyssee durch mehrere Konzentrationslager. Zwar überlebte er die NS-Zeit, doch sein Körper war entkräftet. Auf dem Heimweg vom KZ Mauthausen im Salzkammergut nach Leipzig starb er am 4. Juni 1945 an Erschöpfung. Auf seinen Grabstein in Treuchtlingen setzte man folgende, von Plättner selbst stammende Inschrift: »Schwört ab der Gewalt und rettet den Menschen im Menschen.«

Literatur: Volker Ullrich: Der ruhelose Rebell. Karl Plättner 1893-1945 (2000).

→ Ideologie und Verbrechen, → Linksextremismus, → Terrorismus

Plünderer/Plünderung

Im Gegensatz zum → Raubüberfall oder zum → Einbruch wird unter Plünderung vorrangig eine Aneignung fremden Gutes verstanden, die im Krieg vollzogen wird und zwar von Soldaten an der Bevölkerung eines feindlichen Territoriums (→ Krieg und Verbrechen). Hierbei können nicht nur einzelne Wohnungen und Häuser, sondern ganze Städte und Dörfer der Plünderung anheimfallen. Besonders dann, wenn die Plünderer keine → Strafe zu erwarten haben, da ihre Taten stillschweigend geduldet oder sie von maßgeblicher Stelle sogar dazu animiert werden, kann es zu extrem gewalttätigen und zerstörerischen Handlungen kommen, die → Mord, → Vergewaltigung und → Brandstiftung mit einschließen.

Polizei

Das Wort ist vom griechischen »politeía« = »Staat, Stadt, Verfassung« abgeleitet. In Deutschland ist die Polizei im Prinzip Angelegenheit der Bundesländer. Sie regeln die Polizeiorganisation und erlassen allgemeine Polizeigesetze. Daneben gibt es noch übergeordnete Polizeibehörden wie das → Bundeskriminalamt, oder auf überstaatlicher Ebene → Europol und → Interpol. Hauptaufgabe der Polizei ist die Gefahrenabwehr. Sie bildet die Voraussetzung für das Eingreifen der Polizei. Die Gefahr kann dabei sowohl für die Allgemeinheit als auch für den einzelnen bestehen, oder es können die öffentliche Sicherheit und Ordnung bedroht sein. Einer solchen Störung vorzubeugen und die Sicherheit und Ordnung wiederherzustellen, ist Ziel des Einschreitens der Polizei. Durch das Eingreifen der Polizei dürfen jedoch nicht die Grundrechte des Bürgers verletzt werden. Darin unterscheidet sich der demokratische Rechtsstaat vom totalitären Staat oder vom Polizeistaat, der die Interessen des Staates grundsätzlich über die des einzelnen Bürgers stellt. → Kriminalpolizei, → Polizeiaufsicht, → Polizei und Verbrechen, → Verfassungsschutz

Polizeiaufsicht

Unter Polizeiaufsicht zu stehen, beinhaltete bis 1975 eine im Strafurteil ausgesprochene Freiheitsbeschränkung, bei der die betreffende Person aus Gründen der allgemeinen Sicherheit von der → Polizei observiert wurde. Die Polizeiaufsicht ist seitdem durch die Führungsaufsicht abgelöst worden. Diese hat sich das ehrgeizige Ziel gesetzt, die beobachtete Person nicht nur von neuen → Verbrechen abzuhalten, sondern durch flankierende Maßnahmen ins bürgerliche Leben zurückzuführen. → Resozialisierung

Polizei und Verbrechen

Wenn ein Arzt, der eigentlich Leiden lindern sollte, mordet, ist die Öffentlichkeit besonders empört (→ Ärzte und Verbrechen). Ähnliches gilt auch für die → Polizei, wenn sie nämlich, statt → Verbrechen zu verhindern, selbst welche begeht. Dabei ist von klugen Beobachtern immer wieder darauf hingewiesen worden, daß das Verbrechen und die Polizei sich nicht nur feindlich gegenüberstehen, sondern auf eine vielfältige Art und Weise miteinander verbunden sind. Der »Vater« von Kommissar → Maigret, Georges Simenon, äußerte 1963 gegenüber einem Reporter: »Vergessen Sie nicht, daß der Polizist oft in der gleichen Straße geboren war wie der Verbrecher, die gleiche Kindheit verbrachte, im selben Süßwarenladen Bonbons stahl ... Im Grunde seines Herzens versteht der Polizist den Verbrecher, weil er selbst sehr leicht einer hätte werden können. Sie leben in derselben Unterwelt.«

In früheren Zeiten war die Verbindung der Polizei mit dem besonderem → Milieu der Halb- oder → Unterwelt noch enger. Die französische Sûreté in Paris wurde von dem ehemaligen Galeerensträfling → Vidocq gegründet, der selbst tagelang, oft phantasievoll verkleidet, auf Verbrecherjagd ging und sich zu diesem Zweck auch → Banden anschloß. Für die heutige Polizei ist es schwerer, Kontakte zur Unterwelt zu knüpfen, es ist ihr dadurch aber möglicherweise leichter, energisch und unbefangen durchzugreifen. Der moderne Polizist geht kaum noch zu Fuß durch sein Stadtviertel, sondern sitzt »isoliert« im Streifenwagen. Trotzdem versucht die Polizei über → V-Leute noch unmittelbaren Kontakt zur Unterwelt zu erhalten, wobei sich nicht selten die Grenze zwischen legal und → illegal verwischt. In Wolf Middendorffs Soziologie des Verbrechens (1959) können wir lesen: »Der bekannte schwedische Kriminalist Söderman berichtet in seinen Lebenserinnerungen von seiner Arbeit bei der Polizei von Lyon. Er sagt hier wörtlich: ›Die Polizei wußte unendlich viel über eine riesige Anzahl von Menschen und ihr Tun und Lassen. Dieses Wissen war notwendig, aber sehr viel davon wurde nie praktisch verwandt. Entweder war nicht genug Beweismaterial vorhanden, um ein Eingreifen zu rechtfertigen, oder ... dieses Oder ist schwer zu definieren. Vielleicht schließt es die Worte ein: Lieber nicht. Jedenfalls ist bei aller Polizeiarbeit immer etwas Unerklärliches, fast Metaphysisches im Spiel. Und dies läßt es ratsam erscheinen, gewisse Dinge, da man doch nicht alles tun kann, auf sich beruhen zu lassen.‹ Bei diesen Worten taucht der Gedanke auf, ob nicht Verbrecher und Polizeibeamter durch ihren Beruf in irgendeiner Form miteinander verbunden sind, ob nicht beide gewissen ›Spielregeln‹ unterworfen sind. Werfel sagte einmal: ›Es bildet eine alte Erfahrung, daß die Denkart der Kriminalisten mit der Denkart der Kriminellen in untergründigem Zusammenhang steht. Polizisten und Verbrecher sind ja in gewissem Sinne Berufsgenossen.‹ Man könnte auch überlegen, ob es vielleicht für beide Seiten eine gewisse Toleranzgrenze gibt, bei deren Überschreiten erst der Konflikt beginnt. Als Richter wundert man sich oft, daß der Angeklagte nicht den Richter haßt, der ihn letztlich doch ins Gefängnis schickt, sondern in erster Linie dem Polizisten alles Schlechte wünscht, der ihn nur angezeigt hat. Vielleicht glaubt der Angeklagte zu Unrecht an eine Verletzung der ›Spielregeln‹ durch den Polizisten.«

In einem anderem Werk, Kriminologische Reisebilder (1967), macht Middendorf folgende Betrachtungen: »Die Kriminologen haben schon früher festgestellt, daß in den ersten Jahren der beiden Weltkriege die Kriminalität in den kriegführenden Ländern gering war, dasselbe gilt für den Selbstmord, dessen Zahlen sich in Kriegszeiten verringern. Wenn es eine derartige Verbindung oder besser Wechselwirkung zwischen äußerer und innerer Aggression gibt, dann muß es auch eine entsprechende Wechselwirkung zwischen den Menschen geben, die gegen den äußeren Feind kämpfen und im Inneren des Landes Verbrechen begehen, d.h.

ähnliche Eigenschaften zwischen Soldat und Polizist auf der einen und Räuber und Verbrecher auf der anderen Seite. Die Chinesen haben diesen Zusammenhang stets behauptet und auch nachgewiesen. Die westliche kriminologische Literatur hat dieses Thema seltener behandelt.« Bereiche, in denen Polizeibeamte verstärkt kriminell werden können, sind die der → Bestechung, → Korruption, → Prostitution und → Rauschgiftkriminalität. Darüber hinaus kommt es immer wieder zu Mißhandlungen (→ Körperverletzung) von → Verdächtigen, wobei allerdings nicht außer acht gelassen werden darf, daß Polizisten von Tatverdächtigen nicht selten auf sehr aufreizende Weise provoziert werden. Noch von einer anderen Perspektive aus machte Ernst von Salomon in seinem 1951 erschienenen Buch *Der Fragebogen* auf die Verstrickung von Polizei und Verbrechen aufmerksam. Das Dritte Reich vor Augen, schildert er, wie sich dort eine alles beherrschende Polizeimentalität breitmachte: »Kein Amt, keine Stelle, keine Gliederung wollte darauf verzichten, sich einen ›Geheimen Nachrichtendienst‹ zu organisieren. Spitzel und Vigilanten, Denunzianten und Spione und Gegenspione, das wurden mit einem Male die wichtigsten Leute. Jedermann strebte plötzlich, sein eigener Polizist zu werden und Polizeimanieren wurden plötzlich zur allgemeinen Umgangsform. Aus Polizei-Akten formte sich plötzlich die Welt, eine Welt gesehen aus der Perspektive der Polizei-Moral. Aber keine Moral ist so dicht am Verbrechen angesiedelt wie diese.«

Pommerenke, Heinrich

Nach eigenen Worten hatte er sieben Frauen töten wollen, da Sieben seine Glückszahl sei. Nach sieben → Mordversuchen, gefährlicher → Körperverletzung, 25 versuchten und zwei vollendeten → Vergewaltigungen, fünf Fällen schweren → Raubes, zehn → Einbruchsdiebstählen, sechs einfachen → Diebstählen und vier Frauenmorden war er jedoch gefaßt und 1960 vor → Gericht gestellt worden. Bei seiner Festnahme wurde der 22jährige Pommerenke als »grausamster Sexualverbrecher der Nachkriegszeit« bezeichnet. Ein Mann, für den »unzählige Leute nach Feierabend den Galgen zimmern würden.« Seine Mordopfer waren die 49jährige Hilda K., die 18jährige Karin W., die 21jährige Dagmar K. und die 16jährige Schülerin Rita W. Besonders unverfroren war sein Mord an Dagmar K. gewesen. Er hatte daem Mädchen in einem Nachtexpreß von Heidelberg aufgelauert und aus dem fahrenden Zug geworfen. Daraufhin zog er die Notbremse, verließ den Zug und schleppte die Bewußtlose in die Böschung. Dann schlitzte er ihr mit einem Rasiermesser die Kehle auf und vergewaltigte die sterbende Frau. Das Freiburger Schwurgericht verurteilte ihn am 22. Oktober 1960 zu sechs lebenslänglichen → Haftstrafen. Nach nunmehr 40 Jahren Haftstrafe hat Pommerenke, der mittlerweile im Anstaltschor singt und als Wanderprediger barfuß durch das Land ziehen will, seine Freilassung beantragt. Ein Gremium von drei Richtern und psychologische Gutachter sollen über den Antrag entscheiden. → Eisenbahnverbrechen

Popova

Sie haßte die Männer, und ihre größte Freude war es, sie durch → Gift ins Jenseits zu befördern. Rund 300 Männer hatte die aus Samara stammende russische Giftmörderin auf dem Gewissen, als sie 1909 festgenommen wurde.

Bereits 1879 hatte sie ihren ersten → Mord begangen. Sie vergiftete ihre Opfer aber nicht nur eigenhändig, sondern verkaufte das Gift auch an zahlreiche Frauen, die ihre ungeliebten Ehemänner damit aus dem Weg schaffen wollten. Daß es Popova dabei nicht um einen möglichen Geldgewinn ging, beweist der Umstand, daß sie für das Gift nur ganz geringe Summen verlangte. Die notorische Männerhasserin (→ Haß) war zufrieden, wenn durch ihr Zutun ein tyrannischer oder alkoholisierter Ehemann weniger auf Erden wandelte. Als jedoch eine ihrer Kundinnen nach Erwerb einer Giftdosis von Schuldgefühlen geplagt wurde und sich selbst anzeigte, wurde den → Polizeibeamten auch Popovas Name als Giftlieferantin offenbar. Von den Beamten befragt, legte diese sofort ein volles → Geständnis ab. Sie bereute nichts, sondern betrachtete ihr Mordwerk als gute Tat. Das russische Volk schien anderer Ansicht zu sein. Als Popovas Mordtaten publik wurden, mußten Soldaten die aufgebrachte Menge davon abhalten, die Giftmischerin zu lynchen (→ Lynchjustiz)

Pornographie

Abgeleitet von griech. »pórné« = »Hure« oder »pórnos« = »Hurer« und »gráphein« = »schreiben, zeichnen«. Ursprünglich wurde unter Pornographie ausschließlich die Beschreibung des Lebens und der Sitten von → Prostituierten verstanden. Im Laufe der Jahrhunderte hat sich der Begriff jedoch auf die Darstellung sexueller Akte überhaupt ausgedehnt. Im Unterschied zu sexuellen Darstellungen früherer Epochen und anderer Kulturen steht bei der Pornographie unserer modernen westlichen Gesellschaft die sexuelle Reizwirkung im Vordergrund. Zudem hat sich die Pornographie, die früher nur wenigen Schichten zugänglich war, zu einer Massenware unserer Konsumgesellschaft entwickelt und ist zu einem Bestandteil der allgemeinen Freizeit- und Unterhaltungskultur geworden. Gestaltung, Verbreitung und Konsum der Pornographie sind stark durch die Entwicklung der modernen Informationssysteme und Reproduktionstechniken bestimmt. Durch visuelle Massenmedien ist die medial vermittelte Pornographie zu einem signifikanten Phänomen geworden. Die Einstellung der Gesellschaft – und in der Folge auch des Gesetzgebers – gegenüber der Pornographie ist in der Folge des 20. Jahrhunderts liberaler geworden. Gleichwohl sind die gesetzlichen Schranken gegen die Pornographie keineswegs alle gefallen, z.T. haben sie sich in den letzen Jahren sogar wieder verschärft. So sind das Verbreiten, Abbilden oder Darstellen von Pornographie in Schriften, visuellen Medien oder Tonträgern, sowie ihre öffentliche Ankündigung oder Ein- und Ausfuhr verboten, soweit sie sich an Jugendliche unter 18 Jahren wendet. Auch Erwachsene sollen nicht gegen ihren Willen pornographischen Darstellungen ausgesetzt werden. Eine → Straftat begeht unter anderem, wer unaufgefordert pornographische Werke an andere gelangen läßt. Strafbar ist auch die Vorführung pornographischer Darstellungen in öffentlichen Filmvorführungen gegen ein Entgelt, das ganz oder überwiegend für die Vorführung verlangt wird. Der Gesetzgeber hat in den Jahren 1993, 1994 und 1998 durch entsprechende Gesetze die Strafvorschriften gegenüber der Pornographie verschärft. Die Kinder-Pornographie, so auch pornographische Schriften, die den sexuellen Mißbrauch von Kindern (→ Kinderschänder) zum Gegenstand haben, wird nunmehr mit einer → Freiheitsstrafe von drei Monaten bis fünf Jahren belegt. Wird in der pornographischen Darstellung ein tatsächliches Geschehen wiedergegeben und liegt gewerbsmäßige oder bandenmäßige Begehung vor, steht hierfür eine Freiheitsstrafe von sechs Monaten bis zehn Jahren. Der Begriff der Pornographie ist nicht gesetzlich definiert. Die Definition ergibt sich vielmehr aus Erkenntnissen der Rechtswissenschaft und Rechtsprechung, welche bestimmte Erscheinungsformen des Anstößigen einordnen. Eine verbreitete Definition versteht als einfache Pornografie »eine grobe Darstellung des Sexuellen, die in einer den Sexualtrieb aufstachelnden Weise den Menschen zum bloßen (auswechselbaren) Objekt geschlechtlicher Begierde degradiert«, wobei das Kriterium der »aufdringlich vergröbernden, anreißerischen, verzerrenden, unrealistischen Darstellung, die ohne Sinnzusammenhang mit anderen Lebensäußerungen bleibt«, von Bedeutung ist. Als extreme Form der Pornographie versteht das → Strafrecht die harte Pornographie. Sie zeigt sexuelle Gewalttätigkeiten, sexuellen Mißbrauch von Kindern oder sexuelle Handlungen zwischen Mensch und Tier.

Posse

Eine Posse war im »Wilden Westen« eine vom jeweils zuständigen Sheriff oder Marshal aufgestellte Gruppe von Freiwilligen oder Dienstverpflichteten (Deputies), die unter dessen Führung gesuchte oder flüchtige → Straftäter verfolgten. Wurden sie fündig, so endete der Verfolgte nicht selten im Kugelhagel. → Doolin, William M., → Gunfighter

Posträuber

Die Posträuber galten als eine besondere Klasse der → Straßenräuber. Sie waren meist in → Banden organisiert und überfielen Postkutschen, um das Postgut zu rauben (→ Raub) und die Reisenden um ihre Wertsachen zu erleichtern. Der → Überfall lief meist so ab, daß die Posträuber den Wagen an einer für sie günstigen Stelle zum Halten brachten. Manchmal wurden auch Wegsperren durch umgesägte Bäume oder große Steine errichtet. Es kam auch vor, daß einer der → Räuber sich an den Straßenrand legte und sich als beraubter und mißhandelter Wanderer ausgab, um auf diese Weise den Postwagen zum Halten zu bringen. Bei ihren Überfällen waren die Posträuber in der Regel nicht zimperlich. Nicht selten wurden Reisende und Postillon gefesselt, geschlagen, manchmal auch getötet. Umgekehrt drohte den Posträubern in vielen Fällen der → Galgen. Mit dem Aufkommen der Eisenbahn verschwand der Typus des Posträubers, der im dunklen Wald die einsam vorbeirollende Postkutsche überfiel. → Eisenbahnverbrechen, → Die Posträuber

Die Posträuber

→ Posträuber gab es in der menschlichen Geschichte viele, doch die Posträuber sind einmalig. Am Abend des 7. August 1963 verließ der Postzug der Royal Mail den Glasgower Hauptbahnhof. Es handelte sich um den größten Geldtransport Englands. Englische Geldscheine waren in Schottland – das damals noch eigene Banknoten druckte – zwar als Zahlungsmittel gültig, wurden aber von den dortigen Banken nicht gehandelt und daher regelmäßig nach → London zurückbefördert. Etwa 50 km nördlich von London, es war inzwischen fünf Minuten nach drei Uhr morgens und damit der 8. August, wurde das grüne Signal für den Geldtransport verdeckt und dafür eine rote Lampe eingeschaltet. So wurde der Postzug zum Halten gebracht. Maskierte Männer überwältigten daraufhin die Lokführer und brachen den zweiten Waggon auf, worin sich das Geld befand. Die vier Postbediensteten, die die kostbare Fracht bewachten, wurden gefesselt und der restliche Zug abgekoppelt. Der Lokomotivführer mußte den Geldwagen auf eine Brücke fahren, unter der drei Lastwagen warteten. Die insgesamt 120 erbeuteten Geldsäcke wurden innerhalb einer knappen Viertelstunde in die drei Lastwagen verladen. Der ganze → Überfall wurde derart diskret und gekonnt ausgeführt, daß die Angestellten im hinteren, abgekoppelten Teil des angehaltenen Zuges erst 20 Minuten später merkten, daß irgend etwas nicht stimmte. Zu diesem Zeitpunkt waren die Posträuber – fünfzehn an der Zahl – bereits um 2,63 Millionen Pfund reicher, was 1963 eine Summe von etwa 30 Millionen DM ausmachte und heute in etwa die Kaufkraft von 40-50 Millionen Euro haben dürfte.

→ Scotland Yard startete sofort eine Großfahndung. Doch die → Polizei machte zunächst keinerlei Fortschritte. Weder die → Spurensicherung am → Tatort noch das Aktivieren der üblichen → Unterweltkontakte erbrachten irgendwelche Ergebnisse. Die britischen Steuerzahler reagierten auf den Überfall, der sie immerhin mehr als zweieinhalb Millionen Pfund gekostet hatte, mit einer Mischung aus Amüsement und Bewunderung. Aus Amerika kamen Pressestimmen, die den Postraub als eine Art »kriminelles Meisterwerk« ansahen. Die New York Times beispielsweise schrieb: »Im Vergleich dazu sehen unsere Verbrechersyndikate armselig und phantasielos aus ... Zweifelsohne stecken Dr. No oder Goldfinger hinter diesem genialen

Raubzug, also sollte man am besten James Bond auf diesen Fall ansetzen.« Erst nach einigen Tagen hatte die Polizei, durch die Hinweise eines Hirten, den Schlupfwinkel der → Bande, die Leathersdale-Farm, ausfindig gemacht. Die Beamten fanden dort jede Menge leerer Postsäcke sowie zahlreiche Indizien, die darauf hindeuteten, daß sich eine größere Menschengruppe hier einige Zeit aufgehalten hatte, doch die Posträuber selbst hatten mit ihrer → Beute längst das Weite gesucht. Allerdings in Eile, so daß sie keine Zeit hatten, sämtliche → Fingerabdrücke zu beseitigen oder das Gebäude niederzubrennen. Diese Nachlässigkeit sollte einem Großteil der Bande später zum Verhängnis werden. In den folgenden Wochen konnten die meisten Posträuber gefaßt werden. Doch drei Personen, darunter der Kopf der Bande, Bruce Reynolds, und ein Großteil der Beute, insgesamt 2.300.000 Pfund, blieben weiterhin spurlos verschwunden.

Die Verhandlung gegen die Zugräuber vor dem Bezirksgericht von Aylesbury begann am 20. Januar 1964. Allein die Verlesung der Anklageschrift dauerte zehn Stunden, aber auch sonst war der → Prozeß rekordverdächtig. In 48 Verhandlungstagen riefen die Staats- und Rechtsanwälte 214 → Zeugen auf, und es wurden insgesamt 613 Beweisstücke zugelassen. Am 26. März wurden die → Urteile verkündet: Sämtliche Angeklagten wurden für schuldig befunden und die meisten → Angeklagten wurden mit → Haftstrafen von zwanzig bis dreißig Jahren Dauer bedacht. Das ungewöhnlich harte Strafmaß führte sowohl bei den britischen Bürgern als auch bei den Medien zu einer ablehnenden Haltung gegenüber dem Urteil. Im Leitartikel der Daily Mail heißt es zum Beispiel: »Die Allgemeinheit staunt über das Ungleichgewicht, das in diesen Urteilen zum Ausdruck kommt. Wie ist es möglich, daß ein Zugräuber mit dreißig Jahren bestraft wird, was im Normalfall bedeutet, daß er frühestens nach zwanzig Jahren auf Bewährung entlassen wird, während ein Mörder, der lebenslänglich bekommen hat, selten mehr als fünfzehn Jahre absitzen muß? Bedeutet das etwa, daß das Stehlen von Banknoten verwerflicher ist als der Mord an einem Menschen? Welchen Sinn soll die Bestrafung in beiden Fällen haben? Vergeltung? Abschreckung? Oder die Reformierung des Kriminellen?« Der Schriftsteller Graham Greene merkte in einem Leserbrief an die Daily Mail empört an: » Gehöre ich einer Minderheit an, wenn ich Bewunderung für die Geschicklichkeit und den Mut hinter der ›Great Train Robbery‹ empfinde? Und, was noch wichtiger ist, gehöre ich einer Minderheit an, wenn ich von derart barbarischen Urteilen schockiert bin? – Dreißig Jahre für einen erfolgreichen Diebstahl im Vergleich zu einer lebenslänglichen Strafe (die meist auf höchstens zwölf Jahre hinausläuft) für die Vergewaltigung und Ermordung eines Kindes? Wenn unsere Justiz einen Mann wegen eines Eigentumsdelikts zu dreißig Jahren Gefängnis verurteilt, darf man nicht überrascht sein, wenn viele diesem Sträfling, der mit ebenso viel Geschicklichkeit und Mut dieser Strafe entronnen ist, Sympathie entgegenbringt. Immer wieder müssen wir über die schrecklichen Verhältnisse in kommunistischen Gefängnissen lesen. Doch nun erfahren wir, daß es in unseren altmodischen, überfüllten Strafanstalten möglich ist, daß ein Mann für unbestimmte Zeit in Einzelhaft kommt und in einer Zelle schlafen muß, wo nie das Licht gelöscht wird und er alle Viertelstunden von Wärtern kontrolliert wird. Hatte man etwa vor, diese Behandlung dreißig Jahre lang fortzuführen, wenn der Gefangene nicht preisgeben würde, wo die Beute versteckt ist? Diese Methoden erinnern sehr an Folter – und Folter im Auftrag unserer Banken ist noch unsympathischer als Folter aus ideologischen Motiven.« In den Folgejahren gingen der Polizei auch die restlichen Posträuber in die Fänge. Bruce Reynolds wurde erst über fünf Jahre nach dem Postraub – am 8. November 1968 – geschnappt. Zwei Posträuber konnten auf spektakuläre Weise dem → Gefängnis wieder entfliehen. Am 12. August 1964 verschwand Charles Wilson aus seiner Zelle – allerdings konnte er 1968 in Kanada ein zweites Mal dingfest gemacht werden. Im Jahr darauf gelang auch Ronald → Biggs die Flucht. Er wurde nie gefaßt, bis er sich als Greis freiwillig stellte. 1965 wurde die Geschichte der Posträuber vom Norddeutschen Rundfunk in einem spannenden Fernsehdreiteiler unter dem Titel Die Gentlemen bitten zur Kasse in Szene gesetzt. Regie führte John Olden. → Derrick-Star Horst Tappert glänzte als Bruce Reynolds. Allerdings erhielten die TV-Posträuber aus rechtlichen Gründen andere Namen. (So wurde aus Bruce Reynolds Mike Donegan.)

Pranger

Einst wurden Missetäter in Halseisen gelegt und öffentlich an den Pranger gestellt, wo Passanten sie begaffen und bespucken konnten. Den Pranger oder auch den Schandpfahl gab es sowohl in Form eines einmalig aufgestellten Holzpfahles, als auch in Form eines dauerhaft verankerten Pfahles – in diesem Fall war es meist eine Steinsäule –, manchmal wurde auch eine Schandbühne errichtet. Die Prangerstrafe bewirkte Ehrlosigkeit. In Deutschland ist der Pranger als → Strafe für geringere → Delikte seit 1200 nachweisbar, Mitte des 19. Jahrhunderts wurde er weithin abgeschafft. In den USA gibt es jetzt allerdings eine Renaissance dieser Bestrafungspraxis: Richter setzen auf Pranger-Methoden, um Missetäter durch Zurschaustellung zu läutern. So werden Temposünder gezwungen, in ihrem Gefährt ein Schild mit der Aufschrift »Ich bin ein rücksichtsloser Fahrer« anzubringen. Ein Angestellter, der 30.000 Dollar veruntreut hatte, mußte in öffentlicher Rede vor seinen Kollegen um Entschuldigung bitten. In Texas erhalten die Autos und Wohnungen von → Sexualstraftätern Warnschilder mit der Aufschrift: »DANGER. Registered Sex Offender Lives here«.

Prise

Das aus dem Französischen abgeleitete Wort »Prise« heißt »das Neh-

Moderne Form des Prangers in den USA: Warnschild vor dem Haus eines Sexualstraftäters

men«, »das Genommene«. Nach dem Völkerrecht ist Prise das von einem »Kriegführendem Staat« nach Seekriegsrecht einkassierte feindliche Schiff, bzw. die dazugehörige Schiffsladung. Auch in der → Piratensprache wurde das Wort in einer verwandten Bedeutung verwendet. Hier bezeichnete »Prise« das gewaltsam aufgebrochene Schiff samt Ladung – allerdings gab es hierfür keinerlei Seekriegsrecht.

Privatdetektiv

→ Detektiv

Private Polizei

→ Bürgerwehr

Produktpiraten

Auch Landratten können → Piraterie betreiben. Als Produktpiraterie wird die Verletzung »gewerblicher Schutzrechte« oder, verständlicher gesagt, der → Diebstahl geistigen Eigentums (→ Geistiger Diebstahl) bezeichnet. Jemand verkauft z.B. Ware, die aufgrund der angebrachten Marke vermeintlich von einem bekannten Markenhersteller stammt. Statt des Originals bietet er ein Plagiat an und täuscht über die Warenherkunft hinweg, wobei er natürlich gleichzeitig den Originalhersteller schädigt. Der Produktpirat stiehlt, betrügt (→ Betrug) und fälscht (→ Fälschung). Eine Sonderform der Produktpiraterie betreiben die → Musikpiraten.

Profiler

→ Täterprofil

Prohibition

Es ist verhängnisvoll, die Menschen besser machen zu wollen, als sie nun einmal sind. Alle entsprechenden

Versuche dazu sind nicht nur gescheitert, sondern haben im Regelfall das Gegenteil bewirkt. Das Wort »Prohibition« ist aus dem Lateinischen abgeleitet und meint »Verhinderung«, »Verbot«, und in diesem speziellen Fall das Verbot der Herstellung, der Einfuhr und des Verkaufs von alkoholischen Getränken in den USA. Bereits in den letzten Jahrzehnten des 19. Jahrhunderts hatte es in den USA eine starke Antialkoholbewegung gegeben. Seit etwa 1900 setzte sich die Prohibition in einzelnen Bundesstaaten durch. Ab 1919/ 1920 wurde das Verbot des Alkoholgenusses auf die gesamten USA ausgedehnt. In der Praxis ließ sich die Prohibition jedoch nur begrenzt durchsetzen. Statt die Abstinenz zu fördern, förderte sie in großem Umfang die → Schwarzbrennerei, den → Schmuggel, den → illegalen Ausschank in getarnten Kneipen, die → organisierte Kriminalität sowie die Zunahme von Gesetzesmißachtung und → Korruption in Politik, Verwaltung und Polizei (→ Polizei und Verbrechen). Unter der Leitung unerschrockener, skrupelloser → Gangster – die meisten von ihnen waren Söhne italienischer, irischer und jüdischer Einwanderer – bildeten sich große Schwarzbrennerorganisationen, um Nachschub für den

Prohibition: Vernichtung einer Schwarzbrennerei

großen Durst zu produzieren. Die erzielten Profite waren beträchtlich. Mit schwarzgebranntem Schnaps wurden jedes Jahr Hunderte von Millionen Dollar verdient; allein der Schmuggel brachte über 50 Millionen Dollar im Jahr ein. Zur Symbolfigur dieser Ära wurde Al → Capone. Capone verkündete lapidar: »Durst kann man nicht durch ein Gesetz stillen« – und handelte dementsprechend. Ein anderer großer italo-amerikanischer Gangsterboß, Lucky → Luciano, wußte folgendes über die Prohibition zu berichten: »Es war nur ein Gesetz, ein unpopuläres obendrein, das diese flachbrüstigen Weiber der WCTU (Woman's Christian Temperance Union), häßlicher als Lehrerinnen, dem Land aufoktroyiert haben.«

Vor dem Hintergrund der Weltwirtschaftskrise wurde die Prohibition schließlich 1933 aus fiskalischen Gründen aufgehoben.

Proksch, Udo

Der im Jahr 2001 im Alter von 67 Jahren überraschend nach einer Herzoperation gestorbene Österreicher Udo Proksch hatte eine erstaunliche Karriere durchlaufen: Sie führte vom Schweinehirten zum Zuckerbäcker, vom Gastronomen zum Liebling der Wiener Schickeria bis hin zum sechsfachen → Mörder. Noch heute gilt »Herr Udo« vielen Österreichern als Tausendsassa. Erst 1991 konnte Proksch nachgewiesen werden, daß er den Untergang des ihm gehörenden, schrottreifen Frachtschiffes »Lucona« Anfang 1977 durch eine Ladung Sprengstoff herbeigeführt hatte. Sechs Seeleute kamen dabei ums Leben. Proksch wollte die Versicherungssumme (→ Versicherungsbetrug) von 30 Millionen Mark kassieren, aber ein Privatdetektiv (→ Detektiv) deckte den → Betrug auf – gegen den Widerstand einflußreicher politischer Freunde Prokschs, die fürchteten, der nunmehr bekannteste Häftling Österreichs könnte ihnen mit Indiskretion schaden.

Prostituierte, Prostitution

»Vorn hinstellen« bedeutet das lateinische Wort »prostitutio«. Prostitution ist die gewerbsmäßige Ausübung sexueller Handlungen. Die Preisgabe des eigenen Körpers gegen Entgelt ist in allen Varianten – von Frauen und Männern, zu heterosexuellem oder homosexuellen Verkehr – schon in sehr frühen Kulturstufen nachweisbar. Erste Belege finden sich aus frühen Perioden des Ackerbaus. Seither – also seit mehreren Jahrtausenden – ist die Prostitution in allen zivilisierten Ländern ein stabiles Faktum. Ihre Bewertung hingegen wechselt von Zeit zu Zeit, von Ort zu Ort, von Nation zu Nation, von Religion zu Religion und von Kultur zu Kultur. Es gab und gibt eine enorme Bandbreite von der vollen gesellschaftlichen Integration der Prostitution bis zu ihrer Diffamierung und Kriminalisierung. Die Ausübung der Prostitution als solche ist in der Bundesrepublik Deutschland nicht strafbar, sie unterliegt jedoch Einschränkungen. Prostitution kann z.B. in Gemeinden unter 50.000 Einwohnern ganz verboten werden. Generell können zeitliche Beschränkungen der Prostitutionsausübung verhängt werden, außerdem können auch bestimmte Formen der Prostitution, wie z.B. der Straßenstrich, untersagt werden. Prostitution ist außerdem verboten, wenn sie geeignet ist, einzelne Personen oder die Allgemeinheit zu belästigen. Strafbar ist die Prostitution, wenn sie die Jugend gefährdet, z.B. in der Nähe von Schulen. Die Förderung von Prostitution wird mit einer → Freiheitsstrafe bis zu drei Jahren oder mit → Geldstrafe belegt. Auch wer gewerbsmäßig einen Betrieb leitet oder unterhält, in dem Personen der Prostitution nachgehen und dabei in wirtschaftlicher oder persönlicher Abhängigkeit gehalten werden,

Ein Gewerbe mit langer Tradition: Prostitution

macht sich strafbar. Ebenso strafbar ist es, Minderjährigen Raum zur Ausübung von Prostitution zu überlassen oder eine Person, der man Wohnung gewährt, zur Prostitution anzuhalten, um sich selbst daran zu bereichern. Jede Form von → Zuhälterei ist strafbar. Die Regelungen zum → Menschenhandel sollen besonders ausländischen Frauen strafrechtlichen Schutz vor sexueller Ausbeutung bieten. Der → sexuelle Mißbrauch von Kindern wird mit einer Freiheitsstrafe von sechs Monaten bis zu zehn Jahren geahndet. Außerdem machen sich alle Deutschen strafbar, die Kinder im Ausland sexuell mißbrauchen, wie das beim sogenannten »Kindersextourismus« der Fall ist.

Eine Sonderform von Prostitution und Verbrechen stellt dar, wenn sich Freier finanziell derart übernehmen, daß sie, um weiterhin ihrer Lust frönen zu können, kriminell werden. So hatte z.B. 2001 ein Krankenpfleger aus Bremerhaven fünf alte Frauen getötet und ausgeraubt (→ Raubmord, → Serienmörder), um so sein ausschweifendes Leben mit Prostituierten finanzieren zu können. Seit Januar 2002 ist die Prostitution in der Bundesrepublik legalisiert. Prostituierte erhalten damit erstmals die Möglichkeit sich sozial abzusichern inklusive Rentenanspruch!
→ Beschaffungskriminalität

Provokation

Heißt »Herausforderung, Aufreizung, Aufwiegelung«. Provozierendes Verhalten kann zu → Gewaltverbrechen animieren. In der Politik sieht man in der Provokation die bewußte Herausforderung eines politischen Gegners, um ihn zu unbedachten Aussagen oder Handlungen zu verleiten. In den Beziehungen zwischen Staaten können Provokationen wie Grenzverletzungen, Aufbringen gegnerischer Schiffe oder Embargos zu ernsthaften Spannungen bis hin zu Kriegen führen.

Prozeß
Das lateinische Wort »process« bedeutet »Erlaß«. Unter einem Prozeß versteht man in der Rechtswissenschaft den Rechtsstreit oder das Verfahren vor einem Rechtspflegeorgan, meist einem → Gericht, das auf ein bestimmtes Rechtspflegeziel, nämlich das → Urteil, ausgerichtet ist. Das Prozeßverfahren wird geregelt durch das Prozeßrecht. Dieses gliedert sich nach den einzelnen Prozeßarten, wie z.B. dem Zivilprozeß, dem Finanzprozeß oder dem → Strafprozeß.

Prügelstrafe
Die Bestrafung (→ Strafe) mit Peitschen-, Stock- oder Rutenhieben. Früher häufig angewandt. Seit der Französischen Revolution allmählich verdrängt und in den meisten deutschen Ländern seit 1848, in Österreich seit 1867 endgültig verboten. → Züchtigung

Psychopath
→ Geisteskranke und abnorme Täter

Putsch
Vom schweizer. »Bütsch« = »heftiger Stoß«, abgeleitet. Als Putsch gilt ein meist von kleineren Gruppen durchgeführter Versuch, die Macht im Staat – meist durch gewaltsame Mittel, jedenfalls auf nicht verfassungsgemäßem Weg – an sich zu reißen. Häufig sind Militärs die Initiatoren eines solchen Streiches. → Hochverrat

Pyromanie
→ Brandstiftung

R

Rabadan, José

Als 2000 in Spanien der damals 17jährige José Rabadan von der → Polizei festgenommen wurde, lächelte er. Ein Fahnder bemerkte: »Der Junge benahm sich nicht wie ein Mörder, sondern wie ein Filmstar«. Als José auf dem Bahnhof von Alicante der Polizei in die Fänge lief, hatte er zuvor mit einem Samurai-Schwert Vater, Mutter und die zwölfjährige Schwester getötet. Bereits bei dem ersten Verhör wurde den Beamten klar, daß der psychisch labile Junge unter partiellem Realitätsverlust litt. Rabadan hielt sich für einen Helden aus einem Videospiel. José hockte seit Monaten in jeder freien Minute vor dem Videospiel Final Fantasy VIII an seiner Sony-Playstation. Held des Spiels ist der ebenfalls 17jährige Kadett Squall Leonhart von der Spezialeinheit Combat SeeD. Er kämpft gegen Monster und Soldaten und gegen die Macht von Diktatoren und Unterdrückern. Im Verhör erklärte Rabadan: »Warum ich meine Eltern getötet habe? Für mich waren sie meine Unterdrücker.« Ein Freund erklärte den Ermittlern: »Das Spiel machte ihn völlig verrückt. José identifizierte sich immer mehr mit diesem egoistischen Einzelgänger. Er schnitt seine Haare wie der Computerheld, übte auch sein cooles Grinsen und lernte Kampfsport.« Zum Geburtstag erfüllte ihm der Vater seinen sehnlichsten Wunsch. Gegen den Willen der Mutter schenkte er José die Waffe, mit der sein Vorbild gegen das Böse kämpfte: ein Samurai-Schwert. Mit dem Schwert beging José dann seine wahnsinnige → Bluttat. → Geisteskranke und abnorme Täter, → Mord

Rache/Rächer

Rachegefühle entstehen, wenn das Recht oder die Ehre einer Person oder einer Gruppe entweder wirklich oder nach subjektivem Empfinden verletzt wurden. Die Rache ist eine archaische, dem modernen Rechtsempfinden zuwiderlaufende Extremform der Vergeltung, die einen gewaltsamen Ausgleich zwischen Individuen oder Gruppen schaffen will. Dabei versucht der Rächer, seine Rache häufig durch Hinweise auf eine metaphysisch verstandene Gerechtigkeit oder ein angeblich allgemein gültiges Rechtsempfinden zu legitimieren. → Blutrache, → Haß

Rackam, John

Der → Pirat John Rackam war nicht nur als Seeräuber gefürchtet, sondern ebenso als Schürzenjäger bekannt. Wegen seines bunten Aufzuges trug er den Namen »Calico« Jack. Er war auf dem Piratenschiff von Charles Vane, einem Zeitgenossen → Blackbeards, gefahren und hatte seinen Lehrmeister 1718 verlassen. Als Rackam 1719 im nordamerikanischen New Provincetown auftauchte, wollte er sich jedoch nicht mit seinen Piratentaten brüsten, da er gerade offiziell die → Amnestie durch den britschen Gouverneur beantragt hatte. Vor allem fiel er durch eine neue Bekanntschaft auf, die ihn veranlassen sollte, drei Monate später ein Schiff zu stehlen und gemeinsam in See zu stechen, um sich erneut der Seeräuberei zuzuwenden. Das Besondere der neuen Bekanntschaft war, daß es sich um eine Frau handelte, und zwar um Anne Bonny (→ Bonny, Anne und Mary Read). Zusammen mit ihrem Geliebten und seiner Crew machte die Dame mehrere → Prisen. Nachdem Rackam mit seiner Piratenbraut (→ Piratinnen und Piratenfrauen) ein holländisches Handelsschiff gekapert (→ Kaper) und einige Besatzungsmitglieder zum Anschluß an seine eigene → Bande gepreßt hatte, kehrten sie nach New Provincetown zurück. Jedoch war aus dem Duo mittlerweile ein Dreigespann geworden. Anne hatte sich nämlich in einen jungen Burschen des Holländerschiffes verliebt, der sich allerdings bei näherem Hinschauen als Frau entpuppte. Es handelte sich um Mary Read, die in Männerkleidung sowohl in der Kriegs-, als auch in der Handelsmarine zur See gefahren war. Die beiden Damen drängten Rackam bald auf weitere Kaperfahrten. In Westindien unternahmen sie zahlreiche → Raubzüge. Vor der Nordküste Jamaikas wurden sie allerdings im Sommer 1720 von britischen Kriegsschiffen gestellt und nach kurzem Kampf überwältigt. In zwei Verfahren wurden Rackam und seine Besatzung sowie die beiden Frauen noch im selben Jahr zum Tode (→ Todesstrafe) verurteilt. Während Rackam bereits gehängt war, und seine Leiche zur Abschreckung in einem → eisernen Käfig schaukelte, konnten sich die beiden Damen ihrem → Urteil entziehen. Eine überraschende Schwangerschaft beider rettete sie vor dem → Galgen.

Racket

Vom englischen Wort für »Schwindel«, → Gaunerei abgeleitet. Racket ist die Bezeichung für → Banden, deren Aufgabe es ist, mittels → Drohungen oder Gewaltanwendungen Forderungen durchzusetzen. Das Racket-Wesen ist fester Bestandteil der → organisierten Kriminalität.

Rad/Rädern

Das Rädern oder Radbrechen war eine seit der germanischen Frühzeit bis

Rädern. Kupferstich von Antonio Tempesta (1591)

zum Anfang des 19. Jahrhunderts übliche → Todesstrafe für → Mörder, → Brandstifter und berüchtigte → Räuber. Beim Rädern wurden dem entkleidet auf dem Boden liegendem Übeltäter vom → Scharfrichter mit einem schweren Wagenrad die Glieder zermalmt. Die grausame Prozedur begann mit den Füßen und setzte sich mit jedem Schlag auf dem Rad weiter fort, so daß die Knochen und Muskeln stückweise bei lebendigem Leib zerquetscht wurden. Danach wurde der → Delinquent auf das Rad geflochten. Wenn er Glück hatte, gab man ihm zuvor noch einen Gnadenstoß. Das Rad wurde anschließend auf einem hohen Pfahl befestigt. Gleich dem Gehenkten (→ Galgen) blieb auch der Geräderte oft wochen- und monatelang »ausgestellt« – den Menschen zur Abschreckung und den Vögeln zum Fraß.

RAF

→ Rote Armee Fraktion

Rainer, Peter Paul

Der ehemalige Vordenker des Südtiroler Schützenbundes und Berater der Freiheitlichen Partei, Peter Paul Rainer, erschoß am 17. Februar 1997 im Hotel Reichrieglerhof oberhalb Bozens seinen früheren politischen Weggefährten, den Südtiroler Landtagsabgeordneten Christian Waldner. Das → Verbrechen zählt zu den spektakulärsten und mysteriösesten → Mordfällen in der Südtiroler → Kriminalgeschichte. Nach seiner → Festnahme wurde Rainer erstinstanzlich vom Landgericht in Bozen am 11. August 1997 zu zweiundzwanzigeinhalb Jahren → Haft verurteilt. In zweiter Instanz wurde er jedoch vom Oberlandesgericht in Trient am 2. Dezember 1998 freigesprochen. Im November 1999 hob das Kassationsgericht in Rom das → Urteil wieder auf. Rainer tauchte daraufhin unter, konnte aber mit einem internationalen → Haftbefehl zu Beginn des Jahres 2001 in einer Wiener Privatwohnung festgenommen werden.

Warum beging der zum Tatzeitpunkt 29jährige Rainer den Mord an seinem politischen Freund→ Dafür gibt es mehrere Thesen. Nach Auffassung der Staatsanwaltschaft war der Mord eine Beziehungstat Rainers. Dieser habe – laut eines später widerrufenen → Geständnisses – sein Leben durch das Mordopfer ruiniert gesehen, da dieser ihn mit einem gefälschten Abiturzeugnis erpreßte (→ Erpressung). Die Verteidigung sah in dem zurückgezogenen Geständnis keine Beweiskraft. Sie argumentierte, politische Kräfte in Italien hätten ein Interesse daran, Rainer, den Befürworter einer Wiedervereinigung Tirols, zu kriminalisieren. Eine dritte These besagt, Rainer habe lieber unter besonderen psychischen Belastungen eine Beziehungstat eingeräumt, als eigene geheimdienstliche Machenschaften zuzugegeben. Nach dieser Version soll Rainer als Doppelagent (→ Agent) sowohl für den Militärgeheimdienst Österreichs als auch für den Italiens tätig gewesen sein. Waldner hätte davon erfahren und sei deshalb von Rainer aus dem Weg geräumt worden.

Rais, Gilles de

Gilles de Rais (1404-1440), der als »heiliges Ungeheuer«, »französischer Dracula« und »Ritter Blaubart« in die Geschichte einging, entstammte dem bretonischem Hochadel. Im französischen Freiheitskampf gegen die Engländer war Gilles de Rais beständiger Begleiter und Leibwächter von Jeanne d'Arc, die später von der katholischen Kirche selig- und heilig gesprochen wurde. Anläßlich der Krönungsfeierlichkeiten von Karl VII. in Reims (1429) erhielt Gilles, erst fünfundzwanzigjährig, von dem neuen und mit ihm befreundeten König den Rang eines Marschalls von Frankreich verliehen.

Vier Jahre später zog er sich jedoch bereits auf seine Güter zurück und begann ein Leben der Verschwendung und Ausschweifung. Der Krieg hatte Gilles Gelegenheit geboten, seine leidenschaftliche Natur auszuleben (→ Krieg und Verbrechen). Den Rausch der Schlacht pflegte er noch durch einen ausschweifenden Alkoholkonsum zu steigern. Sobald er jedoch aufhörte, Krieg zu führen, nahm sein Leben einen beklagenswerten Verlauf. Sein exzessiver Charakter konnte sich jetzt nicht mehr im Krieg verwirklichen, sondern mußte sich neue Ventile suchen, die ihn unversehens auf die Bahn des → Verbrechens führten. Wie gering der Sprung vom umjubelten Kriegshelden zum gemeinen → Mörder sein kann, deutet eine Äußerung von C. G. Jung an, der betonte, es sei anhand von Charakter und Anlage eines Menschen oft schwer zu sagen, ob er ein tüchtiger Fleischermeister, ein nationaler Kriegsheld oder ein → Massenmörder werde, da die menschlichen Voraussetzungen für diese Berufe stärkere Parallelen aufweisen. Nachdem Gilles kein Held mehr sein konnte, wurde er ein Schlächter von Kindern (→ Kinderschänder). Doch bevor es soweit kam, lebte sich Gilles leidenschaftliches Wesen zunächst in einer beispiellosen Verschwendung aus.

Als ihm bei diesem Lebensstil das Geld ausging, suchte der französische Edelmann einen Pakt mit dem Teufel. Gemeinsam mit einigen Helfershelfern übte er sich in Beschwörung von Dämonen und in alchemistischen Praktiken, um Gold zu erzeugen. Aber weder Gold noch Teufel stellten sich ein, obwohl Gilles bald zum äußersten Mittel griff und ein Kind dem Satan (→ Satanismus) opferte. Doch der Höllenfürst verschmähte auch weiterhin ein Rendezvous mit dem »heiligen Ungeheuer«. Obwohl Gilles also in jeder Beziehung leer ausgegangen war, offenbarte das Böse bald auf andere Weise seine Magie an ihm. Es zeigte seine Suggestionskraft gerade darin, daß es um seiner selbst willen getan werden wollte. Gilles de Rais tötete weiter, und je mehr er tötete, desto stärker traten die Satansanrufungen zurück, wurden nur noch schmückendes Beiwerk und vordergründige Legitimation. Bald tötete, schlachtete und quälte er seine unschuldigen Opfer nur noch, um der pervertierten Lust am Bösen zu frönen. In Joris Karl Huysmans (1848-1907) Roman *Tief Unten* (1891) verfaßt der Held der Geschichte, Durtal, eine Studie über Gille de Rais. Dort läßt er verlauten, daß das Böse, des Bösen willen zu tun, im Grunde genommen nicht abwegiger sei als das Gute des Guten willen. Es seien lediglich zwei entgegengesetzte Pole der Seele, die sich im 15. Jahrhundert exemplarisch in den beiden ehemaligen Kampfgefährten, der Heiligen Johanna von Orleans und dem rasenden Satansjünger Gille de Rais, verkörperten. Gilles de Rais gab sich alle Mühe, den dunklen Pol vollkommen zu besetzen. Er war ein manischer → Sadist, ein exzessiver Nekromane (→ Nekrophilie), ein Rasender des Bösen. Die Köpfe, die er seinen Opfern abschlug, zeigte er gelegentlich seinen Helfern, um zu fragen, welcher der schönste sei: der von heute, der von gestern oder der von vorgestern. Die genaue Zahl der Opfer Gilles de Rais' ist unbestimmbar. Mindestens 140 Morde können ihm jedoch nachgewiesen werden. Das Alter der getöteten Kinder lag in der Regel zwischen 7 und 15 Jahren. Das Geschlecht variierte, doch zweifellos zog Gilles Knaben vor (→ Homosexualität). Ein wichtiges Auswahlkriterium für die Opfer bildete neben Alter und Geschlecht die körperliche Schönheit. Die Verbrechen des Gilles de Rais, der von seinen Häschern ganze Landstriche nach geeigneten Opfern durchforsten ließ, konnten nur deshalb so lange ungesühnt bleiben, weil sich die Eltern der geraubten Kinder vor → Repressalien von ihrem Feudalherrn, dem Marschall von Frankreich, fürchteten. Erst der Bischof von Nantes konnte das langjährige Wüten beenden. Sowohl von einem kirchlichen als auch von einem weltlichen → Gericht wurde Gilles de Rais 1440 zum Tode verurteilt. Die Anklagepunkte lauteten, daß er »Ketzer, Rückfälliger, Zauberer, Sodomit, Beschwörer böser Geister, Divinateur, Würger Unschuldiger, Apostat, Götzendiener, vom Glauben abgewichen und feind, Wahrsager und Hexenmeister war und ist«. Unter Reuebekenntnissen, Schluchzen und einer derartigen Flut von Tränen, daß er selbst das bei seiner → Hinrichtung anwesende Volk, worunter sich auch die Eltern der zahlreichen Opfer befanden, rührte, schritt das »heilige Ungeheuer« in den Tod. Trotzdem müssen seine Verbrechen wie ein Fluch auf seiner Familie gelegen haben. 1502 war das Haus von Rais vollkommen ausgestorben. Ein zeitgenössischer Kommentator äußerte dazu: »Schließlich hatte Gott der Schöpfer kein Gefallen mehr an diesem Haus, das einst so mächtig war, so daß keine Kinder mehr daraus hervorgingen und es dem Verlöschen anheimfiel.«

Literatur: Georges Bataille: Gilles de Rais. Leben und Prozeß eines Kindermörders (1957).

→ Lebende Vampire, → Okkulttäter

Ramirez, Richard

Im Juni 1984 begann in Los Angeles eine Reihe von brutalen → Morden. Der als »Nachtpirscher« bezeichnete → Täter drang mitten in der Nacht durch offenstehende Fenster oder unverschlossene Haustüren in die Wohnhäuser der kalifornischen Mittelschicht ein. Männliche Opfer tötete er, die weiblichen wurden von ihm vergewaltigt (→ Vergewaltigung). In einigen Fälle zeichnete der psychopathische Täter mit dem → Blut seiner Opfer mystische Symbole an die Wände. Einige der Frauen, die am Leben geblieben waren, beschrieben ihren Peiniger als großen, schlanken Mann spanischer Herkunft mit schlechten Zähnen und Körpergeruch. Doch diese Daten reichten für eine → Identifizierung nicht aus. Im August 1985 gelang es jedoch, das Auto des Nachtpirschers sicherzustellen. Es war gestohlen worden, und forensische Ermittler konnten darin einen → Fingerabdruck des → Serienmörders finden. Der Fingerabdruck stimmte mit dem des damals 25jährigen Richard Ramirez überein, der bereits früher wegen kleinerer → Verkehrsverstöße in die Verbrechensdatei aufgenommen worden war. Daraufhin ging Ramirez' Foto durch die Medien, was dieser nicht wußte, da er sich zu diesem Zeitpunkt in Arizona aufhielt. Bei seiner Rückkehr konnte er gestellt werden und wurde am 20. Juli 1989 vor dem Supreme Court in Los Angeles wegen dreizehnfachen Mordes sowie weiteren Straftaten wie Vergewaltigung und → Einbruch neunmal zum Tode verurteilt.

»Rassenschande«

Das »Gesetz zum Schutze des deutschen Blutes und der Ehre« vom 15. September 1935 bildete die Grundlage der Blut- und Rassenschandgesetze, in denen versucht wurde, die nationalsozialistische Rassenlehre juristisch exekutierbar zu machen. Verstöße gegen die »Rassenschandgesetze« lösten viele Strafverfahren mit oft harten → Urteilen aus. → Denunziationen, meist im unteren Sozialbereich der Gesellschaft, bewirkten zahlreiche → Prozesse. Nach Ausbruch des Krieges wurde insbesondere der sexuelle Kontakt mit Angehörigen der »Ostvölker« z.T. schwer geahndet. Hatten z.B. ein Russe oder ein Pole ein geschlechtliches Verhältnis zu einer Deutschen, konnte das für die betreffenden Männer die → Todesstrafe nach sich ziehen.

Bestrafung von »Rassenschande« ist aber kein nationalsozialistisches Phänomen gewesen. Viele traditionelle Gesellschaften – Stämme, Clans, Sprachgemeinschaften – bezeichneten sich selbst in aller Unschuld als »Menschen«, ein Ehrentitel, der ihrer Ansicht nach keinem Fremden zustand. Diese waren zunächst einmal nur »Untermenschen«, und es lag völlig in der Entscheidung der Gruppe, ob man ihnen Gastfreundschaft, → Sklaverei oder Marterpfahl zuerkannte. Aufgrund dieser unterschiedlichen Wertung der Menschen, bzw. Abwertung des Fremden, konnte auch sexueller Kontakt zwischen einander fremden Gruppen z.T. schwer geahndet werden. Die → Strafen reichten von → Mord bis zum Ausschluß aus der Gesellschaft. In Indien gibt es noch heute die Kastenteilung mit der untersten Kaste der »Unberührbaren«. In den ständisch gegliederten Gesellschaften wurden »Bastarde« von den Angehörigen des Adels nicht als gleichwertig anerkannt. Im Südafrika der Apartheidära wurden Rassentrennungsgesetze erlassen und schwere Strafen für ihre Durchbrechung angedroht. So wurde z.B. 1958 in Pretoria ein

39jähriger Weißer zu vier Monaten → Zwangsarbeit und vier Stockschlägen verurteilt, weil er versucht hatte, eine 19jährige Schwarze zu verführen.

Heutzutage hingegen versucht man, mit Antidiskriminierungsgesetzen Abgrenzungen und Ausgrenzungen zwischen den Ethnien zu vermeiden und gegebenenfalls auch zu bestrafen (→ Volksverhetzung).

Literatur: Michael Ley: »Zum Schutze des deutschen Blutes« ... »Rassenschande«-Gesetze im Nationalsozialismus (1997). → Blut

Rasterfahndung

Polizeiliche → Fahndung, die unter Verwendung elektronischer Datenverarbeitung durchgeführt wird und die vorhandenen Daten nach bestimmten Suchkriterien – Rastern – durchkämmt. Die Rasterfahndung wurde in den 70er Jahren vom damaligen Chef des → Bundeskriminalamtes Horst Herold für die Verfolgung von RAF-Terroristen (→ Rote Armee Fraktion, → Terrorismus) erfunden. Das System funktioniert nach folgendem Muster: Die Fahndungsexperten entwerfen zunächst ein Persönlichkeits- und Verhaltensprofil eines Verdächtigen (→ Täterprofil). Anschließend werden diese Merkmale per Computer mit den Daten einer größeren Personengruppe verglichen. Wichtig: Grundlage sind weniger die Daten im Polizeiregister, sondern vor allem jene, die in allen »normalen« Ämtern und Behörden gespeichert sind, etwa Einwohnermeldeämtern, Universitäten, Stromversorgungswerken, Krankenkassen und so weiter. Als typische RAF-Terroristin galt zum Beispiel seinerzeit die alleinstehende Frau in einer Hochhaussiedlung, die unter der Adresse nicht ordnungsgemäß gemeldet war und Miete und Stromrechnung bar bei der Bank einzahlte – oft für Monate im voraus. Oder das Pärchen, das in der Nähe einer Autobahn wohnte und gerne im BMW unterwegs war. Die Rasterfahndung wurde erst 1992 auf eine gesetzliche Grundlage gestellt. Sie darf nur bei bestimmten → Straftaten von erheblicher Bedeutung angewendet werden, z.B. im Bereich der → Rauschgiftkriminalität, des → Waffenschmuggels, der → Geld- oder Wertzeichenfälschung, des Terrorismus oder wenn Gefahr für Leib und Leben einer Person vorliegt oder ein → Verbrechen gewerbsmäßig von einem → Bandenmitglied begangen wurde. Üblicherweise ordnet der Richter die Rasterfahndung an, bei → Gefahr im Verzug ist auch die Staatsanwaltschaft dazu berechtigt.

Raub, Räuber

Der Raub gehört zu den »Urverbrechen« der Menschheit. Schon vor vielen Tausenden von Jahren raubten die Menschen oder mußten sich räuberischer → Überfälle erwehren oder wurden Opfer dieses Tuns. Generell wird unter Raub die Wegnahme einer fremden, beweglichen Sache mit Gewalt oder durch Androhung von Gewalt gegen Leib und Leben verstanden. Wird der Raub von einer → Bande oder mit Einsatz von Waffen durchgeführt, bezeichnet man ihn als schweren Raub. Als Sonderform des

Raubes gelten die räuberische → Erpressung und der räuberische → Diebstahl, bei dem der Dieb, auf frischer Tat ertappt, gegen die Person, die ihn überrascht hat, → Drohungen anwendet, um das Diebesgut behalten zu können. → Bereicherungsdelikte, → Räuberbanden, → Raubmord

Die Räuber (Schiller)
»In der ganzen Geschichte der Menschheit ist kein Kapitel unterrichtender für Herz und Geist als die Annalen seiner Verwirrungen.« Mit diesem Satz beginnt Friedrich Schiller seine Erzählung Der Verbrecher aus verlorener Ehre (1785). Der kleine Band hat es in sich. Beschreibt er doch, daß es Gründe gibt, über die man zum → Verbrecher werden kann, und daß Verbrecher nicht nur geboren werden. Schiller rüttelte damit an einer tradierten Übereinkunft – nämlich, daß alles in der Welt seinen unverrückbaren Platz hat: das Gute und das Böse, Macht und Ohnmacht, Himmel und Erde. Noch mehr Aufsehen als mit seiner Erzählung hatte Schiller bereits vier Jahre zuvor, 1781, mit seinem Schauspiel Die Räuber erlangt. Über die Uraufführung berichtete ein Augenzeuge: »Das Theater glich einem Irrenhause, rollende Augen, geballte Fäuste, heisere Aufschreie im Zuschauerraum. Fremde Menschen fielen einander schluchzend in die Arme, Frauen wankten, einer Ohnmacht nahe, zur Türe. Es war eine allgemeine Auflösung wie im Chaos, aus dessen Nebel eine neue Schöpfung hervorbricht.« Auch hier, in Schillers Räubern, wird wieder die Geschichte eines an sich guten Menschen, Karl Moor, erzählt, der durch widrige Umstände und die Bosheit anderer zum Verbrecher wird. Der Negativ-Held Moor wird zum Räuberhauptmann. Mit der Schilderung des Räuberdaseins von Karl Moor und seinen Kumpanen gibt Schiller auch Eindrücke vom Räuberunwesen des späten 18. Jahrhunderts wieder – der Blütezeit der → Räuberbanden. → Räuber in der Literatur

Räuber und Diebe in der Natur
Das Räubern ist nicht nur ein Urverbrechen des Menschen, sondern findet sich bereits in der Natur wieder. Da sind zum einen die Raubtiere, die andere Tiere töten, um sie – oder Tei-

Die Räuber (Schiller)

le von ihnen – zu verzehren. Neben derartigen Räubern, wozu auch das Raubtier Mensch zählt, existiert in der Natur auch parasitäres Leben (→ Parasiten), das auf Kosten anderer, bzw. deren »Arbeit« lebt. Auch gibt es Tiere, deren Existenz zum großen Teil auf → Diebstahl beruht. »Kleptoparasitismus« lautet der Fachbegriff dafür und bezeichnet damit eine Lebensart, die das Abjagen von → Beute als eine Form des Nahrungserwerbs mit einschließt. Zahlreiche Vögel, wie z.B. die Raubmöwen, zählen dazu. Daneben ist der Futterneid verbreitet: Tauben, die sich um ein hingeworfenes Stück Brot streiten, Sperlinge, die einander die Bruchstücke einer Eiswaffel nicht zu gönnen scheinen (→ Neid), usw. Zu den »Luxusverbrechern« der Natur zählen die diebischen Elstern, sie begehen keinen → Mundraub, sondern haben Erleseneres im Sinn: Alles was glänzt, Gold, Geschmeide, Perlen, erregt ihre Raublust. Das »Böse« läßt sich also nicht nur über die menschliche Gesellschaft ableiten, es ist bereits in einer früheren Stufe des Seins vorhanden. → Schwarze Witwen

Räuber in der Literatur

Zentralfigur des »Räuberromans« ist der »edle Räuber«, der außerhalb der Gesetze steht und Verbrechen begeht, jedoch gleichzeitig als Befreier und Beschützer der Armen und Rechtlosen auftritt. Eine der frühesten Geschichten dieser Art in Europa ist die von → *Robin Hood*. Der Erfolg von Schillers → *Die Räuber* (1781) löste eine Räuberwelle auf dem Buchmarkt aus. Hauptwerke der sogenannten Schauer- und Räuberromantik bildeten Heinrich Zschockes *Abällino der große Bandit* (1793) und Christian August Vulpius' Fortsetzungsroman → *Rinaldo Rinaldini* (1799). Im Theater waren neben Schillers *Räuber* vor allem *Graf Bengowsky oder die Verschwörung auf Kamtschatka* (1795) von August Friedrich Ferdinand von Kotzebue erfolgreich. Auch *Das Wirtshaus im Spessart* (1827) von Wilhelm Hauff fand viele Leser. Etwa ab der Mitte des 19. Jahrhunderts löste der Kriminalroman (→ Kriminalliteratur) den Räuberroman von seiner Bedeutung her ab. → Kohlhaas, Michael

Räuberbanden

Die Organisierung von Räubern in → Banden besitzt eine lange Geschichte. Die alten Griechen hatten sich schon mit Räuberbanden auseinanderzusetzen, und trotz Römerherrschaft trieben zur Zeit Christi zahlreiche → Räuber in den gebirgigen und zerklüfteten Gebieten Palästinas ihr Unwesen. Schon früh zog es Räuberbanden zu → Kaperfahrten auf das Meer hinaus (→ Piraten). Im Mittelalter traten größere Räuberbanden zuerst in Italien und dann auf dem Balkan, danach in den Alpenländern, in Frankreich und in England auf. Meist wurden gebirgige oder waldreiche Gebiete bevorzugt. Gefahrvoll war besonders die Benutzung der alten Handelsstraßen, Gebirgspässe und der Pilgerwege nach Rom oder Santiago de Compastela in Spanien. Nach der Zeit der Kreuzzüge sahen viele verarmte Ritter in ihrem Tun keinen rechten Sinn mehr und schlos-

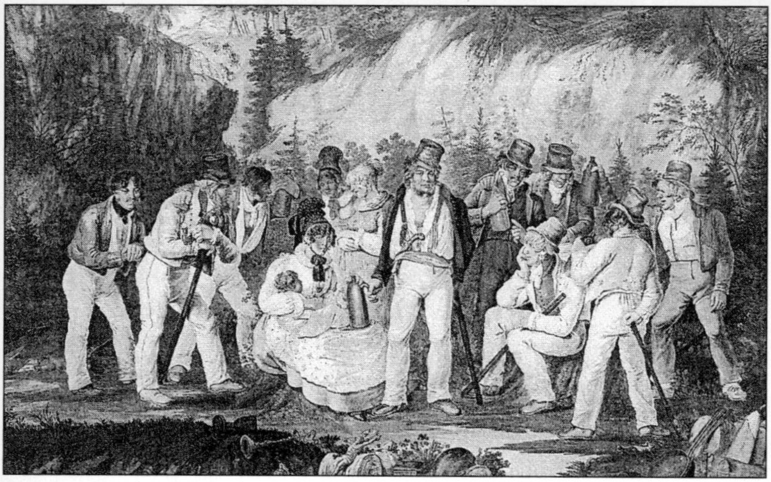

Räuberbande. Gouache von Johann Baptist Pflug (um 1822)

sen sich zu → Raubrittern zusammen. Im 15. und 16. Jahrhundert bildeten entlassene Landsknechte größere Räuberbanden (→ Soldateska). Besonders waren Eigentum, Leben und Sicherheit der Menschen während und nach dem 30jährigen Krieg auf dem Territorium des Heiligen Römischen Reiches Deutscher Nation gefährdet. Zuerst zogen Soldaten (→ Krieg und Verbrechen) vieler Nationen raubend, plündernd und mordend durch die Lande. Dann, als endlich Frieden geschlossen worden war, tauchten größere Banden auf, die sich wiederum aus entlassenen Söldnern gebildet hatten, und die neues Unglück über die verarmte Bevölkerung brachten. Die übergroße Not, die Verwilderung der Sitten durch überlange Kriegszeit und die staatliche Zerrissenheit und Ohnmacht waren die Hauptursachen für die ungeheure Verbreitung des Räubertums. Deutschland war nach 1648 in mehr als 300 Staaten, Fürstentümer, Grafschaften und Freie Reichsstädte zersplittert. Oft verliefen Landesgrenzen mitten durch ein Dorf oder durch die Feldmark. Manche Gemeinden waren unter zwei, drei oder sogar unter vier Landesherren aufgeteilt. Wegen der verwirrenden Besitzverhältnisse und des Streites um Zuständigkeit waren die Gerichte oft hilflos und ihre Organe in vielen Fällen zur Untätigkeit verurteilt. Diese Zustände brachten den Räubern nur Vorteile. Auch das 18. Jahrhundert, und vor allem die Umbruchszeit vom 18. auf das 19. Jahrhundert – Französische Revolution, napoleonische Kriege – erwies sich für die Entwicklung des Räubertums günstig. Zahlreiche berühmte Räuber und ihre Banden trieben zu dieser Zeit ihr Unwesen (→ Der Bayerische Hiasl, → Brabantische Bande, → Hannikel und seine

Bande, → Mersische Bande, → Mordbrenner Horst, → Neudener Zürnbande, → (Große) Niederländische Bande, → Schinderhannes, → Schwahn, Friedrich, → Spessarträuber). Von den Räuberbanden ein romantisch-verklärtes Bild zu malen, wie das in der Literatur oftmals der Fall war (→ Räuber in der Literatur), ist angesichts ihrer oft grausamen Taten unangebracht. Unser Wunsch nach einem ungebundenen Leben, nach Unabhängigkeit und Abenteuerlust wird zum Teil selbst heute noch auf vergangene Räuberbanden projiziert. Wirft man einen Blick auf die tatsächliche Bandenstruktur, schaut die Wirklichkeit weit weniger romantisch aus. Oft bis zu 150 Mann stark, mußte eine Räuberbande streng hierarchisch und autoritär gegliedert sein. Neben dem »allmächtigen« Räuberhauptmann gab es Herzöge, Räte, die sich als Experten für ein bestimmtes Sachgebiet sahen wie z.B. Kirchen-, Nacht- oder → Taschendiebstahl. Die bewußte Absonderung von der übrigen menschlichen Gesellschaft, die oft lange Lebensdauer einer Bande über eine Generation hinaus, förderten die Bildung einer ganz eigenen Räubermoral, einer eigenen Gesetzmäßigkeit, Geheimsprache (→ Gaunersprache) und Weltanschauung, die meist im Aberglauben wurzelte. Die in einer Bande geborenen Kinder wuchsen in dieser eigenen Vorstellungswelt auf und lernten keine anderen Werte kennen. Sie wären in einer bürgerlichen Welt hilflos verloren gewesen. Die hohe Solidarität innerhalb der Bande, das Bewußtsein, aufeinander angewiesen zu sein, schützte vor Verrat. Zudem schweißte ein meist vor dem Eintritt abgelegter Treueschwur die Mitglieder zusammen. Die Bande versorgte das einzelne Mitglied, unterrichtete es in neuen Räubertechniken und im Verhalten gegenüber der Obrigkeit. Das Teilen der → Beute war Pflicht, wie überhaupt alles allen gehörte – nicht selten auch die Frauen (→ Räuberbraut).

Die Absonderung der Räuberbanden von der Außenwelt ließ einen abstrusen Aberglauben gedeihen: Liturgien und Zeremonien wie Hochzeit oder Begräbnis wurden in einer grotesk verzerrten Weise nachgeahmt. Der Genuß von Menschenfleisch (→ Kannibalismus) sollte Mut und Stärke verleihen, und die Verwendung von Kinderfingern als sogenannte → Diebslichter sollten bei → Einbrüchen unsichtbar machen. So schreibt Ave-Lallemant in seinem Standardwerk *Das Deutsche Gaunertum* (1858): »Nach Schäffer trieb der Laupheimer Toni seiner Concubine mit starken Sachen das Kind ab, schnitt dem Kind den Bauch auf, fraß das Herz und schnitt beide Hände ab. Vor dem Einbruch hätten sie dann allemal die 10 Fingerlein hiervon angezündet, soviel nun davon gebrannt, soviel Leute haben auch in dem Haus, in welchem der Einbruch geschehen sollen, schlafen müssen; wenn hingegen ein Fingerlein nicht gebrannt, so seye eine Person weiter in dem Haus gelegen, davon sie nichts gewußt und die hernach auch nicht geschlafen. – Noch immer, wie zu den Zeiten der Rheinischen Räuberbanden muß ein ›dem Teufel verfallener‹ Jude bei einem Kirchendiebstahl zugegen sein, damit der Diebstahl unentdeckt bleibe, und noch im Jahre 1858 hielt ich Leichenschau ab über eine 62jährige Weibsperson, die früher Bordelldirne, dann Kartenschlägerin gewesen, und mit einem geschriebenen Zaubersegen auf der Brust und mit einer in einem Beutel um den Leib gebundenen lebendigen Katze ins Wasser gesprungen war, um, nach dem Zaubersegen zu schließen, das alte Leben in neuer Sphäre, womöglich noch wucherlicher, wieder beginnen zu können.« → Okkulttäter

Trotz des starken Aberglaubens – der bei Verbrechern zu allen Zeiten nachweisbar ist – dürfen die großen Räuberbanden auch als eine Vorform der → organisierten Kriminalität angesehen werden.

Literatur: Michael Barczyk: Die Spitzbubenchronik (1982); Heiner Boehncke; Hans Sarkowicz (Hg.): Die deutschen Räuberbanden (1991); Harald Siebenmorgen (Hg.): Schurke oder Held? Historische Räuber und Räuberbanden (1995); Jochen Klauß: Räuber, Richter und Rebellen. 2 Bde. (1997). → Courasche

Räuberbraut

War die Räuberbraut auch immer eine → Räuberin? Die Grenzen verlaufen hier fließend. Kaum dürfte es eine Räuberbraut gegeben haben, die nicht auch die Gesetzesschranken gebrochen hat. Trotzdem erfüllte sie innerhalb der → Räuberbande meist einen anderen Part als die Männer. Zunächst einmal diente sie als Geliebte, Magd und Mutter. Ihr Los war oft hart. Hermann Bettenhäuser schreibt in seinem Buch *Räuber- und Gaunerbanden in Hessen* (1964) folgendes über die Räuberbräute: »Die weiblichen Mitglieder sind regelmäßig die unglücklichsten und elendsten Geschöpfe der Banden. Sind sie einmal in dieses Milieu hineingeraten, ist ein schnelles Absinken auf die unterste Stufe der Prostitution unvermeidlich; sie sind Sklavin und Packesel eines rohen, häufig trunksüchtigen Kerls, geschätzt, so lange sie jung und kräftig sind, aber schnell verstoßen und damit dem Elend ausgeliefert, sobald sie aus irgendeinem Grunde lästig werden. Mitunter werden zwischen männlichen und weiblichen Bandenmitgliedern Ehen geschlossen; das dient aber vorzugsweise dazu, bei polizeilichen Kontrollen einen ehrbaren Eindruck zu machen. Respektiert wird diese Bindung nie, meist herrscht in der Bande Promiskuität.« In diesem Zusammenhang berichtet Avé-Lallement in Das deutsche Gaunertum (1858): »Die Eheweiber werden häufig vertauscht, und oft wird ein Draufgeld gegeben. Schäffer erzählt, daß ein Ehemann bei einem Weibertausch einen Pudel, ein anderer 5 Gulden als Zugabe erhielt ... Nicht selten kommt es vor, daß eine einzige Weibsperson der ganzen männlichen Genossenschaft Liebesdienste erweist, ohne die Eintracht zu stören.«

Nahmen Frauen an großen → Überfällen teil, so standen sie meist »Schmiere«. Weit häufiger treten Frauen jedoch im Zusammenhang mit der Vor- und Nachbereitung der → Delikte auf. Als Händlerinnen und Kartenleserinnen kamen die Frauen nämlich in die Häuser der Bürger und reichen Bauern und erhielten auf diese Weise Kenntnis von manch lohnendem Objekt. Auch oblagen den Räuberbräuten die Verwahrung oder der Verkauf der → Beute. Kriminelle → Delikte, auf die speziell Frauen angesetzt wurden, waren der Markt- und → Taschendiebstahl.

Die klassische Räuberbraut ist ebenso wie der klassische, in einer Räuberbande organisierte Räuber verschwunden. Gleichwohl ist die Räuberbraut als die »Puppe des Gangsters« zeitenübergreifend. Als eine »Grande Dame« der → organisierten Kriminalität galt Virginia → Hill.

Räuberinnen

Die großen Räuberinnen waren im Regelfall auch immer → Räuberbräute. Aber im Gegensatz zu den meisten ihrer Geschlechtsgenossinnen hüteten sie nicht nur den Räuberherd oder verhökerten das → Diebesgut, sondern nahmen aktiv am → Raub teil. Sie übten nicht nur kriminelle Hilfsdienste aus, wie etwa als Kundschafterin, sondern gingen als → Mordbrennerinnen, Bandenführerinnen, kurzum als »Teufelsweiber« in die Geschichte des Verbrechens ein. Die Quellen widerlegen das Bild, räuberische Frauen seien weniger hart und grausam gewesen als ihre männlichen Berufskollegen (→ Geschlecht und Verbrechen). Sowohl in der Länge ihrer Sündenregister als auch in der Brutalität ihrer Ausführung konnten sie selbst die hartgesottensten → Räuber übertreffen. So schrieb der Schweizer J. J. Lichtensteiger: »Unter manchen Räuberbanden trifft man weibliche Glieder, sogenannte Brigantessen, die aber immer gleich den Männern gekleidet und wie diese bewaffnet sind, aber außer dem Nähen keine anderen Frauendienste verrichten. Gekocht wird immer von den Männern. Die Brigantinnen sind in der Regel selbstständige Glieder der Bande, wie die Männer, und zeigen nicht selten mehr Mut und Ausdauer als diese.« Lichtensteiger wußte, wovon er schrieb. Im Winter 1865/66 war er für vier Monate Gefangener einer → Räuberbande gewesen. Erst ein stattliches Lösegeld brachte ihm wieder die Freiheit. »Und wenn der Kopf fällt, so sag' ich Hoppla« – dieses Originalzitat haben Heiner Boehncke, Bettina Hindemith und Hans Sarkowicz als Untertitel für ihr Buch über *Die großen Räuberinnen* (1994) gewählt. Berichtet wird dort u.a. über → Courasche, als die Erzmutter aller Räuberinnen, über die → Alte Lisel, die Mordbrennerin Frederike → Delitz oder die Christine → Schettinger. Nicht nur auf dem Land, sondern auch auf See trieben Räuberinnen als → Piratinnen ihr Unwesen (→ Bonny, Anne und Mary Read). Als ein gleichberechtigtes, modernes und höchst mobiles Räubergespann gingen → Bonnie & Clyde in die Kriminalgeschichte ein.

Raubgold

Als Raubgold wird jüdisches Vermögen bezeichnet, das zwischen 1933 und 1945 unter der nationalsozialisten Herrschaft, besonders von der SS, ins Ausland transferiert worden ist.

Einen wichtigen Bestandteil dieses Raubgoldes, das teilweise auch Nazigold oder Schoah-Gold genannt wird, bildeten die Goldreserven, die zum Teil aus jüdischem Vermögen eingezogen worden waren und das aus Konzentrationslagern kommende, umgeschmolzene sogenannte »Totengold.« Diese Goldbestände wurden ab 1939 zum großen Teil an die Schweizer Nationalbank verkauft, um damit kriegswichtige Materialien zu finanzieren. In einem erweiterten Sinn wird der Begriff Raubgold auch auf andere den rechtmäßigen Eigentümern weggenommene Wertgegenstände übertragen, wie z.B. Schmuck, Kunstwerke oder auch nachrichtenlose Vermögen, d.h. nach 1945 ruhende Auslandsbankguthaben von Opfern des Holocaust oder Weltkrieges. Bis 1997 konnten rund 78 Millionen sfr nachrichtenloser Vermögen erfaßt werden. Der Verbleib der tatsächlichen Bestände des Raubgoldes konnte bisher nicht vollkommen geklärt werden. Mit der Öffnung der osteuropäischen Archive hat sich die Debatte über Raubgold neu belebt.

Raubmord

»Unter den Morden aus Gewinnsucht steht der Raubmord an erster Stelle. Er ist auch gleichzeitig die primitivste Form dieser Mordart, da der Täter nicht geeignet ist oder sich nicht die Mühe macht, sein Ziel ohne Anwendung von Gewalt zu erreichen«, schreibt Wolf Middendorff in der Soziologie des Verbrechens (1959). Der Raubmord kommt besonders häufig in Zeiten der Not und der gesellschaftlichen Auflösung vor, in der die Gier nach materiellem Besitz groß ist, ein Menschenleben hingegen nur wenig zählt. → Bereicherungsdelikte, → Mord, → Raub

Raubritter

Der soziale und wirtschaftliche Umbruch des 14. und 15. Jahrhunderts mit seinem Aufkommen von Söldnerheeren und der zunehmenden Macht städtisch bürgerlicher Geldwirtschaft führte zu einer Krise im Stand des Rittertums. Im Zuge dieses Auflösungsprozesses versuchten einige entwurzelte Angehörige der Ritterheere, als → Raubritter ihre weitere Existenz zu fristen. Das heißt, sie betrieben das Geschäft der Wegelagerei, der Lösegelderpressung (→ Erpressung) und störten den Landesfrieden (→ Landfriedensbruch).

Rauschgiftkriminalität

Das deutsche Drogenstrafrecht enthält Strafvorschriften, die den Mißbrauch von sucht-verursachenden Substanzen verhindern sollen. Nach den Strafnormen des Gesetzes ist »ohne Erlaubnis« betriebenes Handeln mit den im Betäubungsmittelgesetz aufgelisteten Drogen durchweg strafbar. Mit → Freiheits- oder → Geldstrafe werden u.a. folgende Handlungen bedroht: der Anbau, die Herstellung, die Ein- Aus- und Durchfuhr, das Verschreiben, Verabreichen und Überlassen zum unmittelbaren Verbrauch, die Abgabe, das In-den-Verkehr-Bringen, das Handeltreiben und auch der bloße Besitz von Betäubungsmitteln. Der Eigenkonsum ist als solcher jedoch nicht strafbar. Nicht strafbar ist auch die Verschreibung bestimmter Betäubungsmittel zur ärztlichen Behandlung, einschließlich der Behandlung von Betäubungsmittelabhängigkeit. Die Abgabe von sterilen Einwegspritzen an Drogenabhängige ist ebenfalls straffrei.

Rauschgiftkriminalität ist eng verbunden mit der → organisierten Kriminalität. Von den mindestens 50 Tonnen an Rauschgiften, die jährlich → illegal in Deutschland eingeführt werden, gelangt nur ein Bruchteil in das Netz der Fahnder. Die Drogenmafia arbeitet hochorganisiert, abgeschottet, hierarchisch gegliedert und konspirativ. Ein Heer von Zwischenhändlern steht ihr dabei zu Diensten. Die großen Anbaugebiete für Rauschgifte liegen in Kolumbien und im »Goldenen Dreieck« zwischen Thailand, Burma, Laos.

Damit Süchtige ihren Drogenkonsum finanzieren können, sind sie in vielen Fällen darauf angewiesen, auf nichtlegale Weise an das nötige Geld heranzukommen (→ Beschaffungskriminalität). Die Sucht kann aber noch zu fatalen anderen Folgen führen. So ließ 2000 in Leipzig eine heroinsüchtige Mutter ihren Sohn im Babyalter verhungern. Die Frau war mehrere Tage nicht zu Hause gewesen und hatte ihr Kind anscheinend »vergessen«. Eine Gerichtsvollzieherin und der Hausmeister fanden den Kleinen verhungert und verdurstet vor seinem Kinderbett liegend. Gegen zwei Sozialarbeiter, die die Süchtige betreuten, wurde daraufhin → Anzeige wegen → fahrlässiger Tötung erhoben. In Deutschland unterliegen auch alle Cannabisprodukte (Haschisch, Marihuana) dem Betäubungsmittelgesetz. Lange Zeit wurden diese »weichen« Drogen als der Einstieg für »harte« Drogen angesehen. Heute wird die These von der Schrittmacherfunktion von Cannabis zur »harten« Droge eher verworfen. Die Schädigung von Körper und Seele durch Cannabisprodukte überschreitet nicht den der legalen Droge Alkohol (→ Alkohol und Verbrechen).

Rauschtat

Eine in rauschbedingter → Schuldunfähigkeit begangene → Straftat. Jeder, der sich vorsätzlich oder fahrlässig (→ Fahrlässigkeit) mit Alkohol oder anderen Rauschmitteln in einen Rausch versetzt und in diesem Zustand eine rechtswidrige Tat begeht, für die er nicht bestraft werden kann, da er infolge des Rausches schuldunfähig war, wird wegen Herbeiführung des Rauschzustandes mit einer → Geldstrafe oder einer → Freiheitsstrafe bis zu fünf Jahren bestraft. → Alkohol und Verbrechen, → Rauschgiftkriminalität

Razzia

Vom arabischen Wort »gazwa« = »Kriegszug« abgeleitet. Die Razzia ist ein groß angelegter, als überraschender → Coup gestalteter → Fahndungszug von seiten der → Polizei, um verdächtige Personen aufzuspüren.

Wer sich bei einer Razzia nicht ausweisen kann, darf zur → Identifizierung mit auf das Polizeirevier genommen werden.

Read, Mary

→ Bonny, Anne

Rebellen

»Den Krieg erneuernd« bedeutet das lateinische Wort »rebellis«. Unter einem Rebellen versteht man jemanden, der sich auflehnt, der den gesellschaftlichen Frieden aufkündigt: Einen Aufrührer und Aufständischen. Rebellentum kann sich dabei im politischen Extremismus (→ Linksextremismus, → Rechtsextremismus), im Verstoß gegen gesellschaftliche Normen, aber auch in kriminellen Handlungen äußern. Häufig wurden auch → Räuber zu Rebellen stilisiert, wie z.B. → Robin Hood. In diesem Fall wurde der Rebell zum → Rächer der Entrechteten.

Rechtsbeugung

Ist ein → Vergehen, dessen sich ein Richter, ein Schiedsrichter oder ein anderer Amtsträger schuldig machen kann, wenn er bei der Entscheidung einer Rechtsangelegenheit vorsätzlich zugunsten oder zum Nachteil einer Partei handelt, sei es durch die → Fälschung eines Sachverhaltes, falsche Rechtsanwendung oder Ermessensmißbrauch. Rechtsbeugung kann mit einer → Freiheitsstrafe von einem bis fünf Jahren geahndet werden. Auch abhängige Richter wie zur Zeit des Nationalsozialismus oder des SED-Staates können sich der Rechtsbeugung schuldig machen. Nach einer neuen, umstrittenen Rechtsprechung ist nicht mehr jede vorsätzliche Ungerechtigkeit strafbar, sondern gilt nur noch als elementarer Rechtsverstoß. In der DDR war der Begriff der Rechtsbeugung mit einer milderen Strafe (sechs Monate bis fünf Jahre) belegt und enger gefaßt. DDR-Justizverbrechen werden deshalb nach ehemaligem DDR-Recht abgeurteilt und sind nur noch bei grober Menschenrechtsverletzung, einem unannehmbaren Mißverhältnis zwischen → Strafe und Tat und Überdehnung des → Straftatbestandes strafbar.

Literatur: G. Spendel: Rechtsbeugung durch Rechtsprechung (1984); F. Scholderer: Rechtsbeugung im demokratischen Rechtsstaat (1993).

Rechtsextremismus

Rechtsextremismus ist ein Sammelbegriff für alle antidemokratischen Strömungen, die am äußeren rechten Rand der politischen Rechts-Links-Skala angesiedelt sind. Der Rechtsextremismus ist eine Form des politischen Extremismus, der den demokratischen Verfassungsstaat weitgehend ablehnt. Im Gegensatz zum → Linksextremismus, der die soziale Gleichheit verabsolutiert, verneint der Rechtsextremismus das Prinzip der menschlichen Fundamentalgleichheit. Die meisten Parteien des Rechtsextremismus wollen einen starken Staat, schüren Ressentiments gegen ethnisch fremd empfundene Gruppen und stehen für einen aggressiven Nationalismus. Wird der Begriff des Rechtsextremismus weit definiert, können ihm auch bestimmte Formen des → Terrorismus zugerechnet werden. Besondere Aufmerksamkeit in der öffentlichen Berichterstattung wird den Taten gewaltbereiter – meist jugendlicher –

Rechtsextremisten gewidmet. Deren Opfer sind häufig Ausländer, Obdachlose oder politische Gegner. Da der Anteil rechtsextremer Gewalttaten (→ Gewaltverbrechen) am höchsten in den neuen Bundesländern ist, werden diese Ausschreitungen auch in Verbindung mit der dort herrschenden beruflichen Perspektivlosigkeit vieler Jugendlicher gesehen. Sicher ist der Rechtsextremismus oftmals nur eine politisch drapierte Form der → Jugendgewalt, hinter der nicht immer ein geschlossenes rechtes Weltbild stehen muß. Nach dem → Verfassungsschutzbericht bilden Gewalttaten aber nur den kleineren Teil der von Rechtsextremisten registrierten → Straftaten. 85 Prozent aller rechtsextremen → Delikte sind Propagandadelikte: das Tragen verbotener Symbole, Verbreitung verbotener Schriften, etc. Einen weiteren Straftatbestand stellt in vielen Fällen die → Volksverhetzung dar. Stärker noch als beim Linksextremismus bleibt die zukünftige Entwicklung des Rechtsextremismus offen. Globalisierung, Bedeutungsverfall der Nationalstaaten, multi-ethnische Gesellschaften, Rivalitäten am Arbeitsmarkt, aber auch jugendliches Protestverhalten könnten dem Rechtsextremismus zuspielen. Dabei zeigt sich schon heute, daß der Rechtsextremismus nur schwer mit einem »positiven Rassismus« einzugrenzen ist, indem man ihn etwa auf deutsche Jugendliche beschränkt. Zahlreiche ausländische Ethno-Gangs (→ Ausländerkriminalität) besitzen nicht nur in ihrer Gewalttätigkeit, sondern auch in ihrer »Weltanschauung« rechtsextreme Versatzstücke. → Aggression, → Haß, → Ideologie und Verbrechen, → Rocker, → Sebnitz, → Skinheads

Rechtsmedizin

→ Gift im → Blut, Sperma in der Unterwäsche, Speichelspuren auf dem Briefmarkenrücken – bei vielen → Verbrechen ist die → Polizei auf die Hilfe der Rechtsmedizin angewiesen, um die → Täter zu entlarven. Oft kann schon anhand kleinster Spuren nachgewiesen werden, wie sich eine Tat zugetragen hat. Die Rechtsmedizin oder forensische Medizin, früher auch Gerichtsmedizin genannt, ist ein Fachgebiet der Medizin, das die Entwicklung, Anwendung und Beurteilung medizinischer und naturwissenschaftlicher Erkenntnisse für die Rechtspflege umfaßt. Medizinische Gesichtspunkte bei der Rechtsprechung wurden schon in der römischen Antike berücksichtigt. In der »Peinlichen Gerichtsordnung«, der sogenannten Carolina Karls V. von 1532, finden sich erste gesetzliche Bestimmungen über die Hinzuziehung von Ärzten zur Ermittlung von Tatbeständen. Der französische Chirurg A. Paré verfaßte im 16. Jahrhundert eine Anweisung zur Erstellung ärztlicher Gutachten. Das erste Lehrbuch der Rechtsmedizin schrieb 1621-35 der italienische Arzt Paolo Zacchia. Im 19. Jahrhundert erfuhr die Rechtsmedizin eine weitere Ausweitung durch die von dem spanisch-französischen Toxikologen Mateo-José-Bonaventure Orfila begründete forensische Toxikologie und die auf Cesare Lombroso zurückgehende Kriminalpsychologie (→ Forensische

Psychologie). Aufgaben der gegenwärtigen Rechtsmedizin sind die rechtsmedizinische Beurteilung von Körperverletzungen, der → Haft- und Verhandlungsfähigkeit von → Angeklagten, die Erstellung von Gutachten bei → Sexualdelikten, die Ermittlung von Geschlechtszugehörigkeit und der Abstammung (Vaterschaftsbestimmung). Die forensische Pathologie befaßt sich mit Leichenschau und → Autopsie, mit kriminellen → Schwangerschaftsabbrüchen, → Kindesmißhandlungen und der Blutalkoholbestimmung bei → Verkehrsverstößen. Die forensische Chemie und forensische Toxikologie dienen der Spurenanalyse und dem Nachweis von Giften. Die forensische Psychiatrie erstellt Gutachten über die Zurechnungsfähigkeit, Geschäfts- und Testamentsfähigkeit.

Literatur: H. Patscheider; H. Hartmann: Leitfaden der Rechtsmedizin (1993); Ingo Wirth: Tote geben zu Protokoll. Berühmte Fälle der Gerichtsmedizin (1999); David Owen: 40 Kriminalfälle und wie sie gelöst wurden (2000).

→ Blut, → Fingerabdruck, → Genetischer Fingerabdruck

Redl, Alfred

Der 1864 geborene Alfred Redl hatte es trotz seiner kleinbürgerlichen Herkunft mit Fleiß und Intelligenz geschafft, zum Obersten und Generalstabschef des Prager Korps der österreichisch-ungarischen Armee aufzusteigen. Allerdings gab es in seinem Leben einen wunden Punkt, durch den seine Karriere augenblicklich zerstört werden konnte: seine → Homosexualität. Als 1901 der russische Geheimdienst entdeckte, daß Redl im Homosexuellenmilieu verkehrte, wurde er zur → Spionage erpreßt (→ Erpressung). Für eine Summe zwischen 50000 und 100000 Kronen jährlich verriet der Oberst daraufhin die österreichischen Aufmarschpläne, die Grundlage der Mobilisierungsvorbereitungen sowie Instruktionen zur Taktik. Lange Zeit ging das Spiel gut. Erst im Jahre 1913 wurde der Oberst als Spion überführt und vom österreichischen Geheimdienst, der im Falle eines → Prozesses gegen den Oberst peinliche Enthüllungen befürchtete, zum → Selbstmord gezwungen.

1984 gelangte die Geschichte unter dem Titel Oberst Redl in die Kinos. Klaus Maria Brandauer glänzte in der Rolle des tragischen Obersten. 1986 erschien als Neuausgabe Der Fall Redl. Mit unveröffentlichten Geheimdokumenten zur folgenschwersten Spionageaffäre des Jahrhunderts, von G. Markus.

Reemtsma-Entführung

Am Abend des 25. März 1996 verließ der 44jährige Sozialforscher Jan Philipp Reemtsma seine Villa im Hamburger Elbvorort Blankenese, um sein etwa 100 Meter entferntes »Arbeitshaus« aufzusuchen, in dem seine Bibliothek untergebracht ist. Seine Ehefrau, die Psychoanalytikerin Ann Kathrin Scheerer, begann sich erst vor Mitternacht um ihren noch nicht zurückgekehrten Mann zu sorgen. Als sie nach ihm sah, entdeckte sie frische → Blutspuren und auf einem Mauervorsprung eine mit einer Handgranate beschwerte Nachricht, daß ihr Mann entführt (→ Entführung) worden sei. Es entwickelte sich ein Entführungsfall, der zu den aufregendsten der bundesdeutschen → Kriminalgeschichte zählt. 33 Tage lang wurde der zusammengeschlagene und verletzte Reemtsma an einem Fuß angekettet in einem dunklen Keller festgehalten. Für seine Freilassung forderten die Entführer 30 Millionen Mark, das höchste in der BRD je zugestandene Lösegeld.

Trotz der Warnung der Entführer schalteten Reemtsmas Frau Ann Kathrin und der mit der Familie befreundete Rechtsanwalt Johann Schwenn noch am gleichen Abend die → Polizei ein. Mit täglichen Kleinanzeigen in der Grußrubrik der Hamburger Morgenpost hielt die Familie Reemtsmas Kontakt mit den Entführern. Die Nachrichten erschienen unter dem Kennwort: »Alles Gute, Ann Kathrin« und lauteten z.B.: »Woran liegt es, daß Du Dich nicht meldest? Versteh ich Dich immer falsch→ Melde Dich bitte, damit wir das klären können.« Am 25. April 1996, nach zwei gescheiterten Versuchen, gelang endlich die Lösegeldübergabe auf einem Autobahnparkplatz bei Krefeld. 43 Stunden später wurde Reemtsma freigelassen. Nach dem glücklichen Ende der Entführung arbeitete die → Fahndung auf Hochtouren. Dabei kamen der Polizei die aufgezeichneten Telefongespräche zu Hilfe, auf denen die Stimme eines der Entführer zu hören war, sowie das gute Gedächtnis des Entführten, der präzise Auskünfte geben konnte. Bereits gut vier Wochen später, Ende Mai, konnten die vier Entführer gefaßt werden. Sie hatten sich, obwohl die Entführung selbst perfekt geplant gewesen war, bei der Flucht

Entführter Reemtsma (Kidnapper-Foto, von der Polizei retuschiert)

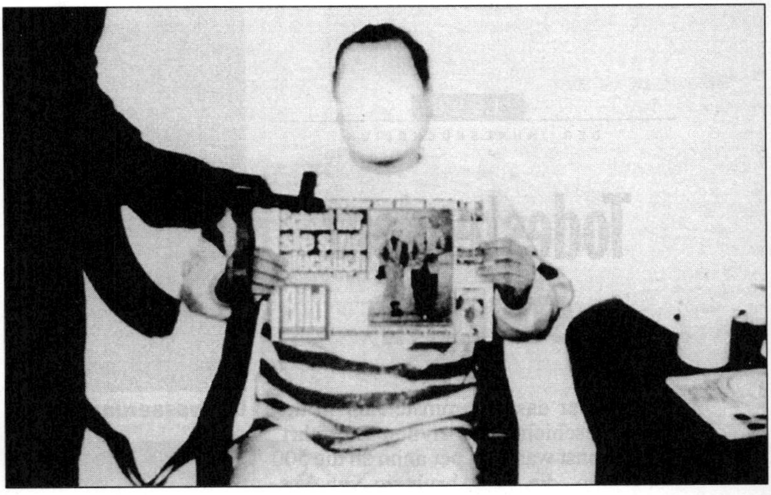

derart dilettantisch verhalten, daß die Boulevardpresse die beiden Entführer Wolfgang Koszics und Peter Richter als »Dick und Doof« betitelte. So hatten sie, trotz europaweiter Fahndung, unter eigenem Namen Hotelzimmer und Autos gemietet.

1997 wurden beide vor → Gericht gestellt. Koszics erhielt zehneinhalb Jahre, Richter als Gehilfe fünf Jahre → Freiheitsstrafe. 1999 wurde Richter zur Bewährung (→ Strafaussetzung zur Bewährung) entlassen. Ein dritter Entführer, Pjotr Laskowski, wurde 1999 zu einer Freiheitsstrafe von sechs Jahren verurteilt. Der Kopf der Bande, Thomas Drach, hatte sich noch 1996 – mit dem meisten Geld – nach Südamerika abgesetzt. Fast zwei Jahre lang leistete sich Drach dort vom Lösegeld Luxus pur: Autos, Mädchen, Villen, Motorboote, kurzum alles, was das → Ganovenherz höher schlagen läßt. Dann wurde er in Südamerika unvorsichtig. Zwei Anrufe in den niederländischen Grenzort Vaals, nahe Aachen, die er am 25. und 26. März 1998 mit einem Vertrauten aus gemeinsamen Knasttagen in der → Justizvollzugsanstalt Rheinbach bei Köln führte, wurden Drach zum Verhängnis. Beim ersten Anruf erzählte er seinem Freund Bernd Kramer, daß er das Konzert der »berühmtesten Rockgruppe der Welt« besuchen werde. Die Polizei konnte feststellen, daß dieser Anruf aus der Stadtmitte von Buenos Aires kam und bereitete sich schon darauf vor, alle Besucher des Rolling Stones-Konzerts zu überprüfen. Beim zweiten Anruf unterhielten sich die beiden über ein → Geldwäsche-Angebot, das Mitarbeiter der Wiesbadener Sicherheitsfirma Espo Kramer unterbreitet hatten. Dieser Anruf verriet Drach endgültig, da er das Telefonat von seinem Hotelzimmer in Buenos Aires aus geführt hatte. Wenig später stürmten acht Polizisten das Hotelzimmer und rissen den nackten Drach und dessen Bettgefährtin Christina Irisarri aus dem Bett. Unmittelbar darauf landete der damals 39jährige Drach in Auslieferungshaft. Es dauerte allerdings noch zwei Jahre, bis er nach Deutschland abgeschoben wurde, wo ihm 2001 der → Prozeß gemacht wurde. Jan Philipp Reemtsma hatte bereits 1997 in dem Buch *Im Keller* seine inneren und äußeren Erlebnisse als Entführungsopfer geschildert. Das Buch, teilweise im Spiegel abgedruckt, wurde zum Bestseller.

Reichstagsbrand

→ Lubbe, Marinus van der

Religion und Verbrechen

Religion kann definiert werden als das Verhältnis des Menschen zum Göttlichen oder etwas allgemeiner als der Inbegriff jener Gefühle und Gedanken, an denen der Mensch Rückhalt findet, wenn es um Tod und Leben, wenn es um das Ganze und Letzte geht. Allgemein kann weiter gesagt werden, daß die Lehren jeder Religion den an sie glaubenden Menschen verpflichten, Gesetze zu halten, die Rechte der Mitmenschen zu achten und Gutes zu tun; für Zuwiderhandlungen werden göttliche Sanktionen in Aussicht gestellt. Und in der Tat sind bei religiösen Men-

schen, aber auch bei Sekten, die von ihren Mitgliedern, wie z.B. die Mormonen oder die Zeugen Jehovas, ein streng auf die Religion ausgerichtetes Leben verlangen, kriminelle Handlungen wie etwa → Gewaltverbrechen oder → Bereicherungsdelikte deutlich geringer als im Bevölkerungsdurchschnitt. Gleichwohl ist das nur die eine Seite der Medaille. Ein gläubiges Leben hemmt zwar individuell die Neigung zum Verbrechen, anders verhält es sich jedoch, wenn eine Religion – und das gilt besonders für die monotheistischen Religionen – zum dominierenden Machtfaktor innerhalb eines Staates oder einer Kulturgemeinschaft wird. Der »Gottesstaat« neigt per se zur Intoleranz, einer mitunter haarspalterischen Dogmatik und der → Denunziation aller Andersgläubigen. → Ketzer- und → Hexenverfolgungen und die »heilige« → Inquisition haben Millionen von Toten zu verantworten. Ähnlich wie bei den weltlichen Ersatzreligionen (→ Ideologie und Verbrechen) wirkt es sich auch für eine Religion verhängnisvoll aus, wenn sie zuviel »irdische« Macht ausüben kann. Verhängnisvoll ist es auch, wenn rivalisierende Religionssysteme aufeinanderstoßen und es zu Religionskriegen kommt. Aber trotz aller Verbrechen, die von herrschenden Religionssystemen und religiösen Eiferern begangen wurden, sind sie gemessen an den Verbrechen, die von ideologischen Systemen – wie Kommunismus und Nationalsozialismus – verübt wurden, geringer anzusetzen.
Literatur: Karlheinz Deschner: Kriminalgeschichte des Christentums, 2 Bde (1996); S. Kakar: Die Gewalt der Frommen (1997)

Religionsdelikte

Begeht, wer öffentlich oder mittels Schriften das religiöse oder weltanschauliche Empfinden anderer Menschen in einer Weise verunglimpft, daß damit der öffentliche Friede gestört ist. Auch die Störung einer Religionsausübung an einem für religiöse Zwecke bestimmten Ort ist strafbar. Ebenso strafbar ist die Störung einer Bestattungszeremonie, da damit das Pietätsempfinden verletzt wird. Die Gotteslästerung (→ Blasphemie), als eine öffentlich vorgetragene Beschimpfung Gottes, ist hingegen nicht mehr strafbar. Auf Religionsdelikte steht eine → Freiheitsstrafe bis zu drei Jahren oder eine → Geldstrafe.

Repressalie

Im Völkerrecht versteht man darunter Vergeltungsmaßnahmen. Die Repressalie ist eine an sich völkerrechtswidrige Maßnahme, die als Reaktion auf eine andere völkerrechtswidrige Handlung zu verstehen ist. Besonders in Kriegszeiten ist es immer wieder zu blutigen Repressalien gekommen, so wenn z.B. Besatzungssoldaten bei einem → Attentat umkommen und als Vergeltungsmaßnahme dafür mehrere – im Regelfall unbeteiligte – Zivilisten ermordet werden (→ Krieg und Verbrechen).

Republikflucht

Wurde in der DDR das unerlaubte Verlassen des Staatsgebietes genannt, ebenso das unerlaubte Verbleiben im

Ausland nach einer legalen Ausreise. Die Republikflucht war in den ersten Jahren der DDR zunächst ohne gesetzliche Grundlage bestraft worden, am 11.12. 1957 wurde sie dann gemäß § 8 des Paß-Gesetzes zum offiziellen → Straftatbestand erhoben und mit einer → Geldstrafe oder Freiheitsentzug (→ Freiheitsentziehung) bis zu drei Jahren geahndet. Von 1968 an wurde Republikflucht als ungesetzlicher Grenzübertritt unter → Strafe gestellt. Dieser galt als schwerer Verstoß, der zunächst mit einer → Freiheitsstrafe bis zu fünf Jahren, ab 1979 gar bis zu acht Jahren verfolgt wurde. Am 1.7.1990 wurde das Gesetz zur Republikflucht aufgehoben. → D(eutsche) D(emokratische) R(epublik) und Verbrechen

Resozialisierung

Die Resozialisierung verfolgt das Ziel der gesellschaftlichen (Wieder-)Eingliederung von Angehörigen sozialer Randgruppen und von straffällig Gewordenen. Erstes Ziel ist es, durch die Resozialisation das Straffälligwerden oder einen Rückfall in die Straffälligkeit zu vermeiden. Mittel hierzu sind Therapieangebote, Ausbildungs- und Weiterbildungsangebote oder Hilfe bei Drogenabhängigkeit. Die Resozialisierung sieht das abweichende Verhalten der Straftäter weniger durch individuelle → Schuld oder Veranlagung begründet als in einer mangelnden gesellschaftlichen Integration. In der Bundesrepublik Deutschland hat die Resozialisierung eine wichtige Rolle im Zusammenhang der → Strafrechtsreform seit den 1970er Jahren gespielt. Sie gilt als einer der wichtigsten Strafzwecke (→ Straftheorien). Die Resozialisierung ist zunächst ein Gesichtspunkt bei der Strafzumessung, bei ihr sind die Wirkungen, welche die → Strafe für das künftige Leben des → Täters in der Gesellschaft haben wird, zu berücksichtigen. Man bezeichnet die Resozialisierung auch als »Vollzugsziel«. Das heißt, der Täter soll im Vollzug seiner → Freiheitsstrafe lernen, künftig ein Leben in sozialer Verantwortung und ohne Straftaten zu führen. Die anfänglich hohen Erwartungen, die man in die Resozialisierung setzte, wurden aber nur bedingt erfüllt.

Literatur: Hans Jürgen Kerner (Hg.): Straffälligenhilfe in Geschichte und Gegenwart (1990). → Delinquento nato

Revision

Die Revision, die »prüfende Wiederdurchsicht«, bedeutet im → Prozeßrecht die Nachprüfung eines → Urteils durch eine höhere letzte Instanz. Einer Revision wird nur dann stattgegeben, wenn → Verdacht besteht, daß das Urteil durch die Verletzung einer Rechtsnorm zustandegekommen ist. Die Revision muß spätestens eine Woche nach der Verkündigung des Urteils beantragt werden.

Rezala, Sid Ahmed

→ Eisenbahnverbrechen

Rieken, Ronnie

Mit Hilfe des bis dato größten Gentests (→ Genetischer Fingerabdruck) in der deutschen → Kriminalgeschichte wurde 1998 der → Sexualverbrecher Ronnie Rieken festgenommen.

18.000 Männer hatte die → Polizei zur Speichelprobe gebeten. Warum der 1968 geborene Gelegenheitsarbeiter und dreifache Familienvater freiwillig dem Aufruf folgte, ist unklar. Möglicherweise war es weniger das schlechte Gewissen als Gruppendruck. Rieken war von zwei Bekannten abgeholt worden, um gemeinsam zum Gentest zu gehen.

Im Sommer 1996 hatte Ronnie Rieken die 13jährige Ulrike Everts, die auf einem einsamen Feldweg einen Ausflug mit ihrer Ponykutsche unternahm, entführt. Rieken vergewaltigte (→ Vergewaltigung) das Mädchen mehrfach im Ipweger Moor bei Oldenburg und erdrosselte es schließlich. Die verzweifelten Eltern und die Polizei suchten mit großem Aufwand zwei Jahre vergeblich nach der Vermißten. Gefaßt wurde Rieken nach einem weiteren → Mord und Mißbrauch an Christina Nytsch. Die elfjährige Christina hatte er im März 1998 auf einer einsamen Straße bei Strücklingen im Kreis Cloppenburg entführt, in einem Waldstück vergewaltigt und anschließend mit einem Kabel erdrosselt. Danach stach er noch mehrfach mit einem Messer auf die Leiche ein. Im Fall Christina Nytsch sicherte die Polizei Spuren, mit deren Hilfe der Massen-Gentest möglich wurde.

Während dieser Zeitspanne schaute Rieken bereits nach anderen Mädchen aus. Wenn eines sein Gefallen erregte, legte er sich manchmal über Wochen auf die Lauer. Wie Mitte 1995 in Jade. Fast jeden Tag war er dort, wenn der Schulbus kam. Eine Elf- bis Zwölfjährige war ihm aufgefallen. Daß es nicht zu einem → Überfall kam, war dem Umstand zu verdanken, daß immer »zuviel los war«. Denn, »ich wollte sie mißbrauchen«, erklärte Rieken stets sein → Motiv, wenn der Schwurgerichtsvorsitzende Rolf Otterbein ihn befragte. Dabei wurde deutlich, daß es viele Kinder nur dem Zufall zu verdanken hatten, nicht ebenfalls Opfer des Ronnie Rieken geworden zu sein. So hatten sich zwei Mädchen, die er vom Fahrrad gerissen hatte, nur mit knapper Not in ein Maisfeld retten können.

Vor → Gericht schilderte Rieken sich – der seine eigenen Opfer äußerst brutal mißhandelte – selbst als Opfer. Geprügelt und von seinem eigenen Vater vergewaltigt, in der Schule verachtet und gehandicapt durch ein seiner Meinung nach zu kleines Glied. Etwa fünf Jahre alt sei er gewesen, als der Vater – ein meist arbeitsloser Maurer – ihn in seinem Bett mißbraucht habe. Seine Mutter, bei der er Hilfe gesucht habe, habe nichts unternommen. Das halbe Ohr habe ihm der Vater abgerissen, wenn er zu petzen versucht habe. Wenn er sich beim Essen übergeben mußte – was häufig vorgekommen sei -, habe man ihn dazu gezwungen, das Erbrochene wieder aufzuessen. Doch der Gerichtsvorsitzende Rolf Otterbein zeigte Zweifel an derartigen Horrorschilderungen. Er hielt sie eher für Erfindungen, da die Mutter in anderen Fällen – bei Mißhandlungen von Ronnies Schwestern – durchaus eingeschritten war. Tatsache ist allerdings, daß das familiäre Klima auf dem einsam gelegenen Gehöft in Norddeutschland, wo Rieken aufwuchs, von Alkohol (→ Alkohol und Verbrechen) und Gewalt geprägt war. So saß Ronnies Vater wegen → Vergewaltigung eines zehnjährigen Mädchens im → Gefängnis, und im Scheidungsurteil von Riekens Eltern wurden Übergriffe auf die Töchter dokumentiert. Detailliert schilderte Rieken im Prozeß auch seine homosexuellen Kontakte (→ Homosexualität) zu einem Nachbarsjungen und zu einem Busfahrer. 13, 14 Jahre sei er zu dieser Zeit gewesen. Häufig habe er die Schule geschwänzt und sei bei dem Mann im Bus mitgefahren. »An der Endhaltestelle sind wir dann immer auf die letzte Bank gegangen.« Riekens Verhältnis zu Frauen war wegen seines zu kleinen Penis komplexbeladen. In den Folgejahren kam es bei Rieken zu → Autodiebstählen und → Einbrüchen, → Schlägereien und zu den ersten → Überfällen auf Mädchen. Mehrfach stand er vor einem Jugendrichter, fand aber stets Gnade: Alle Strafen wurden zur Bewährung (→ Strafaussetzung zur Bewährung) ausgesetzt.

Über Jahre hin schaukelte sich Riekens kriminelle Karriere hoch, ohne daß jemand Interesse zeigte, dagegen einzuschreiten. Erst 1990, als Rieken wegen Vergewaltigung seiner eigenen Schwester vor Gericht stand, wurde er verurteilt. Rolf Otterbein, der auch den damaligen → Prozeß führte, hatte die Abscheulichkeit der Tat erkannt und eine hohe → Strafe ausgesprochen. Mehrfach hatte Rieken seine Schwester bis zur Bewußtlosigkeit gewürgt und »wie ein Tier auf allen vieren durch die Wohnung geführt.« Dafür sollte Rieken zehn Jahre hinter Gitter. Doch das → Urteil wurde wegen Formfehler vom Bundesgerichtshof kassiert, und in der → Revision kam Rieken mit fünfeinhalb Jahren davon, die er nicht einmal ganz absitzen mußte.

Der Gutachter setzte sich überhaupt nicht mit Riekens Sexualität auseinander, sondern man sah nur sein Alkoholproblem, das er offensichtlich genauso wie seine abnorme Sexualität mit seinem Vater teilte. Im Vechtaer → Gefängnis war man daher schon froh, wenn er regelmäßig die Anonymen Alkoholiker aufsuchte. Die Berichte schwärmen geradezu über seine angeblichen Fortschritte. Kontinuierlich habe er mitgearbeitet und die »arbeitsfreie Zeit sinnvoll mit der Betreuung der Anstaltsvögel genutzt«, hieß es 1993. Da Rieken für die Zukunft die besten Vorsätze äußere, sei es »verantwortbar, zu erproben, ob Rieken auch außerhalb des Vollzugs straffrei bleibt«. Auch sein Bewährungshelfer war 1995 voller Lob: Rieken reflektiere zunehmend seine Probleme und habe fast alle Ziele erreicht: Arbeit und einen Führerschein. Zu diesem Zeitpunkt war Rieken schon lange unter die Bettdecke einer achtjährigen Tochter von Bekannten gekrochen – genau drei Monate nach seiner Haftentlassung. Offensichtlich hatten die Verantwortlichen die Möglichkeiten von → Resozialisierungsmaßnahmen deutlich überschätzt.

1998 wurde Rieken zu lebenslanger Haft verurteilt. Darüber hinaus sprach das Gericht die besondere

Schwere der → Schuld aus. Damit kann Rieken nach Verbüßung von 15 Jahren nicht wie üblich auf Bewährung freigelassen werden.

Rififi

Mit diesem Kinofilm (1956) schrieb der französische Regisseur Jules Dassin Filmgeschichte. Erzählt wird die Geschichte des »sanften Tony«, der mit Freunden ein Juweliergeschäft ausräumt. Das Besondere daran ist, daß die Handlung aus der Perspektive der → Räuber erzählt wird, die diesen → Coup lange vorbereitet haben. So kann sich der Zuschauer mit den → Ganoven identifizieren und bangt schließlich selbst mit, ob der → Einbruch und die geplante Flucht gelingen. → Kriminalfilm

Rifkin, Joel

1989 fing der damals 30jährige Joel Rifkin, der als »Chainsaw Ripper« in die New Yorker → Polizeiakten eingehen sollte, an zu töten. Als er am 28. Juni 1993 mit seinem Mazda gegen einen Telegrafenpfosten raste, fand die Polizei in seinem Wagen eine weibliche Leiche. Es war sein siebzehntes Opfer. All seine Opfer waren → Prostituierte, die der arbeitslose Gärtner nach dem Geschlechtsverkehr zu erwürgen pflegte. Danach zersägte er die Leichen mit einer Kettensäge und ließ die Leichenteile in Gewässern zwischen New York, New Jersey und Connecticut verschwinden. Die meisten Frauen waren nicht einmal vermißt gemeldet worden. Als → Motiv für Joel Rifkins Sexualmorde vermutete man → Haß, da er sich bei einem Prostituiertenbesuch mit Aids infiziert hatte. → Frauenmörder, → Rache

Riggs, Christina

Im Mai 2000 wurde Christina Riggs als erste Frau seit 150 Jahren im US-Staat Arkansas durch eine → Giftinjektion getötet. Die zum Zeitpunkt ihrer → Hinrichtung 28jährige Krankenschwester hatte 1997 in ihrem Haus in Little Rock ihre zweijährige Tochter und ihren fünfjährigen Sohn erstickt, da ihr die Kinder lästig waren. Proteste von Amnesty International gegen die Hinrichtung waren ergebnislos. Gouverneur Mike Huckabee lehnte jeglichen Hinrichtungsaufschub ab. → Kindsmörderin

Rinaldo Rinaldini

Der wohl bekannteste → Räuberhauptmann des 19. Jahrhunderts, Rinaldo Rinaldini, stammt aus der Feder von Goethes Schwager Christian August Vulpius. Rinaldinis Abenteuer erschienen zwischen 1799 und 1801 in neun Bänden. Der berühmte Räuberhauptmann ist allerdings keine reine Fantasiegestalt, da er vage an zwei legendäre italienische Räubergestalten erinnert. Nämlich an Tommaso Rinaldini und an Angelo Duca, deren Taten in den 70er und 80er Jahren des 18. Jahrhunderts Berühmtheit erlangten. In dem Roman von Rinaldo Rinaldini spielen Liebe und Erotik eine große Rolle, und der edle Räuber wird durch sie immer wieder zu neuen, unerschrockenen und galanten Taten getrieben. → Räuber in der Literatur, → Die Räuber, → Robin Hood

Ringvereine
→ Berliner Ringvereine

Roberts, Bartholomew
Mit dem 1682 in Wales geborenen Bartholomew Roberts endete das »Goldene Piraten-Zeitalter« (→ Piraterie). Obgleich Roberts erst mit 36 Jahren Seeräuber wurde, gilt er als Ausnahmepirat und König der Seeräuber. 1719 wurde das Schiff, mit dem Roberts für die Handelsmarine fuhr, von Piraten überfallen. Die Seeräuber preßten den stattlichen Roberts in ihre Crew und machten ihn nur wenige Wochen später zu ihrem Kapitän, denn sein Verstand und seine seemännischen Kenntnisse hatten die Piraten genauso beeindruckt wie seine Vorliebe für elegante Kleidung. Roberts sorgte für strenge Disziplin an Bord und motivierte die Mannschaft zu den kühnsten Unternehmungen. Seine Flotte, die 1721 aus vier Schiffen mit über 500 Piraten bestand, galt als unbezwingbar, und selbst verfolgende Flottenverbände drehten ab, nachdem sie Roberts' Flagge erblickt hatten, auf der ein Pirat mit einem Stundenglas und ein Sklelett mit einem Speer abgebildet waren. Roberts' Revier reichte von der afrikanischen Westküste über die südamerikanische Küste bis nach Neufundland. Ungefähr 400 Schiffe wurden von Roberts gekapert (→ Kaper). Dabei ging er äußerst brutal und gnadenlos vor. Als Roberts einmal ein Sklavenschiff enterte und die Sklavenhändler das geforderte Lösegeld nicht bezahlen wollten, ließ er das erbeutete Schiff mitsamt der menschlichen Fracht verbrennen.

Obwohl Roberts als nahezu unbesiegbar galt, machte sich die Royal Navy auf die Jagd nach dem berühmten Piraten. Im Februar 1722 entdeckte sie Roberts' Flotte, und mit List gelang es der englischen Marine, die Piraten zu überwältigen. Roberts kam dabei um, die überlebenden Piraten wurden vor ein → Gericht geführt. 54 → Todesurteile wurden gefällt, nur diejenigen, die beweisen konnten, daß man sie zur Piraterie gezwungen hatte, durften auf → Freispruch hoffen. Die Kadaver der hingerichteten Piraten wurden zum Teil in Teer gegossen an der afrikanischen Küste zur Schau gestellt, als Symbol, daß es fürderhin im englischen Imperium keinen Platz mehr für Piraten geben könnte.

Robin Hood
Kein anderer → Räuber beschäftigt die Literatur so sehr wie der legendäre englische Volksheld Robin Hood. Aber wer war der »wirkliche« Robin Hood? War er ein Volksheld oder ein → Mordbrenner, der »gerechte Dieb«, der den Reichen nimmt und den Armen gibt, oder ein → Bandenführer, dessen Mißachtung des Gesetzes idealisiert wurde, angesichts der Habgier reicher Kleriker und der Korruptheit (→ Korruption) königlicher Würdenträger? Oder ist die Gestalt nichts weiter als eine Legende? Die Frage, ob die historische Person Robin Hood tatsächlich existierte, ist nicht geklärt. Im 14. Jahrhundert haben fahrende Sänger die Geschichten von Robin Hood in England verbreitet, was darauf schließen läßt, daß ihr Ursprung bäuerlicher Herkunft sein

könnte. Um 1500 änderte sich das Bild Robin Hoods in der Volkserzählung. Eine adelige Herkunft wurde jetzt behauptet. Auch traten Schilderungen von grausamen Taten zugunsten des bis heute bestehenden Bildes vom edlen Wohltäter zurück. Nach verbreiteter Auffassung sollte Robin Hood sächsischer Herkunft sein und seinen Kampf vor allem gegen die normannischen Eroberer und deren Herrscherkaste führen. Er galt als → vogelfrei und sollte mit einer Schar von Getreuen im Sherwood Forest bei Nottingham leben, wo er reiche Herren, weltlichen oder geistlichen Standes, ausraubte, um ihren Überfluß an die Armen zu verteilen. Ganz sicher ist die Figur vom edlen Räuber Robin Hood Ausdruck sozialer Konflikte jener Zeit. Die Gestalt von Robin Hood ist in viele Theaterstücke und Romane eingegangen. Seine anhaltende Popularität belegen auch zahlreiche Verfilmungen und Kinderbuchversionen.

Literatur: James C. Holt: Robin Hood. Die Legende von Sherwood Forest (1991). → Räuber in der Literatur, → Rinaldo Rinaldini

Rocker

Die Rocker-Szene entstand in den 50er Jahren, zunächst in den USA, dann in Europa, als eine Form der proletarischen Jugendbewegung. Sie wollte die Erwachsenengeneration durch provozierende Kleidung und einen abweichenden Lebensstil – Vorliebe für Rock 'n' Roll-Musik, schnelle Motorräder, schwarze Lederkluft und aggressives Auftreten – provozieren. Nicht selten kam es zu Alkoholexzessen (→ Alkohol und Verbrechen) und → Schlägereien, vornehmlich mit Jugendlichen aus Mittelstandsfamilien (→ Jugendgewalt). Auch gab es Kontakte zum Rotlichtmilieu (→ Prostitution, → Zuhälterei). Das Rockerphänomen wurde von Soziologen als Ausdruck einer schichtspezifischen Problematik gedeutet. Die Rocker-Szene hat sich weitgehend überlebt bzw. gehört heute zur etablierten Subkultur mit organisierten Freizeitgruppen. → Skinheads und → Hooligans haben teilweise die Nachfolge der Rocker angetreten. → Halbstarke, → Hells Angels

Rosenberg, Ethel und Julius

Die Zeit nach dem Zweiten Weltkrieg ist u.a. geprägt von einem gegenseitigen Wettlauf der Geheimdienste in Ost und West (→ Spionage). Waren die Westmächte und die Sowjetunion bis 1945 noch Verbündete im Kampf gegen das nationalsozialistische Deutschland gewesen, so standen sie sich nun auf einmal als Rivalen gegenüber. Beim gegenseitigen Ausspionieren ging es vor allem um Fortschritte in der Waffentechnologie. Großes Aufsehen erregte es, als 1951 das amerikanische Ehepaar Ethel und Julius Rosenberg wegen Spionage für die Sowjetunion vor → Gericht gestellt und zum Tode verurteilt wurde (→ Todesurteil). Die beiden wurden im Zusammenhang mit der Entlarvung des aus Deutschland stammenden britischen Atomphysikers Klaus Fuchs verhaftet. Julius Rosenberg hatte als Ingenieur bei den US-Nachrichtentruppen gearbeitet und wurde

1945 wegen seiner Zugehörigkeit zur Kommunistischen Partei Amerikas entlassen. Der Bruder von Ethel Rosenberg, David Greenglass, hatte mit am Manhatten Projekt in Los Alamos gearbeitet, wo die Amerikaner die Atombombe entwickelten. Ähnlich wie sein Schwager, aber auch wie seine Schwester, war Greenglass überzeugter Kommunist. Die Rosenbergs animierten Greenglass zur Spionage und sorgten dafür, daß die Informationen an die Sowjets weitergeleitet wurden. Wohl mit um seinen Kopf zu retten – er kam mit einer 15jährigen → Gefängnisstrafe davon -, belastete Greenglass seinen Schwager und seine Schwester vor Gericht schwer. Trotz weltweiter Proteste wurden die Rosenbergs am 19.6.1953 wegen Atomspionage für die Sowjetunion auf dem → elektrischen Stuhl im Gefängnis von Sing Sing hingerichtet. Wie groß der Anteil der Rosenbergs an der Entwicklung der sowjetischen Atombombe ist – der erste nukleare Sprengsatz wurde von den Kreml-Machthabern am 28. August 1949 gezündet -, ist bis heute umstritten. → Nuklearkriminalität

Rösner, Hans-Jürgen
→ Gladbecker Geiseldrama

Rote Armee Fraktion
Seit April 1971 nannten die Mitglieder der → Baader-Meinhof-Bande ihre Organisation »Rote Armee Fraktion« (kurz: RAF, gesprochen Raff). Die Gründung dieser linksextremistischen Terrorgruppe (→ Linksextremismus, → Terrorismus) geht auf den Mai 1970 zurück. Damals wurde der wegen Kaufhausbrandstiftung (→ Brandstiftung) zu drei Jahren → Haft verurteilte Andreas Baader in West-Berlin gewaltsam befreit. Zu den Gründungsmitgliedern zählten neben Baader noch Gudrun Ensslin und Ulrike → Meinhof. Die RAF bekannte sich zum Konzept »Stadtguerilla« und zum bewaffneten Kampf. Durch eine Kette von gewaltsamen Einzelaktionen sollte der Bürgerkrieg ausgelöst werden und sich das Proletariat gegen die »herrschende Klasse« erheben.

Trotz Verhaftung des harten Kerns der ersten RAF-Generation, etwa 20 Mitgliedern, u.a. ehemaligen APO-Aktivisten, bis 1972 und ihrer Verurteilung (→ Baader-Meinhof-Prozesse), blieb ein terroristischer Sympathisantenkreis im Untergrund erhalten. Im Juni 1974 begann die zweite RAF-Generation eine neue Serie von Gewalttaten (Bewegung 2. Juni), die 1977 ihren Höhepunkt erreichte: Ermordung von Generalbundesanwalt Siegfried Buback am 7.4.1977, des Bankiers Josef Ponto am 30.7., → Entführung des Präsidenten der Bundesvereinigung der Deutschen Arbeitgeberverbände Hanns Martin Schleyer durch ein RAF-Kommando am 5.9., und Entführung der Lufthansamaschine Landshut durch palästinensische Luftpiraten am 13.10., womit jeweils die Freilassung der in Stuttgart-Stammheim inhaftierten RAF-Täter erpreßt (→ Erpressung) werden sollte. Doch die Bundesregierung ging in keinem der Fälle auf die Forderung der Terroristen ein. Stattdessen bildete der damalige Bundeskanzler Helmut Schmidt nach der

Entführung der Landshut einen Krisenstab zur Bildung von Gegenmaßnahmen. Derweil hatten die palästinensischen Gesinnungsgenossen der RAF bei einem Stop der entführten Lufthansamaschine in Aden den Flugkapitän Jürgen Schumann erschossen. Der Co-Pilot, Jürgen Vietor, wurde zum Weiterflug in die somalische Hauptstadt Mogadischu gezwungen. Dort wartete bereits ein Einsatzkommando der deutschen GSG 9. Bei der gewaltsamen Befreiungsaktion kamen drei der Terroristen ums Leben. Als die in Stuttgart-Stammheim inhaftierten RAF-Gefangenen Gudrun Ensslin, Andreas Baader und Jan-Carl Raspe von der gescheiterten Flugzeugentführung hörten, verübten alle drei → Selbstmord. Die ehemalige Journalistin Ulrike Meinhof hatte sich bereits 1976 in ihrer Zelle erhängt. Das Scheitern der Flugzeugentführung brachte aller-

Resozialisierung macht es möglich: RAF-Terrorist Christof Wackernagel auf einem Fahndungsplakat (1977) und als Fernsehpolizist (2001)

dings auch mit sich, daß die RAF- → Geisel Hanns Martin Schleyer erschossen wurde.

In der Folgezeit isolierte sich die RAF auch immer mehr von ihrer ehemaligen linken Sympathisantenszene. Gleichwohl setzte deren »Kommandoebene« den bewaffneten Kampf mit Terrorakten fort. Zu den weiteren Opfern zählen u.a. Alfred Herrhausen (1989), sowie vermutlich D. C. Rohwedder (1990). Mit Hilfe des Ministeriums für Staatssicherheit der DDR konnten in den 1980er Jahren mehrere RAF-Mitglieder in die DDR untertauchen. Nach deren Zusammenbruch (1989/90) wurden dort im Juni 1990 ehemalige RAF-Straftäter verhaftet und später verurteilt. Nach der öffentlichen »vorläufigen Gewaltabsage« 1992 erklärte die RAF 1998 ihre Selbstauflösung. Aus einem früher RAF-nahen Spektrum entwickelten sich nach Informationen des → Verfassungsschutzes neue linksorientierte Gruppierungen, die sich auf Theorie und Praxis der RAF der 1970er und 80er Jahre stützen. Dennoch war die RAF wohl in erster Linie ein Kind der alten Bundesrepublik, eine neu ausgerufene RAF würde angesichts der veränderten Weltlage in erster Linie wie ein Verein gewaltbereiter Nostalgiker wirken.

Literatur: Klaus Hartung: Der blinde Fleck. Die Linke, die RAF und der Staat (1987); Uwe Backes: Bleierne Jahre (1991); U. Demes: Die Binnenstruktur der RAF (1994); Stefan Aust: Der Baader-Meinhof-Komplex (1997). → Klein, Hans Joachim, → Rote Brigaden

Rote Brigaden

Die Brigate Rosse – die Roten Brigaden (Abkürzung: BR) sind eine um 1970 in Italien gegründete linksextremistische Terrororganisation (→ Linksextremismus, → Terrorismus). Sie bildete das italienische Gegenstück zur deutschen → Rote Armee Fraktion. Durch → Entführungen und → Attentate versuchten die BR, die bestehende Gesellschaftsordnung zu zerstören. Besonderes Aufsehen erregten die Roten Brigaden, als sie Ende der 1970er Jahre den Vorsitzenden der italienischen Christdemokraten sowie mehrfachen Ministerpräsidenten und Außenminister Italiens, Aldo Moro, in Rom verschleppten. Den Behörden ließen die Entführer Fotos und Briefe des gefangenen Politikers zukommen, mit der → Drohung, ihn vor ein »Volkstribunal« zu stellen, falls man der Forderung nicht nachkomme und inhaftierte Gesin-

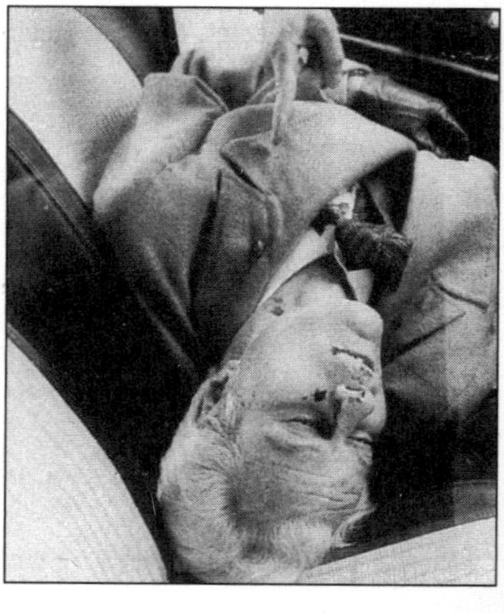

Terroropfer der Roten Brigaden (1978)

nungsgenossen freilasse. Doch der italienische Staat blieb hart – was das → Todesurteil für Aldo Moro bedeutete.

Im → Prozeß gegen die in diesem Zusammenhang festgenommenen Mitglieder der Brigate Rosse verurteilte das → Gericht 32 Personen zu lebenslanger → Haft, weitere zu geringeren → Freiheitsstrafen. Seit Ende 1982 gelten die Roten Brigaden als weitgehend zerschlagen – gleichwohl sorgen Nachfolgeorganisationen der BR immer wieder einmal für neue Terroranschläge.

Rothstein, Arnold

Arnold Rothstein wurde 1882 in New York City als Sohn eines angesehenen Bekleidungsfabrikanten geboren. Während sein Vater eine der tragenden Säulen der orthodoxen jüdischen Gemeinde war und aufgrund seiner hehren Prinzipien und Ehrlichkeit in geschäftlichen Dingen der »Gerechte« genannt wurde, geriet der Sohn offensichtlich ganz anders. Arnold erwarb sich nämlich den Titel »Zar der Unterwelt«. Mit zwanzig war er bereits im ganzen Land bekannt und ein Millionär.

Den Grundstein seiner kriminellen Karriere hatte das → Glücksspiel gebildet. Mit Einführung der → Prohibition erlangte sein Unternehmen eine neue Dimension: → Schmuggel im großen Stil. Rothstein kaufte ganze Schiffsladungen voll hochprozentigem Alkohol in England ein und brachte die hochwertige Ware über ein Verteilernetz in ganz Amerika an den Mann. Schon bald stiegen auch andere in das Geschäft ein. Rothstein, der ein Einzelkämpfer war, engagierte sich ungern in einem Geschäft, wo er nicht alle Fäden selbst in der Hand behalten konnte. Nach elf erfolgreichen Transporten aus England zog er sich von dem Alkoholschmuggel zurück und begann mit dem Import → illegaler Drogen (→ Rauschgiftkriminalität). Dazu schickte er Einkäufer nach Europa und in den Fernen Osten und kontrollierte auch den Vertrieb der Ware in den Vereinigten Staaten. 1926 war er zum erfolgreichsten Drogenimporteur Amerikas geworden. Seine Erfolge im organisierten Verbrechen (→ organisierte Kriminalität) und seine Persönlichkeit veranlaßten den Schriftsteller Daymon Runyon, ihm den Beinamen »Das Hirn« zu geben. Der Schriftsteller F. Scott Fitzgerald verhalf Arnold Rothstein zur Unsterblichkeit, indem er ihn in Der große Gatsby als den Spieler Meyer Wolfsheim auftreten ließ. Rothstein kam keinen einzigen Tag hinter Gitter. Dennoch endete seine Karriere relativ früh, als er 1928 bei einer Auseinandersetzung wegen einer Wettschuld im New Yorker Park Central Hotel angeschossen und tödlich verletzt wurde. Den Namen seines Angreifers gab er der → Polizei getreu dem Ehrenkodex der → Unterwelt nicht preis. »Ich bringe das selbst in Ordnung«, erklärte er im Krankenhaus. Nur kam er nicht mehr dazu. Viele große → Gangster standen am Anfang ihrer »Karriere« im Dienst von Rothstein, so z.B. »Lucky« → Luciano, »Dutch Schultz« → Flegenheimer oder Frank Costello. Rothstein pflegte sich in allen Kreisen zu bewegen: Man sah ihn mit Politikern und Staatsmännern ebenso wie mit Bankleuten, Schnorrern und Ganoven. Nie wieder nach seinem Tod hat ein einzelner so die New Yorker Unterwelt beherrschen können wie er. Der »Zar der Unterwelt« war eine faszinierende Mischung aus Skrupellosigkeit, feinen Manieren und einem genialen Verbrecherhirn.

Rotlichtmilieu

→ Organisierte Kriminalität, → Prostitution, → Zuhälterei

Rotwelsch

Das Rotwelsch, die geheime Sondersprache der → Bettler, → Gauner, → Räuber (→ Gaunersprachen) im deutschen Sprachraum war eine lebendige, sich stets wandelnde Sprache. Die Bezeichnung Rotwelsch tauchte um die Mitte des 13. Jahrhunderts erstmals auf. Rot war nicht nur die bevorzugte Farbe der → Mordbrenner, rot war auch der Ton, mit dem sich die → Diebe oft einrieben, um sich unkenntlich zu machen. »Rot« bedeutet in der Gaunersprache aber auch »Bettler«, → Betrüger. Welsch ist ursprünglich die Herkunftsbezeichnung aus romanischen Ländern; verallgemeinert bedeutet es dann »unverständliche Sprache«, eben ein »Kauderwelsch«. Zusammensetzen tut sich das Rotwelsch vornehmlich aus deutschen und hebräischen Sprachbestandteilen. Hinzu kommen lateinische, französische, italienische und slawische Elemente. Das Rotwelsch wäre vielleicht mit dem Ende des traditionellen Gaunertums im 19. Jahrhundert weitgehend verlorengegangen, wenn nicht die Rechtsprechung seit dem 14. Jahrhundert rotwelsche Listen und Wörterbücher angelegt hätte, um damit die Kommunikation im Verhör und → Prozeß zu erleichtern. So mancher Stromer hat schließlich beim peinlichen Verhör angesichts der → Folter oder des → Galgens seine Geheimsprache verraten. Auch drangen rotwelsche Sprachfetzen durch Berufsgruppen, die zumindest eine Zeitlang auf der Straße entlangzogen, in die Umgangssprache ein: Der Student auf dem Weg zu seiner Universität, der Handwerksgeselle auf Wanderschaft, oder der Krämer von Dorf zu Dorf ziehend. Sie kamen unterwegs oder in Schenken mit Gaunern und Bettlern in Berührung und schnappten automatisch diesen oder jenen rotwelschen Ausdruck auf. Auch heute haben sich noch einige rotwelsche Ausdrück in unserer Sprache gehalten. So z.B.

Blauer Montag = Montag, an dem man nicht zur Arbeit geht.
Bohnen = Bleikugeln, Schrot
doof = dumm
dufte = gut, fein
fackeln = zögern
Gigs und Gags = alberner Kram
keß = frech, gewitzt
Kittchen = Gefängnis
Knast = Gefängnis
verkohlen = anlügen
Link = falsch
malochen = arbeiten
Mäuse, Moos = Geld
Ölgötze = steifer Mensch
Pinke = Geld
Pleite = Bankrott
unter aller Sau = unter aller Kritik

Schlamassel = Unglück
stromern = herumziehen
verschüttgehen = verschwinden
Alte Aufzeichnungen rotwelscher Listen sind u.a. das *Augsburger Achtbuch* (1342), die *Basler Betrügnisse* (1540), der *Liber Vagatorum* (1510), das *Wörterbuch des Konstanzer Hans* (1791) und das *Pfullendorfer Gaunerwörterbuch* (1820). Das Standardwerk zum Rotwelsch stammt von L. Günther: *Die deutsche Gaunersprache und verwandte Geheim- und Berufssprachen* (1919). → Kochemer, → Zinken

Rückfall

Im Strafrecht wird die wiederholte Begehung einer → Straftat als Rückfall bezeichnet. Die unvermeidbare Strafverschärfung wegen Rückfalls, die im früheren deutschen Recht vorgesehen war, ist seit 1986 weitgehend aufgehoben worden. → Berufsverbrecher, → Delinquento nato, → Hangtäter

Rufmord/Rufschädigung

Begeht, wer den guten Ruf einer anderen Person durch öffentliche Verleumdung planmäßig zerstört. → Beleidigung, → üble Nachrede

Russenmafia

»Zwischen organisiertem Verbrechen und russischem Staat eine Demarkationslinie ziehen zu wollen, ist so gut wie unmöglich geworden. Der russische Staat ist dabei, sich unter zahlreichen Aspekten zu einer riesigen ›Kleptokratie‹ zu entwickeln, zu einem Gebilde, in dem die an den Schaltstellen der Macht sitzenden Männer und ihre Freunde einzig und allein an größtmöglichen Profiten interessiert sind.« Diese Aussage war am 30. April 1996 auf einem Hearing des amerikanischen Kongresses zu hören, und sie ist gewiß nicht ganz falsch: Die russischen → Mafiabanden gehören zu den gefährlichsten, mächtigsten und effizientesten kriminellen Organisationen, die heute unseren Planeten bedrohen. Hervorgegangen aus den Trümmern des ehemaligen Sowjetreichs, haben sie eine starke Akzeptanz in der Bevölkerung und ein enges Verhältnis zur Staatsmacht. Nachdem der bolschewistische Terrorapparat die Verbrecherorganisationen aus der Zarenzeit mit unglaublicher Brutalität weitgehend zerschlagen hatte, zerfiel der sowjetische Repressionsapparat nach Stalins Tod langsam, aber stetig. Während der Herrschaftsepoche von Leonid Breschnew (1964- 1982) grassierte in fast allen Wirtschaftssektoren und auch im Staatsapparat eine zunehmende → Korruption. Immer mächtigere Mafiabanden entstanden. Sie verbanden sich zeitweise mit Regionalsekretären der Partei, mit Direktoren von Industriekombinaten, Kolchosen und Handelsunternehmen. Der unter Warenmangel und Lebensmittelknappheit leidenden Bevölkerung leisteten sie tatsächliche Hilfe, indem sie den schwarzen Markt (→ Schwarzhandel) für Konsumgüter organisierten. Den Industriedirektoren halfen sie mit einer immer besser organisierten Parallelwirtschaft über die Engpässe in der Lieferung von Ersatzteilen und Rohstoffen hinweg. Als im August 1991 die Sowjetunion zerfiel, hatten die Mafiabanden freie Bahn. Sie kontrollierten weitgehend den Privatisierungsprozeß und profitierten als erste von der chaotisch verlaufenden Umwandlung der Kommandowirtschaft in eine Marktwirtschaft. Dabei widerstanden sie zum Teil der aggressiven Ausbreitung des westlichen Kapitalismus. In den frühen neunziger Jahren fühlten sich die russischen Bürger der hemmungslosen Marktwirtschaft ausgesetzt, die praktisch sämtliche soziale Schutznischen wie sichere Arbeitsplätze, Rentenfürsorge, Minimalversorgung, Gesundheitsfürsorge hinwegfegte. In dieser Situation erschienen die Mafiafürsten vielen russischen Bürgern als eine »eiserne Garde«, eine Vorhut der Verteidigung des russischen Bodens gegen westliche Kapitalisten. Die russische Mafia verfügte über die Organisation, den gewalttätigen Zynismus, die Waffen und das Kapital, um westlichen Plünderern Widerstand zu leisten. Ein ausländischer Bankier etwa, der in Moskau umgebracht wird, erscheint so manchem Russen als Opfer russischer → Notwehr. Aber die russische Mafia hat sich nicht nur fest im eigenen Land etabliert, sondern inzwischen ein enges Netzwerk zwischen Moskau, Berlin und New York aufgebaut. Ihre Spezialitäten: → Waffenschmuggel, → Rauschgiftkriminalität, → Prostitution, Handel mit Kindern (→ Menschenhandel), menschlichen Organen, mit Edelsteinen und auch mit radioaktiven Substanzen (→ Nuklearkriminalität).

Literatur: A. Lallemand: Russische Mafia – Der Griff zur Macht (1996); Renate Lesnik, Hélène Blanc: Die Neue Mafia. Gefahr aus dem Osten (1997); Jean Ziegler: Die Barbaren kommen. Kapitalismus und organisiertes Verbrechen. (1998).

S

Sabotage

»Ohne Sorgfalt arbeiten«, heißt das aus dem Französischen stammende Wort »Sabotage«. Doch es meint mehr als nur schlechte Arbeit leisten. Sabotage ist die bewußte Beeinträchtigung von militärischen oder politischen Aktionen oder von Produktionsabläufen in der Wirtschaft durch passiven Widerstand oder aktive Zerstörung wichtiger Anlagen und Einrichtungen. Von Sabotageakten sind auch Verkehrswege, Fernmeldeanlagen und zunehmend auch Computer durch Viren (→ Computerkriminalität) bedroht. Sabotage wird als → Sachbeschädigung, als Verkehrsgefährdung, als Störung öffentlicher Betriebe oder als sonstige gemeingefährliche → Straftat geahndet oder als verfassungsfeindliche (→ Bundesamt für Verfassungsschutz) Straftat verfolgt. Auf Sabotage in Kriegszeiten stand nicht selten die → Todesstrafe.

Sacco & Vanzetti

15.000 Dollar erbeuteten die beiden Männer, die am 15. April 1920 zwei Wachleute einer Schuhfirma in Massachusetts erschossen, um mit deren Geldtasche zu fliehen. Augenzeugen sagten aus, daß die → Täter wie Italiener aussahen und daß einer von ihnen einen auffällig gezwirbelten Schnurrbart hatte. Die abgefeuerten Patronen, welche die → Polizei am → Tatort sicherstellte, stammten von den drei verschiedenen Munitionsherstellern Peters, Remington und Winchester. Das Fluchtauto wurde in einem verlassenen Waldstück gefunden. Bei den darauffolgenden Untersuchungen ergab sich eine Verbindung zu einem früheren → Raubüberfall, an dem der italienische → Verbrecher Boda beteiligt war. Im Haus des geflohenen Boda stieß die Polizei auf den 29jährigen Nicola Sacco und den 32jährigen Bartolomeo Vanzetti, der einen auffälligen Schnurrbart trug. Es stellte sich heraus, daß die Waffe, die sich in Saccos Besitz befand, dasselbe Kaliber wie die Mordwaffe hatte. Zudem fanden sich in seinen Taschen Patronen von Peters, Remington und Winchester. Die beiden Italiener, die sich offen zum → Anarchismus bekannten, wurden daraufhin verhaftet und des → Mordes angeklagt. Die öffentliche Meinung, die rege Anteilnahme an dem Fall nahm, teilte sich bald. Die Staatsanwaltschaft ging fest davon aus, daß die beiden Angeklagten schuldig seien, während die Verteidigung erklärte, daß die beiden Männer nur wegen ihrer Gesinnung verfolgt würden. Zur Untersuchung der ballistischen → Indizien, die ein zentrales Beweismittel bildeten, zogen beide Seiten verschiedene Experten heran, deren Aussagen sich widersprachen.

Der Ausgang des Verfahrens hing davon ab, ob das Geschoß, mit dem einer der beiden Wachleute erschossen worden war, aus Saccos Pistole mit Kaliber 32 stammte. Die → Ballistiker stellten fest, daß diese Munition nicht mehr produziert wurde. Sie war derart veraltet, daß sich außer den Patronen in den Taschen Saccos keine weitere Vergleichsmunition mehr auftreiben ließ. In Tests wurden die zwei Geschosse miteinander verglichen und ihre Übereinstimmung festgestellt, was für ein → Todesurteil auszureichen schien. Doch dann trat der selbsternannte Experte Alexander Hamilton auf den Plan und bewirkte mit seinen Aussagen eine Wiederaufnahme des Verfahrens. Als jedoch aufflog, daß Hamilton das Beweismaterial zu manipulieren versuchte, wurde das Verfahren wieder eingestellt. Im Juni 1927 wies das Amt für Forensische Ballistik in New York nach, daß ein aus Saccos Revolver abgefeuertes Probegeschoß exakt zu dem vom Mord stammenden Geschoß paßte. Sacco und Vanzetti wurden daraufhin am 23. August 1927 auf dem → elektrischen Stuhl hingerichtet.

Das → Urteil gegen Sacco und Vanzetti löste in den USA und in Europa einen Sturm der Entrüstung aus. Man erblickte in den beiden sowohl Opfer ihrer politischen Überzeugung als auch Opfer rassistischer Ressentiments der herrschenden protestantischen Angloamerikaner gegenüber katholischen Einwanderern aus Südeuropa. In zahlreichen Kampfschriften und Verfilmungen wurden Sacco und Vanzetti zu Märtyrern der Arbeiterklasse stilisiert. Doch die beiden waren nicht die Opfer eines → Justizirrtums. Da die Legende, Sacco und Vanzetti seien für ein Verbrechen hingerichtet worden, das sie nicht begangen hatten, nicht zu kursieren aufhörte, untersuchte 1961 ein Team forensischer Experten (→ Rechtsmedizin) das Material erneut und bestätigte, daß es sich bei Saccos Waffe um die Mordwaffe handelte. Dessen ungeachtet, gab der Gouverneur von Massachusetts 1977 eine besondere Bekanntmachung heraus, in der er die beiden Männer für unschuldig erklärte. 1983 bestätigte jedoch eine weitere Untersuchung, daß die ballistischen Beweise korrekt waren. Dennoch fällt der Abschied von der Legende schwer. Die Erkenntnis, daß vermeintliche Märtyrer nur gemeine → Raubmörder waren, ist anscheinend für viele eine zu bittere Medizin.

Literatur: H.B.Ehrmann: The case that will not die (1969); W.Young; D.E.Kaiser: Post mortem. New evidence in the case of Sacco and Vanzetti (1985); F.Russell: Sacco and Vanzetti. The case resolved (1986)

Sachbeschädigung

Ist die vorsätzliche und rechtswidrige Beschädigung oder Zerstörung einer fremden Sache. Als Beschädigung gilt nicht nur das »Kaputtmachen« einer Sache, sondern unter Umständen auch deren Beschmutzung. Das → Strafgesetzbuch unterscheidet die einfache Sachbeschädigung, die nur auf Antrag verfolgt wird, und die gemeinschädliche Sachbeschädigung, die z.B. Grabmäler und dem öffentlichen Nutzen dienende Sachen betrifft, wie etwa die völlige oder Teilzerstörung von Bauwerken. Zur Sachbeschädigung gehören auch die Veränderung von Daten, die Computersabotage (→ Computerkriminalität) sowie die Zerstörung wichtiger Arbeitsmittel (→ Sabotage). → Vandalismus

Sade, Donatien-Alphonse-Francois, Marquis de

»Ich bin vollkommen überzeugt, daß es nicht das Objekt der Lust, sondern die Idee des Bösen ist, die uns bewegt«, so lautete das Credo des Marquis de Sade (1740-1814), für dessen Neigungen die Nachwelt den Begriff → Sadismus geprägt hat. De Sade selbst brachten seine Vorlieben jahrelang in den Kerker, woraus er 1789, kurz vor dem Sturm auf die Bastille, befreit wurde.

Nach Ausbruch der Revolution bekleidete er im neuen Regime verschiedene öffentliche Ämter. Später lebte er in bitterer Armut und wurde 1803 ins Irrenhaus von Charenton eingeliefert, wo er nach elf Jahren starb. In seinem schriftstellerischen Werk fällt dem »göttlichem Marquis« – wie er von seinen Verehrern gerne genannt wurde, bzw. wird – das »Verdienst« zu, alle Exzesse sexueller Leidenschaften und Perversionen bis zur letzten Stufe des Möglichen beschrieben zu haben. Kaum eine menschliche Gemeinheit und Grausamkeit übergeht der Marquis dabei. Der von de Sade beschriebene menschliche Sadismus läßt die Höllenphantasien eines Brueghel oder Hieronymus Bosch vor uns erstehen, wie z.B. die Notiz XLVIII aus seinen Werken belegt:

»todesstrafen/ bei den mönchen/ von skt marie/ lebendig am spieß oder auf dem grill braten/ in einem großen/ vergitterten topf/ kochen./ bei lebendigem leibe die knochen brechen und/ aufs rad legen/ zerreißen/ in kleine stücke schneiden/ mit einer extra dafür gebauten/ maschine/ zu tode peitschen.«

Gerne würzte de Sade seine lüsternen Torturen mit pervertierten Geistlichen, so daß die von ihm geschilderten Exzesse – Notiz CIV – mit ihrer Schändung von allem Heiligen an die Praktiken einer Schwarzen Messe denken lassen:

»man trägt justine einen/ mann an, der die neigung hat/ mit der hostie arschzuficken während/ ein priester ihn mit einer anderen/ von ihm geweihten hostie arschfickt.«

Literatur: Ausgewählte Werke. 3 Bde. Hrsg. v. Marion Luckow (1962-1965); Raymond Jean: Ein Porträt des Marquis de Sade (1990) → Folter, → Geisteskranke und abnorme Täter, → Gewaltverbrechen, → Lustmord, → Nekrophilie, → Satanismus, → Sexualverbrechen

Sadismus, Sadist

Eine nach dem Marquis de Sade benannte Perversion, bei der das Hauptmerkmal das Zufügen von physischem oder psychischem Leid, bzw. Schmerz bei einer anderen Person ist, um selbst dadurch sexuelle Befriedigung zu erreichen. Man unterscheidet dabei drei Erscheinungsformen des Sadismus:

1. Nichtsexueller oder psychischer Sadismus. Hier äußert sich eine Mentalität, die sich darin gefällt, Familienmitglieder, Untergebene

oder andere Mitmenschen mit alltäglichen Demütigungen und Schadenfreude zu quälen.

2. Sexueller oder Konjunktions-Sadismus. Der Geschlechtsverkehr mit anderen Menschen wird erst dann als befriedigend empfunden, wenn der Partner vorher gedemütigt worden ist oder man ihm als Vorspiel Schmerz zugefügt hat.
3. Perverser oder Kompensations-Sadismus. Hier tritt das Bedürfnis nach phyischer Schmerzzubereitung an die Stelle des Wunsches nach Geschlechtsverkehr.

Wie der erste Punkt belegt, gibt es Sadismus keineswegs nur in der Hardcore-Ausgabe, sondern er läßt sich auch im Alltag beobachten. Nahezu überall dort, wo Machtspiele gespielt werden, findet sich auch sadistisches Verhalten.

Der Vorgesetzte, der Untergebene schikaniert, der Lehrer, der seinen Frust an Schülern ausläßt, der Angehörige eines Pflegeberufes, der statt zu helfen lieber quält (→ Ärzte und Verbrechen, → Patiententötungen, → Todesengel) sind Alltagsmuster sadistischen Verhaltens. → Folter, → Geisteskranke und abnorme Täter, → Gewaltverbrechen, → Lustmord, → Mobbing, → Neid, → Serienmord, → Sexualverbrechen, → Üble Nachrede

Salome

Salome heißt eigentlich »die Friedliche«. Doch die Salome, nämlich die Tochter der Herodias, der Frau des Herodes Antipas, gilt als das Gegenteil davon. Nach dem Neuen Testament (Markus 6, 14-19) verlangte sie auf → Anstiftung ihrer Mutter von ihrem Stiefvater das Haupt Johannes des Täufers. In der Folge hat sich Salome immer stärker zum pervertierten Weib, zur → Lustmörderin und Urbild der Femme fatale gewandelt. Einen Höhepunkt erreichte diese Sichtweise in Oscar → Wildes gleichnamigem Drama, das genial von Richard Strauss vertont wurde.

Sand, Karl Ludwig

Der 1795 in Wunsiedel geborene Burschenschaftler und Theologiestudent Karl Ludwig Sand vertrat schwärmerische und mit religiösem Eifer versehene nationaldemokratische Vorstellungen, wie sie mit den Befreiungskriegen gegen Napoleon aufgekommen waren. Im März 1819 wanderte er mit zwei scharfgeschliffenen Dolchen im Tornister von Jena nach Mannheim. Dort fragte er nach dem Haus des Schriftstellers August von Kotzebue, der einerseits am laufenden Band triviale Unterhaltungsstücke produzierte, andererseits wegen seiner im Literarischen Wochenblatt geäußerten Ansichten im Ruf stand, ein zaristischer → Spion zu sein. Als der ahnungslose Dichter dem fanatischen Studenten die Tür öffnete, stieß dieser ihm mit den Worten: »Hier, du Verräter des Vaterlandes!« einen Dolch ins Herz. Kotzebue brach tot zusammen, Sand floh auf die Straße, wo er mit dramatischer Geste versuchte, sich selbst zu erdolchen. Er verletzte sich jedoch nicht lebensgefährlich und kam ins → Zuchthaus. Am 5. Mai 1820 wurde Sand vom Mannheimer Hofgericht zum Tode verurteilt und am 20. Mai vom → Scharfrichter hingerichtet.

Die Ermordung Kotzebues war für den österreichischen Kanzler Metternich ein willkommener Anlaß, »die deutsche Revolution«, wie er sich ausdrückte, niederzuschlagen. Auf sein Betreiben hin kam es 1819 in Karlsbad zu einer Konferenz der deutschen Bundesstaaten, auf der zahlreiche Beschlüsse zur Kneblung der demokratischen Bewegung gefaßt wurden, darunter die Auflösung der Burschenschaften. Wilhelm von Humboldt nannte die Beschlüsse: »Schändlich, unnational, das Volk aufregend«. → Attentat, → Fanatiker, → Ideologie und Verbrechen

Sandwene, Ntimane

Acht → Morde hatte der Afrikaner Ntimane Sandwene in der Zeit von 1929 bis 1939 in den Midlands begangen. Dabei galt der Angehörige des Zuluvolkes als frommer und fleißiger Farmarbeiter. Der → Polizei versicherte er bei ihren Nachforschungen in den Mordfällen glaubhaft seine Abscheu gegenüber dem → Täter. Am 17. Mai 1929 hatte Sandwene seine erste Mordtat an einem Ladenbesitzer verübt, den er niederschoß. Die → Beute dieses → Raubmordes betrug lediglich ein paar Rand. Dreieinhalb Jahre später beging er zwei weitere Morde an Ladenbesitzern. Am 13. Juni 1934 ermordete er zwei orientalische Ladenbesitzer und einen 14jährigen Lehrling. Kurz darauf folgte ein weiterer Mord, wieder an einem Ladenbesitzer. Im Dezember desselben Jahres schoß er auf einen Weißen, der allerdings überlebte. Ebenfalls am Leben

Öffentliche Hinrichtung von Karl Ludwig Sand durch das Schwert. Zeitgenössischer Kupferstich

blieb einer von zwei Männern, die Sandwene 1936 überfiel. Es handelte sich um einen Landsmann von Sandwene, der diesen später identifizeren konnte. Sandwene war sofort geständig, fand aber, daß seine Morde nicht so viel Aufsehens wert seien. Er habe schließlich nicht zum Spaß getötet, sondern um ausreichend Geld für eine eigene Farm zusammenzubekommen. Im Mai 1937 wurde Ntimane Sandwene im Zentralgefängnis von Pretoria gehängt.

Satanisten/Satanismus

Satanisten sind Anhänger Satans, des »Herrn dieser Welt«. Entgegen beliebter Szenarien in Sensationsromanen und Satansfilmen ist der Satanist und der von ihm praktizierte Satanismus eine relativ junge und nicht allzu verbreitete Erscheinung, wenngleich er in bestimmten Bereichen der Jugendsubkultur an Beliebtheit gewinnen mag. Kulturhistorisch faßbar wird der Satanismus eigentlich nur im 17., 19. und 20. Jahrhundert. Mittelalterliche Sekten gnostisch-manichäischen Ursprungs, wie etwa die Katharer oder Albigenser, vertraten zwar ein streng dualistisches Weltbild, in dem sich Gut und Böse gleichberechtigt gegenüberstanden, huldigten jedoch keinem Satanskult, wenngleich ihnen das die Kirche vorwarf. Zu einem nicht geringen Teil handelt es sich beim Satanismus um eine literarische Fiktion, welche der psychologischen Funktion diente, verbotene und verdrängte Wünsche auf Teufelsjünger zu projizieren. Den Satanisten wurden zum Teil außerordentliche parapsychische (schwarzmagische) Fähigkeiten nachgesagt. Auch heute gibt es noch Gruppen, die eine seltsame Mischung aus Teufelskult, Sexualmagie und Okkultismus betreiben. Ende der sechziger Jahre hatte der Fall von Charles → Manson Aufsehen erregt, der sich Christus und Satan zugleich nannte, und eine Gruppe junger Leute um sich geschart hatte, die er zu sexuellen Orgien, → Blut- und → Mordritualen animierte. Lynn Fromme, eine Anhängerin Mansons, behauptete von ihm: »He gave a lot of magic.«

Eine gewisse »Sympathy for the Devil« und alles düstere Brimborium, das dazugehört, läßt sich auch innerhalb der neu aufkommenden Schwarzen Szene nachweisen. Dabei kann es in Extremfällen auch zu Mord, → Selbstmord und sadomasochistischen Praktiken kommen. Besonderes Aufsehen erregte der von jugendlichen Satansjüngern begangene sogenannte Satansmord von Sonderhausen. In der Kleinstadt wurde am 29. April 1993 der 15jährige Schüler Sandro Beyer getötet. Die → Täter waren die zwei Jahre älteren Schüler Sebastian S., Hendrik M. und Andreas K., die dasselbe Gymnasium wie ihr Opfer besuchten. Sebastian S., Hendrik M. und Andreas K. bildeten eine Clique, die sich ihr Weltbild aus Popkultur, Horrorvideos und den Schriften des englischen Satanisten Aleister Crowley zusammensuchten. Als Sandro Beyer, der eher als Außenseiter galt, versuchte, in diesen Satansclub aufgenommen zu werden, wurde er nur verhöhnt. Daraufhin distanzierte er sich und versuchte, die drei Satansjünger lächerlich zu machen und bloßzustellen. Die Folgen waren tödlich. Die drei stellten Sandro Beyer eine Falle, und im Laufe einer Auseinandersetzung erdrosselten sie ihren jüngeren Mitschüler mit einem Elektrokabel. Das → Urteil gegen die drei »Satanskinder« von Sonderhausen wurde am 9. Februar 1994 vor dem Landgericht Mühlhausen gefällt und lautete: wegen gemeinschaftlichen Mordes je acht Jahre → Jugendstrafe für Sebastian S. und Hendrik K; für Andreas K. wegen »verminderter Schuldfähigkeit« sechs Jahre. → Geisteskranke und abnorme Täter, → Hexen, → Lebende Vampire, → Okkultverbrechen, → Sadismus, → Schadenzauber, → Sexualdelikte

Schächer

Alte deutsche Bezeichnung für → Räuber, → Mörder. Auch die beiden Mitgekreuzigten Jesu werden im Neuen Testament (Markus, 15,27) mit »Schächer« bezeichnet, bzw. übersetzt. Nach Lukas 23,29-43 spottete der eine Schächer über Jesus, während der andere den Spötter zurechtwies, woraufhin Jesus zu ihm sagte, daß er mit ihm im Paradies sein werde.

Schadenzauber

Der Schadenzauber stellt den Versuch dar, anderen Menschen durch Zauber körperlichen, geistigen oder seelischen Schaden zuzufügen, so z.B. durch den bösen Blick oder Bildzauber. In der Antike zählte Schadenzauber zu den niedersten Praktiken. Das Christentum setzte den Schadenzauber mit schwarzer Magie gleich und verwarf ihn. Besonders → Hexen und → Neider, denen das Glück und der Glanz der anderen ein Greuel ist, verdächtigte man Schadenzauber zu betreiben und den bösen Blick zu haben. Der böse Blick steht in dieser Vorstellung für mehr als nur für einen Augenblick unverhohlener Bosheit. Man fürchtete, der Betroffene könnte davon nachhaltig geschädigt werden. Aus diesem Grund schienen Abwehrmittel gegen Schadenzauber nötig. Als Schutz- und Gegenzauber waren bzw. sind etwa Segenssprüche, Amulette oder Pentagramme gebräuchlich.

Schafott

Das Wort Schafott leitet sich vom altfranzösischen »chafaut« = »Baugerüst« ab. Allerdings werden mit Hilfe dieses erhöhten Gerüstes keine Häuser gebaut, sondern Enthauptungen vorgenommen. Daher trägt es auch die Bezeichnung Blutgerüst. Seine Glanzzeit hatte das Schafott zur Zeit der französischen Revolution, doch hatten bereits in vorhergehenden Jahrhunderten Prominente auf dem Schafott geendet. So z.B. Maria Stuart, die auf Anordnung ihrer Halbschwester Elisabeth I. ihr Leben dort lassen mußte (→ Guillotine).

Schändung

Unter einer Schändung wird die Entehrung durch einen physischen An- oder Eingriff verstanden. Dazu zählen etwa Grabschändung oder Leichenschändung (→ Nekrophilie). Besonders aber der Mißbrauch einer willenlosen, bewußtlosen oder geisteskranken Person oder eines Kindes wird als Schändung bezeichnet. → Mißhandlung, → Vergewaltigung

Scharfrichter

Der Scharfrichter oder Henker (→ Scharfrichter) verdiente sein Brot damit, an Verurteilten die → Todesstrafe zu vollstrecken. Er war gefürchtet, zählte gesellschaftlich jedoch zu der Kategorie »unehrliche Leute« und nahm daher eine Randstellung ein. Häufig schlossen sich die Scharfrichter in zunftartigen Genossenschaften zusammen. In jüngerer Vergangenheit waren Scharfrichter im Deutschen Reich von Fall zu Fall durch → Gerichtsbehörden verpflichtet. Andere Bezeichnungen für Scharfrichter waren Carnifex, Meister Hans, Kleemeister, Schinder oder Züchtiger.

Literatur: H. Schuhmann: Der Scharfrichter. Seine Gestalt – seine Funktion (1964); T. Koch: Die Geschichte der Henker (Neuausg. 1991).

Schattenwirtschaft

Alle legalen und → illegalen wirtschaftlichen Aktivitäten, die sich außerhalb der offiziellen Märkte abspielen oder sich der staatlichen Regulierung entziehen, so daß sie in der amtlichen Statistik überhaupt nicht erscheinen, fallen unter den Begriff Schattenwirtschaft. Die Schattenwirtschaft hat sich besonders seit den 1970er Jahren sprunghaft entwickelt. Man untergliedert sie in: die Selbstversorgungswirtschaft, d.h. in erster Linie die unentgeltliche Bedarfsdeckung privater Haushalte bzw. sozialer Organisationen, und in die schwerwiegendere Untergrundwirtschaft. Die Untergrundwirtschaft verlagert gewinnorientierte wirtschaftliche Aktivitäten aus dem offiziellen in den illegalen Sektor.

Zur Untergrundwirtschaft gehören auch alle legalen wirtschaftlichen Tätigkeiten von Unternehmen und privaten Haushalten, die im Verborgenen, also illegal, ausgeübt werden, um Steuern oder Sozialabgaben zu sparen oder um kostenwirksame Gesetzesauflagen zu umgehen, so z.B. → Schwarzarbeit, Geschäfte ohne Rechnung oder Steuerhinterziehung (→ Steuerdelikte). Außerdem zählen zum Bereich der Schattenwirtschaft alle wirtschaftlichen Tätigkeiten, die per se bereits illegal sind und strafrechtlich verfolgt werden, wie z.B. → Frauenhandel, → Drogenkriminalität oder → Hehlerei. Der Umfang der Schattenwirtschaft ist in den Industriestaaten sehr unterschiedlich. Deutschland nimmt mit gut 15 % einen mittleren Wert ein. Italien mit 25 % einen relativ hohen, die USA mit 10 % einen niedrigen. Anders als in den westlichen Industrieländern bildete die Schattenwirtschaft in den ehemaligen Zentralverwaltungswirtschaften Mittel- und Osteuropas immer schon die subsistenzwirtschaftliche Basis, ohne die diese Systeme mit ihren Versorgungsdefiziten nicht hätten existieren können. Dies gilt auch für den gegenwärtigen Übergangsprozeß zur Marktwirtschaft, wo die regulären Marktprozesse erst zu funktionieren anfangen und damit ein »idealer« Raum für schattenwirtschaftliche Betätigungen existiert.

Literatur: E. Metzger: Nichtigkeit und Wirksamkeit von Geschäften der Schattenwirtschaft.

Verschiedene Arbeiten des Scharfrichters. Holzschnitt 1508

→ Organisierte Kriminalität, → Russenmafia, → Wirtschaftskriminalität

Scheiterhaufen

Auf dem Scheiterhaufen, der im Mittelalter und zur beginnenden Neuzeit besonders beliebt war, landeten nicht nur → Hexen, sondern auch andere zum Tode Verurteilte. Darunter bevorzugt Sodomiter (Unzucht mit Tieren), → Ketzer, Falschmünzer, Kirchenräuber, → Brandstifter, Wiedertäufer, Zauberer und → Urkundenfälscher. Wollte man Gnade walten lassen, wurden die Verurteilten vorher erdrosselt. Bei → Verbrechen, die als besonders verwerflich galten – hierzu zählte zum Beispiel die Ketzerei –, verlangte das Volk, daß das unglückliche Opfer lebendig verbrannt wurde. Als später Trost sei bemerkt, daß man durchaus erst als Hexe oder Zauberer verbrannt und dennoch später heiliggesprochen werden konnte, wie uns das Beispiel Jeanne d'Arcs lehrt.

Schettinger, Christina

Die »schwarze« Christina war die Geliebte des → Räuberhauptmanns Friedrich → Schwahn, aber auch selbst eine äußerst geschickte Marktdiebin (→ Diebstahl). Sie wird in den historischen Aufzeichnungen als »temperamtvoll und von großen Reizen« geschildert, allerdings finden ihr leidenschaftlicher Charakter und ihr ausschweifendes Leben sonst nur wenig gute Worte. Ihr Kind, das sie von Friedrich Schwahn hatte und früh verlor, scheint sie geliebt zu haben – sie trug es, als es bereits tot war, noch lange mit sich herum. Als sie 1760 gemeinsam mit ihrem Geliebten zum Tode verurteilt wurde, schied sie nur ausgesprochen widerstrebend und unter lautem Geklage aus dem wilden, schönen Räuberleben. → Räuberinnen

Schieber

Umgangssprachliche Bezeichnung für Personen, die gesetzeswidrige Geschäfte tätigen, wie z.B. → Schwarzhandel, Preistreiberei. → Schattenwirtschaft, → Wirtschaftskriminalität

Schinderhannes

»Solche Gestalten, die sich allmählich aus der historischen Wirklichkeit lösen, legendär und unsterblich werden, verkörpern immer die Sehnsucht, die Liebe, die heimlichen Wunschträume und das innerste Wesen eines Volkes«, schrieb Carl Zuckmayer, der 1928 auch ein Drama über Schinderhannes verfaßte – den wohl berühmtesten deutschen → Räuber. Wer war nun Schinderhannes, der in unzähligen Liedern und Balladen, in Romanen, Theaterstücken, Filmen und Anekdoten verewigt wurde? War er ein Feind der französischen Besatzer und Helfer der Armen? Oder nur ein gemeiner → Dieb und Räuber? Und wie sahen ihn seine Zeitgenossen? Als einen → Verbrecher? Oder als eine Symbolfigur für Befreiung aus politischer und sozialer Unterdrückung?

Schinderhannes kam als Johannes Bückler in Miehlen, einer Ortschaft im Rhein-Lahn-Kreis, zur Welt. Sein genaues Geburtsjahr ist nicht bekannt. Die Vermutungen reichen von 1777-1783, wobei als wahrscheinlich 1779 oder 1780 gelten. Der Vater war Abdecker, auch Wasenmeister oder Schinder genannt. Der Name Schinderhannes leitet sich also vom Beruf des Vaters in Verbindung mit dem eigenen Vornamen ab.

Nachdem die Familie Bückler Miehlen heimlich verlassen mußte, weil die Mutter Stoff gestohlen hatte, schloß sich der Vater als einfacher Soldat einem kaiserlich-österreichischen Regiment an. Drei Jahre später desertierte der Vater (→ Deserteur), und die Familie zog in die Rheingegend nach Merzweiler auf dem Hunsrück. Schon früh trieb der Schinderhannes »kleine Bubenstückchen«. Mit ungefähr 15 Jahren verließ er das Elternhaus, weil er einem ortsansässigen Wirt Geld gestohlen hatte und → Strafe befürchtete. Später gab er zu Protokoll: »Ich irrte dann in der Gegend herum, und der gänzliche Mangel an Lebensmitteln veranlaßte mich, den ersten Raub zu begehen, welcher der eines Pferdes war.« Damit war zugleich der Grundstein zu einer »großartigen« Räuberkarriere gelegt, obgleich Schinderhannes noch einmal kurzzeitig in sein Elternhaus zurückkehrte, um sich in dem Beruf seines Vaters zu versuchen.

Doch bald tat sich Schinderhannes mit anderen → Gaunern zusammen, beging → Überfälle, war in zwei → Mordfälle verstrickt, wurde mehrmals verhaftet, doch gelang ihm immer wieder die Flucht. Schließlich stieg er zum Räuberhauptmann auf und befehligte mit Geschick und Elan einen Haufen wilder Gesellen. Es war die Zeit der Franzosenherrschaft, und was Schinderhannes eine gewisse Popularität unter der Bevölkerung verlieh, ist, daß er die Stimmung gegen die Franzosen, deren Truppen von der deutschen Bevölkerung unterhalten werden mußten, zu nutzen wußte. So stilisierte er selbst einen → Pferdediebstahl zum Widerstandsakt und ließ sich gern als »Franzosenfresser« feiern. Und noch etwas anderes verlieh Schinderhannes Popularität: Seine Attacken galten neben der französischen Besatzungsmacht vor allem jüdischen Kaufleuten. Gerade bei der Landbevölkerung waren die jüdischen Kreditgeber – Banken gab es auf dem Land noch keine – als Wucherer und Blutsauger verschrien. Ein Unbekannter gab um 1800 zu Protokoll: »Dieser berüchtigte Räuber (Schinderhannes) zeichnete sich unter allen seinesgleichen dadurch aus, daß er nicht allen Menschen Fehde angekündigt hat, sondern die Juden allein sind der Gegenstand seiner Feindseligkeit.« Bei einem Überfall im März 1800 trennte er Juden und Christen: »Ihr Bauern geht eurer Wege, sonst schieße ich euch auf die Rippen, und ihr Juden bleibt stehen, wir wollen Rechnung miteinander halten.« Gleichwohl war Schinderhannes kein Judenhasser, sein »Antisemitismus« war wohl vorrangig Taktik. Tatsächlich bauten er und seine Kumpane darauf, daß bei einem Überfall auf Juden kein Christ zu Hilfe eilen würde. Wäre Schinderhannes ein Judenfeind gewesen, hätte er nicht mit Juden zusammenarbeiten dürfen. Aus den alten Untersuchungsakten geht jedoch eindeutig hervor, daß er mit ihnen Handel getrieben hat und mit der → Niederländischen Bande, die überwiegend von jüdischen Familien aus Brabant geführt wurde, zumindest zwei Überfälle begangen hat. Was Schinderhannes weiterhin populär und faszinierend machte, waren sein Draufgängertum, seine Kraft, seine Jugend und sein Erfolg bei Frauen. Zahlreich waren die → Räuberbräute, die in seinen Armen lagen. Mit seiner letzten, Julie Bläsius, ging er eine feste Bindung ein. Sie schenkte ihm auch ein Kind.

Eher zufällig wurde Schinderhannes gefaßt. Bei einer Streife griff man ihn am 31. Mai 1802 kurz vor Wolfenhausen im Taunus auf, weil er sich nicht ausweisen konnte. Als man seine Identität ermittelt hatte, wurde er in Ketten gelegt. Fast eineinhalb Jahre dauerten die Voruntersuchungen zu seinem → Prozeß. Am 20. November 1803 wurde Johannes Bückler alias Schinderhannes mit 19 weiteren Männern seiner → Räuberbande zum Tode unter der → Guillotine verurteilt. Als bereits einen Tag später, einem nebligen und nassen Herbsttag, in Mainz seine → Hinrichtung und die seiner Spießgesellen vollzogen wurden, strömten Tausende von Menschen herbei, um dem Spektakel beizuwohnen.

Über hundert Jahre später, als nach dem Ersten Weltkrieg das Rheinland erneut von französischen Truppen besetzt wurde, erinnerte man sich wieder an Schinderhannes als Freiheitshelden. Gleich in zwei damals weitverbreiteten Büchern tauchte der Räuber als politischer Kämpfer auf: in Clara Viebigs Roman *Unter dem Freiheitsbaum* (1922) und in Curt Elwenspoeks Biografie *Schinderhannes – Der rheinische Rebell* (1925). Während die aus Trier stammende Clara Viebig, die mit ihren naturalistischen Romanen um die Jahrhundertwende große Erfolge feierte, den Schinderhannes zu einer Mischung aus → Robin Hood und → Cartouche machte, zu einem charmanten → Rächer der Armen und Entrechteten, sah Elwenspoek mit seinem Rebellen das heroische Morgenrot der Befreiungskriege aufdämmern.

Literatur: Manfred Franke: Schinderhannes. Das kurze, wilde Leben des Johannes Bückler (1984)

Schlägerei

Eine Schlägerei ist eine tätliche Auseinandersetzung in die mindestens drei Personen involviert sein müssen. Die Beteiligung an einer Schlägerei kann mit einer → Freiheitsstrafe bis zu drei Jahren geahndet werden, wenn durch diese der Tod oder schwere → Körperverletzung eines Menschen verursacht werden. Das gilt auch, wenn dem Beteiligten nicht nachzuweisen ist, daß er selbst einen anderen körperlich verletzt hat. Wird jemand ohne Absicht und → Schuld in eine Schlägerei hineingezogen, bleibt er straflos.

Schleichhandel

→ Schwarzhandel

Schlepperbande/ Schleuserbande

So lautet die allgemeine Bezeichnung für organisierte Gruppen, die Ausländern zum unberechtigten Aufenthalt in einem Staat verhelfen. Der Handel mit Menschen, die in die reichen EU-Länder drängen, ist dabei längst zu einem Milliardengeschäft geworden. Denn im Ggensatz zum klassischen → Menschenhandel, wo Menschen gegen ihren Willen aus ihrer Heimat gezwungen werden, um zur → Sklaverei oder → Prostitution angehalten zu werden, muß derjenige, der seine Zukunft einer Schlepperbande anvertraut, kräftig dafür zahlen. Allein in Osteuropa, so warnt ein Geheimpapier des Bundesnachrichtendienstes (BND) aus dem Jahr 2001, wartet ein Millionenheer auf die Einreise in den goldenen Westen. Auf 100 Seiten beschreibt der BND die Methoden der weltweit tätigen Schleuserbanden und die Routen, auf denen sie Flüchtlinge nach Europa bringen. Europa befindet sich, wie der deutsche Auslandsgeheimdienst bemerkt, in einem Teufelskreis: »Je rigoroser die Abschottung der Zielstaaten gegen unerwünschte Zuwanderer betrieben wird, desto mehr steigt die Zahl derer, die mit Hilfe professioneller Schleuserbanden das Land ihrer Wahl zu erreichen versuchen.« Längst hat sich die → organisierte Kriminalität des neuen Menschenhandels bemächtigt. Chinesische → Triaden, italienische → Mafia und albanische Kriminelle unterhalten eigene Reise- und Übersetzungsbüros, haben ihre Verbindungsleute bei Fluggesellschaften, kaufen korrupte Zollbeamte und Grenzsoldaten (→ Bestechung, → Korruption). Häufig arbeiten auch verschiedene Organisationen aus mehreren Ländern eng zusammen. Die Erlöse der Branche im europäischen Raum dürften derzeit bei ca. 5 Milliarden Euro jährlich liegen. Genug Geld, um den Abwehrmaßnahmen der EU eine ausgefeilte Logistik entgegenzustellen. Immer häufiger finden Grenzbeamte bei Einreisenden gefälschte Visa und Pässe (→ Fälschungen), die sich so den mühsamen und riskanten Weg über die grüne Grenze ersparen wollen. Für rund 50.000 Euro pro Person bieten die chinesischen Triaden Komplettschleusungen. Eine Summe, die kaum ein chinesischer Flüchtling aufbringen kann. Die Migranten verpflichten sich daher zu → Zwangsarbeit, stottern das Geld durch → Prostitution ab, oder die Daheimgebliebenen kommen für den → Schmuggelpreis auf.

Doch trotz aller Professionalität der Schleuserbanden darf derjenige, der ihnen sein Glück anvertraut, nicht unbedingt damit rechnen, das gelobte Land auch zu erreichen. Eine der spektakulärsten Katastrophen im organisierten Menschenschmuggel ereignete sich im Juni 2000. An einem Sonntagabend, zwei Minuten vor Mitternacht, winkten Zöllner im Hafen von Dover den weißen Mercedes-Kühllaster der niederländischen Spedition Van der Spek Transporten an die Rampe. Angestellte der Fährlinie, mit welcher der Kühllaster vom belgischen Zeebrügge aus übergesetzt war, hatten gemeldet, daß der Fahrer die Passage bar bezahlt habe – was völlig unüblich ist – und die Spedition ihnen unbekannt sei. Als die Kontrolleure daraufhin die Türen des Kühllasters öffneten, bot sich ihnen ein schrecklicher Anblick. Ein Menschenknäuel von 58 vorwiegend chinesischen Männern zwischen 19 und 30 Jahren lag erstickt im Wagen. Nur zwei der Männer, die noch einen schwachen Pulsschlag aufwiesen, konnten gerettet werden. Alle anderen waren umgekommen – auf dem Weg in eine vermeintlich bessere Welt, die ihnen gewissenlose Fluchthelfer versprochen hatten.

Schleppnetzfahndung

Ist eine in der → Strafprozeßordnung verankerte, besondere Art der → Fahndung mit dem Ziel, → Straftäter zu ergreifen und bestimmte → Straftaten aufzuklären. Die Schleppnetzfahndung wird in der Regel angeordnet, wenn der → Verdacht besteht, daß eine terroristische Straftat (→ Terrorismus), ein bewaffneter → Raub oder schwere Verstöße gegen das Waffen- oder Betäubungsmittelgesetz (→ Rauschgiftkriminalität, → Waffenschmuggel) begangen wurden. Die Schleppnetzfahndung beinhaltet die Speicherung von Daten über die Identität von Personen sowie tatrelevanter Umstände, die bei einer → Kontrollstelle angefallen sind. Sie wird richterlich angeordnet und ist räumlich und zeitlich – höchstens drei Monate, Verlängerungszeit um weitere drei Monate möglich – begrenzt. Fallen die Voraussetzungen für eine Schleppnetzfahndung weg oder ist ihr Ziel erreicht, muß sie beendet werden, und die Daten werden gelöscht. Grundsätzlich sind die Personen, gegen die ermittelt wurde, von den Maßnahmen zu benachrichtigen.
→ Rasterfahndung

Schmid, Charles Howard

Charles Howard Schmid, der verwöhnte Sohn reicher Eltern aus dem Süden Arizonas, beschloß am 15. Mai 1964, einen → Mord zu begehen. Zusammen mit zwei Gleichaltrigen, Mary Rae French und John Saunders, die den damals dreiundzwanzigjährigen Jüngling mit Nero-Ambitionen als ihr Idol betrachteten, entführte (→ Entführung) er die 15jährige Alleen Rowe. Sie fuhren mit dem Mädchen in die Wüste, wo Schmid sie erst vergewaltigte (→ Vergewaltigung) und danach mit einem Stein tötete. Obwohl unter den Studenten in Tuscon bald über einen möglichen Mord Schmids gemutmaßt wurde, kam niemand auf die Idee, Charles Howard ernsthaft anzuzeigen. Möglicherweise fürchteten sie seinen Einfluß, möglicherweise nahmen sie den dekadenten Sprössling, der mit seiner Mordtat protzte, einfach nicht ernst.

Schmid selbst schien Gefallen an seinem neuen Zeitvertreib gefunden zu haben, denn ein Jahr später tötete er zwei weitere Mädchen, nämlich seine 17jährige Freundin Gretchen, die er loswerden wollte, und deren 13jährige Schwester Wendy. Auch diesmal war der → Tatort wieder die Wüste von Arizona, wo er die Leichen zurückließ. Als er wenig später einen Freund zu den Leichen führte, um mit seiner Tat anzugeben, zeigte dieser ihn an. Am 11. November 1965 wurde Schmid verhaftet. Auch French und Saunders folgten ihm vor → Gericht. Schmid wurde wegen dreifachen Mordes zum Tode verurteilt, seine beiden Beihelfer zu langjährigen → Haftstrafen. Wegen des im Jahr 1971 verhängten Moratoriums des US-Supreme Court zur Aussetzung der → Todesstrafe entging Charles Howard Schmid seiner gesetzlichen → Hinrichtung. Doch Ende März 1975 übernahm einer seiner Mithäftlinge die Vollstreckung und tötete Schmid mit 20 Messerstichen.

Schmidt, Johann

Johann Schmidt war in gewisser Hinsicht ein Pionier in der Verbrecherwelt. Gilt er doch als erster sogenannter »Koffermörder«. Das hieß in seinem konkreten Fall, er entsorgte die Leiche des von ihm getöteten Metallwarenfabrikanten Carl Hurtz, dessen Buchhalter er war, in einem großen Koffer, den er mit der Bahn verschickte. Eine Idee, die viele Nachahmer finden sollte. Als das Gepäckstück, das am 15. März 1859 in Wien Richtung Prag aufgegeben worden war, nicht abgeholt wurde, landete es im Gepäcklager in Rzeszow. Dort verbreitete es mit der Zeit einen derart unerträglichen Gestank, daß es geöffnet wurde. Die darin enthaltene Leiche befand sich bereits in weitgehender Verwesung, konnte jedoch noch identifiziert werden. Ebenso die Handschrift des beigelegten Frachtbriefes, welche die → Polizei auf die Spur Johann Schmidt brachte. Dieser hatte sich in der Zwischenzeit ein schönes Leben mit dem durch den → Mord erbeuteten Geld gemacht, dem nun ein Ende bereitet wurde. Schmidts »Koffermord« sowie andere nachfolgende Koffermorde hatten als Voraussetzung die in der zweiten Hälfte des 19. und Anfang des 20. Jahrhunderts verbreiteten großen Schrankkoffer. Sie boten einen ausreichenden Stauraum – man mußte somit nicht zur Säge greifen -, allerdings blieb immer das Problem der Geruchsbelästigung, das nicht nur die

Johann Schmidt, der erste »Koffermörder«. Zeitgenössischer Stich

»Spürnasen« unvermeidlich → Verdacht schöpfen ließ. Außerdem war das Problem der Leichenentsorgung mit dem verschickten Koffer nur aufgeschoben, nicht aufgehoben. Denn irgendwo landete die makabere Fracht immer. Angesichts sovieler Nachteile verwundert es überhaupt, daß sich die Koffermorde eine Zeitlang so großer Beliebtheit erfreuten. Doch spätestens nach dem Ersten Weltkrieg, als man zunehmend mit leichterem Gepäck reiste, gerieten sie wieder aus der Mode. → Eisenbahnverbrechen

Schmiergeld

Gelder, die an Amtsträger, Angestellte oder andere Personen gezahlt werden, um die Vornahme einer Amtshandlung oder eines Geschäftsabschlusses oder einen bestimmten Vorteil zu erreichen, werden als Schmiergelder bezeichnet. Ein Vertrag, durch den Schmiergelder versprochen werden, ist zivilrechtlich wegen Sittenwidrigkeit nichtig. In der Wirtschaft verbergen sich Schmiergeldzahlungen häufig unter Bezeichnungen wie »Nebenkosten«, »nützliche Aufwendungen« oder gelegentlich auch »Kick-back«. Steuerrechtlich sind Schmiergelder grundsätzlich abzugsfähig, wenn ihnen eine konkretisierbare Gegenleistung entspricht. Der Empfänger ist allerdings zu benennen. Wettbewerbsrechtlich konnten Schmiergeldzahlungen bisher eine → Straftat im Sinne des Gesetzes gegen den unlauteren Wettbewerb darstellen, wenn sie eine wettbewerbsrechtlich unlautere Bevorzugung erreichen sollten. Durch das Gesetz zur Bekämpfung der → Korruption von 1997 wurde das bestehende Gesetz aufgehoben und ein Abschnitt »Straftaten gegen den Wettbewerb« in das → Strafgesetzbuch aufgenommen. Dadurch können nun Schmiergeldzahlungen mit → Geldstrafe oder → Freiheitsstrafe bis zu drei Jahren belegt werden. → Bestechung, → Wirtschaftskriminalität

Schmökel, Frank

Der 1963 geborene → Triebtäter Frank Schmökel wurde bereits mit 16 Jahren in der DDR »wegen Rowdytums und Körperverletzung« verurteilt. 1988 landete der gelernte Rinderzüchter erstmals wegen versuchter → Vergewaltigung im → Gefängnis und kam 1989 per → Amnestie frei. Wegen sexueller Gewalt und Mißbrauchs eines Kindes (→ Kinderschänder) mit Todesfolge erhielt er 1993 erneut fünf Jahre und sechs Monate → Haft. Während einer Flucht im April 1994 zwang er die zwölfjährige Christine W. zum Sex und würgte sie fast zu Tode. Die Haftstrafe wurde danach auf 14 Jahre aufgestockt. Seit 1994 lebte Schmökel abwechselnd in den Maßregel-Einrichtungen von Brandenburg und Neuruppin und brach dort vier weitere Male aus.

Schmöckels letzte Flucht im Oktober 2000 sorgte für bundesweites Aufsehen. Obgleich Schmökel als → Gewalttäter galt und mehrmals geflüchtet war und ein Gutachter ihn als »nicht therapierbar« eingestuft hatte, durfte er seine kranke Mutter in Strausberg besuchen. Bei dieser Gelegenheit stach er einen Pfleger

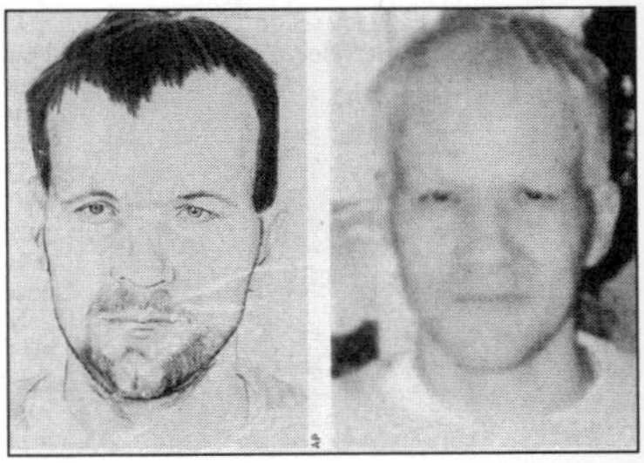

Oben: Schmökel-Suche in Sachsen.
14 Tage die Polizei genarrt.
Rechts: Fahndungsbild Schmökel:
»Nicht therapierbar«.

nieder und verschwand. 14 Tage lang konnte Schmökel – trotz einer Großfahndung mit bis zu 2000 Polizisten – seine Verfolger narren. Während seiner Flucht erschlug er einen gehbehinderten 60 Jahre alten Frührentner mit einem Spaten. Schmökel raubte daraufhin Bargeld, EC-Karte und das Auto des Rentners, um seine Flucht fortsetzen zu können. Schließlich gelang es der → Polizei, Schmökel nach einem Hinweis aus der Bevölkerung in einer Gartenlaube bei Bautzen festzunehmen. Zuvor hatte der Flüchtige die Polizeibeamten noch mit einem Fährtenmesser angegriffen. Daraufhin schossen die Polizisten auf Schmökel und streckten ihn mit einem Bauchschuß nieder. Der Kinderschänder ist seit seiner Entlassung aus dem Krankenhaus in einer Isolierzelle der Psychiatrischen Landesklinik Brandenburg untergebracht. → Sexualverbrechen

Schmuggel

Schmuggeln ist das Verbringen von Sachen über die Grenze unter Verletzung von Zollvorschriften, so daß dem Staat die Zolleinnahmen verlorengehen. Neben an sich legalen Sachen, wie z.B. Alkohol oder Zigaretten, werden auch Dinge geschmuggelt, die per se verboten sind oder deren Handel strengen Auflagen unterliegt (→ Rauschgiftkriminalität, → Waffenschmuggel). Die Höhe der → Strafe beim Schmuggel hängt von der Werthöhe der Schmuggelware, von ihrer Legalität oder → Illegalität ab und davon, ob der Schmuggel gewerbsmäßig, gewaltsam und bandenmäßig praktiziert wird. Neben Warenschmuggel gibt es auch den Menschenschmuggel (→ Schlepperbanden/Schleuserbanden).

Schneider, Franz und Rosalie

Das Mörderehepaar Franz und Rosalie Schneider entsetzte im Jahr 1891 die Wiener Bevölkerung. Die beiden hatten sich als Arbeitsvermittler ausgegeben und stellungslosen Dienstmädchen vorgetäuscht, sie in vornehme Häuser in der Umgebung von Wien vermitteln zu wollen. Die Mädchen wurden unterwegs in einem Waldstück umgebracht und ihrer Ersparnisse, die sie für einen Neuanfang bei sich trugen, sowie ihrer wenigen Habseligkeiten beraubt. Sogar die Kleider der Mädchen nahm Franz Schneider, nachdem er sie erwürgt hatte, zu sich, um sie gemeinsam mit seiner Frau zu verkaufen. Drei → Morde konnten dem verbrecherischen Paar nachgewiesen werden: an der unverehelichten Rosalie Kleinrath, Marie Hottwanger und Frieda Zuffer. Außerdem wurde Franz Schneider noch wegen → Vergewaltigung in zwei anderen Fällen angeklagt. Bei der → Gerichtsverhandlung gaben die beiden → Angeklagten einen denkbar schlechten Eindruck ab. Der zu diesem Zeitpunkt 35jährige Franz Schneider wird von damaligen Zeitzeugen als grober, gewöhnlicher Mensch geschildert, bei dem alles ins Rötliche spielte, nicht nur Haare und Bart, sondern auch seine Krawatte und sein Anzug, was unwillkürlich an einen Darsteller des Teufels denken lasse. Dazu kämen seine langen, affenartigen Hände und seine offensichtlich mindere Intelligenz. Seiner 41jährige Gattin, die als klein, mickrig und schlauer geschildert wird, warf der Staatsanwalt vor, die Triebfeder gewesen zu sein, die diese Mördermaschine von Mann erst in Gang gesetzt habe. Das saubere Paar schien sich dabei aus tiefster Seele gegenseitig zu hassen. Jedenfalls versuchten beide vor → Gericht, jeweils den anderen schwer zu belasten und lieferten sich fürchterliche Szenen. Der »Kampf zwischen einem Tiger und einer Schlange«, wie ein damaliger Journalist schrieb. Dieser Kampf nützte ihnen wenig; denn beide wurden wegen meuchlerischen → Raubmordes (→ Meuchelmord) zum Tode durch den Strang verurteilt. Am 17. März um sieben Uhr früh wurde das → Urteil an Franz Schneider vollstreckt. Rosalie Schneider wurde durch allerhöchste Entschließung zu lebenslänglichem schweren Kerker begnadigt. Das »bissel Leben«, das ihr Mann ihr geneidet hatte, wie sie sich ausdrückte, blieb ihr also erhalten.

Schneider, Jürgen

Am 18. Mai 1995 wurden der damals sechzigjährige, von der Frankfurt

Staatsanwaltschaft mit → Haftbefehl gesuchte Baulöwe Dr. Jürgen Schneider und seine Frau in Miami verhaftet. Schneiders Firma, die bevorzugt prestigeträchtige Nobelbauten errichtet hatte, war im April 1994 in Konkurs gegangen. Schneider wurden → Betrug, → Urkundenfälschung und betrügerischer Bankrott vorgeworfen. Beim Aufbau seines Immobilienimperiums waren Schneider mehrere deutsche Großbanken behilflich gewesen. Vielen Bankern galt Schneider über Jahre als der »bedeutendste Immobilienentwickler unserer Tage«. Schneider hatte erfolgreich begonnen in Baden-Baden, in Offenbach, schließlich mit dem Fürstenhof in Frankfurt. Hier gelang ihm ein »großes Ding« – was für viele Bankleute offenbar ein Schlüsselerlebnis war. Der Verkauf des Fürstenhofs brachte 80 % mehr ein, als die Abteilung zentraler Baufinanzierung der Deutschen Bank damals geschätzt hatte. Der Baulöwe schien nun der Mann der Stunde zu sein, ein Unternehmer mit einer goldenen Nase. Doch das Gold, das Schneider produzierte, erwies sich als trügerisch. Zum Schluß standen Kredite in Milliardenhöhe offen. Als der damalige

Baulöwe Jürgen Schneider auf einem Historienbild als Mephisto

Aufsichtsratsvorsitzende der Deutschen Bank, Hilmar Kopper, kommentierte, angesichts dieser Milliardenlücken seien die noch unbezahlten Handwerkerrechnungen von etwa 50 Millionen Mark doch nur »Peanuts«, reagierte die deutsche Öffentlichkeit empört. »Peanuts« wurde daraufhin zum Unwort des Jahres gekürt.

Schneider, der Milliarden-Pleitier, ist mittlerweile auch als Allegorie auf den Teufel zu bewundern. Für Auerbachs Keller zu Leipzig fertigte der Historienmaler Volker Pohlenz ein Wandbild, auf dem Schneider als Mephisto verkleidet abgebildet ist. Der Wirt Ulrich Reinhardt wollte damit dem Baulöwen danken, der mit Kauf und Sanierung die traditionsreiche Gaststätte gerettet hatte. Schneider, der die Banken zwar um zwei Milliarden Mark schädigte, hatte in Leipzig alte Edelimmobilien gekauft und bis zu seiner Pleite mit hohen Summen saniert. Hier gilt Schneider als Held. 1999 legte Jürgen Schneider mit *Bekenntnisse eines Baulöwen* seine Sicht der Dinge in Buchform dar. Drei Jahre zuvor war M. Frey mit den Banken hart ins Gericht gegangen: Die Akte Schneider – In den Banken: Nieten und Versager.

Schneider, Marie

Um sich Naschereien und Königskuchen kaufen zu können, beging das »unselige, fürchterliche Kind« Marie Schneider einen → Mord. Am 7. Juli 1886 war die damals Zwölfjährige von ihrer Mutter einkaufen geschickt worden. Unterwegs traf Marie die dreieinhalbjährige Margarete Dietrich. Sie nahm die Kleine an die Hand, und Grete folgte dem größeren Mädchen willig, ohne zu ahnen, daß Marie ihr die schönen Ohrringe wegnehmen wollte, die sie gerade trug. Marie wollte die Ohrringe gegen bare Münze versetzen, um sich damit Süßigkeiten kaufen zu können. Doch gleichzeitig faßte Marie einen noch viel weitreichenderen Entschluß: Die Kleine sollte sterben! Zu diesem Zweck führte sie die Dreijährige zurück nach Hause und nahm sie mit bis zum zweiten Stock, wo ein Flurfenster zum Hof offenstand. Dort setzte sie Grete auf die Fensterbank, hakte ihr die Ohrringe ab und schubste sie nach unten auf den gepflasterten Hof.

Als ein Schutzmann sie am nächsten Tag fragte, ob sie das kleine Mädchen aus dem Fenster geworfen habe, leugnete die Zwölfjährige. Einem zweiten Schutzmann, der ihr eine Ohrfeige androhte, sagte sie schließlich die Wahrheit. Als sie mit dem toten Kind im Leichenschauhaus konfrontiert wurde, empfand sie keine Reue. In der Droschke dorthin verzehrte sie mit gutem Appetit ein Brötchen. Wieweit kann ein zwölf Jahre und neun Monate altes Kind schuldfähig sein? Die Täterin selbst sagte: »Jemand der tödtet, ist ein Mörder, und ich bin eine Mörderin. Der Mord wird mit dem Tode bestraft, der Mörder wird hingerichtet, das heißt: es wird ihm der Kopf abgehackt. Mir wird man den Kopf aber nicht abhacken, weil ich noch zu jung bin. Man hat mir gesagt, ich wäre noch so jung, daß mir nichts geschehen könne, man würde mich in ein Erziehungshaus bringen.« Marie Schneider wurde schließlich zu einer → Gefängnisstrafe von acht Jahren verurteilt.

Scholz, Gustav »Bubi«
In seinen jungen Jahren war der Berliner Faustkämpfer Bubi Scholz Deutscher Meister, Europameister und fast sogar Weltmeister geworden. Als 18jähriger war Bubi Scholz, Sohn eines Schmieds aus dem Arbeiterviertel Prenzlauer Berg, das erste Mal in den Ring gestiegen und gleich Profi geworden. 96 Kämpfe hat er zwischen 1948 und 1964 bestanden, 88mal gewann er. Die Kämpfe des populären Boxers waren immer gesellschaftliche Großereignisse. In Berlin war Bubi Scholz so beliebt wie Hildegard Knef und Harald Juhnke und gerngesehener Gast auf Partys und Senatsempfängen. Der Sportler, der dem Alkohol nicht abgeneigt war, trug auch daheim den weißen Bademantel des Champions. 1984 erschoß der angetrunkene Bubi Scholz seine Ehefrau Helga nach einem Streit durch die geschlossene Tür der Gästetoilette (→ Alkohol und Verbrechen, → Gattenmord). Das → Urteil – drei Jahre → Gefängnis – akzeptierte er klaglos. Auch nach seiner Entlassung erfreute er sich noch hoher Beliebtheit, doch der durch zahlreiche Kopftreffer bedingte Hirnabbau und die im → Affekt begangene Tat trieben seinen Verfall voran. Am 21. August 2000 starb Bubi Scholz in Berlin im Alter von 70 Jahren, nachdem er sich beim Frühstück verschluckt hatte und daran erstickte. 1974 war Bubi Scholz zusammen mit Romy Schneider und Burkhardt → Driest Gast der legendären ARD-Talkshow Je später der Abend gewesen.

Schoor, Louis van
Der in der südafrikanischen Küstenstadt lebende Angehörige einer Sicherheitsfirma, Louis van Schoor, tötete zwischen 1986 und 1989 42 Menschen. Alle seine Opfer hatten angeblich gerade eine → Straftat begangen und versuchten, bei seinem Eintreffen zu fliehen. Auffallend daran war, daß sämtliche Opfer des Buren und ehemaligen Polizisten Schwarzafrikaner waren und viele von ihnen Schußwunden im Brustbereich aufwiesen, so daß sie sich, als Schoor auf sie zielte, kaum auf der Flucht befunden haben konnten. Louis van Schoors → Motiv dürfte also eher eine rassistische Grundlage gehabt haben. Hinzu kam, daß Schoor, wenn er »zur Verhinderung einer Straftat« schoß, mit Vorliebe so-

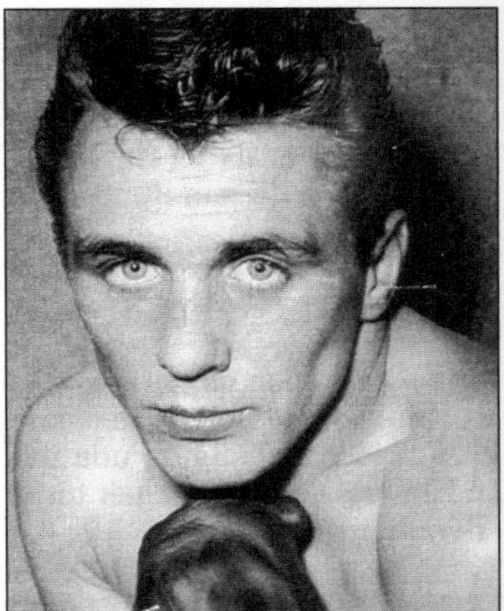

Bubi Scholz im Angriff

genannte Dumdum-Geschosse benutzte. Diese international geächtete Spezialmunition sorgt dafür, daß Opfer, selbst wenn sie nur ins Gesäß oder in den Rücken getroffen werden, derart schwere Verletzungen davontragen, daß ein Überleben unwahrscheinlich ist. Doch viele ehemalige Kollegen schienen Schoor stilles Einverständnis entgegenzubringen, so daß er mit seinen brutalen Methoden lange unbehelligt blieb. 1989 wies ein → Rechtsmediziner darauf hin, daß Schoor über 25 Personen aus naher Distanz getötet hatte. Dennoch wurde Schoor erst nach Auflösung des Apartheidregimes vor → Gericht gebracht und 1992 wegen siebenfachen → Mordes und versuchten Mordes in zwei Fällen zu 20 Jahren → Zuchthaus verurteilt.

Schreibtischtäter

Der Begriff »Schreibtischtäter« kam mit der Verfolgung nationalsozialistischer Kriegsverbrecher auf. Gemeint waren damit solche Personen, die in den obersten Reichsbehörden und Dienststellen der NSDAP saßen und von ihren Schreibtischen aus für die Planung und Organisation von → Massen- und → Völkermord verantwortlich waren. Heute wird die Bezeichnung Schreibtischtäter auch generell für vom »Schreibtisch« aus angeordnete Verbrechen verwendet. → Ideologie und Verbrechen, → Krieg und Verbrechen, → Kriegsverbrecherprozesse

Schuld

Das Vorliegen von Schuld bildet nach dem → Strafrecht die Voraussetzung für jegliche Bestrafung. Der Grad der Schuld des → Täters gilt dabei als »Grundlage für die Zumessung der Strafe«. Als Schuldausschließungsgründe gelten besonders die → Schuldunfähigkeit und → Notwehr. Die Schuldfrage im → Strafprozeß beschäftigt sich damit, ob der → Angeklagte der ihm zur Last gelegten → Straftat schuldig ist. Ermittelt wird die Schuldfrage durch die Beweisfrage, nämlich ob es erwiesen ist, daß der Angeklagte die Tat begangen hat. Hinzu kommt noch die Frage der Gesetzesanwendung, das heißt, ob ein im Strafgesetz bezeichneter Tatbestand vorliegt, was nicht unbedingt der Fall sein muß. Nicht jede menschliche Schuld oder Missetat kann so ohne weiteres durch ein Gesetz geahndet werden (→ legale Kriminalität). Die Schuldfrage umfaßt ferner das Vorliegen der die Strafe ausschließenden, mindernden oder erhöhenden Umstände, wie z.B. Notwehr, → Fahrlässigkeit oder eine kaltblütige Vorbereitung einer Tat.

Neben dieser »äußeren«, juristischen Schuldfrage ist auch immer nach der »inneren« Schuld des Menschen gefragt worden. Die Religionsgeschichte und das antike Drama zeigen, daß Schuldigwerden als eine Urerfahrung des Menschen bereits in den mythologischen Erzählungen aller Völker ihren Ausdruck findet. Hauptthemen sind die schicksalhafte Macht der Schuld als Verhängnis etwa im Ödipusmythos und das Schuldigwerden als solches, wie etwa beim Sündenfall im Alten Testament. Oft werden bei der Behandlung der Schuld in den Religionen sprachgewaltige Bilder oder Metaphern verwendet. Nach dem Philosophen Sören Kierkegaard gründet das menschliche Schuldigwerden in einer »existenzialen Schuld«, aus der heraus Angst entsteht. Beide drücken die Gebrochenheit menschlicher Existenz aus. Schuld ist auch häufig im Zusammenhang mit der menschlichen Freiheit gesehen worden. Der Mensch kann sich – anders als das Tier, das diese Freiheit nicht besitzt und daher auch nicht schuldig werden kann – zwischen Gut und Böse entscheiden. In keinem »Kriminalroman« ist die Frage nach der Schuld so tiefgründig gestellt worden wie in Fjodor Dostojewskis *Schuld und Sühne* (1867). Der verarmte, aber stolze Student Raskolnikow ermordet eine alte Geldverleiherin. Sein Opfer ist dumm, schwerhörig, krank, habgierig, sie nimmt Wucherzinsen, sie ist böse und verleidet ihrer Schwester, die sie als Hausgehilfin unterhält, das Leben. »Sie taugt zu gar nichts. Wozu lebt sie? Ist sie wenigstens einem Menschen nützlich?« fragt sich Raskolnikow. Doch das »blutige Geld« macht den hochmütigen Raskolnikow, der sich so leicht über ein »minderwertiges« Leben hinwegsetzte, nicht glücklich. Bald quälen Skrupel und Zweifel den stolzen → Raubmörder und ein furchtbarer Kampf um Schuld und Sühne tobt in seinem Inneren. Dostojewski hat dieses innere Ringen, diesen Kampf zwischen Gut und Böse mit großer realistischer Meisterschaft als komplizierten psychologischen Prozeß geschildert. Er verfolgt den Verbrecher, der sich dem Zugriff der → Justiz zu entziehen versucht, durch alle seelischen Qualen, Selbsttäuschungen und die Täuschung anderer, durch das Auf und Ab von Verzweiflung und Hoffnung bis zur absoluten, bedingungslosen Kapitulation vor der Wahrheit. Die Wahrheit aber ist: Auch der hochmütige Raskolnikow hat nur einen kleinen schmutzigen Raubmord begangen und keinen Akt der Befreiung und Erhöhung.

Schuldeneintreiber

Bezeichnung für Personen, die auf recht unorthodoxe Weise Schulden eintreiben, wie z.B. Dave → Courtney.

Schuldhaft

So nannte man früher die → Haft eines säumigen Schuldners, die auf Betreiben des Gläubigers bis zur Tilgung der Schuld angeordnet wurde. Die Schuldhaft wurde in Deutschland 1868 abgeschafft.

Schuldunfähigkeit

Früher Unzurechnungsfähigkeit genannt. Nach dem → Strafrecht beinhaltet Schuldunfähigkeit die mangelnde Fähigkeit des → Täters, das Unrecht seiner Tat einzusehen und dementsprechend zu handeln. Die Schuldunfähigkeit ist ein Schuldausschließungsgrund, der Straflosigkeit zur Folge hat. Die volle Schuldfähigkeit beginnt in der Regel erst ab dem vollendeten 18. Lebensjahr. Über das Vergehen von Jugendlichen oder Heranwachsenden urteilt das Jugendstrafrecht. Kinder unter 14 Jahren sind schuldunfähig. Dasselbe gilt für alle Personen, die zum Zeitpunkt der

Tat unter einer krankhaften seelischen Störung, Schwachsinn oder tiefgreifenden Bewußtseinsstörungen leiden und daher unfähig sind, das Unrecht ihrer Tat einzusehen (→ Geisteskranke und abnorme Täter). Dabei versteht man unter einer krankhaften seelischen Störung eine psychische, intellektuelle, emotionale Störung, die auf nachweisbaren oder vermuteten organischen Ursachen beruht wie z.B. Hirnarteriensklerose, Schizophrenie oder endogene Psychosen. Tiefgreifende Bewußtseinsstörungen bezeichnen nicht krankhafte Zustände wie Hypnose, Erschöpfung, hochgradige → Affekte oder auch Verbrechen, die unter Rauscheinfluß begangen werden (→ Rauschtat). Schwachsinn ist eine angeborene Intelligenzschwäche ohne nachweisbare organische Ursachen. Auch schwere andere seelische Abartigkeiten wie Psychopathien, Neurosen und Triebstörungen (→ Triebtäter) können die Schuldfähigkeit mindern. Bei erheblich verminderter Schuldfähigkeit kann die → Strafe gemildert werden (→ mildernde Umstände). Begeht eine Person eine Tat im Zustand der Schuldunfähigkeit oder verminderten Schuldunfähigkeit und wird die Wiederholung einer Untat befürchtet, so ordnet das → Gericht die Unterbringung in einem psychiatrischen Krankenhaus an. Bei Süchtigen kommt auch eine Entziehungsanstalt in Betracht. Die Schuldfähigkeit, bzw. -unfähigkeit wird von psychiatrischen Gutachtern beurteilt.

Literatur: E. C. Rautenberg: Verminderte Schuldfähigkeit – ein besonderer fakultativer Strafminderungsgrund? (1984).

→ Strafmündigkeit

Schule und Gewalt: Schulmassaker in Littelton

Schule, Gewalt an der

Früher fürchteten die Schüler die Lehrer, heute fürchten die Lehrer die Schüler. Nach einer bundesweit durchgeführten Fragebogenaktion vom Fachbereich Sozialwesen der Gesamthochschule Kassel aus dem Jahr 2001 kamen unter anderem folgende Resultate zutage: Auf die Frage, ob Schüler vorsätzlich den Unterricht stören, bejahten: 96,7 Prozent der Lehrer aus Sonderschulen, 84,2 Prozent aus Hauptschulen, 87,7 Prozent aus Realschulen, 85,8 Prozent aus integrierten Gesamtschulen, 79,1 Prozent aus kooperativen Gesamtschulen, 86 Prozent aus Gymnasien. Die Frage, ob ein Lehrer bereits seinen Unterricht abbrechen mußte, weil er gegen die Schülerschaft nicht mehr ankam, bejahten: 47,7 Prozent aus Sonderschulen, 21,7 Prozent aus Hauptschulen, 24 Prozent aus Realschulen, 16,1 Prozent aus integrierten Gesamtschulen, 11,3 Prozent aus kooperativen Gesamtschulen, 3,5 Prozent aus Gymnasien. Die Frage, ob Lehrer nach Schulschluß von Schülern aufgelauert und belästigt werden, bejahten: 14 Prozent aus Sonderschulen, 14,9 Prozent aus Hauptschulen, 20,4 Prozent aus Realschulen, 19,6 Prozent aus integrierten Gesamtschulen, 8,8 Prozent aus kooperativen Gesamtschulen, 3,8 Prozent aus Gymnasien. Doch es kommt noch schlimmer für die Respektspersonen von ehedem. Mittlerweile mußte schon eine ganze Reihe von Pädagogen ihr Leben durch Schülergewalt lassen. 1999 spannten z.B. zwei Jugendliche aus »Gaudi« ein Drahtseil über einen Fahrradweg, wohl wissend, daß dieser Weg von einem Lehrer benutzt wurde. Für den Lehrer endete der Spaß tödlich. Im gleichen Jahr tötete ein 15jähriger Schüler im Meißener Gymnasium Franziskaneum seine 44jährige Deutsch- und Geschichtslehrerin – mitten im Unterricht. Das → Attentat hatte er bei seinen Mitschülern bereits Tage vorher angekündigt gehabt. Im US-Bundesstaat Colorado wurden am 20. April 1999 bei einem Schulmassaker zwölf Jugendliche und ein Lehrer von zwei Pennälern erschossen. Der bisherige Höhepunkt zum Thema Schule und Gewalt in Deutschland ereignete sich am 26. April 2002. An diesem Tag stürmte der Schulversager Robert Steinhäuser, ausgerüstet mit einer Pumpgun, das Gutenberg-Gymnasium in Erfurt, um → Rache an den Lehrern zu nehmen. Das Resultat: 17 Tote – zwei Schüler, ein Polizist, 13 Lehrkräfte und als letztes richtete Steinhäuser sich selbst (→ Selbstmord). Aber nicht nur Lehrer sind gefährdet, auch die Schüler machen sich untereinander die Schule zur Hölle. Waffenbesitz, → Schlägereien, → Erpressungen, Abnahme von Markenartikeln sind keine Seltenheit. Was sind die Ursachen für eine solche Eskalation der Gewalt an Schulen? Das Scheitern der Reformpädagogik von 68? Der Autoritätsverlust der Lehrer? Die gesellschaftliche Orientierungslosigkeit, der Werterelativismus, die Berufstätigkeit beider Elternteile? Der wachsende Realitätsverlust der Heranwachsenden durch Fernsehen, Computerspiele und Videos (→ Gewaltdarstellungen)? Die Anstachelung zu einem enthemmten Hedonismus durch Werbung und Popkultur, die Reduzierung des Lebenssinnes auf äußerliche Werte und materiellen Besitz? Die Gewalt an Schulen hat wahrscheinlich viele, miteinander verwobene Ursachen. → Kinderkriminalität, → Jugendkriminalität

Schutzgelderpressung
Bezeichnung für den bezahlten »Schutz« von Geschäftsleuten, Restaurantbesitzern, Spielhallenbesitzern, etc., damit sie nicht um Leib und Leben fürchten müssen und niemand ihre Räume demoliert. Dabei werden die Personen, die Schutzgeld zahlen, meist ausschließlich von ihren »Beschützern« aus der → Unterwelt bedroht, sollten sie ihren Zahlungen einmal nicht nachkommen. Schutzgelderpresser sind meist eingebunden in Formen der → organisierten Kriminalität (→ Mafia, → Russenmafia). Nur selten rufen Opfer die Be-

hörden zu Hilfe. Sollte es doch einmal zu einer Strafanzeige kommen, ziehen erpreßte Kaufleute ihre → Anzeige nicht selten wieder zurück. Angst vor der → Rache der → Erpresser spielt dabei eine zentrale Rolle, manchmal aber auch der Umstand, daß die Erpreßten selbst Ermittlungen fürchten. Ihr Wohlstand fließt vielfach aus Quellen, von denen die → Polizei gar nicht so detailliert Kenntnis haben soll.

Schutzgewahrsam

Neben der Festnahme eine Form der polizeilichen Verwahrung. Die → Polizei kann eine Person in Schutzgewahrsam nehmen, wenn dies zu deren Schutz erforderlich ist. Begründet ist der Schutzgewahrsam, wenn für die betreffende Person eine Gefahr für Leib und Leben besteht oder sie sich in einem hilflosen Zustand befindet, ferner, wenn sie um → Gewahrsam nachsucht oder → selbstmordgefährdet ist. Die betroffene Person muß sofort nach Wegfall dieser Gründe entlassen werden, spätestens mit Ablauf des folgenden Tages, falls nicht die Fortdauer der → Freiheitsentziehung durch den Richter angeordnet wird. Der Schutzgewahrsam ist eine vorbeugende polizeiliche Maßnahme, im Gegensatz zur Freiheitsentziehung im Rahmen der → Strafverfolgung.

Schutzhaft

Unter politischer Schutzhaft versteht man die polizeiliche Ingewahrsamnahme einer Person aus Gründen der Staatssicherheit, also aus präventiven Gründen und nicht unbedingt im Zusammenhang mit einer → Straftat. Die Schutzhaft gehört zur Praxis totalitärer Regierungssysteme und wird häufig in besonderen Internierungs- oder Konzentrationslagern vollzogen (→ Ideologie und Verbrechen). Äußere Grundlage des Mißbrauchs der Schutzhaft im nationalsozialistischen Deutschland bildete die »Verordnung zum Schutz von Volk und Staat«, die anläßlich des Reichstagsbrandes (→ Lubbe, Marinus van der) erlassen wurde. Nach rechtsstaatlichen Grundsätzen ist eine politische Schutzhaft unzulässig.

Es ist allerdings in einigen Ländern überlegt worden, eine Art Schutzhaft gegen psychisch auffällige Menschen einzuführen (→ Geisteskranke und abnorme Täter). In Deutschland ist die zwangsweise Unterbringung von potentiellen Straftätern – auch von Psychopathen – nur dann gestattet, wenn der Betroffene in allernächster Zeit »mit an Sicherheit grenzender Wahrscheinlichkeit« gewalttätig zu werden droht (→ Freiheitsentziehung, → Gewahrsam). Eine abnorme Persönlichkeit allein reicht nicht als Grund aus, jemanden präventiv – und vor allem dauerhaft – in Schutzhaft zu bringen.

Die Schutzhaftfrage ist besonders in Großbritannien diskutiert worden, nachdem dort Oliver Stone, der von sich selbst wußte, daß er gefährlich war, in eine Klinik aufgenommen werden wollte. Die Ärzte jedoch lehnten ab, da sie ihn für unbehandelbar erklärten. Auch sonst konnte er nirgends eingewiesen werden, denn noch hatte er kein Verbrechen begangen. Wie der Independent trocken erklärte, erlaubte man ihm stattdessen, »die Landschaft von Kent mit einem Hammer zu durchstreifen.« Der verhinderte Patient tötete eine Mutter und ihre Tochter. Für derart gefährliche Menschen mit schwerer Persönlichkeitsstörung sollte daher – so die Auffassung – eine präventive → Haft möglich sein.

Zu der betroffenen Gruppe zählen in erster Linie Menschen, die man gemeinhin mit dem schillernden Begriff »Psychopathen« belegt. Psychopathen leiden unter einer »antisozialen Persönlichkeitsstörung« und einer »dissoziativen Persönlichkeitsstörung«. Stets handelt es sich bei ihnen um Menschen, die sich durch eine eigenartige Persönlichkeitsstruktur auszeichnen: Für einen Psychopathen bedeuten die Gefühle anderer Menschen wenig, er kann sie nicht gut nachempfinden. Dafür kann er sie oft sehr gut berechnen und somit ausnützen; denn viele Psychopathen verfügen über großen Charme. Die Fähigkeiten zu wirklichen Beziehungen fehlen ihnen jedoch. Dafür lieben sie das Risiko. Manche suchen den Nervenkitzel bei gewagten Straftaten – mitunter leben sie ihren extremen Charakter auch positiv in Heldentaten aus. Häufiger werden sie jedoch kriminell. Lediglich drei Prozent der Männer und ein Prozent der Frauen in der Gesamtbevölkerung zählen zu der Personengruppe der Psychopathen. Doch nach amerikanischen Zahlen begehen sie über die Hälfte aller Schwerverbrechen. Bei einer in Deutschland durchgeführten Studie entpuppten sich 37 Prozent der untersuchten Straftäter als dissoziale Charaktere. Doch so unleugbar der Zusammenhang zwischen einem psychopathischen Charakter und einer Affinität zum Verbrechen sind (→ Delinquento nato), so unmöglich dürfte es sein, deshalb gleich jeden Psychopathen festzunehmen; denn die Grenzen zwischen normalem und psychopathischem Charakter sind oft fließend – zudem leben einige Psychopathen ihren Charakter positiv aus: als Held, als Extremsportler oder als Abenteurer. Bei nüchterner Bestandsaufnahme wird man also kaum jemanden nur deshalb wegsperren können, weil er ein Psychopath ist. Die Frage würde sich allenfalls bei besonders problematischen Fällen stellen. In Großbritannien z.B. wird die Zahl extrem gefährlicher Menschen auf 2000 geschätzt, von denen ein Großteil ohnehin schon im → Gefängnis oder in Verwahrung steckt. 300 bis 600 davon laufen jedoch noch frei herum, wobei die meisten davon der → Polizei oder den Gesundheitsdiensten bekannt sein dürften. Hier stellt sich die Frage, ob das Recht auf individuelle Freiheit auf alle Fälle höher anzusetzen ist als die mögliche Bedrohung Unschuldiger. Vielleicht sollte man krankhaft veranlagten Menschen – wie im Fall Oliver Stone – zumindest die Möglichkeit lassen, sich freiwillig in Schutzhaft zu begeben.

Schwahn, Friedrich – genannt Sonnenwirtle

Die Geschichte des Friedrich Schwahn, genannt Sonnenwirtle, ist die Geschichte eines verwöhnten, aber nicht schlechten Charakters, der halb schuldig, halb unschuldig zum → Räuber wird, am Ende sein verbrecherisches Tun bereut und sich selbst der → Justiz überantwortet. Kein Geringerer als Friedrich Schiller hat sie in seiner Novelle Der Verbrecher aus verlorener Ehre, die 1787 erstmals erschien, verarbeitet und festgehalten. Die Vorlage dazu, der echte Friedrich Schwahn, wurde 1729 in Ebersbach an der Fils als angesehener Bürgerssohn geboren. Als Junge verwöhnt und wenig erzogen, geriet er auf die schiefe Bahn, ermordete einen Rivalen und geriet unter die Räuber, deren Hauptmann er schließlich wurde. Mehr zufällig wurde er am 6. März 1760 in Vaihingen festgenommen und legte ein → Geständnis ab. Am 13. Mai 1760 wurde Friedrich Schwahn gemeinsam mit seiner zweiten Frau Christina → Schettinger hingerichtet.

Schwangerschaftsabbruch

In Notsituationen, aber auch als Mittel der Geburtenkontrolle und Familienplanung war der Schwangerschaftsabbruch zu allen Zeiten und in allen Kulturen präsent. Viele Gesellschaften waren darum bemüht, den Schwangerschaftsabbruch unter Kontrolle zu halten, wobei hierbei religiöse und ethisch-philosophische Wertvorstellungen eine ebensogroße Rolle gespielt haben wie bevölkerungspolitische Interessen. Zu einem Instrument staatlicher Politik wurde die Kriminalisierung des Schwangerschaftsabbruchs allerdings erst im Laufe des 19. Jahrhunderts.

Die griechischen Philosophen sahen den Schwangerschaftsabbruch als wertneutrales Mittel zur Regulierung der Kinderzahl und dem Betreiben einer eugenisch ausgerichteten Bevölkerungspolitik. Aristoteles vertrat die Lehre von der Sukzessivbeseelung, wonach die Beseelung des Menschen nicht mit der Befruchtung, sondern beim weiblichen Fötus 40 Tage und beim männlichen erst 90 Tage danach erfolgt. Im klassischen römischen Recht war der Schwangerschaftsabbruch strafbar, aber in erster Linie wegen der Gefährdung der Frau bei diesem Eingriff und weil man die Auffassung vertrat, daß die Frau dadurch den Mann um seine Kinder betrüge. Die Vorstellung, daß die Beseelung der Leibesfrucht erst nach der Befruchtung einsetzt, hat auch die jüdisch-christliche Tradition geprägt, wobei man sich als Beseelungszeitpunkt weitgehend auf das Datum 40 Tage nach Befruchtung einigte. Mit den kursächsischen Konstitutionen von 1572 begann sich ein neues Fristenkonzept durchzusetzen, das den Schwangerschaftsabbruch erst dann als → Tötungsdelikt ansah, wenn bereits die ersten Kindsbewegungen spürbar waren. Im 18. Jahrhundert versuchte man, den Schwangerschaftsabbruch vor allem aus bevölkerungspolitischem Interesse zu erschweren. Es wurden die Meldepflicht und Überwachung unehelicher Schwangerer gefordert, die Einrichtung öffentlicher Entbindungsanstalten oder die Aussetzung einer Gebärprämie. Das Preußische Allgemeine Landrecht drohte bei Abtreibungen von bereits lebensfähigen Leibesfrüchten mit drastischen → Strafen. Die übrigen Landesstaaten rückten erst im 19. Jahrhundert von der kursächsischen Fristenregelung ab, wobei der Schwangerschaftsabbruch als minder schwerer Fall eines Tötungsdeliktes betrachtet wurde. Im Reichsstrafgesetzbuch von 1871 wurde der Schwangerschaftsabbruch (§ 218) zwar nicht gesetzessystematisch aus den Tötungsdelikten ausgegliedert, doch war Konsens, daß er eigentlich nicht dazu zählt. In der Weimarer Republik bemühte sich ein Netz von Sexualberatungsstellen, sexualreformerische Aufklärung zu leisten. Dabei wurden die soziale Not der Arbeiterfrauen und das Elend der → illegalen Abtreibungen besonders offenbar. 1926 wurde die generelle Ahndung mit Geld oder → Gefängnisstrafe so abgewandelt, daß ein Schwangerschaftsabbruch straffrei blieb, wenn das Leben der Mutter durch Schwangerschaft oder Geburt gefährdet war. Unter nationalsozialistischer Herrschaft standen auf die Fremd- oder Selbstabtreibungen in besonders schweren Fällen → Zuchthaus. Die Fremdabtreibung im Falle eines »Angriffs auf die Lebenskraft des deutschen Volkes« konnte sogar mit dem Tode bestraft werden. Auf der anderen Seite wurden Zwangsabtreibungen bei erbkranken und aufgrund ihrer Rassenzugehörigkeit verfolgten Menschen angeordnet. Nach 1945 wurde gemäß § 218 die Selbstabtreibung mit einer → Freiheitsstrafe bis zu fünf Jahren und die Fremdabtreibung mit einer Freiheitsstrafe bis zu zehn Jahren bedroht. Durch das 5. Strafrechtsreformgesetz vom 18.6.1974 wurde eine Fristenregelung zugelassen, die den Schwangerschaftsabbruch durch einen Arzt innerhalb der ersten drei Monate nach vorheriger Beratung erlaubte. Bei dieser Regelung ist es trotz zahlreicher Neufassungen im wesentlichen geblieben. Modifiziert wurde der § 218 vor allem dahingehend, daß berücksichtigt wird, ob die Schwangerschaft durch → Vergewaltigung entstanden ist, ob Gefahr für die Gesundheit oder das Leben der Frau besteht oder ob eine nicht behebbare Schädigung beim Ungeborenen nachgewiesen werden konnte. → Engelmacherin, → Kindsmörderin

Schwarzarbeit

Man versteht darunter eine selbständige oder unselbständige Tätigkeit, die unter Mißachtung der gesetzlichen Melde- und Anzeigepflicht verrichtet wird. Zur Aufdeckung von Schwarzarbeit arbeiten Arbeitsämter, Träger der Kranken-, Renten- und Unfallversicherung sowie die für den Gesamtversicherungsbeitrag zuständigen Stellen, im Ausländer-Gesetz bezeichnete Stellen, Finanzbehörden und Hauptzollämter zusammen. Schwarzarbeit als Teil der → Schattenwirtschaft gefährdet die Wirtschaft und verursacht erhebliche Ausfälle an Steuern (→ Steuerhinterziehung, → Steuerstrafrecht) und Sozialversicherungsbeiträgen. Schwarzarbeit kann als Ordnungswidrigkeit zu Geldbußen bis zu 100.000 Euro führen.

Schwarzbrenner

So werden Personen bezeichnet, die → illegal und meist zu kommerziellen Zwecken alkoholische Getränke herstellen. Schwarzbrennerei war vor allem zur Zeit der → Prohibition verbreitet.

Schwarze Witwen

Bei der Schwarzen Witwe (Latrodectus mactans) handelt es sich um eine amerikanische Kugelspinne, bei der das Weibchen das Männchen nach vollzogener Begattung tötet und aussaugt. Davon abgeleiten bezeichnet man auch solche Frauen als Schwarze Witwen, die sich ihrer Ehemänner durch → Mord entledigen, wobei finanzielle Interessen, z.B. die Lebensversicherung, ein nicht unerhebliches → Motiv bilden. In die makabere Welt der Schwarzen Witwen führen Christian Bolte und Klaus Dimmler mit ihrem Buch ein: *Schwarze Witwen und Eiserne Jungfrauen. Die Geschichte der Mörderinnen* (1997). → Blauensteiner, Elfriede, → Gattenmord, → Gottfried, Gesche Margaretha, → Sherman, Lydia

Schwarzfahrer

Nach straßenverkehrsrechtlichen Bestimmungen ist derjenige ein Schwarzfahrer, der ein ihm nicht gehörendes Auto ohne Wissen und Genehmigung des eigentlichen Halters fährt. Im Schadensfalle haftet der Schwarzfahrer. Hatte der Autobesitzer sein Fahrzeug unabgeschlossen stehen lassen, haftet er neben dem Schwarzfahrer. Im strafrechtlichen Sinne gilt als Schwarzfahrer, wer ein öffentliches Verkehrsmittel benutzt, ohne den Fahrpreis zu zahlen. Als → Strafe steht hierauf erhöhtes Fahrgeld.

Schwarzgeld

Ist Geld, das einfach da ist, und von dem keiner so genau weiß oder wissen will, woher es eigentlich kommt. Mit anderen Worten: Es fließt zumeist aus recht trüben Kanälen. Seine Quellen und Wege können sein: → Bestechung, → Schwarzarbeit, eine nicht versteuerte Spende (→ Parteispendenaffäre), irgendeine Scheinfirma (→ Wirtschaftskriminalität), oder ein geheimnisvolles »Anderkonto«. Wer etwas mehr über dieses mysteriöse Geld erfahren will, der sei auf die Schrift von Anton-Rudolf Gotzenberger: *Die Schwarzgeld-Anlage in der Praxis* (1999) verwiesen. → Geldwäsche, → Schmiergeld

Schwarzhandel

Auch Schleichhandel genannt, beinhaltet den Handel mit Waren und Dienstleistungen sowie Devisen unter Umgehung gesetzlicher Vorschriften über Preise, Steuern und Abgaben. Schwarzhandel gedeiht besonders gut, wenn der Staat die Preise knapper Güter auf niedrigem Niveau festsetzt und gleichzeitig deren Menge rationiert. Dann versuchen viele, auf dem Schwarzmarkt die gewünschten Mengen zu kaufen, wo die Güter aufgrund der hohen Nachfrage und der Gefahr einer → Strafe für den Händler teurer angeboten werden. Besonders in Planwirtschaften besteht ein Anreiz zum Schwarzhandel, der oft nur durch drakonische Strafen eingedämmt werden kann (→ D(eutsche) D(emokratische) R(epublik) und Verbrechen). Der Umgehung von Zöllen dienen der → Schmuggel und der Schwarzhandel mit unverzollten Waren. Über den Schwarzhandel hinaus geht der Handel mit Gütern, deren Verkauf als solches verboten ist, wie z.B. Drogen (→ Rauschgiftkriminalität). Je profitträchtiger der Schwarzhandel ist, desto mehr breitet sich die → organisierte Kriminalität in diesen Bereichen aus.

Schwarzhörer, Schwarzfernseher
So nennt man den Rundfunkteilnehmer, der ohne Anmeldung Radio- oder Fernsehgeräte zum Empfang bereithält. Es spielt dabei keine Rolle, ob die betreffende Person tatsächlich schwarz hört oder sieht, allein das unangemeldete Bereithalten solcher Geräte verstößt gegen die Gebührenpflicht und kann mit einer → Geldstrafe geahndet werden.

Schwitzen satt sitzen
In deutschen Gefängnissen sitzen mehrere Tausend Personen nur deshalb ein, weil sie eine → Geldstrafe nicht bezahlen konnten. Bei durchschnittlichen → Haftkosten von knapp 100 Euro pro Tag kostet es den Staat rund 130 Millionen Euro im Jahr, Menschen einzusperren, die eigentlich gar nicht ins → Gefängnis gehören. Zu teuer, befand das Bundesjustizministerium daher, zumal → Freiheitsstrafen oft noch den unerwünschten Effekt einer gesellschaftlichen Stigmatisierung haben. Ein Gesetz zur »Reform des Sanktionsrechts« wurde daraufhin erlassen, das den → Gerichten mehr Gestaltungsmöglichkeiten geben soll als die bisherigen Alternativen Geld- oder Freiheitsstrafe. Große Hoffnungen setzt das Bundesjustizministerium dabei auf das Prinzip »Schwitzen statt sitzen« – die Abwendung von → Haft zur gemeinnützigen Arbeit. Das Bundesland Niedersachsen hat bereits seit 1991 mit dem Projekt »Schwitzen statt sitzen« gute Erfahrungen gesammelt. Das Land sparte Haftkosten, und die Strafgefangenen bekamen die Möglichkeit, durch gemeinnützige Arbeit, z.B. durch Aufräumarbeit oder als Landschaftspfleger, ihre Schulden zu tilgen. Da in Deutschland → Zwangsarbeit jedoch untersagt ist, darf der Gefangene nicht zur Arbeit verpflichtet werden. Er muß sich aus freien Stücken für die Alternative »Schwitzen« entscheiden.

Scotland Yard
Der »Schottische Hof« ist die Bezeichnung für die → Londoner → Polizei und das Polizeigebäude, benannt nach dessen früherer Lage am ehemaligen schottischen Residenzhof. Scotland Yard wurde 1829 von dem britischen Staatssekretär Robert Peel gegründet, mit dem Ziel, eine schlagkräftige, völlig neue Polizeitruppe aufzubauen. Von 1890 an war New Scotland Yard am Victoria Embankment untergebracht. 1967 erfolgte der Umzug in eine Seitenstraße der Victoria Street. Nur eine der Abteilungen von Scotland Yard, das CID (Criminal Investigation Department), bildet die eigentliche → Kriminalpolizei. Außerhalb seines engeren Zuständigkeitsbereichs schaltet sich Scotland Yard zur Verbrechensaufklärung oft nur nach entsprechender Aufforderung ein. Nicht zuletzt aufgrund der dominierenden Rolle,

die England auf dem Gebiet der → Kriminalliteratur innehat und der Rolle Londons bei der Entstehung des modernen Verbrechens avancierte der »Schottische Hof« zur wohl bekanntesten Polizeitruppe der Welt. → Bundeskriminalamt, → FBI

Sebnitz

Im November 2000 titelte Deutschlands auflagenstärkste Boulevardzeitung: »Neonazis ertränkten Kind – Keiner half, und eine ganze Stadt hat es totgeschwiegen«. Ort des grausigen Geschehens sollte das Freibad der sächsischen Stadt Sebnitz sein. Dort, so wurde berichtet, hatten am 13. Juni 1997 Neonazis (→ Rechtsextremismus) vor den Augen von 200 Badegästen den sechsjährigen Joseph Abdulla ertränkt. Einige Badegäste sollten sogar applaudiert haben – es habe also eine richtige → Lynchstimmung in dem Freibad geherrscht. Das Kind – Mutter Deutsche, Vater Perser – war demnach Opfer eines fremdenfeindlichen → Gewaltverbrechens geworden. Über drei Jahre sollte die ungeheuerliche Tat von den Bürgern der Stadt Sebnitz verschwiegen worden sein, bis sich die Mutter endlich, nach eigenen »Recherchen« an die Presse wandte. Die Nachricht schlug wie eine Bombe ein. Der damalige sächsische Regierungschef Kurt Biedenkopf flog sofort mit einem Hubschrauber nach Sebnitz und versprach den Eltern des toten Joseph Hilfe. Bald rückten Scharen von Pressevertretern und Kamerateams in Sebnitz ein. In allen Zeitungen und auf allen Fernsehkanälen kommentierten die Moderatoren das Unfaßbare, das »wohl schrecklichste Neonazi-Verbrechen«. Die Ermittler, die 1997 den Tod des kleinen Joseph als »Ertrinken beim Spiel im Wasser« gedeutet hatten, wobei ein Fremdverschulden ausgeschlossen wurde, rollten den Fall auf Drängen der Medien hin wieder auf. Mehrere Jugendliche wurden festgenommen, außerdem saß eine ganze Stadt auf der Anklagebank. Mit Emphase in der Stimme rief der Oberbürgermeister von Sebnitz, Mike Ruckh, seinen Bürgern zu: »Wer wegschaut, ist mitschuldig, nicht nur moralisch, sondern auch strafrechtlich«.

Eigentlich hätte der Fall Sebnitz von Anfang an auf Skepsis stoßen müssen – ganz einfach, weil er allen Erfahrungen von menschlichem Verhalten widerspricht. Gegenüber Kindern entwickeln die meisten Erwachsenen einen Schutzinstinkt. Das »Kindchenschema« ist in uns genetisch vorprogrammiert. Der kleine Joseph sah auch nur bedingt »fremdländisch« aus. Es ist vollkommen absurd anzunehmen, eine ganze Stadt hätte ihn gehaßt und seinen gewalt-

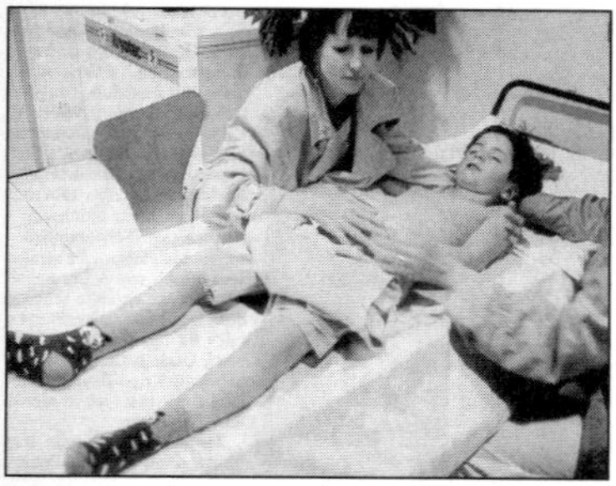

Fall Sebnitz:
Verstorbener Joseph, Mutter (1997)

samen Tod verschwiegen, nur weil er einen persischen Vater hatte. Außerdem entwickelt sich eine Lynchstimmung in einer Menschenmenge nur gegenüber jemandem, den sie – berechtigter- oder unberechtigterweise – für den Täter eines schrecklichen Verbrechens wie z.B. → Mord, → Vergewaltigung oder → Kinderschändung hält. Daß hingegen an einem Sommernachmittag in einem Freibad eine plötzliche Lynchstimmung oder auch nur totale Gleichgültigkeit gegen das Leben eines sechsjährigen Kindes aufkommt, widerspricht aller Erfahrung. Die meisten Menschen sind an einem solchen Ort von ihren Empfindungen her überwiegend heiter, »gut« und nicht auf → Mord oder »Wegschauen« eingestellt.

Trotzdem fand der Fall Sebnitz offene Ohren. Nicht auszuschließen, daß es gerade seine Unglaubwürdigkeit war, die ihn für große Teile von Medien und Politik so verlockend machten. Bewies Sebnitz nicht, wie ungeheuerlich bösartig Neonazis sind, und welchen Rückhalt sie dabei in der Bevölkerung besitzen? – Und daß das »Tätervolk« von einst noch immer »wegschaut« oder gar applaudiert? Die Medien fanden hier genau das Szenario vor, das sie selbst über Jahre hinweg entworfen hatten und konnten ihm nun nicht widerstehen, so irreal das Ganze auch sein mochte. Der »Aufstand der Anständigen« war jedenfalls nicht mehr zu bremsen und verebbte erst dann, als definitiv klar war, was die Ermittlungen bereits 1997 ergeben hatten: Der kleine Joseph war bei einem Badeunfall ums Leben gekommen. → Phantomverbrechen

Seda, Heriberto

Ein sogenannter »Imitationskiller« war Heriberto Seda. Seine Bewunderung für den nie gefaßten → Zodiac Killer, der in den 60er Jahren in Kalifornien eine Reihe von → Morden begangen hatte und nie gefunden wurde, verleitete den 30jährigen Seda dazu, die Mordserie seines Idols in den 90er Jahren in New York fortzuführen. Bei seinen drei Mordopfern hinterließ er jedes Mal einen Zettel mit der Signatur »Zodiac«. Als Seda Heriberto 1996 gefaßt wurde, erklärte er, es sei seine Absicht gewesen, zwölf Menschen zu töten, einen für jedes Tierkreiszeichen. Am 22. Juli 1998 wurde Heriberto Seda von der Jury zu einer lebenslänglichen → Haftstrafe verurteilt. → Serienmörder

Seefeld, Adolf

Von 1933 bis 1935 waren in Kiefernwäldern rings um Potsdam, Neuruppin, Lübeck und Schwerin immer wieder Leichen von toten Knaben aufgefunden worden. Die Jungen waren alle zwischen fünf und zehn Jahre alt, trugen überwiegend Matrosenanzug oder kurze Hosen und wirkten alle so, als seien sie friedlich eingeschlafen. Die Mediziner standen vor einem Rätsel, da keines der getöteten Kinder irgendwelche Gewaltanwendungen aufwies. Mitte März 1935 nahm die Berliner → Kriminalpolizei einen 40jährigen Handelsreisenden fest, der sich, als man ihn der Kindermorde verdächtigte, in seiner Zelle erhängte. Unschuldig, wie sich alsbald herausstellte, denn kurz darauf wurde abermals eine Knabenleiche in einer Kiefernschonung gefunden. Nun richtete sich das Augenmerk der Polizei auf den Uhrmacher Adolf Seefeld, der sich einem Jungen genähert und versucht hatte, diesen in ein Kiefernwäldchen zu locken. Der homosexuelle (→ Homosexualität) und schwachsinnige Seefeld war bereits als 25jähriger wegen Mißbrauchs eines Jungen im → Gefängnis gewesen. Er gab zwar zu, mit den Jungen geschlechtlich verkehrt zu haben, behauptete aber, sie nicht getötet zu haben. Auch war die Todesursache nach wie vor ungeklärt. Erst nachdem er von einem »Spezialisten für verschärfte Vernehmung« der Gestapo verhört wurde, gestand Seefeld, die Kinder mit selbsthergestelltem Chloroform vergiftet zu haben, das er ihnen mit einem Stück Zucker reichte. Seine Opfer wurden daraufhin wie trunken und apathisch, woraufhin er sich an ihnen zu vergehen pflegte. Da die toten Kinder so wirkten, als seien sie friedlich eingeschlafen, taufte man den → Seriemörder auf den Namen Sandmann. Seefeld wurde wegen zwölffachen Mordes zwölfmal zum Tode verurteilt. Die Urteilsverkündungen kommentierte er grinsend: »Au, au, au, zwölfmal zum Tode verurteilt! Da darf der Henker dat Beil ja elfmal nur sachte tippen und erst beim zwölften Mal zuschlagen!«

Seeräuber

→ Piraten

Sektion

→ Autopsie

Selbstjustiz

Bezeichung dafür, wenn die Bestrafung eines → Täters – oder eines vermeintlichen Täters – von einer Person oder einer Gruppe auf eigene Faust vollzogen wird, ohne daß → Polizei oder → Justiz mit einbezogen werden. Besonders verbreitet ist Selbstjustiz in rechtlosen Zeiten oder in Epochen, in denen die Staatsgewalt nur schwach ausgebildet ist. → Bachmeier, Marianne, → Blutrache, → Lynchjustiz

Selbstmord/Selbstmörder

Die moralische und rechtliche Beurteilung des Selbstmordes hat sich im Laufe der Geschichte immer wieder gewandelt. Bei einigen primitven Völkern war der Selbstmord völlig unbekannt, bei anderen handelte der Selbstmörder aus einem Gefühl der Gruppentreue heraus, da er die Gemeinschaft von einem unnützen Esser befreien wollte. Es gab aber auch Fälle, in denen religiöse → Motive ausschlaggebend waren.

Im griechischen Kulturkreis wurden zur Zeit der Kleopatra in Alexandrien verherrlichende Vorträge über den Selbstmord gehalten, was zur Folge hatte, daß schließlich dem Hedonisten Hegesias Redeverbot erteilt wurde, da zu viele junge Leute sich das Leben genommen hatten. Aristoteles verwarf den Selbstmord als unsittlich, aber nicht aus Gründen individueller Moral, sondern weil er den Selbstmord für staatsschädigend hielt. Der römische Philosoph Seneca behauptete, der Selbstmord sei das einzige, was den Menschen deutlich vom Tier unterscheide, und die Vorstellung, sein Dasein jederzeit selbst beenden zu können, habe etwas sehr Tröstliches. Im Alten und Neuen Testament findet sich keine Verurteilung der Selbsttötung. Erst die Kirchenväter und die Konzilien verurteilten den Selbstmord. Eine abweichende Einstellung hiervon fand sich später bei den Katharern, welche die sogenannte Endura, einen freiwilligen Tod aus religiöser Sehnsucht, kannten. Im allgemeinen setzten sich jedoch die kirchlichen Anschauungen durch, und dem Selbstmörder drohte ein schimpfliches Begräbnis. Außerdem waren Selbstmord bzw. versuchter Selbstmord nicht nur nach kirchlichem, sondern auch nach staatlichem Recht strafbar. Trotzdem verringerte sich dadurch die Zahl der Selbstmorde keineswegs. Im 18. Jahrhundert kam es zu einer ganz besonderen Form des Selbstmordes, dem indirekten Selbstmord. Der → Täter führte seine eigene → Hinrichtung dadurch herbei, daß er ein → Kapitalverbrechen, meist einen → Mord beging. Er ging dabei von der Vorstellung aus, daß er diesen Mord später beichten könne und dadurch im Stand der Gnade hingerichtet werde. Derartige Fälle müssen so häufig gewesen sein, daß sich der Gesetzgeber bemühte, anstelle der → Todesstrafe andere, diese Täter mehr abschreckende → Strafen zu finden. Es gab auch Fälle, in denen die Täter überhaupt kein Verbrechen begingen, sich aber eines solchen beschuldigten (→ Phantomverbrechen). Im 19. Jahrhundert verschwand diese kuriose Art des Selbstmordes sehr rasch wieder, einmal, weil die Kraft religiöser Ideen abnahm, zum anderen, weil man einsah, daß eine derartige vorher geplante Reue und Buße im Grunde wertlos war. Die Aufklärung verkündete das Recht des Individuums, über seinen Körper frei zu verfügen. Neben Voltaire, Montesquieu und Rousseau äußerte sich auch Marat in seinem Plan einer Kriminalgesetzgebung ähnlich: »Der Mensch ist nur durch sein Wohlergehen an die Gesellschaft gebunden, wenn er in ihr nur Elend findet, steht es ihm also frei, sich von ihr loszusagen.« Nietzsche sah den Selbstmord als »den freien Tod, der nicht heranschleicht, sondern kommt, weil ich es will.«

Im → Strafrecht der Bundesrepublik Deutschland ist der Selbstmord straflos, ebenso der Selbstmordversuch, sowie die → Anstiftung und Beihilfe zum Selbstmord. Allerdings ist es als Tötung (→ Tötungsdelikte) strafbar, wenn Kinder oder Willenlose zum Selbstmord bestimmt werden oder der Selbstmord erzwungen wird. Die unterlassene Hinderung eines Selbstmordes kann als Totschlag strafbar sein, wenn eine Garantenpflicht, etwa aus der Ehegattenbeziehung oder aus dem Arzt-Patienten-Verhältnis, bestand. Bei Fehlen einer Garantenpflicht bestraft die Rechtsprechung die Nichtbehinderung eines Selbstmordes als unterlassene Hilfeleistung oder Unterlassungsdelikt. Bedenkliche Formen nimmt der Selbstmord an, wenn der Täter versucht, andere Personen mit in den Tod zu ziehen. Als erweiterten Selbstmord bezeichnet der Gesetzgeber die Form von Selbstmord, dem die Tötung meist naher Familienangehöriger vorangeht (→ Anwar, Adel). Auch der → Amoklauf darf in vielen Fällen zur verwerflichen Form des Selbstmordes gerechnet werden. Es kommt auch immer wieder vor, daß Sektenangehörige von ihren Führern in einen → Massensuizid geführt werden.

Der Selbstmord kann als Endpunkt einer Entwicklung angesehen werden, die hoffnungslos erscheint. Die Selbstmordgefährdung steigt mit zunehmendem Alter. Männer sind deutlich stärker suizidgefährdet. Zu den Risikogruppen zählen Depressive, Akohol- und Drogenabhängige, einsame Menschen, unheilbar Kranke, Menschen, die einen Selbstmord ankündigen oder bereits einen Selbstmordversuch hinter sich haben. Letztere tragen ein 50- bis 100 fach höheres Risiko als die Allgemeinbevölkerung. Um den Selbstmord zu entkriminalisieren, wird vielfach die Bezeichnung Selbsttötung oder Suizid verwendet.

Literatur: Georges Minois: Geschichte des Selbstmords (1996); Kay Redfield Jamison: Wenn es dunkel wird. Zum Verständnis des Selbstmordes (2000); Gerald Grote; Michael Völkel; Karsten Weyershausen: Das Lexikon der prominenten Selbstmörder (2000).

Selbstmordsekten

→ Massensuizid

Selbstverstümmelung

Ist die Beschädigung des eigenen Körpers. Selbstverstümmelung kommt z.B. bei → Haftpsychosen, abnormen seelischen Entwicklungen oder Psychosen vor. Grundsätzlich ist Selbstverstümmelung straflos, es sei denn, der → Täter hat die Absicht, einen → Versicherungsbetrug zu begehen oder sich wehrdienstuntauglich zu machen. In diesem Fall werden Wehrpflichtige mit einer → Freiheitsstrafe bis zu fünf Jahren bedroht. Selbstverstümmelung bei Soldaten konnte in Kriegszeiten auch mit der → Todesstrafe geahndet werden.

Serienmörder

Filme wie → *M – Eine Stadt sucht einen Mörder*; *Psycho* (→ Hitchcock, Alfred) oder *Das Schweigen der Lämmer* (→ Hannibal) haben ihn populär gemacht: den Serienmörder. Was ist ein Serienmörder? Rund 90 Prozent aller Tötungsdelikte sind Beziehungstaten (→ Beziehungs- und Familiendramen, → Eifersuchtsverbrechen, → Gattenmord, → Haß, → Neid). Opfer und → Täter stehen in enger Beziehung zueinander und das → Motiv ist mehr oder weniger deutlich. Da der → Mörder häufig aus dem unmittelbaren Umfeld des Getöteten stammt, gelingt es der → Polizei meist relativ schnell, den Schuldigen zu überführen. Anders bei Serienmorden. Täter und Opfer kennen einander meist nicht, und die »normalen« Motive wie Eifersucht, Habgier oder der Wunsch, jemanden zum Schweigen zu bringen, werden hier von einem dunklen Trieb ersetzt, welcher allein der Persönlichkeit des Täters entspringt.

Als Serienkiller gelten Täter, die mindestens drei Tötungsdelikte an verschiedenen Orten zu verschiedenen Zeiten begangen haben. Im Gegensatz zum → Amokläufer und → Massenmörder töten sie ihre Opfer einzeln, allenfalls zwei Personen auf einmal, und nicht zahlreiche Menschen auf einen Schlag. Auch ist das Verhältnis des Serienmörders zu seinem Opfer intensiver. Oft will er es besitzen, sich sexuell aneignen (→ Sexualdelikte) oder zerstückeln. Der unpersönliche Massenmord stimuliert ihn nicht. Die Opfer der Serienmörder sind im Regelfall Frauen, junge Männer oder Kinder. Die Zeitspanne zwischen den einzelnen Morde kann Monate, manchmal mehrere Jahre betragen. Der Serienmörder tötet üblicherweise solange, bis er gefaßt wird.

Serienmörder sind meistens männlich (→ Geschlecht und Verbrechen) und selten über 40 Jahre alt (→ Lebensalter und Verbrechen). Aufgewachsen ist der Serienmörder oft nur bei einem Elternteil, der Großmutter oder ähnlichen »Ersatzfamilien«. Häufig hat er Probleme in der Schule oder in der Arbeit, die mit abweichendem Verhalten, Tierquälerei oder Kriminalität in Form von → Brandstiftung kompensiert werden. Oft sind Serienmörder als Kinder selbst sexuell mißbraucht oder vernachlässigt worden und sind als Bettnässer aufgefallen. Weit über zwei Drittel der Serienmörder wurden schon früh auffällig durch → Lügen, → Vandalismus, Brandstiftung oder → Sadismus. Da es Serienmördern fast immer unmöglich ist, auf andere Menschen einzugehen, mißlingen meist auch die ersten sexuellen Kontakte zum anderen Geschlecht, was die Frustrationsspirale noch antreibt und Gewaltfantasien fördert. In einer → FBI-Studie aus dem Jahr 1990 unterscheiden die Kriminalisten zwei Typen von Serienmördern, nämlich den »organisierten« und den »chaotischen« Täter: Der »organisierte« Täter gilt als oft überdurchschnittlich intelligent, beruflich erfolgreich und sozial anerkannt. Nicht selten gehört er einer Berufsgruppe an, die über Autorität verfügt. Er geht bei der Wahl seines Opfers und der Planung des Verbrechens sorgfältig vor. Auch versucht er, die Leiche und Spuren der Tat zu beseitigen. Nicht selten verfolgt der »organisierte« Täter die polizeilichen Untersuchungen mit kritischer Aufmerksamkeit. Manchmal schreibt er Bekennerbriefe, um mit den Medien oder der Polizei in Verbindung zu treten. Der »chaotische« Täter hingegen ist in der Regel unqualifiziert, von niedriger Intelligenz und wählt aufgrund seiner geringen Mobilität seine Opfer häufig aus der Nachbarschaft oder näheren Umgebung. Oft finden sich Psychotiker in dieser Gruppe (→ Geisteskranke und abnorme Täter) und nicht selten werden nekrophile (→ Nekrophilie) oder kannibalische Handlungen (→ Kannibalismus) an den Opfern vorgenommen. Der Umstand, daß der »chaotische« Serienmörder sich oft nicht einmal darum bemüht, die Spuren seiner Tat zu verwischen, läßt erkennen, daß es mit seiner Zurechnungsfähigkeit in der Regel nicht sehr weit her ist. In der Praxis finden sich auch Mischfälle der beiden Täterkategorien.

Literatur: Stephan Harbort: Das Hannibal-Syndrom. Phänomen Serienmorde (2001); Peter und Julia Murakami: Lexikon der Serienmörder (2000)

→ Archer- Gilligan, Amy, → Bartsch, Jürgen, → Báthory, Elisabeth, → Baumeister, Herbert, → Beane Family, → Berkowitz, David Richard, → Bilancia, Donato, → Bishop, Arthur Gary, → Blauensteiner, Elfriede, → Boden, Wayne Clifford, → Bombeek, Cecile, → Brady, Ian, → Briggen, Joseph, → Brinvilliers, Marie Marguerite Marquise de, → Bundy, Theodore Robert, → Burke, William, → Chase, Richard Trenton, → Christie, John Reginald Halliday, → Cunanan, Andrew, → Dahmer, Jeffrey Lionel, → Dean, Williamina, → Deeming, Frederick Bailey, → Denke, Karl, → Dutroux, Marc, → Dyer, Amelia Elisabeth, → Fernandez, Raymond, → Fish, Albert Hamilton, → Garnier, Gilles, → Gein, Edward, → Haarmann, Fritz, → Hahn, Anna Marie, → Haigh, John George, → Holst, Thomas, → Jack the Ripper, → Jack the Stripper, → Jegado, Hélène, → Kobe Schülermörder, → Kürten, Peter, → Landru, Henri Désiré, → López, Predo Alfonso, → Lüdke, Bruno, → Mawdsley, Robert, → Milat, Ivan Robert Marko, → Mokgeti, Moses, → Msomi, Elifasi, → Nesset, Arnfinn, → Nilsen, Dennis Andrew, → Ogorzow, Paul, → Onuprijenko, Anatoli, → Panzram, Carl, → Pekalski, Leszek, → Petiot, Dr. Marcel André Henry, → Pommerenke, Heinrich, → Popova, → Rais, Gilles de, → Ramirez, Richard, → Rezala, Sid Ahmed, → Rifkin, Joel, → Sandwene, Ntimane, → Schmid, Charles Howard, → Seda, Heriberto, → Seefeld, Adolf → Sherman, Lydia, → Shipman, Dr. Harold Frederick, → Stumpp, Peter, → Toppan, Jane, → Trufania, → Unterweger, Jack, → Vakrinos, Dimitris, → Verzeni, Vincente, → Weber, Jeanne, → Weidmann, Eugen, → West, Frederick Walter, → Williams, Wayne B., → Wuornos, Aileen, → Zodiac Killer

Sexualdelikte, Sittlichkeitsdelikte

Die sexualethischen Wertvorstellungen wechseln von Land, Kultur und Zeit zum Teil beträchtlich. → Homosexualität, → Ehebruch, → Bigamie oder → Inzest haben in ihrer Wertung viele Wandlungen erfahren. Selbst die Beurteilung von → Vergewaltigung und Unzucht mit Kindern (→ Kinderschänder) weist Schwankungen auf. Auch ein Verhalten, das zur Zeit der Sexwelle in den späten 60er Jahren als besonders unverklemmt und frei empfunden wurde, kann heute leicht eine → Anzeige wegen → sexueller Belästigung nach sich ziehen. Nach gegenwärtigem Verständnis handelt es sich bei Sexualdelikten um → Straftaten, die sich gegen die sexuelle Selbstbestimmung richten. Geschütztes Rechtsgut ist nicht mehr die allgemeine Sittlichkeit, sondern die persönliche Freiheit der Entscheidung über eine geschlechtliche Tätigkeit, sowie die ungestörte sexuelle Entwicklung Jugendlicher und der Schutz vor schwerwiegenden sexuellen Belästigungen. Unter → Strafe sind gestellt: sexueller Mißbrauch von Schutzbefohlenen, Gefangenen, Kranken und Hilfsbedürftigen in Einrichtungen, unter Ausnutzung einer Amtsstellung oder eines Beratungs- bzw. Betreuungsverhältnisses. Ferner sexueller Mißbrauch von Kindern und Jugendlichen, sexuelle Nötigung, Vergewaltigung, sexueller Mißbrauch widerstandsunfähiger Personen (→ Schändung), Förderung sexueller Handlungen Minderjähriger, Förderung der → Prostitution, → Menschenhandel zu sexuellen Zwecken, → Frauenhandel, → Zuhälterei, exhibitionistische Handlungen (→ Exhibitionismus), Erregung öffentlichen Ärgernisses, in bestimmten Fällen die Verbreitung pornografischer Schriften (→ Pornografie), und die Ausübung verbotener oder jugendgefährdender Prostitution. → Stalking

Sexualstraftäter/ Sexualverbrecher

Der Sexualtrieb ist nach der Selbsterhaltung der stärkste menschliche Trieb. Seine Funktion lag ursprünglich nahezu ausschließlich in der Arterhaltung begründet, wovon er sich aber im Laufe der menschlichen Evolution immer stärker gelöst hat. Aber gerade der derart »emanzipierte« und nicht mehr eindeutig an einen biologischen Zweck gebundene Trieb kann leicht pervertieren. Die Wertung menschlicher Perversionen und Sittlichkeitsverbrechen (→ Sexualdelikte) ist allerdings stark zeit- und kulturabhängig.

Der Sexualstraftäter kommt überproportional oft – ein Viertel bis die Hälfte aller Fälle – aus zerrütteten Familien und ist in seiner Kindheit selbst mißbraucht worden. Sexualdelikte reichen vom relativ harmlosen → Exhibitionismus bis zum → Lustmord. Häufig spielt der »natürliche« Geschlechtsakt beim Sexualstraftäter nur noch eine untergeordnete Rolle. Zu einer Sexualstraftat animierend wirken Drogen (→ Alkohol und Verbrechen, → Rauschtat). → Homosexualität, → Inzest, → Kannibalismus, → Kinderschänder, → Lebende Vampire, → Leichenschändung, → M – Eine Stadt sucht einen Mörder, → Nekrophilie, → Pornographie, → Sadismus, → Sexuelle Belästigung, → Triebtäter, → Vergewaltigung

Sexuelle Belästigung

Das → Sexualdelikt der sexuellen Belästigung ist neueren Datums. Seit dem 24.6.1994 gilt nach dem Beschäftigtenschutz-Gesetz jedes vorsätzliche, sexuell ausgerichtete Verhalten, das die Würde von Beschäftigten am Arbeitsplatz verletzt, als sexuelle Belästigung. Dazu zählen neben strafbaren Handlungen auch sexuell bestimmte körperliche Berührungen, anzügliche Bemerkungen, sowie das Verbreiten pornografischen Materials, wenn der Betroffene dies erkennbar ablehnt. Arbeitgeber und Dienstvorgesetzte sind gesetzlich verpflichtet, die Beschäftigten auch durch vorbeugende Maßnahmen vor sexueller Belästigung am Arbeitsplatz zu schützen. Außerdem hat der Betroffene ein Beschwerderecht, das Arbeitgeber und Dienstvorgesetzte zur Prüfung und zur Ergreifung geeigneter Maßnahmen wie z.B. Abmahnung, Umsetzung, Versetzung, Kündigung verpflichtet. Geschieht das nicht, hat die betroffene Person das Recht, ihre Tätigkeit am Arbeitsplatz ohne Verlust des Arbeitsentgelts einzustellen, sofern dies zu ihrem Schutz erforderlich ist.

Der → Straftatbestand der sexuellen Belästigung ist ein Musterbeispiel dafür, wie stark gerade die Sexualität in ihrer Bewertung vom Zeitgeist abhängig ist. Was im Zuge der Sexwelle noch als unverklemmt und offen galt, erfährt nun eine manchmal fast übertrieben wirkende Ahndung. So verlor z.B.im Jahr 2001 in Frankreich ein Angestellter seine Arbeit, da er aus dem Internet Fotos von nackten Frauen heruntergeladen hatte und einem Freund per E-Mail schicken wollte. Bei der Eingabe der Fotos vertippte er sich, und die Fotos gingen an eine Kollegin. Trotz Entschuldigungsbrief flog der Mann wegen sexueller Belästigung raus. Ein Jahr zuvor wurde der Konzern Daimler-Chrysler in erster Instanz zu einer → Strafe von 21 Millionen Dollar verurteilt. Das → Gericht hatte der klagenden Maschinenbauerin Lind Gilbert bestätigt, daß sie durch obszöne Fotos und Cartoons am Arbeitsplatz ein Opfer jahrelanger sexueller Belästigung geworden sei.

Sexueller Mißbrauch von Kindern
→ Kinderschänder

Sexuelle Nötigung
→ Vergewaltigung

Shanghaien und Press-Gangs
Eine Sonderform des → Menschenraubs ist das sogenannte Shanghaien. Das Wort entstand durch den Umstand, daß im 19. Jahrhundert in Shanghai keine Woche verging, in der nicht ein großer Segler mit chinesischen Kulis den Hafen verließ, um diese als Arbeiter in alle Teile der Welt zu bringen. Chinesische Beamte schmuggelten unter diese Transporte nicht selten ihre politischen Gegner, die ihnen unbequem geworden waren (→ Triaden). Sie wurden durch Drogen bewußtlos gemacht und an Bord geschleppt. In der Welt der Schiffahrt gewöhnte man sich bald daran, dieses Vorgehen als Shanghaien zu bezeichnen. Diese Praxis fand Anklang und verbreitete sich auf viele andere Häfen der Welt. Immer wieder wurden Männer gegen ihren Willen mit Gewalt oder List an Bord gebracht und zum Schiffsdienst gepreßt.

In England arbeiteten, vor allem im 18. Jahrhundert, die sogenannten Press-Gangs für Kriegsmarine und Heer. Die Menschenjäger scheuten sich nicht, in Kirchen einzudringen und Gottesdienstbesucher oder gar den Bräutigam vom Altar weg zu entführen, sie brachen nachts in Häuser ein oder nahmen Zuschauer mit, die auf dem Marktplatz standen. Selbst Polizeibeamte waren vor diesen Press-Gangs nicht sicher. Dörfer wurden von Soldaten umstellt, welche die Press-Gangs unterstützten. Es gab auch → Banden von Kriminellen, die als Press-Gangs auftraten und die Entführten (→ Entführungen) dann gegen Zahlung eines Lösegeldes wieder freiließen. → Erpressung, → Menschenraub

Sherman, Lydia
Einmal damit angefangen, konnte Lydia Sherman mit dem Töten nicht mehr aufhören. Wie viele andere → Giftmörderinnen vor ihr scheute sie nicht davor zurück, auch ihre nächs-

ten Angehörigen unter die Erde zu bringen. Bis zum Mai 1864 scheint Lydia Sherman, die Mutter von sechs Kindern war, ihrem Ehemann Edward Struck, einem Polizisten in Connecticut, eine brave Frau gewesen zu sein. Doch dann schloß sie eine hohe Lebensversicherung auf ihn ab und reichte ihm Gift. Die Versicherungssumme, die sie kassierte, investierte sie dazu, auch ihre sechs Kinder zu versichern und ebenfalls zu vergiften. Als wohlhabende Witwe heiratete sie dann 1868 den reichen, bereits über 70jährigen Farmer Dennis Hurlburt, der zwei Jahre später ebenfalls dran glauben mußte. Nun trat der wohlhabende Geschäftsmann Horatio Nelson Sherman an Hurlburts Stelle. Der alleinstehende Mann, der eine 13jährige Tochter mit in die Ehe brachte, wünschte sich nichts sehnlicher als ein Kind. Tatsächlich bekam seine frischgebackene Ehefrau ein Baby, das sie aber sogleich mit Arsen wieder von dieser Welt schaffte. Ihre Stieftochter und Sherman selbst folgten wenig später. Erst jetzt fiel das ungewöhnlich zahlreiche Ableben in Lydia Shermans Umfeld auf. Der Arzt Dr. Beardsley stieß bei der Untersuchung der Leiche von Horatio Sherman auf Giftspuren, und die daraufhin in die Wege geleitete Untersuchung der Kinder ergab, daß auch sie vergiftet worden waren. Lydia Sherman wurde daraufhin vor ein → Gericht gestellt und zu einer lebenslänglichen → Zuchthausstrafe verurteilt. Am 16. Mai 1878 starb sie im → Gefängnis. → Schwarze Witwen

Shipman, Dr. Harold Frederick

Alte Damen sterben nun mal, dachten sich die Einwohner der englischen Kleinstadt Hyde, wenn eine der älteren Patientinnen des beliebten Arztes Dr. Shipman einen plötzlichen Schlaganfall oder Herzinfarkt erlitt. Harold Shipman galt als treuer Ehemann, guter Vater und erfahrener Arzt. Sein Wartezimmer war immer voll, denn er nahm sich Zeit für seine Patienten, vor allem für die alten, alleinstehenden Damen, die ihn reihenweise konsultierten, und denen er bei seinen Hausbesuchen nachmittags zur Teezeit in aller Ruhe tödliche Morphiumspritzen injizierte. Die → Mordserie des Dr. Shipman in Hyde dauerte von 1985-1998, und die Zahl seiner Opfer wird auf ungefähr 610 geschätzt. Ein erster → Verdacht regte sich im Jahr 1997 bei Deborah Massey, der Inhaberin eines Bestattungsunternehmens, als immer häufiger die Leichen ehemaliger Shipman-Patientinnen bei ihr eingeliefert wurden. Sie besprach sich mit einem bei alten Damen beliebten Taxiunternehmer, dem viele seiner Stammkundinnen abhanden gekommen waren und der den Doktor schlicht für eine Niete hielt – bevor sich ein schlimmerer Verdacht regte. Ein Verdacht, den auch die junge Ärztin Linda Reynolds beschlich, als sie die zahlreichen Feuerbestattungsformulare ihres Kollegen Shipman gegenzeichnen mußte. Die von Dr. Shipman darin aufgeführten Todesursachen lauteten ungewöhnlich stereotyp auf Herzinfarkt, Schlaganfall und gelegentlich auch ganz schlicht »old age«. Linda Reynolds schaltete sogar die → Polizei ein, doch einige Wochen später teilte man ihr mit, es gebe »keine Grundlagen für weitere Nachforschungen«. Diese Grundlagen lieferte Shipman ein Jahr später selbst, als er sich mit einer → Urkundenfälschung zum Alleinerben der vermögenden Witwe Kathleen Grundy machen wollte. Das → Delikt war untypisch für ihn, da er sonst darauf verzichtete, sich an dem Tod der alten Damen zu bereichern. Außerdem war die Testamentsfälschung derart dilettantisch durchgeführt, daß Psychologen vermuten, er wollte damit seiner → Mörderlaufbahn unbewußt selbst ein Ende setzen. Kathleen Grundy, 81 Jahre alt, kerngesund und Bürgermeisterswitwe, hatte bereits 1986 ihr Vermächtnis gemacht und es in der Kanzlei ihrer Tochter, der Rechtsanwältin Angela Woodruff, hinterlegt. Als sie nach Shipmans Behandlung starb, tauchte eine weitere schriftliche Verfügung auf, in der sie angeblich ihr gesamtes Vermögen ihrem Arzt Dr. Shipman hinterließ. Es fiel Angela Woodruff nicht schwer, dieses Schreiben als → Fälschung zu erkennen. Nun kam die Ermittlung gegen Shipman in Gang. Ein Toxikologe fand heraus, daß Grundy mit Morphium vergiftet worden war (→ Gift). Shipman tat entrüstet. Doch dann wurde eine Leiche nach der anderen ausgegraben. Jedes Mal lautete der Befund Morphiumvergiftung.

Was hatte den 52jährigen, väterlich wirkenden Arzt mit Vollbart dazu getrieben, seine Patientinnen so unpfleglich zu behandeln? Um Geld kann es ihm kaum gegangen sein, nur bei seinem letzten Mord verfiel er auf den Gedanken, ein Testament zu fälschen. Zwar stellte sich heraus, daß er drogensüchtig war, doch war das Grund genug? Sah er sich allein deshalb als eine gottähnliche Instanz, die über Leben und Tod seiner Mitmenschen entscheiden durfte? Möglicherweise führte Shipman vor dem Hintergrund der demografischen Entwicklung einen Feldzug gegen das Alter ganz eigener Art. Vielleicht hielt er es für eine nützliche Maßnahme, alte Damen, von denen es mehr als genug gab, in den ultimativen Ruhestand zu versetzen. Und lange merkte niemand etwas davon: Alte Damen sterben nun mal. → Ärzte und Verbrechen, → Dunkelziffer des Verbrechens, → Serienmörder, → Sterbehilfe, → Die »Teufelinnen von Lainz«

Sibabe, Gado

Die 51jährige Helen K. war die verwöhnte Frau eines Chefarztes aus Bonn, ihr 18 Jahre jüngerer Geliebter, Gado Sibabe, hingegen ein armer Einwanderer aus Togo. Die ungleiche Beziehung endete in einer Katastrophe, als sie die Affäre satt hatte. Der durch die Abweisung seiner weißen Geliebten in seinem männlichen Stolz gekränkte Afrikaner lauerte Helen K. am 21. März 2000 auf einem Parkplatz auf. Als die Arztgattin gegen Mitternacht in ihren Mercedes steigen wollte, schnitt er ihr mit einem Messer den Hals durch. Danach fuhr er selbst Richtung Klinik und trank Bremsflüssigkeit, um sich zu vergiften (→ Gift, → Selbstmord). Er konnte gerettet werden und wurde vor → Gericht gestellt. Hier versuchte er, seine → Mordtat zu erklären. Er berichtete von Stammeszauber, Voodoo und Seelenfressern. Aber keine der klassischen europäischen Psychokrankheiten, die strafmildernd (→ mildernde Umstände) wirken, wollte auf Gado Sibabe so richtig passen. Das Bonner Landgericht verurteilte ihn wegen Mordes zu lebenslanger → Haft. → Eifersuchtsverbrechen

Sicherheitspolitik
→ Innere Sicherheit

Sicherheitsverwahrung
Ist eine der strafrechtlichen → Maßregeln der Besserung und Sicherung. Sie wird vom → Gericht neben der → Strafe von mindestens zwei Jahren zusätzlich angeordnet, wenn der → Täter wegen vorsätzlicher → Straftaten, die er vor der neu abgeurteilten Tat begangen hat, bereits zweimal jeweils zu einer → Freiheitsstrafe von mindestens einem Jahr verurteilt worden ist, oder wenn er deswegen schon mindestens zwei Jahre im Freiheitsentzug (→ Freiheitsentziehung) verbracht hat, und wenn eine Gesamteinschätzung seiner Person ergibt, daß er aufgrund eines Hanges zu erheblichen Straftaten (→ Hangtäter) für die Allgemeinheit gefährlich ist. Die Sicherungsverwahrung kann auch ohne frühere Verurteilung oder bei der Aburteilung einer aktuellen Straftat angeordnet werden, wenn der Täter als gefährlich im Sinne des → Strafgesetzbuches eingestuft wird. Das Gericht kann jedoch jederzeit prüfen, ob die Sicherungsverwahrung zur Bewährung auszusetzen ist (→ Strafaussetzung zur Bewährung). Diese Prüfung muß spätestens vor Ablauf von zwei Jahren erfolgen. Da-

**Die reiche, verwöhnte Ehefrau Helen K.
und ihr junger, verstoßener Liebhaber und Mörder Gado Sibabe**

bei hat eine Aussetzung zu erfolgen, sobald es verantwortbar erscheint, zu prüfen, ob der Täter außerhalb der Sicherungsverwahrung keine → Verbrechen mehr begehen wird. Nach zehn Jahren vollzogener Sicherungsverwahrung erklärt das Gericht die Maßregel für beendet, sofern nicht die Gefahr besteht, daß der Straftäter infolge seines Hanges in seinen Taten rückfällig wird und mögliche Opfer durch ihn seelisch und körperlich schwer geschädigt werden können. Gegen Jugendliche und Heranwachsende darf die Sicherungsverwahrung nicht angeordnet werden. Im Vollzug der Sicherungsverwahrung soll dem Untergebrachten geholfen werden, sich in das künftige Leben in Freiheit einzugliedern (→ Resozialisierung). Allerdings sind viele Personen, auf die Sicherungsverwahrung angewandt wird, → Triebtäter (→ Delinquento nato, → Schutzhaft).

Siegel, Benjamin »Bugsy«

Als Bugsy Siegel einmal in aufgeräumter Stimmung einem Bauunternehmer anvertraute, er habe »höchstpersönlich« zwölf Männer erledigt, wurde der Geschäftsmann kreidebleich. Siegel wurde 1905 als Sohn einer jüdischen Einwandererfamilie in New York geboren. Er entwickelte sich zum archetypischen Leinwandgangster: gutaussehend, aufbrausend, ehrgeizig und skrupellos. Sein Spitzname »Bugsy« – was so viel wie »Wanze«, bzw. »Bazillus« bedeutet – rührte von einem in → Mafiakreisen geläufigen Spruch her: »Crazy like a bed-bug« (»wie eine wildgewordene Wanze«). So heißt es, wenn man es mit einem psychotischen → Killer zu tun hatte. Bugsy bekam übrigens regelmäßig einen Wutanfall, wenn jemand es wagte, ihn mit Bugsy anzusprechen. Er zog »Mr. Siegel« oder vertraulich »Ben« vor. »Mr. Siegel« arbeitete zum Teil eng mit Meyer → Lansky zusammen: Lansky war der Denker, Siegel der Muskelprotz. Ihr großer Aufstieg begann zur Zeit der → Prohibition, als sie → Schwarzbrennern anboten, den Transport ihrer → illegalen Ware zu übernehmen. Weitere »Geschäftspartner« von Bugsy waren unter anderem Lucky → Luciano, Al → Capone, Frank Costello oder Lepke → Buchalter.

Der schöne Bugsy liebte die Frauen und den Luxus. Er bewohnte eine Suite im Waldorf-Astoria Hotel, ließ

Ein verträumter Blick vom schönen Gangster: Bugsy Siegel

sich in einer schußsicher gepanzerten Limousine umherchauffieren und hatte stets zwei Leibwächter dabei. Er dinierte in den nobelsten Restaurants und verbrachte die Abende in den absoluten »In-Nightclubs«. Er trug seidene Hemden, Mäntel mit Pelzkragen, die besten Anzugstoffe und natürlich alles maßgeschneidert (→ Ganoven-Chic). Aber Bugsy schätzte auch das Adamskostüm: So ließ er sich einmal an einem heißen Tag – es gab noch keine Klimaanlagen – in einem Friseursalon nackt rasieren. 1937 schickten Bugsys »Geschäftspartner« ihn von New York nach Los Angeles, mit der Aufgabe, ihre Unternehmungen an der Westküste zu überwachen und auszuweiten. Sie hätten keinen geeigneteren Mann schicken können. Nach kurzer Zeit stand der charmante Mr. Siegel mit allen Schönen und Reichen Hollywoods auf du und du. Seine Liebesaffären mit einigen Filmstars fanden in der Klatschpresse reichlich Widerhall. All diese Publizität machte Siegels Partner im Osten ein wenig nervös, doch Bugsy konnte ihre Sorgen zerstreuen, indem er eine Vereinigung der führenden → Gangster gründete und das Chaos, das bis dahin geherrscht hatte, beseitigte. Ende 1945 hatte Bugsy das organisierte Verbrechen (→ organisierte Kriminalität) in Kalifornien fest im Griff und wandte sich nun Nevada zu. In Nevada war das → Glücksspiel legalisiert, aber die Städte Reno und Las Vegas waren kaum mehr als zwei mickrige Wasserlöcher in der Wüste. Bugsy sah die Chance, hier ein glitzerndes Spieler- und Vergnügungsparadies aus der Wüste zu stampfen. Nur wenige teilten seine Vision. »Alles war völlig heruntergekommen«, berichtete Lansky nach einem Besuch in Las Vegas in den vierziger Jahren. »Niemand wäre auf die Idee gekommen, hierher zu reisen, um sein Glück im Spiel zu versuchen. Es gab kaum Flugverbindungen, und die Fahrt mit dem Auto war sehr anstrengend. Es war so heiß, daß unter der Motorhaube die Schläuche schmolzen.« Aber Bugsy hatte einen Traum von Hotels mit Nachtclub, Swimmingpools, Bars und bestem Service. 1946 zog er endgültig nach Las Vegas und eröffnete am 26. Dezember 1946 das Hotel Flamingo mit Kasino, Empfangshalle, Springbrunnen, Restaurant und großem Saal. Die Eröffnungsfeier war eine Katastrophe. Alles ging schief. Schlechtes Wetter schreckte viele der geladenen prominenten Gäste ab. Das Kasino machte Verluste. Der Springbrunnen funktionierte nicht. Die Lichter gingen aus, und Bugsy sprang vor Wut an die Decke. Ende Januar mußte das »Flamingo« wieder schließen. Siegel bat seine murrenden Gangsterfreunde um mehr Geld, und im März 1947 wurde das »Flamingo« ein zweites Mal eröffnet. Diesmal gab man Siegel unmißverständlich zu verstehen, daß das Hotel nicht wieder eine Pleite werden dürfte und Geld abwerfen müsse. Das tat es auch, aber nicht schnell genug. Siegel geriet bei seinen Gangsterkollegen in Verdacht, er könnte sich hinter ihren Rücken bereichert haben. Meyer Lansky hatte nämlich verfolgt, daß Bugsys Geliebte Virginia → Hill regelmäßig Ferien in der Schweiz machte, die teuersten Kleider kaufte und ein Konto unterhielt. Am Abend des 20. Juni 1947 saß Siegel auf der chintzbezogenen Couch in Virginia Hills Haus in Beverly Hills und las Zeitung. Da schlug ein Schuß durch die Scheibe und traf Siegel mitten in den Kopf, sieben weitere folgten. Bugsys Credo »Lebe schnell, stirb jung und gib eine schöne Leiche ab« war damit fast erfüllt. Nur eine schöne Leiche war ihm nicht vergönnt, da die Schüsse ein Auge herausgerissen und seine Nase zerschmettert hatten. Den → Mörder hat man nie gestellt.

Simpson, Orenthal James

Als am 3. Oktober 1997 der Footballstar und Schauspieler Orenthal James Simpson, der wegen → Verdachtes auf Doppelmord inhaftiert worden war, freigesprochen (→ Freispruch) wurde, dürfte wohl jedem nüchternen Beobachter klar gewesen sein, daß hier ein → Justizirrtum vorlag. In den sieben Jahren ihrer Ehe hatten der schwarze Footballstar und seine blonde Ehefrau Nicole mit ihren beiden Kindern als amerikanische Traumfamilie gegolten und als lebender Beweis für die Überwindbarkeit von Rassenschranken.

1992 kam es jedoch zur Trennung, und am 12. Juni 1995 wurden die 35jährige Nicole Simpson Brown und ihr 25jähriger Freund Ronald Goldman vor Mrs. Simpsons Villa in Los Angeles tot aufgefunden. Beide Leichen waren blutüberströmt und wiesen tiefe Messerstiche auf. O. J. Simpson wurde daraufhin aufgefordert, vor der → Polizei auszusagen, floh aber zunächst, bevor er umkehrte und sich stellte.

Als Simpson schließlich beider → Morde angeklagt wurde, schien die Last der forensischen Beweise (→ Rechtsmedizin) gegen ihn erdrückend. Am → Tatort waren → Blutstropfen gefunden worden, die nicht den Blutgruppen beider Opfer entsprachen, dafür jedoch in mindestens drei Faktoren mit Simpsons Blut übereinstimmten, was auf nur 2 % der Bevölkerung zutrifft. DNA-Profile der Blutstropfen ergaben eine so große Übereinstimmung mit O. J. Simpsons Blut, daß die Wahrscheinlichkeit, daß es sich nicht um sein Blut

Ein Bild aus glücklicheren Tagen: O. J. Simpson mit seiner Frau Nicole Simpson-Brown und ihren Kindern Sidney und Justin

handelte, bei 1: 75 Milliarden lag (→ genetischer Fingerabdruck). Diese belastenden Blutstropfen fanden sich neben mehreren blutigen Schuhabdrücken der Größe 12, deren Sohlenform das seltene Design von Schuhen der Marke Bruno Magli aufwiesen. Simpson hatte genau solche Schuhe besessen und zudem Größe 12. Auch wies Simpson nach der Mordtat einen Schnitt in seiner linken Hand auf. In der Nähe der Leichen war ein blutbefleckter linker Handschuh gefunden worden, an dem Faserreste von Goldmans Jeans und Hemd nachgewiesen wurden. Der dazugehörige rechte Handschuh mit Spuren von Simpsons Blut daran befand sich vor dessen eigenem Haus. Außerdem wurden in Simpsons Auto und Haus Spuren vom Blut der Opfer gefunden. Zum Pech für die Staatsanwaltschaft wurden die forensischen → Indizien zu einem großen Teil für nichtig erklärt. Simpsons Verteidiger argumentierten, daß die Haltung der Polizisten auf rassistische Vorurteile gegenüber dem schwarzen Footballspieler schließen lasse. Sie zweifelten die Professionalität derjenigen an, die für das Einsammeln, Aufbewahren und Prüfen der Indizien verantwortlichen waren, ebenso die Methoden des forensischen Labors. Des weiteren wurden das Fehlen einer Tatwaffe und der Mangel an Augenzeugen angeführt. Man fand statt dessen unabhängige → Zeugen, die aussagten, Simpson am Tag der Morde gesehen zu haben. Die Zeitangaben legten nahe, daß Simpson sich nicht lange genug am Tatort aufgehalten haben konnte, um die Morde begehen zu können. Die schwierige Auswahl der Geschworenen wie überhaupt der ganze → Prozeß waren von heftigen Protesten der schwarzen Bevölkerung begleitet. Sie befürchteten ein rassistisch beeinflußtes → Urteil. Schließlich rekrutierte sich die Jury aus acht schwarzen und vier weißen Geschworenen. Neben den gerichtsmedizinischen Indizien war für Simpson belastend, daß er seine Frau mehrmals schwer mißhandelt hatte. Seine Verteidiger spielten daher von Anfang an taktisch geschickt die »Rassismuskarte«. Es gelang ihnen, den weißen Hauptbelastungszeugen Fuhrman des Rassismus zu beschuldigen und ihn so vor der Jury unglaubwürdig zu machen. Am letzten Verhandlungstag beantragte die Staatsanwaltschaft, Simpson des zweifachen Mordes für schuldig zu sprechen. Dessen Hauptverteidiger hingegen forderte → Freispruch. Am 2. Oktober 1995 kamen die Geschworen nach nur vier Stunden Beratungszeit zu ihrem → Urteil: »nicht schuldig«. Am Tag darauf wurde der Freispruch O. J. Simpsons verkündigt. Zu einem ganz anderen Urteil gelangte die Jury eines zivilrechtlichen Prozesses. Darin wurde Simpson schuldig gesprochen und zu einem Schadensersatz von 24,5 Millionen Dollar verurteilt. Wegen des Freispruchs im Strafverfahren bleibt er jedoch auf freiem Fuß. → Eifersuchtsverbrechen, → Gattenmord

Der sinnlose Mord

Beim sinnlosen → Mord besteht das bei anderen Mordtaten festzustellende Verhältnis zwischen dem Aufwand und dem erstrebten Erfolg des → Täters nicht. Es läßt sich auch kein → Motiv entdecken, das die Tat menschlich begreiflich machen könnte, nicht einmal das einer sexuellen Perversion (→ Sexualdelikte). Es bietet sich uns das Bild einer ziel- und zwecklosen Tat, und man hat den Eindruck, der Mord geschehe gleichsam aus Vergnügen oder Langeweile. Diese Form des Mordes ist in den letzten Jahrzehnten immer stärker hervorgetreten. Der sinnlose Mord wird vorwiegend von Jugendlichen und Heranwachsenden (→ Jugendgewalt) begangen, dabei ist bezeichnend, daß bei diesen Tätern kein → Schuldgefühl zu finden ist und es ihnen überhaupt nicht klar wird, etwas Ungeheuerliches getan zu haben. Am Anfang dieser Entwicklung stand die Tat der Studenten Nathan F. → Leopold jr. und Richard Loeb, der Söhne reicher Eltern, die aus Langeweile und Neugierde beschlossen, das → perfekte Verbrechen zu begehen.

Aber auch die Sinnlosigkeit enthält »Sinn«. Außerdem gibt es Abstufungen der Sinnlosigkeit. Bei näherer Betrachtung machen viele sinnlose Morde auf innere Konflikte (→ Konfliktsmord) der Täter aufmerksam. Konflikte, die ausgelöst wurden durch die Pubertät, durch Arbeitslosigkeit, aber auch einfach durch die geistige Sinnentleerung der modernen Gesellschaft. Mitunter handelt es sich auch um mißglückte Männlichkeitsrituale, in welche die Heranwachsenden traditioneller Gesellschaften eingeweiht wurden, für die es aber in der Industriegesellschaft kaum ein »sinnvolles« Pendant gibt. Der sinnlose Mord kann natürlich auch mit der Veranlagung des Täters zusammenhängen, bei der schon eine minimale Außenreizung zu einer scheinbar nicht erklärbaren Tat führt (→ Delinquento nato, → YY).

Sippenhaftung

Im germanischen und mittelalterlichen Recht ist Sippenhaftung die Haftung von Sippenangehörigen des → Täters im Rahmen von → Blutrache, → Fehde und Bußverfahren. Sippenhaftung ist eine in einem Rechtsstaat unzulässige Strafbarmachung der Angehörigen einer Person für → Delikte, die diese begangen haben soll. In Unrechtsstaaten und totalitären Regimen wurden bzw. werden Sippenhaftungen gegen Angehörige politischer Gegner vorgenommen. Vorrangiges Ziel der Sippenhaft ist es hier, potentielle Gegner des Systems von regimekritischen Aktivitäten abzuhalten, da solche nicht nur ihn, sondern auch seine Angehörigen in Gefahr bringen können.

Sittlichkeitsdelikte

→ Sexualdelikte

Sittlichkeitsverbrecher

→ Sexualverbrecher

Sittenstrolch

Umgangssprachliche Bezeichnung für einen sexuell haltlosen Menschen (→ Sexualstraftäter). Das Wort kann aber auch allgemeiner verwendet werden, so zur Benennung eines Menschen ohne Moral und Sittlichkeit. Dabei muß die Grenze zum → Illegalen nicht unbedingt überschritten werden. Die Person kann sich auch in einer Grauzone des → Verbrechens bewegen (→ legale Kriminalität).

Skinheads

Entstanden aus dem englischen »skin« (Haut) und »head« (Kopf) – der »Glatzkopf«. Skinheads sind zumeist jugendliche Angehörige einer Subkultur, die sich durch kurzrasiertes Haar, Lederstiefel und militantes Auftreten von anderen demonstrativ abheben. Die ersten Skinheads kamen in den 1970er Jahren in den großen Industriestädten Englands auf und rekrutierten sich vor allem aus arbeitslosen oder sonstwie von Deklassierung bedrohten Jugendlichen. Die Gewaltbereitschaft vieler Skinheads wird meist als Reaktion auf Chancenlosigkeit gedeutet. Sicher spielt bei ihnen aber auch die Praktizierung von »Männlichkeitsritualen« eine bedeutende Rolle. Es ist eine beträchtliche Affinität der Skinheads zu rechtsextremen Vorstellungen (→ Rechtsextremismus) und Verhaltensweisen zu beobachten. Teilweise gibt es auch fließende Übergänge zur → Hooliganszene. → Jugendgewalt

Sklaverei

Die Sklaverei ist eine Erscheinung, die sich in verschiedenen Gebieten der Erde selbständig ausgebildet hat. Man nimmt an, daß sie entstand, als der Brauch, die im Krieg Besiegten sofort zu töten, aufgegeben wurde. In China, Indien und im Alten Orient verbreitete sich die Sklaverei schon zwischen dem 4. und 2. Jahrtausend v. Chr. In Europa hatte sie ihren ersten Höhepunkt im antiken Griechenland und im Römischen Reich. Weltweit verbreitet hat sich die Sklaverei während des europäischen Kolonialismus vom 16. bis zum 18. Jahrhundert. Mit der Aufklärung wurde die Sklaverei allmählich in Frage gestellt. 1926 wurde die internationale Zusammenarbeit zur Bekämpfung der Sklaverei durch die Antisklavereiakte verstärkt. Trotz der Ächtung der Sklaverei in der Menschenrechtskonvention der UN (1948) gibt es bis heute → Menschenraub und Sklavenhandel, vor allem in der Dritten Welt.

Moderne Abarten der Sklaverei sind, bzw. waren, → Verbannung nach Sibirien, → Zwangsarbeit und Konzentrationslager, aber auch gewisse Formen der → Prostitution (→ Frauenhandel). Eine genaue Definition der Sklaverei ist schwierig. Allgemein bezeichnet man sie als einen Zustand, in dem ein Mensch in irgendeiner Form Eigentum eines anderen Menschen ist, von ihm beherrscht wird und nicht Herr seiner eigenen Entscheidungen bleibt. In der Praxis ist es oft außerordentlich schwer fest-

Sklaverei: Sklavenmarkt in den USA, Holzstich um 1845

zustellen, wo eine noch tragbare wirtschaftliche Abhängigkeit endet und die Sklaverei beginnt.

Sklavenhändler galten nicht nur als brutal und rücksichtslos, sondern waren mitunter auch ausgesprochen infam. Zwischen den polynesischen Inseln und Australien hatte sich seit dem frühen 19. Jahrhundert ein lebhafter → Menschenhandel, das sogenannte Blackbirding, entwickelt. Ein Zwischenfall in den siebziger Jahren des 19. Jahrhunderts erregte ganz England: Einige Blackbirder hatten ihr Schiff äußerlich so verändert, daß es dem Schiff eines bei den Kanaken sehr beliebten Missionars glich. Bei einer Rundfahrt wurden die Eingeborenen der verschiedenen Inseln aufgefordert, an Bord zu kommen, weil der Bischof mit ihnen sprechen wolle. Die Eingeborenen kamen in Scharen und wurden in die Sklaverei verschleppt (→ Verschleppung). Als nach einiger Zeit der Bischof selbst wieder einmal eine dieser Inseln besuchte, wurde er von den wütenden Eingeborenen getötet. → Leopold II.

Softwarepiraten

Sie betreiben Softwareklau, indem sie → illegal Programme kopieren und vertreiben. Im Jahr 2000 richteten sie für die Branche einen Schaden von etwa vier Milliarden Dollar an. Softwarepiraterie ist eine Form von → Produktpiraterie. Besonders beliebt ist das Klauen von Musik (→ Musikpiraten). → Computerkriminalität

Sokrates

War Sokrates, der große griechische Philosoph (um 470 v. Chr. – 399 v. Chr.) ein → Verbrecher? Für unser heutiges Verständnis gewiß nicht – dennoch wurde er zum Tode verurteilt (→ Todesstrafe). Das zeigt, gerade für das Verbrechen gilt: Andere Länder, andere Sitten, und noch mehr: Andere Zeiten, andere Sitten.

Das »Verbrechen« dessen Sokrates angeklagt wurde, bestand in dem Vorwurf, er habe neue Götter einführen wollen und außerdem die Jugend verführt. In der Anklage hieß es: »Sokrates frevelt und treibt Torheit, indem er unterirdische und himmlische Dinge untersucht und Unrecht zu Recht macht und dies auch andere lehrt.« Bald nach seiner Verurteilung wurde ihm ein Trunk gereicht, der das → Gift des gefleckten Schierlings enthielt. Sokrates trank seinen Schierlingsbecher mit philosophischer Gelassenheit bis zur Neige aus.

Soldateska

Bezeichnung für ein disziplinloses, rücksichtslos und gewalttätig vorgehendes Militär. → Krieg und Verbrechen

Sonderdelikt

Beim Sonderdelikt handelt es sich um eine → Straftat, die nicht von jedermann begangen werden kann, sondern die beim → Täter eine bestimmte, gesetzlich umschriebene Eigenschaft voraussetzt, wie z.B. Amtsträger zu sein.

Als Sonderdelikt gilt etwa die Bestechlichkeit (→ Bestechung) von Beamten. Ein Sonderdelikt ist aber auch, wenn ein Amtsträger sich an einer → Gefangenenbefreiung beteiligt.

Sondereinsatzkommando
Kurz Soko. Die Spezialtruppen wurden 1972 nach der mißglückten → Geiselbefreiung bei den Olympischen Spielen in München in allen Bundesländern gegründet. Heute haben die Elitepolizisten mehrere 100 Einsätze pro Jahr. Ihre Aufgaben sind es, Geiselgangster zu überwältigen und Jagd auf Terroristen (→ Terrorismus), → Bankräuber und → Erpresser zu machen. Dabei tarnen sie sich als Liebespaare, Briefträger, Pizzaboten oder Geistliche. Sie mischen Schlaf- und Beruhigungsmittel in Cola-Dosen oder Lebensmittel, welche die Verbrecher anfordern. Sie präparieren Fluchtwagen mit ferngesteuerten Zündunterbrechern – die Autos können dann per Satellit geortet werden, sie können mit speziellen Mikrophonen und Radars geschlossene Räume überwachen, und ihre Scharfschützen treffen ein Fünfmark-Stück noch auf 150 Meter Entfernung. Was sie noch können, überrascht die Verbrecher, wenn es soweit ist, wie z.B. der Trick mit der Kamera bei der Überwältigung von Meji → Bejaoui.

»Sonnenwirtle«
→ Schwahn, Friedrich

Spanner
Bezeichnung für → Sexualstraftäter, die es darauf abgesehen haben, Frauen oder Liebespaare heimlich in möglichst intimen Situationen zu beobachten.

Spanner nannte man in der → Gaunersprache auch Personen, die Interessenten in »wilde Betriebe«, also → illegale Nachtlokale, einschleusten. Als erstes wurden die potentiellen Gäste von einem »Anreißer« angelockt, der ihnen die sie erwartenden Genüsse in den grellsten Farben ausmalte. Zeigte der Kunde Interesse, brachte ein »Schlepper« diesen bis zum Lokal. Dort trat dann der »Spanner« in Erscheinung, der unter Berücksichtigung von Sicherheitsmaßnahmen den Gast in das Lokal brachte. Geöffnet wurden die »wilden Betriebe« nur nach einem geheimen Klopfzeichen des Spanners.

Spessarträuber
»Vor vielen Jahren, als im Spessart die Wege noch schlecht und nicht so häufig als jetzt befahren waren, zogen zwei junge Burschen durch diesen Wald. Der Abend war schon heraufgekommen, und die Schatten der riesengroßen Fichten und Buchen verfinsterten den schmalen Weg, auf dem die beiden wanderten. Felix, der Goldarbeiter, sah sich oft ängstlich um. Wenn der Wind durch die Bäume rauschte, so war es ihm, als höre er Tritte hinter sich. Wenn das Gesträuch am Wege hin und her wankte und sich teilte, glaubte er Gesichter hinter den Büschen lauern zu sehen. Man hatte ihm vom Spessart so mancherlei erzählt. Eine große Räuberbande sollte dort ihr Wesen treiben, viele Reisende waren in den letzten Wochen geplündert worden, ja man sprach sogar von einigen greulichen Mordgeschichten, die vor nicht langer Zeit dort vorgefallen seien.«

So lesen wir in Wilhelm Hauffs 1827 erstmals erschienener Erzählung *Das Wirtshaus im Spessart* (→ Räuber in der Literatur). Tatsächlich war der Spessart, also das dichtbewaldete Mittelgebirge zwischen Mainviereck, dem Hohenkamm nordwestlich von Aschaffenburg, dem Kinzigtal, dem Südrand des Schüchterner Beckens und dem Sinntal, von alters her der Raum düsterer, mithin besonders anziehender Fantasien. Dieses riesige Waldgebiet, in dem nur wenige Orte lagen, bot Räubern (→ Räuberbanden) beste Gelegenheit, Reisende zu überfallen. Die Überfallenen → (Überfall) konnten in dem einsamen Wald nicht mit fremder Hilfe rechnen und waren auf sich selbst gestellt. Den Räubern hingegen bot der Wald idealen Unterschlupf. Bekämpft werden konnten die Banden nur grenzübergreifend. Das war jedoch leichter gesagt als getan. 1806 teilten sich den Spessart nämlich vier Herrschaften: der Fürstprimas, der Großherzog von Hessen-Darmstadt, der Großherzog von Würzburg und die französische Militärverwaltung. Erst 1810 kam es durch die Gründung des Großherzogtums Frankfurt zu einer Vereinheitlichung, die aber mit dem Niedergang Napoleons wieder hinfällig wurde. Es oblag den → Justizbehörden, nach Wegen für eine oft sehr komplizierte Zusammenarbeit zu suchen.

Als jedoch Wilhelm Hauff im Mai 1826 auf der alten Straße Nürnberg-Frankfurt/M. in der Postkutsche den Spessart durchquerte, lag der letzte Höhepunkt der »Räuberzeit« schon gut zehn Jahre zurück. Verschrien war das Waldhochland aber immer noch: Gendarmen eskortierten die Postkutschen mit wertvoller Fracht. An den Grenzen des 1814 an Bayern gefallenen ehemaligen Fürstentums Aschaffenburg trieb sich allerlei Gelichter herum, und »das Volk«, jene von den Romantikern so geschätzte Inspirationsquelle, wußte noch manche Räubergeschichte zu erzählen – vielleicht auch dem Dichter, der in der Hessenthaler Post Rast gemacht haben soll. Hauff fiel es nicht schwer, sich in die angstvolle Stimmung zu versetzen, die einst einem Nürnberger Kaufmann das Stoßgebet eingegeben haben soll: »Lieber Gott, du hast mir aus dem Mutterleibe geholfen, du wirst mir auch über den Spessart helfen.« Die sehr erfolgreiche Verfilmung *Das Wirtshaus im Spessart* (1957) mit Liselotte Pulver und Carlos Thompson hat zusätzlich dazu beigetragen, daß der Spessart zum deutschen »Räuberwald« schlechthin wurde.

Literatur: Herbert Bald; Rüdiger Kuhn: Die Spessarträuber. Legende und Wirklichkeit (1991)

Spiegel-Affäre

In der Nacht zum 26.Oktober 1962 drangen Kriminalbeamte im Auftrag der Bundesanwaltschaft Karlsruhe in Hamburg in die Redaktionsräume des Nachrichtenmagazins Der Spiegel ein. Der sich im Urlaub befindliche stellvertretende Redaktionsleiter Conrad Ahlers wurde in Spanien verhaftet. Der Spiegel-Herausgeber, Rudolf Augstein, stellte sich am nächsten Tag selbst. Grund des massiven → Polizeieinsatzes, der über Wochen anhielt und das Erscheinen weiterer Ausgaben zum Teil einschränkte, war die am 10. Oktober 1962 veröffentlichte Reportage mit den Titel »Bedingt abwehrbereit«. Dieser Artikel über die NATO-Herbstmanöver enthielt nach Ansicht des Verteidigungsministeriums mehr als vierzig dem Geheimnisschutz unterliegende Informationen (→ Geheimnisverrat). Gegen Augstein, Ahlers und weitere Spiegel-Redakteure wurde daraufhin wegen → Verdachtes auf → Landesverrat und Beamtenbestechung (→ Bestechung) ermittelt.

Die »Spiegel-Affäre« löste eine rechtspolitische Diskussion über die Abwägung der Verfassungsgrundsätze der Staatssicherheit und der Meinungsfreiheit aus. Im Zuge dieser Krise mußten der damalige Bundesverteidigungsminister Franz-Josef Strauß und zwei Staatssekretäre zurücktreten. Am 13.5.1965 lehnte der 3. Strafsenat des Bundesgerichtshofs die Eröffnung des Hauptverfahrens gegen Ahlers und Augstein ab. Die vom Spiegel veröffentlichten Daten wurden vom → Gericht als nicht geheimhaltungsbedürftig eingestuft.

Literatur: J. Schoeps (Hg.): Die Spiegel-Affäre des Franz Josef Strauß (1983).

Spionage

Die Geschichte der Spionage ist so alt wie die der Menschheit. So alt wie Macht, Leidenschaft, Verrat und Krieg. Spionage beinhaltet das Auskundschaften von militärischen, politischen oder wirtschaftlichen Geheimnissen, vor allem für einen anderen Staat. Weit gefaßt, zählen zu Spionage auch → Landesverrat, die landesverräterische Auskundschaftung von Staatsgeheimnissen, sowie eine landesverräterische und geheimdienstliche → Agententätigkeit. Im Krieg darf nach der Haager Landkriegsordnung nur derjenige als Spion behandelt werden, der heimlich oder unter falschem Vorwand Nachrichten ausspioniert, um sie der Gegenpartei mitzuteilen. Wer hingegen Mitteilungen an das eigene oder das feindliche Heer offen überbringt, gilt nicht als Spion, ebensowenig eine Militärperson in Uniform, die zur Verschaffung von Nachrichten in das Operationsgebiet des feindlichen Heeres eindringt. Der Staat, gegen den sich die Spionage richtet, kann den Spion nach → Strafrecht oder Militärstrafrecht aburteilen. Auch im Kriegsfall darf der ertappte Spion nicht ohne → Gerichtsverfahren verurteilt werden.

Der Zeit nach dem Zweiten Weltkrieg folgte die Konfrontation der Ideologien und Systeme. Ost und West sandten Heere von Geheimagenten gegeneinander aus. Der Kalte Krieg war die Blütezeit der Spionage, wobei es vor allem um das gegenseitige Ausspähen der Fortschritte in der nuklearen Rüstung ging (→ Rosenberg, Ethel und Julius). Nach der Implosion des Kommunismus gewinnt die → Wirtschaftsspionage immer stärker an Bedeutung. → Guillaume, Günther, → Mata Hari, → Spioninnen

Spioninnen

Warum betreiben Menschen → Spionage? Aus Idealismus, Abenteuerlust oder Geldgier? Oder aus allen genannten Gründen zusammen? Und warum betreiben Frauen Spionage? Sind hier noch andere → Motive mit im Spiel – erotische gar? Ist die Spionin eine Art Vamp, die Männer hörig macht, um ihnen dann alle Staats-, Wirtschafts-, und Militärgeheimnisse zu entlocken? Gerade seit dem Fall der sagenumwobensten Spionin aller Zeiten, → Mata Hari, bilden Sex und Spioninnen eine untrennbare Einheit. Arbeitet die weibliche → Agentin tatsächlich in erster Linie mit den »Waffen einer Frau«? Nun, da Geheimnisträger – bisher – fast ausschließlich Männer waren, liegt es nahe, daß auch versucht wurde, über »Schlafzimmerspionage« an ihre Geheimnisse heranzukommen. So verstand es z.B. Magda Fontages, »die Katze«, vortrefflich, selbst kühlen Männern mit den Mitteln der Sexualität ihre Geheimnisse zu entlocken. In den Jahren 1940-43 arbeitete sie für 4250 Dollar im Monat – damals eine horrende Summe – für die Gestapo. Ihre Aufgabe bestand in der Bespitzelung der Alliierten und vor allem der Widerstandsbewegung in Marseille und Brüssel. In der Ära des Kalten Krieges verfügte der sowjetische Geheimdienst über eine Truppe gut ausgebildeter Verführerinnen (bei Bedarf wurden auch homosexuelle Spione eingesetzt). Trotz alledem läßt sich die weibliche Spionagetätigkeit keinesfalls auf das Schlafzimmer beschränken – wie etwa der Fall von Ethel → Rosenberg belegt. Immer noch lesenswert ist Kurt Singers: *Die größten Spioninnen der Welt* von 1970.

Spitzbube

Seit dem 16. Jh. nachweisbare Bezeichnung für schlauer → Betrüger oder → Dieb.

Spitzeder, Adele

Die am 9. Februar 1832 in Berlin geborene Adele Spitzeder war die siebte Tochter des Opernsängers Josef Spitzeder. Ihr erster Berufswunsch war, gleichfalls Sängerin zu werden, doch dann sattelte sie lieber auf Schauspielerei um. Im Alter von 25 Jahren debütierte sie mit Erfolg in Coburg. Der erhoffte große Durchbruch blieb jedoch aus, und 1869 mußte sie, vollkommen abgebrannt, nach München zurückkehren, wo ihre Mutter lebte. Eine erste finanzielle Nothilfe leistete diese auch, doch als Adele in erneute Geldschwierigkeiten geriet, wandte Adele sich an diverse jüdische Geldverleiher, deren hohe Zinsen sie als »Daumenschraubenprozente« bezeichnete. Vielleicht aufgrund dieser Erfahrungen kam Adele zu dem Entschluß, ihre Künstlerkarriere aufzugeben und nunmehr selbst mit Geldgeschäften zu beginnen. In ihren Memoiren schreibt sie: »Durch meine frühere Holzfrau wurde ich nämlich mit der Frau eines in der Au wohnenden Zimmermanns bekannt, welche erstere sich damals in gesegneten Umständen befand und mich im Voraus ersuchte, Gevatterstelle zu vertreten. Sie brachte mir Geld und vermittelte späterhin noch weitere Darlehen von einem Berufsgenossen ihres Mannes. Letzterer machte sodann selbst Geschäfte mit mir und war überhaupt der erste von den Tausenden, welche soviel persönliches Vertrauen zu mir faßten, ohne jedwede Sicherheit oder Deckung Geld darzuleihen. Der Zimmermann, den der von mir gegebene hohe Zins zu einer Art Schmusergeschäft veranlaßte, brachte mir nicht nur sein eigenes, sondern auch das Geld anderer Leute, so eines weiteren Zimmermanns, einer Geflügelhändlerin und eines Dienstmanns.«

Der hohe Zinssatz, den Adele Spitzeder gewährte – es waren 10 % im Monat –, brachte das Geschäft bald zum Florieren. Eine wichtige Rolle spielten hierbei von Anfang an die kleinen Zuträger und Vermittler, die zahlreichen kleinen Profiteure, die erst die für den Geschäftserfolg notwendige Masse in Bewegung brachten. Da viele der Kleinanleger Arbeiter der Giesinger Lederfabrik waren und meist in Dachau wohnten, bekam Adele Spitzeders Geldanlagegeschäft bald den Spitznamen die »Dachauer Bank«. Mit einem wohltätigen, fast religiös angehauchten Nimbus, mit dem die Spitzederin sich zu umgeben verstand, und einer recht direkten Sprache: »Kalbsköpfe! Ich sage euch rund heraus, daß ich keine Sicherheiten für euer altes Geld gebe!« schien sie genau den richtigen Ton zu treffen. Viele Kapitalanleger bettelten geradezu darum, in ihr Haus eingelassen zu werden. Auf der Höhe ihres Ruhms, sie verfügte mittlerweile über reichlich Immobilienbesitz und vier eigene Zeitungsorgane, starteten die Münchener Neuesten Nachrichten eine Kampagne gegen die »Dachauer Bank« und warnten vor der Unseriosität der Spitzederschen Unternehmung. Adele Spitzeder nahm den Kampf auf und ließ durch ihre Presse verlauten: »Nicht im Mangel an Bildung, wie von ›Neuesten Nachrichten‹ behauptet, ist die Ursache für die Entstehung der »Dachauer Bank« zu suchen, sondern nur in vertheuerten und vom Fortschritt im Verein mit den Juden hinaufgetriebenen Lebensbedürfnissen, namentlich aber in den Bedrückungen und Aussaugungen des Volkes durch das Volk der Juden, den Blutsaugern der menschlichen Gesellschaft.« Doch auch ihre antisemitische Argumentation konnte einen Vertrauensverlust der Kleinanleger nicht verhindern. Im November 1872 versammelte sich eine besorgte Menschenmenge vor Adele Spitzeders Haus, um ihre Wechsel einzukassieren. Noch am selben Tag wurde eine offiziell anberaumte Prüfung der »Dachauer Bank« wegen Verdachts auf Überschuldung und betrügerischen Bankrotts (→ Betrug) vorgenommen. Ergebnis: Das Defizit der »Dachauer Bank« belief sich auf eine Summe von 8 Millionen Gulden, die sich auf circa 30.000 Geschädigte verteilte. Da die meisten Einleger einfache Dienstboten, Handwerker oder Kleinbauern waren, bedeutete das für diese einen empfindlichen Verlust.

Adele Spitzeder wurde am 21. Juli 1873 zu drei Jahren → Gefängnis verurteilt. Nach ihrer Freilassung verfaßte sie ihre Memoiren, danach wurde es still um sie. Als sie am 31. Oktober 1895 starb, hinterließ sie nichts als ein paar alte Kleider.

Literatur: Christoph Bachmann: Die »Dachauer Bank« der Adele Spitzeder. In: Michael Farin (Hg.): Polizeireport München (1999), S. 64-77.

Spitzel

→ Spionage

Spurensicherung

Darunter sind im Rahmen kriminaltechnischer Ermittlungen sämtliche Maßnahmen zu verstehen, die der Sicherstellung von Spuren dienen, welche auf Tathergang und → Täter verweisen. → Blut, → Fingerabdruck, → Genetischer Fingerabdruck, → Rechtsmedizin

Stalin, Josef

»Der Stählerne« heißt Stalin. Sein eigentlicher Name lautet Jossif Wissarionowitsch Dschugaschwili (1878-1953). Neben → Hitler gilt Stalin als der verruchteste Diktator des 20. Jahrhunderts. Ähnlich wie Hitler hatte auch Stalin vor seinem Aufstieg zur Macht die → Gefängnismauern von innen kennengelernt. In der Zeit zwischen 1903-1916 war der »Stählerne« wegen revolutionärer Umtriebe mehrfach verhaftet und in die → Verbannung nach Sibirien geschickt worden. Einmal an die Macht gekommen, entpuppte Stalin sich als ungemein grausamer, heimtückischer und sadistischer (→ Sadismus) Herrscher. Millionen Sowjetbürger fristeten im Archipel Gulag ein trostloses Sklavendasein (→ Sklaverei, → Zwangsarbeit). Oft schickte er enge Vertraute und Personen, die er eben noch freundlich behandelt hatte, in den Tod, ins → Gefängnis oder ins Arbeitslager. Etwa 20 Millionen Menschenleben forderte seine Tyrannei. → Ideologie und Verbrechen

Stalking

Von den USA aus verbreitet sich ein neues → Delikt: Aus verschmähter Liebe verfolgen und drangsalieren → Täter oft jahrelang andere Menschen. Die Opfer sind meistens Prominente oder Frauen. »Stalking« – was so viel heißt wie »sich an die Beute heranschleichen« – ist die Bezeichnung für den Psychoterror aus Liebestollheit. Während alle US-Staaten seit Beginn der neunziger Jahre Gesetze gegen Stalking erlassen haben, waren → Polizei und → Justiz in Deutschland bisher machtlos gegen die Verfolgung von Stalkern. In den USA werden jährlich etwa 200.000 → Anzeigen gegen Stalking erlassen – viele von Prominenten, die besonders häufig Zielscheibe sind. Hollywood machte Stalking schon 1987 in dem Thriller *Eine verhängnisvolle Affäre* zum Thema. Wegen der hohen Film- und Fernsehstar-Dichte in Los Angeles hat die dortige Polizei sogar ein eigenes Stalker-Kommando eingerichtet. Pop-Königin Madonna mußte sich gegen einen Stalker wehren, der ihr drohte: »Entweder du heiratest mich, oder ich schlitze dir die Kehle auf.« Nachdem er dreimal

Stalking im Hollywood-Film »Eine verhängnisvolle Affäre« (1987)

auf ihr Anwesen in Hollywood vordrang, sitzt er nun in → Haft. Ein fanatischer Verfolger, der Starregisseur Steven Spielberg auflauerte, wurde sogar zu mindestens 25 Jahren → Gefängnis verurteilt. Spielberg war überzeugt, der Mann hätte ihn vergewaltigt (→ Vergewaltigung), verstümmelt oder sogar getötet, wenn er eine Gelegenheit dazu gehabt hätte. Sanfter ging eine 19jährige Bewunderin mit Brad Pitt um. Sie hinterließ ihm drei Jahre lang Briefchen und Geschenke, doch als sie schließlich in sein gerade leeres Haus eindrang und sich in sein Bett legte, wurde es dem Schauspieler zu dumm. Er rief die Polizei, und ein Richter verordnete dem Mädchen gemeinnützige Arbeit und einen Psychiater. Auch in Deutschland haben Prominente unter Stalking zu leiden. So brach ein liebeskranker Verehrer von Steffi Graf in die Brühler Villa der Familie Graf ein, und ein arbeitsloser US-Amerikaner verschickte obszöne Nacktfotos von sich an Katharina Witt.

Das → Bundeskriminalamt rechnet damit, daß die → Dunkelziffer von Stalking in Deutschland sehr hoch liegt. Viele Stalker terrorisieren ihr Opfer auch am Telefon. Außerdem beweisen die Liebestollen oft einen erstaunlichen Einfallsreichtum in ihren Nachstellungen. Sie schicken benutzte Kondome, halb zugezogene Schlingen und selbst gebastelte Todesanzeigen. Die Opfer fühlen sich als Freiwild. Eine Lehrerin aus Bremen hatte zunächst Mitleid mit dem »schmächtigen Bürschchen« – einem Mitarbeiter der von ihr beauftragten Umzugsfirma, der ihr eilfertig anbot, ihr Lampen oder Regale anzubringen. Doch bald wurde seine Anhänglichkeit zur Obsession. 20- bis 30mal wöchentlich rief er sie an und beschwor die Frau immer wieder, »zu ihren Gefühlen zu stehen«. Er schickte ihr Schmuck, »Aquamarin, wie deine Augen«, und täglich engbeschriebene Briefe, mehr als 20 Seiten lang. Wenn die Lehrerin zum Bus ging, wartete er an der Haltestelle, setzte sich hinter sie und atmete ihr in den Nacken. Nach einem Jahr erlitt die so Verfolgte einen Nervenzusammenbruch. Sie verbarrikadierte ihr Haus, lief von Behörde zu Behörde. Doch der Täter lief mangels juristischer Beweise weiter frei herum. Ruhe fand die Frau erst, als sich ihr Stalker einem anderen Opfer, diesmal einer Krankenschwester, zuwandte. Diese versuchte, den Täter beim sozialpsychiatrischen Dienst begutachten zu lassen, doch die Psychologen dort vermuteten das Problem bei ihr: »Wie lange leiden Sie schon unter Verfolgungswahn?« Erst nachdem ihr Verfolger Molotowcocktails in ihre Wohnung geworfen hatte, konnte das Bremer Schwurgericht ihn zu sieben Jahren → Gefängnis und einer Unterbringung in einem psychiatrischen Krankenhaus verurteilen (→ Geisteskranke und abnorme Täter).

Viele Stalker leiden unter schweren Persönlichkeitsstörungen, gepaart mit geringem Selbstwertgefühl. Die meisten Täter sind Männer (→ Geschlecht und Verbrechen). Stalkerinnen sind nach US-Studien vor allem von Liebeswahnsinn befallene Frauen, sie halten sich für den Lebenspartner ihres Opfers, sind häufig im klinischen Sinn schizophren. Täter sind manchmal auch verstoßene Ehemänner, die sich mit einer Trennung nicht abfinden können (→ Eifersuchtsverbrechen). »Verfolgung ist die Vorstufe zur Tötung«, warnt der Psychiater Wilfried Rasch in seinem forensischen Standardwerk Tötung des Intimpartners. Je länger die Nachstellungen dauern, desto mehr wachsen die Aggressionen. Der Stalker will das, was er nicht, oder nicht mehr, besitzen kann, vernichten (→ Neidverbrechen). Rasch rät Opfern, konsequent jeden Kontakt mit ihren Verfolgern zu vermeiden.

Eine neue Variante des Stalking hat das Internet eröffnet (→ Computerkriminalität). Nirgendwo sonst sind so leicht persönliche Daten zu bekommen. Häufig verfolgen Täter ihre Opfer mit obszönen E-Mails. In Kalifornien gab es vor wenigen Jahren den Fall eines Wachmannes, der sich im Internet als Frau ausgegeben hatte und als erotische Phantasie angab, von mehreren Männern gleichzeitig vergewaltigt zu werden. Als Absender der Nachricht nannte er Namen, Adresse und Telefonnummer einer Bekannten – woraufhin mindestens sechs Männer versuchten, bei dieser einzubrechen. → Sexualdelikte, → Spanner

Stammesstrafrecht

Kennzeichend für die Ordnung kleinerer Stämme, Sippen oder Familien war, daß die große Zahl der von uns als → Verbrechen angesehenen Handlungen, so besonders der → Totschlag, nicht dem → Strafrecht, sondern der Selbsthilfe (→ Selbstjustiz) der betroffenen Sippe unterstand. Ihnen stand es zu, → Rache (→ Blutrache) zu nehmen, manchmal konnten sie sich auch mit einer Bußzahlung des → Täters zufriedengeben. Strafrechtlich wurden z.B. bei den Germanen nur Kriegsverbrechen geahndet, wie Verrat und Überlaufen, oder Kultverbrechen, so etwa der → Raub eines Heiligtums. Die → Strafen wurden als Opfer an die Götter angesehen (→ Religionsdelikte). Der fränkische König Chlodwig konnte noch vor versammeltem Heer einen seiner Krieger wegen eines Streites um seinen → Beuteanteil töten, ohne daß sein Geschichtsschreiber, ein frommer Bischof, diese Tat als anstößig vermerkte.

Gerade die Verbrechen gegen das Leben unterliegen in primitiven Gesellschaften einer ganz unterschiedlichen Bewertung. So war es bei einzelnen Eingeborenenstämmen in Australien üblich, die Generation der Großeltern zu töten, um ihnen ein leidvolles Siechtum zu ersparen. Um die Mitte des 19. Jahrhunderts wird von einem → Mordfall in einem Indianerstamm berichtet. Die Reaktion der Indianer auf diese Tat war folgende: Ein Rat trat zusammen, der aus den engsten Familienmitgliedern des Ermordeten, den Verwandten des Mörders, den Stammeshäuptlingen, dem Mörder und dem Medizinmann als Vermittler bestand. Beim ersten Zusammentreten des Rates wurden der Familie des Ermordeten Geschenke übergeben, dann wurden zwei Feste gefeiert, eines zur Ehren der Verwandten des Ermordeten und eines zu Ehren der Verwandten des

Mörders. Anschließend versammelte sich der Rat wieder in feierlicher Weise. Der Mörder erschien zu dieser Versammlung mit geschwärztem Gesicht. Ein Sprecher aus seiner Verwandtschaft beklagte, daß ein Familienmitglied soviel Trauer verursacht habe.

Es wurde betont, daß die Geschenke in keiner Weise einen Ersatz für den erlittenen schweren Verlust darstellen könnten. Ein anderer Sprecher aus der Verwandtschaft des Mörders bat dann um Gnade. Nachdem der Medizinmann sich auch noch eingeschaltet hatte, wurde schließlich von allen Beteiligten des Rates die Friedenspfeife geraucht, und der Fall war erledigt, dem Mörder verziehen. Nach einem anderen Mordfall adoptierte die Mutter des Ermordeten sogar den Täter.

Stavisky, Serge

In den Jahren zwischen 1930 und 1936 stand Frankreich im Zeichen einer wirtschaftlichen Krise und einer starken politischen Polarisierung. Dubiose Geschäftemacher tauchten auf, um an der Not der anderen zu verdienen. Einer von ihnen war der aus der Ukraine stammende und in Frankreich eingebürgerte Bankier und Spekulant Serge Alexandre Stavisky. Den Schutz hoher Repräsentanten des Staates genießend, konnte er unbehelligt seinen diversen dunklen Geschäften nachgehen. Im Dezember 1933 kam allerdings heraus, daß Serge Alexandre Stavisky in der im Jahr 1931 von ihm selbst gegründeten Bank Crédit Municipale de Bayonne mehrere Millionen Francs unterschlagen hatte und untergetaucht war. Am 8. Januar 1934

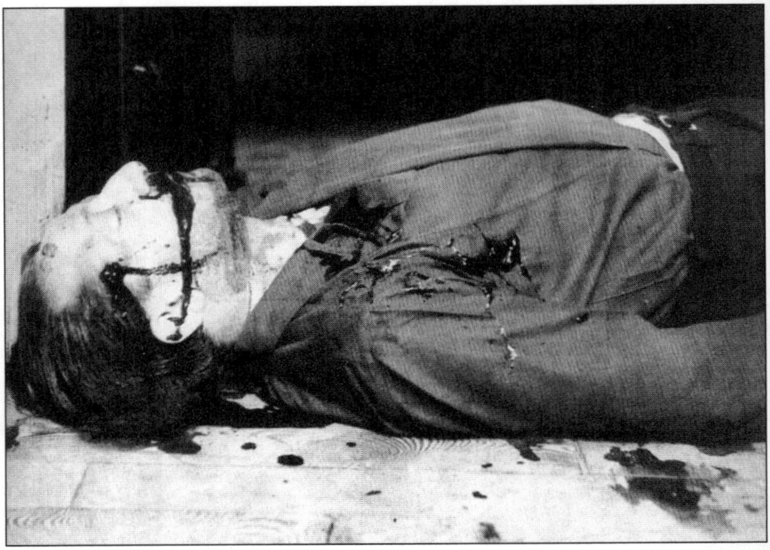

Der mit Kopfschuß aufgefundene Bankier Serge Stavinsky

wurde Stavisky von der → Polizei in einem Chalet in Chamonix-Mont-Blanc mit einem Kopfschuß gefunden. Als offizielle Todesursache galt → Selbstmord, doch die rechtsradikalen Ligen warfen der radikalsozialistischen Regierung vor, Stavisky als lästigen Mitwisser → illegaler Geschäfte beseitigt zu haben. Stavisky hatte in der Tat engen Kontakt zu einigen radikalsozialistischen Abgeordneten gepflegt. Am 27. Januar trat Ministerpräsident Camille Chautemps zurück, und neuer Regierungschef wurde der bisherige Kriegsminister Edouard Daladier. Die Verwicklungen der französischen Regierung in den Fall Stavisky bestärkten die rechten Parteien in ihrer Forderung nach einer Absetzung des Parlamentarismus. Als der Pariser Polizeichef Chiappe zurücktreten mußte, kam es zu einer Großdemonstration der französischen Rechten und bürgerkriegsartigen Auseinandersetzungen. Als Daladier daraufhin am 7. Februar sein Amt niederlegte, rief der Gewerkschaftsbund zu einem Generalstreik gegen die von der antirepublikanischen Rechten ausgehende Gefahr auf. Am 9. Februar schließlich wurde ein Allparteienkabinett unter Ministerpräsident Gaston Doumergue gebildet, woraufhin langsam wieder Ruhe im Land einzog. Ganz abgeschlossen war der Fall jedoch noch nicht. Im Frühjahr tauchten in → Londoner Pfandhäusern Juwelen Staviskys auf, gleichzeitig wurde in Paris und Marseille eine → Bande ausgehoben, die zur Beschaffung dieser Juwelen gemordet haben soll. Außerdem wurden als Nachwehen der Affäre Stavisky noch sechs Selbstmorde gemeldet. 1974 wurde der Stavisky-Skandal unter dem Titel *Stavisky* mit Jean Paul Belmondo in der Hauptrolle von A. Resnais verfilmt. → Spitzeder, Adele, → Unterschlagung

Steckbrief

Ursprünglich verstand man unter dem Wort »Steckbrief« den Ladebrief des → Femegerichts, der in den Torriegel gesteckt wurde. Der Steckbrief enthält sowohl eine genaue Personenbeschreibung des Gesuchten als auch eine Auflistung seiner Taten und fordert gleichzeitig die Öffentlichkeit auf, beim Ermitteln der fraglichen Person behilflich zu sein. Der erste,

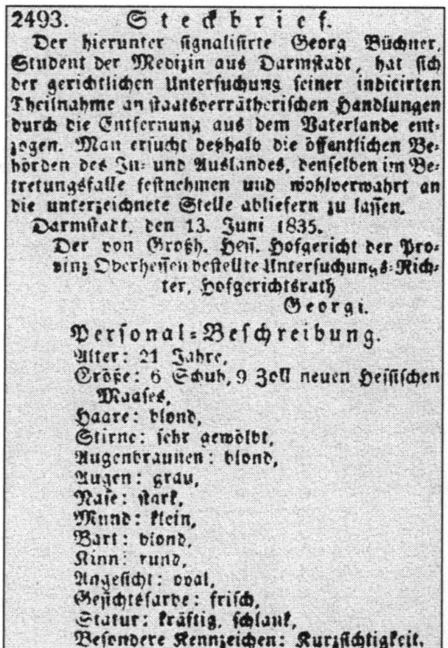
2493. Steckbrief.

Der hierunter signalisirte Georg Büchner, Student der Medizin aus Darmstadt, hat sich der gerichtlichen Untersuchung seiner indicirten Theilnahme an staatsverrätherischen Handlungen durch die Entfernung aus dem Vaterlande entzogen. Man ersucht deßhalb die öffentlichen Behörden des In- und Auslandes, denselben im Betretungsfalle festnehmen und wohlverwahrt an die unterzeichnete Stelle abliefern zu lassen.

Darmstadt, den 13. Juni 1835.

Der von Großh. Hess. Hofgericht der Provinz Oberhessen bestellte Untersuchungs-Richter, Hofgerichtsrath
Georgi.

Personal-Beschreibung.

Alter: 21 Jahre,
Größe: 6 Schuh, 9 Zoll neuen Hessischen Maases,
Haare: blond,
Stirne: sehr gewölbt,
Augenbraunen: blond,
Augen: grau,
Nase: stark,
Mund: klein,
Bart: blond,
Kinn: rund,
Angesicht: oval,
Gesichtsfarbe: frisch,
Statur: kräftig, schlank,
Besondere Kennzeichen: Kurzsichtigkeit.

Steckbrief von Georg Büchner wegen »Theilnahme an staatsverrätherischen Handlungen« vom 13. Juni 1835

auf einem Papyrus nachweisbare Steckbrief, stammt aus der Zeit um 900 v. Chr. Ein anderer wurde 145 v. Chr. unter dem ägyptischen Herrscher Ptolemäus VIII. erlassen: »Ein junger Sklave des Aristogenes ist in Alexandrien entlaufen, namens Hermon, auch Neilos genannt, ein geborener Syrer Bambyke, ungefähr 18 Jahre alt, mittlere Größe, bartlos, mit geraden Beinen, am Kinn ein Grübchen, an der linken Seite der Nase eine linsenförmige Warze, eine Narbe über dem linken Mundwinkel, an der rechten Handwurzel mit barbarischen Schriftzeichen tätowiert ...«

Wir wissen nicht, ob der Sklave Hermon entkommen ist oder nicht. Der Steckbrief jedenfalls hat sich in unterschiedlichen Varianten über die Jahrhunderte hin gehalten. Im 18.Jahrhundert begnügte man sich nicht mehr mit einzelnen Steckbriefen, sondern gab ganze Sammellisten heraus. 1731 kursierten in Preußen die ersten solchen als → Gaunerlisten bezeichneten → Fahndungsblätter. Seit dem Ende des 19. Jahrhunderts werden Steckbriefe auch mit Fotografien der Gesuchten versehen. Ein Steckbrief kann von mehreren Seiten erlassen werden, im Rahmen eines Strafverfahrens vom Richter oder Staatsanwalt aufgrund eines → Haft- oder Unterbringungsbefehls, aber auch ohne diese Voraussetzungen seitens der → Polizei, wenn ein Festgenommener entkommt. Obgleich der Steckbrief sich auch an Privatpersonen richtet, haben diese kein Festnahmerecht. Sie müssen sich auf Mitteilungen an die Strafverfolgungsbehörden beschränken. Der Steckbrief kann im → Strafregister niedergelegt werden und wird in Fahndungsblättern abgedruckt, er kann aber auch durch Anschläge oder in den Medien bekanntgemacht werden.

Stehlgut

Bezeichnung für gestohlene Wertgegenstände, die von → Hehlern verscherbelt werden. Kunden von Stehlgut gehören keineswegs nur den unteren Randgruppen an. Der Werteverfall macht auch vor gehobenen Kreisen nicht halt. So verkaufte z.B. der Jugoslawe Zoran B. nach Art der Tupperware-Partys gestohlene Designer-Textilien an die Hamburger Schickeria. Seidenblusen von Versace, Kostüme von Jil Sander oder Kaschmir-Mäntel aus dem Hause Armani wurden dort zu Dumpingpreisen verscherbelt. Als die Sache aufflog, klingelten Kriminalbeamte frühmorgens mit richterlichem → Durchsuchungsbefehl in den Hamburger Nobel-Stadtteilen Harvestehude und Eppendorf. Zu den Kunden von Zoran B. zählten Adel und Geldadel, bekannte Schauspieler und ein Psychologie-Professor. Letzter war in führenden Blättern der Republik schon mit staatstragenden Gedanken über »soziale Verantwortung« hervorgetreten – folgte in seinem Privatleben aber offensichtlich einer anderen Moral. Vielleicht weil er wußte, daß Klein-Hehlerei meist folgenlos bleibt, da die Ermittler nur selten beweisen können, daß die Kunden der Hehler wissentlich gestohlene Ware gekauft haben. So wurden denn auch alle Ermittlungsverfahren gegen die Hamburger Prominenten eingestellt. Allerdings mußten diese die liebgewonnenen Edelklamotten wieder zurückgeben, da niemand Eigentum an → Diebesgut erwerben kann. Fast alle sichergestellten Kleidungsstücke wurden an Boutiquen nach München, Mailand und Stuttgart zurückgeschickt, wo sie durch → Trickdiebstähle entwendet worden waren.

Steiner, Julius
→ Wagner, Leo

Steinigung
Die Steinigung ist nicht nur eine besonders grausame → Todesstrafe, sondern als kollektiver Akt des Tötens symbolisiert sie auch besonders stark die öffentliche Ächtung, die der → Täter erfahren hat. Im Altertum richteten besonders Römer, Griechen und Juden ihre Verbrecher durch Steinwürfe. Die Germanen sahen die Steinigung als → Strafe für → Ehebruch vor. Aber auch in der Gegenwart wird die Steinigung noch praktiziert. Nach islamischem Recht droht z.B. Ehebrechern und Schwerverbrechern die Steinigung. Bei besonders schweren → Delikten folgt erst die Steinigung und danach noch eine → Kreuzigung.

Das alte deutsche Recht kannte als öffentliche Strafe auch das Steinetragen. Dabei wurde den Verurteilten – meist Frauen – ein schwerer Stein um den Hals gehängt, mit dem sie öffentlich eine Wegstrecke zurücklegen mußten. Vor allem → Vergehen wie → Ehebruch, → Kuppelei, → Hehlerei, → Betrug oder → Diebstahl wurden solcherart geahndet.

Sterbehilfe
Von ihren Befürwortern wird die Sterbehilfe als würdige Möglichkeit zu sterben gepriesen, von ihren Gegnern – zumindest in Form der aktiven Sterbehilfe – als unzulässiger Eingriff in die Schöpfung verdammt. Der Gesetzgeber unterscheidet drei Formen von Sterbehilfe: 1. -1. -Die passive Sterbehilfe. Bei ihr wird darauf verzichtet, Todkranke mit unnötigen lebensverlängernden Maßnahmen zu quälen. Sie ist legal.

2. Die indirekte Sterbehilfe. Darunter wird die Abgabe schmerzlindernder Mittel verstanden, auch wenn diese lebensverkürzend wirken können. Auch sie ist zulässig.
3. Die direkte aktive Sterbehilfe, d.h. das gezielte und tätige Herbeiführen des Todes. Sie ist unzulässig und als → Tötungsdelikt strafbar. Hat der → Täter auf ausdrückliches und ernsthaftes Verlangen des Betroffenen hin gehandelt, so wird das im deutschen → Strafgesetzbuch lediglich strafmildernd als → Tötung auf Verlangen behandelt.

Als einziges Land der Welt haben bisher die Niederlande die aktive Sterbehilfe legalisiert. In der Schweiz ist dies zwar nicht der Fall, dafür aber ist dort die Hilfe zum → Selbstmord erlaubt. Dort können sich unheilbar Kranke von Helfern das erlösende → Gift reichen lassen, um sich damit selbst zu töten. Die international übliche Bezeichnug für Sterbehilfe ist das griechische Wort »Euthanasie«: »Guter Tod«. In Deutschland wird dieses Wort mit Rücksicht auf die NS-Zeit gemieden. Damals wurden unheilbar Kranke auch ohne ihren

Wunsch durch Euthanasie in den Tod geführt. → Patiententötungen

Steuerhinterziehung

→ Steuerstrafrecht

Steuerstrafrecht

Das Steuerstrafrecht faßt alle Vorschriften zusammen, die Sanktionen wegen Zuwiderhandlung gegen die Steuergesetze nach sich ziehen. Typische Steuerstraftaten sind die Steuerhinterziehung, der Bannbruch, der gewerbsmäßige, gewaltsame und bandenmäßige → Schmuggel sowie die Steuerhehlerei, z.B. Handel mit geschmuggelter Waren (→ Hehlerei, → Stehlgut), ferner die Wertzeichenfälschung (→ Geld- und Wertzeichenfälschung). Leichtere Steuerverfehlungen werden als Steuerordnungswidrigkeiten geahndet. Die kriminelle Steuerhinterziehung umfaßt die vorsätzliche Steuerverkürzung, so etwa das Erschleichen nichtgerechtfertigter Steuervorteile und die Zweckentfremdung steuerbegünstigter Sachen. Im Steuerstrafverfahren ermittelt in der Regel die Finanzbehörde den Sachverhalt selbst, nämlich durch die Steuerfahndung. Der Schaden, der durch Steuerdelikte jährlich in Deutschland verursacht wird, liegt schätzungsweise bei 50 Milliarden Euro.

Literatur: R. Hagedorn: Steuerhinterziehung und Finanzpolitik (1991).

Stockholm-Syndrom

Während der Besetzung der deutschen Botschaft in der schwedischen Hauptstadt Stockholm durch → Terroristen im April 1975 wurde die allmähliche Identifikation der → Geiseln mit ihren Geiselnehmern beobachtet. In dem wochenlangen gemeinsamen Zusammenleben auf engstem Raum bahnten sich sogar erotische Bande zwischen → Tätern und Opfern an. Nach ihrer Befreiung setzten sich die Geiseln für ihre Peiniger ein. Kriminologen haben dieses Phänomen der »Verschmelzung« von Geiselnehmern und Geiseln seitdem mit der Bezeichnung Stockholm-Syndrom belegt. → Hearst, Patricia, → Viktimologie

Störtebeker, Klaus

Klaus Störtebecker ist die berühmteste und populärste Figur in der deutschen → Piratengeschichte. Um ihn und seine Heldentaten ranken sich zahlreiche Legenden, Mythen und

Der berühmteste deutsche Seeräuber: Klaus Störtebeker. Kupferstich von Daniel Hopfer (1520)

Spekulationen. Doch unser exaktes Wissen über ihn ist relativ gering. Störtebeckers Piratenhaufen, aus der als zweiter Führer die Gestalt von Gödecke Michel herausragt, hatte als reguläre Hilfstruppe begonnen, die im Auftrag der Herzöge von Rostock und Mecklenburg seit 1389 das von den Dänen belagerte Stockholm vom Meer her mit Lebensmitteln (Viktualien, → Vitalien/Viktualienbrüder) versorgten. Nach Beendigung des Krieges machten sie sich »selbständig« und wurden zu einem gefürchteten Seeräuberbund, der einen → Kaperkrieg gegen die Schiffe der Hanse führte. 1401 schickte der Hamburger Senat eine Flotte aus, welche die Seeräuber in einem Kampf bei Helgoland besiegte und als Gefangene nach Hamburg brachte. Dort wurde ihnen der → Prozeß gemacht und ein halbes Jahr später erfolgte ihre → Hinrichtung. Mehr ist über Klaus Störtebecker und Gödeke Michel nicht bekannt. Allerdings wurde das Leben der beiden Piratenhelden in Sage und Phantasie reichlich ausgeschmückt. Klaus Störtebecker soll ein Edelmann gewesen sein, der sich dem Piratenführer Gödeke Michel angeschlossen hatte, nachdem sein Vermögen verpraßt war. Vor Aufnahme in die Brüderschaft mußte er angeblich drei Proben bestehen: eine eiserne Kette zerreißen, ein Hufeisen mit bloßen Händen auseinanderbrechen und einen Becher Wein auf einen Zug leeren. Da er auch die letzte Probe glänzend bestand und den Wein ohne Atempause hinunterstürzte, wurde er »Störtebeker«, von »Stürz den Becher«, genannt. Während Störtebeker die reichen Leute ohne Erbarmen ausraubte, soll er gegenüber den armen Leute oft hilfreich gewesen sein und als eine Art → Robin Hood der Meere fungiert haben. Die Schätze, die er erbeutete, sollen unermeßlich gewesen sein, der Hauptmast seines Schiffes sei mit geschmolzenem Gold gefüllt gewesen. Nach seiner Gefangennahme bot Störtebeker den Hamburgern an, die Stadt mit einer goldenen Kette zu umspannen, wenn man ihm Leben und Freiheit schenke. Vergebens. Vor seiner Hinrichtung soll er sich ausbedungen haben, ihn als ersten zu köpfen und all die seiner Leute zu begnadigen, an denen er nach der Enthauptung noch vorbeilaufen könne. Bis zum elften Pirat sei der kopflose Störtebeker gekommen, dann warf ihm der Henker (→ Scharfrichter) einen Klotz vor die Füße, so daß er stürzte. Elf Seeräuber wurden freigelassen, die übrigen auf dem Hamburger Grasbrook zum Richtblock geführt.

Literatur: M. Puhle: Die Vitalienbrüder, Klaus Störtebecker und die Seeräuber der Hansezeit (1994).

Strafanstalt

Veraltete Bezeichnung für → Justizvollzugsanstalt (→ Strafvollzug).

Strafantrag/Strafanzeige

Eine Strafanzeige kann jeder aufgeben, um damit die → Strafverfolgungsbehörden auf eine → Straftat aufmerksam zu machen. Ein Strafantrag kann jedoch nur von bestimmten Personen gestellt werden – so von Verletzten, deren Angehörigen und von Dienstvorgesetzten. Der Strafantrag ist bei einem → Gericht oder der Staatsanwaltschaft schriftlich oder zu Protokoll, bei anderen Behörden schriftlich vorzubringen. Während die Strafanzeige nur die Verfolgung eines → Deliktes oder → Täters beinhaltet, wird mit einem Strafantrag bereits das → Prozeßverfahren eingeleitet.

Strafaussetzung zur Bewährung

Die Bewährung gilt als eine bedingte Strafaussetzung. Sie ist eine gerichtliche Maßnahme, welche den Vollzug einer → Freiheitsstrafe aussetzt, und dem Verurteilten eine Bewährungsfrist bewilligt, nach deren Ablauf bei guter Führung die → Strafe erlassen wird. Die Strafaussetzung zur Bewährung kann angewendet werden bei Freiheitsstrafen bis zu einem Jahr. Bei besonderen Umständen in der Tat und in der Persönlichkeit des Verurteilten auch bei Freiheitsstrafen bis zu zwei Jahren. Voraussetzung ist die Erwartung, daß der Verurteilte auch ohne Einwirkung des → Strafvollzugs keine → Straftaten mehr begehen wird. Die Bewährungszeit beträgt zwei bis fünf Jahre. Während dieser Zeit kann der Verurteilte der Aufsicht und Leitung eines → Bewährungshelfers unterstellt werden. Das Gericht kann dem Verurteilten auferlegen, den Schaden wiedergutzumachen, z.B. durch einen Geldbetrag oder gemeinnützige Leistungen. Die Strafaussetzung zur Bewährung wird widerrufen, wenn der Verurteilte während der Bewährungszeit erneut straffällig wird oder grob gegen Auflagen verstößt. Bringt er die Zeit der Strafaussetzung tadellos hinter sich, wird dem Verurteilten nach Ablauf der Bewährung die Strafe erlassen (→ Straferlaß). Im Gesetz ist auch die Möglichkeit der Aussetzung des Strafrestes zur Bewährung verankert – also das Aussetzen der weiteren Vollstreckung einer Freiheitsstrafe zur Bewährung. Voraussetzung hierfür ist, daß zwei Drittel – bei erstmalig Einsitzenden die Hälfte – der verhängten Strafe verbüßt sind, und die Aussetzung hinsichtlich des Sicherheitsinteresses der Allgemeinheit verantwortet werden kann. Für die Entscheidung, ob sie möglich ist, sind die Persönlichkeit und das Vorleben des Verurteilten, die Tatumstände, das Verhalten des Verurteilten im Vollzug sowie seine Lebensumstände maßgebend. Die Möglichkeit einer Aussetzung des Strafrestes besteht auch für Verurteilte mit lebenslanger Freiheitsstrafe. Deren Strafrest kann allerdings erst ausgesetzt werden, wenn mindestens 15 Jahre der Strafe verbüßt sind und nicht eine besondere Schwere der → Schuld die weitere Vollstreckung gebietet.

Strafbefehl

Der Strafbefehl stellt eine amtsrichterliche Verfügung bei → Delikten dar, die nur als → Vergehen eingestuft werden. Die Strafe besteht im Regelfall aus einer → Geldstrafe, Verwarnung mit Strafvorbehalt oder einem Fahrverbot. Bei einem Strafbefehl wird die → Strafe lediglich schriftlich festgesetzt, ohne daß es, wegen der verhältnismäßigen Geringfügigkeit des Strafverstoßes, zu einem → Strafprozeß mit einer → Hauptverhandlung kommt. Gegen einen Strafbefehl kann innerhalb von zwei Wochen Einspruch erhoben werden.

Strafe
Unter einer Strafe wird jedes Übel verstanden, das für ein begangenes Unrecht auferlegt wird. Im Rechtssinne bezieht sich die Strafe auf eine Verletzung von Gesetzen und Verträgen. Man unterscheidet Vertrags-, Ordnungs-, Disziplinar- und kriminelle Strafen. Letztere werden vom Staat durch richterliches → Urteil wegen einer → Straftat verhängt. Als Hauptstrafen gelten → Freiheitsstrafen (→ Freiheitsentziehung) und → Geldstrafen. Andere, »alt bewährte« Strafmittel wie → Todesstrafe, → Prügelstrafe, → Folter, Verstümmelung, → Pranger, → Zwangsarbeit, Deportation oder Landesverweisung sind in der Bundesrepublik Deutschland abgeschafft, gelten z.T. aber noch in zahlreichen anderen Ländern. Als Nebenstrafen zählen u.a. der Verlust der bürgerlichen Ehrenrechte und die Einziehung von Sachen. Nicht als Strafe gelten die → Maßregeln der Besserung und Sicherung. Über Wesen, Rechtfertigung und Zweck der Strafe herrscht innerhalb der verschiedenen → Straftheorien seit jeher heftiger Meinungsstreit. → Strafvollzug

Straferlaß
Bedeutet das Erlöschen des staatlichen Strafanspruchs. Der gerichtliche Straferlaß, mit dem eine Tilgung der → Strafe, nicht aber des → Urteils, verbunden ist, erfolgt, wenn bei Bewährungsstrafen die Bewährungszeit abgelaufen ist und der Verurteilte in dieser Zeit keinen Anlaß dazu gegeben hat, die → Strafaussetzung zur Bewährung zu widerrufen. Außerdem ist Straferlaß bei → Amnestie und → Begnadigung möglich.

Strafgefangene
→ Gefangene, → Strafvollzug

Strafgesetzbuch
Abgekürzt: StGB. Es ist das Gesetzbuch, in dem die Strafvorschriften (→ Strafrecht) eines Staats zusammengefaßt sind. In Deutschland gilt immer noch das Strafgesetzbuch vom 15.5.1871. Es ist jedoch seit seinem Erlaß durch zahlreiche Novellen einschneidend verändert worden. Das Strafgesetzbuch gliedert sich in zwei Teile: einen Allgemeinen und einen Besonderen Teil. Der Allgemeine Teil behandelt die für alle → Delikte gleichermaßen geltenden Voraussetzungen der Strafbarkeit, wie etwa Vorsatz, → Fahrlässigkeit, Irrtum, Rechtfertigung, → Versuch und die verschiedenen → Strafen, sowie die → Maßregeln der Besserung und Sicherung. Der Besondere Teil enthält die einzelnen Deliktbeschreibungen wie → Totschlag, → Diebstahl, → Betrug, etc. und die dazu gehörigen Strafandrohungen. Eine große Anzahl von → Straftatbeständen findet sich auch in anderen Gesetzen, so z.B. dem Wirtschaftsstraf- oder dem Wehrstraf-Gesetz.

Strafmilderungsgründe
→ mildernde Umstände

Strafmündigkeit
Bezieht sich auf die alters- und geis-

tesbedingte Fähigkeit, für das Unrecht einer begangenen → Straftat einzustehen. Nach dem → Strafgesetzbuch sind Kinder, die zum Zeitpunkt der Tat das 14. Lebensjahr noch nicht vollendet haben, (absolut) strafunmündig. 14-17jährige Jugendliche gelten als bedingt strafmündig (→ Jugendstrafe). Neben dem Alter können noch andere Faktoren wie z.B. geistige Abnormität (→ Geisteskranke und abnorme Täter) zur → Schuldunfähigkeit, bzw. zu einer nur bedingten Schuldfähigkeit führen.

Strafprozeß/Strafverfahren
Früher »peinlicher Prozeß« oder »Kriminalprozeß« genannt. Der moderne Strafprozeß, der sich um die Mitte des 19. Jahrhunderts entwickelt hat, beinhaltet die gerichtlichen Handlungen und Vorgänge, durch die das → Strafrecht im Einzelfall angewendet wird. Eine strafbare Handlung wird infolge eines → Strafantrags, oder aufgrund von Ermittlungen der Staatsanwaltschaft oder der → Polizei verfolgt. Die Grundsätze des modernen Strafverfahrens sind neben dem Anklageprinzip das Legalitätsprinzip, ferner die Prinzipien der Öffentlichkeit, Mündlichkeit und Unmittelbarkeit der → Hauptverhandlung, sowie der freien richterlichen Beweiswürdigung. In Deutschland gliedert sich der Strafprozeß in drei Hauptabschnitte. Das Vorverfahren (→ Ermittlungsverfahren) klärt, ob öffentliche Anklage zu erheben ist, oder ob das Verfahren eingestellt werden soll. Im Zwischenverfahren, das mit dem Einreichen der Anklageschrift beginnt, entscheidet das → Gericht über die Eröffnung des Hauptverfahrens, dessen wesentlicher Teil die öffentliche und mündliche Hauptverhandlung ist. Sie findet vor Gericht in Gegenwart der Richter und Schöffen statt. Staatsanwaltschaft und Protokollführer müssen ständig anwesend sein, dürfen jedoch wechseln. Eine Hauptverhandlung darf nur bis zu zehn – bei längeren Verfahren bis zu maximal 30 Tagen – unterbrochen werden, sonst muß das Verfahren wieder neu begonnen werden. Von der persönlichen Anwesenheit des → Angeklagten kann nur ausnahmsweise abgesehen werden, z.B. bei ordnungswidrigem Benehmen desselben. Die Hauptverhandlung schließt nach geheimer Beratung mit der öffentlichen Verkündigung des → Urteils. Außerdem gibt es noch das Verfahren in höherer Instanz. Es erfolgt nach der Einlegung von Rechtsmitteln wie Berufung, → Revision und Beschwerde.

Strafrecht/Kriminalrecht
Wurde früher als »peinliches Recht« bezeichnet. Das Strafrecht oder Kriminalrecht befaßt sich mit dem Teil der Rechtsordnung, der die Merkmale des verbrecherischen Handelns festlegt und an sie die → Strafe oder → Maßregeln der Besserung und Sicherung als Rechtsfolgen knüpft. Es ist Aufgabe des Strafrechts, die elementaren Werte des Gemeinschaftslebens zu schützen. Nicht zum Strafrecht im engeren Sinn gehört das Recht der nichtkriminellen Sanktionen, wie z.B. Geldbußen oder Disziplinarmaßnahmen. Das Strafrecht ist

in den meisten Staaten in einem → Strafgesetzbuch und durch strafrechtliche Nebengesetze geregelt. Das internationale Strafrecht grenzt den Geltungsbereich der nationalen Strafgesetze gegen das Ausland ab. Nach dem deutschen Strafgesetzbuch gilt das deutsche Strafrecht für Taten, die im Inland begangen wurden. Das Strafrecht älterer Zeiten war durch religiös-sakrale Vorstellungen bestimmt. Im germanischen Stammesrecht waren der Geschädigte oder seine Sippe zur privaten → Rache an dem → Täter berechtigt (→ Blutrache, → Fehde). Später wurde die private Rache immer mehr durch öffentliche → Strafen zurückgedrängt. Diese Entwicklung begann besonders mit dem Erstarken der Staatsgewalt im Fränkischen Reich, die auch die Ablösung der → Blutrache durch Sühnezahlung begünstigte. Das spätere Mittelalter verschärfte das nun weitgehend staatliche Strafensystem. Das kirchliche Strafrecht übernahm Anregungen vom römischen Recht und entwickelte sich weiter, das weltliche Strafrecht hingegen, das in Deutschland uneinheitlich war (Sachsenspiegel, Schwabenspiegel, etc.), blieb ohne wissenschaftliche Durchdringung. Erst später flossen neue Impulse von Italien aus ein. Die sogenannte Carolina, die unter Karl V. 1532 entstand, war in Deutschland das erste Reichsstrafgesetzbuch, das altdeutsche und italienische Rechtsgedanken verschmolz und den → Strafprozeß zu einem einheitlichen System verarbeitete. In der Folgezeit jedoch setzten sich die → Gerichte mehr oder weniger über die Carolina hinweg. Erst die Aufklärung forderte wieder feste Tatbestände, eine strenge Bindung des Richters an das Gesetz und eine Verhältnismäßigkeit zwischen Verbrechen und Strafe. Das harte Strafensystem der Carolina wurde seit der Mitte des 17. Jahrhunderts gemildert. Es entstand die → Freiheitsstrafe in Werk- und → Zuchthäusern. Seit dem 18. Jahrhundert wurde die Carolina durch partikulare Strafgesetzbücher der deutschen Territorien ersetzt. Der Grundsatz »nulla poena sine lege« – »keine Strafe ohne Gesetz« – fand allgemeine Anerkennung. Das Reichsstrafgesetzbuch vom 15.5. 1871 schuf ein für das ganze Reichsgebiet einheitliches Strafgesetzbuch. Es spiegelt den Geist liberalen Bürgertums wider und ist mit zahlreichen Änderungen und Ergänzungen heute noch gültig.

Strafregister

Das amtliche Verzeichnis der vorbestraften Personen. Eintragungen über Verurteilungen werden allerdings nach Ablauf einer bestimmten Frist getilgt. Seit 1998 entweder nach 5, 10, 15 oder 20 Jahren. Nicht getilgt werden die Verurteilung zu lebenslanger → Freiheitsstrafe, die Anordnung der Unterbringung in der → Sicherungsverwahrung oder in einem psychiatrischen Krankenhaus.

Straftat

Auch »strafbare Handlung« oder »strafrechtliches Delikt« genannt. Die Straftat bezeichnet eine rechtswidrige, schuldhafte Handlung, die einen strafgesetzlichen Tatbestand erfüllt. Das → Strafgesetzbuch teilt die Straftat nach der Schwere der angedrohten → Strafe in → Verbrechen und → Vergehen ein. Kleine Straftaten stellen Ordnungswidrigkeiten dar.

Straftheorien

Warum werden → Verbrecher überhaupt bestraft? Seit Menschengedenken wird nach dem Sinn und Zweck der → Strafe gefragt. Im Mittelalter herrschte unter dem Einfluß alttestamentarischer und scholastischer Gedanken der Vergeltungsgedanke vor. Humanismus, Naturrecht und Aufklärung rechtfertigten die Strafe durch ihre präventive Nützlichkeit. Die Strafe sollte potentielle → Täter abschrecken. Im Gegensatz dazu vertraten Immanuel Kant und Georg Wilhelm Friedrich Hegel philosophisch vertiefte Vergeltungstheorien, die das Wesen der Strafe in der Wiederherstellung der durch die Tat verletzten sittlichen, rechtlichen oder göttlichen Gerechtigkeit sahen. Im Gegensatz dazu wollte der Strafrechtler Paul Johann Anselm von Feuerbach das → Strafrecht nur auf den von der Strafandrohung ausgehenden psychologischen Zwang zur Unterlassung der Tat gründen. Naturwissenschaftliche und soziologische Gedanken, welche die Verbrechens- und Straftheorien beeinflußten, ließen Ende des 19. Jahrhunderts Theorien der Spezialprävention der soziologischen Schule entstehen, welche im Gegensatz zu der klassischen Schule stand, die am Vergeltungsgedanken festhielt. Die deutsche Strafrechtswissenschaft neigte nach 1945 zuerst dazu, das Wesen der Strafe als sühnende Vergeltung zu betonen. Ab Mitte der 60er Jahre trat jedoch der Gedanke der → Resozialisierung stärker in den Mittelpunkt. Seit Mitte der 70er Jahre ist dieser Gesichtspunkt wieder mehr in den Hintergrund getreten, da die Bemühungen, → Delinquenten im → Strafvollzug zu resozialisieren, nur wenig erfolgreich waren. Seither ist vorherrschender Gedanke der Straftheorie die Lehre von der positiven Generalprävention, d.h., der Zweck der Bestrafung soll darin liegen, die durch die Straftat entstandene soziale Störung zu beseitigen und die Rechtstreue zu stärken. Zusammenfassend lassen sich also folgende Haupttheorien ausmachen, warum Verbrecher bestraft werden sollen:

1. In der Vergeltungstheorie werden vor allem Vergeltung oder Sühne gefordert.
2. Der abschreckende Charakter der Strafe soll künftige Straftaten verhüten. Man nennt das Präventionstheorie.
3. Es wird der Versucht gemacht, den Täter zu bessern und zu resozialisieren. Dieser Punkt ist in der Praxis am schwierigsten zu realisieren, schon allein deshalb, weil der Verbrecher im Strafvollzug in erster Linie mit anderen Verbrechern zusammenkommt.
4. Ein wichtiger Gesichtspunkt ist natürlich die Notwendigkeit, die Allgemeinheit vor Verbrechern zu schützen, was besonders bei → Triebtätern und → Gewalttätern unumgänglich ist (→ Delinquento nato).

Der Akt der Vergeltung muß nicht unbedingt immer zu einer → Freiheitsstrafe oder schlimmstenfalls → Todesstrafe führen, sondern kann auch eine → Geldstrafe beinhalten, die unter anderem dazu dient, das Opfer finanziell zu entschädigen (→ Strafzumessung).

Literatur: M. Köhler: Der Begriff der Strafe (1986); P. Hoffmann: Vergeltung und Generalprävention im heutigen Strafrecht (1995); G. Stratenwerth: Was leistet die Lehre von den Strafzwecken? (1995).

Strafvereitelung

Damit bezeichnet man eine → Straftat, welche derjenige begeht, der absichtlich oder wissentlich, z.B. durch die Beseitigung von Tatspuren, verhindert, daß ein anderer, der ein → Verbrechen begangen hat, dafür bestraft werden kann. Zur Strafvereitelung zählt auch, wenn jemand die Vollstreckung einer verhängten → Strafe durch Fluchthilfe vereitelt. Die Strafvereitelung zugunsten eines Angehörigen bleibt straffrei.

Strafverfolgung

Ist die aufgrund von Strafanzeige (→ Anzeige), → Strafantrag oder anderer Erkenntnisse aufzunehmende Ermittlungstätigkeit von Staatsanwaltschaft und → Polizei. Die Strafverfolgung unterliegt der → Verjährung. Bei ungerechtfertigter Strafverfolgung kann ein Anspruch auf Entschädigung gegen den Staat, die sogenannte Strafverfolgungsentschädigung, erhoben werden.

Strafvollzug

Mit dem Strafvollzug ist die Durchführung der → Freiheitsstrafe vom Strafantritt an gemeint. Im Gegensatz zu früheren Epochen, aber auch im Gegensatz zu anderen Kulturen, hat sich der Strafvollzug in den westlichen Industrieländern seit dem 20. Jahrhundert deutlich humanisiert. Sinn des Strafvollzuges ist es u.a., die Allgemeinheit vor weiteren → Straftaten der Verbrecher zu bewahren (→ Straftheorien), aber auch »den Gefangenen zu befähigen, künftig ein Leben ohne Straftaten zu führen«. Das klingt zwar erstrebenswert, hat sich in der Praxis bisher allerdings nur als bedingt realisierbar erwiesen (→ Rückfall). Durchgeführt wird der Strafvollzug in den → Justizvollzugsanstalten (Abkürzung: JVA). Das Leben im Strafvollzug soll dabei den allgemeinen Lebensverhältnissen so weit wie möglich angeglichen werden. Schädliche Folgen der → Freiheitsentziehung sollen begrenzt werden. Der Strafvollzug ist darauf ausgerichtet, dem Gefangenen zu helfen, sich wieder in ein Leben in Freiheit einzugliedern. Der Gefangene soll an der Gestaltung seiner Behandlung und an der Erreichung des Vollstreckungszieles möglichst mitwirken. Neben diesen Auffassungen, die auf der Linie des → Resozialisierungsstrafrechtes liegen, regelt das Strafvollzugsgesetz eingehend die Rechte und Pflichten des Gefangenen und der Vollzugsbehörde. Im Rahmen der Planung des Vollzugs gibt es verschiedene Möglichkeiten: Der Gefangene kann mit seiner Zustimmung im »offenen Vollzug« untergebracht werden, sofern nicht zu befürchten ist, daß er diesen zur Flucht oder neuen Straftaten mißbraucht. Wenn er wegen eines → Sexualdeliktes zu einer → Freihheitsstrafe von mehr als zwei Jahren verurteilt worden ist und eine Therapie angebracht wird, soll er in eine sozialtherapeutische Anstalt gebracht werden. Unter bestimmten Bedingungen kann er hier 21 Urlaubstage im Jahr erhalten. Außerdem sind geregelt: Unterbringung und Ernährung des Gefangenen, Schriftwechsel, Ausgang, Besuche, Arbeit (→ Gefängnisarbeit), Aus- und Weiterbildung, Religionsausübung, Fürsorge für die geistige und körperliche Gesundheit des Gefangenen, soziale Hilfe, Freizeit, Disziplinarmaßnahmen und Rechtsbehelfe. Das Strafvollzugs-Gesetz schafft auch für den Vollzug der freiheitsentziehenden → Maßregeln der Besserung und Sicherung eine gesetzliche Grundlage. Dagegen ist der Vollzug von → Jugendarrest und → Jugendstrafe gesondert geregelt. Die Jugendstrafe wird in besonderen Jugendstrafanstalten vollzogen und soll allein dazu dienen, ein Leben ohne Straftaten zu ermöglichen. Neue Formen des »Strafvollzugs« sind für Kleinkriminelle die → elektronische Fußfessel und ihre Zuführung zu gemeinnütziger Arbeit (→ Schwitzen statt sitzen). → Festungshaft, → Gefängnis, → Zuchthaus, → Strafanstalt

Strafvollzugsanstalt

Veraltete Bezeichnung für → Justizvollzugsanstalt. → Strafvollzug

Strafzumessung

Mit der Strafzumessung ist die vom → Gericht im Einzelfall vorgenommene Festsetzung der Kriminalstrafe gemeint. Gemäß dem → Strafrecht ist hierbei die → Schuld des → Täters Hauptkriterium. Die gesellschaftlichen Wirkungen, die von der → Strafe für das künftige Leben des Täters zu erwarten sind, sind zu berücksichtigen. Außerdem werden bei der Abwägung der Strafzumessung folgende Punkte in Betracht gezogen: die Beweggründe und Ziele (→ Motiv) des Täters, die Gesinnung, die aus der Tat spricht, und der bei der Tat aufgewendete Wille. Eine weitere Rolle spielen das Maß der Pflichtwidrigkeit, die Art der Ausführung und die Auswirkungen der Tat. Betrachtet werden außerdem das Vorleben des Täters, seine persönlichen und wirtschaftlichen Verhältnisse, sowie sein Verhalten nach der Tat, z.B. seine Bemühungen, den Schaden wiedergutzumachen (→ Täter-Opfer-Ausgleich). Das Verhältnis von Schuld und Prävention bei der Strafzumessung wird von der Rechtsprechung nach der »Spielraum- oder Rahmentheorie« abgewogen. Danach gibt es für die Schuld keine feste Strafgröße, sondern nur einen Rahmen, der von der schon angemessenen bis zur noch angemessenen Strafe reicht. Innerhalb dieses Rahmens entscheiden vorbeugende Maßnahmen über das → Urteil. Man ist sich jedoch darüber einig, daß die Strafe das Maß der Schuld nicht überschreiten darf. Ob die Strafe milder ausfallen darf als im Rahmen – etwa um dem Täter einen entsozialisierenden → Gefängnisaufenthalt zu ersparen –, ist umstritten, wird aber in der Theorie zur Rechtsprechung meist angenommen (→ Straftheorien).

Literatur: F. Exner: Über Gerechtigkeit im Strafmaß; K. Hart-Hönig: Gerechte und zweckmäßige Strafzumessung

Stumpp, Peter

Wurde angeklagt, ein Werwolf zu sein, was nicht ganz so verwunderlich erscheint, wenn wir bedenken, daß sein Fall im Jahr 1589 vor dem → Gericht zu Köln verhandelt wurde. Der aus Bedburg im Erftkreis bei Köln stammende Mann hatte innerhalb von fünf Jahren mindestens 15 junge Frauen und Mädchen, darunter zwei Hochschwangere, vergewaltigt, geköpft und von ihrem Fleisch gegessen (→ Vergewaltigung, → Kannibalismus). Assistiert hatten ihm dabei seine Geliebte Katherin Trompin und seine Tochter Beell, die ebenfalls seine Geliebte war (→ Inzest). Seine Tochter soll Stumpp sogar ein verkrüppeltes Kind geboren haben, das der wilde Mann tötete und verzehrte. 1589 schließlich endete Stumpps »Werwolfsdasein« – Jäger hatten ihn im Wald festgenommen, angeblich in dem Glauben, einen Wolf zu jagen – und er wurde wegen → Mordes, Häresie, → Ketzerei und Zauberei verurteilt und unter → Folter aufs → Rad gebunden. Seine Tochter und seine Geliebte wurden erst → Zeugen seiner → Hinrichtung und landeten anschließend auf dem → Scheiterhaufen.

Sündenbock

Der Sündenbock war ursprünglich im israelitischen Tempelkult ein Ziegenbock, auf den am Versöhnungstag durch den Hohen Priester symbolisch die Sünden des Volkes übertragen wurden und der anschließend mit diesen beladen in die Wüste gejagt wurde. Ähnliche Riten, die davon ausgehen, daß → Schuld auf Dinge, Tiere oder andere Menschen übertragen werden kann, und durch deren Entfernung aus der Gesellschaft auch aus der Welt sind, finden sich in vielen Religionen. Der Sündenbock ist aber auch ohne religiösen Hintergrund geblieben. Die Suche nach Schuldigen für alle menschlichen Übel scheint eine tiefliegende menschliche Untugend zu sein. Die von der Sozialpsychologie entwickelte Sündenbocktheorie erklärt dieses Sozialverhalten so: Die innerhalb der eigenen Gruppe erlebten Ursachen für → Aggressionen werden zugunsten des Gruppenzusammenhalts einzelnen Gruppenmitgliedern (→ Mobbing) oder Personen außerhalb der Gruppe zugeschoben. Als »Sündenböcke« in diesem Sinn werden nicht selten die ohnehin innerhalb einer Gesellschaft Diskriminierten gewählt, oder es werden hierfür latent in der Kultur vorhandene Feindbilder aktiviert. Der »Sündenbock« erweist sich dabei als äußerst flexibel: Jede Zeit, jede Epoche wählt sich ihren eigenen Typus. Die Gruppe, welcher der Sündenbock zugeschoben wird, kann sowohl eine ethnische, religiöse, kulturelle, gesellschaftliche oder politische Minderheit sein. Dabei wird alles »Böse« und somit auch das → Verbrechen – unabhängig von der tatsächlichen Kriminalitätshöhe dieser Gruppierung – auf sie projiziert.
→ Hexen, → Ideologie und Verbrechen, → Inquisition, → Phantomverbrechen, → Religion u. Verbrechen

T

Tarnname

In der Gesellschaft der Fahrenden, der → Bettler und → Gauner trugen die meisten einen Spitz- oder Tarnnamen. Er machte unter anderem ihre Zugehörigkeit zur Gruppe der Nichtseßhaften deutlich. Es gab kein festes Prinzip für die Findung solcher Tarnnamen. Oft wurden körperliche oder sonstige Eigenschaften in diesem Namen ausgedrückt, aber auch Kleidung oder Herkunft konnten namensbildend sein. Manchmal spiegelte sich auch das Schicksal eines Gauners in seinem Tarnnamen wider. → Gaunersprachen

Taschendiebstahl

Fingerspitzengefühl und gute Beobachtungsgabe sind die Qualifikationen, die den erfolgreichen Taschendieb kennzeichnen. Meist entwendet er unter Ausnutzung eines Gedränges Sachen aus Taschen und Kleidungsstücken. Wenn er in einer Tasche von außen hineinfassen kann, streckt er den Zeige- und Mittelfinger der rechten Hand lang aus und holt mit diesen, indem er die übrigen Finger fest an die Hand drückt, den begehrten Gegenstand hervor. Ist die Tasche im Inneren einer Kleidung, bedient er sich oft eines kurzen, sehr spitzen Messerchens oder einer kleinen, äußerst scharfen Schere, um so in den Besitz des Wertgegenstandes zu kommen. Häufig arbeitet der Taschendieb nicht allein, sondern ist von einem oder mehreren Helfershelfern begleitet, die ihm den Rücken decken oder die Aufmerksamkeit des Opfers auf sich lenken, vor allem aber das Gestohlene sofort in Empfang nehmen und damit verschwinden. So kann, selbst wenn der → Diebstahl sofort bemerkt und der → Täter verhaftet wird, ihm im Regelfall nichts nachgewiesen werden. Nicht selten wird das »Fach« Taschendiebstahl schon von Kindesbeinen an »erlernt«. Strafrechtlich wird Taschendiebstahl als einfacher Diebstahl geahndet.

Täter

Nach dem → Strafrecht ist unter Täter derjenige zu verstehen, der eine → Straftat selbst (eigenhändige, unmittelbare Täterschaft) oder durch einen anderen (mittelbare Täterschaft) oder mit einem anderen gemeinschaftlich (Mittäterschaft) begeht. Der → Anstifter zu einer Tat will diese aus eigener Initiative und unterscheidet sich nach älterer Rechtsprechung hierin von einem Beihelfer, der nur an einer fremden Tat mitwirkt. Nach neuerer Rechtsprechung wird auf eine solche Differenzierung weitgehend verzichtet. Man betrachtet denjenigen als Täter, der eine Tat eigenhändig und ungenötigt ausführt, auch wenn er sie auf Wunsch eines anderen begeht.

Literatur: C.Roxin: Täterschaft und Tatherrschaft (1994).

Täter-Opfer-Ausgleich

Mit dieser im → Strafrecht verankerten Regelung soll dem → Täter durch eine Konfrontation mit dem Opfer sein Unrecht hautnah bewußtgemacht werden und ihm die Möglichkeit zur Wiedergutmachung gegeben werden. Ist der Täter ernsthaft zu einer Wiedergutmachung bereit, kann dies seine → Strafe mildern. Bei einer → Freiheitsstrafe bis zu einem Jahr oder einer → Geldstrafe bis zu 360 Tagessätzen, kann der Staat seinen Strafanspruch ganz zurückstellen, sofern der Täter seine Tat völlig wiedergutgemacht hat oder das Opfer unter erheblichen persönlichen Leistungen entschädigt.

Täterprofil

Seit den späten 60er Jahren hat das → FBI Abteilungen zur Erstellung von Täterprofilen eingerichtet. Sogenannte Profiler, im Regelfall Personen mit psychologischer Vorbildung, entwerfen anhand der ihnen vorliegenden Informationen ein Bild des → Täters und dessen Charakters und seines möglichen Lebensumfeldes. Nachdem die Arbeit der Profiler zunächst skeptisch betrachtet wurde, ist ihre Tätigkeit als Methode der Verbrechensbekämpfung heute anerkannt und von vielen Ländern übernommen worden. Natürlich beschäftigt sich der Profiler in der Regel nicht mit »kleinen Fischen«. Täterprofile werden besonders häufig bei → Mördern, → Sexualstraftätern und → Serienmördern erstellt. Arbeitsgrundlage des Profilers ist das menschliche Verhalten und die Auffassung, daß sich vom Verhalten auf die Persönlichkeit schließen läßt. Der Täter liefert mit seiner Tat gewissermaßen seine ganz persönliche Täterhandschrift. Die Erstellung eines Täterprofils verläuft meistens in sieben Schritten:

1. Auswertung der → Straftat als solcher
2. Umfassende Auswertung der Besonderheiten des → Tatorts, bzw. der Tatorte
3. Umfassende Analyse des oder der Opfer
4. Auswertung der vorläufigen → Polizeiberichte
5. Auswertung des gerichtsmedizinischen → Autopsieberichts
6. Entwicklung eines Täterprofils unter Berücksichtigung der besonderen Merkmale des Täters
7. Vorschläge zur Durchführung der Ermittlung, basierend auf dem Aufbau des Täterprofils.

Nachdem das Täterprofil erstellt ist, führt der Profiler noch Gespräche mit den zuständigen Ermittlungsbehörden, um diesen provokative Strategien zu empfehlen, die den Gesuchten in Zugzwang bringen sollen – der Täter soll dazu provoziert werden, einen Fehler zu begehen. Obwohl Profiler im Regelfall im Hintergrund bleiben und sich nicht unmittelbar an der → Fahndung beteiligen, kann es durchaus vorkommen, daß sie auch direkt in die Ermittlungen eingebunden werden. So können sie z.B. Familienmitgliedern Ratschläge geben, wie sie mit den peinigenden Anrufen eines perversen → Mörders umgehen sollen, der ihnen detailliert beschreibt, auf welche Weise er ihren

Angehörigen umgebracht hat. Zuweilen sind die Profiler auch strategisch daran beteiligt, menschliche Köder einzusetzen, um den Täter an einen bestimmten Ort zu locken.

Literatur: John Douglas: Jäger in der Finsternis (1997); Paul Britton: Das Profil der Mörder (1998).

Tatort

Für viele ist der Tatort ein nahezu magischer Ort. Der Tatort ist der Ort, an dem der → Täter seine Untat verübt hat oder – wenn ihm im letzten Augenblick etwas dazwischengekommen ist – sie hatte verüben wollen. Nach Entdeckung des Tatortes wird von der → Polizei sofort die Tatortsicherung vollzogen, um den Ort vor Veränderung durch Unbefugte zu sichern. Nahezu gleichzeitig beginnt die Arbeit der → Spurensicherung. → Fingerabdruck, → Genetischer Fingerabdruck, → Rechtsmedizin

Der Tatort

Der Tatort zählt neben dem → *Kommissar* und → *Derrick* zu den erfolgreichsten deutschen Kriminalserien (→ Kriminalfilm). 1970 startete die Reihe mit Kommissar Trimmel und dem Taxi nach Leipzig. Was unterscheidet einen *Tatort* von anderen Krimis? Der *Tatort* zeichnet sich durch eine besondere Personenkonzeption aus. Zum einen gibt es nicht nur einen Kommissar, sondern jedes Bundesland stellt seinen eigenen »Tatort« und seinen eigenen Ermittlerstab. Zum anderen stehen die jeweiligen Kommissare eindeutig im Mittelpunkt. Aus ihrer – oft sehr persönlichen – Perspektive wird die Geschichte erzählt. Außerdem ist der

Der erste Tatort: Taxi nach Leipzig (1970). Auch mit erhobenen Händen läßt sich Hauptkommissar Trimmel (Walter Richter) nicht aus der Ruhe bringen

Tatort durch seine regionale Anbindung bestimmt. Dadurch ist die Reihe sehr vielfältig. In der Auswahl der Stoffe gilt als maßgebendes Kriterium die Geschichte. Die Geschichten des *Tatorts* sind orientiert an der jeweiligen sozialen und politischen Realität des Bundeslandes. Durch seine Grundkonzeption ist der Tatort also sehr flexibel. Seine Kommissare müssen nicht im Rentenalter noch auf → Verbrecherjagd gehen, sondern sie können wechseln und haben gewechselt: Trimmel, Zollfahnder Kressin, Kommissar Konrad, Oberinspektor Marek, Hauptkommissar Lürsen, Schimanski oder Hauptkommissar Schenk, um nur einige aus der großen Zahl der *Tatort*-Aufklärer aufzulisten. Theoretisch könnte der *Tatort* mit immer wieder neuem Personal noch in hundert Jahren laufen – das macht den *Tatort* einzigartig.

Tatverdacht

Sobald Tatverdacht gegen eine Person besteht, hat die Staatsanwaltschaft zu ermitteln (→ Anzeige, → Ermittlungsverfahren). Um eine Untersuchungshaft (→ Haft) anzuordnen, ist dringender Tatverdacht nötig. Dieser besteht, wenn es wahrscheinlich ist, daß die verdächtige Person der schuldige → Täter eines → Verbrechens ist. Für eine Anklageerhebung und Eröffnung des → Hauptverfahrens ist hinreichender Tatverdacht erforderlich, d.h. die Wahrscheinlichkeit einer Verurteilung des Tatverdächtigen.

Täuschung

Getäuscht werden wir in unserem Leben viel (→ Legale Kriminalität, → Lüge). Der Gesetzgeber versteht unter Täuschung die bewußte Irreführung, die das Denken und Handeln des Opfers in einem bestimmten Sinne beeinflussen soll. Die Täuschung, insbesondere die arglistige Täuschung, erfüllt das Tatbestandsmerkmal des → Betruges.

Terrorismus/Terroristen

Das aus dem Lateinischen stammende Wort »Terror« heißt »Schrecken«. Terror ist eine gewalttätige Form des Machtkampfes. Der Terrorismus ist die politisch motivierte Form der Gewaltkriminalität und Produkt extremistischen Denkens. Er beinhaltet die Anwendung von Gewalt gegen gesellschaftliche Funktionsträger, um mit der Verbreitung von Furcht und Schrecken bestehende Herrschaftsverhältnisse zu stürzen. Manchen Formen der → organisierten Kriminalität (z.B. → illegaler Waffenhandel, gewalttätige Geldbeschaffung) nähern sich in politischem Kontext dem Terrorismus an. Ansonsten unterscheidet sich das »gewöhnliche« → Gewaltverbrechen vom Terrorismus durch seine politische Nicht-Ideologie. Zu unterscheiden ist der Terrorismus auch von Verstößen gegen internationale Normen des Kriegsrechts (→ Krieg und Verbrechen) oder von systematischen Verletzungen der Menschenrechte zur Durchsetzung politischer Ziele. Umstritten ist die begriffliche Zuordnung des Staatsterrors, da es beim Staatsterror rechtlich um ein eigenständiges Problem geht (→ Ideologie und Verbrechen).

Gegen Personen gerichteter Terror, der einen gewaltsamen politischen Umsturz herbeiführen soll, ist uns bereits aus der Antike, z.B. als Tyrannenmord, bekannt. Eine Doktrin des Terrorismus gibt es aber erst seit Beginn des 19. Jahrhunderts. In Verbindung mit Theorieansätzen des → Anarchismus war Michail Alexandrowitsch Bakunin davon überzeugt, daß die »Lust an der Zerstörung auch ein schöpferischer Drang« sei. Bakunin forderte »direkte Aktionen« und die »Propaganda der Tat«, d.h. individuelle terroristische → Anschläge gegen bekannte Vertreter und Einrichtungen von Staat und Wirtschaft. Die Verfechter der »Propaganda der Tat« verstehen diese als »revolutionäres Signal«, das einen Umsturz der bestehenden Staats- und Gesellschaftsordnung fördern soll. Die Grundidee geht dabei immer davon aus, daß der »Terror von unten« die natürliche und berechtigte Reaktion gegen eine »Vergewaltigung von oben« ist, die durch eine kleine Zahl einflußreicher Menschen im Staatsgefüge ausgeübt wird. In dieser Vorstellung werden Terrorakte gleichsam als »humane Tat« legitimiert. Die »Propaganda der Tat« ist bis heute das Grundtheorem des Terrorismus geblieben.

Vor dem Ersten Weltkrieg entstanden vor allem in Süd- und Ost-Europa terroristische Gruppen auf anarchistischer Grundlage (→ Attentat von Sarajevo). Nach 1918 wurde der anarchokommunistische Terrorismus zum Teil durch den Terrorismus rechtsextremer Kräfte verdrängt. Im Terrorismus lassen sich heute folgende Motive und Richtungen ausmachen: Es gibt den separatistischen, den ideologisch-gesellschaftspolitischen, den fremden-

Terrorismus: Zerstörung des World Trade Centers in New York am 11.9.2001

feindlich-nationalistischen, den befreiungsideologischen und den religiös-fundamentalistischen Terrorismus. Natürlich sind auch Mischformen möglich, wie z.B. bei der IRA. Nach der Teilung Irlands (1920/21) kämpfte die katholisch-nationalistische IRA mit Terror gegen die britische Herrschaft in Nordirland und für dessen Vereinigung mit der Republik Irland. Neben dem separatistischen Grundmotiv – nämlich der Trennung von Großbritannien – spielten dabei auch konfessionelle Gegensätze und soziale Gründe (gesellschaftliche Benachteiligung der katholischen Bevölkerung gegenüber der protestantischen) eine konfliktverstärkende Rolle. In dem Ende der 1960er Jahre ausgebrochenen Bürgerkrieg traf der IRA-Terror auf den Gegenterror radikaler protestantisch-unionistischer Untergrundbewegungen. Der Konflikt, der bisher mehr als 3000 Menschenleben kostete, konnte auch nicht durch die Stationierung britischer Truppen eingedämmt werden.

Auf den Theorien des Marxismus und Neomarxismus basierend, entwickelte sich in der Bundesrepublik Deutschland, als radikales Zerfallsprodukt der Studentenprotestbewegung von 1968, der Linksterrorismus, der besonders von der → Baader-Meinhof-Gruppe, bzw. von der → Rote Armee Fraktion (RAF) getragen wurde. Die deutschen Terroristen fanden das Abtauchen in den Untergrund und den »bewaffneten Kampf« vielversprechender als den von der Mehrheit von der Studentenbewegung geforderten »langen Marsch durch die Institutionen.« Ähnlich wie in Deutschland verlief z.T. auch die Entwicklung in Italien (→ Rote Brigaden). Der fast weltweite Zusammenbruch des »realen Sozialismus« brachte für den Terrorismus, insbesondere natürlich für den sozialrevolutionär ausgerichteten, eine Zäsur. Schon vor der Wende hatten terroristische Aktionen nachgelassen, nach 1989 wurde dem ideologisch-gesellschaftlichen Terrorismus nun die letzte ideologische Bastion entzogen. Im April 1998 gab die RAF ihre Auflösung bekannt. Auch bei anderen Formen des Terrorismus in der Welt zeichnete sich in Folge des Zusammenbruchs der kommunistischen Staaten in den 90er Jahren ein Rückgang der Aktivitäten ab.

Ihren Höhepunkt hatten die linksterroristischen Aktivitäten zu Beginn und Mitte der 1970er Jahre in Deutschland gehabt. Zu diesem Zeitpunkt empfand man das bestehende allgemeine Instrumentarium zur Bekämpfung des Terrorismus für nicht mehr ausreichend, man verzichtete jedoch darauf, ein Sonderrecht zu schaffen. Durch das Antiterror-Gesetz vom 18.8.1976 wurde allerdings ein neuer → Straftatbestand in das → Strafgesetzbuch eingefügt, der die Bildung terroristischer Vereinigungen (→ kriminelle Vereinigungen) unter → Strafe stellt. Diese Bestimmung wurde durch das Gesetz zur Bekämpfung des Terrorismus vom 19.12.1986 noch erweitert und verschärft. Diese Gesetze geben die Möglichkeit, die Strafverfolgung bereits auf den Zeitpunkt der Gründung einer Vereinigung vorzuverlegen, wenn deren Zweck im Begehen schwerer Straftaten, wie z.B. → Tötungsdelikte, liegt. Mit Änderungen des Strafverfahrensrechts wollte man einen Mißbrauch der liberalen Verfahrensregelungen (z.B. → Prozeßverzögerungen oder Aktivitäten von Terroristen aus der → Haft im verdeckten Zusammenwirken mit ihren Verteidigern) unterbinden. In diesem Sinne wirken das Kontaktsperre-Gesetz und bestimmte, auf Verfahrenseffizienz gerichtete Änderungen in der Strafprozeßordnung (→ Strafprozeß). Ein weiterer Versuch zur Terrorismusbekämpfung war die zeitlich begrenzte → Kronzeugenregelung, die allerdings nicht den erhofften Erfolg brachte. Auf dem Gebiet polizeilicher und administrativer Terrorismusbekämpfung erfolgten Regelungen über die Einrichtung von → Kontrollstellen, verbesserte → Fahndungsmethoden (→Rasterfahndung, → Schleppnetzfahndung) und sicherheitspolizeiliche Informationssysteme. Auch die Einführung fälschungssicherer Personalausweise ist ein Resultat der Terrorismus-Bekämpfung.

Die Terrorismusbekämpfung erfolgt aufgrund seiner internationalen Ausbreitung auch auf internationaler Ebene. Nach der im Dezember 2000 von der CIA veröffentlichten Studie Global Trends 2015 ist damit zu rechnen, daß insbesondere die amerikanischen Auslandseinrichtungen sowie auch die USA selbst mehr und mehr Zielobjekte für terroristische Gruppen werden. Der Terrorismus der Zukunft wird dabei vorrangig religiös-fundamentalistisch, aber auch separatistisch und nationalistisch geprägt sein. Bereits am 11. September 2001 erfüllte sich diese Prognose auf grausame Weise: Zwei gekidnappte Passagiermaschinen rasten in das World Trade Center in New York und brachten die beiden Hochhaustürme zum Einsturz. Gleichzeitig stürzte eine weitere entführte Maschine in Washington auf das Pentagon. Das Resultat: knapp 3000 Tote. Beim Anblick der einstürzenden Türme schienen Hollywoods schlimmste Alpträume Realtität geworden zu sein. Interessanterweise arbeitet das amerikanische Militär bereits seit einiger Zeit mit Hollywood zusammen, da es nun einmal zur Aufgabe Hollywoods gehört, sich die unglaublichsten Szenarien auszudenken und das Fantasiepotential der Filmemacher und Drehbuchschreiber anscheinend größer ist als das der Militärs. Die Entertainement-Industrie soll daher für das Pentagon mögliche Terrorszenarien entwerfen. Auch für Europa ist nach den Global Trends 2015 mit einem Wiedererstarken des Terrorismus zu rechnen. Daß die Studie dabei voraussetzt, daß die Terroristen von morgen im Besitz von nuklearen, biologischen, chemischen oder konventionellen Massenvernichtungsmitteln sein könnten, läßt nicht zuletzt vor dem Hintergrund des 11. September 2001, apokalyptische Visionen aufkommen!

Literatur: S. Leber: Freiheit durch Gewalt? Zum Phänomen des Terrorismus. Vom Gedanken der Anarchie zur Propaganda der Tat (1987); U. Backes: Bleierne Jahre. Baader-Meinhof und danach (1991); T. Herzog: Terrorismus. Versuch

einer Definition und Analyse internationaler Übereinkommen zu seiner Bekämpfung (1991); B. Rabert: Links- u. Rechts-Terrorismus in der Bundesrepublik Deutschland von 1970 bis heute (1995); Stefan Aust: Der Baader-Meinhof-Komplex (1997); T. Wunschik: Baader-Meinhofs Kinder. Die zweite Generation der RAF (1997), Kai Hirschmann; Peter Gerhard (Hg.): Terrorismus als weltweites Phänomen (2000).
→ Anschlag, → Attentat, → Geisel, → Linksextremismus, → Luftpiraterie, → Nuklearkriminalität, → Rechtsextremismus, → Una Bomber

»Die Teufelinnen von Lainz«
Totgespritzt mit Insulin, ruhiggestellt mit Schlafmitteln, erstickt mit Wasser – über sechs Jahre hinweg brachten vier Hilfsschwestern im Wiener Großkrankenhaus Lainz alte Patienten auf qualvolle Weise um, ohne → Verdacht zu erregen. Angefangen hatte die → Mordserie 1983. Die Hilfsschwester Waltraud Wagner begann in diesem Jahr mit den → Patiententötungen, zuerst im Abstand von mehreren Monaten, dann immer schneller; erst allein, dann gemeinsam mit drei anderen Schwesternhelferinnen, die sie in die verschiedenen Mordtechniken einwies. Zusammen mit ihren Komplizinnen Irene Leidlof, Maria Gruber und Stefanie Mayer hat Waltraud Mayer bis 1989 mindestens 49 alte kranke Menschen umgebracht. Die → Dunkelziffer liegt vermutlich noch weit höher. Eine der »Teufelinnen von Lainz« – so die Namensgebung durch die Boulevardpresse –, nämlich Irene Leidlof, sprach von über 100, vielleicht sogar über 200 Mordfällen. Ihre Opfer selektierten die »Teufelinnen« während der Zigarettenpause im Schwesternzimmer. Sein Leben verwirkt hatte etwa, so Waltraud Wagner, »wer mich ärgerte. Der bekam ein Gratisbett beim lieben Gott«. Mindestens 22mal wandte sie dabei die besonders brutale Methode der sogenannten »Mundpflege« an – eine zynische Umschreibung für Ertränken. Dabei flößte sie bettlägerigen Alten größere Mengen Mineral- oder Leitungswasser in den Mund. Gleichzeitig drückte sie mit einem Holzspatel die Zunge nach unten oder hielt ihren wehrlosen Opfern die Nase zu. Die grausame Prozedur führte nach qualvollen Minuten zum Erstickungstod.

Aber wie konnte es angehen, daß die komplette Abteilung, in der die »Teufelinnen« tätig waren, mit immerhin 15 Ärzten und 60 Schwestern und Pflegerinnen, jahrelang nichts Verdächtiges bemerkt hatten? Der zuständige Chefarzt Franz Pesendorfer rechtfertigte sich vor → Gericht damit, daß durch »die Wahl und den Wechsel der Tötungsmethoden« nichts aufgefallen sei. Dabei hätte er doch wissen müssen, daß die Sterberate überproportional hoch war, wenn die »Teufelinnen« Dienst taten. So wurde etwa im Kollegenkreis gefrotzelt: »Wo die Traudl is, wird kräftig gsturbn.« Als erste Gerüchte nach außen drangen, schaltete der Chefarzt zwar die → Polizei ein, doch nachdem bei der → Autopsie einer Leiche kein Fremdverschulden nachgewiesen werden konnte, verweigerte Pesendorfer jede weitere Zusammenarbeit mit den ermittelnden Kriminalbeamten. Eine Mauer des Schweigens errichtete sich daraufhin vor der Kripo.

Der → Prozeß gegen die »Teufelinnen« brachte auch an den Tag, daß in Ermangelung von Fachkräften im Krankenhaus angelernte Hilfsschwestern Injektionen verabreichen durften, was den gesetzlichen Bestimmungen widerspricht. Alle vier »Teufelinnen« wurden zu hohen → Haftstrafen verurteilt. In der Presse wurde bei dem Verbrechen der »Teufelinnen« auch erörtert, inwieweit hier bereits ein Fall von zunehmendem Altenhaß auszumachen sei. Ungefragte → Sterbehilfe dürfte in den hedonistisch-reproduktionsunwilligen und demzufolge rasch vergreisenden westlichen Gesellschaften in Zukunft eine immer größere Rolle spielen. Es könnte sein, daß die wenigen Jungen das Problem der »Altenschwemme« nicht nur mit humanen Mitteln zu lösen versuchen. Womöglich wird das Wegschauen bei Altenmord in einigen Jahrzehnten nichts Ungewöhnliches mehr sein. → Haß, → Sadismus, → Shipman, Dr. Harold Frederick, → Todesengel

Tew, Thomas

Thomas Tew war der lebende Beweis dafür, daß es ein aus bescheidenen Verhältnissen stammender Seemann zu Ruhm und Reichtum bringen konnte – durch → Piraterie. Ende 1692 fuhr Tew auf dem Schiff »Amity«, das einem Syndikat von Kaufleuten gehörte und dessen Auftrag es war, die British Royal Africa Company bei der Einnahme eines französischen Handelspostens an der Küste von Guinea zu unterstützen. Doch Tew gelang es, die Mannschaft auf offener See davon zu überzeugen, daß es sinnvoller sei, sein Leben für eigene Interessen zu riskieren als für die Vorteile reicher Kaufleute. Daraufhin segelte die »Amity« um das Kap der Guten Hoffnung und in das Rote Meer. Im Juli 1693 kam ihr das Flaggschiff der Schatzflotte des Großmoguls in die Quere. Das mit Schätzen aus dem Orient reichbeladene Schiff konnte von Tew und seinen neu angeworbenen Piraten mit Leichtigkeit gekapert (→ Kaper) werden, was allen ein Vermögen einbrachte. Eine Weile genoß Tew seinen erbeuteten Reichtum und einen gewissen Ruhm, den ihm dieser Streich eingebracht hatte, doch im November 1694 stach er zu neuen → Raubzügen ins Meer. Diesmal hatte er weniger Glück. Bei einem erneuten Angriff auf ein Schatzschiff des Großmoguls wurde er von einer tödlichen Kugel getroffen. Insofern hatten Ruhm und Reichtum des Abenteurers und Piraten Thomas Tew nur kurz gewährt.

Thalreuter, Jacob

Unter den 32 Kriminalfällen, die Anselm Ritter von Feuerbach in seiner Sammlung Merkwürdige Verbrechen beschreibt, nimmt der Fall des Jacob Thalreuter eine Sonderstellung ein. Hier geht es nicht um → Mord und → Totschlag, sondern um die erstaunlichen Hochstapeleien (→ Hochstapler) eines Halbwüchsigen, der seine alten Pflegeeltern, den in Ansbach lebenden Baron von Stromwalter und dessen Ehegattin, bis aufs letzte schröpfte. Jacob bzw. Jacques Thalreuter wurde im September 1809 als der uneheliche Sohn des Obristenleutnants von Rescher und der Tochter eines Zollbeamten, Barbara Thalreuter, geboren. Mit drei Jahren wurde das Kind Vollwaise, woraufhin der damals schon pensionierte Stadtgerichtsassessor, Baron von Stromwalter, der ein Freund des Vaters war, den kleinen Jacques als Pflegesohn aufnahm. Die Baronin, die damals nicht mehr jung war, entwickelte frühzeitig eine Affenliebe zu ihrem lebhaften Pflegesohn, dem sie alle Ungezogenheiten als harmlose »Bubenstreiche« durchgehen ließ. Die Anmaßungen des Knaben wuchsen dadurch von Jahr zu Jahr, und er legte eine unglaubliche Verschwendungssucht an den Tag, die seine Pflegemutter – wie alles an ihm – lächelnd tolerierte. Auch der alte Baron schwieg dazu – er hatte ohnehin nichts zu sagen. Von anderen Personen auf die Prasserei ihres Sohnes angesprochen, erging sich die Baronin in dunklen Andeutungen darüber, daß er in Wahrheit von sehr hoher Geburt sei und ihm ein solcher Lebensstil wohl anstünde. Als Thalreuter im Dezember 1825 – er war gerade 16 – einem Schuldner einen gefälschten Wechsel (→ Betrug, → Fälschung) überreichte, wurde → Anzeige gegen ihn erstattet. Beim Verhör trat ein Berg weiterer Schulden und → Lügen zutage. Thalreuter hatte es verstanden, seinen gutgläubigen Pflegeeltern einzureden, er sei der Sohn des regierenden Herzogs. Um seine Lüge glaubwürdiger erscheinen zu lassen, versandte er gefälschte Briefe an die alten Herrschaften, die seine fürstliche Herkunft zu bestätigen schienen. Gleichzeitig nützte er schamlos den freien Zugriff auf die pflegeelterliche Kasse aus. Neben der Glutgläubigkeit des Barons und seiner Gattin verblüfften die ebenso frechen wie gewieften Lügen des damals erst 15jährigen. Am 26. September 1826 wurde er zu acht Jahren Arbeitshaus verurteilt, wo er bereits 1828 starb.

Thompson, Robert und John Venables

Wenn Kinder ein Kind töten, ruft dies meist ebensoviel Ratlosigkeit wie Betroffenheit hervor. So auch im Fall von Robert Thompson und John Venables. Die beiden damals Zehnjährigen entführten (→ Entführung) am 12. Februar 1993 den zweijährigen James Bulger aus einem Einkaufszentrum in Liverpool und brachten ihn an einen abgelegenen Ort zu den Geleisen. Dort steinigten (→ Steinigung) sie das kleine Kind und erschlugen es mit Eisenstangen. Als es der → Polizei bereits nach wenigen Tagen gelang, die beiden Jungen als → Mörder zu stellen, konnten sie kein → Motiv für ihre Tat nennen, deren Brutalität über die Grenzen Großbritanniens hinaus tiefe Bestürzung ausgelöst hat. Die Familienverhältnisse, denen die beiden Zehnjährigen entstammten, waren zwar nicht unproblematisch, können aber keine Erklärung für derartige Ausbrüche bieten. Einziger Hinweis ist ein Film, den der Vater einer der → Täter auf Video zuhause hatte. Eine Szene darin zeigt die Zerstückelung eines Kindes. Dieser

Umstand rückt das Problem von Gewalt im Film erneut ins Blickfeld (→ Gewaltdarstellungen). Nachdem Robert Thompson und John Venables eine Haft von acht Jahren abgebüßt haben, was der Mindeststrafe entspricht, hat die Empfehlung des Obersten Richters Lord Woolf, die nunmehr 18jährigen zu entlassen, eine breite Diskussion in Großbritannien entfacht. Mit neuer Identität sollen sie irgendwo in Großbritannien einen Neuanfang ermöglicht bekommen. Erwogen wurde auch ihre Umsiedlung nach Australien oder Neuseeland. Doch von dort meldete sich bereits Protest. Man wolle nicht die »Müllhalde für Großbritanniens verabscheuungswürdigste Verbrecher« sein, lautete die Aussage des neuseeländischen Außenministers Phil Goff. → Bell, Mary, → Sinnlose Mord, Der

Todesengel

Als solche werden bisweilen Angehörige von Pflegeberufen bezeichnet, die → Patiententötungen betreiben (→ Ärzte und Verbrechen, → Sterbehilfe, → »Teufelinnen von Lainz«). Der Versuchung, Machtgefühle und sadistische Neigungen (→ Sadismus) gegenüber Schutzbefohlenen auszuüben, erliegen nicht zuletzt die Personen, deren eigentliche Aufgabe es wäre, zu helfen und nicht zu quälen und zu töten. Die Ermordung alter und kranker Patienten dürfte keine Seltenheit darstellen. Jene Fälle, die bekanntgeworden sind und vor ein → Gericht kamen, bilden vermutlich nur die Spitze eines Eisberges. Experten halten die → Dunkelziffer in diesem Bereich für wesentlich höher. In Amerika gibt es Schätzungen, daß es in den US-Krankenhäusern Tag für Tag rund 6000 geplante Todesfälle gibt – wobei hiervon allerdings die meisten mit Zustimmung der Patienten erfolgen dürften, es sich also überwiegend um → Tötung auf Verlangen handelt und nicht um → Mord aus Sadismus. → Shipman, Dr. Harold Frederick

Todesstrafe/Todesurteil

Die Todesstrafte ist die schwerste der Kriminalstrafen. Ihre Berechtigung und Zweckmäßigkeit wurde bis zur Mitte des 18. Jahrhunderts nicht bezweifelt. Die Carolina, das im Jahr 1530 veröffentlichte → Strafgesetzbuch Karls V., enthält ein Verzeichnis von → Strafen, wie Blenden, Verstümmeln, mit glühenden Zangen zerreißen, lebendig Verbrennen und Brechen auf dem Rad (→ Folter, → Galgen, → Hinrichtung, → Rädern, → Scharfrichter, → Scheiterhaufen). Im späten Mittelalter konnten selbst Kinder (→ Kinderkriminalität) und Geisteskranke (→ Geisteskranke und

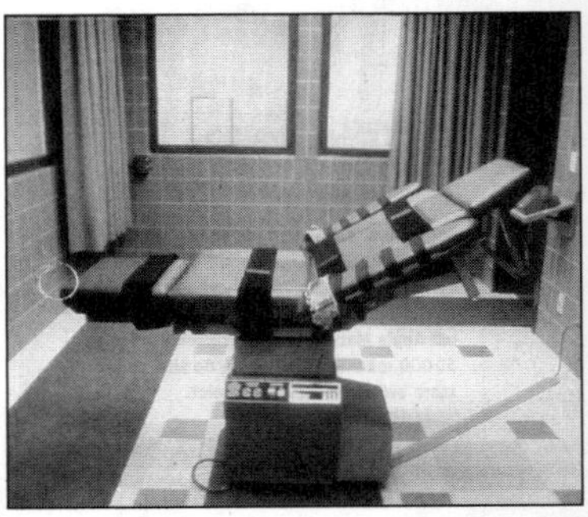

Mit cooler Eleganz in den Tod: US-Exekutionsraum in Terre Haute

abnorme Täter) hingerichtet werden. Noch 1706 wurde ein Pastor namens Zacharias Georg Flagge wegen Falschmünzerei (→ Geld- und Wertzeichenfälschung) lebendig verbrannt. Bis in das 18. Jahrhundert hinein tobten auch noch → Inquisition und → Hexenverfolgung. Noch 1833 wurde in England ein neunjähriges Kind zum Galgen verurteilt, weil es eine bunte Glasscheibe zerbrochen und etwas Farbe gestohlen hatte. Im Deutschen Reich wurde die Todesstrafe in das Strafgesetzbuch von 1871 aufgenommen, ihre Anwendung jedoch auf den → Mord beschränkt. Die Verurteilungen zur Todesstrafe nahmen seit 1933, vor allem im Zweiten Weltkrieg, stark zu. Auch nach 1945 in den → Kriegsverbrecherprozessen wurde sie oft verhängt. In der BRD wurde die Todesstrafe 1949, in Berlin (West) 1951 abgeschafft. Seit 1993 darf die Todesstrafe in Deutschland auch nicht mehr im Bereich des NATO-Truppenstatuts verhängt werden. In der DDR wurde die Todesstrafe 1987 abgeschafft, in Österreich 1968. In den USA wurde die Todesstrafe nach ihrer Abschaffung im Jahr 1972 in den meisten US-Bundesstaaten nur wenig später wieder eingeführt. Insgesamt sind die Länder, in denen auch heute noch die Todesstrafe zulässig ist, in der Überzahl.

Toppan, Jane

Erst mit 26 Jahren machte die 1854 in Boston geborene Jane Toppan an der Universitätsklinik von Cambridge in Massachusetts eine Ausbildung als Krankenschwester. Sie galt als fleißige Schwesternschülerin, allerdings fiel ihren Kolleginnen auf, daß Jane ein seltsames Interesse für die Leichenhalle aufbrachte. Außerdem starben mehrere der von ihr betreuten Patienten schnell hintereinander. Es kam zu einer Befragung durch die Klinikleitung und schließlich zu Jane Toppans Entlassung. Eine Anklage wurde jedoch nicht erhoben. Es dauerte noch gut 20 Jahre bis Jane Toppan sich vor → Gericht zu verantworten hatte. In der Zeit dazwischen von 1880 bis 1901, hatte sie als private Krankenpflegerin gearbeitet und nach eigener Aussage »mehr hilflose Menschen umgelegt als jeder andere Mann oder Frau.« Man vermutet 70 → Morde. Ihr Todesrezept hieß Morphium-Atropin (→ Gift), das sie den Patienten injizierte. Erst als sie 1901 vier Mitglieder einer Familie hintereinander tötete, ließ die Polizei eine → Autopsie vornehmen, was den → Verdacht, daß Jane Toppans Patienten keines natürlichen Todes gestorben sind, bestätigte. Jane Toppan selbst, die in die staatliche Nervenanstalt von Taunton eingewiesen wurde, starb im Alter von 84 Jahren eines natürlichen Todes an Altersschwäche. → Mörderinnen, → Todesengel

Totschlag

Bezeichnet die vorsätzliche Tötung eines Menschen ohne die strafschärfenden Merkmale des → Mordes. Im Gegensatz zum Mord liegt beim Totschlag keine kalte Berechnung oder Habgier vor, sondern die Tötung ist häufig das Resultat einer seelischen Erregung, so z.B. wenn der → Täter ohne eigene → Schuld durch eine ihm oder einem Angehörigen zugefügte Mißhandlung oder → Beleidigung gereizt und hierdurch zu der Tat hingerissen wird. Je nachdem, ob der Streitfall, der zur Tötung führte, ganz ohne oder mit Schuld des Täters verursacht worden ist, werden → mildernde Umstände berücksichtigt.

Tötung auf Verlangen
Die Tötung auf Verlangen, also auf den ausdrücklichen und ernsthaft ausgesprochenen Todeswunsch eines Menschen hin, wird als → Tötungsdelikt mit einer → Freiheitsstrafe von sechs Monaten bis zu fünf Jahren geahndet. Eine deutliche Unterscheidung der Tat zur (straflosen) Beihilfe zum → Selbstmord oder zur → Sterbehilfe erweist sich oft als schwierig.

Tötungsdelikte
Ist der Überbegriff für alle → Straftaten, die vorsätzlich oder fahrlässig den Tod eines Menschen verursachen. Als vorsätzliche Tötungsdelikte gelten → Mord, → Totschlag und → Tötung auf Verlangen. Die → fahrlässige Tötung wird mit Freiheitsentzug (→ Freiheitsentziehung) bis zu fünf Jahren oder → Geldstrafe bestraft. Mit Wirkung vom 1.4.1998 wurde der bis dahin extra rangierende Straftatbestand der Kindstötung (→ Kindsmörderin) aufgehoben. Die vorsätzliche Tötung eines unehelichen Kindes durch die Mutter nach der Geburt wird nun als Mord oder Totschlag behandelt.

Tourismus und Kriminalität
→ Entführungen

Triaden
Nennen sich chinesische Gruppen der → organisierten Kriminalität. Der Name leitet sich von ihrem gewählten Symbol, dem Dreieck, ab, das Himmel – Erde – Menschheit umschreiben soll.

Die heutigen Zentren der Triaden sind Hongkong, Macao und Taiwan. Allein in Hongkong wird die Anzahl der Triaden auf rund 50 mit etwa 100.000 Mitgliedern, die sich Drachen nennen, geschätzt. Außerhalb Asiens finden sich Triadenverbände in den Chinatowns großer Metropolen. Hauptexpansionsgebiete sind Australien, Nordamerika und innerhalb von Europa Großbritannien, Niederlande und Frankreich. Aber auch Spanien, Italien, Deutschland und Ungarn verzeichnen eine Zunahme chinesischer Verbrecherorganisationen. Die Aktivitäten der Triaden haben ihre Schwerpunkte in der → Schutzgelderpressung, im Menschenschmuggel und in der → Geldwäsche (→ Rauschgiftkriminalität, → Schlepper).

Die Geschichte der Triaden, bzw. chinesischer Geheimgesellschaften ist uralt. In chinesischen Geschichtsbüchern finden sich viele Hinweise auf das Bestehen krimineller Geheimbünde, sie reichen bis zu zweitausend Jahre zurück. Die Triaden selbst sind wahrscheinlich im 17. Jahrhundert entstanden. Von der Sozialstruktur ihrer Mitglieder her sind sie gemischt. Allerdings sind die »ausführenden Organe«, wozu Mitglieder zählen, die für die Dreckarbeit zuständig sind, stets aus den unteren Sozialschichten rekrutiert worden.

Literatur: Gerald L. Posener: Warlords of Crime. Chinese Secret Societies – The New Mafia (1988).

Triebtäter

Bezeichnung von Straftätern, die ihre → Verbrechen aus einem inneren Zwang heraus begehen, der sich als stärker erweist als ihr Wille und ihre freie Entscheidung.

Triebtäter finden sich häufig bei → Sexualverbrechern oder → Serienmördern. Doch triebhafte Handlungen können sich auch an harmloseren → Delikten zeigen, wie z.B. der → Kleptomanie. → Geisteskranke und abnorme Täter

Trufania

War in gewisser Hinsicht eine emanzipierte Frau. Die 1653 in Neapel geborene Trufania war eine erfolgreiche Geschäftsfrau. Sie trieb einen schwungvollen Handel mit »Aqua Trufania«, einem wirksamen → Giftgebräu, das zahlreichen unglücklichen oder untreuen Ehefrauen dazu verhalf, ihre Männer loszuwerden. Das Wässerchen war so begehrt, daß Trufania europaweit Abnehmer dafür fand. Nachdem mehrere hundert Männer direkt oder indirekt durch die erklärte Männerhasserin zu Tode gekommen waren, ließ der Vizekönig von Neapel eine eigene Ermittlungseinheit aus Abgesandten aufstellen, um die Todesfälle aufzuklären. Als Trufanias Machenschaften aufkamen, floh die inzwischen 66-jährige Giftmischerin in ein Kloster, wo sie das Asylrecht für sich in Anspruch nahm. Der Vizekönig ließ das Kloster jedoch stürmen, so daß Trufania doch noch im Kerker landete. Dort gab sie nach einer »hochnotpeinlichen Befragung« (→ Folter) 600 → Morde zu und zudem auch einige Namen ihrer Kundinnen preis, die daraufhin wegen Mordes hingerichtet wurden. Trufania selbst, deren Schreckensherrschaft nahezu ein halbes Jahrhundert gewährt hatte, wurde im Alter von 70 Jahren öffentlich mit der Garrotte (Würgschraube oder Halseisen zum Erdrosseln) hingerichtet. → Mörderinnen

U

Überfall

Im → Strafrecht ist der hinterlistige Überfall eine der Tatbestandsalternativen der gefährlichen → Körperverletzung.

Überwachung

Bezogen auf die Verbrechensbekämpfung(→ Verbrechensbekämpfungsgesetz) ist mit Überwachung die fortgesetzte Überprüfung von verdächtigen Personen, von Sachen wie Wertgegenständen, Sprengstoffen oder Arzneimitteln oder von bestimmten Orten, z.B. Kaufhäusern, oder ähnlichen Plätzen gemeint. Besonders die Ortsüberwachung gilt seit dem Aufkommen von Videokameras und Computern als »Wachstumsfaktor«.

So findet z.B. im Operettenstaat Monaco Überwachung nahezu überall statt: auf Straßen und Plätzen, in Unterführungen und Parkanlagen. Diese Totalüberwachung hat das Fürstentum zu einem der sichersten Orte der Welt gemacht: Dort können auch alte, schmuckbehangene Damen sich des Nachts unbesorgt auf die Straße trauen. Allerdings vermag die ständige, unsichtbare Präsenz eines »prüfenden Auges« wiederum neue Beklemmungen auszulösen.

Üble Nachrede

Ist die Verbreitung ehrenrühriger Behauptungen. Eine Sonderform der üblen Nachrede ist die wettbewerbsrechtlich verbotene Anschwärzung, die als unlauterer Wettbewerb verurteilt wird. → Beleidigung, → Haß, → Intrige, → Lüge, → Neid

Umweltkriminalität/ Umweltstrafrecht

Knapp 50.000 Umweltdelikte werden jährlich in Deutschland erfaßt, davon wird gut die Hälfte aufgeklärt. Experten schätzen allerdings, daß bei Umweltstraftaten die → Dunkelziffer sehr hoch ist. Das liegt zum einen an Nachweisproblemen, etwa aufgrund der sich schnell verflüchtigenden Luftverschmutzungen. Zudem werden Umweltdelikte seltener als andere → Straftaten gemeldet. Am häufigsten erstattet die → Polizei Anzeige bei Umweltdelikten, gefolgt von Umweltfachbehörden der Städte und Kreise sowie Privatpersonen. An der Spitze der erfaßten Umweltdelikte steht die umweltgefährdende Abfallbeseitigung.

Während früher Umweltverbrechen mit einer Reihe verwaltungsrechtlicher Spezialgesetze geahndet wurden, sind seit 1980 – und noch einmal erweitert seit 1994 – die den Schutz der Umwelt betreffenden Gesetze im Umweltstrafbuch zusammengefaßt worden. Geschütztes Rechtsgut ist demnach die Umwelt (Wasser, Luft, Boden, Pflanzen- und Tierreich), soweit sie dazu beiträgt, den Menschen und seinen Nachkommen die Lebensgrundlage zu erhalten. Es werden bestraft: Gewässerverunreinigung, Bodenverunreinigung, Luftverunreinigung, Verursachen von Lärm, Erschütterungen und nicht ionisierenden Strahlen, unerlaubter Umgang mit gefährlichen Abfällen, unerlaubter Umgang mit radioaktiven Stoffen und gefährlichen Gütern, unerlaubtes Betreiben von Anlagen, Gefährdung schutzbedürftiger Gebiete, und schwere Gefährdung durch Freisetzen von → Giften. Die Hoffnungen auf einen erfolgreicheren Umweltschutz durch das Umweltstrafrecht haben sich bisher jedoch nicht erfüllt.

Una-Bomber

»Die bösen Teile der Technologie können nicht von den guten separiert werden ... weder Gesetze noch Institutionen, Grenzen oder ethische Regeln können einen totalen Schutz gegen Technik garantieren. ... Wir sind Vorkämpfer einer Revolution. Sie wird rasch oder in einem schrittweisen Prozeß stattfinden.« Diese Zeilen stammen aus dem Manifest des über Jahre hinweg meistgesuchten Terroristen (→ Terrorismus) der USA: Theodore J. Kaczynski, besser bekannt als »Una-Bomber«. Seit 1978 hatte er 16 Briefbomben deponiert und damit drei Menschen getötet und 23 verletzt. Meist stammten die Opfer aus dem Umkreis von Universitäten oder hatten mit Fluggesellschaften zu tun. (Der Name »Una-Bomber« leitet sich von den Anfangsbuchstaben von University und Airport ab). Der ehemalige Mathematikprofessor Kaczynski, der in seinen Handlungen von einem fanatischen (→ Fanatiker) → Haß auf Wissenschaft und Technik geleitet war, bedachte mit seinen Anschlägen gezielt solche Einrichtungen, die für ihn Wissenschaft und Technik verkörperten, wie eben Universitäten oder Flughäfen. Der »Una-Bomber« selbst hauste einsam in einer Waldhütte, am »Busen der Natur«, und unternahm von dort aus seine Kreuzzüge gegen die moderne Welt. Seine mörderische »Propaganda der Tat« rechtfertigte er damit, daß nur so sein Kampf Beachtung fände. Am 3. April 1996 konnte der zu diesem Zeitpunkt 53jährige Kaczynski, nachdem ihn sein Bruder an die → Polizei verraten hatte, in seiner versteckten Waldhütte in Montana vom → FBI festgenommen werden. → Ideologie und Verbrechen

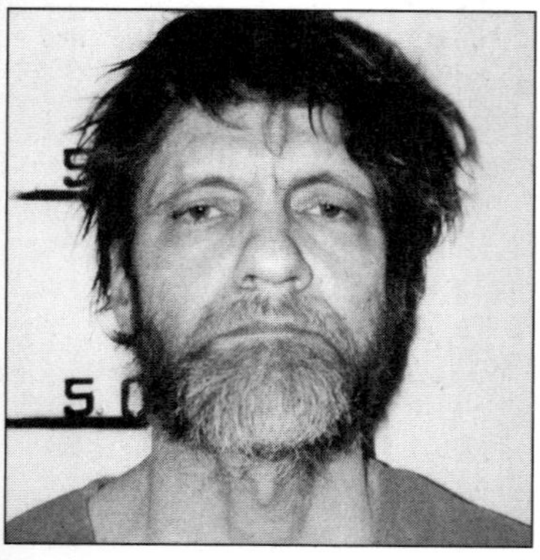

Mit Briefbomben gegen den Fortschritt: Der »Una-Bomber« Theodore J. Kaczynsky

Unerlaubte Handlung

Der Tatbestand der unerlaubten Handlung bezeichnet für den Gesetzgeber ganz allgemein ein → Delikt, bei dem ein widerrechtlicher Eingriff in einen fremden Rechtskreis vorgenommen worden ist, durch den ein Schaden verursacht wurde. Um ihn zu ahnden, muß beim → Täter allerdings ein → Verschulden vorliegen.

Ungeklärte Kriminalfälle

Die faszinierendsten → Verbrechen sind die, die nie oder nie ganz aufgeklärt werden. Erst den unaufgeklärten Kriminalfall umgibt das Geheimnisvolle, erst hier bricht die Aura des Dubiosen, Zweifelhaften, Mysteriösen, ja Okkulten (→ Okkultverbrechen) durch. Nicht das klare, aufgeklärte, abgeschlossene Verbrechen erregt unsere Phantasie, sondern dasjenige, wo alle Spuren in ein rätselhaftes Dunkel führen. → Barschel, Uwe, → Brühne, Vera, → Hinterkaifeck, → Jack the Ripper, → Nitribitt, Rosemarie, → Oswald, Lee Harvey

Unschuldig verurteilt

→ Justizirrtum

Unterlassungsdelikt

Das → Strafrecht versteht darunter die Unterlassung einer rechtzeitigen → Anzeige bei dem Wissen um ein bevorstehendes → Verbrechen, sowie die Unterlassung von Hilfe bei Unglücksfällen, Gefahr und Not.

Unterschlagung

Bei einer Unterschlagung behält der → Täter einen beweglichen Gegenstand für sich, der durch Fund, Entleihen oder Sichaneignen einer unter Eigentumsvorbehalt gelieferten Sache in seinen Besitz gekommen ist. Er begeht also keinen → Diebstahl, da er die Sache nicht wegnimmt, sondern vielmehr einfach nicht wieder hergibt. Die einfache Unterschlagung wird mit einer → Geldstrafe oder einer → Freiheitsstrafe bis zu fünf Jahren geahndet. War der Gegenstand dem Täter anvertraut worden, handelt es sich um eine Veruntreuung.

Untersuchungshaft

→ Haft

Unterweger, Jack

Ein bemerkenswertes Beispiel für einen → Serienmörder lieferte der 1950 in Wien geborene Jack Unterweger. Der uneheliche Sohn einer Wiener Prostituierten(→ Prostitution) und eines US-Soldaten hatte im Alter von 24 Jahren die 18jährige Deutsche Margret Schäfer mit ihrer Unterwäsche erdrosselt, da sie ihn an seine Mutter erinnerte. Als er daraufhin zu einer lebenslänglichen → Haft verurteilt und in das → Zuchthaus

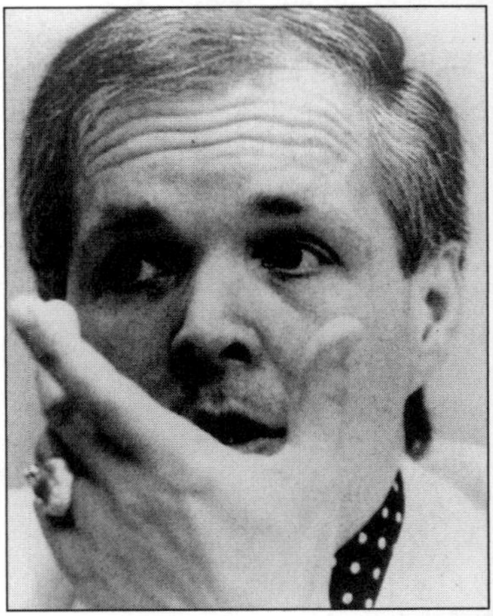

Literat und Prostituiertenmörder: Jack Unterweger

Stein verbracht wurde, nutzte er dort die Zeit, eine Autobiografie zu verfassen, in der er sich mit seiner Kindheit und seinem begangenen Verbrechen auseinandersetzte (→ Gefangenenliteratur). Als diese unter dem Titel *Fegefeuer – eine Reise ins Zuchthaus* erschien, erregte sie großes Aufsehen. Die Kritiker waren voll des Lobes, und die österreichische → Justiz konnte nicht umhin, den prominenten Häftling nach 16 Jahren Haft vorzeitig zu entlassen. Unterweger kam also 1990 frei und erhielt in Deutschland den Ingeborg-Drewitz-Literaturpreis. In Österreich besuchte er eine Talk-Show nach der anderen und avancierte zum Liebling der Wiener Intellektuellen.

Im Oktober 1990, knapp ein halbes Jahr nach Unterwegers Entlassung, wurde die Wiener Prostituierte Brunhilde Massener tot im Wald aufgefunden. Man hatte sie mit ihrer Unterwäsche erwürgt. Im Januar 1991 fand man die Prostituierte Heide Hammer tot auf, auch sie war mit ihrer Unterwäsche erdrosselt worden. Im Verlauf des Jahres 1991 wurden noch fünf weitere getötete Frauen in Waldgebieten gefunden. Jack Unterweger, der sich diesen Fällen nicht ohne Grund sehr verbunden fühlte, interviewte höchstpersönlich den Leiter der Grazer Mordkommission und ging sogar soweit, die → Polizei dafür zu kritisieren, daß es ihnen nicht gelang, den → Frauenmörder zu fassen. Doch dann wandte sich die Polizei mit der Meldung an die Öffentlichkeit, daß Unterweger selbst verdächtig sei; denn merkwürdigerweise hatte er stets in der Nähe der jeweiligen → Tatorte Lesungen gehalten. Es fehlten den Wiener Beamten jedoch Beweise, woraufhin sich die ganze Wiener Literaturszene gegen diese »haltlosen aus der Luft gegriffenen Behauptungen« entrüstete.

Als Unterweger im Sommer 1991 für vier Wochen nach Los Angeles reiste, um dort für eine Wiener Illustrierte über Prostituierte zu recherchieren, fuhren ihn sogar amerikanische Polizeibeamte durch das Rotlichtviertel, in welchem in den folgenden Tagen drei mit ihrer Unterwäsche erwürgte Prostituierte aufgefunden wurden. Danach fuhr Unterweger nach Tschechien, wo sich plötzlich ein ähnlicher Mord ereignete. Diese Umstände waren nun so verdächtig, daß die Wiener Polizei einen → Haftbefehl gegen Unterweger erstellen konnte, woraufhin dieser mit seiner 18jährigen Freundin Bianca Monk zuerst in die Schweiz und dann weiter nach Miami flüchtete. Die US-Behörden lieferten Unterweger nach 90 Tagen nach Österreich aus, wo er vor das Grazer Landesgericht gebracht wurde. In dem darauffolgenden → Prozeß wurde Jack Unterweger wegen neunfachen Mordes verurteilt. Ein im Kofferraum seines Autos gefundenes Kopfhaar der ermordeten Tschechin und Fusseln seines Schals, die an den Kleidern eines der anderen Opfer gefunden worden waren, reichten als → Indizienbeweise aus. Jack Unterweger leugnete die → Morde vor → Gericht. Wenige Stunden nach seiner Verurteilung erhängte er sich in seiner Zelle an dem Gummizug seiner Trainingshose (→ Selbstmord). Zuvor hatte er noch einem Freund gestanden, die ihm zur Last gelegten Morde begangen zu haben.

Unterwelt

Die Unterwelt ist ein unwirtlicher Ort; denn sie ist in den Vorstellungen vieler Religionen das Reich der Verstorbenen, häufig auch Ort eines Totengerichts, an dem die Bösewichter und somit auch die → Verbrecher, gerichtet werden. Als Unterwelt – wohl wegen ihres verborgenen und dunklen Charakters – wird auch ganz allgemein die Welt der Verbrecher bezeichnet. Sie ist von der »Oberwelt« der Normalbürger getrennt. Einlaß zu ihr erhält nicht jedermann. Oft ist ihr Zugang – wie etwa bei der → Mafia, der → N'drangheta, oder anderen Institutionen der → organisierten Kriminalität – mit Aufnahmeriten und sogenannten »Mutproben« verbunden. Erst wer sich der Unterwelt verschworen hat, darf sie auch betreten – aber nicht selten nur unter Lebensgefahr wieder verlassen.

Untreue

Nach dem → Strafrecht bedeutet Untreue den Mißbrauch eines fremden Vermögens, das einer Person durch Gesetz, behördlichen Auftrag oder Rechtsgeschäft zur Verwaltung anvertraut worden ist. Untreue ist auch, wenn die Vertrauensperson die obliegende Pflicht, fremde Vermögensinteressen wahrzunehmen, vernachlässigt hat. Dabei spielt es keine Rolle, ob sich der angeklagte → Täter dadurch selbst bereichert hat (→ Bereicherungsdelikt). Untreue ist mit einer → Freiheitsstrafe bis zu fünf Jahren oder mit Geldstrafe bedroht. In besonders gravierenden Fälle kann eine Freiheitsstrafe von sechs Monaten bis zehn Jahren verhängt werden. Richtet sich die Tat gegen Angehörige, Vormund oder Betreuer, dann ist sie Antragsdelikt.

Unzucht mit Kindern

→ Kinderschänder

Urkundenfälschung

Beinhaltet die Herstellung einer unechten Urkunde, die Verfälschung einer echten Urkunde sowie den Gebrauch einer unechten oder verfälschten Urkunde mit der Absicht zur → Täuschung im Rechtsverkehr. Das → Strafrecht versteht unter Urkunde eine verkörperte Gedankenerklärung, die geeignet ist, etwas Rechtserhebliches zu beweisen und die den Aussteller angibt oder erkennen läßt. Urkunden brauchen nicht unbedingt aus Worten zu bestehen. Auch ein Preisetikett oder eine Kfz-Nummer oder der Stempel eines Fleischkontrolleurs gelten als Urkunden. Als Urkundenfälschung gilt auch das unbefugte Ausfüllen eines mit der Unterschrift einer anderen Person versehenen Papiers – klassisches Beispiel: ein Scheck oder Wechselformular. Auf Urkundenfälschung steht eine → Freiheitsstrafe bis zu fünf Jahren oder → Geldstrafe. Eigene → Straftatbestände erfassen die Urkundenvernichtung oder -unterdrückung (→ Verwahrungsbruch), die Vorbereitung der → Fälschung von amtlichen Ausweisen, die unrichtige Ausstellung von Gesundheitszeugnissen, sowie die → Falschbeurkundung und die Fälschung technischer Aufzeichnungen.

Ursachenforschung

Die Ursachenforschung ist eine der wichtigsten Aufgaben der → Kriminologie. In der Theorie lassen sich zwei große Gruppen von Ursachen unterscheiden: die Gruppe der individuellen und die der soziologischen Ursachen, je nachdem, ob man von der Persönlichkeit des → Verbrechers ausgeht oder den Schwerpunkt auf die Einflüsse seiner Umwelt legt. Bei der Persönlichkeitsforschung betonte man in der Frühzeit der modernen Kriminologie, die durch den Namen Cesare Lombroso (→ Delinquento nato) gekennzeichnet ist, vor allem die biologische Komponente des Menschen, seine Erbmasse, während man in der Zeit nach dem Zweiten Weltkrieg stärker psychologische und tiefenpsychologische Ursachen miteinbezog. Die soziologischen Einflüsse für die Entstehung des Verbrechens wurden in der Zeit nach 1968 zum Teil überbewertet – wie überhaupt Monokausalität nicht der richtige Ansatzpunkt ist. Man kann davon ausgehen, daß nicht eine Ursache allein maßgebend für das Zustandekommen eines Verbrechens ist, sondern daß viele Faktoren zusammenwirken (Vereinigungstheorie). Die jeweilige richtige »Mischung« läßt sich – wenn überhaupt – nur von Fall zu Fall erkennen. Es gibt demnach keine allgemeine Theorie der Verbrechensverursachung. → Kriminalsoziologie

Urteil

Das Urteil ist ein »Wahrspruch, den der Richter erteilt«. Im → Strafprozeß schließt das – schriftliche – Urteil das Hauptverfahren ab. Dabei lautet das Urteil entweder auf → Freispruch, Verurteilung, Anordnung einer → Maßregel der Besserung und Sicherung oder Einstellung des Verfahrens. Die Urteilsgründe müssen dabei die für erwiesen erachteten Tatsachen angeben, in denen die gesetzlichen Merkmale der strafbaren Handlung gefunden werden.

Sie sollen auch die Beweistatsachen enthalten und haben das angewendete Strafgesetz und die Gründe der Strafzumessung mitzuteilen. Vollstreckt wird das Urteil durch den → Strafvollzug.

V

Vagabund

Landstreicher, Herumtreiber. Abgeleitet vom spätlateinischen »vagabundus« = »umherschweifend«. → Bettler

Vakrinos, Dimitris

Der Grieche Dimitris Vakrinos litt an Minderwertigkeitskomplexen, da er nur 1,54 Meter Körpergröße maß. Er hatte das Gefühl, als »Zwerg« verlacht zu werden und haßte die »Großen«, die sich taktloserweise über ihn lustig machten so sehr, daß er fünf davon umbrachte. Nach seiner Verhaftung am 9. April 1997 gab der damals 35jährige Vakrinos, der seinen Lebensunterhalt als Taxifahrer verdiente, zu, neben den fünf → Morden auch zahlreiche → Raubüberfälle, eine versuchte → Vergewaltigung und sechs weitere Mordversuche unternommen zu haben. Nach der Eröffnung seiner → Gerichtsverhandlung am 12. Mai 1997 erhängte sich Dimitris Vakrinos im → Gefängnis an einer Dusche (→ Selbstmord).

Vandalismus

Der Vandalismus steht für rohe Zerstörungswut. Abgeleitet ist das Wort von den Wandalen, die im Jahre 455 n. Chr. Rom plünderten (→ Plünderung). Vandalismus ist die sinnlose und böswillige Schädigung oder Zerstörung fremden Eigentums, sowohl von privatem wie öffentlichem, wobei der oder die → Täter nicht nur keinen Sachgewinn davon haben, sondern oft eine erhebliche Arbeitsleistung, eine Anstrengung vollbringen, um den Effekt zu erzielen. Manchmal, besonders in revolutionären Umbruchsphasen, wird der Vandalismus auch politisch und ideologisch (→ Ideologie und Verbrechen) erhöht, doch seine inneren Antriebskräfte sind vorrangig psychologischer Natur: → Aggression, → Haß, → Neid. Vandalistische Handlungen werden überwiegend unter den Tatbeständen der → Sachbeschädigung zusammengefaßt. In extremeren Fällen führt Vandalismus auch zur → Brandstiftung.

Verbannung

»Den Augen entziehen«, bedeutet das aus dem Althochdeutschen abgeleitete Wort. Die Verbannung beinhaltet die Landesverweisung. Ursprünglich wurde die Verbannung verhängt, um eine → Fehde zu beenden, vor allem aber, um das Erscheinen des → Angeklagten vor → Gericht zu erreichen. Daneben war die Verbannung eine Vollstreckungsmaßnahme bei Zahlungsunfähigkeit des Schuldners sowie eine Ersatz- und Gnadenstrafe bei todeswürdigen → Verbrechen. Später trat die Verbannung als → Strafe der Stadtverweisung hervor, daneben als polizeiliche Maßnahme gegenüber unerwünschtem, fahrendem Volk (→ Bettler, → Vagbund). In den aufkommenden → Strafgesetzbüchern des 15. und 16. Jahrhunderts ist die Verbannung häufig Gnadenstrafe für die vielfach festgelegte → Todesstrafe. Der in die Verbannung Geschickte mußte einen Eid ablegen, nie wieder zurückzukehren. Mit dem Ende des 17. Jahrhunderts verschwand die Verbannung als Kriminalstrafe allmählich. Einen besonders großen Umfang nahm die Verbannung von kriminellen und mißliebigen Personen bzw. ganzen Gruppen im Russischen Reich und der Sowjetunion ein. Sibirien wurde das Hauptverbannungsgebiet. Verbannung war hier fast immer mit → Zwangsarbeit verbunden.

Verbrechen

Jede menschliche Gesellschaft stellt bestimmte Taten, manchmal auch ein Untätigbleiben in bestimmten Situationen, unter → Strafe und stempelt ein solches Verhalten damit zum Verbrechen, zur → Straftat. Unser → Strafgesetzbuch teilt Straftaten noch einmal in → Vergehen und Verbrechen ein. Als Verbrechen gelten Straftaten für die als Mindestmaß eine → Freiheitsstrafe von einem Jahr oder darüber vorgesehen sind. Auch der → Versuch eines Verbrechens ist strafbar, ebenso die Verabredung zu einer Straftat oder die erfolglose → Anstiftung dazu. Beim Vorliegen eines Verbrechens ist eine Einstellung des Strafverfahrens nicht möglich.

Verbrechen gegen den Frieden

Nach dem Statut des Internationalen Militärgerichtshofs der Nürnberger Prozesse (→ Kriegsverbrecherprozesse)gelten das Planen, Vorbereiten, Einleiten und Durchführen von Agressionskriegen als Verbrechen gegen den Frieden. In Deutschland stellt das → Strafgesetzbuch die Vorbereitung eines Angriffskrieges unter → Strafe. De facto kann ein Verbrechen gegen den Frieden aber nur dann geahndet werden, wenn der Aggressor den Angriffskrieg verloren hat. Insofern liegt hier keine Rechtsgleichheit zwischen Siegern und Verlierern vor. Inwieweit ein Verbrechen bestraft wird, ist also auch im Zusammenhang realer Machtverhältnisse zu sehen. → Verbrechen gegen die Menschlichkeit.

Verbrechen gegen die Menschlichkeit

Unter Verbrechen gegen die Menschlichkeit versteht das Völkerstrafrecht jedes vor oder während eines Krieges begangene → Verbrechen gegen die Zivilbevölkerung, vor allem → Mord, → Völkermord, Versklavung (→ Sklaverei) oder andere menschenverachtende und grausame Handlungen. Für Verbrechen gegen die Menschlichkeit hatten sich nach 1945 führende Militärs und Politiker der unterlegenen Mächte vor den internationalen Militärtribunalen in Nürnberg und Tokio zu verantworten (→ Kriegsverbrecherprozesse). Das Londoner »Abkommen über die Verfolgung und Bestrafung der Hauptkriegsverbrecher der europäischen Achse«, das am 8.8.1945 eigens dazu erlassen wurde, bildete die Grundlage der Verfahren. Zu einer entsprechenden Weiterentwicklung des Völkerstrafrechts, die eine Strafbarkeit für vergleichbare Handlungen auch in anderen Kriegen begründen würde, war es bisher nicht gekommen. Allerdings kamen internationale Strafgerichte für das ehemalige Jugoslawien und für Ruanda zusammen. 1998 wurde auf der UN-Konferenz in Rom das Statut eines Internationalen Strafgerichtshofs beschlossen, der für die Verfolgung von Kriegsverbrechen, Völkermord und Verbrechen gegen die Menschlichkeit zuständig ist. Sein Sitz ist in Den Haag. → Krieg und Verbrechen

Verbrechensbekämpfungsgesetz

Das seit dem 1.12.1994 in Kraft getretene Gesetz dient vor allem der Bekämpfung der → organisierten Kriminalität sowie politisch motivierter Kriminalität. Es hat die Befugnisse des Bundesnachrichtendienstes (BND) bezüglich seiner internationalen Fernmeldeüberwachung erweitert und mehrere Gesetze geändert wie z.B. beim → Täter-Opfer-Ausgleich, der Auschwitz-Lüge, der → Volksverhetzung, der → Körperverletzung und dem Ausländergesetz.

Verbrechensverhütung

Verbrechensverhütung vollzieht sich auf zwei Ebenen: Eine davon ist, gesellschaftliche Rahmenbedingungen zu schaffen, die das → Verbrechen nicht fördern. Dazu zählen u.a. soziale Gerechtigkeit, eine geringe Arbeitslosigkeit, aber auch ein unbestechliches (→ Bestechung) Beamtentum und eine funktionstüchtige → Polizei. Eine andere Ebene der Verbrechensverhütung stellen Schutzvorkehrungen dar, wie z.B. → Alarmanlagen und andere Sicherungen an Haus, Wohnung oder Auto, um Kriminellen keine unnötige »Einladung« zum Verbrechen zu geben.

Literatur: G. Stauch: Keine Macht den Dieben (1998).

→ Bürgerwehr, → Überwachung

Verbrecher

Im engeren Sinne versteht man unter Verbrecher jede Person, die sich eines → Verbrechens schuldig gemacht hat. Im weiteren Sinne ist jeder ein Rechtsbrecher, der → Straftaten begangen hat (→ Rechtsbruch). Die Bezeichnung »Verbrecher« stammt nicht aus dem Strafgesetz, sondern aus der Wissenschaft, Praxis und Umgangssprache. Mit ihr ist der → Straftäter gemeint. Man unterscheidet den Grad der Sozialgefährlichkeit des Straftäters, der nach Alter, Geschlecht und Schwere der Tat beschrieben wird. Besondere Bedeutung für kriminalpolitische Untersuchungen haben die Zufälligkeit oder Häufigkeit der Tatbegehung. Die → Kriminologie bemüht sich um eine Erforschung der Tätertypologie. Darunter fällt die Unterscheidung von Situations- und Gelegenheitstätern einerseits und von Neigungs-, Hang- und Intensivtätern andererseits (→ Hangtäter). Diese Untersuchungen sind sowohl für die → Strafzumessung als auch für den polizeilichen Erkennungsdienst von Relevanz.

»Verbrechervisage«

»Verbrecher haben eine ungewöhnlich kleine Schädelkapazität, unnormal entwickelte Weisheitszähne, vorgewölbte Augenbrauenbogen, schräg gestellte Ohrläppchen, üppiges Kopfhaar und Affenarme. Verbrecher sind meistens Linkshänder. Sie ergrauen frühzeitig, bekommen selten eine Glatze, ihr Bartwuchs ist spärlich. Sie haben einen abgeplatteten Hinterkopf, einen stark ausgeprägten Unterkiefer und eine fliehende Stirn. Selbst Linksfüßigkeit, das heißt ein weiteres Ausschreiten mit dem linken als mit dem rechten Fuß, kann man häufig bei ihnen beobachten.«

Diese Überzeugung vertrat der italienische Rechtsmediziner Cesare Lombroso (→ Delinquento nato). Lombroso war nach zahlreichen Untersuchungen von Strafgefangenen, Mißgeburten, Geisteskranken (→ Geisteskranke und abnorme Täter) und → Prostituierten zu dieser Auffassung gelangt. Heute ist man von derartigen Theorien abgerückt. Gleichwohl ist die Vorstellung von der »Verbrechervisage« eine alte, gleichsam archetypische Vorstellung des Menschen. Der häßliche Bösewicht auf der einen Seite, und der schöne und edle Mensch auf der anderen Seite – dieses Grundmuster begegnet uns auch heute noch, sei es in der Werbung, im Hollywoodfilm oder im Comic Strip. Und in der Tat – Verbrecher waren selten schön: Sie entstammten häufig der Unterschicht, waren arm, verwahrlost, (→ Bettler), durch ihren Lebenswandel verstärkt durch Krankheiten, gezeichnet, und wenn sie bereits vorbestraft waren, wiesen sie nicht selten Verstümmelungen auf, trugen Schandflecke oder Schandmale. Soweit hatte die Vorstellung von der »Verbrechervisage« ihren realen Hintergrund. Wer aber glaubt, das Verbrechen lasse sich etwa an einer bestimmten Nasenform ausmachen, dürfte einem Irrtum unterliegen. Im Leben gibt es den schönen → Mörder (→ Weidmann, Eugen) ebenso wie es den unschönen Biedermann gibt. Allerdings gilt auch heute noch: Unser Lebenswandel prägt uns – auch äußerlich. Brutalität, Gemeinheit oder exzessiver Drogenmißbrauch hinterlassen ihre Spuren. So gibt es zwar nicht die »Verbrechervisage«, gleichwohl lassen sich Hinweise auf das Verbrechen, auf das »Böse«, auch im Gesicht finden.

Verdacht
Ist im → Strafprozeßrecht der die Ermittlung auslösende → Tatverdacht.

Verdächtigung
Die geäußerte Behauptung oder Vermutung, daß jemand eine → Straftat begangen habe. Falsche Verdächtigung begeht, wer eine andere Person wider besseres Wissen bei einer Behörde einer rechtswidrigen Tat oder einer Verletzung der Dienstpflicht beschuldigt, mit der Absicht, dadurch behördliche Maßnahmen gegen den zu unrecht Beschuldigten herbeizuführen. Die falsche Verdächtigung ist mit → Freiheitsstrafe bis zu fünf Jahren oder mit → Geldstrafe bedroht. → Üble Nachrede

Verdeckte Ermittler
Beamte der → Polizei, die nach dem Vorbild des amerikanischen »Undercover-Agenten« unter einer langfristig angelegten, veränderten Identität ermitteln, nennt man verdeckte Er-

mittler. Verdeckte Ermittler dürfen zur Aufklärung von erheblichen → Straftaten im Bereich des Waffenhandels (→ Waffenschmuggel), des Staatsschutzes, der gewerbsmäßigen oder → organisierten Kriminalität, sowie bei → Verbrechen mit Wiederholungsgefahr (→ Hangtäter) eingesetzt werden. Der Einsatz ist jedoch nur zulässig, wenn die Aufklärung auf andere Weise aussichtslos erscheint. Der Einsatz eines verdeckten Ermittlers bedarf der Zustimmung der Staatsanwaltschaft, bei Einsätzen gegen einen bestimmten Beschuldigten und beim Betreten nicht allgemein zugänglicher Wohnungen muß die Zustimmung des Richters eingeholt werden. Die Identität des verdeckten Ermittlers kann auch nach Beendigung der Ermittlung und während des → Strafprozesses geheimgehalten werden, allerdings nicht gegenüber Staatsanwälten und Richtern. Während ihres Einsatzes als verdeckte Ermittler, sind die Beamten an das Legalitätsprinzip gebunden, d.h., daß sie selbst keine Straftaten begehen dürfen. Da hierdurch aber die Gefahr entsteht, daß sie in der → Unterwelt schnell enttarnt werden, ist diese Einschränkung umstritten, vor allem wird sie in der Praxis immer wieder durchbrochen. Seit langem ist bekannt, daß die von der Polizei und den Strafverfolgungsbehörden eingesetzten verdeckten Ermittler auch selbst bisweilen Straftaten begehen oder zu solchen anstiften (→ Anstiftung). So wurde z.B. bekannt, daß bei gewalttätigen Demonstrationen verdeckte Ermittler zu den Ausschreitungen aufgestachelt hatten oder teilweise auch rechtsextremistischen (→ Rechtsextremismus) Nachwuchs rekrutiert haben. Auch hatten in verschiedenen Fällen der Rauschgiftfahndung verdeckte Ermittler Rauschgift zum Kauf angeboten und dann zufällige Kaufinteressenten verhaften lassen (→ Rauschgiftkriminalität). Verdeckte Ermittler zeigen vielleicht mit am deutlichsten die Nahtstelle auf, die zwischen → Polizei und Verbrechen bestehen kann. → Agent provocateur, → Bundesamt für Verfassungsschutz, → V-Leute

Verfassungsschutz

→ Bundesamt für Verfassungsschutz

Vergehen

Das Vergehen ist nach dem Strafgesetzbuch eine → Straftat, die im Mindestmaß mit einer → Freiheitsstrafe von weniger als einem Jahr oder mit einer → Geldstrafe belegt ist.

Die praktische Bedeutung der Klassifizierung als Vergehen besteht vor allem darin, daß sich im → Strafrecht an das Vergehen z.T. andere Rechtsfolgen knüpfen als an das → Verbrechen. Auch im → Prozeßrecht gelten für das Vergehen z.T. andere Regeln als für das Verbrechen.

Vergewaltigung

Früher als Notzucht bezeichnet, meint Vergewaltigung die Nötigung zum Beischlaf oder zu ähnlichen sexuellen Handlungen. Vergewaltigung wird durch Gewalt und Drohung oder unter Ausnutzung einer Lage, in der das Opfer dem → Täter schutzlos ausgeliefert ist, vollzogen. Die wenigen kriminalistischen Untersuchungen, die es zu diesem Thema gibt, haben erwiesen, daß die Täter häufig aus dem sozialen Nahbereich kommen. Schichtspezifisch stammen die Täter überproportional aus den ungebildeteren Bevölkerungsgruppen. Auslöser sind nicht selten überhöhter Alkoholgenuß (→ Alkohol und Verbrechen).

Auch gewalttätige und psychopathische Züge lassen sich bei den Tätern überdurchschnittlich häufig nachweisen (→ Geisteskranke und abnorme Täter, → Serienmörder). Vergewaltigungen nehmen darüber hinaus besonders in Zeiten der Verrohung, wie z.B. im Krieg (→ Krieg und Verbrechen), zu. Zu massiven Massenvergewaltigungen kam es 1945 beim Einmarsch der Roten Armee in die ehemaligen deutschen Ostprovinzen. Die exzessiven Ausschreitungen sind u.a. darauf zurückzuführen, daß die Vergewaltigungswelle von den Verantwortlichen toleriert, nicht selten sogar animiert wurde. → Sexualdelikte, → Sexualverbrecher

Verhaltensauffälligkeit

Dieser Begriff wird in Schulen, Erziehungseinrichtungen oder Familienberatungsstellen für das auffällige Verhalten von Kindern und Jugendlichen verwendet, das sich in → Aggressivität, Unruhe, Ess- und Schlafstörungen, Bettnässen, → Diebstahl, Streunen, Drogenkonsum (→ Rauschgiftkriminalität) oder anderen Auffälligkeiten äußern kann. → Jugendbanden, → Jugendgewalt, → Jugendkriminalität, → Kinderkriminalität, → Schule und Gewalt

Verjährung

Im → Strafrecht unterscheidet man Verfolgungs- und Vollstreckungsverjährung. Die → Strafverfolgung verjährt bei → Vergehen und → Verbrechen je nach Höchstmaß der angedrohten → Freiheitsstrafe in 3, 5, 10, 20 oder 25 Jahren. Nach Ablauf dieser Fristen wird die Tat nicht mehr geahndet. Die Zeituhr zur Verjährung beginnt mit Beendigung der → Straftat oder Eintritt eines strafbaren Erfolgs. Die Verfolgungsverjährung ruht allerdings bis zur Vollendung des 18. Lebensjahres des Opfers bei Straftaten, oder solange eine gesetzliche Vorschrift die Verfolgung nicht ermöglicht, z.B. wegen Immunität des Verdächtigen. Die Strafvollstreckung verjährt, je nach Höhe der verhängten → Strafe, in 3, 5, 10, 20 oder 25 Jahren, d.h. eine rechtskräftig verhängte Strafe oder Maßnahme kann dann nicht mehr vollstreckt werden. Die Verjährung von Ordnungswidrigkeiten ist nach Höhe der angedrohten oder verhängten → Geldstrafe gestaffelt. Jede richterliche Untersuchungshandlung sowie auch die erste Vernehmung oder ihre Ankündigung durch Staatsanwaltschaft oder → Polizei unterbrechen die Verfolgungsverjährung. Die Verbrechen des → Völkermordes sowie des → Mordes verjähren nicht.

Bisweilen kommt es vor, daß Verbrechen buchstäblich im letzten Augenblick geahndet werden. So brachte z.B. im November 1979 der damals 34jährige kaufmännische Angestellte Werner H. seine Frau um. Der Polizei täuschte Werner H. einen → Selbstmord seiner Frau vor. Trotz dilettantischer Durchführung waren die offensichtlich inkompetenten Kriminalbeamten bereit, der Version des Ehemannes zu glauben. Erst im Frühjahr 1999, knapp 20 Jahre nach der Tat, wurde Werner H. verhaftet. Da er seine Frau infolge eines Streites und aus Eifersucht (→ Eifersuchtsverbrechen) getötet hatte, lag strafrechtlich gesehen kein kaltblütiger → Mord, sondern → Totschlag vor. Ein → Delikt, das im Gegensatz zu Mord nach 20 Jahren verjährt. Am 4. November 1999 wurde Werner H. verurteilt. Wenige Tage später, am 11. November 1999, wäre das nicht mehr möglich gewesen, da seine Tat dann verjährt gewesen wäre.

Verkehrsunfallflucht

Umgangssprachlich Fahrerflucht oder Unfallflucht. Die Verkehrsunfallflucht ist strafrechtlich definiert als das unerlaubte Entfernen vom Unfallsort. Wer als Unfallbeteiligter vom Unfallsort flieht, bevor sein Anteil an dem Unfall festgestellt und seine Personalien aufgenommen worden sind, und wer es versäumt, Hilfe zu leisten oder zu veranlassen, wird wegen Verkehrsunfallflucht mit einer → Freiheitsstrafe bis zu drei Jahren oder mit → Geldstrafe bedroht. Auch wer sich berechtigt oder entschuldigt vom Unfallort entfernt, etwa um einen Verletzten ins Krankenhaus zu fahren, und die Feststellung seiner Person und seines Fahrzeuges nicht unverzüglich nachträglich ermöglicht, verhält sich strafbar. Unfallbeteiligter ist grundsätzlich jeder, dessen Verhalten zur Verursachung des Unfalls beigetragen haben kann. Auch fehlende Unfallverursachung oder Schuldlosigkeit schließen eine Wartepflicht an der Unfallstelle nicht ohne weiteres aus.

Die Entziehung der Verantwortung durch Verkehrsunfallflucht gilt allgemein als moralisch verabscheuungswürdig. Allerdings gibt es bei diesem → Delikt große Unterschiede, z.B. zwischen dem Zurücklassen eines angefahrenen Menschen auf nächtlicher Straße oder dem Sichentfernen von einem Parkplatz, nachdem man den Kotflügel eines parkenden Autos verbeult hat. Es ist nicht immer einfach, die → Motive der Verkehrsunfallflucht zu klären. Nicht selten muß davon ausgegangen werden, daß den → Täter nach dem Unfall eine Art Panik überfällt, die ihn so handeln läßt, wie er bei richtiger Überlegung nicht handeln würde. So blieb z.B. ein Täter nach dem Zusammenstoß seines Pkw's mit einer Straßenbahn zunächst mindestens eine Viertelstunde in seinem Wagen sitzen, bis die → Polizei erschien. Er zeigte seine Ausweise vor und erklärte dann, er müsse austreten. Er entfernte sich etwa 35 m und ging in den Schulhof eines Gymnasiums, wo er von den nacheilenden Polizeibeamten mit dem Rücken an der Wand stehend vorgefunden wurde. In vielen Fällen bringt es dem Täter keinen nennenswerten Vorteil, wenn er sich entfernt, denn der angerichtete Blechschaden wird ja im Regelfall von seiner Versicherung übernommen. Im normalen Leben durchaus rechtschaffene Mitbürger können in diesen Fällen jedoch blindlings ihrem ersten Instinkt folgen, und von der

Unfallstelle fliehen und auch oft später nicht den Mut finden, diesen Fehler zu korrigieren.

Verkehrsvergehen

Eine zum Teil sehr allgemein gebrauchte Bezeichnung für → Straftaten wie z.B. Straßenverkehrsgefährdung, aber auch für Ordnungswidrigkeiten im Straßenverkehr, die keinen kriminellen Charakter tragen und im strafrechtlichen Sinne kein → Vergehen darstellen. → Verkehrsverstöße

Verkehrsverstöße

Zuwiderhandlungen im Straßenverkehr, die den Tatbestand einer → Straftat wie z.B. fahrlässige → Körperverletzung, → fahrlässige Tötung, Straßenverkehrsgefährdung erfüllen, oder eine → Ordnungswidrigkeit (z.B. nach dem Straßenverkehrsgesetz, der Straßenverkehrsordnung, der Fahrerlaubnis-Verordnung) darstellen. Bei Straftaten gilt grundsätzlich das Legalitätsprinzip, d.h. die Staatsanwaltschaft ist zur Verfolgung sämtlicher Verstöße verpflichtet, doch bedarf es bei fahrlässiger Körperverletzung in der Regel eines → Strafantrages des Verletzten. Bei Ordnungswidrigkeiten, für deren Verfolgung die Verwaltungsbehörden zuständig sind, gilt das Opportunitätsprinzip (Verfolgung liegt im pflichtgemäßen Ermessen der Behörden). Verkehrsverstöße werden mit → Geld- oder → Freiheitsstrafe bedroht; daneben kommt die Entziehung der Fahrerlaubnis in Betracht.

Neben den → Bereicherungsdelikten bilden die Verkehrsdelikte zahlenmäßig die wichtigste Gruppe von Straftaten; im Hinblick auf den mit ihnen verbundenen Verlust an Menschenleben überragt diese Gruppe alle anderen bei weitem.

Gleichwohl erregt der Unfalltod weit weniger Aufsehen als der Tod durch das »normale« → Verbrechen. Uneingestanden wird er wohl als Opfergabe auf dem Altar des »Fortschrittes« akzeptiert. Die häufigste Ursache schwerer Verkehrsverstöße bilden → Alkohol und → Aggressivität. Nicht wenige Mitbürger leben ihre Probleme, ihren → Haß, ihre Minderwertigkeitsgefühle (→ Neidverbrechen), ihre Imponier- und Dominanzgelüste hinter dem Lenkrad aus. Besonders der männliche Nachwuchs, vor allem, wenn er den unteren Bildungsschichten entstammt, ist für derartige Triebentladungen gefährdet. → Geschlecht und Verbrechen, → Lebensalter und Verbrechen

Verleumdung

→ Beleidigung

Vermögensstrafe

Sie rangiert neben der → Freiheitsstrafe und der → Geldstrafe als eine Kriminalstrafe. Durch sie sollen Gewinne aus kriminellen Handlungen abgeschöpft werden. Die Vermögensstrafe wurde durch das »Gesetz zur Bekämpfung des illegalen Rauschgifthandels und anderer Erscheinungen der Organisierten Kriminalität« vom 15.7.1992 geschaffen. Danach kann das → Gericht unter bestimmten Voraussetzungen bei → Tätern, die zu einer lebenslangen oder zu einer Freiheitsstrafe von mehr als zwei Jahren verurteilt werden, zusätzlich die Zahlung eines Geldbetrages verlangen, dessen Höhe nach dem zu schätzenden Vermögen des Täters bestimmt wird.

Vernehmung, Verhör

Im → Prozeßrecht bezeichnet man als Vernehmung bzw. Verhör die mündliche Befragung von → Zeugen, Sachverständigen, sowie der Ankläger und des Beschuldigten. Dabei wird der Beschuldigte bei der ersten richterlichen Vernehmung darüber unterrichtet, welche Tat ihm zur Last gelegt wird und welche Strafvorschriften in Betracht kommen. Er wird auf sein Aussageverweigerungsrecht hingewiesen sowie auf sein Recht, erst einen Verteidiger zu befragen. Unterbleibt der Hinweis, so ist die Aussage unverwertbar. Es soll dem Beschuldigten Gelegenheit gegeben werden, Verdachtsgründe zu beseitigen und die zu seinen Gunsten sprechenden Tatsachen geltend zu machen. Diese Vorschrift gilt auch für Verhöre, die von der Staatsanwaltschaft oder der → Polizei angestellt werden und in ähnlicher Form für Vernehmungen in der → Hauptverhandlung. Bei einem Verhör darf die Freiheit der Willensentschließung und die körperlicher Unversehrtheit des Beschuldigten nicht durch Mißhandlung, Ermüdung, Verabreichung von Mitteln, Hypnose oder → Täuschung beeinträchtigt werden (→ Folter). Bei der Zeugen-Vernehmung im Strafverfahren sollen Fragen nach entehrenden Tatsachen, nach Vorstrafen oder ähnlichem nur gestellt werden, wenn dies unerläßlich ist. Auch kann die Öffentlichkeit zum Schutz der Privatsphäre des Zeugen ausgeschlossen werden.

Verschleppung

Im → Strafrecht stellt sie eine Sonderform des → Menschenraubes dar. Verschleppung begeht, wer eine andere Person durch List, → Drohung oder Gewalt in ein Gebiet außerhalb der Bundesrepublik Deutschland bringt oder sie veranlaßt, sich dorthin zu begeben oder sie daran hindert, von dort zurückzukehren, wodurch er sie der Gefahr aussetzt, aus politischen Gründen verfolgt zu werden und hierbei entgegen rechtsstaatlichen Grundsätzen Gewalt- oder Willkürmaßnahmen zu erleiden. Die Verschleppung und ihre Vorbereitung werden mit einer → Freiheitsstrafe nicht unter einem Jahr geahndet.

Verschulden

Das Verschulden bezeichnet eine Handlung, mit der vorsätzlich, mit Absicht oder fahrlässig (→ Fahrlässigkeit) schädliche Folgen herbeigeführt werden. Die Bestrafung eines Verschuldens setzt die Schuldfähigkeit (→ Schuldunfähigkeit) des → Täters voraus.

Verschwörung

→ Komplott

Versicherungsbetrug

Beinhaltet das Vortäuschen eines Versicherungsunfalles mit der Absicht, eine ungerechtfertigte Versicherungsleistung zu erhalten. Versicherungsbetrug wird als gewöhnlicher → Betrug mit einer → Freiheitsstrafe bis zu fünf Jahren oder → Geldstrafe verurteilt. Wird ein Versicherungsbetrug vorgetäuscht, indem der → Täter oder ein Dritter eine Sache von Wert in Brand setzt (→ Brandstiftung) oder ein Schiff zum Sinken oder Stranden bringt, liegt ein besonders schwerer Fall von Versicherungsbetrug vor, der mit einer Freihheitsstrafe von sechs Monaten bis zehn Jahren bedroht ist. → Versicherungsmißbrauch

Versicherungsmißbrauch

Begeht, wer eine gegen Untergang, Beeinträchtigung der Brauchbarkeit, Beschädigung, → Diebstahl oder Verlust versicherte Sache beschädigt, zerstört, beiseiteschafft oder jemand anderem überläßt, um sich oder einer dritten Person auf diese Weise Versicherungszahlungen zu verschaffen. Der Versicherungsmißbrauch ist mit → Freiheitsstrafe bis zu drei Jahren oder mit einer → Geldstrafe bedroht. → Versicherungsbetrug

Versuch

Nach dem → Strafrecht handelt es sich hierbei um die Umsetzung des Entschlusses, eine → Straftat zu begehen und zwar durch Handlungen, die keine bloße Vorbereitung, sondern den Anfang der Ausführung bilden. Bei einem → Verbrechen ist der Versuch stets strafbar, doch kann er milder bestraft werden (→ mildernde Umstände) als die vollendete Tat. Bei einem → Vergehen ist der Versuch nur in einigen gesetzlich bestimmten Fällen strafbar. Ein freiwilliger Rücktritt von einem Versuch bewirkt Straflosigkeit. Hat der → Täter noch nicht alles getan, was für seinen Plan nötig war, etwa die Pistole noch nicht abgedrückt, so bleibt er straflos, wenn er freiwillig abbricht und auf eine weitere Ausführung verzichtet. Hat er jedoch bereits alle Handlungen für eine Erfolgsherbeiführung ausgeführt, z.B. bereits eine Zeitbombe gelegt, so kann er der → Strafe nur entgehen, wenn er tätige Reue übt, d.h. den Erfolg seines eigenen Planes selbst verhindert. Zur Straflosigkeit genügt auch das freiwillige und ernsthafte Bemühen, die Vollendung der Tat zu verhindern, wenn sie ohne sein Zutun nicht vollendet oder unabhängig von seinem früheren Tatbeitrag begangen wird. Als untauglichen Versuch bezeichnet man, wenn die Tat entweder mit einem untauglichen Mittel, z.B. einem ungeladene Gewehr, unternommen wird, oder wenn es gegen ein untaugliches Objekt gerichtet ist, z.B. der Versuch, einen vermeintlich Schlafenden zu töten, der bereits tot ist. Der untaugliche Versuch ist strafbar, kann jedoch vom → Gericht strafmildernd beurteilt werden.

Verunglimpfung

→ Beleidigung

Verwahrlosung

Zustand einer Person, welche selbst eine Minimalanpassung an gesellschaftliche Verhaltensnormen nicht erfüllt. Verwahrlosung beruht auf Sozialisationsdefiziten, welche die Übernahme einer normalen gesellschaftlichen Rolle verhindern. Die Ursachen der Verwahrlosung können sowohl → milieu- als auch anlagebedingt sein. Ob eine Verwahrlosung vorliegt, hängt nicht nur von der betreffenden Person ab, sondern auch von dem gesellschaftlichen Konsens darüber, was »normales« Verhalten ist. → Alkohol und Verbrechen, → Armut und Verbrechen, → Asoziales Verhalten, → Betteln, → Rauschgiftkriminalität

Verwahrungsbruch

Als Verwahrungsbruch wird die unerlaubte Vernichtung von Akten und Daten bezeichnet. Sie kann mit bis zu fünf Jahren → Haft bestraft werden. Aufsehen erregte das Thema Verwahrungsbruch, als publik wurde, daß am Ende der Regierungszeit von Helmut Kohl im Kanzleramt systematisch Daten gelöscht und Akten vernichtet wurden. Das hätte nicht geschehen dürfen, da die vernichteten Unterlagen zur »Verwahrung« und nicht zur Vernichtung im Kanzleramt lagen. Wahrscheinlich enthielten sie Informationen zu »sensiblen« Themenbereichen wie etwa → Parteispenden oder Hinweise auf → Schmiergeldzahlungen beim Verkauf der Leuna-Werke.

Verwarnung

Im Jugendstrafrecht ein → Zuchtmittel, durch das einem straffällig gewordenen Jugendlichen das Unrecht der Tat eindringlich vorgehalten werden soll (→ Jugendkriminalität). Die Verwarnung ist eine förmliche Mißbilligung der Tat und wird ausgesprochen, wenn der Grad der Verfehlung die Verhängung einer → Jugendstrafe noch nicht erforderlich macht. Im allgemeinen → Strafrecht bildet die Verwarnung mit Strafvorbehalt die Form eines aufschiebend bedingten Strafausspruchs, bei dem im → Urteil zwar die → Schuld des Angeklagten festgestellt und die → Strafe der Höhe nach festgesetzt wird, ihre Verhängung aber aufgeschoben wird.

Verzini, Vincente

Im Jahre 1873 wurde Vincente Verzini, der zu den bekanntesten→ Lustmördern der italienischen → Kriminalgeschichte gehört, zu einer lebenslangen → Gefängnisstrafe verurteilt. Daß er nicht am → Galgen landete, verdankte Verzini dem Kriminologen Cesare Lombroso (→ Delinquento nato), der den → Angeklagten als nicht zurechnungsfähig bezeichnete. Neben Lombroso hat sich auch der Sexualwissenschaftler Krafft-Ebing mit dem Fall des römischen → Serienmörders beschäftigt, der mindestens zwölf Frauen getötet hat. Verzi-

Verwahrungsbruch

ni, in dessen Familie mehrere Fälle von vererbtem Schwachsinn vorkamen, wurde 1849 geboren und zeigte schon als Knabe eine Freude daran, Tiere zu quälen und zu töten (→ Sadismus). Mit 19 Jahren versuchte er, eine Pflegerin zu erwürgen, die sich während einer Krankheit um ihn kümmerte. Im Dezember 1867 beging er dann seinen ersten → Mord an der 14jährigen Johanna Motta, die er aufschlitzte und deren Genitalien er herausschnitt. Zwischen 1867 bis 1872 tötete Verzini noch mindestens elf weitere junge Mädchen in der Umgebung von Rom auf ähnliche Weise. Seine Cousine Maria Previtali, die er ebenfalls angegriffen hatte, die ihn jedoch dazu überreden konnte, sie gehenzulassen, erstattete 1872 schließlich → Anzeige, so daß Verzinis Treiben, der nach eigener Aussage beim → Bluttrinken mehr Lust verspürt als beim Onanieren, endlich ein Ende gesetzt werden konnte. → Geisteskranke und abnorme Täter, → lebende Vampire

Vicious, Sid

Das Dilemma nahezu sämtlicher Jugendprotestaktionen seit den 70er Jahren besteht darin, daß es kaum noch etwas gibt, womit sich das »Establishment« tatsächlich schockieren ließe. Im Gegenteil: Aufsässigkeit und Rebellion sind ein Marketingfaktor und wirken zumeist nicht authentischer als das Lächeln einer Prostituierten. Mögen Elvis oder die Stones in ihrer Frühzeit noch auf die Eltern- oder Erziehergeneration schockierend gewirkt haben, so stellt der Jugendprotest heute längst einen Wirtschaftsfaktor dar. Nach ihm wird gefahndet – aber nicht um ihn zu verurteilen, sondern um ihn kommerziell zu verwerten. Der Protest geriet dadurch zur Attrappe oder bleibt allenfalls ein Protest um des Protestes willen – und zumeist bar jedes geistigen Inhaltes. Ein Sinnbild dieser Verhältnisse war von Anfang an der Punk. Sein Rebellentum wirkte angestrengt und war bloße Attitüde. Der Punk war nie wirklich revolutionär, sondern eher ein künstlerischer Manierismus der Sonderklasse und ein Produkt der Musikindustrie. Für die Gesellschaft war der Punk daher nie gefährlich – gefährlich konnte er nur für seine Hauptdarsteller werden; denn die Medien verlangten von diesen ein exzessives Leben, möglichst vor laufender Kamera. Wer es am wildesten trieb, landete auf dem Titelblatt der Zeitungen oder auf dem Friedhof.

Ein Paradebeispiel des vergeblichen Punkrebellentums stellte wohl Sid Vicious von den Sex Pistols dar. Vicious, über seinen bürgerlichen Namen herrscht bis heute Unklarheit, mal wird er als John Beverly, mal als Simon Ritchie, manchmal auch als John Simon bezeichnet, wurde 1957 in London geboren. Seine alleinerziehende Mutter war drogenabhängig. Angeworben wurde er von den Sex Pistols nicht wegen seines musikalischen Talentes, sondern allein wegen seines gewalttätigen Punk-Images. Als die Pistols auseinandergingen, war er eine Berühmtheit, hatte aber nichts zu bieten als seinen leeren Star-Ruhm. Während er ziellos durch London trieb, lernte er das 20jährige amerikanische Groupie Nancy Spungen kennen. Nachdem man dem Mädchen in Folge einer heftigen Auseinandersetzung mit Journalisten mit Ausweisung gedroht hatte, reiste Vicious ihr nach New York nach. Dort mußte er am Flughafen aus der Maschine getragen werden – offenbar unter Drogen- oder Alkoholeinfluß, wie es in den Berichten hieß. Sid und Nancy bezogen das Chelsea Hotel, wo man Nancy später mit mehreren Stichwunden im Bauch tot auffand. Am 12. Oktober 1978 wurde Sid Vicious ordnungsgemäß verhaftet und des → Mordes angeklagt. Fünf Tage später kam er aufgrund einer → Kaution von 50.000 Dollar wieder frei. Nach einer → Schlägerei in einem Nachtclub kam er knapp zwei Monate später erneut in Untersuchungshaft, wurde dann nach einer erneuten Kaution wieder auf freien Fuß gesetzt. 24 Stunden später wurde Sid Vicious tot in der Wohnung seiner damaligen Freundin aufgefunden. Er war an Heroin gestorben. Offensichtlich hatte er eine höhere Dosis genommen, als sein Körper nach der zweiwöchigen Zwangsabstinenz im → Gefängnis hatte ertragen können. Sid Vicious war zu diesem Zeitpunkt 21 Jahre alt. → Rauschgiftkriminalität

Vidocq, François

François Vidocq wurde 1775 als Sohn eines Bäckers geboren. Bis zu seinem fünfunddreißigsten Jahr war sein Leben eine Folge von abenteuerlichen Ereignissen: Vidocq war Schausteller, Soldat, Seemann, Marionettenspieler, Krimineller, Strafgefangener und König der → Ausbrecher. Einmal floh er in der gestohlenen Uniform eines Gendarmen, ein anderes Mal stürzte er sich aus der schwindelnden Höhe eines → Gefängnisturmes in einen vorbeifließenden Fluß. Schließlich lebte er zehn Jahre unerkannt als Kleiderhändler in Paris. Aber diese zehn Jahre lang wurde er immer wieder von ehemaligen Mithäftlingen von Verrat bedroht, bis er schließlich, von Wut gegen die ehemaligen Genossen erfüllt, den entscheidenden Schritt seines Lebens unternahm: Er begab sich in die Polizeipräfektur von Paris und machte dort das Angebot, er wolle der → Polizei seine in vielen Jahren erworbene Kenntnis der → Verbrecherwelt zur Verfügung stellen, sofern man ihm den Kerker erspare.

François Vidocq: Abenteurer, Sträfling und Gründer der Pariser Kriminalpolizei. Zeitgenössischer Stich

Die Polizeibeamten nahmen den Vorschlag an. So wandelte sich Vidocq vom Saulus zum Paulus. Zunächst mußte er aber noch einmal ins Gefängnis – allerdings als Spitzel (→ V-Leute). Von dort aus gab er wöchentlich seine Berichte an die Polizei: über verstecktes Diebesgut, geheime Schlupfwinkel und geplante Verbrechen. Nach bestandener Probe stieg Vidocq zum eigentlichen Gründer der Pariser → Kriminalpolizei auf, der Sûreté. Unter ehemaligen Häftlingen suchte sich Vidocq seine Männer aus, die er in → Banden einschleuste, zum Schein ins Gefängnis steckte oder als Hehler (→ Hehlerei) arbeiten ließ. Der Erfolg war enorm. Jedes Jahr faßte die Brigade fünfhundert bis siebenhundert → Einbrecher, → Mörder, → Diebe, → Räuber und → Betrüger. Gegenüber seinen Leuten arbeitete Vidocq mit Zuckerbrot und Peitsche. Sie erhielten keinen Lohn, sondern nur Spesen und Erfolgshonorar, und wer nicht mitzog oder mit den Kriminellen gemeinsame Sache machte, wanderte auf Nimmerwiedersehen ins Gefängnis. 1818 zog Vidocq in sein eigenes Büro in der Petit Rue Sainte-Anne 6. Dort liefen die Fäden der Sûreté zusammen. Dabei nutzte er seine Kenntnisse der Verbrecherwelt. Er besuchte Gefängnisse, um sich die Gesichter der Häftlinge als die der späteren möglichen → Täter einzuprägen und legte Karteien über Aussehen und Arbeitsweise verschiedener Verbrecher an. Doch nicht nur in Elendsvierteln war Vidocq aktiv, er stellte auch Gentlemanverbrecher. So riß er z.B. dem Grafen de Pontas de Sainte-Hélène, einem berühmten Schürzenjäger, die Maske vom Gesicht und entlarvte ihn als den langgesuchten → Gangsterchef Coignard. Auch den betrügerischen Bankier Ouvrard nahm er fest. Sein Meisterstück leistete Vidocq, als er sich in die berüchtigte Gangsterbande »Chauffeure von Amiens« aufnehmen ließ und die Bandenmitglieder, während sie einigen Opfern die Füße rösten wollten, festnehmen ließ. Aber erst 1828 wurde Vidocq offiziell begnadigt und vier Jahre später zum Chef der Brigade de Sûreté ernannt. Im November 1832 mußte er jedoch bereits wieder zurücktreten, da der neue Polizeipräsident Henri Gisquet es nicht mit seinem Gewissen vereinbaren konnte, daß die gesamte Kriminalpolizei aus ehemaligen Kriminellen bestand. Vidocq gründete daraufhin das erste private → Detektivbüro der Welt, in dem er sehr erfolgreich war und als »König der Detektive« Erfolge feierte. Weit weniger erfolgreich war das Wirken der französischen Kriminalpolizei, nachdem sie die gesamte Brigade unnachgiebig von kriminellen Elementen gesäubert hatte und nur noch Beamte mit untadeligem Lebenslauf einsetzte. Die Schreibtischbeamten hatten nicht die Schlagkraft von Vidocqs ehemaliger Brigade, und erst als mehr wissenschaftliche Methoden, wie die Körpervermessung, in die Verbrechensermittlung Einzug hielten, erhöhten sich die Erfolgsraten wieder (→ Identifizierung, → Fingerabdruck, → Rechtsmedizin, → Spurensicherung). Im Jahr 1828 veröffentlichte Vidocq seine Memoiren.
→ Polizei und Verbrechen

Viktimologie

»Victima« ist das Opfer. Viktimologie ist die erfahrungswissenschaftliche und interdisziplinäre Lehre vom Opfer einer → Straftat und gilt als Teildisziplin der → Kriminologie. Die seit der Mitte des 20. Jahrhunderts entwickelte Viktimologie ergänzt den traditionell auf den Straftäter gerichteten Blick in Richtung auf das Opfer, beziehungsweise auf den Vorgang des Opferwerdens (Viktimisierung). Ziel der Viktimologie ist es, die Beziehung zwischen → Täter und Opfer zu untersuchen, außerdem Fragen der Gefährdung, des Schutzes oder der Hilfe für das Opfer zu klären. Auch ein möglicher → Täter-Opfer-Ausgleich, eine Schadenswiedergutmachung oder präventive Maßnahmen fallen in den Aufgabenbereich der Viktimologie.

Die vielleicht wichtigste Erkenntnis der Viktimologie bei ihrer Suche danach, wer wann und warum zum Opfer wird, ist folgende: Meist kennen sich Täter und Opfer – und sei es auch nur oberflächlich oder kurz. Gemordet oder getötet wird zu etwa 70 Prozent im Verwandtenkreis oder im Umfeld von ehemaligen Freunden und Zufallsbekanntschaften (→ Beziehungs- und Familiendramen, → Gattenmord). Diese Opfer-Täter-Beziehung ist der Hauptgrund dafür, warum die Aufklärungsrate bei – registriertem – → Mord relativ hoch ist; denn die Kriminalisten finden den Täter im Regelfall im Bekanntenkreis des Opfers. Liebe, Leidenschaft (→ Vergewaltigung), → Haß, → Neid, Gier, Rivalität, → Sadismus, → Eifersucht oder → Rachegefühle bilden nur zu oft ein unsichtbares Band zwischen Opfer und Täter. Daneben hat die Viktimologie noch ein anderes Phänomen festgestellt: Es gibt auch den Typus des Opfers, der danach verlangt, Opfer zu sein. Hier spielen masochistische und selbstzerstörerische (→ Selbstmord) → Motive mit hinein. Die Gefahr wird von derartigen Personen bewußt oder unbewußt gesucht. So gehört in diese Gruppe z.B. auch das häufige Opfer von → Überfällen; denn nicht alle Menschen unterliegen in etwa der gleich großen Gefahr, überfallen zu werden. Es gibt Personen, die nahezu »regelmäßig« überfallen werden, da sie z.B. nachts allein mit offener Handtasche durch dunkle Stadtviertel mit einer erhöhten Kriminalitätsrate umherspazieren. Ein anderer Opfertypus sind die Menschen, die sich mit Vorliebe einen Partner suchen, der »schlecht« zu ihnen ist, indem er sie beispielsweise schlägt, mißhandelt, demütigt oder finanziell ausbeutet.

Literatur: W. T .Haesler (Hg.): Viktimologie (1986).

Vitalienbrüder /Viktualienbrüder

Vom Ende des 14. bis ins 15. Jahrhundert hinein, trieben die Viktualienbrüder als → Freibeuter und → Piraten ihr Unwesen. Zunächst dienten sie als Hilfstruppen König Albrechts von Schweden im Kampf gegen Königin Margarete I. und versorgten das seit 1389 eingeschlossene Stockholm von der See her mit Lebensmitteln (Viktualien). Anschließend führten sie dann auf eigene Faust einen → Kaperkrieg mit Gewinnteilung, wobei sie sich die Losung: »Gottes Freund, der Welt Feind« zu eigen machten. Im Jahr 1398 vertrieb sie der Deutsche Orden von ihren Stützpunkten auf Gotland. Die Vitalienbrüder verlegten daraufhin ihr Wirkungsfeld in die Nordsee, wo sie bei nordfriesischen Häuptlingen Unterstützung fanden und den hanseatischen Flandern- und Englandfahrern erheblichen Schaden zufügten. 1400/01 glückte es einer von Hamburg entsandten hanseatischen Flotte, die Vitalienbrüder vor Helgoland vernichtend zu schlagen. Ihre Führer Klaus → Störtebeker und Godeke Michels wurden mit vielen ihrer Männer in Hamburg auf dem Grasbrook hingerichtet. Einige versprengte Haufen der Vitalienbrüder blieben noch bis in die 1430er Jahre hinein aktiv.

Literatur: M. Puhle: Die Vitalienbrüder. Klaus Störtebeker und die Seeräuber der Hansezeit (1994).

V-Leute

Sind sogenannte Verbindungs- und Vertrauensleute. Es handelt sich bei ihnen um Personen, die der → Polizei Hinweise zur Verhinderung und Aufklärung von → Straftaten geben und deren Identität von den Ermittlungsbehörden, für die sie arbeiten, geheimgehalten wird. Es kann sich bei ihnen um gelegentliche Informanten handeln, die beispielsweise als Gastwirt oder Taxifahrer zufällig mit dem kriminellen → Milieu in Berührung kommen, aber auch um Personen, die direkt der → Unterwelt angehören oder angehört haben. Dann gibt es noch die V-Leute der Polizei und der Nachrichtendienste, die in die → Verbrecherwelt eingeschleust werden, um dort zu Informationen zu kommen (→ Verdeckte Ermittler).

Vogelfrei, wolfsfrei

Wer als vogelfrei erklärt wurde, stand außerhalb jeglichen Rechtsschutzes. Er war geächtet (→ Acht) und friedlos. Ursprünglich bezeichnete man mit »vogelfrei« diejenigen, die als Ausgestoßene unbeerdigt den Vögeln bzw. Wölfen zum Fraß blieben.

Voigt, Wilhelm (Hauptmann von Köpenick)

»Am 16. Oktober 1906 nachmittags hat eine Person in Hauptmannsuniform in Köpenick die Stadtkasse geraubt. Der Täter ist zuletzt in Kietz-Rummelburg gesehen worden. ... etwa 50 Jahre alt ... Belohnung von 2000 Mark.« So konnte man auf den Berliner Litfaßsäulen lesen, und bald war die Geschichte auf der ganzen Welt bekannt: Der arbeitslose und vorbestrafte Schuster Wilhelm Voigt hatte mit einer beim Trödler erstandenen Hauptmannsuniform in Köpenick – damals noch nicht zu Berlin gehörig – einen Trupp vorbeimarschierender »Köpenicker Grenadiere« abkommandiert und mit ihnen gemeinsam das Köpenicker Rathaus besetzt, den Bürgermeister verhaften und sich die Stadtkasse aushändigen lassen, mit der er dann verschwand. Voigt wurde daraufhin als »Hauptmann von Köpenick« zur Legende. Doch wer war nun dieser falsche Hauptmann? 1849 wurde Voigt in Tilsit geboren. Sein → Strafregister ist lang. Insgesamt war der »Herr Hauptmann« bis zu seiner → Köpenickiade siebenmal vorbestraft, und zwar: vom Kreisgericht Tilsit 1863 wegen → Diebstahls mit 14 Tagen → Gefängnis – 1864 wegen Diebstahls mit 3 Monaten Gefängnis – nochmals vom Tilsiter Gericht 1865 wegen Diebstahls im Rückfalle mit 9 Monaten Gefängnis und 1 Jahr Ehrenverlust – vom Schwurgericht Prenzlau 1867 wegen → Urkundenfälschung mit 10 Jahren → Zuchthaus und 1500 Talern → Geldstrafe bzw. noch 2 Jahren Zuchthaus – Vom Landgericht Posen 1889 wegen schweren Diebstahls mit 1 Jahr Gefängnis – von demselben Gericht 1890 wegen intellektueller Urkundenfälschung mit 1 Monat Gefängnis – vom Landgericht Gnesen 1891 wegen schweren Diebstahls im Rückfalle mit 15 Jahren Zuchthaus, Ehrverlust auf 10 Jahre und Zulässigkeit der Polizeiaufsicht. Insgesamt 29 Jahre saß Voigt im Gefängnis und im Zuchthaus, »gedient« hatte der Hauptmann von Köpenick dagegen nie. Wilhelm Voigt hätte nach seinem Schelmenstück aller Wahrscheinlichkeit nach nochmals viele weitere Jahre hinter Gittern verbringen können, doch er hatte Glück: Das Volk lachte über sein dreistes → Gaunerstück, selbst der Kaiser war amüsiert, und bald lachte die ganze Welt. Als beim → Prozeß gegen Voigt die Köpenicker Grenadiere vom → Gerichtsvorsitzenden wiederholt gefragt wurden, ob ihnen denn am falschen Hauptmann gar nichts aufgefallen sei, verneinten sie und erklärten, dieser hätte seine Befehle in solcher Ruhe und Bestimmtheit gegeben wie einer ihrer Offiziere und sie hät-

Heinz Rühmann in der Rolle des Hauptmann von Köpenick, alias Wilhelm Voigt

ten geglaubt, es mit einem Offizier der Schloßgardekompanie zu tun zu haben. Als der Vorsitzende noch einmal nachhakte, ob der falsche Hauptmann nicht doch etwas Auffallendes an sich gehabt habe, antwortete einer der Grenadiere: »Doch. Er war so anständig. Nicht ein einziges Mal hat er mit uns geschimpft!« Voigt wurde zu vier Jahren Gefängnis verurteilt, doch bereits nach zwei Jahren wurde er begnadigt (→ Begnadigung).

Die letzten Jahre seines Lebens – Voigt starb 1922 – konnte er als lebende Legende und gutbezahltes Ausstellungsstück verbringen. Das Leben des Hauptmanns von Köpenick wurde in zahlreichen Theaterstücken, Romanen, Filmen, Liedern und Hörspielen verewigt. Besonderen Bekanntheitsgrad erreichte das Theaterstück *Der Hauptmann von Köpenick* (1930) von Carl Zuckmayer und der gleichnamige 1956 von Helmut Käutner gedrehte Film mit Heinz Rühmann in der Titelrolle.

Literatur: Winfried Löschburg: Ohne Glanz und Gloria. Die Geschichte des Hauptmanns von Köpenick (1996).

Völkermord

Bezeichnet Handlungen gegen die Mitglieder einer nationalen, ethnischen, rassischen oder religiösen Gruppe, die mit der Absicht begangen werden, die Gruppe als solche ganz oder teilweise zu vernichten. Zum Völkermord zählen: das Töten von Angehörigen einer Gruppe, physische oder psychische Schäden, die Angehörigen der Gruppe zugefügt werden, sowie die vorsätzliche Auferlegung von Lebensbedingungen, die den Untergang der Gruppe herbeiführen. Hinzu kommen noch gewaltsame Geburtenverhinderung und die zwangsweise Überführung von Kindern der Gruppe in eine andere. Der Völkermord ist in der Konvention der Vereinten Nationen vom 9.12.1948 zum international geächteten → Verbrechen erklärt worden. Allerdings enthält diese Konvention keine eigenen Strafnormen, sondern verpflichtet die Staaten, die unterzeichnet haben, Handlungen des Völkermords unter → Strafe zu stellen. In der Bundesrepublik Deutschland ist der Völkermord mit lebenslanger → Freiheitsstrafe bedroht. Völkermord verjährt nicht.

Der Völkermord hat eine lange Geschichte: Bereits in der Antike und im Mittelalter kam es zum teilweisen oder vollständigen Auslöschen von Völkern und rassischen oder religiösen Gruppen. In der Neuzeit wurde im Zuge der von Europa ausgehenden Kolonisation Völkermord an den Indianern Amerikas begangen. Völkermord größten Ausmaßes hatte das 20. Jahrhundert zu verzeichnen: Den Völkermord an den Armeniern im und nach dem Ersten Weltkrieg, die Vernichtungspolitik der Nationalsozialisten, vor allem an den Juden, den Völkermord an der Bevölkerung Kambodschas unter dem Terrorregime von Pol Pot (1975-79). Auch die während des Zweiten Weltkrieges in der Sowjetunion durchgeführten Zwangsdeportationen der Wolgadeutschen und Krimtataren erfüllen den Tatbestand des Völkermordes. Die während des Segregationskrieges um die verschiedenen ethnischen

Siedlungsgebiete in Kroatien sowie Bosnien und Herzegowina (1991-1995) erfolgten »ethnischen Säuberungen« vorwiegend bosnischer Muslime durch die Serben sind ebenfalls als Völkermord einzustufen. In Ruanda fielen im Jahr 1994 ungefähr schätzungsweise eine Million Tutsi und Hutu dem Völkermord zum Opfer. Ein internationales Strafgericht soll die Verantwortlichen bestrafen. *Literatur: E. Markusen: Die Psychologie des Völkermordes (1992).* → Ideologie und Verbrechen, → Kriegsverbrecherprozesse

Volkscharakter und Verbrechen

→ Mentalitätsunterschiede des Verbrechens, nationale und kulturelle

Volksverhetzung

»Wie stellen sich die Briten die Hölle vor? Ganz einfach: Die Deutschen sind die Polizisten, die Schweden die Komödianten, die Italiener bilden die Armee, die Franzosen bauen die Straßen, die Türken sorgen für die Küche, die Israelis sind die Diplomaten und die Spanier die Eisenbahner.« Scherze dieser Art finden sich in der angesehenen Tageszeitung The Times. Da sie sehr beliebt sind, hat man sie zu Werbezwecken sogar auf Plakate drucken und in der Londoner U-Bahn anbringen lassen. Erklärend ist hinzugefügt, daß es sich dabei um Ausschnitte aus den Glossen von Philip Howard handelt, die jeden Samstag in der Times erscheinen. Würde es auch eine deutsche Tageszeitung wagen, mit Witzen über andere Völker und deren Mentalitäten für sich zu werben? Natürlich nicht! Im Gegenteil. In Deutschland wäre ein solches Anspielen auf nationale Schwächen leicht dem → Verdacht ausgesetzt, hier wolle jemand Volksverhetzung betreiben. In den angelsächsischen Ländern und vielen anderen Staaten ist der → Straftatbestand der Volksverhetzung hingegen nicht bekannt. In Deutschland allerdings hat sich der Straftatbestand – in Hinblick auf das Dritte Reich – sogar deutlich verschärft. Als Volksverhetzung bezeichnet der Gesetzgeber in Deutschland Taten, die in irgendeiner Weise geeignet sein könnten, den öffentlichen Frieden zu stören. Dazu zählen:

1. Die Aufstachelung von Haß oder Gewalt gegen Teile der Bevölkerung.
2. Der Angriff auf die Menschenwürde anderer, indem Teile der Bevölkerung böswillig verächtlich gemacht oder verleumdet werden.

Ferner sind das Verbreiten volksverhetzender Schriften und die sogenannte Ausschwitz-Lüge (Leugnung von nationalsozialistischen Vernichtungsverbrechen) strafbar. Volksverhetzung wird mit → Freiheitsstrafe von drei Monaten bis zu fünf Jahren bedroht. Ironischerweise werden vornehmlich diejenigen Personen und Gruppen mit dem Straftatbestand der Volksverhetzung erfaßt, die das eigene Volk zum Götzen erhoben haben – nämlich die → Rechtsextremisten.

W

Waffenrecht

Der Besitz von Waffen – wie aus den USA hinlänglich bekannt – animiert zu ihrem Gebrauch. In Deutschland benötigt man daher zum Erwerb und Besitz von Waffen und Munition eine behördliche Erlaubnis. Um diese zu erlangen, muß neben einer erforderlichen körperlichen und geistigen Eignung auch ein konkreter Bedarf nachgewiesen werden, wie beispielsweise bei Inhabern von Jagdscheinen, bei Waffensammlern, bei Schießsportlern und bei besonders gefährdeten Personen zum Selbstschutz.
Die hierfür gültigen Bestimmungen sind im Waffenrecht geregelt. Das Waffenrecht enthält insgesamt die Rechtsvorschriften zur Herstellung, zum Vertrieb, Besitz, Tragen und zum Gebrauch von Waffen. Prinzipiell verboten sind danach Herstellung, Erwerb, Besitz und Führen bestimmter Arten von Waffen, die häufig zur Begehung von → Straftaten dienen oder besonders gefährlich sind, sowie bestimmte Hieb- und Stichwaffen. Zur Ahndung von Verletzungen des Waffen-Gesetzes existieren umfangreiche Straf- und Ordnungswidrigkeitenbestimmungen. Es ist klar, daß sich die → organisierte Kriminalität nicht an derartige Vorlagen hält, sondern sich → illegal oder durch → Schmuggel (→ Waffenschmuggel) entsprechend ausrüstet. Dennoch erschwert das Waffenrecht die Beschaffung gefährlicher Waffen. Zur Kriegführung bestimmte Waffen dürfen nur mit Genehmigung der Bundesregierung hergestellt, befördert und in den Verkehr gebracht werden.

Waffenschmuggel

Lukratives Teilgebiet des → Schmuggels. Zum Waffenschmuggel zählen sowohl die private Einfuhr verbotener Waffen als auch der große Waffenschmuggel mit Kriegswaffen. In den meisten Ländern gibt es strenge Vorschriften, was die Herstellung und den Vertrieb von Kriegsgeräten betrifft, und die deren Lieferung in Krisengebiete oder totalitäre Systeme kontrollieren (→ Waffenrecht). Dennoch werden derartige Gesetze immer wieder unterlaufen, da → illegaler Waffenhandel ein Milliardengeschäft darstellt. → Organisiertes Verbrechen

Wagner, Ernst August

Am 4. September 1913 gegen fünf Uhr morgens tötete der schwäbische Hauptlehrer Ernst August Wagner (1874-1938) seine neben ihm liegende Gattin durch zahlreiche Stiche in Hals und Brust mit einem Dolchmesser. Das Messer in der Hand, in Nachthemd und Socken, trat er dann ins Zimmer seiner Söhne Robert und Richard, erstach sie und ging daraufhin in das Schlafzimmer seiner Töchter Klara und Elsa, um sie ebenfalls zu töten. Anschließend bekleidete er sich, rüstete sich mit Waffen und Munition aus und ging nach Mühlhausen an der Enz, mit dem Vorsatz, das ganze Dorf auszurotten. Er steckte mehrere Häuser in Brand und schoß wahllos in die aufgeschreckte Menge (→ Amok, → Brandstiftung). Es gab neun Tote und zwölf Verwundete, ehe er überwältigt werden konnte.

Was war nun das → Motiv für diese Wahnsinnstat→ Wagner selbst gab bei seiner Vernehmung als Beweggrund seines Handelns eine von ihm begangene, zum Zeitpunkt der Tat bereits zwölf Jahre zurückliegende sittliche Verfehlung an: nämlich Unzucht mit Tieren. Diese Verfehlung habe ihm schwere Gewissensbisse verursacht, er habe dann aus Äußerungen und Anspielungen der Bürger in Mühlhausen – wo der sodomistische Akt stattgefunden hatte – schließen müssen, daß sie von seiner sittlichen Entgleisung wußten. Die Schadenfreude, die sie dabei an den Tag gelegt hätten, habe ihn sehr erbittert, und so habe er beschlossen, sich an den Bewohnern von Mühlhausen zu rächen. Als Motiv für den → Mord an seiner Familie gab Wagner Mitleid an. Um sie nicht, wie er es habe ertragen müssen, dem Spott der Mitbürger auszusetzen, habe er den Tod für sie als ehrenvoller empfunden.

Doch die Tötung von Frau und Kindern und der Versuch, ein ganzes Dorf auszulöschen, empfand Wagner nur als eine Art Vorspiel. Nach vollendeter »Arbeit«, so gestand er, habe er den Schnellzug von Mühlacker nach Ludwigsburg auf offener Strecke zum Halten bringen wollen und das Zugpersonal zu überwältigen beabsichtigt, um mit dem entführten Zug nach Ludwigsburg zu fahren. Die Lokomotive wollte er notfalls selbst bedienen, er hatte zu diesem Zweck auf dem Stuttgarter Bahnhof Beobachtungen angestellt. Kurz vor dem Ziel wollte er die Notbremse ziehen, um mit seiner verhaßten Verwandtschaft in Eglosheim abzurechnen: »Ich will euch meinen Haß in den Kopf gerben und in den Bauch löchern, und meines Hasses Flamme soll eure Häuser verzehren« (→ Haß). Dramatischer Höhepunkt von Wagners Vernichtungsfeldzug wäre das Ludwigsburger Schloß gewesen: »Ich töte. Ins Schloß. Ich töte. Ich brenne und verbrenne ... Und ich

Wahn

(König Ludwig II. von Bayern)

Drama in drei Akten

von

Ernst Wagner

1921

Das Drama »Wahn« vom wahnsinnigen Dichter, Lehrer und Massenmörder Ernst Wagner

selbst kann mich dann in der Herzogin Bett verbrennen. Auch darum wünsche ich, daß die Herzogin jung wäre.«

Das auffälligste Ergebnis der zahlreichen → Zeugenvernehmungen war wohl dies, daß keine der vielen Personen in Mühlhausen und in den Nachbardörfern, trotz eingehender bezüglicher Fragen, irgendeine Kenntnis von den sittlichen Verfehlungen des Hauptlehrers Ernst August Wagner hatte. Wohl mit auf Grund dieses Resultates konnten die vom → Gericht eingesetzten psychiatrischen Gutachter bei Wagner eine krankhafte Störung der Geistestätigkeit in Form eines Verfolgungswahnes diagnostizieren. Das Landgericht Heilbronn – wo der Fall Wagner verhandelt wurde – stellte daraufhin die Strafverfolgung ein, und Wagner wurde in eine Heil- und Pflegeanstalt eingeliefert, wo er die nächsten 25 Jahre bis zu seinem Tode verbrachte. Wagner, der auch als Dichter tätig war, hatte in der Nacht seiner Wahnsinnstat noch mehrere Briefe verschickt. So u.a. ein an das Stuttgarter Neue Tageblatt adressiertes Sendschreiben »An mein Volk«. In diesem Schreiben kommt nicht nur Wagners Verfolgungswahn zum Vorschein, sondern auch sein Vernichtungswahn. So schreibt er dort über seine Opfer: »Nicht bloß töten, martern wollte ich sie, unmenschlich, tierisch – da ich nun einmal ein Tier bin – tierisch martern wollte ich sie.« Aber Wagner träumt nicht nur davon, alle umzubringen, die ihn angeblich verhöhnt hatten, Wagner sehnt sich nach der Rolle des Großscharfrichters: »Es ist des Volks viel zu viel, die Hälfte sollte man totschlagen, sie ist das Futter nicht wert, weil sie schlechten Leibes ist.« Dieser Kombination aus Vernichtungswille und eugenischen Vorstellungen hatte Wagner schon einige Jahre zuvor, während der Abfassung seiner Autobiografie, gehuldigt: »Überall aber täte eine große Sanierung der Menschheit not. Und wie in den alten Städten zerfallene Häuser und Straßenzüge eingerissen werden, wie auf dem Acker das Unkraut ausgereutet wird, so muß auch beim Menschengeschlecht aller Unrat radikal ausgefegt werden. Nach meinem Beobachten und Ermessen müßte ein starkes Drittel daran glauben, ja, ich meine, wir hätten dann erst das Gröbste weg. Wir schiffen zu sehr in übelriechenden Niederungen und müssen jetzt endlich den Ballast auswerfen, um in reiner, gesunder Region zu schweben. Ich habe ein scharfes Auge für alles Kranke und Schwache, bestellt mich zum Exekutor und kein Kommabazillus soll durchschlupfen. 25 Millionen Deutsche nehme ich auf mein Gewissen und es soll nicht um ein Gramm schwerer belastet sein als zuvor. Ich bin ein Mensch, fähig der allergrößten Verantwortung. Die aber bleiben, werden spüren, erkennen und schätzen, was ich getan habe. Sie werden frohlocken mit Psalter und Harfe und allerlei lieblichem Wohllaut, sie werden springen und tanzen und alle Purzelbäume der Lust schlagen, sie werden rühmen und laut verkündigen: er ist gekommen, endlich ist er gekommen, der Heiland der Gesunden, der Gerechten des Körpers. Er hat den

Kopf zertreten allen giftigen Schlangen, allem kriechenden Gewürm, allem eklen Sumpfgetier, und alle hinkenden Teufel hat er geworfen in den feurigen Pfuhl. Das Herz schwillt mir – Caligula, reich mir das Schwert!«

Verfolgungswahn, Vernichtungswahn – und als dritter Wahn ist unschwer auch Größenwahn bei Wagner auszumachen. »Was Schiller, was Goethe? Ich bin der größte deutsche Dramatiker«, jubelte der zeitlebens erfolglose Dichter Wagner über sich und sein Werk. Den Bibliotheken wünschte er: »Alles soll verbrennen, bis auf das, was von mir drin ist. Damit ich der einzige Klassiker bin.« Doch nicht nur als Dichter, auch als möglicher Politiker schraubt er sich in einsame Höhen: »Ein Cäsar wäre ich sehr gerne gewesen, an Größenwahn hätte es mir nicht gefehlt.« Und seinen deutschen »Volksgenossen« stellte er bei aller Bescheidenheit die Frage: »Welchen Mann wolltet ihr euch wünschen als Präsidenten der deutschen Republik? Ich selbst habe früher an mich gedacht. Nun ich aber ausgeschieden bin, wer bleibt da noch übrig?« Auch sonst scheint die Meinung Wagners von sich selbst nicht die schlechteste gewesen zu sein. So endet etwa sein Sendschreiben »An mein Volk!« mit folgendem Eigenlob: »Zum Schluß gestatte ich mir, meiner selbst freundlich zu gedenken und folgendes Urteil über mich zu fällen: Wenn ich das Geschlechtliche in meinem Leben abziehe, so bin ich von allen Menschen, die ich kenne, weitaus der beste gewesen.«

1919 hat Hermann Hesse in seiner Novelle Klein und Wagner die Mordtaten des schreibenden → Massenmörders verarbeitet. Bernd Neuzner und Horst Brandstätter gaben 1996 in ihrem Buch *Wagner. Lehrer. Dichter. Massenmörder* Dokumente zum Leben von Ernst August Wagner heraus. Das Buch enthält auch Hesses Novelle. → Geisteskranke und abnorme Täter

Wagner, Leo

1972 wollten CDU/CSU den damaligen Bundeskanzler Willy Brandt durch ein Mißtrauensvotum stürzen. Doch Brandt setzte sich überraschend gegen CDU-Fraktionschef Rainer Barzel durch, der statt der erwarteten Mehrheit von 249 nur 247 Stimmen erhielt. 1993 hat der einstige DDR-Auslandsspionage-Chef Markus Wolf offenbart, die Stasi habe 1972 für 50.000 Mark die Stimme des CDU-Abgeordneten Julius Steiner gekauft (→ Bestechung). Ein Stasi-Offizier vertraute daraufhin einem Ermittler an, auch die zweite Unionsstimme sei vom Ministerium für Staatssicherheit organisiert worden. Er wisse, so der Mann, daß ein der CSU nahestehender West-Journalist vom Ministerium für Staatssicherheit angesprochen worden sei. Der Journalist habe unter dem Decknamen »Dürer« von 1966 bis 1985 für Ost-Berlin gearbeitet. »Dürer« habe schließlich dem parlamentarischen Geschäftsführer der CDU/CSU-Bundestagsfraktion, Leo Wagner, der damals in finanziellen Nöten gewesen sei, Geld geboten, wenn er für Brandt stimme. »Dürer«, der mittlerweile verstorben ist, wurde 1995 wegen geheimdienstlicher

→ Agententätigkeit (→ Spionage) zu einem Jahr und neun Monaten → Haft auf Bewährung (→ Strafaussetzung zur Bewährung) verurteilt. Tatsächlich war Wagner seit Beginn der siebziger Jahre so hoch verschuldet, daß ihn die Union schließlich 1975 zum Rückzug vom Amt des Parlamentarischen Geschäftsführers drängte. Aus dem Bundestag schied er dann Ende 1976 aus. 1980 verurteilte ihn das Bonner Landgericht, das ihm »zunehmende Verschwendungssucht« attestierte, wegen → Betrugs zu einer Haftstrafe mit Bewährung. Im Laufe des → Prozesses stellte sich heraus, daß Wagner exakt 50.000 Mark aus einer nicht bekannten Quelle erhalten hatte – also genau die Summe, die Wolfs Hauptverwaltung Aufklärung für Steiners Stimme gezahlt hatte. Doch Wagner ließ sich nicht nur seine Stimme für Brandt abkaufen. Als im Jahr 2000 sein Verrat aufflog, wurde auch publik, daß Wagner – einst enger Vertrauter von CSU-Chef Franz Josef Strauß – dem Ministerium für Staatssicherheit als Spitzel gedient hatte. Wagner hatte die Stasi als inoffizieller Mitarbeiter »Löwe« von 1976-1983 über Interna aus der Führung von CDU und CSU unterrichtet. Doch »Löwe« hatte Glück. Strafrechtlich war seine Spionagetätigkeit nach der Aufdeckung derselben bereits verjährt. → Wahldelikte

Wahldelikte

→ Straftatbestände zum Schutz des öffentlichen Wahlrechts. Dazu zählen: gewaltsame Wahlbehinderung, Wahlfälschung, Verletzung des Wahlgeheimnisses, Wählernötigung, Wählertäuschung, Wählerbestechung und Abgeordnetenbestechung. → Barschel, Uwe → Bestechung, → Nötigung

Bundeskanzler Brandt, CDU/CSU-Fraktionsgeschäftsführer Leo Wagner, CDU-Chef Helmut Kohl (1973)

Wallace, Edgar

»Es ist unmöglich, von Edgar Wallace nicht gefesselt zu sein« lautet ein bekannter Slogan, doch vor allem dürfte es unmöglich sein, ihn nicht zu kennen. Der begnadete Vielschreiber wurde 1875 in Greenwich als Richard Horatio Edgar Wallace geboren. Er wuchs in einer armen, aber kinderreichen Pflegefamilie auf. Nach der Schule schlug er sich als Schiffsjunge, Zeitungsverkäufer, Milchmann und als Armeesanitäter durch. Doch der junge Wallace war ehrgeizig. Verbissen eignete er sich Bildung an und begann zu schreiben: Erst Gedichte, dann für die Zeitung, schließlich → Kriminalliteratur. Bald hatte er Erfolg, seine Geschichten gingen um die Welt. Er wurde der Meister des actionreichen Kriminalromans. Seine Phantasie schien unerschöpflich. Als einer der ersten Schriftsteller sprach er Romane, Kurzgeschichten und Theaterstücke direkt in sein Diktiergerät. Doch das → Verbrechen war für Wallace nicht nur Fiktion. Für seine realistischen Figuren und seine nervenaufreibenden Storys recherchierte er oft selbst in → Londons → Unterwelt, im → Milieu der → Diebe, Zocker und → Betrüger. Wie ein Besessener produzierte Wallace Buch um Buch, diktierte → Mord um Mord. 1928 stammte ein Viertel aller verkauften britischen Bücher von Edgar Wallace. Seine Gesamtauflage hat mittlerweile längst die 100 Millionen überschritten. Seit 1915 wurden 168 Filme nach seinen Romanen, Theaterstücken und Kurzgeschichten gedreht. Der arbeitswütige Wallace war auch in Hollywood als Drehbuchautor und Regisseur tätig. Der Mythos *King Kong* geht z. B. auf eine Idee von Wallace zurück. Bei soviel Hektik hatte Wallace nur wenig Zeit für seine Familie. Er arbeitete, rauchte, trank Unmengen von schwarzem Tee und Kaffee, um sich wachzuhalten, arbeitete weiter, rauchte ... bis ihn 1932 in Hollywood der Tod mitten aus dem Leben riß. Doch schied er auch früh aus dem irdischen Sein, so zählt er doch für viele zu den Unsterblichen!

Literatur: Joachim Kramp: Hallo! Hier spricht Edgar Wallace. Die Geschichte der deutschen Kriminalfilmserie 1959-1972 (1998); Wolfgang Schüler: Edgar Wallace. Ein Leben wie im Film (1999).

Watergate

Politischer Skandal in den USA, benannt nach einem Büro- und Hotelgebäudekomplex in Washington (D.C.). Die Watergate-Affäre erschütterte das Vertrauen der amerikanischen Bürger sehr. Sie wurde während des Präsidentschaftswahlkampfes 1972 ausgelöst, als in das Hauptquartier des demokratischen Kandidaten G. McGovern, das sich im Watergate-Komplex befand, eingebrochen wurde. Wie die beiden Journalisten Robert Woodward und Carl Bernstein herausfanden, war dies vom Komitee für die Wiederwahl Präsident Richard Nixons veranlaßt worden, um dort Abhörgeräte anzubringen. Als bei der Aufklärung ein enger Mitarbeiter des Präsidenten belastet wurde, mußte sich auch Präsident Nixon gegen den Vorwurf der → Anstiftung und Mitwis-

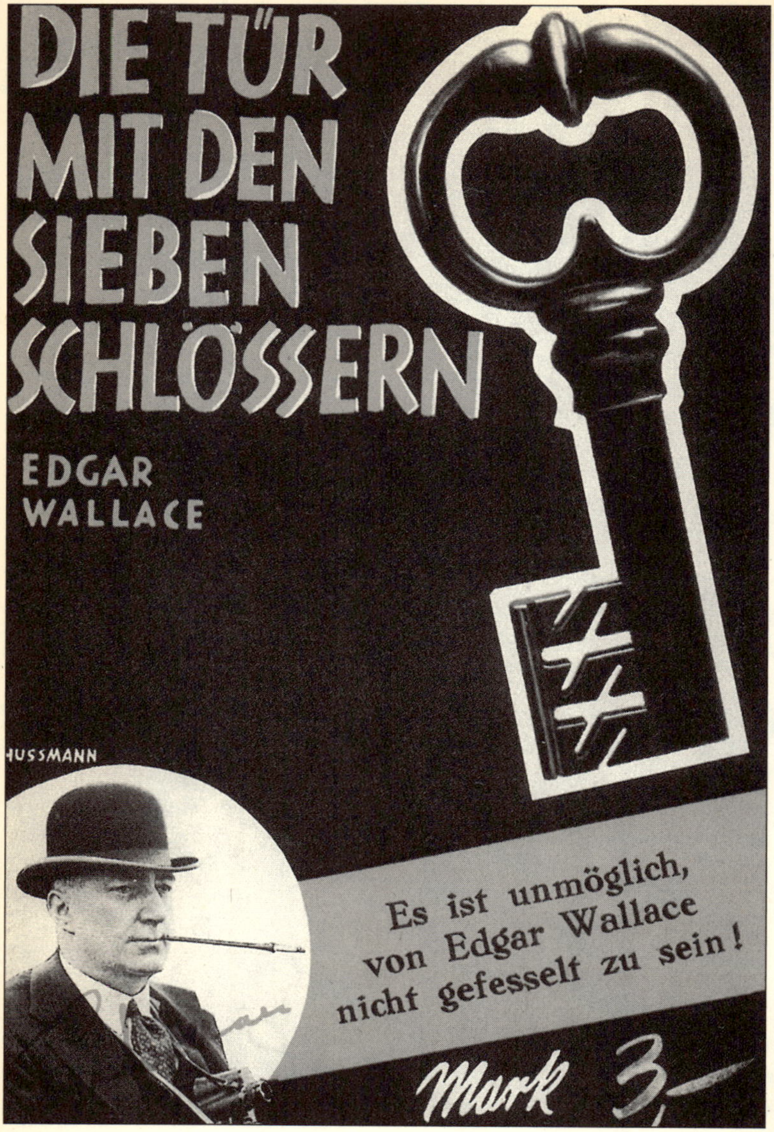
DIE TÜR
MIT DEN
SIEBEN
SCHLÖSSERN
EDGAR
WALLACE
HUSSMANN
Es ist unmöglich,
von Edgar Wallace
nicht gefesselt zu sein!
Mark 3,–

serschaft bei dieser Angelegenheit verteidigen. Im April 1973 veranlaßte Nixon, der eine Verstrickung in die Affäre bestritt, eine Untersuchung der Watergate-Affäre durch einen Sonderermittler. Als bekannt wurde, daß sämtliche Gespräche im Amtszimmer des Präsidenten auf versteckten Tonbändern mitgeschnitten worden waren, forderte der Sonderermittler Archibald Cox am 23.7.1973, die Aufzeichnungen von Gesprächen Nixons herauszugeben. Nixon jedoch weigerte sich und entließ Cox, was heftige Proteste in der Öffentlichkeit auslöste. Nachdem noch weitere → illegale Aktivitäten des Weißen Hauses bekanntgeworden waren, wurde ein Verfahren gegen engste Vertraute Nixons wegen Behinderung der Aufklärung der Watergate-Affäre angestrengt, die am 1.3.1974 mit mehreren Verurteilungen endeten und bei denen Nixon als Mittäter bezeichnet wurde. Daraufhin leitete der Kongreß ein Verfahren zur Amtsenthebung des Präsidenten ein. Am 24.7.1974 ordnete der Oberste Gerichtshof der USA die Herausgabe aller Tonbänder an, nachdem die bis dahin vom Weißen Haus freigegebenen Bänder und Abschnitte keine Klarheit über eine mögliche Beteiligung Nixons an der Verschleierung des Falles zugelassen hatten. Der Rechtsausschuß des Repräsentantenhauses stimmte in seiner Sitzung vom 27.- 30.7.1974 mit großer Mehrheit für die Anklageerhebung zur Amtsenthebung. Um dem zuvorzukommen, trat Präsident Nixon, dessen persönliche Verantwortung eindeutig belegt war, als erster Präsident der USA von seinem Amt zurück. Die → Begnadigung durch seinen Nachfolger Gerald Ford bewahrte Nixon vor einer → Strafverfolgung.

Literatur: Bob Woodward; Carl Bernstein: Ein amerikanischer Alptraum (1974).

Weber, Jeanne

Man weiß nicht, ob Jeanne Weber, die in Frankreich »die Menschenfresserin« genannt wurde, zwischen 1905 und 1908 acht oder gar 20 Kinder ermordet hat. Der erste → Verdacht entstand, als im Frühjahr 1905 innerhalb von nur sechs Wochen vier Kleinkinder aus dem Umkreis der Familie Weber starben, darunter auch Jeanne Webers eigener Sohn Maurice. Alle Kinder hatten sich vor ihrem Tod in der Obhut von Jeanne Weber befunden. Polizeiliche Nachforschungen wurden angestellt, und man fand heraus, daß bereits drei Jahre früher zwei von Jeanne Weber betreute Kinder auf ähnliche Weise – nämlich durch Ersticken – den Tod gefunden hatten. Damals war das Ersticken der Kinder auf eine Hirnhautentzündung zurückgeführt worden. Nun lag der Fall anders, und Jeanne Weber wurde verhaftet. Eine → Exhumierung und Untersuchung der Kinderleichen (→ Autopsie) brachte jedoch keine greifbaren Ergebnisse, so daß Jeanne Weber am 29. Januar 1906 wieder freigelassen wurde, woraufhin sie, im ganzen Viertel geächtet, sich von ihrem Mann trennte und unter dem Namen Jeanne Moulinet in ein anderes Viertel von Paris zog. Ein Jahr später, am 16. August 1907, tötete Jeanne wieder ein Kind. Diesmal den neunjährigen Auguste Bavouzet. Der Arzt stellte Würgespuren an dem Hals des Kindes fest, und die älteste Schwester des Opfers fand heraus, daß Jeanne Moulinet identisch war mit Jeanne Weber. Diesmal sah es so aus, als könnte die Kindermörderin (→ Kindsmord) überführt werden, doch ihrem Anwalt gelang es, den → Prozeß so lange hinauszuzögern, bis die Strangulation aufgrund der einsetzenden Verwesung nicht mehr nachweisbar war. Wieder kam Jeanne Weber alias Moulinet frei. Allerdings zog sie es vor, Paris zu verlassen und mietete sich in Commercy in einer Pension der Familie Poirot ein. Hier hatte man keine Ahnung von ihrer Vergangenheit, was sich als schicksalhaft erwies, denn diesmal sollte der siebenjährige Sohn der Wirtsleute ihr Opfer werden. Am Abend des 8. Mai 1908 hörte ein Gast Schreie aus Jeanne Webers Zimmer. Als die Poirots nachschauten, lag ihr Sohn tot im Bett, das Gesicht blau angelaufen, aus seinem Mund floß Blut, da er sich im Todeskampf die Zunge abgebissen hatte. Jeanne Weber stand neben ihm, mit blutigen Händen. Diesmal kam es zu keinem Prozeß mehr. Jeanne Weber wurde als geisteskrank erklärt und in eine Irrenanstalt geschickt, in der sie sich zwei Jahre später mit eigenen Händen erdrosselte. → Geisteskranke und abnorme Täter, → Kindsmörderin, → Mörderinnen, → Serienmörder

Weidmann, Eugen

Der homosexuelle → Dieb und Dichter Jean → Genet verehrte den schönen → Serienmörder Eugen Weidmann über alle Maßen. »Der Engel ist für mich Weidmann«, erklärte er begeistert. Ein Bild von Weidmann, das den festgenommenen jungen Deutschen mit blutigem und bandagiertem Kopf zeigt, wurde für Genet zur Ikone. Sobald er ein Hotelzimmer betrat, hängte er dieses Foto an die Wand. Ein ähnliches Foto schenkte er auch seinem homosexuellen Dichterkollegen Jean Cocteau. Weidmanns Name ist das allererste Wort in Genets berühmtem Roman *Notre-Dame-des-Fleurs* (1947): »Weidmann, den Kopf in schmale weiße Bänder gehüllt, als Nonne und als verletzter, zwischen Roggenähren ge-

Der schöne Serienmörder Eugen Weidmann. Ausgeschnittenes Zeitungsfoto mit einer Widmung von Jean Genet

stürzter Flieger, erschien euch in einer Fünf-Uhr-Ausgabe, an einem Septembertag ähnlich dem, an dem der Name von Notre-Dame-des-Fleurs bekanntwurde. Sein schönes, von Maschinen vervielfältigtes Gesicht ging über Paris und Frankreich nieder, gelangte bis in den hintersten Winkel vergessener Dörfer, in Schlösser und Hütten, und offenbarte den bekümmerten Bürgern, daß es bezaubernde Mörder gibt, die ihren Alltag streifen, hinterhältig aufgezogen für ihren Schlaf, den sie, unter Benutzung einer Dienstbotentreppe – sie ist im Einverständnis mit ihnen und knarrt nicht – durchqueren. Unter seinem Foto glänzen wie Morgenröte seine Verbrechen: Mord Nummer 1, Mord Nummer 2, Mord Nummer 3 – bis zu sechs verkündeten sie seinen geheimen Ruhm und bereiteten seinen künftigen Ruhm vor.«

Wer aber war nun Genets schöner Todesengel in Wirklichkeit? Eugen Weidmann wurde 1908 in Frankfurt/M. geboren. Vor → Gericht gestand er, seit seinem vierten Lebensjahr einen starken Drang zum Stehlen verspürt zu haben. Als junger Erwachsener war Weidmann in Deutschland mehrfach wegen verschiedener Scheckbetrügereien (→ Betrüger) aufgefallen und deswegen zu einer fünfjährigen → Haftstrafe verurteilt worden. Als 29jähriger tauchte Weidmann in der Schweiz unter und machte – er sprach fließend Englisch und Französisch – aus dem deutschen Namen Weidmann den englischen Namen Hunter. Im Juli 1937 lernte Eugen Weidmann die amerikanische Tänzerin Jean de Koven kennen. Er tötete sie durch einen Genickschuß und ließ ihre Leiche im Keller einer von ihm gemieteten Villa liegen. Sein zweites Opfer war ein Chauffeur, dem er gleichfalls einen Genickschuß versetzte. Die Leiche des toten Mannes wurde am Straßenrand auf der Strecke zwischen Paris und Orléans gefunden. Vier Wochen später tötete Weidmann den Theateragenten Roger Le Blond, ebenfalls durch einen Genickschuß, und kurz darauf Jeanine Keller, die auf eine Zeitungsannoce geantwortet hatte, in der ein Mann eine Begleiterin für eine Kreuzfahrt suchte. Als Weidmann am 20. November 1937 sein letztes Opfer, den Immoblienmakler Raymond Lesobre, erschoß – ebenfalls ins Genick -, kam ihm die → Polizei auf die Spur, und er konnte festgenommen werden. Weidmann hatte die sechs Männer und Frauen in der Schweiz und Frankreich durchweg ohne nachvollziehbares → Motiv getötet. Der → Dieb und verurteilte Scheckbetrüger hatte nicht gemordet, um zu rauben, zu vergewaltigen oder zu zerstückeln (→ Raub, → Vergewaltigung, → Sadismus). Der junge, schöne und starke »Weidmann« erlegte seine Opfer, die ebenfalls durchgehend schön und stark waren, ohne allen »prosaischen« Nutzen, aus purer Freude am Töten. Der Mord ist dem jungen Todesgott Selbstzweck. Nach einem zwei Jahre andauernden → Prozeß in Versailles wurde Weidmann im März 1939 zum Tode verurteilt (→ Todesurteil) und wenige Wochen später auf der → Guillotine öffentlich hingerichtet. Bei der → Hinrichtung Weidmanns zeigte sich die anwesende Masse als so blutdürstig, daß das Kabinett daraufhin erklärte, in Frankreich werde es keine öffentlichen Hinrichtungen mehr geben. → Mord als schöne Kunst, → sinnlose Mord, Der

Weimar, Monika
→ Böttcher, Monika

Werhan, Gertrud
Affenliebe ist in ihrer Maßlosigkeit und Selbstbezogenheit eine böse Liebe – und sie kann genauso tödlich enden wie der → Haß. Das zeigt der Fall der Gertrude Werhan (Name geändert). Die damals neunundfünfzigjährige Witwe aus Nürnberg tötete am 27. Juni 1958 ihren einzigen, über alles geliebten Sohn Arno. Es war die Nacht vor seiner Hochzeit. Einen Tag später wollte der junge Mann, der kurz vor Abschluß seines Lehrerstudiums stand, heiraten und aus der mütterlichen Wohnung ausziehen. Gertrud Werhan litt, seitdem sie von diesem Entschluß wußte, furchtbar unter diesem vermeintlichen Verlust. Sie wollte ihr »Kind« nicht hergeben und redete sich ein, er würde mit seiner Braut nur unglücklich werden. Darum sei es besser, wenn sie ihn mit sich aus dieser Welt nehme, an der er ihrer Ansicht nach nur leiden würde. Der ahnungslose Bräutigam, der in freudiger und ein wenig nervöser Erwartung auf den nächsten Tag war, hatte, um besser schlafen zu können, eine Schlaftablette genommen. Dann legte er sich zu Bett in das Schlafzimmer, das er mit seiner Mutter teilte. Seine Mutter flößte dem bereits Schlafenden noch drei weitere Schlaftabletten ein, dann griff sie zu einem 28 Zentimenter langen Küchenmesser und schnitt dem geliebten Sohn, der nun der Bräutigam einer anderen Frau war, die Kehle durch. Arno Werhan erwachte röchelnd, doch zu diesem Zeitpunkt befand er sich bereits im Todeskampf. Nach vollendeter Tat zog Gertrud Werhan ihr schwarzes Witwenkleid an und lief das Bahngleis entlang, um sich vor einen Zug zu werfen. Doch die gespenstisch aussehende Frau mit dem weißen Haar war Landarbeitern aufgefallen, welche die Bahn darauf aufmerksam machten, daß eine Selbstmörderin (→ Selbstmord) unterwegs war. Sie wurde daraufhin zum nächsten Bahnhof gebracht und nach dem Auffinden der Leiche ihres Sohnes festgenommen. Sofort legte sie ein vollständiges → Geständnis ab. Das → Urteil, das im März 1960 vom → Gerichtshof in Nürnberg gefällt wurde, lautete auf acht Jahre → Zuchthaus und spätere Einweisung in eine Heil- und Pflegeanstalt. Ein psychologischer Gutachter hatte festgestellt: »Frau Werhan hat sich bis heute noch nicht von ihrem Jungen lösen können. Sie lebt mit ihm in geistiger Weise fort. Jede Nacht träumt sie von ihm. Er erscheint ihr als Schuljunge mit Ranzen – so, wie sie ihn sich erhalten wollte.« Gertrude Werhan, die im Zuchthaus einen Reliquienkult mit einigen Besitztümern ihres Sohnes wie Armbanduhr, Pullover oder Taschenbücher trieb, starb am 4. Januar 1963 an Altersschwäche. → Eifersuchtsverbrechen, → Geisteskranke und abnorme Täter

Werlé, Wolfgang

Der Volksschauspieler Walter Sedlmayr war eine bayerische Ikone. Deshalb schlug die Nachricht seiner Ermordung am 15. Juli 1990 wie eine Bombe ein. Sedlmayr hatte in seinen Rollen prototypisch den Münchener Grantler dargestellt, den gemütlichen Kleinbürger im Trachtenanzug. Und der prominente Schauspieler stammte auch aus dem Kleinbürgertum. Sein Vater war einfacher Zigarettenverkäufer gewesen, und als Walter Sedlmayr es in den siebziger und achtziger Jahren zu Geld und Ruhm gebracht hatte, ließ er sich an das Grab des Vaters chauffieren und spottete mit einem Scheck in der Hand: »Da schau her, eine Million für ein bißchen Reklame.« Das war auch eine späte → Rache für die Demütigungen, die der tyrannische Vater seiner geliebten Mutter und ihm selbst zugefügt hatte. In der Tat hatte es Walter Sedlmayr – nicht zuletzt dank der Erbschaft einer reichen Tante – zu viel Geld und Besitz gebracht. Dabei galt er als geizig und eher mißtrauisch. Niemand wußte viel über sein Privatleben – und das hatte seine Gründe. Denn der bayerische Biedermann hatte ein sorgsam gehütetes Geheimnis. Er war homosexuell (→ Homosexualität) und liebte harten Sado/Maso-Sex. Dies wurde offenbar, als → Polizeibeamte seine Münchener Wohnung öffneten und die Leiche des Volksschauspielers entdeckten: blutüberströmt, bäuchlings hingestreckt über das Doppelbett, an

Der Hammer, mit dem Walter Sedlmayr von den Brüdern Wolfgang Werlé und Manfred Lauber erschlagen wurde

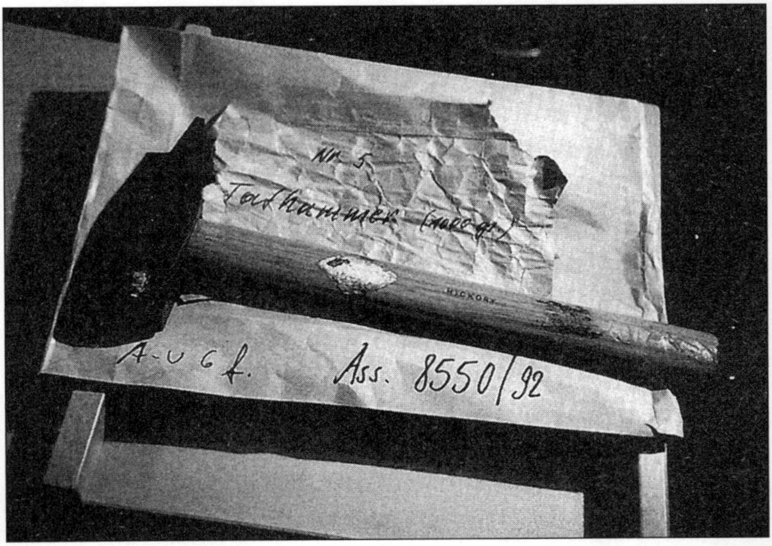

Händen und Füßen gefesselt. Auf dem Nachtkästchen lagen Kondome und eine Gleitcreme, daneben fand sich eine Peitsche. Die ganze Szenerie deutete auf den ersten Blick auf einen sadistischen (→ Sadismus) Homomord hin. München hatte seinen Skandal.

Das Homosexuellenmilieu, ohne das Sedlmayr nicht leben konnte, hatte ihn getötet. Doch es gab nicht nur namenlose Straßenstricher in Walter Sedlmayrs Leben. Da waren auch Personen, die ihm sehr viel näher standen. Vor allem der Intimus, Ziehsohn und Geschäftspartner Sedlmayrs, Wolfgang Werlé, mit dem es immer häufiger Auseinandersetzungen gegeben hatte, seitdem der Privatsekretär Werner Dahms, früher ein männliches Modell, in Sedlmayrs Leben getreten war. Ihren Nutzen hatten sie beide aus dem reichen Schauspieler ziehen wollen. Dahms, indem er nach Sedlmayrs Tod schnell ein gefälschtes Testament zu seinen Gunsten hervorzauberte, Wolfgang Werlé, indem er Sedlmayr bereits zu Lebzeiten in Geschäftsdingen betrogen hatte.

Zwei Tatwaffen waren benutzt worden. Ein Messer und ein Hammer. Es müssen auch zwei → Täter gewesen sein, ergaben die kriminalistischen Ermittlungen. Wolfgang Werlé hatte ein starkes → Motiv, Sedlmayr zu töten, da dieser ihn nach Entdeckung eines → Betruges verklagen wollte. Und Wolfgang Werlé hatte einen Bruder, Manfred Lauber, einen polizeibekannten → Einbrecher, der als »Hammer-Manni« bekannt war. Sedlmayr wurde mit einem Hammer erschlagen. Außerdem hatte sich Werlés angebliches → Alibi, zur Tatzeit auf einer Hochzeitsfeier gewesen zu sein, als falsch erwiesen. Die Hochzeitsvideos belegen, nachmittags hatte er die Feier verlassen. Ausreichend lang, um den → Mord begehen zu können. Alles deutete darauf hin, daß der Täter sich gut in Sedlmayrs Leben auskannte. Und wer tat das besser als Wolfgang Werlé? Außerdem hatte man Sedlmayr beim Ermorden das Gesicht mit einem Handtuch bedeckt. Polizeipsychologen sagen, so verhält sich jemand, der sein Opfer gut kennt. Man setzte → V-Leute ein. Ein V-Mann gewann Manfred Laubers Vertrauen, und Laubers Geliebte identifzierte dem V-Mann gegenüber den Tathammer als Laubers Eigentum. Als es nach monatelangen Ausforschungen durch zwei V-Männer zum → Prozeß kam, machte Laubers Geliebte von ihrem Aussageverweigerungsrecht Gebrauch. Dennoch wurden die beiden Brüder Wolfgang Werlé und Manfred Lauber im November 1992 in einem aufwendigen → Indizienprozeß zu lebenslanger → Haft verurteilt.

Walter Sedlmayrs tragisches Schicksal ist mittlerweile selbst wieder zum Filmstoff geworden. Zweimal wurde es verfilmt. Einmal in der Dokumentationsreihe *Die großen Kriminalfälle*, die die ARD im Jahr 2000 ausgestrahlt hat, und im Jahr 2001 als Film *Wambo* des Regisseurs Jo Baier mit Jürgen Tarrach in der Hauptrolle.

Werner, Wolfgang

Als 1969 erstmals Wolfgang Werners autobiografischer Bericht *Vom Wai-*

senhaus ins Zuchthaus erschien, traf er damit genau den Nerv der Zeit. Sein Werk schien expemplarisch die Dominanz der Umwelttheorie zu belegen. Für das Feld der → Kriminalität bedeutet das: Staat und Gesellschaft produzieren den → Verbrecher. Der Verbrecher selbst ist unschuldig – bzw. nur das Produkt ungünstiger Lebensumstände. Durchaus packend und authentisch schildert Werner im Buch sein »verpfuschtes Leben«. Er zeigt die trostlosen Bedingungen auf, die in Erziehungsheimen herrschen, und wie zahlreiche seiner Leidensgenossen später den gleichen Weg gingen wie Werner selbst: vom Waisenhaus ins → Zuchthaus. Immer wieder trifft er im → Gefängnis die Spielkameraden von einst – der Anteil von Heimkindern, die kriminell werden, ist erschreckend hoch. Seinen Vater hatte der 1942 in Wuppertal geborene Werner nie kennengelernt, seine Mutter erst 1958, mit 16 Jahren! Werners Schicksalsbericht machte bei seinem Erscheinen Furore und erlebte zahlreiche Auflagen. Gelegentlich wurde er sogar Schullektüre. Zahlreiche renommierte Schriftsteller, wie Heinrich Böll, Günter Herburger oder Ingeborg Drewitz' nahmen Kontakt zu dem Autor auf. Martin Walser verfaßte ein Nachwort zu Werners Werk. Darin lesen wir: »Der Schreiber dieses Buches ist jetzt 27 Jahre alt. Wenn man alle Monate, die er in Freiheit verbrachte, zusammenzählt, dann kommt man in 27 Jahren auf vier Jahre und einige Wochen. Über zwanzig Jahre verbrachte er also unter staatlicher Aufsicht: Waisenhaus, Erziehungsheim, Gefängnis, Zuchthaus.« Schuld an diesem Umstand waren für Walser wie für Werner der Staat, die bürgerliche Gesellschaft. Werner schreibt an einer Stelle über die Entwicklung der Heimkinder: »Der Staat erntete das, was er gesät hatte.« Doch im nachhinein sehen wir die Dinge wohl weniger ideologisch: Kein Staat der Welt wird die seelischen Schäden, die ein verstoßenes, ungeliebtes Kind in einer zerütteten, problembeladenen Familie erleiden muß, kurieren können. Und auch das beste Waisenhaus bleibt im Vergleich zu einer intakten Familie nur eine Straf- und Besserungsanstalt.

Wolfgang Werner konnte in den siebziger Jahren als Kameramann und Regieassistent Fuß fassen. Dann, im Jahr 1977, zwei Tage nach einem abgeschlossenen Filmdreh, erschlug er im → Affekt eine geisteskranke Frau. Das → Urteil: 13 Jahre Gefängnis. → Gefangenenliteratur

West, Frederick Walter

Der zur Zeit seiner Verhaftung 52jährige selbständige Bauhandwerker Frederick West wurde von seinen Nachbarn als freundlich und friedfertig beschrieben. Er und seine zweite Frau, die dreizehn Jahre jüngere Rosemary West, galten als ein unauffälliges Paar in der mittelenglischen Stadt Gloucester. Bis am 25. Februar 1994 West wegen dringenden → Mordverdachts verhaftet wurde. Der → Polizei war das Paar jedoch bereits 22 Jahre zuvor von einer anderen Seite her bekannt. 1972 hatten die beiden die 17jährige Caroline Owens, die bei ihnen als Kindermädchen beschäftigt gewesen war, entführt (→ Entführung), gefesselt, gefoltert (→ Folter) und vergewaltigt (→ Vergewaltigung). Unerklärlicherweise waren die Wests damals mit einer geringen → Geldstrafe davongekommen. Ein schwerwiegender Fehler. Denn nun zeigte sich, daß die beiden noch andere Leichen im Keller hatten – und zwar eine ganze Menge. In dem »Horrorhaus von Gloucester«, wie die Medien das Wohnhaus des unauffälligen Paares bald nannten, fanden sich die Skelette von zwölf ermordeten Mädchen und jungen Frauen. In einem früheren Wohnort Wests stießen die Beamten auf drei weitere Frauenleichen. Unter den Opfern waren auch Wests erste Frau Catherine Costello sowie seine Töchter Heather und Charmaine. Wests weitere Tochter Anne Marie blieb zwar am Leben, wurde aber bereits mit acht Jahren von ihrem eigenen Vater vergewaltigt und von der Stiefmutter mißhandelt. Seit Anfang der 70er Jahre hatten die Wests in ihrem Haus in Gloucester preiswerte möblierte Zimmer an jugendliche Tramper vermietet. Neben unzähligen Vergewaltigungen, welche die Wests bei den Jugendlichen vornahmen, die bei ihnen ein Zimmer bezogen hatten, entführten sie auch junge Frauen und Mädchen, die per Autostop unterwegs waren und arglos in das Auto des scheinbar freundlichen Ehepaares stiegen. Sobald sie darin saßen, ließ West seine Maske fallen, schlug die Opfer bewußtlos und brachte sie in sein Horrorhaus, wo sie tagelange sexuelle Torturen über sich ergehen lassen mußten, bis man sie tötete und im Garten vergrub. Die Leichenfunde lassen darauf schließen, daß Frederick und Rosemary West auch → Kannibalismus begingen. Während des → Prozesses versuchte Frederick West, seine Frau zu entlasten, doch ihre Tatbeteiligung war offensichtlich. Sie wurde wegen Mordes in zehn Fällen – darunter an ihrer leiblichen Tochter – unter Anklage gestellt und am 20. November 1995 zu lebenslanger → Haft verurteilt. Frederick West hat sich am 1. Januar 1995 in seiner Zelle erhängt. → Serienmörder

Wiese, Elisabeth

In den ersten Oktobertagen des Jahres 1904 hatte sich die damals 54jährige → Engelmacherin Elisabeth Wiese vor dem Hamburger Schwurgericht zu verantworten. Der → Gerichtsreporter schrieb über ihr Erscheinungsbild: »Sie war eine mittelgroße, schlanke Frau. Sie hatte ein speckgelbes Gesicht, eingefallene Wangen, eine lange Habichtsnase und kleine stechende Augen. Sie machte ganz den Eindruck einer ›Hexe‹, mit der man Kinder graulich machen konnte.« Die Anklagepunkte waren einer Hexe würdig. Sie lauteten: Nötigung zur Hurerei (→ Prostitution), → Betrügerei und skrupelloser Kindermord aus niederem Gewinnstreben – die »gewerbsmäßige Engelmacherei«.

In jungen Jahren war die → Angeklagte als Hebamme tätig gewesen, und der rechtschaffene Kesselschmied Heinrich Wiese hatte die flinke und geschickte Person zur Frau genommen. Schon bald reichten Elisabeth jedoch die Einkünfte des Mannes nicht mehr. Sie begann, alle Ersparnisse zu plündern und da sich ihr Mann nicht damit einverstanden erklärte, versuchte sie ihn mehrmals mit → Gift aus dem Weg zu schaffen. Hermann Wiese hielt jedoch ein Auge offen und wußte sich zu schützen, auch dann, wenn sein liebreizendes Weib des Nachts mit einer Rasierklinge vor seinem Bett erschien. Elisabeth Wiese wurde trotz böser Absichten ihres Mannes also nicht ledig, was sie jedoch nicht daran hinderte, → Diebstahl, → Urkundenfälschung und → Kuppelei zu betreiben, so daß sie schließlich im → Gefängnis landete.

Wieder auf freiem Fuß, ließ sie sich eine neue, grausame Einkommensquelle einfallen. Als sie Anzeigen von Dienstmädchen, Kinderfräulein, usw. in Zeitungen entdeckte, die ihre unehelich geborenen Kinder zur Pflege geben wollten, bot sie ihre Dienste an und überredete die jungen Mütter, ihr eine einmalige, größere Abfindungssumme zu zahlen. Sie werde dafür nach London, Wien, Berlin oder andere Orte fahren, da sie gehört habe, eine Grafen- oder Fürstenfamilie wünsche ein Kind zu adoptieren. Waren die jungen Frauen so gutgläubig auf diesen Handel einzugehen, verbrannte die Wiese das Kind in ihrem Ofen. → Zeugen berichteten davon, sie soll bisweilen so stark geheizt haben, daß die Herdplatten sprangen, zudem sei ein fürchterlicher Geruch zu vernehmen gewesen. Wollte eine der Mütter ihr Kind später doch zurückhaben, erzählte die Wiese ihr, das Kind sei auf Seide gebettet, das einzige, was ihm fehle, sei das Himmelreich. Bald regte sich → Verdacht, doch es war schwer, Elisabeth Wiese ihre Untaten zu beweisen. Jahrelang versuchten Behörden, durch Ausschreibungen vergeblich den Verbleib der verschwundenen Kinder zu ermitteln.

In der Zwischenzeit fand Elisabeth Wiese noch eine andere Weise, zu Geld zu gelangen, indem sie ihre uneheliche Tochter Paula, die im Gegensatz zu ihrer Mutter bildschön war, zur Prostitution zwang. Schließlich gelang es der 22jährigen, den unwürdigen Verhältnissen zu entkommen und eine Anstellung als Bedienstete anzunehmen. Bald erwartete sie jedoch ein Kind. Im Sommer 1902 brachte sie einen gesunden Jungen zur Welt. Doch Elisabeth Wiese, die bei der Entbindung anwesend war, ertränkte ihr Enkelkind sofort nach der Geburt in einem Kübel und versuchte, die kleine Leiche anschließend zu verbrennen. Was dieses »entmenschte Weib«, wie es in einer der Akten steht, zu diesen Untaten bewegte, ist nur schwer nachvollziehbar. Eine Zeugin sagte aus, daß die Wiese mit Vorliebe Bücher las, in denen etwas über das Schlachten kleiner Kinder steht, da Kinderblut gut sei und Glück bringe. Elisabeth Wiese hatte das → Blut ihrer Opfer kein Glück gebracht. Sie wurde im Herbst 1904 wegen fünffachen → Mordes zum Tode verurteilt und kurz darauf hingerichtet. → Engelmacherin, → Serienmörder

Wild, Jonathan

»Und der Haifisch, der hat Zähne
Und die trägt er im Gesicht.
Und Macheath, der hat ein Messer

Doch das Messer sieht man nicht.« Das dürften wohl die bekanntesten Verse aus Bertolt Brechts Dreigroschenoper sein. Brechts Macheath besitzt dabei ein historisches Vorbild: Jonathan Wild. Jonathan Wild, der als »König der Londoner Unterwelt« in die → Kriminalgeschichte eingehen sollte, kam im Jahr 1682 in Wolverhampton zur Welt. In jungen Jahren führte er erst das ruhige Leben eines ehrbaren Handwerksmeisters mit Weib und Kind an seiner Seite. Doch irgendwann lockte ihn die weite Welt, er verließ Weib und Kind, machte sich auf die Wanderschaft, und landete schließlich in → London. Dort begann er seine Karriere im Schuldenturm. Nach seiner Entlassung verlegte er sich auf die → Zuhälterei und → Hehlerei, worin er große Erfolge verzeichnete. Besonders auf dem Gebiet der Hehlerei tat er sich mit einem genialen Gedanken hervor. Die größte Schwierigkeit in diesem Gewerbe war, das gestohlene Gut zu versilbern. Warum sich nicht gleich an die bestohlenen Bürger selbst wenden, mit dem Anerbieten, ihnen die gestohlene Ware gegen einen angemessenen Betrag zurückzuschaffen→ Die Bürger, die wußten, daß sie auf die Hilfe der → Polizei kaum zählen konnten, erklärten sich wohl oder übel dazu bereit. Das Geschäft florierte, so daß Jonathan Wild sich nicht mehr allein damit begnügte, mit verschiedenen → Diebesbanden zusammenzuarbeiten, sondern auch selbst eine gründete. Doch 1725 traf Jonathan Wild ein schwerer Schlag. Ein neues Gesetz verbot unter Androhung der → Todesstrafe, gestohlene Gegenstände zurückzubeschaffen, wenn nicht gleichzeitig der Dieb den Behörden angezeigt wurde. Dem »König der Unterwelt« blieb nun nichts anderes übrig, als das erbeutete Gut außer Landes zu bringen. Dabei wurde von der Hafenpolizei ein → Schmuggler seiner → Bande inhaftiert. Bei der Befreiung seines Gefolgsmannes geriet Wild selbst in die Fänge der Polizei und landete vor → Gericht.

Am 10. März 1725 begann der → Prozeß gegen ihn. Doch noch aus der → Gefängniszelle heraus wirkte die furchtbare Macht des → Unterweltkönigs. → Zeugen konnten sich auf einmal an nichts mehr erinnern oder erlitten plötzliche Unfälle. Akten blieben unauffindbar. Punkt für Punkt mußte von der Liste gestrichen werden. Schließlich schien er bereits ganz reingewaschen, als ihm eine Lappalie, ein Nichts im Vergleich zu seinen anderen Missetaten, das Genick brach. Irgendwann einmal hatte er zehn Pfund »Finderlohn« von einer alten Dame kassiert, da er ihr freundlicherweise ihre flandrischen Spitzen im Wert von 40 Pfund zurückorganisiert hatte. Und die besagte alte Dame erinnerte sich noch ganz genau an diesen Vorfall. Und sie erinnerte sich auch noch darin ganz genau, daß der Handel nach dem Inkrafttreten des neuerlassenen Gesetzes – also verbotenerweise – vollzogen worden war. Die Richter rieben sich die Hände und verkündeten die volle für diesen Tatbestand angedrohte → Strafe: Tod durch Erhängen. Im Morgengrauen des 24. Mai 1725 wurde das → Urteil vollstreckt.

Wilde, Oscar

»Das Verbrechen, dessen Sie für schuldig befunden worden sind, ist so furchtbar, daß man sich stark zurückhalten muß ... Ich sehe keinen Sinn darin, zu Ihnen zu sprechen. Menschen, die dieser Dinge fähig sind, können kein Schamgefühl haben ... Es ist unmöglich, daran zu zweifeln, daß Sie, Wilde, der Mittelpunkt eines Kreises waren, in dem eine Sittenverderbnis der abstoßendsten Art unter jungen Männern herrschte. Unter diesen Umständen werde ich die schwerste Strafe verhängen müssen, die das Gesetz erlaubt. Nach meinem Dafürhalten ist sie in einem Fall wie diesem vollkommen unzureichend. Das Gericht verurteilt Sie zu zwei Jahren Gefängnis und Zwangsarbeit.«

Mit diesen Worten des Richters Alfred Wills endete 1895 der→ Prozeß gegen den irischen Dichter und Dandy Oscar Wilde (1854-1900). Eben noch Liebling der spätviktorianischen englischen Gesellschaft, war er nun ein Ausgestoßener. Bereits die Nennung seines Namens war jetzt obsolet. Wie war es dazu gekommen?

Bereits vor seinem →Prozeß war Wildes Leben von Gerüchten umwoben, und er tat alles, um das zu fördern. Der geheuchelten Moral der englischen Gesellschaft setzte er einen radikalen Ästhetizismus gegenüber. Für ihn stand die Ästhetik über der Ethik, da sie für ihn einer höheren geistigen Sphäre angehörte. Selbst ein ausgeprägter Farbensinn, so Wilde, sei für die Entwicklung des einzelnen wichtiger »als ein Sinn für Gut und Böse.« Seine amoralische Lebensphilosophie hat Wilde wohl am vollendetsten in dem Roman *Das Bildnis des Dorian Gray* (1890) zum Ausdruck gebracht. Darin verführt der Zyniker und Ästhet Lord Henry Wotton den anfänglich noch unschuldigen und wunderschönen Dorian

Oscar Wilde. Karikatur von Ape (1884)

Gray zu einem Leben der Verderbnis. »Schön sein ist besser als gut sein«, schärft Lord Henry dem noch unerfahrenen Dorian ein. Sogar der → Kriminalität gewinnt der redegewandte Lord noch seine hedonistischen Züge ab: »Das Verbrechen ist das Vorrecht der unteren Sozialschichten ... Ich vermute, daß es für sie das ist, was die Kunst für uns ist: eine Methode, sich ungewöhnliche Empfindungen zu verschaffen ...« Dorian, der durch die Kunst – nämlich ein Bildnis, das an seiner statt altert – ewige Jugend erlangt, erweist sich als gelehriger Schüler des Lords. Bald übertrifft er seinen Meister an Verderbnis. Auf der Suche nach immer neuen lasterhaften Genüssen und exzessiven Ausschweifungen, schreckt Dorian Gray vor nichts zurück. → Mord, → Selbstmord, finanzieller und gesellschaftlicher Ruin sind die Folgen für die, die sich mit dem ewig jungen und strahlend schönen Dorian näher einlassen.

Natürlich war Oscar Wilde nicht Dorian Gray, auch wenn er es nach eigenen Worten gern gewesen wäre. Aber zweifelsohne führte er in den Jahren vor seinem Prozeß ein exzessiveres Leben, als dies der viktorianische Durchschnittsbürger tat: Drogen, Alkohol, lukullische Mahle und ein reger Verkehr mit jungen Männern, vor allem aus dem Strichermilieu, bestimmten nicht selten seinen Tagesablauf. Das alles hätte Wilde jedoch kaum den Kragen gekostet. → Homosexualität war im viktorianischen England zwar strafbar, wurde aber im Regelfall nicht verfolgt, wenn man ein Mindestmaß an Diskretion dabei bewahrte. Kritisch wurde die Lage für Wilde, als er seine tragische Liebe, den jungen Lord Alfred Douglas, kennenlernte, der Wilde später einmal als »das böseste Geschöpf, das Europa während der letzten 350 Jahre gesehen hat«, bezeichnen sollte. Douglas' querulanter Vater, John Sholte Douglas Marquess of Queensbury, begann nach einiger Zeit, dem Pärchen nachzustellen und es überwachen zu lassen. Ende Februar 1895 hinterließ er beim Portier des Abermarle Club, in dem Wilde verkehrte, in einem offenen Umschlag eine Visitenkarte »Für den als Sodomisten posierenden Oscar Wilde.«

Wilde tat daraufhin das anscheinend Verkehrteste, was er tun konnte: Er klagte Queensbury wegen öffentlicher Verleumdung an, obwohl ihm natürlich selbst am besten bewußt sein mußte, daß der Inhalt von Queensburys Botschaft den Tatsachen entsprach (Sodomie war damals eine häufige Bezeichnung für Homosexualität). Was hatte Wilde nur zu diesem aberwitzigen Schritt veranlaßt? Zwar stachelte ihn der junge Douglas gegen den verhaßten Vater auf, aber alle seine rechtskundigen Freunde rieten ihm, die → Anzeige zurückzuziehen und sich für einige Zeit außer Landes zu begeben. Auch als Wilde seinen ersten Prozeß, wie vorauszusehen war, verlor und damit auf einmal aus dem Kläger ein → Angeklagter geworden war, wäre eine Flucht nach Frankreich noch möglich gewesen. Freunde hatten bereits alles Nötige vorbereitet.

Doch Wilde zog es vor, ins offene Messer zu laufen. Vielleicht weil auch

seine Werke oft tragisch enden? Hegte er möglicherweise in einer unergründlichen Kammer seiner Seele den stillen Wunsch, ebenfalls einen dramatischen Abgang zu haben, um so als Gesamtkunstwerk besser überleben zu können? In Wildes Naturell vermischten sich Leichtsinn mit Vorahnung. Die homosexuelle Märtyrerkrone wäre ihm ohne seinen Prozeß jedenfalls kaum verliehen worden; denn die Tage des Viktorianismus sind heute längst vorbei, und Homosexualität ist mittlerweile weniger ein Stigma als ein biografischer Marketingfaktor. Der Zeitgeist von heute verurteilt den Zeitgeist von damals. Die Unperson heißt nun nicht mehr Wilde, sondern Richter Wills. Dabei wäre Oscar Wilde ohne dessen Mitwirkung niemals das geworden, was er heute ist: die größte Homosexuellen-Popikone aller Zeiten. Wildes Bewunderer täten also gut daran, des viktorianischen Richters nicht nur voller Abscheu zu gedenken – schließlich steht ja die Ästhetik über der Ethik, zumindest nach Oscar Wilde!
Literatur: Richard Ellmann: Oscar Wilde (1991).

Wilddieb/Wilderei

Die Wilderei unterlag verschiedenen Bewertungen. Die Germanen, die sich weitgehend von erlegtem Wild ernährten, kannten in ihrem Recht einen solchen Tatbestand noch nicht. Im Mittelalter mußte nur der, welcher in den nicht allzugroßen Königsforsten jagte, eine → Geldstrafe entrichten. Die frühen Rechtsbücher hielten ausdrücklich fest, daß Wilddiebstahl nicht mit dem Tode bestraft werden dürfe. Erst mit dem Entstehen von Landeshoheiten und der Ausbildung des Absolutismus trat eine Verschärfung ein. Die absolutistischen Herrschenden sahen die Jagd als fürstliches Privileg an. Wer dagegen verstieß, konnte mit Verstümmelungen oder → Todesstrafe rechnen. Mit dem Zusmmenbruch fürstlicher Privilegien wurde die Jagd wieder demokratisiert. Wilderei wird heute vom Gesetzgeber als »die Ausübung der Jagd an Orten, an denen der Täter nicht zu jagen berechtigt ist«, definiert. Strafverschärfend ist dabei, wenn die Tat in der Nachtzeit ausgeführt wird oder zur Schonzeit, oder auf nicht weidmännische Weise und durch mehrere mit Schußwaffen ausgerüstete → Täter. Auch gewerbs- oder gewohnheitsmäßige Wilderei unterliegt einer strengeren Bestrafung. → Der Bayerische Hiasl

Williams, Wayne B.

Zwischen 1979 und 1981 versetzte ein brutaler → Serienmord an männlichen schwarzen Kindern und Jugendlichen die Stadt Atlanta in Angst und Schrecken. Bei den Opfern, die vorher vergewaltigt (→ Vergewaltigung) worden waren, handelte es sich meist um minderjährige Straßenjungen, die sich für ein paar Dollar prostituierten (→ Prostitution). Doch es waren auch Kinder aus geordneten Verhältnissen darunter, so der neunjährige Sohn einer bekannten Bürgerrechtlerin. Im Mai 1981 betrug die Zahl der Opfer bereits 26. Der Fall ließ Rassenunruhen aufflammen, da die schwarze Bevölkerung davon ausging, der Ku-Klux-Klan könnte die →

Morde begangen haben. Niemand hatte zu dem Zeitpunkt den gleichfalls schwarzen, damals 23jährigen Talentsucher und Videofilmer Wayne Williams in Verdacht. Das einzige forensische → Indiz, das die Opfer untereinander in Verbindung brachte, war ein seltener Fasertyp, der sich auf den Kleidern der Opfer fand. Als die Zeitungen jedoch von diesem Hinweis berichteten, stellte sich der → Täter sofort um und warf die Leichen in Flüsse, so daß die Chance, weitere Fasern zu finden, gering war. Am Morgen des 22. Mai 1981 hörte eine → Polizeistreife am Chattahoochee-Fluß ein klatschendes Geräusch. Sie fuhren zu der Stelle und stießen auf den 23jährigen Wayne Williams, der neben seinem Kombi stand. Als kurz darauf unweit der Stelle eine weitere Leiche angespült wurde, untersuchte man Williams' Haus und stieß dort auf die verdächtigen Fasern. Nach einem spektakulären Indizienprozeß wurde Wayne Williams im Februar 1982 zu zwei lebenslangen → Haftstrafen verurteilt.

Wirtschaftskriminalität

Darunter wird die Gesamtheit aller → Straftaten verstanden, die wirtschaftliche Bezüge aufweisen. Der oder die → Täter nutzen ihre wirtschaftlich-berufliche Stellung aus, mißbrauchen Instrumente des Wirtschaftslebens oder richten ihre Taten gegen überindividuelle Rechtsgüter des Wirtschaftslebens – wie die staatliche Finanzwirtschaft und die private Volkswirtschaft. Bisher existiert keine nähere und allgemein anerkannte Definition für die Wirtschaftskriminalität. Die klassische Bezeichnung »White Collar Crime«, die Bezug nimmt auf die herausgehobene berufliche Stellung des Wirtschaftskriminellen, trifft den Wesenskern nur bedingt.

Wirtschaftskriminalität umfaßt sowohl → Straftaten aus dem sogenannten Nebenstrafrecht, wie z.B. Wettbewerbs-, Steuer-, Embargo-, Börsen-, Warenfälschungs-, Bilanz- und sonstige Buchführungsdelikte, als auch aus dem → Strafgesetzbuch, so u.a. Wechsel- und Scheckdelikte, Konkursstraftaten, Kredit-, Subventions-, Kapitalanlagebetrug und weitere Fälle des → Betrugs, der → Untreue, der → Bestechung, als auch der → Computerkriminalität. Die polizeiliche → Kriminalstatistik erfaßt die amtlich bekannte Wirtschaftskriminalität nur unvollständig, da ein Teil der Wirtschaftsstraftaten unmittelbar von sogenannten Schwerpunktstaatsanwaltschaften und Steuerbehörden (→ Steuerstrafrecht) verfolgt wird. Deshalb lassen sich Umfang, Struktur und Entwicklung – Tendenz steigend – der verfolgten Wirtschaftskriminalität mit der Polizeistatistik nicht exakt ermitteln. Eine hohe → Dunkelziffer wird vermutet. Der in Deutschland durch Wirtschaftskriminalität angerichtete materielle Schaden wird auf 8 bis 30 Millionen Euro im Jahr geschätzt.

Kennzeichnend für die Wirtschaftskriminalität ist, daß sie sich nicht selten in einer Grauzone abspielt, bei der die Übergänge zur → legalen Kriminalität oft fließend sind. Immer wieder nutzen skrupellose Geschäftsleute Gesetzeslücken aus.

Der Gesetzgeber hinkt größtenteils hinterher. So eröffnet sich z.B. mit der Ausbreitung der elektronischen Datenverarbeitung für dunkle Machenschaften ein ganz neues Feld. Wirtschaftskriminalität ist z.T. eng verzahnt mit dem → organisierten Verbrechen, da dieses versucht, auch Einfluß auf das Wirtschaftsleben zu nehmen (→ Mafia, → Russenmafia). → Schneider, Jürgen, → Wirtschaftsspionage

Wirtschaftsspionage

Beinhaltet das rechtswidrige Auskundschaften und Verwerten von Geschäftsgeheimnissen. Als Geschäftsgeheimnis gilt dabei jede betriebliche Tatsache, die nur einem begrenzten Personenkreis bekannt ist und an deren vertraulichen Behandlung der Unternehmer ein berechtigtes Interesse hat, wie z.B. bei Herstellungsfragen oder Planungen. Der unbefugte Verrat von Geschäftsgeheimnissen durch Arbeitnehmer zu Wettbewerbszwecken, aus Eigennutz, zugunsten Dritter oder in der Absicht, dem Geschäftsinhaber zu schaden, ist strafbar und gilt als unlauterer Wettbewerb. Neben einer → Freiheits- oder → Geldstrafe ist der → Täter darüber hinaus verpflichtet, Schadensersatz zu zahlen. Wirtschaftsspionage hat nach dem Ende des Kalten Krieges an Bedeutung gewonnen. Zum Teil sind sogar die Geheimdienste in sie involviert. Im Zeitalter der Globalisierung ist der wirtschaftliche Vorsprung wichtiger geworden als der militärische (→ Spionage).

Literatur: Udo Ulfkotte: Marktplatz der Diebe. Wie die Wirtschaftsspionage deutsche Unternehmen ausplündert und ruiniert (2000). → Geheimnisverrat

Woyzeck, Johann Christian

»Wenn ich ein Herr wär' und hätte einen Hut und eine Uhr und ein Augenglas und könnt' vornehm reden, ich wollt' schon tugendhaft sein. Es muß was Schönes sein um die Tugend, Herr Hauptmann. Aber ich bin ein armer Kerl!« erklärt der Woyzeck oder Wozzeck aus Georg Büchners gleichnamigem unvollendeten Drama (1837). Und ein armer Kerl war der 1780 in Leipzig geborene Johann Christian Woyzeck wahrhaftig.

Sein Vater, den er ebenso wie die Mutter schon früh verlor, war ein eingewanderter Friseur aus Wolynien. Auch Woyzeck lernte die Kunst des Frisierens und Perückenmachens, konnte aber nirgendwo festen Fuß fassen. Dann brach das Jahr 1806 an, das die Schlacht bei Jena und Auerstedt brachte. Woyzeck mußte Soldat werden – ob er wollte oder nicht. Zwölf Jahre lang trug er die Uniform, wobei er, den politischen Wirren der Zeiten entsprechend, verschiedenen Mächten diente. Das Mädchen, das er liebte, durfte er nicht heiraten, da es ein pommersches Mädchen war, und er ein Sachse, der schwedische Uniform trug. 1818 nachdem er demobilisiert wurde, kehrte er zurück in seine Heimatstadt Leipzig, um sich als Stadtsoldat zu bewerben. Doch dort wollte man keinen, der eben die Uniform der Preußen ausgezogen hatte; denn nachdem das vormals schwedische Pommern an Preußen abgetreten worden war, hatte man ihn automatisch in den preußischen

Soldatendienst aufgenommen. Auch einen Friseurgesellen, der zwölf Jahre lang Soldat gewesen war, konnte man nicht mehr brauchen.

Da kam ihm die Witwe Woost, die Tochter seines ehemaligen Lehrmeisters zu Hilfe. Die sechs Jahre ältere Chirurgenwitwe, die einen gesellschaftlichen Abstieg hinter sich hatte und ihren Unterhalt mit diversen Männerbekanntschaften finanzierte, gab Woyzeck einen letzten Halt an menschlicher Wärme und Nähe. Doch es ging nicht gut. Woyzeck, der Zuflucht im Trinken suchte (→ Alkohol und Verbrechen) und zu → Eifersucht und Gewalttätigkeit neigte, erstach seine Geliebte am 2. Juni 1821 auf dem Heimweg in ihre Wohnung der Sandgasse.

Am 27. August 1824 bestieg Johann Christian Woyzeck das Blutgerüst auf dem Marktplatz von Leipzig und wurde öffentlich hingerichtet. 34 Jahre lang hatten die Leipziger keine → Hinrichtung mehr erlebt. Der Markt füllte sich mit Neugierigen. Doch als der Henker (→ Scharfrichter) seine Arbeit verrichtet hatte, leerte sich der Platz schnell. Man war peinlich berührt. Woyzeck war der letzte, der auf dem Leipziger Markt hingerichtet worden ist – und vermutlich der erste »Arme«, dessen Schicksal plötzlich zu interessieren begann. Ein Ärztestreit über die Zurechnungsfähigkeit des Mörders Woyzeck brach vom Zaum. Man war sich plötzlich nicht mehr so sicher, Recht an dem vom Leben herumgestoßenen Woyzeck getan zu haben. Woyzeck gab den Anstoß dazu, über eine Differenzierung des Begriffes Zurechnungsfähigkeit (→ Geisteskranke und abnorme Täter) nachzudenken und die Abschaffung der → Todesstrafe zu fordern. Das bürgerlich-humanistische Zeitalter war endgültig angebrochen. Der Stoff *Woyzeck* wurde nicht nur von Georg Büchner aufgegriffen, sondern wurde auch musikalisch von Alban Berg in seiner gleichnamigen 1925 uraufgeführten Oper umgesetzt.

Wuornos, Aileen

→ Prostituierte sind sehr häufig die Opfer perverser → Serienmörder oder Gewalttäter. Aileen Wuornos hat den Spieß umgedreht und aus Freiern Opfer gemacht. Von Ende 1989 bis Januar 1991 tötete die 1956 in Oakland geborene Straßenprostituierte im Bundesstaat Florida sieben Männer. Aileen Wuornos' Welt bestand von Anfang an aus Gewalt, Drogen und → Kriminalität. Schon früh fiel Aileen, geborene Pittman, durch Ruhestörungen, → Gaunereien und Tätlichkeiten auf. Einmal warf sie eine Billardkugel gegen einen Barkeeper, die zwar nicht traf, aber mit so viel Kraft geschleudert war, daß sie an einer Seitenwand der Bar hängenblieb. Später brachte Aileen Wuornos ihren → Haß gegen Männer mit Pistolenkugeln zum Ausdruck, die fast immer trafen.

Im Dezember 1989 wurde die völlig verweste Leiche des 51jährigen Richard Mallory in einem Waldgebiet der Everglades am Rande der durch Florida führenden Interstate 95 entdeckt. Sie bildete den Anfang zu einer Reihe von Leichenfunden alleinreisender Männer, die in einem etwa vierwöchigen Abstand ermordet wurden. Alle Opfer gehörten dem weißen Mittelstand an und waren mit ihrem Auto auf der Interstate 95 unterwegs. Sechs Männerleichen wurden von Dezember 1989 bis November 1990 entdeckt. Die Männer waren nicht mit einem oder zwei Schüssen, sondern mit vier, sechs oder neun Schüssen getötet worden. Schon bald faßte die → Polizei den Verdacht, die Morde könnten von einer Frau begangen worden sein. Ein Verdacht, der sich erhärtete, nachdem am 19. November 1990 die nackte Leiche des Italoamerikaners Walter Gino Antonio auf einem Waldweg entdeckt wurde. Der Mann hatte ein Kondom in der Hand, so als ob er sich gerade auf den Geschlechtsverkehr vorbereiten wollte, als geschossen wurde.

→ Fingerabdrücke im Wagen der ermordeten Männer führten schließlich auf die Spur der wegen Scheckbetrugs, mehrfachen Fahrens ohne Führerschein und bewaffneten → Raubüberfalls vorbestraften Prostituierten Aileen Wuornos. Als auch Aileen Wuornos' Geliebte Tyria Moore als Mittäterin verhaftet wurde, gestand Aileen Wuornos die → Morde. Es war nicht Geldgier gewesen, die sie zu diesen Taten getrieben hatte, sondern Freude an der Macht über die Opfer und deren Demütigung. Eines ihrer zahlreichen potentiellen Opfer, das noch einmal davongekommen ist, beschrieb seine Begegnung mit Aileen Wuornos folgendermaßen: »Sie stieg aus dem Jeep und ging außen um ihn herum ... ich bin in Korea und Vietnam gewesen, und es ist schon auf mich geschossen worden, und ich habe auch schon Angst gehabt ... sie war plötzlich irgendwie anders, ihre Art und ihr Blick ... es lief mir kalt den Rücken hinunter ... ich machte, daß ich wegkam, und ließ sie dort einfach stehen.« Diese Intuition rettete Mr. Carnley das Leben. Gino Antonio hatte weniger Glück. Der Gerichtsreporter Michael Reynold versuchte in seinem Buch *Ich hasse alle Männer*, den Mordvorgang an Antonio zu rekonstruieren. »Zuerst befahl sie ihrem Opfer, sich nackt auszuziehen, dann brachte sie den 22er zum Anschlag, zielte und feuerte einen Schuß, der seinen Körper zusammenzucken ließ. Mit einer schnellen Bewegung ihres Daumens spannte sie den Hahn und feuerte kurz darauf noch einmal ... Sie trat näher heran und zielte mit dem 15 cm langen Lauf auf seinen Hinterkopf. Sie spannte den Hahn und schoß. Sein Kopf zuckte hoch ... Einmal noch! Sie stellte sich über ihn und senkte den Revolver auf die sich deutlich abzeichnende Kontur seines Rückgrats. Spannen, zielen, schießen. Im selben Augenblick gaben seine Knie nach, und er sackte auf seine linke Seite. Sie beobachtete, wie er sich wie ein Fötus zusammenrollte. Er gab keinen Laut mehr von sich.«

Aileen Wuornos fand, daß man ihr diese Grausamkeiten nicht zum Vorwurf machen könne. Sie behauptete, etwas Gutes getan zu haben, indem sie »die Welt von diesen Dreckschweinen befreit habe«. Die Geschworenen, unter denen Frauen die Majorität bildeten, entschieden einstimmig anders. Am 27. Januar 1992 wurde Wuornos schuldig gesprochen und wegen sieben ihr zu Last gelegter Morde zum Tode auf dem → elektrischen Stuhl verurteilt. Als Beamte sie abführten, soll sie ihre gefesselten Hände hochgerissen haben und herausfordernd gerufen haben: »Kommt alle in den Todestrakt! Ich geb' für euch Jungs ne'Runde Kaffee aus!«

Wüthrich, Raoul
Selbst im Zeitalter einer nahezu allseitigen amerikanischen Dominanz gibt es noch Bereiche, in denen sich europäisches und amerikanisches Empfinden unterscheiden. Als in der Nacht des 30. August 1999 der damals 11jährige Raoul Wüthrich von amerikanischen Polizisten aus dem Bett gerissen und weinend mit Handschellen abgeführt wurde, löste dieses Vorgehen in Europa Entsetzen aus. Verursacht wurde die Verhaftung des Jungen durch eine Nachbarin. Sie hatte, so gab sie zu Protokoll, gesehen, »wie der Junge im Garten sein Gesicht an die Genitalien seiner kleineren Schwester Sophia preßte und seinen nackten Penis an ihren Po drückte«. Ein ungeheuerlicher Vorwurf im bigotten Amerika, wenn man bedenkt, daß dort schon der Kuß eines Erstkläßlers auf die Wangen einer Sechsjährigen als → sexuelle Belästigung gilt und zum Rausschmiß aus der Schule führt. So geschehen 1996 in North Carolina. Amerikas Strafwut in Sachen Sex tobt sich auch bei den Erwachsenen aus. In etlichen Bundesstaaten sind Oralsex, intime Begegnungen bei Licht, Nacktheit und Fluchen im Bett, Kondome, Seitensprünge verboten. Und eine Serviceangestellte klagte erfolgreich wegen sexueller Belästigung, als ein Gast im Lokal den Playboy las.

Nach seiner Festnahme wurde Raoul im Mount View- → Gefängnis in Denver in Untersuchungshaft gesteckt. Nach jedem Besuch seines Anwalts wurde er von männlichen Aufsehern nackt ausgezogen. Dann mußte er sich bücken und die Gefängnismitarbeiter suchten in all seinen Körperöffnungen nach versteckten Gegenständen. Bei Verhören wurde

Raoul Wüthrich:
Mitten in der Nacht in Ketten abgeführt

er sogar in Hand- und Fußfesseln wie ein Schwerverbrecher vorgeführt.

Daß der Fall Raoul Wüthrich in Europa so hohe Wellung der Empörung schlug, lag daran, daß der Junge nicht nur einen amerikanischen, sondern auch einen Schweizer Paß besaß.

Dadurch, und aufgrund der Initiative der Eltern, wurde der Fall publik. Die Amerikaner selbst ließ die Geschichte des kleinen Raoul kalt – einer von vielen! Doch der Junge, der durch das Fehlen jeglichen gesunden Menschenverstandes zum »Sexualverbrecher« abgestempelt wurde, hatte Glück im Unglück. Nach knapp zweimonatiger Untersuchungshaft kam Raoul frei, da das Verfahren gegen ihn wegen eines Formfehlers eingestellt werden mußte.

Literatur: Beverly und Andreas Wüthrich: Unser Sohn Raoul in den Fängen der US-Justiz (2000).

XYZ

Yakuza

Sie bringen Politiker an die Macht und ihre Gegner um. Sie kontrollieren ein Viertel der Firmen. Sie sind Japans fünfte Gewalt und die → Mafia des asiatischen Inselreichs: die Yakuza. Die äußerlich vor allem als Stadtgangs mit stark hierarchischer Gliederung auftretenden Yakuza leiten ihre Verhaltensregeln zum Teil vom Ethos der Samurai ab. Trotzdem entstammen ihre unteren Chargen aber der slumtypischen Kleinkriminalität. Ihre Führer jedoch genießen zum Teil öffentliche Anerkennung. 1989 waren der → Polizei mehr als 400 Gruppen mit insgesamt über 87.000 Mitgliedern bekannt, die vor allem → Schutzgelderpressung, → Zuhälterei und → Drogenkriminalität betreiben. Allein das von Osaka aus operierende Yamaguchi-gumi-Syndikat hat über 25.000 Mitglieder. Der Jahresumsatz der Yakuza liegt bei etwa 8-10 Milliarden Euro. → Organisierte Kriminalität

YY

Gibt es den geborenen → Verbrecher, den → Delinquento nato→ Diese Frage ist immer wieder gestellt und je nach Aufklärungsstand und Zeitgeist unterschiedlich beantwortet worden. Eine zum Teil immer noch von den Sozialwissenschaften dominierte → Kriminologie sieht im Verbrechen vor allem das Ergebnis negativer Einflüsse aus dem sozialen Umfeld und steht daher jedem biologischen Determinismus ablehnend gegenüber. Trotz dieser Gegebenheiten gibt es genügend Hinweise darauf, daß der Verbrecher nicht nur ein Produkt des → Milieus ist, sondern auch das einer ererbten Veranlagung. So fand sich z.B. bei → Gewalttätern, → Sexualverbrechern und → Amokläufern in auffälliger Häufung ein zusätzliches männliches (Y-) Geschlechtschromosom. Die Strukur des männlichen Chromosomaufbaus – XY- ist im Regelfall eine Kombination von weiblich – X – und männlich – Y. Die Personen mit einem YY-Chromosomenaufbau verfügen also über eine geballte Ladung Männlichkeit. Ist es diese Abnormität im Erbgut, die viele Verbrecher zur Tat zwingt? Für die meisten Straftaten benötigen die → Täter sicher nicht eigens ein YY-«Teufelschromosom«, aber bei Verbrechen, wo Sex und Gewalt eine entscheidende Rolle innehaben, spielt diese Chromosomenabnormität als wichtiger Faktor mit hinein. Personen mit YY neigen nachweislich zu diesen Formen der Kriminalität. *Literatur: Armand Mergen: Das*

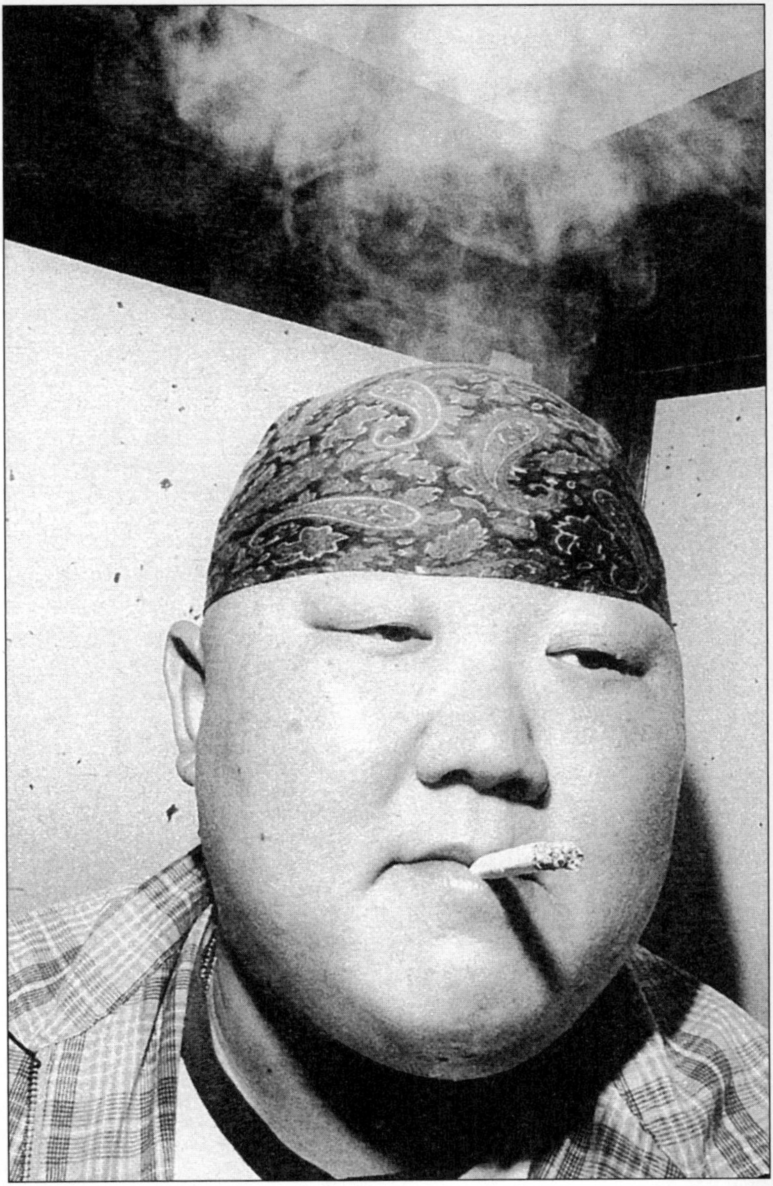

Nicht von der Heilsarmee, dafür von der Yakuza

Teufelschromosom. Zum Täter programmiert (1995). → Geschlecht und Verbrechen

Zahl, Peter-Paul

Der Schriftsteller Peter-Paul Zahl wurde 1944 in Freiburg geboren. Seine Kindheit verbrachte er in der DDR, 1953 kam er dann ins Rheinland, wo er nach der Mittleren Reife eine Lehre als Offset-Drucker machte. 1964 ging er als Kriegsdienstverweigerer nach Berlin, hatte dort 1965 seine erste öffentliche Lesung und trat der Gruppe 61 bei. Als Drucker, Verleger und Autor war er für die APO (Außerparlamentarische Opposition) aktiv. 1970 wurde Zahl erstmals wegen des Druckens eines zur Revolution aufrufenden Flugblattes verurteilt. Nach der Durchsuchung seiner Druckerei durch bewaffnete → Polizeibeamte im Juni 1972 floh Zahl nach Westdeutschland. In Düsseldorf, wo er unter falschem Namen einen Wagen leihen wollte, geriet er in eine Personenkontrolle (→ Personenfeststellung) der Polizei. Es kam zu einem Schußwechsel, bei dem Zahl selbst und ein Polizist verletzt wurden. 1974 wurde Zahl deswegen zu vier Jahren → Gefängnis verurteilt und 1976 – zum Zwecke der »speziellen Abschreckung des Angeklagten« – für diesselbe Tat zu 15 Jahren verurteilt. Bis 1979 saß Zahl seine → Strafe in verschärfter Einzelhaft ab. Später wurde ihm kurzfristiger → Hafturlaub gewährt, den er unter anderem zu Lesungen aus seinen Texten nutzte. Zahls Laufbahn als Schriftsteller ist auf der einen Seite von seinen politischen Überzeugungen geprägt und auf der anderen Seite von seinem Leben im Gefängnis. Vor allem mit seinen Büchern Die Barbaren kommen (1976) und Alle Türen offen (1977) wurde er zu einem der Hauptrepräsentanten der sogenannten Knastliteratur (→ Gefängnisliteratur), die bis dato in Deutschland – im Gegensatz zu den USA – kaum eine Tradition hatte.

Zerstörungswut

→ Vandalismus

Zeuge

Der »geziuge«, die »vor Gericht gezogene Person«, heißt das Wort »Zeuge« im eigentlichen Sinne. Rechtlich betrachtet, handelt es sich bei dem Zeugen um eine Person, die in einem Verfahren über eigene Wahrnehmungen aussagen soll oder zum Abschluß von Rechtsgeschäften – z.B. Testamentserrichtung – hinzugezogen wird. In einem → Strafprozeß besteht allgemeine Zeugnispflicht. Allerdings gibt es in bestimmten Fällen ein Zeugnisverweigerungsrecht, nämlich dann, wenn der Zeuge einen glaubhaften Weigerungsgrund geltend machen kann. Darüber hinaus muß der Zeuge die nötige geistige Fähigkeit besitzen, sachlich über eine von ihm gemachte Beobachtung aussagen zu können (→ Zeugentüchtigkeit). Dabei sollen in Strafprozessen Fragen nach Umständen, die für den Zeugen oder seine Angehörigen ehrenrührig sein könnten, nur gestellt werden, wenn dies unerläßlich ist. Bei gefährdeten Zeugen können die Angaben zur ihrer Person oder ihrem Wohnort geheimgehalten werden.

Soweit in der → Hauptverhandlung Umstände aus dem persönlichen Lebensbereich eines Zeugen zur Sprache kommen, die seinen Intimbereich angehen oder schützenswürdige Interessen verletzen würden, kann die Öffentlichkeit auf Antrag ausgeschlossen werden – sofern nicht das Interesse an der öffentlichen Erörterung dieser Umstände überwiegt. Der Zeuge kann einen Rechtsbeistand zur Vernehmung mitbringen und kann sich durch diesen, wenn er selbst das Opfer der im Strafverfahren behandelten Strafsache ist, auch vertreten lassen. Eine Beeidigung des Zeugen erfolgt im Regelfall in der Hauptverhandlung. Der Staatsanwalt, der → Angeklagte, der Verteidiger sowie die Schöffen sind berechtigt, dem Zeugen Fragen zu stellen, sofern der Vorsitzende des → Gerichts dies gestattet. Nach Vernehmung jedes Zeugen wird der Angeklagte befragt, ob er dazu Stellung nehmen will. Der Zeuge hat mit seiner Beeidigung geschworen, die Wahrheit zu sagen. Sollte ihm eine bewußte → Lüge nachgewiesen werden, so hat er einen → Meineid begangen und macht sich damit selbst strafbar. *Literatur: F. Arntzen: Die Psychologie der Zeugenaussage (1993); K. Zacharias: Der gefährdete Zeuge im Strafverfahren (1997).* → Zeugenbeeinflussung

Zeugenbeeinflussung

Begeht, wer auf einen → Zeugen einwirkt, damit dieser eine für die betreffende Person günstige Aussage abgibt. Die Zeugenbeeinflussung bildet einen eigenen → Straftatbestand. Sie kann aber auch als Begünstigung oder → Strafvereitelung oder als → Anstiftung oder Beihilfe zum → Meineid, bzw. zu einer uneidlichen → Falschaussage strafbar sein. Bei einer bewußten → Täuschung des Zeugen über die Wahrheit seiner Aussage wird der Täuschende wegen Verleitung zur Falschausssage bestraft. Wird ein Zeuge bedroht, macht sich der → Täter mit einer → Nötigung strafbar. Nicht strafbar hingegen ist die Bitte an den Zeugen, von seinem Zeugnisverweigerungsrecht Gebrauch zu machen.

Zeugentüchtigkeit

Die Ermittlung der Zeugentüchtigkeit klärt die Fähigkeit zur sachlich richtigen Wiedergabe von Beobachtungen einer Person für die gerichtliche Wahrheitsfindung. Die allgemeine Zeugentüchtigkeit bezieht sich auf die gedanklichen und sprachlichen Fähigkeiten einer Person und ist vor allem bei Kindern und Jugendlichen von Sachverständigen, wie z.B. Psychologen oder Jugendpsychiatern, zu prüfen. Die Steigerung einer Zeugenuntüchtigkeit aufgrund einer Störung des geistigen Denkens, einer zu starken emotionalen Beteiligung oder Zerfahrenheit ist die Zeugenunfähigkeit. Zeugenunfähigkeit und absichtliche → Falschaussage sind deutlich voneinander zu unterscheiden. Die Glaubwürdigkeit von → Zeugen zu beurteilen, gehört zu den wichtigsten Aufgaben der → forensischen Psychologie.

Zigeuner

Als nach dem Fall des Eisernen Vorhanges zahlreiche Zigeuner – meist aus Rumänien kommend – in die westlichen Wohlstandsstaaten strömten, waren nachfolgende Nachrichten in der Presse keine Seltenheit: »Vor acht Tagen zogen rund 150 Zigeuner in einer beispiellosen Klau-Tour über den Hamburger Fischmarkt, plünderten die Stände und schlugen zwei Polizisten in die Flucht. An diesem Sonntag hatten sich 50 Polizisten auf die Lauer gelegt und griffen 30 Diebe.« So begann ein Artikel, den die Hamburger Morgenpost am 23. November 1992 veröffentlichte. In dem Artikel wurde auch der Fortgang der »Klau-Tour« geschildert: »Wie schon am 15. November kamen die Diebe, als die Markthändler ihre Stände abbauten. Die Zigeuner steckten Schmuck, Bananen, Kleidung und Andenken ein. Zivilfahnder griffen sofort ein, wurden von rund 40 Uniformierten unterstützt. In einem Fall wollten die Zivilpolizisten drei Diebe greifen, wurden sofort von anderen Zigeunern umringt. Einer der Täter drohte mit einem Messer. Schutzpolizisten kamen ihren Kollegen zur Hilfe. Gegen die Angreifer wird jetzt wegen versuchter Gefangenenbefreiung ermittelt. Die Diebe, darunter auch viele Kinder, die von ihren Eltern gezielt zum Klauen an die Marktstände geschickt wurden, kamen zur Wache Sedanstraße. Die meisten sind Asylbewerber aus Rumänien ...« Der Spiegel schrieb im Mai 1993 in einem Asylanten-Report aus Hamburg über »Schwierigkeiten, die es des öfteren mit Rumänen gibt, die ›nicht immer die besten Manieren‹ haben«, unter anderem folgendes: »Wenn Polizisten einen minderjährigen Roma aufs (Asylanten-)Schiff bringen, der beim Diebstahl erwischt wurde, kriegt der ... von seinem Vater erfahrungsgemäß ›erst mal eine Schelle‹: ›Nicht weil er gestohlen hat, sondern weil er sich hat erwischen lassen‹.«

Der Ursprung der Zigeuner liegt wahrscheinlich im Nordwesten Indiens. Zwischen 800 und 1000 waren sie vermutlich durch das Einströmen arabischer Volksstämme zum Auswandern gezwungen worden. Die große Mehrheit der Vorfahren der heutigen Zigeuner ließ sich zwischen dem 11. und 14. Jahrhundert auf dem Balkan, im Mittleren Osten und in Osteuropa nieder. Die Westwanderung erreichte um 1400 Mitteleuropa, bald nach 1500 dann England und 1715 Nordamerika. In der über Stände und Zünfte starr strukturierten Gesellschaft wurden die Zigeuner wie andere soziale Gruppen, wie z.B. fahrende Händler, → Bettler, Schausteller und → Vagabunden, sozial ausgegrenzt. Ihre Anwesenheit galt als unerwünscht und nicht selten wurden sie per Dekret vertrieben. Auf dem Reichstag 1596/97 wurden sie für → vogelfrei erklärt. Damit waren sie geächtet und zur Verfolgung, → Folter, → Haft und Tötung freigegeben. Anfang des 16. Jahrhunderts folgten Holland, Portugal, England, Frankreich, Schottland, Flandern, Dänemark, Böhmen, Polen und Litauen mit ähnlichen Gesetzgebungen. 1561 beschloß das Parlament zu Orléans, sie mit Feuer und Schwert auszurotten. Die härtesten Gesetze wurden im Heiligen Römischen Reich erlassen, allein zwischen 1497 und 1774 waren es 146 Edikte, die alle Arten körperlicher und psychischer Gewalt an Zigeunern zuließen. Nach der Gründung des Deutschen Reichs 1871 wurden die innenpolitischen Kontrollinstrumente durch neugegründete Dienststellen zur Überwachung der Zigeuner verschärft. Seit 1899 setzte im Deutschen Reich eine systematische Bekämpfung der Zigeuner ein; seit 1906 bestand in Preußen eine »Zigeuner-Gesetzgebung«, seit 1926 in Bayern das »Arbeitsscheuengesetz«, das die Möglichkeit bot, auch gegen alteingesessene Zigeuner mit Härte vorzugehen. Nach 1933 verschärfte sich die Zigeunerverfolgung noch einmal, um im Lauf des Zweiten Weltkrieges zu eskalieren: Nach Schätzungen wurden etwa 500.000 Zigeuner ermordet (→ Ideologie und Verbrechen, → »Rassenschande«, → Völkermord). Gleichwohl wurden die Zigeuner nicht von Anbeginn verfolgt. Da die Zigeuner selbst ihr Auftreten in Mitteleuropa mit einer Pilgerfahrt erklärten, die ihnen zur Buße auferlegt worden sei, da ihre Vorfahren vom christlichen Glauben abgefallen seien, wurden sie zunächst als fromme Leute angesehen und durch Verordnungen vor Übergriffen geschützt. Allerdings stellte sich bald heraus, daß die Zigeuner, um ihr Wanderleben zu finanzieren, zu zahlreichen → Straftaten, insbesondere → Diebstahl und → Betrug, neigten. Sie übten zwar handwerkliche Berufe aus, so als Schlosser, Schmiede und Korbmacher, oder sie traten als Musikanten auf, doch sie taten das nicht nur, um damit ihren Lebensunterhalt zu verdienen, sondern auch, um im Schutze dieser Betätigungen Diebstahl und Betrug zu begehen. Die Gewalttat (→ Gewaltverbrechen) wurde von den Zigeunern gescheut. Sie wurde meist nur innerhalb der Sippe, z.B. aus → Eifersucht, begangen, Fremden gegenüber nur auf eine starke Herausforderung hin. Dabei ist es bis heute geblieben. Das »große Verbrechen« wurde von Zigeunern nur selten begangen. Ihre Domäne ist die massive Kleinkriminalität geblieben: Diebstahl, besonders auch → Ladendiebstahl und → Taschendiebstahl, Betrug und zum Teil aggressives Betteln. Eine Besonderheit der bei den Zigeunern auftretenden Kriminalität ist, daß bereits Kinder (→ Kinderkriminalität) wegen ihrer → Strafunmündigkeit zum Diebstahl erzogen werden. Diebstähle gelten z.T. bis in die Gegenwart als selbstverständliches und legitimes Mittel zur Existenzsicherung. So heißt es in einem Verhörprotokoll aus dem Jahre 1786: »Dis seye eine gewöhnliche Sache bey den Zigeunern, und sie glauben hieran gar nicht Unrecht zu thun, da sie zu dergleichen selbst von dem Heyland legitimirt worden. So seye wenigstens der Glaube unter ihnen, und man halte deshalb schon die Kinder zu begehung kleiner Diebstähle an, denn man erzähle sich und glaube es auch wirklich: Bey der Creuzigung Christi habe eine Zigeunerin von den 4 Nägeln 1 gestohlen, deßwegen man dem Heyland beede Füße mit 1 Nagel bevestigen müssen, welches denselben veranlaßt habe, zu einer Zigeunerin zu sagen, sie müße von nun an alle Tage für 10 x. stehlen. Aus diesem Grund seyen auch die meiste Zigeuner der Meinung, sie müssen zwacken (stehlen) und die Inquisitin glaube es selbsten auch, denn sie habe immer gesehen daß Kinder unter ihnen, wenn sie kaum lauffen können, alles was sie sehen, einpacken, und mit sich nehmen, daß man nicht anderst denken könne, als das Stehlen liege in ihrer Natur, und sie bringen den Hang darzu mit sich auf die Welt.« Der mit dem »Zigeunerleben« einhergehenden erhöhten Kriminalität ist man im Zuge der Aufklärung auch mit humaneren Mitteln als Ausgrenzung, Verfolgung und → Mord begegnet. Im 18. Jahrhundert versuchten die Habsburger Herrscher ebenso wie Friedrich der Große, die Zigeuner mit Druck zu Bauern zu erziehen, indem man ihnen Land und Höfe gab. Der Versuch, sie in die Gesellschaft einzugliedern und zu assimilieren, scheiterte jedoch. Auch die nach 1945 im kommunistischen Machtbereich vorgenommene Zwangsintegration erwies sich als nur bedingt erfolgreich. Die Problematik ist bestehengeblieben, und bis in die Gegenwart existiert bei Zigeunern eine überdurchschnittlich hohe Kriminalitätsrate. Eine heute bestehende Neigung, die Dinge aus Gründen einer Political Correctness nicht mehr direkt beim Namen zu nennen, hat spätestens seit Beginn der 90er Jahre zu einer Ächtung der Verwendung des Wortes »Zigeuner« geführt. Da viele Zigeuner aus Rumänien stammen, liegen in den → Kriminalstatistiken die von Rumänen begangenen → Delikte im Spitzenbereich, eine Entwicklung, die bei den übrigen Rumänen nur mit wenig Freude zur Kenntnis genommen wird. Die → Polizei hat allerdings aus der Not mittlerweile eine Tugend gemacht: Nachdem man ihr untersagt hat, das Wort »Zigeuner« zu verwenden, spricht man dort intern von einer »mobilen ethnischen Minderheit«. *Literatur: R. Gilsenbach: Weltchronik der Zigeuner.* → Bereicherungsdelikte, → Ethnische- und Minoritätengruppen und Verbrechen, → Hannikel

Zigiranyirazo, Protais

Die Gorillaforscherin Dian Fossey wollte die Berg-Gorillas von Ruanda retten, ihr → Mörder, der ruandische → Schmuggler und Politiker Protais Zigiranyirazo hingegen wollte viel Geld. Warum er 1985 die damals 53jährige Dian Fossey umbrachte, konnte 15 Jahre später vom → FBI rekonstruiert werden: »Monsieur Z« ließ nach Gold graben und schmuggelte Unmengen davon durch das Gorilla-Gebiet von Ruanda, wo Fossey mit 80 Menschenaffen lebte. Sie kam ihm auf die Schliche und wollte Schritte gegen ihn unternehmen. Nicht zuletzt deswegen, da die Schmuggler immer wieder Gorillas schlachteten, deren Pfoten sie an Touristen verkauften. Jahrelang wurde Zigiranyirazo von den ruandischen Behörden gedeckt. Es wurde sogar ein Unschuldiger aufgehängt, um als Alibi-Sündenbock (→ Alibi, → Sündenbock) den Mörder zu decken. 2001 konnte der zu diesem Zeitpunkt bereits 63jährige Zigiranyirazo in Belgien festgenommen werden. Der Expolitiker war bereits seit Jahren mit falschen Papieren wegen → Völkermordes auf der Flucht. Dabei kam zutage, daß der → Massenmörder der Gorillaforscherin im Regenwald von Ruanda den Schädel hatte spalten lassen. Die Geschichte der Dian Fossey gelangte 1992 mit Gorillas im Nebel mit viel Erfolg in die Kinos.

Zinken

Neben den einzelnen → Gaunersprachen existieren in der traditionellen → Räuberwelt auch noch verschiedene Formen nonverbaler, visueller Kommunikation. Die bekannteste davon sind die Zinken. Die Zinke hatte ursprünglich die Bedeutung von Zweig – nämlich als der Zweig, der als Zeichen am Weg aufgesteckt wird. Zinken waren an Bäumen, Häusern oder Wänden angebrachte Geheimzeichen, mit deren Hilfe die → Gauner untereinander Mitteilungen austauschen konnten. Sie enthielten z.B. Warnungen, gaben Hinweise über Eigenheiten und Gebefreudigkeit von Hausbewohnern oder Hinweise für Zusammenkünfte. Mitunter konnten die Zinken aber auch in Verbindung mit buchstabenmystischem Hokuspokus als Bestandteil des pseudoreligiösen Überbaus der gaunerischen Subkultur benutzt werden (→ Okkultverbrechen). Es wurde auch zwischen den einander ähnelnden → Bettlerzinken und Gaunerzinken unterschieden. Darüber hinaus gibt es den Zinken noch an bestimmten, von → Falschspielern zurechtgemachten (gezinkten) Karten.

Zodiak Killer

Bis heute ist nicht bekannt, wer hinter dem unheimlichen »Zodiac Killer« stand, der in den Jahren 1968/69 in Kalifornien zwei Menschen schwer verletzte und fünf tötete.

Die erste Tat des Zodiac Killers war der → Mord an dem Teenagerpaar Bettilou Jansen und David Arthur Faraday am 20. Dezember 1968. Das junge Liebespaar war außerhalb von Vallejo, nördlich von San Francisco, in einem abseits geparkten Wagen erschossen worden. Zuerst dachte die → Polizei an einen Fall von Eifersucht (→ Eifersuchtsverbrechen). Am 5. Juli 1969 erhielt die Polizei von Vallejo jedoch einen anonymen Anruf, in dem ein Mann mitteilte, am Tag zuvor ein weiteres Pärchen erschossen zu haben und auch für den Mord an Bettilou und David verantwortlich zu sein. Die Angaben waren richtig. Die 22jährige Darlene Ferrin und der 19jährige Michael Mageau waren Opfer eines weiteren → Attentats geworden, Michael Mageau überlebte jedoch trotz schwerer Schußverletzungen und beschrieb den Täter als einen etwa 30 Jahre alten, schwergewichtigen Mann mit Brille.

Wenig später, am 1. August 1969, sandte der unbekannte Angreifer an drei amerikanische Tageszeitungen, den Vallejo Times Herald, die San Francisco Chronicle, sowie den Examiner, ein detailliertes Bekennerschreiben. Der Brief enthielt auch eine kodierte Passage, die nach vergeblichen Versuchen seitens der Polizei schließlich von einem Lehrer dechiffriert werden konnte und folgendermaßen lautete: »Ich liebe es, Leute zu töten, weil es soviel Spaß macht. Es macht mehr Spaß, als in den Wäldern

	Nichts zu machen.
	Nichts zu machen.
	Inhaber dieses Hauses ruft die Polizei!
	Hier erhält man Geld.
	Hausinhaber gibt nur gegen Arbeitsleistung.
	Hier wird nichts gegeben.
	Hier wohnen Frauen, die sich leicht beschwatzen lassen.
	Bissiger Hund ist hier!
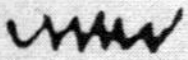	Bissiger Hund!
	Gefängnis droht.
	Die Leute lassen sich einschüchtern.
	Wohnung eines Polizisten.
	Hier kann Gewalt ausgeübt werden.
	Hier bekommt man Nachtlager.
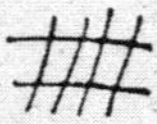	Achtung Gefahr!
	Besitzer ist brutal.
	Frau ist allein mit Dienstmädchen.
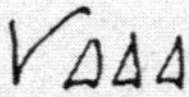	Mitleidige Frauen.
	Ein Kranker bekommt etwas.
	Man kann hier recht zudringlich werden.
	Recht fromm tun.
	Hier ist Diebstahl lohnend.
	Vorübergehen! Hier ist nichts zu machen.
	Alarmglocken im Haus!

Zinken und was sie bedeuten. Aus: Jochen Klauß: Räuber, Richter und Rebellen (1997)

auf Jagd zu gehen, weil der Mensch das gefährlichste von allen Tieren ist. Töten gibt mir den höchsten Thrill. Es ist sogar besser als Sex mit einem Mädchen. Das Beste ist jedoch, daß nach meiner Wiedergeburt im Paradies alle Opfer meine Sklaven sein werden. Ich werde euch meinen Namen nicht verraten, weil ihr versuchen werdet, meine Sammlung an Sklaven für das Jenseits zu stoppen.«

Am 27. September 1969 wurden Cecilia Shepherd und Bryan Hartnell von einem maskierten Mann überfallen, gefesselt und mit einem Messer angegriffen. Die Frau starb an den ihr zugefügten 24 Messerstichen in Rücken und Oberkörper, während ihr Begleiter überleben konnte. Er sagte aus, daß der → Täter ein weißes Hemd mit einem Zodiac-Symbol getragen habe, außerdem hatte sich hinter seiner Maske eine Brille abgezeichnet. Man nahm daraufhin an, daß es sich erneut um den »Zodiac Killer« handelte. Am 11. Oktober mordete der ominöse Unbekannte mit dem Tierkreiszeichen erneut. Diesmal einen Taxifahrer in San Francisco. Dabei nahm der Täter ein Stück blutigen Stoffs von dem T-Shirt des Opfers an sich. Teile davon verschickte er daraufhin an Zeitungen und die Polizei, verbunden mit weiteren Morddrohungen. Der »Zodiac Killer«, der sich in seiner Medienbesessenheit als sehr »moderner« Irrer erwies, ließ sogar eine eigene Show veranlassen, in der er sich am Telefon als Gesprächspartner einfand. Er erzählte von starken Kopfschmerzen, die angeblich nur aufhörten, wenn er mordete. Auf den Vorschlag, ein persönliches Treffen mit seinem Anwalt wahrzunehmen, ging der »Zodiac Killer« nicht ein, allerdings versandte er weiter unzählige Briefe an Zeitungen. 1974 erhielt das San Francisco Police Department eine Nachricht des fünffachen Mörders, in der er behauptete, insgesamt bereits 37 Menschen getötet zu haben und auch weiterhin »Unartiges« tun zu wollen. In dem letzten seiner insgesamt 26 Briefe, der im April 1978 erschien, drohte der »Zodiac Killer« »I am back with you.« Doch entgegen dieser Aussage, verschwand er danach endgültig in der Versenkung – das heißt nicht ganz; denn in den 90er Jahren fand er in Heriberto → Seda eine Wiederauferstehung.

Zuchthaus

Im Zuchthaus wurde die Zuchthausstrafe abgebüßt, die im Gegensatz zur normalen → Gefängnisstrafe und zur → Einschließung mit harter Arbeit verbunden war und meist die Aberkennung der bürgerlichen Ehrenrechte nach sich zog.

Durch die erste → Strafrechtsreform vom 25.6.1969 wurde die Zuchthausstrafe in der Bundesrepublik Deutschland abgeschafft, da sie den Vorstellungen eines modernen → Resozialisierungsstrafvollzugs nicht entspricht und die Wiedereingliederung des entlassenen Strafgefangenen in die Gesellschaft erschwert. Heute gibt es nur noch eine einheitliche → Freiheitsstrafe.

Züchtigung

Die Anwendung körperlicher Gewalt zur Bestrafung von Missetätern. Die

Züchtigung in Form von Prügelstrafen war eine der gebräuchlichsten Leibesstrafen des Altertums und frühen Mittelalters. Sie galt als eine typische Knechtstrafe, der Bedienstete oft schon bei den kleinsten Verschulden ausgesetzt wurden. Die Züchtigung wurde durch das Reichsstrafgesetzbuch von 1871 abgeschafft. → Strafe

Zuchtmittel

Wenn bei → Straftaten von Jugendlichen die Verhängung einer → Jugendstrafe noch nicht geboten ist, sieht das Jugendstrafrecht als verhältnismäßig milde Sanktionen Zuchtmittel wie die → Verwarnung, die Erteilung von Auflagen und den → Jugendarrest vor. Diese Maßnahmen müssen richterlich verhängt werden.

Zuhälter/Zuhälterei

Die → Prostitution unterliegt in den heutigen westlichen Staaten Einschränkungen und genießt kein besonders hohes Ansehen, kriminalisiert wird sie jedoch kaum mehr. Wesentlich unerbittlicher trifft der Arm des Gesetzes allerdings all jene, die vom Lustgewerbe profitieren, so z.B. Zimmerwirte und vor allem natürlich die Zuhälter. Das Wort »Zuhälterei« stammt vom spätmittelhochdeutschen Wort »zuohalten« ab und bedeutete ursprünglich lediglich, außerehelichen Geschlechtsverkehr mit jemandem zu haben. Der Gesetzgeber versteht unter einem Zuhälter eine Person, »die eine andere Person, die der Prostitution nachgeht, ausbeutet oder eines Vermögensvorteils wegen bei der Ausübung der Prostitution überwacht.« Die Zuhälterei gilt als generell strafbar, auch gegenüber dem Ehegatten. Der Ehemann darf sich also nicht von seiner Ehefrau aushalten lassen, wenn diese der Prostitution nachgeht – eine Regelung, die auch für den vermutlich sehr viel selteneren umgekehrten Fall gilt. Ferner wird bestraft, wer gewerbsmäßig die Prostitutionsausübung einer anderen Person durch Vermittlung sexuellen Verkehrs fördert, wie z.B. als Leiter von Callgirlringen oder Betreiber von »Massagesalons«.

Die »Geschäftsaufgaben« des Zuhälters bestehen darin, sein »Mädchen« zu beschützen und für Revieraufteilung, Streitschlichtung und Preisabsprachen zu sorgen. Das Verhältnis Zuhälter-Prostituierte kann in der Praxis ganz unterschiedlich gestaltet sein: Oft genug existiert zwischen dem Zuhälter und der oder den ihm angeschlossenen Prostituierten eine echte Interessengemeinschaft mit fairer Aufteilung der erwirtschafteten Beträge. Wesentlich kritischer sieht es aber für die einzelne Prostituierte aus, wenn das Geschäft mit der Liebe bandenmäßig über die → organisierte Kriminalität gestaltet wird. In Deutschland ist gerade in den letzten Jahren die organisierte Kriminalität immer stärker in das Rotlichtmilieu eingedrungen. Ausländische → Banden (→ Ausländerkriminalität) verdrängen dabei den deutschen Zuhälter.

Die Reeperbahn, Deutschlands Liebesmeile mitten in Hamburg, wird mittlerweile längst von international operierenden → Gangstern beherrscht. Bei diesem Verdrängungsmechanismus hat die Brutalität deutlich zugenommen. 1996 wurde eine der letzten deutschen Kiez-Größen, Karl-Heinz Schwensen, genannt Neger-Kalle, mitten im feinen Stadtteil Pöseldorf von feindlichen Kugeln schwer verletzt.

Zurwehme, Dieter

Dieter Zurwehme kam 1942 in Bochum zur Welt, und wurde von seinen Eltern vier Wochen nach seiner Geburt in ein Waisenhaus übergeben. Ein kinderloses Paar nahm ihn auf, doch bereits in der Schulzeit machte Dieter Zurwehme erste Schwierigkeiten. Als er in der Mittelschule erfuhr, daß er adoptiert wurde, lief er immer wieder von zu Hause weg, um seine leibliche Mutter zu suchen. Er fing an, Frauen zu überfallen und zu stehlen. Mit 22 Jahren beging er seine erste → Vergewaltigung, mit dreißig seinen ersten → Mord, indem er einer Sekretärin aus Düren den Hals durchschnitt.

1974 wurde er in Aachen zu lebenslanger → Haft verurteilt. Im Vollzug verhielt Zurwehme sich gut. Hierin erinnert er an den Kindermörder (→ Kindsmord) Ronnie → Rieken, der während seiner Haftzeit ebenfalls vom Anstaltsleiter gelobt wurde und in erneuter Freiheit sofort

Stirbt der deutsche Zuhälter aus? Niedergeschossener St. Paulianer »Neger-Kalle« Schwensen

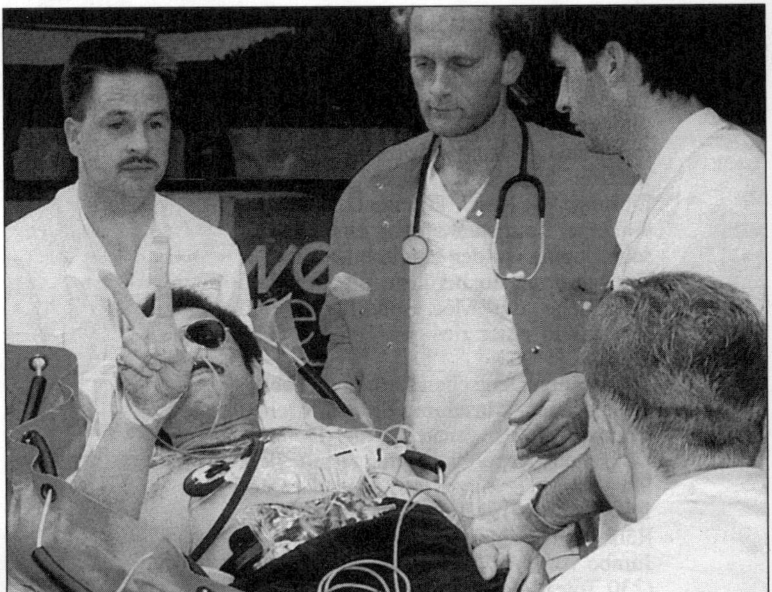

zwei Mädchen ermordet hat. Zurwehme bekam nach 14 Jahren Strafhaft erstmals Urlaub. Bei seinem zweiten Hafturlaub bedrohte er eine junge Frau mit einer Gaspistole. Daraufhin blieb er fünf Jahre ohne Urlaub. Vom Frühsommer 1996 an erhielt Zurwehme regelmäßig Ausgang. 1998, nach 24 Jahren Haft, erhoffte sich Zurwehme seine Entlassung, doch das Landgericht Bielefeld lehnte ab. Daraufhin kehrt er nicht mehr von seinem → Freigang zurück. Am 21. März wurde er von einem Mann auf dem Dachboden einer leerstehenden Villa entdeckt. Zurwehme tötete den Mann, ging anschließend zu dessen Wohnung, fesselte dort die Ehefrau seines Opfers und ein anwesendes befreundetes Paar und schnitt allen dreien die Kehle durch. Danach versteckte er sich in Wäldern und Maisfeldern und konnte die → Polizei, die mit hochgerüsteter Technik Jagd auf ihn machte, neun Monate lang narren. Im Juni 1999 wurde sogar ein unschuldiger Wanderer aus Köln von Polizisten erschossen, die ihn für Zurwehme hielten. Zurwehmes Festnahme erfolgte dann eher zufällig. Die unterschiedlichen Prognosen zu Zurwehmes Fähigkeit zur → Resozialisierung unterscheiden sich wenig von anderen psychologischen Gutachten, die in ähnlichen Fällen gestellt wurden. Kann ein Mensch, der offensichtlich die Neigung zum Töten in sich trägt, therapiert werden? Oder ist sein gutes Betragen im → Gefängnis die Mimikri des Wolfes, der Kreide gefressen hat? Eine diffizile Entscheidung, die zu treffen jedesmal aufs neue eine schwere Verantwortung mit sich bringt. Gegenüber dem → Täter – aber auch gegenüber den Unschuldigen, die potentielle Opfer unverbesserlicher → Mörder werden.

Zwangsarbeit

Bei Zwangsarbeit handelt es sich um eine Form von Arbeitszwang, bei dem die gesamte Arbeitskraft der betroffenen Person über eine erhebliche Zeit zur Verfügung gestellt werden muß. Unter Zwangsarbeit im engeren Sinne wird auch eine schwere → Freiheitsstrafe oder die Verpflichtung zur Arbeit während des Vollzuges der Freiheitsstrafe verstanden. Die Zwangsarbeit als strafrechtliche Sanktion gibt es jedoch nur noch in einigen Ländern. In Deutschland sind heute dem Arbeitszwang grundrechtliche Grenzen gesetzt. Danach unterscheidet man zwischen Arbeitszwang, bei dem es um die zwangsweise Heranziehung zu einer bestimmten Arbeit oder einzelnen Dienstleistungen geht, und Zwangsarbeit, bei der es um den Zwang zur Arbeit überhaupt geht, ohne daß dieser Zwang hinsichtlich der zu verrichtenden Arbeit oder der aufzuwendenden Zeit begrenzt ist. Zwangsarbeit ist nur bei einer gerichtlich angeordneten → Freiheitsentziehung zulässig und muß sich dabei im Rahmen der Menschenwürde und der Verhältnismäßigkeit halten. Die dabei vorgesehene Arbeitspflicht hat dabei keinen Sanktionscharakter, sondern soll dem Gefangenen zur Vorbereitung auf eine Erwerbstätigkeit in Freiheit helfen (→ Resozialisierung)

In Diktaturen wurde besonders im 20. Jahrhundert die Zwangsarbeit als politisches Machtmittel mißbraucht. In Anknüpfung an die Deportationspraxis des zaristischen Russland errichtete das kommunistische System in der UdSSR nach 1917 ein weitverzweigtes Netz von Straflagern, in denen Millionen von Häftlingen unter meist unmenschlichen Umständen und hohen Opferzahlen Zwangsarbeit verrichten mußten. Ähnliches gilt auch für das nationalsozialistische Deutschland. → Ideologie und Verbrechen, → Schwitzen statt Sitzen, → Sklaverei

Literaturverzeichnis

Das hier angeführte Kriminalschrifttum hat allgemeineren Charakter. Spezielle Themenliteratur ist den Lexikonbeiträgen zu entnehmen.

Alexis, Willibald; Hitzig, Julius Eduard: *Hexen, Räuber und Magister. Ein preußischer Pitavel.* Ausgewählt und hrsg. von Werner Liersch. Berlin 1997.
Avé-Lallemant, Friedrich Christian Benedict: *Das deutsche Gaunertum in seiner sozialpolitischen, literarischen und linguistischen Ausbildung zu seinem heutigen Stande.* Wiesbaden 1998 (E.A. in 3 Bänden 1858- 1862).
Boehncke, Heiner; Sarkowicz, Hans (Hg.): *Die deutschen Räuberbanden.* Frankfurt/M 1991.
Boehncke, Heiner; Hindemith, Bettina; Sarkowicz, Hans (Hg.). *Die großen Räuberinnen.* Frankfurt/M 1994.
Bolte, Christian; Dimmler, Klaus: *Schwarze Witwen und Eiserne Jungfrauen. Geschichte der Mörderinnen.* Leipzig 1997.
Britton, Paul: *Das Profil der Mörder.* Düsseldorf, München 1998 (E.A. London 1997).
Cordingly, David (Hg.): *Piraten. Furcht und Schrecken der Meere.* Köln 1999 (E.A. 1996).
Doubek, Katja: *Lexikon merkwürdiger Todesarten. Seltsame Spielarten und Formen des Exitus, von A wie Amoklauf bis Z wie Zyankali.* Frankfurt/M 2000.
Douglas, John; Olshaker, Mark: *Jäger in der Finsternis.* Hamburg 1997.
Eysenck, Hans Jürgen: *Kriminalität und Persönlichkeit.* Frankfurt/M., Berlin, Wien 1980 (E.A. 1964).
Fahrmeier, Andreas; Freitag, Sabine (Hg.): *Mord und andere Kleinigkeiten. Ungewöhnliche Kriminalfälle aus sechs Jahrhunderten.* München 2001.
Farin, Michael (Hg.): *Polizeireport München. 1799-1999.* München 1999.
Fellmann, Walter: *... doch das Messer sieht man nicht. Merkwürdige Kriminalfälle und sensationelle Prozesse.* Augsburg 1999 (E.A. 1994).
Fuldauer, Alice: *Fatale Liebe. Von Männern und Frauen, die ihren Partner töteten oder es versuchten.* Hamburg 1995.
Girod, Hans: *Das Ekel von Rahnsdorf und andere Mordfälle aus der DDR.* Berlin 1997.
Hentig, Hans von: *Das Verbrechen. 3 Bde. Bd. 1: Der kriminelle Mensch im Kräftespiel von Zeit und Raum; Bd. 2: Der Delinquent im Griff der Umweltkräfte; Bd. 3: Anlage-Komponenten im Getriebe des Delikts.* Berlin, Göttingen, Heidelberg 1961-1963.
Ders.: *Der Gangster. Eine kriminalpsychologische Studie.* Berlin, Göttingen, Heidelberg 1959.
Ders.: *Die unbekannte Straftat.* Berlin, Göttingen, Heidelberg 1964.
Ders.; hrsg. v. Christian Helfer: *Beiträge zur Verbrechenskunde.* Meisenheim 1972.
Hiess, Peter; Lunzer, Christian: *Mord-Express. Die größten Verbrechen in der Geschichte der Eisenbahn.* Wien, München 2000.
Jacta, Maximilian: *Berühmte Strafprozesse. Spektakuläre Fälle der internationalen Kriminalgeschichte.* München 2001 (E.A. 1962 -1974).
Kirchschlager, Michael (Hg.): *Mörder, Räuber, Menschenfresser. Einhundert Biographien und Merk-*

würdigkeiten deutscher Verbrecher des 15. bis 18. Jahrhunderts. Arnstadt 2002.

Landmann, Valentin: *Das Böse. Geschichte eines Urphänomens.* München 1985.

Lindlau, Dagobert: *Der Mob. Recherchen zum organisierten Verbrechen.* Hamburg 1987.

Meidenbauer, Jörg (Hg.): *Die großen Skandale und Kriminalfälle.* München 1997.

Meixner, Franz: *Auskunftsbuch für Kriminalbeamte.* Hamburg 1960.

Middendorff, Wolf: *Kriminologische Reisebilder.* USA, Mexiko, Israel, Hongkong, Taiwan, Hamburg 1967

Ders.: *Soziologie des Verbrechens. Erscheinungen und Wandlungen asozialen Verhaltens.* Düsseldorf, Köln 1959.

Mittmann, Wolfgang: *Tatzeit. Große Fälle der deutschen Volkspolizei.* Berlin 2000.

Murakami, Peter u. Julia: *Lexikon der Serienmörder. 450 Fallstudien einer pathologischen Tötungsart.* München 2000.

Owen, David: *40 Kriminalfälle und wie sie gelöst wurden.* Köln 2000.

Pitavel, François Gayot de: *Unerhörte Kriminalfälle.* Hrsg. von Rudolf Marx. Köln 1998 (E.A. Paris 1734-1743).

Radbruch, Gustav; Gwinner, Heinrich: *Geschichte des Verbrechens. Versuch einer historischen Kriminologie.* Frankfurt/M. 1990 (E.A. 1949).

Reutlinger, Kajo: *Mord ohne Sühne. Ungeklärte Kriminalfälle.* Berlin 2000.

Rockaway, Robert A.: *Meyer Lansky, Bugsy Siegel & Co. Lebensgeschichte jüdischer Gangster in den USA.* Hamburg 1998 (E.A. Jerusalem 1993).

Roder, Hartmut (Hg.): *Piraten. Die Herren der Sieben Meere.* Bremen 2000.

Rückert, Sabine: *Tote haben keine Lobby. Die Dunkelziffer der vertuschten Morde.* Hamburg 2000.

Schaeffer, Max Pierre: *Wenn Frauen töten. Berühmte Kriminalfälle unserer Zeit.* München 1989.

Schüler, Wolfgang: *Verbrecher im Netz. Fälle, Fakten, Fahnder.* Leipzig 1999.

Siebenmorgen, Harald (Hg.): *Schurke oder Held? Historische Räuber und Räuberbanden.* Sigmaringen 1995.

Spitra, Helfried (Hg.): *Die großen Kriminalfälle. Deutschland im Spiegel berühmter Verbrechen.* Frankfurt/M; New York 2001.

Stemmle, Robert A.(Hg.): *Der neue Pitavel. Sammlung berühmter und merkwürdiger Kriminalfälle.* 14 Bde. München 1959- 1969.

Strasser, Peter: *Verbrechermenschen. Zur kriminalwissenschaftlichen Erzeugung des Bösen.* Frankfurt/M; New York 1984.

Wehowsky, Stephan: *Schattengesellschaft. Kriminelle Mentalitäten in Europa.* München, Wien 1994.

Ziegler, Jean: *Die Barbaren kommen. Kapitalismus und organisiertes Verbrechen.* München 1998.

Der Autor: *Norbert Borrmann, 1953 in Bremen geboren, hat Architektur, Kunstgeschichte, Alte und Neuere Geschichte in Bremen und Berlin studiert und 1987 promoviert. Er war jahrelang im Bereich der Denkmalpflege und Museumsarbeit tätig und hat zahlreiche Bücher und Beiträge zur Kunst, Kulturgeschichte und Physiognomik veröffentlicht. Mit der dunklen Seite unseres Ichs beschäftigt er sich schon seit längerem. So erschien 1998 sein mittlerweile in der fünften Auflage vorliegendes Buch über Vampirismus und die Sehnsucht nach Unsterblichkeit. Sein Lexikon der Monster, Geister und Dämonen (2000) liegt inzwischen in dritter Auflage als Lizenzausgabe vor. Im Jahr 2001 erschien von ihm ein Buch über Frankenstein und die Zukunft des künstlichen Menschen.*

IMPRESSUM
Norbert Borrmann
Mitarbeit: Christiane Maria Borrmann
DAS GROSSE LEXIKON DES VERBRECHENS
Täter • Motive • Hintergründe

Ungekürzte Taschenbuch-Sonderausgabe

ISBN 3-89602-531-7

KATALOG
Wir senden gern den kostenlosen Katalog.
Lexikon Imprint Verlag Abt. Service, Kastanienallee 32, 10435 Berlin.
Service-Telefon: 030 – 44 33 63 00
Service-Fax: 030 – 44 33 63 044

INTERNET
Ausführliche Informationen zum Verlagsprogramm finden Sie im Internet.
www.schwarzkopf-schwarzkopf.de

E-MAIL
info@schwarzkopf-schwarzkopf.de